# 조선 왕릉

# 조선 왕릉

**초판 인쇄** 2018년 6월 10일
**초판 발행** 2018년 6월 20일

**엮 은 이** 장경희
**펴 낸 이** 김재광
**펴 낸 곳** 솔과학
**등 록** 제313-2003-000358호
**주 소** 서울특별시 마포구 독막로 295번지 302호(염리동 삼부골든타워)
**전 화** 02-714-8655
**팩 스** 02-711-4656
**E-mail** solkwahak@hanmail.net

**ISBN** 979-11-87124-38-2 (93910)


값 58,000원



이 저서는 2014년 정부(교육부)의 재원으로 한국연구재단의 지원을 받아
수행된 연구임(NRF-2014S1A6A4A02026077)

# 조선왕릉

조선을 다스린 국왕과 왕후의 사후 보처인
조선 왕릉과 왕후릉의 조성과정과 함께 그들의 주검과 매장된 명기,
그리고 능상석물과 의장의물 및 건축물........

장경희

솔과학

## | 들어가면서 |

"조선 왕릉"은 한국연구재단의 지원을 받아 연구한 '조선후기 산릉도감의 장인연구'(역사민속학, 2007)라는 연구성과를 2014년도 저술출판지원사업으로 추진하여 저술한 연구 결과물이다. 본서는 조선왕조 500여년 동안 27대의 국왕이나 왕비의 사후 보처를 조성하여 2009년 유네스코 세계문화유산으로 등재된 조선왕릉을 대상으로 삼아, 왕릉을 조성하는 권설도감의 조직과 세부 제작체계를 살펴보고 조선초기부터 대한제국 때까지 조영한 42기 조선왕릉만의 고유성이 무엇인지를 조망하려는 목적으로 본 과제를 수행하였다.

1960년 서울에서 태어나 초중고교를 다니는 동안 1970년대 조선 왕릉은 봄과 가을에 있었던 소풍지로 기억되곤 한다. 마포에 있었던 초등학교나 신촌에 있었던 중학교에서는 서삼릉이나 서오릉이 단골 소풍지였고, 명동에 위치한 고등학교에서는 동구릉이나 홍유릉을 자주 갔다. 그곳 솔밭 사이에 숨겨놓은 무언가를 찾는 보물찾기는 그 시절을 떠올리는 추억의 놀이였고, 소풍날 아침 어머니가 다꾸앙과 덴뿌라와 시금치로 싸주신 김밥을 먹거나, 태정태세문단세를 외웠지만 누구의 무덤인지 알지도 못하고 무엄하게도 능침에 나란히 앉아 장기자랑으로 펄시스터즈의 '커피 한잔'이나 장미화의 '안녕하세요'를 불렀던 기억도 새롭다. 그렇게 왕릉은 개인적으로는 40년 전 학창시절의 아스라한 소풍지의 추억을 떠올리게 하는 곳이다.

조선 왕릉에 다시 관심을 갖게 된 것은 1980년대 말 대학원에서 김리나 교수님께 한국조각사와 동양조각사를 들을 때였다. 미술사를 전공한 우리들은 모두 불교조각을 조사하고 발표하였는데, 그중 조각과 학생이 왕릉의 석조각, 그중에서도 왕릉 무인석을 발표하는 것을 듣게 되면서였다. 그때 조각과 학생의 발표는 왕릉의 무인석을 왕릉의 역사나 그것의 시대적 양식적 특징보다는 현대 조각 작품을 제작하는 작가적 입장에서 인체에 대한 조각적인 비례나 안면 묘사 및 갑옷의 표현적인 면에 치중하여 교수님의 평가는 그다지 우호적이지 않았다. 그렇지만 그 자리에 앉아 있던 나는 큰 자극을 받았다. 나에게는 그저 소풍지에 불과하던 조선 왕릉을 새롭게 생각하고 바라볼 수 있는 기회가 된 것이다.

1990년대 초 박사논문을 쓰면서 거의 매일 서울대학교 규장각에서 의궤를 찾아 읽으면서 조선 왕릉에 관심을 갖고 정리하게 되었다. 5년여 500여 의궤를 찾아 읽고서 오례 중 가례를 우선 정리하여 "조선왕조의 왕실가례 공예품연구"(박사학위논문, 1999)를 논문으로 제출하여 박사학위를 땄다. 하지만 박사논문 내내 가례와 흉례에 관심을 갖다가 가례만으로 정리하면서 흉례와 관련된 자료, 곧 조선 왕릉을 미완으로 남겨 놓은 것이 못내 아쉬웠다.

1999년 5월 전국역사학대회 때 '명성황후의 국장의물 연구'를 시작으로 그해 "조선 후기 흉례 '도감'의 장인연구"(미술사논단, 1999)라는 논문을 발표하게 되었다. 이후 2000년대 들어 조선 왕릉에 대해 필자는 다수의 논문을 발표하였고, 더불어 학계와 일반의 관심이 늘어나 이에 따른 연구 성과도 불어났다. 조선을 다스린 국왕과 왕비의 사후 그들 주검의 영원한 안식처인 왕릉에 대한 다각적인 시각에서 다양한 논의가 이뤄지게 되었다. 그러면서 그동안 우리가 몰랐거나 관심을 두지 않았던 왕릉에 대한 여러 내용들이 하나씩 그 모습을 드러내게 되었다.

이 책은 그동안 조선 왕릉에 대한 필자의 학문적 관심과 학계의 연구성과를 토대로 조선왕릉을 종합적으로 고찰하려는 것이다. 기존의 한국사학계에서 국장의 의례적 측면에 대한 연구나 미술사학계에서 왕릉의 석조각에 대한 양식적 연구는 비교적 활성화되어 있었다. 그러나 이들 기존 논문은 학술지의 특성상 100매 전후로 매수가 제한되고, 사진 자료 또한 최소로 제한되기 일쑤였다. 따라서 이 책을 기획하면서 조선 500년 동안 42기의 왕릉과 왕후릉을 조영하면서, 『조선왕조실록』이나 『승정원일기』, 또 그것의 전말을 기록한 『산릉도감의궤』를 비롯한 수많은 책들을 통해 왕릉의 현궁에 매장하거나 능침 위에 설치할 각종 의물의 조성과 관련된 장인과 그 제작물품을 촘촘하게 소개하고 정리하려고 생각했다. 아울러 이러한 문헌 내용을 1990년대부터 조선왕릉의 현장을 조사하고 촬영한 사진 등을 통해 전달하려 한다.

이에 이 책에서는 기존의 여러 문제를 해결하여 풍부한 문헌에서 전거가 되는 글을 각주로 처리하고, 1990년대부터 지금까지 조선왕릉의 현장을 찍은 사진을 담아 600년을 이어온 조선왕릉을 설명하려고 노력하였고, 크게 4부로 나누어 진행하였다.

제1부는 조선 국왕의 사후 흉례도감과 왕릉 제작이다. 1장은 국장 때 설치하는 도감을 빈전도감, 국장도감, 산릉도감, 혼전도감, 부묘도감을 중심으로 다루었다. 2장은 산릉도감에서 왕릉을 조영하는 각 제작처로서 삼물소, 보토소, 조성소, 대소부석소, 수석소, 노야소, 분장흥고, 번와소, 별공작의 장인과 그들의 제작활동을 다루었다.

제2부는 고려말 조선초기 왕릉의 조성이다. 1장은 조선 태조의 4대조릉을 한중 문헌사료와 현존 유물의 비교를 통해 제작과정 및 관리 실태를 살펴보았다. 2장에서는 고려말 조선 초기 왕릉의 변천과정을 13세기 고려왕릉에서 태종대까지 왕릉의 조성을 통해 밝혀보았다.

제3부는 조선왕릉의 양식 변천이다. 1장은 조선 전기에 해당되는 15세기와 16세기 왕릉과 왕후릉으로 전형화되는 과정을 다루었다. 2장은 조선 후기에 해당되는 17세기와 18세기 및 19세기 왕릉과 왕후릉의 시대적 양식적 변화를 알아 보았다. 제4부는 대한제국과 중국 황제릉의 비교이다. 1장은 대한제국기 명성황후와 고종 홍릉 및 순명효황후 유릉의 조성과정을 살펴 보았다. 2장은 중국 명청대 황제릉의 풍수, 봉토, 건축, 석물을 비교하여 조선왕릉에 대한 이해를 넓혀 보았다.

이 책을 통해 조선 왕릉이 조선을 다스린 국왕이나 왕후의 사후 보처로서 그들의 주검과 함께 매장된 명기 등을 비롯하여 왕릉의 위엄을 장엄한 의장의물 및 그들의 무덤 위 건축물이나 석조각 등까지 포괄적으로 다뤄보고자 애썼다. 나름대로 기존의 성과를 빠짐 없이 담아보려 했으나 내용이 많아지면서 마무리가 어려워 결국 전체를 아우르지 못하고 피상적으로 다룬 부분도 많아, 나머지는 후일을 기약하고자 한다.

부족한 이 책을 쓰면서 너무도 많은 분들의 도움을 받았다. 의궤는 한국학중앙연구원과 규장각학국학연구소, 왕릉에 대해서는 문화재청과 국립문화재연구소 및 조선왕릉 지구관리사무소, 이들 관계자 여러분의 아낌 없는 성원에 힘 입은 바 크다. 일일이 이름을 들 수 없지만 그분들이 없었다면 이 책을 쓸 용기를 내기가 어려웠을 것이다. 모두에게 감사드린다. 1999년 조선왕릉의 흉례도감과 명성황후의 국장에 대한 글을 쓰며 시작한지 벌써 20년이 지나, 이제 <조선왕릉>이라는 한 권의 책자로 담아보려 결심하고도 여전히 부족하다. 계속 논문을 쓰고 다듬으면서 또다시 몇 년의 시간이 지났기에 그 사이 관련 논문과 서적들이 많이 나왔을 텐데, 미처 이 책에 담아내지 못한 것이 있을 것 같아 편치 않다. 그 점은 후일 계속 수정 보완할 것을 약속한다.

이 책을 내면서 <의궤 속 조선의 장인>의 출판을 맡아주었던 '솔과학' 김재광 사장님을 만나 어려운 책의 출판을 요청했는데, 흔쾌히 맡아주셔서 마음의 짐을 덜었다. 책을 편집하면서 디자인을 맡아준 오흥만 실장님을 비롯한 디자이너 여러분께 너무나도 감사드린다. 각주도 많고 표와 그림 등 자잘하게 신경 쓸 것들이 많은데, 여러분의 노력으로 단정하고 보기 좋은 책이 되었다고 생각한다. 마지막으로 부족한 이 책을 조선 왕릉에 관심 있는 모든 이들에게 바친다.

2018년

# | 목 차 |

# 2부 고려말 조선초기, 왕릉의 조성

## 3부 조선 왕릉의 조성과 양식 변천

## | 머리말 |

조선 왕릉은 조선을 다스린 왕이나 왕비가 영원히 안식을 취하는 유택(幽宅)이다. 조선시대에 왕릉은 국가의 재력과 물력 그리고 인력을 총동원하는 대규모 국가 프로젝트로 추진되었다. 때문에 조선 왕릉은 건축사·조각사·풍수사·의례사 등을 아우르는 국가적 상징물로 조영될 수 있었다. 이렇게 만들어져 현존하는 조선 왕릉의 역사적, 학술적, 예술적 가치는 세계적으로도 인정을 받아 2009년 6월 29일에는 유네스코의 세계문화유산으로 등재되었다.

대규모 왕릉을 조영하는 사업을 거행할 때마다 국가는 반드시 국장도감·빈전·혼전도감·산릉도감 등의 권설아문을 임시로 설치하였고, 국장의 권위에 걸맞도록 의정부 좌의정을 총호사로 삼아 세 곳의 도감을 총괄토록 하였다. 그리고 각 도감에는 예조·호조·공[병]조판서 등을 제조로 임명하여 당해 도감에서 거행할 의례를 상고하고 예산을 편성하며 인력을 동원하게 하되, 실무를 책임질 도청 2인을 배정하여 각각의 도감에 소요될 인적·물적 자원을 총집결토록 하였다.[1)]

특히 산릉도감은 왕과 왕후의 사후 보처인 능침 내부에 살아 생전과 같이 명기 등을 구비해야 했고, 산처럼 높은 봉분을 조성하고 그곳을 장엄할 석의물을 배치하였으며, 제례를 거행할 건물을 짓고 그 내부에 비치할 제기와 의장의물을 만들어야 했기에 공사의 규모가 여느 도감보다 컸고, 공역의 성격에 따라 제작소도 세분하여 설치하였다. 즉 국장도감이나 빈전·혼전도감은 1방, 2방, 3방 및 별공작 등을 두었으며, 산릉도감은 기능과 역할에 따라 10개의 작업장을 나누어 별설하였다. 곧 삼물소, 조성소, 대부석소, 소부석소, 수석소, 노야소, 보토소, 별공작, 분장흥고, 번와소가 그것이다. 원역으로는 낭청 1명과 감조관 1명이 배정되어 각소를 관리 감독하였으며, 이들을 보좌할 상지관·녹사·의원·산원·서사·서리·고직·사령 등을 두었다. 이러한 산릉도감의 조직체계와 임원의 숫자는 시대가 내려가도 그다지 큰 변화가 없었다.

그동안 조선 왕릉에 대한 최초의 연구는 1959년 김원용이 왕릉의 문무석인상을 통해 조선 조각의 양식을 비례적으로 규명한 데서 비롯하였다.[2)] 이후 1976년 홍익대학교 대학원에서 조각

---

1) 장경희, 「조선후기 흉례'도감'의 장인 연구」, 『미술사논단』 제8호, 한국미술사연구소, 1999.4. 181-212쪽.

2) 김원용, 「이조왕릉의 석인연구 ; 이조 조각 양식의 변천」, 『아세아연구』 제2권 2호 (통권 4호) 1959, 43~63쪽.

을 전공한 유영교가 왕릉의 석인조각을 조사하여 석사논문을 쓴 이후,[3] 1980년대까지 조각 전공자들에 의한 석사학위논문이 주류를 이루었다.[4] 아울러 대학원에서 복식사를 전공하는 연구자들도 조선 왕릉의 문인상이나 무인상을 대상으로 조선시대 복식을 연구하여 석사학위논문을 썼다.[5]

조선 왕릉의 석인상에 대한 관심이나 연구가 가능한 이유는 그것이 조성 당시의 그 자리에 원형 그대로 보존되고 있기 때문에 미술사 분야에서도 점차 관심을 갖게 되었다. 조선 후기의 왕릉은 그것을 조성한 전말이 『산릉도감의궤』에 수록되어 있기 때문이다. 본 연구자는 1999년 국왕이나 왕비의 국상을 치르기 위한 흉례 때 설치했던 도감의 기록인 국장도감의궤·빈전혼전도감의궤·산릉도감의궤를 분석하여 세 도감에 소속된 장인과 그들의 제작형태를 분석한 바 있었다.[6] 이중 산릉도감의궤 중 대부석소의궤에는 석수들이 존재하여 그들이 조선 왕릉의 문무석인상이나 장명등 및 혼유석에 대한 연구까지 확산되는 추세이다.[7] 조선 전기의 왕릉은 조선왕조실록에 그것을 조성한 당시의 기록이 수록되어 있어 그것의 연구가 가능하였다.[8]

이렇게 조선 왕릉 석조각에 대한 연구는 문무석인상의 복식을 중심으로 연구되던 데서 2007년 본 연구자는 「조선후기 산릉도감의 장인연구」라는 논문에서 『산릉도감의궤』를 분석하여 왕릉의 석조각 뿐 아니라 정자각의 제작연대와 그것을 제작하기 위한 재료의 채취, 제작할 때마다 전범이 된 왕릉의 상고, 당대 최고 수준에 있던 화원이나 석수 및 목수 등 다종다양한 장색의 장인을 동원, 그들 장인의 직역이나 신분 및 동원양태의 변화 등을 규명하면서 그들이 제작한 왕릉이 당대를 대표하는 국가 상징물이었음을 밝혀 냈다.[9] 이후 조선 왕릉은 2009년 유네스코 등재되었으며, 이를 계기로 국립문화재연구소에서 조선왕릉에 대한 종합학술보고

---

3) 유영교, 「朝鮮王朝後期王陵의 石人石獸 硏究」, 홍익대학교 석사학위논문, 1976.

4) 최인성, 「朝鮮王朝 王陵武人石像의 甲冑形態에 對한 硏究」, 이화여자대학교 석사학위논문, 1978; 이찬우, 「朝鮮時代의 文武人石에 關한 硏究 : 王陵을 中心으로」, 홍익대학교 석사학위논문, 1985 ; 홍경진, 「조선전기 왕릉 및 석조물 양식변천에 관한 연구」, 경희대학교 석사학위논문, 1987 ; 신광철, 「조선시대 왕릉의 석인 석수 조형성 연구」 충남대학교석사학위논문, 2005; 조영서, 「朝鮮 前期 王陵 武石人 硏究」, 이화여자대학교 석사학위논문, 2011.

5) 권용옥, 「朝鮮王朝 王陵 文人石像의 服飾形態에 關한 硏究」, 성신여자대학교 석사학위논문, 1980; 최인성, 「朝鮮王朝 王陵武人石像의 甲冑形態에 對한 硏究」, 이화여자대학교 석사학위논문, 1978.

6) 장경희, 「朝鮮後期 '凶禮'都監의 匠人 硏究」, 『美術史論壇』 제8호, 한국미술연구소, 1999.4. 181-212쪽.

7) 김은선, 「朝鮮後期 陵墓 石人像 硏究 : 17~18세기를 중심으로」, 동국대학교 대학원 석사학위논문, 2002; 최윤정, 「조선시대 金冠朝服型 文人石 연구」, 한신大學校 석사학위논문, 2004; 김은선, 「朝鮮後期 王陵 石人 彫刻 硏究」, 『美術史學硏究』 No.249, 2006; 김민규, 「朝鮮 王陵 長明燈 硏究」, 동국대학교 석사학위논문, 2009.

8) 이경순, 「조선전기 능묘석인상 연구」 동국대학교석사학위논문, 1995; 최윤정, 「조선시대 金冠朝服型 文人石 연구」, 한신대학교 석사학위논문, 2004; 이정선, 「조선 전기 왕릉 石人石獸 연구」, 이화여자대학교 석사학위논문, 2008.

9) 장경희, 「조선후기 산릉도감의 장인 연구 -왕릉 정자각과 석의물의 제작과정을 중심으로-」, 『역사민속학』 25호, 2007.11. 119-202쪽.

서를 편찬하기 시작하여 2015년에 완결되었고,[10] 분야별로 다각적으로 왕릉을 분석하며 연구가 심화되는 추세이다.

첫째, 미술사 분야에서는 조각상을 중심으로 연구하는 경향은 여전하지만 왕릉과 왕후릉의 위치 오류나 문무석인상을 비롯하여 석양·석호·석마 및 각종 능상 석물 전체를 종합적으로 분석하여 시대 양식을 분석하는 방향으로 전환되는 경향을 엿볼 수 있다.[11]

둘째, 건축사 분야는 그동안 왕릉의 연구를 하기 어려웠다. 왕릉의 문무석인이나 장명등 및 신도비 등의 석물에 대한 연구가 의궤의 기록과 현존 유물의 비교 연구가 가능한 데 비해, 정자각을 비롯하여 비각, 수복방과 수라간, 재실 등의 건축물은 목조로 지어졌기 때문에 건물의 수명에 한계가 있기 마련이다. 결국 시간이 오래 지나면 훼손되어 조영 당시의 원형을 그대로 지니고 있기 어려웠다. 그중에서도 정자각은 능에서 치르는 제례 장소로 중요하게 여기는 건물이었기 때문에 후대에 건물의 상태를 점검하고 약간의 훼손이 생기면 곧 수리를 하면서 비교적 본래의 모습을 잘 간직할 수 있었다. 그러나 목조건물의 특성대로 세월이 오래 흐르다보면 소실되거나 훼손되어 전면적으로 다시 짓지 않으면 안되는 상황이 벌어졌다. 일례로 태종 9년(1409)에 세운 태조 건원릉의 정자각은 200년이 지난 선조 19년(1586)에 중수를 하여 임진왜란의 병화에서도 소실되지 않았는데, 숙종 34년(1708)과 경종 2년(1722)에 수리를 하자는 논의를 거쳐 영조 40년(1764)에 대대적인 중수를 했으며,[12] 2006년에 문화재청에서 다시 수리를 한 바 있었다.[13] 이에 현존하는 정자각의 유형을 분석한 논문이 몇 편 있었으나,[14] 근래에는 왕릉의 능침구조나 정자각을 비롯한 각종 건축물 및 조경에 대한 시대적 특징을 도출하는 추세에 있다.[15] 정해득은 『조선 왕릉제도 연구』라는 책자를 통해 고려의 왕릉제도, 조선왕릉제도의 정비과정,

---

10) 국립문화재연구소에서 발간하는 조선왕릉 종합학술조사보고서는 총9권이 발간되었다. 국립문화재연구소, 『조선왕릉 : 종합학술보고서. Ⅰ』, 2009 ; 국립문화재연구소, 『조선왕릉 : 종합학술보고서. Ⅱ』, 2011 ; 국립문화재연구소, 『조선왕릉 : 종합학술보고서, Ⅲ』, 2012; 국립문화재연구소, 『조선왕릉 : 종합학술보고서. Ⅳ』, 2013; 국립문화재연구소, 『조선왕릉 : 종합학술보고서, Ⅴ』, 2013; 국립문화재연구소, 『조선왕릉 : 종합학술보고서. Ⅵ』, 2014 ; 국립문화재연구소, 『조선왕릉 : 종합학술보고서, Ⅶ』, 2014; 국립문화재연구소, 『조선왕릉 : 종합학술보고서. Ⅷ』, 2015 ; 국립문화재연구소, 『조선왕릉 : 종합학술보고서, Ⅸ』, 2015.

11) 김이순, 「융릉과 건릉의 석물조각」, 『미술사학보』31집, 2008.12, 63-100쪽; 김이순, 「세종대왕 '구영릉'석물 연구」, 『정신문화연구』제32권 제1호, 2009.봄, 155-190쪽 ; 김이순, 「창릉의 왕과 왕후의 위치 제고」, 『미술사학연구』267, 2010, 49-76쪽.

12) 『건원릉정자각중수도감의궤』, 1764년, 규13500 ; 김동욱, 「왕릉 건축물 관련 의궤 해제-2. 건원릉정자각중수도감의궤」, 『조선왕릉 종합학술조사보고서 Ⅰ-고려말 조선초기』, 국립문화재연구소, 2009. 424-429쪽.

13) 『동구릉 건원릉 정자각 및 비각 수리보고서』, 문화재청, 2006.

14) 이영, 「정자각 건축 유형에 관한 비교연구」, 『아세아역구』 1997. vol.2 ; 최윤화, 「조선시대 능원 정자각의 건축특성에 관한 연구」, 경기대학교 석사학위 논문, 2002.

15) 김상협, 「조선왕릉 석실 및 능상구조의 변천에 관한 연구」, 명지대학교 박사학위논문, 2008 ; 김은선, 「17세기 인숙종기의 왕릉조각」, 『강좌 미술사』제31호, 2008.12, 153-175쪽.

조선왕릉의 석물과 시설물, 조선왕릉의 조성과 관리를 다루었다.[16)]

건축사 분야에서 정자각의 연구가 건물의 조성과정을 다룬데 비하여 본 연구자가 정자각에 관심을 가진 것은 제례 공간으로서 왕릉 정자각 내부의 시설이나 배치되었던 공예품의 종별과 제작과정을 밝히려는 것이다. 내부 의물 중 왕릉 정자각에 배치하였던 제기에 대해서는 『국장도감의궤』와 『빈전혼전도감의궤』의 제기주성소에서 제작하였던 왕실 제기의 종별과 유기장의 제작과정을 통해 규명하였으며,[17)] 현재 종묘에 소장되어 있는 제기 중 명문이 있는 것을 통해 왕릉 제기의 유존 실태도 밝힌 적도 있었다.[18)]

따라서 본고는 그동안의 연구 성과를 토대로 조선 후기에 조성된 왕릉 정자각의 내부에 배치된 공예품의 종별과 그 제작과정을 밝히되, 인산(因山) 이후에 정자각에 영원히 배치하도록 규정된 것을 중심으로 살펴 그 원형을 복원할 수 있도록 하려는 데 목적이 있다. 이를 위해 본고에서는 규장각과 장서각에 현존하는 『산릉도감의궤』를 분석의 대상으로 삼았다.

첫째, 조선왕릉에 대한 그동안의 연구는 2009년 조선왕릉이 유네스코 세계문화유산으로 등재되기 이전과 이후로 나누어 생각할 수 있다. 그중 주목되는 것은 1985년 은광준이 조선왕릉의 석물에 대한 기초 자료집을 발간한 것이다.[19)] 이에 본서에서 조선 왕릉을 서술하면서 가장 중점을 두려는 주제는 바로 조선 왕릉을 언제 누가 어디에 어떻게 만들었는지에 대해서이다. 그동안 이에 대해서는 조선 전기와 조선 후기로 구분하여 간혹 연구된 바 있다. 곧 조선 전기는 『조선왕조실록』에 나온 문헌기록과 현존하는 유물을 분석한 논문이 근래 많이 나오고 있지만 여전히 석조각 위주인 것을 알 수 있다.[20)] 반면 조선후기의 경우 1600년 선조비 의인왕후의 목릉 조성부터 1926년 순종황제의 유릉 조성까지 『산릉도감의궤』가 규장각과 장서각에 현존하고 있어 이를 토대로 연구한 바 있다. 즉 그동안 산릉도감의 설치나 운영, 조성소의 건물 조성, 대부석소의 석조물 제작, 별공작의 목가구 제작, 분장흥고의 돗자리 제작, 국장도감의 제기 제작 등은 여러 논문을 통해 밝혀졌다.[21)] 따라서 본서에서는 그동안 왕릉의 제작에서 연구되지

16) 정해득, 『조선 왕릉제도 연구』, 신구문화사, 2013.

17) 장경희, 「조선후기 왕실제기 주성 유기장 연구」, 『한국공예논총』 11-2집, 2008.6. 107~130쪽.

18) 장경희, 「종묘 소장 왕실제기 연구」, 『도시역사학연구』 8호, 2009.11. 119~202쪽.

19) 은광준, 『조선왕릉석물지 상, 하』, 민속원, 1985; 은광준, 『세계문화유산 조선왕릉 석물복식』, 민속원, 2010.

20) 김이순, 「세종실록의 후릉 산릉제도 기록에 대한 고찰」, 『정신문화연구』제36권 제1호, 2013.봄, 91-117쪽 ; 장경희, 「조선 태조비 신의왕후 제릉 연구」, 『미술사학연구』, 2012.5.30. 5-38쪽.

21) 장경희, 「조선후기 흉례도감의 장인연구」, 『미술사논단』, 1999, 181-212쪽 ; 장경희, 「조선 후기 산릉도감의 장인연구」, 『역사민속학』제25호, 2007. 119-202쪽 ; 장경희, 「조선후기 왕실제기 주성 유기장 연구」, 『한국공예논총』11-2, 2008.6 ; 장경희, 「대한제국 황제릉 침전 내부 의물 연구」, 『한국공예논총』13-2, 2010.6. ; 장경희, 「조선후기 왕릉 정자각 내부 의물연구」, 『역사민속학』제33호, 2010.7. 145-185쪽 ; 장경희, 「종묘 주렴 연구」, 『한국공예논총』14-2, 2011.6.

않았던 삼물소의 능침 조성이나 노야소의 철물 제작 및 번와소의 기와 번조 등에 대한 개별 연구를 보충하여 진행할 계획이다.

둘째, 조선 태조의 4대조릉에 대한 연구는 그동안 거의 없었다.[22] 그동안 조선의 시조는 태조가 조선을 건국할 수 있던 정치적 기반이나 역성혁명의 정당성을 표출하는 연구가 주류를 이루었다. 하지만 1392년 조선을 건국하자마자 이성계는 선대 4대조를 목조·도조·환조·익조 즉 왕으로 추존하였고, 그들 국왕과 왕후의 능 8기를 함경도 지역에 조성하였다.[23] 이것은 유교를 국시로 삼은 조선에서 유교적 예제를 실천한 증거이며, 조선 왕릉의 뿌리 찾기의 일환이다. 하지만 그동안 시조왕릉 또한 언제 어떻게 조성되어 조선시대 내내 어떻게 관리되었는지를 문헌으로 고증하고, 2011년부터 본 연구자가 북한과 공동연구를 통해 알게된 내용을 연구논문으로 발표하였다. 본고에서는 그동안 관심을 두지 않았던 조선 태조의 4대조릉을 부각시킬 예정이다.

셋째, 대한제국의 황제릉에 대한 연구 또한 조선왕릉에 대한 연구와 마찬가지로 2009년 이전과 2009년 이후로 구분할 수 있다. 대한제국은 1897년 고종이 대한제국을 선포한 이후 치러진 명성황후의 청량리 홍릉을 비롯하여, 1919년 고종황제의 금곡 홍릉, 1904년 순종비 순명황태자비의 유강원(1907년 순종의 황제 등극후 유릉으로 추봉), 1926년 순종의 금곡 유릉 등을 조성하였다.연구이다. 2009년 이전까지 이들 황제릉도 이전 김원룡의 논문을 토대로 별다른 고민이나 의심 없이 수용하였다. 그리하여 홍릉은 고종의 사후 1919년에, 유릉은 순종의 사후 1926년에 조성된 것으로 확신하였고, 일제 강점기에 식민지적 양식으로 제작되어 근대적 조각미술의 발전에 기여하지 못했다는 결론을 내리고 있었다.[24] 이러한 관행은 근대 미술사학자로서 홍릉과 유릉의 조각상을 연구한 조은정이 1998년 발표한 「20세기 황제릉 조각에 대한 연구」에서도 여실히 드러난다.[25] 그는 이 논문에서 홍릉 석조각의 제작연대나 제작 장인, 사용재료 및 유물실측 등을 상고하지 않은 채 기존의 형식 비교나 양식 연구를 답습한 채, 현존하는 석조각물 하나하나에 대한 수사학적 표현에만 힘쓴 나머지 많은 오류를 범하고 있다. 이러한 홍유릉의 위치 선정과 관련하여 풍수학계에서는 금곡을 일제 때 식민 풍수로 장지를 선정하여 민족의 정기를 훼손했다고 주장하며 금곡 홍릉은 1919년, 금곡 유릉은 1926년에 조성했다고 보았다.[26] 또

22) 정해득, 『조선 왕릉 제도 연구』, 신구문화사, 2013. 81-83쪽.

23) 장경희, 「조선 시조왕릉의 내부 의물 연구」, 『한국공예논총』vol.15 no.2, 2012.5.30. 9-26쪽; 장경희, 「조선 태조 이성계의 4대조 북도팔릉 연구」, 『동방학』제36집, 2017.2.28. 331-365쪽.

24) 문영빈, 「경기도의 왕릉」,『畿內陵園誌』, 경기도, 1988. 79~81쪽 ; 睦乙洙, 『畿內陵園誌』, 경기도, 1988. 157~81쪽 ; 윤범모.최열, 「경기도의 미술」, 『경기도의 문화와 예술』, 경기도사편찬위원회, 1997. 80쪽.

25) 조은정, 「20세기 황제릉 조각에 대한 연구」, 『근대미술사학』 6집, 청년사, 1998. 72-132쪽.

26) 한국문원편집실, 『문화유산 왕릉』, 한국문원, 1995, 322-331쪽 ; 장영훈, 『왕릉풍수와 조선의 역사』, 대원사 2000. 318-334쪽.

2001년에 출간한 한영우의 『명성황후와 대한제국』에서 명성황후의 국장 및 청량리 홍릉과 관련된 네 종류의 도감의궤를 면밀히 분석하였으나 금곡 홍릉의 석물은 1919년에 만든 것으로 오류를 범하였다.[27)]

한편 2006년부터 본 연구자는 조선왕실과 대한제국 황실의 국장도감의 운영, 도감의 예산과 장인의 노임, 국장의물의 종별과 수량, 국장의물의 양식적 특징 등을 고종시대에 거행된 철인왕후와 명성황후의 국장을 통해 밝힌 바 있다.[28)] 이를 토대로 2007년 본연구자는 홍릉에 대한 2편의 논문을 써서 금곡 홍릉이 대한제국의 유일한 황제릉임을 밝혔다. 본디 홍릉은 1897년 고종황제가 대한제국을 선포한 후 을미사변으로 2년 전 승하한 민왕후를 명성황후로 추존한 뒤 청량리에 조성한 홍릉에서 비롯하였다. 당시 고종황제는 자신의 수릉(壽陵)을 조성할 계획으로 중국 북경에 밀사까지 파견하여 중국 황제릉의 전범을 모사해 오되 우리나라의 풍토에 맞춰 규모를 축소하여 1899년부터 1901년까지 금곡에 황제릉을 조성하였으나 명성황후의 천릉할 길일을 잡다가 차일피일 미뤄졌다. 이후 1919년 고종의 사후 금곡 홍릉이 완성되었음을 밝혔다.[29)] 대한제국의 마지막 황제릉인 순종 유릉은 비록 석조각은 1926년 순종의 사후 1년 뒤인 1927년 5월 아이바 히코지로가 석상의 1/5 크기로 제작하였고, 현장에서 지도한 것은 기노시타 타몬[木下多聞]이었음을 밝힌 바 있다.[30)] 일본의 조각가가 1년간 제작한 일제 식민지 양식이지만, 침전을 비롯한 건물은 1904년 사망한 순명황태자비의 유강원에 조성하였던 것임을 밝혀내었다.[31)] 김이순은 2007년에는 홍릉과 유릉을 '조선의 황제릉'으로 보았다가, 이후 일제 강점기의 각종 사진 자료 등을 보완하여 고종황제의 홍릉만을 대한제국의 유일한 황제릉으로 연구하여 『대한제국의 황제릉』을 발간하였다.[32)]

넷째, 조선왕릉과 같은 시기 중국 명청대 황제릉에 대한 비교 연구이다. 그동안 이에 대해서는 미술사 분야에서 석조각 위주로 연구된 것이 대부분이다.[33)] 그러나 본고에서는 양자의 풍수격국, 능제의 구조, 능침과 건물 및 석조물에 대한 양식적 특징 등을 함께 살펴볼 것이다.

---

27) 한영우, 『명성황후와 대한제국』, 효형출판, 2001. 332쪽.

28) 장경희, 「고종시대 철인왕후와 명성황후의 국장의물 비교연구」, 『미술사의 정립과 확산』, 사회평론, 2006.3. 542-573쪽.

29) 장경희, 「고종황제의 금곡 홍릉 연구」, 『史叢』제64호, 역사학연구회, 2007.3. 1-70쪽 ; 장경희, 「고종황제 금곡 홍릉의 석조각 연구」, 『시각문화의 전통과 해석』, 예경, 2007.5, 509-535쪽.

30) 조은정, 「능묘조각」, 『경기도사』제7권, 경기도사편찬위원회, 2006. 72-132쪽.

31) 장경희, 「순종비 순명황태자비의 생애와 유릉 연구」, 『인물사연구』, 2007.2 183-227쪽.

32) 김이순, 「홍릉과 유릉의 석물조각」, 『미술사연구』 제21호, 미술사연구회, 2007, 295-328쪽 ; 김이순, 『대한제국 황제릉 연구』, 소와당, 2009.

33) 조인수, 「조선시대 왕릉의 현상과 특징 - 명청대 황릉과의 비교를 중심으로」, 『미술사학연구』제262호, 2009.6. 69-98쪽.

# 01

# 조선 국왕의 사후, 흉례도감의 왕릉 제작

# 1장 국장시, 도감의 설치와 운영

왕실의 오례행사 중 국왕과 왕후의 상장례를 치르는 국상(國喪)에 해당되는 국장(國葬), 빈전(殯殿)·혼전(魂殿), 산릉(山陵) 등의 흉례(凶禮)는, 국혼에 해당되는 가례(嘉禮)와 함께 가장 빈번하게 설행되었다. 이와 같은 흉례의식(凶禮儀式)은 선왕의 사후 신왕이 즉위하면 첫 번째 거행하는 의례로서, 현왕(現王)은 선왕의 국상과 관련되는 의례를 성공적으로 치름으로서 왕권이 안정적으로 승계되었음을 내외에 표방하고 있었다.[1] 그것은 양란을 치루고 난 어려운 시기에도 국가의 인력과 물력을 총동원하여 흉례 등 오례의식을 빈번하게 설행하여 왕실의 위의(威儀)를 과시하려 했던 것에서도 알게 된다.[2]

의물(儀物)이나 예기(禮器)를 제작하여 의식(儀式)을 치르던 권설도감은 동원된 인력이나 물자가 많고 적음에 따라 또는 의례의 비중에 따라 차등 있게 구분, 설치되는데,[3] 도감에서는 왕실을 장엄하고자 행사용 의물이나 예기를 당대 최고수준으로 제작해야 했다. 특히 흉례에 관련된 도감은 가장 많은 각방·각소 및 별설역소가 분설되는 등 오례 중 가장 많은 인력과 물력이 동원되었다.

## 1 흉례시 도감의 조직과 운영실태

국상과 관련된 흉례 관련 도감은 고려시대부터 찾을 수 있다. 1365년(공민왕 14) 2월, 노국공주가 사망하자 공민왕은 국장을 위해 왕복명(王福命)에게 국장을 주관하게 하고 4개의 도감(都監)과 13개의 색(色)을 설치하여 관련 업무를 분장하였다. 당시 설치된 도감은 빈전(殯殿), 국장(國葬), 조묘(造墓), 재실(齋室)이고, 13색은 산소(山所), 영반법(靈飯法), 위의(威儀), 상유

1) 1800년에 거행된 正祖의 국상을 예로 들면 1800년 6월 28일 正祖가 서거한 당일에 國葬都監이,(『正祖國葬都監儀軌』, 1800年, 규13634) 그 다음날에 殯殿.魂殿都監과(『正祖殯殿魂殿都監儀軌, 1800年, 규13637) 山陵都監이 구성되었다 (『正祖山陵都監儀軌』, 1800年, 규13640).

2) 朴炳善 編, 『奎章閣韓國本圖書解題』 史部1/2, Ⅳ집/Ⅴ집, 서울대학교 규장각, 1985, 509-526쪽/1-131쪽. 조선후기에 권설도감의 설치와 운영에 관한 기사는 각종 왕실 행사의 전말을 기록한 『儀軌』에서 파악되는데, 『의궤』는 1600년 『懿仁王后山陵都監儀軌』부터 1910년 『興王冊禮都監儀軌』까지 310년간 500여권이 규장각에 현존하고 있다. 의궤로 판단하면 조선후기에는 營建, 製造, 五禮의 세 분야의 도감이 주로 개설되었으며 그중 90% 이상이 凶禮를 비롯한 오례 관련 도감들이었다.

3) 『萬機要覽』 財用編 5, 權設都監條.

(桑楡), 이거(移居), 제기(祭器), 상복(喪服), 반혼(返魂), 복완소조(服玩小造), 관곽(棺槨), 묘실(墓室), 포진(鋪陳), 진영(眞影)이다.[4)]

### 1) 관리 운영조직과 책임자

조선시대에 국장을 총괄하는 총책임자는 총호사(摠護使)를 비롯하여 제조(提調), 도청(都廳), 낭청(郎廳) 및 감조관(監造官) 등에 의해 운영되었는데, 그 운영조직을 『의궤(儀軌)』에서 찾아 보면 다음과 같다.[5)]

| 구분 | 품계 | 국장도감 | 빈전혼전도감 | 산릉도감 |
|---|---|---|---|---|
| 所掌 | | 梓宮, 車轝, 冊寶, 服玩, 陵地, 明器, 吉凶儀仗, 喪遺, 鋪筵, 祭器, 祭奠, 返虞 | 襲殮, 成殯, 成服, 魂殿, 排備 | 玄宮, 丁字閣, 齋坊, 營造 |
| 摠護使 | 정1품 | 1인(左議政) | | |
| 提調 | 정2품 | 3인중(예조판서, 호조판서, 선공감 제조) | 3인중(공조판서, 선공감 제조) | 3인중 1인(예조판서) |
| 都廳 | 3-4품 | 2인 | 2인 | 2인 |
| 郎廳 | 4-6품 | 8인중 4인(예조, 공조, 선공감, 제용감) | 6인중 1인(예조낭청) | 10인중 2인(문신, 선공감) |
| 監造官 | | 7인+分差官3인 | 6인 | 4인+分差官3인 |

<조선후기 흉례 관련도감의 운영조직>

위 표에 의하면 흉례도감의 경우 총호사(摠護使)를 총책임자로 두었고,[6)] 국장도감, 빈전혼전도감, 산릉도감의 각각의 도감마다 각 3인씩의 제조(提調)를 책임자로 두었으며 실질적인 책임은 도청(都廳)과 낭청(郎廳)을 두는 이원적 관리체제였다.[7)] 그리고 도감의 도청, 낭청, 감조관(監造官) 아래에 실무행정이나 회계, 창고업무 등을 맡기기 위하여 서리(書吏), 서원(書員), 고직(庫直), 사령(使令), 수직군사(守直軍士)들을 배속하였다. 이들의 숫자는 치러야 할 행사의 종류나 그 규모에 따라 다소 차이를 보였다.

---

4) 『高麗史』卷89, 列傳第2 后妃2 魯國大將公主.

5) 흉례와 관련되는 의궤는 1744년 『國朝續五禮儀』가 편찬된 이후 그 체제가 정비되었다고 보아 해당 시기 전후의 의궤를 주로 참고하여 작성하였다. 『奎章閣韓國本圖書解題』 제4집/제5집, 史部1/史部2, 509-526쪽/1-131쪽.

6) 嘉禮의 총책임자가 都提調인데 비해 國喪을 총괄하는 총책임자는 摠護使라 부르며 左議政이 담당하게 하였다(『世宗實錄』 卷9, 2年 9月 甲戌條). 『古法典用語集』, 法制處, 1979, 805쪽. 摠護使.

7) 凶禮儀式을 거행하기 위해 殯殿都監, 國葬都監, 山陵都監의 3도감을 두고 각각 提調 3인씩을 두었고, 낭청은 각각 6인, 8인, 10인으로 두도록 하였다(『世宗實錄』 卷134, 五禮, 「凶禮儀式」 戒令). 하지만 조선후기의 郎廳의 경우 各所마다 임명되었고, 그 밑에 書吏를 비롯하여 군사까지 필요한대로 배속하였다.

도감 내의 각종 사무와 사환은 서리, 서원, 사령, 고직과 수직 등이 담당하고 있었는데 특히 별설한 별공작이나 분장흥고·분전설사에는 감조관에 상응하는 분차관(分差官)이 임명되는 점이 주목된다. 그리고 낭청 이하 수직군사에 이르는 도감의 하부 운영조직에 해당되는 인원의 숫자는 국장도감, 빈전혼전도감, 산릉도감 등의 각 도감마다 업무의 성격에 따라 차이를 보였고, 시기에 따라서도 달라졌다. 일례로 1800년의 정조국장도감의 경우를 예시하면 다음과 같다.

| 제작처 | 郎廳 | 監造官 | 書吏 | 書員 | 庫直 | 使令 | 軍士;守直/捕盜 |
|---|---|---|---|---|---|---|---|
| 1방 | 2인/工曹佐郎1,濟用監判官1 | 2인/司饔院直長1,內贍寺直長1 | 6명/禮曹2, 刑曹1,工曹2, 漢城府1 | 2명/典牲暑1, 衛將所1 | 1명/軍器寺1 | 5명/戶曹,平市署,內贍寺,司䆃寺,衛將所 | 守直;4명/捕盜;2명 |
| 2방 | 2인/戶曹佐郎1,禮曹佐郎1 | 1인/內贍寺 直長 | 5명/兵曹3, 刑曹1,忠勳府1 | 2명/司宰監1, 司䆃寺1 | 1명/兵曹1 | 4명/戶曹1,軍器寺1,廣興倉1,衛將所1 | 守直;4명/捕盜;2명 |
| 3방 | 2인/예조정랑1, 繕工監副正1 | 1인/繕工監副奉事 | 5명/병조2, 형조1,호조2 | 2명/제용감2 | 1명/병조 | 4명/兵曹,軍資監,衛仗소,司䆃寺 | 守直;4명/捕盜;2명 |
| 虞主所;(隷於 3방) | | 1;奉常寺 正 | | 2명 | 1명 | 1명 | |
| 表石所;(隷於 3방) | | 1;奉常寺 奉事 | | 3명 | 1명 | 1명 | 守直;2명/捕盜;2명 |
| 誌石所;(隷於 3방) | | 1;奉常寺 奉事 | | 3명 | 1명 | 1명 | 守直;2명/捕盜;2명 |
| 別工作 | | 分差官1; 繕工監監役 | | 1명 | 1명 | 1명 | |
| 分長興庫 | | 分差官1; 內贍寺奉事 | | 1명 | 1명 | 1명 | |
| 分典設司 | | 分差官1; 別檢1 | | 2명 | 1명 | 1명 | |

<正祖國葬都監의 하부 운영조직>

흉례와 관련된 도감은 하부기구가 세분되어 있으며 제작해야할 의물과 예기의 가짓수도 많았다. 그리고 화원(畵員)은 의물 중 중요품은 반드시 도식(圖式)을 그려 의례를 장엄하였으며 그러한 도설(圖說)이 『의궤』에 풍부하게 기입되는 것을 알 수 있다. 의물과 예기의 제작은 언제나 선례(先例)를 상고하여 그것을 토대로 화원이 기화(起畵)한 '본(本)'에 의거하여 '견양(見樣)'을 만들었다[8]. 왕실의 흉례 행사에 대한 전말을 기록한 『의궤』는 그림이 설명과 함께 철해진 도설첩(圖說帖)

8) 張慶姬, 「燕山君朝 王室工藝品의 製作硏究」, 『重山 鄭德基博士 華甲紀念 韓國史學論叢』, 경인문화사, 1996.12, 503-532쪽. 『燕山君日記』의 여러 기록을 토대로 見樣에 의해 왕실공예품이 제작되는 과정을 도출해 보았는데, 이 때 '見樣'은 '本'이나 '샘플'을 의미하며 제작할 공예품의 칫수나 모양 등의 구체적인 표본을 가리킨다.

으로서 유교적 예치형식을 훗날에 전달하는 역할을 수행하였으니, 곧 화원은 의물 제작 초기의 기화와 마무리단계에도 참여하여『의궤』의 도설을 남겼거니와 그들의 기화와 도설은 왕실미술품의 제작과정이 언제나 법도에 맞도록 유지시킨 제도적 장치였다. 의물은 장인들의 솜씨와 기술로서 완성되지만 그것은 화원의 미적 감각이 기저에 깔려 있어 예술적 가치를 함유하는 것이라 할 수 있다.

| 도감 | 방 / 소 | 소장 의물 | 도설 / 도식 |
|---|---|---|---|
| 국장 도감 | 1방 | 大轝諸具, 肩轝諸具, 外梓宮轝諸具, 神輦, 神轝, 副輦, 平轎子, 靈座諸具, 各樣腰彩轝, 香亭子, 輪轝, 車子 | 大轝, 肩轝, 椅子, 朱簾, 香佐兒, 欄干平床, 箭平床 |
| | 2방 | 吉儀仗, 凶儀仗, 服玩, 明器, 鋪筵 | x |
| | 3방 | 諡冊, 諡寶, 哀冊, 贈玉, 贈帛, 翣扇, 輓章, 祭器鑄成 | 諡冊, 哀冊, 諡印, 贈玉, 贈帛, 翣扇, 輓章, 祭器 |
| | 虞主所 | 虞主 | x |
| | 表石所 | 表石 | 表石 |
| | 誌石所 | 誌石 | 誌石 |
| | 別工作 | 大轝 以下 各種 儀物假家 都監員役工匠假家 各樣木物造作進拜, 各樣鐵物打造進排, 攢宮添補閣(以上 興華城內處自本邑造作) | x |
| | 分長興庫 | 各樣雨備造作, 鋪陳, 內排造作 | x |
| | 分典設司 | 各樣遮日, 遮帳 | x |
| 산릉 도감 | 三物所 | 陵上閣, 隨道閣, 轆轤, 別造轆轤 | 陵上閣, 陵上閣立柱, 加道里, 隨道閣, 轆轤, 別造轆轤 |
| | 造成所 | 丁字閣, 攢宮, 四獸, 回南首平床, 神御平床, 吉帷宮, 帷門, 齋室, 假齋室, 內人假家 | 丁字閣, 攢宮, 四獸, 回南首平床, 神御平床, 吉帷宮, 帷門, 齋室, 假齋室, 內人假家 |
| | 大浮石所 | 掩磚石, 面磚石, 隅磚石, 竹石, 童子石柱, 石柱, 面磚石隅磚石連排, 磚石上案欄干石, 石床, 長明燈, 石虎, 石羊, 望柱石, 文石人, 武石人, 石馬, 坐向石, 誌石函, 退壙排設, 碑石 | 掩磚石, 面磚石, 隅磚石, 竹石, 童子石柱, 石柱, 面磚石隅磚石連排, 磚石上案欄干石, 石床, 長明燈, 石虎, 石羊, 望柱石, 文石人, 武石人, 石馬, 坐向石, 誌石函, 退壙排設, 碑石 |
| 빈전 혼전 도감 | 1방 | 素扇, 素盖, 銘旌, 銘旌趺, 靈座, 滿頂骨,高欄平床, 攢宮, 靈寢滿頂骨 | 素扇圖, 素盖圖, 銘旌圖, 銘旌趺圖, 靈座, 滿頂骨圖,高欄平床圖, 攢宮圖, 靈寢滿頂骨圖 |
| | 2방 | 唐家, 神榻, 素扇, 青蓋 | 唐家, 神榻, 素扇, 青蓋 |
| | 3방 | 攢室, 銘旌, 素扇, 素盖 | 攢室, 銘旌, 素扇, 素盖 |
| | 別工作 | 靈座平牀幄, 小欄平牀, 冊印欌, 文交椅, 靈寢平牀 | 靈座平牀幄, 小欄平牀, 冊印欌, 文交椅, 靈寢平牀 |

<흉례 관련 도감의 각방 · 각소의 분장의물과 도설 · 도식>

일례로 국장도감의 各房에서 제작한 의물의 종류와 수량은 각방의 「조작질(造作秩)」에 의해 파악될 수 있다[9]. 1방에서 제작한 의물은 형태가 크고 의물로서의 비중도 큰 연여류(輦轝類)로서 대여(大轝), 견여(肩轝), 외재궁여(外梓宮轝), 신연(神輦), 신여(神轝), 부연(副輦), 편교자(平轎子), 영좌(靈座), 각양 요채여(腰彩轝), 향정자(香亭子), 윤여(輪轝), 차자(車子)이다. 1방에서 제작한 연여의 종류와 수량은 39종이고, 그것들은 각각 1개 내지 2개, 많게는 10여개를 제작하고 있었다.

2방에서 제작해야 하는 의물은 길의장(吉儀仗), 흉의장(凶儀仗), 복완(服玩), 명기(明器), 포연(鋪筵)으로 대별되며, 이것들은 새로 만들어 준비하거나 의장고(儀仗庫)에 보관된 것을 수보하여 사용하였다.[10] 우선 길의장은 대개 기치류(旗幟類)와 산개류(傘蓋類)로 도감에서 새로 만들거나, 그림이나 도금[付金]을 고치거나, 옛 것을 약간 보수하여 사용하였다. 이처럼 2방에서는 길의장 78종, 흉의장 3종, 복완 14종, 명기 39종, 포연 12종 등 총 146종으로 다종다양한 품종의 의물을 제작하였으며, 제작해야 할 갯수는 각 의물마다 달랐지만 적게는 한 개에서 많게는 12개 정도로서 전체적으로 방대한 양이 필요하였다.

한편 2방에 별설된 분장흥고(分長興庫)에서는 각종 우비류(雨備類)와 진설(陳設)에 소용되는 의물을 필요로 하였다[11]. 이처럼 분장흥고에서는 기름을 두텁게 먹인 후유지(厚油紙)와 도련초지(搗鍊草紙) 및 유둔(油芚)을 우비용으로 사용하여 연여를 비롯한 총 28종의 의물이 비에 젖지 않도록 가렸으며, 이때 사용된 종이의 양은 6卷 476張이었다.

### 2) 도감의 장인변수와 감독 체제

도감에서는 흉례의 의물에 따라 제작처를 세분하였다. 해당 제작처에는 작업을 주관하는 도청(郎廳)이 상주하였지만, 의물의 실제 제작과정에서 도변수(都邊首) 및 변수(邊首)가 장인들을 통제, 감독하였다. 변수는 제작공정의 일부를 책임진 우두머리로 대개 장인들 중에서 오랜 기간 동안 작업에 참여했던 사람들이었다[12]. 조선후기 흉례 관련 『의궤』에서 도감의 도변수나 변수로 참여한 이들을 연대순으로 간추려 보면 다음과 같다.

9) 『正祖國葬都監儀軌』, 1800年, 규13634. 卷2, 1房 「造作秩」.

10) 『正祖國葬都監儀軌』, 卷2, 2房 「造作秩」.

11) 『正祖國葬都監儀軌』, 卷3, 分長興庫, 「各樣雨備造作秩」, 「陳設秩」. 國葬都監에서 사용한 종이류는 행사가 끝나면 모두 태워 없앴다.

12) 金東旭, 「大木」, 『韓國建築工匠史研究』, 기문당, 1993. 119-139쪽. 건축사의 연구에 의하면 16세기 이전의 왕실 史料에서는 大木이라는 용어가 사용되었으나, 16세기부터 '邊首'라는 용어가 등장하였고 17세기의 官營建築의 영건도감을 비롯한 각종 도감에서는 工匠組織의 우두머리를 일컫는 말로 일관되었다고 한다.

| 년도 | 도감 | 대상 | 匠色에 따른 邊首 | 都邊首 | 소장번호 |
|---|---|---|---|---|---|
| 1600 | 산릉 | 의인왕후 | 木手 | | 규14826 |
| 1608 | 천릉 | 선조목릉 | 木手,泥匠,盖匠,漆匠,冶匠,石手,彫刻匠 | | 규13515 |
| 1609 | 수개 | 목릉 | 莎土匠,盖匠 | | 규13514 |
| 1627 | 예장 | 원종 | 莎土匠,石手,車匠,彫刻匠,人丁冶匠 | | 규13518 |
| 1630 | 천릉 | 선조목릉 | 木手,泥匠,盖匠,漆匠,冶匠,石手,彫刻匠 | | 규13515 |
| 1632 | 산릉 | 인목왕후 | 莎土匠,木手,泥匠,盖匠,冶匠,石手,車匠 | | 규13517 |
| 1645 | 묘소 | 소현세자 | 冶匠,石手,彫刻匠,冶匠,木手,甕家 | | 규13920 |
| 1649 | 산릉 | 인조장릉 | 機械匠,木手,泥匠,盖匠,蘆簟匠,冶匠,石手,彫刻匠 | 石手 | 규15074 |
| 1659 | 산릉 | 효종영릉 | 機械匠,冶匠,石手,木手 | 石手 | 규15075 |
| 1684 | 산릉 | 명성왕후 | 木手,莎土匠,冶匠,石手,瓦匠 | | 규14832 |
| 1698 | 봉릉 | 사릉 | 莎土匠,丁字閣木手,齋室木手,泥匠,盖匠,彫刻匠,漆匠,<br>冶匠,石手,船匠,車匠 | | 규14821 |
| 1698 | 봉릉 | 장릉 | 木手,齋室木手,冶匠,石手,京瓦匠,船匠,車匠 | | 규14830 |
| 1718 | 봉묘 | 민회빈 | 莎土匠,冶匠,石手,瓦匠 | | 규14837 |
| 1722 | 추배 | 혜릉 | 石手副邊首,石手,口禾匠 | | 규14940 |
| 1730 | 산릉 | 선의왕후 | 冶匠,石手,瓦署 | | 규14823 |
| 1739 | 봉릉 | 온릉 | 莎土匠 | | 규14831 |
| 1755 | 봉원 | 순회세자 | 石手,口禾匠,冶匠,注匠 | 積訥匠 | 규13493 |
| 1757 | 산릉 | 인원왕후 | 石手 | | 규13560 |
| 1757 | 산릉 | 정성왕후 | 莎土匠,石手 | | 규13591 |
| 1776 | 산릉 | 영조원릉 | 莎土匠,冶匠 | | 규13586 |
| 1786 | 예장 | 문효세자 | 誌石燔造,竹散馬匠 | | 규13921 |
| 1789 | 천봉 | 장조영우원 | 大轝木手,肩轝木手,外梓宮轝木手,肩轝小木匠 | | 규13624 |
| 1789 | 원소 | 장조현륭원 | 莎土匠 | | 규13627 |
| 1789 | 천원 | 장조현륭원 | | 莎土匠 | 규13629 |
| 1816 | 원소 | 헌경후현륭원 | 莎土匠,木手,石手 | | 규13616 |
| 1821 | 천봉 | 정조건릉 | | 瓦匠 | 규13662 |
| 1823 | 원소 | 수빈휘경원 | 莎土匠,石手 | | 규13936 |
| 1849 | 산릉 | 헌종경릉 | 莎土匠,木手,石手 | | 규13791 |
| 1857 | 산릉 | 순원왕후 | 石手 | | 규13694 |
| 1863 | 천봉 | 수빈휘경원 | 甕家,行室,假家 | | 규13956 |
| 1864 | 산릉 | 철종예릉 | 莎土匠,木手,木手,石手 | | 규13851 |

<흉례도감의 도변수와 변수>

위 표에 의하면 각색 장인들 중 변수의 위치에 가장 많이 오르는 장색은 첫째, 노동집약적인 작업분야였다. 즉 목수, 석수, 야장, 조각장, 미장이[泥匠], 개와장[盖匠], 사토장(莎土匠), 칠장, 차장(車匠), 유기장[鍮匠], 기계장(機械匠), 소로장(小爐匠) 등이 이에 해당된다. 특히 지게꾼에 해당되는 지게장[岐鉅匠], 톱질쟁이인 인거장(引鉅匠), 걸터메고 나르는 걸거장(乬鉅匠) 등과 같이 기능이 비교적 단순하면서도 다수의 인원을 동원해야 하는 장색들이었다[13]. 이들 장색에는 동원된 인원이 많아서 작업을 원활하게 진행하기 위해서 조직체제와 명령계통을 확실히 통제하는 변수가 필요했다. 화업의 경우 도감에서 화원이 그린 기화를 토대로 단순히 채색하는 단청작업에 다수의 화승을 동원하였기 때문에 화승변수가 있었던 것도 마찬가지이다[14].

둘째, 기술 집약적인 분야의 장색에도 변수들을 두었다. 유장, 칠장, 구화장, 화장, 사지석장 등과 같이 여러 명의 장인이 분업해서 작업하거나 칠장, 진칠장, 가칠장처럼 기술적으로 까다롭거나, 은장이나 주렴장, 시장, 산릐장, 청옥장, 천혈장 등 뛰어난 솜씨를 요구하는 경우에는 따로 변수를 두고 있다. 가령 산릉도감의 목수는 정자각이나 재실을 가설할 때[15] 옹가와 행실 및 가가를 설치할 때 이들을 주관할 목수변수를 두었다[16].

셋째, 특정 의물에는 특장이 있는 전문 장색의 변수를 두었다. 흉례에서 선왕의 시신을 운반하는 연여는 그 행렬을 장엄하며 일반인들의 시선을 모을 수 있는 중요한 의물이었다. 이 연여는 그 종류와 등급에 따라 작업에 동원된 장인의 위상도 달랐다. 예를 들어 1718년의 예장도감에서 대여를 제작한 목수들은 변수를 비롯하여 모두 상의원에서 차출하였고, 소여 담당 목수는 내수사와 훈련도감에서 차출하였으며, 윤여를 제작할 목수들은 사공을 동원하였다[17]. 장인이 소속관청에 따라 상의원, 내수사, 훈련도감의 장인순으로 기술적 우열을 차등화하듯이, 연여로서는 대여가 의물로서의 비중이 가장 높았고, 소여과 재궁을 밀어서 옮기는 단순한 기능을 지닌 윤여는 그보다 비중이 낮았다.

13) 岐鉅匠, 引鉅匠, 乬鉅匠 등은 岐鉅軍, 引鉅軍, 乬鉅軍으로도 표기되며 보통 "몇 牌"라하여 여러명이 동시에 작업하였는데, 예를 들어 大引鉅匠은 5명이 1牌이며 小引鉅匠은 2명이 1牌이었다.

14) 『園幸乙卯整理儀軌』, 1795年, 규14532. 「靈槐臺碑役後 賞典」 "畵僧 邊首 ; 雙手 (公州), 僧初, 戒云 (以上 高山), 保順 (鴻山)."

15) 『思陵奉陵都監儀軌』, 1698年, 규14821 ; 『長陵奉陵都監儀軌』, 1698年, 규14830.

16) 『顯穆綏嬪徽慶園遷奉都監儀軌』, 1863年, 규13956.

17) 『端懿嬪禮葬都監儀軌』, 1718年, 규13573. 木手 ; 李太白(大轝 邊首), 李貴同, 李世俊 (以上 尙方) / 趙貴宗 (輪轝 邊首), 金忢先, 李信己 (以上 私工) / 吳儉先 (小轝 邊首), 李太辰, 朴順奉, 朴斗漢, 崔廷萬, 崔俊平, 金士萬, 朴莫山, 安斗萬 (以上 內司), 朴辰雄 (訓局).

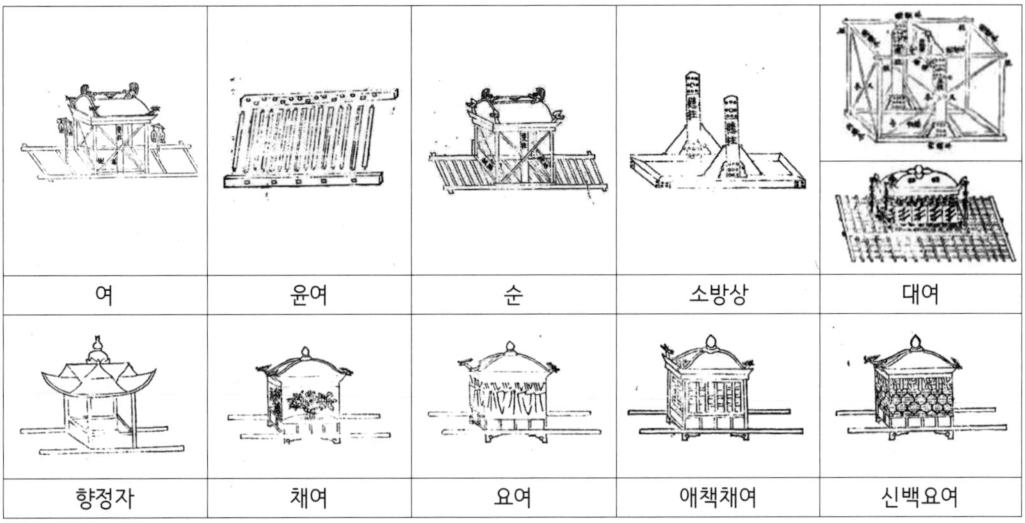


<다종다양한 연여류 도설>

흉례도감에서 시각적인 효과와 미적인 가치를 지닌 의물은 형태와 부피가 비교적 크고 조각적 솜씨가 요구되는 석물이었다. 이들 석물의 제작과정을 책임졌던 석수변수들 중에서 18세기 말부터 19세기 중엽까지 면천을 원하였던 총 10명의 변수 명단은 다음과 같다.

| 연대 | 도감 | 대상 | 제작처 | 免賤을 원한 邊首와 匠色 | 소장번호 |
|---|---|---|---|---|---|
| 1789 | 원소 | 현륭원 | 대부석소 | 石手; 鄭有福, 崔得大 | 규13627 |
| | | | 소부석소 | 石手; 韓時雄 | |
| 1798 | 천원 | 현륭원 | 대부석소 | 石手; 金大輝, 鄭有福, 崔得大 | 규13629 |
| | | | 소부석소 | 石手; 韓時雄 | |
| 1795 | 원행 | 정조 | 靈槐臺碑 | 石手; 尹時文 / 木手; 權才興 | 규14532 |
| 1800 | 산릉 | 정조건릉 | 번와소 | 石手; 鄭有福 | 규13640 |
| 1816 | 원소 | 현륭원 | 대부석소 | 石手; 朴尙吉, 安光賢 | 규13616 |
| 1823 | 원소 | 휘경원 | 대부석소 | 石手; 安光賢 | 규13936 |
| 1835 | 산릉 | 순조인릉 | 조성소 | 石手; 林元哲 | 규13677 |
| 1835 | 산릉 | 순조인릉 | 대부석소 | 石手; 張聖福 | |
| 1864 | 산릉 | 철종예릉 | 대부석소 | 石手; 張聖福 | 규13851 |

<"自願免賤"한 石手邊首>

스스로 면천되기를 원한 석수변수들을 연대순으로 열거하면 1789년의 정유복(鄭有福)과 최

득대(崔得大), 한시웅(韓時雄)을 비롯하여, 김대휘(金大輝), 윤시문(尹時文), 권재흥(權才興), 박상길(朴尙吉), 안광현(安光賢), 임원철(林元哲), 장성복(張聖福) 등이다. 이들 중 1795년의 도감에 참여한 권재흥(權才興)만이 목수로서 예외일 뿐, 나머지 장인들은 모두 능묘를 조성한 산릉이나 원소도감의 대부석소에서 석조의물을 제작하는데 참여한 석수들이었다. 10명의 변수들 중 권재흥은 단 한번의 기록에 올랐고 나머지 변수들 중 정유복, 최득대, 한시웅, 안광현, 장성복은 두세차례 면천을 요구하고 있어 주목된다. 이들이 어떤 종류의 도감에 몇 차례나 차출되어 어느 정도의 기간동안 활동하였는지는 다음의 표와 같다.

| 장인명 | 활동기간 | 도감(연대;소장번호) / * ; "自願免賤"의 병기 |
|---|---|---|
| 鄭有福 | 1757-1801 | 仁元王后山陵都監(1757;규13560)/ 貞聖王后山陵都監(1757;규13591)/ 顯隆園園所都監(1789;규13627)*/ 顯隆園遷園都監(1789;13629)*/ 正祖殯殿魂殿都監(1800;규13637)/ 正祖健陵山陵都監(1800;규13640)/ 定宗大王胎室石欄干造排都監(1801;규13967) |
| 韓時雄 | 1757-1796 | 仁元王后山陵都監(1757;규13560)/ 貞聖王后山陵都監(1757;규13591)/ 健元陵丁字閣重修都監(1764;규13500)/ 垂恩墓營建廳(1764;규13631)/ 文孝世子墓所都監(1786;규13925)/ 顯隆園園所都監(1789;규13627)*/ 顯隆園遷園都監(1789;13629)*/ 文禧墓營建廳謄錄(1790;규13926)/ 華城城役(1796;규14586) |
| 金大輝 | 1757-1789 | 仁元王后山陵都監(1757;규13560)/ 貞聖王后山陵都監(1757;규13591)/ 健元陵丁字閣重修都監(1764;규13500)/ 英祖元陵山陵都監(1776;규13586)/ 元陵改修都監(1783;규13601) / 文孝世子墓所都監(1786;규13925)/ 永祐園遷奉都監(1789;규13624)/ 顯隆園園所都監(1789;13627)/ 顯隆園遷園都監(1789;13629)* |
| 崔得大 | 1777-1789 | 眞宗追崇都監(1777;규13327)/ 英祖貞純后祔廟都監(1778;규13587)/ 文孝世子殯宮魂宮都監(1786;규13923)/ 永祐園遷奉都監(1789;규13624)/ 顯隆園園所都監(1789;규13627)*/ 顯隆園遷園都監(1789;13629)* |
| 尹時文 | 1789-1796 | 顯隆園園所都監(1789;규13629)/ 顯隆園遷園都監(1789;규13629)/ 園幸乙卯整理儀軌(1795;14532)*/ 華城城役(1796;규14586) |
| 朴尙吉 | 1786-1816 | 文孝世子墓所都監(1786;규13925)/ 顯隆園園所都監(1789;규13629)/ 顯隆園遷園都監(1789;규13629)/ 華城城役(1796;규14586)/ 正祖健陵山陵都監(1800;규13640)/ 仁政殿營建都監(1804;규14334)/ 貞純王后元陵山陵都監(1805;규13597)/顯隆園園所都監(1816;규13616)* |
| 安光賢 | 1823-1831 | 顯隆園園所都監(1816/규13616)*/ 徽慶園園所都監(1823;규13936)*/ 西闕營建都監(1831;규14350) |
| 林元哲 | 1831-1836 | 西闕營建都監(1831;규14350)/ 昌德宮營建都監(1834;규14318)/ 昌慶宮營建都監(1834;규14324)/ 純祖仁陵山陵(1835;규13677)*/ 宗廟永寧殿增修都監(1836;규14226) |

<石手邊首들의 활동시기와 도감>

위 표에 의하면, 경석수로서 활동 연대가 가장 일렀던 석수가 정유복이다. 정유복의 경우 1757년부터 1801년까지 44년동안 일곱 차례나 도감에 참여하였는데, 면천을 원했던 기록은 1789년과 1800년에 두차례 나타난다. 그리고 그는 1800년에는 변수로서 참여하였으며 1801년

에는 도변수의 직책을 맡았고 가선첩을 받았다. 한시웅과 김대휘는 1757년부터 아홉 차례 도감에 참여하였으며 주로 석조의물을 조성하는 산릉도감의 대부석소에서 석수로 계속 참여하였다. 이 두 사람 모두 1789년의 두 차례 도감에서 면천을 요구하였으며 한성부의 동부에 거주하던 한시웅의 경우 1796년에는 경변수로서 화성의 성역에 참여키도 하였다. 면천과 관련된 기록에서 이른 시기부터 보이는 최득대의 경우에는 그 활동시기가 앞서의 세 사람보다 조금 늦어 1777년부터 1789년까지 12년동안 다섯 차례나 참여하였으며[18] 처음에는 수리소나 혼전도감 등에 참여하다가 1789년에야 비로소 대부석소에서 석조의물을 다루는 업무를 담당하였다.

한편 한성부의 중부에 거주하던 내수사 소속의 경공장인 박상길은 1786년부터 1816년까지 30년간 여덟 도감에 차출되었는데 그도 또한 뒤에는 석조의물의 조성에 간여하고 있었다. 특히 1800년의 정조건릉산릉도감에서는 석조의물을 주로 제작하던 '대부석소'에 박상길과 함께 앞서 언급한 정유복이 합류하고 있는데, 이 건릉의 석물을 조성한 대부석소의 감독자는 3인의 낭청들이었다[19]. 이들은 1800년 7월 20일 낭청의 인솔하여 수원의 부석소에 도착하였으며 9월 19일에 25마리의 소로 문무인석용 돌을 운반하여 9월 22일에 마정작업에 착수하였고, 10월 26일 문무인석과 장명등 및 마석을 운반하여 수도각의 좌우에 놓았으니 문무인석의 조각작업이 1달여만에 끝난 것이며, 11월 1일에 드디어 문무인석을 능 앞에 세웠다[20]. 현재 건릉의 석조의물은 『의궤』 중의 문석인도와 무석인도를 비롯한 각종 석물의 도식으로 볼 수 있는데[21], 「공장질」에는 화원이 명기되어 있지 않았지만 좌목에 화원 박유성(朴維城)이 석각간역으로 있었던 점으로 미루어 볼 때 박유성이 기화한 것으로 여겨진다. 곧 건릉에 세워져 있는 문인석상과 무인석상은 박유성이 지휘하여 정유복과 박상길을 포함한 총 145명의 석수가 작업한 것임을 알 수 있다[22]. 이 문무인석상에서 볼 수 있는 사실적인 조각수법과 안정감있는 형태는 19세기 초 왕실 조각의 전형이자 하나의 표본이었다고 생각된다.

이처럼 면천을 원한 경석수들은 대부분 흉례와 관계된 도감에 차출되어 조각적 솜씨가 필요

18) 崔得大는 흔한 이름이어서 儀軌의 기록에서 同名이면서 다른 匠色에서 활동한 장인이 있음을 확인할 수 있었다. 刀子匠이나 ロ禾匠 및 鎖鑰匠으로 활약한 또 다른 崔得大의 경우 1772년부터 1804년까지의 다음과 같은 기록에 보인다. (『顯宗追尊號英祖四尊號上號都監儀軌』, 1772年, 규13296. 「1房 工匠秩」, 刀子匠 ; 『正祖健陵山陵都監儀軌』, 1800年, 규13640. 「3房 工匠秩」, ロ禾匠 ; 『英祖貞純后八尊號加上都監儀軌』, 1804年, 규13322. 「1房 工匠秩」, 鎖鑰匠).

19) 『正祖健陵山陵都監儀軌』, 1800年, 규13642. 卷2, 大浮石所. 座目에 의하면 朗廳은 副司果 洪樂正, 戶曹佐郎 尹耆東(7/10 遞), 副司果 林性運이었고, 別看役 1인과 京看役 5인, 石刻 看役 1인 그리고 鄕領役牌將 3인과 書吏 4인(刑曹 2인, 軍器寺 1인, 兵曹 1인), 庫職 1인, 使令 3명, 守直 2명을 두었다.

20) 『正祖健陵山陵都監儀軌』, 卷2, 大浮石所. 「時日條」.

21) 健陵은 사적 제 206호로 지정되어 있으며, 현재 경기도 화성군 안룡면 안녕리에 위치한 조선 22대 正祖와 孝懿王后 김씨의 능을 합설한 同陵二室墓이다.

22) 『正祖健陵山陵都監儀軌』, 1800年, 규13642. 卷2, 大浮石所 「工匠秩」. 해당 제작소에는 石手 이외에 冶匠 13명, ロ禾匠 51명, 刻手 5명, 泥匠 3명, 盖匠 1명의 장인과 磨正軍 25명, 募軍 270명이 동원되었다.

한 능묘의 석조의물을 제작했던 석수였던 데 비해 안광현(安光賢)과 임원철(林元哲)은 영건도감에 주로 차출되어 서로 비교된다. 안광현이 의궤에 처음 나타난 1823년의 도감에서는 위에서 언급한 경석수들처럼 능묘의 석조의물을 조성하면서 면천을 원했지만 1831년에는 서궐의 영건도감에 간여하고 있었다. 특히 임원철의 경우 1835년에 순조인릉의 석조의물 제작에 참여하지만 다른 경석수들과 달리 1831년부터 1836년까지 6년 동안 서궐이나 창덕궁, 창경궁과 같이 궁궐을 영건, 개수하려고 세운 도감에 차출되어 궁궐 내 석물의 조각을 담당했던 중요한 인물로 추정된다. 그는 1831년에는 삼영의 변수 석수였으며 1836년에는 도변수 석수로 승진하여 궁궐 내 영건도감에서 석물조각을 책임진 석수의 우두머리였음을 확인할 수 있다. 한편 면천을 요구한 석수변수들은 대부분 경공장이었는데 윤시문만 유일하게 외공장으로서 남포에 거주하였다. 그는 1789년의 기록부터 보이기 시작하며 1796년까지 7년간 4곳의 도감에서 활약을 하였으며 그 또한 나머지 석수들과 비슷하게 능묘의 조성에 참여하여 석조의물의 조각에 참여하였다.

이상과 같이 제작해야할 의물이나 기술적 난이도에 따라 변수를 많이 두던 경향은 18세기 들어서면 건축 분야에만 제한되었다. 그러나 1750년경부터 1800년경까지 흉례 관계 도감에 차출되었고 면천을 요구한 대부분의 변수들은 경석수로서 능묘의 석조의물을 주로 제작하였다. 그리고 19세기에는 대규모 인원을 관장할 석수와 목수에만 변수를 두는 추세가 대한 제국기까지 이어졌다.[23)]

흉례 관련 도감에서는 어떤 장색이 어떤 도감에서 활동을 했는지 현존하는 1600년부터 1910년까지의 『의궤』에 의거하여 작성해 보았다.

표에 의하면 조선후기의 흉례도감에서 활동한 장색은 총 270여종으로서, 국장, 예장, 빈전혼전, 산릉의 네 도감에 모두 참여한 장색은 58종이고, 세 도감에는 36종, 두 도감에는 70종, 한 도감에는 102종이었다. 그러나 실제 의궤 책에는 이보다 훨씬 더 많은 장색의 명칭이 기록되어 있지만,[24)] 여기에서는 같은 장색이면서 발음이 약간 다르다거나 의미를 좀더 분명히 하고자 접미사를 첨가한 경우 하나의 장색으로 묶어서 분류하였다. 예를 들면 표면을 매끈하게 가는 '갈이장'의 경우 발음을 이두식으로 표기하여 '乫里匠', '乫伊匠', '乫只匠'등으로 표기하거나, '蹄刻匠'과 '除刻匠'그리고 '筒匠'과 '桶匠'등도 같은 장색이었다. 그밖에 개념을 확실히 하려고 접미어

23) 『丁亥進饌儀軌』, 1887年, 규14405. 간혹 기술에 따라 특정 장색에 변수를 두어, 일례로 1887년 乾淸宮에 계단을 놓을 때 木手를 비롯하여 假漆匠, 屛風匠, 船匠, 岐鉅匠, 條里匠, 乶鉅匠, 茵席匠, 洋鐵匠 등 작업과정마다 각각의 邊首를 둔 것을 들 수 있다.

24) 흉례와 관련된 각 도감에 분설된 제작처마다 다양한 장색의 장인이 동원되었는데, 해당 의궤 전체를 살핀 결과 國葬都監에 가장 많은 212종, 禮葬都監에는 210종, 祔廟都監 138종, 殯殿魂殿都監 102종이 참여하였다. 이러한 장색의 차이는 도감의 비중이나 성격과도 연관이 되는 것이다.

**약호보기 ; ㄱ;국장 / ㅂ;빈전혼전 / ㅅ ; 산릉 / ㅇ;예장**

| | |
|---|---|
| 假漆斜笠匠 | ㄱ |
| 假漆匠 | ㄱ,ㅂ,ㅅ,ㅇ |
| 刻手(匠) | ㄱ,ㅂ,ㅅ,ㅇ |
| 刻字匠 | ㅂ,ㅇ |
| 乫里[伊,只]匠 | ㅇ |
| 匣衣匠 | ㄱ |
| 甲冑匠 | ㄱ,ㅇ |
| 盖(兒)匠 | ㄱ,ㅂ,ㅅ,ㅇ |
| 蓋瓦匠 | ㅅ |
| 乬鉅匠[軍] | ㄱ,ㅂ,ㅅ,ㅇ |
| 結索匠 | ㄱ |
| 結繩匠 | ㄱ,ㅇ |
| 供床匠 | ㅂ |
| 裹盘匠 | ㄱ,ㅂ,ㅅ,ㅇ |
| 裹皮匠 | ㄱ,ㅂ,ㅅ,ㅇ |
| 棺槨 | ㄱ,ㅇ |
| 貫子匠 | ㄱ,ㅂ,ㅅ,ㅇ |
| 棺匠 | ㄱ |
| 教命繪匠 | ㄱ |
| 轎子匠 | ㄱ,ㅇ |
| 菊(掬)耳匠 | ㄱ,ㄹ |
| 弓匠[人] | ㄱ,ㅂ,ㅅ,ㅇ |
| 權爐匠 | ㄱ,ㅂ,ㅅ |
| 均字匠 | ㅇ |
| 金匠 | ㄱ,ㅂ,ㅇ, |
| 金箋紙匠 | ㄱ |
| 岐鉅匠[軍] | ㄱ,ㅂ,ㅅ,ㅇ |
| 機械匠 | ㅂ,ㅅ |
| 旗匠 | ㄱ,ㅅ |
| 羅拂匠 | ㄱ |
| 羅兀匠 | ㅂ |
| 螺鈿匠 | ㄱ,ㅇ |
| 蠟匠 | ㅅ |
| 囊子匠 | ㄱ,ㅅ,ㅇ |
| 杻骨匠 | ㄱ,ㅇ |
| 杻籠匠 | ㄱ |
| 泥匠 | ㄱ,ㅂ,ㅅ,ㅇ |
| 多繪匠 | ㄱ,ㅂ,ㅅ,ㅇ |
| 丹青匠 | ㅂ,ㅅ |
| 丹樞匠 | ㄱ,ㅇ |
| 擔鞭匠 | ㄱ,ㅅ,ㅇ |
| 唐皮匠 | ㅇ |
| 大銀匠 | ㄱ,ㅂ,ㅅ |
| 大引鉅匠 | ㄱ,ㅂ,ㅅ,ㅇ |
| 塗鑞匠 | ㄱ |
| 塗褙匠 | ㅅ |
| 刀子匠 | ㄱ,ㅅ,ㅇ |
| 銅絲匠 | ㅂ |
| 銅匠 | ㄱ,ㅂ,ㅅ,ㅇ |
| 東海匠 | ㄱ,ㅂ,ㅅ,ㅇ |
| 豆錫鎖鑰匠 | ㄱ,ㅇ |
| 豆錫匠 | ㄱ,ㅂ,ㅅ,ㅇ |
| 頭□匠 | ㅂ |
| 鑞塑匠 | ㅂ,ㅅ |
| 鑞染匠 | ㄱ,ㅂ,ㅅ,ㅇ |
| 鑞匠 | ㄱ,ㅂ,ㅇ |
| 蘆簟匠 | ㅂ,ㅅ |
| 綾花匠 | ㅇ |
| 笠匠 | ㄱ,ㅇ, |
| 磨鏡匠 | ㄱ,ㅂ,ㅅ,ㅇ |
| 磨光匠 | ㄱ |
| 馬鬣匠 | ㄱ,ㅇ |
| 馬尾匠 | ㄱ |
| 磨石匠 | ㄱ,ㅅ |
| 馬省入染匠 | ㄱ |
| 馬省匠 | ㄱ |
| 磨正匠[軍] | ㄱ,ㅅ |
| 磨造匠 | ㄱ,ㅂ,ㅅ,ㅇ |
| 幕匠 | ㄱ,ㅇ |
| 每緝匠 | ㄱ,ㅅ,ㅇ |
| 冪匠 | ㄱ,ㅂ,ㅇ |
| 明油匠 | ㄱ |
| 毛衣匠 | ㄱ,ㅂ,ㅅ,ㅇ |
| 毛氈匠 | ㅇ |
| 毛節匠 | ㄱ,ㅅ,ㅇ |
| 木家[器]匠 | ㄱ |
| 木刻匠 | ㄱ |
| 木梳匠 | ㄱ,ㅂ,ㅅ |
| 木手 | ㄱ,ㅂ,ㅅ,ㅇ |
| 木鞋匠 | ㄱ,ㅂ,ㅅ,ㅇ |
| 木靴匠 | ㄱ |
| 蜜槊[塑]匠 | ㄱ,ㅂ,ㅇ |
| 朴排匠 | ㄱ,ㅂ,ㅅ,ㅇ |
| 方笠匠 | ㄱ |
| 方相氏匠 | ㄱ,ㅇ |
| 褙貼[接]匠 | ㄱ,ㅂ,ㅇ |
| 燔瓦匠 | ㅂ |
| 籩篚冪匠 | ㅂ |
| 籩篚匠 | ㄱ,ㅂ,ㅇ |
| 籩匠 | ㄱ,ㅇ |
| 屛牧丹匠 | ㅇ |
| 屛風機匠 | ㄱ,ㅂ |
| 屛風匠 | ㄱ,ㅂ,ㅅ,ㅇ |
| 寶刻匠 | ㄱ |
| 寶錄匠 | ㄱ |
| 寶召伊匠 | ㄱ,ㅇ |
| 寶匙匠 | ㄱ |
| 寶匠 | ㄱ |
| 寶篆刻匠 | ㄱ |
| 寶篆匠 | ㄱ |
| 寶筒匠 | ㄱ |
| 服玩裁作匠 | ㄱ |
| 縫造婢[軍] | ㄱ,ㅂ,ㅅ,ㅇ |
| 付金匠 | ㄱ,ㅂ,ㅅ,ㅇ |
| 付鑞匠 | ㄱ,ㅅ,ㅇ |
| 斧子匠 | ㄱ |
| 斜笠匠 | ㄱ,ㅂ,ㅅ,ㅇ |
| 莎土匠 | ㅂ,ㅅ,ㅇ |
| 槊匠 | ㄱ,ㅂ,ㅅ |
| 山疊匠 | ㄱ |
| 笙黃匠 | ㄱ,ㅅ |
| 石刻匠 | ㅅ |
| 錫鈴匠 | ㄱ |
| 石手 | ㄱ,ㅂ,ㅅ,ㅇ |
| 扇匠 | ㄱ,ㅅ |
| 船匠 | ㄱ,ㅂ,ㅅ,ㅇ |
| 鏤金匠 | ㄱ |
| 雪匠 | ㅅ |
| 섭匠 | ㄱ,ㅂ,ㅅ |
| 筬匠 | ㄱ |
| 小(燒)爐匠 | ㄱ,ㅂ,ㅅ,ㅇ |
| 蘇登(梳藤)匠 | ㄱ,ㅇ |
| 小木匠 | ㄱ,ㅂ,ㅅ,ㅇ |
| 小盤匠 | ㄱ |
| 小銀匠 | ㄱ,ㅂ,ㅇ |
| 召伊匠 | ㄱ |
| 小引鉅匠 | ㄱ,ㅂ,ㅅ,ㅇ |
| 塑匠 | ㄱ |
| 背匠 | ㄱ |
| 所叱銅匠 | ㄱ,ㅇ |
| 乺等匠 | ㅇ |
| 鎖鑰匠 | ㄱ,ㅂ,ㅅ,ㅇ |
| 首母/繡婢 | ㄱ,ㅅ |
| 水精仗匠 | ㄱ |
| 匙召匠 | ㄱ,ㅇ |
| 矢人[匠] | ㄱ,ㅂ,ㅅ,ㅇ |
| 匙匠 | ㄱ,ㅂ,ㅅ,ㅇ |
| 鞍(按,案)籠匠 | ㄱ,ㅂ |
| 鞍匣匠 | ㄱ,ㅇ, |
| 鞍子匠 | ㄱ,ㅂ,ㅅ,ㅇ |
| 冶匠 | ㄱ,ㅂ,ㅅ,ㅇ |
| 鑰匠 | ㄱ,ㅂ,ㅅ |
| 陽散[繖]匠 | ㄱ,ㅅ |
| 凉太匠 | ㄱ,ㅂ,ㅇ |
| 於[菸]赤匠 | ㄱ,ㅇ |
| 鍊[練]竹匠 | ㄱ,ㅂ,ㅅ,ㅇ |
| 練絲匠 | ㄱ,ㅇ |
| 鍊竹眞梳匠 | ㄱ |
| 纓子匠 | ㅇ |
| 玉刻匠[手] | ㄱ,ㅇ |
| 玉帶匠 | ㄱ |
| 玉印匠 | ㅅ,ㅇ |
| 玉匠 | ㄱ,ㅂ,ㅅ,ㅇ |
| 瓦甓匠 | ㅅ |
| 瓦匠 | ㅅ |
| 褥縤匠 | ㄱ |
| 褥塑匠 | ㄱ |
| 褥匠 | ㄱ,ㅂ,ㅇ |
| 羽葆匠 | ㄱ,ㅇ |
| 雨備匠 | ㅂ,ㅅ |
| 雨傘[繖]匠 | ㄱ,ㅂ,ㅅ,ㅇ |
| 圓扇匠 | ㄱ,ㅅ,ㅇ |
| 月乃匠 | ㄱ,ㅇ |
| 油盖匠 | ㄱ |
| 鍮器匠 | ㄱ |
| 鍮匠 | ㄱ,ㅂ,ㅅ,ㅇ |
| 銀入絲匠 | ㄱ,ㅇ |
| 銀匠 | ㄱ,ㅂ,ㅅ,ㅇ |
| 耳掩匠 | ㄱ,ㅅ |
| 耳只匠 | ㄱ,ㅂ,ㅅ,ㅇ |
| 引鉅匠[軍] | ㄱ,ㅂ,ㅇ |
| 茵席匠 | ㅂ,ㅅ |
| 茵匠 | ㄱ,ㅂ,ㅅ,ㅇ |
| 引釘冶匠 | ㅇ |
| 印出匠 | ㅇ |
| 印筒匠 | ㅂ,ㅅ,ㅇ |
| 日傘匠 | ㄱ,ㅅ |
| 入絲匠 | ㄱ,ㅇ |
| 入染匠 | ㅅ |
| 簪匠 | ㅅ,ㅇ |
| 杖鼓匠 | ㄱ,ㅇ |
| 粧貼[帖]匠 | ㄱ |
| 裁作匠 | ㄱ |
| 積訥匠 | ㅅ |
| 篆刻匠 | ㅅ |
| 箭尾匠 | ㄱ |
| 箭匠 | ㄱ,ㅅ,ㅇ |
| 節鼓匠 | ㄱ,ㅇ |
| 占[點]拂匠 | ㄱ,ㅇ |
| 占甫老匠 | ㄱ |
| 旌節匠 | ㄹ |
| 正鐵鎖鑰匠 | ㄱ,ㅇ |
| 正鐵匠 | ㄱ |
| 蹄(除)刻匠 | ㄱ,ㅂ,ㅅ,ㅇ |
| 祭器豆錫匠 | ㅂ |
| 祭器豆匠 | ㄱ |
| 蹄履匠 | ㄱ,ㅂ |
| 制服匠 | ㅂ |
| 旌節匠 | ㄱ,ㅇ |
| 製作匠 | ㅂ |
| 造家匠 | ㅅ |
| 彫刻匠 | ㄱ,ㅂ,ㅅ,ㅇ |
| 造戈匠 | ㄱ,ㅂ,ㅇ |
| 條里[雕理]匠 | ㄱ |
| 條里鉅匠 | ㅂ |
| 造繩匠 | ㄱ,ㅇ |
| 造字匠 | ㅅ |
| 造乼軍 | ㅅ |
| 造燭匠 | ㄱ |
| 鍾匠 | ㄱ,ㅇ |
| 鑄[朱]筒匠 | ㅂ |
| 周亐匠 | ㄱ,ㅇ |
| 珠簾飾縇匠 | ㅈ |
| 朱簾匠 | ㄱ,ㅂ,ㅅ,ㅇ |
| 鑄匠(注匠) | ㄱ,ㅂ,ㅅ,ㅇ |
| 周皮匠 | ㄱ,ㅇ |
| 竹刻手 | ㅇ |
| 竹骨匠 | ㅇ |
| 竹網匠 | ㄱ,ㅅ,ㅇ |
| 竹散馬匠 | ㄱ,ㅇ |
| 竹冊匠 | ㄱ |
| 竹筒匠 | ㄱ |
| 乼鉅匠 | ㄱ,ㅂ,ㅅ |
| 乼匠 | ㄱ,ㅂ,ㅅ,ㅇ |
| 誌石(石手)匠 | ㄱ,ㅂ,ㅇ |
| 紙匠 | ㄱ |
| 指環匠 | ㄱ,ㅇ |
| 眞梳匠 | ㄱ |
| 眞匠 | ㅅ |
| 眞漆匠 | ㄱ,ㅂ,ㅅ,ㅇ |
| 車匠 | ㄱ,ㅂ,ㅅ,ㅇ |
| 着筋弓匠 | ㄱ |
| 着節匠 | ㅇ |
| 鑽穴匠 | ㄱ,ㅂ,ㅇ |
| 窓鏡匠 | ㅂ |
| 冊匣匠 | ㄱ |
| 冊匠 | ㄱ,ㅅ,ㅇ |
| 穿穴鞍子匠 | ㄱ,ㅂ,ㅅ |
| 穿穴匠 | ㄱ,ㅂ,ㅅ,ㅇ |
| 鐵網匠 | ㅂ |
| 鐵匠 | ㅂ |
| 青箱笠匠 | ㅅ |
| 髢髮匠 | ㅅ |
| 草笠匠 | ㄱ |
| 綃匠 | ㄱ,ㅇ |
| 草鞋匠 | ㄷ,ㅇ |
| 漆匠 | ㄱ,ㅂ,ㅅ,ㅇ |
| 針線婢[匠] | ㄱ,ㅂ,ㅅ,ㅇ |
| 針匠 | ㄱ,ㅂ,ㅅ,ㅇ |
| 土藤(箱)匠 | ㄱ,ㅂ,ㅇ |
| 筒[桶]匠 | ㅂ,ㅅ,ㅇ |
| 把子匠 | ㄱ,ㅅ |
| 風物匠 | ㄱ,ㅇ |
| 編結匠[軍] | ㄱ,ㅇ |
| 片鐵磨光匠 | ㄱ |
| 風牧丹(蘭)匠 | ㅂ,ㅅ |
| 皮笠匠 | ㄱ,ㅅ |
| 皮匠 | ㄱ,ㅂ,ㅅ,ㅇ |
| 皮鞋匠 | ㄱ,ㅂ |
| 筆匠[工] | ㄱ,ㅇ |
| 汗音匠 | ㄱ |
| 護匣匠 | ㄱ,ㅂ,ㅅ,ㅇ |
| 畫師 | ㄱ,ㅂ,ㅅ |
| 畫僧 | ㅂ,ㅅ |
| 畫員 | ㄱ,ㅂ,ㅅ,ㅇ |
| 靴子匠 | ㄱ,ㅂ |
| 花匠 | ㄱ |
| 回具匠 | ㅇ |
| 繪粧匠 | ㄱ,ㅅ |

<조선후기 흉례 관련 도감 장인들의 都監別 匠色>

를 붙인 '盖匠'과 '盖兒匠'그리고 '土藤匠'과 '土藤箱匠' 등도 하나의 장색으로 분류하였다.

이처럼 흉례도감에 많은 장색이 동원된 까닭은 의식을 장엄하게 치루기 위한 갖가지 의물을 제작하기 위해서였다. 흉례용 의물은 가례용 예기와 마찬가지로 일정 수준 이상의 품질을 지녀야 하였고 동시에 엄청난 물량을 제작해야 했기 때문이었다. 우선 왕실에서 의도하는 의물을 제작하기 위해서는 반드시 화원이 참여하여 기화를 해야 하고 그 본에 의해 경공장이 견양을 제작한 뒤에 외공장이나 사장들을 많이 동원하여 제작하는 절차를 갖추어야만 한 것이다.

이렇게 흉례도감에 참여한 장색의 종류는 앞에서 언급한 바지만 이들 장색과 장인의 수는 시대에 따라 달라진다. 조선 후기에 설치되었던 흉례 도감의 의궤에 나타난 장색과 장인수를 각 세기별로 간추리면 다음과 같다.

| 연도 | 1608 | 1632 | 1649 | 1659 | 1674 | 1675 | 1681 | 1684 | 1688 | 1701 | 1720 | 1724 | 1730 |
|---|---|---|---|---|---|---|---|---|---|---|---|---|---|
| 장색 | 59 | 29 | 67 | 65 | 64 | 69 | 68 | 62 | 65 | 76 | 77 | 81 | 68 |
| 장인수 | 303 | 269 | 395 | 248 | 452 | 355 | 309 | 192 | 133 | 491 | 476 | 434 | 157 |

| 연도 | 1757 | 1776 | 1800 | 1805 | 1834 | 1843 | 1849 | 1864 | 1878 | 1890 | 1895 | 1904 | 1904 |
|---|---|---|---|---|---|---|---|---|---|---|---|---|---|
| 장색 | 52 | 88 | 94 | 93 | 94 | 78 | 84 | 85 | 83 | 76 | 79 | 81 | 77 |
| 장인수 | 388 | 654 | 693 | 693 | 707 | 601 | 544 | 351 | 360 | 327 | 285 | 330 | 292 |

<國葬都監의 시기별 장색과 장인수>

| 연도 | 1600 | 1649 | 1659 | 1673 | 1674 | 1681 | 1684 | 1701 | 1720 | 1724 | 1724 | 1730 | 1757 | 1776 |
|---|---|---|---|---|---|---|---|---|---|---|---|---|---|---|
| 장색 | 10 | 31 | 34 | 13 | 38 | 39 | 40 | 38 | 36 | 34 | 34 | 48 | 38 | 36 |
| 장인수 | 13 | 38 | 44 | 17 | 48 | 47 | 45 | 47 | 45 | 42 | 42 | 95 | 47 | 43 |

| 연도 | 1800 | 1805 | 1834 | 1843 | 1849 | 1864 | 1890 | 1895 | 1904 |
|---|---|---|---|---|---|---|---|---|---|
| 장색 | 34 | 36 | 28 | 35 | 29 | 28 | 25 | 28 | 25 |
| 장인수 | 46 | 223 | 113 | 167 | 310 | 117 | 74 | 172 | 155 |

<殯殿.魂殿都監의 시기별 장색과 장인수>

| 연도 | 1600 | 1632 | 1649 | 1659 | 1684 | 1730 | 1755 | 1757 | 1757 | 1786 | 1800 | 1805 | 1835 |
|---|---|---|---|---|---|---|---|---|---|---|---|---|---|
| 장색 | 16 | 20 | 23 | 26 | 30 | 45 | 46 | 42 | 38 | 45 | 40 | 35 | 30 |
| 장인수 | 77 | 268 | 365 | 436 | 453 | 334 | 530 | 645 | 726 | 381 | 706 | 568 | 595 |

| 연도 | 1843 | 1845 | 1855 | 1855 | 1856 | 1857 | 1864 | 1878 | 1890 | 1904 |
|---|---|---|---|---|---|---|---|---|---|---|
| 장색 | 31 | 33 | 28 | 33 | 31 | 25 | 23 | 28 | 25 | 32 |
| 장인수 | 939 | 694 | 264 | 332 | 327 | 456 | 163 | 461 | 386 | 400 |

<山陵都監의 시기별 장색과 장인수>

위 표에 의하면 국장도감에 참여한 장색은 총 212종이고 각각의 도감에 참여한 장색은 가장 적을 때는 29종이지만 대체로 5,60종을 넘어서 가장 많을 때 94종이 참여하였으며 평균 한 도감에 74종의 장색이 참여하였다. 도감에 동원된 장인수는 적을 때는 133명 정도였지만 많을 때는 707명을 동원하였고 평균 406명 정도의 장인이 한 도감에서 작업하였다. 한편 빈전혼전도감에 참여한 장색은 총 102종이고 각각의 도감에 참여한 장색은 적을 때는 10여종에 불과하지만 많을 때는 46종을 넘고 평균 30종의 장색이 참여하였다. 도감에 동원된 인원수도 적을 때는 20명 미만이 참여하고 많을 때는 310명 정도가 참여하지만 평균 82명 정도가 참여하였다. 이때 산릉도감에 참여한 장색은 총 117종이었고 적을 때는 16종에서 많을 때는 45종으로 평균 30종이 참여하였고, 참여 장인의 숫자는 평균 444명이 참여하였다. 따라서 흉례와 관련된 도감에 참여한 장인의 장색을 평균치로 따지면 국장도감이 80종, 빈전혼전도감이 30종, 산릉도감이 30종의 순서이고, 참여한 장인수를 평균내면 산릉도감에 444명, 국장도감에 406명, 빈전도감에 82명 정도가 참여하였다.

## 2 빈전도감, 국왕 시신의 수습

조선시대에는 임금의 병환이 위중하면 종묘와 산천에 기도제를 설행하거나 혹시나 있을지도 모를 위험을 예비하기 위하여 궁궐을 호위하는 일을 논의하였다. 임금의 병환이 위급하면 액정서에서는 편전에 해당되는 전각, 사정전(思政殿) 등에 악장(幄帳)과 보의(黼扆)를 준비하고, 내시가 부축하여 여에 태워 악장 안으로 드시게 하여 궤(几)에 기대게 하였다. 『국조상례보편(國朝喪禮補編)』에 의하면 창덕궁의 선정전(宣政殿), 경덕궁의 자정전(資政殿), 창경궁의 문정전(文政殿)에서 고명(顧命)을 받는다고 하였다. 이러한 공간은 편전에 해당된다.

'정침(正寢)에서 죽는 것이 정종(正終)이다'라는 의식에 의해 고례(古禮)에 의해 죽음이 가까워지면 정침으로 옮긴다고 하였으므로 국왕의 정침에 해당되는 편전으로 이동하는 것이 정종을 맞는 것이다.[25] 그러나 이것은 『가례(家禮)』에서 병이 있으면 정침에서 거처해야 한다는 의미이며,[26] 고명(顧命)의 의주(儀註)와 같이 병이 든 국왕을 내시가 부축하여 정침으로 옮기라는 것은 아닐 것이다. 대부분의 국왕은 정침에서 죽음을 맞이하였다고 기록하고 있지만, 실제로 승하 직전의 국왕이 편전으로 이동하는 경우는 거의 없었다. 조선시대에 국왕이 승하한 일시와 승하한 장소를 표로 만들어 보면 다음과 같다.

| 왕 | 승하일시 | 승하장소 | 왕 | 승하일시 | 승하장소 |
|---|---|---|---|---|---|
| 태조 | 1408(태종 8).5.24. | 별전(광연루) | 광해군 | 1641.7.1. | 제주도 유배지 |
| 정종 | 1419(세종 1).9.25. | 인덕궁 정침 | 인조 | 1649(효종 즉).5.8. | 창덕궁 대조전 |
| 태종 | 1422(세종 4).5.10. | 연화방 신궁 | 효종 | 1659(현종 즉).5.4. | 창덕궁 대조전 |
| 세종 | 1450(문종 즉).2.17. | 영응대군 사저 | 현종 | 1674(숙종 즉).8.18. | 창덕궁 여차 |
| 문종 | 1452(단종 즉).5.14. | 강녕전 | 숙종 | 1720(경종 즉).6.8. | 경덕궁 융복전 |
| 단종 | 1466.10.21. | 영월 관풍헌 | 경종 | 1724(영조 즉).8.25. | 창경궁 환취정 |
| 세조 | 1468(예종 즉).9.8. | 수강궁 정침 | 영조 | 1776(정조 즉).3.5. | 경희궁 집경당 |
| 예종 | 1469(성종 즉).11.28. | 자미당 | 정조 | 1800(순조 즉).6.28. | 창경궁 영춘전 |
| 성종 | 1494(연산 즉).12.24. | 창덕궁 대조전 | 순조 | 1834(순조 34).11.13. | 경희궁 회상전 |
| 연산군 | 1606.11.6. | 강화도 유배지 | 헌종 | 1849(철종 즉).6.6. | 창덕궁 중희당 |

25) 『儀禮』<士喪禮> 士處適寢, 寢東首于北墉下. 有疾, 疾者齊; 『家禮補註』『禮記』<喪大記> 註 "卒할 적에는 마땅히 正處에서 졸하여야 한다."; 『禮記』<喪大記>, 君夫人卒於路寢.

26) 『家禮』'疾病 遷居正寢'.

| | | | | | |
|---|---|---|---|---|---|
| 중종 | 1544(인종 즉).8.22. | 환경전 소침 | 철종 | 1863(고종 즉).12.8. | 창덕궁 대조전 |
| 인종 | 1545(명종 즉).7.1. | 창연루 소침 | 고종 | 1919(순종 12).1.21. | 경운궁 함녕전 |
| 명종 | 1567(선조 즉).6.28. | 경복궁 양심당 | 순종 | 1926.4.25. | 창덕궁 대조전 |
| 선조 | 1608(광해군 즉).2.1. | 정릉동 행궁 | | | |

<조선 국왕의 승하일시와 장소>

거의 대부분 대행대왕 행장(行狀)과 지문(誌文)에는 '정침(正寢)에서 죽었다[薨]'고 되어 있지만, 막상 정침이란 단어를 쓰기 어려운 경우도 드물지 않다. 더욱이 단종·연산군·광해군 등 보위에서 내려와 유배 중에 사망한 국왕을 제외한다고 해도, 태조·태종·세종의 경우 별전(別殿)이나 별궁(別宮) 및 사저(私邸)에서 승하하였고, 중종·경종도 소침(小寢) 또는 별전에서 승하하였다. 현종은 효종비 인선왕후의 국휼(國恤) 중에 여막[齋廬]에서 승하하였다. 이렇게 조선의 27대 국왕 가운데 9명이 정침에서 승하하지 못한 것을 알 수 있다. 그러므로 정침이란 반드시 편전을 의미한다기보다는 현재 국왕이 거처하는 곳, 아니면 침전을 정침으로 상정한 것이다.[27] '정침에서 죽는 것이 정종이다.'라는 국왕의 죽음 뒤에 올 수 있는 정치적 혼란을 막고자 공식적인 편전에서 죽음을 맞이하면서, 고명을 받드는 절차로 굳어졌다.

유언으로 뒷일을 부탁하는 고명 절차를 밟아 대보(大寶)를 왕세자에게 넘겼다. 국왕의 승하가 확인되면 왕조 정부는 국왕의 장례를 총괄하기 위해 임시로 좌의정을 최고 책임자인 총호사에 임명하여 오늘날 장례위원회와 같은 임시 기구를 조직하고 운영하였다. 임시 기구는 시기에 따라 조금 변화가 있다. 조선 초기에 고려의 불교식 의례가 아직 남아 있을 때에는 재도감(齋都監)이 설치되었다가 세종조 때 불교적 성격을 없애고 유교적 의례로 전환되면서 이후 재도감은 폐지되었다. 따라서 『국조오례의』에는 국장도감, 빈전혼전도감, 산릉도감을 설치하여 운영하게 되었다. 곧 국상의 발인을 위해 국장도감, 시신을 목욕시키고 습렴(襲斂) 등을 담당하는 빈전도감, 혼전을 설치하고 삼년상 동안 제사를 주관하는 혼전도감, 왕릉의 조성을 담당하는 산릉도감을 설치하여 각각 업무를 나누어 처리하였다.

왕과 왕비가 죽음을 맞이하는 정침, 왕이나 왕비가 승하한 이후 시신을 묶어 염을 한 후 관[재궁]에 안치하고, 이 재궁을 발인하기 전까지 봉안하여 모시는 빈전, 인산(因山)을 마치고 종묘에 봉안할 때까지 3년 동안 신주를 모시는 혼전이 있다. 빈전혼전도감에서는 이러한 빈전 혼전과 관련되는 일을 담당하였다.

27) 曺在模, 「朝鮮時代 宮闕의 儀禮運營과 建築樣式」, 서울대 박사학위논문, 2003, 125쪽; 215쪽.

### 1) 국왕 시신의 염습 절차

국왕이나 왕비가 승하하면 종척 신하가 햇솜[新綿]을 입과 코, 이에 얹어두고 솜이 움직이는가를 살폈다. 숨이 끊어졌는지를 확인한 뒤 안팎으로 곡하였다.[28] 내시가 임금이 평소 입던 웃옷을 왼쪽 어깨에 메고 궁궐 지붕 위에 올라가 북쪽을 향해 '상위복(上位復)'이라 세 번 외쳤다. 임금의 몸에서 떠난 혼이 다시 돌아오라고 부르는 의례[復禮]였다. 이 때 시신의 입을 벌려 뿔로 만들 6寸의 각사(角柶)를 입 안으로 넣어 치아를 떠받들게 한다.[29] 중앙이 움푹 들어가 멍에[軛] 모양처럼 구부러지는데, 중앙 부분이 입 속으로 들어가고 양쪽 끝은 위로 향하게 하였다. 시신에 염습 절차를 거행할 때 반함(飯含)을 하기 위해 먼저 입을 벌리기 위해 넣는 것이다. 이와 함께 시신의 발을 묶어두기 위해 연궤(燕几)를 뒤집어 양쪽 머리를 세워서 사용하였다.[30] 이어 주방에서 평소 드시던 음식 중에 남은 음식을 올리는 전례(奠禮)를 행하였다. 다음은 옷을 바꾸어 입고 음식을 먹지 않는 절차를 행하였는데 왕세자는 3일 동안 아무 것도 먹지 않았다.

(1) 목욕(沐浴)

초종과 복례로 국왕의 승하가 사실로 확인되면, 시신의 머리를 감기고 몸을 깨끗이 씻어주는 목욕을 거행하였다. 주무시는 듯 누워있는 대행대왕의 육신은 먼 길을 떠날 채비를 하였으니, 깨끗이 목욕하고 고운 옷으로 갈아입혀 드려야 했다. 내시가 전각의 중간에다 휘장을 설치하여 대행왕이 누운 내실(內室)을 가렸다. 목욕상으로 쓸 평상을 휘장 안쪽에다 세로로 갖다 놓는다. 욕석(褥席)은 흰 면포(綿布)이며 이것과 베개[枕]를 펴고, 또 전(殿) 안의 서쪽과 전(殿) 밖에 휘장을 설치하여 밖과 안을 둘러 막는다.

| | | | |
|---|---|---|---|
|  | 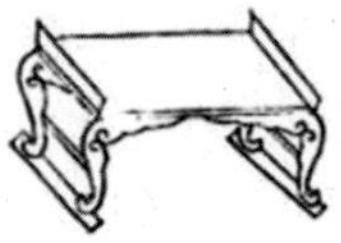 | 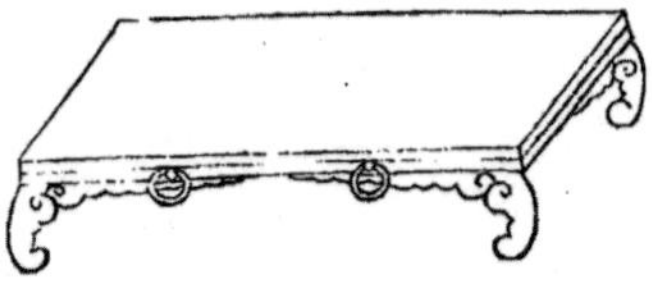 |  |
| 각사(角柶); 復 | 연궤(燕几); 復 | 평상(平床) ; 沐浴 | 상계(桑笄) ; 沐浴 |

<『국조상례보편』 목욕조의 각종 기물>

이렇게 준비가 끝나면, 내시는 물에 손을 씻고, 대행왕을 평상(平床) 위로 옮겨서 남쪽으로 머리를 두게 하고 이불로 덮는다. 평상은 길이 8척이고 넓이는 4척이며 다리까지 높이는 7촌이

28) 『國朝續五禮儀』卷1 凶禮考異; 『國朝喪禮補編』卷1 初終·襲·小斂·大斂. 조선후기 영조대부터 襲과 小殮 및 大斂은 宗戚이 함께 하였다.

29) 『國朝喪禮補編』卷1, 圖說. 復. 角柶. "角柶[所以楔齒者]柶用角長六寸[用周尺]中屈之如軛形[中央入口兩末向上]."

30) 『國朝喪禮補編』卷1 圖說. 復. 燕几. "燕几[所以綴足者]几兩頭有兩脚者[竪而用之]."

며 백칠(白漆)을 했다. 좌우의 양 끝에는 쇠고리[大鐵環]가 달려 있다.[31] 여기에 밧줄 등을 꿰어서 시신을 들어 옮길 수 있게 하는 것이다. 이 평상은 습과 소렴 및 대렴 때에도 계속 사용하였다. 시신의 머리는 뽕나무로 길이 4촌으로 만든 상계(桑笄)로 받쳤다. 상계의 형태는 가운데를 잘록하게 만들어 양쪽의 머리는 넓고 중앙은 좁게 하는 것이었다.[32]

평상 위에 올린 시신은 겹이불로 덮는다. 아직 돌아가셨다고 생각하지 않기 때문에 머리를 남쪽으로 가게 했다. 병풍을 치고서 목욕을 시켰다. 공조에서는 새로 만든 분(盆)·반(槃)·선(鐥) 등의 기물을 바치고, 상의원(尙衣院)에서는 명의(明衣)와 수건[巾]·빗[櫛]을 바친다. 수건은 네모진 수건인 방건(方巾)이 1개이다. 흰 생초로 만들고, 크기는 사방이 1척 8촌이다. 목건(沐巾)은 1개, 욕건(浴巾)은 2개인데, 모두 흰 생초로 만든다. 목건은 머리를 감기고 난 뒤에 닦는 수건이다. 욕건은 몸을 닦는 수건으로서, 하나는 상체에 사용하고 다른 하나는 하체에 사용한다. 빗은 대나무로 만든 죽소(竹梳) 1개는 수염을 빗고, 나무로 만든 목소(木梳) 1개로는 머리카락을 빗는다. 자초낭(紫綃纓)으로 머리카락을 묶는다.[33]

목욕물로는 기장 뜨물[粱潘]과 쌀 뜨물[米潘], 탕(湯)을 준비한다. 뜨물은 쌀을 씻은 즙(汁)이고, 탕은 단향(檀香)을 달인 물이다. 목욕시키는 역할은 내시가 맡는다. 숙종이 승하했을 때에는 연잉군 및 인경왕후의 조카인 호조참의 김운택이 집사(執事)하였다.[34] 죽을 때 입은 옷과 고복(皐復)하고서 덮은 옷은 모두 걷어치운다. 윗몸을 목욕시키는 내시는 뜨물로 머리를 씻기고 난 다음, 빗질하고 수건으로 모발(毛髮)을 싸서 묶는다. 이 수건은 자주색 생초끈이며, 왕비의 국상에 해당되는 내상(內喪]에는 검은 생초로 만든 수건으로 첩첩이 모발을 싸매도록 했다. 이것을 흔히 수파(首把)라고 부른다. 아랫몸을 목욕시키는 내시는 4명이 이불을 들고, 2명이 탕으로 몸을 씻기고서 수건으로 몸을 닦는다. 윗몸과 아랫몸에 별도의 수건을 사용한다.

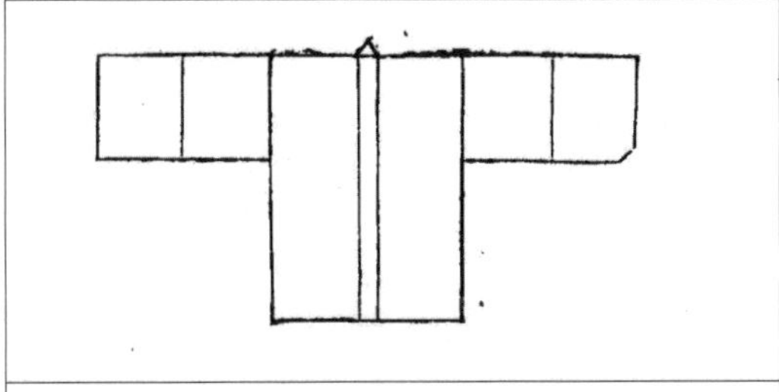

명의(明衣) ; 沐浴

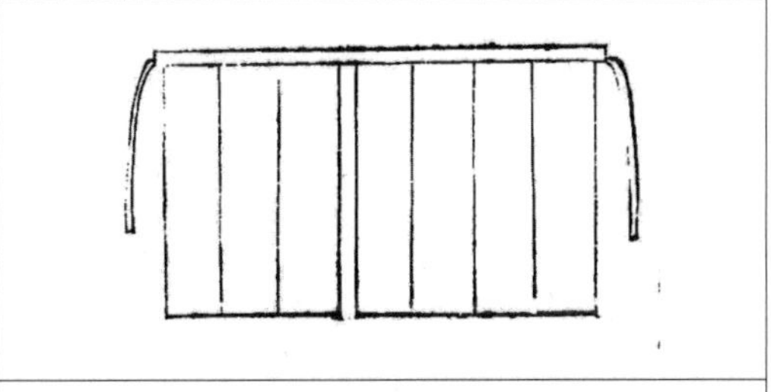

치마[裳] ; 沐浴

<『국조상례보편』 목욕조의 의상>

31) 『國朝喪禮補編』卷1, 圖說. 沐浴. 平床. "牀長八尺[用營造尺]廣四尺通足高七寸白漆左右兩端施大鐵環[所以備貫擧○襲小斂大斂牀制同]."

32) 『國朝喪禮補編』卷1, 圖說. 沐浴. 桑笄. "桑笄[所以安髮者]笄用桑木長四寸[用周尺]纋中[纋中謂兩頭濶中央狹也]."

33) 『孝宗殯殿魂殿都監儀軌』卷2, 3房.

34) 『肅宗實錄』卷65, 肅宗 46年 6月 8日 癸卯.

시신을 다 닦은 다음 백초(白綃)로 만든 명의(明衣)와 치마[裳]를 입힌다.[35] 아래에 입히는 명의는 먼지를 막아 옷을 선명하게 하는 옷이라 하며 소매는 폭을 자르지 않은 속폭(屬幅)을 사용하여 무릎까지 내려오는 길이로 만든다. 치마는 주름을 잡지 않으며 앞은 3폭, 뒤는 4폭으로 길이는 발등까지 내려온다. 수염은 가지런하게 빗기고, 손톱과 발톱은 깎아서 작은 주머니에 담는다. 이렇게 목욕하는 절차가 모두 끝나면, 방건으로 얼굴을 덮고 겹이불로 덮는다. 목욕시키고 남은 물과 수건, 빗은 구덩이에 묻는다. 구덩이는 이에 앞서 바깥의 담장 한쪽 구석의 깨끗한 곳에 파놓는다.

(2) 습(襲)

목욕 후에는 깨끗한 옷을 시신에 입히는 의절을 행했으니, 바로 습(襲)이다. 상장례에서는 슬픔을 다해야 함을 근본으로 했다. 죽은 이와 친근했든 소원했든, 신분이 높든 낮든 관계없이 슬픔을 정성을 다해 표현해야 하는 것이 유교의 예법이다.

습은 내시가 담당했다. 숙종 국상 때에는 밀풍군 이탄(李坦)과 김운택·김도협이 집사하였고, 중궁이 친히 반함(飯含)을 행하려 하자 여러 대신이 일제히 같은 목소리로 불가하다고 하였다. 이에 중궁이 그만두고 세자인 경종이 친히 시행하였다.[36] 습을 할 때에는 대신과 시원임각신, 승지, 예조 삼당상, 공조판서, 양사 장관, 옥당과 춘방 각 1원이 참여하여, 내시가 마주 서서 습상을 들고 들어와서 휘장 안의 욕상(浴牀)의 서쪽에 놓는다.

내시는 손을 씻고서 욕석(褥席)과 베개[枕]를 편다. 그 다음 곤룡포(袞龍袍)·답호(褡護)·중치막(中赤莫)·주의(周衣)·단삼(單衫)·장의(長衣)·고(袴)·단고(單袴)·대고(大袴)·화옥대(畵玉帶)·요대(腰帶)·어대자(御帶子)·토수(吐手)·행전(行纏)·말(襪) 등이 사용되었다.[37] 조선 전기 『세종오례의』『국조오례의』에 규정된 습의대(襲衣襨)는 곤룡포·단령·답호·철릭·과두·한삼·고로 되어 있으나, 조선후기 『국조속오례의』에는 단령 대신 중치막이나 장의가 새로 등장하며 주의도 새로 보인다.

욕석 위에 먼저 흰 비단으로 만든 겉감과 안찝을 깔고 홍색·녹색의 선[縇]을 두른 대대(大帶) 1개, 원령(圓領)이고 흉배에 용의 무늬를 짜 넣은 곤룡포 1개, 반 소매[半臂衣]의 저사 답호

35) 『國朝喪禮補編』卷1, 圖說. 沐浴. 明衣, 裳. "明衣[所以浴後貼身者]衣裳用白綃袂屬幅[屬幅不削幅古者布幅二尺二寸凡用布皆削裁左右邊各一寸]衣長膝裳前三幅後四幅不襞長及轂[足尖]別用白綃綴前後幅而夾縫之兩端有繫."

36) 『肅宗實錄』卷65, 肅宗 46年 6月 8日 癸卯.

37) 『世宗實錄五禮』凶禮, 襲; 『國朝五禮儀』卷1 凶禮, 襲.

(紵絲褡護) 1개, 첩리(帖裏) 1개를 편 위에 대행왕을 옮긴다. 다음으로는 홍저사 원령(紅紵絲圓領) 1개, 답호 1개, 첩리 1개, 흰 생초의 이두(裏肚) 1개, 흰 생초의 한삼(汗衫) 1개, 흰 생초의 바지 2개, 흰 생초의 버선 1개를 차례로 입힌다. 이것은 무릇 9칭(稱)이며, 답호를 섞어서 사용한다. 다만 수건(首巾)을 덮거나 웃옷을 입히거나 신발을 신기지 않는다. 이불로 덮는다. 의상(衣裳) 등은 모두 상의원에서 바친다.[38]

또 함(函)에 넣는 의복으로는 검은 비단으로 대신 만든 망건(網巾), 검은 비단으로 감투처럼 만든 수관(首冠), 새 솜으로 대추씨 크기로 만든 충이(充耳) 2개, 푸른 비단에 안감은 붉은 생초로 사방이 1척 2촌이며 사각(四角)으로 자주색 생초의 띠를 펴서 뒤에서 이를 묶는 멱목(幎目) 1개, 푸른 비단에 안찝은 붉은 생초로 길이 1척 2촌, 나비 5촌이고 자주색 생초의 2개의 긴 끈을 만든  악수(握手) 2개, 붉은색 신[履] 1쌍을 담아서 습상의 동북쪽에 놓는다. 내시가 욕상을 걷어치우고 대행왕을 평상(平牀) 한가운데로 옮겨서 남쪽으로 머리를 두게 하고는, 이에 병풍과 휘장을 친다. 병풍과 휘장은 모두 흰 것을 사용한다.

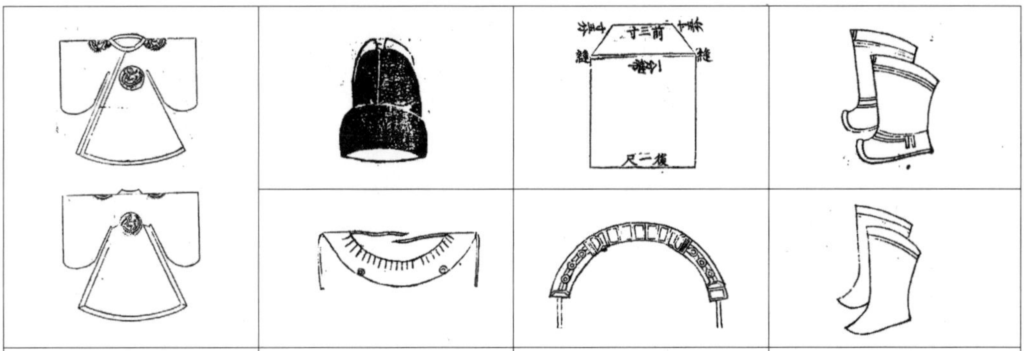

| 곤룡포 앞과 뒤 | 익선관, 망건 | 두수, 옥대 | 말, 갑정 |
| --- | --- | --- | --- |

<『국조상례보편』 습조의 의상>

국왕의 시신 머리에 씌우는 수관은 익선관이다. 『국조상례보편』에 의하면 습에는 곤룡포, 익선관, 망건, 두수, 옥대, 말과 갑정 등을 사용하였다. 곤룡포는 평상시에 사용하는 것으로서, 별도로 홍단(紅段)을 써서 둥글게 마름질하여 본(本)을 만들고, 금선(金線)으로 오조룡(五爪龍)을 수놓아 포의 흉배(胸背) 및 좌우 어깨에 꿰매어 사용하였다.[39] 익선관(翼善冠)은 종이[紙]를 풀로 붙여서 틀을 만들고 조모라(皂毛羅)로 싼다. 속은 아청숙초(鴉靑熟綃)를 쓴다. 크

38) 『國朝續五禮儀』卷1 凶禮, 襲.

39) 『國朝喪禮補編』卷1, 圖說. 襲. 袞龍袍. "袞龍袍[用平日所御者]袍用六雲絞紅緞別用紅緞圓栽作本以金線織五爪龍縫綴於袍之胷背及左右肩."

고 작은 뿔[角] 각각 두 개씩을 뒤쪽에 붙이고 위로 향하게 한다.[40] 망건(網巾)은 아청무문사(鴉青無紋紗)를 쓴다. 상단의 주름은 자갑사(紫甲絲)로 꿰어 당겨서 주름을 잡고, 니은(泥銀)으로 한 쌍의 동그라미를 그린다. 동그라미의 위에는 모단(冒緞)으로 된 소구자(小彄子)를 꿰매고, 아래 양쪽 끝에는 모단 끈을 단다.[41] 두수는 수관(首冠), 혹은 수파(首帊)이다]의 겉은 모단(冒緞)을 사용하고 속은 자토주(紫土紬)에 종이[紙]를 풀로 붙여서 만든다.[42]

습구(襲具)는 조선후기에 많은 변화를 보였으며, 일정하지도 않았다. 영조의 국상 당시를 보면, 화옥대(畵玉帶)를 깔고 곤룡포, 초록금문대단답호(草綠金紋大緞褡㦉), 옥색공단장의(玉色貢緞長衣)·보라공단장의(甫羅貢緞長衣), 운문유청대단중치막(雲紋柳青大緞中赤莫)·남공단중치막(藍貢緞中赤莫)·자적향직중치막(紫的鄕織中赤莫)·초록공단중치막, 유문백사단삼(有紋白紗單衫)을 차례로 깔았는데, 모두 구칭(九稱)이다. 또 운문백사단고(雲紋白紗單袴)·백공단대고(白貢緞大袴), 말(襪), 요대(腰帶), 각대자(脚帶子), 망건, 조모(皁帽)를 차례로 바치고, 이어서 익선관을 씌우고 그 다음에 화(靴), 토수(吐手), 악수를 차례로 바치고, 손톱과 치아 머리카락을 넣은 주머니를 어상 위에 받들어 놓았다. 마지막으로 집사가 멱모(幎帽)를 씌웠다. 여기에서 흥미로운 사실은 옥대 곧 대대는 실물이거나 모조품이 아닌 그림이라는 사실이다.

습 때 대행왕에게 입히는 옷의 수는 9칭(稱)이라 했다. 정종과 태종이 7칭을 사용했으나, 세종 5년에 상공의 예를 따르도록 했으며 세종 11년에 이를 재확인했다. 따라서 조선에서는 상공의 예를 따라 9칭을 썼다. 칭은 한 벌의 단위이다. 습할 때에는 보쇄(黼殺)를 사용했다. 질쇄(質殺)는 바로 옛 제도로서 죽은 사람을 보호하는 제도인데도 불구하고, 조선에서는 이것이 없다.

(3) 함(含)

목욕을 시키고 깨끗한 옷으로 갈아입혀 드렸으니, 이제는 음식을 먹여드려야 할 차례이다. 함(含) 혹은 반함(飯含)은 대행왕의 입 안에 음식을 넣어드리는 의절이다. 시신에 함(含)을 하는 것은 죽었다고 하여도 차마 입을 비울 수 없기 때문이며, 이것은 부모가 돌아가신 뒤라도 효자는 부모께 음식을 먹여 봉양해야 한다는 뜻이다. 그렇기 때문에 대행왕의 입안을 옥(玉)과 쌀로 채우는 함(含)은 조선 전기에는 내시가 거행을 하였다.[43] 사도시(司䆃寺)에서는 새로 길은

40) 『國朝喪禮補編』卷1, 圖說. 襲. 冠. "冠糊紙作殼裏以皀毛羅裏鴉青熟綃大小各兩角貼後向上."

41) 『國朝喪禮補編』卷1, 圖說. 襲. "網巾用鴉青無紋紗上端襞積用紫甲絲紉以縮之以泥銀盡雙圈子圈子下兩端安冒緞繫."

42) 『國朝喪禮補編』卷1, 圖說. 襲. "[一名首冠或首帊]表用冒緞裏紫土紬糊紙爲之長尺三寸[用布帛尺]廣七寸前屈三寸後垂一尺摺其屈處左右兩隅斜疊向裏各寸五分縫兩端虛其中別用冒緞帶廣一分繞自前面斜接于後合縫兩端."

43) 『國朝五禮儀』卷2 凶禮.

물에 씻은 도미(稻米, 입쌀)를 바치고, 상의원(尙衣院)에서는 진주(眞珠)를 바친다. 의정(議政)은 전(殿)의 문 밖으로 나아가서 쌀 사발[米盌]과 진주 소반[珠槃]을 꿇어앉아서 바친다. 내시가 손을 씻고 전해 받아서 들어와 대행왕의 평상 동쪽으로 가서 서향하여 꿇어앉는다. 베개를 치운다. 방건을 들추고서 숟가락으로 쌀을 떠서 입의 오른쪽에 넣고 구슬 하나를 넣는다. 또 왼쪽과 중간에도 이와 똑같이 한다.

조선 후기부터 왕세자의 친함(親含)으로 정해졌다.[44] 곧 왕세자인 현종이 효종의 국상 절차 때 반함의식을 실행하였다.[45] 이후 1683년(숙종 9) 숙종은 자친인 현종비 명성왕후의 국상 때 친히 반함례를 거행하기도 하였다.[46] 숙종이 승하하였을 때 반함을 하고자 세자[후일 경종]가 숟가락을 쥐고 쌀[淅米]을 퍼내는데 손을 떨었다. 이것을 중전[후일, 인원왕후]가 신하들로 하여금 세자를 도와 행례토록 하였다. 이에 영의정[金昌集]이 손을 씻으려 하자 우의정[李健命]이 제지하였다. 이때 내시가 세자의 손을 붙잡자 세자는 그 손을 물리치고 홀로 조용히 쌀과 실주(實株)를 대행왕의 입에 넣는 예를 마칠 수 있었다.[47] 영조의 국상 때에는 왕세손[후일 정조]가 친함을 하였다.[48] 그러나 정조의 국상 때 대신[沈煥之]가 거행하였으며,[49] 이후 반함을 왕세자가 한 기록은 더 이상 보이지 않는다.

반함(飯含)을 마치면, 시신의 머리에 베개를 다시 괸다. 방건을 걷고서 습 때 갖다 놓은 수관(首冠)을 씌운다. 충이(充耳)로 귀를 막는데, 충이는 대추씨 모양으로 솜을 뭉쳐놓은 것이다. 멱목(幎目)으로 얼굴을 덮는다. 신을 신기고, 웃옷을 입히고, 대대(大帶)를 띠고, 악수(幄手)로 손을 싸맨다.[50] 다 끝나면, 이불로 덮는다.

반함에는 옥과 쌀을 넣어주는 고례를 수용했다. 그런데 반함하는 역할을 담당한 자는 내시였다. 의정은 다만 입쌀을 담은 주발과 진주를 담은 소반을 들고 전각 문 밖에서 무릎 꿇고 내시에게 전해줄 뿐이었다. 조선에는 내시를 시켰다. 내시가 의정에게서 받아 전하는 것은 생시에도 내시가 전해 바치던 뜻을 형상한 것이다. 반함 또한 마찬가지이다. 그러나 조선후기에는 내시가 하던 역할을 고례에 따라 의정이 행하는 것으로 바뀌었다. 정조 국상 때의 반함에는 영의정

---

44) 『英祖實錄』卷89, 33年 6月 18日 戊寅; 『愼獨齋遺稿』 卷14 古今喪禮異同議 襲 飯含. 조선 전기에는 내시가 염습을 진행하였는데, 조선후기에는 이것을 부정적으로 여겼다. 부모에 대한 애통한 마음을 표현하기 위해 대행왕에 대한 염습은 종척이, 반함은 왕세자가 하도록 정하였다.

45) 『顯宗改修實錄』卷1, 卽位年 5月 4日 甲子.

46) 『肅宗實錄』卷14, 9年 12月 5日 壬寅.

47) 『肅宗實錄』卷65, 46年 6月 8日 癸卯; 『肅宗實錄補闕正誤』卷65, 46年 6月 8日 癸卯.

48) 『英祖實錄』卷127, 52年 3月 5日 丙子.

49) 『正祖實錄』卷54, 24年 6月 29日 庚辰.

50) 『國朝喪禮補編』卷1, 圖說. 充耳 塞耳者; 幎目 覆面者; 幄手.

이 빈전에 이르러서 행례하던 것을 왕세자가 반함을 행례하고, 미완(米盌)과 주반(珠盤)은 영의정이 행례한다.

| | | |
|---|---|---|
| 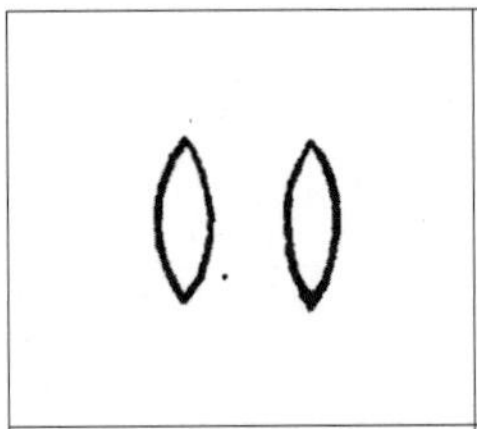 | 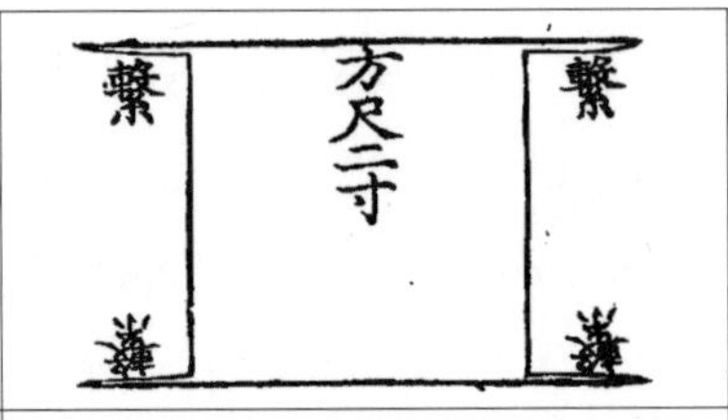 | 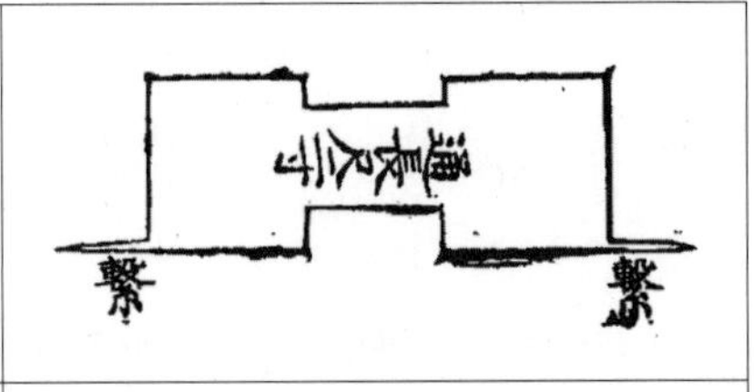 |
| 충이 | 멱목 | 악수 |

<『국조상례보편』 반함시 제구>

(4) 설빙(設氷)

설빙은 시신이 부패하지 않도록 얼음을 사용할 수 있는 시설을 설치하는 의절이다. 습의 혹은 소렴을 하고 난 후에, 대렴 전까지 대행대왕의 유해는 얼음상자 위에 놓인 평상에 안치하였다. 이 절차를 설빙(設氷)이라 한다. 이 얼음상자를 빙반(氷槃)이라 하고, 대행왕의 유해를 안치하는 상을 잔상[棧牀, 속칭 살평상, 箭平牀]이라 한다)이라 하며, 그 주위에 쌓아놓은 얼음이 잔상으로 떨어지지 않도록 한 설치물이 잔방[棧防, 속칭 살방, 箭防]이다. 각 시설물은 공조(工曹)에서 선공감(繕工監)으로 하여금 제조하게 했다.

먼저 잔상을 빙반 가운데에 설치하고, 얼음을 평상 아래에 넣은 뒤에 대행왕을 평상 위에 옮긴다. 사면에는 잔방을 설치하고, 잔방을 연접(連接)하는 곳에는 쇠갈고리[鐵鉤]를 걸어서 튼튼하게 한다. 얼음을 빙 둘러 쌓아올려서 높이가 잔방과 같게 하여, 얼음이 그 안쪽이나 평상으로 떨어지지 않도록 한다.

얼음은 중춘(仲春, 음력 2월) 이후부터 그 절후(節候)를 헤아려서 사용한다. 설빙은 습이나 소렴을 하고 난 후에 행한다. 그다지 덥지 않은 철이라면, 전목반(全木槃)에다 얼음을 담아서 평상 아래와 사면에 적당히 놓아두어도 좋다. 설빙에 사용하는 세 물건 중에서 잔상을 넣어야 하는 빙반이 가장 크고, 잔방과 잔상은 높이의 차이가 있을 뿐 종횡의 길이는 같다. 그러나 『국조상례보편』에는 잔방이 잔상보다 폭이 2촌 더 큰 것으로 수정되었다. 그리고 빙반과 잔방의 높이는 동일하고, 잔상과는 1척5촌의 차이가 있다. 따라서 잔방은 잔상으로 얼음이 떨어지는 것을 방지하고자 둘러치는 시설물임을 알 수 있다.

| | | |
|---|---|---|
| 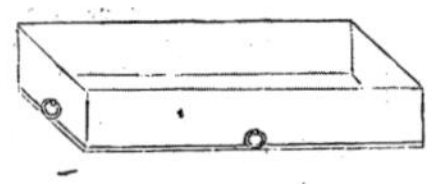 | 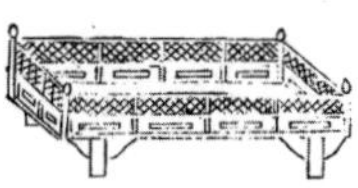 | 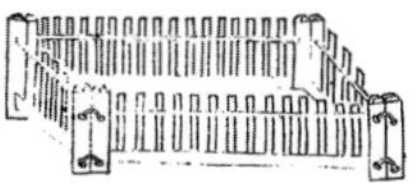 |
| 빙반, 국조오례의/국조상례보편 | 잔상, 국조오례의/국조상례보편 | 잔방, 국조오례의/국조상례보편 |

<『국조상례보편』 설빙시 제구>

잔상의 아래와 사방에는 얼음이 쌓여있다. 이러한 시설은 시신의 부패를 방지하고자 하는 목적으로 갖추었다. 요즈음의 냉동영안실과 같은 기능이다. 그런데 문제는 따뜻한 기운을 만나면 녹는 성질을 가지고 있는 이 얼음이다. 얼음이 녹았을 경우에는 잔상을 들어내고서 녹은 물을 빼내고 얼음을 다시 채워 넣어야 하는 수고로움을 여러 차례 반복하여야 했을 것이다.

세종연간의 기록을 보면, 종친과 대신·공신의 예장에는 빙반을 사용하되, 초상에서 대렴까지는 날마다 얼음을 20정(丁)을 사용하고, 5월 보름 전과 8월 보름 후에는 반을 감하게 하고, 예장도감(禮葬都監)에서 검찰하여 아울러 빙반까지 주게 하였다. 게다가 이 법은 2품에게 확대되어, 5월 보름 이후 8월 보름 이전에 초상에서 대렴까지 역시 얼음을 쓰게 하여, 정2품은 매일 15정을 주고, 종2품은 매일 10정을 주게 하였다. 따라서 3일 내지 5일 동안 2품 이상의 관료들에게 매일 얼음을 제공하여 녹은 얼음을 갈아서 쓰게 하였음을 알 수 있다. 아직까지는 얼음이 녹지 않도록 하는 방법을 터득하지 못하였던 듯하다.

빙반의 사용은 경종 즉위년 이후로는 사용하지 않게 되었다. 다만, 얼음을 그릇에 담아 시상의 네 귀퉁이에 놓도록 하였다는 것이다. 이렇게 된 이유는 영조 즉위 후 경종의 소렴과 대렴 이후 재궁을 빈전에 옮겨 가칠을 30회 이상 하는 것으로 국상 때 국왕이나 왕비의 시신을 처리하는 방식이 변화하였기 때문이다. 아울러 재궁에 옻칠을 30회 이상 거듭하면서도 옻칠이 방충, 방부, 방습의 효과가 있어서 시신의 부패를 방지하였을 것으로 여겨진다.

이처럼 대행왕의 유해가 자그마치 5개월 동안 부패하지 않을 수 있었던 이유는 백 수십 벌의 옷과 이불의 사용 및 재궁의 칠 때문이었다. 재궁은 현재 국립고궁박물관 소장물이 유일하다. 그 크기는 길이 220센티, 폭 62-69센티, 높이 58센티이다. 재궁의 재료는 소나무 중에서도 속이 금빛을 발하는 황장목(금강송)을 사용했다. 황장목은 나무 중에서 최고의 품질을 자랑한다. 경북 울진 소광리의 금강소나무 숲을 비롯해 강원도 등 약 60여 곳에는 이 황장목을 확보하기 위해 벌목을 금지하는 봉산표지를 하였으며, 현재 약 4군데에 아직도 남아 있다. 이 황장목은 현실의 재궁을 안치하는 자리의 평상으로 쓰이기도 했다.

(5) 소렴(小斂)

소렴은 시신에 옷을 입히는 의절이다. 시간은 길한 때를 일관이 추택하여 결정하였다. 날짜의 기산은 산 사람의 일은 죽은 이튿날, 죽은 사람의 일은 죽은 당일을 기준으로 했다. 따라서 소렴은 사람이 죽은지 3일째에 하는 것이다.

소렴하기 2각(刻) 전에 내시는 손을 씻고 소렴상을 휘장 밖에 설치하고, 욕석과 베개를 편다. 먼저 효금(絞衾)을 그 위에 펴는데, 가로로 된 것 3개는 아래에 있고, 세로로 된 것의 1개는 위에 있다. 모두 흰 생초 1폭으로써 그 양쪽 끝을 쪼개어 3개를 만든다. 가로로 된 것은 몸을 두를 만하게 하여 서로 맺도록 하고, 세로로 된 것은 머리를 가릴 만하게 하여, 발에 이르러 몸 중간에서 맺는다. 다음은 이불을 펴고, 다음은 산의(散衣)를 펴고, 다음은 강사포 1습(襲)을 편다. 옷과 이불은 모두 겹옷과 겹이불이다.

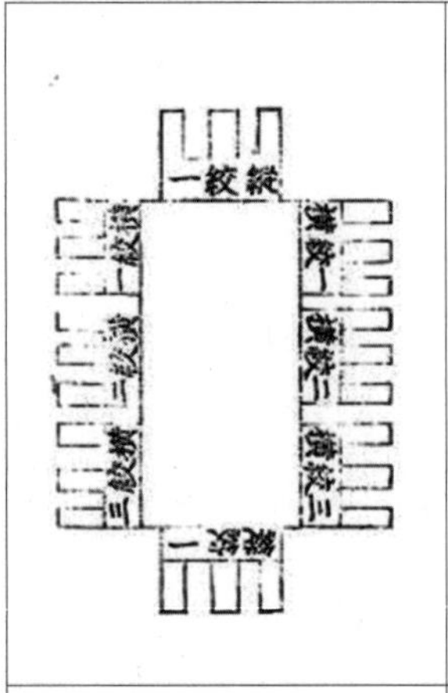
효금

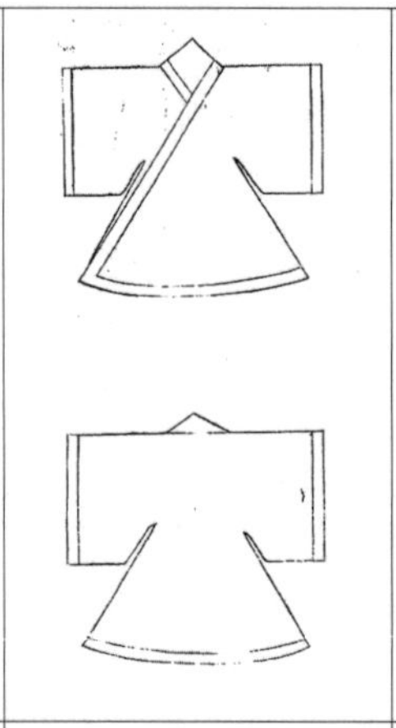
강사포

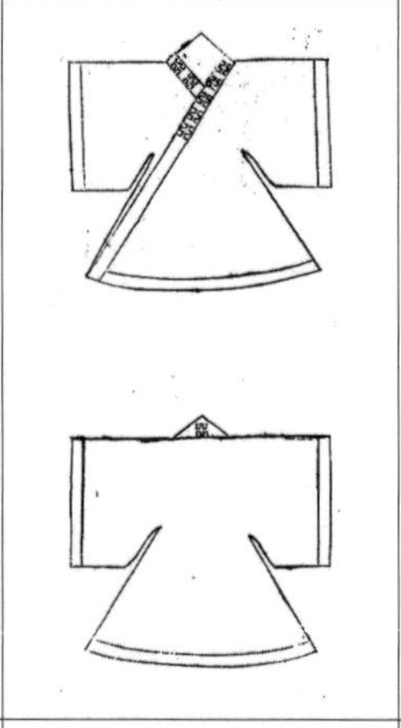
중단

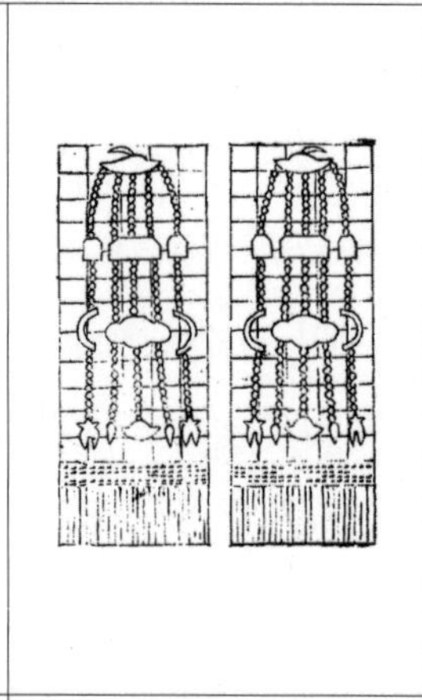
폐슬

<『국조상례보편』 소렴조의 복완>

내시가 마주 서서 소렴상을 들고 들어와서 대행왕의 평상 남쪽에 두고, 전(奠)을 영좌의 서남쪽에 옮긴다. 이에 대행왕을 소렴상에 옮기고는, 먼저 베개를 버리고 첩의(疊衣)를 펴서 그 머리에 깔고, 이내 양쪽 끝을 말아서 양쪽 어깨의 빈 곳에 편다. 또 옷을 말아서 그 양쪽 정강이에 끼워서 그 반듯한 것을 취하고, 그런 후에 남은 옷으로써 이를 가리운다. 오른쪽 옷섶을 왼쪽 옷섶의 위로 여미고 고름은 매지 않으며, 이불로써 염(斂)을 하되 효포(絞布)로 묶지 않고, 별도로 이불로써 덮고 병풍을 치고 습상을 걷어치운다. 효로 묶지 않는 것은 효자가 차마 어버이가 죽은 것으로 여길 수 없기 때문이다.

조선 건국 직후에는 염습할 때 사용하는 옷의 벌수가 일정하지 않았다. 공정대왕 초상에는 습의 7칭, 소렴의 15칭, 대렴의 38칭이었고, 원경왕후(元敬王后) 초상에는 습의 7칭, 소렴의 19칭, 대렴의 90칭이었으며, 태종 초상에는 습의 7칭, 소렴의 19칭, 대렴의 40칭이었다.

소렴의에 사용하는 복식은 원유관·상의·치마[裳]·패옥·폐슬·적말·적석으로 구성된 강사포 일습(絳紗袍一襲), 조복(朝服)·공복(公服)·곤룡포(袞龍袍), 답호(褡護)·철릭(帖裏)·중치막(中赤莫)·도포(道袍)·배자(背子)·장의(長衣)·창의(氅衣)·협수(狹袖)·광수(廣袖)·쾌자(快子)·군복(軍服)·원령(圓領)등이 사용되었다.

염의(斂衣)는 대개 19칭(稱)이다. 세종 5년에 상정소(詳定所)에서는 "옛 제도에 습의(襲衣)를, 천자는 12칭(稱)이요, 상공(上公)은 9칭이요, 제후(諸侯)는 7칭이요, 대부는 5칭이요, 사(士)는 3칭이며, 소렴의(小斂衣)에 있어서는, 천자로부터 사에 이르기까지 모두가 19칭이며, 대렴의 있어서는, 천자는 1백 20칭이요, 상공은 90칭이요, 제후와 백작(伯爵)·자작(子爵)·남작(男爵)은 70칭이요, 대부는 50칭이요, 사는 30칭이었다"하니, 상공(上公)의 예(例)를 좇아 제도를 정하도록 했다. 여기서 상공의 예는 대렴 때의 염의를 90칭을 사용하라는 말이다. 그런데 소렴 때에는 천자로부터 사에 이르기까지 모두 19칭으로서 신분에 관계없이 동일했다.[51)]

소렴의대의 종류에 있어서 강사포 일습과 산의로 19칭을 하는 규례는 조선후기에도 동일하였으나, 실상 국상 때의 의대는 많은 차이가 있다. 영조 국상 때의 사례를 보자. 이때에는 집사하는 자가 먼저 용문석(龍紋席)을 설치하고 그 다음에 욕(褥)과 교(絞), 유청금선금(柳靑金線衾), 백운문대단고(白雲紋大緞袴), 진홍강사포(眞紅絳紗袍), 옥색·자적·초록광직삼색중치막(玉色紫的草綠廣織三色中赤莫), 연록운문대단협수(煙綠雲紋大緞狹袖)·연두색희문단협수(烟荳色稀紋緞狹袖)를 깔았다. 끝나고서 협시(挾侍)가 영상(靈床)을 염석(殮席)에 옮겨 모셨다. 집사하는 자가 우임(右衽)하고 빈 곳을 남광직토수(藍廣織吐手)·백광직행전(白廣織行纏)·다홍대단도포(多紅大緞道袍)·다홍항라조복(多紅杭羅朝服)으로 채웠다. 금(衾)을 여미고 교를 묶었다.[52)]

소렴이 끝나면, 왕비와 왕세자 이하는 들어가서 곡을 하여 애도를 극진히 하고, 종친 이하도 자리로 가서 찬의의 창에 따라 무릎 꿇고 부복하여 곡을 극진히 하고 일어나 평신한다. 왕세자

---

51) 『世宗實錄』卷22, 世宗 5年 11月 15日 壬辰. 詳定所啓: "古制襲衣, 天子十二稱, 上公九稱, 諸侯七稱, 大夫五稱, 士三稱. 小斂衣, 自天子至於士, 皆十九稱. 大斂衣, 天子百二十稱, 上公九十稱, 諸侯伯子男七十稱, 大夫五十稱, 士三十稱. 本國恭靖大王喪, 襲衣七稱, 小斂衣十五稱, 大斂衣三十八稱. 元敬王后喪, 襲衣七稱, 小斂衣十九稱, 大斂衣九十稱. 太宗喪, 襲衣七稱, 小斂衣十九稱, 大斂衣四十稱."命從上公例, 定制.

52) 『英祖殯殿魂殿都監儀軌』卷2, 小斂.

는 별실로 가서 삼끈으로 상투를 매고, 대군 이하도 같이 한다. 왕비는 별실로 가서 삼끈으로 좌(髽)를 틀며, 왕세자빈과 내외명부도 같이 한다.

그런데 조선후기에 이르면 이러한 소렴도 변화가 생겼다. 효종이 승하한 지 3일째 되는 5월 6일 갑시(甲時)에 소렴을 하는데, 대신과 삼사(三司) 이하가 참여하였다. 염을 마치고 시신을 묶는 가로끈을 묶지 않고 영의정 정태화가 나오면서 집사자에게 이후에 끈을 맬 것을 이르는데, 송시열이 소렴에서는 끈을 묶지 않고 대렴 때 묶는다고 하였다. 하지만 송준길은 더운 날씨에 끈을 묶지 않으면 부기(浮氣)가 더할 것을 염려하였으나 이제 사흘이 지나 부기가 더하지 않을 것이니 굳이 매야 한다면 고집하지 않겠다는 것이다. 송준길이 이에 대해 한두 개의 끈은 남겨둘 수 있지만 전혀 매지 않아서는 안 된다고 재차 요구 하였고, 결국 끈을 묶게 된다. 그러므로 실록에서는 마치 송시열과 정태화의 잘못된 판단으로 소렴이 제대로 행하여 지지 않았고, 재궁에 시신이 들어가지 않게 된 것처럼 기록하였다.[53] 반면 개수실록에서는 소렴이 잘못된 것이 아니라는 것을 『승정원일기』를 근거로 주장하였다. 어쨌든 송시열의 의견대로 묶지 않았다. 당시 송시열의 주장에 따르면 끈을 매지 않는 이유는 효자가 차마 자기의 어버이를 이미 죽은 것으로 여길 수 없어서 라고 하였다.[54] 국조상례보편에 실려있다.[55]

(6) 대렴(大斂)

대렴은 시신을 이불로 싸서 재궁에 안치하는 의절이다. 대렴은 5일째에 거행했다. 역시 일관이 길한 시간을 추택하여 행했다. 염의 절차는 소렴과 거의 같다. 전각 안에는 시상을 동북쪽 모퉁이에 안치하고 찬궁은 중앙으로부터 약간 북쪽에 설치하는데 어탑을 설치했던 곳이다. 재궁은 시상과 찬궁 사이에 두고, 염상은 찬궁 남쪽에 두었다. 명정과 선개(扇蓋) 및 만정(滿頂)은 찬궁 밖의 서남쪽에 두었다.

대렴의 효금(絞衾)은 가로로 매는 것 다섯이 아래이고 세로로 매는 것 셋은 위이다. 각각 백초 한 폭씩을 여섯 조각으로 찍어서 다섯을 쓰고, 세 조각으로 찢어서 쓰는 것이다. 이때에는 면복을 펴며, 함에는 금모와 보쇄를 담아서 대렴상의 동북쪽에 놓는다.

내시는 대렴상을 대행대왕이 누워있는 상 남쪽에 놓고, 영좌와 전을 전각 안의 서남쪽으로

53) 『顯宗實錄』卷1, 顯宗 卽位年(1659) 5月 6日 丙寅.

54) 『顯宗實錄』卷1, 顯宗 卽位年(1659) 5月 6日 丙寅.

55) 『國朝喪禮補編』 卷1. 小殮諸具. "紵絲汗衫三白紵布, 單衣三表紅廣織裏白綃 單衣三表綠紗無紋裏白綃 裌帖裏二表紅紗無紋裏白綃 帖裏二白紵布, 袴三表白紡紬裏白紵布, 裹肚三表綠廣織裏白鼎紬."

옮긴다. 소렴 때 묶지 않은 효를 묶고서, 대행대왕을 대렴상으로 옮겨 소렴 때와 같이 염하고 효를 묶는다. 그리고나서 보쇄로 발에서부터 위로 올려가며 감싸고 금모로 머리에서부터 아래로 감싸서 일곱 개의 끈으로 단단하게 맨다. 즉 족부(足部)를 먼저 가리고 다음에 두부(頭部)를 가리며, 먼저 왼편을 여미고 다음에 오른편을 여미며, 다음에 말을 깔고 빈틈을 산의로 채웠다.

재궁을 상 남쪽에 남쪽이 위가 되도록 놓고, 대행대왕을 재궁에 안치한다. 재궁에 안치하기 전에는 차조의 재[秫灰]를 먼저 깔았다. 평시에 빠진 치아와 머리카락, 손톱과 발톱을 재궁 안의 구석구석에 넣었다. 평천관(平天冠) 혹은 통천관(通天冠)은 적석(赤舃)과 함께 대렴에 포함해야 하는데 불편하다고 하여 재궁에 넣기도 했다. 옥규(玉圭)는 재궁에 넣어야 하나, 금옥을 넣는 것은 합당하지 않다고 하여 현궁에 넣었다. 옷을 말아서 빈 곳을 모두 막아 재궁 안이 평탄하게 꽉 차도록 한다. 천자는 120칭, 상공은 90칭, 제후는 70칭, 대부는 50칭, 사는 30칭이라 했다. 정종은 38칭, 태종은 40칭이었으나, 세종 5년에 상공의 예를 따라 90칭을 따르도록 했다.

| | | |
|---|---|---|
|  | 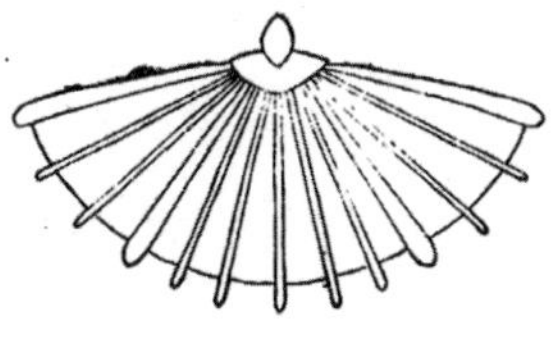 | 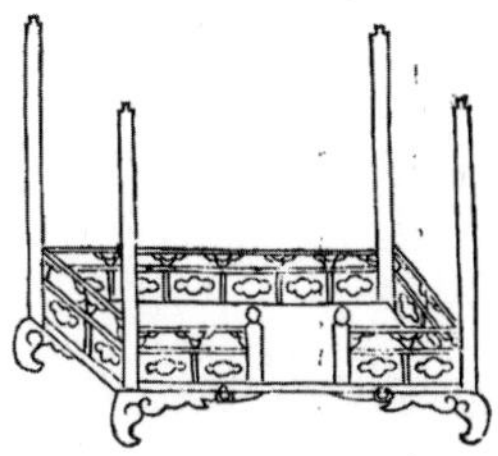 |
| 영좌, 국조상례보편 | 악, 국조상례보편 | 상, 국조상례보편 |

<『국조상례보편』 대렴조의 상좌>

| | | | | |
|---|---|---|---|---|
| 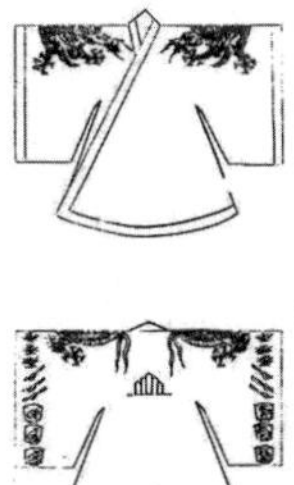 | 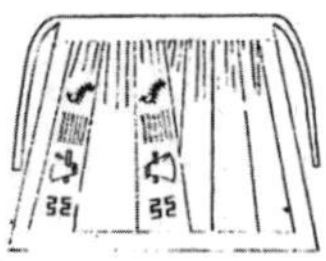 | 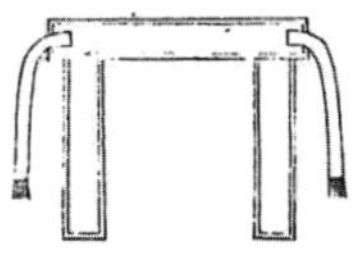 | 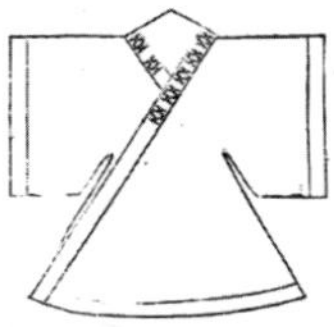 | 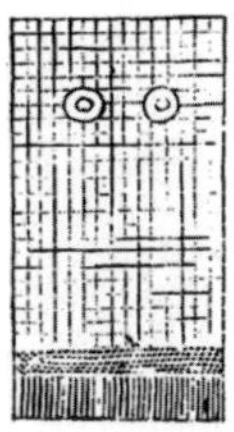 |
| 곤룡포 | 치마[裳] | 대(帶) | 중단 | 후수 |

|  | 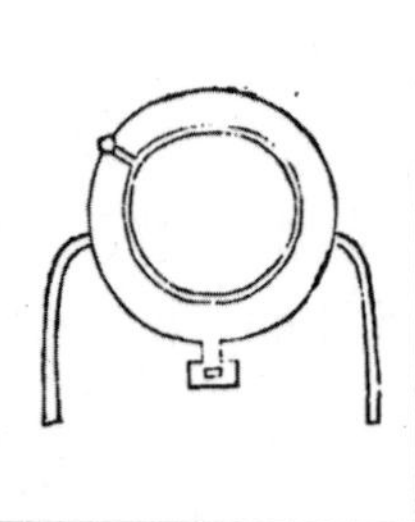 | 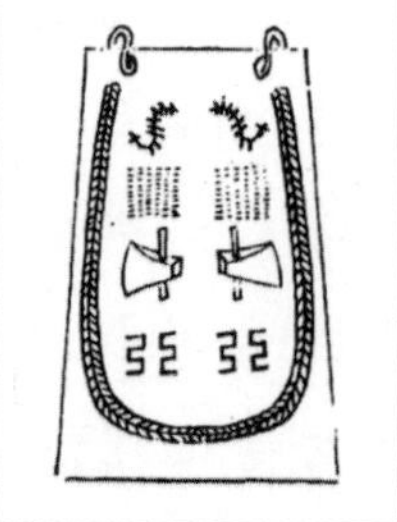 |  | 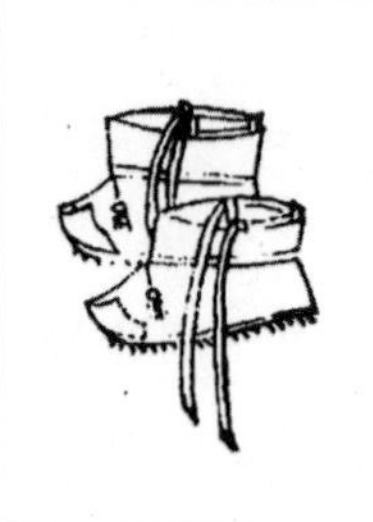 |
|---|---|---|---|---|
| 면류관 | 방심곡령 | 폐슬 | 홍말 | 석 |

<『국조상례보편』 대렴조의 복완>

시신을 재궁에 안치할 때에는 포(布)를 사용해 곧게 밑으로 내려놓았다. 경우에 따라서는 중목(中木)을 재궁에 걸쳐놓고 그 위에 시신을 올려놓아서 위아래를 방정하고 안돈하게 한 다음, 다시 들어 중목을 치우고 그대로 재궁에 들여놓았다. 뚜껑을 덮고서 임(衽)을 박고, 그 자리에 옻칠한 고운 베를 붙이며, 도끼 무늬를 수놓은 관의(棺衣)를 덮어놓는다.

예를 들어 효종의 사후, 그의 시신은 곧바로 묶었고 재궁이 닿는 어깨에는 여섯 벌의 의대가 사용되었다. 그런데 당시 효종의 체격이 건장한 탓인지 재궁이 맞지 않았고, 이 때문에 정태화는 부판(附板)으로 재궁을 이어 사용할 것을 건의 하였다.[56] 당시 효종의 재궁은 여염집에서도 사용하지 않는 부판을 사용하게 되었는데, 남인 입장으로 기록한 현종실록에서 이것은 송시열의 뜻에 영합하기 위해 그렇게 되었다며 크게 노여워하였다.[57] 하지만 서인이 찬술한 개수실록에서는 부판을 쓰게 된 것은 효종의 체격이 커서 생긴 부득이한 일로서 부판을 사용한 것은 정태화가 발의한 것이고 송시열의 잘못은 아니라고 하였다.

어쨌든 효종의 경우 소렴을 마치고 미시(未時)가 되어 장생전에서 미리 준비하여 두었던 재궁을 빈전으로 들였는데, 그때서야 비로소 소렴을 한 효종의 시신보다 재궁의 크기가 작아 쓸 수 없음을 알렸다. 당시의 재궁은 너비가 2치 정도 부족하였으며 길이도 부족하여 다급하게 넓은 판자를 구하려고 하였으나 구할 수가 없어 영의정 정태화가 부판(附板)을 쓸 것을 제안하였다. 그러자 신하들이 왕의 재궁에 부판을 쓰는 일은 이전에 없었는데, 금번에는 일이 시급하여 좋은 황장목을 구해서 부판을 연결하여 쓰기로 하되, 여러 번 옻칠을 하여 보강할 수 있도록 결정하였다.[58] 이것은 결국 송시열이 주장한 대로 정리(情理)를 앞세워 소렴에서 시신을 단단하

56) 『顯宗改修實錄』卷1, 顯宗 卽位年(1659) 5月 6日 丙寅.

57) 『顯宗實錄』卷1, 顯宗 卽位年(1659) 5月 6日 丙寅.

58) 『顯宗實錄』卷1, 顯宗 卽位年(1659) 5月 6日 丙寅.

게 묶지 않아 부기 때문에 시신의 크기가 커졌기 때문에 생긴 일이었다. 이후 국상 시 대렴이 끝난 후 재궁에 시신을 안치하였을 때 재궁의 너비와 길이는 그때마다 변례가 적용되었다.

### 2) 빈전의 설치와 재궁의 가칠

(1) 빈전

태조에서 태종에 이르는 국상 시에는 일정한 형식 없이 구 왕조의 관습에 의해 승하한 장소나 그 근처에 빈전이 설치되었으나, 세종대에 의례가 정립되면서 변화가 생긴다. 세종은 죽음을 정침이 아닌 그가 총애한 영응대군의 제택(第宅)에서 맞이하게 되는데 제택의 장소가 협소한 이유를 들어 수강궁 정전이나 경복궁 자선당에 설치할 것을 청하지만, 문종은 "장소가 좁은 폐단은 작은 일이고 빈전(殯殿)을 옮기는 일은 큰일이니, 이곳(영응대군 저택)에 빈전을 설치하는 것이 편리하겠다."[59]라고 하여 그동안의 관습에 더 충실했던 것으로 보인다. 문종은 경복궁의 강녕전에서 승하하고 빈전을 편전인 사정전에 설치하고 혼전은 경복궁 자선당에 설치하게 되는데 이때 비로소 편전을 빈전으로 전용하는 전례가 만들어 진다. 현덕왕후 (문종비)는 세자빈 시절 경복궁의 동궁인 자선당에서 단종을 낳은 후 승하하게 된다.[60] 이때 현덕왕후의 빈전 설치 장소를 두고 고민하던 세종은 창덕궁에 있는 의정부청에 빈전을 설치하게 한다. 하지만, 혼전의 설치는 경복궁 자선당에 설치하게 되는데 이 시기 세종은 경복궁에 장기간(22년 8개월) 임어함에 따라 혼전의 이궁 설치는 의례의 설행에 있어 불편을 초래할 것이 분명하므로 경복궁에 설치한 것으로 보인다. 세조는 예종에게 승하하고 빈전은 조계청에, 혼전은 경복궁 자선당에 설치하게 된다. 문종비인 현덕왕후의 혼전이 경복궁 자선당(景禧殿)에 설치된 후 약 11년간 존속되다가 문종이 승하하자 문종의 혼전을 현덕왕후의 혼전(景禧殿)에 합사한 후 3년상이 지나자 종묘에 부묘하게 된다. 그 후 세조는 문종의 전례를 따라 자선당에 혼전을 설치하게 된다. 마찬가지로 예종비인 장순왕후도 세자빈 시절 안기의 사저에서 인성군을 낳은 후 승하하게 된다.[61] 빈전은 안기의 사저에 그대로 설치하고 혼전을 자선당에 설치하지만(경안전),세조가 승하하며 혼전을 자선당(영창전)에 설치함에 따라 장순왕후의 혼전은 인성군의 집으로 옮기고,[62] 예종의 승하 후 종묘에 부묘하게 된다. 이렇듯 문종 이후 예종까지는 혼전을 동궁인 자선당에 설치하

59) 『文宗實錄』卷 1, 卽位年 2月 19日.

60) 『世宗實錄』卷 93, 世宗 23年 7月 25日.

61) 『世祖實錄』卷26, 世祖 7年 12月 5日.

62) 『睿宗實錄』卷8, 睿宗 1年 10月 2日.

는 일정한 기준이 마련된 것으로 보인다.

중종은 재위 말년 창덕궁에 임어하던 중 병환이 깊어 창경궁의 환경전 소침으로 옮겨서 초종을 맞이하고 그의 빈전은 통명전에 혼전은 문정전에 설치하였다. 하지만, 이때 일을 두고 뒤에 '왕의 빈전을 통명전으로 한 것은 예에 합당하지 않다.'고 하여 인종의 승하 시에는 편전인 사정전에 빈전을 두고 혼전은 창덕궁의 편전인 선정전을 사용하게 되었다.[63] 이때의 일은 이후 빈전과 혼전을 설치함에 있어 편전을 轉用하게 되는 계기가 되며, 영조까지 이어 간다. 이와 같이 건국 초기인 문종 이전까지는 상왕의 신분으로써 거처하고 있는 장소에서 승하하고 그 근처에 빈전과 혼전을 설치하였고, 세종대 예제의 정립 이후 문종조 부터는 정침에서 승하하는 정종의 개념을 고수함과 동시에 편전에 빈전을 설치하고 혼전은 동궁에 설치하는 기준이 마련된다. 하지만 빈전이나 혼전을 동궁으로 설치하는 것은 높은 지위를 강등 시켜 낮은 자리에 내려가게 하는 것이라 여겼다.[64] 인종의 승하 후 그의 혼전을 저승전으로 삼으려 하였으나 저승전은 동궁이 평소 거처하는 처소로 正殿이 아니라는 이유를 들어 편전인 창덕궁의 선정전으로 정하였다.[65]

| 대수 | 왕/왕후 | 승하시기 | 승하장소 | 빈전 | 혼전 | |
|---|---|---|---|---|---|---|
| | | | | | 전각명 | 전호 |
| 1 | 태조 | 1408(태종 8).5.24. | 별전(광연루) | 후별실청 | 궐밖 | 문소전 |
| | 신의왕후 | 1391(공양왕 3) | - | - | | |
| | 신덕왕후 | 1396(태조 5).8.13. | 이득분의 집 | 옛 궁궐 | 궐밖 | 인안전 |
| 2 | 정종 | 1419(세종 1).9.25. | 인덕궁 정침 | 인덕궁 | 인덕궁 | 인덕전 |
| | 정안왕후 | 1412(태종 12).6.25. | 인덕궁 | | 인덕궁 | 인덕전 |
| 3 | 태종 | 1422(세종 4).5.10. | 연화방 신궁 | 수강궁 정전 | 궐밖 | 광효전 |
| | 원경왕후 | 1420(세종 1).7.10. | 수강궁 별전 | 명빈전 | 궐밖 | 광효전 |
| 4 | 세종 | 1450(문종 즉).2.17. | 영응대군 사저 | 영응대군 사저 | 창덕궁 보평청 | 휘덕전 |
| | 소헌왕후 | 1446(세종 28).3.24. | 수양대군 재택 | 수양대군 서청 | 창덕궁 보평청 | 휘덕전 |
| 5 | 문종 | 1452(단종 즉).5.14. | 강녕전 | 사정전 | 경복궁 자선당 | 경희전 |
| | 현덕왕후 | 1442(세종 23).7.24. | 자선당 | 창덕궁 의정부청 | 경복궁 자선당 | 경희전 |
| 7 | 세조 | 1468(예종 즉).9.8. | 수강궁 정침 | 조계청 | 경복궁 자선당 | 영창전 |
| | 정희왕후 | 1483(성종 14).3.30. | 온양 | 영순군 사저 | 경복궁 자선당 | 태경전 |

63) 『仁宗實錄』卷2, 仁宗 1年 7月 1日.

64) 『文宗實錄』卷1, 文宗 卽位年 2月 19日.

65) 『明宗實錄』卷1, 明宗 卽位年 7月 16日.

| | | | | | | |
|---|---|---|---|---|---|---|
| 8 | 예종 | 1469(성종 즉).11.28. | 자미당 | 충순당 | 경복궁 자선당 | 경안전 |
| | 장순왕후 | 1461(세조 7).12.5. | 안기의 사저 | 안기의 사저 | 경복궁 자선당 | 경안전 |
| | 안순왕후 | 1498(연산 4).12.23. | - | - | 경복궁 자선당 | 영소전 |
| 9 | 성종 | 1494(연산 즉).12.24. | 창덕궁 대조전 | 대조전 | | 영사전 |
| | 공혜왕후 | 1474(성종 5).4.15. | 구현전 | 광연전 | 창덕궁 | 소경전 |
| | 정현왕후 | 1530(중중 25).8.22. | 동궁 정침 | 자선당 | 경복궁 | 효경전 |
| 11 | 중종 | 1544(인종 즉).8.22. | 환경전 소침 | 통명전 | 창경궁 문정전 | 경사전 |
| | 장경왕후 | 1515(중종 10).3.2. | 경복궁 동궁 별전 | | | 영경전 |
| | 문정왕후 | 1565(명종 20).4.6. | 창덕궁 소덕당 | | 창덕궁 | 문덕전 |
| 12 | 인종 | 1545(명종 즉).7.1. | 창연루 소침 | 사정전 | 창덕궁 선정전 | 영모전 |
| | 인성왕후 | 1577(선조 10).11.29. | 경복궁 공익전 | | | 효모전 |
| 13 | 명종 | 1567(선조 즉).6.28. | 경복궁 양심당 | | | |
| | 인순왕후 | 1575(선조 8).1.2. | 창덕궁 통명전 | 통명전 | 창경궁 문정전 | 경모전 |

<조선전기 국왕과 왕후의 빈전혼전>

이와 같은 조선 전기의 전례는 임진왜란 이후 임진왜란 이후 편전을 빈전이나 혼전으로 전용(轉用)하려는 데에 지대한 영향을 미쳤다.

임진왜란 이후에도 왕의 승하장소는 왕의 임어기간 중 각 궁궐의 정침에서 이루어졌다. 영조의 국상까지 인종의 국상 때의 예(禮)를 따라 빈전과 혼전의 설치를 편전에 설치하게 된다. 인조와 효종은 창덕궁 대조전에서 승하하고 창덕궁 선정전에 빈전을 차리며, 경덕궁에 임어한 숙종과 영조는 빈전을 경덕궁의 자정전에 설치한다. 영조조까지 승하장소와 빈전의 설치는 왕의 임어장소[時御所]와 관계가 있는데, 영조의 경우 경덕궁의 임어기간 중 승하함에 따라 빈전을 자정전에 설치하여 규범에 충실하지만, 혼전의 경우 이궁의 편전이 아닌 시어소의 편전인 태녕전에 모시는데, 이 기간창경궁 문정전에는 창경궁 강서원에서 문정전으로 옮겨 온 정성왕후(영조 원비)의 혼전을 모시고 있었기 때문이다.

정조 이후에는 빈전의 설치에 있어서 뚜렷한 변화를 가져온다. 경희궁에서 승하한 순조를 제외하고,정조·헌종·철종은 빈전을 창경궁의 환경전에 설치하게 된다.혼전의 설치도 각 궁궐의 편전에 이루어지지만, 창덕궁에 임어할 때에는 창경궁의 편전인 문정전에 혼전이 설치되고(철종–효문전), 창경궁과 경희궁에 임어 시에는 창덕궁의 편전인 선정전(정조–효원전, 순조–효성전)에 혼전이 설치되었던 것을 알 수 있다. 이상으로 태조의 조선창업 이후 철종조에 이르는 빈전과 혼전의 설치 위치에 대해 알아보았는데 조선 후기로 오면서 빈전과 혼전은 편전을 전용하여 사용하는 규칙성을 보이고 있다. 이는 다시 말해 빈전이나 혼전의 편전전용시 일정기간 편전을 사용할 수 없게 되는 것을 의미한다. 사용기간이 비교적 짧은 빈전의 경우 왕이 임어한 궁궐(時御所)의 편전을 그냥 사용하나 사용기간이 짧게는 3년에서 때로는 부왕(父王)의 승하 후 부묘할 때까지 긴 시간을 사용하는 혼전의 경우 주로 창경궁의 문정전이나 창덕궁의 선정전 등의 일정한 장소(離宮의 便殿)를 택하여 혼전을 설치하였던 것으로 보인다.

| 대수 | 왕/왕후 | 승하시기 | 승하장소 | 빈전 | 혼전 | |
|---|---|---|---|---|---|---|
| | | | | | 전각명 | 전호 |
| 14 | 선조 | 1608(광해군 즉).2.1. | 정릉동 행궁 | 정릉동 행궁 | 정릉동 행궁 | 영모전 |
| | 의인왕후 | 1600(선조 33).6.27. | 정릉동 행궁 | 계림군집 대청 | 남별전 | 효경전 |
| | 인목왕후 | 1622(인조 10).6.28. | 인경궁 흠명전 | 경덕궁 광명전 | 경덕궁 | 효사전 |
| 16 | 인조 | 1649(효종 즉).5.8. | 창덕궁 대조전 | 창덕궁 선정전 | 창경궁 문정전 | 영사전 |
| | 인렬왕후 | 1635(인조 13).12.9. | 산실청 | - | 창덕궁 | 숙녕전 |
| | 장렬왕후 | 1688(숙종 14).8.26. | 내반원 | 창덕궁 환경전 | 창경궁 문정전 | 효사전 |
| 17 | 효종 | 1659(현종 즉).5.4. | 창덕궁 대조전 | 창덕궁 선정전 | 창경궁 문정전 | 경모전 |
| | 인선왕후 | 1673(현종 15).2.23. | 경덕궁 회상전 | 창덕궁 융복전 | 경덕궁 | 경사전 |
| 18 | 현종 | 1674(숙종 즉).8.18. | 창덕궁 여차 | 창덕궁 선정전 | 창경궁 문정전 | 효경전 |
| | 명성왕후 | 1683(숙종 9).9. | 저승전 서별당 | 창덕궁 선정전 | 창경궁 문정전 | 영모전 |
| 19 | 숙종 | 1720(경종 즉).6.8. | 경덕궁 융복전 | 창덕궁 자정전 | 창경궁 문정전 | 효녕전 |
| | 인경왕후 | 1680(숙종 6).10.26. | 경덕궁 회상전 | 창덕궁 융복전 | 창경궁 문정전 | 영소전 |
| | 인현왕후 | 1701(숙종 27).8.14. | 창경궁 경춘전 | 창경전 환경전 | 경덕궁 계상당 | 경녕전 |
| | 인원왕후 | 1757(영조 33).3.26. | 창덕궁 영모당 | 창경궁 통명전 | 창경궁 문정전 | 효소전 |
| 20 | 경종 | 1724(영조 즉).8.25. | 창경궁 환취정 | 창덕궁 선정전 | 창경궁 문정전 | 경소전 |
| | 단의왕후 | 1718(숙종 44).2.7. | 창덕궁 장춘헌 | - | 경덕궁 경선당 | 영휘전 |
| | 선의왕후 | 1730(영조 6).6.27. | 경덕궁 어조당 | 광명전 | 창경궁 문정전 | 경휘전 |
| 21 | 영조 | 1776(정조 즉).3.5. | 경희궁 집경당 | 창덕궁 자정전 | 경희궁 태녕전 | 효명전 |
| | 정성왕후 | 1757(영조 33).2.15. | 창덕궁 관리합 | 경훈각 | 창경궁 문정전 | 휘녕전 |
| | 정순왕후 | 1805(순조 5).1.12. | 창덕궁 경복전 | 창경궁 환경전 | 창경궁 문정전 | 효안전 |
| 22 | 정조 | 1800(순조 즉).6.28. | 창경궁 영춘전 | 창경궁 환경전 | 창덕궁 선정전 | 효원전 |
| | 효의왕후 | 1821(순조 21).3.9. | 창경궁 자경전 | 창경궁 환경전 | 창경궁 통화전 | 효희전 |

| | | | | | | |
|---|---|---|---|---|---|---|
| 23 | 순조 | 1834(순조 34).11.13. | 경희궁 회상전 | 장락전 | 창덕궁 선정전 | 효성전 |
| | 순원왕후 | 1857(철종 8).8.4. | 창덕궁 양심합 | 창경궁 환경전 | 창경궁 문정전 | 효정전 |
| 24 | 헌종 | 1849(철종 즉).6.6. | 창덕궁 중희당 | 창경궁 환경전 | 창덕궁 선정전 | 효정전 |
| | 효현왕후 | 1843(헌종 9).8.25. | 창덕궁 대조전 | 창경궁 환경전 | 창경궁 문정전 | 휘정전 |
| | 효정왕후 | 1904(고종 41).1.2. | 경운궁 수인당 | 경운궁 흥덕전 | 경운궁 흥덕전 | 인소전 |
| 25 | 철종 | 1863(고종 즉).12.8. | 창덕궁 대조전 | 창경궁 환경전 | 창경궁 문정전 | 효문전 |
| | 철인왕후 | 1878(고종 15).5.12. | 창경궁 양화당 | 창경궁 환경전 | 창경궁 문정전 | 효휘전 |
| 26 | 고종 | 1919(순종 12).1.21. | 경운궁 함녕전 | 경운궁 함녕전 | 경운궁 함녕전 | - |
| | 명성황후 | 1895(고종 32).8.29. | 건청궁 곤녕합 | 경복궁 태원전 | 경운궁 경소전 | 경효전 |
| 27 | 순종 | 1926.4.25. | 창덕궁 대조전 | 창덕궁 선정전 | 창덕궁 선정전 | - |
| | 순명황후 | 1904(고종 41).11.5. | 경운궁 강태실 | 경운궁 흥덕전 | 경운궁 문경전 | 의효전 |
| | 순정황후 | 1966년 | 창덕긍 낙선재 | - | - | - |

<조선후기 국왕과 왕후의 빈전혼전>

고종조의 경복궁 중건은 그 동안 중건 역사에서와는 다른 점이 발견되는데 궁역의 서북부에 일단의 건물 군락이 들어서게 되는 점이다. 경복궁 관련 그림에 의하면 중건이 이루어지기 전 그 일대는 간의대와 내사복시가 설치되어 있을 뿐 어떠한 건물군도 보이지 않는다. 경복궁의 중건 시역이 어느 정도 완성된 고종 5년 6월에 태원전·문경전·회안전이 완성되어 궁성 서북부에 별도 공간으로 영건하게 된다. 태원전과 그 주변 일곽들의 창건 배경이 흉례공간을 위해 마련한 것인지 확언할 수는 없지만 분명한 것은 태원전은 신정왕후와 명성황후의 빈전으로 사용되었고, 회안전은 신정왕후의 재궁을 잠시 보관한 적이 있으며, 문경전을 신정왕후의 혼전인 효모전으로 사용하였고, 또한 명성황후의 혼전으로도 사용하려 하였다는 점만 가지고도 이 일곽이 흉례공간으로서 창건되었으리라 짐작하기에는 무리가 없을 것이다.

왕비 시해 후 건청궁에 위패 되어 있던 고종을 구출하기 위한 춘생문 사건으로 더욱 축소된 고종의 입지와 일본의 강세에 독립국임을 강조한 대한제국 선포의 출발점이 되었다. 러시아 공사관으로 거처를 옮긴지 며칠 지나지 않아 경운궁의 수리를 명하고,[66] 경복궁에 있던 왕후의 빈전과 선원전의 열성어진 그리고 집옥재에 보관했던 고종 자신의 어진과 세자의 예진(睿眞)을 경운궁으로 이안한 후 고종 34년(1897) 2월 20일 경운궁으로 환궁하게 된다.[67] 이때까지만 해도 경운궁의 궁역은 그리 넓지 않았던 것으로 보인다. 고종 37년(1900) 포덕문 내에 영건한 선원전

66) 『高宗實錄』, 高宗 33年(1896), 2月 15日(陽).

67) 『高宗實錄』, 高宗 33年(1896), 9月 4日(陽).

에서 불이나 역대 어진이 불에 타는 사건이 발생한 후 고종은 대규모의 토목공사를 벌여 궁성 서북부 영성문내에 선원전을 새로 만들고,[68] 이때 흥덕전을 마련하여 준원전에 봉안된 태조의 영정을 모사하여 선원전에 모시고, 경복궁에 있던 문경전과 회안전을 이 일대로 이건하여 흉례공간을 이루는데 혹자들은 이곳을 영성문 대궐이라 칭하기도 하였다.[69]

고종 41년(1904) 1월 2일 헌종계비인 효정왕후(명헌태후)가 경운궁 수인당에서 승하하게 되고 빈전을 흥덕전에 설치하게 된다.[70] 혼전의 이름은 인소전으로 정하나 후일 효혜전으로 고치는데 이곳은 빈전을 설치했던 흥덕전이다. 순종원비인 순명황후는 태자빈 시절 경운궁 강태실에서 승하하게 되는데 빈전을 흥덕전으로 혼전을 문경전으로 정하고 혼전명은 의효전이라 하였다.[71] 또한 흥덕전은 고종의 후궁인 엄귀비(순헌귀비)의 빈전으로도 사용되었다.[72] 그런데 여기서 흥덕전을 주목할 필요가 있다. 고종 37년(1900) 포덕문 안에 있던 선원전에 화재가 일어나기 전인 4월에 흥덕전이 마련되어 준원전에 봉안하던 태조의 어진을 흥덕전에서 모사하게 되며 구본은 다시 준원전에 봉안하게 한다. 그해 10월 선원전에 불이 나 다음해 7월 영성문 안에 선원전을 영건하고 선원전에 모실 어진들을 다시 흥덕전에서 모사하게 된다. 그 후 고종 41년(1904) 효종왕후(헌종 계비)와 순명황후(태자빈)의 국상에 빈전으로 사용되며, 그 전에 영성문 안에 경복궁의 회안전과 문경전을 이건하여 흉례공간을 완성하는 일련의 과정들이 흡사 경복궁의 태원전을 연상하게 한다. 태원전의 경우도 고종 5년 영건이 완료된 후 이렇다 할 전각의 이용이 없이 고종 9년 영희전 제1실과 3실에 모신 태조와 원종의 어진을 이봉하고 모사하게 되며 후에도 별다른 이용이 없다가 고종 27년과 32년 신정왕후와 명성황후의 빈전으로 사용되면서 전각을 이용하게 된다. 경복궁의 흉례공간이 1빈전(태원전)에 2혼전(문경전·회안전)의 형식으로 이루어진 것처럼 경운궁의 흉례 공간도 경복궁의 제도를 이어 받아 1빈전(흥덕전)에 2혼전(흥복전·문경전)의 형식으로 이루어졌다고 말할 수 있다. 1920년 창덕궁 침전 일곽의 화재를 빌미로 경복궁의 침전일곽을 해체하여 이건함과 동시에 경운궁의 일부인 영성문 안은 식산은행의 사택지로 불하되어 외삼문인 영성문은 철거되고 선원전과 의효전은 옛 대보단 자리로 이건되었으며, 흥덕전은 창덕궁의 외전 행각을 건축하는데 사용되게 된다.[73]

---

68) 『高宗實錄』, 高宗 37年(1900), 10月 14日(陽).
69) 「每日申報」, 1920年 5月 11日, '아 영성문 대궐의 운명이여!'
70) 『高宗實錄』, 高宗 41年(1904), 1月 2日(陽).
71) 『高宗實錄』, 高宗 41年(1904), 11月 5日(陽), 10日(陽).
72) 『純宗實錄附錄』, 純宗 4年(1911), 7月 20日(陽).
73) 「每日申報」, 1920年 5月 11日, '아 영성문 대궐의 운명이여!'

(2) 치벽(治椑)

국상 때 국왕이나 왕비의 시신을 안치하는 관(棺)을 재궁(梓宮)이라고 한다. 이는 시신이 안치되고 난 후, 또는 국상이 시작되면서 시신이 안치되는 것을 전제로 지칭할 때 사용하는 의례 용어이다. 제작단계나 사용되지 않은 물건의 상태를 관(棺) 또는 벽(椑), 수기(壽器)라고 하였다.

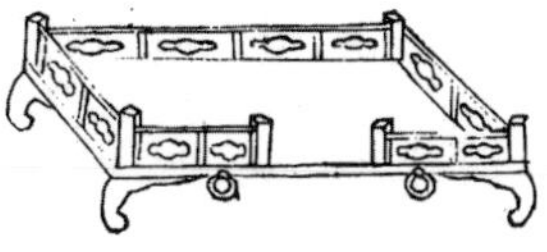
소란상

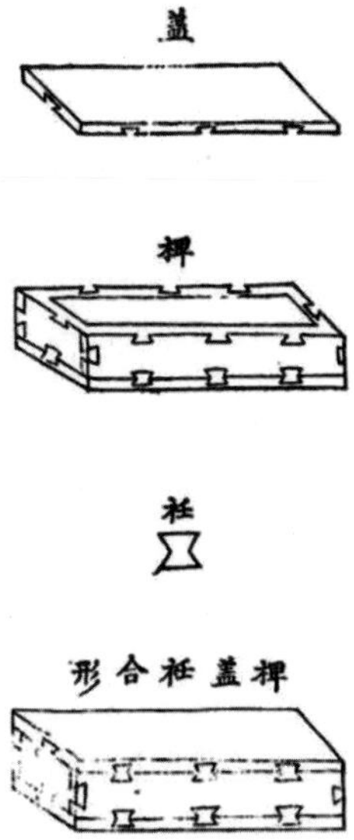

벽(뚜껑, 치, 임[은쩡])

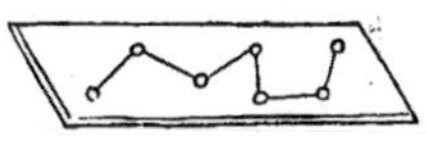
칠성판

소금저

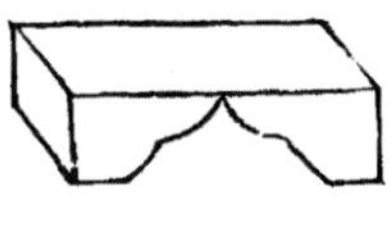
받침

<『국조상례보편』 내 관곽의 종별 수량>

유교식 장례에서 관은 매우 중요한 도구였다.[74] 관은 염습의례(殮襲儀禮)가 준비되는 단계이고, 빈전의례(殯殿儀禮)는 관(재궁)을 두고 일어나는 의례이며, 발인의례(發靷儀禮)에서 시신[魄]이 머물고 있어 이를 하현궁까지 의례의 중심을 이루고 있기 때문이다. 관이 지니는 이러한 중요성 때문에 조선 초기 널리 행해진 불교례를 유교례로 전환시키기 위해서 국가에서는 매장을 위한 관을 제작하여 유포하는 일을 하였다. 이를 위해 국가에서는 귀후서(歸厚署)를 설치하여 국가의 예장(禮葬)에 관곽(棺槨)을 내리거나 대소인민에게 초상을 당하면 관곽을 팔 수 있도록 하였다.[75] 즉 장례에 대한 국민 풍속을 바꾸기 위한 첫 번째 사업이 바로 관으로부터 시작한 것이다.

74) 한희숙, 「조선전기 장례문화와 歸厚署」, 『朝鮮時代史學報』, 2004. 53쪽.

75) 國朝續五禮儀』 卷之5, 梓宮加漆哭臨儀, 梓宮上字書寫時哭臨儀.

대렴하기 전에 내외 재궁을 제작하는 의주이다. 치벽(治椑)은 벽을 만든다는 말로서, 벽은 곧 관곽을 가리킨다. 임금의 관곽은 별도로 내재궁, 외재궁이라 한다. '벽(椑)'은 칠을 견고하게 하여 만든 것이 벽돌 같다고 하여 생긴 이름이다. 수릉(壽陵)은 한나라 광무제가 생전에 처음으로 조성하였다. 여기서 사용한 '수(壽)'자는 장구하다는 뜻을 취한 것이다. 관(棺)은 수기(壽器)의 하나인데, 살아생전에 미리 만드는 것은 장수하기를 바라는 효자의 도리를 행하는 것이지 흉사를 대비하는 것이 아니다. 물론 국왕이 언제 승하할지 예측할 수 없는 노릇이어서, 만일의 사태에 대비하자는 측면이 없었던 것은 아닐 것이다. 공조에서는 벽을 만들어 안팎을 꾸미고, 벽 안의 사방은 홍릉(紅綾)을 붙이고 네 모퉁이는 녹릉을 붙인다. 바닥에는 출미(秫米, 수수)를 태운 재로 조성한 회를 4촌 두께로 깔고, 칠성판을 놓는다. 판 위에는 홍릉으로 만든 욕석을 깐다. 대관(大棺)에 능을 붙이는 것도 벽을 꾸미는 것과 같게 한다.

국상에 사용하는 재궁[관곽]은 장생전(長生殿)에서 국왕이 즉위하는 해에 제작을 시작하여 미리 마련하였다. 장생전은 태조 4년 공신(功臣)의 화상(畵像)을 봉안하기 위하여 세운 전각으로 태종대에 이르면서 태조의 영정과 공신의 영정(影幀)을 안치한 곳이었다.[76] 세종 26년 장생전은 왕실의 관곽을 마련하는 장소인 동시에 관서(官署)로 설치되었다.[77] 이처럼 국왕이 즉위하자마자 재궁을 제작하는 이유는 장수를 기원하는 의미가 있다. 해마다 한 번씩 칠을 해서 아직 완성하지 않은 것처럼 보이게 했다.

『예기』에 '임금이 즉위를 하면 벽(椑)을 만들고 1년에 1 차례씩 칠을 하여 싸 둔다.'하였고,[78] 『오례의』 흉례와 『국조상례보편』의 규정에도 국왕의 벽은 즉위하는 해에 만들어 매년 한 번씩 칠을 하도록 하였다.[79] 장생전에는 크고 작은 몇 개의 관이 준비되어 있어, 국장이 시작되면 바로 사용할 수 있도록 하고, 특별한 경우 국왕의 명에 의해 후궁이나 공신, 훈척의 장례에 제공되기도 하였다. 국왕의 후궁도 장생전의 관을 사용할 수 없고 귀후서(歸厚署)에서 관을 내리도록 하여, 장생전의 관곽을 사용하라는 명을 받으면 그 반발이 매우 컸다.[80] 그러므로 귀후서가 아닌 장생전의 관곽을 내리는 것은 대단한 예우였다. 그러나 이 경우는 제작된 관을 내리기보다는 목재[棺材]를 내리는 경우가 많았는데, 이러한 관재는 여분의 것으로 국장의 것보다 질이 떨어지는 것이었다.

---

76) 『太祖實錄』卷8, 4年 7月 13日 甲辰.
77) 『世宗實錄』卷105, 26年 7月 17日 甲子.
78) 『家禮輯覽』 椑『禮記』.
79) 『國朝五禮儀』卷之4 <序例> 凶禮 椑.
80) 『宣祖實錄』卷7, 6年 4月 9日 戊午; 宣祖實錄』卷11, 10年 5月 27日 甲寅.

국상용 관재는 소나무이지만 황장목(黃腸木)이라고 부르는 것은 소나무 중 바깥쪽 흰 부분은 흙처럼 부서지고 문드러지며 안쪽의 누런 부분은 세월이 오래되어도 썩지 않고 나무결이 와해되지 않으며, 맞대어 붙인 틈도 없었다. 또한 유독 썩거나 깨어지지 않는다고 하며, 온전한 판으로 제작하고 이어 붙이기도 하였다.[81] 국왕의 관을 이어 붙여서 만드는 것은 변례(變禮)라 예에 어긋난 것은 아니라고 여겼으나, 이어 붙인 재궁을 견고하게 하기 위해 가칠을 계속하였고 시신을 묶는 빈(殯)이 제대로 이루어지지 못한 것이다.

『오례의』에는 대렴 이후 재궁에 칠을 더하는 절차를 찾을 수 없다. 그 이유는 재궁은 국왕의 즉위와 함께 이미 만들어져 매년 칠을 하였기 때문에 굳이 국상 중에 시신이 안치된 재궁에 가칠을 할 이유가 없었기 때문이다. 물론 대렴까지 마치고 재궁에 안치하여 뚜껑을 덮고 나비장 부못[衽]으로 합봉한 뒤에 뚜껑이나 이음새 부분을 완벽하게 밀봉하기 위해서 가칠하는 것은 반드시 필요한 작업에 들어가기도 했을 것이나, 의주로 기록할 정도로 중요한 절차는 아니었을 수도 있다.

앞서 살펴본 효종 국상 시 대렴이 끝난 후 재궁에 시신을 안치하였을 때 재궁의 너비와 길이가 작아 부판(附板)을 덧댄 변례(變禮)가 생긴 이후 현종, 숙종, 경종의 국장에서 재궁에 가칠하는 것은 의례화되어 '재궁가칠의(梓宮加漆儀)'라는 의주(儀註)에 포함되어 실제 시행되었다. 이후 개궁가칠의는 더 이상 변례(變禮)가 아니라 당당한 빈전의례로 시행되었다.

그렇다면 효종의 국장에서부터 시작된 재궁의 가칠을 살펴보기로 하자.

1659년 5월 4일 효종이 창덕궁에서 승하하자 6일 소렴, 8일 대렴을 거행하고 12일부터 재궁가칠을 시작하여 7월 26일 마치게 되는데, 전체 가칠 28도 후 칠포한 뒤의 가칠 4도를 포함하여 총 32도를 가칠한 것이다.[82] 이것은 5월 7일에 새로 만든 재궁의 내벽에 3회의 칠을 올린 것을 제외한 횟수이다. 그런데 효종의 재궁을 새로 만들며, 가칠 기간이 길어져 빈이 이루어지지 않는다며 장령 허목(許穆)이 상소를 올렸다. 부판을 덧대어 만들어 새로 가칠을 올리게 되므로, 성빈(成殯)이 제대로 이루어지지 않아 유암(幽暗)에 들 수 없음을 염려하고 있는 것이다. 이어서 재궁가칠(梓宮加漆)의 문제점도 지적한다. 국왕의 즉위시 재궁을 만들어 매년 가칠한다면 재위년도와 가칠 횟수가 같은 것이므로 탕왕이 13년을 재위하여 13번을, 무왕이 7년을 재위했으므로 7번의 가칠이 이루어졌을 것이므로, 효종의 재궁은 이미 15번의 가칠이 이루어졌으므

---

81) 『常變通攷』卷7, 喪禮 連接附板.

82) 『承政院日記』顯宗 卽位年 5月 12日 壬申; 卽位年 7月 26日 乙酉.

로 부족하지 않다는 주장이었다.

상소에 의하면 마치 재궁을 새로 만듦으로 인하여 가칠의 기간이 길어져 빈(殯)을 이루지 못하고 있는 것으로 이해된다. 이에 대하여 같은 날 허목의 상소에 대한 비답을 보면 빈(殯)을 계속 열어 가칠하는 것이 미안한 일이라고 하고 있다.

"...상이 장령 허목의 상소문을 꺼내 대신에게 보이며 이르기를, "가칠(加漆)을 하는 것이 물론 미안한 일이나 불행히도 이러한 변례(變禮)를 당했는데, 어떻게 모두를 다 고례(古禮)와 같게야 하겠는가" 하니, 영상·우상이 대답하기를, "초빈을 여는 일은 평상시에도 신중을 기해야 하는 것인데, 지금은 자주 여닫고 있어 참으로 극히 미안한 일입니다." 하였고, 시열은 아뢰기를, "허목의 말이 매우 옳습니다. 겉 재궁에다 가칠하더라도 그 역시 오랜 세월을 내다본 배려가 아니겠습니까."[83]

가칠하는 것이 미안한 일이나 불행히도 변례를 당하였으므로 어쩔 수 없지 않느냐는 현종의 말에 송시열은 재궁의 내면을 칠하기 위해 여는 것은 미안한 일이니 외재궁에 칠하는 것만으로도 충분하다고 하였다.

재궁가칠의 의주는 『국조상례보편』의 대렴조(大斂條)에서 볼 수 있다. 재궁의 뚜껑을 봉합한 뒤 은쩡[衽]을 박아넣어 은쩡에 옻칠을 하고, 또 그 위를 옻칠한 베로 둘러 발라 틈새를 완전히 밀봉하고 그로부터 2~3일 뒤부터 가칠이 시작된다. 칠을 올리는 순서와 횟수는 국상별로 조금씩 차이가 있어, 현종의 재궁은 총 34도를 올리는데 구체적인 방법은 기록되지 않았다. 숙종 재궁은 23도의 가칠을 하는데, 임(衽)에 10회, 칠포(漆布)에 10회 전체 3회를 시행하였다. 경종 재궁은 33도, 영조재궁은 임에 10도, 칠포 위에 10도, 전체 5도로 모두 25도의 가칠을 하였다.[84] 정조 역시 25도, 순조 25도의 가칠을 하여 영조와 같다. 즉 국장 절차에 의해 시신이 안치된 재궁에 칠을 올리는 의식은 대렴과 성복이 끝난 후 시작하여 약 2~3달에 걸쳐 시행하였고 그 횟수는 규정하지 않았으나, 영조 이후 25도의 가칠로 규정하고 있었다. 재궁을 가칠할 때는 칠공 4~5인이 칠을 하고, 국왕 이하 국상집행 관원인 총호사, 빈전도감제조, 문무백관이 입시하여 곡(哭)을 하며 의식을 거행하였다. 그러나 다수의 관원이 가칠할 때마다 모여 곡하는 것이 쉬운 일은 아니었을 뿐만 아니라 국정에도 차질이 있었다. 현종의 국상에서 노신들이 옻칠을 할

83) 『顯宗實錄』卷1, 卽位年 6月 11日 庚子.

84) 『顯宗殯殿都監儀軌』 殯殿一房 稟目秩 梓宮加漆度數. ; 『肅宗殯殿都監儀軌』 一房의궤 稟目秩 梓宮加漆度數. ; 『景宗殯殿都監儀軌』 一房儀軌 稟目秩 梓宮加漆度數. 『英祖殯殿都監儀軌』 一房儀軌 稟目秩 梓宮加漆度數. ; 『正祖殯殿都監儀軌』 一房儀軌 稟目秩 梓宮加漆度數.

때마다 모여 울고 있으니 몸을 손상할 지도 모른다고 하며 숙종은 주로 2품 이상의 관원, 육조·삼사 관원 등만 참여하도록 하교하였고, 영조는 가칠을 고하는 고유문(告由文)도 전체 가칠의 첫 번째만 실시하도록 하였다. 재궁을 가칠할 때마다 백관이 모여 곡을 하여 국정에 차질을 주기 때문이다.[85] 그러므로 곡림(哭臨)을 위주로 했던 가칠의(加漆儀)는 이제 곡립보다는 재궁에 가칠하는 행위 자체가 중요한 절차로 바뀌게 된다.

재궁가칠을 행함으로서 늘 재궁의 상태를 확인하여 변고에 대비함은 물론이고, 곡림의와 함께 예를 지극히 함을 표현할 수도 있었다. 이는 남아 있는 자들의 효심을 증명하고, 스스로 확인하는 과정이라고 할 수 있다. 즉 관에 옻칠을 올리는 것은 물기로부터 시신을 보호하는 것을 목적으로 하고, 가칠로써 5개월 동안 한결같은 예의 극진함을 드러내기 위한 절차이며, 고례의 예의와 합당한 인정(人情)에 의한 절차 중 하나로 자리 잡은 것이었다.

이와 같이 『오례의』에는 없었던 재궁가칠시곡림의(梓宮加漆時哭臨儀)는 실제로 17세기 효종의 국장부터 의식으로 기록되고 영조대에 이르러 『속오례의(續五禮儀)』에 포함되고, 이것이 다시 재궁가칠의로 의례화되어 『국조상례보편』에 의주로 규정되었다.

국왕과 왕비, 세자와 세자빈의 국상 절차가 진행되는 과정에서 변례로 시행되던 재궁에 관련된 의주가 영조 20(1744)년 편찬된 『국조속오례의』에 처음 포함되었다.[86] 『국조속오례의』의 절차는 재궁가칠곡림의, 재궁상자서사시곡림의였으나 『국조상례보편』에는 재궁가칠의·재궁서상자의·재궁결과의로 재정리되었다.

이처럼 효종의 사후 5월 6일 소렴을 마친 효종의 재궁을 급히 다시 제작하는 상황이 발생하였는데, 효종 즉위 초 미리 마련되었던 재궁의 너비와 길이가 모두 작았던 것이다.[87] 이에 현종은 재궁을 새로 제작할 것을 명하였다. 그러나 넓은 판자를 구할 수 없어 결국 부판을 덧대어 사용하게 되었던 것이다.

이와 비슷한 일은 경종 4년 8월 26일 경종의 국상 때에도 여전히 반복되었다. 당시 총호사인 우의정 이광좌(李光佐)는 장생전에 저장된 9부의 재궁이 모두 크기가 작으니 부판(附板)으로 덧대어 사용할 것을 권하고 있다.

---

85) 『顯宗實錄』卷1, 卽位年 7月 18日 丁丑; 『肅宗實錄』卷1, 卽位年 8月 25日 丙辰; 『英祖實錄』卷1, 卽位年 9月 1日辛丑.

86) 國朝續五禮儀』考異 卷之1, 凶禮考異

87) 『顯宗改修實錄』卷1, 卽位年 5月 6日 丙寅. 孝宗의 재궁은 즉위 초에 만들었고, 소렴 당시 확인된 바로는 너비가 2치(6cm 정도) 길이가 1푼(3mm)이 모자란 것으로 나타났다.

"미각(未刻)에 소렴을 하였다. 염을 마치고, 공조판서 심수현(沈壽賢)이 들어가서 염한 것을 재어보니, 넓이가 1尺 9寸 9分이었는데, 장생전(長生殿)에 저장되어 있는 재궁이 9部가 있는게 그 중에서 가장 넓은 것이 겨우 1척 7촌이었다. 이광좌(李光佐)가 말하기를, "비록 여염에 있는 것을 찾아 본다 하더라도 그 두께와 넓이가 반드시 국가의 수용에는 맞지 않을 것이니, 일이 군색한 지경에 도달하면 변통하지 않을 수 없습니다. 옛날 효종의 국장 때에도 일의 형세가 역시 이번과 같았는데, 현종대왕 같은 하늘이 내신 효사(孝思)와 수상(首相) 정태화(鄭太和)의 현명함으로도 역시 부판(附板)을 해서 사용하였습니다."[88]

이와 같이 미리 준비되어 있던 재궁의 치수가 맞지 않은 이유는 첫째 관은 국왕 즉위하면 제작하게 되어있는데, 이때 치수를 정확하게 재지 않았던 때문으로 보인다. 효종국장 때 길이 차이가 1分 정도의 차이가 나고 있는데, 시신을 안치하고 나서의 여분을 포함하면 1寸 정도의 차이가 나고 있다고 볼 수 있는데, 이것은 치수계산의 부정확에 기인하는 것으로 볼 수 있다.

하지만 경종의 국장 때에는 가장 넓은 것을 찾았어도 2寸 9分(약 9cm)이 모자라는 것으로 나타나 길이에는 문제가 없는 것으로 보인다. 즉 즉위 초에 관을 제작하였으나, 치수 계산의 잘못이거나 재위 시에 체중이 늘어난 것으로도 볼 수 있다. 오례의에 재궁 치수의 구체적인 제시는 재질의 두께만 『오례의』는 3촌, 『상례보편』은 2촌으로 정하고 있고, 높이와 너비는 '임시재정(臨時裁定)'이라고 하여, 즉위 당시 관의 높이와 너비를 정하고 있음을 알 수 있다. 다만 상례비요의 규정과 비교하여 보면 의대의 칭수(稱數), 칠성판(七星板)의 욕석(褥席). 회(灰)의 두께만큼의 여유를 두게 되어 있음으로,[89] 국왕의 재궁은 처음 만들 때 습의 9칭, 소렴 19칭, 대렴 90칭의 폭만큼 여유있게 재서 만들었음을 알 수 있다.[90]

관을 세는 단위는 부(部)로 하고 있다. 그런데 국왕국장에 사용할 관을 한 部를 만들었는지 여러 部를 만들었는지는 아직 확인하지 못하였다. 장생전에는 국왕의 재위 시 미리 제작해 놓은 관 가운데, 소렴 후의 칫수를 기준으로 선정하여 사용했다고 하였다. 숙종의 국상에는 삼망(三望)을 할 정도의 재궁이 있었고, 경종의 국상에는 9부, 영조 4년에는 9부, 영조 32년에 10부의 재궁이 있었음으로 보아 약 10개 내외의 관을 비축하였던 것으로 보인다.[91] 또한 각 재궁에

88) 『景宗實錄』卷15, 4年 8月 26日 丙申.

89) 『喪禮備要』'高廣長短拒小斂裁定大斂如用衣八九稱則四方及高各有剩三分許用十餘稱則剩五六分餘. 皆推之衾不在數高則計除七星板褥席及灰之厚也.'

90) 『國朝五禮儀』襲 小斂 大斂.

91) 『承政院日記』肅宗 46年 6月 8日 癸卯; 『英祖實錄』卷4, 4年 11月 17日 癸亥; 『承政院日記』英祖 32年 윤9月 6日 辛丑. :鼎輔曰, 臣例兼長生殿提調, 故敢此陳達矣. 長生殿梓宮元數十部內, 冬字梓宮, 用於賢嬪宮初喪後, 尙未合部充上, 事體未安, 臣於今番東上庫內板五十餘立, 一一奉審, 則皆有疵病, 其中數板僅可, 而亦不無病處, 如此之時, 或爲別卜定, 敢此仰稟; 景宗實錄』卷15, 4年 8月 26日 丙申.

는 측자재궁(昃字梓宮), 진자재궁(辰字梓宮), 동자재궁(冬字梓宮), 우자재궁(雨字梓宮) 등 그것을 구분하는 여러 개의 고유 이름이 있어 사용되는 관의 이력을 알 수 있게 하였다.[92)]

국왕와 왕비의 국상시 재궁에 관한 절차 가운데 재궁가칠(梓宮加漆)은 사대부의 상례와 확연하게 구분되는 절차이다. 이에 반해 관(棺)에 '상(上)'자를 쓰는 것이나 결과(結裹)를 하는 것은 대부례에도 공통으로 나타나는 절차다. 따라서 "재궁가칠의(梓宮加漆儀)"라는 절차와 재궁에 옻칠을 계속 올리는 의식을 자세하게 살펴보도록 하자.

예로부터 관에는 옻칠을 하여 습기를 막고, 특히 뚜껑과 밀봉한 곳은 베로 사서 그 위에 옻칠해 틈이 없도록 하였다.[93)] 그런데 칠을 한 후 마르는 시간을 감안한다면 창졸간에 이루어지는 상례에서 옻칠을 하기가 쉽지 않았을 것이다. 그렇다면 국상절차 가운데 보입된 재궁가칠의의 시행방법을 확인해보자. 『오례의』 대렴조에 의하면 대렴 후 재궁에 안치하고 빈곳을 모두 채워 넣어 평탄하게 한 후 뚜껑을 덮고 衽(나비 모양의 은쩡(銀釘)을 박고 그 위에 옻칠한 세포(細布)를 둘러 붙이고 수보관의(繡黼棺衣)를 덮는다고 하였다.[94)] 이렇게  의주는 매우 간단하게 정리되어 있지만 은쩡[숨은 나비 장부못]으로 봉합하고, 그 위에 옻칠을 하고, 세포를 두르고, 옻칠을 하는 의식이 가칠의에 해당한다. 물론 관에 한번 칠을 하는 것과 가칠하는 것은 엄밀한 의미에서 다르다. 가칠은 조선후기의 기록에 의하면 적어도 20회 이상 시행하고 있기 때문이다.

재궁에 가칠을 했다는 것이 처음 기록에 보이는 것은 중종국장이었다. 가칠에 사용된 재궁은 구자재궁(九字梓宮)과 품자재궁(品字梓宮)이 단자(單子)에 기록되어 있고 이중에서 구자(九字)를 취품(取品)하였으며, 이것을 국상시 115회에 걸쳐 가칠을 하였다.[95)] 따라서 재궁에 대한 가칠은 조선 전기에 국상이 있을 때 간혹 시행되었다고 볼 수 있다.

국상기간 중의 기록으로는 인조 14년(1636) 3월 기록에서 처음 확인된다.[96)] 당시는 1635년 12월 9일에 승하한 인렬왕후(仁烈王后)의 국상기간 중에 인렬왕후의 재궁을 가칠한 것인지는 알 수 없다. 만일 인렬왕후 재궁의 가칠이었다면 초종 5일 후인 12월 13일에 대렴을 하고서 약 3개월이 지났고, 계빈(啓殯)이 1636년 4월 8일이었으므로 가칠(加漆)의 기간이 매우 길었다고

92) 『承政院日記』仁祖 23年 5月 25日 丙午; 孝宗 卽位年 5月 25日 癸未; 英祖 32年 윤9月 6日 辛丑; 『正祖實錄』卷 54, 正祖 24年 6月 29日 庚辰.

93) 『禮記』「喪大記」. "大夫蓋用漆,士蓋不用漆." 『家禮補註』 棺內外皆用布裹漆務令堅實 『西厓集』 卷之十三 雜著 喪葬質疑, 灰漆; '其法未詳. 今之治棺者. 但於入棺後. 漆布塗棺外合木之縫而已. 其內不用漆. 且漆必經日乃凝. 倉卒雖欲用之. 恐勢有所不可. 惟平時預作壽器者. 乃可用. 然禮文旣云內外皆用灰漆. 則必有其法. 而特今人未講耳. 且不知所謂灰者何物. 今漆工用骨灰和漆. 塗器物. 甚滑澤. 然棺中不宜用骨灰. 疑是石灰. 或蜃灰耳. 當試用以驗其良否耳. 更詳之'

94) 『國朝五禮儀』卷3 大斂.

95) 『中宗實錄』卷105, 39年 11月 16日 辛亥.

96) 『承政院日記』 仁祖 14年 3月 29日 甲戌. "巳時, 梓宮加漆. 內下日記金光國校. 日記廳郞廳 黃尒書."

할 수 있다. 동년 4월 2일 다시 가칠 기록이 있는데, 이때는 '내재궁가칠(內梓宮加漆)'이라고 하였다.[97] 그렇다면 앞의 기록은 외재궁(外梓宮)일 가능성이 있고, 뒤의 기록은 내재궁가칠(內梓宮加漆)일 것이다. 그러므로 외재궁 역시 가칠을 하였음을 알 수 있다. 외재궁의 가칠 기록은 이후 국상의례가 시행되면서 재궁의 가칠기록과 함께 산견되지만 정식절차로 규정되지는 않았다. 재궁가칠이 의식절차로 규정된 것은 17세기 중엽 효종의 국상부터다. 당시의 가칠기록은 매우 구체적이다. 이는 『효종빈전도감의궤』에서도 확인할 수 있는데, 그 의주에 삭망전(朔望奠)의 다음 절차로 재궁가칠고유전조상전겸행의(梓宮加漆告由奠祖奠兼行儀)와 재궁가칠시곡림의(梓宮加漆時哭臨儀)가 있었다.[98]

재궁의 안팎에는 각각 칠을 백 번 한 뒤에 해마다 한 번씩 칠을 했다. 관 안에는 소두(小豆) 곧 붉은팥을 넣어두어 사특한 기운을 물리치고자 했다. 칠성판은 북두칠성 형상의 구멍 일곱 개를 뚫는다. 장생전의 제조와 낭청이 장생전에 회동하여 전 안에 봉안한 내재궁을 봉심하고 8(部) 중 우(雨)자, 로(露)자, 등(騰)자 재궁으로 3망을 갖추어 입계하니 수망 우 자 재궁으로 진용(進用)할 일로 구전 하교하였다. 제조와 낭청 3원이 우(雨)자 재궁을 받들고 내와 토우(土宇)에 봉안하고 소합주(蘇合酒)로 연정(鍊正)하고 익일에 제조와 낭청이 연정한 곳을 봉심한 후에 한 번 가칠을 한다. 우자와 노자, 등자 재궁은 내외의 길이와 너비, 높이가 약간씩 차이가 있었다. 즉 장생전에서 미리 만들어놓은 내재궁 8개 중에서 3개를 삼망으로 올려 '우(雨)자재궁'으로 낙점하였다.

| | | | |
|---|---|---|---|
| 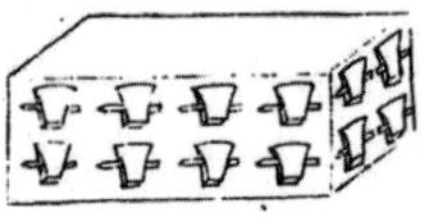 | 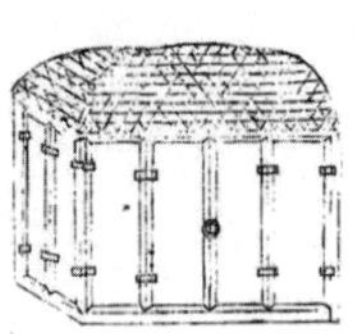 | 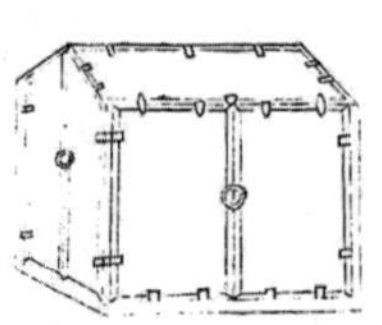 | 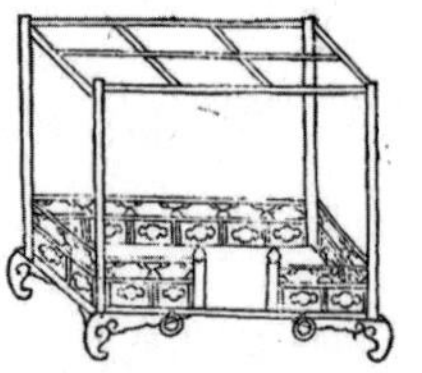 |
| 관의 | 찬궁 | 찬실 | 영악평상 |

<『국조상례보편』 치벽조의 찬궁과 찬실>

외재궁의 규격은 길이 7척 9촌 8푼, 너비 3척 5촌 2푼, 높이 3척 5촌 7푼, 판 두께 4촌이었다. 『의례경전통해속(儀禮經傳通解續)』을 살펴보면, '잣나무 곽(槨)은 끝으로 길이가 여섯 자가 된

97) 『承政院日記』 仁祖 14年 4月 2日 丙子. "丙時, 內梓宮加漆."

98) 『孝宗殯殿都監儀軌』 1卷 儀註 梓宮加漆告由奠朝奠兼行儀, 梓宮加漆時哭臨儀 < 梓宮加漆告由奠朝奠兼行儀>.

다.'하고, 그 주(註)에, '천자의 곽은 황장(黃腸)으로 속을 하고 겉은 돌로 쌓는데, 잣나무 재목으로 곽을 만든다.'하였고, 또 '군(君)은 소나무로 곽을 한다.'하고, 그 주(註)에, '군은 제후이니, 송장(松腸)을 써서 곽을 한다.'하였다.[99] 여기서 황장은 소나무의 속고갱이이다. 옛날에 천자와 제후의 곽을 반드시 고갱이를 쓴 것은 그 고갱이가 단단하여서 오래 지나도 썩지 않고, 흰 갓재목[白邊]은 습한 것을 견디지 못하여 속히 썩는 때문이었다. 따라서 백변을 쓰지 말고 황장을 연폭(連幅)하여 조성하게 하였다.

황장목은 왕의 시신을 안치하는 관곽인 재궁을 만드는데 사용하는 소나무이다. 속이 노랗다고 하여 황장이며, 금강소나무로도 불린다. 이 황장목은 현실의 재궁을 안치하는 자리의 평상으로도 쓰였다. 경북 울진 소광리의 금강소나무 숲에는 이 황장목을 확보하기 위해 벌목을 금지하는 봉산표지가 아직도 남아 있다.

재궁은 장생전에서 제작한 여럿 중에서 선택하여 썼다. 그 절차의 예를 들어보면, 장생전의 제조와 낭청이 장생전에 회동하여 전 안에 봉안한 내재궁을 봉심했다. 보관 중이던 8(部) 중에서 이들은 우(雨)자, 로(露)자, 등(騰)자 재궁으로 3망을 갖추어 입계하였다. 왕은 수망인 우 자 재궁으로 쓸 것을 하교하였다. 제조와 낭청 3원은 우 자 재궁을 받들어다 토우(土宇)에 봉안하고 소합주(蘇合酒)로 연정(鍊正)한 다음, 익일에 연정한 곳을 봉심하고 나서 길일시를 택해 가칠을 했다.

가칠할 때에는 2품 이상과 육조 양사 장관, 승지, 사관 등이 입시했으며, 백관은 빈전 뜰에 모여 곡을 했다. 은정 위에 그리고 칠포를 쓴 다음에 여러 번 칠을 했다. 현종 국상 때에는 칠포를 사용하지 말도록 조처를 취하기도 했다. 그러나 숙종 10년에 재궁을 튼튼하게 하기 위해 다시 쓰도록 하였다가, 영조연간에 다시 쓰지 못하도록 했다. 가칠의 횟수는 일정하지 않은데, 보통 30번 이상이었다.

보관 중인 재궁은 내외의 길이와 너비, 높이가 약간씩 차이가 있었다. 시신은 신장의 차이뿐 아니라 염습으로 두텁게 옷을 입힌 상태이므로 소렴이 끝나자마자 전체 치수를 쟀다. 그리하여 재궁의 치수가 모자랄 경우에는 부판을 대어 늘리기도 했다. 관 안에는 숙종 46년에 출회의 두께를 1치 1푼 더 늘려 깔았다. 그리고 소두(小豆) 곧 붉은팥을 오색낭(五色囊)을 넣기도 했는데, 이것은 사특한 기운을 물리치고자 하는 뜻이 있어서이다.

『오례의』에 의하면 초종이 있은 지 제 3일에 소렴을 하도록 하였다. 사람이 죽은 지 사흘 만

99) 『儀禮經傳通解續』.

에 염을 하는 까닭은 '효자는 어버이가 죽으면 슬프고 애통하여 가슴이 답답하다. 고로 땅에 엎드려 통곡하고 장차 다시 살아날 것 같이 여기니 어찌 바로 염(斂)을 할 수 있겠는가. 따라서 사흘 뒤에 염하는 것은 그것으로써 살아나기를 기다리는 것이요, 사흘이 되어도 살아나지 않으면 더 이상 살아나지 않는 것이다.'라고 하였다.[100] 다음날 새벽 인시(寅時)에 소렴이 이루어진다. 소렴이 끝나면 명정(銘旌)을 설치하는데 이때는 대행의 상시가 이루어지지 않은 상태이기에 초명정(初銘旌)이라 하여 '대행대왕재궁(大行大王梓宮)'이라 쓴다. 후에 상시가 이루어진 다음 명정을 고쳐 설치하고 초명정은 혼전의 남쪽 계단에서 불에 태웠다. 초명정은 흥복전 북행각에 있는 계향당(啓享堂)에서 독판내무부사 조경하(趙康夏)에 의해 서사된다. 명정은 붉은 비단을 사용하여 만들고 그 크기는 천의 폭에 길이가 9尺이고 깃대는 대나무를 사용했다. 왕실의 관을 만드는 장생전(長生殿)에서 재궁을 회안전(會安殿)에 임시로 보관한 다음 대행의 옥체를 빈전(태원전)으로 옮겨 대렴을 한다. 대렴은 제5일에 하는 것으로 되어 있지만 승하 후 제 4일에 거행되었다. 제 6일에 고종은 여막[공묵재] 있다가 나아가 성복한다. 그 후 발인 전까지 매일같이 조석곡전(朝夕哭奠)과 상식(常食)을 올리고 매달 초하루와 보름에 별전(別奠)을 올린다.

그밖에 빈전에서 행하는 재궁가칠의, 청시책보의, 상시책보의, 개명정 등의 행례가 이루어진다. 국장이 이루어지는 동안 국장·빈전 양 도감에서는 여러 가지 예행연습을 하게 되는데, 를 습의(習儀)라고 한다. 종묘에 청시(請諡)할 때, 빈전에 상시할 때, 발인 할 때(3회)와 산릉에 올라 갈 때 예행 연습을 하고 실제 의례를 행하고 있다. 빈전에 재궁을 모시는 약 5개월 동안 산릉도감에서는 산릉의 시역을 담당한다. 종묘에 대한 청시가 이루어지고 빈전에 상시하면 명정을 다시 고쳐 쓰는데 이때 명정서사관이 전자(篆字)로 작성하였다. 구명정(舊銘旌)은 궁궐 서쪽 뜰에서 불태웠다.

『국조속오례의』에 새로 들어간 상례로 재궁과 관련된 의례가 셋이 있다. 그중 재궁가칠곡림의(梓宮加漆哭臨儀)는 국장의 제구인 관에 대한 의식이다. 재궁의 즉위시에 제작하게 되어 있고, 1년에 한번씩 가칠하게 되어 있다. 국상기간에 이루어지는 재궁가칠의는 곡림의와 함께 이루어진다. 이것들은 재궁가칠을 행함으로서 항상 재궁의 상태를 확인하여 변고에 대비함은 물론이고, 곡의와 함께 지극한 예를 표현하는 것이다. 초기에 곡림을 위주로 했던 가칠의(加漆儀)는 후기로 오면서 곡림(哭臨)보다는 칠하는 행위 자체가 중요한 절차로 바뀌게 되고 이것이 반영된 절차가 재궁가칠의(梓宮加漆儀)로 변하고 있다.

---

100) 『禮記』卷5, 「問喪 第 35」.

'재궁상자서사시곡림의'는 『속오례의』에서 재궁을 완벽하게 밀봉한 후 재궁의 개판(蓋板)에 '上'자를 써 넣는 의식을 규정하고 있다. 이 의식에서 가장 중요한 부분은 서사관이 이금으로 '上' 자를 쓰는 의식이다. '재궁결과의'는 의식의 진행상 위 '재궁가칠의''재궁서상자의'와 자연스럽게 이어지는 의식이다. 재궁가칠이 끝난 이후 1일 내지 3일 사이에 '상(上)'자를 쓰고, 다시 1일 내지 3일 사이에 결과를 한다.[101]

『상례보편』은 결과를 하는 구체적인 결과방법을 상세히 제시하고 있는데 이것은『주자가례』를 포함한 여타의 예서와 비교되지 않을 정도로 상세하다. 재궁(梓宮)을 이렇게 꼼꼼하게 백유(白紬)와 홍전(紅氈)으로 만든 이불로 싸고, 백주(白紬)를 꼬아 만든 끈으로 묶는 의식은 재궁을 산릉까지 운반하여 이동하는 것을 고려한 것이다. 1683년 명성왕후의 국장 때 재궁을 상여에 올리기 전에 재궁을 풀고[解裹], 재궁을 닦고 상여에 올릴 때 다시 묶어야 하는[結裹] 내용이 나온다. 따라서 상여에 올릴 때는 치밀하게 묶지 않도록 하자는 것이다.[102] 산릉에 이르러 끈으로 묶었던 재궁을 계빈의(啓殯儀)를 통해 풀었다[解裹]. 하지만 예(禮)의 실행을 위해 이러한 불편함은 감수하고, 소략하게 하지 말도록 하여, 풀었던 재궁을 윤여(輪轝)로 이동하여 대여(大轝)에 올리기 위해서는 다시 묶는[結裹] 불편함을 고민했지만 예대로 그대로 실천하였다.

101) 『國朝續五禮儀. 梓宮結裹儀는 독립된 절차가 아닌 梓宮上字書寫時哭臨儀 항복 밑에 부기되어 '재궁을 결과 할 때에 곡림하는 의식도 이에 준한다.' 고 되어 있다.

102) 『藥泉集』第十三 議 拭梓宮節次議.

## 3 국장도감, 재궁과 명기의 제작

빈전도감과 산릉도감과 함께 3도감 중 하나였던 국장도감은 관을 의미하는 재궁(梓宮)과 크고 작은 가마 및 각종 의장을 제작하고 발인을 총괄하는 부서이다. 국장도감에는 1방, 2방, 3방, 표석소, 지석소, 별공작으로 분장되어 있다. 이중 이방은 각종 의장과 명기(明器), 복완(服玩) 및 제기 등을 제작하는 일을 한다. 삼방은 시책(謚冊)과 애책(哀冊)을 제작한다.

### 1) 재궁의 제작

장례에 쓰이는 관(棺)을 재궁(梓宮)이라 하는데 국상에는 이중관을 사용한다. 내부의 관을 '벽(椑)'이라 하며,[103] 일반적으로 재궁이라 하면 이 '벽'을 말한다. 외부의 관은 대관(大棺)이라 하며 '외재궁(外梓宮)'이라고도 한다. 옛 제도에는 '임금이 즉위하면 벽을 만들고 해마다 한 번씩 漆을 하고 속에다 물건을 넣어 둔다.'고 하였다.[104] 또한 벽에 넣어 두는 물건으로 赤小豆(붉은 팥)를 사용하였는데 俗信으로 빈 관으로 두면 빨리 죽기를 바라는 것 같아 관 속에 다른 물품을 넣어 두는 것이라고도 한다. 하지만 조선시대에는 장생전(長生殿)이라는 관사를 두었고, 이곳에서 정해진 규격의 관을 만들어 두고 각 재궁에는 규격을 식별할 수 있는 글자를 새겨 관리하였다.[105] 국상이 발생하면, 필요한 재궁의 규격 단자를 올리고 대행왕의 옥체에 맞는 재궁을 낙점(落點)하여 사용하였다. 신정왕후의 경우 장생전에서 '수(水)'·'곤(昆)'·'강(崗)'자의 재궁 전망단자를 올렸고 고종은 '수(水)'자재궁을 낙점하였다.[106] 장생전에서 들여온 재궁은 임시로 회안전에 이봉되어 치벽(治椑)을 한다. 벽의 내부 사방은 붉은 비단으로 바르고 내부 모서리에는 푸른 비단으로 바른다. 좁쌀을 볶아서 태운 회를 바닥에 4푼을 깔고 그 위에 구멍이 일곱 개가 있는 두께 5푼의 칠성판을 놓고 그 위에 대자리와 붉은 비단 이불을 편다. 또 재궁은 벽과 뚜껑으로 나누어지는데 그 둘의 연결은 황장목을 이용하여 나비장으로 연결하는데 이를 임[衽, 속칭 銀釘]이라 한다. 은쨍은 장변에는 3개를 단변에는 1개씩 각각 설치하고 그 상부에는 세포(細布)를 바르고 옻칠을 여러 겹으로 입힌다.

103) 『國朝五禮儀序例』卷 5,「凶禮」<斂殯圖說> '椑'「音辟卽親身之棺...」.
104) 『禮記大全』卷 1,「檀弓上 第 三」'君卽位以爲椑, 歲一漆之藏焉'.
105) 『增補文獻備考』卷66,「禮考 第 13」'國恤 2'.
106) 『日省錄』, 高宗 15年 5月 12日.

역대 임금과 왕후의 국상에 사용된 재궁의 규격을 정리한 것으로 내관(內棺)인 '벽(椑)'은 『국조오례의』에서 규정한 것과 같은 3寸 두께의 황장목을 사용한 것으로 보인다.[107] 이처럼 신분에 따라 관의 숫자와 두께에 의하여 그 격을 달리하였다. 그에 반해 조선조 임금의 대관은 4치, 벽은 3치의 이중관을 사용하였다. 외관이자 '대관(大棺, 外梓宮)'또한 황장목을 사용하여 만들며 크기는 '벽'의 크기에 따라 달라지는데 판의 두께는 4寸를 사용하였고 '벽'과의 간격을 사방 1寸 5分으로 하였다.[108] 따라서 신정왕후 국상시 사용된 '벽(水字梓宮)'의 규모가 바깥쪽의 길이는 7尺 1寸 7分이고, 안쪽 길이는 6尺 5寸 7分이며, 바깥쪽의 너비는 2尺 3寸 2分이고, 안쪽 너비는 1尺 7寸 2分이다. 바깥쪽의 높이는 2尺 3寸 4分이고, 안쪽의 높이는 1尺 7寸 4分이었다. 이를 기준으로 '대관'의 규모를 짐작해보면 바깥쪽의 길이는 8尺 2寸 7分이고, 안쪽의 길이는 7尺 4寸 7分이며, 바깥쪽의 너비는 3尺 4寸 2分 이고, 안쪽의 너비는 2尺 2分으로 추정할 수 있다. '대관'의 경우에는 미리 제작하는 것이 아니라 재궁의 규모가 결정이 되면 그 이후에 시역에 들어가는 것으로 신정왕후 국상시 재궁이 결정되는 시기가 고종 27년 4월 17일이었고, '대관'의 제작은 다음 달 초하루에 하였다.[109] 이것은 대렴이 끝나고 성빈이 이루어질 때 찬궁에 보관하는 것은 '대관'을 제외한 내관인 '벽'만을 보관했기 때문이며, 이 '벽'의 규모가 찬궁의 규모를 결정짓는 중요한 기준으로 작용하였다.

대렴이 끝난 후 옥체를 하재궁하면 재궁을 발인 전까지 찬궁(攢宮)에 안치하게 된다. 찬궁은 빈전에 미리 배설하게 되는데 그 업무는 빈전혼전도감의 3방에서 담당하였다.[110] 찬궁의 조성은 빈전의 대청 중앙에서 서쪽으로 약간 치우쳐 만들게 되어 있는데 이는 동편에서는 대렴의의 거행과 그 후 영좌(靈座)를 조성해야 하는 까닭 때문일 것이다. 찬궁의 규모는 재궁 규모의 결정에 따라 정하도록 규정되어 있는데, 즉 찬궁 내부의 규모를 재궁의 각 면에서 2尺의 여유를 두고 조성하도록 되어 있다.[111] 신정왕후의 국상에서 조성된 찬궁의 내부공간을 『국조오례의서례』에서 규정한 규격대로 제작하면 남북 방향의 긴 변은 11尺 1寸 7分이고 동서 방향의 짧은 변은 6尺 3寸 2分이 되어야 한다. 실제로 조성된 찬궁의 하부 지방목(地方木)의 길이가 12尺 2개와 9尺 2개를 사용한 것을 보았을 때 남북 방향의 길이는 비슷하지만 동서 방향의 길이를 확대하였는데 이는 찬궁 내

107) 『禮記大全』卷 5, 「喪大記 第 二十二」'君大棺八寸屬六寸椑四寸士大夫大棺八寸屬六寸下大夫大棺六寸屬四寸士棺六寸.'임금의 대관은 8치, 촉은 6치, 벽은 4치로 하고 사대부의 대관은 8치, 촉은 6치로 하며, 하대부의 대관은 6치, 촉은 4치이고 선비의 관은 6치의 두께로 한다.

108) 『神貞王后殯殿魂殿都監儀軌』卷 下, 「神貞王后殯殿魂殿都監三房儀軌」<治椑 條>.

109) 『日省錄』高宗 27年 4月 27日條.

110) 주희·임민혁 역, 『주자가례』, 예문서원, 1999. 250쪽.

111) 『國朝五禮儀序例』卷 5, 「凶禮」<斂殯圖說> '攢宮條'.

부에서 벌어지는 여러 가지 의례의 운용에 있어 편의를 도모하기 위한 것으로 보인다.[112)]

고종 27년(1890) 4월 17일 경복궁 흥복전에서 대왕대비가 승하하고 초종에서 소렴에 이르는 상례의 절차를 진행한 후 같은 달 20일 빈전인 태원전(泰元殿)으로 대행의 옥체를 이봉하여 대렴 이후의 의례를 진행하게 되는데, 빈전에서 행해지는 몇 가지 의례절차의 진행을 살펴봄으로써 빈전으로 사용된 태원전 내부의 공간 활용을 파악할 수 있을 것이다.

앞서 살펴본 바와 같이 대렴시 빈전에 배설되는 제구의 종류를 살펴보면, 크게 소렴상·대렴상·재궁(梓)·영좌·찬궁 등을 들 수 있다. 소렴상의 경우 소렴이 이루어진 흥복전에서 빈전인 태원전으로 대행의 옥체를 이봉할 때 고란평상(高欄平牀)과 소렴상의 이중상을 사용하게 되는데 소렴이 이루어진 다음에 '효(絞)'를 묶지 않은 상태에서 빈전으로 옮기며 또한 옥체를 보전하기 위한 방편으로 높은 난간이 있는 평상에 소렴상을 얹어서 이봉해 온 것으로 보인다.[113)]

종척지신과 장생전 관사는 장막[帷] 안으로 들어와 소렴상을 물리고 재궁의 뚜껑(蓋)을 덮고 임[衽, 나비장]을 설치한다. 관과 뚜껑을 합봉한 주위는 세포를 덮어 옻칠을 한다. 내시는 수보관의를 덮고 종척지신이 물러나면 곧 병풍을 친다. 유사에서 예찬을 올리면, 상식은 전해 받들고 들어가 진설하고 그 앞에 향로·향합·초를 설치한다. 전하와 왕세자가 휘장 안으로 들어가 재궁의 동쪽에 부복하고 곡하고, 왕대비 이하 내명부는 재궁의 서쪽에 부복하고 곡한다. 이어 문무백관의 곡이 이어지고 문무백관의 곡이 멈추면 상식은 손을 씻고 동편계단으로 올라 향안 앞에 이르러 향을 세 번 올리고 술을 세 번 연거푸 올린 후 물러난다. 위와 같이 대렴이 완료되고 전을 올린 후, 같은 날 신시가 되면 성빈이 이루어진다.

전내 동쪽으로 옮기며 명정(銘旌)을 찬궁의 동쪽에 설치하고, 동온돌에는 영침(靈寢)을 설치한다. 영좌(靈座)와 영침(靈寢)의 상부에는 붉은 비단을 사용한 휘장[幄]을 설치한다. 동온돌에 설치하는 영침은 주칠을 한 소란평상(小欄平牀)을 사용하여 그 상부는 휘장을 설치한다. 영침상 위 배면과 좌·우면은 모란병풍을 설치한다. 영침 상부에는 평시와 같이 안석·이부자리와 베개를 설치한다. 영침의 남쪽에는 의복·세숫물·빗(화장도구)·교명안·옥등 등을 배설한다. 이렇듯 성빈을 한 이후 처음으로 조석전과 상식을 설치한다. 대행의 초종이 있은 후 정침에서 영좌를 조성할 때 신백(神帛)을 만들게 된다. 신백은 영정을 만들어 혼전에 모시기 전까지 임시로 사용하는 신주로써 '복(復)'할 때 사용했던 웃옷을 작은 함에 담고 그 위에 흰 비단으로 혼백을 만들어 올려놓는다. 조전 때가 되면 영침에 모셨던 신백함을 모시고 영좌 위에 설치된 교의 위에

112) 『神貞王后殯殿魂殿都監儀軌』卷下,「神貞王后殯殿魂殿都監三房儀軌」<初喪諸具> '成殯 條'.

113) 『[神貞王后]殯殿魂殿都監儀軌』卷下,「[神貞王后]殯殿魂殿都監三房儀軌」<初喪諸具> '靈牀移奉 條'.

올려놓고 또한 석전을 마친 다음에 신백함을 영침에 모시고 들어가 안치시킨다. 이는 살아 계실 때와 동일하게 섬기기 위함이다. 신정왕후 조씨가 승하한지 나흘째 되는 고종 27년 4월 20일 성빈이 이루어지고 조석전과 상식 및 삭망전 그리고 몇 번의 재궁가칠의가 진행되는 동안 빈전에 설치된 초상제구들은 변동 없이 그대로 유지된다.

빈전도감에서 소렴과 대렴을 마친 국왕의 주검은 재궁에 넣어 인산 때 왕릉으로 옮겨 땅에 묻게 되는 것이다. 국왕의 재궁은 임금이 즉위하자마자 만들어 해마다 한 번씩 칠을 올렸다. 예컨대 탕(湯) 임금은 재위기간이 13년이어서 널에 열 세 차례 칠을 올렸으며 무왕(武王)은 재위 7년이니 널에 일곱 번 칠을 올렸다. 그런데 조선 후기 국상 때 국왕의 재궁에 수십 차례 이상 칠을 올리는 것이 문제가 되어 현종대에 효종의 재궁에 15번을 칠하거나,[114] 내재궁에는 20번을 칠하도록 하였다.[115] 이후 영조대에는 숙종의 재궁을 전례로 삼아 경종의 재궁을 칠포(漆布)로 세 번 싸고 가칠(加漆)하는 도수(度數)는 32도(度)로 하게 하였다.[116]

영조 즉위년인 1724년 9월 1일부터 11월 7일까지 경종의 재궁을 가칠하였는데, 가칠 작업은 2일에 1회씩 60일간 진행되었다.

| | | |
|---|---|---|
| 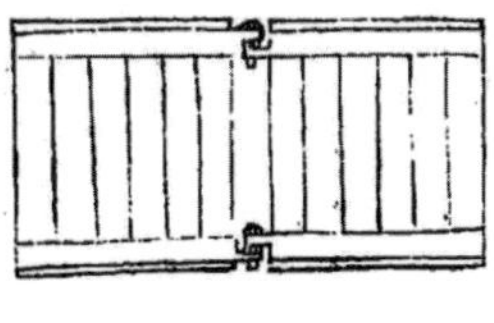 |  |  |
| 시책(諡冊) | 함 | 시보(諡寶) |
|  |  | 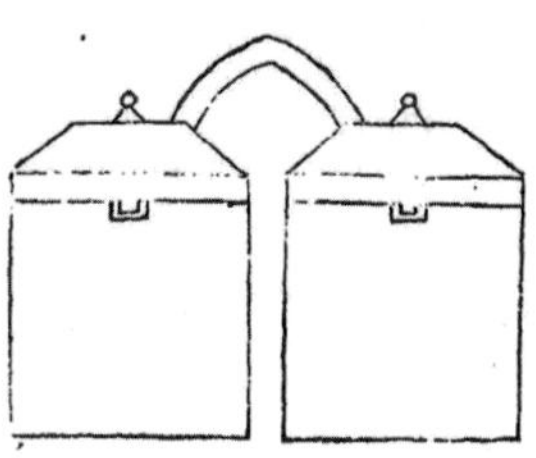 |
| 내함 | 보록 | 호갑 |

<『국조상례보편』 시책보의 도설>

114) 『顯宗改修實錄』卷1, 顯宗 卽位年(1659) 6月 11日 庚子.

115) 『顯宗改修實錄』卷1, 顯宗 卽位年(1659) 6月 16日 乙巳.

116) 『英祖實錄』卷1, 英祖 6年(1730) 8月 24日 庚申.

### 2) 책보의 제작

왕이 승하하면 나서 왕위를 이은 사왕(嗣王)은 돌아가신 선왕에게 시호(諡號)를 올렸다. 시호를 올릴 때도 역시 옥간으로 엮은 옥책을 올리는 것인데 이때의 옥책이 시책(諡冊)이다. 소렴과 대렴이 끝나고 성복례를 마친 사왕은 선왕의 유교함(遺敎函)과 대보(大寶)를 받아서 어좌(御座)에 올라 즉위를 한다. 즉위한 후 종묘에 대행왕(大行王)의 시호(諡號)를 올리는 것을 허락해 줄 의례를 행한 다음 시책(諡冊)과 시보(諡寶)를 올리는 의식은 상시책보의(上諡冊寶儀)를 치른다. 선왕의 국장을 치름과 동시에 사왕이 왕위를 이어 받게 되는 것이다. 영의정 이하의 신하들은 선왕의 시호를 의논하여 정하고, 국장도감에서는 바로 시책과 시보, 그것을 넣는 내함(內函)과 보록(寶盝)을 만든다.

책보를 올리기 전에 옥책은 함에 넣는데 그 의식을 봉과식(封裹式)이라 한다. 함에 옥책을 넣는 과정을 하나의 의식으로 치렀던 것은 옥책 내함이 옥책을 담아 소중하게 봉하는 의미와 역할이 중요하였음을 보여준다. 다시 말해 옥책을 함에 넣는 것을 의식을 통해서 행하고, 책봉과 상존호의 의례에서 옥책을 읽고 함에 봉하는 것을 핵심 절차로 삼았던 것은, 옥책함의 역할과 의미의 중요성을 말해주는 것이다.

옥책과 옥책 내함은 국장이 끝내고 3년 뒤 신주를 부묘할 때 종묘에 부묘된다.

빈전에서 5개월 동안의 빈전의례가 끝난 후 찬궁(欑宮)에서 재궁(梓宮)을 꺼내어 발인의를 한다. 이때 신백련과 고명, 죽책, 교명, 옥인, 옥책, 옥보 등과 함께 시책과 시보 및 애책 등도 요여에 실어 왕릉으로 행차하였다.[117] 왕릉에 국왕이나 왕비의 주검이 든 재궁을 현궁(玄宮)에 묻은 다음 영혼을 우주(虞主)에 모시고 다시 돌아와 3년간 혼전에 모셨다. 이러한 반우의(返虞儀)에는 신백과 함께 고명, 시책, 시보 및 죽책, 교명, 옥인, 옥책, 옥보도 함께 반우했다.[118] 발인의가 끝나면, 혼을 모신 우주(虞主)만 혼전에 모셔 3년상을 치르고, 1년 후 우주는 연주(練主)로 바꾸어 이것이 신주가 되면서 3년 후 종묘로 부묘한다.[119] 종묘에 부묘할 때 선왕의 책보 또한 종묘에 봉안되었다.[120]

조선 후기 시책은 소중한 내용을 담은 것으로 중요하게 다뤄졌고, 이를 담아 봉한 옥책 내함은 옥책을 담는 용기로서의 역할로 그쳤던 것이 아니라, 옥책을 封하는 의식절차를 담당하는

117) 안희재,「조선후기 發靷班次의 변화와 의미」, 한국학논총 제 34권, 국민대학교 한국학연구소, 2010, 821-856쪽.

118) 『英祖貞聖王后眞宗孝純王后祔廟都監儀軌』, 규13587. 神輦에 이어 冊寶를 실은 彩輦는 8개였다.

119) 『國朝喪禮補編』,「祔廟儀」.

120) 강제훈,「조선의 종묘, 그 의미와 상징」,『종묘, 조선의 정신을 담다』- 왕실문화기획총서 5, 국립고궁박물관, 2014. 13-23쪽.

역할을 하였고, 결국에는 신주와 함께 종묘에 부묘되어 향사되었던 의물로서 받들어졌던 것이다.

옥책을 소중하게 옥책함에 封하는 것은 의궤의 봉과식에서 상세하게 기록하고 있다. 옥책을 내함과 외함에 이중으로 봉하였는데, 옥책을 내함에 넣고 빈 공간에는 풀솜을 채워 고정하였으며, 향을 넣고 함을 닫아 자물쇠를 걸었다. 그리고 외함에 다시 넣어서, 다시 자물쇠로 잠그는데 이때 다시 이중의 겹보자기로 내함과 보록[외궤]에 2중으로 쌌다. 이는 곧 옥책 함이 의식에서 갖는 특별한 의미를 말해 준다고 하겠다.

책문(冊文)의 내용은 시호나 존호를 올리면서 그 공덕을 기리는 것이다. 사료적으로 주목되는 바는 크게 없으나, 조선 왕실은 옥책을 올리는 의례를 통해서 왕실 어른들의 직위를 확인하고 더불어 왕실에 권위를 부여하고자 하였다. 옥책 내함은 이러한 옥책을 담아 봉하는 역할을 담당하며, 의식의 한 과정을 치러냈던 것이다.

국왕의 장례 때에 국장도감이 조직 운영하였다. 시책을 만들기 위해 가장 먼저 서둘러 진행하는 일은 감조관(監造官)의 지휘 하에 좋은 옥과 옥장을 구하는 일을 서둘렀으며, 의궤의 계사질에는 그에 대한 내용이 상세하게 기록되어 있다. 옥책의 책문은 대제학, 병조판서 등 문장을 잘 쓰는 사람이 제술관으로 임명되어 지어 올렸다. 글씨를 잘 쓰는 서사관(書寫官)이 글을 쓰고 나서, 글씨를 새기는 각수나 각자장이 동원되었다. 여기에 화원이 니금(泥金)으로 글씨를 메워 칠하여 완성하게 되었다. 이 일들을 담당했던 모든 관원들은, 의례가 끝나고 나면 상전에서 포상을 받는 것이 관례였다. 국장의 발인의식이나 부묘시 종묘에 부묘의식을 치르면서 옥책을 읽고, 옥책함을 옮기는 일을 담당한 독책관이나 봉책관까지도 역시 포상을 받았는데, 이는 옥책 내함을 비롯하여 옥책에 관련 한 것들의 중요성을 말해준다.

조선 후기 『국조상례보편』에는 시책에 대한 규례를 정해놓았다. 재료는 청옥(靑玉)을 쓰며. 예기척으로 길이는 9寸 7分이고, 넓이는 1寸 2分이며, 두께는 6分이다. 6개의 간을 묶어서 1첩으로 만들되, 첩의 숫자는 문장의 다과에 따랐다. 매 간마다 12자의 글씨를 새기고 금으로 채운다. 매 첩의 양 머리는 홍광직으로 싸고 박동을 끼운 후 도금한다. 넓이는 5分이고 길이는 첩의 넓이에 준한다. 또 상하에 동(銅)을 끼워 양쪽 끝에 도금을 한 경첩을 단다. 경첩 안쪽에는 서로 마찰되지 않게 하려고 홍색 비단으로 넓게 솜을 넣어 만든[紅廣織襦] 격자를 깐다. 장의도 또한 홍광직을 쓴다. 다만 왕세자의 소상에는 대나무를 쓰는데, 길이는 9寸이고, 넓이는 1寸이며, 두께는 대나무의 두께에 준한다. 격자는 백숙초를 쓴다. 애책의 제도도 같다. 각자한 뒤

당주로 메운다. 격자는 백숙초를 쓰고 소상에는 대나무를 쓴다.[121)]

내함은 시책을 담는 것이다. 함의 재료는 잣나무판[柏子板]을 쓴다. 길이와 넓이는 시책에 준하되, 조금 여유 있게 한다. 왜주칠을 한다. [소상, 소내상에는 흑진칠(黑眞漆)을 한다.] 덮개 위에는 쌍룡과 운기를 그리고 좌우에는 해마, 전후에는 세호를 그린다. 모두 니금(泥金)을 쓴다. 소상의 경우 좌우에는 난초, 전후에는 매죽을 그린다. 내상, 소내상의 경우에는 덮개 위에 쌍봉을 그린다. 나머지는 소상과 동일하다. 안에는 홍방주(紅紡紬)를 바르고 장식과 시약은 모두 도금한다. 한편 왕세자의 소상이나 세자빈의 소내상에는 장식에 두석을 쓴다.[122)]

시보의 보는 황동(黃銅)으로 주조하고 도금한다. 사방 3寸 5分이고, 두께는 8分이다. [내상, 소상은 7分이다.] 위에는 거북이가 있는데, 높이는 1寸 5分이다. 홍사로 인끈을 만든다. 소상은 시인이라 칭하고 옥(玉)을 쓴다.[123)]

보통은 시보를 담는 것이다. 녹은 잣나무판을 쓴다. 사방 7寸 7分이고, 덮개까지 포함한 높이는 8寸이다. 밖은 자서피(紫黍皮)로 싸고 주칠을 하며, [소상에는 흑서피(黑黍皮)에 흑칠을 한다.] 안에는 홍방주(紅紡紬)를 바른다. 구리 거북이를 주조하여 덮개 위에 앉히고 모두 장식과 더불어 도금을 한다. 소상은 인록(印盝)이라고 칭한다. 주록의 제도도 동일하다.[124)]

호갑은 보록과 주록을 담는 것이다. 갑의 겉은 흑웅피(黑熊皮)를 쓰고 [소상에는 황록피(黃鹿皮)를 쓴다.] 안은 백마피(白馬皮)를 쓴다. 안에는 홍록피(紅鹿皮)를 바르고 덮개 및 네 모퉁이는 청자서피로 교차되게 싼다. 장식 및 시약은 금은으로 번갈아 입사한다. 담편은 백서피를 쓰는데, 안쪽은 백마피를 쓴다. 좌우에는 자록피(紫鹿皮)로 된 끈이 있다.[125)]

### 3) 명기의 제작

조선시대 왕과 왕비의 국장시, 왕릉에 넣을 명기는 복완, 기명, 무기, 악기 등 여러 종류가 있다. 국왕의 면복을 중심으로 복완을 제작하여 넣거나,[126)] 영조의 『국장도감의궤』를 중심으로 명기로 넣은 악기류를 분석하기도 하였으며,[127)] 『국장도감의궤』 이방의 기록을 분석하여 기명류와 무기류 및 목용류를 정리하기도 하였다.[128)]

121) 『國朝喪禮補編』「請諡宗廟」, 諡冊.
122) 『國朝喪禮補編』「請諡宗廟」, 內函.
123) 『國朝喪禮補編』「請諡宗廟」, 諡寶.
124) 『國朝喪禮補編』「請諡宗廟」, 寶筒.
125) 『國朝喪禮補編』「請諡宗廟」, 護匣.
126) 김명숙, 「조선후기 면복의 변천-국장도감의궤 服玩도설을 통한 고찰」, 『복식』 7, 한국복식학회, 1983.
127) 송지원, 「조선시대 明器악기의 시대적 변천연구」, 『한국음악연구』 39, 2006.
128) 송진욱, 「朝鮮王室의 明器 기록」, 단국대학교 석사학위논문, 2015.

| 연도 | 대상 | 기명류 | 악기류 | 무기류 | 목용류 | 합계 | 국장도감의궤 | 소장번호 |
|---|---|---|---|---|---|---|---|---|
| 1608 | 선조 | 36 | 28 | 5 | 6 | 75 | 선조국장도감의궤 | |
| 1649 | 인조 | 36 | 34 | 6 | 6 | 82 | 인조국장도감의궤 | |
| 1659 | 효종 | 36 | 34 | 6 | 6 | 82 | 효종국장도감의궤 | |
| 1674 | 인선왕후 | 36 | 29 | - | 6 | 71 | 인선왕후국장도감의궤 | |
| 1674 | 현종 | 36 | 34 | 6 | 6 | 82 | 현종국장도감의궤 | |
| 1681 | 인경왕후 | 36 | 29 | - | 6 | 71 | 인경왕후국장도감의궤 | |
| 1684 | 명성왕후 | 36 | 29 | - | 6 | 71 | 명성왕후국장도감의궤 | |
| 1688 | 장렬왕후 | 36 | 29 | - | 6 | 71 | 장렬왕후국장도감의궤 | |
| 1701 | 인현왕후 | 36 | 29 | - | 6 | 54 | 인현왕후국장도감의궤 | |
| 1720 | 숙종 | 36 | 34 | 6 | 6 | 82 | 숙종국장도감의궤 | |
| 1724 | 경종 | 36 | 34 | 6 | 6 | 82 | 경종국장도감의궤 | |
| 1730 | 선의왕후 | 36 | 29 | - | 6 | 71 | 선의왕후국장도감의궤 | |
| 1757 | 정성왕후 | 34 | 31 | - | - | 65 | 정성왕후국장도감의궤 | |
| 1757 | 인원왕후 | 34 | 31 | - | - | 65 | 인원왕후국장도감의궤 | |
| 1776 | 영조 | 23 | 11 | 6 | - | 40 | 영조국장도감의궤 | |
| 1800 | 정조 | 23 | 11 | 6 | - | 40 | 정조국장도감의궤 | |
| 1805 | 정순왕후 | 21 | 10 | - | - | 31 | 정순왕후국장도감의궤 | |
| 1821 | 효의왕후 | 14 | 11 | - | - | 25 | 효의왕후국장도감의궤 | |
| 1835 | 순조 | 23 | 11 | 6 | - | 40 | 순조국장도감의궤 | |
| 1843 | 효현왕후 | 21 | 11 | - | - | 32 | 효현왕후국장도감의궤 | |
| 1849 | 헌종 | 23 | 11 | 6 | - | 40 | 헌종국장도감의궤 | |
| 1857 | 순원왕후 | 21 | 11 | - | - | 32 | 순원왕후국장도감의궤 | |
| 1863 | 철종 | 23 | 11 | 6 | - | 32 | 철종국장도감의궤 | |
| 1878 | 철인왕후 | 21 | 11 | - | - | 32 | 철인왕후국장도감의궤 | |
| 1890 | 신정왕후 | 21 | 11 | - | - | 32 | 신정왕후국장도감의궤 | |
| 1897 | 명성왕후 | 21 | 11 | - | - | 32 | 명성왕후국장도감의궤 | |
| 1903 | 효정왕후 | 21 | 11 | - | - | 32 | 효정왕후국장도감의궤 | |
| 1919 | 고종 | 23 | 11 | 6 | - | 40 | 고종태황제어장주감의궤 | |
| 1926 | 순종 | 23 | 11 | 6 | - | 40 | 순종효황제어장주감의궤 | |

<『국장도감의궤』 내 명기의 종별 수량>

위 표에 의하면 조선후기가 되어도 국상 때 왕릉에 넣기 위해 제작하는 명기의 분류는 기명과 악기, 무기 및 목용의 4종류로 일치하나, 그 수량은 1754년 『국조상례보편』의 편찬을 전후로 확연하게 달라지는 것을 알 수 있다. 1608년 선조의 국상 때부터 1757년 영조의 원비 정성왕후와 숙종의 세 번째 왕비 인원왕후 김씨의 국장 때까지는 명기의 품목이 다종다양하고 수량도 적으면 65개에, 많으면 82개였다. 그러나 『국조상례보편』을 편찬한 이후 종별은 4가지 분류이나 수량은 적을 때는 25개에서 많아야 40개로서 반 이상으로 줄어들었다.

이것을 좀더 살펴보면 국조상례보편 이전 시기에 국왕의 명기는 82기, 왕후의 명기는 71기였다. 곧 국왕의 국상 때 기명류는 36기, 악기류는 34기, 무기류는 6기, 목용류는 6기였다. 반면 왕비의 국상 때 기명류는 36기, 악기류는 29기, 목용류는 6기였다. 양자간의 차이는 무기의 유무에서만 차이가 있었다. 아울러 이것은 국조오례의서례와 일치하는 것이어서, 조선 전기의 의례가 조선후기에도 여전히 전승되었음을 확인할 수 있다.[129]

한편 1757년 영조 원비 정성왕후 서씨와 숙종비 인원왕후의 국장 때부터 명기 제작에서 주목되는 것은 목용의 제작이 생략된 점이 주목된다. 목용류의 생략은 1751년(영조 27) 영조가 효장세자[후일 진종 추존]의 부인이자 영조의 큰며느리인 효순현빈[후일 효순황후 추존] 조씨의 예장을 거행할 때에 비롯하였다.[130] 당시 영조는 허수아비를 만드는 것은 순장(殉葬)의 폐단에서 나왔는데 이는 공자가 비난하였던 것으로, 이전에 목인(木人)을 제거한 것은 이런 이유이기 때문에 이후로 폐지하라는 명을 내린 것이다. 영조가 순장제도의 풍습을 폐지하려는 의도가 반영되어 있다. 이후 왕과 왕비의 국장이나 세자와 세자빈의 예장을 거행할 때에 목용류는 전혀 제작하지 않았다.

이렇게 국장이나 예장에서 목용을 생략하는 것은 전례가 되어 『국조상례보편』에 반영되어 이후 국장에서 목용은 제작하지 않아, 이후 영조부터 순종 때까지의 국장에 반영되었다. 이와 함께 명기류 중에서 나전과 같은 교묘한 기법으로 만들어 사치스럽거나 장난에 가깝거나 긴요하지 않거나 쓸데 없거나 번잡한 것을 줄이거나 생략하도록 하였다.

"명기와 복완이 비록 목노비(木奴婢)나 공장 및 가인(歌人)의 형상과는 다름이 있지만, 더러 사치스러운 데 가깝고, 더러 장난에 가깝고, 더러 장난에 가깝고, 더러 긴요하지 않은 것이 있는, 더러 쓸데없는 것이 있다. 그 사치스러운 데 가깝다는 것은 라전으로 된 소함(梳函) 같은 것이고, 그 장난스러운 데 가깝다는 것은 자질구레한 기용의 물건이고, 그 긴요하지 않다는 것은 토등상(土藤箱), 타호(唾盂), 탕기(溲器) 같은 것이고, 그 쓸데없다는 것

129) 송진욱,「朝鮮王室의 明器 기록」, 단국대학교 석사학위논문, 2015,

130) 『英祖實錄』卷74, 英祖 27年 11月 戊子(26日);『國朝喪禮補編』卷5, 受敎,「發引」

은 주준(酒樽), 주잔(酒盞) 같은 것이다. 더구나 공가인을 이미 없앴는데, 악기를 그대로 두는 것은 또한 핵심을 보존하지 않는 것과 같다. 지금 『상례보편(喪禮補編)』을 개정하는 때를 당하여 비록 한결같이 모두 제거한다 하더라도 혹 불가할 것이 없겠지만 공자가 예를 사랑한 뜻을 따라서 그 번문은 제거하고, (이하 생략)..."[131)]

| 명기 종류 | 명기 물품 | | | 왕 [大喪] | 왕비 [內喪] | 왕세자 [小喪] | 왕세자빈 [小內喪] |
|---|---|---|---|---|---|---|---|
| | 품명 | 재질 | 색칠 | | | | |
| 기명류 | 소 | 대나무 | - | 8 | 8 | 8 | 5 |
| | 무 | 와 | - | 1 | 1 | 1 | 1 |
| | 반발 | 백토 | - | 1 | 1 | 1 | 1 |
| | 시접 | 백토 | - | 1 | 1 | 1 | 1 |
| | 시 | 산추목 | 흑진칠 | 1 | 1 | 1 | 1 |
| | 저 | 산추목 | 흑진칠 | 1 | 1 | 1 | 1 |
| | 부 | 와토 | - | 1 | 1 | 1 | 1 |
| | 정 | 와토 | - | 1 | 1 | 1 | 1 |
| | 작 | 백토 | - | 1 | 1 | - | - |
| | 변 | 대나무 | 흑진칠 | 6 | 6 | 4 | 4 |
| | 두 | 가래나무 | 흑진칠 | 6 | 6 | 4 | 4 |
| | 보 | 백토 | - | 1 | 1 | 1 | 1 |
| | 궤 | 백토 | - | 1 | 1 | 1 | 1 |
| | 향로 | 백토 | - | 1 | 1 | 1 | 1 |
| | 향합 | 백토 | 흑진칠 | 1 | 1 | 1 | 1 |
| 악기류 | 종 | 구리 | - | 1 | 1 | 1 | 1 |
| | 경 | 백토 | - | 1 | 1 | 1 | 1 |
| | 훈 | 와 | - | 1 | 1 | 1 | 1 |
| | 소 | 가래나무, 오죽 | 흑칠, 주칠 | 1 | 1 | 1 | 1 |
| | 생 | 가래나무, 오죽, 박 | 흑칠 | 1 | 1 | 1 | 1 |
| | 지 | 오죽 | - | 1 | 1 | 1 | 1 |
| | 축 | 가목 | - | 1 | 1 | 1 | 1 |
| | 어 | 가목 | - | 1 | 1 | 1 | 1 |
| | 금 | 오동나무, 밤나무 | 흑칠 | 1 | 1 | 1 | 1 |
| | 슬 | 오동나무, 밤나무 | 흑칠 | 1 | 1 | 1 | 1 |
| | 고 | 가목 | - | 1 | 1 | 1 | 1 |

131) 『英祖實錄』 卷89, 英祖 33年 6月 庚辰(20日). "明器, 服玩, 雖與木奴婢, 工歌人之形有異, 或近於侈, 或近於戱, 或有不緊者, 或有無用者. 其近於侈者, 螺鈿梳函之類也; 其近於戱者, 小小器用之物也, 其不緊者, 土藤箱, 唾盂, 溲器之類也, 其無用者, 酒樽, 酒盞之類也. 況工歌人旣除, 則樂器之仍, 亦若皮不存也. 今當, 補編 釐正之時, 雖一皆祛之, 未或不可, 而遵孔子愛禮之意, 祛其繁文, 存其禮器,.."

| | | | | | | | |
|---|---|---|---|---|---|---|---|
| 무기류 | 동시 | 대나무 | 왜주칠 | 8 | - | - | - |
| | 흑시 | 대나무 | 순흑칠 | - | - | 8 | - |
| | 동궁 | 대나무 | 왜주칠 | 1 | - | - | - |
| | 흑궁 | 대나무 | 순흑칠 | - | - | 1 | - |
| | 착 | 해죽 | - | 1 | - | - | - |
| | 갑 | 청릉화지 | - | 1 | - | - | - |
| | 주 | 가목 | - | 1 | - | - | - |
| | 간 | 가목 | - | 1 | - | - | - |

<『국조상례보편』 내 명기의 종별 수량>

이를 통해 국왕의 왕릉에 넣을 명기는 40기, 왕후릉에 넣을 명기는 무기류 6기를 제외한 32가지였다. 곧 왕릉의 명기는 기명류 23기, 악기류 11기, 무기류 6기이고, 왕후릉에 넣을 명기는 기명류 21기, 악기류 11가지였다. 국조상례보편은 국조오례의서례의 장례부분을 보완하여 1752년(영조 28)에 완성되었다. 그러나 1757년 정성왕후 서씨와 인원왕후 김씨의 국상을 치르면서 왕비의 장례를 보완하여 1758년(영조 34)에 완성되었다. 국장시 국장도감에서 제작하여 왕릉에 매장할 명기는 「발인도설」에 해당 명기의 재질과 만드는 방법, 용량, 크기와 함께 그림이 그려져 있고, 「발인의」 부분에는 각 물품의 재질과 색칠 및 용량 등이 기록되어 있다.[132)]

위 국조상례보편에 의하면 국상은 왕의 장례인 대상(大喪), 왕비의 장례인 내상(內喪), 왕세자의 장례인 소상(小喪), 왕세자빈의 장례인 소내상(小內喪)의 구분이 확실하게 이루어졌다. 대상별 명기의 품목을 살펴보면, 기명류는 15가지, 악기류가 11가지, 무기류가 6가지로 나타나며, 목용류는 아예 폐지되었다. 다음은 왕비의 국상인 내상은 조선전기 왕비의 국상와 마찬가지로 무기류가 제외된 것은 일치하는 사례이다. 태종비 헌경왕후 민씨와 문종비 현덕왕후 권씨의 국상 때 제작한 명기 품목과 이것을 수록한 『세종실록』 「오례」의 내상부분, 『국조오례서례』 의 내상 부분에 수록되어 왕비의 장례일 경우에는 무기류가 제외되었다.[133)]

132) 『國朝喪禮補編』 圖說, 「發引」; 『國朝喪禮補編』 卷2, 「發引儀」.

133) 『國朝喪禮補編』 卷2, 「發引義」. "干一 … 自此至笇內喪亦無."; 『世宗實錄』 원경왕후 민씨, 현덕왕후 권씨 명기 ; 『世宗實錄五禮』卷2, 凶禮, 內喪 ; 『國朝五禮儀序例』卷2, 凶禮, 內喪.

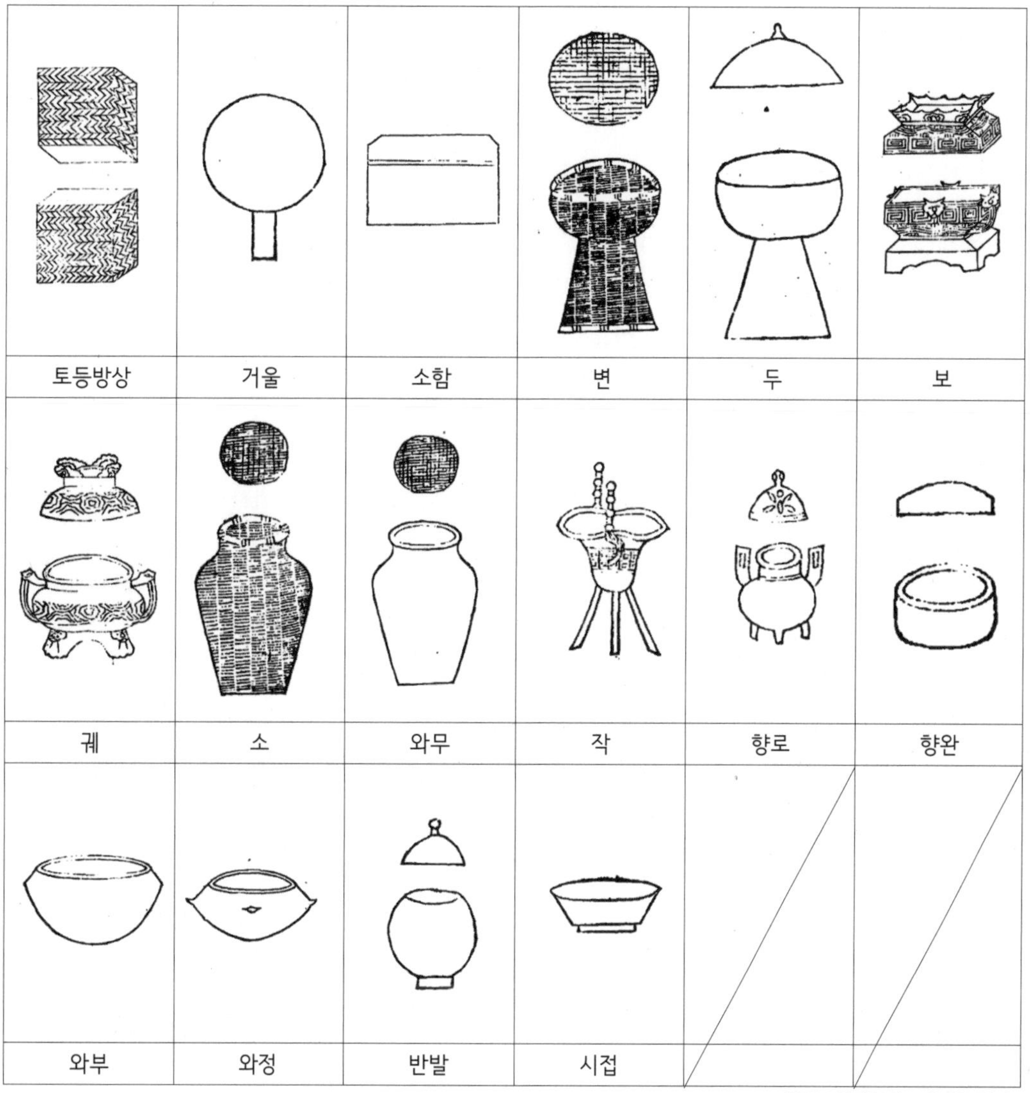


<『국조상례보편』 제기류 명기>

<정조건릉천봉도감의궤에 수록된 정조 건릉 초장지의 퇴광배설도> 1821년, 서울대학교 규장각한국학연구원 소장

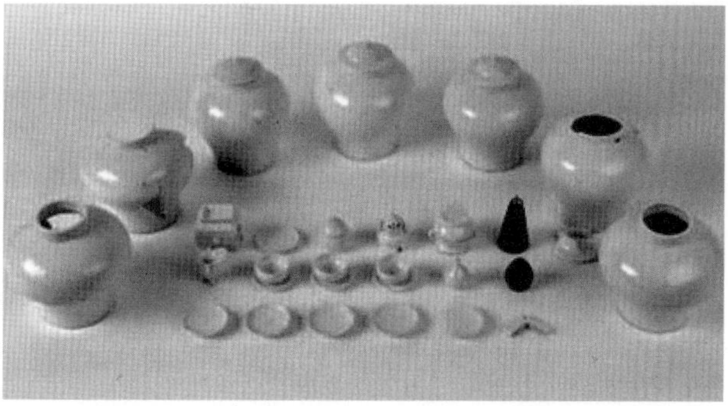

<정조건릉에서 발굴된 명기>:, 1800년, 국립문화재연구소

다음 왕세자의 국상에 해당되는 소상의 명기류에 대한 규정은 『국조상례보편』의 전후로 차이를 많이 보인다. 이것은 조선후기에 들어 거행된 세자 및 세자빈의 예장을 치르면서 확립되어 간 것임을 알 수 있다.

조선후기에 들어 처음 거행된 세자의 소상은 소현세자를 예로 들 수 있는데, 이것은 『국조오례의』의 예를 그대로 따랐다. 당시 소상에 제작할 명기에 대하여 악기류는 감하고 무기류 중 궁시는 세자의 의장물이므로 그대로 적용하되, 작보궤변두 등 제기류 기명을 감하도록 논의하였다.[134) 이에 의거하여 2방에서는 기명류 중에서 개, 작, 변, 두, 보와 궤 및 악기류 전체, 무기류의 착, 갑, 주 과와 목용류의 공인과 가인을 제외하여 30기, 무기류 2기, 목용류 4기 등 총 36기를 제작하였다.[135) 이렇게 논의한 내용과 달리 도감에서 실제 제작한 명기는 더욱 감소하여 기명류에 개가 추가로 제외되었고, 악기류 전체가 제외되고, 악기류 전체가 감해지는 등 명기류의 품종과 수량을 대폭 줄였다.

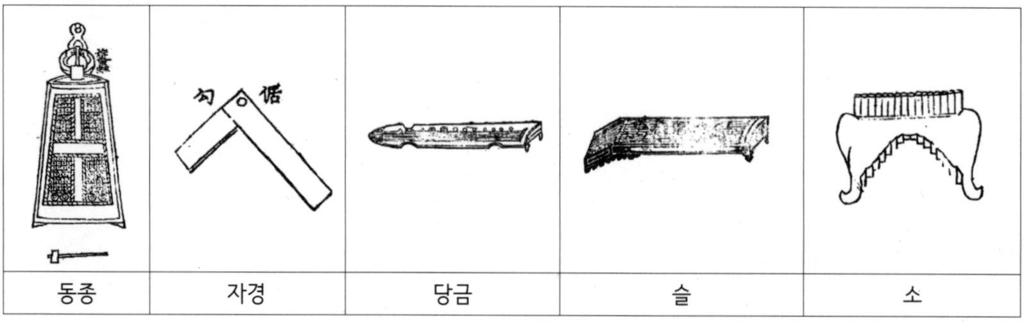


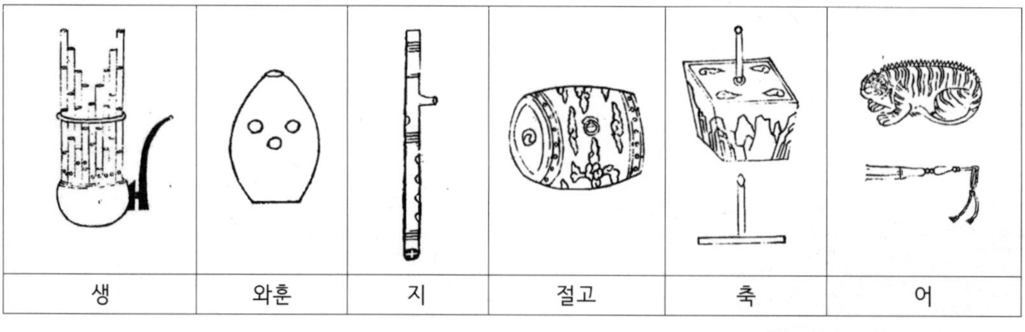


<『국조상례보편』의 악기류 명기>

134) 『仁祖實錄』 卷46, 仁祖 23年 5月 壬寅(21日). "禮曹啓曰 '王世子禮葬時所用明器, 服玩物件, 取考五禮儀 及 都監謄錄 , 降殺磨鍊, 而其中樂器則常時亦旣不用, 似當減去, 而弓矢則乃陪從儀衛, 似不可減, 爵, 簠, 簋, 籩, 豆等器, 減去爲當. 謚冊, 哀冊, 定以用竹, 印則用玉, 挽章依 實錄 , 定以八十張, 各樣函樻, 排案, 床卓, 用黑漆, 贈玉一款, 亦當依 實錄 措備.'上從之."

135) 『昭顯世子禮葬都監儀軌』卷2, 2房. 明器.

1718년(숙종 55) 왕세자빈이었던 경종 원비 단의왕후 심씨의 명기를 제작할 때 전례로 1645년 소현세자의 예장이나 1441년 세종 당시 왕세자빈이었던 현덕왕후 권씨, 명종의 왕세자빈인 순회세자 공회빈 윤씨의 예장을 고증하였고,[136] 명기는 1701년(숙종 27)에 승하한 인현왕후 민씨의 명기 품종까지 참고하였다.[137] 그 결과 명기의 기명류는 소현세자, 악기류는 인현왕후, 목용류는 소현세자의 것을 전례로 삼아 기명류는 35기, 악기류는 29기, 목용류는 5기를 제작하였다.[138]

영조대에 들어서는 왕세자나 왕세자빈의 예장을 여러 번 치르면서 상장례의 개편을 고려하게 되었으며, 명기의 제작 사례에서 이를 확인할 수 있다. 1728년(영조 4) 왕세자의 신분으로 홍한 효장세자[추존 진종, 1719-1728]의 예장은 소현세자의 장례와 국조오례의의 예를 전례로 삼았다.[139] 당시의 명기 제작은 소현세자 때보다는 이전 시기인 단의왕후 심씨의 예장을 따라 기명류는 변, 두, 보, 궤는 포함되고 조, 중, 정이 줄어들었으며, 악기류와 목용류 또한 마찬가지이고, 무기류에는 착이 추가되었다. 이에 따라 명기는 기명류 31기, 악기류 29기, 무기류 3기, 목용류 5기를 제작하였다.[140]

1751년(영조 27) 영조의 큰며느리이자 효장세자의 빈[후일 효순왕후 조씨, 1751-1751]가 홍하였다. 이때 단의왕후 심씨의 예장을 전례로 삼아 명기를 제작하였는데 그 품목은 기명류는 34기, 악기류는 29기 등 총 63기였다.[141]

다음해인 1752년(영조 28) 맏손자인 의소세손(1750-1752)이 홍하자 영조는 국가의 상장례 전반를 개편할 필요성을 절감하게 되었다. 당시 왕세손의 상례는 전체적으로 진종의 예장을 전례로 삼아 명기 품목을 정하였으나, 기명류에서 궤장이 사라진 것은 효순왕후 조씨의 예장을 따라 기명류 29기, 악기류 28기, 무기류 3기로 총 60기의 명기를 제작하였다. 이를 통해 무기류는 붉은 칠[彤漆]이 아닌 흑칠로 바뀌었다.[142] 당시까지 국가 전례서가 모두 왕과 왕비의 상례 의주였는데, 세자나 세자빈 및 세손 등에 대한 의주가 없었기 때문에 영조는 이를 개편하여 『국조상례보편』을 편찬하게 된 것이다. 국조상례보편 편찬 이후 왕세자의 예장은 문효세자와 효명세자가 2건이 있었다.

---

136) 『肅宗實錄』卷61, 肅宗 44年 2月 丁亥(8日).

137) 『肅宗實錄』卷61, 肅宗 44年 2月 丙申(17日).

138) 『端懿嬪禮葬都監儀軌』卷2, 2房. 明器. 단의왕후 심씨의 명기는 『肅宗實錄』과 几杖의 유무만 차이가 있으며 나머지는 일치한다.

139) 『英祖實錄』卷20, 英祖 4年 11月 壬戌(16日). "王世子薨逝于昌慶宮之進修堂. …'昭顯世子喪事時前例, 令春秋館堂郎, 考出謄錄宜矣.'允之. 仍下敎曰 '五禮儀 入之, 禮房承旨亦令入侍.'"

140) 『孝章世子禮葬都監儀軌』卷2, 2房. 明器.

141) 『孝純王后禮葬都監儀軌』卷2, 2房. 明器.

142) 『國朝喪禮補編』卷6, 「附懿昭世孫喪受敎」.

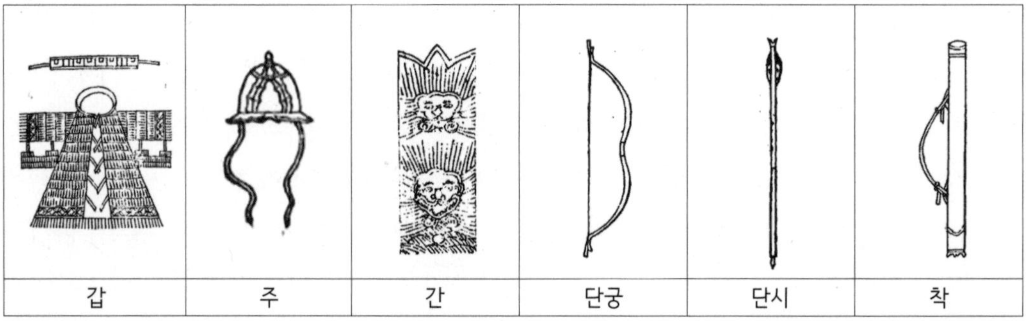


<『국조상례보편』의 무기류 명기>

<의소세손묘에서 발굴된 명기>,
1752년, 국립중앙박물관 소장

<문효세자 효창원에서 발굴된 명기>,
1786년, 국립중앙박물관 소장

1786년(정조 10) 정조의 큰아들인 문효세자[文孝世子, 1782-1786]는 왕세자의 신분으로 홍하였다. 그 장례는 국조상례보편을 따라 명기도 기명류 10기. 악기류 4기, 무기류 2기 등 16가지를 제작하였다.[143] 명기의 종별로 기명류에서는 부, 정, 향로, 향합의 4기가 악기류는 훈, 소, 생, 지, 축, 어 고의 7기가 제외되었다.[144] 이처럼 일부의 명기를 제외시킨 것은 문효세자가 5살의 어린 나이로 죽었기 때문이다.[145]

1830년(순조 30) 순조의 맏아들이자 대리청정으로 하던 효명세자[孝明世子, 1809-1830]가 죽자 다시 한번 예장을 치르게 되었다. 당시 국조상례보편을 전례로 삼았으나, 효명세자가 1827년부터 대리청정을 하면서 궁궐 밖을 행차했었기 때문에,[146] 이를 근거로 예장 때 사용하는 명

143) 『正祖實錄』卷21, 正祖 10年 5月 癸丑(11日); 『正祖實錄』卷21, 正祖 10年 5月 乙卯(13日).

144) 『懿昭世孫禮葬都監儀軌』卷2, 2房. 明器.

145) 『承政院日記』第1601冊, 正祖 10年 5月 甲子(22日); 『承政院日記』第1606冊, 正祖 10年 閏7月 乙亥(4日).

146) 효명세자는 순조를 대리청정하면서 종묘를 비롯하여 휘경원(수빈 박씨의 원소), 경우궁(수빈 박씨의 사당), 경모궁(사도세자, 후일 추존 장조의 사당), 선원전, 건릉, 현륭원(사도세자, 후일 추존 장조의 원호) 등에 자주 행차를 하였다.

기 중 무기류의 모든 물품을 그대로 따르도록 하자는 남공철(南公轍, 1760-1840)의 건의를 따라 그대로 제작하였다.[147] 이에 따라 명기는 기명류 14기, 악기류 11기, 무기류 6기로 총 31가지를 제작하였다. 세자의 예장임에도 불구하고 왕[순조]을 대신하여 대리청정을 했기 때문에 무기류의 제작이 늘어났음을 알 수 있다.

결국 조선 후기 들어 소현세자부터 단의왕후 심씨의 예장까지는 조선전기의 『세종실록 오례』나 『국조오례의서례』를 전례를 따라 의례를 주관하였으나 국왕의 상례인 대상이나 왕비의 상례인 내상보다는 명기의 품목이 감했다. 이후 영조대에 효장세자부터 의소세손의 예장까지는 전대의 사례를 따르면서 일부의 명기에 변화가 있었다. 그러나 『국조상례보편』을 편찬한 이후에는 왕세자의 명기가 정해졌으나, 효명세자처럼 생전에 국왕을 대신하여 대리청정을 하면서 갑주를 입고 행차한 경우 무기류의 품목을 추가하기도 하였다.

한편, 대한제국 시기와 일제강점기에 행해진 고종황제와 순종황제의 국장에서도 조선 왕실의 사례가 계속 이어졌다. 1895년(고종 32) 을미사변으로 승하한 명성황후 민씨[1851-1895]의 국장은 순탄치 않아, 사후 3년이 지난 1897년(광무 1) 대한제국을 선포한 이후 황후의 예로서 치러졌다. 일제에 의해 시해되어 곧 폐위되었다가 다시 위호가 회복되어 두 달 이후부터 장례를 준비하였으나,[148] 고종이 러시아공사관에 머물면서 국장도 천연되었다. 이후 청량리 홍릉으로 산릉을 정하였고 명기 또한 조선시대 왕비의 국장인 내상을 전례로 삼아 당시 국장도감에서는 기명류 21기, 악기류 11기 등 총 32가지를 제작하였다.[149] 명성황후의 국상은 비록 대한제국이 선포된 후 황후로 추존되어 황후례로 발인이나 국상 의례를 치렀지만, 명기의 제작은 발인 이전에 제작해 두었기 때문에 조선 왕비의 예로 제작되었다.

1904년(광무 8) 태후의 신분으로 승하한 헌종 계비 효정황후 홍씨(1831-1904)의 명기는 명성황후 민씨의 경우를 전례로 삼아 조선시대 왕비의 내상을 따라 기명류는 21기, 악기류 11기 등 총 32가지를 제작하였다.[150] 효정황후는 태후의 신분으로 죽었으나 남편인 헌종이 황제로 추존되기 이전이어서 장례도 조선 왕비의 예로 치렀다.

일제강점기에는 1919년에 승하한 고종황제(1852-1919)와 1926년 순종(1874-1926)의 국장이 치러졌다. 두 황제의 장례는 일제에 의해 어장(御葬)으로 격하되어 치러졌으나 고종과 순종

147) 『高宗實錄』卷33, 高宗 32年 8月 戊子(20日); 壬寅(22日); 10月 丁丑(10日); 壬午(15日).

148) 『純祖實錄』卷31, 純祖 30年 6月 壬辰(6日). "葬禮都提調南公轍啓言,'葬禮時儀節, 謹當依 補編擧行. 器玩中甲胄, 服玩中鼓吹, 雖是小喪所無者, 甲胄則年前動輿, 已經進服, 鼓吹則常時儀註, 每爲磨鍊, 其在象生之義, 俱合入用, 故敢達矣.'從之."

149) 『明成皇后國葬都監儀軌』卷2, 2房. 明器.

150) 『孝貞皇后國葬都監儀軌』卷2, 2房. 明器.

의 국장시 명기는 기명류 23기, 악기류 11기, 무기류 6기로 총 40가지였다.[151] 이것은 국조상례보편의 국왕 장례인 대상(大喪)을 전례로 국상을 치러 제작할 명기의 종별 수량도 같았던 것이다.

#### 4) 지석의 제작

재료에 따른 장색의 전문화를 보다 확실하게 파악할 수 있는 것은 사지석장(沙誌石匠)이다. 사자의 성명, 생졸일 및 행적 등을 기록하여 무덤 속에 묻었던 지석은 국장, 예장도감 내에 분설된 지석소(誌石所)에서 각수, 옥장, 도자장, 책장 등이 제작하였는데, 지석을 만들 때 공동 작업을 했던 이들 장색은 시기에 따라 변화하였으므로 흉례도감의 의궤에서 관련 기록을 뽑아 예시하면 다음과 같다.

| 연대 | 도감 | 대상 | 제작처 | 誌石匠과 匠色 | 소장번호 |
|---|---|---|---|---|---|
| 1627 | 禮葬 | 元宗 | 造成所 | 誌石石手 ; 孫金, 裵春男 | 규13518 |
| 1673 | 遷陵 | 孝宗寧陵 | 誌石所 | 刻字匠, 刻手 | 규13532 |
| 1730 | 國葬 | 宣懿王后 | 誌石所 | 石手, 刻手, 玉匠, 多繪匠, 磨造匠, 銅匠, 小爐匠, 穿穴匠, 豆錫匠, 匙匠, 小木匠, 冶匠, 屛風匠, 刀子匠 | 규13576 |
| 1731 | 遷陵 | 仁祖長陵 | 誌石所 | 石手, 冶匠, 玉匠, 銅匠, 多繪匠, 豆錫匠, 磨造匠, 小木匠, 穿穴匠, 小爐匠, 匙匠, 磨鏡匠, 刀子匠, 刻手 | 규14597 |
| 1757 | 國葬 | 仁元王后 | 別單 | 1등 ; 沙誌石 邊首 鄭稐星 / 3등 ; 沙誌石 邊首 李萬祥 등 2명 | 규13557 |
| 1757 | 國葬 | 貞聖王后 | 別單 | 2등 ; 沙誌石 邊首 鄭稐星 / 3등 ; 沙誌石 邊首 李萬祥 등 2명 | 규13589 |
| 1762 | 禮葬 | 思悼世子 | 別單 | 2등 ; 沙誌石 邊首 李萬祥 | 규13605 |
| 1776 | 國葬 | 英祖 | 別單<br>誌石所 | 2등 ; 沙誌石 邊首 李興廸 / 3등 ; 沙誌石 邊首 高再先 등 2명<br>誌石所 ; 釜盧匠 閔順興, 張山會 / 誌石 邊首 李興廸, 高再先 | 규13581 |
| 1786 | 禮葬 | 文孝世子 | 別單<br>誌石所 | 2등 ; 誌石燔造 邊首 鄭志烿 / 3등 ; 誌石匠 金元卜 등 8명<br>誌石所 ; 誌石匠, 刻手, 刀子匠, 冊匠, 針線婢 | 규13921 |
| 1805 | 國葬 | 貞純王后 | 別單<br>誌石所 | 2등 ; 誌石 邊首 金鎭國 / 3등 ; 誌石 邊首 李東蕃 등 2명<br>誌石所 ; 釜戶首, 誌石匠 | 규13592 |
| 1816 | 喪禮 | 獻敬惠嬪 | 誌石所 | 刻手, 刀子匠, 冊匠, 針線婢 | 규13608 |
| 1821 | 國葬 | 孝懿王后 | 誌石所 | 誌石匠, 刻手, 刀子匠, 冊匠, 針線婢 | 규13647 |
| 1822 | 禮葬 | 顯穆綏嬪 | 誌石所 | 玉匠, 刻手, 刀子匠, 冊匠, 針線婢 | 규13715 |
| 1834 | 國葬 | 純祖 | 誌石所 | 誌石匠, 刻手, 刀子匠, 寫字官, 畫員, 針線婢 | 규13668 |
| 1855 | 遷奉 | 文祖綏陵 | 誌石所 | 玉匠, 刻手匠, 刀子匠, 冊匠 | 규13769 |
| 1863 | 遷奉 | 徽慶園 | 誌石所 | 玉匠, 刻手, 刀子匠, 冊匠 | 규13956 |

151) 『高宗皇帝御葬主監儀軌』卷中, 明器; 『純宗皇帝御葬主監儀軌』卷中, 明器.

| | | | | | |
|---|---|---|---|---|---|
| 1864 | 國葬 | 哲宗 | 誌石所 | 玉匠, 刻手, 刀子匠, 粧帖匠 | 규14870 |
| 1878 | 國葬 | 哲仁王后 | 誌石所 | 玉匠, 刻手, 刀子匠, 粧帖匠 | 규13859 |
| 1890 | 國葬 | 神貞王后 | 別單 | 誌石北漆 寫字官, 塡紅畵員 | 규13736 |
| 1895 | 國葬 | 明成皇后 | 別單 | 誌石補劃 寫字官 | 규13879 |
| 1904 | 國葬 | 孝定王后 | 誌石所 | 寫字官, 畵員, 玉匠, 刻手, 刀子匠, 粧帖匠 | 규13814 |
| 1904 | 國葬 | 純明皇后 | 誌石所 | 寫字官, 畵員, 燔造匠, 粧帖匠 | 규13900 |

<흉례 관계 도감의 誌石匠人>

위 표를 살펴보면 1627년 원종의 예장도감을 비롯한 17세기에는 각자장과 각수만 있었지만 18세기 전반기에는 옥장, 각수, 다회장, 마조장, 동장, 소로장, 천혈장, 두석장, 시장, 소목장, 야장, 병풍장, 도자장 등 장색이 더욱 세분화되고 전문화된 장인들이 참여하고 있으며, 19세기에는 오히려 지석을 만드는 장인들의 장색이 지석장, 각수, 도자장, 책장 또는 장첩장 등으로 장색명을 단순화하여 기록하고 있다.

그런데 지석을 제작할 때 승각수가 참여하고 있다는 점이 주목된다. 즉 1673년 효종의 영릉을 옮기는 천릉도감에는 각자장과 각수만이 지석을 제작하는 장인으로 기록되었지만 이 때 지석에 글씨를 새기는 각자장은 각원(覺元)을 비롯한 10명의 승장이 외공장 5명과 함께 작업하였으며 지석의 문양을 새겨넣었던 각수 중에는 공주의 현옥(玄玉)을 비롯한 3명의 승장이 외공장 3명과 함께 참여하고 있었다.[152] 승장이 참여한 도감은 화승과 마찬가지로 흉례에 관련된 도감들이었고 작업장도 도성 밖의 경기 지역이었으며, 또한 왕실의 오례용 의물인 지석을 제작할 때에 경공장을 참여시키지 않고 승장과 외공장만으로 의례용 의물을 제작하였다는 사실은 불교의 내세관과 무관하지 않아 흥미롭다.

18세기 전반기인 1730년과 1731년의 국장도감에는 종래 지석의 자료로 옥을 사용하였기 때문에 옥장과 각수 및 10여 종의 장색이 동원되었다. 그러나 1757년의 국장도감부터는 지석의 자료를 도자제로 바꾸어 사지석(沙誌石)을 만드는 사지석장이 등장하고 있다. 이 사지석은 가마로 번조하여 제작한 도자제 공예품이었다. 그것은 1786년의 의궤에서 지석을 번조한 기록이나 1805년 지석소의 부로장 및 1904년의 의궤에 나타나있는 번조장의 존재로서 익히 짐작되는 일이다.

---

152) 『孝宗寧陵遷陵都監儀軌』, 1673年, 규13532. 「誌石所 手本秩」. "刻字匠 ; (忠淸道 鎭川) 覺元, (淸州) 戒鐵, (全羅道 順天) 法徵, (樂安) 金宗賢, (咸平) 金哲伊, (慶尙道 漆谷) 金墨淡, (仁同) 承允, (醴泉) 金命得, (善山) 弘律, (比安) 覺燐, (永川) 印監, (尙州) 金應龍, (全羅道 康津) 信吾, (慶尙道 義城) 斗英, (星州) 森益(以上 仍留) / 刻手 ; (公州) 玄玉, (大興) 儀祥, (潭陽) 方象坤, (南原) 鄭起龍, (興陽) 雪仁, (淸州) 高聖明."

이와 같이 옥 대신 도자제로 번조한 사지석을 사용하기 시작한 것은 1757년(영조 33)의 국장도감부터 1762년, 1776년, 1786년 및 1805년(순조 5)까지 50여년간인데, 그것은 1744년에 영조가 『국조속오례의』를 제정하여 국내산 재료를 사용하여 왕실의 공예품을 제작하도록 법제화했던 조치의 일환이었다. 즉 이전까지 진상용 어용도자를 굽던 분원도 도자 제작용 땔감을 조달하기 힘들어 10년에 한 번씩 장소를 옮겨 이설해야 했던 사정과 무관하지 않다. 1752년에는 분원리에 분원을 고정시키므로서 땔감을 강원도에서 채취하여 한강을 이용, 안정되게 공급할 수 있게 되었던 것이다. 원래 도자제 지석은 조선 전기부터 왕자녀를 비롯한 제군과 궁녀 및 사대부가까지 보편적으로 사용해온 장례용 의물이다. 하지만 국왕과 왕후는 일반 백성과 등차를 두어 옥을 사용하는 것이 상례였는데, 영조는 1757년의 인원왕후와 정성왕후의 국장 때부터 사치스러운 옥 대신 도자제의 지석을 사용하였으며, 이때부터 사지석을 제작하는 사지석장의 역할이 커져갔다.

이상과 같이 흉례 도감에는 도감의 성격에 따라 특정한 장색들이 한정된 기간에 집중되기도 하였고, 제품 재료가 바뀜에 따라 일정 기간 활약했던 장색들이 어느 순간 전혀 나타나지 않기도 하여 시대적인 특징을 반영하고 있었다. 특히 왕(왕비)의 국상을 치루는 국장도감과 왕세자(왕세자빈)의 장례를 치루는 예장도감에는 행사의 중요성에 따라 다른 도감보다 많은 장색의 장인들이 차출되고 있다.

## 4 산릉도감, 왕릉의 조성

조선시대에 왕과 왕후의 국장을 치를 때마다 반드시 국장도감 · 빈전,혼전도감 · 산릉도감 등 권설아문을 설치하였고, 국장의 권위에 걸맞도록 의정부 좌의정을 총호사로 삼아 세 곳의 도감을 총괄토록 하였다. 그리고 각 도감에는 공조·형조·예조판서 등을 제조로 임명하여 당해 도감을 담당케 하되 실무를 책임질 도청 2인을 배정하여 각각의 도감에 소요될 인적·물적 자원을 총동원토록 지시하였다.

특히 왕(왕후)릉의 능침과 의물을 조성하는 산릉도감은 공사의 규모가 여느 도감보다 커서 공역의 성격에 따른 제작소도 세분되어 설치하고 있었다. 국장도감은 1방, 2방, 3방 및 별공작소를 둔데 비해, 산릉도감은 기능과 역할에 따라 10여 개의 작업장을 나누어 개설하였다. 곧 삼물소, 조성소, 대·소부석소, 수석소, 노야소, 보토소, 별공작, 번와소, 분장흥고 등을 두었고, 각소의 원역으로 낭청 각1명과 감조관 1명이 배정되어 이를 관리, 감독하도록 하였다. 그리고 이들을 보좌하도록 상지관, 녹사, 의원, 산원, 서사, 서리, 고직, 사령 등을 두고 있었다. 이러한 산릉도감의 조직체계와 임원의 숫자는 시대가 내려가도 그다지 큰 변화가 없었다.

산릉도감의 각소는 각색 장인들이 업종에 따라 분리 배치되어 산릉의 목조 또는 석조물을 제작하던 작업장이었으며, 산릉도감이 개설될 때마다 동원된 각색 장인의 수는 수백여 명에 달하였다. 17세기에 개설되었던 5곳의 산릉도감들을 보면 각소 중에서 부석소와 번와소의 변화가 눈에 띤다. 17세기 전반까지는 부석소가 좌우 2패로 나뉘어 설치되어 있었는데 17세기 후반에는 대부석소로 통합되고 있다. 그것은 좌우 부석소가 혼유석, 문·무석에 사용할 덩치가 큰 석물을 서로 먼저 차지하려고 다투거나, 큰 돌이 있어도 감추고 협조하지 않는 등 경쟁이 심했기 때문이었다.[153] 그리고 번와소는 17세기 전반까지 별도로 산릉도감 내에  설치하지 않다가 17세기 후반부터 설치하고 있다. 이는 정자각을 비롯한 각종 건물에 사용할 기와를 현장에서 자체 조달하기 위함이었다. 17세기 산릉도감의 각소에 배정된 장인의 종별과 숫자는 다음과 같다.

153) 『孝宗寧陵山陵都監儀軌』, 1659年, 규15075. 啓辭秩. 7月 6日.

| | 1649 인조 장릉 | 1659 효종 영릉 | 1675 현종 숭릉 | 1683 인경후 익릉 | 1688 장렬후 휘릉 |
|---|---|---|---|---|---|
| 삼물소 | 3/13 | 3/13 | 2/14 | 2/14 | 2/14 |
| 조성소 | 1/31 | 13/135 | 13/180 | 14/177 | 17/190 |
| 좌부석소 | 3/96 | 3/108 | 3/150 | 3/198 | 2/109 |
| 우부석소 | 4/90 | 3/127 | 3/150 | 3/198 | 2/109 |
| 노야소 | 3/11 | 4/15 | 3/13 | 3/12 | 3/208 |
| 소부석소 | 2/7 | 2/72 | 2/113 | 2/86 | |
| 보토소 | | 2/21 | | 모군(515) | |
| 별공작 | 11/31 | 11/32 | 13/33 | 14/24 | 11/27 |
| 수석소 | 3/27 | | 2/15 | 2/20 | 2/21 |
| 번와소 | | | 1/75 | 1/12 | 1/11 |
| 분장흥고 | 2/17 | | 2/4 | 4/14 | 5/11 |
| 장인총수 | 323명 | 523명 | 597명 | 557명 | 591명 |
| 소장번호 | 장2-2367 | 규15075 | 장2-2323 | 장2-2324 | 장2-2326 |

<17세기 산릉도감의 각소에 동원된 장인의 종별과 숫자>

위 표를 보아도 병자호란 시기의 국왕이었던 인조의 장릉을 조성할 때는 국가의 재정 형편이나 인력을 동원하는데 한계가 있었다. 장인의 총 수가 323명에 불과하였던 것이다. 그러나 이러한 사정은 시대가 내려 갈수록 나아지고 있었다. 특히 숙종이 즉위하여 현종의 숭릉을 조성할 때에는 전술했듯이 번와소를 현장에 개설할 수가 있었고 장인도 597명을 동원할 수 있었다. 이 때를 기점으로 17세기 후반의 산릉도감에서는 숭릉의 전례에 따라 번와소를 현지에 설치하고 장인 숫자도 국왕이 아닌 인경왕후나 장렬왕후의 산역에 비슷한 숫자의 장인들을 동원하고 있었던 것이다. 장색의 경우 조성소를 예로 들면 17세기 중후반까지 13~14종이었으나, 17세기 말에는 17종으로 늘고 있었다.

18세기의 산릉도감의 체제와 조직, 장인의 위상, 조성소의 정자각과 대부석소의 석의물 제작과정 등에 나타나는 변화양상은 이미 17세기 말부터 싹트기 시작하였다. 이때에 이르면 산릉도감의 제작부서인 각소의 체제가 정비되어 가고, 장색 종별의 세분화, 장인 수의 증가가 드러났으며, 또한 종래 경·향 장인들과 달리 장인들의 대부분이 경아문에 소속되어 있었다. 이러한 산릉도감 내의 조직과 장인들의 위상이 변화할 뿐만 아니라, 정자각의 규모는 점차 줄어들었고, 석의물의 크기도 작아졌다. 그러나 조각기술이 발전하면서 문양이 정교해졌고, 실물의 묘사가 현실화 되어가고 있었다.

18세기 간에는 많은 산릉이 조성되고 있었다. 1701년 숙종계비 인현왕후의 명릉을 비롯하여, 1720년 숙종의 명릉, 1724년 경종의 의릉, 1730년 경종계비 선의왕후의 의릉, 1757년 정성왕후의 홍릉, 1757년 인원왕후의 명릉, 1776년 영조의 원릉 등이 모두 이 시기에 조성되고 있었다. 이 가운데서 논술할 대상이 되는 산릉은 4곳이다. 첫째는 1701년에 조성한 숙종비 인현왕후의 명릉이다. 이 명릉에는 1720년의 숙종 명릉과 1757년의 숙종 계비 인원왕후의 명릉이 동일한 능역에 있어 정자각이나 석물 등이 거의 구비되어 있었기 때문이다.[154] 둘째는 1724년에 조성한 경종의 의릉으로 1730년에 선의왕후를 합장하여 별도의 연구대상이 될 수 없었다. 따라서 18세기의 연구대상 왕릉은 1701년 숙종계비 인현왕후의 명릉과 1724년 경종의 의릉 그리고 1757년 영조원비 정성후의 홍릉 및 1776년 영조의 원릉 등 4곳이다.

18세기 말부터 장인의 위상, 정자각과 석의물의 규격 및 제작양식에 변화가 일기 시작하였다. 서울의 각 아문과 군문에 소속되어 있던 장인들이 점차 사적 생산에 종사하게 되어 종래의 징발, 차출형식이 줄어들고 모군형태의 비중이 늘어가는 추세였다. 장인들의 노임도 쌀과 면포 대신 동전이 지급되었고 우수한 장인들은 공명첩과 면천을 통해 사회적 위상이 높아졌다. 상공업이 발달하면서 국가재정에도 여유가 생겨 정자각과 석의물의 규모도 조금씩 커졌으며, 도구와 기계도 발전하여 조각기술도 세련되어갔다. 이러한 제 양상의 변화에 유의하면서 19세기의 장인과 아울러 정자각, 석의물의 조성과정을 살펴보려 하였다.

19세기에 산릉도감이 설치된 빈도는 여느 때보다 높았다. 1800년 정조 건릉, 1805년 정순왕후 원릉, 1821 효의왕후 건릉, 1835년 순조 인릉, 1843년 효현왕후 경릉, 1849년 헌종 경릉, 1857년 순원왕후 인릉, 1864년 철종 예릉, 1878년 철인왕후 예릉 때마다 산릉도감이 설치된 것이다. 그러나 이중 1805년 정순왕후는 영조 원릉에, 1821년 효의왕후는 정조 건릉에, 1849년 헌종은 효현왕후 경릉에, 1857년 순원왕후는 순조 인릉의 천릉지에, 1878년 철인왕후는 철종 예릉에 쌍분을 조성하여 정자각과 석물을 달리 제작할 필요가 없었다.

여기에서는 산릉도감의 왕릉 조성을 간략하게 다루었고, 2부에서 시기별로 자세하게 다루기로 한다.

154) 『肅宗明陵山陵都監儀軌』, 1721年, 장2-2328 上. 啓辭秩. 6月 13日.

## 5 혼전도감, 3년간 선왕의 제사

혼전은 선대 왕이나 왕비의 혼백을 3년간 모시면서 제사를 드리던 궁궐 내 사당의 일종이다. 조선시대에 왕이나 왕비의 장례는 오례의 하나인 '흉례'로서, 조정에서는 국장도감·빈전혼전도감·산릉도감이라는 임시관청을 설치하고 국력을 총동원하여 치렀다. 이중 국장도감이나 산릉도감의 업무는 3~5개월 동안 왕과 왕비의 죽음을 백성들에 널리 알리는 국장행사를 치른 후 그 시신을 왕릉에 안치하는 단기간의 궁궐 밖 행사였다. 반면 빈전혼전도감의 업무는 시신을 갈무리하는 빈전의 일과 혼전으로 조성하여 3년간 제사를 드리는 장기간의 궐내 행사로서 중요하였다. 즉 왕과 왕비가 승하한 후 궁궐에 그들의 혼백을 모셔 3년간 제사를 드리던 혼전은, 선왕의 영혼을 3년간 궐내에 머물도록 하여 현왕(現王)이 안정적으로 왕권을 승계하고 왕으로서 확고한 위상을 갖추도록 시간을 예비하려는 의도가 내포되어 있는 것이다. 때문에 혼전은 나라를 다스리는 왕이 정사를 보는 궐내의 다른 전각과 마찬가지로 극채색 단청으로 칠할 뿐 아니라 왕의 존재를 상징하는 당가 아래 어탑을 두고 오봉병풍을 비롯한 각종 의물을 배치하였다. 이처럼 선왕의 혼전을 금상의 궁궐과 마찬가지로 장엄하는 것은 과거와 현재의 시간을 공유하게 하는 시각 장치의 조형적 표출이자, 세속적인 일상성과 차별화시켜 초월적 시간성과 공간성을 확보하고자 했던 왕실 의례의 속성에도 부합되었다.[155]

조선시대에 혼전은 편전을 전용하였는데, 창경궁의 문정전이 가장 많이 사용되었다. 임진왜란으로 불에 타 광해군 8년(1616) 중건되었던 창경궁 문정전에 인조 때부터 조성되어 오랫동안 사용되었다. 선왕의 사후 3년간 궐내 편전에 세웠던 혼전은 건축사적으로는 외부 건물을, 공예사적으로는 내부 의물을 관심있게 다루어야 할 대상이다. 그러나 빈전혼전의 건축이나, 그곳에 배치된 병풍에 대해서조차 최근에 이르러서야 비로소 연구되기 시작하였다.[156]

1592년 임진왜란과 1597년 정유재란으로 한양 도성 내 경복궁을 비롯한 거의 대부분의 궁궐은 불에 탔다. 종전 후 조정은 국력을 총동원하여 궁궐을 재건하고자 노력하였다. 그러나 당시 정치·경제적 여건으로 인해 경복궁은 중건되지 못한 채 1608년(선조 41)부터 1623년(광해군 15)까지 창덕궁과 창경궁을 중건하였으며, 경덕궁과 인경궁을 창건하였다.[157] 궁궐을 중건하거

155) 장경희, 「조선왕조 왕실 嘉禮用 공예품 연구」, 홍익대학교 박사논문, 1999, 163~164쪽.

156) 황준원, 「조선시대 궁궐내 길례.흉례의식공간에 관한 연구」, 동국대학교 석사논문, 2004; 명세나, 「조선시대 五峯屛 연구」, 이화여자대학교 석사논문, 2007; 안경호, 「조선후기 빈전건축에 대한 연구」, 명지대학교 석사논문, 2007.

157) 김동욱, 「인조조의 창경궁.창덕궁 조영」, 『문화재』19, 1986; 장지연, 「광해군대 궁궐영건」, 『한국학보』, 1986, 122~150쪽 ; 김동욱, 「17세기 창덕궁 내전 조영」, 『임진왜란 이후의 조영활동에 관한 연구』, 1992, 152쪽 ; 홍석주.박언곤, 「광해군대의 궁궐영건에 관한 연구」, 『건축역사연구』8권 4호, 통권 21호, 1999.12. 25~38쪽 ; 홍석주, 「의궤가 전하는 궁궐건축의 진실」, 『건축역사연구』14권 1호, 통권 41호, 2005.3. 209~216쪽.

나 창건할 때에는 수백여 명의 장인을 징발하였는데, 경운궁을 조성하는 공사에 동원된 목수는 한 장색에서만 260~270명에 달할 정도였다.[158)]

한편 조선후기에 들어서도 왕실의 오례의는 계속되어 왕과 왕비가 국혼을 치르는 가례나 승하하면 국장을 거행하는 흉례 및 종묘에 부묘하고 제사를 드리는 길례 등이 지속적으로 거행되었다. 특히 왕실의 오례의 중 흉례는 가장 장엄하였던 의식행사였다. 선대 왕과 왕비의 국장을 잘 치르고자 조정에서는 국력을 총동원하고 정승을 총책임자로 삼아 국장·빈전혼전·산릉을 주관할 세 도감을 설치, 운영하였다. 국장도감은 선대왕의 시신을 궐내에서 산릉까지 운반하는 대여 행렬이나 부장할 의물의 제작을 주도했다면, 빈전도감은 선대왕의 시신을 재궁(梓宮, 관곽)에 넣는 절차를, 혼전도감은 궐내에서 선대왕의 혼백에 제사를 드릴 혼전의 설치와 제기의 주성 및 제사를 주도했으며, 산릉도감은 대여에 실은 선대왕의 시신을 안치할 왕릉의 조성을 담당하였다.

이처럼 빈전·혼전도감이 주관한 행사는 궐내 의식으로 거행되었다. 조선시대에 국왕이 침전에서 서거하면 시신을 모시는 빈전은 편전에, 3년간 조문객이 애도하고 혼백에게 제사를 드리는 혼전은 궁궐 내 전각에 설치하였다. 예컨대 문종의 경우 정침인 경복궁의 강녕전에서 승하하였고, 빈전은 편전인 경복궁의 사정전에 설치하였으며,[159)] 혼전은 경복궁의 자선당을 수리하여 설치하였던 것이다.[160)] 임진왜란 이후 경복궁을 중건하지 않았기 때문인지 창덕궁과 창경궁을 활용해서 빈전은 창덕궁의 편전에, 혼전은 창경궁의 편전에 설치하는 것이 일반적이었다. 17세기에 창덕궁과 창경궁에 설치하였던 왕이나 왕후의 빈전과 혼전은 다음 표로 정리해 보았다.

| 왕/왕후 | 승하일 | 승하 전각 | 빈전 | 혼전(설치전각 ; 혼전명) | 의궤 |
|---|---|---|---|---|---|
| 의인후 | 1600.6.27. | 정릉동 행궁 | 계림군집 | 남별전 ; 孝敬殿 | 규14845 |
| 선조 | 1608.2.1. | 정릉동행궁 | 정릉행궁 | 정릉동 행궁 ; 永慕殿 | x |
| 인목후 | 1632.6.28. | 인경궁 흠명전 | 경덕궁 광명전 | 경덕궁 ; 孝思殿 | 규13516 |
| 인렬후 | 1635.12.9. | 산실청 | - | 창덕궁 ; 肅寧殿 | x |
| 인조 | 1649.5.8. | 창덕궁 대조전 | 창덕궁 선정전 | 창경궁 문정전 ; 永思殿 | 규14855 |
| 효종 | 1659.5.4. | 창덕궁 대조전 | 창덕궁 선정전 | 창경궁 문정전 ; 敬慕殿 | 규13528 |
| 인선후 | 1674.2.23. | 경덕궁 회상전 | 경희궁 융복전 | 경덕궁 ; 敬思殿 | 규13533 |

158) 『光海君日記』153卷, 光海君 12年 6月 3日 己酉.

159) 『文宗實錄』13卷, 文宗 2年 5月 14日 丙午.

160) 『端宗實錄』1卷, 端宗 卽位年 5月 22日 甲寅.

| | | | | | |
|---|---|---|---|---|---|
| 현종 | 1674.8.18. | 창덕궁 여차 | 창덕궁 선정전 | 창경궁 문정전 ; 孝敬殿 | 규13540 |
| 인경후 | 1680.10.26. | 경덕궁 회상전 | 경희궁 융복전 | 창경궁 문정전 ; 永昭殿 | 규13554 |
| 명성후 | 1683.12.5. | 저승전 서별당 | 창덕궁 선정전 | 창경궁 문정전 ; 永慕殿 | 규13544 |
| 장렬후 | 1688.8.26. | 내반원 | 창경궁 환경전 | 창경궁 문정전 ; 孝思殿 | 규14868 |

<17세기 왕과 왕후의 빈전.혼전 일람>

위의 표에 의하면 임진왜란 후 1600년(선조 33) 서거한 의인왕후와 1608년에 서거한 선조는 궁궐이 지어지지 않은 상태여서 빈전·혼전 또한 궐내에 제대로 갖춰지지 못하였다.[161] 1632년 인목왕후는 인경궁 흠명전에서 승하한 후 빈전은 경덕궁 광명전으로 옮겼고,[162] 혼전은 경덕궁 소성당 여차에 효사전을 설치하였다.[163] 인렬왕후는 1635년 산실청에서 서거하여,[164] 혼전은 창덕궁 숙녕전으로 정하였으나,[165] 이듬해 1636년 병자호란이 일어나면서 의례가 절차대로 거행되지 못하였다. 이후 1649년에 승하하는 인조의 국장 때부터 비로소 각종 의궤가 제대로 갖춰져 있어 빈전·혼전에 대한 전말을 확인할 수 있다. 인조의 빈전은 창덕궁의 선정전에, 혼전은 창경궁의 문정전에 영사전을 설치하였다.[166] 1659년 효종의 사후에는 인조 때와 마찬가지로 빈전은 창덕궁 선정전에, 혼전은 창경궁 문정전에 경모전을,[167] 1674년 현종의 사후에도 빈전과 혼전은 앞서와 마찬가지의 전각에 효경전을 설치하였다.[168] 한편 왕후의 경우 빈전은 경희궁의 침전인 융복전에 설치하기도 하였다. 그런데 혼전은 1674년 인선후의 사후에 경덕궁에 경사전을 설치한 외에는,[169] 1680년 인경후의 사후부터는 창경궁 문정전에 모셨다. 창덕궁 문정전은 인경후 때에는 영소전,[170] 1683년 명성후 때에는 영모전,[171] 1688년 장렬후 때에는 효사전이라 명명하여 혼전을 설치하여 모셨다.[172] 이들 17세기 혼전의 명칭은 영·사·모(永·思·慕)자가 많았는데, 이것은 당

161) 『懿仁王后殯殿魂殿都監儀軌』, 1601年, 규14845. 의인왕후의 빈전혼전도감에 관한 의궤는 있으나 零本이어서 혼전의 기록을 확인할 수 없다.

162) 『仁祖實錄』 27卷, 仁祖 10年 6月 28日 甲午, 7月 1日 丁酉.

163) 『仁祖實錄』 27卷, 仁祖 10年 7月 4日 庚子 ; 7日 癸卯 ; 『承政院日記』 39卷, 仁祖 11年 5月 14日 乙巳.

164) 『仁祖實錄』 31卷, 仁祖 13年 12月 9日 乙酉.

165) 『仁祖實錄』 31卷, 仁祖 13年 12月 17日 癸巳 ; 『承政院日記』 51卷, 仁祖 14年 4月 12日 丙戌.

166) 『仁祖殯殿魂殿都監儀軌』, 규14855. 계사질, 1649年 5月 8日 ; 『承政院日記』 105卷, 仁祖 27年 5月 8日 ; 『承政院日記』108卷, 孝宗 卽位年 9月 18日 甲戌.

167) 『孝宗殯殿都監儀軌』, 계사질, 1659年 5月 10日 ; 『承政院日記』158卷, 顯宗 卽位年 10月 12日 己亥.

168) 『顯宗殯殿都監儀軌』, 규13540. 계사질, 1674年 8月 25日, 품목질, 이문질 9月 4日 ; 『承政院日記』241卷, 肅宗 卽位年 8月 25日 丙辰 ; 『承政院日記』 242卷, 肅宗 卽位年 9月 17日 戊寅.

169) 『仁宣王后殯殿都監儀軌』, 규13533. 계사질, 1674年 2月 23日 ; 『承政院日記』238卷, 顯宗 15年 3月 3日 丁卯.

170) 『仁敬王后殯殿都監儀軌』, 규13554. 혼전의궤사목, 1680年 11月 3日 계사질 ; 『承政院日記』282卷, 肅宗 7年 3月 21日 甲戌.

171) 『明聖王后殯殿都監儀軌』, 규13544. 의궤사목, 1683年 12月 5日 ; 『承政院日記』301卷, 肅宗 9年 12月 10日 丁未 ; 『承政院日記』304卷, 肅宗 10年 5月 20日 乙酉.

172) 『莊烈王后殯殿都監儀軌』, 규13544. 계사질, 1688年 8月 26日 ; 『承政院日記』331卷, 肅宗 14年 9月 30日 己亥.

시 전쟁으로 인해 상처 입은 조정에서 나라를 다스린 왕이나 왕비의 혼백이 영원히[永] 안식하길 염원하고[思] 추모하는[慕] 마음을 담은 듯하다.

17세기의 국장 때 빈전도감과 혼전도감은 각각의 도감마다 1방·2방·3방으로 구분하였고, 각 방의 업무는 도감별로 각기 분장되어 있었다.[173] 당시 빈전도감과 혼전도감의 각방에서 처리한 업무는 이후 18세기까지 계속되었는데, 이를 살펴보면 다음과 같다.[174]

| | 빈전도감 | 혼전도감 |
|---|---|---|
| 1방 | 祭奠諸事, 改銘旌等事 | |
| 2방 | 成服諸事 | 造成所·修理所.別工作 |
| 3방 | 襲斂諸事, 銘旌, 欑宮排設 | 鑄成祭器 |

<17세기 빈전혼전도감의 각방에서 할 일>

위의 표에 의하면 빈전도감의 빈전 1방은 제사를 드리는 데 필요한 제구와 명정 등의 일을, 빈전 2방은 금상(今上) 이하 종친들의 제복 일체를, 빈전 3방은 선대왕의 목욕에서 대렴에 이르는 절차에 소용되는 제구와 찬궁에 필요한 것을 제작하였다. 혼전도감의 혼전 2방은 다시 조성소·수리소·별공작을 하부 제작처로 두어 향후 3년간 제사를 모실 혼전의 설치와 왕이 머물 어재실을 비롯하여 종친이나 장번내관 등이 머물 처소를 수리하거나, 전각 내외에 깔 자리나 비치할 가구 등 각종 잡물을 제작하였다. 그리고 혼전 3방은 혼전에 필요한 제기를 주성(鑄成)하였다.

혼전을 조성한 다음에는 각종 의물을 배치하였는데, 1659년 효종이나 1683년 명성후의 혼전도감에서 제작한 예를 들어보면 다음과 같다. 당시 혼전의 정전으로 사용할 창경궁 문정전 외부는 단청을 새로 칠하였고 들보에는 회를 발랐으며 첨계 사면에는 갈대 삿자리[蘆簟]를, 외첨 4면에는 청무명[靑木]으로 선을 두른 억새발[亂簾]을 걸었다. 정전과 어재실(御齋室) 이하 각 처소에는 지의(地衣)·등매(登每)·방석(房席) 등을 깔았다.[175] 한편 정전의 내부에는 당가를, 어탑

173) 1649年 仁祖의 『殯殿都監儀軌』는 체제가 갖춰져 있지 않았고, 1674年 仁宣后의 『殯殿都監儀軌』는 혼전에 대한 서술이 보이지 않아 落張된 零本임을 알 수 있다.

174) 『孝宗殯殿都監儀軌』, 吏曹單子 ; 『顯宗殯殿都監儀軌』, 吏曹單子 ; 『仁宣王后殯殿都監儀軌』, 吏曹單子 ; 『仁敬王后殯殿都監儀軌』, 吏曹單子 ; 『明聖王后殯殿都監儀軌』, 吏曹單子 ; 장경희, 「조선후기 凶禮"도감"의 장인 연구」, 183쪽. 표1에는 흉례 관련 도감의 각방에 분장된 의물과 그 도설, 도식을 분류한 바 있다.

175) 『孝宗殯殿都監儀軌』, 魂殿3房, 1659年 10月 3日. 이러한 깔 자리를 조성하고자 고양에서 茵匠 張士逸, 金信興, 金士信, 金應 등 4명이 9月 6日부터 15일간 일하였다 ; 『仁敬王后殯殿都監儀軌』, 魂殿2房, 造成所 所掌. 혼전의 정전인 경덕궁 계상당에 전돌바닥에는 지의, 황화석 등을 깔고 처마 아래에는 蘆簟을 깔고 밖에는 蘆簾을 쳤다.

의 앞에는 답장 2좌와 신탑을 설치하였다. 어탑 위에 교의(交椅)를 놓았고, 신탑 뒤로는 신주를 봉안한 후 모란병을 둘렀으며, 당가 중앙에 오봉병을 세웠다. 신탑 앞에는 제사상을 놓았고 술을 따라 붓는 목갱을 파고, 그 위는 관지통을 덮었다.[176] 이렇게 혼전은 왕과 왕후의 신주를 종묘에 부묘하기 이전 3년간 궁궐 내 핵심 전각인 편전에 혼백을 모시고 제사를 드릴 의장의물을 비치하여 나라를 다스린 선왕에 대한 충성[忠]과 사사롭게는 금상의 부모에 대한 효도[孝]를 함께 실천하는 장이었다. 이러한 혼전 의례는 국장이나 산릉의 그것과 조금 달랐다. 즉 국장이나 산릉이 3-5개월이라는 짧은 기간 동안 궁궐 밖으로 장대한 국장행사를 펼치며, 도성 밖에 왕릉을 조성하고 부장품을 넣는 등 성대한 궐 밖 의식으로 치러 백성들로 하여금 왕실의 위의와 왕권의 승계를 널리 알리는 홍보적 성격이 강조되었다. 또 국장이나 왕릉의 부장용 의물은 행사가 끝나면 불태워지거나 땅에 파묻히는데 반해,[177] 혼전을 조성할 의물은 궐내에 3년간 배치되었던 점도 차이를 보였다. 결국 혼전 의물은 궐내에서 3년간 사용되어야 하기에 당대 최고 솜씨의 장인을 징발하였다. 당시 제작된 병풍은 당대 최고의 화가를 차출하여 그렸고, 단청 또한 최고 솜씨의 화가와 화승을 동원하여 칠하였던 것에서 알 수 있다. [178]

17세기 중반 병자호란이 끝나고 나라가 안정되면서 국가적 공역에 목수를 비롯한 장인들을 차출하는 방식이 변화되기 시작하였다. 임진왜란으로 관청의 장적(匠籍)이 불에 탄 17세기 초에는 국역 때마다 서울과 지방에 거주하는 목수들을 차출하였는데, 17세기 중반부터 궁궐 내 혼전이나 종묘의 공역시 서울의 상설관청이나 5군영 및 지방아문에 소속된 목수를 동원하였던 것이다. 가장 이른 예로는 1645년 소현세자의 빈궁도감에서 혼궁에서 사용할 목제 기물을 조성하였던 여러 명의 목수들 중에서 홍하종을 비롯한 3명은 훈련도감에서, 정경립은 자문감에서, 유오동과 박얼쇠는 개성부에서 부르고 있었다.[179] 그밖에 종묘에 부묘하거나 시호를 올리는 영건역에도 관청 소속 장인을 차출하였다. 1676년 인선후를 종묘에 부묘할 때에는 내수사와 선공감에서,[180] 1683년 태조의 시호를 올릴 때에는 훈련도감에서,[181] 1686년 명성후를 종묘에 부묘할 때에는 선공감과 내수사에서,[182] 1698년 단종과 정순후를 복위시켜 종묘에 부묘할 때에는 선

176) 『孝宗殯殿都監儀軌』, 魂殿2房, 造成所 所掌 ; 『明聖王后殯殿都監儀軌』, 魂殿2房, 造成所 所掌.

177) 장경희, 「고종시대 철인왕후와 명성황후의 국장의물 비교연구」, 『미술사의 정립과 확산』, 사회평론사, 2006, 542~573쪽.

178) 박정혜, 「儀軌를 통해서 본 조선시대의 화원」, 『미술사연구』 제9호, 1995, 213쪽 ; 장경희, 「조선후기 흉례'도감'의 장인 연구」, 202~206쪽.

179) 『昭顯世子殯宮都監儀軌』, 1645年, 규13919, 魂宮別工作 "木手 洪河宗, 梁武男, 朴忠一 (以上 訓練都監 匠人), 劉五同, 朴於叱金 (以上 開城府 匠人), 鄭景立 (紫門 匠人)."

180) 『仁宣王后祔廟都監都廳儀軌』, 1676年, 규13536, 一房 匠人秩 "木手 金斗成(內需司), 金莫男(繕工監)."

181) 『太祖諡號都監儀軌』, 1683年, 규14927, 別工作 諸色工匠等秩 "木手 金無作(訓練都監 匠人)."

182) 『明聖王后祔廟都監儀軌』, 1686年, 규13545, 一房 諸色工匠秩. "木手 金莫男, 曹一金 (以上 繕工監), 金福立 (內司)."

공감과 상의원에서 목수를 동원하였다.[183)]

그런데 17세기와 달리 18세기에 들어서면서 도성 내 궁궐을 짓는 대규모 역사는 없었다. 하지만 왕실에서는 여전히 국혼이나 국장을 비롯한 크고 작은 의례가 거행되었다. 특히 흉례 때 궐내에는 3년간 선왕의 혼백에 제사를 드릴 혼전을 설치하기 위해 편전을 용도에 맞게 수리하였고 내부에는 각종 의물을 배치하여 전용하였다. 18세기 들어 서거한 왕과 왕후의 국장을 치르기 위해 궐내에 조성하였던 빈전과 혼전을 정리하면 다음과 같다.

| 왕/왕후 | 승하일 | 승하 전각 | 빈전 | 혼전 (원 전각 ; 혼전명) | 의궤 |
|---|---|---|---|---|---|
| 인현후 | 1701.8.14. | 창경궁 경춘전 | 창경궁환경전 | 창경궁 문정전->경덕궁 계상당 ; 永寧殿 | 규13556 |
| 숙종 | 1720.6.8. | 경덕궁 융복전 | 경희궁자정전 | 창경궁 문정전 ; 孝寧殿 | 규13550 |
| 경종 | 1724.8.25. | 창경궁 환취정 | 창덕궁선정전 | 창경궁 문정전 ; 敬昭殿 | 규3567,<br>규13568 |
| 선의후 | 1730.6.27. | 경덕궁 어조당 | 경덕궁광명전 | 경덕궁 浥和堂-> 창경궁 문정전 ; 敬徽殿 | 규13578 |
| 정성후 | 1757.2.15. | 창덕궁 관리합 | 창덕궁경훈각 | 창경궁 문정전->講書院 ; 徽寧殿 | 규13590 |
| 인원후 | 1757.3.26. | 창덕궁 영모당 | 창경궁통명전 | 창경궁 문정전 ; 孝昭殿 | 규13559 |
| 영조 | 1776.3.5. | 경희궁 집경당 | 경희궁자정전 | 경희궁 태녕전 ; 孝明殿 | 규13584 |

<18세기 왕과 왕후의 빈전.혼전 일람>

위의 표에 의하면 17세기 혼전이 거의 대부분 창덕궁의 편전에 설치하였던 것과 달리, 18세기에는 빈전을 창덕궁·창경궁·경희궁·경덕궁 등 각 궁궐의 편전을 고루 사용하고 있었던 점이 두드러지게 달라진 점이었다. 그러나 혼전은 17세기와 마찬가지로 거의 예외 없이 창경궁의 문정전에 설치되고 있었다. 1701년 인현왕후의 혼전은 영녕전을, 1720년 숙종의 혼전은 효녕전, 1724년 경종의 혼전은 경소전, 1730년 선의왕후의 혼전은 경휘전, 1757년 정성왕후의 혼전은 휘녕전, 1757년 인원왕후의 혼전은 효소전, 1776년 영조의 혼전은 효명전이라 명명하였다. 이렇게 18세기 들어 효(孝)·경(敬)·영(寧)자가 선호하였던 것은 17세기에 영사(永)·사(思)·모(慕)였던 것과 달라진 점이었다. 이전 시기에는 전쟁 등으로 혼란했기에 사후 편안히 안식하길 염원하였다면, 이제는 부모에 대한 효도와 경애, 안녕 등 유교적 예제에 비중을 두었다고 할 수 있다.

18세기 빈전혼전도감의 각방에서 처리한 업무는 17세기와 거의 비슷하였다. 당시 빈전도감의 빈전1방에서는 제전(祭奠)·개명정(改銘旌)·성복후빈전(成服後殯殿) 및 습의(習儀) 후의 발인(發靷)부터 산릉에 도착까지의 일을 주관했으며, 빈전2방에서는 성복(成服)을, 빈전3방은 습염

183) 『端宗定順王后復位祔廟都監儀軌』, 1698年, 규13503. 一房 諸色工匠秩. "木手 趙一金, 金明碩 (繕工監), 李一奉, 金莫男, 林八善 等 (尙方)"

(襲斂)·찬궁배설(欑宮排設)·명정(銘旌) 등의 일을, 빈전도감에 필요한 잡물은 빈전별공작(殯殿別工作)과 찬궁별공작(欑宮別工作)에서 조성하였다. 혼전도감의 혼전 2방에는 조성소·수리소·별공작을 하부 제작처로 두었다. 조성소는 정전(正殿) 및 신문(神門) 안쪽의 수리 조성을, 수리소는 어재실(御齋室) 이하 각처의 수리 조성을, 별공작은 상탁 및 목물의 조성을 담당했다. 그리고 혼전 3방에서는 혼전에 제사를 모실 때 필요한 제기를 주성하였다.

당시 혼전도감에 차출된 장인들은 17세기 말부터 상설아문과 5군영 소속의 관장(官匠)이었고, 목수의 경우도 마찬가지였다. 때문에 도성이나 궐내의 목업(木業)이 필요할 때 관에 소속된 숙련된 목수를 불러 혼전으로 사용할 궁궐 내 전각을 수리하거나 내부에 비치할 각종 목제 의물을 제작하도록 하였다. 일례로 1701년 인현후의 혼전도감에서 목수 김축길은 솜씨가 좋은 장인이었는데, 소목장 정귀남과 함께 신탑(이나 신좌 및 교의 등을 담당하고자 차출하였다. 1701년 인현후의 국장도감에서 목수들은 소속 관청이 병기되어 있었는데, 궐내의 공역에 상의원·수진궁·자문감·내수사·공조·선공감 소속의 목수를 동원하고 있었다. 반면 도성 밖 경기도 지역에 왕릉을 조성하면서 정자각이나 재실 등의 건물을 지을 때에는 목수변수를 비롯하여 경향 각지의 장인들과 승려들까지 징발하였다.

한편 궐내 혼전도감의 영건역에도 다수의 목수를 차출하였다. 예컨대 1720년 숙종의 혼전도감 내 3방 수리소에는 왕이 머물 어재실 이하 종친과 원역들의 숙소를 수리하였다. 당시 어재실은 명정전 남월랑에 온돌 2칸과 마루 6칸으로, 장번 내관은 숭화문 북월랑 2칸, 수복별감방은 문정문 밖 남월랑에 방 1칸과 마루 2칸 및 숭화문 남월랑 양방(凉房) 2칸, 안향청은 옛 도총부 자리에 마루 2칸, 삼헌관방은 각 1칸으로 아헌관과 종헌관은 마루를 각 1칸반, 도설리방은 옛 승정원 동쪽 온돌 2칸, 장번 내관방은 옛 승정원 서쪽 온돌 2칸, 설리주방과 진지내관방은 한림방 및 방직방의 온돌 3칸, 제물진설청은 마루 1칸반, 반감주색별사옹방은 주서방 1칸반, 포장간은 방직방 온돌 1칸, 다인각색장방은 서리방 온돌 2칸, 장배색방은 옛 승정원 대청 동쪽 凉房 1칸, 증색방은 대청 서쪽 양방 1칸, 제물입상고는 정원 동서루상고를 수보하고 마루 2칸을 새로 만들고, 제물숙설청은 3칸, 왕자거려청은 온돌 1칸과 마루 3칸, 첩가 3칸은 옛 홍문관 남정을 수보하고, 전사청은 빈청 온돌 1칸, 별사옹원은 빈청 남변 마루에, 제기고는 명광문 남월랑에, 수라간은 주서청 마루에, 충의방은 홍문관 책방 온돌 1칸과 마루 2칸, 종실방은 홍문관 동쪽 온돌 2칸, 참봉방은 옛 홍문관 서쪽 온돌 2칸, 감찰방은 대청 온돌 1칸과 마루 2칸, 준리방은 옛 홍문관 사령방 1칸, 측간 1칸은 옛 홍문관 동쪽 담 밖에 새로 만들도록 하였다. 이처럼 혼전을 조성할 때 전각을 수리하거나 새로 지은 온돌은 어재실의 2칸을 비롯하여 총 19칸, 마루는 어재실의 6칸을 비롯한 22칸, 그밖에 양방(凉房)이나 측간을 포함하여 총 61칸반을 조성하였다.

18세기 말이 되면 정조가 화성에 신도시를 신축하면서 시작된 대규모 조영사업이 붐을 이루었는데, 정조연간부터 금은광업이 발달하거나 홍삼무역이 활성화되면서 국가 재정이 호전되었던 데 기인하였다. 이러한 사회·경제적 역량은 19세기 초 순조대에 도성 내 창덕궁과 창경궁을 비롯한 전각을 활발하게 세울 수 있는 토대가 되었다. 17세기 전반에 영건하였던 창덕궁이나 창경궁 등의 전각이 19세기 초에 화재로 소실되었다. 1803년(순조 3) 12월 13일 창덕궁의 인정전이 화재로 소실되어 그해 12월 27일부터 영건을 시작하였는데, 이듬해 3월 24일 물력이 많이 들어 민폐가 심하다는 상소로 인해 잠시 중지했다가 4월 20일 재개하여 12월 27일에 완공하였다. 이후 1829년(순조 29) 10월에 순조는 수재가 있었던 경희궁을 영건하도록 재목 등을 마련케 한 후 1830년(순조 30) 3월 8일부터 시역하여 회상전(會祥殿) 등을 영건하였는데, 재력이 여의치 못하여 잠시 멈추었다가 12월 24일부터 재개한 후 1831년 4월 27일에 완공했다. 한편 창경궁은 임란 후에 소실되어 1616년(광해군 8)에 중건했으나, 1830년(순조 30) 8월 1일 화재로 인해 환경전, 경춘전, 양화당, 함인정 등이 모두 소실되었다. 이에 1831년 7월 21일 치목을 시작으로 1832년 8월 2일 개기하였으나 흉년으로 인해 재력이 부족하여 영건을 중지하였다가 이듬해 1833년 12월 27일에 재개하여 1834년 10월에 공사를 완료하였다. 창덕궁 또한 창경궁과 마찬가지로 1616년(광해군 1)에 중건하였는데 창경궁과 인접해 있었기 때문에 1830년(순조 30) 창경궁의 화재로 인해 대조전, 징광루, 권심각, 희정당이 소실되었다. 따라서 1833년 10월 27일 치목한 후 이듬해 1834년 9월 28일에 영건을 완료하였다. 그밖에 1835년(헌종 1)에 종묘와 영녕전을 증건토록 하여 각종 목물들을 준비시켰고, 10월 24일부터 도감을 설치하여 이듬해 1836년 1월 10일 종묘 15실의 신주 등 각종 의물은 경덕궁 광명전 장락전으로, 1월 13일 영녕전 12室의 의물은 위선당, 태녕전과 자정전으로 각각 이안하였다. 영녕전은 동서에 각각 2칸씩을 증건키로 하고 1월 15일에 시역하여 3월 25일 필역하고, 3월 27일에는 각종 의물을 원래의 위치로 환안시켰다.

이렇게 19세기 초에는 화재로 소실되었던 창덕궁·창경궁이나 경희궁·종묘 등 여러 전각을 조영하는 궐내 역사가 활발하였다. 이와 더불어 19세기 들어 서거한 왕과 왕후의 국장을 치르기 위해 궐내에 조성한 빈전과 혼전을 정리하면 다음의 표와 같다.

| 왕/왕후 | 승하일 | 승하 전각 | 빈전 | 혼전 (원 전각 ; 혼전명) | 의궤 |
|---|---|---|---|---|---|
| 정조 | 1800.6.28. | 창경궁 영춘헌 | 창경궁 환경전 | 창덕궁 선정전 ; 孝元殿 | 규13637 |
| 정순후 | 1805.1.12. | 창덕궁 경복전 | 창경궁 환경전 | 창경궁 문정전 ; 孝安殿 | 규13594 |
| 효의후 | 1821.3.9. | 창경궁 자경전 | 창경궁 환경전 | 창경궁 통화전 ; 孝禧殿 | 규13650 |
| 순조 | 1834.11.13. | 경희궁 회상전 | 경덕궁 장락전 | 창덕궁 선정전 ; 孝成殿 | 규13675 |
| 효현후 | 1843.8.25. | 창덕궁 대조전 | 창경궁 환경전 | 창경궁 문정전 ; 徽定殿 | 규13806 |
| 헌종 | 1849.6.6. | 창덕궁 중희당 | 창경궁 환경전 | 창덕궁 선정전 ; 孝定殿 | 규13788 |
| 순원후 | 1857.8.4. | 창덕궁 양심합 | 창경궁 환경전 | 창경궁 문정전 ; 孝正殿 | 규13688 |
| 철종 | 1863.12.8. | 창덕궁 대조전 | 창경궁 환경전 | 창경궁 문정전 ; 孝文殿 | 규13846 |

<19세기 왕과 왕후의 빈전.혼전 일람>

위의 표에 의하면 19세기의 빈전은 순조 때를 제외하고 모두 창경궁의 침전인 환경전에 설치하였다. 한편 혼전은 정조·순조·헌종처럼 왕의 혼전은 창덕궁의 편전인 선정전에, 정순왕후·효현왕후·순원왕후 등 왕후의 혼전은 창경궁의 편전인 문정전에 설치하는 특징을 보였다. 당시 혼전의 명칭에는 효현왕후의 휘정전을 제외하고는 대부분 "孝"자를 쓰고 있었다. 1800년 정조의 혼전은 효원전, 1805년 정순왕후의 혼전은 효안전, 1821년 효의왕후의 혼전은 효의전, 1834년 순조의 혼전은 효성전, 1843년 효현왕후의 혼전은 휘정전, 1849년 헌종의 혼전은 효정전, 1857년 순원왕후의 혼전은 효정전, 1863년 철종의 혼전은 효문전이라 명명하였다.

한편 19세기 전반 빈전·혼전도감의 업무는 이전의 17,18세기와 조금 다르게 구분되었다. 1800년 정조의 빈전혼전도감은 양 도감을 합쳤으며 제작할 물품에 따라 1방·2방·3방·별공작으로 나누었다. 그리고 빈전도감과 혼전도감의 각방 업무는 1805년 정순왕후의 혼전 때부터 체계화되어 19세기 내내 다음과 같이 분장되어 있었다.

| | 의궤목록 | 할 일 |
|---|---|---|
| 1방 | 移文·來關·稟目·手本·甘結·實入 | 祭奠, 梓宮加漆·親書上字·梓宮結裹·改銘旌·人馬把定·假家·燒火·祝文·進香文 등 |
| 2방 | 移文·稟目·甘結·實入·工匠 | 成服諸事, 造成諸事, 修理諸事 |
| 3방 | 圖說·座目·事目··移文·來關·稟目·手本·甘結·實入·工匠 | 初喪時諸具와 成殯排設 |
| 別工作 | 別工作 | 殯殿魂殿의 進排木物鐵物造成 |

<빈전도감 각방의 분장 내용>

위의 표에 의하면 1방은 빈전도감의 업무를 수행하여 제사를 드리는 데 필요한 제구와 명정·축문·진향문 등의 일을, 2방부터는 혼전도감의 업무로서 2방은 성복과 조성 및 수리 등을, 3방은 초상시 제구와 성빈시 배설할 것을, 별공작에서는 빈전과 혼전에 진설할 각종 잡물을 제작하고 있었다. 한편 1805년 정순왕후 혼전 때부터는 이전 정조 때까지와 달리 혼전 3방에서 주성하였던 제기를 이때부터는 국장도감의 3방으로 이설한 점이 가장 크게 달라지는 점이었다.

하지만 19세기 전반 혼전도감의 업무에서 가장 두드러진 변화는 혼전2방에서 왕과 왕후의 혼전에 비치하고자 제작하였던 의물의 종별이 달라진 것이다. 1800년 정조 혼전도감부터 혼전 내부의 가구와 함께 좌우에 늘어설 각종 의장물을 추가로 제작, 배치함으로써 혼전 공간을 더욱 장엄하게 꾸미기 시작하였다. 당가와 신탑에 답장과 교의 및 오봉병과 모란병 등을 배치하는 것은 17~8세기와 마찬가지였으며, 이미 있었던 의물들은 이안청의 것을 수보해서 옮겨다 사용하였다. 그런데 이와 더불어 혼전 내 좌우에는 고족상 8좌, 향안 1좌, 축상 1좌, 촛대상 2좌, 유촛대 2쌍, 유향로 1좌, 유향합 1좌, 관지통 1좌, 그리고 바닥에 황화석을 바닥에 깔고 화용준 3좌, 아가상 1좌, 준소아가상 1좌, 책장 1좌, 보장 1좌, 그 좌우로 청개 1, 홍개 1, 봉선 1, 작선 1를 세우고, 서안 1좌, 연간 1좌, 옥등 1좌 등을 배치하였다. 이후 19세기의 혼전에는 정조의 혼전과 마찬가지로 각종 의장물들이 계속 조성되어 비치하게 되었다.

## 7 부묘도감, 신주의 종묘 안치

종묘의 정전과 영녕전은 좌우로 긴 건물이다. 종묘는 봉안된 왕의 신주에 의해 정전은 19실로, 영녕전은 16실의 칸으로 나뉜다. 이렇게 구분된 각 칸의 신실 내부에는 선왕이나 선후의 신주를 봉안하기 위한 의물이 배치되어 있다.

조선 후기 종묘 내부의 모습은 『종묘의궤』에 그려져 있는 <종묘 신실 일칸도>에 의해 알 수 있다.[184] 종묘의 신문을 통해 신실로 들어서면 신문 안쪽 입구의 좌우에는 선·개 1개씩이 한 기(機)에 꽂혀 세워져 있다. 물론 조선 후기에는 작선과 청·홍개(靑紅蓋)가 꽂혀 있다. 다음으로 제향을 지낼 때 각종 제물을 올려 놓는 제상[卓], 제향 때 작(爵)에 부었던 술을 따라 붓는 관지통[灌池]이 그려져 있다. 종묘의궤에는 제상 1개만 요점적으로 그린 데 반해, 현재 종묘 신실 내부에는 제상 4개와 신실 밖 준소에 놓을 준소상 1개까지 놓여 있는 점만 다를 뿐 나머지는 일치한다.

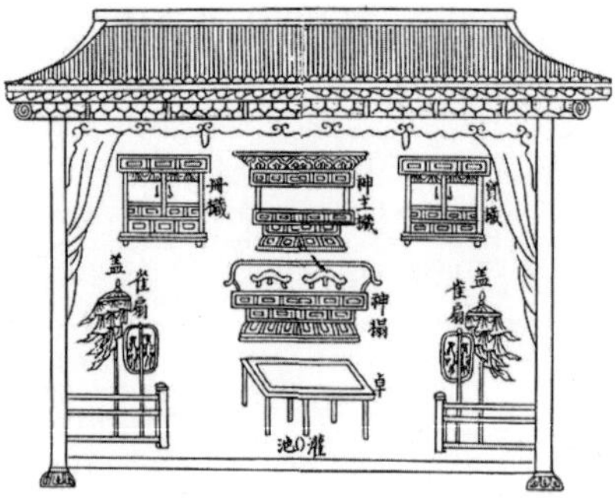

<종묘 신실 1칸도>, 종묘의궤

<종묘 정전 신실의 감실 내부>

신실의 가장 안쪽 감실에는 중앙에 왕과 왕비의 신주를 넣은 신주장이 있고 그 아래 답장이 있다.[185] 신주장의 좌우에는 책장과 보장이 배치되어 있다. 신주장의 앞쪽에는 신탑이 있고 그 위에는 왕과 왕후의 의궤가 놓여 있다. 감실은 여러 겹의 휘장으로 제사 공간과 구분되고 있다. 감실과 제사공간은 휘장으로 구분되며, 휘장 앞쪽에는 제사상이 놓이고 그 아래 술을 따라 붓는 관지통이 있으며, 그 좌우로 선과 개가 선개기에 꽂혀 있는 모습이 그려져 있다. 이것은 현재

184) 『仁顯王后魂殿都監儀軌』, 규13556. 啓辭秩, 1701年 11月 16日. 창경궁 문정전에서 경덕궁 계상당으로 혼전을 옮겼다.

185) 『宣懿王后魂殿都監儀軌』, 1730年, 규13578, 儀軌事目 ; 啓辭秩. 1730年 7月 25日, 8月 9日 ; 魂殿2房. 造成所. 처음에는 경덕궁 읍화당이었다가, 논의 끝에 창경궁 문정전으로 혼전을 옮겼다.

<종묘 정전 신실의 감실 내부>의 모습과 일치하고 있다.

조선후기에 왕과 왕비를 종묘에 부묘하기 위해 도감을 설치하여 운영하였고, 부묘를 했던 전말을 기록한 의궤는 1610년 선조와 의인왕후의 『부묘도감의궤』를 비롯하여 1928년 순종과 순명황후의 『부묘주감의궤』까지 규장각과 장서각에 모두 현존하고 있다.[186)]

부묘도감에서는 하부에 각방을 두어 신실 내에 배치할 의장과 의물을 전문적으로 제작하였는데, 시기에 따라 설치하는 제작처나 업무가 약간의 변화를 보이고 있다. 17세기 부묘도감에는 1방, 2방, 3방으로 분장하였다. 일례로 1661년 효종을 부묘할 때 1방에서는 주렴과 책·보장 및 화문석과 건(巾)을, 2방에서는 선개 및 각종 휘장을, 3방에서는 신주장과 신탑 및 제상을 제작하였다.[187)] 이후 18세기 들어 1722년(경종 2) 숙종을 부묘할 때부터 별공작이 추가로 별설되었으며,[188)] 18세기 말 1778년 정조가 영조를 종묘에 부묘할 때부터 수리소가 설치되었다. 곧 1778년 당시에는 영조와 정성왕후, 추존 진종과 효순왕후를 종묘에 부묘하였는데, 이때 1방, 2방, 3방과 함께 별공작 및 종묘수리소를 더 두었다.[189)] 이와 같이 조선후기에 종묘 신실 내 감실에 들이기 위해 부묘도감 내 각방에서 제작한 의장의물들은 다음과 같이 재료나 기술에 종별과 수량이 분류되었다.

| 부묘 연대 | 주인공 | 신실 | 1방 | | | | | 2방 | | 3방 | | | | | 도감 의궤 |
|---|---|---|---|---|---|---|---|---|---|---|---|---|---|---|---|
| | | | 제상 | 준소상 | 신렴 | 격렴 | 주렴 | 선개 | 휘장 | 신주장 | 답장 | 신탑 | 책장 | 보장 | |
| 1610 | 선조의인후 | 정전 7실 | 4 | 1 | 1 | 2 | 1 | 4 | 5 | 1 | 1 | 1 | 1 | 1 | 규13512 |
| 1651 | 인조인렬후 | 정전 8실 | 4 | 1 | 1 | 2 | 1 | 4 | 5 | 1 | 1 | 1 | 1 | 1 | 규13524 |
| 1661 | 효종 | 정전 9실 | 4 | 1 | 1 | 2 | 1 | 4 | 5 | 1 | 1 | 1 | 1 | 1 | 규13530 |
| 1677 | 현종 | 정전 10실 | 4 | 1 | 1 | 2 | 1 | 4 | 5 | 1 | 1 | 1 | 1 | 1 | 규13541 |
| 1699 | 단종정순후 | 영녕전 7실 | 4 | 1 | 1 | 2 | 1 | 4 | 5 | 1 | 1 | 1 | 1 | 1 | 규13505 |
| 1722 | 숙종인경인현후 | 정전 11실 | 4 | 1 | 1 | 2 | 1 | 4 | 5 | 1 | 1 | 1 | 1 | 1 | 규13551 |
| 1726 | 경종단경후 | 영녕전 13실 | 4 | 1 | 1 | 2 | 1 | 4 | 5 | 1 | 1 | 1 | 1 | 1 | 규13571 |

186) 『貞聖王后魂殿都監儀軌』, 규13590, 承傳秩. 1757年 4月 5日 ; 啓辭秩. 1757年 4月 4日 ; 魂殿2房. 造成所 所掌. 처음에는 창경궁 문정전에 설치하여 단청을 고치고 계체석을 교체하고 전돌을 까는 것을 3월 25일에 마쳤다. 그러나 곧 이어 어머니뻘인 숙종비 인원왕후가 승하하자 그 혼전을 문정전에 설치하게 되어 영조비 정성왕후의 혼전은 講書院으로 옮겼다.

187) 『仁顯王后魂殿都監儀軌』, 규13556. 1701年 8月 14日 ;『承政院日記』401卷, 肅宗 27年 11月 16日 己亥, 23日 丙午.

188) 『肅宗魂殿都監儀軌』, 1720年, 규13550 ;『承政院日記』524卷, 景宗 卽位年 7月 18日 癸未.

189) 『景宗魂殿都監儀軌』, 1724年, 규13567 ;『承政院日記』574卷, 英祖 卽位年 9月 28日 戊辰.

| | | | | | | | | | | | | | | | |
|---|---|---|---|---|---|---|---|---|---|---|---|---|---|---|---|
| 1778 | 영조정성후 | 정전 12실 | 4 | 1 | 1 | 2 | 1 | 4 | 5 | 1 | 1 | 1 | 1 | 1 | 규13587 |
| 1778 | 추존진종효순후 | 영녕전 14실 | 4 | 1 | 1 | 2 | 1 | 4 | 5 | 1 | 1 | 1 | 1 | 1 | 규13587 |
| 1802 | 정조 | 정전 13실 | 4 | 1 | 1 | 2 | 1 | 4 | 5 | 1 | 1 | 1 | 1 | 1 | 규13643 |
| 1837 | 순조 | 정전 14실 | 4 | 1 | 1 | 2 | 1 | 4 | 5 | 1 | 1 | 1 | 1 | 1 | 규15039 |
| 1837 | 추존익종[문조] | 정전 15실 | 4 | 1 | 1 | 2 | 1 | 4 | 5 | 1 | 1 | 1 | 1 | 1 | 규15039 |
| 1851 | 헌종효현후 | 정전 16실 | 4 | 1 | 1 | 2 | 1 | 4 | 5 | 1 | 1 | 1 | 1 | 1 | 규13796 |
| 1865 | 철종 | 정전 17실 | 4 | 1 | 1 | 2 | 1 | 4 | 5 | 1 | 1 | 1 | 1 | 1 | k2-2266 |
| 1921 | 고종명성황후 | 정전 18실 | 4 | 1 | 1 | 2 | 1 | 4 | 5 | 1 | 1 | 1 | 1 | 1 | k2-2218 |
| 1928 | 순종순명황후 | 정전 19실 | 4 | 1 | 1 | 2 | 1 | 4 | 5 | 1 | 1 | 1 | 1 | 1 | k2-2250 |

<조선후기 부묘도감 제작한 종묘 신실 내 감실의물의 종별과 수량>

| | 감실 | 신탑 | 답장 | 책장, 보장 |
|---|---|---|---|---|
| 1778년 영조정성왕후 부묘도감의궤 속 의물 도설 |  | 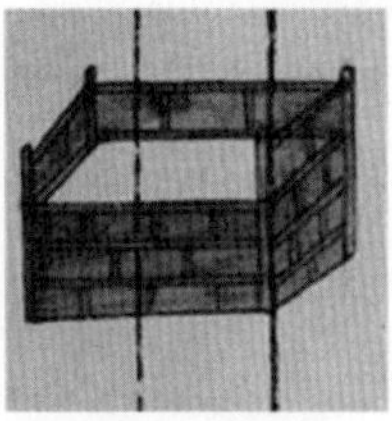 |  | 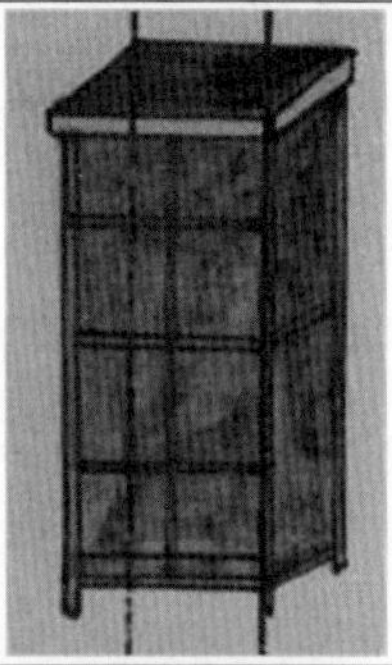 |
| 현존 종묘 정전 제1실 태조 고황제 소장 유물 |  |  |  | 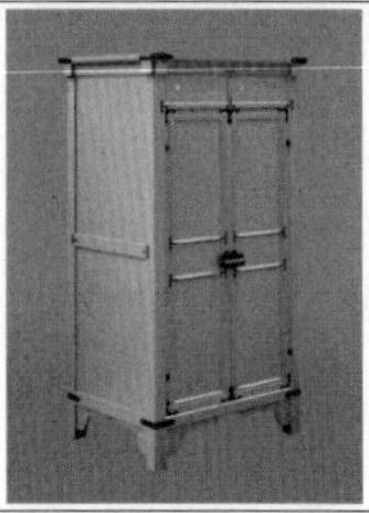 |

<부묘도감의궤에 그려져 있는 감실과 신탑 및 보장책장>

종묘 신실 내부의 의물에는 여러 종류가 있는데, 종묘 영녕전 제15실 장조[사도세자]의 신실 내부에 배치되어 있던 의물의 도설을 보면 신의[궤], 신탑, 어보, 인록, 교명축, 축함, 죽책, 책함의 총 10종이 그려져 있다.

| | | | | |
|---|---|---|---|---|
|  |  | 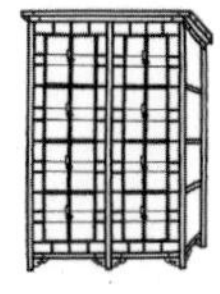 | 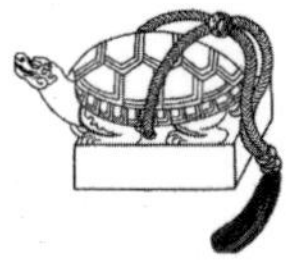 | 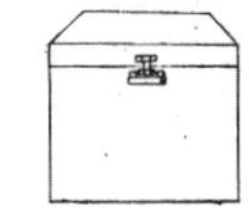 |
| 神椅[几] | 神榻 | 寶欌[인장] | 御寶 | 寶盝 |
| 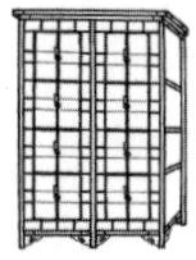 | 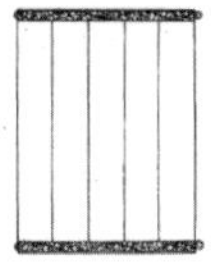 |  |  | 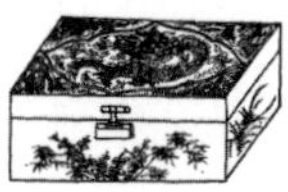 |
| 冊欌 | 玉冊 | 冊櫃 | 敎命軸 | 軸櫃 |

<종묘 영녕전 제15실 장조의황제의 신실에 봉안되었던 의물의 종별>

이렇게 조선을 다스린 국왕이나 왕후의 사후 3년 뒤 그들의 영혼이 담긴 신주는 부묘도감에 의해 종묘에 모셔져 오늘까지 전해지고 있다. 부묘도감에서는 신주를 봉안할 때가 되면 정전과 영녕전을 수리하여 신실을 마련하였으며, 신실 안에는 가장 안쪽의 감실에는 중앙에 신주를 모시는 신주장을 두고, 어책과 어보를 넣을 책장과 보장을 좌우에 배치하였으며, 그 앞에 궤를 올려둘 신탑을 배치하고 망건장과 면장 및 앙장 등 휘장으로 신성성과 엄숙미를 강조하였다. 감실 앞에는 여러 개의 제상을 배치하고 그 위에는 보궤변두를 비롯한 제기를 마련하였으며, 제상 아래에 술을 따라 붓는 관지에 관지통을 설치하고, 신문 앞 좌우에는 선개기를 세워 용봉개와 작선 등을 꽂아 배치하였다. 이것은 정전 19실과 영녕전 16실에 공통되며, 조선 건국 이후 현재까지 600년을 한결 같이 이어져 내려와 유네스코 세계문화유산으로 등재되어 있다.

위 표를 보면 부묘도감의 각방에서 제작할 의물은 시대에 따라 조금씩 달라졌으나 대체로 비슷하다.[190] 1방은 신주를 모시고 갈 연여를 비롯한 대형 의구를 마련하였으며, 2방에서는 장막이나 능욕과 같이 천을 이용하는 의장제구를 제작하였고, 3방에서는 종묘 신실 내부에 진배할 감실이나 신탑에 소용되는 보궤 등의 의물을 제작하였다. 별공작에서는 도청에서 근무하는 관리들이나 의장의물을 제작하는 장인의 가가 등 목물을 제작하였다. 수리소에서는 건물을 수리하거나 도배를 새로 하거나 자리를 깔거나 창호를 바르는 등의 수리를 맡아하였다. 또한 종묘의 신실 내부에 비치되어 있는 의물의 종별이나 수량은 조선후기 내내 일치하였다.

190) 『宣懿王后魂殿都監儀軌』, 1730年, 규13578 ; 『承政院日記』 708卷, 英祖 6年 8月 9日 乙巳, 10日 丙午.

# 2장 산릉도감 각소의 왕릉 조영 과정

왕릉을 조성하는 일은 산릉도감에서 관장하였다. 능역은 매우 방대하여 도감의 도청 아래에는 10여 곳 이상의 여러 제작과 관련된 공방을 설치하여 운영하였다. 봉토를 쌓는 삼물소, 침전과 비각 및 재실 등을 건설하는 조성소, 문무석인 및 비석 등의 주요 석물을 제조하는 대부석소, 철물을 제작하는 노야소, 왕릉의 자잘한 석물을 설비하는 소부석소, 봉분을 비롯한 능역 위에 잔디를 입히는 보토소, 석물을 수레나 배로 운반하는 수석소, 건물 내부에 비치할 각종 가구나 비품을 제조하는 별공작, 나무를 심어 가꾸는 식목소, 목재를 채취하는 벌목소, 외국 외교관을 접대하는 접견소 등을 두어 업무를 분장하게 하였다.

산릉도감의 각 소는 각색 장인들이 업종에 따라 분리 배치되어 산릉의 목조 또는 석조물을 제작하던 작업장이었으며, 산릉도감이 개설될 때마다 동원된 각색 장인의 수는 수백여 명에 달하였다. 17세기에 개설되었던 5곳의 산릉도감들을 보면 각 소 중에서 부석소와 번와소의 변화가 눈에 띤다. 17세기 전반까지는 부석소가 좌우 2패로 나누어 설치되어 있었는데 17세기 후반에는 대부석소로 통합되고 있다. 그것은 좌우 부석소가 혼유석, 문·무석에 사용할 덩치가 큰 석물을 서로 먼저 차지하려고 다투었거나, 큰 돌이 있어도 감추고 협조하지 않는 등 경쟁이 심했기 그리고 번와소는 17세기 전반까지 별도로 산릉도감 내에  설치하지 않다가 17세기 후반부터 설치하고 있다. 이는 정자각을 비롯한 각종 건물에 사용할 기와를 현장에서 자체 조달하기 위함이었다. 17세기 산릉도감의 각소에 배정된 장인의 종별과 숫자는 다음과 같다.[196] 그리고 번와소는 17세기 전반까지 별도로 산릉도감 내에  설치하지 않다가 17세기 후반부터 설치하고 있다. 이는 정자각을 비롯한 각종 건물에 사용할 기와를 현장에서 자체 조달하기 위함이었다. 17세기 산릉도감의 각소에 배정된 장인의 종별과 숫자는 다음과 같다.

| | 1649 인조 장릉 | 1659 효종 영릉 | 1675 현종 숭릉 | 1683 인경후 익릉 | 1688 장렬후 휘릉 |
|---|---|---|---|---|---|
| 삼물소 | 3/13 | 3/13 | 2/14 | 2/14 | 2/14 |
| **조성소** | **1/31** | **13/135** | **13/180** | **14/177** | **17/190** |
| 좌부석소 | 3/96 | 3/108 | 3/150 | 3/198 | 2/109 |
| 우부석소 | 4/90 | 3/127 | 3/150 | 3/198 | 2/109 |

196) 『孝宗山陵都監儀軌』, 啓辭秩, 1659年 7月 6日.

| | | | | | |
|---|---|---|---|---|---|
| 노야소 | 3/11 | 4/15 | 3/13 | 3/12 | 3/208 |
| 소부석소 | 2/7 | 2/72 | 2/113 | 2/86 | |
| 보토소 | | 2/21 | | 모군(515) | |
| 별공작 | 11/31 | 11/32 | 13/33 | 14/24 | 11/27 |
| 수석소 | 3/27 | | 2/15 | 2/20 | 2/21 |
| 번와소 | | | 1/75 | 1/12 | 1/11 |
| 분장흥고 | 2/17 | | 2/4 | 4/14 | 5/11 |
| **장인 총수** | **323명** | **523명** | **597명** | **557명** | **591명** |
| 소장번호 | 장2-2367 | 규15075 | 장2-2323 | 장2-2324 | 장2-2326 |

<17세기 산릉도감의 각소에 동원된 장인의 종별과 숫자>

병자호란 시기의 국왕이었던 인조의 장릉을 조성할 때는 국가의 재정 형편이나 인력을 동원하는데 한계가 있었다. 장인의 숫자가 점차 불어났고, 장색의 경우에도 마찬가지로 늘고 있었다.

17세기 후반부터 중앙의 각 아문과 군문에서는 종래 한성부 등 지방관청에 등록되어 있었던 우수한 각색 장인들을 흡수하여 소속 장인으로 등록시키고 있었다. 이 때문에 17세기 말의 각 산릉도감에서는 이들 각 아문과 군문에 소속된 장인들을 차출하여 쓸 수밖에 없었다. 우선 18세기 산릉도감의 공역에 동원된 각색 장인들의 현황부터 잠시 살펴보기로 하자.

| | 1701 인현후 명릉 | 1724 경종 의릉 | 1757 정성후 홍릉 | 1776 영조 원릉 |
|---|---|---|---|---|
| 삼물소 | 2/14 | 2/14 | 2/14 | 2/14 |
| 조성소 | 17/173 | 14/155 | 14/211 | 16/219 |
| 노야소 | 3/10 | 2/9 | 5/16 | 6/16 |
| 대부석소 | 4/185 | 5/128 | 7/184 | 7/167 |
| 보토소 | | | 1/6 | 1/6 |
| 소부석소 | 2/88 | 2/55 | 2/105 | 2/87 |
| 별공작 | 15/35 | 13/25 | 17/43 | 16/42 |
| 번와소 | 1/13 | 1/3 | 1/7 | 1/9 |
| 수석소 | 2/14 | 2/11 | 2/11 | 2/11 |
| 분장흥고 | 3/3 | 1/2 | 4/12 | 3/8 |
| 장인 총인원수 | 525명 | 402명 | 609명 | 579명 |
| 소장번호 | 장2-2327 | 장2-2329 | 규13591 | 규13586 |

<18세기 산릉도감 각소 장인들의 장색과 숫자 >

18세기 각 산릉도감의 장색과 장인들의 숫자를 보면, 장색은 홍릉과 원릉에 보토소 장인이 추가되었을 뿐 각 산릉마다 약간씩 차이가 있지만 고르게 갖추고 있었던 셈이다. 노야소나 대부석소의 장색을 보면 18세기 전반의 3-5종에서 18세기 중반 이후에는 5-7종으로 증가하여 기술의 전문화가 심화되는 양상을 보였다. 다만 장인의 수는 산릉마다 큰 차이를 나타내고 있어, 1701년 인현왕후 명릉은 우측에 숙종이 자신의 수릉(壽陵)으로 예비하고 있었음에도 연인원이 525명이었고, 더욱이 1724년의 경종 의릉은 그보다도 훨씬 적은 402명에 불과하였다. 그러나 1759년 정성후 홍릉은 숙종과 마찬가지로 영조도 그곳을 수릉으로 예비하고 있었는데, 명릉 때보다 훨씬 많은 609명에 달했으며, 1776년 영조 원릉에도 579명이 동원되고 있었다. 이러한 사정은 그때그때의 재정과 인력의 수급형편, 공사자체의 난이도에 기인한 것으로 여겨진다.

19세기 각 산릉도감 각 소의 장색과 장인들의 구성 또한 18세기 각 산릉도감 각 소의 조직체제와 다르지 않았다.

| | 1800 정조 건릉 | 1835 순조 인릉 | 1843 효현후 경릉 | 1864 철종 예릉 |
|---|---|---|---|---|
| 삼물소 | 2/14 | 2/11 | 2/11 | 2/12 |
| 造成所 | 12/242 | 12/262 | 12/314 | 13/143 |
| 노야소 | 5/19 | 5/24 | 5/26 | 4/20 |
| 大浮石所 | 6/243 | 7/275 | 8/372 | 7/80 |
| 보토소 | 1/5 | 1/36 | 1/5 | 1/55 |
| 소부석소 | 2/98 | 2/107 | 2/92 | 2/63 |
| 별공작 | 15/35 | 15/80 | 12/28 | 15/40 |
| 번와소 | 2/39 | 1/3 | 1/3 | 1/3 |
| 수석소 | 2/12 | 2/10 | 2/10 | 3/5 |
| 분장흥고 | 3/10 | 3/10 | 2/5 | 3/15 |
| 장인 연인원 총수 | 717명 | 818명 | 866명 | 436명 |
| 소장번호 | 규13640 | 규13677 | 규13809 | 규13851 |

<19세기 각 산릉도감 각소의 장색과 장인>

19세기 산릉도감 각 소의 장색과 장인의 연인원수는 18세기의 경우 총수가 5-600여 명인데 비하여 19세기에는 대폭 늘어나 1800년에는 717명, 1835년에는 818명, 1843년에는 866명으로 계속 증가하였다. 다만 1864년 철종 예릉은 436명으로 줄어들었는데, 이는 철종 예릉을 순조의 옛 인릉 터에 조성하면서 정자각과 석의물을 새로 제작하지 않았기 때문이다.

## 1 삼물소의 회격 조성

삼물소는 왕릉의 봉토를 조성하는 핵심적인 역할을 하는 작업소이다. 때문에 왕릉 조성의 사업 일정을 날짜별로 기록되어 있을 때의 대부분의 업무는 삼물소와 관련이 되는 것이다.

「삼물소의궤」에는 먼저 원역(員役)의 명단이 실려 있다. 다음에는 도설(圖說)이 들어 있다. 여기에는 국왕이나 황제의 임시처소인 능상각[陵上閣, 속칭 甕家]을 비롯하여 외재궁을 임시로 모셔놓는 수도각(遂道閣), 땅을 파고 시신을 안장(安葬)하는데 필요한 도구인 구봉기와 도르래의 일종인 녹로(轆轳), 천중철(天中鐵), 윤여평상(輪轝平床), 첩목(貼木), 삭목(槊木) 등이 그려져 있고, 그것의 크기와 재료를 설명하고 있다. 이들은 모두 산릉역이 끝나면 철거된다.

도설 다음에는 일록(日錄)이 실려 있다. 삼물소의 주요 작업일정을 날짜별로 적은 것이며, 일록 다음의 품목(稟目)에서는 삼물소에서 소용되는 물품의 목록을 날자별로 적었다.

산릉공역의 주요 일정을 보면 재실(齋室)을 개기(開基)하고, 이어 임시 재실인 가재실(假齋室), 궁녀들의 임시처소인 내인가가(內人假家), 정자각(丁字閣), 옹가(甕家), 수도각(隧道閣) 등의 건물이 차례로 착공된다. 이에 따라 재실, 침전, 비각(碑閣), 향대청(香大廳), 가재실, 내인가가, 옹가(능상각), 수도각, 수라수복방 등도 시작한다. 건물 신축과 아울러 병풍석, 난간석, 혼유석, 월대석, 문석인상, 무석인상, 양석, 호석, 마석, 망주석 등 각종 석물의 설치도 병행하여 추진하였다. 한편 외재궁을 능소의 수도각에 봉안하고, 천광(穿壙)을 마치면, 퇴광(退壙) 위에 구봉틀[鉤捧機]과 녹로(轆轤)를 설치한다. 곡장 안에는 잔디를 입히고, 침전을 도배한 후 그 안에 찬궁(攢宮)을 배설하고, 문무석과 양석, 호석, 망주석 수립을 마친다. 대여(大轝)가 산릉에 도착한 후에 시간에 맞추어 찬궁을 열고, 상식(上食)을 올린 후에 영여(靈轝)가 산릉에 올랐다. 재궁을 현궁에 내리고, 현궁을 봉폐(封閉)하고 회(灰)를 발랐다. 신백함(神帛函)을 가지고 능소에 도착하여 곡장 안에 좌향을 정하여 매안(埋安)하고 잔디를 입혔다.

삼물소의 도설은 1758년 국조상례보편에 의해 정례화된다. 이후 1786년 문효세자의 묘소도감의궤에 도설이 적용되었으며, 1800년 정조 건릉을 조성할 때에 능상각도 ·수도각도 ·록로도 ·별조록로도, 1835년 순조 인릉에 능상각도 ·수도각도 ·구봉기도(拘捧機圖) ·별록로도 ·천중철도 ·윤여(輪輿) 평상도(平牀圖) ·첩목도 ·삭목도, 1843년 효현왕후 경릉에 능상각도 ·수도각도 ·구봉기도 · 별록로도 ·천중철도 ·윤여평상도 ·첩목도 ·삭목도이, 1864년 철종예릉에 능상각도 ·수도각도 ·구봉기도 · 별록로도 ·-윤여별록로도 ·첩목도 ·삭천중철도 ·윤여평상도 목도 등의 그림과 도면이 보인다.

| | | | |
|---|---|---|---|
| 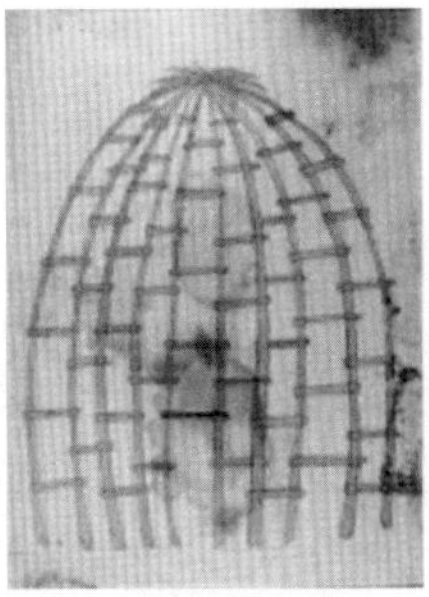 | 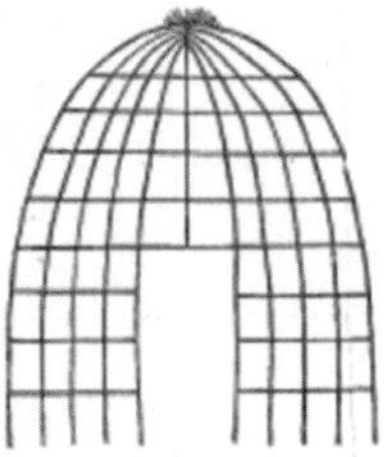 | 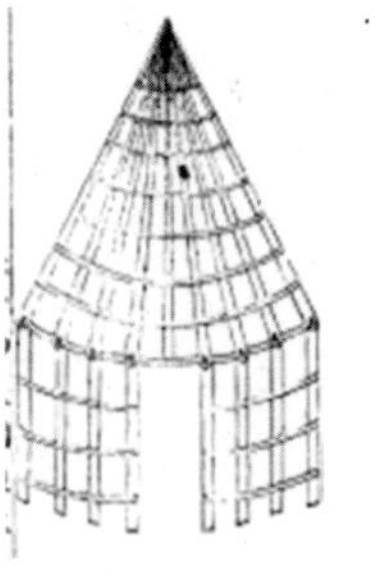 | 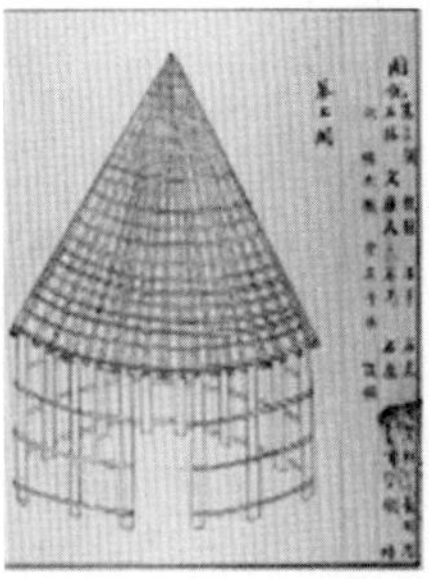 |
| 옹가도,<br>인목왕후목릉산릉도감의궤,<br>1632 | 옹가도,<br>효종영릉산릉도감의궤,<br>1673 | 능상각도,<br>국조상례보편,<br>1758 | 능상각도,<br>문효세자묘소도감의궤, 1786 |
| 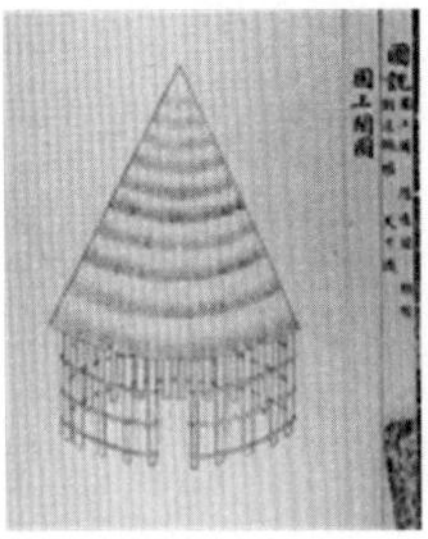 |  | 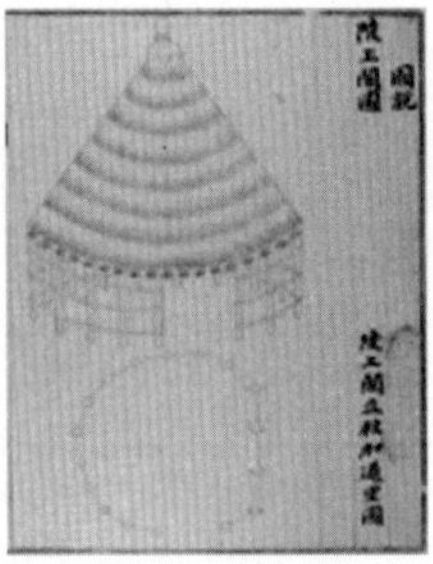 | 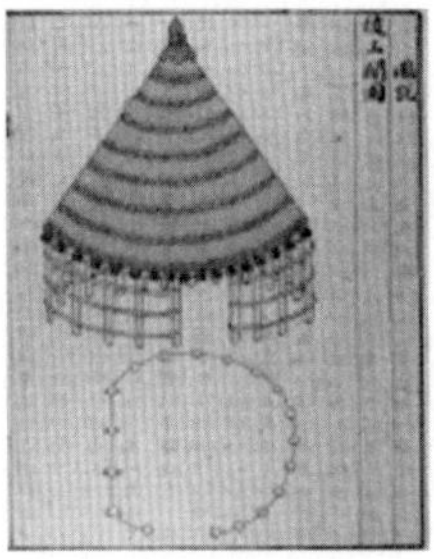 |
| 능상각도,<br>정순왕후원릉산릉도감의궤,<br>1805 | 능상각도,<br>순조인릉산릉도감의궤,<br>1836 | 능상각도,<br>헌종경릉산릉도감의궤,<br>1848 | 능상각도,<br>철인왕후예릉산릉도감의궤,<br>1884 |

<조선후기 산릉도감의궤에 그려져 있는 '옹가'와 '능상각' 도설>

이중 왕릉 위에 세운 집은 '옹가(甕家)'라 불렀으며 그것이 그림으로 처음 그려진 것은 1627년 원종의 예장도감 때이다.[197] 이때 옹가의 형태는 엎어놓은 옹기그릇의 형태를 하고 있다. 이러한 형태는 1632년 인목왕후 목릉의 산릉도감에서도 흡사하며, 1649년 인조 장릉의 산릉도감에도 마찬가지이다.[198] 하지만 영조는 옹가의 모양을 뾰족하게 바꾸어 기둥과 서까래로 분리되게 만들었으며,[199] 그 명칭과 세부 제작 내용은 국조상례보편에 수록되었다.[200] 1762년 의소세손의 묘소에는 형태는 같으나 명칭은 옹가였으며,[201] 이것은 1762년 사도세자 묘소도감이나 1786년 영조의 원릉을 조성하는 산릉도감에도 마찬가지였다. 그러다가 1786년 정조가 문효세자의 묘소도감을 만들 때부터 명칭이 능상각(陵上閣)으로 정착된 이후 19세기에는 능상각으로 불렀다.

197) 『元宗禮葬都監儀軌』「三房」. 1627年.
198) 『仁穆王后穆陵山陵都監儀軌』, 三物所. 1632年; 『仁祖長陵山陵都監儀軌』, 三物所. 1649年.
199) 『日省錄』 正祖 10年(1786) 6月 11日 癸未.
200) 『國朝喪禮補編』, 1658年. 圖說. 陵上閣.
201) 『懿昭世孫墓所都監儀軌』, 三物所. 1762年.

이러한 능상각의 형태에 변화가 생기는 것은 1823년 인조의 생모인 수빈 박씨의 휘경원을 조영하면서부터이다. 당시 능상각의 뾰족한 꼭대기에 빗물이 들이치지 않도록 유둔으로 둥글게 감싸 묶은 것이 확인된다.[202] 19세기 들어 지붕 꼭대기를 유둔으로 싸는 것은 정례화되었고, 능상각의 기둥 아래에는 <능상각립주가도리도>라 하여 기둥의 배열형태와 도리가 간략하게 표현되어 있다. 이것은 가건물인 능상각의 옆에 새로 국상이 나서 연이어 새능을 조성할 때 참작하기 위해서였다. 예컨대 헌종의 경릉을 조성할 때 능상각의 기둥을 18개를 세웠다가, 효현왕후의 능을 세울 때 능과 능 사이가 가까워 14개의 기둥만 세운 것에서 확인된다.[203]

| | | | |
|---|---|---|---|
| 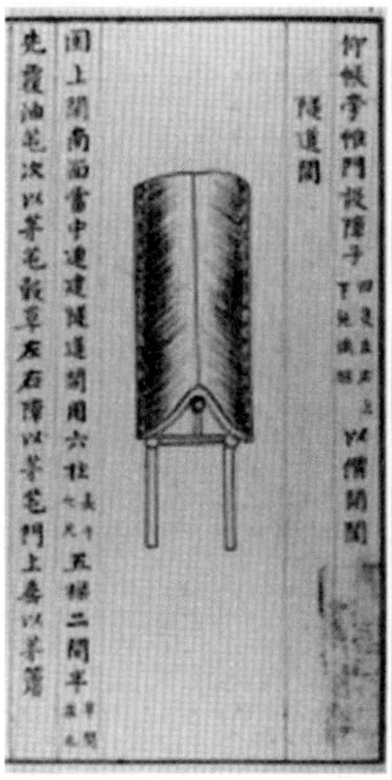 | 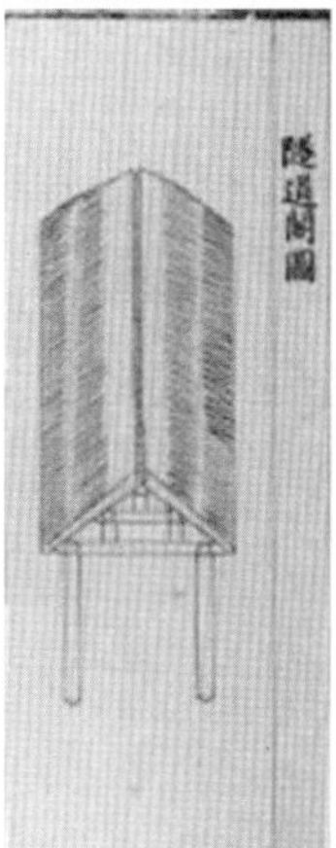 | 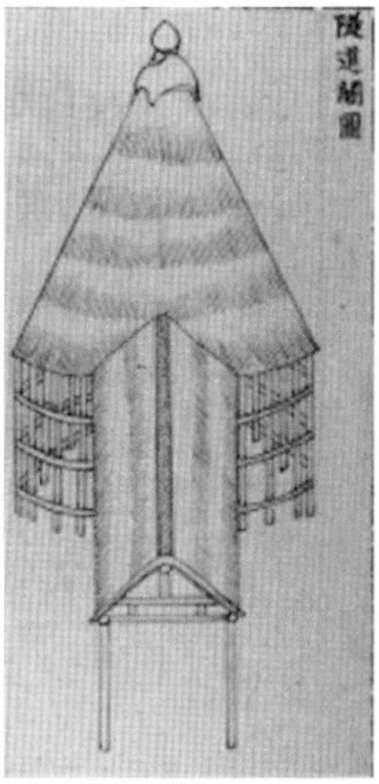 |  |
| 수도각도,<br>융건릉천릉도감의궤,<br>1789년 | 능상각도,<br>정조건릉산릉도감의궤,<br>1800년 | 수도각도,<br>효명세자연경묘소도감의궤,<br>1830년 | 수도각<br>순조인릉천봉산릉도감의궤,<br>1868년 |

<산릉도감의궤에 그려진 '수도각도' 도설>

수도각은 1789년 사도세자를 융건릉으로 천릉하면서 도설로 그려져, 이후 전례로 자리잡았다. 1830년 효명세자[후일 목조]의 연경묘를 조성할 당시에는 능상각과 수도각이 한꺼번에 그려져, 옹가와 수도각이 같은 장소에 존재하였다는 정보를 확인할 수 있다.

『주자가례』 권4 「상례」에서 회격(灰隔)은 회와 숯 등을 이용하여 광 안쪽을 조성하는 세 가지 방법이 제시되어 있다.[204] 조선왕릉에 영향을 끼친 내용을 살펴보면, "광 바닥에 탄격 2-3치를 쌓는다. 그 위에 석회, 가는 모래, 황토를 3:1:1로 섞은 삼물(三物)을 2-3치 쌓는다. 그 위에 얇은

202) 『綏嬪徽敬園園所都監儀軌』, 三物所. 17823年.

203) 『憲宗景陵山陵都監儀軌』, 三物所.. 1849年. 圖說 陵上閣圖; 손은미, 「산릉의궤 건축도 및 도설의 표현 특성」, 명지대학교 석사학위논문, 2013, 82-83쪽.

204) 朱熹 저, 임민혁 역, 『朱子家例』卷4, 「喪禮」, 作灰隔. 325-329쪽.

판으로 곽과 같은 형상으로 회격을 만들고, 그 안쪽에는 역청(瀝淸)을 3치 정도 두께로 바르고,[205] 그 가운데에 관을 놓는다. (회격의) 담은 관 꼭대기보다 4치 높게 하고 그 밖 사방에 둘러서 삼물과 숯[四物]을 채우는데, 얇은 판으로 가운데를 막고 바깥쪽(광 벽과 판자 사이)에는 숯, 관 둘레의 담과 판자 사이의 안쪽에는 삼물을 바닥과 같은 두께로 다져서 판 높이만큼 쌓이면 안팎의 층이 굳어지기를 기다려서 판을 위로 끌어올려 설치하고 다시 숯과 삼물을 안팎에 다져 쌓는 것을 반복하여 담과 같은 높이까지 쌓는다. 후일 하관(下官)한 후에 관 위에 얇은 판을 놓고 역청을 3치 두께가 되도록 조금씩 부은 후 바깥 뚜껑을 덮고, 그 위에 삼물과 숯을 채우는데 관이 흔들릴 수 있으므로 밟아 다지지 않는 대신 삼물과 숯 모두 바닥과 사방의 2배 두께로 한다.[206]

조선왕릉 가운데 1515년에 조성하였던 장경왕후 희릉 초장지(初葬地)가 최근에 발굴되었다. 중종의 비인 장경왕후는 1515년에 인종을 낳다가 돌아가셨고, 당시 왕이었던 중종이 장경왕후 희릉을 서울시 서초구 헌릉 지역에 조성하였다. 1537년에 장경왕후 희릉이 암반 위에 조성되었다는 논의가 일자[207] 희릉을 경기도 고양시 서삼릉 지역으로 천장하였다. 이 때 기존의 석물과 회격은 그대로 두고, 비가 안장된 재궁을 이동하였다. 따라서 현재 장경왕후 희릉 초장지는 1515년에 조성된 능의 구조이다.

희릉은 재궁이 있는 상태에서 발굴된 조선왕릉은 아니지만 16세기 조선왕릉의 회격 구조를 이해하는 좋은 자료가 된다. 장경왕후 희릉 초장지는 회 두께가 34㎝정도로 8차례에 나누어 다졌으며 외부에 숯가루를 두께 21㎝정도로 조성하였다.[208] 여기에서 회격 바깥으로 숯을 두르는 모습은 조선 전기의 『오례의』에 기술된 내용을 반영하고 있고, 18세기에 편찬된 『국조상례보편』의 회격 구조의 근간이 된다고 볼 수 있다.

목곽과 역청은 이롭지 않다. 무덤 바닥에 숯가루(炭屑)를 1치 정도 깔고, 그 위에 모래를 섞

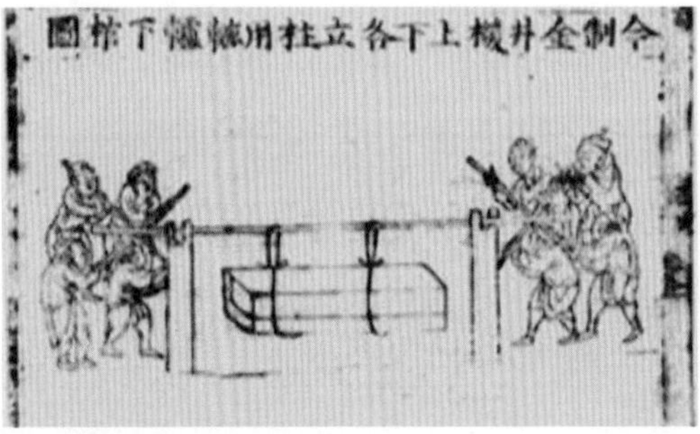

<『가례집람』, 녹로를 이용하여 관을 내리는 그림>

<장경왕후 희릉 초장지의 회격>

205) 『朱子家禮』卷4「喪禮」, 作棺. 附註. 송진을 역청이라고 설명하고 약간의 조개가루와 밀랍, 맑은 기름을 섞어 끓여서 써야 갈라지지 않는다고 했다.
206) 『朱子家禮』卷4「喪禮」, 加灰隔內外蓋.
207) 『中宗實錄』卷84, 中宗 32年(1537) 4月 23日 辛未.
208) 안경호, 「조선 능제(陵制)의 회격(灰隔) 조성방법 : 장경왕후 초장지(舊禧陵)를 중심으로」, 『정신문화연구』 통권 제116호, 2009. 324쪽.

은 회[沙灰]를 깐다. 바닥에 깐 사회 둘레에 숯가루를 1치 두께로 집어넣어 아래의 탄격과 닿게 하고 위는 사회 바닥과 평평해지게 한다. 그 위에 석곽을 놓는다. 석곽 사방에는 삼물, 곧 석회와 모래 및 황토의 혼합물이 아니라 모래 섞은 회와 숯가루를 내리 붓는다. 관과 곽 사이의 관 아래위와 사방에는 사회를 가득 채우고 곽의 덮개를 씌운다. 그 위에 사회를 펼치고, 숯가루를 더한 후 흙을 쌓아 무덤 구덩이를 채운다. 사회는 땅강아지와 개미를 막으므로 두껍게 할수록 좋다. 결국 주자의 주장을 따른 『국조오례의』의 「흉례」 편에서는 왕릉의 석실 바깥쪽 네 면과 광 가장자리 사이, 그리고 석실 위를 덮는 개석(蓋石), 가치개석(加置蓋石) 위에는 4자 두께의 삼물과 5치 두께의 탄격(炭隔)을 쌓도록 했다.[209] 그리고 이것은 임진왜란 직후 1601년 의인왕후의 목릉을 조영할 때에도 참고가 되었다.[210]

왕릉 석실은 그 하부에 숯가루를 전혀 쓰지 않고, 삼물 또한 석실 벽을 이루는 부분의 맨 밑에 두 줄로 들어가 기초를 이루는 지석(支石) 사이를 메우는 데에만 일부 썼을 뿐이라는 점이다. 벽의 기초를 이루는 지석과 그 위에 걸쳐진 박석(博石), 그리고 박석 위에 세워져 벽을 이루는 우석(隅石), 방석(傍石), 왕과 왕후의 석실 사이를 나누는 격석(隔石) 등으로 둘러싸인 동서 너비 5.5자, 남북 길이 10자의 석실 내부 바닥은 재궁대(梓宮臺) 즉 관을 얹는 대의 둘레 골격을 이루는 너비 3.9자 길이 8.7자의 석체(石砌)와 그 둘레의 5치 폭 협석(挾石)이 거의 가득 채우고 있고 나머지 좁게 노출된 부분은 굵은 모래(麤沙)와 원래 흙을 섞은 것을 성글게 채워서 마감했다. 그 바닥면의 아래를 보면, 석체가 놓일 곳 아래는 원래 광바닥을 7치 판 후 굵은 모래와 원래 흙을 섞은 것을 원래 광바닥 높이까지 다지지 않고 부어 넣기만 했고, 그 둘레의 협석이 놓일 부분만은 단단히 다진 후, 그 흙바닥 위에 동망(銅網)을 깔아서 보강했을 뿐이다. 심지어는 석체조차도 통돌 안쪽을 위아래가 완전히 맞통하게 파서 네모난 틀을 만든 것이며, 그 안에는 황토와 가는 모래를 가득 다져 넣어 재궁을 놓을 바닥을 만들었다.[211]

조선 전기에 『국조오례의』로 규정한 탄격과 삼물회격으로 보호되는 왕릉 석실의 제도는 제7대 세조가 유명(遺命)에 의해 광릉을 1469년(예종 1) 조성할 때 폐지되었다.[212] 그 영향으로 세종의 초장지 영릉에는 석실이 조성되어 있었으나, 예종 때 여주로 천릉된 세종의 영릉(英陵)에

209) 『國朝五禮儀』, 「凶禮」, 治葬.
210) 『懿仁王后穆陵山陵都監儀軌』, 啓辭秩, 1601年 8月 28日.
211) 『國朝五禮儀』, 「凶禮」, 治葬. "時至, 乃穿壙, 深十尺, [用營造尺. 後倣此] 廣二十九尺, [炭末築實, 厚東西各五寸 石灰細沙黃土等三物交合築實, 厚東西各四尺. 石室東西旁石, 厚各二尺五寸, 中隔石厚四尺, 東西室內廣各五尺五寸, 摠二十九尺] 長二十五尺五寸, [南北炭末及三物築實, 厚竝同上. 北隅石厚二尺五寸, 門扉石門倚石厚各二尺, 石室內長十尺, 摠二十五尺五寸."
212) 『睿宗實錄』卷 1, 睿宗 1年(1469) 月 日.

는 석실을 조성하지 않았다.[213] 성종의 선릉을 조성한 이후,[214] 조선 왕릉의 석실제도는 폐기되었다.

조선 후기에 들어서면 왕릉의 내부를 회격으로 조성하였다. 1601년 의인왕후 목릉이 『국조오례의』의 규정대로 4자 두께의 삼물과 5치 두께의 탄격(炭隔)을 쌓았듯이, 1649년(효종 1)의 인조 장릉을 조영할 때에도 마찬가지였다.[215] 장릉의 규격을 축소하자고 하면서 회격 4자 중 5치를 감한 3자 5치를 쌓았으나, 탄격을 전부 없애기로 했다.[216]

어쨌든 봉분에 회격을 쌓고 나면 봉분 위에 뗏장을 입히는 역할을 하는 장인은 사토장(莎土匠)이었다. 조선 후기 산릉도감에 차출되어 활동한 사토장의 인원은 대개 10명 내외였다. 1649년 인조 장릉 및 1659년 효종 영릉에서는 각각 10명씩의 사토장을 차출하였다.[217] 그러나 이후의 산릉도감에서는 사토장 12명씩을 차출하였으며, 이때 능상에 옹가나 수도각을 설치할 목수를 전 시기에 2명씩 동원하였다.

『국조상례보편』에 의하면, 조선왕릉에는 광을 두 번 팠다. 이때 재궁이 들어가는 광을 정광(正壙)이라고 부르고, 부장품이 들어가는 앞쪽의 광을 퇴광(退壙)이라고 불렀다.[218] 먼저 택지가 결정되면 정광을 팔 곳에 능상각(陵上閣)을 만들어 두고, 지면에 금정기(金井機)를 설치한다. 금정기를 설치하면 깊이 10자(약 3m)[219]로 정광을 파고, 너비와 길이는 각 재궁보다 3자(약 1m)씩 크게 판다. 재궁의 크기에 따라서 광의 너비도 달라진다.

정광 앞에 있는 퇴광을 파는데, 금정기를 설치하여 정광 깊이만큼 판다. 퇴광의 흙벽에는 휘장을 설치하고, 퇴광 바닥에 자리를 펴서 윤여(輪輿_를 올린다. 윤여는 무거운 재궁을 좌우로 옮기는 기구이다. 다시 녹로를 퇴광이 있는 금정기 위에 설치하고, 발인하는 날 재궁이 들어오면 녹로를 이용하여 재궁을 내리고, 윤여를 이용하여 재궁을 외재궁 안으로 넣는다. 그리고 퇴광에 부장품을 안치한 후 삼물을 가득 채우고 난간석을 배치하여 봉분을 완성한다.[220]

숯은 해충을 막고, 습기를 제거하는 기능이 있기 때문에 석실 바깥으로 5촌(약 15㎝)정도

213) 『睿宗實錄』卷1, 睿宗 1年 1月 13日, 7月 10日; 『구희릉 장경왕후 초장지 보존·정비보고서』, 문화재청, 2008. 46-47쪽. 영릉 천릉 이전의 초장지(初葬地)로 알려진 곳이 발굴되면서 숯가루와 삼물로 조성된 회격, 그리고 능 외부에 쓰이는 석물 등이 출토되었다.

214) 『燕山君日記』卷1, 燕山君 1年(1495) 1월 1일.

215) 『仁祖長陵山陵都監儀軌』, 啓辭秩, 1649年 5月 26日.

216) 이우종, 「조선왕릉 광중탄격(壙中 炭隔) 조성의 배경과 시대적 변천」, 『대한건축학회논문집-계획계』26(4), 대한건축학회, 2010.4, 191-192쪽. 병자호란 이후 탄격이 없어진 것은 조선왕실의 재정적 관란과 왕권의 실추로 보았다.

217) 『仁祖長陵山陵都監儀軌』, 1649年, 三物所; 『孝宗寧陵山陵都監儀軌』, 1659年, 三物所 .

218) 『國朝喪禮補編』. 正壙은 內壙, 退壙은 外壙이라고 부르기도 한다.

219) 李宗峯, 「朝鮮後期 度量衡制 研究」, 『역사와 경계』 53, 부산경남사학회, 2004, 57쪽. 조선 후기 영조대 사용된 영조척營造尺은 30.8㎝보다 작을 것으로 추정된다.

220) 『國朝喪禮補編』卷2, 治葬.

숯을 두르게 하였다. 그리고 김장생의 『가례집람』에서도 숯을 두르게 하였다. 하지만 조선 후기 영조대에는 숯을 두르지 않게 하였는데, 이는 숯이 회격에서 큰 작용을 하지 못하였던 것과 관련이 있었던 것으로 보인다. 김장생의 『상례비요』에서는 묘를 조성할 때 필요한 기물을 언급하면서 '탄말炭末인 숯가루를 지금은 쓰지 않기도 한다.'고 기록하였다. 김장생의 『가례집람』에는 숯을 사용하고, 『상례비요』에서는 숯을 사용하지 않는다고 되어 있는 것으로 미루어 보아 17세기부터 묘 내부에 숯을 잘 사용하지 않게 되었다고 여겨진다.

위에서 살펴본 바대로 조선왕릉의 내부는 세조의 유언 이후로 모두 회격으로 만들어졌다. 회는 굳으면 석실과 비견될 정도로 단단해지기 때문에 사대부 묘에서도 다수 사용하였다. 조선시대에 무덤의 내부가 석실에서 회격으로 변화하는 까닭은 주자가례의 보편화와 관련이 깊으며, 공정이 훨씬 단순하고 기간이 단축되기 때문이다.

땅을 파고 삼물(석회, 세사, 황토)을 바닥에서 3치(약 10㎝) 정도 채우고 지면 위로 녹로(轆轤)를 설치한다. 녹로는 무거운 재궁을 위아래로 옮기는 기구이다. 정광 위로 2개의 장강(長杠)을 세로로 두고, 1개의 횡교판(橫橋板)으로 장강 아래쪽을 막아 고정시킨다. 장강 위로 5개의 네모난 방목(方木)과 5개의 동그란 산륜목(散輪木)을 교대로 두어 무거운 재궁을 끌 수 있도록 장치한다. 외재궁이 능상각으로 들어오면 산륜목으로 끌어서 외재궁을 정광 위로 올라오게 한다. 녹로의 끈으로 외재궁을 들어 올린 후, 방목, 산륜목, 장강, 횡강을 철거하여 외재궁을 정광으로 내린다. 재궁의 바깥을 두른 외재궁은 남쪽이 뚫려있는 형상으로 외재궁을 정광의 남쪽으로 붙여서 재궁을 넣을 수 있도록 한다. 그리고 외재궁을 내려놓으면 그 위로 3개의 횡대판을 펼쳐두고, 삼물을 횡대판까지 쌓아 견고해지면 다시 삼물을 지면까지 쌓는다.[221] 광에 삼물을 다지는 동안 난간석을 쌓다. 난간석은 바닥에 초지대석을 두고, 그 위로 모퉁이 돌인 우석과 면석인 난간하지대석을 설치한 후, 우석 위에는 12개의 석주를 세우고, 대석 위에는 12개의 동자석주를 세운다. 금정기를 치우고 삼물을 솥뚜껑 형식으로 쌓아간다. 난간석은 퇴광의 자리를 남겨두기 위하여 남쪽을 비워놓고 만든다.

17세기 초 · 중반의 대표적인 사토장은 교하 지역에서 거주하던 정복(鄭福)을 들 수 있다. 그는 1649년 인조 장릉부터 1675년 현종 숭릉까지 계속 징발되어 왕릉을 조성하는 데 일조하였다.[222] 그 뒤를 이어 17세기 중 · 후반에는 양주 지역에서 거주하던 사토장 이승선(李承先)이 징발

221) 『英祖實錄』권89, 英祖 33年(1757) 5月 6日 병신. 횡대판은 외재궁 위로 바로 회(삼물)가 닿지 않게 하려는 영조의 의도로 설치되었다.
222) 『仁祖長陵山陵都監儀軌』, 1649年, 三物所; 『孝宗寧陵山陵都監儀軌』, 1659年, 三物所; 『顯宗崇陵山陵都監儀軌』, 1675年, 三物所.

되었다. 특히 이승선은 1675년 현종 숭릉과 1683년 인경왕후 익릉에서 장인으로 동원되었으나, 1688년 장렬왕후 휘릉과 1701년 인현왕후 명릉에서는 사토장의 우두머리인 사토장 변수로 활약했다.[223] 이로 미루어 이승선은 17세기 말부터 18세기 초 왕릉을 조영할 때 사토를 입히는 데 가장 영향력 있는 장인으로 성장하였다. 당시 사토장들의 거주지는 조영한 왕릉과 비교적 근접한 경기도 고양, 파주, 양주였으며, 금천· 교하 · 양주 · 고양 · 용산 · 파주 · 김포 · 지평 · 연서 · 정토 · 전석고개 등 왕릉과 가까운 경기도 일원에서 징발되었음을 알 수 있다. 하지만 18세기부터 장인의 거주지를 밝히지 않는 대신 상설아문이나 5군영 등의 소속을 밝히는 것이 특징이다.

왕릉의 사토작업처럼 여러 명을 동원하는 경우 장인 집안을 형성하여 활약했다고 여겨진다. 예컨대 고양지역에서 징발된 사토장 김사남(金士男)과 김사리(金士里)의 경우처럼 이름의 항렬에 의해 형제간으로 장인집안에서 징발된 것으로 추정된다. 1649년 인조 장릉 때부터 1683년 인경왕후 익릉까지 약 34년 동안 대표적으로 엄씨 집안이 세습한 것 같다.  양주지역의 사토장은 17세기 초 · 중반에는 김연금(金連金)이 대표적인 장인이었으나, 중 · 후 반 이후에는 이승선(李承先)이 주로 활동하였다. 서울 근교의 금천지역에서는 이운수(李雲水)가 1649년 인조 장릉과 1659년 효종 영릉에 동원되었다.[224] 용산에서는 최기매(崔其每)가 1649년 이조 장릉과 1659년 효종 영릉에 차출되었다. 그 이후에는 서울에서 거주하는 장인 양득술(楊得述)이 1675년 현종의 숭릉과 1683년 인경왕후의 익릉에, 김갑신(金甲信)이 1675년 현종 숭릉과 1683년 인경왕후 익릉 및 1688년 장렬왕후 휘릉에 징발되었다. 그밖의 지역인 지평에서는 강씨 성을 가진 장인 집안과 교하 지역에서는 정씨, 김포 지역에서는 문씨 집안에서 사토장들이 일가를 형성하여 왕릉을 조영하는 데 참여한 것을 엿볼 수 있다.

하나의 왕릉을 조영할 때 동원되는 사토장의 숫자는 12명이며, 이들 장인들은 17세기에는 거의 대부분이 세습적으로 여러 왕릉에 반복해서 참여하는 경향이 엿보인다. 그러다가 18세기에는 정의선(鄭義善) 및 박예남(朴禮男)이 대표적인 장인으로 활동하였지만, 그밖의 장인들은 반복해서 오랫동안 왕릉의 능역에 참여하는 비율이 줄어들었다. 19세기에는 사토장이 한번 왕릉에 참여하면 그 다음에도 다시 참여하지 않은 것으로 분석되었다.

한편 옹가나 수도각 등 임시 가건물을 설치하는 데 동원된 목수들은 대부분 서울 거주자였으나, 1649년 인조 장릉의 김승남(金承男)과 1659년 효종 영릉의 김개똥(金介同)은 적성에 거주하였

223) 『顯宗崇陵山陵都監儀軌』, 1675年, 三物所. 匠人秩; 『仁敬王后翼陵山陵都監儀軌』, 1683年, 三物所. 匠人秩; 『莊烈王后徽陵山陵都監儀軌』, 1688年, 三物所. 匠人秩. "莎土匠 邊首";『仁賢王后明陵山陵都監儀軌』, 1701年, 三物所. 匠人秩. "莎土匠 邊首"

224) 『仁祖長陵山陵都監儀軌』, 1649年, 三物所 工匠秩; 『孝宗寧陵山陵都監儀軌』, 1659年, 三物所 匠人秩.

다.[225] 다만 1724년 경종 의릉에서는 상의원을 비롯한 상설아문에서 차출하였으며, 전후의 장인들과 중복되지 않고 1835년부터는 목수 장인을 대표자 외 몇 명으로 기록하고 있다. 그들 중 김득일(金得一)과 김명석(金命石)은 1688년 휘릉을 조성할 때 징발되었다가 1701년 인현왕후 명릉에서는 목수 변수로 동원되는 등 삼물소 목수로서의 장인 계보의 흐름을 추정할 수 있다.

## 2 보토소의 봉토 쌓기

보토소(補土所)는 왕릉 주변의 지세를 살펴보고 명당으로서 흠이 되는 부분이 있으면 흙으로 메우거나 돋워서 보완하는 작업 및 잔디를 입히는 것을 하거나, 원소 안에 사초를 덮는 일과 주변에 나무를 심은 일 등 또한 보토소의 소관사항 이었다. 왕릉에 잔디[莎草])를 입히는 일을 맡았기 때문에, 「일록」에는 왕릉을 조성한 날짜별로 잔디를 떠오고 뗏장을 입힌 일을 적었다. 품목에서는 소요된 잔디를 언제 어디에서 누가 떼는지를 날짜별로 기록하였고, 마지막에 실입질(實入秩)과 철물질(鐵物秩)을 수록했다. 보토소와 연관되는 곳으로는 <식목소>나 <벌목소>가 있어 이곳의 상황을 「식목소의궤(植木所儀軌)」, 「벌목소의궤(伐木所儀軌)」에 수록하기도 한다. 식목소(植木所)는 산릉 주변의 식목(植木)을 맡은 기관이다. 품목에는 식목과 송충이(松蟲)를 잡이에 필요한 물품과 인력의 조달이 날짜별로 기록되고 있다. 벌목소(伐木所)는 산릉에 필요한 재목(材木)을 조달하는 업무를 맡은 곳이다.

보토소의 장인에 관한 사항은 1659년 효종 영릉 이전에는 기록되지 않다가 이때부터 사토장 6명이 기록되었다. 당시 최어인로미(崔於仁老味)가 그중 하나이다.[226] 이후 1757년 정성왕후 홍릉에 고양지역 5명과 양주지역 1명의 장인이 명단에 기록되어 있고,[227] 1776년 영조 원릉에도 같은 이름의 사토장을 발견할 수 있다.[228] 이처럼 18세기에는 보토소에서 활동한 장인을 사토장으로 불렀는데, 19세기 들어 1835년 순조 인릉에서만 사초장으로 불러 변화가 엿보인다.[229]

봉분을 높게 북돋는 일을 하는 보토소의 특성상 많은 모군들을 차출하는 것이 특징이다. 17~18세기 1659년 인조 장릉에서는 960명 내 22패,[230] 1757년 정성왕후 홍릉에서는 360명 내 30

225) 『仁祖長陵山陵都監儀軌』卷2, 三物所, 工匠秩:『孝宗寧陵山陵都監儀軌』卷2, 三物所, 工匠秩.
226) 『孝宗寧陵山陵都監儀軌』卷2, 補土所, 工匠秩.
227) 『貞聖王后山陵都監儀軌』卷2, 補土所 工匠秩.
228) 『英祖元陵山陵都監儀軌』卷2, 補土所工匠秩.
229) 『純祖仁陵山陵都監儀軌』卷2, 補土所 工匠. "莎草匠三十六名."
230) 『仁祖長陵山陵都監儀軌』卷2, 補土所. "募軍九百六十名作二十二牌使役而隨其役處鱗次付役次-減除."

패,[231] 1776년 영조 원릉에서는 960명 내 22패가 사역하였다.[232] 19세기에 들어 1800년 정조 건릉은 1,680명 내 56패였다.[233] 1835년 순조 인릉에서는 모군의 실질적 수는 파주 490패, 교하 1,603패, 향군 230패 총인원 2,323패였다.[234] 1843년 효현왕후 경릉에서는 모군 1,200명 40패였다.[235] 1864년 철종 예릉에서는 모군 13,860명이 동원되었다.[236] 이렇게 동원된 인력을 시기별로 살펴보면 17~18세기에는 1,000명 이내였으나, 19세기에 접어들면서 1,000명이 넘는 많은 인원이 동원되었다.

231) 『貞聖王后弘陵山陵都監儀軌』卷2, 補土所. "募軍三百六十名內三十名式作牌."

232) 『英祖元陵山陵都監儀軌』卷2, 補土所. "募軍九百六十名作二十二牌使役而隨其役處鱗次付役次-減除."

233) 『正祖健陵山陵都監儀軌』卷2, 補土所 工匠. "募軍實數一千六百八十名作牌五十六 牌鱗次付役次次減除."

234) 『純祖仁陵山陵都監儀軌』卷2, 補土所 工匠. "幕軍實數 坡州四百九十牌 交河一千六百三牌 鄉軍二百三十牌."

235) 『孝顯王后景陵山陵都監儀軌』卷2, 補土所 工匠. "募軍一千二百名作四十牌使役而次次除減上山腦後穴前左右丁字閣上下左右庭紅箭門內外被 莎莎草都數三萬四千九百二十張."

236) 『哲宗睿陵山陵都監儀軌』卷2, 補土所 工匠. ".募軍一萬三千八白六十名 莎草三萬二千張."

## 3 조성소의 건물 영건

산릉도감의 조성소에서는 왕릉 내의 정자각이나 비각을 비롯하여 재실, 수라간, 수복방, 나인가가 등 수백여 칸의 부속 전각을 건설하는 가장 규모가 큰 제작처였다. 전각 중 정자각은 왕릉의 봉분 앞에 세워지는 제전(祭殿)으로서 국왕이 친행하여 제례를 거행하는 전각인 탓에 여타 건물과 비교할 수 없었다. 곧 정자각은 왕릉과 국가 전례(典禮)의 상징적인 전각이었기 때문에 규모가 크고 포작이 웅장하며 단청도 화려하였다. 이에 산릉도감에서는 정자각을 건립할 때마다 언제나 전례(前例)를 상고하여 그 규모와 치장에 어긋남이 없도록 신경을 썼다.

조성소(造成所)의 도설에는 정자각(丁字閣, 혹은 寢殿), 정자각 안에 배설하는 찬궁, 당가(唐家), 신어상(神御床), 삽병(揷屛), 하평상, 찬궁도, 4수도(獸圖), 회남수(回南首) 평상도, 당가도, 신어상도, 삽병도, 하평상도, 윤여배설도, 황당도, 악문도, 재실간가도, 가재실 간가도, 내인가가 간가도 등이 그림과 더불어 구조와 재료가 설명되어 있다. 도설 다음의 일록에서는 조성소의 업무가 날자별로 정리되어 있으며 일부 도설은 그림과 같고, 일록 다음의 품목에서는 조성소에서 요청한 물품목록이 날자별로 정리되어 있다.

조성소의 도설은 1800년 정조 건릉에서부터 그려지기 시작하였다. 정자각도 · 찬궁도(欑宮圖) · 사수도 · 회남수평상도 · 신어평상도 · 길유궁도(吉帷宮圖) · 유문도(帷門圖) · 재실간가도 · 가재실간가도 · 내인가가간가도, 1835년~1843년에는 정자각내배설도 · 윤여배설도 도설이 새로 생기며, 1864년 철종 예릉에 윤여배설도도설은 사라지고 난간평상배설도은 새로 보인다.

### 1) 17세기 정자각의 조성

왕릉 내의 정자각과 비각은 산릉도감의 조성소에서 담당하였고, 재실, 수라수복방, 가가 등 수백여 칸의 부속 건물들은 별공작에서 건조하였다. 그러나 왕릉의 봉분 앞에 세워지는 정자각은 제전(祭殿)으로서 국왕이 참석하여 제례를 거행하는 숭엄한 전각인 탓에 여느 건물과 비교할 수 없다. 곧 정자각은 왕릉의 상징성을 지닌 전각이었기 때문에 그 규모가 크고 포작이 웅장하며 단청도 화려하였다. 따라서 산릉도감에서는 정자각을 건립할 때 언제나 전례를 상고하여 그 규모와 치장에 어긋남이 없도록 신경을 썼던 것이다.

정자각은 목조 건물이어서 좋은 재질의 목재를 어디에서 어떻게 조달하는지가 중요하였다. 17세기에 정자각들을 조성할 때 대들보와 같이 정확한 규격을 갖춰야 하는 목재는 목수변수가 강원도와 충청도에 직접 내려가 벌목해 들였고, 부속 건물인 재실이나 가가 등은 능소에서 참벌하거나 경강상인들의 목재를 취용하였다.

목재를 운반할 때는 주로 수레를 이용하였고, 때로는 썰매를 사용키도 하였다. 1649년 장릉의 정자각은 제때 짓지 않았으나 부속 건물에 쓰일 목재는 수레나 썰매를 벌목하던 경기도, 강원도, 충청도에서 만들어 운반하도록 하였다.[196] 1659년 영릉의 정자각 재목은 충청도와 황해도에 복정하였으나,[197] 여의치 않아 강원, 충청도로 바꾸었던지,[198] 운반용의 수레나 썰매를 강원도와 충청도에서 마련하도록 하면서, 모자라는 재목을 경강상인들로부터 취용하고 있었다.[199] 1675년 숭릉(崇陵)의 정자각은 1673년에 寧陵이 동구릉에서 여주로 옮기면서 남겨 놓고 간 목재와 기와를 사용하였고,[200] 梓宮을 봉안할 영악전은 민폐를 고려하여 만들지 않았다.[201]

### 2) 조성소 소속 목수와 각색 장인

17세기 산릉도감에서는 조성소가 정자각과 각종 의물을 제작할 수 있도록 다음과 같이 경·향의 각색 장인들을 징발하고 있었다.

| 1649 인조장릉 (1종) | 1659 효종 영릉 (14종) | 1675 현종 숭릉 (14종) | 1683 인경후 익릉 (16종) | 1688 장렬후 휘릉 (17종) |
|---|---|---|---|---|
| 목수 | 화원, 화승, 목수, 칠장, 개장, 니장, 제각장, 기계장, 안자장, 개아장, 병풍장, 죽망장, 난렴장, 로점장 | 화원, 화승, 목수, 니장, 개장, 칠장, 제각장, 병풍장, 우산장, 개아장, 안자장, 기계장, 로점장, 파자장 | 화원, 화승, 목수, 칠장, 니장, 개장, 제각장, 기계장, 개아장, 우산장, 병풍장, 안자장, 죽망장, 인거장, 로점장, 파자장 | 화원, 화승, 목수, 제각장, 칠장, 기계장, 안자장, 죽망장, 병풍장, 우산장, 개아장, 현렴장, 로점장, 파자장, 인거장, 니장, 개장 |
| 장2-2367 | 규15075 | 장2-2323 | 장2-2324 | 장2-2326 |

<17세기 각 조성소의 장색 변화>

조성소에 징발된 장인들의 장색은 초기에는 14종이었다가 점차 불어나 동 세기 말에는 17종에 달했지만, 후기에 징발하지 않았던 난렴장을 합치면 장색은 총 18종이다. 곧 17세기 조성소에 등장한 장인의 장색은 화원, 화승, 목수, 칠장, 니장, 개장, 제각장, 기계장, 개아장, 인거장, 우

196) 『仁祖長陵山陵都監儀軌』, 1649年, 啓辭秩. 5月 21日 ; 上 移文秩. 5月 15日.
197) 『孝宗寧陵山陵都監儀軌』, 1659年, 移文秩. 5月 11日 ; 上. 啓辭秩. 5月 11日.
198) 『顯宗崇陵山陵都監儀軌』, 1675年, 啓辭秩. 8月 28日 ; 移文秩. 8月 30日.
199) 『孝宗寧陵山陵都監儀軌』, 1659年, 啓辭秩. 5月 11日 ; 5月 13日.
200) 『顯宗崇陵山陵都監儀軌』, 1675年, 造成所. 稟目秩. 9月 10日.
201) 『顯宗崇陵山陵都監儀軌』, 1675年, 啓辭秩. 9月 17日.

산장, 병풍장, 안자장, 난렴장, 현렴장, 로점장, 인거장, 파자장 등인 셈이다. 그러나 이들 장색 가운데 장인의 숫자로 따지면 목수가 절반 이상을 차지하였다.

17세기에 조성소에서 정자각을 완공하는 데는 대개 2개월이 소요되었고,[202] 동원되는 목수 정원은 70명 내외였으나 시대가 내려가면서 점차 그 숫자가 불어났다. 장릉이나 영릉을 조성할 때의 목수 정원은 65명이었으나, 1672년에 5명을 추가하여 70명을 징발토록 하였는데 1675년의 숭릉 조성소의 최종 장인명단은 76명이었으며,[203] 1683년에는 75명을 정원으로 삼았다.[204] 17세기 이들 목수의 대부분은 서울에 거주한 자들로서 한성부의 성책에 올라 있었고, 나머지는 지방에 거주하는 장인들로 각도에서 징발해 보내었다.[205] 따라서 지방의 장인들을 징발하는 데는 어려움도 많았다. 산릉도감에서 솜씨가 뛰어난 목수를 징발해 보내도록 명단을 미리 작성하여 내려 보내지만,[206] 각도에서는 숫자만 채워 보내기에 급급하여 간혹 도구를 다룰 줄 모르거나 병약하거나 나이가 많은 이를 보내고 있어,[207] 때로는 각도 향소의 색리 등을 엄형으로 다스리기도 하였다. 이 때문에 산릉도감에서는 주로 한성부의 성책에 올려있는 서울 장인 곧 경장(京匠)들을 징발하고 있었다. 어떻던 산릉도감에서는 당대의 솜씨 좋은 6-70여 명의 장인들을 징발한 뒤에는 능력을 갖춘 장인을 변수로 선정하였다. 변수는 장인들을 통솔하여 정자각을 조성하는 동시에 책임도 져야만 하였다. 따라서 17세기 산릉도감 조성소에 징발되어 변수의 직책을 맡은 목수들은 대부분이 30년 내지 50년간 능침공사에 참여한 자들이었다.[208] 참고로 17세기 산릉도감 조성소에서 정자각을 지을 때 변수의 직책까지 수행한 목수들을 간추려 보면 다음과 같다.

김남은 48년간 산릉공역에 징발되면서 1649년에는 장릉의 조성소에서 목수 변수로 일하였고, 영릉, 숭릉의 정자각을 지을 때도 징발되었는데 숭릉을 조성할 때는 조성소의 변수로 일하였다. 김금이도 35년간 산릉공사에 징발되면서, 1659년 영릉의 정자각을 조성할 때 목수변수였고, 함께 징발 당했던 김갑신과 장성길은 1675년 숭릉, 1683년 익릉, 1688년 휘릉에서 조성소와 별공작의 목수변수로 일하였다. 17세기말 18세기 초의 강말룡은 1688년 휘릉의 정자각을 조성할 때 변수였다. 다음 장에서 다시 언급하겠지만, 1698년 장릉을 조성할 때는 재실의 변수까지

202) 『仁祖長陵山陵都監儀軌』, 1649年, 造成所.
203) 『顯宗崇陵山陵都監儀軌』, 1675年, 造成所. 稟目秩 9月 16日.
204) 『仁敬后翼陵山陵都監儀軌』, 1683年, 造成所. 11月 4日.
205) 『顯宗崇陵山陵都監儀軌』, 1675年, 造成所. 稟目秩. 8月 26日 ; 『仁敬后翼陵山陵都監儀軌』, 1683年, 移文秩.
206) 『仁敬后翼陵山陵都監儀軌』, 1683年, 移文秩. 12月 2日.
207) 『仁敬后翼陵山陵都監儀軌』, 1683年, 移文秩.
208) 김동욱, 「조선조 17세기 궁궐건축공사에 종사한 목수편수에 대하여」, 『건축역사연구』 1권1호, 1992, 김동욱, 『韓國건축장인고』, 기문당, 1995.

| 이름 | 연도 | 기간 | 참여도감의 소 |
|---|---|---|---|
| 金男 | 1627-1675 | 48년 | 1627년, 규13734, 3房 ; 1630년, 규13515, 造成別所 ; 1632년, 규13516, 別工作 ; 1634년, 규14915, 3所, 4所 ; 1645년, 규13920, 大浮石右邊, 造成所 ; 1649년, 장2-2367, 造成所 邊首 ; 1659년, 규13528, 鄕校洞契 居住, 梓宮 別工作 ; 1659년, 규15075, 造成所 ; 1673년, 규13532, 殯殿所-1 ; 1675년, 장2-2323, 造成所 邊首 |
| 金金伊 | 1632-1667 | 35년 | 1632년, 규13517, 造成1所 ; 1634년, 규14915, 3所 ; 1649년, 장2-2367, 別工作 ; 1652년, 규14912, 昌慶1所 ; 1659년, 규15075, 造成所, 別工作 邊首(京) ; 1667년, 규14224, 1所 |
| 金甲信 | 1659-1688 | 29년 | 1659년, 규15075, 別工作 ; 1675년, 장2-2323, 造成所 邊首, 別工作 邊首 ; 1683년, 장2-2324, 造成所 邊首, 別工作 邊首, 造成所-1 ; 1688년, 장 2-2326, 造成所 邊首 |
| 張成吉 | 1659-1688 | 29년 | 1659년, 규13528, 梓宮別工作, 典醫監洞契 ; 1659년, 규15075, 造成所 ; 1667년, 규14224, 3所 ; 1673년, 규13532, 殯殿所 ; 1675년, 장2-2323, 造成所, 京畿陽州 ; 1683년, 장2-2324, 造成所 邊首 ; 1684년, 규14832, 造成所 ; 1688년, 장2-2326, 造成所 邊首 |
| 姜莶龍 | 1673-1702 | 29년 | 1673년, 규13532, 1房 ; 1675년, 장2-2323, 造成所 ; 1677년, 규14353, 1所 ; 1681년, 규13084, 3房 ; 1681년, 규13553, 1房 ; 1683년, 장2-2324, 造成所 (京) ; 1684년, 규14832, 造成所 ; 1688년, 장2-2326, 造成所, 邊首 ; 1690년, 규13091, 3所-1 ; 1690년, 규13201, 別單2等, 1房-1 ; 1694년, 규13086, 別單3等, 1房-1 ; 1696년, 규13092, 別單2等, 1房-1 ; 1698년, 규13503, 別單1等, 3房-1 ; 1698년, 규14821, 造成所, 齋室邊首 ; 1701년, 규13555, 別單 1等 ; 1701년, 장2-2327, 造成所 ; 1702년, 규13089, 別單2等, 1房-1 |

<17세기 산릉도감 조성소의 변수>

도맡았다. 이상과 같이 17세기 산릉도감의 조성소에 징발되었던 목수들이 공역에 참가하는 동안 산릉도감에서는 그들 각자에게 모조역 1명씩을 배정해 주었고, 공역을 마친 뒤에는 실제 일한 날짜에 맞추어 요포(料布)를 지급하였으며,[209] 공역기간 중 장인들의 능력과 성과를 1, 2, 3등으로 구분하여 별단을 작성한 뒤 차등에 따른 시상도 하였다.

목수들이 정자각의 기둥을 다듬고 나면 제각장들이 네 귀퉁이의 살미[箭尾]와 공답[空塔]을 새겼다. 이 목조 전각의 살미, 공탑은 굴신과 모양 등 그 제도가 어렵고 정교하여 1675년 숭릉의 정자각을 조성할 때는 산릉도감에서 "공장 10명으로도 수일 내에 완성하기 어렵다."고 하고, 한성부 내 불암사의 승려 중 제각장이던 청담(淸啖)과 소습(素習)을 불러 이를 완성시키고 있었다.[210] 제각장들은 목수와 달리 그 수가 많지 않았고, 오랫동안 징발된 장인 예도 2명만이 기록에 남아있었다. 김인선은 1659년 영릉의 정자각 조성 시에, 박의일은 1675 숭릉, 1683년 익릉, 1688년 휘릉 정자각의 살미와 공답을 조각하였다.

209) 『顯宗崇陵山陵都監儀軌』, 1675年, 造成所. 匠人秩.

210) 『顯宗崇陵山陵都監儀軌』, 1675年, 造成所. 移文·甘結秩. 9月 25日.

| 이름 | 활동 | 기간 | 참여도감의 각소 |
|---|---|---|---|
| 金仁先 | 1646-1677 | 31년 | 1646년, 규13920, 造成所 ; 1659년, 규15075, 造成所 ; 1667년, 규14224, 1소 ; 1677년, 규14353, 1소 |
| 朴義一 | 1667-1696 | 29년 | 1667년, 규14224, 1소 ; 1671년, 규13078, 3방 ; 1673년, 규13533, 內別工作 ; 1674년, 규14865, 論賞 ; 1675년, 장2-2323, 造成所(京)-1 ; 1676년, 규13258, 2방 ; 1676년, 규13541, 2방 ; 1677년, 규14353, 1소 ; 1677년, 규14896, 2방 ; 1681년, 규13554, 魂殿別工作 ; 1683년, 장2-2324, 造成所 ; 1684년, 규13544, 殯殿, 魂殿 ; 1687년, 규14210, 1방, 2방 ; 1688년, 장2-2326, 造成所(京) ; 1696년, 규13092, 別工作 |

<17세기 산릉도감 조성소에 징발된 제각장>

정자각의 기둥머리에 살미와 공답을 새겨 건물이 선 다음에는 미장이[泥匠]들이 벽체에 흙을 바르는 미장일을 맡았다. 17세기에 20년 내지는 40여 년간 여러 도감에 징발되었던 니장들을 살펴보면 김계남, 안검충, 김윤길, 박계생 등이었다. 이들은 모두 서울에 거주하던 경장들이었고, 산릉도감에서 정자각을 조성할 때 니장들을 통솔하던 변수들이였다. 이들 니장변수들은 서울의 각 관청에도 알려진 장인들이었기 때문에 17세기 말경에 이르면 서울의 각 아문에 소속되어 산릉공사가 있을 때면 산릉도감이 공문을 보내어 차출해야 하였다.[211]

| 이름 | 활동 | 기간 | 참여도감의 각소 |
|---|---|---|---|
| 金繼男 | 1634-1659 | 25년 | 1634년, 규14915, 1소 ; 1637년, 규14577, 工匠秩 ; 1645년, 규13920, 造成所 ; 1649년, 장2-2367, 別單1등, 造成所 (邊首, 京) ; 1652년, 규14912, 昌德1소 ; 1659년, 규15075, 造成所(京) |
| 安檢忠 | 1659-1698 | 39년 | 1659년, 규13528, 魂殿2방 ; 1667년, 규14224, 3소 ; 1675년, 장2-2323, 造成所(京) ; 1677년, 규14353, 2소 ; 1683년, 장2-2324, 造成所-1 ; 1684년, 규14832, 別單1등, 造成所 ; 1688년, 장2-2326, 造成所 ; 1698년, 규14821, 造成所(京) |
| 金潤吉 | 1667-1688 | 21년 | 1667년, 규14224, 2소, 3소 ; 1675년, 장2-2323, 造成所(邊首, 京) ; 1677년, 규14353, 2소-1 ; 1683년, 장2-2324, 造成所 ; 1684년, 규14832, 造成所-1 ; 1688년, 장2-2326, 造成所-1 |
| 朴繼生 | 1683-1701 | 18년 | 1683년, 장2-2324, 造成所 ; 1684년, 규14832, 造成所 ; 1688년, 장2-2326, 造成所 ; 1695년, 규13501, 匠人秩 ; 1698년, 규14821, 別單2등, 造成所(邊首, 京) ; 1701년, 장2-2327, 別單2등, 造成所 |

<17세기 정자각 조성시의 니장변수>

정자각에 기와를 올리고 미장을 끝내면 조성소에서는 기둥과 살미, 공답에 칠을 입히기 시작하였다. 칠은 방충·방부·방습에 탁월한 효과가 있어 목조건물에서 칠을 입히는 일은 나무를 오래 보존하는 데 꼭 필요한 작업이었으며, 궁궐건축은 단청을 입히기 전에 밑칠에 해당되는 가칠을 미리 해 두어야 했다. 17세기의 칠장들 중에는 다음과 같이 정응룡, 김천량, 김여운, 유충

211) 『顯宗崇陵山陵都監儀軌』, 1675年, 大浮石所. 移文秩. 11月 29日.

신, 최해창 등은 짧게는 30여 년 길게는 50여 년간 정자각의 칠장으로 징발되고 있었다. 이들은 모두 서울에 살던 경장들로 이름이 나 있어 17세기 말에 이르면 김여운, 유충신, 최해창과 같이 각 관청들이 수괄하여 소속시켰던 것이다.

| 이름 | 활동 | 기간 | 참여도감의 각소 |
|---|---|---|---|
| 鄭應龍 | 1630-1681 | 51년 | 1630년, 규13515, 別工作 ; 1635년, 규13519, 3방 ; 1645년, 규13062, 1방 ; 1645년, 규13918, 2방 ; 1645년, 규13920, 別工作 ; 1649년, 규13067, 1방 ; 1649년, 규13521, 2방, 眞漆匠 ; 1649년, 장2-2367, 別工作(京) ; 1651년, 규13064, 2방 ; 1651년, 규13252, 2방 ; 1651년, 13255, 2방 ; 1652년, 규14912, 昌慶1所 ; 1659년, 규13527, 2방 ; 1659년, 규15075, 別工作 ; 1661년, 규13073, 2방 ; 1661년, 규13529, 2방 ; 1667년 규13076, 2방 ; 1667년, 규14224, 1소, 眞漆匠 ; 1669년, 규13496, 2방 ; 1673년, 규13532, 2방 ; 1674년, 규14865, 2방 ; 1675년, 규13539, 2방, 眞漆匠 ; 1676년, 규13082, 2방 ; 1676년, 규13258, 2방 ; 1676년, 규13536, 2방 ; 1676년, 규13541, 2방 ; 1677년, 규14896, 2방 ; 1681년, 규13553, 別單2등, 2방 |
| 金千良 | 1638-1667 | 29년 | 1638년, 규13061, 2방 ; 1645년, 규13920, 造成所 ; 1649년, 장2-2367, 別單1등, 別工作 ; 1651년, 규13064, 3방 ; 1651년, 규13068, 3방 ; 1651년, 규13071, 3방 ; 1651년, 규13252, 3방 ; 1651년, 규13255, 1방 ; 1651년, 규13522, 1방 ; 1659년, 규15075, 別工作(京) ; 1661년, 규13073, 1방 ; 1661년, 규13529, 1방 ; 1667년, 규14224, 3소-1 |
| 金汝云 | 1673-1702 | 29년 | 1673년, 규13533, 內別工作 ; 1674년, 규13540, 魂殿造成所 ; 1674년, 규14865, 論賞 ; 1675년, 규13539, 3방 ; 1675년, 장2-2323, 造成所 ; 1681년, 규13084, 3방 ; 1681년, 규13554, 魂殿造成所 ; 1684년, 규13544, 魂殿造成所 ; 1684년, 규14832, 造成所(繕工監) ; 1687년, 규14210, 別單3등, 2방 ; 1690년, 규13091, 別工作 ; 1695년, 규13501, 匠人秩 ; 1701년, 규13566, 別單3등, 魂殿造成所 ; 1702년, 규13089, 2방(紫門, 繕工) |
| 兪忠信 | 1674-1720 | 46년 | 1674년, 규13540, 魂殿造成所 ; 1675년, 장2-2323, 造成所-1(京) ; 1676년, 규13258, 1방 ; 1677년, 규14896, 1방 ; 1683년, 장2-2324, 造成所-1 ; 1688년, 장2-2326, 造成所-1(京) ; 1701년, 규13556, 魂殿造成所-1 ; 1713년, 규13267, 2방 ; 1718년, 규13574, 別單3등, 造成所-1 ; 1720년, 別單3등, 魂殿造成所, 修理所 |
| 崔海昌 | 1688-1724 | 36년 | 1688년, 장2-2326, 造成所(京) ; 1696년, 규13545, 別單1등, 1방(京) ; 1696년, 규13082, 3방 ; 1698년, 규14830, 別單1등, 造成所(京), 縣 助役 ; 1701년, 장2-2327, 別單2등, 造成所 ; 1718년, 규13094, 3방(繕工監) ; 1718년, 규14839, 造成所-1 ; 1781년, 규14837, 別單3등, 造成所 ; 1721년, 장2-2328, 別單2등, 造成所-1 ; 1724년, 장2-2329, 別單2등, 造成所-1 |

<17세기 조성소의 칠장>

정자각의 목재부분에 칠장이 가칠을 하면 단청을 맡은 화원과 화승들이 단청 일을 담당하였다.[212] 17세기의 정자각 단청은 도화서 화원 2~3인이 기화 하고, 10명 내지 20여명의 화승들이 도색하는 시스템이었다. 17세기 조성소에 동원된 화원과 화승들을 간추려 보면 다음과 같다.

212) 『懿仁后山陵都監儀軌』, 1600年, 工匠秩. 畵員 金應龍, 尹泂, 車忠獻과 畵僧 懷玉이 丹靑匠이라고 불렸다.

| | 1649<br>인조장릉 | 1659<br>효종영릉 | 1675 현종숭릉 | 1683 인경후익릉 | 1688 장렬후휘릉 |
|---|---|---|---|---|---|
| 화원 | 洪敬民 등 5인. | 洪敬民 吳誠吉, 李惟碩 | 韓時覺, 張忠獻, 崔碩巘 | 韓時覺, 趙哲明 | 韓時覺, 趙哲明 |
| 화승 | | 善行 等 十二名 | 坦旭, 一浩, 光暹, 輝淨, 儀熙, 宗印, 敏珪, 尙訔, 元俊, 雪董, 法衍, 張命, 釋連, 得玄, 靑簡, 弘印, 道鑑, 玄悟, 一雄, 一賢, 永敏, 尙謙, 熙俊, 如和, 日雲, 性勒 | 卓慶, 文習, 善惠, 哲贊 (以上 慶州), 處海, 性欽, 聖連, 淸翰, 坦旭, 善一 (以上 楊洲), 尙殷 (天安), 日賢 (洪州), 熙俊 (夫餘), 天憲, 忠原, 道甘 (鴻山), 妙敬 (報恩), 呂華 (舒川), 一浩 (林川), 尙兼 (瑞山), 學順, 㕣逸 (以上 藍浦) | (水原) 光悅, 處安, (砥平) 覺天, 學淸, (陽根) 智英, (抱川) 汝俊, (永平) 雪訔, (竹山) 禪楫, (漣川) 德允, (廣州) 道閑, (公州) 哲玄, 性學, (夫餘) 義浩, (保寧) 信覺, (舒川) 淸元, (林川) 日浩, 日玉, (藍浦) 英敏, (鴻山) 宗益, (瑞山) 善惠, 斗印 |
| | 장 2-2367 | 규15075 | 장2-2323 | 장2-2324 | 장2-2326 |

<17세기 조성소 공장질에 올라있는 화원과 화승 명단>

1649년 장릉에 차출되었던 5명의 화원 중 홍경민은 1659년 영릉에도 차출되어 화승 12명과 함께 단청일을 하였다. 1675년 숭릉의 정자각은 비록 영릉을 여주로 옮긴 뒤 남겨놓은 목재로 세웠지만 단청을 새로 하기위해 처음에는 도화서 화원 2명과 경기·충청도의 화승 16명을 징발하였다.[213] 이때 도화서에서 차출된 장충헌과 최석헌은 봉첩군 2명을 거느리고 우선 작업하였고,[214] 그들과 함께 작업할 화승들이 혼전도감에 징발되어 있었기 때문에 혼전도감의 일이 끝나면 산릉도감에 오도록 되어 있었다.[215] 그러나 화승의 처지가 여의치 않아,[216] 화원 한시각을 증파하여 3명으로 늘리고, 화승은 10명 줄여서 보내왔기 때문에,[217] 결국 화원 3명과 화승 26명으로 작업을 끝냈다.

1683년 익릉의 정자각 단청은 도화서의 화원 2인을 차출하고,[218] 경기도와 충청도의 화승 15명을 징발키로 하였다.[219] 이때 차출키로 한 화원은 도감에 그 명단이 등록되어 있던 한시각과 최석헌이었지만,[220] 최석헌이 국장도감에서 대여(大轝)에 기화 중에 있어 조철명을 대신 차출하

213) 『顯宗崇陵山陵都監儀軌』, 1675年, 造成所. 稟目秩 9月 16日 ; 移文·甘結秩. 10月 3日.
214) 『顯宗崇陵山陵都監儀軌』, 1675年, 造成所. 稟目秩 10月 24日.
215) 『顯宗崇陵山陵都監儀軌』, 1675年, 造成所. 移文·甘結秩 10月 8日.
216) 『顯宗崇陵山陵都監儀軌』, 1675年, 造成所. 移文·甘結秩 10月 13日.
217) 『顯宗崇陵山陵都監儀軌』, 1675年, 造成所. 移文·甘結秩 10月 14日, 16日.
218) 『仁敬后翼陵山陵都監儀軌』, 1683年, 造成所. 移文秩. 11月 11日 ; 啓辭秩. 11月 16日.
219) 『仁敬后翼陵山陵都監儀軌』, 1683年, 造成所. 啓辭秩. 11月 16日 ; 移文秩. 11月 27日 ; 12月 13日.
220) 『仁敬后翼陵山陵都監儀軌』, 1683年, 造成所. 移文秩. 1月 7日.

였다.[221] 화승들 중 1675년에도 징발되었던 탄욱은 혼전도감과 국장도감에서 단청 일을 맡고 있어 며칠 지체됐고, 그와 함께 혼전도감에서 일하던 양주 화승 선일만 먼저 보내왔다.[222] 결국 익릉 정자각의 단청작업에는 화원 2명과 탄욱·선일을 포함한 화승 22명이 담당한 것이다. 1688년 장렬후 휘릉의 정자각 단청 또한 도화서 화원 한시각·조철명 등 2명과 충청·경기도의 화승 21명이 담당하였던 것이다.[223] 이처럼 도화서 화원 한시각·창충헌·조철명 등과 화승 탄욱 등이 산릉도감에 자주 차출되어 정자각의 단청일을 맡음으로서 왕실단청의 규범이 계승될 수 있었고, 동시에 화승들이 단청일에 참여함에 따라 사찰단청의 기법이 왕실단청에도 적용되어 17세기 왕실단청과 사찰단청의 상호 연관성을 유추해 볼 만하다.

산릉도감에서는 정자각을 조성하는 동시에 내부에 깔 자리나 그 위에 비치할 우산 및 병풍 등도 준비하고 있었다. 이러한 의물들은 로점장이나 우산장 등이 담당하였고, 그들 중에는 20여 년 내지 50여 년간 계속 차출된 장인들이 있었다. 우산장 중 김효건은 경장으로 47년이란 긴 세월 동안 산릉도감에 여러 번 동원되었다. 한편 정자각 바닥의 깔개를 제작하던 로점장은 예외로 고양에서만 여러 명을 차출하였는데, 장기간에 걸쳐 자주 차출치 않아 정덕김이 10여년간 차출되었을 정도였다.

| 장색 | 이름 | 활동 | 기간 | 참여도감의 각소 |
|---|---|---|---|---|
| 雨傘匠 | 金孝建 | 1649-1696 | 47년 | 1649년, 장2-2367, 造成所(京), 別工作(京) ; 1651년, 규13064, 3방 ; 1651년, 규13068, 3방(京) ; 1651년, 규13252, 3방(京) ; 1651년, 규13527, 1방(京), 2방 ; 1659년, 규13528, 魂殿3방 ; 1659년, 규15075, 別工作(京) ; 1661년, 규13529, 2방 ; 1667년, 규13076, 3방 ; 1673년, 규13532, 3방 ; 1674년, 규14865, 2방, 3방 ; 1675년, 규13539, 別單3등, 2방, 3방 ; 1677년, 규14343, 1소 ; 1677년, 규14353, 3소 ; 1681년, 규13243, 1방 ; 1681년, 규13553, 3방(京) ; 1683년, 규14927, 1방 ; 1684년, 규14869, 3방 ; 1690년, 규13091, 2방 ; 1696년, 규13092, 1방 |
| 蘆簟匠 | 鄭德金 | 1649-1659 | 10년 | 1649년, 장2-2367, 別單1등, 造成所 (邊首, 高陽) ; 1659년, 규13528, 魂殿2방(高陽) |

<17세기 산릉도감 조성소의 우산장과 노점장>

정자각의 병풍을 제작하던 병풍장들은 경장들로서 작게는 20여년 많게는 30년간 차출되고 있었다. 당대 뛰어난 병풍장들은 다른 장색과 달리 산릉도감 뿐 아니라 빈전혼전도감에도 자주 징발되고 있었으며, 배첩장으로 동원되기도 하였다. 그리고 그들 중 일부는 병풍장을 가업으로

221) 『仁敬后翼陵山陵都監Ⅱ儀軌』, 1683年, 造成所. 移文秩. 1月 12日.

222) 『仁敬后翼陵山陵都監儀軌』, 1683年, 造成所. 移文秩. 1月 11日 ; 1月 14日.

223) 『莊烈后徽陵山陵都監儀軌』, 1688年, 造成所. 品目秩. 9月 7日.

이어가는 모습도 보였다. 이를테면 임이달과 임사달은 형제간임이 확실하기 때문이다. 한편 17세기 말부터 18세기 초에 활동한 이유원은 상의원이나 어영청에 소속되어 빈전혼전도감과 산릉도감에 차출되고 있었다.

| 이름 | 활동 | 기간 | 참여도감의 각소 |
|---|---|---|---|
| 羅應松 | 1632-1667 | 35년 | 1632, 규13516, 魂殿(2등) ; 1638년, 규13061, 1방 ; 1645, 규13062, 3방 ; 1645년, 규13918, 1방(京) ; 1645년, 규13919, 魂宮 ; 1649년, 규13521, 1방, 3방 ; 1649년, 규14855, 魂殿2방 ; 1651년, 규13064, 3방 ; 1651년, 규13068, 3방 ; 1651년, 규13071, 1방 ; 1651년, 규13252, 3방 ; 1651년, 규13522, 1방 ; 1659년, 규13527, 1방(京) ; 1659년, 규13528, 魂殿1방 ; 1661년, 규13529, 1방 ; 1667년, 규13076, 3방 |
| 林二達 | 1673-1694 | 21년 | 1673년, 규13532, 3방 ; 1674년, 규14865, 1등, 3방 ; 1675년, 규13539, 1등, 3방 虞主所 ; 1681년, 규13243, 1방, 2방, 1681년, 규13553, 1등, 3방 ; 1683년, 규14927, 1방, 2방 ; 1684년, 규14869, 3방 ; 1690년, 규13091, 1방 ; 1690년, 규13021, 3등, 3방 ; 1694년, 규13086, 1등, 2방 |
| 林四達 | 1684-1720 | 36년 | 1684년, 규13544, 魂殿造成所 ; 1687년, 규14210, 1방 ; 1690년, 규13091, 2방 ; 1698년, 규13503, 3등, 3방 ; 1718년, 규13494, 3방 ; 1718년, 규13573, 3방 ; 1719년, 규14357, 工匠秩 ; 1720년, 규13548, 3방 |
| 李流元 | 1676-1702 | 26년 | 1676년, 규13082, 1방 ; 1676년, 규13258, 1방 ; 1676년, 규13541, 1방 ; 1677년, 규14896, 1방 ; 1681년, 규13554, 魂殿造成所, 魂殿別工作 ; 1686년, 규13545, 1방(尙衣院) ; 1701년, 규13555, 別單 3등, 1방(御營廳) ; 1702년, 규13089, 1방 |

<17세기 산릉도감의 병풍장>

정자각의 일반적인 형태는 건원릉을 전범으로 삼은 정전 3칸, 배위청 2칸의 통 5칸이었다. 그러나 17세기에는 장릉(長陵), 영릉(寧陵), 숭릉(崇陵), 익릉(翼陵), 휘릉(徽陵) 등이 5칸 정자각의 좌우와 전면에 각각 1칸씩을 더한 8칸으로 조성하였는데, 이는 세조의 광릉(光陵)에 세워진 정자각을 전범으로 삼았기 때문이다.[224]

17세기 중후반의 정자각은 인조 장릉을 비롯하여 현종 숭릉까지 팔칸에 팔작지붕이 대부분이었다. 이중 장릉(長陵)의 정자각은 인조가 생전에 세운 것이었다.[225] 이것은 조성할 당시 사친(私親)이었던 추존 원종의 장릉(章陵)을 비롯한 여러 능의 정자각을 풍차(風遮)로서 가렸던 것과 달리 팔작(八雀) 지붕을 올렸다.[226] 팔칸 팔작의 장릉 정자각은 1731년(영조7)에 현재의 위치로 천릉하면서 원형을 잃었다.[227] 원래 팔칸에 팔작지붕이던 장릉의 정자각은 1659년 영릉을 조

224) 『莊烈后徽陵山陵都監儀軌』, 1688年, 啓辭秩. 9月 21日 ; 9月 22日.

225) 『仁祖實錄』 卷50, 仁祖14(1636), 4月 8日 ; 『孝宗實錄』 卷2.

226) 『孝宗寧陵山陵都監儀軌』, 1659年, 啓辭秩. 6月 3日.

227) 『英祖實錄』, 英祖7(1731)年 5月 14日 丙子.

| | | |
|---|---|---|
|  |  |  |
| 현종 숭릉의 팔칸 팔작 정자각, 1659년 목재와 석재의 재활용 | 인경후 익릉의 팔칸풍차판 정자각, 1683 1659년, 영릉의 구 목재와 석재를 재활용 | 장렬후 휘릉의 팔칸 정자각, 1688년, 목수 변수 강말룡과 이대복 제작 |

성할 때 전례로 참고되었다. 당시 산릉도감에서는 장릉(章陵)과 장릉(長陵)을 비교하다가 결국 장릉(長陵)의 정자각을 전범으로 삼아 간가와 척수 및 제도와 견양을 봉심하여 상주하였던 것이다.[228] 이 역시 1673년 영녕릉으로 천릉하면서 현재는 원래의 자리에 없다. 1675년 숭릉 정자각 또한 앞의 선례를 참고하였지만,[229] 1673년에 여주로 천릉하면서 남겨 두었던 구 영릉(寧陵)의 목재와 석재를 그대로 활용하였다.[230] 결국 현존하는 현종 숭릉 정자각은 1659년 조성된 영릉의 정자각을 재활용하여 지은 것이며, 17세기에 조성한 8칸 팔작 정자각의 원형을 그대로 유지하고 있음을 알 수 있다.[231] 한편 17세기 후반에는 팔칸에 풍차판을 댄 맞배자붕으로 변모하고 있었다. 1683년 익릉의 정자각도 숭릉을 전범으로 삼아 8칸이었으나 박공은 풍차판으로 조성하도록 하였다.[232] 이것은 1688년 장렬후 휘릉의 정자각도 마찬가지여서 8칸으로 조성하되,[233] 박공판은 여러 능들을 참고하다가,[234] 앞 시기 익릉을 본떠 풍차(風遮)로 조성하였다.[235] 이것은 현존하는 익릉 정자각이나 휘릉 정자각을 통해서도 확인할 수 있다. 결국 17세기 왕릉의 정자각은 세조 광릉(光陵)의 전례에 따라 8칸에 팔작지붕의 형태였으나, 세기 말 익릉과 휘릉만은 견고하게 하기 위하여 풍차판으로 조성하였던 것이다.

228) 『孝宗寧陵山陵都監儀軌』, 1659年, 啓辭秩. 6月 17日.

229) 『顯宗崇陵山陵都監儀軌』, 1675年, 啓辭秩. 9月 16日.

230) 『顯宗崇陵山陵都監儀軌』, 1675年, 造成所. 稟目秩. 9月 10日.

231) 『문화유산 왕릉』, 한국문원사, 1995. 227쪽 ; 장영훈, 『왕릉풍수와 조선의 역사』, 대원미디어, 2000. 221쪽 ; 한성희, 『조선왕릉의 비밀』, 솔지미디어, 2006. 121-124쪽. 숭릉 정자각이 8칸에 팔작으로 규모가 커진 것이 명나라가 멸망한 후인 17세기말 숙종 때 불던 중국화 바람, 혹은 모화사상 때문이라는 엉뚱한 추정으로 당시의 역사적 사실이 호도되고 있다.

232) 『仁敬后翼陵山陵都監儀軌』, 1683年, 啓辭秩. 11月 16日.

233) 『莊烈后徽陵山陵都監儀軌』, 1688年, 啓辭秩. 9月 21日 ; 9月 22日.

234) 『莊烈后徽陵山陵都監儀軌』, 1688年, 造成所. 品目秩. 9月 6日 ; 造成所. 品目秩. 9月 7日 ; 造成物力儀軌.

235) 『莊烈后徽陵山陵都監儀軌』, 1688年, 啓辭秩. 9月 21日.

### 3) 18세기 정자각 조성

18세기에도 국장 시에는 산릉도감이 설치되어 왕·비릉의 산릉지를 택정하거나, 정자각을 조성할 때는 17세기와 마찬가지로 전례를 참고하고 있었다. 18세기 간의 연구대상으로 선정한 4곳 산릉의 정자각을 조성할 때 어느 왕릉의 정자각을 전범으로 삼았는지, 그리고 목재는 어디에서 조달하고 있었는지를 시대별로 살펴보자.

1701년 인현왕후 명릉은 1680년에 조성된 인경왕후의 익릉의 화소 내에 정하였고, 숙종은 인현왕후 명릉의 우측에 자신의 수릉지를 마련하였다.[236] 이때 숙종은 정자각의 규모와 양식을 숭릉과 익릉의 제양에 맞추어 8칸의 풍차판으로 정하여 조성하였다.[237] 1724년 경종의 의릉은 중랑포에 산릉을 정하였고,[238] 명릉의 정자각을 전범으로 삼아 8칸에 풍차판으로 건립하였다.[239] 그리고 1757년 정성왕후의 홍릉은 창릉의 좌강, 곧 현재의 서오릉에 정한 뒤,[240] 정자각의 전범을 정하기 위하여 경릉, 창릉, 명릉, 익릉 및 의릉의 정자각을 봉심한 후 5칸으로 결정하였다.[241] 또한 영조는 숭릉과 인현왕후 명릉의 전례에 따라 자신의 수릉지를 능의 우측에 잡았다.[242] 그런데 당시 편찬 중에 있던 『국조상례보편』에는 산릉정자각은 8칸, 묘소정자각은 5칸으로 정해져 있었다. 따라서 신하들은 홍릉의 정자각을 5칸으로 정한다면 묘소의 것과 차이가 없다고 했으나 영조는 5칸으로 결정하였다.[243] 결국 홍릉의 정자각은 정전 3칸, 배위청 2칸으로 건립한 것이다.[244] 1776년 영조 원릉의 경우 영조의 유지대로 정한다면 홍릉이 산릉지가 되고,[245] 1720년 숙종 명릉의 예에 따라 치러졌을 것이다. 그러나 장지가 적합치 않아 유지를 따르지 않고, 산릉지를 건원릉의 제2강, 곧 여주로 옮겨간 구 영릉 터로 바꾸었고,[246] 정자각만은 홍릉의 전례를 따라 5칸으로 조성하였다.[247] 이처럼 17세기 중엽 1659년의 효종 영릉의 정자각부터 8칸을 유지해 오다가 18세기 후반의 1757년 정성왕후의 홍릉부터는 정자각이 5칸으로 축소되고 있었다.

---

236) 『仁顯后明陵山陵都監儀軌』, 1701年, 啓辭秩. 8月 14日, 8月 22日.

237) 『仁顯后明陵山陵都監儀軌』, 1701年, 啓辭秩. 8月 22日 ; 下. 造成所. 造成儀軌.

238) 『景宗懿陵山陵都監儀軌』, 1724年, 移文秩. 9月 19日.

239) 『景宗懿陵山陵都監儀軌』, 1724年, 造成所 造成儀軌.

240) 『貞聖后弘陵山陵都監儀軌』, 1757年, 啓辭秩. 2月 16日, 21日, 23日, 24日, 25日, 26日, 27日.

241) 『貞聖后弘陵山陵都監儀軌』, 1757年, 移文秩. 3月 14日.

242) 『貞聖后弘陵山陵都監儀軌』, 1757年, 啓辭秩. 5月 15日.

243) 『貞聖后弘陵山陵都監儀軌』, 1757年, 啓辭秩. 3月 23日.

244) 『貞聖后弘陵山陵都監儀軌』, 1757年, 造成所 稟目秩. 4月 22日.

245) 『英祖元陵山陵都監儀軌』, 1776年, 啓辭秩. 3月 11日, 12日, 13日 ; 移文秩. 3月 11日.

246) 『英祖元陵山陵都監儀軌』, 1776年, 啓辭秩. 4月 10日 ; 移文秩. 4月 9日.

247) 『英祖元陵山陵都監儀軌』, 1776年, 啓辭秩. 4月 27日 ; 下, 造成所 稟目秩.

경종 의릉 8칸 정자각, 1724년

정성왕후 홍릉 정자각, 1757년

영조 원릉 정자각, 1776년

(1) 목재의 수급

18세기 정자각의 목재는 어디에서 어떻게 조달되고 있었는지 살펴보자. 정자각의 대들보는 대체로 강원도나 충청도에서 조달하였고, 그 밖의 재목들은 선공감이 목재상들로부터 구입하였으며, 가가용이나 기계목 등은 능소의 나무를 벌채하여 사용하였다.

1701년 명릉 정자각의 대들보 2개는 강원도의 춘천과 인제에 각각 복정하였고,[248] 나머지 재목은 선혜청과 어영청에 있던 재목을 취용하였으며,[249] 재실이나 가가 및 기계목 등에 사용할 재목은 선·정릉의 벌레 먹은 나무와 파주에서 벌채하였다.[250] 그러나 현존하는 명릉 정자각은 인현왕후 때 조성한 것이 아니고, 1720년 숙종의 정자각을 조성할 때 만든 5칸 정자각으로 1757년 인원왕후의 능침을 이곳에 조성하면서 두 능침의 중앙에 위치하게 되었다.

1724년 경종 의릉 정자각의 대들보는 춘천과 양근에서 구하여 한강을 따라 내려와 뚝섬에서 능소로 운반하였고,[251] 그 밖의 소용 목재는 서울의 목재상으로부터 구입하였는데,[252] 이는 민폐를 줄이자는 취지였다.[253] 정자각 이외의 안향청, 비각, 수복방, 수라간 건물은 능소 내 벌레 먹은 나무를 사용하거나, 1721년 명릉의 가정자각을 허물 때 쌓아 두었던 재목을 재활용하고 있었다.[254] 이 때 조성한 정자각은 현존하여 8칸 맞배지붕에 풍차판이 달려 있다.

1757년 정성왕후 홍릉의 정자각에 사용할 8개의 대들보는 서울에서 구입할 수 없어 충청도 태안의 안면도에서 베어 배로 운반하였다.[255] 이때 안면도에서 구한 목재는 창덕궁 내 낙선당, 함

248) 『仁顯后明陵山陵都監儀軌』, 1701年, 移文秩. 9月 11日 ; 下. 造成所. 稟目秩 8月 20日 ; 移文秩. 9月 15日. 9月 19日.
249) 『仁顯后明陵山陵都監儀軌』, 1701年, 造成所 稟目秩. 9月 2日, 3日.
250) 『仁顯后明陵山陵都監儀軌』, 1701年, 造成所 稟目秩. 9月 3日 ; 9月 6日.
251) 『景宗懿陵山陵都監儀軌』, 1724年, 移文秩. 9月 19日 ; 上. 來關秩. 9月 16日, 27日, 10月 11日.
252) 『景宗懿陵山陵都監儀軌』, 1724年, 造成所. 甘結秩. 9月 26日 ; 稟目秩. 9月 16日, 20日, 26日.
253) 『景宗懿陵山陵都監儀軌』, 1724年,
254) 『景宗懿陵山陵都監儀軌』, 1724年, 造成所. 稟目秩. 10月 6日, 11月 21日.
255) 『貞聖后弘陵山陵都監儀軌』, 1757年, 啓辭秩. 2月 19日 ; 上. 移文秩. 2月 20日 ; 來關秩, 2月 27日, 3月 24日.

양재, 양정합 등을 개건할 때에도 사용하였으며,[256] 가가의 잡목, 정자각의 기계목과 편결목 등은 구장릉(舊長陵)과 능소에서 벌목한 것들이다.[257] 전술하였듯이 영조는 자신이 결재한 『국조상례보편』에 "산릉 정자각은 8칸, 묘소 정자각은 5칸을 정식으로 삼는다"고 했음에도 홍릉의 정자각을 5칸으로 축소한 것이 다음에서 잘 드러나고 있었다.

| | | |
|---|---|---|
| 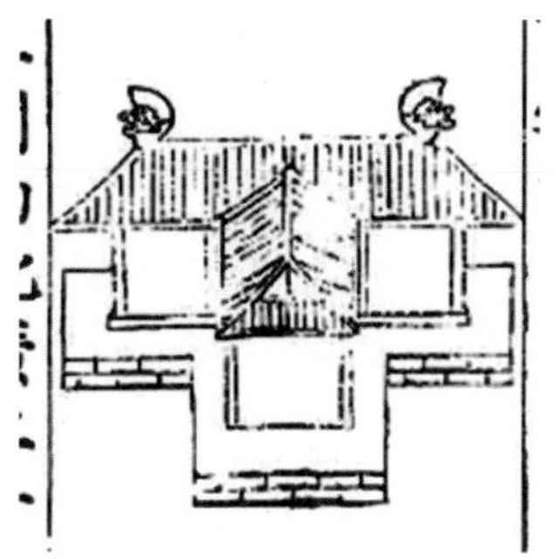 | 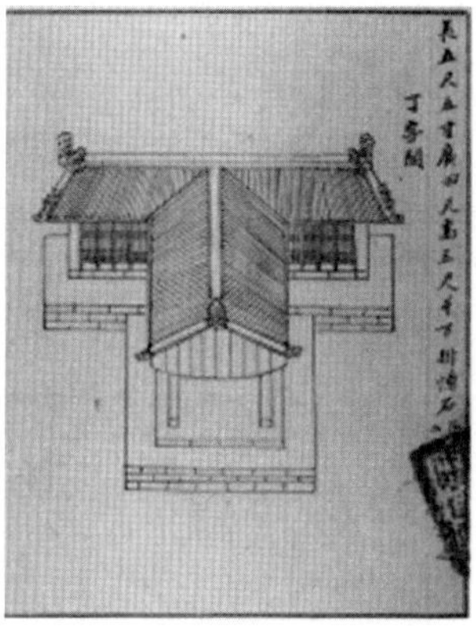 | 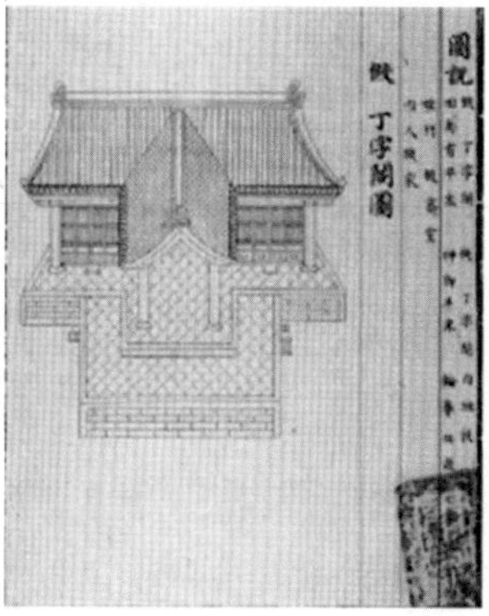 |
| 정자각도, 국조상례보편, 1758년 | 정자각도, 문효세자묘소도감의궤, 1786년 | 정자각도, 혜빈현륭원원소도감의궤, 1818년 |

<18세기말 19세기 초 예서와 의궤 속 '정자각도' 도설>

1776년 영조 원릉의 5칸 정자각의 대들보도 안면도의 목재를 사용하였지만,[258] 정자각, 향대청, 전사청, 비각, 수라수복방, 재실, 가재실, 집사청에 소요되는 재목은 소령원 제2강에서 채벌하거나,[259] 황해도의 장산곶에서 벌목하고,[260] 명릉 가정자각을 훼철할 때 경릉 재실 근처에 쌓아두었던 것을 재활용하기도 하였다.[261] 그 밖의 가재실이나 나인가가에 쓸 재목은 목물도고에서 구입하였다.[262] 이 시기부터 산릉도감은 정자각의 대들보처럼 구하기 힘든 목재를 제외한 나머지 목재들은 목물도고를 통해 구입하고 있었다. 현존하는 원릉의 정자각도 홍릉 것을 전범으로 삼았기 때문에 다음과 같다.

이상과 같이 18세기 전반의 명릉과 의릉의 정자각은 17세기 말의 전통을 계승하여 8칸에 풍

256) 『貞聖后弘陵山陵都監儀軌』, 1757年, 來關秩. 2月 27日.
257) 『貞聖后弘陵山陵都監儀軌』, 1757年, 造成所 稟目秩.
258) 『英祖元陵山陵都監儀軌』, 1776年, 來關秩. 5月 6日 ; 上. 移文秩. 2月 20日.
259) 『英祖元陵山陵都監儀軌』, 1776年, 啓辭秩. 4月 15日 ; 下. 造成所 稟目秩.
260) 『英祖元陵山陵都監儀軌』, 1776年, 來關秩. 5月 12日 ; 下. 造成所 移文秩.
261) 『英祖元陵山陵都監儀軌』, 1776年, 造成所 稟目秩. 3月 1日.
262) 『英祖元陵山陵都監儀軌』, 1776年, 造成所 稟目秩.

차판을 사용하여 조성한데 비해, 18세기 중반부터는 5칸 정자각이 주류를 이루었다.

(2) 18세기 경아문 소속 목수와 각색 장인

18세기 산릉도감의 조성소에 동원된 장색부터 살펴보자. 18세기 각 산릉도감 조성소에 동원된 장색은 표에서 볼 수 있듯이 14종 내지 17종으로 일정하지가 않았다.

| 1701 인현후 명릉(17종) | 1724 경종 의릉(14종) | 1757 정성후 홍릉(14종) | 1776 영조 원릉(16종) |
|---|---|---|---|
| 화원, 화승, 목수, 칠장, 니장, 개장, 제각장, 로점장, 기계장, 개아장, 우산장, 안자장, 병풍장, 죽망장, 걸쇄장, 파자장, 인거장 | 화원, 화승, 목수, 칠장, 니장, 개장, 조각장, 로점장, 파자장, 우산장, 개아장, 병풍장, 대은장, 찬혈장 | 화원, 화승, 목수, 가칠장, 니장, 개장, 조각장, 로점장, 기계장, 파자장, 걸거장, 대인거장, 소인거장, 지거장 | 화원, 화승, 목수, 가칠장, 니장, 개장, 조각장, 목혜장, 로점장, 관자장, 기계장, 파자장, 소인거장, 걸거장, 대인거장, 지거장 |
| 장2-2327 | 장2-2329 | 규13591 | 규13586 |

<18세기 산릉도감 조성소에 동원된 장인의 종별>

18세기 각 산릉도감 조성소의 장색도 17세기와 다름이 없었지만 칠장만은 18세기 전반까지는 칠장만 있다가 후반에는 가칠장과 진칠장으로 분화되고 있었다. 목조건물의 세부장식 조각을 담당하는 장색 또한 18세기 초에는 제각장이, 중엽에는 조각장이, 말기에는 조각장과 목혜장이 동원되었다. 그리고 큰 나무를 옮기거나 다루는 장인들로 기계를 다루는 기계장, 톱으로 켜는 대·소인거장, 걸어 나르는 걸거장, 지고 나르는 지거장 등으로 세분되고 있었다.

18세기에도 정자각을 짓는 순서는 앞 시기와 다를 바 없어 여기서도 정자각을 짓는 과정에 따라 장색들을 살펴보기로 한다. 18세기 각 산릉도감 조성소에 차출된 목수의 숫자는 시기에 따라 약간씩 다르기는 하지만 대개 75명 내외였다. 1701년과 1724년의 조성소에 차출된 목수는 75명, 1757년 목수는 79명,  1776년 목수는 76명이었다. 이들은 산릉도감의 등록에 실려 있는 각 아문과 군문 소속 목수들과 지방의 각 읍 목수들이었고,[263] 그 밖의 인력은 대개 군문의 영역부장이 이끌고 온 모군들이었다.[264] 이들 목수 중 20년 이상 차출된 목수만 간추려보면 다음과 같다.

263) 『仁顯后明陵山陵都監儀軌』, 1701年, 造成所. 8月 20日 ; 『景宗懿陵山陵都監儀軌』, 1724年, 造成所 稟目秩. 9月 5日.

264) 『仁顯后明陵山陵都監儀軌』, 1701年, 造成所. 稟目秩 9月 3日. 영역부장 2명이 모군 160명을 통솔하였다.

| 이름 | 활동 | 기간 | 참여도감의 각소 |
|---|---|---|---|
| 姜德海 | 1690-1724 | 34년 | 1690년, 규13091, 1房 ; 1698년, 규14821, 造成所 ; 1718년, 규13094, 2房 尙衣院 ; 1721년, 장2-2328, 造成所 尙衣院 ; 1721년, 규13099, 3房 尙衣院 ; 1724년, 장2-2329, 造成所, 假齋室 邊首 |
| 朴海龍 | 1698-1730 | 32년 | 1698년, 규14821, 造成所 齋室邊首 ; 1701년, 규13556, 慶德宮 啓祥堂 修理造成所 ; 1701년, 장2-2327, 造成所 ; 1718년, 규14837, 造成所 陽川 ; 1721년, 장2-2328, 造成所 守禦廳 ; 1724년, 장2-2329, 造成所 ; 1730년, 규14823, 造成所 |
| 柳春新 | 1718-1757 | 39년 | 1718년, 규14837, 造成所 ; 1721년, 장2-2328, 造成所 尙衣院 ; 1726년, 규14225, 1房 尙方 ; 1753년, 규14926, 別單1等, 造成所 尙方 ; 1757년, 규13560, 別單1等, 造成所 尙方 ; 1757년, 규13591, 別單1等, 造成所 尙方 |
| 李乯山 | 1718-1751 | 33년 | 1718년, 규13094, 別單2等, 別工作 營繕 ; 1721년, 장2-2328, 別單1等, 造成所 尙衣院, 別工作 ; 1722년, 규13097, 別工作 ; 1724년, 장2-2329, 造成所 ; 1726년, 규13100, 別工作 ; 1726년, 규13280, 別工作 ; 1732년, 규13579, 別工作 ; 1751년, 규14836, 三物所-1 |
| 李貴男 | 1753-1776 | 23년 | 1753년, 규14926, 造成所 尙方 ; 1757년, 규13560, 造成所 尙方 ; 1757년, 규13591, 造成所 邊首, 尙方 ; 1764년, 규13631, 別工作 禁衛營, 垂恩廟 移建時 禁衛營 ; 1776년, 규13586, 別單1等, 造成所-1 |

<18세기 산릉도감 조성소에 차출된 목수변수>

18세기에 변수로 활동한 목수들 중 17세기 말부터 차출된 강덕해과 박해룡 중 강덕해는 1717년부터 상의원에 소속되었고, 1724년 이후는 조성소의 목수변수로 일하고 있었다. 그리고 박해룡은 1698년부터 조성소 변수로 차출되었고, 1724년에는 수어청 소속으로 조성소에 차출되고 있었다. 이처럼 17세기 말부터 우수한 목수들은 서울의 각 아문과 군문에서 수괄하고 있어, 18세기 각 산릉도감의 조성소에 차출된 목수들은 대부분이 관청에 소속된 장인들이었다. 유춘신은 상의원에, 이얼산은 영선사에서 상의원으로 옮기고 있었다. 이들은 조성소에만 차출되지 않았고 왕실의 각종 건축물과 목제품을 제작할 때마다 수시로 불려가고 있었다. 그리고 이들 목수의 일을 보조하는 일군들로 모집한 모군의 숫자도 상당하여 1757년에는 14패 100명이, 1776년에는 40패가 동원되고 있었다.[265]

목수들이 정자각의 기둥을 다듬고 나면 목조 전각의 살미와 공답처럼 굴신과 모양을 공교하게 제작하는 장인이 동원되는데, 17세기에는 제작장이, 18세기 중반 이후에는 다음과 같이 목혜장이 동원되었다.

265) 『貞聖后弘陵山陵都監儀軌』, 1757年, 造成所. 稟目秩 ; 『英祖元陵山陵都監儀軌』, 1776年, 造成所. 稟目秩.

| 이름 | 활동 | 기간 | 참여도감의 각소 |
| --- | --- | --- | --- |
| 李枝完 | 1748-1757 | 9년 | 1748년, 규14913, 別單2등, 工匠秩(訓練都監) ; 1752년, 규14259, 別單3등, 別工作(訓練都監) ; 1753년, 규14926, 造成所(訓局) ; 1755년, 규13493, 園所造成所(訓局) ; 1757년, 규13560, 造成所 ; 1757년, 규13591, 別單2등, 造成所, 別工作 |
| 李枝建 | 1748-1776 | 28년 | 1748년, 규14913, 工匠秩(訓練都監) ; 1755년, 규13493, 園所造成所(訓局) ; 1764년, 규13631, 別工作(訓練都監) ; 1776년, 규13586, 別單3등, 造成所 |
| 權興錫 | 1776-1805 | 29년 | 1776년, 규13583, 2방, 魂殿 造成所 ; 1789년, 규13624, 2방 ; 1796년, 규14586, 工匠秩(京) ; 1800년, 규13634, 2방 ; 1800년, 규13640, 造成所 ; 1804년, 규14334, 工匠秩 ; 1805년, 규13597, 造成所 |

<18세기 산릉도감 조성소의 목혜장>

당시 각 산릉도감 조성소에 자주 동원된 목혜장은 그리 많지 않았다. 그중 이지완과 이지건은 형제간인 듯한데 모두 훈련도감에 소속되어 있었고, 18세기 말 19세기 초에 걸쳐 조성소의 목혜장으로 동원된 권흥석은 관청에 소속되지 않고 서울에서 자영업에 종사하던 목혜장이었다. 공답을 조각할 때 동원되는 인원을 보면, 1776년 원릉 정자각의 경우 조각장은 19명, 목혜장은 8명이었다. 참고로 이때 이들이 사용한 도구를 보면, 깎귀, 얼미리의 크고 작은 것 36개와 평미리 19개, 각도 19개, 소착 5개 등이었다.[266)]

정자각의 목조 골재가 세워지면 니장은 그 안팎에 벽체를 발랐다. 18세기 전반과 후반에 비교적 오래 활동했던 니장은 김강남과 오판동이었다. 양자는 선공감 소속의 장인들이었고, 그중 오판동은 성과가 컸던지 공명첩도 받았다.

| 이름 | 활동 | 기간 | 참여도감의 각소 |
| --- | --- | --- | --- |
| 金江男 | 1718-1724 | 6년 | 1718년, 규14837, 別單1등, 造成所-1 ; 1721년, 장2-2328, 別單1등, 造成所(繕工監)-1 ; 1724년, 장2-2329, 別單1등, 造成所-1 |
| 吳板同 | 1776-1789 | 13년 | 1776년, 규13586, 別單3등, 造成所-1 ; 1786년, 규13925, 大浮石所 ; 1789년, 규13627, 別單2등, 造成所(判付, 帖加)-1 ; 1789년, 규13629, 別單2등, 造成所(判付, 帖加)-1 |

<18세기 산릉도감 조성소의 니장>

조성소의 목수들이 정자각을 세우고 공답조각과 니장 일이 끝나면 칠장들이 목재에 칠을 하게 마련이다. 18세기 각 산릉도감 조성소에 20여 년간 칠장으로 동원된 장인들을 간추려보면 다음과 같다.

266) 『英祖元陵山陵都監儀軌』, 1776年, 造成所 稟目秩.

| 장색 | 이름 | 활동 | 기간 | 참여도감의 각소 |
|---|---|---|---|---|
| 칠장/가칠장 | 金盆(伊) | 1701-1718 | 17년 | 1701년, 장2-2327, 造成所 ; 1718년, 규13094, 1방(繕工), 假漆匠 ; 1718년, 규14837, 別單2등, 造成所 |
| 가칠장 | 徐先立 | 1702-1727 | 25년 | 1702년, 규13089, 2방(訓局), 假漆匠 ; 1718년, 규13574, 造成所 ; 1721년, 규13099, 3방 (訓局), 假漆匠 ; 1722년, 규13551, 別單2등, 1방 (訓局) 假漆匠, 1724년, 장2-2329, 造成所 ; 1725년, 규14909, 別單3등, 3방, 假漆匠 ; 1726년, 규14225, 3소(繕工), 假漆匠 ; 1727년, 규13105, 2방(訓局), 假漆匠 |
| 가칠장 | 姜必永 | 1740-1757 | 17년 | 1740년, 규13264, 1방(繕工監) ; 1744년, 규13564, 別工作 (繕工監) ; 1751년, 규13290, 3방(繕工監) ; 1751년, 규14836, 三物所 ; 1753년, 규14925, 冊印別工作(繕工監) ; 1753년, 규14926, 別單3등, 別工作 ; 1757년, 규13557, 別單2등, 1방(繕工監) ; 1757년, 규13589, 別單2등, 造成所 |
| 가칠장/칠장 | 姜必良 | 1753-1772 | 19년 | 1753년, 규14926, 造成所 ; 1755년, 규13493, 碑石所, 冊印別工作(繕工監) ; 1757년, 규13591, 造成所 ; 1759년, 규13102, 修理所(繕工監) ; 1762년, 규13114, 別工作 ; 1762년, 규13605, 別工作 ; 1764년, 규13500, 1방 ; 1764년, 규13631, 別工作, 垂恩廟移建時 ; 1772년, 규13296, 別工作 |
| 진칠장 | 洪世輝 | 1748-1786 | 38년 | 1748년, 규14913, 別單3등 ; 1752년, 규13292, 1방(尙方) ; 1753년, 규13294, 2방(禁衛營) ; 1753년, 규14925, 冊印造成所 ; 1755년, 규13269, 2방(禁衛營) ; 1755년, 규13295, 2방(禁衛營) ; 1755년, 규13493, 園所別工作 (禁衛營) ; 1757년, 규13560, 別單2등, 別工作 ; 1757년, 규13591, 別單2등, 別工作 ; 1776년, 규13586, 別單3등, 別工作 ; 1786년, 규13293, 別單3등, 別工作 ; 1786년, 규13925, 別工作 |

<18세기 산릉도감 조성소의 칠장>

18세기 조성소에 동원된 칠장은 가칠장과 진칠장으로 그들의 작업과정이 이분화되고 있었다. 전술한 목수들의 경우와 다름없이 조성소에 차출된 칠장들도 모두 관청에 소속되어 있었다. 곧 김익은 선공감, 서선립은 훈련도감, 강필영과 강필량은 선공감, 홍세휘는 금위영에 각각 소속된 칠장들이었다. 그런데 선공감에 소속된 가칠장 강필영과 강필량은 형제로 한 집안에서 가칠장을 전문 직업으로 삼고 있었다. 결국 18세기 중엽에 이르면 기술이 세습되는 장인가문들이 형성되어 가는 일면을 볼 수 있는 사례라고 하겠다.

18세기에 들어서도 정자각의 단청은 도화서 화원 2인과 화승 20여 명이 정원이었다. 그러나 표에 보면 화원이나 화승의 숫자는 정원이 지켜지지 않았다.

| | 1701 인현후 명릉 | 1724 경종 의릉 | 1757 정성후 홍릉 | 1776 영조 원릉 |
|---|---|---|---|---|
| 화원 | 趙哲明, 崔守萬, 張佑良, 許佑, 趙繼明, 咸太興, 金斗樞, 崔壽哲 | 文得獜, 張德萬, 崔東績, 趙弘宇, 金孝成, 林壽興 | 元垕, 李世蕃, 朴昌垕, 李弼漢, 崔再興, 吳祥周, 許礛, 許磚 | 李復奎, 韓師瑾 |

| | | | | |
|---|---|---|---|---|
| 화승 | 覺天(砥平), 呂寬(廣州), 光悅(水原), 儀天(陽根), 儀安(陽根), 智海(廣州), 雪能(慶州), 自行(長湍), 處海(楊洲), 海淑(楊洲), 道應(楊洲, 以上 京畿), 承莊(延豊), 信草(藍浦), 善悟(連山), 楚正(公州), 智海(公州), 靑元(舒川), 宣惠(瑞山), 仁惠(忠州), 處英(連川), 日玉(林川), 天俊(林川以上 忠淸道) | 瑞一, 惠覺, 白基(以上 楊洲), 太初, 彩鵬(以上 慶州), 輝鑑(水原), 禪楫(竹山), 慈仁(黃澗), 思尙(洪山), 羅元老(公山 畵工), 許端(洪陽), 玄澤(忠州), 智善(林川), 仁白(報恩), 日惠(瑞川) | 巨善, 文晟, 彩聞, 德輝, 法仁, 海玉, 震英, 郎鑑, 淸淑, 學聰, (絲+留)俊, 泰雲, 聚謙, 晟伯, 義日, 得善, 恒桂, 大悅, 尙惠, 允行, 晟心, 快信, 妙心 | 德輝, 普元, 法連, 慧淸, 淸淑, 守蜜, 彩珠, 敬還, 弘儀, 啓春, 戒圓, 漢戒, 弘演, 靈印, 定淳, 偉性, 永宇, 宇謙, 印宗, 信悟, 幻奉, 致修, 途俊 |
| | 장2-2327 | 장2-2329 | 규13591 | 규13586 |

<18세기 산릉도감 조성소의 화원과 화승>

1701년 인현후 명릉의 정자각을 단청할 때 전례대로 도화서 화원 2명과 경기, 충청도의 화승 21명을 차출키로 하고,[267] 산릉도감이 경기도에 13명, 충청도에 9명의 화승을 선별해 보내도록 공문을 띄웠다.[268] 그러나 겨울철인데다 솜씨가 떨어지는 화승들만으로는 기일 내에 끝내기가 어려워 도화서 화원 6명을 추가로 불러 화승의 일을 돕게 하였다.[269] 이리하여 명릉 정자각의 단청은 17세기 말부터 화원으로 차출되던 조철명 등 8명과 경기 11명, 충청 11명 등 22명의 화승이 그렸던 것이다.

1724년 경종 의릉의 정자각 단청도 전례대로 도화서 화원 2인과 경기·충청의 화승 21명을 차출키로 하여,[270] 경기 12명, 충청 9명의 화승을 불러 올렸다.[271] 그러나 이때도 추운 겨울이라 화원 6명을 추가했다가,[272] 2명을 돌려보내고 6명이 동원되었다.[273] 하지만 겨울철의 단청은 어려움이 많아 인원의 가감이 있었기 때문에,[274] 단청이 완성되었을 때의 인원은 화원 6명, 화승 14명, 지방 화공 1명이 남아있었다.

이처럼 단청일이 쉽지 않자 1757년 정성후 홍릉의 정자각 단청 때는 전례를 따르지 않고, 도화서 화원 8명과 남·북한산성의 화승 25명을 동원키로 하여[275] 수어청 7명, 총융청 8명, 경기감영 7명 등 22명의 화승이 차출되었는데,[276] 다시 한 명을 추가하여 화승은 총 23명이 동원되었

267) 『仁顯后明陵山陵都監儀軌』, 1701年, 造成所. 稟目秩 8月 29日.
268) 『仁顯后明陵山陵都監儀軌』, 1701年, 造成所. 移文秩 9月 28日.
269) 『仁顯后明陵山陵都監儀軌』, 1701年, 造成所. 稟目秩 10月 12日.
270) 『景宗懿陵山陵都監儀軌』, 1724年, 造成所. 稟目秩. 9月 3日 ; 下. 造成所. 移文秩. 9月 20日.
271) 『景宗懿陵山陵都監儀軌』, 1724年, 造成所. 移文秩. 9月 20日.
272) 『景宗懿陵山陵都監儀軌』, 1724年, 造成所. 稟目秩. 10月 10日.
273) 『景宗懿陵山陵都監儀軌』, 1724年, 造成所. 稟目秩. 11月 6日.
274) 『景宗懿陵山陵都監儀軌』, 1724年, 造成所. 稟目秩. 11月 16日.
275) 『貞聖后弘陵山陵都監儀軌』, 1757年, 造成所 稟目秩. 4月 22日.
276) 『貞聖后弘陵山陵都監儀軌』, 1757年, 造成所 稟目秩. 4月 25日.

다. 이때의 동원 숫자가 전례가 되어 1776년 영조 원릉의 정자각을 단청할 때는 홍릉의 전례대로 도화서 화원 8인과 화승 22명을 차출키로 하고, 남한산성과 북한산성의 화승 및 경기도 화승을 차출하되,[277] 수어청에 7명, 총융청에 8명, 경기감영에 7명을 각각 배정하였는데,[278] 총융청에서 화승 4명을 남기고 6명을 보내었다.[279] 하지만 단청을 완료한 뒤에 기록한 공장질에는 화승은 총 23명이 올려 있었다.

단청까지 모두 끝나 정자각의 외관이 완성되면 정자각 내에 바닥을 깔거나 선개를 설치하고 의물을 제작하였다. 그런데 18세기에 이 같은 의물들은 제작하던 장색들은 대부분이 사적 생산에 종사하고 있어 산릉도감에 자주 불려오는 사례가 많지 않았다. 다만 몇몇 장인들만 20여 년간에 걸쳐 차출되고 있었다.

| 장색 | 이름 | 활동 | 기간 | 참여도감의 각소 |
|---|---|---|---|---|
| 雨傘匠 | 奇老味 | 1731-1757 | 26년 | 1731년, 규14597, 2방(繕工監) ; 1751년, 규14836, 三物所 ; 1757년, 규13560, 別單3등, 別工作 ; 1757년, 규13591, 別單2등, 別工作 |
| 蘆簟匠 | 朴老味 | 1730-1764 | 34년 | 1730년, 규14823, 造成所(高陽) ; 1748년, 규14913, 工匠秩(繕工監) ; 1752년, 규14259, 別工作(繕工監) ; 1757년, 규13560, 別單1등, 造成所-1 ; 1757년, 규13591, 別單2등, 造成所 ; 1764년, 규13631, 別工作(繕工監) |

<18세기 산릉도감 조성소의 우산장과 노점장>

우산장이었던 기로미도 선공감에 소속되어 비교적 오랫동안 불려 왔다. 한편 정자각이나 가가에 비치할 파자를 엮는 파자장이나 노점을 엮는 노점장 등은 고양에 거주하였고, 산릉도감 등록에 올려 있었는데 한 번에 10명씩을 단기간 차출하였다.[280] 다만 그들 중 박로미의 경우는 솜씨가 특히 뛰어났던지 선공감에 소속된 채 30년 넘게 산릉도감에 차출되고 있었다.

정자각 내의 선개나 우산 등은 선공감 소속 장인들이 차출되고 있는데 비해 병풍만은 다음 표에 볼 수 있듯이 대부분 내수사 소속 병풍장들이 차출되었고, 짧게는 14년 길게는 54년간 동원된 장인들이 있었다.

277) 『英祖元陵山陵都監儀軌』, 1776年, 造成所 稟目秩.
278) 『英祖元陵山陵都監儀軌』, 1776年, 造成所 移文秩.
279) 『英祖元陵山陵都監儀軌』, 1776年, 造成所 移文秩.
280) 『仁顯后明陵山陵都監儀軌』, 1701年, 造成所 移文秩. 9月 19日 ; 『英祖元陵山陵都監儀軌』, 1776年, 造成所 稟目秩.

| 이름 | 활동 | 기간 | 참여도감 |
|---|---|---|---|
| 丁奉(伊) | 1696-1724 | 28년 | 1696년, 규13092, 1방 ; 1701년, 규13555, 3방 ; 1702년, 규13089, 1방, 2방(內司) ; 1705년, 규14209, 1방 ; 1713년, 규13267, 1방 ; 1718년, 규13094, 別單1등, 1방(內司), 2방(私匠) ; 1718년, 규13494, 3방 ; 1718년, 규13494, 3방 ; 1718년, 규13573, 3방 ; 1720년, 규13548, 別單2등, 3방 ; 1721년, 규13099, 2방(內司), 3방(內司) ; 1724년, 규13566, 別單3등, 3방 |
| 林世萬 | 1705-1736 | 31년 | 1705년, 규14209, 1방 ; 1705년, 규14211, 1방 ; 1713년, 규13267, 3방 ; 1718년, 규13094, 3방 ; 1718년, 규13573, 2방(內司) ; 1720년, 규13548, 1방 ; 1721년, 규13099, 1방(禁營) ; 1722년, 규13097, 1방(禁衛營), 3방(禁衛營) ; 1722년, 13277, 2방 ; 1722년, 규13551, 1방(禁衛營), 3방(禁衛營) ; 1724년, 규13566, 1방(禁衛營) ; 1725년, 규14909, 別單3등, 1방(禁營) ; 1726년, 규13100, 別單2등, 3방 ; 1726년, 규13569, 別單3등, 1방(禁營) ; 1726년, 규14225, 1소(禁衛營) ; 1727년, 규13105, 別單3등 ; 1730년, 규13576, 別單3등, 1방(禁衛營) ; 1731년, 규14567, 別單2등, 1방(禁衛營) ; 1732년, 규13579, 別單3등, 1방(禁衛營) ; 1736년, 규13108, 別單3등 |
| 崔二錫 | 1721-1755 | 34년 | 1721년, 규13099, 2방(內司) ; 1730년, 규13576, 2방(內司) ; 1731년, 규13597, 2방(內司) ; 1736년, 13108, 2방(內司) ; 1740년, 규13286, 2방 ; 1744년, 규13109, 1방(內司) ; 1747년, 규13288, 2방(內司) ; 1748년, 규13997, 別單1등, 工匠秩 ; 1751년, 규13199, 別單1등, 1방 ; 1751년, 규13290, 1방(內司) ; 1752년, 규13292, 2방(內司) ; 1753년, 규14925, 別單2등, 冊印造成所, 碑石所 ; 1753년, 규14926, 工匠秩 ; 1755년, 규13269, 2방(內需司) ; 1755년, 규13295, 2방(內需司) |
| 林世煥 | 1730-1744 | 14년 | 1730년, 규13576, 別單2등, 3방(內司) ; 1736년, 규13108, 3방(內司) ; 1739년, 규13283, 1방(內司) ; 1739년, 규13506, 3방(內司) ; 1740년, 규13264, 3등, 2방(內司) ; 1751년, 규13290, 3등 ; 1740년, 규13286, 別單3등 ; 1744년, 규13109, 別單2등, 1방(內司) |
| 林遇春 | 1751-1805 | 54년 | 1751년, 규14836, 小浮石所, 3등 ; 1752년, 규13292, 1방(內司) ; 1753년, 규13294, 工匠秩(內司) ; 1753년, 규14925, 冊印造成所 ; 1754년, 규14049, 別單2등 ; 1755년, 규13295, 別單3등, 1방(內司), 3방(內司) ; 1755년, 규13269, 別單3등, 1방(內司), 3방 ; 1757년, 규13589, 別單1등, 3방 ; 1757년, 규13557, 別單1등 ; 1758년, 규14064, 工匠秩 ; 1762년, 규13114, 別單2등, 1방, 2방(內司) ; 1762년, 규13605, 3방 ; 1772년, 규13296, 1등 ; 1772년, 규13490, 別單1등, 1방(內司) ; 1776년, 규13337, 3방 ; 1776년, 규13581, 別單1등, 3방 ; 1776년, 규13586, 分長興庫 ; 1778년, 규13306, 別單1등, 1방 ; 1778년, 규13116, 別單1등, 1방 ; 1778년, 규13307, 別單1등, 1방 ; 1778년, 규13587, 別單1등, 1방 ; 1783년, 규13311, 別單1등, 1방 ; 1784년, 규13200, 別單1등, 1방 ; 1786년, 규13291, 別單2등, 3방, 表石所 ; 1787년, 규13314, 1방 ; 1789년, 규13624, 別單1등, 3방 ; 1790년, 규13926, 別單3등, 工匠秩 ; 규1795년, 규14532, 賞典 ; 1795년, 규13316, 別單1등, 1방 ; 1800년, 규13637, 別單1등, 魂殿1방 ; 1800년, 규13640, 分長興庫 ; 1800년, 규13119, 別單1등, 1방 ; 1802년, 규13122, 別單3등, 1방 ; 1804년, 규14334, 別單2등, 仁政殿工匠秩 ; 1805년, 규13594, 別單1등, 3방 |

<18세기에 활동한 병풍장>

18세기의 병풍장들 중 정봉과 최이석은 내수사에 전속되어 산릉도감에 차출되고 있는데, 임세만, 임세환 및 임우춘은 사정이 별났다. 임세만은 일시적으로 내수사에 소속되었다가 뒤에는 금위영에 전속되었고, 임세환은 내수사에만 소속되어 있었는데, 당시 이들과 함께 병풍장으로

차출된 명단에는 임세욱,[281] 임세봉,[282] 임세하가 있었다. 이름으로 보아 이들은 형제뻘 임에 틀림없을 듯하다. 그런데다 18세기 후반에 등장하여 내수사와 장흥고에 소속되어 54년간 산릉도감에 차출되었던 임우춘도 이들의 자식뻘이 된다고 보여진다. 곧 이들 임씨 가문은 당대에 가장 뛰어난 전업적인 장인집안으로 가업을 이어가고 있었던 셈이다.

#### 4) 19세기 정자각의 조성

19세기에도 산릉지를 택정할 때는 세 번을 간심하고, 정자각을 건립할 때는 전례를 참고하는 방식은 전대와 하등 다를 것이 없었다. 이 시기의 산릉들은 정조의 건릉을 제외하면 동·서릉 구역에 조성되었고, 각기 구역 내 선대의 왕릉을 전례로 삼았다.  1800년 정조 건릉은 정조의 유지로 표석을 세워 두었던 수원 현륭원 내 강무당 터에 조성되었다.[283] 건릉의 전범은 1776년의 영조 원릉과,[284] 1789년에 조성한 사도세자의 현륭원을 전례로 삼았다.[285] 특히 건릉의 정자각은 현륭원의 예에 따라 5칸, 풍차판으로 지었는데, 처음의 장지에서 현재의 화성으로 천릉하면서 원래의 정자각을 함께 옮겼다. 정자각의 목재는 호조의 만리창과 보민사에서 치련한 것을 사용하였고, 재실의 연목이나 가가 및 가재실에 쓸 재목은 외도고와 목재상에서 구입하였다.[286]

| | | | |
|---|---|---|---|
|  | 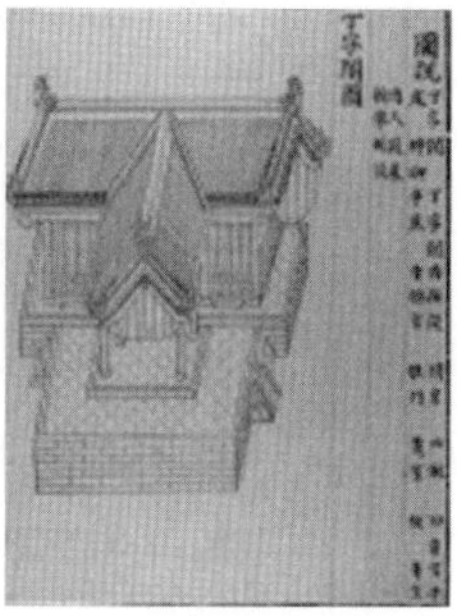 |  |  |
| 정자각도,<br>정조건릉산릉도감의궤,<br>1800년 | 정자각도,<br>순조인릉산릉도감의궤,<br>1836년 | 정자각도<br>효현왕후경릉산릉도감의궤,<br>1840년 | 정자각도<br>철종예릉산릉도감의궤,<br>1840년 |

<19세기 산릉도감의궤의 '정자각도' 도설>

281) 1713年, 규13267, 3방 ; 1718年, 규13573, 2방 ; 1720年, 규13548, 2방.

282) 1726年, 규13100, 別單2등(私匠) ; 1727年, 규13105, 別單1등, 방(私匠) ; 1735年, 규14947, 別單3등, 工匠秩.

283) 『正祖健陵山陵都監儀軌』, 1800年, 時日 ; 上, 傳敎啓辭. 7月 13日.

284) 『正祖健陵山陵都監儀軌』, 1800年, 傳敎啓辭. 7月 6日. 山陵都監 事目.

285) 『正祖健陵山陵都監儀軌』, 1800年, 傳敎啓辭. 9月 10日.

286) 『正祖健陵山陵都監儀軌』, 1800年, 移文秩. 7月 20日 ; 7月 23日 ; 下, 造成所 稟目秩.

1835년 순조 인릉의 산릉지는 우여곡절을 겪은 뒤 택정되었다. 처음에는 서삼릉 내 옛 장릉의 좌강으로 정하고 산역을 진행하다가,[287] 흙빛이 좋지 않자,[288] 다시 산릉지를 간심한 끝에 후릉과 장릉 두 곳 중에서 택하기로 하였는데,[289] 그중 선조들의 산릉과 가까운 위치에 있던 현재의 인조 장릉 좌강으로 결정되었다.[290] 정자각은 5칸에 풍차판을 대도록 하였고,[291] 정자각을 제외한 각 처소의 재목은 호조의 소장 재목인 사촌리의 목재를 운반해 치련하였다.[292] 그러나 인릉은 1854년 헌인릉 역내로 천릉하였고 이때 정자각을 다시 건립하였다.

1843년 효현후 경릉은 여러 곳을 간심하다가 동구릉 내 목릉의 옛터에서 약간 비켜서 자리잡았다.[293] 정자각은 전례대로 5칸이었고,[294] 정자각 이외의 비각, 재실, 가재실, 수라수복방, 나인가가 등에 필요한 목재는 호조의 소장 재목과 외도고의 목재를 구입하였다.[295] 당시에 건립한 정자각은  현존하여 19세기 중엽 정자각의 풍모를 엿보게 한다.

1843년 효현후 경릉은 여러 곳을 간심하다가 동구릉 내 목릉의 옛터에서 약간 비켜서 자리잡았다.[296] 정자각은 전례대로 5칸이었고,[297] 정자각 이외의 비각, 재실, 가재실, 수라수복방, 나인가가 등에 필요한 목재는 호조의 소장 재목과 외도고의 목재를 구입하였다.[298]

1864년 철종 예릉은 서삼릉 내 희릉의 우강에 정했는데,[299] 부근에는 순조의 옛 인릉이 있었다. 정자각은 5칸으로 건립하였고, 비각, 찬궁, 재실 가재실, 수라간, 수복방, 나인가가의 칸수도 전례에 맞추었다.[300] 정자각은 옛 인릉의 것을 재활용하여 다음과 같았으며, 이외의 각 건물에 쓸 목재는 호조에서 조달하고,[301] 가가를 세울 재목은 능소의 나무를 벌채하거나 경강상인으로부터 취용하기 어려워 경기도 내의 각 읍에 분정하고 있었다.[302]

---

287) 『純祖仁陵山陵都監儀軌』, 1835年, 傳敎啓辭.
288) 『純祖仁陵山陵都監儀軌』, 1835年, 傳敎啓辭. 2月 29日.
289) 『純祖仁陵山陵都監儀軌』, 1835年, 傳敎啓辭. 3月 7日.
290) 『純祖仁陵山陵都監儀軌』, 1835年, 時日.
291) 『純祖仁陵山陵都監儀軌』, 1835年, 造成所. 稟目秩.
292) 『純祖仁陵山陵都監儀軌』, 1835年, 造成所. 稟目秩. 2月 1日.
293) 『孝顯后景陵山陵都監儀軌』, 1843年, 時日.
294) 『孝顯后景陵山陵都監儀軌』, 1843年, 造成所. 稟目秩.
295) 『孝顯后景陵山陵都監儀軌』, 1843年, 來關秩. 9月 15日 ; 下. 造成所. 稟目秩.
296) 『孝顯后景陵山陵都監儀軌』, 1843年, 時日.
297) 『孝顯后景陵山陵都監儀軌』, 1843年, 造成所. 稟目秩.
298) 『孝顯后景陵山陵都監儀軌』, 1843年, 來關秩. 9月 15日 ; 下. 造成所. 稟目秩.
299) 『哲宗睿陵山陵都監儀軌』, 1864年, 時日.
300) 『哲宗睿陵山陵都監儀軌』, 1864年, 造成所 稟目秩. 12月 23日.
301) 『哲宗睿陵山陵都監儀軌』, 1864年, 移文秩. 12月 23日.
302) 『哲宗睿陵山陵都監儀軌』, 1864年, 傳敎啓辭秩. 1月 8日.

### 5) 장인과 모군의 동원

19세기 산릉도감에 동원된 각색 장인들은 두 부류가 있었다. 하나는 종래부터 산릉도감등록에 등재된 장인들이었고, 하나는 한성부나 각 읍의 장적에는 올려 있으나 사적 생산에 종사하는 장인들이었다. 따라서 19세기 산릉도감에서도 전자는 장인으로 호칭하고, 후자는 모군으로 불렀다. 그런데 산릉도감 등록에 등재된 장인들이라고 하더라도 18세기 서울의 각 아문과 각 군문에 소속된 장인들과는 달리 이들도 사적 생산에 종사하였고, 다만 국역이 있을 때만 일시 동원되어 신역 대신 국역을 졌던 것으로 여겨진다.[303] 이 때문에 1785년에 편찬한 『대전통편』에도 "경아문에 소속된 장인이 없다"[304]고 기록되었을 것이다. 그리고 모군으로 불리는 장인들은 한성부나 각 읍의 장적에 올려져 매년 장포나 바칠 뿐 사사로이 생업에 종사하던 사장들이라고 여겨진다.

따라서 장인과 모군의 노임도 차이가 있을 수밖에 없었다. 일례로 1800년 정조 건릉을 조성할 때의 예를 보면, 총예산은 미 5,235석 8두 7승 3석 5리, 태 366석 14두 3승 9홉 3석, 전 68,020냥 9전 8푼이었고, 조성소 장인의 료미는 367석 11두 7승, 전 3,786냥 9전 7푼이었다. 이 예산중에서 모군의 료미는 472석 9승, 전 5,835냥 1전 7푼, 장인의 료미는 726석 7두 7승, 전 6,759냥 4전 3푼이었다. 이 때 장인은 한 사람 당 미9두 목1필, 모군은 한사람 당 미9두 목3필, 육조역은 한사람 당 미6두 목2필, 모조역은 한사람 당 미9두, 목3필을 지급하고 있었다.[305] 결국 국역으로 동원된 장인의 노임보다 사장들에게 주는 노임의 액수가 더 많았던 것이다.

하지만 19세기 조성소의 세부 장색은 다음 표와 같이 화원, 목수, 가칠장, 목혜장, 조각장, 안자장, 니장, 관자장, 개와장, 기계장, 대인거장, 걸거장, 지거장 등으로 적을 때는 10종, 많을 때는 15종이었다. 곧 1800년 정조 건릉의 조성소에는 15종의 장색 중 줄거군, 대·소인거군, 지거군 등 목재나 석재를 나르는 장인들을 패거리로 동원하였고, 1835년 순조 인릉 이후의 조성소에는 목수나 장인의 우두머리만 기록되고 있어 이 시기부터는 도급제와 유사한 형태가 출현하고 있음을 시사하고 있다.

303) 『正祖健陵山陵都監儀軌』, 1800年, 移文秩, 8月 7日 ; 『孝顯后景陵山陵都監儀軌』, 1843年, 來關秩. 9月 14日 ; 『哲宗睿陵山陵都監儀軌』, 1864年, 移文秩. 2月 11日 ; 3月 1日.

304) 『大典通編』, 卷6. 工典. 京工匠條.

305) 『正祖健陵山陵都監儀軌』, 1800年, 財用秩.

정조 건릉의 정자각 1800년, 권성문(목수 변수), 이창대(조각장), 신흥인(목혜장) 외

| | 1800 정조 건릉 (15종) | 1835 순조 인릉 (10종) | 1843 효현후 경릉 (12종) | 1864 철종 예릉 (13종) |
|---|---|---|---|---|
| 목수 | 權聖文, 楊世得 총97명 | 鄭萬載 등 40명 | 元尙明 등 70명 | 印完孫 등 35명 |
| 목혜장 | 辛興仁, 權興錫 총10명 | 李尙儀 등 10명 | 朴道淳 등 20명 | 崔文兼 등 3명 |
| 관자장 | 金尙洽, 金三龍, 孫已特 | 李啓得 등 3명 | | 李敬昌 |
| 조각장 | 李昌大, 孫壽仁 총20명 | 金宗錫 등 20명 | 池象圭 등 20명 | 元尙民 |
| 안자장 | 李春輝, 金啓豊 | 李龍大 등 2명 | 趙聖民 등 6명 | |
| 가칠장 | 朴聖哲, 崔弘起 총11명 | 崔昌吉 등 11명 | 全士允 등 15명 | 洪興昌 등 5명 |
| 개장 | 金聖福, 白泰文 총20명 | 姜大喆 등 20명 | | |
| 기계장 | 金景玉, 韓大福 총6명 | 金占孫 등 6명 | 金景先 등 6명 | 李鳳碩 등 2명 |
| 니장 | 尹東柱, 吳景魯 총35명 | 姜土伊 등 40명 | 李明福 등 25명 | 姜德賢 등 22명 |
| 화원 | 화승 宥善 등 21명 | 劉聖奎 등 21인 | 劉聖奎 등 38인 | 화사 任友直 등 4명 |
| 로점장 | 朴仁興, 朴完得 총9명 | | | |
| 걸거군 | 李士郁 등 8명 | | 李順吉 등 8명 | 徐啓昌 등 2명 |
| 대인거군 | 李貴男 등 20명 | | 吳哲得 등 20명 | |
| 소인거군 | 金者斤老味 등 24명 | | 李順哲 등 10명 | |
| 지거군 | 金好相 등 14명 | | 朴永淳 등 8명 | 金興釧 등 1명 |
| 개와장 | | | 尹昌宜 등 8명 | 李景植 등 7명 |
| 선장 | | | | 姜得萬 등 20명 |
| 소장번호 | 규13640 | 규13677 | 규13809 | 규13851 |

<19세기 각 산릉도감 조성소의 장색과 장인>

19세기 각 산릉도감 조성소의 장색과 장인들의 동원형태도 약간씩 변화하고 있었다. 단청을 칠하던 화승 대신 그림 그리는 일을 전업으로 삼는 화사들을 동원하였고, 진칠장과 가칠장과

효현후 경릉 정자각, 1843년, 원중명(목수 변수), 이도순(목혜장) 외

철종 예릉 정자각, 1835년 목재 재활용, 이인득(1835, 목수 변수), 이상의(1835, 목혜장) 외 이완손(1863, 목수 변수), 최문겸(1863, 목혜장) 외

진칠장의 작업이 자리 잡았으며, 정자각의 공답 등을 조각하는 장색도 조각장과 목혜장으로 전문화되었다. 그러나 전 시기까지 정자각 내부의 의장물을 제작하던 개장이나 로점장은 19세기 중반 이후부터는 장기간 동원되는 예가 없었다.[306] 18세기 들어 장색으로 등장한 기계를 다루는 기계장, 크고 작은 톱으로 켜는 대·소인거장, 걸어 나르는 걸거장, 지고 나르는 지거장 등은 목재나 석재처럼 부피가 큰 원자재를 효율적으로 수급했던 장색들의 활동이 두드러졌다..

19세기 각 산릉도감 조성소에 동원되던 목수들 중 짧게는 9년 길게는 51년간 활동한 장인들을 간추려 보면, 다음 표와 같다. 이 시기의 석수들은 관청에 소속되어 있지 않았고, 그들 대부분은 서울에 거주하던 경목수로서 솜씨가 뛰어나 변수, 도변수로 성장하고 있었다.

전 시기와 달리 19세기의 장인들은 직종이 전문화, 전업화되고 있었다. 곧 목수들 각자는 자신들의 기능에 따라 산릉도감의 각 작업장에 반복적으로 투입되고 있었다. 조성소 목수는 정자각을, 별공작 목수는 재실이나 가가 등을, 삼물소 목수는 옹가만을 전문적으로 짓고 있었던 것이다.

1800년 정조 건릉을 조영할 때의 목수 송상복, 권성문, 김재명은 18세기 말에는 아문이나 군문에 소속되어 있었던 장인들이나 이때부터는 소속 관청에서 벗어났다. 그 중 송상복은 산릉도감의 삼물소의 목수변수로, 권성문은 정자각을, 김재명은 목수변수로 작업을 지시하고 있었다. 따라서 건릉을 조성한 뒤 삼물소의 목수변수 송상복과 경목수변수 김재명은 공명고신첩이 가자되었고,[307] 특히 김재명은 어영청의 별무사 절충으로 승진하였다.

306) 『正祖健陵山陵都監儀軌』, 1800年, 造成所 移文秩, 7月 11日.

307) 『正祖健陵山陵都監儀軌』, 1800年, 書啓 賞典.

| 이름 | 활동 | 기간 | 참여도감의 각소 |
|---|---|---|---|
| 宋尙福 | 1776-1805 | 29년 | 1776년, 규13586, 別單2等, 三物所 ; 1786년, 규13925, 別單2等, 三物所 ; 1789년, 규13627, 三物所, 判付帖加 ; 1789년, 규13629, 三物所, 判付籤加 ; 1800년, 규13640, 별단1등, 三物所, 木手邊首 ; 1805년, 규13597, 別單1等, 別工作-1 |
| 權聖文 | 1796-1805 | 9년 | 1796년, 규14586, 畢役後賞典, 京邊首 內需司 ; 1800년, 규13640, 造成所 ; 1804년, 규14334, 別單1等, 正弦邊首 ; 1805년, 규13597, 別單1等, 造成所-1. |
| 金在明 | 1786-1804 | 18년 | 1786년, 규13923, 2房-1 ; 1800년, 규13637, 別單1等 ; 1800년, 규13640, 京木手邊首 帖加 ; 1802년, 규13643, 3房 ; 1800년, 규13119, 別單2等, 3房 ; 1802년, 규13643, 別單1等, 1房 ; 1804년, 규14334, 別單1等, 都邊首 御營廳 別武士 折衝 |
| 李光得 | 1796-1836 | 40년 | 1796년, 규14586, 京木手 ; 1805년, 규13597, 造成所 ; 1821년, 규13662, 造成所 ; 1823년, 규13936, 造成所 ; 1824년, 규14260, 別單1等 ; 1829년, 규14369, 賞典 邊首 帖加 ; 1834년, 규13675, 別單1等, 魂殿2房 造成所 ; 1834년, 규14318, 外燒廚房, 別單1等, 工匠秩 ; 1834년, 규14324, 別單1等, 殿堂木手, 都邊首, 嘉善 ; 1835년, 규13396, 別單1等, 孝和殿 修理時 ; 1835년, 규13675, 別單1等, 魂殿修理時 2房 造成所 ; 1836년, 규14226, 別單1等, 都邊首, 1所. |
| 李仁得 | 1804-1835 | 31년 | 1804년, 규14334, 別單 唐家邊首, 工匠秩 ; 1816년, 규13616, 別單1等, 造成所-1 ; 1821년, 규13662, 造成所-1 ; 1823년, 규13936, 別單1等, 造成所-1 ; 1830년, 규13726, 別單1等, 造成所 都邊首, 丁字閣 碑閣 水刺間 守僕房 ; 1831년, 규14350, 會祥殿 邊首, 工匠秩 ; 1835년, 규13677, 別單1等, 造成所 邊首, 帖加 從自願免賤 付籤以入 |
| 李萬興 | 1804-1855 | 51년 | 1804년, 규14334, 工匠秩 ; 1823년, 규13936, 造成所 ; 1830년, 규13726, 造成所, 丁字閣 碑閣 水刺間 守僕房 ; 1831년, 규14350, 工匠秩 ; 1834년, 규14318, 別單1等, 靜默堂 邊首, 工匠秩 ; 1834년, 규14324, 別單1等, 延慶堂 邊首, 工匠秩 ; 1849년, 규13791, 別單1等, 造成所 邊首, 帖加 付籤以入 ; 1855년, 규13949, 別單1等, 造成所, 丁字閣. |
| 元重明 | 1836-1857 | 21년 | 1836년, 규14226, 別單1等, 邊首 帖加, 1所 ; 1843년, 규13809, 別單1等, 造成所, 丁字閣 ; 1857년, 규14338, 都邊首, 別單1等, 都邊首 |
| 李完孫 | 1831-1864 | 33년 | 1831년, 규14350, 工匠秩 ; 1834년, 규14318, 工匠秩 ; 1834년, 규14324, 工匠秩 ; 1849년, 규13791, 訓練都監 木手 ; 1855년, 규13770, 造成所, 丁字閣 ; 1856년, 규13706, 別單1等, 造成所 丁字閣 ; 1857년, 규14343, 別單1等, 唐家邊首 ; 1864년, 규13851, 別單1等, 邊首 帖加 |

<19세기 산릉도감 조성소의 목수변수>

이들과 비슷한 시기에 활동한 이광득은 18세기 말에는 경목수로 조성소에서 정자각을 지었으나, 19세기에 들어서면 여러 도감에서 변수, 도변수로 활약하여 가선첩을 받고 있었다. 이광득은 전업적인 목수 집안으로서 목수 이인득과는 형제간이었다. 이인득은 1835년 순조 인릉의 정자각을 짓는데 변수로 참여하였고, 여러 도감 조성소의 변수나 도변수로 활약하여 순조 인릉의 정자각을 조성한 공로로 가자되고 면천되었다. 이만홍도 궁궐을 비롯한 각종 도감의 변수나 도변수로 활약하고, 1849년에 가자되고 있었다. 또 원중명은 1843년 헌경후 경릉의 정자각을 조성하였고, 21년 동안에 비록 3번 밖에 차출되지 않았지만 변수나 도변수로 활동하였고, 이완손은 1864년 철종 예릉의 정자각을 지을 때 변수를 맡고 있었다.

이처럼 서울에 거주하던 목수 변수, 도변수들은 서울과 지방에서 차출된 목수들을 통솔하여 작업을 추진하였는데, 19세기에 차출된 경·외목수의 비율은 일정치 않았다. 1800년 정조 건릉의 목수는 총 96명이지만 경·외목수의 구분이 명시되지 않았고, 1835년 순조 인릉의 경우 지방목수의 정원이 70명으로 개성부에서 30명, 수원부에서 20명, 강화부에서 20명을 차출하였으며,[308] 1843년 효현후 경릉의 경우는 송도에서 40명, 수원과 강화에서 각각 20명씩으로 80명을 차출키로 하였는데,[309] 수원부 목수의 숫자가 12명에 불과하여, 개성부의 목수 25명,[310] 강화부의 목수 5명을 충원하였다.[311] 1864년 철종 예릉의 경우는 한성부의 목수 20명만 불렀으나,[312] 인력이 부족하여 개성부의 목수 50명을 불러들이고 있었다.[313]

19세기 각 산릉도감 조성소의 목수들이 정자각의 기둥을 다듬을 때 조각장과 목혜장은 정자각의 공답과 초익공, 부연 등의 세부적인 장식을 조각하고 있었다.[314] 그들 중 짧게는 9년, 길게는 43년간 차출된 조각장과 목혜장을 간추려 보면 다음과 같다.

| 장색 | 이름 | 활동 | 기간 | 참여도감의 각 소 |
|---|---|---|---|---|
| 조각장 | 文有彬 | 1784-1807 | 23년 | 1784년, 규13297, 2방 ; 1795년, 규13316, 3방 ; 1800년, 규13634, 2방 ; 1800년, 규13637, 別工作 ; 1800년, 규13640, 造成所 ; 1802년, 규13122, 3방 ; 1805년, 규13592, 1방 ; 1807년, 규13598, 別單3등, 2방 |
| | 嚴益俊 | 1786-1821 | 35년 | 1786년, 13923, 別工作 ; 1796년, 규14586, 공장질(京) ; 1800년, 규13640, 造成所 ; 1804년, 규14334, 공장질 ; 1805년, 규13592, 2방-1 ; 1821년, 규13647, 2방 |
| | 金宗錫 | 1830-1844 | 14년 | 1830년, 규13715, 3방 ; 1830년, 규14190, 연여조성시 別單3등 ; 1831년, 규14350, 공장질 ; 1835년, 규13677, 別單3등, 造成所 ; 1844년, 규13143, 別單3등, 1방 |
| | 池相奎 | 1834-1849 | 15년 | 1834년, 규14318, 공장질 ; 1834년, 규14324, 공장질 ; 1837년, 규13139, 別單3등, 2방, 3방 ; 1843년, 규13809, 別單3등, 造成所 ; 1844년, 규13143, 別單2등, 2방 ; 1846년, 규13765, 造成所 ; 1848년, 규13348, 別單3등, 2방 ; 1849년, 규13784, 2방 |
| | 韓啓淳 | 1843-1878 | 34년 | 1843년, 규13802, 2방 ; 1857년, 규13694, 別工作 ; 1857년, 규14343, 공장질 ; 1864년, 규13851, 別單2등, 別工作 ; 1878년, 규13871, 別單2등 |

308) 『純祖仁陵山陵都監儀軌』, 1835年, 移文秩. 3月 16日.
309) 『孝顯后景陵山陵都監儀軌』, 1843年, 造成所. 稟目秩. 9月 8日 ; 上, 移文秩. 9月 27日.
310) 『孝顯后景陵山陵都監儀軌』, 1843年, 來關秩. 10月 13日.
311) 『孝顯后景陵山陵都監儀軌』, 1843年, 來關秩. 10月 17日.
312) 『哲宗睿陵山陵都監儀軌』, 1864年, 移文秩. 2月 10日.
313) 『哲宗睿陵山陵都監儀軌』, 1864年, 移文秩. 12月 28日.
314) 『孝顯后景陵山陵都監儀軌』, 1843年, 造成所. 稟目秩. 10月 9日.

| | | | | |
|---|---|---|---|---|
| 목혜장 | 辛興仁 | 1786-1829 | 43년 | 1786년, 규13925, 造成所 ; 1789년, 규13627, 造成所 ; 1800년, 규13640, 別單3등, 造成所-1 ; 1805년, 규13597, 別單3등, 造成所-1 ; 1821년, 규13647, 3방 ; 1829년, 규14369, 賞典 |
| | 李尙義 | 1816-1836 | 20년 | 1816년, 규13616, 別單3등, 造成所-1 ; 1821년, 규13647, 別單3등, 1방 ; 1823년, 규13936, 別單3등. 造成所 ; 1824년, 규14260, 別單3등 ; 1830년, 규13726, 別單3등, 造成所 ; 1831년, 규14350, 別單2등, 工匠秩 ; 1834년, 규14318, 別單2등, 工匠秩 ; 1834년, 규14324, 工匠秩 ; 1835년, 규13677, 別單3등, 造成所 ; 1836년, 규14226, 別單3등, 1소 |
| | 朴啓聖 | 1834-1843 | 9년 | 1834년, 규14324, 공장질 / 1843년, 규13809, 2등, 조성소 |

<19세기 산릉도감의 조각장과 목혜장>

산릉도감의 조성소에 장기간 차출되고 있었던 이들 조각장과 목혜장들은 10여 명 또는 20여 명의 장인들과 함께 일하고 있었다. 1800년 건릉의 정자각은 조각장 문유빈, 엄익준 등 조각장 20명과 목혜장 신흥인 등 10명이 함께 일하였고, 1835년 인릉 정자각은 조각장 김종석 등 20명과 목혜장 이상의 등 10명이, 1843년 효현후 경릉의 정자각은 조각장 지상규와 목혜장 박계성 등 20명이, 1864년 철종 예릉의 정자각은 조각장 원상민과 목혜장 최문겸 등 3명이 조각하였다. 이처럼 19세기 후반이 되면 조각장과 목혜장의 수가 줄어든 것은 전보다 기술이 향상된 것으로 보인다. 그러나 이들은 근무한 날자가 많지 않았기 때문에 솜씨가 뛰어난 장인도 3등에 올려 있었다. 정자각의 골조가 완성되면, 니장이 벽체를 만들고 칠장이 목재에 칠을 하였다. 이들 장인 중 짧게는 13년, 길게는 37년 동안 정자각 조성 시에 동원된 장인들을 간추려 보면 다음과 같다.

| 장색 | 이름 | 활동 | 기간 | 참여도감의 각소 |
|---|---|---|---|---|
| 泥匠 | 姜土里 | 1821-1858 | 37년 | 1821년, 규13662, 大浮石所 ; 1831년, 규14350, 別單1등, 工匠秩-1 ; 1834년, 규14318, 別單1등, 工匠秩 ; 1834년, 규14324, 別單1등, 工匠秩-1 ; 1835년, 규13677, 造成所 ; 1836년, 규14226, 別單2등, 2소 ; 1843년, 규13809, 別單1등, 造成所 ; 1846년, 규13765, 別單1등, 造成所 ; 1849년, 규13791, 別單2등, 造成所 ; 1855년, 규13770, 別單1등, 造成所 ; 1856년, 규13706, 別單1등, 造成所 ; 1858년, 규 14354, 2방-1 ; 1858년, 규14920, 2방-1 |
| 假漆匠 | 金允太 | 1776-1804 | 28년 | 1776년, 규13633, 別單1등, 감결 ; 1784년, 규13297, 3방 ; 1786년, 규13923, 2방 造成所 ; 1790년, 규13926, 別單3등 ; 1800년, 규13640, 造成所 ; 1804년, 규14334, 工匠秩 |
| | 洪興昌 | 1831-1864 | 33년 | 1831년, 규14350, 工匠秩 ; 1848년, 규13348, 3방 ; 1849년, 규13788, 別單2등, 別工作 ; 1852년, 규13391, 3방 ; 1853년, 규13358, 別單3등 ; 1857년, 규13688, 別工作 ; 1857년, 규14343, 工匠秩 ; 1864년, 규13851, 造成所 |
| 眞漆匠 | 鄭孝哲 | 1836-1849 | 13년 | 1836년, 규14226, 2소 ; 1843년, 규13809, 別單3등, 別工作 ; 1849년, 규13791, 別單3등, 別工作 |
| | 李光熙 | 1857-1890 | 33년 | 1857년, 규13694, 別工作 ; 1864년, 규13851, 別工作 ; 1878년, 규13866, 別單1등 ; 1878년, 규13871, 別工作 ; 1890년, 규13749, 別工作 |

<19세기 산릉도감 조성소의 각색 장인>

1800년 정조 건릉의 미장일은 윤동주가, 1835년 순조 인릉과 1843년 효현후 경릉의 미장일은 강토리가 맡아 하였다. 강토리는 1835년 선공감이 니장 200명을 동원하여 동궐과 남별영을 수리할 때 참여하고 있었는데, 산릉의 일이 급하여 니장 100명을 뽑아 배정할 때 동원되었고, 1843년 경릉 정자각의 미장일도 했던 것이다.[315] 그리고 가칠장 김윤태는 1800년 정조 건릉 정자각을, 진칠장 정효철은 1843년 효현후 경릉의 정자각을, 홍흥창과 이광희는 1864년 철종 예릉의 정자각을 칠을 맡아하였다.

19세기 각 산릉도감 정자각의 가칠이 끝나면 단청을 올린 뒤 진칠을 하게 된다. 단청은 종래 화원과 화승의 몫이었다. 그러나 19세기에 이르면 화원 2명이 기화를 한 뒤 화승 대신 화사 21명이 단청을 칠하는 체제로 전환되고 있었다.

| | 화원 | 화승/화사 | 소장번호 |
|---|---|---|---|
| 1800 정조건릉 | 金廷秀, 嚴致郁 (訓局畫師) | 畫僧 宥善 등 21명 | 규13640 |
| 1835 순조 인릉 | 李世郁, 李東延 | 劉聖奎 등 21명 | 규13677 |
| 1843 효현후 경릉 | 丹靑看役 畫員 (司果) 劉聖奎 | 畫員 全應奎 등 21명 | 규13809 |
| 1864 철종예릉 | 丹靑看役 畫員 南聖奎 | 畫師 任友直 등 4명 | 규13851 |

<19세기의 화원과 화사>

1800년 정조 건릉의 정자각은 훈련도감 소속의 화원 김정수와 엄치욱이 기화하고 용주사의 화승 22명이 칠하였으나,[316] 공사가 끝난 뒤에 기록한 공장질에는 21명만 올라있다. 1835년 순조 인릉의 정자각 단청은 화원 이세욱과 이동연이 기화하고, 지방의 화사 21명이 칠하였으며,[317] 1843년 효현후 경릉의 정자각은 사과품직에 있던 화원 유성규가 기화한 뒤 역시 지방의 화사 15명이 전담하였는데,[318] 공장질에는 21명이 올라 있었다. 한편 능역이 간소화된 1864년 철종 예릉 정자각의 단청은 남성규가 간역하였고, 화사 임우직 등 4명이 칠하였다.

정자각이 완공되면, 산개를 비치하거나 바닥용 깔개를 제작하기 위하여 각색 장인들을 동원하고 있었는데, 그들 중에서도 여러 번 산릉도감에 차출된 장인들을 적시해 보면 다음과 같다.

315) 『純祖仁陵山陵都監儀軌』, 1835年, 來關秩. 2月 24日.

316) 『正祖健陵山陵都監儀軌』, 1800年, 造成所 稟目秩.

317) 『純祖仁陵山陵都監儀軌』, 1835年, 造成所. 稟目秩. 3月 8日.

318) 『孝顯后景陵山陵都監儀軌』, 1843年, 造成所. 稟目秩. 10月 21日.

| 장색 | 이름 | 활동 | 기간 | 참여도감의 각소 |
|---|---|---|---|---|
| 雨傘匠 | 趙尙謙 | 1776-1805 | 29년 | 1776년, 규13337, 1방 / 1776년, 규13581, 3등, 1방(선공감) / 1777년, 규13327, 1방 / 1778년, 규13307, 1방 / 1783년, 규13311, 1방 / 1786년, 규13923, 3등, 별공작 / 1789년, 규13624, 1방 / 1800년, 규13640, 3등, 별공작 / 1805년, 규13597, 별공작 |
| | 崔道敏 | 1789-1830 | 41년 | 1789년, 규13624, 2방 / 1800년, 규13634, 2방 / 1802년, 규13122, 3등 / 1805년, 규13125, 3방 / 1816년, 규13616, 별공작 / 1823년, 규13936, 3등, 별공작 / 1830년, 규13726, 3등, 별공작 |
| | 吳義哲 | 1834-1864 | 29년 | 1834년, 규13668, 3등 / 1864년, 규14870, 2방 |
| | 朴成根 | 1835-1849 | 14년 | 1835년, 규13677, 3등, 별공작 / 1849년, 규13791, 별공작 |
| | 朴永根 | 1857-1864 | 7년 | 1857년, 규13694, 3등, 별공작 / 1858년, 규14354, 1방 / 1858년, 규14920, 1방 / 1864년, 규13851, 3등, 별공작 |
| 蘆簟匠 | 朴仁興 | 1789-1800 | 11년 | 1789년, 규13627, 조성소 / 1800년, 규13640, 3등, 조성소 |

<19세기 산릉도감 조성소의 각색 장인>

1800년 정조 건릉의 정자각에는 개장 김성복, 우산장 조상겸, 로점장 박인흥 등이 차출되어 산개와 우산 및 바닥을 조성하고 있었는데, 그중 조상겸은 18세기말 1776년에는 선공감에 소속되어 있던 우산장이었다. 1835년 효현후 경릉의 정자각에는 개장 황룡운, 우산장 박성근이 차출되었고, 1864년 철종 예릉의 정자각에는 우산장 박영근이 참가하였다. 한편 우산장 박성근과 박영근은 형제간으로 우산장 집안을 이룬 예이다. 이처럼 19세기 초까지는 내부를 꾸밀 각색 장인들이 18세기 말부터 장기간 활동해 온 장인들인데 비하여 19세기 중반 이후에는 10년 미만의 짧은 기간에 한 두 도감에만 동원되는 것을 볼 수 있다. 이는 19세 후반에 이르면 이들 장인들이 사장으로 생업에 종사하고 있기 때문인 것으로 여겨진다.

### 6) 정자각 내 신문주렴의 제작

정자각은 능 주인의 혼백을 모신 정전(正殿)과 제사에 참여하는 사람들이 절을 올리는 배위청(拜位廳)으로 구분되었다. 이러한 정자각의 전각 평면에서 볼 수 있는 '丁'자형 구조는 기능을 따른 것임을 알 수 있다. 조선후기에 들어서 조성된 왕릉의 정자각은 건원릉을 전범으로 삼은 정전 3칸, 배위청 2칸의 5칸 정자각이 대부분이었다. 그러나 정자각의 칸수는 시대에 따라 다음과 같이 약간의 변화를 보이고 있었다.

| 대수 | 능 명 | 피장자 | 조성연대 | 정전 | 배위청 | 정자각 |
|---|---|---|---|---|---|---|
| 6대 | 장릉(莊陵) | 단종 | 1698 | 3칸 | 2칸 | 5칸 |
| | 사릉(思陵) | 정순왕후 | 1698 | 3칸 | 2칸 | 5칸 |
| 11대 | 온릉(溫陵) | 단경왕후 | 1739 | 3칸 | 2칸 | 5칸 |
| 14대 | 목릉(穆陵) | 의인왕후, 선조, 인목왕후 | 1600, 1609, 1632 | 3칸 | 2칸 | 5칸 |
| 16대 | 장릉(長陵) | 인조, 인렬왕후 | 1649, 1659 | 5칸 | 3칸 | 8칸 |
| | 휘릉(徽陵) | 장렬왕후 | 1688 | 5칸 | 3칸 | 8칸 |
| 17대 | 영릉(寧陵) | 효종, 인선왕후 | 1659, 1673, 1674 | 5칸 | 3칸 | 8칸 |
| 18대 | 숭릉(崇陵) | 현종, 명성왕후 | 1675, 1684 | 5칸 | 3칸 | 8칸 |
| 19대 | 익릉(翼陵) | 인경왕후 | 1681 | 5칸 | 3칸 | 8칸 |
| | 명릉(明陵) | 숙종, 인현왕후, 인원왕후 | 1701, 1721, 1757 | 3칸 | 2칸 | 5칸 |
| 20대 | 의릉(懿陵) | 경종, 선의왕후 | 1725, 1730 | 3칸 | 2칸 | 5칸 |
| 21대 | 홍릉(弘陵) | 정성왕후 | 1757 | 3칸 | 2칸 | 5칸 |
| | 원릉(元陵) | 영조, 정순왕후 | 1776, 1805 | 3칸 | 2칸 | 5칸 |
| 22대 | 건릉(健陵) | 정조, 효의왕후 | 1800, 1821 | 3칸 | 2칸 | 5칸 |
| 23대 | 인릉(仁陵) | 순조, 순원왕후 | 1834, 1856(천릉), 1857 | 3칸 | 2칸 | 5칸 |
| 추존 | 수릉(綏陵) | 익종, 문조(추존), 신정왕후 | 1846, 1855, 1890 | 3칸 | 2칸 | 5칸 |
| 24대 | 경릉(景陵) | 헌종, 효현왕후, 효정왕후 | 1843, 1849, 1904 | 3칸 | 2칸 | 5칸 |
| 25대 | 예릉(睿陵) | 철종, 철인왕후 | 1864, 1878 | 3칸 | 2칸 | 5칸 |

<조선 후기 왕릉의 정자각 칸수 변화>

위 표를 보면 17세기 초까지 산릉도감에는 정자각과 함께 영악전을 독립시켜 별도로 지었기 때문에 5칸 정자각이 조영되었다. 그러다가 1675년 숙종이 즉위하고 현종의 국장 때 숭릉을 조성하면서 재궁을 봉안할 영악전을 제작하지 않고, 그것을 정자각 내부로 수용하면서 정자각의 형태는 8칸 정자각이 조성되었다.[319] 그리하여 17세기 들어 현종의 숭릉·인경왕후의 익릉·인조계비 장렬왕후의 휘릉 등에서는 5칸 정자각에서 정전의 좌우와 배위청의 전면에 각각 1칸씩을 더한 8칸 정자각으로 조성하고 있었다.[320]

그러나 1698년 숙종대 말에 단종의 장릉(莊陵)과 그의 비 정순왕후의 사릉(思陵)을 봉릉할 때에는 다시 조선전기의 건원릉을 전범으로 삼아 정전 3칸, 배위청 2칸의 5칸 정자각을 조영하

319) 장경희, 「조선후기 산릉도감의 장인 연구」, 128쪽 ; 신지혜, 「조선후기 靈幄殿 기능수용에 따른 정자각 평면변화 고찰」, 『건축역사연구』제18권 4호, 통권 65호, 2009.8, 7-21쪽.

320) 장경희, 앞 논문, 126쪽.

였다. 그런데 당시 국제 관계가 변화되어 17세기 중반까지 활발했던 조선의 중개무역 대신 청·일 간의 직교역이 시행되면서 조선의 국가 재정이 어려워 국가적 행사나 조영사업 또한 축소되는 경향을 엿볼 수 있다. 따라서 17세기 말부터 한말까지 정자각의 형태는 5칸 정자각으로 정형화 되었다.

이상과 같이 조영한 정자각에는 무엇을 배치했는지 조선 왕릉 중 가장 늦게 조영된 1904년 효정왕후 경릉의 『산릉도감의궤』에서 살펴보기로 하자. 「조성소의궤」의 도설에는 가정자각의 내부에 배치되는 의물을 인산(因山) 전후로 나누어졌다.

첫째, 인산 전 정자각에 우선 배치되는 의물은 인산 후 철거하여 되돌려주거나 불태웠다. 「도설」에 의하면 정자각의 내부의 벽에는 백지로 초배를, 저주지로 재배를, 백능화지로 정배를 한 후 청능화지로 띠를 둘렀다. 그리고 정전과 배위청 및 4면 첨계 위 네모진 전돌에는 노점을 깔고, 그 위에 백문석을 잇댄 지의를 깔았다. 북쪽 신문에는 주렴을 걸고, 그 앞쪽으로 빙둘러 홍초 휘장을 쳤으며, 휘장 안쪽 4벽에는 모란병풍 4좌를 배치하였다. 영침 위에는 고난간평상을, 영좌에는 방교의와 옥등을 놓았다. 그리고 제사를 드리기 위해 제상 4좌와 향상 1좌를 놓고 그 위에는 상건을 덮고 좌면지를 혼전에서 상의원이 옮겨 배설하였고, 흑칠연갑에 연석과 필묵까지 갖추었다. 그런데 이러한 의물은 재궁이 산릉이 올라가 현궁에 안치되고 나면 모두 철거되었다. 영침평상이나 모란병풍 등은 상의원에서 철거하여 가져갔으며,[321] 찬궁 위를 덮었던 붉은 휘장이나 바닥에 깔았던 백문지의는 조성소에서 철거한 다음 불에 태웠다.[322]

둘째, 신문주렴의 바로 앞에 놓인 신어평상 1좌이다. 신어평상의 크기는 길이 7자, 너비 3자, 높이 4치 6푼이다. 살평상 형태에 당주홍칠을 하며, 다리 쪽에 운각을 새기고 삼록칠을 하고 명유를 발랐다. 다리에 조각을 하여 운족평상으로도 불리며,[323] 1688년부터 신어운족평상으로 불렸고,[324] 이후 1701년과 1721년, 1725년에도 마찬가지였다. 신어평상의 바닥과 아래에는 남초로 선을 두른 별문석 지의를 깔고, 중간에는 제용감에서 만든 자릉욕 1좌를 진배하며, 욕 위에는 채화석에 자적으로 선을 둘러 배치하였다.[325]

셋째, 신어평상을 중심으로 좌우 기둥에는 제등 1좌씩 각각 설치하였다. 제등을 정자각에 설

321) 『孝定王后景陵山陵都監儀軌』卷2, 造成所 圖說 假丁字閣內 排設.
322) 『孝定王后景陵山陵都監儀軌』卷1, 詔勅(奏本 狀啓 附), 甲辰 1月 30日. 燒火別單.
323) 『莊烈王后徽陵山陵都監儀軌』卷2, 別工作, 丁字閣 進排秩 ; 『仁顯王后明陵山陵都監儀軌』卷2, 別工作, 丁字閣 進排秩.
324) 『莊烈王后徽陵山陵都監儀軌』卷2, 別工作, 丁字閣 進排秩.
325) 『孝宗寧陵遷陵山陵都監儀軌』卷2, 造成所, 1673年 10月 8日.

치한 것은 1673년 효종 영릉천릉도감 때 4좌를 설치된 것이 처음이고, 그 이전에는 없었다.[326] 이후 1684년 명성왕후의 숭릉 때부터 2좌를 세우는 것이 정례화되었는데,[327] 이 또한 영악전을 설치하지 않으면서 정자각 내부에 배치하도록 제도화되었다. 그런데 1878년 철인왕후의 예릉 산릉도감에서는 제등을 설치하지 않았으며,[328] 이후 1890년 신정왕후의 수릉과 1903년 효정왕후의 경릉에서는 4좌씩 배치하고 있었다.[329] 고종 말부터 제등이 정자각 네 모서리에 배치되었는데, 여기서 제등의 기능적 변화를 유추할 수 있다. 즉 이전까지 제등은 정자각 북쪽에 신어평상과 나란히 배치되어 혼백을 밝히는 역할을 하였으나, 한말부터는 궁궐 전각이나 종묘처럼 제전으로서 정자각을 비추는 기능으로 변화된 것으로 여겨진다.

고종 홍릉 침전, 1900년

순종 유릉 침전, 1904년

326) 『孝宗寧陵遷陵山陵都監儀軌』卷2, 別工作, 丁字閣 進排秩.
327) 『明聖王后崇陵山陵都監儀軌』卷2, 別工作, 丁字閣 進排秩.
328) 『哲人王后睿陵山陵都監儀軌』卷2, 別工作, 丁字閣 進排秩.
329) 『神貞王后綏陵山陵都監儀軌』卷2, 別工作, 丁字閣 進排秩 ; 『孝定王后景陵山陵都監儀軌』卷2, 別工作, 丁字閣 進排秩.

## 4 대부석소의 석조물 제작

대부석소는 왕릉의 주인을 알려주는 신도비나 표석을 비롯하여 능상 위에 설치하는 혼유석이나 문무석인 및 석양석호 석마 등 비교적 크기가 크고 왕릉의 상징성을 드러내는 각종 석조각을 제작하는 제작소이다. 반면 소부석소는 침전과 재실, 곡장 등에 필요한 초석(礎石)이나 대석(臺石), 전석, 와전(瓦甎) 그리고 금천교(禁川橋) 건설 등에 필요한 비교적 크기가 작고 자잘한 석재를 관장하는 제작소이다. 양자는 모두 원역명단 다음에는 일록이 수록되어 있고, 그 다음에 품목이 날짜별로 기록되어 있다. 실입질, 철물질, 석물질, 공장질이 차례로 수록되어 있다. 소부석소는 생략하고 대부석소를 중심으로 서술하고자 한다.

### 1) 17세기 석조각

(1) 석의물의 전범과 석재의 채취

정자각의 규모와 양식을 전대의 산릉 중에서 전범을 구했듯이 석의물도 같은 방식을 취하고 있었다. 산릉도감이 설치되는 즉시 도감의 제조는 낭청과 화원 및 석수변수를 거느리고 선대 산소의 석물들을 간심하기 시작하였다. 간심하는 과정에서 전범으로 삼을 만한 석물을 선택하여 도감 제조는 화원으로 하여금 석물의 체제와 대소 장단을 자로 재고 모방해 그리도록 하였다. 이 그림을 견양으로 삼아 석수들이 석재를 떠 오면 화원이 석재에 기화를 하고 석공예에 숙달된 조각장과 섭장들이 세부를 조각하였다. 이러한 석물의 제작방식은 17세기 내내 공통된 관행으로서 준수되고 있었다.

1649년의 장릉 석물은 화원 한선국(韓善國)이 건원릉과 광릉, 효릉의 석물들을 참작해서 그려왔는데,[330] 장릉의 병풍석은 1545년의 인종 효릉의 석의물을 본받되 상전석을 비롯한 나머지 석물은 건원릉의 석물양식에 따랐다.[331] 1659년의 영릉 석물은 화원 이기룡(李起龍)이 건원릉의 석의물을 그려 온 것을 전범으로 삼은 것이고,[332] 1675년의 숭릉 석물은 화원 장자방(張子方)이 동구릉의 옛 영릉 석의물을 본떴다.[333] 그리고 1683년의 익릉 석의물은 화원 함제건(咸悌健)이 1673년 목릉을 천릉할 때의 석물을 전범으로 삼았으며,[334] 1688년의 휘릉 석의물은 화원 장시

330) 『仁祖長陵山陵都監儀軌』, 1649年, 장2-2367 下. 啓辭秩. 5月 20日 ; 右浮石所 ; 賞格 1等秩.

331) 『仁祖長陵山陵都監儀軌』, 1649年, 장2-2367. 啓辭秩. 5月 20日, 27日, 29日.

332) 『孝宗寧陵山陵都監儀軌』, 1659年, 규15075. 上. 座目.

333) 『顯宗崇陵山陵都監儀軌』, 1649年, 장2-2323. 別單. 8月 19日 ; 啓辭秩. 9月 15日.

334) 『仁敬后翼陵山陵都監儀軌』, 1683年, 장2-2324. 座目. 10月 27日 ; 啓辭秩. 11月 26日 ; 大浮石所. 12月 26日.

량(張時良)이 건원릉 석물을 전범으로 삼았으나, 병풍석과 사대석 등은 설치하지 않았다.[335] 이처럼 17세기의 산릉 석의물은 건원릉을 범본으로 삼되, 바로 직전에 조성된 산릉의 석의물들을 전례로 참고하고 있었다.

석의물의 전범이 결정되면 능소에서 가까운 지역에 부석소를 설치하고 화원이 그린 견본에 적힌 규모와 양식에 걸맞은 석재를 떠내기 시작하였다. 1649년 파주에 정한 장릉은 조계(漕溪)에 부석소를 설치하여 돌을 떠내어[336] 화원 한선국이 그린 견양대로 조각하였으나[337] 건원릉과 효릉의 병풍석에 새긴 인물상 표현이 서로 같지 않자, 건원릉의 인물상대로 새겨 넣도록 하였다.[338] 1659년의 영릉 석의물도 장릉과 같이 건원릉의 석의물을 전범으로 삼았지만,[339] 처음에는 산릉지를 수원으로 정하여 부석소를 수원 고등촌에 설치하였다가[340] 장지를 건원릉 내로 정하면서 부석소를 조계(漕溪)에 설치하였다.[341] 그런데 수원의 석품(石品)이 조계 것보다 낫다고 여긴 데다가 이미 거의 모든 석물을 다듬어 놓은 상태였으므로,[342] 모두 새 산릉지로 옮겼고,[343] 다만 그때까지 건조되지 않았던 병풍면석 1기, 상우전석 1개, 호석 3개만 조계에서 돌을 떠내 공사를 마무리했다.[344] 이 때 『오례의』에 따라 병풍면석에는 방위지신을, 사방의 우석(隅石)에는 운기문(運氣文)을 새겨야 하지만,[345] 병풍석 외면에 인물상을 새기는 것이 마땅치 않다는 의견이 있어 운기문으로 바꾸게 하였다.[346]

인선왕후의 영릉을 조성할 당시 현종의 국장을 거행하며 왕실은 국장의 시행에 절용을 강조하였다. 중궁에서는 현종의 습의대(襲衣襨)와 제구를 마련하면서 인선왕후의 국장과 효종의 영릉을 천릉할 때 비용이 많이 들어 현종이 백성의 재물을 손상시키는 것에 대한 근심이 있었으니 제구와 의대를 마련함에 대내에서 들이도록 하였다.) 사위(嗣位) 후에 진하(陳賀)하는 방물도 두 자전(慈殿)에게만 올리도록 하고, 민력이 고갈됨을 염려하여 천릉하기 전의 효종의 영

---

335) 『莊烈后徽陵山陵都監儀軌』, 1688年, 장2-2326. 座目. 8月 16日 ; 啓辭秩. 都監事目 ; 啓辭秩. 9月 21日 ; 移文秩.
336) 『仁祖長陵山陵都監儀軌』, 1649年, 장2-2367. 啓辭秩. 5月 29日 ; 移文秩. 5月 20日. 6月 3日.
337) 『仁祖長陵山陵都監儀軌』, 1649年, 장2-2367. 啓辭秩. 7月 29日.
338) 『仁祖長陵山陵都監儀軌』, 1649年, 장2-2367. 啓辭秩. 8月 24日 ; 9月 4日.
339) 『孝宗寧陵山陵都監儀軌』, 1659年, 규15075. 啓辭秩. 6月 15日 ; 移文秩.
340) 『孝宗寧陵山陵都監儀軌』, 1659年, 규15075. 啓辭秩. 6月 20日 ; 左浮石所 ; 右浮石所.
341) 『孝宗寧陵山陵都監儀軌』, 1659年, 규15075. 啓辭秩. 7月 13日 ; 『孝宗寧陵山陵都監儀軌』, 1659年, 규15075. 左浮石所.
342) 『孝宗寧陵山陵都監儀軌』, 1659年, 규15075. 左浮石所.
343) 『孝宗寧陵山陵都監儀軌』, 1659年, 규15075. 啓辭秩. 7月 13日, 14日, 15日.
344) 『孝宗寧陵山陵都監儀軌』, 1659年, 규15075. 左浮石所.
345) 『孝宗寧陵山陵都監儀軌』, 1659年, 규15075. 啓辭秩. 9月 11日,
346) 『孝宗寧陵山陵都監儀軌』, 1659年, 규15075. 啓辭秩. 9月 11日.

릉에 남아 있는 석물을 그대로 사용하게 하였으며, 역사가 큰 산릉에 영악전(靈幄殿)도 짓지 못하도록 하였다. 백성의 피해를 줄이고자 한 것이었다. 조선후기 국왕의 국상의례에서 대체로 『국조오례의』를 따랐지만, 세부시행 사항들이 변화한 것이다.

1675년에 조성한 숭릉의 석물은 영릉과 같이 장릉과 효릉의 체제를 따르도록 되었으나,[347] 전술한 바와 같이 영릉이 1673년에 여주로 옮기면서 파묻었던 석물을 꺼내어 재활용하였다.[348] 당시 릉의 왼쪽에 묻힌 석물 중 고석과 망주대석은 완전히 파손되어 있었고, 망주석 1개는 절반이 파손되었으며, 문무석, 호석, 마석, 망주대석 및 양석 1개는 약간만 수정하면 사용할 수 있었다.[349] 그리고 능의 오른쪽에 묻힌 석물 중에는 양석, 망주석, 장명등 하전석 1개는 파손되어 쓸 수가 없었고, 나머지 문무석, 사방석 2, 혼유석1, 고석 3개, 하전석 망주대석 1, 마석 2, 호석 2개는 약간만 다듬으면 사용할 수 있었다.[350] 이때 캐낸 무석인의 갑주양식이 다른 왕릉의 석물양식과 맞지 않았지만,[351] 그대로 사용키로 하였다.[352] 따라서 1675년 배설한 숭릉의 석물 중 파손되어 사용할 수 없었던 망주석 2개, 양석 3개, 하전석 1개, 장명등 1개를 만들기 위해 노원(蘆原)에 대부석소를 설치하여 돌을 떠내었고,[353] 약간 파손된 것은 조금씩 손질하였기 때문에 공역이 크게 줄었다.[354]

1683년 익릉 석물의 전범도 1673년의 영릉 석물양식을 전범으로 삼았다.[355] 산릉도감에서는 대부석소를 설치하기 위하여 중흥동, 서원후동, 묵방, 소사기막동, 대사기막동 등 5곳의 석품을 간심하였다. 그중 석재의 품질이 좋았던 소사기막동과 대사기막동을 선택하여 다시 간심한 결과 소사기막동은 도로가 평이하나 덩치 큰 돌들이 한 곳에 집적되어 있어 돌을 떠내기 어려운데 비하여 대사기막동은 도로는 약간 험하나 석질이 좋고 여러 곳에 흩어져 있어 떠내기가 편리했기 때문에 대사기막동을 택하여 대부석소를 개설하였다.[356] 그리고 1688년 휘릉의 석물은 감조관 2명과 석수변수 2명이 양주 노원 우이리의 석품을 간심했으나 쓸 만한 것이 없어 조계동

347) 『顯宗崇陵山陵都監儀軌』, 1675年, 장2-2323. 啓辭秩. 9月 29日 ; 10月 2日.
348) 『顯宗崇陵山陵都監儀軌』, 1675年, 장2-2323. 啓辭秩. 9月 15日 ; 移文秩.
349) 『顯宗崇陵山陵都監儀軌』, 1675年, 장2-2323. 啓辭秩. 9月 18日 ; 大浮石所, 9月 27日.
350) 『顯宗崇陵山陵都監儀軌』, 1675年, 장2-2323. 啓辭秩. 9月 19日.
351) 『顯宗崇陵山陵都監儀軌』, 1675年, 장2-2323. 啓辭秩. 9月 19日.
352) 『顯宗崇陵山陵都監儀軌』, 1675年, 장2-2323. 啓辭秩. 9月 20日.
353) 『顯宗崇陵山陵都監儀軌』, 1675年, 장2-2323. 移文秩. 11月 24日 ; 大浮石所.
354) 『顯宗崇陵山陵都監儀軌』, 1675年, 장2-2323. 啓辭秩. 9月 20日.
355) 『仁敬后翼陵山陵都監儀軌』, 1683年, 장2-2324. 啓辭秩. 11月 16日.
356) 『仁敬后翼陵山陵都監儀軌』, 1683年, 장2-2324. 移文秩. 11月 19日.

의 석품을 간심한 뒤[357] 대부석소를 설치하고, 소부석소는 노원과 불암에 설치하고 있었다.[358]

(2) 대부석소 소속 석수와 각색 장인

17세기 대부석소에 징발되던 장인은 석수, 야장, 조각장이었다. 이들 장색도 조성소의 각색 장인들과 마찬가지로 서울의 한성부나 지방의 각 읍에 장인으로 등록되어 있었다. 장인성책에는 장인의 이름과 거주지, 나이 및 기술 수준까지 적혀 있었다.[359] 석재의 산지는 서울 근교였기 때문에 대부석소의 장인들을 징발할 때마다 개성이나 강화도를 포함한 경기도와 각도에 공문을 띄워 필요한 인원을 분정하고 있었다.[360]

이처럼 산릉도감이 각도에 인원을 배정하지만 부역노동을 기피하는 장인들을 징발하는 데는 어려움이 많았다. 더욱이 지방관아에서는 중앙관청의 공문을 받고 이행하지 않으면 처벌을 면치 못하도록 규정되어 있었기 때문에 장인을 징발하기에 급급하게 마련이었다. 일례로 1688년 광주목사의 첩정을 보면, 광주목사 관내 각 면의 호구장적이 유실되어 장인으로 등록되어 있지 않은 자를 강제로 뽑아 올리고 있었다. 곧 광주 승 선담, 김돌쇠, 김백, 라상준 등은 뒤에 작성한 등록에는 올라 있지만 당시에는 그곳의 거주자가 아니었고, 金돌쇠는 김씨가 아닌 全씨였지만 당시 광주에 거주하고 있다는 사실만으로 압송했으나 중간에 도주하여 광주목사가 대신 솜씨 좋은 장인을 뽑아 보내겠다고 보고하고 있었던 것이다.[361] 그러나 산릉도감에 징발될 석수가 나이가 많으면 노부를 대신하여 아들로 채우거나,[362] 병이 들었을 때 친척을 보내거나,[363] 관내 다른 장인을 대신 채워 보내는 것은 묵인되고 있었다.[364] 그러나 각 읍에서 간혹 석수가 직업이 아닌데도 강제로 징발하는가 하면[365] 겨울철의 산릉공사 시에는 능소에서 도주한 장인들이 많아,[366] 연고지에 관원을 파견하여 수색하거나,[367] 그 장인을 뽑아 보낸 각 읍의 향소 색리들은 엄형에 처하기도 하였다.

---

357) 『莊烈后徽陵山陵都監儀軌』, 1688年, 장2-2326. 大浮石所.

358) 『莊烈后徽陵山陵都監儀軌』, 1688年, 장2-2326. 啓辭秩. 9月 22日 ; 移文秩. 9月 22日.

359) 『仁敬后翼陵山陵都監儀軌』, 1683年, 장2-2324. 移文秩. 2月 2日.

360) 『莊烈后徽陵山陵都監儀軌』, 1688年, 장2-2326. 大浮石所.

361) 『莊烈后徽陵山陵都監儀軌』, 1688年, 장2-2326. 移文秩. 9月 29日.

362) 『仁敬后翼陵山陵都監儀軌』, 1683年, 장2-2324. 移文秩. 11月 19日. 20日, 23日, 27日, 29日.

363) 『仁敬后翼陵山陵都監儀軌』, 1683年, 장2-2324. 移文秩. 1月 10日.

364) 『仁敬后翼陵山陵都監儀軌』, 1683年, 장2-2324. 移文秩. 12月 1日 ; 『莊烈后徽陵山陵都監儀軌』, 1688年, 장2-2326. 移文秩. 9月 29日.

365) 『仁敬后翼陵山陵都監儀軌』, 1683年, 장2-2324. 移文秩. 12月 21日 ; 1月 9日.

366) 『仁敬后翼陵山陵都監儀軌』, 1683年, 장2-2324. 移文秩. 1月 7日.

367) 『仁敬后翼陵山陵都監儀軌』, 1683年, 장2-2324. 移文秩. 1月 20日.

어떻든 부석소가 품질이 좋은 석재 생산지에 설치되면,[368] 산릉도감에서는 각 도에 공문을 보내어 석수들을 징발하였는데,[369] 그 인원수는 대체로 150여 명에 달하였다. 1659년 영릉의 석물을 조성할 때는 산릉도감이 경상·전남·황해·충청·강원·경기 등지 각 읍의 석수를 징발하면서, 노병을 칭탁하지 못하도록 성명을 일일이 적어 보내도록 하였다.[370] 1675년 숭릉의 석의물은 민폐를 줄이기 위해 여주로 천릉한 영릉의 석물을 재활용할 계획이었기에 연군(烟軍)들을 동원하여 매치된 석물을 꺼내게 하였고,[371] 경기·충청·황해·강원·전라도의 장적에 등록된 석수들만 징발하되, 지방의 석공들이 수 개월간 국역에 시달리는 폐단이 없도록 하라고 지시하고 있었다.[372] 그리고 1683년 익릉의 대부석소도 서울의 석수들만으로는 불가능하여 산릉도감이 각 도의 석수들을 징발하였다.[373] 개성부와 강화도에서 석수 10명씩을 급히 불렀고, 전남, 충청, 경상도의 석수 20명씩, 강원도와 황해도의 석수 10명씩을 징발하였는데,[374] 그들의 성명과 거주지를 책자로 만들어 올려 보내도록 하였다.[375] 그러나 1688년 휘릉의 석물을 조성할 때는 석수의 수가 150여 명을 훨씬 상회하고 있었다. 이때 산릉도감에서는 180명을 징발하였다가 노잔한 석수 10명을 돌려보내고 170명만을 부석소에 투입하였던 것이다.[376] 하지만 당시 부석소 등록에 올라있는 석수는 경석수 70여 명과 지방의 외거장인등록에 기록된 석수 80여명만이 있었다.[377] 산릉도감이 각 산릉공사 때마다 이처럼 징발한 석수는 한 명당 육조역 1명과 모조역 1명을 부쳐 주었고,[378] 각 소마다 공역을 끝낸 석수들을 순차적으로 귀가시켰다[379]. 공역이 끝나면 석수들은 일한 날짜의 많고 적음에 따라 1,2,3등으로 나누어 포3필, 2필, 1필을 차등 지급하여 시상하였다.[380]

17세기 각 능소의 석수로 징발된 자들 가운데 30~40년간 부역한 석수들을 찾아보면 박금이동, 하덕성, 백던환, 조말룡, 유남, 이희선 등 6명으로 이들은 서울에 거주한 경장들이었고, 대개가 변수의 일을 맡을 만큼 우수한 석공들이었다.

---

368) 『顯宗崇陵山陵都監儀軌』, 1675年, 장2-2323. 移文秩. 9月 2日.
369) 『孝宗寧陵山陵都監儀軌』, 1659年, 규15075. 移文秩. 6月 10日.
370) 『孝宗寧陵山陵都監儀軌』, 1659年, 규15075. 移文秩. 6月 12日.
371) 『顯宗崇陵山陵都監儀軌』, 1675年, 장2-2323. 移文秩. 9月 16日 ; 9月 18日.
372) 『顯宗崇陵山陵都監儀軌』, 1675年, 장2-2323. 移文秩. 9月 20日.
373) 『仁敬后翼陵山陵都監儀軌』, 1683年, 장2-2324. 移文秩. 11月 8日.
374) 『仁敬后翼陵山陵都監儀軌』, 1683年, 장2-2324. 移文秩. 11月 8日.
375) 『仁敬后翼陵山陵都監儀軌』, 1683年, 장2-2324. 移文秩. 11月 22日.
376) 『莊烈后徽陵山陵都監儀軌』, 1688年, 장2-2326. 大浮石所.
377) 『莊烈后徽陵山陵都監儀軌』, 1688年, 장2-2326. 大浮石所.
378) 『顯宗崇陵山陵都監儀軌』, 1675年, 장2-2323. 大浮石所.
379) 『孝宗寧陵山陵都監儀軌』, 1659年, 규15075. 啓辭秩. 9月 19日.
380) 『孝宗寧陵山陵都監儀軌』, 1659年, 규15075. 書啓別單.

| 이름 | 활동 | 기간 | 참여도감 |
|---|---|---|---|
| 朴金伊同 | 1600-1645 | 45년 | 1600년, 규14825, 別單1等, 左浮石所 ; 1608년, 규13515, 別單1等, 右浮石所 ; 1609년, 규13514, 石物所 ; 1627년, 규13518, 造成所 邊首 ; 1630년, 규13515, 右浮石所, 邊首 ; 1632년, 규13517, 別單1等, 右浮石所 邊首 ; 1634년, 규14915, 1所 ; 1634년, 규14915, 2所 ; 1645년, 규13920, 小浮石所 |
| 河德成 | 1600-1634 | 34년 | 1600년, 규14845, 別單2等, 左浮石所 ; 1608년, 규13535, 別單1等, 小浮石所 ; 1609년, 규13514, 石物所 ; 1627년, 규13518, 造成所 ; 1630년, 규13515, 別單1等, 左浮石所 ; 1632년, 규13517, 別單1等, 左浮石所 邊首 ; 1634년, 규14915, 3所-1 |
| 白德還 | 1608-1645 | 37년 | 1608년, 규13515, 小浮石所 ; 1612년, 규14931, 4所 ; 1630년, 규13515, 小浮石所 ; 1632년, 규13517, 別單1等, 小浮石所 邊首 ; 1634년, 규14915, 2所-1 ; 1645년, 규13920, 別單1等, 小浮石所 邊首 |
| 趙烾龍 | 1630-1659 | 29년 | 1630년, 규15070, 3房 ; 1645년, 규13920, 別單1等, 大浮石所 左邊 邊首 ; 1649년, 장2-2367, 左右都邊首 ; 1659년, 규15075, 左浮石所, 左右都邊首 |
| 柳南 | 1630-1667 | 37년 | 1630년, 규13515, 右浮石所 仁川 ; 1632년, 규13517, 右浮石所 仁川 ; 1634년, 규14915, 1所 ; 1645년, 규13920, 大浮石所 右邊 ; 1649년, 장2-2367, 右浮石所 邊首 ; 1652년, 규14912, 昌德1所-1 ; 1659년, 규15075, 右浮石所 邊首 ; 1667년, 규14224, 2所-1 |
| 李希善 | 1675-1701 | 26년 | 1675년, 장2-2323, 大浮石所 邊首 ; 1683년, 장2-2324, 大浮石所 邊首 ; 1684년, 규14832, 大浮石所 邊首 ; 1688년, 장2-2326, 大浮石所 邊首 ; 1698년, 규14830, 別單1等, 大浮石所 邊首 ; 1701년, 장2-2327, 別單1等, 大浮石所 邊首 |

<17세기 산릉도감의 석수변수>

위 6명의 석수들을 살펴보면 17세기 전반과 후반에 활약한 석수들로 구분된다. 17세기 전반에 부역한 박김이동과 하덕성, 백덕환 등은 좌,우부석소와 소부석소의 장인으로 참여하다가 변수가 되는가 하면, 17세기 후반에 활동한 조말룡, 유남의 경우 조말룡은 좌변에만, 유남은 우변에만 종사하다가 각각 당해 변의 변수가 되었고, 조말룡은 좌,우대부석소의 작업책임을 도맡은 도변수에까지 올랐다. 그리고 이미 좌, 우변이 통합된 뒤인 1675년부터 대부석소에 동원된 석수 이희선은 26년간 6차례나 산릉도감에 징발되면서 6차례 모두 변수를 맡고 있었는데, 그는 해가 짧은 겨울철, 얼어붙은 땅에서 돌을 캐는 막중한 일을 충실하게 잘 처리하였다고 해서 칭찬받기도 하였다.[381)]

한편, 대부석소에 소속되어 석의물의 세밀한 부분을 정교하게 조각하던 장인들은 조각장 또는 섭장이라고 불렀다. 이들은 서울에 거주하던 경장들로 한성부의 장적에 등록되어 있는 우수한 장인들로 그 중 짧게는 20여년 길게는 40여 년간 종사한 자들만을 간추려 보면, 다음과 같다.[382)]

381) 『仁敬后翼陵山陵都監儀軌』, 1683年, 장2-2324. 移文秩. 2月 25日.

382) 『莊烈后徽陵山陵都監儀軌』, 1688年, 장2-2326. 大浮石所.

| 장색 | 이름 | 활동 | 기간 | 참여도감 |
|---|---|---|---|---|
| 조각장/섭장 | 安仁男 | 1627-1649 | 22년 | 1627년, 규13518, 造成所 ; 1632년, 규13517, 右浮石所 ; 1645년, 규13920, 大浮石所, 右邊 (邊首) ; 1649년, 장2-2367, 別單1등(京), 右浮石所, (邊首) |
| 조각장/섭장 | 金武生 | 1630-1651 | 21년 | 1630년, 규13515, 1등, 左浮石所 ; 1632년, 규13516, 別工作 ; 1632년, 규13517, 左浮石所 ; 1645년, 규13062, 3방 ; 1645년, 규13919, 혼궁別單 1등, 혼궁3방 ; 1645년, 규13920, 大浮石所, 左邊 ; 1649년, 장2-2367, 左浮石所-1 ; 1651년, 규13068, 3방 ; 1651년, 규13252, 3방 |
| 조각장 | 閔承業 | 1645-1684 | 39년 | 1645년, 규13062, 1방 ; 1645년, 규13918, 3방 ; 1645년, 규13920, 大浮石所, 右邊 ; 1649년, 규13067, 1방 ; 1649년, 규13521, 2방 ; 1649년, 장2-2367, 別單1등(京), 右浮石所 ; 1651년, 규13064, 1방, 3방 ; 1651년, 규13068, 1방, 3방 ; 1651년, 규13071, 3방 ; 1651년, 규13252, 1방, 3방 ; 1651년, 규13522, 1방 ; 1657년, 규15075, 右浮石所 ; 1659년, 규13527, 2방 ; 1661년, 규13073, 1방 ; 1661년, 규13529, 1방 ; 1667년, 규13076, 3방 ; 1673년, 규13532, 2방 ; 1674년, 규14865, 2방 ; 1675년, 규13539, 2방 ; 1675년, 규13539, 2방 ; 1681년, 규13553, 2방 ; 1684년, 규14869, 2방 |
| 조각장/섭장 | 琴孝善 | 1659-1684 | | 1659년, 규15075, 左浮石所(京) ; 1667년, 규14224, 3소 ; 1674년, 규13540, 魂殿3방 ; 1675년, 장2-2323, 大浮石所 ; 1676년, 규13082, 1방 ; 1676년, 규13258, 1방 ; 1676년, 규13541, 1방 ; 1677년, 규14897, 1방 ; 1681년, 규13554, 魂殿3방 ; 1683년, 장2-2324, 大浮石所 ; 1684년, 魂殿3방 |
| 섭장 | 李貴男 | 1659-1688 | 29년 | 1659년, 규15075, 右浮石所, 彫刻匠 ; 1675년, 장2-2323, 右浮石所(京) ; 1683년, 장2-2324, 右浮石所 (京) ; 1684년, 규14832, 右浮石所 (京) ; 1688년, 장2-2326, 大浮石所 -1 |
| 섭장 | 金英俊 | 1659-1698 | 39년 | 1659년, 규15075, 右浮石所, 彫刻匠 ; 1661년, 규13073, 3방 ; 1683년, 장2-2324, 大浮石所, (京) ; 1684년, 규14832, 大浮石所 (京) ; 1688년, 장2-2326, 大浮石所 ; 1698년, 규14830, 別單3등, 大浮石所 -1(京) |
| 섭장 | 金開川 | 1659-1701 | 42년 | 1659년, 규13528, 魂殿3방, 1659년, 규15075, 左浮石所, 彫刻匠(京) ; 1674년, 규13540, 魂殿3방 ; 1675년, 장2-2323, 大浮石所(京) ; 1683년, 장2-2324, 大浮石所(京) ; 1688년, 장2-2326, 大浮石所 ; 1701년, 장2-2327, 大浮石所 |
| 섭장 | 朴成輝 | 1675-1701 | 26년 | 1684년, 규14832, 別單3등, 大浮石所, (京) ; 1698년, 규14821, 別單1등, 大浮石所-1 ; 1701년, 장2-2327, 別單1등, 大浮石所 |

<17세기 산릉도감의 조각장/섭장>

우선 이들의 호칭은 시대에 따라 변하고 있었다. 17세기 전반에 부역한 안인남과 김무생은 그들의 작업장이 어디이건 조각장으로 불렸으나, 17세기 중반에 산릉도감의 대부석소에서 부역할 때는 섭장으로 불리고 있었다. 더욱이 이들은 손발이 맞는 석수들과 집단을 이뤘는지 안인남은 우부석소에서만, 김무생은 좌부석소에서만 종사하였다. 17세기 후반의 조각장 민승업은 산릉도감에 한두 차례 차출된 이외에는 여러 다른 도감에 차출되었기 때문에 조각장으로 불려졌다. 반면 금효선은 다른 도감에서는 조각장이었지만, 산릉도감에서는 여전히 섭장으로 불리고 있었

다. 1649년 장릉 좌부석소와 우부석소의 조각장은 소곶정 184개, 소한마치 15개의 도구를 각각 사용하였다.[383]

하지만 17세기 중반 이후에 대부석소에서 석의물을 조각하던 장인들은 모두 섭장으로 불려졌고 이들은 모두 경장들이었다. 그리고 거의 같은 시기에 징발된 섭장 이귀남과 김영준은 둘다 우부석소에만, 섭장 김개천은 좌부석소에서만 사역되고 있었다. 이들보다 조금 뒤에 차출되는 박성휘는 1675년에 섭장변수가 되었을 때는 섭장을 40명이나 동원하고 있었고, 그들에게 각각 육조역 1명씩을 배정하였고,[384] 1688년에는 섭장 24명이 총40일간 부역하고 있었다.[385]

17세기 장인들의 시상은 등급에 따라 가포로 지급하였다. 1649년 장릉의 경우 1등은 가포 3필씩, 2등질은 가포 2필씩, 3등은 가포 1필씩을 제급하였다.[386] 1675년 숭릉과 1681년 익릉 및 1688년 휘릉은 원역 공장은 해조로 하여금 미포를 분등 마련하여 제급하였다.[387]

### 2) 18세기 후릉제양 석의물의 간소화

(1) 석의물의 전범과 석재의 채취

17세기와 마찬가지로 18세기에도 산릉도감에서는 왕릉의 석물을 제작하기 전에 선대의 것을 살펴 전범으로 선택하였다. 1701년 인현왕후의 명릉 석의물은 후릉 것을 전범으로 삼았고,[388] 이 명릉의 석의물은 다음 표에서 볼 수 있듯이 18세기 산릉 석물의 전범으로 지켜지고 있다.

| | 문석 | 무석 | 소장번호 |
|---|---|---|---|
| 1701 인현후 명릉 | 장5척1촌1푼, 상광 1척9촌, 하광 2척1촌1푼, 상후1척6촌, 하후 2척 | 장 5척4촌, 상광 2척, 하광 2척2촌, 상후 1척7촌, 하후 1척9촌 | 장2-2327 |
| 1724 경종 의릉 | 장6척5촌, 상광1척9촌, 하광2척1촌5푼, 상후1척6촌, 하후1척8촌5푼 | 장6척5촌, 상광2척1촌, 하광2척1촌5푼, 상후1척7촌5푼, 하후1척8촌5푼 | 장2-2329 |
| 1757 정성후 홍릉 | 고6척9촌, 상광 2척1촌, 하광2척3촌5푼, 후1척8촌5푼 | 고7척7촌, 상광2척1촌, 하광2척5촌5푼, 후2척2촌7푼 | 규13591 |
| 1776 영조 원릉 | 고6척9촌, 상광 각2척1촌, 하광 각2척3촌5푼, 후 1척8촌5푼 | 고7척7촌, 상광 2척6촌8푼, 하광 2척5촌5푼, 후 2척2촌7푼 | 규13586 |

<18세기 산릉 석의물의 규격>

383) 『仁祖長陵山陵都監儀軌』, 1649年, 장2-2367. 左浮石所. 雜物秩 ; 右浮石所. 雜物秩.

384) 『顯宗崇陵山陵都監儀軌』, 1675年, 장2-2323. 大浮石所.

385) 『莊烈后徽陵山陵都監儀軌』, 1688年, 장2-2326. 大浮石所.

386) 『仁祖長陵山陵都監儀軌』, 1649年, 장2-2367. 賞格. 10月 23日.

387) 『顯宗崇陵山陵都監儀軌』, 1675年, 장2-2323. 論賞. 12月 30日 ; 『仁敬后翼陵山陵都監儀軌』, 1683年, 장2-2324. 論賞. 3月 5日 ; 『莊烈后徽陵山陵都監儀軌』, 1688年, 장2-2326. 都監 書啓 單子.

388) 『仁顯后明陵山陵都監儀軌』, 1701年, 규14824. 上. 啓辭秩. 8月 26日 ; 장2-2327 下. 大浮石所 稟目秩.

1701년 명릉의 문석은 길이가 5척 1촌 1푼, 1724년 경종 의릉의 것은 6척 5촌, 1757년 정성왕후 홍릉과 1776년 영조 원릉은 각각 6척 9촌으로, 앞서 17세기 말에 조성된 인경왕후 익릉의 문석이 7척 2촌, 장렬왕후 휘릉의 문석이 7척 5촌인데 비하면 치수가 1척 가까이 문석의 크기가 축소되고 있다.

1701년 인현후 명릉의 석물은 후릉 석물을 전범으로 삼은 뒤 당상관이 화원 장자방과 석수 변수 등을 데리고 후릉으로 내려가 간심, 측량하였다.[389] 명릉 또한 숭릉처럼 숙종의 수릉지를 우측에 정하였기 때문에[390] 미리 혼유석을 중앙에 배치하였고,[391] 문무석 각 1쌍, 양호석은 각2쌍을 좌우에 각기 나누어 배설하였다.[392] 부석소는 고양의 대사기막동에 설치하여,[393] 석재를 떠내었다.[394]

| 연대 | 피장자 | 능호 | 대부석소의 위치 | 소장번호 |
|---|---|---|---|---|
| 1701 | 인현왕후 | 명릉 | 북한산 고양지대 사기막동(高陽 地大 沙器幕洞) | |
| 1718 | 단의왕후 | 혜릉 | 노원(蘆原) | |
| 1724 | 경종 | 의릉 | 노원(蘆原) 중계(中契) | |
| 1728 | 진종 | 영릉 | 파주(坡州) 분수원지(分水院地) | |
| 1730 | 선의왕후 | 의릉 | 노원(蘆原) 중계(中契) | |
| 1731 | 인조 | 장릉 천릉 | 강화(江華) 매음도(煤音島) | |
| 1739 | 단경왕후 | 온릉 | 북한산 중흥동(重興洞) | |
| 1757 | 인원왕후 | 명릉 | 북한산 중흥동(重興洞) | |
| 1757 | 정성왕후 | 홍릉 | 북한산 중흥동(重興洞) | |
| 1776 | 영조 | 원릉 | 노원(蘆原) 중계(中契) | |
| 1789 | 사도세자[후일 장조] | 현륭원(융릉) | 수원(水原) 앵봉(鸎峯) | |

<18세기 산릉도감 대부석소의 위치 대부석소>

18세기 중반 1757년에 조성한 정성후 홍릉의 석물도 앞의 의릉 것을 전범으로 삼아[395] 봉심하

389) 『仁顯后明陵山陵都監儀軌』, 1701年, 규14824.. 上. 移文秩. 8月 25日 ; 啓辭秩. 8月 14日 ; 8月 25日.
390) 『仁顯后明陵山陵都監儀軌』, 1701年, 규14824. 上. 啓辭秩. 9月 2日.
391) 『仁顯后明陵山陵都監儀軌』, 1701年, 규14824. 上. 啓辭秩. 8月 19日.
392) 『仁顯后明陵山陵都監儀軌』, 1701年, 장2-2327 下. 大浮石所 稟目秩. 9月 19日.
393) 『仁顯后明陵山陵都監儀軌』, 1701年, 장2-2327 下. 大浮石所 稟目秩. 8月 21日.
394) 『仁顯后明陵山陵都監儀軌』, 1701年, 규14824. 啓辭秩. 9月 4日 ; 10月 15日.
395) 『貞聖后弘陵山陵都監儀軌』, 1757年, 규13591 上. 啓辭秩. 2月 19日.

고 측량하였다.[396] 석재는 명릉과 익릉이 북한산 외곽에서 채취하였으므로,[397] 서암사에 인접한,[398] 양주 중흥동 채석장을 간심한 뒤 부석소를 설치하였다.[399] 영조는 『국조상례보편』에 규정한대로 산릉의 석물을 명릉의 예로 정하고,[400] 화원이 이를 기화하였다.[401] 이러한 석물의 도설은 1789년『현륭원원소도감의궤』를 비롯하여, 19세기 『건릉산릉도감의궤』(1800), 『수릉산릉도감의궤』(1846) 등에서 꾸준히 영향을 끼쳤다.

(2) 경아문 소속 석수와 각색 장인

18세기 산릉도감 부석소에 동원되어 석의물을 제작하던 장인들의 장색과 숫자가 시기가 내려갈수록 증가되고 있었다. 17세기 부석소장인의 장색은 석수, 야장, 조각장 등이었으나, 18세기에는 전반기에는 화원이 추가되어 4-5종, 후반기에는 니장, 개장, 도자장이 추가되어 7종으로 늘었다. 그리고 석수의 숫자도 150명 내외를 정수로 삼아 서울석수와 지방석수를 차출하였는데, 초기에는 그 비율이 반반이었으나 시기가 내려가면서 점차 서울석수의 숫자는 줄고 모군들로 대체하고 있었고 그 숫자도 증가하였다. 또한 서울석수들은 전술한 목수와 마찬가지로 선공감 등 경아문이나 오군영에 소속되어 있었다.

| 1701 인현후 명릉 (4종) | 1724 경종 의릉 (5종) | 1757 정성후 홍릉 (7종) | 1776 영조 원릉 (7종) |
|---|---|---|---|
| 석수, 야장, 섭장, 각수 | 화원, 석수, 야장, 섭장, 각수 | 석수, 야장, 섭장, 각수, 니장, 개장, 도자장 | 석수, 야장, 섭장, 각수, 니장, 개장, 도자장, |
| 장2-2327 | 장2-2329 | 규13591 | 규13586 |

<18세기 산릉도감 대부석소의 장색>

1701년 명릉의 석수 정원은 당초 150명으로 정하였으나 실제 동원한 숫자가 130명이었고, 이들 중 70명은 소부석소에서 일하였다.[402] 1720년의 산릉도감등록에는 정원을 160명으로 늘렸지만 1724년 의릉의 공역에는 100명으로 줄어들고 있었으며,[403] 1757년에는 다시 125명으로 약간

396) 『貞聖后弘陵山陵都監儀軌』, 1757年, 규13591 上. 啓辭秩. 3月 7日.
397) 『貞聖后弘陵山陵都監儀軌』, 1757年, 규13591 上. 啓辭秩. 3月 1日.
398) 『貞聖后弘陵山陵都監儀軌』, 1757年, 규13591 下. 大浮石所. 3月 6日.
399) 『貞聖后弘陵山陵都監儀軌』, 1757年, 규13591 上. 移文秩. 3月 19日 ; 下. 大浮石所. 2月 22日.
400) 『貞聖后弘陵山陵都監儀軌』, 1757年, 규13591 上. 啓辭秩. 5月 13日.
401) 『貞聖后弘陵山陵都監儀軌』, 1757年, 규13591 下. 大浮石所. 稟目秩.
402) 『仁顯后明陵山陵都監儀軌』, 1701年, 장2-2327 下. 大浮石所 稟目秩. 9月 19日.
403) 『景宗懿陵山陵都監儀軌』, 1724年, 장2-2329 下. 大浮石所.

붙었다가, 1776년에는 104명으로 줄었다. 18세기 석수들에게도 17세기와 같이 각각 모조역 1명과 육조역 1명이 배정되었다.[404] 당시 산릉도감에서 13~43년간 참여하여 변수로 활동한 석수들은 다음과 같다.

| 이름 | 활동 | 기간 | 참여도감 |
|---|---|---|---|
| 吳士俊 | 1688-1730 | 42년 | 1688년, 장2-2326, 大浮石所 京 ; 1698년, 규14830, 大浮石所 京 ; 1701년, 장2-2327, 大浮石所 京 ; 1721년, 장2-2328, 別單1等, 大浮石所-1 ; 1722년, 규14940, 浮石所 邊首 ; 1724년, 장2-2329, 大浮石所 邊首 ; 1730년, 규14823, 大浮石所 |
| 禹興民 | 1701-1744 | 43년 | 1701년, 장2-2327, 大浮石所 京 ; 1721년, 장2-2328, 大浮石所 京 ; 1722년, 규14940, 浮石所 ; 1724년, 장2-2329, 大浮石所 ; 1730년, 규14823, 別單1等, 大浮石所-1 ; 1744년, 규13564, 別單1等, 別工作 內需司 |
| 金千碩 | 1724-1755 | 31년 | 1724년, 장2-2329, 大浮石所 京 ; 1751년, 규14836, 別單1等 ; 1753년, 규14925, 大浮石所-1 ; 1753년, 규14926, 別單1等, 浮石所 ; 1755년, 규13493, 大浮石所 邊首 |
| 金有昌 | 1724-1755 | 31년 | 1724년, 장2-2329, 小浮石所 京 ; 1730년, 규14823, 小浮石所 京 ; 1751년, 규14836, 別單1等, 小浮石所 ; 1755년, 규13493, 小浮石所-1 |
| 任有福 | 1753-1776 | 23년 | 1753년, 규14925, 小浮石所 ; 1753년, 규14926, 別單2等, 小浮石所 ; 1757년, 규13560, 小浮石所 ; 1757년, 규13591, 小浮石所 ; 1776년, 규13586, 別單1等, 小浮石所-1 |
| 朴弼心 | 1755-1770 | 15년 | 1755년, 규13494, 園宇別工作 ; 1757년, 규13560, 別單1等, 大浮石所 邊首 ; 1757년, 규13591, 別單1等, 大浮石所 邊首 ; 1770년, 규13499, 別單1等 |
| 金大輝 | 1757-1789 | 32년 | 1757년, 규13560, 大浮石所 陽州 ; 1757년, 규13591, 大浮石所 陽州 ; 1764년, 규13500. 2房 ; 1770년, 규13499, 별단2등 ; 1776년, 규13586, 별단1등, 대부석소-1 ; 1778년, 규13586, 별단1등, 大浮石所-1 ; 1783년, 규13601, 별단3등, 工匠秩 ; 1786년, 규13925, 별단1등, 大浮石所-1 ; 1789년, 규13624, 3방, 表石所 ; 1789년, 규13627, 大浮石所-1, 居東部, 判付已帖加, 從自願免賤 ; 1789년, 규13629, 大浮石所-1, 居東部, 判付已帖加, 從自願免賤 |

<18세기 산릉도감 부석소의 석수변수>

위의 표를 보면, 석수의 대다수는 서울에 거주하던 장인들로서 산릉도감이 설치될 때마다 대·소부석소에 차출되었고, 점차 변수로 성장해 갔다. 그들 중 우흥민은 내수사에 소속된 것이 확인되지만 나머지 석수들은 소속 관청이 명시되지 않았다. 그리고 18세기 말에 이르러 차출되었던 김대휘는 서울의 동부에 거주하던 석수들로서 뛰어난 기술과 변수로서의 공로가 인정되어 공명고신첩, 곧 공명첩을 받았고 누차 가자되고 있었으며, 동시에 이들은 자원하여 면천되고 있었다.

404) 『仁顯后明陵山陵都監儀軌』, 1701年, 장2-2327 下. 大浮石所 稟目秩. 9月 19日 ; 『貞聖后弘陵山陵都監儀軌』, 1757年, 규13591 下. 大浮石所. 稟目秩.

18세기 중후반에 활동한 김대휘는 1789년 사도세자(思悼世子) 현륭원 조영의 공로로 면천(免賤)하게 된다. 이때 김대휘 말고도 정유복(鄭有福), 최득대(崔得大)도 면천 되었다.[405]

왕릉에 동원되는 석장은 많게는 166명에서 적게는 50명이었다. 이 석장들은 석물을 만들기 위해 돌을 채취(浮石)하고 전체적인 형태를 만들었던 것으로 보인다.

그러나 석장들 대부분이 실제 석물 조각에 참여한 것은 아닌 것으로 보인다. 1789년 현륭원 대부석소의 석장은 총 139명이 참가한 것으로 되어있으며, 그 명단은 『장조현륭원원소도감의궤(1789)』에 기록되어있다. 명단을 살펴보면 석장들이 실제로 부역한 날짜를 확인할 수 있다. 앞쪽에 있는 석장들은 변수 김대휘를 중심으로 하는 비중 있는 인물들로, 이들은 어명으로 면천되기도 했는데 총 30명이 76일을 부역했다. 그 뒤로는 차례대로 29명(74일), 10명(70일), 6명(65일), 1명(63일), 16명(57일), 8명(52일), 33명(47일), 15명(43일), 5명(42일), 6명(39일)의 명단과 부역일이 기록되어있다.

이들의 부역일과 현륭원 석물의 진행상황을 살펴보면, 석물을 조성하는 중간 중간 부역이 끝난 석장들은 귀향시킨 것으로 보인다. 마지막 까지 남아서 변수와 함께 석물 배설을 마친 것은 가장 앞쪽에 기록된 30명이라고 생각한다. 다른 의궤에서도 이처럼 석장들을 며칠 부역시키고 돌려보냈다는 기록이 있는 것으로 보아 필요한 인원만을 동원해서 석물들을 조각했던 것으로 보인다.

석장 명단에는 석장들의 거주지가 부기(附記)된 경우가 많은데 『장조현륭원원소도감의궤(1789)』가 대표적이다. 이 기록을 보면 중요도가 높은 선두 30명의 석장들은 모두 서울에 거주하고 있다는 것을 알 수 있다. 뿐만 아니라 현륭원 조영에 동원된 대부분의 석장들이 서울에 거주했다는 점을 미루어 보면 당시 서울에는 이 정도의 석장이 생계를 이어나갈 수 있는 일거리가 있었음을 알 수 있다.

18세기 대·소부석소에서 문무인석, 양호마석, 혼유석 등의 석재를 떠내어 규모와 형태를 갖추고 나면, 세부적인 작업은 섭장들이 맡아 다듬었다.[406] 다음 표에서 볼 수 있듯이 당시 섭장은 그 숫자가 많지 않아 변수로 성장하는 숫자도 적었다.

405) 『莊祖顯隆園園所都監儀軌』, 1789年, 「賞典」; 『正祖健陵山陵都監儀軌』, 1800年, 「大浮石所儀軌」.

406) 『英祖元陵山陵都監儀軌』, 1776年, 규13586 下. 大浮石所. 稟目秩.

| 이름 | 활동 | 기간 | 참여도감 각소 |
|---|---|---|---|
| 嚴廷弼 | 1721-1730 | 9년 | 1721년, 장2-2328, 大浮石所 ; 1722년, 규14940, 부석소, 邊首 ; 1724년, 장2-2329, 別單1등, 大浮石所, 邊首 ; 1730년, 규14823, 別單2등, 大浮石所-1 |
| 李大春 | 1724-1776 | 52년 | 1724년, 장2-2329, 大浮石所 ; 1751년, 규14836, 別單3등, 大浮石所 ; 1753년, 규14925, 大浮石所 ; 1755년, 규13493, 大浮石所,(邊首) ; 1757년, 규13560, 大浮石所 ; 1757년, 규13591, 大浮石所 ; 1776년, 규13586, 造成所, 彫刻匠 |

<18세기 산릉도감 대.소부석소의 섭장변수>

위 표의 엄정필은 9년간 네 번 도감에 차출되었고, 명릉과 의릉의 석의물을 조각한 섭장 변수였다. 그리고 이대춘은 52년간 대부석소에 차출된 섭장변수로 1757년 홍릉의 문무석과 장명등 등을 화원의 기화를 토대로 세정으로 조각하여 특히 사실성을 부각시킨 장본인이었다.[407] 당시 섭장들은 소곶정 300개, 수단마적 30개를 사용했으며,[408] 각양 석물의 견고한 부분과 구멍을 뚫을 때는 장정 30개, 창포정 20개를 사용하였다.[409] 또 1776년 영조 원릉의 경우 혼유석을 마정하기 위하여는 금정기, 견지목, 고음목을 설치하고 수건포 17척을 사용하였으며, 문무석의 기화된 곳을 조각할 때는 기계목이나 편결목을 세운 뒤 세정으로 조각하였고, 장명등을 제작하기 위한 도구로는 장산이, 전판, 증목 등을 사용하고 있었다.[410]

#### 4) 19세기 문무석인의 사실적 표현

(1) 석의물의 전범과 석재의 재활용

19세기 초에는 각종 석물의 규격을 1757년에 편찬한 『국조상례보편』의 도설을 전범으로 삼고 있었으나 중기 이후부터는 석물의 크기가 점차 커져 갔고, 양식상에도 사실적이면서도 세속적인 경향이 엿보이고 있다. 표에서 보듯이 1800년 정조 건릉의 문석은 길이가 6척 8촌, 1835년 순조 인릉의 문석은 길이가 6척 8촌인데 비하여 1843년 효현후 경릉의 문석은 길이가 8척, 1863년 철종 예릉의 문석은 길이 9척 7촌에 달하였다.

407) 『貞聖后弘陵山陵都監儀軌』, 1757年, 규13591 下. 大浮石所. 稟目秩.
408) 『貞聖后弘陵山陵都監儀軌』, 1757年, 규13591 下. 大浮石所. 稟目秩.
409) 『貞聖后弘陵山陵都監儀軌』, 1757年, 규13591 下. 大浮石所. 稟目秩.
410) 『英祖元陵山陵都監儀軌』, 1776年, 규13586 下. 大浮石所. 稟目秩.

| | 문석인 | 무석인 | 소장번호 |
|---|---|---|---|
| 1800 정조건릉 | 장6척8촌, 광상1척9촌, 하2척6촌, 후상1척8촌, 하2척2촌 | 장7척1촌, 광상2척8촌, 하3척, 후상2척, 후2척2촌 | 규13640 |
| 1835 순조 인릉 | 장6척8촌, 상광1척9촌, 하2척6촌, 후상1척8촌, 하2척2촌 | 장7척1촌, 광상2척8촌, 하3척, 후상2척, 하2척2촌 | 규13677 |
| 1843 효현후 경릉 | 장8척, 광2척2촌, 후1척8촌 | 장9척, 광2척4촌, 후2척2촌 | 규13809 |
| 1863 철종 예릉 | 장9척7촌, 광3척4촌, 후3척2촌 | 장10척, 광3척7촌, 후3척4촌 | 규13851 |

<19세기 대부석소 석물의 규격>

그리고 1800년 정조 건릉의 석물은 『국조상례보편』에 의거하여 병풍석을 세우지 않았고 양호마석을 각각 2쌍씩 배치하였으며,[411] 건릉의 대부석소는 1789년 사도세자의 현륭원을 조성할 때와 같이 수원의 앵봉에 설치하였다.[412] 석물은 부사과의 품직에 있었던 화원 박유성이 기화하였고,[413]

| 연대 | 주인공 | 왕릉 | 대부석소 위치 | 소장번호 |
|---|---|---|---|---|
| 1800 | 정조 | 건릉 | 수원(水原) 앵봉(鶯峯) | 규13640 |
| 1830 | 효명세자[후일 문조] | 연경묘(수릉) | 노원(蘆原) | 규13728 |
| 1843 | 헌종비 효현왕후 | 경릉 | 북한산 조계동(漕溪洞, 釣溪) | 규13809 |
| 1895 | 고종비 명성황후 | 홍릉 | 북한산 우이동 | 규13851 |

<19세기 산릉도감 대부석소의 위치>

1800년의 문인석은 금관조복에 홀을 든 모습으로 조각하였다.[414] 당시 섭장의 정원은 40명이었는데, 10명을 증원하여 각양 석물의 세세한 부분까지 정교하게 조각하도록 하였다.[415] 이리하여 석물의 표정은 전보다 섬세하게 조각하였고, 운반할 때 훼손되는 것을 막기 위해 두껍게 다듬었다.[416] 건릉의 석물에 새겨진 사실적인 표현양식은 이후 19세기 석물조각의 범본으로 계승되었다.

411) 『正祖健陵山陵都監儀軌』, 1800年, 규13642, 上, 傳敎啓辭. 7月 15日.

412) 『正祖健陵山陵都監儀軌』, 1800年, 규13642, 上, 傳敎啓辭. 7月 18日.

413) 『正祖健陵山陵都監儀軌』, 1800年, 규13642, 上, 傳敎啓辭. 都監別單 ; 下. 大浮石所.

414) 『正祖健陵山陵都監儀軌』, 1800年, 규13642 下, 大浮石所.

415) 『正祖健陵山陵都監儀軌』, 1800年, 규13642 下, 大浮石所 稟目秩. 9月 27日.

416) 『正祖健陵山陵都監儀軌』, 1800年, 규13642 下, 大浮石所 稟目秩.

정조 건릉 문무석인 도설, 1800년,
박유성(석각 간역 화), 김정수, 엄치욱(화원)

정조 건릉 문무석인, 1800년,
정유복(석수변수), 송윤(섭장)

<정조 건릉의 문무석인 도설과 현존 유물>

1835년 순조 인릉의 석물은 건릉을 범본으로 삼아 크기가 같았고, 대부석소는 강화도 매음도에, 소부석소는 장단부 백학산에 설치하였다.[417] 강화부 매음도에는 도변수, 변수가 석수 130패와 모군 3패를 거느렸고, 이들이 기거할 가가와 애막을 짓는[418] 동시에 각종 생필품을 조달하였다.[419] 매음도에서 채취한 석재는 배에 실어 파주 사목포와 대초포에 운반하였는데,[420] 산릉지가 서삼릉 구역에서 파주 장릉 구역으로 옮겨지면서 석재를 다시 포장하여 신릉지에 가까운 교하의 구포로 운반하였다.[421] 이때 모집한 모군들은 석역을 잘 아는 교련관 김룡우가 거느렸다.[422] 이때 조성한 순조 인릉의 석물은 1856년에 현재의 헌인릉 구역으로 옮기면서 파묻어 버리고 천릉한 곳에 새로 조성하였다.

1843년 효현후 경릉을 동구릉 구역에 조성하면서 석물의 규격이 커지기 시작하였다.[423] 경릉

417) 『純祖仁陵山陵都監儀軌』, 1835年, 규13677 上, 傳敎啓辭. 1月 7日 ; 上, 移文秩. 1月 4日.
418) 『純祖仁陵山陵都監儀軌』, 1835年, 규13677 上, 傳敎啓辭. 1月 9日.
419) 『純祖仁陵山陵都監儀軌』, 1835年, 규13677 下, 大浮石所. 稟目秩.
420) 『純祖仁陵山陵都監儀軌』, 1835年, 규13677 上, 傳敎啓辭. 2月 22日.
421) 『純祖仁陵山陵都監儀軌』, 1835年, 규13677, 上, 時日.
422) 『純祖仁陵山陵都監儀軌』, 1835年, 규13677 上, 來關秩. 1月 28日.
423) 『孝顯后景陵山陵都監儀軌』, 1843年, 규13809 上, 傳敎啓辭秩. 9月 15日.

의 대부석소는 노원에 설치하였으나,[424] 석물을 제작할 만큼 충분하지 못하여 조계의 석품을 간심한 뒤[425] 조계석을 떠내고 있었다.[426] 두 곳에서 떠낸 석재는 노원 437개, 조계 동별영의 265개였다.[427] 화원이 기화하기에 앞서 문석인의 양식을 금관조복형과 복두야대형 중 어느 것을 택할 것인가를 논의하다가 동구릉 구역에는 모두 복두야대여서 다음과 같이 복두야대로 조각하였던 것이다.[428]

헌종 경릉의 문무석인, 1843년,
박일득(석수 변수), 김경진(섭장) 외

철종 예릉의 석의물, 1835년.옛 인릉 석물 재활용,
임원철(1835 석수 변수), 김성휘(1835 섭장) 외/
장성복(1863 석수 변수), 박영복(1863 섭장) 외

1864년 철종 예릉의 산릉지는 서삼릉 구역 내 중종 장경왕후 희릉 우강에 정하였다. 이곳은 처음 순조의 인릉을 조성키로 하고 석물을 만들었다가 파묻고 교하의 인조 장릉 옆으로 옮겼기 때문에 신정왕후가 그곳에 파묻혀 있던 석물을 재활용하도록 분부하였다.[429] 따라서 예릉의 석물 중 문·무석인은 순조 인릉을 처음 조성했을 때의 것을 세웠고, 나머지 석물은 인조 장릉 구역에 파묻혀 있던 것을 운반해 사용하였으며,[430] 그 밖의 부족한 석물은 대부석소를 진관 삼천리동에 세워 떠냈다.[431] 이처럼 재활용했음에도 불구하고 예릉의 석물이 근래의 것보다 조금

424) 『孝顯后景陵山陵都監儀軌』, 1843年, 규13809 上, 傳敎啓辭秩. 9月 23日 ; 上, 移文秩. 9月 21日.
425) 『孝顯后景陵山陵都監儀軌』, 1843年, 규13809 上, 傳敎啓辭秩. 9月 24日 ; 下, 大浮石所. 稟目秩. 9月 23日 ; 9月 24日.
426) 『孝顯后景陵山陵都監儀軌』, 1843年, 규13809 上, 傳敎啓辭秩. 10月 10日 ; 上, 移文秩. 11月 16日 ; 下, 大浮石所. 稟目秩. 10月 9日.
427) 『孝顯后景陵山陵都監儀軌』, 1843年, 규13809 上, 移文秩. 12月 16日.
428) 『孝顯后景陵山陵都監儀軌』, 1843年, 규13809 上, 傳敎啓辭秩. 11月 20日.
429) 『哲宗睿陵山陵都監儀軌』, 1864年, 규13851 上, 傳敎啓辭秩. 12月 27日 ; 上, 移文秩. 12月 20日.
430) 『哲宗睿陵山陵都監儀軌』, 1864年, 규13851 上, 移文秩. 1月 21日.
431) 『哲宗睿陵山陵都監儀軌』, 1864年, 규13851 上, 傳敎啓辭秩. 1月 14日.

크고 돌의 품질도 좋다고 하는 당대인의 평가가 있었다.[432] 한편 예릉의 능역이 모두 끝난 후 산릉도감에서는 옛 인릉 소재의 석물 중 쓰고 남은 것들은 그 명색과 숫자를 기록한 후 다시 파묻었다.[433]

(2) 변수(邊首)의 성장과 사장(私匠)의 모집

19세기의 각 산릉도감 대부석소의 장인들도 앞의 조성소 장인들과 마찬가지로 이미 사장으로 전환되어 국역에 자주 동원되지는 않았다. 대부석소의 장인들 중에는 종래 각수, 니장, 개장이 없었으나 이때에는 다음 표처럼 석수, 야장, 섭장, 마석장 외에 각수, 니장, 개장(개와장)이 포함되고 있었다.

| | 1800 정조 건릉 (7종) | 1835 순조 인릉 (7종) | 1843 효현후 경릉 (7종) | 1864 철종 예릉 (7종) |
|---|---|---|---|---|
| 석수 | 鄭有福 총 145명 | 林元哲 등 152명 | 朴日得 등 203명 | 張聖福 등 60명 |
| 야장 | 朴泰弼 총 13명 | 金昌祿 등 14명 | 金昌祿 등 17패 | 金長孫 등 6명 |
| 섭장 | 宋 潤 총 51명 | 金聲麟 등 52명 | 金敬進 등 45명 | 朴永福 등 3명 |
| 마석장 | 申福先 등 25명 | 梁雲成 등 48명 | 金振聲 등 30명 | 金行春 등 7명 |
| 각수 | 金德鉉 총 5명 | 李東顯 등 5명 | 李世榮 등 50명 | 芮光國 등 2명 |
| 니장 | 金昌雲 | 姜景仁 등 3명 | 趙哲伊 등 20명 | 韓敬信 |
| 개장 | 金成昌 | 黃龍雲 | 徐有信 등 6명 | (개와장) 徐今乭 |
| 소장번호 | 규13640 | 규13677 | 규13809 | 규13851 |

<19세기 산릉도감의 대부석소 장인의 종별과 인원수>

위 표 중 1800년 정조 건릉의 장인들은 장인 개개인의 이름이 명시하였고, 다만 마석장만 대표 장인만 거명하였다. 그러나 1805년 산릉도감등록부터는 대표석수의 이름만 명기하고 나머지는 패 또는 숫자를 기록하고 있었다. 이를테면 1805년의 등록에는 석수 70패, 모군 3패, 1821년 등록에는 석수 70패, 모군 2패, 1835년의 등록에는 석수 152패, 모군 8패라고 기록하고 있었던 것이다.[434] 1843년 효현왕후 경릉의 대부석소는 석수 80패와 모군 2패로 정했던 것이나 실제 작업은 5패로 추진하고 있었다. 대부석소의 석수, 야장, 섭장은 돌을 다루고,각수는 표석에 글씨를 새기며, 마석장은 표면을 매끈하게 갈아내고 있었다. 이때 대부석소의 건물을 짓는 일은 니

432) 『哲宗睿陵山陵都監儀軌』, 1864年, 규13851 上, 傳敎啓辭秩. 3月 15日.

433) 『哲宗睿陵山陵都監儀軌』, 1864年, 규13851 上, 移文秩. 4月 1日 ; 上, 來關秩. 4月 11日.

434) 『孝顯后景陵山陵都監儀軌』, 1843年, 규13809 下, 大浮石所. 稟目秩. 9月 22日.

장과 개장이 맡았을 것이다. 19세기 대부석소의 석수 중 장기간 변수로 활동한 장인은 다음의 표와 같다.

| 이름 | 활동 | 기간 | 참여도감의 각소 |
|---|---|---|---|
| 朴尙吉 | 1786-1816 | 30년 | 1786년, 규13295, 小浮石所 ; 1789년, 규13627, 大浮石所 居東部 ; 1796년, 규14586, 賞典, 畢役後 賞典 內需司 京邊首, 工匠秩 京 ; 1800년, 규13640, 공장질 ; 1804년, 규14334, 別單1等, 仁政殿 營建-1 ; 1805년, 규13597, 大浮石所 ; 1816년, 규13616, 別單1等, 邊首 自願免賤 ; 大浮石所 邊首 |
| 金得大 | 1786-1821 | 35년 | 1786년, 규13627, 大浮石所 居東部 ; 1796년, 규14586, 工匠秩 京 ; 1800년, 규13640, 大浮石所 ; 1805년, 규13597, 大浮石所 ; 1816년, 규13616, 大浮石所 ; 1821년, 규13662, 大浮石所 |
| 朴福得 | 1786-1821 | 35년 | 1786년, 규13925, 大浮石所 京 ; 1796년, 규14586, 工匠秩 京 ; 1800년, 규13640, 大浮石所 ; 1805년, 규13592, 1房 ; 1805년, 규13594, 別單1等, 2房 ; 1805년, 규13597, 大浮石所 ; 1806년, 규13509, 別單1等, 工匠秩-1 ; 1816년, 규13616, 大浮石所 ; 1821년, 규13662, 大浮石所-1 |
| 丁有福 | 1789-1801 | 12년 | 1789년, 규13624, 表石所 ; 1789년, 규13627, 大浮石所, 東部 判付 自願免賤 ; 1789년, 규13629, 大浮石所, 東部 判付 自願免賤 ; 1800년, 규13637, 別單1等 ; 1800년, 규13640, 別單1等, 大浮石所, 別工作 邊首 ; 1801년, 규13967, 京石手, 都邊首 嘉儀 |
| 朴生得 | 1789-1836 | 45년 | 1789년, 규13621, 大浮石所 居 東部 ; 1805년, 규13592, 表石所 ; 1816년, 규13616, 大浮石所 ; 1821년, 규13662, 小浮石所 ; 1823년, 규13936, 大浮石所 ; 1830년, 규13726, 大浮石所 ; 1831년, 규14350, 工匠秩 ; 1834년, 규14318, 工匠秩 ; 1834년, 규14324, 工匠秩 ; 1836년, 규14226, 別單1等 邊首 ; 2所 |
| 安景碩 | 1821-1843 | 22년 | 1821년, 규13662, 大浮石所 ; 1831년, 규14350, 別單1等, 窓戶所 都邊首 ; 1834년 규14318, 別單1等, 外燒廚房 邊首 ; 1834년, 규14324, 別單1等, 延慶堂 都邊首 ; 1835년, 규13677, 別單1等, 小浮石所 ; 1836년, 규14226, 別單1等, 邊首 ; 1843년, 규13809, 別單1等, 小浮石所 |
| 林元喆 | 1830-1836 | 6년 | 1830년, 규13726, 別單1等, 小浮石所-1 ; 1831년, 규14350, 別單1等, 窓戶所 三營석수 邊首 ; 1834년, 규14318, 工匠秩 石手-1 ; 1834년, 규14324, 別單1等, 延慶堂 石手 ; 1835년, 규13677, 別單1等, 造成所 邊首, 大浮石所 從自願免賤 付鐵以入 ; 1836년, 규14226, 別單1等, 都邊首 帖加, 2所 |
| 金振聲 | 1830-1858 | 28년 | 1830년, 규13726, 小浮石所 ; 1831, 규14350, 工匠秩 ; 1834년, 규14324, 工匠秩 ; 1836년, 규14226, 賞典1等 邊首, 2所 ; 1846년, 규13765, 別單1等, 大浮石所 ; 1849년, 규13791, 別單1等, 大浮石所 邊首, 帖加 付鐵以入 ; 訓練都監 石手, 大浮石所-1 ; 1855년, 규13770, 別單1等, 大浮石所-1 ; 1856년, 규13726, 別單1等, 大浮石所 ; 1857년, 규13694, 別單1等, 大浮石所 邊首 帖加 ; 1857년, 규14338, 別單1等, 都邊首 ; 1858년, 규14354, 副邊首, 別單2等, 2房 ; 1858년, 규14920, 別單2等, 副邊首, 2房 |

<19세기 산릉도감 대부석소의 석수변수>

대부분의 석수변수들은 서울의 동부에 거주하고 있는데, 이는 아마도 석재의 산출처가 노원 등 동쪽에 있었기 때문일 것이다. 18세기 말부터 19세기 초까지 3~40년간 차출되었던 석수 박상길, 김득대, 박복득, 정유복 등은 1800년 정조 건릉의 대부석소에 동원되었고, 공역이 끝난 박

상길은 면천하고, 정유복은 면천한 뒤 공명첩상의 품계가 가의에 올랐다. 그리고 박복득과 박생득은 형제항렬로 석수 집안인 듯한데 이들은 각각 35년, 45년간 산릉도감에 차출되고 있었다. 19세기 중반 같은 시기에 차출된 석수변수 안경석, 임원철, 김진성 등은 각기 전문성이 달라 근무처도 각각이었다. 안경석은 1835년과 1843년에 산릉도감의 소부석소에서 일하였고, 임원철은 동원된 햇수는 6년 밖에 안되지만 6개 도감의 변수 또는 도변수를 지내고 공명첩 사의 자품도 더하고 있다. 특히 이는 1843년 효현왕후 경릉의 대부석소에서 석수변수로서 노원부석소의 석재를 간품하고 조계의 석재를 옮길 때 주도적인 역할을 하였다.[435] 김진성은 1830년부터 1864년까지 33년 동안 한때 훈련도감에 소속되기도 한 유능한 석수로서 대부석소에의 변수로 활약하였는데, 1864년 철종 예릉의 대부석소에서는 경간역이자 석수패장으로 공로를 인정받아 공명고신첩 상의 품계를 높여가고 있었다.[436] 한편 19세기 각 산릉도감에서도 대부석소에 동원되었던 서울과 지방의 석수들을 항상 등록에 명기하였다가 산릉공사가 있을 때마다 차출하고 있었다.[437] 1800년 정조 건릉의 석수변수는 2명이었고,[438] 석수는 산릉도감등록에 올려있는 서울의 석수와 동시에 강화부의 석수 21명, 개성부의 석수 20명을 더 차출하였다.[439] 이때 석수는 130명, 모군은 90명이 정한 숫자였으나 부석소를 두 곳에 분설하였기 때문에, 송도 석수 25명과 선수 15명을 더하였고,[440] 이들 석수 1명마다 모조역 1명과 육조역 1명을 배정해 주었다.[441]

1835년 순조 인릉의 석수는 개성부 50명, 수원부 20명, 강화부 30명, 양주 20명 등 총120명이었는데,[442] 부석소가 강화도 매음도였기 때문에 강화부의 석수 12명을 더 차출하였다.[443] 1843년 효현후 경릉은 전례를 상고하여 석수 80패와 모군 2패로 정했으나, 서울에 거주하는 석수만으로는 작업을 마치기가 어려워 경기감영, 개성부, 강화부, 수원부, 광주부, 충청감영에 공문을 보내어,[444] 수원 석수 양만동, 포천 석수 유철봉, 강화부 석수 13명, 장단현 석수 이말산, 지평 석수 김수한, 온양 석수 장귀득 등을 동원하였다.[445] 그러나 석수가 모자라 석수 100패를 더 동원

---

435) 『孝顯后景陵山陵都監儀軌』, 1843年, 규13809 下, 大浮石所. 稟目秩. 9月 23日.
436) 『哲宗睿陵山陵都監儀軌』, 1864年, 규13851 下, 大浮石所. 別單 ; 大浮石所 稟目秩. 1月 5日.
437) 『正祖健陵山陵都監儀軌』, 1800年, 규13642 下, 大浮石所 移文秩 ; 『純祖仁陵山陵都監儀軌』, 1835年, 규13677 上, 移文秩. 1月 4日.
438) 『正祖健陵山陵都監儀軌』, 1800年, 규13642 下, 大浮石所 稟目秩. 7月 11日.
439) 『正祖健陵山陵都監儀軌』, 1800年, 규13642 下, 大浮石所 移文秩.
440) 『正祖健陵山陵都監儀軌』, 1800年, 규13642 下, 大浮石所 稟目秩. 7月 27日.
441) 『正祖健陵山陵都監儀軌』, 1800年, 규13642 下, 大浮石所 稟目秩. 7月 11日.
442) 『純祖仁陵山陵都監儀軌』, 1835年, 규13677 上, 移文秩. 3月 16日.
443) 『純祖仁陵山陵都監儀軌』, 1835年, 규13677 上, 來關秩. 3月 18日.
444) 『孝顯后景陵山陵都監儀軌』, 1843年, 규13809 上, 移文秩. 9月 12日.
445) 『孝顯后景陵山陵都監儀軌』, 1843年, 규13809 上, 來關秩. 9月 20日.

하였고,[446] 한 달 뒤 다시 석수 90패를,[447] 보름 뒤 또다시 석수 60패를 차출하였다.[448]

그러나 1864년 철종의 예릉은 옛 인릉의 석의물을 재활용하였기 때문에 나머지 석물만 떠내기 위해 석수 20패만 불렀다.[449] 그리고 당시는 왕조정부의 재정사정이 여의치 않았던지 군문에 잔존해 있던 석수들을 차출하고 있었다. 곧 훈련도감의 김명복 등 8명, 금위영 석수 박용이 등 2명, 어영청의 석수 신만길 등 2명 등과[450] 훈련도감 이윤길, 김원식, 이석봉, 개성부 석수 최금돌, 김충돌, 김순옥 등을 차출한 것이다.[451]

한편 대부석소에서 석수들이 석재를 떠내어 다듬어놓으면 섭장들이 세부적인 부분을 조각하였다. 19세기에도 석의물을 조각할 때에는 화원의 기화를 토대로 섭장이 정교하게 다듬고 있는데 섭장들 중 비교적 오랫동안 동원된 섭장은 이경희, 정동민, 박영복 등 3명이었다.

| 이름 | 활동 | 기간 | 참여도감의 각소 |
|---|---|---|---|
| 李敬喜 | 1776-1800 | 24년 | 1776년, 규13581, 別單2등, 2방, 彫刻匠 ; 1777년, 규13327, 2방, 彫刻匠 ; 1800년, 규13640, 大浮石所, 섭장 |
| 鄭東敏 | 1830-1835 | 5년 | 1830년, 규13726, 大浮石所 ; 1835년, 규13677, 別單3등, 大浮石所 |
| 朴永福 | 1864-1875 | 11년 | 1864년, 규143851, 別單3등, 大浮石所, 섭장 ; 1875년, 규13169, 別單3등, 주성시 彫刻匠 |

<18-19세기 산릉도감 대부석소의 조각장>

1800년 정조 건릉의 석의물을 조각한 섭장 이경희는, 18세기 말의 다른 도감에서는 조각장으로 불렸으며 대부석소에서 석의물을 다듬을 때에만 섭장으로 불리고 있었다. 정동민과 박영복도 마찬가지로 조각장과 섭장의 명칭을 혼용하고 있는 것으로 보아 기술은 같으나 조각할 대상에 따라 장색의 명칭을 달리한 것이라고 할 수 있다.

1835년 순조 인릉의 석물은 산릉도감의 별간역과 패장이 화원과 석수를 거느리고 정조 건릉의 석의물을 간심한 뒤[452] 이를 토대로 화원이던 가의 장준량이 기화하고,[453] 섭장 정동민이 50

446) 『孝顯后景陵山陵都監儀軌』, 1843年, 규13809 下, 大浮石所. 稟目秩. 10月 20日.
447) 『孝顯后景陵山陵都監儀軌』, 1843年, 규13809 下, 大浮石所. 稟目秩. 10月 20日.
448) 『孝顯后景陵山陵都監儀軌』, 1843年, 규13809 下, 大浮石所. 稟目秩. 11月 17日.
449) 『哲宗睿陵山陵都監儀軌』, 1864年, 규13851 下, 造成所 稟目秩. 1月 25日.
450) 『哲宗睿陵山陵都監儀軌』, 1864年, 규13851 上, 移文秩. 4月 1日.
451) 『哲宗睿陵山陵都監儀軌』, 1864年, 규13851 上, 移文秩. 4月 10日.
452) 『純祖仁陵山陵都監儀軌』, 1835年, 규13677 上, 移文秩. 12月 15日.
453) 『純祖仁陵山陵都監儀軌』, 1835年, 규13677 上, 書啓賞典 ; 下. 大浮石所.

명과 조각하였지만,[454] 그 숫자가 부족하여 섭장 12명을 증원하고 있었다.[455] 1843년 효현왕후 경릉의 석물은 화원인 사과 박기준(朴基駿)이 간역했으며,[456] 노야소에서 섭장이 각양 석물을 조각할 때 쓸 도구로 창포정 8개, 소한마치 40개, 강철소곶정 50개, 강철각도 20개, 집개 2개를 마련하였고,[457] 섭장에게 다시 강철 송곳 30개를 더 만들어 주고 있었다.[458] 1864년 철종 예릉의 석물은 구 인릉의 석물을 재활용하였기 때문에 화원 이세옥이 간역하고,[459] 박영복 등 3명의 섭장들이 흠결이 있는 부분만을 약간씩 다듬었다.

19세기 산릉도감에서는 공역이 모두 끝나면 장인들에게 시상을 하였다. 1800년 정조 건릉에서는 18세기말 현륭원과 화성성역을 할 때의 예에 의거하여 대부석소의 석수변수 중 천인은 면천해주었고, 모든 장인들을 일한 날짜에 따라 등급을 나누어 1등은 쌀3두, 목2필, 포1필을, 2등은 木布 각1필을, 3등은 木1필을 지급하였다.[460] 이때의 시상방식은 이후의 산릉도감에서도 전례가 되어 1835년 순조 인릉,[461] 1843년 효현후 경릉,[462] 1864년 철종 예릉에서도 시행하였다.[463]

---

454) 『純祖仁陵山陵都監儀軌』, 1835年, 규13677 下, 大浮石所. 稟目秩.
455) 『純祖仁陵山陵都監儀軌』, 1835年, 규13677 下, 大浮石所. 稟目秩.
456) 『孝顯后景陵山陵都監儀軌』, 1843年, 규13809 上, 書啓賞典 ; 下, 大浮石所.
457) 『孝顯后景陵山陵都監儀軌』, 1843年, 규13809 下, 大浮石所. 稟目秩. 11月 10日.
458) 『孝顯后景陵山陵都監儀軌』, 1843年, 규13809 下, 大浮石所. 稟目秩. 11月 25日.
459) 『哲宗睿陵山陵都監儀軌』, 1864年, 규13851 上, 書啓別單.
460) 『正祖健陵山陵都監儀軌』, 1800年, 규13642 下, 大浮石所. 賞典.
461) 『純祖仁陵山陵都監儀軌』, 1835年, 규13677 上, 書啓賞典. 5月 3日.
462) 『孝顯王后景陵山陵都監儀軌』, 1843年, 규13809. 上, 書啓 賞典. 12月 11日.
463) 『哲宗睿陵山陵都監儀軌』, 1864年, 규13851 上, 書啓別單. 4月 11日.

## 5 수석소(輸石所)의 석재 운반

수석소는 대부석소와 소부석소에서 왕릉을 조영하기 위해 떠낸 크고 작은 석물을 운반하는 곳이었다. 이곳에 소속되었던 장인들은 큰 석물을 운반하도록 각 군영에서 가지고 있는 소가 끄는 수레를 징발하거나, 이것으로도 감당하기 어려우면 지게꾼[擔軍]을 추가로 고용해야 했다. 17세기 전반까지는 수석소도 부석소와 마찬가지로 좌·우로 편을 갈라 경쟁을 시키는 좌우수석소 체제로 운영되었다. 아울러 당시까지는 수레나 배에 석재를 실을 때 움직이지 않도록 동여맬 줄을 만드는 조줄장(造乼匠)이 존재했다. 그러다가 1675년 현종의 숭릉을 조성할 때부터 양자가 하나의 수석소로 통합되었을 뿐 아니라 조줄장 또한 장색과 기능이 사라졌다.

소석소의 장인은 육지에서 수레를 끄는 차장(車匠)과 바다나 강에서 배를 운전하는 선장(船匠)이 대표적이다. 차장은 소가 끄는 수레를 이용해서 돌을 운반하는 일을 담당하는데, 이것을 썰매(雪馬)라고 한다. 비교적 가벼운 망주석(望柱石) 등은 소에 직접 싣고 옮기기도 했다. 강화나 양근에서 채석할 경우 수로(水路)를 이용했는데 경기도감영(京畿道監營) 소속의 배나 한강 상인들이 배를 빌려 옮겼다. 양근에서 여주로 석재를 옮길 때는 승군(僧軍)이 배를 끌기도 했다. 이렇게 여러 방법으로 옮겨진 석재는 능역(陵域)의 석물용 가가(假家)로 옮겨 조각하게 된다.

1688년 장렬왕후 휘릉에 사용할 석재를 능소로 옮겨오는데 혼유석(魂遊石)과 사방석(四方石)은 승군 1,000명, 문무인석(文武人石)은 각 500명, 장명등 체석(體石) 560명, 장명등개석(蓋石)과 망주대석(望柱臺石)은 각 400명이 석재를 실은 썰매를 끌고 왔다.[464)]

수석소에서 핵심이 되는 물품은 수레와 배였다. 이중 수레를 만드는 장인은 차장(車匠)이었다. 이들 차장은 차장은 서울지역과 해주, 원주, 장연지역에서만 동원되고 있다. 해주지역을 대표하는  장인들은 차보근(車甫斤) · 오춘봉(吳春奉) · 김막동(金莫同) · 백섬쇠(白暹金) · 최개천(崔開天) · 김지언(金知彦) · 이막쇠(李莫金)가 있었다. 서울지역의 대표적 차장으로는 강임생(姜壬生) · 임말신(任㖰信) · 최천제(崔天齊) · 김오준(金五俊) · 차진건(車振建) 등이 있었다. 이렇게 오랫동안 산릉도감에서 활동한 장인들은 왕릉과 비교적 가까운 서울과 경기도 해주 지역에서 거주하는 장인들이었다.

464) 『仁祖莊烈后山陵都監儀軌』, 1688年, 「大浮石所儀軌」. '各樣石物曳運}時魂遊石四方石則僧軍各一千名文武石各五百名長明燈體石五百六十名蓋石及望臺石各四百名以雪馬輸入面隅磚石羊虎石石柱童子竹石皆以大童車輸入而大中小雪馬具槊木大童車大小葛乼等物輸石所入量進排'.

이렇게 오랫동안 활동하는 장인들은 17세기 말부터 장인집안을 이루어 활동하는 것으로 분석된다. 그중에서도 해주지역의 나득함(羅得咸)과 나득성(羅得成)은 1683년 인경왕후 익릉과 1688년 장렬왕후 휘릉에서 활동하고 있었는데, 같은 성씨의 장인 집안에서 징발되었던 것 같다.[465] 문삼세(文三世)와 문사세(文四世) 또한 1757년 정성왕후 홍릉에 징발되었던 차장으로서 마찬가지이다.[466]

한편 비교적 크기가 큰 석물은 강화도 지역에서 배로 운반하게 되는데, 배를 만드는 선장(船匠)들이 수석소에 징발되었다. 서울지역에서 배를 만드는 선장으로는 정막대(鄭莫大) · 서춘산(徐春山) · 강무생(姜武生) · 강정선(姜武善) · 오선(吳善) · 방사상(方士尙) 등이 있다. 원주지역에서 배를 만드는 선장으로는 김종쇠(金種金) · 김이산(金二山)이 있었다.

이처럼 배를 만드는 선장의 경우 지역적으로 공통되었다. 곧 그들은 한강을 끼고 있는 서울, 원주, 풍덕, 여주 등이었으며. 특히 오랜 기간 능역에 종사한 선장을 징발하였던 지역은 서울과 원주지역이었다. 여주지역과 풍덕지역은 1675년 현종 숭릉(여주)과 1688년 장렬왕후 휘릉(풍덕)에서만 동원되고 그 이외의 산릉도감에서는 선장의 장인이 동원되지 않고 있다[467].

한편 서울지역에서 배를 만드는 장인들이 집안을 이뤘다고 여겨지는 데, 강무생(姜武生) · 강정선(姜武善)을 배출한 강씨 집안이 대표적이다. 이 중 강무선은 1675년 현종 숭릉 및 1683년 인경왕후 익릉에서 선장의 우두머리인 선장변수(船匠邊首)여서 주목된다.

465) 『仁敬王后翼陵山陵都監儀軌』, 1683年, 輸石所, 工匠秩:『莊烈王后徽陵山陵都監儀軌』, 1688年, 輸石所 工匠秩.
466) 『貞聖王后弘陵山陵都監儀軌』, 1757年, 輸石所, 工匠秩.
467) 『顯宗崇陵山陵都監儀軌』, 1675年, 輸石所, 工匠秩; 『仁敬王后翼陵山陵都監儀軌』, 1683年, 輸石所 工匠秩.

## 6 노야소의 철물 제작

노야소(爐冶所)는 능역에 필요한 각종 철물(鐵物)을 만드는 곳이다. 『산릉도감의궤』 중 『노야소의궤』에는 원역(員役) 명단 다음에 일록(日錄)이 있으며, 그 다음 품목(稟目)에서는 노야소에서 사용한 물품의 목록이 날짜별로 정리되어 있다.

부석소가 결정되면 채석할 때 필요한 물품들을 챙겨 변수를 포함한 석장과 야장(冶匠)이 부석소로 간다. 석재는 지표에 있는 것을 채취하는 것이 아니라, 지표를 걷어내고 잡석들을 제거한 뒤에 돌을 떠낸다. 이때 들어가는 물품의 대부분이 숯(炭)이다. 숯은 야장이 사용하는 것으로 석장들이 사용하는 입정(立釘) 등 큰 정을 계속 정련하는데 사용했다.

이때 사용하는 숯이 인선왕후 영릉(1674)의 경우, '대부석소에서 사용한 탄(炭)이 모두 1,813석(石)인데 840석을 양근 부석소에서 사용했으며, 950석을 능에서 사용했다. 14석은 대탄착석시(大灘鑿石時)에 사용했으며, 9석을 돌려보냈다'는 기록이 있어서 엄청난 규모였음을 알 수 있다.[468]

야장은 가마[爐]에 쇠를 녹여 대부석소나 소부석소 등에 소속된 석수나 조성소나 별공작에 소속된 목수 등 각종 장인들이 사용할 각종 도구를 제작하여 들였는데, 가마 당 서너 명이 참여하는 시스템이었다. 산릉도감의 장인들이 사용할 각종 도구나 경첩 등 각종 금속제 장식들은 야장이 제작하였다. 야장은 한 사람당 하나의 가마(爐)를 가지고 철물들을 정련(精鍊)했다. 야장은 각자 노를(爐) 가지고 있어서 육조역(肉助役)과 모조역(募助役)을 이끌고 작업을 했고, 하루에 소모하는 탄의 양이 2가마 정도 되었다. 긍재(兢齋) 김득신(金得臣)의 〈야장단련〉은 이 같은 최소 단위의 야장이 집단적으로 활동하였음을 엿볼 수 있다.

당시 철물을 제작한 장인들은 야장(冶匠) · 주장(注匠) · 박배장(朴排匠) · 줄장(乼匠) 등 다종다양하다. 이들 장인들은 가마를 놓고 작업을 하는 노야소에 주로 소속되지만, 석수나 목수가 작업하는 부석소나 조성소 등의 작업 현장에 가마를 설치하고 그때그때 필요한 철물을 제작해서 제공하기도 하였다.

이들 장인들은 주장(注匠)과 야장(冶匠)을 번갈아 가면서 장인 활동을 한 사례가 있다. 대표적으로 서부 석교계(西部石橋契)에 거주하던 백시길(白時吉)의 경우 1683년 인경왕후 익릉에서는 주장(注匠)이었으나 1688년 장렬왕후 휘릉에서는 광주(廣州)에 거주하는 야장으로 동

468) 『仁宣王后孝陵山陵都監儀軌』, 1674年,「大浮石所儀軌」. '…冶炭六百八十石(本所貿用) 三百五十石(都監以鹽.

원되고 있다.[469] 17세기의 주장은 조계남(曹繼男)·천말련(千㖚連)·김응남(金應男)이 주로 징발되었다. 박배장의 경우 17세기에 유국란(柳國蘭) 뿐이다. 18세기 중반 이후 1757년 정성왕후 홍릉에서는 줄장(乼匠)이 새로 등장하는데, 김복강(金福江)이 1757년과 1776년에 걸쳐 약 20여 년간 산릉공사에 장기적으로 동원되고 있다.

17세기 산릉도감에서 2~40년간 징발된 야장은 여럿이었다. 특히 17세기 초 김천룡은 45년의 장기간 동안 우부석소와 노야소에서 사역하였고, 부역한지 30여 년이 지나서는 변수로 활약하였다.

| 이름 | 활동 | 기간 | 참여도감 |
| --- | --- | --- | --- |
| 金千龍 | 1600-1645 | 45년 | 1600년, 규14826, 우부석소 ; 1600년, 규14845, 2등, 우부석소 ; 1627년, 규13518, 인정 야장 ; 1630년, 규13515, 노야소(변수) ; 1632년, 규13517, 노야소(변수), 1등, 제급3등, 우부석소 ; 1634년, 규14915, 노야소 ; 1645년, 규13920, 1등, 노야소(변수) |
| 安寬 | 1627-1651 | 24년 | 1627년, 규13518, 3방 ; 1630년, 규1507, 3방(경) ; 1634년, 규14915, 노야소 ; 1635년, 규13519, 1방, 3방 ; 1638년, 규13061, 3방, 옥책색, 기명색 ; 1645년, 규13062, 2방 ; 1645년, 규13918, 3방 ; 1645년, 규13067, 2방 ; 1649년, 규13521, 3방 ; 1651년, 규13071, 3방 |
| 姜戒仁 | 1627-1661 | 34년 | 1627년, 규13518, 2방 ; 1630년, 규15070, 2방 ; 1634년, 규14915, 노야소 ; 1645년, 규13062, 별공작 ; 1645년, 규13918, 2방 ; 1649년, 규13521, 2방 ; 1651년, 규13064, 2방 ; 1651년, 규13068, 2방 ; 1651년, 규13252, 2방 ; 1651년, 규13522, 3방 ; 1651년, 규13527, 2방 ; 1661년, 규13073, 2방, 3방 ; 1661년, 규13529, 2방 |
| 李景立 | 1630-1649 | 19년 | 1630년, 규13515, 우부석소(변수) ; 1632년, 규13517, 1등, 우부석소(경) ; 1649년, 규13920, 대부석소(우편, 변수) ; 1649년, 규15074(장2-2367), 우부석소(변수, 경) |
| 李起仁 | 1649-1659 | 10년 | 1649년, 규15074(장2-2367), 노야소, 변수 ; 1659년, 규13528, 재궁 별공작 (거 의 산위계) ; 1659년, 규15075, 노야소(변수) |
| 朴愛善 | 1659-1698 | 39년 | 1659년, 규15075, 노야소 ; 1675년, 장2-2323, 노야소(변수) ; 1683년, 장2-2324, 노야소(변수, 중부 고 병조계) ; 1684년, 규14832, 노야소(변수, 중부 고 병조계), 1등 ; 1698년, 규14821, 1등, 노야소(변수, 동구내 니동) |
| 崔承善 | 1671-1688 | 17년 | 1671년, 규13078, 1방 ; 1675년, 장2-2323, 대부석소(경) ; 1683년, 장2-2324, 대부석소(변수) ; 1684년, 규14832, 대부석소(경) ; 1686년, 규13545, 3등, 1방(선공감) ; 1688년, 장2-2326, 노야소 |
| 閔㖚龍 | 1675-1701 | 26년 | 1675년, 장2-2323, 소부석소 ; 1683년, 장2-2324, 공장질(경) ; 1684년, 규14832, 소부석소, 별단 ; 1688년, 장2-2326, 대부석소-1 ; 1698년, 규14821, 1등, 소부석소(변수) ; 1701년, 장2-2327, 1등, 소부석소 |
| 張承仁 | 1675-1698 | 23년 | 1675년, 장2-2323, 노야소 ; 1683년, 장2-2324, 노야소(중부 고 병조계) ; 1684년, 규14832, 노야소 (중부 고 병조계) ; 1698년, 규14830, 노야소(변수, 중부 향교동) |

<17세기 산릉도감 각소에서 활동한 야장>

469) 『仁敬王后翼陵山陵都監儀軌』, 1683년, 장서각, 爐冶所, 匠人秩. "注匠 白時吉[西部石橋契]";『莊烈王后徽陵山陵都監儀軌』, 1688년, 장서각, 爐冶所, 匠人秩. "冶匠 白時吉[廣州]".

야장은 전문적인 집단이었다. 17세기 전반 비슷한 기간에 활동한 안관과 강계인은 경장으로서 산릉도감보다는 서울에 설치된 각종 도감에서만 사역하였다. 반면 산릉도감에는 이경립, 이기인, 박애선, 최승선, 민말룡, 장승인 등이 차출되었다. 이들 중 이경립과 최승선은 대부석소에, 민말룡은 소부석소에, 박애선과 장승인은 노야소에만 주로 징발되었는데, 이것은 장인들을 동원하는 성책에 그들의 특기가 기록된 때문이었다. 대부석소와 소부석소의 야장은 석수와 섭장이 사용할 정을 비롯한 철제 도구를, 노야소의 야장은 도감 내 각소의 도구와 함께 정자각의 철제 금구장식을 제작하도록 업무가 철저히 분화되어 있었다.

대표적 야장으로는 이기인(李起仁) · 박애선(朴愛善) · 이건(李建) · 강언세(姜彦世) · 권필광(權弼光) · 김추영(金秋榮) 등으로 볼 수 있다. 이기인의 경우 17세기 중반에는 야장의 우두머리인 변수로 성정하였다. 17세기 중 · 후반에 가장 활발한 야장은 박애선 또한 1659년 효종 녕릉에서는 야장으로 참여하다가 1675년 현종 숭릉 및 1683년 인경왕후 익릉에서는 야장의 우두머리로 성장하여 야장 변수로 활동하였다. 한편 18세기 각 산릉도감의 대·소부석소에 차출되던 야장들도 대부분이 서울에 거주하던 장인들이었고, 경아문에 소속되어 있었다. 다음의 표를 보면 장기간 활동한 야장들은 선공감이나 내수사 등 경아문과, 금위영이나 수어청 등 군영에 소속되어 있었다.

| 이름 | 활동 | 기간 | 참여도감 |
|---|---|---|---|
| 姜彦世 | 1698-1727 | 29년 | 1698년, 규14830, 소부석소(경) ; 1701년, 장2-2327, 노야소(경) ; 1713년, 규13267, 의궤질 ; 1718년, 규14837, 별공작(선공감) ; 1721년, 장2-2328, 1등, 노야소(변수, 거 약정현) ; 1724년, 규13567, 별공작 ; 1724년, 장2-2329, 1등, 노야소(변수, 선공감) ; 1727년, 규13105, 1등, 별공작(선공감) |
| 朴興善 | 1701-1730 | 29년 | 1701년, 장2-2327, 3등, 대부석소 ; 1721년, 장2-2328, 1등, 대부석소 ; 1721년, 규13099, 3등, 3방(금영) ; 1722년, 규13097, 3등 ; 1724년, 장2-2329, 1등, 대부석소(변수) ; 1725년, 규14909, 1등, 3방(금영) ; 1730년, 규14823, 1등, 대부석소 |
| 安貴奉 | 1718-1730 | 12년 | 1718년, 규14837, 2등, 노야소 ; 1721년, 장2-2328, 3등, 노야소(거 남대문 외) ; 1724년, 장2-2329, 2등, 노야소(금위군) ; 1726년, 규14225, 2소, 2등, 별공작 ; 1729년, 규14857, 빈궁 별공작 ; 1730년, 규14823, 노야소(변수, 금위영) ; 1730년, 규14853, 별공작 |
| 金屎金 | 1751-1757 | 6년 | 1751년, 규14836, 1등, 대부석소 ; 1752년, 규14259, 1등, 별공작(내수사) ; 1757년, 규13560, 1등, 대부석소 ; 1757년, 규13591, 1등, 대부석소 |
| 權弼光 | 1753-1786 | 33년 | 1753년, 규14825, 노야소 ; 1757년, 규13560, 1등, 노야소 ; 1757년, 규13591, 1등, 노야소 ; 1759년, 규13102, 별공작 ; 1762년, 규13114, 1등, 별공작 ; 1776년, 규13586, 1등, 노야소 ; 1786년, 규13925, 1등, 노야소 |
| 金太山 | 1752-1777 | 25년 | 1752년, 규13294, 2방(수어청) ; 1753년, 규14925, 육상궁 3문 조성소 ; 1755년, 규13269, 2방(선공감) ; 1755년, 규13295, 2방(선공감) ; 1755년, 규13493, 대부석소 ; 1757년, 규13557, 1방(수어청) ; 1757년, 규13589, 1방(수어청) ; 1759년, 규13112, 1방 ; 1759년, 규13561, 별공작 ; 1762년, 규13605, 3등, 1방 ; 1776년, 규13337, 1방 ; 1776년, 규13581, 1등, 1방(수어청) ; 1777년, 규13327, 1방 |

<18세기 산릉도감 각소에서 활동한 야 장>

이들 중 강언세(姜彦世)와 안귀봉 및 권필광은 주로 노야소와 별공작에서, 박홍선과 김똥쇠는 대부석소에서 일하는 등 각자가 지닌 장기에 따라 배정되었다. 대부석소의 야장은 정이나 망치질로 돌을 깨는 일들을 석수와 함께 한 듯하다. 1701년 명릉의 야장 정원은 13명이었지만, 그들 모두가 국장도감에서 일하고 있어 지이현과 이영선 2명만 먼저 와서 일했는데,[470] 이들에게는 각각 모조역 2명과 육조역 1명씩이 배정되고 있었다.[471] 18세기 말에 이르면 야장을 구하기도 쉽지 않았다. 1776년 영조 원릉을 조성할 때, 산릉도감은 1757년 정성왕후의 홍릉을 조성할 때의 등록에 올라있는 야장들을 불렀으나 겨우 몇 명 밖에 없어 내수사와 선공감 및 삼군문에 소속되어 있던 장인과 더불어 지방의 야장들을 차출토록 하고 있었던 것이다.[472]

18세기 초에 가장 활발한 장인은 강언세(姜彦世)였다. 그는 1701년 인현왕후 명릉에서 야장이었다가 1724년 경종 의릉에서는 야장의 우두머리인 변수로 차출되었다. 18세기 중·후반기의 활발한 활동을 했던 야장은 권필광(權弼光)으로서 그는 1757년 정성왕후 홍릉에서 야장이었다가 1776년 영조 원릉에서는 야장 변수로 성장하였다.

| 이름 | 활동 | 기간 | 참여도감의 각소 |
|---|---|---|---|
| 鄭大義 | 1776-1816 | 40년 | 1776년, 규13586, 소부석소 ; 1789년, 규13627, 2등, 소부석소 ; 1789년, 규13629, 2등, 1796년, 규14586, 2등, 경야장, 1800년, 13119, 2등, 별공작 ; 1800년, 규13640, 소부석소 ; 1802년, 규13643, 3등, 별공작 ; 1804년, 규14334, 공장질 ; 1805년, 규13597, 2등, 소부석소 ; 1816년, 규13616, 1등, 별공작 |
| 金光喆 | 1800-1823 | 23년 | 1800년, 규13640, 大浮石所 ; 1816년, 규13616, 1등, 大浮石所 ; 1821년, 규13662, 1등, 大浮石所 ; 1823년, 규13936, 3등, 소부석소, 大浮石所 |
| 陳巨福 | 1800-1834 | 34년 | 1800년, 규13634, 별공작 ; 1804년, 규13322, 별공작 ; 1805년, 규13125, 별공작 ; 1805년, 규13592, 별공작 ; 1806년, 규13509, 2등, 공장질 ; 1807년, 규13598, 별공작 ; 1816년, 규13608, 별공작 ; ; 1818년, 규13620, 3등, 별공작 ; 1819년, 규13130, 별공작 ; 1821년, 규13647, 2등, 별공작 ; 1827년, 규13344, 3등, 별공작 ; 1830년, 규14190, 3등, 별공작 ; 1834년, 규13668, 2등, 별공작 |
| 金秋榮 | 1821-1843 | 22년 | 1821년, 규13662, 大浮石所 ; 1823년, 규13936, 大浮石所 ; 1830년, 규13726, 1등, 노야소 ; 1835년, 규13677, 1등, 노야소, 수석소 ; 1843년, 규13809, 1등, 노야소 |
| 金尙元 | 1830-1855 | 25년 | 1830년, 규13726, 3등, 노야소 ; 1843년, 규13809, 2등, 노야소 ; 1846, 규13765, 1등, 노야소 ; 1848년, 규14372, 악기풍물 감조시 ; 1849년, 규13791, 1등, 노야소 ; 1855년, 규13949, 1등, 노야소 |
| 崔弼仁 | 1843-1866 | 23년 | 1843년, 규13809, 1등, 별공작 ; 1846년, 규13765, 1등, 별공작 ; 1849년, 규13791, 1등, 별공작 ; 1853년, 규13353, 3등 ; 1855년, 규13770, 2등, 별공작 ; 1857년, 규13694, 1등, 별공작 ; 1861년, 규13363, 별공작 ; 1864년, 규13956, 빈궁소 공장 ; 1864년, 규13851, 1등, 별공작 ; 1866년, 규13854, 3등, 별공작 |

<19세기 산릉도감 각소에서 활동한 야장>

470) 『仁顯后明陵山陵都監儀軌』, 1701年, 移文秩. 8月 25日.

471) 『仁顯后明陵山陵都監儀軌』, 1701年, 大浮石所 稟目秩. 9月 19日 ; 『景宗懿陵山陵都監儀軌』, 1724年, 大浮石所.

472) 『英祖元陵山陵都監儀軌』, 1776年, 大浮石所 稟目秩.

19세기의 야장은 사적 생산에 종사하는 사장들로서 국역을 질 때마다 석수와 한패를 이루지만, 각자의 특기에 따라 대부석소, 노야소, 별공작 등에 분속되어 장기간 활동하고 있다. 대부석소의 야장은 석수나 섭장의 작업을 도왔고, 노야소와 별공작의 야장들은 장인의 도구와 건물의 금구장식을 제작하였다.

1800년 정조 건릉에 차출된 정대의는 18세기 말부터 40년간 소부석소와 별공작에서, 김광철은 23년간 대부석소에서, 진거복은 34년간 별공작에 주로 동원되었다. 김추영은 1835년 순조 인릉에, 김상원은 1843년 효현후 경릉에, 최필인은 1843년 경릉과 1864년 철종 예릉에서 활동하였다. 당시 노야소에서는 섭장들이 석물을 조각할 때 사용하는 도구들인 창포정 8개, 소한마치 10개, 소곶정 400개, 각도 20병, 주금 1개, 철토수 8개, 집개 2개, 지철 285개, 묘금 4개, 달임철 1개 등을 제작하였다.[473]

19세기 대표적 야장으로는 김추영(金秋榮)을 들 수 있다. 그는 1835년 순조 인릉과 1843년 효현왕후 경릉에 야장으로 징발되었다. 이전까지 국역을 졌던 야장들은 오랜 기간동안 차출되어 활동하였으나 19세기에는 더이상 오랜 기간동안 차출되는 장인은 거의 없었다. 이로 미루어 19세기에는 사장(私匠)으로 직역이 변화하였는지 국역에 자주 징발되지는 않았다.

473) 『純祖仁陵山陵都監儀軌』, 1835年, 大浮石所. 稟目秩. 2月 4日.

## 7 분장흥고의 지의와 종이 제작

분장흥고는 정자각 이하 건물의 내부 벽면에 도배를 하고, 전돌 바닥에 지의를 깔며, 별공작에서 만든 상탁 위에 좌면지를 깔고 상다리에 도배를 하는 곳이다. 『산릉도감의궤』 중 『별공작의궤』에는 원역(員役) 명단 다음에 일록(日錄)이 있으며, 그 다음 품목(稟目)에서는 분장흥고에서 사용한 물품의 목록이 날짜별로 정리되어 있다.

정자각을 비롯한 각종 건물의 벽에 바를 종이[紙地]나 바닥에 깔 자리[地衣] 등은 매년 각 도에 분정하거나, 국장 때 특별히 별복정을 하거나, 장흥고에 비축되어 있던 것을 도감으로 옮겨와 사용하였다.[474] 그런데 1721년 숙종의 명릉에서는 여러 차례의 국역으로 인해 장흥고의 물력이 탕진되어, 지지(紙地), 유둔(油芚), 석자(席子) 등을 전례대로 복정하지 않고 호조에서 값을 주고 마련키도 하였다.[475] 그러나 1730년 선의왕후의 의릉 때부터는 다시 지지, 유둔, 석자 등을 복정하고 나머지는 장흥고에 저축된 것을 사용하도록 하였다.[476]

### 1) 정자각 내부 벽의 도배

정자각 내부를 도배하는 종이는 초배지, 재배지, 정배지와 띠를 두를 종이 등 몇 종류로 한정되었다. 예컨대 1673년 효종의 영릉 정자각에서는 초배를 하기 위해 백지 33권을, 재배를 위해 저주지 13권 1장을, 정배를 위해 백능화지 3권 15장을, 기둥과 아래쪽에 띠를 두르기 위해 청능화지 10장이 사용되었다.[477] 그러나 20세기에 들어서면지지(紙地)의 종류가 다양하여 백지, 초주지, 좌면지, 유지, 저주지, 후유지, 낙지 등 다양하다.[478]

따라서 여기서는 분장흥고 실입질에 기재되어 정자각에 도배 때 사용된 종별로 한정하되, 해당 품목의 수량과 이것을 도배할 장인들의 종별을 다음의 표로 정리하였다.

474) 『孝宗寧陵遷陵都監儀軌』卷2, 分長興庫 手本秩, 癸丑 6月 18日 ;『仁敬王后翼陵山陵都監儀軌』卷2, 分長興庫 手本秩, 庚申 11月 초10日.
475) 『肅宗明陵山陵都監儀軌』卷2, 分長興庫 手本秩, 庚子 6月 15日.
476) 『宣懿王后懿陵山陵都監儀軌』卷2, 分長興庫 手本秩, 庚戌 7月 초9日.
477) 『孝宗寧陵遷陵都監儀軌』卷2, 分長興庫.
478) 『憲宗景陵山陵都監儀軌』卷2, 分長興庫.

| 주인공 | 능명 | 조성 연대 | 初褙 | 再褙 | 正褙 | 띠 용도 | 병풍장+책장 | 도배군 |
|---|---|---|---|---|---|---|---|---|
| | | | 白紙 | 楮柱紙 | 白菱花紙 | 青菱花紙 | | |
| 단종 | 장릉(莊陵) | 1698 | 103권 19장 | 18권 2장 | 3권 16장반 | 7장 | 5+5 | 15 |
| 정순왕후 | 온릉(溫陵) | 1739 | 38권 17장 | 초주지;<br>3권 8장 | 초주지 | 8장반 | 2+2 | - |
| 인조 | 장릉(長陵) | 1659 | 202권 | 5권 12장 | 23장 | 8장반 | - | - |
| 효종 | 영릉(寧陵) | 1674 | 216권 13장 | 56권 17장 | 9권 9장 | 10장 | - | - |
| 현종 | 숭릉(崇陵) | 1684 | 158권 4장 | 49권 10장 | 5권 3장 | 10장 | - | - |
| 장렬왕후 | 휘릉(徽陵) | 1688 | 150권 3장 | 51권 4장 | 5권 9장 | 10장 | 5+5 | - |
| 인경왕후 | 익릉(翼陵) | 1681 | 148권 4장 | 49권 10장 | 5권 3장 | 10장 | 5+5 | 13 |
| 숙종 | 명릉(明陵) | 1701<br>1721<br>1757 | 200권<br>155권 4장<br>125권 5장 | 61권<br>63권 6장<br>40권 12장 | 5권 17장<br>7권 16장<br>4권 | 12장<br>13장<br>7장 | 5+5<br>5+5<br>3+3 | -<br>20<br>- |
| 경종 | 의릉(懿陵) | 1725<br>1730 | 230권<br>230권 | 51권<br>51권 | 3권 15장<br>5권 12장 | 10장<br>10장 | 4+4<br>4+4 | 15<br>10 |
| 정성왕후 | 홍릉(弘陵) | 1757<br>1805 | 200권<br>89권 19장 | 61권<br>70권 12장 | 3권 4장<br>4권 | 11장<br>4장 | 3+3<br>5+0 | -<br>- |
| 영조 | 원릉(元陵) | 1776<br>1805 | 200권<br>89권 19장 | 65권<br>70권 12장 | 3권 6장<br>4권 | 11장<br>4장 | -<br>- | -<br>- |
| 정조 | 건릉(健陵) | 1800 | 270권 | 73권 7장 | | 2장 | 5+0 | 30 |
| 순조 | 인릉(仁陵) | 1834<br>1856 | 98권 13장<br>51권 12장 | 88권 1장<br>49권 1장 | 3권 13장<br>3권 18장 | 6장<br>8장 | 10+0<br>5+0 | 10<br>30 |
| 헌종 | 경릉(景陵) | 1849 | 33권 12장 | 185권 7장 | 8권 | 6장 | 10+0 | 40 |
| 문조 | 수릉(綏陵) | 1890 | 6권 6장 | 2권 12장 | 4권 2장 | 4장반 | - | - |
| 철종 | 예릉(睿陵) | 1863<br>1878 | 39권 10장<br>378권 4장 | 14권 2장<br>388권 | 4권<br>8권 15장 | 6장<br>8장반 | 15+0<br>17+0 | 40<br>50 |

<분장흥고 실입질에 실제 들인 종이의 종별과 수량>

위 표를 보면 시대가 내려가면서 종이의 품종이 다양해졌기 때문인지 도배에 사용하는 백지, 저주지 등의 숫자는 전체적으로 줄어드는 경향을 보이고 있었다.

그런데 1698년 장릉과 사릉, 1739년 온릉과 같은 봉릉의 경우 정자각 내부에 한번만 도배를 해도 되기 때문에 종이의 수량이 많지 않았다. 물론 여러 차례 산릉이 조성되는 명릉의 경우처럼 회를 거듭할 수록 종이의 수량이 줄어들고 있었다. 예컨대 명릉의 경우 제일 처음 정자각을 조성했던 1701년에는 백지 200권이었으나, 두 번째 산릉에 해당되는 1721년에는 백지 155권 4장이, 그리고 마지막 산릉인 1757년에는 백지 125장 5장이었다. 이렇게 줄어든 수량임에도 불구하고 1698년 단종의 장릉을 봉릉할 때 들인 백지 103권 19장, 저주지 18권 2장, 백능화지 3

권 16장반, 청능화지 7장보다 많았다. 곧 장릉을 봉릉할 때에는 같은 시기 산릉을 조성할 때 필요한 종이보다 1/2 정도였다. 이것은 곧 앞장에서 살핀 바처럼 산릉에서는 인산 전후에 두 번 작업을 하게 되어, 재궁이 인산되기 전에 도배를 하고 자리를 깔았던 것들은 모두 불에 태우고 인산 후 다시 도배하고 자리를 깔았다. 그러나 봉릉에서는 시일이 오래 지나 인산 전 상태를 재현하지 않기 때문에 정자각 내부에 영원히 배치할 1번의 작업만 하기 때문이었다.

정자각에 도배할 종이의 종별과 관련해서 주목되는 것은 1739년 단경왕후의 온릉이다. 당시 온릉을 봉릉할 때에 도감에 들인 종이는 초배용으로 백지 38권 17장이었고, 재배용으로는 초주지 3권 8장을 들였다. 이것은 다른 왕릉에서 재배 때 저주지를 사용하는 것과 차이를 보였다. 가장 두드러진 차이는 정배용으로도 초주지를 사용한 점이다. 이러한 온릉 봉릉도감은 지극히 예외적인 사례이고, 조선 후기 모든 왕릉에서는 초배는 백지, 재배는 저주지, 정배는 백능화지를 사용하는 규정이 고스란히 유지되었다.

다음으로 산릉도감에서 정자각 이하 전각의 내부를 도배하기 위해 상설아문의 장인을 차출하였다. 곧 정자각은 상의원이나 내수사의 병풍장 5명이, 재실은 교서관 소속의 책장 5명이, 그 밖의 다른 건물은 평시서의 도배군을 불러 도배를 하였다. 예컨대 1698년 단종의 장릉은 서울에서 거리가 먼 영월에 소재해 있어 봉릉도감의 분장흥고 관원이 병풍장을 데리고 정자각 내부를 직접 조사한 다음 초벌 도배는 백지로, 두벌 도배는 초주지로, 세벌 도배는 도련지를 바르고 푸른 능화지로 띠를 둘렀으며, 정전 안팎과 배위청의 기둥머리에도 역시 도련지를 바르고 푸른 능화지띠를 둘렀다.[479]

그 밖에 산릉도감 분장흥고에서는 상의원의 병풍장 5명과 교서관의 책장 5명씩 10명을 부르는 것이 관례였다.[480] 1688년 장렬왕후의 휘릉에서는 마찬가지로 상의원의 병풍장 5명, 교서관의 책장 5명을 차출하였으나,[481] 도배가 동절기에 시행되었기 때문에 병풍장 1명과 교서관의 책장 4명을 더 보내어 총 15명이 동원되었다.[482]

반면 18세기에는 정전이 5칸에서 3칸으로 칸수가 줄어서인지 병풍장 4명과 책장 4명으로 그 숫자가 줄어들었다. 1725년 경종 의릉과 1730년 선의왕후의 의릉 때에도 마찬가지였는데,[483]

479) 『端宗莊陵封陵都監儀軌』, 造成所, 移文帙.

480) 『仁敬王后翼陵山陵都監儀軌』卷2, 分長興庫, 手本秩, 辛酉 1月 初8日 ; 『端宗莊陵封陵都監儀軌』, 分長興庫, 手本秩. 戊寅年 12月 9日 ; 『仁顯王后明陵山陵都監儀軌』卷2, 分長興庫, 手本秩, 辛巳 10月 初10日 ; 『肅宗明陵山陵都監儀軌』卷2, 分長興庫, 手本秩, 庚子 8月 14日.

481) 『莊烈王后徽陵山陵都監儀軌』卷2, 分長興庫, 手本秩. 戊申 9月 初10日.

482) 『莊烈王后徽陵山陵都監儀軌』卷2, 分長興庫, 手本秩. 戊申 9月 29日.

483) 『景宗懿陵山陵都監儀軌』卷2, 分長興庫, 手本秩 ; 『宣懿王后懿陵山陵都監儀軌』卷2, 分長興庫, 手本秩, 庚戌 9月 初3日.

다만 후자는 상의원 병풍장 4명 대신 내수사의 병풍장 4명을 보내었다.[484] 이것이 전례가 되어 1739년 단경왕후의 온릉 정자각을 도배할 때에도 내수사의 병풍장을 동원했으나, 이때에는 장인의 숫자가 반으로 줄어 내수사의 병풍장 2명과 교서관의 책장 2명, 평시서의 도배군을 차출하였다.[485] 1757년 인원왕후의 명릉 정자각을 도배할 때에도 내수사의 병풍장 3명과 교서관의 책장 3명 그리고 평시서의 도배군 30명을 보냈다.[486]

19세기에 들어서면 내수사 소속의 병풍장 5명과 교서관 소속의 책장 5명을 차출하여 정자각을 도배하는 제작체제는 여전하였으나, 19세기 중반 이후 동원하는 장인의 숫자가 대폭 늘었다. 1800년 정자각과 재실 및 향대청의 반자와 장자를 도배할 병풍장 임우춘(林愚春) 등 5명은 등록에 의거 부역하도록 한다.[487] 이때 동원된 임우춘은 1751년부터 1805년까지 54년간 내수사와 장흥고에 소속되어 국역에 동원된 장인으로 주목되었다.[488] 1805년 정순왕후의 원릉 정자각과 가재실 및 향대청의 반자와 장지를 도배하기 위해 내수사의 병풍장 5명을 차출하였다.[489] 1834년 순조의 인릉에서는 오랫동안 대령하는 병풍장 2명과 함께 병풍장 8명을 더 불러 정자각 벽과 기둥 및 제처의 반자와 장지를 도배하는데 부역하게 하였다.[490] 1849년 효현왕후의 경릉에서 차출한 병풍장은 10명인데 그들 중 3명은 반자와 장지는 도배하고 나머지 7명은 어재실을 도배하도록 하였다.[491]

1856년 순조의 인릉을 천릉할 때에는 병풍장 5명을 차출했으나,[492] 1863년 철종의 예릉 정자각을 도배하기 위해 병풍장 2명에 15명을 추가로 불러들였다.[493] 1878년 철인왕후의 예릉에서는 처음에는 병풍장 3명을, 다음에는 2명을, 이후 도배할 양이 많아 10명을 더했다가 여전히 부족하여 2명을 더 불러 들였다.[494]

한편 18세기까지는 정자각 이하 각처의 도배에는 평시서의 도배군 10-20명이 부역하였다.

---

484) 『宣懿王后懿陵山陵都監儀軌』卷2, 分長興庫, 手本秩, 庚戌 9月 初7日.

485) 『端敬王后溫陵封陵都監儀軌』, 分長興庫, 手本秩, 己未 5月 初6日.

486) 『仁元王后明陵山陵都監儀軌』卷2, 分長興庫, 手本秩, 丁丑 4月 初4日.

487) 『正祖健陵山陵都監儀軌』卷2, 分長興庫, 手本秩.

488) 임우춘을 비롯하여 동시대에 병풍장으로는 임세욱, 임세봉, 임세하 등이 있어 임씨 가문은 전업적인 병풍장 장인집단이었다. 근래 충남의 유형문화재로 지정된 초상화의 장황 뒷면에는 묵서로 "화원 이명기 장족 임우춘"의 명문이 있어 임우춘의 장황 솜씨를 확인할 수 있는 사례로 주목된다.

489) 『貞純王后元陵山陵都監儀軌』卷2, 分長興庫, 手本秩, 乙丑 4月 27日.

490) 『純祖仁陵山陵都監儀軌』卷2, 分長興庫, 手本秩. 乙未 正月 23日.

491) 『憲宗景陵山陵都監儀軌』卷2, 分長興庫, 手本秩, 己酉 8月 12日, 23日.

492) 『純祖仁陵遷奉都監儀軌』卷2, 分長興庫, 手本秩. 丙辰 3月 14日.

493) 『哲宗睿陵山陵都監儀軌』卷2, 分長興庫, 手本秩, 甲子 1月 25日, 甲子 2月 初9日.

494) 『哲人王后睿陵山陵都監儀軌』卷2, 分長興庫, 手本秩, 戊寅 6月 20日, 7月 24日, 8月 20日.

1681년 익릉에는 도배군 13명을,[495] 1698년 장릉에는 도배군 15명을,[496] 1701년에는 도배군 20명을 평시서에서 차출하였다.[497] 1721년 숙종의 명릉에서는 구정자각을 도배할 도배군 10명 중 병풍장 5명, 책장 5명을 등록에 의거했다.[498] 1725년 경종의 의릉에서는 안향청 이하를 도배하고자 평시서의 시민 중 도배군 15명을,[499] 1730년 선의왕후의 의릉에서도 도배군 10명을 급히 차출하였다.[500]

19세기에 들어서면 평시서의 시민 중에서 도배군을 차출하였으며 그 숫자는 3-40명으로 증가하였다.[501] 1800년 정조의 건릉에는 평시서의 도배군 30명을, 1849년 효현왕후의 경릉에는 도배군 40명을, 1856년 순조의 인릉을 천릉할 때에도 도배군 30명을 불러 작업을 했다.[502] 1863년 철종의 예릉과 1878년 철인왕후 때에는 각각 도배군 40명과 50을 동원했는데, 그들을 초배군으로 부르고 있어 그들이 기술 수준을 짐작할 수 있다.

#### 2) 지의(地衣)의 제작과 포진

지의는 여러 장의 부들자리나 왕골자리를 전각의 크기나 공간의 크기에 맞추어 서로 잇대어 하나로 만들어 까는 일종의 깔개이다. 조선시대 궁궐에는 전각 내부의 전돌바닥이나 마루바닥에는 지의를 깔았다. 이러한 점은 <동궐도>의 그림에서도 확인되는데, 현재에는 궁궐 내 전각 중 종묘의 정전, 국왕의 어진을 모신 진전만이 원형대로 지의가 깔려 있을 뿐 나머지 전각의 내부는 맨 바닥을 그대로 드러내고 있다. 이처럼 궁궐 전각에 지의를 깐 것은 궁궐의 품격을 드러내기 위해서인데, 현재까지 유독 종묘나 진전에 지의가 깔려 있는 것은 선대 왕의 신주나 어진을 모신다는 전례공간으로서 신성성 때문일 것이다. 선대 왕과 왕후의 혼백을 모신 왕릉의 정자각의 전돌 바닥 위에 2중의 지의를 깔아야 하는 이유 또한 이와 마찬가지이다.

그렇다면 산릉도감에서 조성소에서 정자각을 조영하고 나서 분장흥고에서 왕릉의 정자각을 비롯한 전각에 깔기 위해 실제로 들인 각종 자리의 종별은 어떠한지 다음과 같이 정리해 보았다.

495) 『莊烈王后徽陵山陵都監儀軌』卷2, 分長興庫, 手本秩. 戊申 9月 29日.

496) 『端宗莊陵封陵都監儀軌』, 分長興庫, 手本秩. 戊寅年 12月 9日.

497) 『仁顯王后明陵山陵都監儀軌』卷2, 分長興庫, 手本秩, 辛巳 10月 12日.

498) 『肅宗明陵山陵都監儀軌』卷2, 分長興庫, 手本秩, 庚子 8月 14日.

499) 『景宗懿陵山陵都監儀軌』卷2, 分長興庫, 手本秩, 甲申 10月 19日.

500) 『宣懿王后懿陵山陵都監儀軌』卷2, 分長興庫, 手本秩, 庚戌 10月 17日.

501) 『純祖仁陵山陵都監儀軌』卷2, 別工作, 手本秩. 乙未 3月 12日. 당시에는 平時署의 도배군 10명을 부르고 있어 이례적이다.

502) 『正祖健陵山陵都監儀軌』卷2, 分長興庫, 手本秩 ; 『純祖仁陵山陵都監儀軌』卷2, 分長興庫, 手本秩. 乙未 4月 3日 ; 『純祖仁陵遷奉都監儀軌』卷2, 分長興庫, 手本秩. 丙辰 3月 初7日.

| 주인공 | 능명 | 연대 | 소화질 | 영배질 | | | | | 茵匠 |
|---|---|---|---|---|---|---|---|---|---|
| | | | 백문석 | 별문석 | 초석 | 유문석 | 황화석 | 채화석 | |
| 단종 | 장릉(莊陵) | 1698 | 8 | 45.5 | 52 | x | x | 1 | 2 |
| 정순왕후 | 온릉(溫陵) | 1739 | 129 | x | 20 | 6.5 | x | 1 | 2 |
| 인조 | 장릉(長陵) | 1632, 1659 | 442, 476 | -, 106 | 194, 343 | 118, 33 | 5, 1 | 10, 10 | -, - |
| 효종 | 영릉(寧陵) | 1673, 1674 | 468, 468 | 106. 645 | 300, 224 | 33, 33 | 2, 2 | 10, 8 | -, 2 |
| 현종 | 숭릉(崇陵) | 1684 | 468 | 100 | 343 | 33 | 0 | 10 | - |
| 장렬왕후 | 휘릉(徽陵) | 1688 | 464 | 88 | 237 | 30 | x | 11 | 2 |
| 인경왕후 | 익릉(翼陵) | 1681 | 468 | 106 | 343 | 33 | 0 | 10 | 2 |
| 숙종 | 명릉(明陵) | 1701, 1721, 1757 | 511,477.5, 501 | 105, 156, 110 | 343, 315, 269.5 | 33, 33, 30 | x | 10, 10, 13 | 2, -, - |
| 경종 | 의릉(懿陵) | 1725, 1730 | 453, 374 | 146, 33 | 315, 280 | x | x | 15, 10 | 2, 2 |
| 정성왕후 | 홍릉(弘陵) | 1757 | 510 | 110 | 327 | 30 | x | 14 | 4 |
| 영조 | 원릉(元陵) | 1776, 1805 | 540, 687.5 | 110, 151 | 327, 393 | 33, x | x | 12, 15 | -, 7 |
| 정조 | 건릉(健陵) | 1800 | 706.5 | 148 | 356.5 | x | 용문석1 | 18 | 3 |
| 순조 | 인릉(仁陵) | 1834, 1856 | 775.5, 742 | 157, 152 | 338, 243 | x | 용문석1,1 | 16.5, 19 | -, 3 |
| 헌종 | 경릉(景陵) | 1849 | 842 | 233 | 341 | x | 용문석1 | 11.5 | 3 |
| 문조 | 수릉(綏陵) | 1890 | 2,245 | 320 | - | x | 용문석1 | 28.5 | - |
| 철종 | 예릉(睿陵) | 1863, 1878 | 821, 977 | 158, 313 | 480, 368 | x | 용문석1,1 | 17, 13 | 3, 3 |

<분장흥고 실입질에서 들인 자리의 종별과 수량>

위의 표에 의하면 분장흥고에서는 정자각을 비롯한 여러 건물이나 평상 위에 깔기 위해 백문석, 별문석, 초석, 유문석, 황화석, 채화석, 용문석 등 다양한 종류의 어마어마한 수량의 자리를 들였음을 알 수 있다. 그런데 이러한 각종 자리[席子]는 모두 산릉도감의 분장흥고에서 제작한 것이 아니다. 앞서도 언급했듯이 조선의 궁궐에는 전각마다 엄청난 수량의 자리가 필요했고, 흉례만을 국한하더라도 국장이 언제 발생할지 모르는 데다가, 국상 기간 동안 국장도감, 빈전·혼전도감 및 산릉도감에서 각 건물마다 엄청난 수량의 자리를 깔아야 했기 때문에 상설아문인 장흥고에는 언제나 많은 양의 자리를 저장해 두고 있었다. 때문에 산릉도감에서도 장흥고에 비축된 자리를 지의로 사용하였으며, 간혹 비축된 물량이 없거나 필요한 물량이 부족하면 도감에서는 각도에 분정하거나 강화도의 교동에서 별복정을 하여 충당하였다. 위의 표 중에서 백문석과 별문석의 경우 「분장흥고의궤」 중 "경비질(京備秩)"에 기재되어 있는 것을 사용하였다. 그

러나 초석의 경우 300장은 별복정을 받았고, 43장 정도만 장흥고의 것이었다. 위 표에서 보면 1659년과 1681년, 1684년, 1688년, 1701년, 1721년, 1725년의 산릉도감에서 300장은 "별복정질"에 43장은 "경비질"에 의해 초석을 마련하고 있었다. 그런데 이것은 숙종대의 자리 조달 방식이었다.

산릉도감에 실제 들인 자리는 시기별로 종별과 수량에서 차이를 보였다. 17세기 초에는 백문석 468장, 별문석은 106장, 초석은 343장, 유문석은 33장, 채화석은 10장 내외였다. 그러다가 17세기 말 숙종대부터 18세기 영정조시대에 해당되는 시기에는 백문석은 450장~500장, 별문석은 100장 내외, 초석은 280장 내외, 채화석은 13장 내외였다. 특히 숙종 때부터 유문석을 사용하지 않고 황화석 또한 조달하지 않았다. 더욱이 당시 국가 재정의 어려움을 반영하는지 장흥고에 비치된 자리가 부족하여 국장을 치르기 위해 개인에게 사들이기도 하였다. 그러나 정조 이후 광산을 개발하거나 홍삼 무역을 재개되어 국가 재정이 안정되는 19세기에는 백문석은 750장~850장 내외, 별문석은 150장 이상, 초석은 350장 이상이었으며, 황화석을 대신하여 용문석을 1장씩 들여왔으며, 채화석은 15장 내외였다. 이로 미루어 볼 때, 17세기보다 18세기에 자리의 종별과 수량은 점차 줄어들었으나, 19세기에 들어서면 다시 자리의 종별은 늘어나고 수량은 1.5~2배 이상 불어나는 것은 알 수 있다.

산릉도감의 분장흥고에서는 전각 바닥에 깔거나 평상 위에 배치하기 위해 장흥고에서 보내거나 복정하여 마련한 자리를 엮기 위해 장인을 동원하였다. 상설아문 소속의 인장(茵匠)이 도감에 차출되어 일정 기간 부역하면서 정자각을 비롯한 건물의 내부 공간 크기에 맞춰 몇 십장의 자리를 서로 연결하여 지의를 만드는 작업을 수행하였다. 위 표에 의하면 17-8세기에는 인장 2명이, 19세기에는 인장 3명이 주로 동원되었음을 알 수 있다.

도감마다 인장을 동원했던 기록은 숙종 대부터 발견된다. 1675년 현종의 숭릉과 1681년 인경왕후의 익릉에는 훈련도감 소속의 인장(茵匠) 최실립(崔實立)과 사장(私匠) 오기생(吳起生)이 계속 동원되었다.[503] 최실립의 경우 1688년 장렬왕후의 휘릉에도 북부 사재감계에 사는 사장(私匠) 전이쇠(全以金)과 함께 일하였을 뿐 아니라,[504] 이후 1690년 경종의 세자 책례와 장희빈의 왕비 책례 시,[505] 그리고 1694년 숙종과 인현왕후의 책례도감에는 궁궐에서 지의를 제작할 때

503) 『顯宗崇陵山陵都監儀軌』卷2, 分長興庫, 工匠秩 ; 『仁敬王后翼陵山陵都監儀軌』卷2, 分長興庫, 手本秩, 庚申 11月 28日.

504) 『莊烈王后徽陵山陵都監儀軌』卷2, 分長興庫, 手本秩. 戊申 9月 14日.

505) 『景宗世子受冊時冊禮都監儀軌』, 3房, 工匠秩 ; 『玉山大嬪陞后受冊時冊禮都監儀軌』, 3房, 工匠秩.

에도 차출되었다.[506] 그런 다음 1701년 인현왕후의 명릉에도 최실립을 불러 부역을 시키도록 했는데 당시 장인질에는 그의 이름이 올라 있지 않아 동원되었는지는 알 수 없다.[507] 어쨌든 최실립은 숙종대 17세기 말 26년간 국역에 빠짐없이 동원된 솜씨가 좋은 장인이었음을 알 수 있다. 당시 정자각 정전에 깔 지의에 사용된 자리를 일일이 검열하였는데, 그 결과 무늬들이 같지 않았다. 때문에 지의의 무늬를 무엇으로 할 지 논의하였으나 더 이상은 관련된 설명을 찾지 못하였다.[508]

18세기 중반 영조대에 장흥고 소속으로서 도감에 차출되었던 인장에는 김자건(金次建)과 김두백(金斗白)이 있다. 둘이 함께 동원되었던 도감은 1730년 선의왕후의 의릉이었다.[509] 둘 중 김자건은 1721년 인현왕후의 명릉부터 1730년까지 10년이라는 짧은 기간 동안 6곳의 도감에서,[510] 김두백은 1730년부터 1757년까지 28년간 4곳의 도감에서 부역하였다.[511]

영조에 의해 국조상례보편이 편찬된 이후 1757년 홍릉에서는 인장 4명을,[512] 1800년 건릉에는 인장 3명을,[513] 1805년 원릉에는 인장 3명을 들이면서, 그들의 요포를 호조에서 마련케 하였다.[514] 하지만 정자각 이하 각처에 깔 자리의 가장자리를 바느질할 때 사역할 인장 3명으로는 부족하여 인장 4명을 더하여 총7명을 부역케 하였다.[515] 1849년 경릉에는 인장 3명을,[516] 1856년 인릉에는 인장 3명을,[517] 1863년 예릉에는 인장 3명을,[518] 1878년 예릉에서도 전례를 따라 인장 3명을 들였다.[519]

이와 같이 정자각의 지의는 자리를 여러 장 잇대어 정자각 내부의 규모로 연결해야 했고, 제상 위에 깔 좌면지를 만들 때에도 유둔 여러 장의 폭을 이어 붙여야 했으므로 넓은 공간이 필

506) 『肅宗仁顯王后冊禮都監儀軌』卷2, 3房, 工匠秩. "茵匠 崔實立, 吳順昌."
507) 『仁顯王后明陵山陵都監儀軌』卷2, 分長興庫, 手本秩, 辛巳 8月 23日.
508) 『莊烈王后徽陵山陵都監儀軌』卷2, 分長興庫, 手本秩. 戊申 10月 28日.
509) 『宣懿王后懿陵山陵都監儀軌』卷2, 分長興庫, 手本秩, 庚戌 7月 초8日.
510) 『肅宗明陵山陵都監儀軌』卷2, 分長興庫, 工匠秩 ; 『仁元王后尊崇都監儀軌』, 1房, 工匠秩 ; 『景宗懿陵山陵都監儀軌』卷2, 分長興庫, 工匠秩 ; 『英祖貞聖王后復位時冊禮都監儀軌』, 1房, 工匠秩 ; 『宗廟改修都監儀軌』, 1房, 工匠秩 ; 『宣懿王后懿陵山陵都監儀軌』卷2, 分長興庫, 工匠秩.
511) 『宣懿王后懿陵山陵都監儀軌』卷2, 分長興庫, 工匠秩 ; 『肅宗仁元王后尊崇都監儀軌』, 3房. 工匠秩 ; 『仁元王后明陵山陵都監儀軌』卷2, 分長興庫, 工匠秩 ; 『貞聖王后弘陵山陵都監儀軌』卷2, 分長興庫, 工匠秩.
512) 『貞聖王后弘陵山陵都監儀軌』卷2, 分長興庫, 手本秩. 丁丑 2月日.
513) 『正祖健陵山陵都監儀軌』卷2, 分長興庫, 手本秩.
514) 『貞純王后元陵山陵都監儀軌』卷2, 分長興庫, 手本秩, 乙丑 正月 23日, 29日.
515) 『貞純王后元陵山陵都監儀軌』卷2, 分長興庫, 手本秩, 乙丑 2月 30日.
516) 『憲宗景陵山陵都監儀軌』卷2, 分長興庫, 手本秩, 己酉 9月 18日.
517) 『憲宗景陵山陵都監儀軌』卷2, 分長興庫, 手本秩, 己酉 8月 12日.
518) 『純祖仁陵遷奉山陵都監儀軌』卷2, 分長興庫, 手本秩. 丙辰 3月 초7日.
519) 『哲宗睿陵山陵都監儀軌』卷2, 分長興庫, 手本秩, 甲子 1月 25日, 2月 초9日.

요하였다. 1688년 장렬왕후의 휘릉 때 지의를 꿰매거나[縫造] 유둔을 서로 길게 잇대어 연폭[連幅]하였던 상황을 일례로 들 수 있다. 당시에 전례로 삼은 것은 같은 동구릉 구역에 산릉을 조성하였던 갑인년(1674) 인선왕후의 영릉이나 계해년(1683) 명성왕후의 숭릉 때를 전례로 삼았다. 영릉이나 숭릉 때에 동구릉의 목릉 재실에서 연폭을 했기 때문에 동구릉에 산릉을 조성하던 숭릉 때 목릉의 재실에서 했다. 이후 1898년 단종의 장릉 때에도 여전히 갑인년, 계해년, 무진년(1688) 3번의 「등록」을 가져다 전례를 상고한 결과 9칸의 가가에서 연폭하기는 비좁아 모두 재실에 머물러 작업을 했음을 알았지만, 장릉의 재실은 매우 협소하여 폭을 이어붙이고 꿰매는 일을 주선하기 어려웠다. 이에 능 아래에 있는 보덕사(報德寺)가 가까운 데다가 방이 넓고 확 트여 있어 사찰의 넓은 방에서 작업을 하였다.[520]

한편 지의를 길고 넓게 이은 다음에는 가장자리에 천을 대고 꿰매는 작업이 여전히 남아 있다. 이러한 침선 작업을 위해 1698년 단종의 장릉에는 자리를 엮을 茵匠 2명과 함께 가장자리에 천을 대고 바느질을 할 봉조군(縫造軍) 20명을 동원했다.[521]

### 3) 제상 위 좌면지의 제작

산릉의 제사 때에는 종묘의 제사 때와 마찬가지로 격식을 갖추어 거행되기 마련이어서 제상 위에는 상건(床巾)을 덮고 다시 음식물이 묻어 더럽혀지지 않도록 기름종이[油紙]로 만든 좌면지(座面紙)를 덮었다.[522] 따라서 제상이나 평상 등의 목물은 별공작에서 만들었지만, 그 위에 깔 상건이나 욕처럼 천으로 만드는 공예품은 상의원이나 제용감에서 만들어 들였고, 상 위를 덮는 좌면지는 분장흥고에서 만들어 들였다. 정자각에 진배되는 제상 4좌 위를 덮는 좌면지를 「분장흥고의궤」로 살펴보면 다음과 같다. 정자각 내부에 배치할 제상은 그 치수에 있어 정자각마다 약간의 차이를 보인다. 1698년에 봉릉된 단종의 장릉과 정순왕후의 사릉에 설치하고자 제작한 제상은 너비가 2자 3치였고, 1739년에 봉릉된 중종비 단경왕후 온릉의 정자각에 설치한 제상의 길이는 3자 1치, 너비는 2자 2치였다. 곧 17세기의 것에 비해 18세기의 것은 길이는 길어지고 너비는 좁아지는 경향을 알 수 있다. 1800년 정조의 건릉부터는 정자각에 영원히 배치할 제상, 아가상의 칫수는 앞서 살핀 바처럼 영조 대에 편찬된 『국조상례보편』에 의거하여 확정되었기 때문에 의궤에는 칫수를 기록하지 않았다.523) 이후의 의궤 또한 전례를 따르기 때문에 마찬가지이다.

520) 『哲人王后睿陵山陵都監儀軌』卷2, 分長興庫, 手本秩, 戊寅 6月 20日.
521) 『莊烈王后徽陵山陵都監儀軌』卷2, 分長興庫, 手本秩. 戊申 10月 초5日.
522) 『端宗莊陵封陵都監儀軌』, 分長興庫, 手本秩. 戊寅年 12月 9日.
523) 『端宗莊陵封陵都監儀軌』, 分長興庫, 手本秩. 戊寅年 12月 9日.

| 왕대 | 능명 | 조성 연대 | 분장흥고 좌면지 | |
|---|---|---|---|---|
| | | | 皮匠 | 畵員 |
| 단종 | 장릉(莊陵) | 1698, 思陵 동일 | 2 | 1 |
| 정순왕후 | 온릉(溫陵) | 1739 | 1 | - |
| 인조 | 장릉(長陵) | 1659 | - | - |
| 효종 | 영릉(寧陵) | 1659, 1673, 1674 | -, -, 2 | - |
| 현종 | 숭릉(崇陵) | 1675, 1684 | - | - |
| 장렬왕후 | 휘릉(徽陵) | 1688 | 2 | 1 |
| 인경왕후 | 익릉(翼陵) | 1681 | - | - |
| 숙종 | 명릉(明陵) | 1701, 1721, 1757 | 2, 2, - | 1, 1, - |
| 경종 | 의릉(懿陵) | 1725, 1730 | - | 3, 2 |
| 정성왕후 | 홍릉(弘陵) | 1757 | - | 1 |
| 영조 | 원릉(元陵) | 1776, 1805 | -, 5 | 1, 1 |
| 정조 | 건릉(健陵) | 1800, 1821 | 2, - | 1, - |
| 순조 | 인릉(仁陵) | 1834, 1856, 1857 | -, 2, - | -, 1, - |
| 헌종 | 경릉(景陵) | 1843, 1849 | -, 2 | -, 1 |
| 문조 | 수릉(綏陵) | 1846, 1855, 1890 | - | 1, -, 1 |
| 철종 | 예릉(睿陵) | 1863, 1878 | 2, 2 | 1, 1 |

<분장흥고의 좌면지 제작>

제상은 대체로 길이 4자, 너비 2.9자, 높이 3자였는데, 그 상탁의 위에는 床巾을 덮었고, 상탁의 위아래에는 좌면지로 덮었다. 좌면지는 제사를 지낼 때 제물이 떨어지거나 물이 흘러 정자각에 깔린 돗자리를 더럽히지 않게 하기 위해서 깔았던 것 같으며, 때문에 대개기름종이[厚油紙, 油芚]를 사용하여 만들었다. 기름종이나 유둔은 두터웠기 때문인지 이것을 잘 잇대어 붙이는[連幅] 것이 중요하여 도감에서는 솜씨가 좋은 피장(皮匠) 2명을 동원하였다. 위 표를 보면 피장을 동원하기 시작한 것은 주로 숙종대였다. 즉 1674년 영릉부터 1739년 온릉을 봉릉할 때까지 계속 피장 2명씩 부역하였다.[524] 이러한 피장은 상설아문에 소속되었다가 도감에 차출되었는데, 1688년 휘릉과 1721년 명릉의 피장 2명이 공조 소속이었다.[525] 이후 영정조 시대에는 피장을 거의 동원하지 않았다가 19세기 들어 다시 피장 2명씩을 도감으로 불러 들였다. 그런데 이때부터 장인의 동원 체제는 변화되어 17세기 말처럼 부역을 하는 대신 요포를 주고 모집하는 방식

524) 『孝宗寧陵遷陵山陵都監儀軌』卷2, 造成所, 癸丑 10月 8日.

525) 『正祖健陵山陵都監儀軌』卷2, 別工作, 手本秩.

으로 변화되었다.[526] 1800년 건릉부터 1878년 예릉을 조성할 때까지 대체로 피장 2명을 동원하고 있었다.[527] 다만 1805년 정순왕후를 원릉에 모실 때에는 피장 2명을 들였으나 부족하여 피장 5명으로 늘린 경우도 있었다.[528]

이처럼 제상이 마련되고 상 위를 덮을 좌면지가 준비되면 화원들을 동원하여 좌면지 위에 곡수변(曲水邊)을 그리게 하였다.[529] 화원의 숫자는 대체로 1명이었으며, 숙종대에 해당되는 1688년 휘릉부터 1721년 명릉까지는 도화서 화원 1명을 불러 이 일을 시켰다.[530] 그러나 지역적으로 멀리 떨어져 영월에 단종의 장릉을 조성하던 1698년에는 부석소에서 석물에 기화를 하던 화원 1명을 임시로 변통하기도 하였다.[531] 한편 영조대에는 그 숫자가 불어 1725년 경종 의릉에서는 곡수를 기화할 화원으로 3원을 불렀고,[532] 1730년 선의왕후의 의릉에는 화원 2인을 차출하였다.[533] 그런데 1739년 단경왕후의 온릉 때에는 무인년(1698) 정순왕후의 사릉의 좌면지에는 곡수를 기화하지 않았던 것을 전례로 삼아 좌면지에 곡수를 기화하지 않은 경우도 있었다.[534] 이것은 산릉과 달리 봉릉의 경우 제작이나 의례 등 모든 일에서 소략하였기 때문으로 여겨진다. 하지만 1757년 정성왕후의 홍릉에서는 다시 상탁의 좌면지에 곡수를 기화할 화원 1명을 대령하였다.[535]

영조대에 화원 1명을 동원하는 것은 정조대 이후 19세기에는 전례가 되었다. 그런데 1776년 영조의 원릉이나, 1800년 정조의 건릉 때에는 분장흥고에서 화원 1명을 동원하였다.[536] 그러나 1805년 정순왕후의 원릉에서는 조성소에서 단청칠에 사역하는 화원 1인을 분장흥고에 임시로 불렀으며,[537] 1856년 순종의 인릉천봉시에도 역시 조성소의 화원 1인을 대령하였다.[538] 이후 1863

---

526) 『仁宣王后寧陵山陵都監儀軌』卷2, 分長興庫, 手本秩 ; 『端宗莊陵封陵都監儀軌』, 分長興庫, 手本秩, 戊寅 12月 9日 ; 『仁顯王后明陵山陵都監儀軌』卷2, 分長興庫, 手本秩, 辛巳 8月 23日 ; 『端敬王后溫陵封陵都監儀軌』, 分長興庫, 手本秩, 己未 5月 12日.

527) 『莊烈后徽陵山陵都監儀軌』卷2, 分長興庫, 手本秩, 戊申 9月 13日 ; 『肅宗明陵山陵都監儀軌』卷2, 分長興庫, 手本秩, 庚子 7月 28日.

528) 『貞純王后元陵山陵都監儀軌』卷2, 分長興庫, 手本秩, 乙丑 3月 24日.

529) 『正祖健陵山陵都監儀軌』卷2, 分長興庫, 手本秩 ; 『憲宗景陵山陵都監儀軌』卷2, 分長興庫, 手本秩, 己酉 8月 12日 ; 『純祖仁陵遷奉都監儀軌』卷2, 分長興庫, 手本秩, 丙辰 2月 29日 ; 3月 초7日 ; 『哲宗睿陵山陵都監儀軌』卷2, 分長興庫, 手本秩, 甲子 2月 초9日 ; 『哲人王后睿陵山陵都監儀軌』卷2, 分長興庫, 手本秩, 戊寅 6月 20日.

530) 『貞純王后元陵山陵都監儀軌』卷2, 分長興庫, 手本秩, 乙丑 正月 22日. 23日. 29日 ; 『憲宗景陵山陵都監儀軌』卷2, 分長興庫, 手本秩, 己酉 9月 7日.

531) 『仁敬王后翼陵山陵都監儀軌』卷2, 分長興庫, 手本秩. 辛酉 1月 14日.

532) 『莊烈后徽陵山陵都監儀軌』卷2, 分長興庫, 手本秩. 戊申 9月 21日 ; 『仁顯王后明陵山陵都監儀軌』卷2, 分長興庫, 手本秩, 辛巳 10月 초10日 ; 『肅宗明陵山陵都監儀軌』卷2, 分長興庫, 手本秩, 庚子 9月 11日.

533) 『端宗莊陵封陵都監儀軌』,分長興庫, 手本秩, 戊寅 12月 9日.

534) 『景宗懿陵山陵都監儀軌』卷2, 分長興庫, 手本秩, 甲申 11月 초6日.

535) 『宣懿后懿陵山陵都監儀軌』卷2, 分長興庫, 手本秩, 庚戌 9月 초3日.

536) 『端敬王后溫陵封陵都監儀軌』, 分長興庫, 手本秩, 己未 5月 초6日.

537) 『貞聖王后弘陵山陵都監儀軌』卷2, 分長興庫, 手本秩. 丁丑 2月日.

538) 『英祖元陵山陵都監儀軌』卷2, 分長興庫, 手本秩, 丙申 3月 11日 ; 『正祖健陵山陵都監儀軌』卷2, 分長興庫, 手本秩.

년 철종의 예릉 때나 1878년 철인왕후의 예릉이나 1890년 신정왕후의 수릉 때에도 계속해서 화원 1명을 동원하였다.[539]

이렇게 기름종이의 표면에 곡수를 그려넣어 장식한 그린 좌면지를 상건이 덮어서 제상 위에 올려놓은 다음 광두정(廣頭釘)이나,[540] 쥐눈못[鼠目釘]으로 박았으며,[541] 족대(足臺)를 첩목하여 들였다. 한편 정자각에 배치할 상탁의 다리는 마치 버선을 신을 것처럼 끝 부분을 종이로 감싸 지의로 깐 화문석을 찢거나 제상이 파손되는 것을 방지하였다. 다리에 종이를 바르는 것은 평시서의 도배군 10명을 동원하였다.[542] 이것은 다음 장에서 살펴볼 정전 내부 기둥 아래 부분에 종이를 바른 것과 마찬가지이다.

#### 4) 신문주렴의 제작

인산 후 정자각에는 인산에 사용되었던 의물을 걷어서 불에 태우고, 영원히 배치하여 둘 의물을 새로 배치하였다. 이 또한 「도설」에 의하면 정전 바닥에는 노점(蘆簟)을 깔고 그 위에 별문석을 잇대어 만든 지의를 깔았다. 북쪽 신문에는 살평상 형태로 만든 신어평상을 설치하였다. 평상의 다리 아래에는 별문석을 4장 붙인 지의를 깔고 남색 명주로 선을 둘렀으며, 신어평상 위에는 세 겹의 자리를 깔았다. 가장 아래쪽에는 별문석에 남명주로 선을 두르고, 가운데 욕석은 안쪽을 붉은색 명주로 만들고 자색 명주로 겉을 싸며, 가장 위쪽에는 자주색 명주로 선을 두른 채화석을 올렸다. 제사용 상탁제구로는 새로 만든 제상 4좌를 배치하는데, 그 위에 상보자기[床巾]와 좌면지를 덮었으며, 향상 1좌와 아가상 1좌에는 좌면지를 덮었다. 축문상 1좌와 촛대상 2좌, 그리고 연갑 등을 배치하였다. 이러한 각종 기물과 제구들은 정자각의 용도와 기능을 말해주는 것일 뿐 아니라 왕실의 위엄을 드러내기 위한 것이라 할 만하다.

이처럼 정자각에 영원히 배치할 각종 의물의 제작처는 원자재에 따라 구분되었다. 즉 신어평상을 비롯한 각종 상탁 제구 등의 목물은 별공작에서 제작하여 진설하였고,[543] 정자각 벽에 도배할 종이나 바닥에 깔 왕골자리 등은 각도에 분정하여 제작하여 도감에 들이면,[544] 분장흥고에

---

539) 『貞純王后元陵山陵都監儀軌』卷2, 分長興庫, 手本秩, 乙丑 4月 27日.

540) 『明聖王后崇陵山陵都監儀軌』卷2, 別工作, 丁字閣 進排秩.

541) 『莊烈后徽陵山陵都監儀軌』卷2, 別工作, 丁字閣 進排秩.

542) 『哲宗睿陵山陵都監儀軌』卷2, 別工作, 手本秩, 甲子 3月 18日 ; 『哲人王后睿陵山陵都監儀軌』卷2, 別工作, 手本秩, 戊寅 9月 초4日.

543) 『孝定王后景陵山陵都監儀軌』卷1, 照會, 癸卯 12月 19日.

544) 『孝定王后景陵山陵都監儀軌』卷1, 照會, 甲辰 2月 13日. 강화부에 초석 650닙을 분정하였다 ; 卷1, 訓令, 癸卯 12月 24日 경기 관찰부에 백문석 1,000장, 초석 400닙을 분정하였다 ; 卷1, 訓令, 甲辰 正月 초 8日. 교동군에서 백문석 1,000닙, 초석 400닙을 사들이도록 했다.

서는 자리를 서로 잇대어 지의로 만들어 깔았다.

한편, 정자각 내부의 의물은 용도에 따라 상징적인 것과 실제 제사에 사용하는 것으로 나뉘었다. 이것은 영조가 『국조오례의』 중 상례를 개편하여 1758년 『국조상례보편』을 펴낸 데서 찾을 수 있다. 이에 의해 치러진 1757년 인원왕후의 명릉산릉도감부터 「별공작의궤」는 "정자각 소배"와 "신문(神門) 소배"로 구분되었다. 이때 신문에는 주렴 1부와 2층 탁자 그리고 제등 2개와 제등상이 놓였다. 곧 북쪽 신문에 걸었던 주렴과 그 앞에 배치하였던 신어평상이나 제등은 능침의 혼백이 드나들거나 머무는 상징적인 속성이 강하였고, 제상을 비롯한 각종 상탁은 선대 왕이나 왕후에게 사왕이 제사를 드리는 기능적인 성격이 강하였다. 아울러 제등은 혼백이 다니는 길을 밝히는 의미를 지녔다. 이러한 상징적인 의물의 제작실태를 살펴보면 다음과 같다.

첫째, 북쪽 신문에는 주렴 1부를 걸었다. 앞서도 언급했듯이 숙종이 즉위하고 치른 1675년 현종의 숭릉 산릉도감에서는 영악전을 별도로 세우지 않았기 때문에 신문주렴(神門朱簾)도 제작하지 않았다.[545] 하지만 1721년 숙종의 사후 명릉 산릉도감에서는 익릉의 전례를 따라 다시 제작하였다.[546]

이러한 신문주렴의 칫수는 길이 10자 5치, 너비 12자 정도였다. 그런데 1698년 장릉과 사릉, 1739년 온릉, 그리고 1701년 명릉에서는 정자각 규모가 작아서 길이는 짧아지고 너비는 넓어졌다. 주렴의 문양은 대부분 귀갑문으로 엮었지만, 1698년에 단종과 정순왕후를 장릉과 사릉에 봉릉할 때에는 제2대 정종과 정안왕후의 후릉을 전례로 삼아 직문(直紋)으로 짰다.[547] 이것이 전례가 되어 3년 뒤 설치된 1701년 인현왕후 명릉의 산릉 조성소에서도 주렴의 무늬를 구문으로 엮을 지, 직문으로 엮을 지를 논의하였는데, 인경왕후의 익릉을 전례로 삼았기 때문에 귀갑문으로 엮었다.[548]

이에 17세기부터 18세기 초까지 신문주렴의 제작처와 무늬, 칫수 및 부속 장식구를 다음과

545) 『顯宗崇陵山陵都監儀軌』卷1, 啓辭秩, 乙卯 9月 17日.

546) 『肅宗明陵山陵都監儀軌』卷2, 造成所, 庚子 6月 25日 ; 卷2, 造成所, 移文帙, 庚子 6月 20日.

547) 『端宗莊陵封陵都監儀軌』卷1, 移文帙, 戊寅 12月 8日 ; 卷2, 造成所, 稟目秩, 戊寅 11月 11日 ; 卷2, 造成所, 移文帙.

548) 『仁顯王后明陵山陵都監儀軌』卷2, 造成所, 辛巳 10月 12日.

| | 제작처 | 무늬 | 길이 | 너비 | 안감 | 縇 | 동도리 | 落纓 | 밧줄 | 권렴 윤통 | 압정 원환 | 국화 동못 |
|---|---|---|---|---|---|---|---|---|---|---|---|---|
| | | | | | 백포 | 남초 | 초록초 | 홍초 | 초록3겹 | | | |
| 1659년[549] | | | 10자 9치 | 12자 | ○ | ○ | ○ | ○ | ○ | 2 | 3 | 3 |
| 1673년[550] | | | 10자 5치 | 12자 | ○ | ○ | ○ | ○ | ○ | 2 | 3 | 3 |
| 1674년[551] | 상의원[555] | | 10자 5치 | 12자 | ○ | ○ | ○ | ○ | ○ | 2 | 3 | 3 |
| 1681년 | | 귀문[560] | 11자 | 15자 | ○ | ○ | ○ | ○ | ○ | 2 | 3 | 3 |
| 1684년 | 상의원[556] | 귀문[561] | | | ○ | ○ | ○ | ○ | ○ | 2 | 4 | 4 |
| 1688년 | 상의원[557] | | | | ○ | ○ | ○ | ○ | ○ | 2 | 4 | 4 |
| 1698년 | 상의원[558] | 직문[562] | | | ○ | ○ | ○ | ○ | ○ | 2 | 4 | 4 |
| 1701년[552] | 상의원[559] | 귀문[563] | 9자 | 12자 7치 | ○ | ○ | ○ | ○ | ○ | 2 | 4 | 4 |
| 1721년[553] | 상의원 | 귀문 | 11자 | 12자 6치 | ○ | ○ | ○ | ○ | ○ | 2 | 4 | 4 |
| 1725년 | 상의원 | | | | ○ | ○ | ○ | ○ | ○ | 2 | 4 | 4 |
| 1739년[554] | 상의원 | 귀문 | 9자 | 9자 6치 | ○ | ○ | ○ | ○ | ○ | 2 | 4 | 4 |

<신문주렴의 칫수와 부속구>

같이 표로 정리해 보았다.

신문주렴의 제작과정은 어떠할까? 주렴은 대나무를 가늘고 길게 켜고 주칠을 하여 귀갑문[龜紋]을 넣으며 엮어야 하므로 도감에서 제작하는 것이 아니라 최고의 솜씨를 지닌 상설아문의 장인이 제작하여 도감에 들이는 것이 관례였다. 곧 제작과정에 의해 세 단계로 나뉘었다. 우선 상의원에서 대올을 가늘고 길게 켠 다음 주칠한 다음 귀갑무늬를 넣어 엮었다. 그런 다음 제용감으로 보내면 완성된 대발에 재단한 천을 마르고 재단하여 바느질하였다. 즉 발의 가장자리는 백포로 싸고 그 위에 남색 비단으로 선을 두르고 초록 비단으로 동도리를 만들고 홍색 비단

549) 『仁祖長陵山陵都監儀軌』卷2, 造成所, 己亥 6月 23日.
550) 『孝宗寧陵遷陵山陵都監儀軌』卷2, 造成所, 癸丑 10月 8日.
551) 『仁宣王后寧陵山陵都監儀軌』卷2, 造成所, 稟目秩, 甲寅 3月 6日.
552) 『仁宣王后寧陵山陵都監儀軌』卷2, 造成所, 稟目秩, 甲寅 3月 6日.
553) 『仁敬王后翼陵山陵都監儀軌』卷2, 造成所, 辛酉 11月 9日.
554) 『仁顯王后明陵山陵都監儀軌』卷2, 造成所, 辛巳 10月 20日.
555) 『明聖王后崇陵山陵都監儀軌』卷2, 別工作. 丁字閣 進排秩.
556) 『明聖王后崇陵山陵都監儀軌』卷2, 別工作. 丁字閣 進排秩.
557) 『莊烈后徽陵山陵都監儀軌』卷2, 別工作, 丁字閣 進排秩.
558) 『端宗莊陵封陵都監儀軌』卷1, 移文帙, 戊寅 12月 8日.
559) 『端宗莊陵封陵都監儀軌』卷1, 移文帙, 戊寅 12月 8日 ; 卷2, 造成所, 稟目秩, 戊寅 11月 11日 ; 卷2, 造成所, 移文帙.
560) 『仁顯王后明陵山陵都監儀軌』卷2, 造成所, 1701年 辛巳 10月 20日.
561) 『仁顯王后明陵山陵都監儀軌』卷2, 別工作, 丁字閣 進排秩.

으로 낙영을 갖춘 후 초록색 세 겹 밧줄을 연결하였다.[562] 이처럼 상의원과 제용감에서 제작한 주렴을 산릉도감의 별공작으로 보내지면, 이곳에서 발을 말아올릴[捲簾] 윤통(輪桶)을 만들고, 대에 걸어 압정과 국화동못으로 고정시킨 다음 정자각의 북쪽 신문에 걸어 영원히 배치하였다.

562) 『孝定王后景陵山陵都監儀軌』卷1, 照會, 癸卯 12月 24日 尙衣司. 조선시대 상의원은 대한제국 시기에는 상의사로 개칭되었으며, 한말까지 존속했던 상설아문이었다.

## 8 번와소의 기와 제작

번와소는 정자각과 비각, 재실 이하 왕릉에 소재하고 있는 각종 건물의 지붕 위를 덮을 기와를 제작하는 곳이다. 『산릉도감의궤』 중 『번와소의궤』에는 원역(員役) 명단 다음에 일록(日錄)이 있으며, 그다음 품목(稟目)에서는 분장흥고에서 사용한 물품의 목록이 날짜별로 정리되어 있다.

산릉도감에 번와소가 설치된 시기는 17세기 전반이었다. 이전까지는 산릉도감 내에 별도로 설치하지 않다가 17세기 후반부터 설치하고 있다. 이는 정자각을 비롯한 각종 건물에 사용할 기와를 현장에서 자체 조달하기 위함이었다. 병자호란 시기의 국왕이었던 1649년 인조 장릉을 조성할 때는 국가의 재정 형편이나 인력을 동원하는데 한계가 있었다. 장인의 총수가 415명에 불과하였던 것이다.[563] 그러나 이러한 사정은 시대가 내려갈 수록 나아지고 있었다. 특히 숙종이 즉위하여 1675년 현종 숭릉을 조성할 때에는 번와소를 현장에 개설할 수가 있었고,[564] 장인도 597명을 동원할 수 있었다. 이 때를 기점으로 17세기 후반의 산릉도감에서는 숭릉의 전례에 따라 번와소를 현지에 설치하고 장인 숫자도 국왕이 아닌 1683년 인경왕후 익릉이나,[565] 1688년 장렬왕후 휘릉의 산역에 비슷한 숫자의 장인들을 동원하고 있었던 것이다.[566] 장색의 경우 조성소를 예로 들면 17세기 중후반까지 13~14종이었으나, 17세기 말에는 17종으로 늘고 있었다.[567]

### 1) 와서(瓦署)나 와요(瓦窯)의 와장(瓦匠)

와서(瓦署)는 조선시대 관립 기와공장을 관장한 관청인데, 조선 전기에는 와요(瓦窯)라고 명명하였다. 조선 초기에 국가를 건국한 이후 궁궐을 짓거나 관청 등의 건물을 짓기 위해 기와의 수요가 많자 조성도감을 설치하고 와요를 설치하여 운영하였다.[568] 그중 1404년(태종 4) 경기도에 동요(東窯)와 서요(西窯)를 설치하여 기와를 만드는데 필요한 정탄(正炭)이나 소목(燒木) 및 곡초(穀草) 등을 사용하도록 하였다.[569] 이렇게 조선에서는 통상 동서요를 두어 운영하였으

563) 『仁祖長陵山陵都監儀軌』, 1649年. 燔瓦所.
564) 『顯宗崇陵山陵都監儀軌』, 1675年. 燔瓦所.
565) 『仁敬王后翼陵山陵都監儀軌』, 1683年. 燔瓦所.
566) 『莊烈王后徽陵山陵都監儀軌』, 1688年. 燔瓦所.
567) 장경희, 「조선후기 산릉도감의 장인 연구」, 124-125쪽.
568) 『太宗實錄』卷23, 太宗 12年 5月 9日 壬辰.
569) 『太宗實錄』卷8, 太宗 4年 8月 20日 己丑.

며, 특별한 일이 있을 때에는 별도로 가마를 새로 두어 별요(別窯)라고 부르기도 하였다.[570] 별와서는 1472년(성종 3) 별와서를 설치하여 제조 1명을 더 설치하도록 하였다.[571]

조선 후기 들어 1469년(선조 1)에 와서를 설치하였고, 1594년(선조 28)에는 공조에 합병되었다.[572] 그래서 기와 굽는 일은 오로지 공조가 책임을 지고 있었으며 와서에 소속되었던 와장들은 대부분 사간원에 이속되었다. 조선 후기에는 별와서(別瓦署)가 간혹 설치되기는 했지만 조선 전기의 별와서와는 전혀 성격이 다른 것이었다. 전기의 별와서는 민간의 기와공급을 위한 것이었지만, 후기의 별와서는 와서에서 기와공급을 원활히 해주지 못할 때 공사를 담당한 도감에서 직접 기와를 굽는 임시 가마를 설치하는 정도였으며 관영공사의 기와 공급을 위한 것이었다. 기와를 굽는 일은 땔나무가 많이 소요 될 뿐만 아니라 중역이어서 쉽지 않았다. 비록 궁궐건축이라 할지라도 신축과 보수를 막론하고 쓰던 기와를 다시 사용하는 경우가 많았다. 그리고 부족한 부분은 공사를 주관하는 도감이 와서에 공문을 통하여 제작을 의뢰하였다.

기와 생산에 있어 가장 어려운 점은 땔나무의 조달이었다. 땔나무는 일반 용어로 소목(燒木)이라고 하지만 특히 기와 굽는 나무를 관료들은 토목(吐木)이라고 불렀다. 토목의 종류는 소나무를 금지하고 잡목으로 사용하게 했다. 서울에서 가까운 경산이나 주변 사산의 소나무의 경우에는 가지 친 것이나 말라죽은 나무를 토목에 활용하였다. 토목은 많은 양이 소모되기 때문에 벌채와 운송에 많은 노동력이 투입되었다. 그 노동력은 백성들의 부역에 의한 것이다. 땔나무도 조선 중기 이후에는 백성들의 노동력을 징발하지 않고 도감에서 돈을 지불하고 노동력을 사서 쓰는 것으로 장착해 갔다. 광해군대의 궁궐공사에서는 개인 무역을 통해서 땔나무를 조달하기도 하였다.

목재의 경우 17세기 초만 해도 공인에 의한 재료의 공급이 나타나고 있으나, 기와의 경우에는 18세기에 접어들어 본격적으로 공인에 의한 공급이 이루어졌다고 짐작된다. 1633년 창경궁 수리공사와 1656년의 창덕궁 만수전 공사 때 와서에 필요한 기와를 공문을 통하여 바로 공급받았다.[573] 의궤에서 정확히 나타나지는 않지만 18세기에는 다른 재료와 마찬가지로 기와의 공가도 괜찮은 편이어서 공인에 의한 기와 공급에 어려움이 없었다.

광해군 8년(1616) 기와 20만장을 운반하는데 말을 이용하면 9,500마리인 것이 수레를 이용하면 1,900마차라고 하였다. 이때 운송비는 쌀로 계산하면 400가마이고, 포로 계산하면 25동

570) 『太宗實錄』卷11, 太宗 6年 1月 28日 己未; 『太宗實錄』卷18, 太宗 9年 7月 12日 壬午.

571) 『成宗實錄』피14, 成宗 3年 1月 19日 丙辰.

572) 『宣祖實錄』卷69, 宣祖 28年 11月 20日 戊子.

573) 『昌慶宮修理都監儀軌』, 1633年; 『昌德宮萬壽殿修理都監儀軌』, 1656年.

이라고 하였다. 짐 수로 보면 4배 이상의 차이를 갖고 있는 것을 알 수 있다. 그래서 정부의 공용물자를 운반하는 것에 한하여 수레를 이용하였는데 한성부 소속의 차부 20여 명은 18세기 초 차계를 결성하여 정부에서 필요로 하는 각종 화물을 운송하였다. 차계가 소유한 수레는 총 80량이었다. 차계에서는 화물운송비용으로 호조로부터 매년 총 840냥을 받았다.

### 2) 번와소의 와장(瓦匠)

왕릉에서 기와를 만들던 장인은 와장(瓦匠)이라고 불렀다. 이들 와장 중에서 17세기에 산릉도감에서 기와를 만들던 대표적 와장은 김시룡(金時龍)을 비롯하여 이남(李男), 이일선(李一善), 신무선(申武善), 홍립(洪立) 그리고 성의현(成義賢) 등이 있다.

이들 중에서도 김시룡(金時龍)은 1675년 현종의 숭릉과 1683년 인경왕후의 익릉에서 와장들의 우두머리에 해당되는 와장변수(瓦匠邊首)였다.[574] 한편 홍립(洪立)의 경우 1675년 현종의 숭릉과 1683년 인경왕후의 익릉을 조성하는 산릉도감에서는 야장으로 참여하였으나 이후에는 야장의 우두머리인 변수로 성장하여 1688년 장렬왕후의 휘릉을 조성하는 산릉도감에서는 와장변수로 차출되었다.[575]

한편 1659년 효종 영릉에서는 기와 뿐 아니라 개와, 잡상 등 다양하게 분리되었다. 예를 들어 관장(官匠) 가운데 신중남(申仲男)은 대와변수(大瓦邊首)라고 불렸으며, 조임희(趙任希)는 기와 위를 장식하는 잡상을 만드는 장인의 우두머리로서 잡상변수(雜像邊首)로 구분되었다. 이들 장인들은 소속 관청에 따라 내수사(內需司)나 상평청(常平廳)과 같은 상설아문에 소속되었던 관장이 도감에 임시로 차출되기도 하였고, 일부 장인은 사사로이 활동을 하다가 왕릉의 능역에 모집되어[私幕] 차출되기도 하였다.[576] 이렇게 상설아문 소속에 소속된 장인들이 도감에 차출되는 것이 증가하는 추세임을 알게 되고, 이를 통해 17세기 말부터 사회가 안정되면서 상설아문의 복설이 되었다는 것을 반증하는 것이다.

한편 17세기 기와를 만드는 장인들은 한 가족이 장인집단을 이루는 경향도 발견된다. 와장 중 유난히 신씨 일가가 많이 참여하고 있는 데서 확인된다. 이중에서 형제간으로 추정되는 장인은 1659년 효종의 영릉을 조성할 때 한 도감에 소속되어 기와를 만들었던 신중남(申仲男)과 신

574) 『顯宗崇陵山陵都監儀軌』, 1675年, 燔瓦所, 工匠秩; 『仁敬王后翼陵山陵都監儀軌』, 1683年, 燔瓦所, 工匠秩.
575) 『仁祖莊烈后徽陵山陵都監儀軌』, 1688年, 燔瓦所, 工匠秩.
576) 『孝宗寧陵山陵都監儀軌』, 1659年, 燔瓦所, 工匠秩.

중생(申仲生)이 있다.[577] 신씨 집안에서는 신무선(申武善)과 신무영(申武英) 형제가 1675년에 조성된 현종의 숭릉과 1683년에 조영된 인경왕후의 익릉에서 함께 활동하였다.[578] 따라서 신중남과 신중생, 신무선과 신무영 등 신씨 집안의 기와쟁이들이 17세기 말에 운영된 산릉도감에서 집중적으로 활동했음을 알 수 있다.

기와를 쌓아두는 적눌장(積訥匠)은 1757년부터 나타나기 시작하며, 대표적 장인으로는 엄시운(嚴時運)이 있다.[579] 그는 1757년 정성왕후 홍릉과 1776년 영조 원릉에서 참여하였다.[580] 특히 1776년 영조의 원릉에 동원된 적눌장 중 황윤창(黃潤昌)과 황윤태(黃潤泰)의 경우 이름자의 항렬이 같은 것으로 미루어 형제간에 동원된 사례로 여겨진다.[581]

### 3) 번와소의 개장(盖匠) 및 개와장(蓋瓦匠)

산릉도감에서는 정자각이나 비각 및 재실 등을 비롯한 각종 건물을 조영하고 지붕 위를 덮는 기와를 제작하는 장인이 개장(盖匠)이었다. 이들 중에는 20여 년 내지 50여 년간 계속 차출된 장인들이 있었다.

| 장색 | 이름 | 활동 | 기간 | 참여도감의 각소 |
|---|---|---|---|---|
| 盖匠 | 孔義吉 | 1630-1649 | 19년 | 1630년, 규13515, 造成1소, 造成2소 ; 1632년, 규13517, 別單1등, 造成所, 左浮石所 ; 1634년, 규14915, 1소 ; 1645년, 규13920, 別單1등, 造成所 ; 1649년, 장2-2367, 別單1등, 造成所(邊首, 京) |
| | 孔海先 | 1652-1675 | 23년 | 1652년, 규14912, 昌慶1소 ; 1659년, 규13528, 魂殿2방 ; 1659년, 규15075, 造成所(京) ; 1675년, 장2-2323, 造成所(京) |
| | 李平俊 | 1688-1726 | 38년 | 1688년, 장2-2326, 造成所 ; 1695년, 규13501, 匠人秩 ; 1698년, 규14830, 別單3등, 造成所 ; 1701년, 규13556, 魂殿 造成所, 修理時 鑄成所 ; 1701년, 장2-2327, 別單1등, 造成所-1 ; 1702년, 규13089, 別單3등 ; 1718년, 규14837, 別單1등, 造成所 ; 1721년, 장2-2328, 別單1등, 造成所(繕工監)-1 ; 1724년, 장2-2329, 別單1등, 造成所-1 ; 1726년, 규14225, 1소(繕工監) |

<17세기 산릉도감 조성소의 개장>

이를테면 개장 공의길·공해선은 경장들로서 활동시기로 볼 때 부자지간으로 여겨지며, 산개

577) 『孝宗寧陵山陵都監儀軌』, 1659年, 燔瓦所, 工匠秩; 申仲立은 현종의 숭릉을 조성하는 도감에도 와장으로 차출되었다. 『顯宗崇陵山陵都監儀軌』, 1675年, 燔瓦所, 工匠秩.

578) 『顯宗崇陵山陵都監儀軌』, 1675年, 燔瓦所, 工匠秩; 『仁祖莊烈后徽陵山陵都監儀軌』, 1688年, 燔瓦所, 工匠秩. 申武善은 1688년에도 차출되어 활동하였다.

579) 『貞聖王后弘陵山陵都監儀軌』, 1757年, 燔瓦所, 工匠秩.

580) 『英祖元陵山陵都監儀軌』, 1776年, 燔瓦所, 工匠秩.

581) 『英祖元陵山陵都監儀軌』, 1776年, 燔瓦所, 工匠秩.

를 대대로 제작해 온 장인집안이었던 듯하다. 그리고 이평준은 17세기 말부터 18세기 초까지 선공감에 소속된 장인으로 여러 산릉도감 조성소의 개장으로 일했다.

개장은 개와장이라고 불린다. 관영공사에서 개와장은 한성부와 훈련도감, 공조 등에 소속된 장인들이 동원되었다. 그러나 이들의 수는 절대적으로 부족했기 때문에 공사가 있을 때마다 각도의 개와장들을 모집하여 동원하였다. 개와장은 1805년까지는 '개장'으로 표기하였고 이후부터는 '개와장'으로 표기하였다.

| 장색 | 이름 | 활동 | 기간 | 참여도감의 각소 |
|---|---|---|---|---|
| 盖匠 | 金北實 | 1751-1770 | 19년 | 1751년, 규14836, 別單3등, 造成所 ; 1752년, 규14259, 別工作(繕工監)-1 ; 1752년, 규14838, 魂宮2방 造成所 ; 1753년, 규14926, 造成所-1 ; 1755년, 규13493, 園所造成所-1 ; 1757년, 규13559, 魂殿 造成所-1 ; 1757년, 규13560, 別單2등, 造成所-1, 大浮石所-1 ; 1757년, 규13590, 魂殿 造成所-1 ; 1757년, 규13591, 別單2등, 造成所-1, 大浮石所-1 ; 1759년, 규13102, 修理소 ; 1759년, 규13561, 別單3등, 修理所-1 ; 1762년, 규13606, 魂宮2방 修理所-1 ; 1764년, 규13500, 1방-1 ; 1764년, 규13631, 別工作-1, 垂恩廟 移建시-1 ; 1770년, 규13499, 別單3등 |

<18세기 산릉도감의 개장>

앞장에서 언급한 개장 이평준은 17세기 말부터 선공감에 소속되어 기와를 제작하고 있었다. 위 표 중의 김북실은 18세기 후반에 선공감 소속 장인이 되어 19년간 15개 도감에 차출되고 있었다. 개장은 개와장이라고 불린다. 관영공사에서 개와장은 한성부와 훈련도감, 공조 등에 소속된 장인들이 동원되었다. 그러나 이들의 수는 절대적으로 부족했기 때문에 공사가 있을 때마다 각도의 개와장들을 모집하여 동원하였다. 18세기 말까지는 모두 장인들이 구분 없이 한달을 기준으로 같은 인건비를 받았는데 정조 13년(1789)부터 장인의 종류에 따라서 일당으로 구분하여 차등 지급되었다. 이전까지는 쌀과 포 등 현물로 지급되었던 것이 정조 때부터는 현금으로 지급되었다. 개와장의 인건비 수준은 여러 장인 중에서 상위등급을 차지하고 있었다. 1789년 문희묘 영건공사에서는 주요 장인인 목수·석수·조각장·소목장 다음으로 많은 인건비를 받았다.[582] 목수 등은 하루에 4.2전을 받았는데 개와장은 칠장과 병풍장 등과 함께 3.8전을 받았다. 기타 대부분의 장인들이 2.8전을 받는 것에 비하면 많은 양이었다. 1796년의 화성성역공사에서는 다른 장인들은 일당으로 노임을 받았는데 개와장만은 건물의 칸당으로 임금을 받은 것이 매우 특이하다 또 건물의 종류에 따라서 칸당 인건비도 차등이 있었다. 오량각의 경우에는 매 칸당

582) 『文喜墓營建都監儀軌』, 1789年.

6전씩 받고 밥값 4전과 3일당 짚신 값 7푼을 따로 받았다. 개와장에게만 짚신 값이 지급된 것도 작업의 여건을 고려한 세심한 조치였음을 알 수 있다.[583]

순조 24년(1824) 현사궁 영건공사에서는 역시 문희묘 공사 때와 같이 주요 장인인 목수·조각장·소목장 다음으로 많은 3전 8푼을 받았다. 이때까지는 인건비의 변화가 없었다.[584] 그러나 순조 32년과 34년의 서궐과 동궐의 영건공역에서는 개와장의 품삯은 3전 8푼으로 같았는데 목수와 석수·소목장·조각장 등은 품삯이 내려서 개와장과 같이 3전 8푼씩을 받았다. 같은 3전 8푼을 받는 장인들은 목수와 석수편수, 선장, 니장, 소목장, 조각장, 도배장 등이었다. 기타 대부분의 장인들도 이전에 2전 8푼씩 받던 것보다 인건비가 내려서 2전 2푼씩 받았다. 결국 19세기에는 거의 모든 장인들이 인건비가 내렸는데 개와장들만 인건비가 내리지 않는 특징이 있다. 그만큼 개와장 수급이 어려웠다는 뜻이며, 개와작업이 주 공정인 목공과 석공일에 비견될 만큼 중요하고 힘든 일이었음을 나타내는 것이라고도 할 수 있다. 개와장은 1805년까지는 '개장'으로 표기하였고 이후부터는 '개와장'으로 표기하였다.

정자각의 지붕이 조영되면 그 위에 기와를 덮어야 완공된다. 기와를 제작하는 개장 중에서 여러 번 산릉도감에 차출된 장인들을 적시해 보면 다음과 같다.

| 장색 | 이름 | 활동 | 기간 | 참여도감의 각소 |
|---|---|---|---|---|
| 盖匠 | 金成福 | 1789-1816 | 27년 | 1789년, 규13627, 조성소 / 1800년, 규13640, 3등, 조성소 / 1804년, 규14334, 공장질 / 1816년, 규13613, 1등 |
| | 黃龍雲 | 1835-1846 | 11년 | 1835년, 규13677, 3등, 대부석소 / 1846년, 규13765, 조성소 |

<19세기 산릉도감의 개장>

1800년 정조 건릉의 정자각에는 개장 김성복 등이 차출되어 기와를 제작하였다. 이렇게 18세기 말부터 활동하였던 김성복은 27년간 4곳의 도감에 장기간 징발되는 데 비하여 19세기 중반에 해당되는 1835년부터 활동하는 황룡운은 11년의 짧은 기간에 두 도감에만 동원되었다. 이것은 19세 후반에 이르면 기와를 만드는 장인들도 상설아문에 얽매이지 않고 사장으로서 생업에 종사하고 있기 때문인 것으로 여겨진다.

583) 『華城城役儀軌』, 1795年.

584) 『顯思宮營建都監儀軌』, 1824年.

## 9 별공작의 상탁 제작

별공작은 정자각과 재실, 수복처, 수라간, 전사청, 나인처소 등에 필요한 장, 제상과 탁자, 식함지 및 대중소 안판 등 목제 가구와 각양 기명을 만드는 제작처이다.[585] 여기서는 정자각과 비각, 재실 이하 건물의 지붕 위를 덮을 기와를 제작하는 곳이다. 산릉역에 필요한 각종 비품, 예컨대 상탁(床卓), 연갑, 기명(器皿), 촉대(燭臺), 서안(書案), 향장(香欌), 의장(衣欌), 돗자리 등 깔개 따위를 제작하는 기관이다.

『산릉도감의궤』 중 『별공작의궤』에는 원역(員役) 명단 다음에 일록(日錄)이 있으며, 그 다음 품목(稟目)에서는 분장흥고에서 사용한 물품의 목록이 날짜별로 정리되어 있다. 원역의 명단이 적혀 있고, 다음 일록에는 날짜별로 업무추진 상황을 기록하고, 수본(手本)에는 소용물품의 조달을 역시 날짜별로 정리했다. 수본 다음에는 실입질, 진배질(進排秩), 공장질, 전분장흥고거행(前分長興庫擧行) 실입질, 장모질(匠募秩), 영배질(永排秩), 소화질(燒火秩)을 따로 두었다. 실입질에서는 소요물품의 종류와 수량을 총체적으로 정리하고, 진배질에서는 침전, 찬궁, 월대하(月臺下), 길유궁(吉帷宮), 수도각, 향대청, 재실, 내인가가, 전사청(典祀廳), 도청(都廳), 삼물소, 조성소, 대부석소 등 장소별로 나누어 진배한 물품과 소용물품을 정리했다. 영배질은 산릉에 영구히 배설된 물품을 말하는데, 침전, 신어평상, 향대청, 전사청, 어재실, 예재실, 가재실, 내인가가 등으로 나누어 정리했다. 각종 돗자리와 방석(方席), 유둔(油芚), 채화(菜花), 종이류, 장자(障子, 칸막이) 등이 주류를 이룬다. 소화질은 산릉역이 끝난 뒤 불태워버린 물품을 말한다. 옹가, 대여, 견여(肩轝), 외재궁, 신연(神輦), 요여(腰轝), 향정자(香亭子), 하우판(下隅板), 찬궁 등에 썼던 깔개 등이다.

### 1) 재료의 취득와 상탁의 종별 수량

별공작에서 각양 상탁제구를 만들기 위해 원자재에 해당되는 목재는 서울의 상설아문[戶曹]에서 준비하거나 개인이 비축해 두었던 것[私儲]을 취용하였다.[586] 상탁을 만든 목재는 비교적 무른 성질을 가진 피나무와 가래나무였다.[587]

585) 『肅宗明陵山陵都監儀軌』卷2, 別工作, 甘結帙. 庚子 6月 16日.

586) 『顯宗崇陵山陵都監儀軌』卷2, 別工作.

587) 『端宗莊陵封陵都監儀軌』卷2, 別工作, 手本帙.

별공작에서 제작한 각종 상탁 제구는 두 단계로 나누어 정자각에 배치하였다. 첫 번째 단계는 발인하기 전에 정자각 내 영악전 안에 설치하는 단계이며, 이 때의 의물은 재궁과 관련되는 것들이다. 막상 인산 시 재궁이 능 위에 올라가 현궁에 안치되면 모두 불에 태웠다. 두 번째 단계는 인산 후 정자각에 새로 진설되는 단계이다.

산릉도감의 별공작에서 상탁 제구를 만드는 과정은 대체로 비슷하다. 우선, 상탁을 제작할 목재를 공급하는 단계이다. 도감에서는 제작할 의물 중에서 목물이나 석물과 같이 규모가 큰 원자재는 각도에 복정하거나 개인이 저축해 둔 것[私儲]을 구입해서 마련했다. 이것은 대나무 발이나 비단과 같은 중간 산출물을 상의원이나 제용감 등의 상설아문에서 제작하거나 비축되어 있던 것을 도감에 들이던 것과는 다른 방식의 제작체제였다. 다음, 원자재가 도감에 들어오면 별공작에서는 장인을 불러 작업할 임시 건물[假家]를 세우고 각종 도구를 마련해 주어 산릉 현장에서 정자각의 규모에 맞춰 상탁을 완성하였다.

정자각의 북쪽 신문에는 살평상 형태로 만든 신어평상을 설치하였다. 평상의 다리 아래에는 별문석을 4장 붙인 지의를 깔고 남색 명주로 선을 둘렀으며, 신어평상 위에는 세 겹의 자리를 깔았다. 가장 아래쪽에는 별문석에 남명주로 선을 두르고, 가운데 욕석은 안쪽을 붉은색 명주로 만들고 자색 명주로 겉을 싸며, 가장 위쪽에는 자주색 명주로 선을 두른 채화석을 올렸다. 제사용 상탁제구로는 새로 만든 제상 4좌를 배치하는데, 그 위에 상보자기[床巾]와 좌면지를 덮었으며, 향상 1좌와 아가상 1좌에는 좌면지를 덮었다. 축문상 1좌와 촛대상 2좌, 그리고 연갑 등을 배치하였다. 이러한 각종 기물과 제구들은 정자각의 용도와 기능을 말해주는 것일 뿐 아니라 왕실의 위엄을 드러내기 위한 것이라 할 만하다. 이 장에서는 상탁 등의 목제 가구를, 상탁의 위아래에 깔았던 지의나 상보자기 및 좌면지 등은 분장흥고에서 다루었다.

이처럼 별공작에서는 정자각에 영원히 배치할 신어평상을 비롯한 각종 상탁 제구 등의 목제 의물들을 제작하여 진설하였다.[588] 이렇게 별공작에서 제작된 상탁은 능침에 모셔진 혼백에게 제사를 드리기 위해 정자각에 영원히 배치하였다.

1674년 인선왕후의 영릉에서는 조성소에서 영악전과 정자각을 별설했기 때문에 별공작에서도 영악전에 배치할 것과 정자각에 진배할 것을 따로 분리하여 제작 진설하였다.[589] 그런데 숙종이 즉위하고 1675년 현종의 숭릉 때부터 영악전(靈幄殿)을 별도로 세우지 않아,[590] 이후 설치되

588) 『孝定王后景陵山陵都監儀軌』卷1, 照會, 癸卯 12月 19日.

589) 『仁宣王后寧陵山陵都監儀軌』卷2, 別工作. 靈幄殿進排秩.

590) 『顯宗崇陵山陵都監儀軌』卷1, 啓辭秩, 乙卯 9月 17日.

는 1681년 인경왕후의 익릉, 1684년 명성왕후 숭릉 및 1721년 숙종 명릉에서는 별공작의 「정자각 진배질」에는 하현궁 후 「소화질(燒火秩)」에 의거하여 불태워지는 것들도 포함되어 있었다.[591] 하지만 1776년 영조 원릉 때부터는 양자가 명확하게 분리되었다.[592] 따라서 이 장에서는 「소화질」에 포함되어 있는 것들은 제외하며, 18세기 말 이후 「정자각 진배질」이나 「영배질(永排秩)」을 중심으로 정자각의 정전과 배위청에 놓였던 상탁의 종별과 수량을 다음과 같이 표로 작성해 보았다.

| 연대 | 능명 | 피장자 | 정전 | | | | | | | | | | | | | 배위청 | | |
|---|---|---|---|---|---|---|---|---|---|---|---|---|---|---|---|---|---|---|
| | | | 제상 | 걸내상 | 고족상 | 협고족상 | 촛대배상 | 목)촛대 | 축문상 | 축문판 | 연갑/서안 | 향안상 | 향궤 | 탁자 | 중궤 | 아가상 | 관세위상 | 반아배상 |
| 1600 | 목릉(穆陵) | 의인후 | 2 | 1 | 2 | × | × | 1 | × | 1 | × | × | × | 2 | × | 1 | × | 1 |
| 1632 | 목릉(穆陵) | 인목후 | 4 | × | 8 | × | 2 | 2 | × | × | × | × | × | × | × | 1 | × | 2 |
| 1649 | 장릉(長陵) | 인조 | 4 | × | 8 | × | 2 | 2 | 1 | 2 | 2/0 | 2 | × | × | × | × | × | 2 |
| 1659 | 영릉(寧陵) | 효종 | 4 | 2 | 8 | 2 | 2 | 2 | × | × | × | × | × | × | × | 1 | 1 | 2 |
| 1673 | 영릉(寧陵) | 효종 | 4 | 2 | 8 | 2 | 2 | 4 | × | × | × | × | × | × | × | 1 | 1 | × |
| 1674 | 영릉(寧陵) | 인선후 | 4 | 2 | 8 | × | × | 2 | × | × | × | × | × | × | × | 1 | 1 | 2 |
| 1675 | 숭릉(崇陵) | 현종 | 4 | 2 | 8 | 2 | 2 | 2 | 1 | 2 | 1/1 | 2 | × | × | 2 | 1 | 1 | 2 |
| 1681 | 익릉(翼陵) | 인경후 | 4 | 2 | 8 | 2 | 2 | 2 | 1 | × | 1/1 | 2 | 1 | 1 | 2 | 1 | 1 | 2 |
| 1684 | 숭릉(崇陵) | 명성후 | 4 | 2 | 8 | 2 | 2 | 2 | 1 | × | × | 2 | 1 | 1 | 2 | 1 | 1 | 2 |
| 1688 | 휘릉(徽陵) | 장렬후 | 4 | 2 | 8 | 2 | 2 | 2 | 1 | 2 | × | 2 | 1 | 1 | 2 | 1 | 2 | 2 |
| 1698 | 장릉(莊陵) | 단종 | 4 | × | 2 | × | 2 | × | 1 | 1 | × | 2 | × | × | 1 | 1 | 2 | 2 |
| 1698 | 사릉(思陵) | 정순후 | 4 | × | 2 | × | 2 | × | 1 | 1 | × | 2 | × | × | × | 1 | 2 | 2 |
| 1701 | 명릉(明陵) | 인현후 | 4 | 2 | 8* | 2 | 2 | 2 | 1 | 2 | × | 2 | 1 | 1 | 2 | 1 | 2 | 2 |
| 1721 | 명릉(明陵) | 숙종 | 4 | 2 | 8 | 2 | 2 | 2 | 1 | 2 | × | 2 | 1 | 1 | 2 | 1 | 1 | 2 |
| 1725 | 의릉(懿陵) | 경종 | 4 | 2 | 8* | 2 | 2 | 2 | 1 | 2 | × | 2 | 1 | × | 2 | 1 | 2 | 2 |
| 1730 | 의릉(懿陵) | 선의후 | 4 | 2 | 8 | 2 | 2 | 2 | 1 | 2 | × | 2 | 1 | 1 | 2 | 1 | 2 | 2 |
| 1739 | 온릉(溫陵) | 단경후 | 4 | × | 2 | × | 2 | × | 1 | 1 | × | 1 | × | × | × | 1 | 2 | 2 |
| 1757 | 명릉(明陵) | 인원후 | 4 | 2 | 8 | 2 | 2 | 2 | 1 | 2 | × | 2 | 1 | 1 | 2 | 1 | × | 2 |
| 1757 | 홍릉(弘陵) | 정성후 | 4 | 2 | 8 | 2 | × | 2 | 1 | 2 | × | 2 | 1 | 1 | 2 | 1 | 2 | 2 |
| 1800 | 건릉(健陵) | 정조 | 4 | 2 | 4 | 2 | 2 | 2 | 1 | 2 | 1/1 | 1 | 1 | × | × | 1 | 2 | 2 |

591) 『仁敬王后明陵山陵都監儀軌』卷2, 別工作. 丁字閣 進排秩 ; 『明聖王后崇陵山陵都監儀軌』卷2, 別工作 ; 『肅宗明陵山陵都監儀軌』卷2, 別工作, 丁字閣 進排秩.

592) 『英祖元陵山陵都監儀軌』卷2, 別工作. 丁字閣 進排秩.

| 연대 | 능명 | 피장자 | 정 전 | | | | | | | | | | | | | 배위청 | | |
|---|---|---|---|---|---|---|---|---|---|---|---|---|---|---|---|---|---|---|
| | | | 제상 | 걸내상 | 고족상 | 협고족상 | 촛대배상 | 목) 촛대 | 축문상 | 축문판 | 연갑/서안 | 향안상 | 향궤 | 탁자 | 중궤 | 아가상 | 관세위상 | 반아배상 |
| 1805 | 원릉(元陵) | 정순후 | 4 | 2 | 4 | 2 | × | 2 | 1 | 2 | 1/1 | 1 | 1 | × | × | 1 | 2 | 2 |
| 1834 | 인릉(仁陵) | 순조 | 4 | 2 | 4 | 2 | 2 | 2 | 1 | 2 | 0/1 | 1 | 1 | × | × | 1 | 2 | 2 |
| 1843 | 경릉(景陵) | 효현후 | 4 | 2 | 4 | 2 | 2 | 2 | 1 | 2 | 1/1 | 1 | 1 | × | × | 1 | 2 | 2 |
| 1846 | 수릉(綏陵) | 문조 | 4 | 2 | 4 | 2 | 2 | 2 | 1 | 2 | 1/1 | 1 | 1 | × | × | 1 | 2 | 2 |
| 1849 | 경릉(景陵) | 헌종 | 4 | 2 | 4 | 2 | 2 | 2 | 1 | 2 | 1/1 | 1 | 1 | × | × | 1 | 2 | 4 |
| 1855 | 수릉(綏陵) | 문조 | 4 | 2 | 4 | 2 | × | 2 | 1 | 2 | 1/1 | 1 | 1 | × | × | 1 | 2 | 2 |
| 1856 | 인릉(仁陵) | 순조 | 4 | 2 | 4 | 2 | 2 | 2 | 1 | 2 | 1/1 | 1 | 1 | × | × | 1 | 2 | 2 |
| 1857 | 인릉(仁陵) | 순원후 | 4 | 2 | 4 | 2 | 2 | 2 | 1 | 2 | 1/1 | 1 | 1 | × | × | 1 | 2 | 2 |
| 1863 | 예릉(睿陵) | 철종 | 4 | 2 | 4 | 2 | 2 | 2 | 1 | 2 | 1/1 | 1 | 1 | × | × | 1 | 2 | 2 |
| 1878 | 예릉(睿陵) | 철인후 | 4 | 2 | × | 2 | 2 | 2 | 1 | 2 | 1/1 | 1 | 1 | × | × | 1 | 2 | 2 |
| 1890 | 수릉(綏陵 | 신정후 | 4 | 2 | 4 | 2 | 2 | 2 | 1 | 2 | 2/1 | 1 | × | × | × | 1 | 2 | 2 |
| 1903 | 경릉(景陵) | 효정후 | 8 | 2 | 4 | 2 | 2 | 1 | 1 | 2 | 1/1 | 1 | 1 | × | × | 1 | 2 | 2 |

<「정자각 진배질」에 기록된 상탁의 종별과 수량>

위의 표에 의하면 「정자각 진배질」에 기록된 각종 상탁은 정전과 배위청에 배치되는 것으로 구분되었다. 정전의 상탁은 제상, 걸내상,[593] 고족상, 협고족상,[594] 촛대상, 목촛대, 축문상, 축문판, 연갑, 서안, 향안상, 향궤, 탁자, 중궤 등 14종류였다. 한편 배위청에 놓이는 상탁은 아가상, 관세위상, 배위상 등 3종류였다.

위와 같이 정자각에 진배된 상탁의 종별과 수량을 살펴본 결과, 시기 구분이 가능하였다. 곧 제1기는 1600년부터 1674년까지이고, 제2기는 1675년부터 1800년 이전이고, 제3기는 1800년 이후 한말 1903년까지였다. 그렇다면 이렇게 시기를 구분할 수 있는 획기적인 사건은 무엇인지 살펴보도록 하자. 우선 1기와 2기를 구분하는 것은 앞 장에서 살핀 바처럼 1675년 현종의 사후 숙종이 즉위하여 숭릉을 조성할 때, 숙종이 영악전을 별설하지 않고 정자각 내부에 각종 의물을 배치하게 되면서 부터였다. 때문에 이전까지 정자각에 진설하지 않았던 축문상 1좌, 축문판 2개, 향안상 2개, 향궤 1개, 중궤 2개 등을 만들기 시작하여 시기를 구분할 수 있었다. 다음 2기와 3기를 나누는 것은 영조가 1752년부터 1758년까지 『국조오례의』 중 상례를 개정하여

593) 『正祖健陵山陵都監儀軌』卷2, 別工作, 丁字閣 進排秩. 이때부터 거상 대신 걸내상이라고 되어 있다.

594) 『純元王后仁陵山陵都監儀軌』卷2, 別工作, 丁字閣 進排秩. ; 『哲人王后睿陵山陵都監儀軌』卷2, 別工作, 丁字閣 進排秩. 순원왕후의 인릉과 철인왕후의 예릉에서는 협장상으로 불렀다.

『국조상례보편』을 편찬할 때이다.[595] 이렇게 개정된 전례를 따른 1757년 인원왕후의 명릉부터 「별공작의궤」에는 “정자각 소배”와 “신문 소배”로 구분되었다. 이 중 신문 소배는 앞장에서 설명한 바 있다.[596] 그러나 막상 『국조상례보편』이 제대로 실천된 것은 1800년 이후부터이다.[597] 이때부터 고족상의 숫자가 8개에서 4개로 1/2로 줄어들었고, 정자각 내부에 연갑과 서안을 각각 1부씩 비치하였으며, 향안상의 숫자가 2개에서 1개로 줄었고, 2개씩 배치하였던 중궤를 배치하지 않게 되었다. 또 1800년 이후부터는 『산릉도감의궤』에 도설이 많이 수록되어 전례의 궤범화와 의물의 정형화도 가속화되었다.

한편 조선 후기의 왕릉 정자각에는 인산 전후에 상탁의 진설이 두 차례 이뤄졌는데, 막상 「정자각 영배질」에서 정자각에 영원히 배치하라고 했던 상탁 중 일부는 왕이나 왕후의 신주를 종묘에 부묘한 이후, 정자각에서의 3년 제사가 끝나고 나서 사용되지 않는 의물도 있을 것이다. 이것은 1698년 단종의 장릉, 1698년 정순왕후의 사릉, 1739년 단경왕후의 온릉을 봉릉할 때 정자각에 진배된 상탁에서 유추할 수 있다. 봉릉 때에는 정자각에 선왕의 재궁이 모셔지는 인산이 없기 때문에 곧바로 제사의 성격만 강조되기 마련이다.[598] 때문에 봉릉도감의 별공작에서는 걸내상, 협고족상, 목촛대, 연갑, 서안, 향궤, 탁자, 중궤 등 8종류를 제작하지 않았다. 즉 조선 전기에 해당되는 단종이나 정순왕후 및 단경왕후의 정자각 내부와 17세기 초 의인왕후, 인목왕후, 인조, 인선왕후의 정자각 내부는 공통된다는 점이다. 이를 통해 1675년 현종의 숭릉 이후 영악전을 정자각 내부에 설치하면서부터 제작하였던 것 중에서 일부는 종묘에 부묘한 이후, 정자각에서 사용하지 않아 철거했을 것이다.

정자각에서 눈에 띄는 목물이 몇 종류가 있다. 그중 하나가 목촛대이다. 목촛대는 크기가 커서 대촛대로도 불리며, 궁궐에서는 용무늬를 새긴 화룡목촛대를 사용하였다. 특히 화룡촛대는 진연이나 진찬 때 궁궐 전각에 세워 의식공간을 장엄했던 기능을 지니고 있어, 정자각 내부도 마찬가지였을 것이다. 한편 위 표에서 축문상을 진배하지 않았던 1600년 의인왕후의 목릉과 1632년 인목왕후의 목릉, 1673년 효종의 영릉 천릉도감에는 小床이 있었다.[599] 의인왕후의 정자각에는 소상 6개, 1632년 인목왕후의 정자각에는 1개, 1673년 효종의 정자각에는 3개였다. 이

595) 『國朝喪禮補編』은 영조 때 『國朝五禮儀』 중에서 상례 부분을 수정한 것으로, 1752년(영조 28)에 김재로(金在魯 : 1682-1759) 등이 5권 4책으로 냈으며, 1758년 이를 증보하여 6권의 책으로 간행하였다. 이중 圖說이 1책으로 되어 있으며, 규장각·장서각·국립중앙도서관 등에 소장되어 있다.
596) 『仁元王后明陵山陵都監儀軌』卷2, 別工作, 丁字閣 所排 ; 神門 所排. 이 때 神門에는 주렴 1부와 2층 탁자 그리고 제등 2개와 제등상이 놓였다.
597) 『正祖健陵山陵都監儀軌』卷2, 別工作, 丁字閣 所排.
598) 『端宗莊陵封陵都監儀軌』, 啓辭秩, 戊寅 10月 29日 ; 11月 10日.
599) 『懿仁王后穆陵山陵都監儀軌』卷2, 別工作 ; 『仁穆王后穆陵山陵都監儀軌』卷2, 別工作 ; 『孝宗寧陵遷陵都監儀軌』卷2, 別工作.

로 미루어 볼 때 17세기 전반까지는 크기가 작은 소상을 축문상으로 사용하다가, 이후 전례가 정리되면서 소상을 축문상으로 명명했음을 알 수 있다. 한편, 1681년 인경왕후의 익릉 정자각에는 장과 궤가 유난히 많다는 사실이다. 당시 반주홍칠을 한 축문소상(祝文小欌) 1부가 있었고, 전칠과 매칠을 한 향궤 1부, 송연명유칠(松煙明油漆)을 한 중궤 2부와 이층탁자 1부를 제작해 들였다.[600] 그러나 1681년 이후 왕릉 정자각에는 함궤를 각 1부씩 들이고 있 었다.

### 2) 제상의 제작

산릉의 제사 때에는 종묘의 제사 때와 마찬가지로 격식을 갖추어 거행되기 마련이어서 제상 위에는 床巾을 덮고 다시 음식물이 묻어 더럽혀지지 않도록 기름종이[油紙]로 만든 좌면지를 덮었다.[601] 따라서 제상이나 평상 등의 목물은 별공작에서 만들었지만, 그 위에 깔 상건이나 욕처럼 천으로 만드는 공예품은 상의원이나 제용감에서 만들어 들였고, 상 위를 덮는 좌면지는 분장흥고에서 만들어 들였다.

정자각에 진배되는 제상은 4좌였다. 이것을 「별공작의궤」 중 "정자각 진배질"이나 "정자각 영배질" 및 "정자각 소배"에 의해  작성해보면 다음과 같다.

---

600) 『仁敬王后明陵山陵都監儀軌』卷2, 別工作, 丁字閣 進排秩.

601) 『孝宗寧陵遷陵山陵都監儀軌』卷2, 造成所, 癸丑 10月 8日.

| 왕대 | 능명 | 조성 연대 | 별공작 제상 | | | | |
|---|---|---|---|---|---|---|---|
| | | | 개수 | 길이 | 너비 | 높이 | 칠 |
| 단종 | 장릉(莊陵) | 1698, 思陵 동일 | 4 | 4 | 2.3 | 3 | 왜주홍 전매칠 |
| 정순왕후 | 온릉(溫陵) | 1739 | 4 | 3.1 | 2.2 | 3 | 전매칠 |
| 인조 | 장릉(長陵) | 1659 | 4 | 4 | 2.9 | | 왜주홍 전매칠 |
| 효종 | 영릉(寧陵) | 1659, 1673, 1674 | 4 | 4 | 2.9 | 3.2 | 왜주홍 전매칠 |
| 현종 | 숭릉(崇陵) | 1675, 1684 | 4 | 4 | 2.9 | 3 | 왜주홍 전매칠 |
| 장렬왕후 | 휘릉(徽陵) | 1688 | 4 | 4 | 2.9 | 3 | 왜주홍 전매칠 |
| 인경왕후 | 익릉(翼陵) | 1681 | 4 | 4 | 2.9 | 3 | 왜주홍 전매칠 |
| 숙종 | 명릉(明陵) | 1701, 1721, 1757 | 4 | 4 | 2.9 | 3 | 왜주홍 전매칠 |
| 경종 | 의릉(懿陵) | 1725, 1730 | 4 | 4 | 2.9 | 3 | 왜주홍 전매칠 |
| 정성왕후 | 홍릉(弘陵) | 1757 | 4 | 4 | 2.9 | 3.2 | - |
| 영조 | 원릉(元陵) | 1776, 1805 | 4 | - | - | - | 당주홍칠 |
| 정조 | 건릉(健陵) | 1800, 1821 | 4 | - | - | - | 당주홍칠 |
| 순조 | 인릉(仁陵) | 1834, 1856, 1857 | 4 | - | - | - | 당주홍칠 |
| 헌종 | 경릉(景陵) | 1843, 1849 | 4 | - | - | - | 당주홍칠 |
| 문조 | 수릉(綏陵) | 1846, 1855, 1890 | 4 | - | - | - | - |
| 철종 | 예릉(睿陵) | 1863, 1878 | 4 | - | - | - | 당주홍칠 |

<별공작의 제상 제작>

위 표를 보면 제상의 치수는 약간의 차이를 보이지만, 대체로 길이 4자, 너비 2.9자, 높이 3자였다. 다만 조선 전기에 해당되어 봉릉한 경우에는 조금 작았다. 곧 1698년에 봉릉된 단종의 장릉과 정순왕후의 사릉에 설치하고자 제작한 제상은 너비가 2자 3치였고, 1739년에 봉릉된 중종비 단경왕후 온릉의 정자각에 설치한 제상의 길이는 3자 1치, 너비는 2자 2치였다. 이로 미루어 볼 때 조선 전기의 상에 비해 후기에 들어 제작된 제상의 경우 길이는 길어지고 너비는 좁아지는 경향을 알 수 있다. 1800년 정조의 건릉부터는 정자각에 영원히 배치할 제상, 아가상의 칫수는 앞서 살핀 바처럼 영조 대에 편찬된 『국조상례보편』에 의거하여 확정되었기 때문에 의궤에는 칫수를 기록하지 않았다.[602] 이후의 의궤 또한 전례를 따르기 때문에 마찬가지이다.

제상의 칠은 골회를 바르고 그 위를 저포로 덮은 후 칠하는 제작 방식은 시대의 변화에 무관

602) 『正祖健陵山陵都監儀軌』卷2, 別工作, 手本帙.

하게 변함이 없었으나,[603] 칠의 색상은 달라져 시대적 성격을 반영하고 있다. 18세기 초 경종 대까지는 倭朱紅으로 전칠과 매칠을 하였으나, 정조대부터 당주홍칠로 바뀌었다.

#### 3) 고족상과 아가상의 제작

고족상과 아가상은 정자각에 진배되는 것은 동일하지만, 배치되는 위치는 달라 고족상은 정전 내부에, 아가상은 배위청에 놓였다. 아가상은 준소에 두고 제사에 사용할 술항아리[樽]를 올려놓는 용도로 사용되었으나, 고족상은 제사를 드릴 때 어떠한 기능을 가졌는지 잘 알 수가 없다. 다만 1739년의 온릉에는 고족상 대신 "향고족상"이라고 표기하고 있어 향을 놓는 기능이었을 것으로 여겨지지만,[604] 종별을 보면 향상 혹은 향안상이 따로 있어 정확이 알기 이해하기 어렵다. 다만 아가상과 칫수가 같고 칠의 종류도 동일한 것으로 보아 거의 유사한 용도였을 것이라 여겨진다. 산릉도감의 별공작에서 제작한 고족상과 아가상의 제작 수량과 칫수 및 칠을 살펴보면 다음과 같다.

603) 『莊烈后徽陵山陵都監儀軌』卷2, 別工作, 丁字閣 眞拜秩 ; 『仁顯王后明陵山陵都監儀軌』卷2, 別工作, 丁字閣 進排秩 ; 『肅宗明陵山陵都監儀軌』卷2, 別工作, 丁字閣 進排秩 "大祭床四坐[裹苧布 竝着倭朱紅全每漆]."

604) 『端敬王后溫陵封陵都監儀軌』, 別工作, 手本帙.

| 왕대 | 능명 | 조성 연대 | 고족상 | 아가상 | 칫수 | | | 칠 |
|---|---|---|---|---|---|---|---|---|
| | | | | | 길이 | 너비 | 높이 | |
| 단종 | 장릉(莊陵) | 1698, 思陵 동일 | 2 | 1 | 3.5 | 2.5 | 3 | 당주홍 명유칠 |
| 정순왕후 | 온릉(溫陵) | 1739 | 2 | 1 | 3.5 | 2.5 | 3 | 당주홍 명유칠 |
| 인조 | 장릉(長陵) | 1659 | 8 | 1 | 3.5 | 2.5 | 3 | 반주홍 명유칠 |
| 효종 | 영릉(寧陵) | 1659, 1673, 1674 | 8 | 1 | 3.5 | 2.5 | 3 | 반주홍 명유칠 |
| 현종 | 숭릉(崇陵) | 1675, 1684 | 8 | 1 | 3.5 | 2.5 | 3 | 반주홍 명유칠 |
| 장렬왕후 | 휘릉(徽陵) | 1688 | 8 | 1 | 3.5 | 2.5 | 3 | 당주홍 명유칠 |
| 인경왕후 | 익릉(翼陵) | 1681 | 8 | 1 | 3.5 | 2.5 | 3 | 당주홍 명유칠 |
| 숙종 | 명릉(明陵) | 1701, 1721, 1757 | 8 | 1 | 3.5 | 2.5 | 3 | 당주홍 명유칠 |
| 경종 | 의릉(懿陵) | 1725, 1730 | 8 | 1 | 3.5 | 2.5 | 3 | 당주홍 명유칠 |
| 정성왕후 | 홍릉(弘陵) | 1757 | 8 | 1 | - | - | - | - |
| 영조 | 원릉(元陵) | 1776, 1805 | 4 | 1 | - | - | - | 당주홍칠 |
| 정조 | 건릉(健陵) | 1800, | 4 | 1 | - | - | - | 당주홍칠 |
| 순조 | 인릉(仁陵) | 1834, 1856, 1857 | 4 | 1 | - | - | - | 당주홍칠 |
| 헌종 | 경릉(景陵) | 1843, 1849 | 2 | 1 | - | - | - | 당주홍칠 |
| 문조 | 수릉(綏陵) | 1846, 1855, 1890 | 2 | 1 | - | - | - | 당주홍칠 |
| 철종 | 예릉(睿陵) | 1863, 1878 | 2 | 1 | - | - | - | 당주홍칠 |

<고족상과 아가상의 제작>

위 표를 보면 아가상은 언제나 1개만 제작하였으나, 고족상은 시기에 따른 변화의 진폭이 매우 컸다. 봉릉도감에서 제작한 단종의 장릉과 단경왕후의 온릉의 경우 2개씩이었다. 한편 산릉도감 별공작에서 제작한 고족상은 1757년 정성왕후의 홍릉까지는 8개였으며, 이후 영조의 원릉이나 정조의 건릉, 순조의 인릉 등 19세기 초반까지는 4개였고, 19세기 후반 헌종의 경릉, 문조의 수릉, 철종의 예릉에서는 2개씩이었다. 이러한 고족상의 수량 변화는 고족상의 용도나 제례와 연관될 것이지만, 이에 대해서는 좀 더 자료가 찾아지면 해결하도록 하겠다.

칠의 경우 상탁의 종별에 따라 칠의 재료나 색상이 달랐다. 아가상, 걸내상은 당주홍칠을 하였고, 제상은 왜주홍칠을 하였으며, 소상, 촛대배상, 목촛대, 고족상, 협고족상, 반세위상, 목촛대 등은 반주홍칠을 하였다.[605] 일례로 1739년 온릉의 별공작을 보면 대제상, 축문상, 촉상, 향상,

605) 반주홍칠과 함께 주토칠도 간혹 섞여 있다. 『孝宗寧陵山陵都監儀軌』卷2, 別工作. 반주홍칠 ; 『孝宗寧陵遷陵都監儀軌』卷2, 別工作. 반주홍칠 ; 『仁宣王后寧陵山陵都監儀軌』卷2, 別工作. 주토칠.

축문판, 연갑, 서안, 향궤 등 모두 진칠이었다.[606] 그런데 아가상은 제상과 마찬가지로 저포를 싼 다음 당주홍칠을 하고 명유칠을 했다.[607] 이렇게 상탁의 종별에 따라 다른 색상의 칠을 한 것은 상탁의 기능이나 품격의 차이에서 연유하는 것이다. 곧 상탁에 무엇을 놓고 누가 쓰는 것이냐에 따라 달라졌다. 선대 왕이 흠향할 제물이나 술을 올리는 제상이나 아가상은 주홍칠을 했고, 그것을 보조하는 소상, 촛대상, 고족상, 반세위상은 반주홍칠을 하였으며, 그 밖의 상들은 진칠을 하였다.

한편, 아가상은 다른 상탁과 달리 천판의 네 모서리 변자에 난간이 솟아있고 받침대에는 구름무늬 등을 부조하였으며, 다리에는 화려한 초엽을 덧붙여져 있다. 때문에 아가상을 만들 목재는 무늬를 새기거나 조각하기 쉬운 무른 재질의 가래나무나 피나무 등을 주로 사용하였다. 간혹 추목(楸木)은 강원도[原襄道]에서 분정하여 들이게 하였다.[608] 아가상에 무늬를 조각하기 위해 다리부분의 광좌아(廣佐兒)는 조각장이 출초하였으며,[609] 1701년에는 당대 조각장으로 유명한 조육세를 불러 제작하게 하였다.[610]

606) 『端敬王后溫陵封陵都監儀軌』, 別工作, 手本帙. 당시 칠을 할 때 『各年謄錄』을 참고해서 全漆은 2두 2승, 每漆 4승이었는데, 戊寅(1689年) 사릉을 조성할 당시에는 전칠 2승, 매칠 1승이었다. 이때 眞漆은 전칠 8번, 매칠 7번을 칠하였다.

607) 『莊烈王后徽陵山陵都監儀軌』卷2, 別工作, 丁字閣 進排秩 ; 『仁顯王后明陵山陵都監儀軌』卷2, 別工作, 丁字閣 進排秩 ; 『肅宗明陵山陵都監儀軌』卷2, 別工作. 丁字閣 進排秩, "阿架床一坐[裹苧布 唐朱紅明油漆]."

608) 『顯宗崇陵山陵都監儀軌』卷2, 別工作.

609) 『顯宗崇陵山陵都監儀軌』卷2, 別工作 ; 『仁敬后翼陵山陵都監儀軌』卷2, 別工作.

610) 『仁顯王后明陵山陵都監儀軌』卷2, 別工作.

02

# 고려말 조선초기, 왕릉의 조성

# 3장 조선 태조의 4대조릉 조성

## 1 조선 이전의 중국 4대조릉

### 1) 오의 시조왕묘

동오는 3세에 걸쳐 모두 4명의 황제를 배출하였는데, 그들은 오대제 손권(吳大帝孫權), 회계왕 손량(会稽王孫亮), 경제 손휴(景帝孫休), 오정후 손호(烏程侯孫皓) 등이다. 손권이 즉위한 이후 자기 아버지 손견을 무열황제(武烈皇帝)로 추전하고 그의 무덤을 고릉(高陵)이라 하였다.『삼국지(三国志)』에서는 '손견이 붕어하자 곡아(曲阿)에 장례를 치렀다'고 기재되어 있는데, 곡아(曲阿)는 지금의 강소 단양(丹陽)이다. 배송지(裴松之)의 『오록(吴錄)』에서는 손권이 황제를 칭하고 '손견을 시조왕으로 추존하고 그의 무덤을 고릉이라 하였다'고 기재되어있다. 일설에는 '소주반문외삼리(蘇州盤門外三里)에 무열황제 손견이 매장되고 그 무덤을 '고릉(高陵)'이라 하였다 한다. 그의 부인 오부인(吴夫人)과 아들인 장사왕(長沙王) 손책(孫策)의 무덤도 모두 고릉에 딸려 있다'고 하고 있다. 근래 소주반문에서는 전설에서 지칭되고 있는 손견과 손책의 무덤을 정리할 때 6조 시기의 선대왕묘 2기를 발견하였다고 하므로 향후 무덤 주인의 신분에 대한 연구와 고증이 필요하다.[1)]

### 2) 당 고조의 추존 선조릉[追尊祖陵]

618년 당 고조(高祖) 이연(李淵)은 건국하자마자 자신의 선조인 4대 조부들을 황제로 추증하고 무덤에 능호를 붙여 황제릉으로 조성한 것이다.[2)]

고조의 고조부인 이희(李熙)는 원래 북위의 금문진장(金門鎮將)이었고, 고조의 증조부 이천사(李天賜)는 위나라 당주(幢主)였다. 두 사람은 당 고종 의봉 년간(676-679)에 각각 헌조 선황제(獻祖 宣皇帝)와 의조 광황제(懿祖 光皇帝)로 추증되었다. 뿐만 아니라 고조부와 증조부의 무덤은 원래의 장지에 능호를 가하여 헌조의 무덤은 건초릉(建初陵), 의조의 무덤은 계운릉(啓運陵)이라 하였다. 고조의 조부인 이호(李虎)는 서위에서는 태위(太尉) 주국(柱國)으로 불렀으며, 북주(北周)에서는 당국공(唐國公)이었다. 고조는 개국하면서 그를 태조 경황제(太祖 景皇

1) 蘇州博物館考古組,「"孫策孫堅墓"的清理和看法」,『文博通訊』, 1982年第6期.
2) 劉毅,『中國古代陵墓』, 南開大學出版社, 2010, 89-90쪽.

帝)로 추존하였다. 조부는 원래 감숙성 청수(清水)에 안장되었는데, 당 개국 이후 섬서성 삼원현(三原縣)으로 이장하였다. 고조의 능호는 영강릉(永康陵)이고 지금의 삼원릉(三原陵) 앞 마을에 위치한 석마도촌(石馬道村)의 북쪽에 위치해 있다.[3)]

고조의 부친 이병(李昞)은 당이 개국하자 당국공(唐國公), 주국대장군(柱國大將軍)에서 대조 원황제(代祖 元皇帝)로 추증되었다. 이후 그의 능호는 흥녕릉(興寧陵)으로 추봉되었는데, 지금의 섬서성 함양에 있는 한나라 장릉(長陵)의 동남쪽 모서리 아래에 위치해 있다. 흥녕릉의 봉토는 원형이며 석상생은 여전히 남아 있는데, 그 형체와 규모는 비교적 작은 편이다.[4)]

당고조의 4대 조부를 모신 추존 황제릉은 당나라 황실의 4대조 황릉으로서 당나라가 망할 때까지 숭상하고 참배하였다. 비록 건축물을 확대하고 능침을 수선하였지만 그 규모는 당 황제를 모신 십팔릉과는 그 규모나 위세에서 비교할 수도 없다. 당 현종은 고조의 4대 조부모의 선대 황제릉을 관리하고 수선하거나 능행하는 제도를 마련하였다. 727년(開元 15)에 현종은 조서를 내려 "선황제릉과 광황제릉은 현령(縣令)이 검교(檢校)하고 주장관(州長官)이 한 해에 한 번씩 순시해야 한다."고 정하였다. 아울러 "매해 봄가을에 능을 순시하는데, 공경(公卿)들이 의장대를 거느리고 도성을 나서 능역 십리까지 갔다가 다시 돌아왔다." 선황제의 건초릉과 광황제의 계운릉은 둘다 지금의 하북성 융요현(隆堯縣) 남쪽에 위치해 있다. 두 황제릉의 유적은 아직 남아 있으며 두 능을 합하여 '대당제릉(大唐帝陵)'이라고 부른다.

중국의 경우 황제의 무덤과 달리 황후의 무덤을 단독으로 조성하고 능호를 올리지 않았다. 당은 당 예종의 황후인 측천무후(測天武后, 624-705)는 예외적이다. 무측천은 당 고종의 황후이지만 683년 고종이 사망하자, 690년 국호를 무주(武周, 684-704)라 부르고 건국하여 스스로 황제에 올랐다. 황위에 오른 뒤 당나라 제도를 모방하여 자신의 선조를 추존하는 방안을 마련하였다. 그의 부친 무사확(武士彠)은 태조효명고(太祖孝明高)황제로 추증하였고, 그의 모친인 양씨(楊氏)는 670년(함형 원년)에 사망하였는데, 처음에는 왕의 예제대로 안장하였다.

이후 측천무후가 황제위에 오른 후 모친을 효명고황후(孝明高皇后)로 추증하였다. 689년(영창 원년)에 양씨의 무덤을 명의릉(明義陵)이라 부르고 다음해 즉 690년(天授 元)에 순릉(順陵)이라 고쳐 부르고 독립된 황릉으로 조영하였다. 하지만 710년 당 예종(睿宗, 684, 710-712)이 다시 황위에 오른 후 무씨를 폐하여 숭은묘(崇恩廟)로 쫓아냄으로서 한때 순릉의 칭호를 없애버렸다. 그러다가 712년 현종이 즉위하고 713년(先天 2) 정월에 들어서 측천무후의 부모를

3) 鞏啓明,「唐永康陵調查記」,『文博』, 1998年第5期.

4) 咸陽市博物館,「唐興寧陵調查記」,『文物』, 1985年第3期.

<順陵>, 효명고황후, 690년 전후, 2010.7.7. 필자 촬영

<順陵>, 효명고황후, 690년 전후, 2010.7.7. 필자 촬영

황제와 황후로 존호를 올렸던 것을 삭탈하였다. 이와 더불어 모친 양씨 무덤에 붙였던 능호인 순릉의 칭호를 완전히 폐기하여 왕비묘(王妃墓)라 고쳐 부르도록 하였다.[5]

순릉은 지금도 섬서성 함양원에 위치해 있다. 비록 왕비묘로 격하되었음에도 불구하고 봉토나 능역은 황제릉에 위엄을 여전히 지니고 있으며, 능원의 터에는 일부 석조물들이 현존하고 있다. 현재의 순릉에는 복두형 능대에 능 앞에는 화표(華表)와 석사자, 석인과 석양, 석마 및 천록 등 석조각 33건이 배치되어 현존하고 있다. 원래 조성했을 당시의 추존 황후릉의 흔적을 아직까지 잘 보존되어 있어 측천무후 당시의 상황을 확인할 수 있다. 다만 무측천의 효명고황후 순릉을 제외하고 중국에서 역대 황후는 황제릉에 배장하고 별도의 능호를 올리지 않고 모두 후릉(后陵)이라 불리며 단독릉 또한 조성하지 않았다.

### 3) 조선 태조의 4대조릉 조성[6]

송(960−1127)은 960년 조광윤(趙匡胤)이 당을 멸망시키고 분열된 오대 십국을 병합하여 건국하였다. 조광윤은 송을 건국하자마자 자신의 5대 선조들을 추존하여 묘호를 올렸다. 5대 조부인 조현명(趙玄朗)의 묘호는 성조(聖祖)로, 4대 고조부 조조(趙眺)의 묘호는 희조(僖祖)로, 무덤은 흠릉(欽陵)이었다. 3대 증조부 조정(趙珽)의 묘호는 순조(順祖), 무덤은 강릉(康陵)이었다. 2대 조부 조경(趙敬)의 묘호는 익조(翼祖), 무덤은 정릉(定陵)이었다. 1대 부친 조홍은(趙弘殷)의 묘호는 선조(宣祖), 무덤은 안릉(安陵)이었다.[7]

---

5) 장경희, 「조선 태조 이성계의 4대조 '북도팔릉'연구」, 『동방학』제36집, 2017.2, 11-12쪽.
6) 장경희, 「조선 태조 이성계의 4대조 '북도팔릉'연구」, 『동방학』제36집, 2017.2, 13-14쪽
7) 『宋史』禮志25 ; 『京都事略』卷14 ; 『宋會要輯稿』; 『北宋皇陵』, 6-9쪽.

| 대수 | 묘호 | 이름 | 능명 | 재위기간 | 연령 | 사망시기 | 매장시기 |
|---|---|---|---|---|---|---|---|
| 추존 | 송 聖祖 | 趙玄朗 | | — | | | |
| 추존 | 송 僖祖 | 趙朓 | 欽陵 | — | | | |
| 추존 | 宋 順祖 | 趙珽 | 康陵 | — | | | |
| 추존 | 송 翼祖 | 趙敬 | 定陵, 靖陵 | — | | | |
| 추존 | 송 宣祖 | 趙弘殷 | 安陵 | - | | 顯德 3년 7월 | 乾德 2년 4월 |
| 1 | 송 太祖 | 趙匡胤 | 永昌陵 | 960-975 | 50 | 開寶 9년(976) 10월 | 太平興國 2년(977) 4월 |
| 2 | 송 太宗 | 趙光義 | 永熙陵 | 976-997 | 59 | 至道 3년(997) 3월 | 至道 3년 10월 |
| 3 | 송 眞宗 | 趙恒 | 永定陵 | 998-1022 | 55 | 乾興 원년(1022) 2월 | 乾興 원년 10월 |
| 4 | 송 仁宗 | 趙禎 | 永昭陵 | 1023-1063 | 54 | 嘉祐 8년(1063) 3월 | 嘉祐 8년 10월 |
| 5 | 송 英宗 | 趙曙 | 永厚陵 | 1064-1067 | 36 | 治平 4년(1067) 정월 | 治平 8년 10월 |
| 6 | 송 神宗 | 趙頊 | 永裕陵 | 1068-1085 | 38 | 元豊 8년(1085) 3월 | 元豊 8년 10월 |
| 7 | 송 哲宗 | 趙照 | 永泰陵 | 1086-1100 | 25 | 元符 3년(1100) 정월 | 元符 3년 8월 |
| 8 | 송 徽宗 | 趙佶 | - | 1100-1125 | | | |
| 9 | 송 欽宗 | 趙桓 | - | 1125-1127 | | | |

<하남성 공의시 소재 북송 황제릉>

송 태조의 4대조에 해당되는 고조부 희조의 흠릉, 증조부 순조의 강릉, 조부 익조의 정릉에 해당되는 3대 황제릉이 지금의 북경에 해당되는 유주(幽州)에 있었다. 그런데 조광윤이 송을 건국했을 당시 이 지역은 요나라에 속해 있었기 때문에, 비록 태조가 4대조에게 묘호와 능호를 추봉하였을 뿐 실제 황제릉으로 고쳐서 건설하지는 못했다. 따라서 태조는 부친인 조홍은의 무덤만 황제릉으로 고칠 수 있었다.

조홍은은 후당의 금군을 담당하였던 무인으로 956년(현덕 3) 후주의 도지휘사(都指揮使)로 사망하여 개봉시 동남지역에 무덤을 조성하였다. 송 건국 후 태조는 부친을 선조 소무황제(宣祖 武昭皇帝)로, 능호는 '안릉(安陵)'으로 붙였다. 조광윤의 모친 두씨(杜氏)는 황태후로 책봉되었다가 이듬해 961년 6월 사망하여 소헌태후(昭憲太后)로 추존하여 남편과 합장하였다. 964년(건덕 2) 4월 태조는 부모가 묻힌 '안릉'을 하남성 공의시로 천장하여 조영하였다. 이것이 하남성 공의시(恐義市)에 북송 황릉을 건설하게 된 시작이 되었다. '영안릉(永安陵)'으로 개칭한 것은 송 제2대 진종이 즉위하던 1022년이었다.

이렇게 송 태조의 선조를 모신 영안릉을 비롯하여 북송 황제의 황릉구역은 하남현 공의시의 성남에 위치하고 있다. 낙하(洛河) 동남, 숭산(嵩山) 이북 조역(兆域) 내에 4개의 매장구역으로 나뉘며 "7제(帝) 8릉(陵)"이라 불린다. 동남부 서촌구 3능은 선조 영안릉, 태조 영창릉(永昌陵), 태종 영희릉(永熙陵)이다. 중부 지전구(芝田區) 1릉은 진종의 영정릉이다. 동북부 효의구(孝義區) 2릉은 인종(仁宗)의 영소릉(永昭陵)과 영종(英宗)의 영후릉(永厚陵)이다. 서남부 8릉구의 2능은 즉 신종(神宗)의 영유릉(永裕陵)과 철종(哲宗)의 영태릉(永泰陵)이다.

북송 아홉 황제 중 일곱 황제는 공의에 묻혔고 마지막 두 황제 휘종(徽宗)과 흠종(欽宗)은 정강지변(靖康之變)을 당하여 금나라에 포로로 잡혀 갔다. 이 때문에 1135년(소흥 5) 휘종은 북국(北國)에서 붕어하여 남송의 먼 곳에서 릉을 만들었는데 능명이 영고릉(永固陵)이다. 1142년(소흥 12) 금나라 사람들이 재궁(梓宮)에 돌아와 소흥에 모아 매장했다. 다음해 능명을 영우릉(永祐陵)로 고치었다. 흠종은 1161년(소흥 31)에 붕어했다. 신궁이 아직 송나라에 귀속되지 않아서 남송에 능을 만들고 능명을 영헌릉(永獻陵)이라 했다. 1171년(대정 11, 건도 7) 금나라 세종의 명으로 일품례를 갖추어 흠종을 공락지원(恐洛之原)에 묻었다. 즉 송릉의 조역(兆域)이다. 회곽진(回郭鎭) 청역진(淸易鎭) 남쪽에는 오래 전부터 휘종의 의관총과 금나라 사람들이 매장한 흠종묘가 있었는데 이 둘을 '이성총(二聖塚)'이라고 불렀다.

이처럼 북송 황제릉은 수도였던 개봉(開封)에서 서쪽으로 120km 정도 떨어진 하남성 공의시 주변 평지에 7제 8릉이 집중적으로 위치해 있다.[8] 공의시는 북송 8황제릉 이외에 29기의 황후릉, 수 백기가 넘는 왕족과 중신들의 배총(陪冢)까지 1,000여 기 능묘가 있는 거대한 송 능원 구역이다.

송 태조는 부친인 선조 조홍은을 모신 영안릉을 조영하였는데, 이후 북송 황제릉의 기본 설계는 이 규범을 따랐다. 기록에 의하면 "능대는 3층이고 하층의 매면 길이는 90자이다. 남신문에서 유대(乳臺)까지 95보, 유대에서 작대(鵲臺)까지 95보이다. 유대의 높이는 25자, 작대의 높이는 유대보다 4자 높다. 신장(神墻)의 높이는 9자 5치인데, 그 둘레는 460보이다. 각면마다 신문(神門)과 각궐(角闕)을 두었다"고 한다.[9] 북송대 칠제 팔릉의 황제릉은 44기의 석조각을 배치하였다.[10] 석조각은 화표 1쌍을 비롯하여 석인상은 객사 3쌍, 무사 2쌍, 문신 2쌍, 진릉장군 1쌍 그리고 남신문 안에 궁인 2쌍이 배치되었다. 객사는 외국사신으로 외모가 다르고 각자 자기 나라의 의상을 입고 손에 보물을 든 모습이다. 무사는 진현관을 쓰고 폭 넓은 도포를 입고 검

8) 『宋史』禮志25 ; 『京都事略』卷14 ; 『宋會要輯稿』 ; 『北宋皇陵』, 6-9쪽.

9) 『宋史』卷禮122, 志75, 禮25. 凶禮1,山陵. "開寶9年20日 太祖崩 遺詔 以日易月 皇帝3日而淸靖 13日 小祥 27日大祥 諸道節度防禦團練使刺史知州等 不得輒離任赴闕 諸州郡府臨3日釋服."

10) 북송대 능묘 석조물은 신분에 따라 차등화하여 황후릉은 30기, 친왕공주묘는 17-18기였다. 대신의 무덤에는 석양과 석호 및 망주석 각 2기이고, 3품 이상은 석인 2기를 추가하였다.

을 쥐고 있다. 문신은 진현관을 쓰고 관 앞에 액화(腋花)를 새기고 조복을 입고 방심곡령을 드리우고 손에 홀을 지었다. 진릉장군은 투구를 쓰고 갑옷을 입고 허리에 포두를 두르고 혁띠를 띠었으며, 1명은 부월을, 또 1명은 도끼를 잡고 있다. 궁인은 궁모를 쓰고 긴 두루마리에 옥띠를 띠고 손에 먼저털이를 쥐었다.

석수상은 코끼리와 길들이는 사람 1쌍, 서금(瑞禽) 1쌍, 뿔이 없는 각단(角端) 1쌍, 말과 공마인 4쌍, 석호 2쌍, 석양 2쌍, 석사자 1쌍이다. 송릉 앞 석수상 중에서 코끼리를 송릉 앞에 세우는 이유는 나라가 튼튼하고 만물이 새롭게 발전하기를 바란다는 의미이다. 서금은 당 건릉의 타조 형식에서 영향을 받아 용맹하고 성서롭고 정의로움을 형상한다. 각단은 4개의 外族 언어에 숙달하여 나라의 안정을 지켜준다고 믿었다. 무릎 꿇은 석호는 고귀함과 존엄의 표상이다. 무덤 앞에 석양을 세우는 것은 온순하고 형태가 아름답다[羊面從美]거나, 평화와 길상을 대표하거나, 양이 제사의식에 쓰여 의식의 성대함과 상서로운 분위기를 의미하기도 한다.[11]

한나라와 당나라 및 그 외의 많은 왕조들은 능호를 한 글자로 지었다. 두 글자로 된 이름은 위진시기와 남조의 송(宋), 제(齊), 진(陳) 등 능에서 사용하였을 뿐 대부분 중국의 한족 왕조에서는 한 글자의 능호를 애용하였다. 예를 들어 동진(東晉)은 "모평릉(某平陵)", 남조(南朝)의 송릉(宋陵)은 "모녕릉(某寧陵)", 제릉(齊陵)은 "모안릉(某安陵)" 등이다. 그런데 송나라 황제릉의 호칭은 두 글자로 지었다. 이것은 제2대 송 진종의 능호를 원래는 진릉(鎭陵)이라 지었는데, 이것이 폄하[馮拯]한다는 뜻이 있어, 그 대신 안릉(安陵)으로 고쳐 부르고 그 앞에 '영(永)'자를 붙여 그 뜻을 높인데 기인한다. 이후 창릉(昌陵)이나 희릉(熙陵) 등의 능호에도 모두 선조의 제도를 따라 고쳤다.[12] 결국 송 황제릉에 두 글자를 사용한 것은 위(魏)의 제도를 본받았을 것이다. 그럼에도 송대에 쓰여진 대부분의 문헌은 옛날 한 글자의 전통을 따라 "영(永)"자를 생략하고 두 번째 글자로만 황릉을 호칭하는 경향도 자주 발견된다.

#### 4) 금 태조의 선조 황제릉[13]

금은 1115년 여진족이 세우고 1125년 거란족의 요를 멸망시킨 후 중국의 북방을 지배하며 남송과 병립한 정권이다. 이후 1234년 몽골과 남송의 연합군에 의해 망할 때까지 12세기부터 13세기 초까지 120년간 7대 9황제가 다스리며 중국의 북방지방을 경영하였다.

11) 『宋書』「符瑞誌」; 『宋陵』.
12) 『宋會要輯稿』.
13) 장경희, 「여금 황제릉 비교」, 『동방학』 제31집, 2014.2, 10-11쪽.

원래 여진인들의 상장제도는 초기에는 매우 소략하였다. 곧 죽은 자를 묻는데 관이 없었으며, 귀한 사람은 총애하던 노비와 타고 다니던 말을 산채로 파묻고 불질러[生焚] 순장토록 했던 것이다.[14] 그러나 1115년 금을 건국한 초기에 태조 아골타의 시조 이하 10명의 완안부 추장을 황제로 추증하였고, 호국림(護國林)의 동쪽에 시조릉을 조성하게 하였다. 시조릉은 시조 광릉(光陵) 이하 희릉(熙陵)과 건릉(建陵), 헌조 휘릉(輝陵), 소조 안릉(安陵), 경조 정릉(定陵), 세조 영릉(永陵), 숙종 태릉(泰陵), 목종 헌릉(獻陵), 강종 교릉(喬陵)이다.

| 廟號 | 追尊 諡號 | 생몰기간 | 여진명 | 陵號 |
|---|---|---|---|---|
| 금 始祖 | 懿憲景元皇帝 | 941-960 | 完顔函普 | 光陵 |
| - | 淵穆玄德皇帝 | 960-962 | 完顔烏魯 | 熙陵 |
| - | 和靖慶安皇帝 | 962-983 | 完顔跋海 | 建陵 |
| 금 獻祖 | 純烈定昭皇帝 | 983-1005 | 完顔綏可 | 輝陵 |
| 금 昭祖 | 武惠成襄皇帝 | 1005-1021 | 完顔石魯 | 安陵 |
| 금 景祖 | 英烈惠桓皇帝 | 1021-1074 | 完顔烏古迺 | 定陵 |
| 금 世祖 | 神武聖肅皇帝 | 1074-1092 | 完顔劾里鉢 | 永陵 |
| 금 肅宗 | 明睿穆憲皇帝 | 1092-1094 | 完顔頗剌淑 | 泰陵 |
| 금 穆宗 | 章順孝平皇帝 | 1094-1103 | 完顔盈歌 | 獻陵 |
| 금 康宗 | 獻敏恭簡皇帝 | 1103-1113 | 完顔烏雅束 | 喬陵 |

<금 시조와 추존 황제릉>

금 4대 해릉왕이 희종을 죽이고 황위를 찬탈한 후 천덕(天德) 3년(1151) 4월, 칙령을 내려 중도(中都, 현 북경)로 천도하였다. 1155년 해릉왕은 중도(中都, 현재의 북경]의 서남쪽 대방산(大房山)을 산릉으로 정하고 5월, 8월, 9월에 그곳에 가서 직접 능역을 감독하여 황제릉을 조영하였다. 이듬해 1156년 7월부터 10월까지 시조 이하 열 명의 황제를 대방산에 천릉하였다.[15] 이후 금 세종, 장종 등 역시 모두 대방산 조역(兆域)에 장례를 지냈다.[16] 한편 황제의 친부를 황제로 추존하여 황제릉을 조성하기도 하였다. 또한 금 황실은 종실 간에 권력 다툼이 있어 황통이 교란되면서 9명의 황제 중 2명은 자살하여 능호가 없고, 마지막 황제는 즉위한지 3시간 만에 피살되어 능지조차 없다.[17]

14) 『金志』, "初興風土"; 『大金國志校正』"附錄 3."
15) 『金史』卷5. 海陵本紀. 正隆 元年 10월 乙酉. "葬始祖以下十帝于大方山."
16) 『大金國志』卷23, '陵墓制度'; 『大金國志 校正』.
17) 『金史』, 「廢帝海陵庶人紀」; 秦大樹, 「金墓概述」, 『遼海文物學刊』總6期, 1988.2, 101-121쪽; 張學鋒 編著, 『中國 墓葬史』下冊, 廣陵書社. 2009, 490쪽.

위와 같이 해릉왕 이후 북경 대방산의 금 황제릉에는 시조 이하 10릉을 비롯하여 금 태조 이후 연경에서 붕어한 5대 세종 흥릉(興陵)과 6대 장종 도릉(道陵), 추존 휘종의 사릉(思陵)과 추존 덕종의 정릉(宗陵) 등 7명의 황제를 포함한 17기의 황제릉을 비롯한 왕족 등의 가족 무덤[族墳]이 모여 북송 능원구역과 마찬가지로 거대한 금 능원구역을 이루었다. 이처럼 방대한 지역에 능원을 조영하였으나 몇 차례에 걸친 파괴로 철저히 훼손되었다. 첫 번째는 정우(貞祐) 3년(1215) 연경이 몽골에 점령 당하고, 1234년 금나라가 망하면서 황제릉을 도굴 당하였다. 하지만 원대에 금 황릉은 제사의례가 계속되고 아름다운 풍광을 유지하여 '경서팔경(京西八景)'으로 불리며 시인묵객이 즐겨 찾던 곳이었다. 명나라에 들어서도 금 황제릉에 대한 제례는 유지되어 천계 원년(1621)까지 제사를 지냈다. 그러다가 두 번째 본격적인 파괴는 천계 2년(1622)에 명 희종(熹宗)에 의해 철저하게 훼손되었다. 당시 동북지방에서 건국한 후금(훗날 청)의 세력이 날로 강대해지자, 천계황제는 후금이 대방산에 위치한 금릉 풍수의 덕을 입은 것이라는 음양가의 설법을 믿고, 이곳의 왕기를 뽑아내고 용맥을 끊는[天氣屈陵] 압승지술(厭勝之術)을 써 금 황제릉을 철저히 파괴한 것이다. 더욱이 천계 3년(1623) 금 태조 예릉 위에 관우를 모신 관제묘(關帝廟)를 건설하거나 금릉터에 남송의 명장 우고(牛皐)를 기리는 고탑(皐塔)을 만들기도 하였다. 이후 청나라 초기에 금 황릉에 춘추로 제사를 지내도록 하였고, 건륭 16년(1751)에는 금 태조 예릉과 세종 경릉의 향전(享殿)과 담장[繚垣]을 수리하게 하였다.[18] 이로 인해 1960년까지 이곳에는 신도비, 망주, 석마, 석호, 석양, 무관, 문관, 석사자, 제대(祭臺) 등이 남아 있었다.[19] 하지만 1970년대 초 문화혁명 때 청대에 복원되어 그나마 유존하던 금 황제릉은 또다시 완벽하게 파괴되었다. 그러다가 2000년대 이후 고고 조사와 발굴이 이뤄졌으나 현재 금 황제릉의 원형은 거의 남아 있지 못하다.[20]

---

表9-3.

18) 『欽定日下舊聞考』卷132, 『京畿·房山縣3』第7冊.

19) 王德恒, 『北京的皇陵與王墳』, 中國城市出版社, 1977, 63쪽.

20) 宋大川 等, 「金陵遺址第1段階調査報告」, 『北京文博』 2001.3期 ; 宋大川 等, 「金陵遺址第2段階調査報告」, 『北京文博』2002.3期 ; 北京市文物研究所 金陵考古工作隊, 「北京方山區金陵遺址的調査與發掘」, 『考古』, 2004.2期.

## 2 명·청대의 4대조릉 조성

### 1) 명태조의 4대조릉

1368년 주원장은 원 혜종을 멸망시키고, 도읍은 도응천(지금의 강소 남경)에 명을 건국하였다. 건국하자마자 자신의 부모를 부모부터 4대조를 황제로 추존하고 그들의 무덤을 황제릉으로 조성하였다. 이렇듯 남경의 명효릉과 북경의 명13릉을 제외하고 명나라에는 또 4개 능이 있는데 그중 2기가 명태조의 4대 선조들의 능묘이다. 첫 번째는 주원장이 왕위에 오른 후 그의 부친을 황제로 추존하고 1369년(홍무 2)에서 11년(1378)까지 안휘 봉양에서 그 부친 원묘 위에다 능묘 하나를 지었다. 두 번째는 주원장의 조부부터 고조부까지 황제로 추존하고 능묘를 지은 것이다.

명 태조 주원장은 황제로 즉위한 후 그해 4월 전대의 관례대로 자신의 4대 선조들을 모두 황제로 추존하였다. 고조 주백육(朱百六)을 "덕조현황제(德祖玄皇帝)", 증조 주사구(朱四九)를 "의조항황제(懿祖恒皇帝)", 조부 주초일(朱初一)을 "희조유황제(熙祖裕皇帝)", 부친 주세진(朱世珍, 朱五四)을 "인조순황제(仁祖淳皇帝)"로 올렸다. 그런 다음 그들 선조들의 무덤을 황제릉으로 조성하고자 하였으나 쉽지 않았다. 곧 명 태조의 선조들은 빈곤하여 생을 도모하기 위해 여러 차례 이사하였고 죽었을 때 변변하게 장례를 치르지 못하여 선조들의 유해를 매장한 장소가 정확하지 않아 의문점이 많았기 때문이다. 조부 윗대의 선인들의 능묘는 조사하여 찾도록 하였으나 알 수 없어 매번 관리를 파견하여 사주성(泗州城)의 서쪽 강변에 머물러서 멀리 바라보며 제사를 지냈다. 몇 년간의 우여곡절 끝에 강소성에서 부친의 무덤을 찾아 황릉(皇陵)을 조성하였고, 그후로도 오랫동안 조부부터 고조부까지 묻힌 곳은 찾았으나 3대의 시신을 발견하기 어려워 대신 옷을 갖춘 의관총으로 조릉(祖陵)을 새로 건축하고 복원하였다.[21]

이처럼 명 태조의 4대 조릉은 서로 다른 지역에 조영되었는데, 이러한 방식의 선조릉을 건설하는 것은 이전까지의 송 황제릉이 한 지역에 집중되던 것과 다른 것이다.

| 대수 | 관계 | 이름 | 묘호 | 시호 | 합장황후 | 능호 | 능지 |
|---|---|---|---|---|---|---|---|
| 4 | 고조부 | 朱百六 | 德祖 | 玄皇帝 | 玄皇后 胡씨 | 祖陵 | 강소성 盱眙 |
| 3 | 증조부 | 朱四九 | 懿祖 | 恒皇帝 | 恒皇后 侯씨 | | |
| 2 | 조부 | 朱初一 | 熙祖 | 裕皇帝 | 裕皇后 王씨 | | |
| 1 | 부친 | 朱世珍 | 仁祖 | 淳皇帝 | 淳皇后 陳씨 | 皇陵 | 안휘성 鳳陽 |

<명 태조 주원장의 4대조 황제릉>

21) 胡漢生, 『明朝帝王陵』, 學苑出版社, 2013. 1쪽. <明朝帝陵一覽表>

### (1) 명 태조 부모의 황릉(皇陵)[22]

1368년 주원장은 원나라를 멸망시키고, 강소성 도응천(지금의 남경)에 명을 건국하였다. 건국하자마자 자신의 부모를 모신 무덤을 찾았고, 황릉은 명 태조 주원장의 부모 무덤이자, 명 최초로 건설한 황제릉이다. 주원장의 아버지인 주오사(朱五四, 후일 주세진으로 개칭, 1279-1344)은 빈곤한 농민으로 남경에서 태어나 8살 때 아버지 주초일과 전 가족이 강소성으로 도망쳤다. 이후 부친이 죽자 생계가 어려워 고향을 떠나 각지로 떠돌다가 안휘성까지 이사했다. 그는 1344년 4월 6일 역병에 걸려 병사하고, 22일 부인 진(陳)씨와 형제들도 병사하였다. 17살의 주원장은 가난 때문에 부모와 형제 등의 장례를 대충 치렀으며, 이러한 애절한 사연을 진솔하게 <황릉비(皇陵碑)>에 새겨 현존하고 있다.[23]

1336년(지정 26) 4월 주원장이 오왕을 자처하던 때에 부모의 무덤을 조영하였다. 당시 무덤 주위에는 담벽을 건축하고 나무를 세우고 석인과 석수를 세웠으며 무덤을 지킬 관원을 상주시켰다.[24] 그러다가 주원장이 명을 건국한 이듬해 1369년(홍무 2) 2월 10일 <황릉비(皇陵碑)>에 부모 형제의 참담한 죽음을 토로한 글을 써 비석에 새기도록 하였고, 12일 부친의 능호를 '영릉(英陵)'으로 정하였으며, 5월 1일 능호를 '황릉(皇陵)'으로 개칭하였다.[25] 1378년(홍무 11) 4월부터 이듬해 1379년 윤5월 22일 황릉에 제사를 드릴 수 있는 전각을 세웠고, '황당(皇堂)'이라고 불렀다.

안휘성에 조성한 명 황릉의 배치는 <황릉총도>로 확인된다.

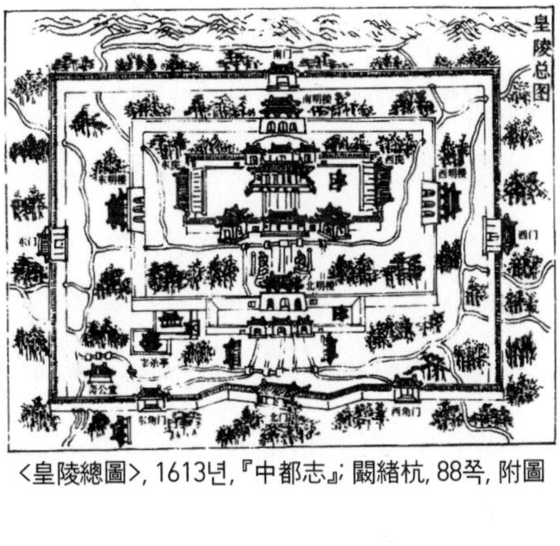


<皇陵總圖>, 1613년, 『中都志』; 闞緖杭, 88쪽, 附圖

22) 장경희, 「조선 태조 이성계의 4대조 '북도팔릉' 연구」, 『동방학』 제36집, 2017.2, 15-18쪽.

23) 胡漢生, 『明朝帝王陵』, 北京燕山出版社, 2002. 1-9쪽; 胡漢生, 『圖說明朝帝王陵』, 北京燕山出版社, 2006. 14-20쪽; 王德恒, 『明清帝王與皇陵文化』, 京華出版社, 2007, 59-65쪽; 胡漢生, 『明朝帝王陵』, 學苑出版社, 2013. 3-12쪽; 闞緖杭, 『鳳陽明皇陵建制與石刻藝術』, 文物出版社, 2012.

24) 明 陸容, 『菽园杂记』卷3.

25) 『明太祖實錄』卷29; 『鳳陽新書.劉繼祖傳』.

건물은 북향이고, 토성의 평면은 대략 정방형이고 길이 15,540m이다. 능침은 가로를 향하여 장방형의 복두형 능대를 건설하였고, 그 앞쪽으로 제사를 위한 황당을 설치하였다. 그 주위에 동서무를 세우고 주변에 방담을 세우고 사면에 문을 설치하고 명루를 세워 좌우 대칭적으로 구성하였다. 그 외곽으로 재살정(宰殺亭)이나 재실[齋公堂] 등이 배치되어 있고, 가장 바깥 성에는 동서남북의 문과 각문(角門) 등이 위치하고 있다.

명 황릉 중 명대부터 현재까지 원형을 그대로 유지하고 있는 것은 석조물이다. 북명루부터 내황성의 금문 사이에 위치한 화표 2쌍 4개, 비석은 무자비 1개, 유자비 1개가 있으며, 석상생 24쌍은 좌우 대칭으로 세워져 있다.[26] 석인상은 3종 6쌍 12기이며, 문관상 2쌍 4기, 장군상 2쌍 4기, 내시상 2쌍 4기가 있다. 말을 다루는 마관과 공마인 8인이 있다. 석수상은 5종 18쌍 36기이며, 선 기린 2쌍 4기, 앉은 사자 2쌍 16기, 선 말 2쌍 4기, 앉은 호랑이 4쌍 8기, 앉은 양 4쌍 8기가 있다.

이러한 황릉의 능침제도는 이전 시기에 해당되는 당송 능제를 계승하여 조성한 것으로 이해되고 있다. 황릉에는 내외에 3개의 방벽이 있으며 토성과 벽돌성은 모두 문이 설치되어 있는데, 이것은 당송 황제릉이 중벽으로 설치되고 4면에 신문(神門)이 설치된 것과 일치한다. 황릉 앞의 석상생은 송대 황제릉의 것과 비교된다. 송대 석인상에는 문관상과 무관상 및 내시상이 있었고, 석수상의 경우 양, 호랑이, 말과 능마관, 문 앞 사자가 있었다.[27] 이것이 명 황릉에 영향을 미쳤는데, 명 황릉에 기린이 증가한 이외에는 양자는 일치하였다. 이렇게 명 황릉의 능침제도는 비교적 송대의 황제릉 제도를 많이 참작하였음을 알 수 있다.

다만 명 황릉은 당송 황제릉과 다른 특징이 있다. 이전까지는 상하궁 제도로서 상궁은 독립적 건축군으로 주위 담벽에 설치되고 그 안쪽에 복두형 능침이 건설되었고, 능대 앞에 제사용 헌전(獻殿)이 세워졌다. 하궁에는 어용을 안치하고 아침저녁으로 음식을 올려 '상제(常祭)'를 거행하는 신어전(神御殿)과 재궁이 설치되었다. 하지만 명 황릉은 상하 양궁을 '황당'이라 불리는 하나의 건물로 합병하여 능원 제사를 거행하였다. 또 송 황제릉에는 4개의 신문과 각궐이 있었으나 명 황릉에는 각궐이 설치되어 있지 않았다. 그 대신 벽돌로 성벽 형태를 만들고 사면에 성문과 성루를 두어 동서남북을 '명루(明樓)'라고 부른 것도 달라진 것이다. 석상생의 경우 명 황릉에는 당송 황제릉 때의 일각수나 타조 및 코끼리 등은 없애고 기린의 숫자가 증가한 것이 차

26) 『中都志』卷4, 明 萬曆41年. 萬嗣達, <皇陵總圖>.
27) 『宋會要輯稿』, 明道2年 4月 10日.

<추존 인조 황릉 석인상 3종 6쌍>, 안휘성, 2010.1.24. 필자촬영

<추존 인조 황릉 석수상 5종 18쌍>, 안휘성, 2010.1.24. 필자촬영

이점이다.[28)]

이러한 명 황릉은 1635년(숭정 8) 농민군이 이곳에 들어와 누각과 3만 그루의 소나무가 소실되었다. 청초에도 수난을 계속 받아 건륭(1735-1796) 연간에는 지면에서 건물이 훼손되었고 2기의 비석과 석상생만 온전하였다. 신해혁명과 문화혁명을 거쳐 건물은 초석과 성벽의 흔적만 남아 있었다. 훼손된 황릉은 1976년과 1982년 안휘성 인민정부가 중점문화재보호단위로 인정하였고, 1997년 신도부터 황릉의 능역 전체를 새로 복원하여 오늘에 이르고 있다.[29)]

(2) 명 태조 3대 조부모의 조릉(祖陵)[30)]

주원장은 명 황제가 되자마자 남경에서 40리 떨어진 곳에서 자신의 가문의 가장 올라가는 선대를 찾았으나 워낙 집안이 비루하여 5세조인 주중팔(朱仲八)까지 찾아내는데 불과하였다. 워낙 집안이 빈한하여 자주 이사를 다녀 조부모 이상 3대조를 매장한 무덤을 찾지 못하였다. 1368년 1월 4일 고조부 주백육(朱百六, 朱仲八의 3남), 증조부 주사구(朱四九, 朱百六의 2남), 조부 주초일(朱初一, 朱四九의 1남) 등을 부친 朱五四와 함께 4대조를 황제와 황후로 추존하였다.[31)] 그런 다음 그들 조상을 매장한 무덤을 찾았으나 찾지 못하여 황제릉을 건축하지 못하였다.[32)] 이에 1371년(홍무 4), 조부부터 고조부까지 덕조, 의조, 희조 세 추존황제의 신주를 조릉

28) 胡漢生, 『明朝帝王陵』, 學苑出版社, 2013. 7-8쪽.

29) 闞緖杭, 앞 책, 7쪽; 288-289쪽.

30) 장경희, 「조선 태조 이성계의 4대조 '북도팔릉'연구」, 『동방학』제36집, 2017.2, 19-22쪽.

31) 明 朗瑛, 『明史』卷7, 「朱氏世德碑」. 명 태조 주원장의 집안은 비천하여 원래는 이름이 없었다. 원나라 제도에서 백성들은 다만 부모의 연령을 합친 숫자를 이름으로 사용할 수 밖에 없었다.

32) 『明史』禮志, 山陵.

에 모신 강소성에 3대조의 의관을 묻은 조릉을 조성하고 제향을 올렸다.[33)]

그러다가 1384년(홍무 17) 10월 12일 우연한 기회에 조부모를 매장한 곳을 사주성 북쪽 양가돈(陽家墩)에서 조부모의 묘지를 찾게 되었다.[34)] 하지만 증조부 덕조와 고조부 의조 두 황제의 능지가 자세히 알려지지 못하였으므로 주원장은 강소성에 조부 희조의 원 매장처를 따라 그의 3대조 황제의 시신 대신 의관을 넣은 "조릉"은 1385년(홍무 18)에 짓기 시작하였으며 1413년(永樂 11)에 이르러 28년이란 오랜 시간이 걸려 완성되었다.

1385년(홍무 18년) 주원장의 맏아들인 의문황태자(懿文皇太子) 주표(朱標)가 능을 짓기 시작하여 1386년(홍무 19) 지하 현궁을 건설하였다.[35)] 이때 현궁에 매장할 묘주의 시체가 없어 주원장의 조부를 황제로 추존할 때 마련한 곤룡포와 면류관 등을 넣은 의관총으로 조성하였다. 이에 지하에 있던 주원장 조부의 묘혈은 그대로 둔 채 증조부와 고조부를 합장하는 방식을 따랐다. 이러한 연유 때문인지 조릉 현궁의 규모나 분포방식은 명나라 문헌에 상세하게 기록되지 않았다. 이후 1982년 발굴을 통해 명 조릉 2m 아래 가로 방향으로 3壙 9拱券이 확인되었다.

명 조릉의 규모와 형태는 명 황릉을 따라 건축하였으나 방향은 북쪽에서 남향하여 반대였다. 명 조릉은 비록 1385년부터 건축되기 시작하였으나 1534년(가정 13)에 비로소 완공되었다. 능침의 배치도는 <조릉도>에 의해 확인된다.

능침에는 황성이 있고 그 안에 정전과 동서무 및 금문과 좌우 각문, 뒤쪽 홍문이 배치되어 있다. 벽돌성 1좌에는 내사문 4개, 각 3칸의 홍문, 동서 측문 2개이다. 바깥쪽에는 성문부터 금수하 한 갈래에 어교가 놓이고, 그 좌우로 석의물 21쌍이 있으며, 신주(神廚), 신고(神庫), 주방(酒房), 재생정(宰牲亭) 등이 배치되어 있다. 외곽에는 4방의 갱방(更房)과 조방(朝房), 봉사위(奉祀衛)가 있으며, 돌다리를 건너 성 밖에는 하마교(下馬橋) 등이 갖춰져 있다.[36)]

명 조릉의 능전 앞 석상생은 21쌍으로서 명 황릉의 28쌍에 비해 종류와 수량이 적다. 조릉의 석인상은 3종 6쌍이 있으며 품관상 2쌍, 무관상 2쌍, 내시상 2쌍인 점은 황릉과 공통된다. 그 앞으로 석수상은 3종 10쌍이 있는데, 구름무늬를 새긴 말과 능마관 각2쌍, 망주 2쌍, 사자 6쌍, 기린 2쌍이다. 명 조릉은 명 황릉과 달리 석호와 석양 2종류가 배치되지 않은 것이 특징이

---

33) 胡漢生,『圖說明朝帝王陵』, 北京燕山出版社, 2006. 7-13쪽; 胡漢生,『明朝帝王陵』, 學苑出版社, 2013. 33-42쪽.

34) 淸 孫承澤,『天府廣記』卷40,「陵園」; 胡漢生, 2013, 앞책, 34쪽. 비천한 주원장의 집안과 그에 따라 陽家墩에 겨우 마련한 조부의 무덤을 풍수상 최고의 길지로 설명하기 위해 후대에 여러 전설이나 신화로 과장한 내용이 수록되어 있다.

35) 明 曾惟誠,『帝鄉紀略』卷1,「祖陵形勝」. 이 책은 萬曆연간에 지은 것으로 崇禎연간의 蔣德璟의『鳳泗記』와 비슷한 내용으로 조릉 풍수를 묘술하고 있다. 祖陵은 朱標 이후 조정에서 여러 차례 장인을 조직하여 최종적으로 가정 연간(1522-1566)에 완공되었다.

36) 明 曾惟誠,『帝鄉紀略』卷1, <祖陵圖>.

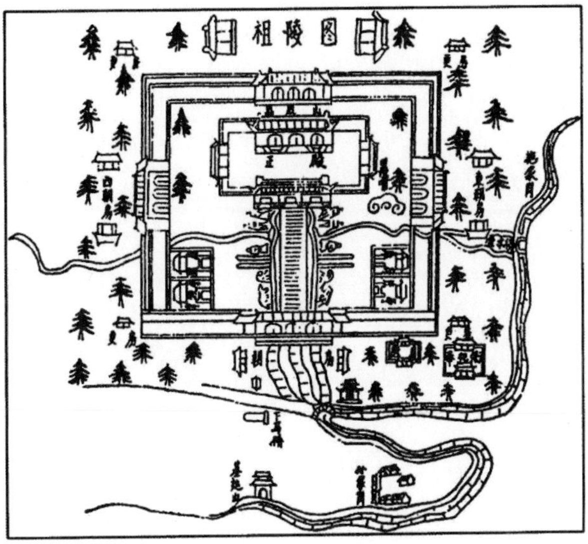

<祖陵圖>, 『帝鄉紀略』; 胡漢生, 2013, 38쪽. 圖面

다. 이것은 1372년(홍무 5) 6월 호랑이와 양을 공신과 4품관 이상 신하의 무덤 앞에 세우는 석물로 규정한 데에 따른 것이다.[37] 곧 명 황릉은 이 규정 이전에 세웠기에 석양과 석호가 세워져 있으나, 명 조릉은 규정 이후에 세워져 석호와 석양을 능 앞에는 세우지 않았던 것 같다.

이렇게 완성된 명 조릉은 강과 호수[洪澤湖] 등으로 둘러싸인 낮은 지대에 위치해서인지 명나라 때 늘 홍수에 피해를 당하였다.[38] 명말 1578년(만력 6) 2월에는 회수(淮水)의 힘을 빌어 물로 모래를 미는[以水刷沙] 방식으로 수해를 막으려 했으나, 임시방편만으로 황하를 대적하는 데에는 효과가 없었다. 결국 1595년(만력 23)에 조릉은 거의 물에 잠겼고, 이후 1597년, 1631년, 1642년 명 조릉은 여러 차례 잠겨 600여 그루의 소나무는 마르고 건축물은 파손되었다.

명이 망한 이후 청 초기에도 명 조릉은 끊임없이 물에 잠겼다 빠지기를 반복하였으며, 1680년(강희 19)에 완전히 수몰되어 능침 건축은 모두 파손되었다. 이후 20세기 초까지 명 조릉의 존재는 잊혀졌다. 그러다가 1962년 겨울 가뭄이 심하여 홍택호의 수위가 점차 낮아졌고, 이듬해 1963년 명 조릉이 호수 지면 위에 떠올랐다. 이에 관심을 가진 중국 당국은 1977년 조릉 유적의 수몰을 막고자 주변에 제방을 수축하였다. 그로부터 5년 뒤 1982년 3월 5일 강소성 인민정부에서 능침 석상생을 원래 자리에 세워 오늘에 이르게 되었다.

37) 『明史』 禮志, 山陵,

38) 『明世宗實錄』. "每岁水大则众流汇合,从东南直河奔注于淮水;小则汇潴于陵之东南两面,四时不涸。但遇淮水泛滥,则西由黄岗口,东由东河口,弥

<조릉 석인상 3종 6쌍>, 강소성, 2010.1.24. 필자촬영

<조릉 석수상 3종 10쌍>, 강소성, 2010.1.24. 필자촬영

### 2) 청 태조의 4대조 황제릉

후금 건립 이전, 누르하치 가족 성원의 고분은 모두 요녕성 영릉진 서북쪽의 산 남쪽 기슭에 있으며 가족 고분의 형식으로 집중적으로 함께 매장하였다. 당시 능이라고 부르지 않았다. 1616년(명만력 44)에 후금이 정권을 건립한 이후, 수도를 심양에 정하였다. 때문에 심양에 위치한 청 태조 누르하치의 선대조의 무덤은 황제릉이라고 부르지 않았다.

1621년(천명 6) 누르하치가 8기군을 인솔하여 명 군대를 참패시켜 결정적인 승리를 취득하면서 요양과 심양을 점령하였고, 국도를 요양에 옮겼다. 하지만 요양성은 이미 전쟁에서 엄중한 파괴를 당하였기 때문에, 이듬해 성의 동쪽 8리인 태자강가에 새로 신성(新城)을 달리 건설하고 동경성(東京城)이라고 불렀다.[39] 수도가 건축된 후 누르하치는 부친과 조부 등의 고분을 성 옆 양로산에 옮겨 안장하기를 결정하였다. 1624년(천명 9) 4월 1일, 누르하치는 가족 남동생 탁필, 왕선, 패화 3명을 파견하여 선조들의 무덤을 옮겨와 흥경(興京)에 조성하였다.[40]

이후 누르하치는 1625년(천명 10) 현재의 요녕성 심양으로 천도할 때, 양로산에 가서 큰절을 하여 제사 지냈고 항주비단을 바쳤으며 소 5마리를 잡고 종이돈을 태우고야 출발하였다. 1636년(숭덕 원년) 제2대 태종 홍타이지는 청을 세워 황위에 올랐을 때에도 이곳에 능행을 하여 제향을 올렸다. 따라서 동경릉은 사실상 응당 후금시기 건립된 선조능이라고 말할 수 있다.[41] 비록 황제릉의 엄격한 기준에는 미치지 못하고 능침의 등급제도를 형성하지 못하지만 청 최초의

39) 劉毅,『中國古代陵墓』, 南開大學出版社, 2010, 166쪽.

40) 徐廣源,「淸代東陵的管理機構」,『故宮博物院院刊』, 1986.4; 徐廣源,「淸代陵寢的命名」,『故宮博物院院刊』, 1992.1.

41) 徐廣源,「淸代東陵的防護」,『故宮博物院院刊』, 1989.4.

황제릉이다. 제1대 누르하치의 복릉과 2대 홍타이지의 소릉은 자연히 심양 근교에 소재해 있다. 이와 함께 시조들을 모신 영릉을 포함한 3기의 황제릉이 이곳에 있어 성경3릉(盛京三陵)이라 부른다.

(1) 청태조 4대조의 영릉(永陵)의 건립

영릉은 청태조 누르하치의 부모, 조부, 증조부, 숙부, 백부를 모신 곳으로, 심양 근교에 있으며 1598년부터 조성되기 시작하였다. 영릉은 원래 후금을 건립하기 이전, 누르하치 가족이 원래 살았던 후금 최초의 수도였던 흥경(興京, 혁도아랍)의 선조 토지 소재지이다. 혁도아랍은 후금 최초 건국 시기 도성이며 흥경이라고 칭하였기 때문에 황태극은 1634년(천총 8)에 이미 여기를 흥경릉이라고 불렀다. 누르하치는 동경에서 동경릉을 건설한 후, 여기에 매장한 누르하치 가족 경조 이하 성원들은 모두 옮겨 자신의 부친인 조조(肇祖), 조부인 흥조(興祖) 이상 가족성원의 고분들만 남아있다.[42]

1658년(순치 15), 의정왕의 뜻에 의해 군주에게 아뢰기를, 흠천감 관측에 의거하여 흥경(興京) 영릉은 천하제일의 명승지이며 동경릉은 풍수가 흥경(興京)만 못하여 경조 익황제, 선조 선황제의 보궁(保宮)을 옮겨 흥경릉에 안장시킬 것을 요구하였다. 같은 해, 경조, 선조는 흥경릉에 옮겨 안장되었으며 이장(移葬)되었다. 즉 이곳에는 또 청 태조 누르하치의 고조 개특목, 증조 복만, 조부 당창안과 부친 탑크세 4명의 선조를 매장되었다. 후일 청나라 조정은 태조의 4대조를 조조, 흥조, 경조, 현조라는 황제의 묘호를 추증 4조라고 추증하였으며 이곳은 "사조릉(四祖陵)", "노릉(老陵)"이라고도 칭하였다. 1659년(순치 16) 순치황제가 이곳 흥경릉을 영릉이라고 개칭하였다.[43]

영릉은 지금의 요녕성 영릉진에 위치하고 있으나 그것의 건축 연대는 확정할 수 없다. 강희, 건륭 시기 이미 여러 번 재건하였다.[44] 영릉은 청으로 건국하고 북경에 자리잡기 이전 만주족의 소박한 풍격을 보존하였다. 전체적으로 봉분을 흙으로 쌓아 민간의 봉분과 큰 차이가 없다. 누르하치의 4대조 중 경조 각창안, 선조 탑크세와 예돈, 탑찰편고 네 사람은 모두 1654년(순치 11), 동경릉으로부터 여기에 이장되었다. 주묘와 순장묘 사이의 관계는 대지 상하와 위치 정면, 측면의 구분 밖에 없어 명청대 이전 역대 황제릉과 다소 다른 점이 있다. 청 이전 후금 시기에는

42) 沈陽市文物管理辦公室,『清初三陵』, 文物出版社. 1982.
43) 伊人,「永陵」,『盛京三陵』, 遼寧民族出版社. 2002. 31쪽.
44) 劉毅,『中國古代陵墓』, 南開大學出版社, 2010, 166쪽.

<청 시조 영릉의 봉분과 신수>, 2008.11.15 필자 촬영

<청 시조 영릉의 비정>, 2008.11.15 필자 촬영

황제릉과 귀족묘의 경계선이 다른 시대처럼 엄격하지는 않았다. 패방, 신도, 석각 등이 없어 꾸밈없이 소박하였다. 현재는 2004년 유네스코 세계문화유산으로 등재되면서 입구의 패방, 1km에 달하는 신도, 4개의 비정, 그리고 계운문을 지나 동배전과 서배전, 제사를 올리는 계운전 등의 건축군이 도열해 있어 영릉도 작지만 청황릉의 격식을 모두 갖추고 있다.

그러나 청대에 영릉은 전체 능구가 앞마당, 방성, 보성 3개 부분으로 나뉘며, 사방은 붉은 담장으로 둘러쌓았다. 영릉의 계운문(啓運門)은 일반적으로 청나라 황제릉에 세우는 융은문(隆恩門)처럼 축조하여 명나라 등의 영향을 받은 것이다. 이로 볼 때 영릉의 구조는 심양(沈陽) 2릉보다 약간 늦은 때에 조성되었음을 알 수 있다. 남쪽 앞마당 복판은 정홍문(正紅門)이고 마당 안에는 가로 4개 비각이 배열되어 있으며 그 안에는 조조, 흥조, 경조, 현조의 4대 선조를 찬양하는 큰 비석을 세웠다. 비각의 동서 양측에 원래 축판방, 제구치소, 다선방, 제기방 등이 건축되어 있었다.

비각의 북쪽은 "전조후침"의 궁실제도에 따라 앞에 방성을 설치하고 방성에 향전을 설치하였다. 향전 정전을 기운전이라고 이름 지었고 안에는 난방(暖閣), 보상(寶床), 신위를 모시는 신패(神牌)가 설치되어 있으며 좌우 벽에는 오채유리로 반룡을 새겨 넣었다. 기운전의 동서 양측에 동무와 서무를 설치하였다.[45] 전 앞에는 견직물을 태우는 신로(神爐)가 설치되어 있다. 보성은 기운전의 뒤에 위치해있으며 무덤을 둘러싸며 배치되었다.

비록 청대에 검소하게 조성된 의관총이면서 지궁도 설치되어 있다. 보성에는 원래 오랜 느릅나무 한그루가 있어 "신수(神樹)"라고 속칭하였다. 1773년(건륭 43) 건륭황제가 이곳을 동순(東

45) 沈陽市文物管理辦公室,『淸初三陵』, 文物出版社. 1982.

巡)할 때 시를 지어 <신수부(神樹賦)>를 어필로 비석으로 세웠는데, 현재 비석은 서무로 옮겼다.[46] 영릉의 규모는 비록 작고 방성도 성보식의 전루, 각루 등이 없지만, 기운산이 마치 병풍 같고 뒷면에 우뚝 서있으며 사이를 둔 소자하와 연창산이 서로 마주하고 있어 자연환경과 능침건축을 한데 어우러진다. 이로 인해 능침의 전경이 매우 넓어 보인다.

(2) 청 초기 성경 3릉 제도의 특징

심양을 성경(盛京)이라 부르며, 4대조를 모신 영릉과 누르하치의 복릉 및 홍타이지의 소릉을 합쳐 '성경 3릉'이라 부른다. 이러한 청나라 초기 성경 3릉제도는 명나라와 청나라의 과도기에 조영되어 있는데, 다음 3가지 특징을 지니고 있다.

첫째, 성경 3릉은 후금에서 청나라로 건국될 때까지 끊임없이 개건되고 중건되어 그 제도가 완비된 것이다. 청 태조 때 여진 귀족의 장례는 모두 옛 제도를 따랐다. 1624년(천명 9)에 옮긴 누르하치의 4대조 영릉도 일반 백성들의 무덤보다 조금 컸을 따름이다. 이는 영릉에 현존하는 수르하치(舒爾哈齊) 등의 묘에서 엿볼 수 있다. 누르하치의 복릉(福陵)은 1629년(천총 3)부터 1651년(순치 8)까지 줄곧 지속되어 비록 그 제도가 간소하였고, 대비루(大碑樓) 등은 모두 강희년간에 세워졌다.

복릉이나 소릉의 신도나 석상생은 석재가 거칠고 조잡하며 조각수법도 고졸하다. 그러나 이에 비해 그것의 받침돌[石座]은 세밀하게 조각된 것은 선명한 대조를 이룬다. 이것은 바로 이들 황제릉이 수대에 걸쳐 끊임없이 수리되고 증건되면서 간소하던 데로부터 번잡해졌다는 실증적 사례이다.

1636년(숭덕 원년) 홍타이지가 청 태종으로 황위에 오른 후 비로소 법제도가 완비되었다. 누르하치의 복릉 외에 4대조의 무덤도 정비되어 조조(肇祖)의 의관총을 조성한 것도 이 시기였다. 당시 매장품은 조조가 몸소 입던 의관이 아니라 숭덕시기에 지은 황제의 면류관 등 의관이었다. 1651년(순치 8) 6월, "예부(禮部)는 관례(照例)에 따라 사조(四祖)·태조·태종의 능산(陵山)에 호(號)를 봉하고 종사 (從祀)하는 지단(地壇)을 만들어 속히 제를 거행하도록 명했다." 그해 10월, 명나라의 산릉제도를 모방하여 제사를 하도록 하였다. 이렇게 4대조에 대한 능침 제사 또한 정례화되었다.

한편 이전까지 청황실 선조들의 간소한 무덤제도를 가능한 한 규범에 부합되도록 개건한 것

46) 伊人,「永陵」,『盛京三陵』, 遼寧民族出版社. 2002. 31쪽.

은 강희 연간이었다. 1663년(강희 2), 효릉(孝陵)의 공사를 착공하면서 같은 해 9~12월, 각각 복릉과 소릉의 지궁(地宮)을 개건했다. 이로 미루어 누르하치 이전 무덤의 묘실 구조는 예돈묘(禮敦墓)와 유사하게 간소하고 근본적으로 지궁이 없었을 가능성이 있다. 이러한 복릉과 소릉의 지궁 개조공사 및 명루 조성 등의 개건공사를 통해 청 황제릉의 능침제도가 확립되었다. 이러한 복릉과 소릉의 개건 후의 현궁제도는 당시 건설 중인 효릉 제도와 같았을 것이나, 공사 기간 등으로 미루어 보아 현궁의 규모는 그리 크지 않았을 것이다.

둘째, 성경 3릉은 만주의 옛 제도를 상당히 보존하고 있어, 명 황제릉에서 청 황제릉으로 이행되는 과도기적 특성이 발견된다. 3릉의 풍수는 만주족들이 높은 언덕에 집을 짓고 살았음을 반영한다. 영릉 앞 궁문의 맞배식 지붕·목책난문(木柵欄門)은 만주식 주거를 반영한 형상이다.

<청태조 복릉 앞 108계단>, 2008.5.19. 필자촬영

<청태조 복릉의 봉분과 신수>

<청태종 소릉 앞 석수 조각>, 2008.5.20. 필자 촬영

<청태종 소릉의 봉분과 능궁>

성보(城堡)처럼 쌓은 융은전 정원·성문식의 융은문은 청초기 황제릉의 중요한 특색 중 하나이다.

복릉과 소릉 2릉의 공권식(拱劵式) 정홍문(正紅門)은 비록 명 13릉 및 동청릉과 서청릉의 대홍문(大紅門)과 흡사하다. 그러나 실제 효용과 규제는 명 영락제 장릉이나 영릉 등 능의 능은문(稜恩門) 앞에 있는 능궁문과 같다. 능원의 제도적인 면에서도 순치제와 강희제는 성경 3

릉의 제도를 규범화했다. 영릉의 봉분식[墳丘式] 보정(寶頂)은 만주 옛 매장제도를 최대한 유지한 것인데, 세 개의 무덤이 너무 가까이 있어 확장공사를 벌리기 불편하여 영릉의 지궁은 종래대로 그대로 두고 개건하지 못했던 것 같다. 대략 건륭시기에 그려진 『영릉도(永陵圖)』로 볼 때, 당시 영릉의 보정은 단지 흙으로 되어 있고, 돌을 쌓지도 않고 회를 입히지도 않았다. 이것이 황제가 된 이후에도 자손들이 건국의 고단함과 소박함을 잊지 않도록 교육하기 위해 일부러 그렇게 했다는 설도 있다.[47] 어쨌든 능원의 분포로 볼 때, 성경 3릉은 모두 명 황제릉을 원본으로 삼되, 만주의 옛 제도를 보존한 것으로 평가된다. 영릉의 특징은 전정문(前正門)과 봉분에서 고식의 전통을 뚜렷하게 파악할 수 있고, 복릉과 소릉은 성보식 능궁 담장과 비가옥식 성문인 융은문에서 뚜렷하게 엿볼 수 있다.

셋째, 성경 3릉의 조성시기는 서로 다르고 상호 제도 역시 같지 않다. 3릉은 모두 높은 지역에  위치해 있지만, 구체적인 풍수는 일치하지 않는다. 영릉은 배산임수의 산양(山陽)이고 복릉은 산꼭대기(山頂)이며 소릉과 동경릉은 평지의 높은 언덕(平地高岡)이다. 이로 미루어 볼 때 당시 청나라는 "능산(陵山)"의 개념이 없었다. 이후 명나라의 능산제도를 모방했지만, 풍수는 획일적이지 않다. 4대조의 영릉은 산을 등진 풍수여서 명청 황제릉의 풍수규범에 약간 부합된다. 그러나 누르하치의 복릉은 능산 위에 지었고, 소릉의 인공 능산은 능궁 내에 지었다. 아울러 3릉의 규모는 모두 작으면서 오히려 각각 특색이 있다. 영릉은 배경·풍수가 심오하고, 복릉은 기세가 웅장하고 힘차며, 소릉은 건축의 규모가 두 능보다 낮다. 무엇보다 3릉의 능총에서 주목되는 것은 각각 "신수(神樹)"한 그루가 서 있는 것이다. 영릉은 흥조총(興祖塚) 앞에 있고, 복릉과 소릉은 보정 위에 초목(草木)이 비교적 많아 "신수"를 강조하기 위해 특별히 무덤의 가장 꼭대기 높은 곳에 심었음을 알 수 있다.

47) <永陵圖>,『清代 帝王 陵寢』, 8-8.

## 3 조선 태조 이성계의 4대조릉 조영

### 1) 태조 4대조의 추존과 북도팔릉의 조성

1392년 7월 조선을 건국하고 이성계는 왕위에 올랐다. 개국하자마자 태조 이성계가 가장 먼저 한 일은 자신의 4대 조상을 왕이나 왕후로 추숭하여 조선 개국의 정당성과 자신의 왕위계승의 정통성을 널리 알리는 것이었다. 이러한 관념적 사상을 시각적인 상징물로 드러내기 위해 4대 선조들의 무덤을 왕릉으로 조성하는 것이었다.[48)]

건국한 지 10일이 지난 1392년 7월 28일 이성계는 4대조를 왕으로, 4대조모를 왕비로 추증하였다. 이성계의 부친은 환왕(桓王), 조부는 도왕(度王), 증조부는 익왕(翼王), 고조부는 목왕(穆王)으로 올려서 불렀다. 그들의 배위인 이성계의 모친은 각각 의비(義妃), 조모는 경비(敬妃), 증조모는 정비(貞妃), 고조모는 효비(孝妃)로 왕비로 추존하였다. 이와 함께 4대 조부모의 무덤에 능호를 올렸다. 태조 이성계의 부친인 황고는 정릉, 모친인 황비는 화릉, 조부인 황조는 의릉, 조모인 황조비는 순릉, 증조부인 황증조는 지릉, 증조모인 황증조비는 숙릉, 고조부인 황고조는 덕릉, 고조모인 황고조비는 안릉이라고 능호를 정하였다.

이렇게 조선을 건국한 태조는 자신의 4대 조부모에 대한 추증과 능호를 정하여 추존을 완성하고 난 다음, 1달 뒤인 8월 8일에 왕자였던 태종을 동북면에 보내었다. 이성계의 선조릉은 함길도의 함흥과 강원도의 안변군과 천내면에 8기가 위치하고 있었다. 1392년 8월부터 2개월 동안 태종이 이곳에 머물렀고, 4대 조상들을 모신 능실에 제사를 지내고 태조가 왕위에 오른 일을 고하고 묘호와 능호를 올린 것이다.[49)] 모든 일을 마친 정안군[후일 태종]은 10월 28일에 이들 왕릉의 산세를 그린 그림을 그려 귀경하였다.[50)] 조선 태조의 4대조를 모신 8기의 왕릉은 전체적으로 동북면의 함길도와 강원도에 위치하고 있어 조선시대 내내 '북도팔릉(北道八陵)'혹은 '팔릉(八陵)'으로 통칭되었다.[51)]

여기서 주목되는 것은 부모와 고조부모는 하나의 능역에 함께 묻었고, 조부모와 증조부모는 각각 별도의 능역에 단독으로 조성한 것이다. 고려에서는 중국과 달리 왕의 무덤과 마찬가지로 왕후의 무덤에도 능호를 붙이고 단독릉으로 조성하였는데, 조선이 건국되자마자 능호를 붙

48) 장경희, 「조선 태조 이성계의 4대조 '북도팔릉'연구」, 『동방학』제36집, 2017.2, 331-365쪽.
49) 『太祖實錄』卷1, 太祖 1年 8月 8日 丁巳.
50) 『태조실록』권2, 태조 1년 10월 28일 병자.
51) 『太宗實錄』卷23, 太宗 12年 5月 26日 己酉. 팔릉에 四標를 세운 이후 북도 팔릉으로 통칭되기도 한다.

인 태조의 4대조를 추존하여 모신 경우에도 마찬가지이다. 이때 4대조와 함께 4대조모를 함께 모신 무덤 뿐 아니라 별도로 모신 경우에도 각각 8기마다 별도의 능호를 붙여 독립적인 왕후능호를 갖게 된 것이다. 이와 함께 왕비가 별도의 무덤에 모셔진 경우에도 독립적인 능침으로 모신 것이다. 이처럼 조선 초기에 가장 먼저 조성한 4대조릉을 통해 조선은 고려와 마찬가지로 왕릉과 왕후릉을 독립적으로 인식하고 있어 한국적인 독자성을 유지하고 있음을 알 수 있다. 그렇기 때문에 조선 태조의 4대조를 모신 왕릉은 4대 조부모를 모셔 총8기이다.

태조의 4대 조부모에 대한 묘호의 추존은 태종대에 이뤄졌다. 태종 11년(1411) 4월 22일 부친인 환왕은 환조, 조부인 도왕은 도조, 증조부인 익왕은 익조, 고조부인 목왕은 목조로 가상존호를 올렸다. 모친인 의비 최씨는 의혜왕후로, 조모인 경비 박씨는 경순왕후로, 증조모인 정비 최씨는 정숙왕후로, 고조모인 효비 이씨는 효공왕후로 추증하였다.[52)]

| 대수 | 관계 | 諱 | 廟號 | 생몰년 | 능호 | 좌향 | 초장지 | 현재의 행정구역 |
|---|---|---|---|---|---|---|---|---|
| 1대 | 부모 | 李子春 | 桓祖.懿惠王后 | 1315 -1360 | 定.和陵 | 乙坐辛向 | 함흥부 歸州 | 함남 함흥시 회상구역 금실동 |
| 2대 | 조 | 李椿 | 度祖 | ? - 1342 | 義陵 | 壬坐丙向 | 함흥부 咸州 | 함남 함흥시 사포구역 궁서동 |
| | | | 敬順王后 | | 純陵 | 壬坐丙向 | 함흥부 咸州 | 함남 함흥시 흥남구역 새마을리 |
| 3대 | 증조 | 李行里 | 翼祖 | ? - ? | 智陵 | 壬坐丙向 | 안변부 봉룡 | 강원 안변군 수상리 |
| | | | 貞淑王后 | | 淑陵 | 甲坐庚向 | 안변부 文州 | 강원 천내군 신송리 |
| 4대 | 고조 | 李安社 | 穆祖.孝恭王后 | ? - 1274 | 德.安陵 | 癸坐丁向 | 경흥부 孔州 | 함남 영광군 자동리 |

<조선 태조 4대의 추존왕릉>

1392년 8월부터 2개월 동안 태종이 이곳에 머물면서 왕릉의 형태를 어느 정도 갖추게 되어 10월 28일에 이들 왕릉의 산세를 그린 그림을 그려오게 하였다.[53)] 이처럼 4대조 북도팔릉은 조선이 건국한 해에 묘역을 정비하고 재실을 조영한 것부터 시작하였다. 이후 북도팔릉은 태종과 세종대를 거치면서 점차 조선왕릉의 기본적인 격식을 갖추게 되었다. 그렇다면 이제 북도팔릉에 건축물과 석물을 조성한 과정을 살펴 보기로 하자.

첫째, 4대조 북도팔릉에 비석과 비각을 세웠다. 우선 태조의 부친인 환왕을 모신 정릉과 익

52) 『태종실록』권21, 태종 11년 4월 22일 임자; 『練藜室記述』권1, 太祖朝 故事本末. 목조의 穆은 '덕을 펴고 의를 잡는다'는 뜻이다. 익조의 翼은 '생각이 깊고 원대하다'는 뜻이다. 도조의 度는 '마음이 능히 의를 마련하는 것'을 의미한다. 환조의 桓은 '땅을 개척하고 먼 곳을 복속시킨다'는 의미이다.

53) 『太祖實錄』卷2, 太祖 1年 10月 28日 丙子.

왕을 모신 덕릉에는 신도비를 세웠다. 우선 정릉의 비석은 태조 2년(1393) 1월 첨서중추원 정총(鄭摠)에게 명하여 비문을 짓게 하였고,[54] 9월에 성석린(成石璘)을 보내어 세웠다.[55] 그러나 그 내용이 마음에 들지 않았던 태종은 영의정부사 하륜(河崙)으로 하여금 비문의 오류를 고치게 하고,[56] 수정하여 정릉에 세웠다.[57] 이렇게 태조 때 만들어 태종 때 수정한 비석 위에 비각이 세워진 것은 세종 대에 이르러서였다. 세종 1년 산릉 순심사였던 예조참의 최관(崔關)이 정화릉에 비각을 짓자고 건의하여 이를 따랐다.[58] 이후 비각을 세우려고 살펴보았더니 비석이 경사진 좁은 땅에 세워져 있어서 비석을 평지에 옮기고 난 다음 비각을 세웠다.[59] 다음으로 태조의 고조에 해당되는 목조의 초장지인 경흥부 공주에 위치한 구(舊) 덕릉에도 신도비가 세워져 있었다.[60] 그러나 덕릉과 안릉은 태종 4년에 경흥부로 이봉하였으며,[61] 태종 10년에 다시 함흥부로 천장하였다.[62] 따라서 함흥부의 덕릉에는 신도비 대신 표석을 세웠다. 이밖에 지릉, 숙릉, 의릉, 순릉에도 신도비 대신 표석을 세웠다. 이러한 북도팔릉에 비각이 세워진 시기는 세종대였다.

북도팔릉의 비각을 비롯한 건물의 현황을 조선 후기 <북도각릉전도형>으로 확인해보자.[63]

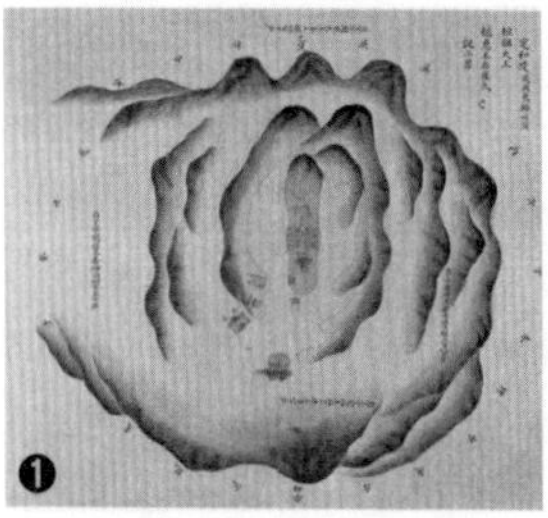

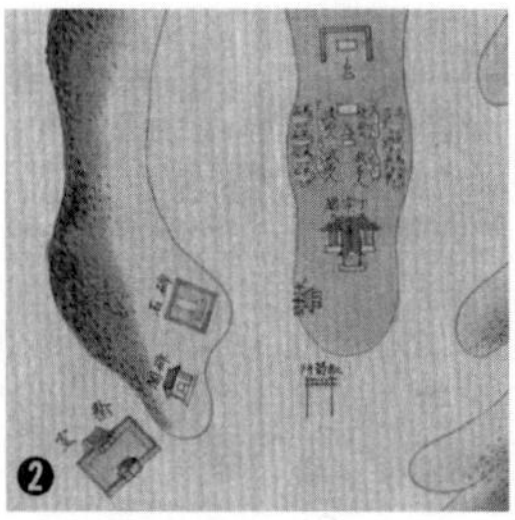

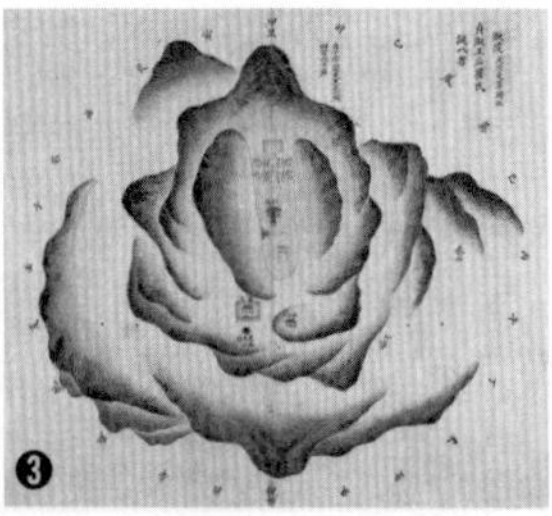

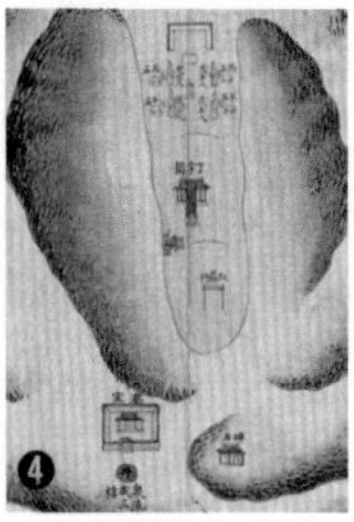

❶ <정 · 화릉도>, 『북도각릉전도형』 6폭, 장서각 소장
❷ <정 · 화릉도> 부분
❸ <의릉도>, 『북도각릉전도형』 4폭, 장서각 소장
❹ <의릉도> 부분

54) 『太祖實錄』卷3, 太祖 2年 1月 25日 辛未.
55) 『太祖實錄』卷4, 2年 9月 18日 庚申.
56) 『太宗實錄』卷23, 太宗 12年 4月 31日 乙亥. 비문 중 李元桂와 李和는 태조의 同母兄弟가 아닌 첩의 소생이므로 이를 구별하여 기록하도록 한 것이다.
57) 『太宗實錄』卷23, 太宗 12年 5月 26日 己酉.
58) 『世宗實錄』卷3, 世宗 1年 4月 4日 戊寅.
59) 『世宗實錄』卷11, 世宗 3年 1月 23日 丙戌.
60) 『鶴峯逸稿』卷3, 北征日錄. 宣祖 13年(1580) 1月 16日 丙辰.
61) 『林下筆記』卷32, 旬一編, 北關의 古蹟.
62) 『太宗實錄』卷, 太宗 10年; 『練藜室記述』卷1, 太祖朝 故事本末; 『東閣雜記』.
63) <北道各陵殿圖形>, 장서각 소장.

그런데 북도팔릉의 비석과 비각의 위치는 당시 개성이나 경기 지역에 조성한 조선 초기 왕릉의 배치와 다른 점이 눈에 띈다. 곧 전형적인 조선 왕릉은 능침 아래 정자각 바로 뒤 봉분에 가장 가까운 쪽에 비석을 세우고 그곳에 비각이 배치되는 것이 전형적이다. 예컨대 조선 제1대 태조의 건원릉이나 태조 원비 신의왕후 제릉 및 제2대 정종과 정안왕후의 후릉 또한 마찬가지이다.[64] 그러나 북도팔릉의 경우 어느 것이나 비각은 홍살 문 밖 좌우 언덕 아래, 재실에 가까운 쪽에 배치되어 있었다. 이로 미루어 북도팔릉은 조선 태조 이성계의 4대조의 추존 왕릉으로서 조선 초기 왕릉의 형식가 체제가 완비되기 이전의 과도기적 성격을 보이는 것을 알 수 있다. 북도팔릉 또한 조선 왕릉과 마찬가지로 능침 아래에 정자각, 수라간, 홍살문, 비각, 재실이 배치되는 것은 공통된다. 다만 비각이 홍살문과 재실 사이에 위치하는 점이 차이점이다.[65]

| 관계 | 능호 | 정자각 | 수라간 | 홍살문 | 비각 | 재실 |
|---|---|---|---|---|---|---|
| 1대 부모 | 정화릉 | ○ | ○ | ○ | ○ | ○ |
| 2대 조부 | 의릉 | ○ | ○ | ○ | ○ | ○ |
| | 순릉 | ○ | ○ | ○ | ○ | ○ |
| 3대 증조 | 지릉 | ○ | ○ | ○ | ○ | ○ |
| | 숙릉 | ○ | ○ | ○ | ○ | ○ |
| 4대 고조 | 덕안릉 | ○ | ○ | ○ | ○ | ○ |

<북도팔릉의 건물 현황>

다음, 북도팔릉에는 세종 때 제향을 위한 정자각을 조영하였다. 태조 6년(1397) 12월 22일 4대조를 추숭하여 묘호를 올릴 때 능묘(寢廟)를 세웠다.[66] 이로 미루어 봉분의 형태를 능침처럼 돋우고 제사용 건물[廟]을 지은 것으로 여겨지나 막상 정자각의 형태는 아니었던 듯하다. 이후 조선 왕릉에서 볼 수 있는 전형적인 정자각은 세종대에 들어 비로소 건립되었다. 곧 세종 8년(1426) 3월 7일 예조는 함길도 감사에게 공문을 보내어 도내의 각능의 정자각을 건원릉과 헌릉의 예에 의해 남북쪽 벽을 장지[障子]로 막아두었다가 제사 때 틔워놓게 한 것에서 알 수 있다.[67]

한편, 북도팔릉에서 재실은 가장 이른 태조대에 조영하여 제향을 준비하거나 재관들이 머물

64) 『조선왕릉 종합학술조사 보고서Ⅰ-조선초기-』, 국립문화재연구소, 2009. 참조.
65) 장경희, 「조선 태조 이성계의 4대조 북도팔릉 연구」, 『동방학』제36집, 2017.2.28. 354쪽.
66) 『태조실록』권12, 태조 6년 12월 22일 경자.
67) 『세종실록』권31, 세종 8년 3월 7일 신축.

<의릉> 정자각, 『조선고적도보』

<덕 · 안릉> 정자각, 『조선고적도보』

렀다. 재실은 조선을 건국하자마자 1달째 될 때 건축하였다. 다만 추존 목조와 효공왕후를 모신 덕·안릉의 경우 천장을 한 태종 11년(1411) 1월 26일에 재실을 지었다. 이후 세종 6년(1424) 4월 21일 북도팔릉의 재실은 승려들이 관리하도록 하였다.

이러한 북도팔릉 건물 현황은 1938년 일제가 우리나라의 고적을 조사하면서 촬영한 흑백 사진 속에서도 확인할 수 있다. 예컨대 이성계의 조부인 추존 도조를 모신 <의릉>을 보면 봉분 아래 중앙에 정자각이 위치하고 그 왼편으로 수라간이 배치되어 있다. 이성계의 고조부모인 추존 목조와 효공왕후를 모신 <덕·안릉>을 보면 쌍분 아래에 정자각이, 그 오른쪽에 수라간이 배치되어 있다. 이로 미루어 조선 초기에 조영된 건물들이 일제시대까지 여전히 존재하였음을 알 수 있다.

둘째, 4대조 북도팔릉에는 조선 왕릉에 준하는 석수와 석난간 및 혼유석과 장명등을 설치하였다. 태조대에 봉릉하면서 조선 왕릉에 준하는 석수와 석난간 및 혼유석과 장명등을 설치하였다. 태조 7년(1398) 7월 5일 순릉에 석양과 석수 및 석난간을 갖추어 조성한 것이다. 덕릉과 안릉의 경우 원래는 경원부 공주(孔州)에 위치해 있었는데, 태종 10년(1410) 9월 22일에 함주 달단동으로 천장할 때 쌍릉형식으로 조성하게 되었다. 이때 석인과 석수를 한 능에 배치하도록 하였고, 석상과 장명등을 설치하였다. 그해 10월 26일에 회격을 써서 장사를 지냈다. 한편 덕릉과 안릉의 경우 천릉했음에도 표석은 옮기지 않았기 때문에 세조 5년(1459) 4월 18일에야 비로소 철거하였다. 조선왕릉의 전형적인 형식으로 능상에 상중하 3계체(階砌)를 갖추고 석인까지 세우는 것은 태종대에 수축되었다. 태종 16년(1416) 한식 때 정화릉을 상중하 3계로 구획하고 석인까지 세우게 하였다.[68] 이때에 비로소 4대조 북도팔릉도 조선왕릉의 격식을 구비하게 되었던

68) 『太宗實錄』卷31, 太宗 16年 1月 21日 甲寅.

것이다.

다음 이성계의 부친인 추존 환조를 모신 정릉과 모친인 추존 의혜왕후를 모신 화릉 또한 고려말 현·정릉이나 추존 목조와 효공왕후를 모신 덕·안릉과 마찬가지로 태종대에 쌍릉 형식으로 조영하였다. 태종 16년(1416) 한식 때 정·화릉을 상중하 3계로 구획하고 능침 앞에 석인을 세우게 하였다.[69] 이 때문에 정·화릉의 석물은 그 종별과 수량에 있어 현·정릉이나 덕·안릉과 마찬가지였다. 이처럼 덕·안릉이나 정·화릉의 능상은 상중하 3계체(階砌)를 갖추었고 석인까지 세우는 것은 태종대에 수축되었고, 이때 비로소 조선 왕릉의 전형적인 형식을 구비하게 되었다.

한편, 추존 국왕이나 추존 왕후를 단독으로 모신 왕릉을 상중하 3계로 나누고 그곳에 배치된 석물의 종류는 앞서 살펴본 쌍릉과 마찬가지이다. 곧 봉분을 두른 석난간과 그 주위에 배치된 석양과 석호, 봉분 앞 중앙의 상계에는 혼유석과 그 좌우에  망주석이 배치되어 있다. 중계에는 장명등과 문석인 및 석마가 마주하고, 하계에는 무석인 및 석마가 배치되어 있다. 석물의 수량은 쌍릉보다 1/2이 감소되어 석양과 석호 각 2쌍, 혼유석 1기 및 망주석 1쌍, 장명등 1기와 문석인 1쌍, 무석인 1쌍 및 석마 2쌍이 있다. 이렇게 북도팔릉의 규모와 형식은 조선 건국 직후인 1398년 태조대부터 체계를 갖추기 시작하여 1426년 세종대에 이르러 오례의의 체제대로 완전하게 갖추어졌다.

1747년 영조가 북로에 위치한 태조의 탄생지나 4대조의 선조릉을 조사하였고 그림으로도 그려졌다. 책자와 그림에 수록된 능침 석물의 종별은 조선왕릉과 마찬가지로 혼유석, 장명등, 망주석, 문석인, 무석인, 석양, 석호, 석마의 8종류이다.

| 관계 | 능호 | 혼유석 | 장명등 | 망주석 | 문석 | 무석 | 석양 | 석호 | 석마 |
|---|---|---|---|---|---|---|---|---|---|
| 1대 부모 | 정화릉 | 2 | 2 | 2 | 4 | 4 | 4 | 4 | 4 |
| 2대 조부 | 의릉 | 1 | 1 | 2 | 2 | 2 | 2 | 2 | 2 |
| | 순릉 | 1 | 1 | 2 | 2 | 2 | 2 | 2 | 2 |
| 3대 증조 | 지릉 | 1 | 1 | 2 | 2 | 2 | 2 | 2 | 2 |
| | 숙릉 | 1 | 1 | 2 | 2 | 2 | 2 | 2 | 2 |
| 4대 고조 | 덕안릉 | 2 | 2 | 2 | 4 | 4 | 4 | 4 | 4 |

<북도팔릉의 석물 현황>

위 표를 보면 북도팔릉은 쌍릉이나 단릉 모두 곡장 앞 좌우에는 망주석 1쌍은 공통되나 나

69) 『태종실록』권31, 태종 16년 1월 21일 갑인.

<정 · 화릉>, 『조선고적도보』

<의릉>, 『조선고적도보』

머지 것은 차이를 보인다. 이성계의 부모를 모신 정·화릉과 고조부모를 모신 덕·안릉의 경우 혼유석이나 장명등 그리고 석인과 석수 모두 단릉보다 2배씩이다. 이것은 우리나라 쌍릉 형식의 효시인 고려말 공민왕의 현릉과 노국대장공주의 정릉, 곧 현·정릉과 마찬가지이다. 곧 능침을 수호하는 석양과 석호를 2쌍씩 세웠고, 그 앞에 마주 선 문석인과 무석인 및 석마도 모두 2쌍씩이었다. 이처럼 북도팔릉은 추존 왕릉이나 추존 왕후릉 앞에는 8종의 석물을 배치하였고, 쌍릉일 경우 26기, 단릉일 경우 14기의 석물이 세워졌다. 이러한 북도팔릉 석물의 종별 수량은 중국 황제릉의 그것에 비해 종별이 소략하고 숫자가 적은 것이다. 그러나 이것은 황제국임을 자처한 고려 왕릉의 전통을 이은 조선만의 특징임을 알 수 있다. 이러한 북도팔릉 석물의 형식이나 양식은 1938년 일제가 고적조사를 하면서 흑백으로 찍은 <정·화릉>이나 <의릉>을 통해 확인할 수 있다.

셋째, 4대조 북도팔릉에 정자각, 비각 및 재실 등의 건물을 조영하였다. 우선 정자각의 설치이다. 태조 연간에는 정자각이 없었고, 태조 6년(1397) 12월 22일 4대조를 추숭하여 묘호를 올리면서 침묘(寢廟)를 세웠다.[70] 이로 미루어 봉분의 형태를 능침(陵寢)처럼 돋우고 제사용 건물[廟]을 지은 것으로 여겨지나 막상 정자각의 형태는 아니었던 듯하다. 이후 조선왕릉에서 볼 수 있는 전형적인 정자각은 세종대에 들어 비로소 건립되었다. 곧 세종 8년(1426) 3월 7일 예조는 함길도 감사에게 공문을 보내어 도내의 각능의 정자각을 건원릉과 헌릉의 예에 의해 남북쪽 벽을 장지[障子]로 막아두었다가 제사 때 틔워놓게 한 것에서 알 수 있다.[71]

다음 비각 또한 비교적 시기가 늦은 세종대에 세워졌다. 마지막으로 재실의 경우 가장 이른

70) 『太祖實錄』卷12, 太祖 6年 12月 22日.
71) 『世宗實錄』卷31, 世宗 8年 3月 7日 辛丑.

시기에 조영되어 개국하자마자 1달째 될 때 건축하여 일찌감치 제례공간을 확보하였다. 다만 덕안릉의 경우 천장을 하면서 태종 11년(1411) 1월 26일에 재실을 짓게 하였다. 세종 6년(1424) 4월 21일 4대조 북도팔릉의 재실을 승려들이 맡도록 하였다.

넷째, 북도 각릉에는 전통 조경을 위해 소나무를 심었다. 세종 20년(1438) 1월 24일 덕릉과 안릉에 소나무를 심도록 하였다. 그러나 천재에 따라 소나무가 피해를 입었다. 명종 1년(1546)에 풍재로 인해 의릉의 주산과 능실 근처에 있는 큰 소나무 75그루가 부러졌다.[72] 숙종 3년(1677)에는 큰 눈이 와서 팔릉의 소나무 3,820그루가 송두리째 부러졌다.[73]

다섯째, 북도 팔릉의 관리와 수호하는 제도를 마련하였다. 태종대부터 팔릉을 비롯한 산릉을 돌아보는 산릉순심사(山陵順審使)를 두고 예조판서가 왕릉을 순시[巡陵]한 다음 심릉안(審陵案)을 마련하여 간직하게 하였다.[74] 각능에는 능지기 권무(權務) 2인과 수릉호를 두게 하였는데,[75] 특히 정화릉에는 능지기와 권무를 각각 1인씩 두었다.[76] 팔릉의 재궁은 승려들이 수호하고 있었다.[77] 성종 때 지릉을 수호하던 승려가 능실 근처에서 불을 지른 사건에서도 확인된다.[78] 재궁 안에 찬품을 드리는 탁자를 모든 산릉에서 주토와 송연을 칠하여 사용토록 하였다.[79]

| 대수 | 능호 | 참봉 | 권무 | 수호군 | 재궁 관리 |
|---|---|---|---|---|---|
| 1대 | 定陵.和陵 | 1 | 1 | | |
| 2대 | 義陵 | | | | |
| | 純陵 | | | | |
| 3대 | 智陵 | 2 | 2 | 5 | 승려 관리 |
| | 淑陵 | | | | |
| 4대 | 德陵.安陵 | 2 | | | |

<조선 태조 4대조 북도팔릉의 관리와 수호>

여섯째, 덕·안릉은 원래 경흥부 공주(孔州)에 있었으나 너무 멀리 떨어져 있어 천릉(遷陵)을

72) 『明宗實錄』卷4, 明宗 1年 7月 28日 壬午.
73) 『肅宗實錄』卷6, 肅宗 3年 2月 26日 癸酉.
74) 『太宗實錄』卷23, 太宗 12年 5月 26日 己酉.
75) 『太祖實錄』卷2, 太祖 1年 10月 29日 丙子.
76) 『世宗實錄』地理志, 咸吉道, 咸興府.
77) 『世宗實錄』卷24, 世宗 6年 4月 21日 丙寅. 북도 팔릉을 수호하는 승려는 각 5명이며 朔料를 지급하였다.
78) 『成宗實錄』卷48, 成宗 5年 10月 17日 己亥, 28日 庚戌 ; 『成宗實錄』卷48, 成宗 5年
79) 『世宗實錄』卷49, 世宗 12年 9月 8日 丙午. 당시 문소전, 광효전, 후릉, 헌릉의 탁자는 평상시를 모방하여 주홍빛으로 칠하였기 때문에 바꾸도록 한 것이다.

하게 되었다. 원래의 구릉(舊陵)에는 비석도 세워져 있었고 재궁도 세웠다.[80] 그러나 태종 10년(1410) 경흥부가 너무 멀어 덕·안릉을 개장하자는 논의에 따라 천릉도감을 설치하여, 2달여의 능역 끝에 천장하였다.[81] 두 능은 경흥부에서 함주 북쪽 50리에 있는 달단동 언덕에 회격을 써서 합장하였으며, 덕릉은 서편에 안릉은 동편에 안장하였다.[82] 덕·안릉을 천릉하면서 경원도호부로 승격시켰고,[83] 경원부의 덕·안릉 옛터에 세워져 있던 표석은 철거하였다.[84] 경순왕후 박씨의 순릉은 도조의 의릉과 함께 함주에 초장을 하였다.[85] 이후 태조 7년(1398)에 순릉을 함흥부로 옮겼다.[86]

이처럼 4대조 북도팔릉의 규모와 형식은 오례의의 체제대로 왕릉을 조성하였던 세종대에 이르러 완전해졌다.

## 4 조선후기 4대조릉의 관리와 보수

태조의 4대조 북도팔릉을 조성한 이후 조선 후기 1783년(정조 7) 이후 능침을 개보수하는 일은 자주 있었다.

### 1) 능위 사대석과 능침 수개

정화릉의 경우 정조 7년 이후 간헐적으로 시행되었다.[87] 1829년(순조 29)에 정화릉을 수개한 지방관 이하를 시상하였고,[88] 1843년(헌종 9)에는 화릉의 능역을 수개하였고 이를 감동한 이들을 차등 있게 시상하였다.[89] 철종 때에도 마찬가지였다.[90] 고종 때에는 정릉에 뗏장을 다시 입혔고 이를 감동한 이들을 차등을 두어 시상하였다.[91] 정·화릉의 능침은 곡장 안에 아래위로 모셔져

80) 『太祖實錄』卷2, 太祖 1年 10月 28日 丙子 ; 『太祖實錄』卷12, 太祖 6年 12月 22日 庚子.
81) 『太宗實錄』卷20, 太宗 10年 10月 26日 己未.
82) 『太宗實錄』卷20, 太宗 10年 10月 28日 辛酉. 능을 8월 경신일에 파묘하여 즉일로 발인하여 9월에 함주에 이르러 빈전에 봉안하였다가 이 때에 이르러 장사를 지냈다.
83) 『世宗實錄』地理志, 咸吉道 吉州牧 慶源都護府 ; 慶興洞護府.
84) 『世祖實錄』卷16, 世祖 5年 4月 18日 己巳.
85) 『太祖實錄』卷2, 太祖 1年 8月 8日 丁巳.
86) 『太祖實錄』卷14, 太祖 7年 7月 5日 戊寅. 당시 석양, 석호, 석난간이 사치하여 논란이 되기도 하였다.
87) 『正祖實錄』卷15, 正祖 7年 4月 25日 乙酉.
88) 『純祖實錄』卷30, 純祖 29年 4月 17日 庚津.
89) 『憲宗實錄』卷10, 憲宗 9年 9月 17日 丙戌.
90) 『哲宗實錄』卷2, 哲宗 1年 10月 14日 壬申 ; 『哲宗實錄』卷15, 哲宗 14年 10月 11日 甲申.
91) 『高宗實錄』卷15, 高宗 15年 4月 29日 戊申.

있었다.[92)]

의릉의 경사대석과 우 영조 때 석물을 수개하면서 제대로 고치지 않았는지 50년마다 능역이 반복되었다. 1791년(정조 15년)에 함경도 관찰사 이문원(李文源)이 묵은 흙을 제거하고 석회를 써서 돌이 있는 곳까지 채운 뒤에 그쳤고 중앙의 봉분을 쌓은 곳까지 거리가 15척 정도는 넉넉히 되도록 신중하고 치밀하게 처리하여, 5월 6일에 완결되었다.[93)] 하지만 이후 1806년(순조 6) 4월 22일에 의릉 석물은 또 고쳤다.[94)] 1817년(순조 17) 10월 11일에는 수개를 또다시 하였다.[95)] 1858년(철종 9) 9월 14일에는 능상을 고치고 있었다.[96)] 그리고 1873년(고종 10) 8월 22일에도 의릉을 보수하고 있었다.[97)] 1900년(고종 37) 8월 5일에는 의릉을 수리하고 있었다.[98)] 이듬해 1901년(고종 38)에는 의릉 위의 사초를 수개하고 있었다.[99)]

순릉의 경우 숙종 때에는 순릉을 개봉하였다.[100)]

지릉의 경우 유난히 화재를 많이 당한 왕릉이다. 이미 조선전기 1474년(성종 5)에 능실 근처에서 화재가 난 적이 있었는데,[101)] 1596년(선조 29) 3월 9일에도 화재를 당하였다.[102)] 20년이 지나서 1624년(인조 2) 11월 14일에 화재를 당해 능상 위 사대와 계석 위까지 모두 연소되어 참혹하였다.[103)] 그러다가 1661년(현종 2) 병풍석의 회가 탈락하여 한식 제사를 지낸 뒤에 보수하기로 하였다.[104)] 1669년(현종 10)에 지릉의 사초를 고치는 일을 하였다.[105)] 1813년(순조 13)에는 지릉을 수개하였고 이것을 감동한 도신 김이양(金履陽)에게 정헌대부에 가자하고 나머지도 차등 있게 시상하였다.[106)] 1858년(철종 9) 3월 15일 지릉의 능상을 수리하였다.[107)] 1887년(고종 24)에는 지릉을 보수하였다.[108)] 1900년(고종 37)에 지릉을 수리하는 일을 끝냈다.[109)] 그리고 이듬

92) 『高宗實錄』卷16, 高宗 16年 3月 25日 己巳.
93) 『正祖實錄』卷32, 正祖 15年 5月 6日 庚辰.
94) 『純祖實錄』卷8, 純祖 6年 4月 22日 辛巳. 함경도의 감사 閔台爀에게 숭정대부를 가자하고 이하는 차등을 두어 시상하였다.
95) 『純祖實錄』卷20, 純祖 17年 10月 11日 辛巳. 수개를 감동한 도신 朴宗來에게 가자하고 이하는 차등을 두어 시상하였다.
96) 『哲宗實錄』卷10, 哲宗 9年 9月 14日 丙戌.
97) 『高宗實錄』卷10, 高宗 10年 8月 22日 戊戌.
98) 『高宗實錄』卷40, 高宗 37年 8月 5日(陽曆).
99) 『高宗實錄』卷41, 高宗 38年 5月 9日(陽曆).
100) 『肅宗實錄』卷35, 肅宗 27年 3月 15日 壬寅.
101) 『成宗實錄』卷48, 成宗 5年 10月 17日 己亥.
102) 『宣祖實錄』卷73, 宣祖 29年 3月 8日 乙亥.
103) 『仁祖實錄』卷7, 仁祖 2年 11月 14日 甲子 ; 11月 17日 丁卯 ; 『仁祖實錄』卷22, 仁祖 8年 4月 15日 甲子.
104) 『顯宗實錄』卷4, 顯宗 2年 12月 15日 庚申.
105) 『顯宗實錄』卷17, 顯宗 10年 7月 20日 辛亥 ; 『顯宗改修實錄』卷21, 顯宗 10年 7月 22日 癸丑.
106) 『純祖實錄』卷17, 純祖 13年 4月 15日 壬子.
107) 『哲宗實錄』卷10, 哲宗 9年 3月 15日 辛卯.
108) 『高宗實錄』卷24, 高宗 24年 12月 30日 壬子.
109) 『高宗實錄』卷40, 高宗 37年 8月 5日(陽曆).

해 1901년(고종 38)에 지릉의 능 위 사초를 수개할 때 감독한 관리 이하를 차등 있게 시상하였다.[110] 1902년(고종 39)에도 지릉을 또 수리하였다.[111]

숙릉은 이미 1417년(태종 17)에 개수하였고,[112] 영조 때에도 수개하였다.[113] 1905년(고종 42)에는 능 위를 수개할 때 감동한 도신 이하를 차등 있게 시상하였다.[114] 1783년(정조 7) 3월과 4월에는 덕릉의 능침을 수리하였고,[115] 1842년(헌종 8) 5월 22일 능상을,[116] 1855년(철종 6) 3월 1일,[117] 1878년(고종 15)에는 덕릉과 안릉에 뗏장을 입혔다.[118] 1881년(고종 18)에는 덕릉과 안릉의 능상 위 봉분을 개축하였다.[119] 1887년(고종 24) 12월 30일에도 계속하여 수개하고 있었다.[120] 덕안릉은 1898년(고종 35)에 화소 내에 화재가 일어났다.[121] 1902년(고종 39)에는 덕릉과 안릉을 수리하였다.[122]

### 2) 비각과 비석의 수리

태조의 4대조 팔릉의 비각은 비석이나 신도비를 세우면서 함께 조영하였다.

조선후기에 들어 4대조 북도팔릉의 비석과 비각의 현황은 1747년(영조 23) 『북로능전지(北路陵殿志)』에 의해 알 수 있다.[123] 5년 후 영조 28년(1752)에는 덕릉 이하 4릉의 신도비와 비석을 구분하기도 하였다.[124]

| 능호 | 비갈 | 건립연도 | 비각 형태 | 위치와 거리 |
|---|---|---|---|---|
| 定陵.和陵 | 신도비 1 | 영조 13년(1737) | 有墻無閣 | 정자각 서쪽 250보 |
| 義陵 | 비석 1 | 태조 2년(1393) | 有墻無閣 | 홍살문 밖 20보 |
| 純陵 | 비석 1 | 태조 2년 (1393) | 有墻無閣 | 정자각 아래 20보 |

110) 『高宗實錄』卷41, 高宗 38年 5月 9日(陽曆).
111) 『高宗實錄』卷42, 高宗 39年 10月 9日(陽曆).
112) 『太宗實錄』卷33, 太宗 17年 1月 12日 己亥.
113) 『英祖實錄』卷101, 英祖 39年 2月 11日 己亥.
114) 『高宗實錄』卷46, 高宗 42年 10月 18日(陽曆).
115) 『正祖實錄』卷15, 正祖 7年 3月 24日 乙卯 ; 4月 25日 乙酉.
116) 『憲宗實錄』卷9, 憲宗 8年 5月 5日 癸丑.
117) 『哲宗實錄』卷7, 哲宗 6年 3月 1日 癸亥.
118) 『高宗實錄』卷15, 高宗 15年 4月 29日 戊申.
119) 『高宗實錄』卷18, 高宗 18年 11月 6日 甲午.
120) 『高宗實錄』卷24, 高宗 24年 12月 30日 壬子.
121) 『高宗實錄』卷37, 高宗 35年 5月 11日(陽曆).
122) 『高宗實錄』卷42, 高宗 39年 10月 9日(陽曆).
123) 『北路陵殿志』(규1668) 卷1, 碑石.
124) 『承政院日記』59책, 英祖 28年 7月 28日 丙戌. 영조대에는 덕릉 이하 4릉의 신도비나 표석에 대한 기록이 없어, 각인하여 문서에 수록하였다.

| | | | | |
|---|---|---|---|---|
| 智陵 | 비석 1 | 태조 2년(1393) | 有墻有閣 | 홍살문 동쪽 220보 |
| 淑陵 | 비석 1 | 태조 2년(1392) | 有墻無閣 | 홍살문 서쪽 300보 |
| 德陵.安陵 | 비석 2 | 태종 10년(1410) | 有墻無閣 | 정자각 동쪽 60보 |

<4대조 북도팔릉의 비갈과 비각>

위의 표에 의하면 4대조 북도팔릉의 비갈은 크게 비석과 신도비로 나뉜다. 신도비가 세워져 있는 능은 북도 8릉 중 정릉이 유일하다. 정릉의 신도비는 1장 남짓한 거북 등 위에 세워져 있다. 한편 비석의 경우 세워진 시기가 각각 다르다. 이들 중 시대가 가장 올라가는 것은 의릉·순릉·지릉·숙릉의 것으로 태조 2년(1393) 10월에 세웠다. 덕·안릉의 경우 태종 10년 10월에 천릉을 하면서 덕릉과 안릉에 각각 세운 것이며 높이 3자에 달한다.[125]

임진왜란이 끝나고 정·화릉의 비석이 없어져, 광해군 4년(1612) 1월 28일 정릉의 비석을 세우고자 글자를 새기는 각수를 내려 보냈다.[126] 9월 2일 정릉의 비문을 고쳐 쓰고자 병조정랑 오익(吳翊)이 내려 갔고 전액(篆額)은 "환조 정릉 신도비(桓祖定陵神道碑)"라 불렀다.[127] 2년 후에 세웠다.[128] 덕·안릉의 구릉(舊陵)에는 홍무 28년 2월에 세운 비석이 유존하고 있어, 영조 25년(1749) 이것이 마모되어 고치자고 하였으나 옛 것을 고적으로 보존하기 위해 고치지 말게 하였다.[129] 이후 고종 37년 정릉의 새 비문과 옛 비문을 상고하여 이정(釐正)하도록 하였으며,[130] 고종 38년 함경도 팔릉의 표석 앞면의 글과 음기(陰記)를 고종이 친히 써서 내렸다.[131] 고종 41년(1901) 3월 5일, 고종 황제는 북도 팔릉의 표석을 친히 써서 내렸고, 43년(1906) 1월 19일 표석을 세웠다.[132]

이들 비갈마다 비각이 세워져 있는데, 영조 13년(1737) 11월 5일에는 정·화릉의 비각을 영건하였다.[133] 그런데 영조 23년의 기록을 보면 지릉에만 비각이 있을 뿐 나머지 능에는 담장만 둘러져 있었다. 덕·안릉은 고종 2년(1865) 5월부터 7월까지 2개월간 덕릉과 안릉의 비각을 수개하

125) 『北路陵殿志』 卷1. 碑石 ; 『承政院日記』 113책, 純祖 28年 7月 25日 癸亥 ; 『承政院日記』 113책, 純祖 29年 7月 1日 癸巳. 舊덕안릉에는 신도비는 太宗 10年에 천릉하면서 덕릉의 舊碑는 비각에 그대로 두었으나, 안릉의 舊碑는 매안되어 있었다. 그러다 영조년간에 땅에서 꺼내어 세웠다고 한다.

126) 『光海君日記』卷57, 光海君 4年 9月 2日 癸巳.

127) 『光海君日記』卷57, 光海君 4年 9月 2日 癸巳. 비면의 1행에는 "有明 朝鮮國 桓祖 淵武 聖桓 大王 神道 碑銘 竝書"라고 썼다. 다음날 정화릉 신도비액을 쓸 때 환조의 정릉만 칭할 것인지, 옆의 화릉을 덧붙여 쓰는 것을 의논하였으나 정릉비만 쓰도록 하였다. (『光海君日記』卷57, 光海君 4年 9月 3日 甲午).

128) 『光海君日記』卷81, 光海君 6年 8月 28日 戊申.

129) 『英祖實錄』卷69, 英祖 25年 3月 7日 乙卯.

130) 『高宗實錄』卷40, 高宗 37年 7月 7日(陽曆).

131) 『高宗實錄』卷41, 高宗 38年 3月 5日(陽曆) ; 『珠淵集』.

132) 『高宗實錄』卷47, 高宗 43年 1月 19日(陽曆).

133) 『英祖實錄』卷46, 英祖 13年 11月 5日 戊午. 비각을 감동한 함흥판관 沈沇에게 준직을 제수하다.

였다.[134] 이후 대한제국시기에 들어 고종 37년(1900) 4월 20일에 함흥과 영흥의 각릉을 봉심하도록 하고, 비각에 비가 새고 앞에 늘어뜨린 휘장의 색깔이 변색되어 전부 수리하도록 하였다. 고종 43년 북도 팔릉에 표석을 다시 세울 때 중건하였다.[135]

다음 조선후기 들어 정자각이 화재로 불이 나거나 파손되면 증축을 하였다. 정·화릉의 정자각은 광해군 14년(1622) 2월 16일에 불에 탔다.[136] 하지만 현종 13년(1672) 11월 24일에 정·화릉의 정자각에 불이 난 것을 통해 이전 어느 시기에 개건한 것을 알 수 있다.[137] 한편 순릉의 정자각은 현종 2년(1661) 12월 15일에 비가 새는 곳이 두 곳이나 있어 한식 제사를 지낸 뒤에 보수하였다.[138] 한편 지릉의 정자각은 영조 8년(1732)에 수리를 하였다. 3월 4일부터 15일까지 정자각의 상량문을 제술하는 논의가 있었으며,[139] 3월 22일에 상량하는 길일로 잡았다.[140] 지릉 정자각의 중건에 대해서는 의궤가 있다.[141]

지릉 정자각은 영조 38년(1762)에 또다시 중건하였다. 곧 무진년 지릉을 중건한 때부터 100년이 지났고, 영조대 경신년에 중수한 이후 20년이 지난 때였다.[142]

그렇다면 영조 23년(1747) 『북로능전지(北路陵殿志)』에 의해 4대조 북도팔릉어 배치되어 있는 건물의 종별은 다음의 표와 같이 정자각을 비롯하여 비각, 수라간, 홍살문, 재실로 구성되어 있다.[143]

| 능호 | 건물 | | | | | | | 관리수호인 | | | 位田 |
|---|---|---|---|---|---|---|---|---|---|---|---|
| | 정자각 | 비각 | 수라간 | 홍살문 | 재실 | | | 능관 참봉 | 수호군 | 保人 | |
| | | | | | 위치 | 제기.복고 | 향대청 | | | | |
| 定陵.和陵 | 능 아래 80보 | 有 | 有 | 정자각 남쪽 100보 | 신도비 서북쪽 20보 | 有 | 無 | 2인 | 30명 | 30명 | 34결 |
| 義陵 | 능 아래 15보 | 無 | 有(泉) | 정자각 남쪽 110보 | 홍살문 서쪽 20보 | 有 | 無 | 2인 | 15명 | 15명 | 21결 |

134) 『高宗實錄』卷2, 高宗 2年 5月 4日 戊戌 ; 7月 18日 庚辰.
135) 『高宗實錄』卷47, 高宗 43年 1月 19日(陽曆).
136) 『光海君日記』卷174, 光海君 14年 2月 16日 壬午.
137) 『顯宗改修實錄』卷26, 顯宗 13年 11月 24日 乙未.
138) 『顯宗實錄』卷4, 顯宗 2年 12月 15日 庚申.
139) 지릉 정자각의 상량문을 제술하는 일에 대해 3月 3日부터 11日까지 계속 논의하였다. 『承政院日記』卷41, 英祖 8年 3月 3日 庚申, 4日 辛酉, 5日 壬戌, 6日 癸亥, 7日 甲子, 11日 戊辰, 12日 己巳, 13日 庚午, 15日 壬申.
140) 『承政院日記』卷41, 英祖 8年 3月 15日 壬申.
141) 『智陵丁字閣重修都監儀軌』.
142) 『承政院日記』卷67, 英祖 38年 3月 16日 己酉.
143) 『北路陵殿志』 卷1.

| | | | | | | | | | | | |
|---|---|---|---|---|---|---|---|---|---|---|---|
| 純陵 | 능 아래 30보 | 無 | 有 | 정자각 남쪽 100보 | 홍살문 남쪽 20보 | 有 | 無 | 2인 | 15명 | 15명 | 17결 |
| 智陵 | 능 아래 75보 | 無 | 有 | 정자각 아래 50보 | 홍살문 동쪽 300보 | 有 | 有 | 2인 | 15명 | 15명 | 14결 |
| 淑陵 | 능 아래 150보 | 無 | 有(泉) | 정자각 서쪽 80보 | 홍살문 서쪽 340보 | 有 | 無 | 2인 | 15명 | 15명 | 15결 |
| 德陵. 安陵 | 능 아래 70보 | 無 | 無 | 정자각 동쪽 70보 | 홍살문 동쪽 110보 | 有 | 無 | 2인 | 30명 | 30명 | 37결 |

<4대조 북도팔릉의 건물과 관리수호인원>

비각의 경우 영조 9년(1733)에 4대조 팔릉, 곧 북로각릉의 비석을 새로 개비하면서 비각도 중건하였다. 당시 견양이 되었던 것이 지릉의 비석(표석)으로서 장인이 목척(木尺)으로 측정한 결과 4자 5치였는데, 견양으로 측정한 숭릉의 비석이 6자였다. 따라서 지릉의 비석이 숭릉의 것에 비해 왜소하여 지릉 비석은 5치를 감하여 5자 5치로, 지릉 비석은 5치를 더하여 5자로 했다. 이때 너비는 1자 5치, 두께는 6치로 했으며, 이것을 모두 제작하여 이듬해 봄에 세우도록 하였으며 이때 북도각릉의 비각 또한 1칸 8작으로 세우게 하였다.[144] 북도팔릉 중 정화릉에는 신도비가 세워져 있어 비각이 있었다. 아울러 구(舊) 덕릉의 신도비 또한 정조대에 비각을 재건해 주었다.[145]

덕안릉에는 수라간이 없는 것이 특징이다.[146] 재실의 익랑에는 전사청(典祀廳)을 두어 제기고와 제복고 및 향대청을 마련해 놓은 것이 공통되었다.[147] 한편 덕·안릉에서 사용하는 제기의 종별은 작점을 비롯하여 총 18종 106점이다.[148] 이것들은 모두 경사(京司)에서 놋그릇으로 만들어 들이도록 하였다. 그런데 덕·안릉과 정·화릉은 동원이강릉으로서 왕과 왕후 2분에게 제례를 드리기 때문에 나머지 단릉인 의릉·순릉·지릉·숙릉보다 제기고에 소장된 제기가 2배 정도 많았다.[149] 제복의 경우 10종류 7벌을 京司에서 만들어 각릉에 마련해 주었다.[150] 물론 이러한 제기나 제복이 훼손되면 서울에서 마련하여 현지로 내려보냈다. 예를 들어 숙종 42년(1716) 덕·

144) 『承政院日記』卷42, 英祖 9年 3月 21日 己巳.

145) 『承政院日記』89책, 正祖 15年 4月 28日 壬申.

146) 『王陵山圖』, 고1430-10.

147) 『北路陵殿志』卷1. 德安陵. 齋室. "翼廊置典祀廳 及祭器服庫諸陵倣此"

148) 덕안릉의 제기는 爵坫 6, 中桂器 8, 散子器 10, 茶食器 10, 實果器 12, 餠器 18, 食器盖具 2, 湯器 8, 菜器 8, 羹器 2, 炙器 2, 鍾子 4, 山罍 3, 龍勺 3, 匙箸坫具 2, 香爐 2, 香盒 2, 燭臺 2쌍 등이다.

149) 『北路陵殿志』卷1. 德安陵. 祭器. "爵坫具六 中桂器八 散子茶食器各十 實果器十二 餠器十八 食器盖具二 湯器菜器各八 羹器炙器各二 鍾子四 山罍龍勺各三 匙箸坫具各二 香爐香盒盖具各二 燭臺二雙 皆自京司造來而以鍮爲之 單位陵則器數减半."

150) 『北路陵殿志』卷1. 德安陵. 祭服. "白衫 黑衫 紅裳 蔽膝 方心 緇冠 角帶 襪 笏 革鞋各七 亦自京司造來 諸陵皆同此數."

안릉 제복 중 각대(角帶) 5건이 파손되어 제작해 들였다.[151] 영조 36년(1760) 북도제릉에서 한식의 제향시 착용하는 제복을 서울 근교 왕릉의 예에 의해 마련해 주도록 하였다.[152] 한편 정조 16년(1792)에는 4대조 북도팔릉의 제복을 봉심하고 부족한 숫자를 다음과 같이 조사하였는데,[153] 이처럼 제관들이 착용하는 관이나 각대, 흑삼(黑衫), 정의(淨衣) 등은 서울에서 마련하여 내려 보내었다.[154]

재실 내에는 제향에 사용할 향을 보관할 향대청은 오직 지릉에만 마련되어 있었다. 향대청은 3칸으로 되어 있으며, 별도로 감실이 있어 향축을 봉안하였다. 나머지 왕릉에서는 재실에 감실을 마련하여 봉향하였다.[155]

한편 정자각 내부 지의를 비롯한 의물에 대한 보수도 여러 차례 이루어짐으로써, 정자각 내부 배치사항을 짐작하게 해준다. 예컨대 숙종 42-영조 11년 사이 무술년에 4대조 북도팔릉 정자각 내부에 까는 지의의 선(縇)이 찢어져 수리를 요청하고 있었다. 곧 덕안릉 정자각 내부에 까는 지의 2닙과 월랑에 까는 지의의 선(縇)이 찢어졌고, 지릉의 정자각 내부 지의 2닙 및 순릉 월랑 계단의 지의석 2닙의 선(縇)이 찢어져 수리를 요청하고 있었다. 그와 함께 지릉과 의릉 정자각 내부에 배치하는 갈대삿자리[蘆簟]도 부러졌다. 숙릉의 경우 정자각 내부의 용평상 상하에 까는 자리[單席]의 색상이 더러워졌다. 이러한 4대조 북도팔릉 각능의 정자각에 배치하는 용평상과 그 위에 덮는 단석, 지의, 노점 및 놋제기 등을 수개하고 보수하도록 하였다.[156]

다음으로 4대조 북도팔릉을 관리하고 수호하는 인원에 대하여 알아보자. 4대조 북도팔릉의 능지기는 참봉 2인이고, 수호하는 인원은 능마다 15명씩을 두어 정·화릉이나 덕·안릉은 30명을 두었으며, 보인(保人)의 숫자도 마찬가지이다.

### 3) 4대조 북도팔릉 석의물의 개보수 실태

조선후기 들어 석물의 개보수가 실시되었다. 조선후기 영조 23년(1747) 『北路陵殿志』에 의해 4대조 북도팔릉에 세워져 있던 석의물의 종별과 수량을 살펴보면 다음의 표와 같다.[157]

151) 『各陵謄錄』, 규12916, 肅宗 42年 丙申 9月 24日. "德安陵祭官角帶 及濬源殿銅爐口 紗帽黑團領淨衣等物乙良自京司急速下備下送之 意分付何如"
152) 『承政院日記』卷66, 英祖 36年 12月 7日 丁丑.
153) 『承政院日記』 90책, 正祖 16年 윤4月 24日 壬辰.
154) 『各陵謄錄』, 戊戌 11年 22日. "各陵殿祭官所着冠角帶黑衫淨衣等 段依前例令京司措備下送事亦爲分付何如"
155) 『承政院日記』 32책, 英祖 元年 5月 22日 己未.
156) 『各陵謄錄』, 戊戌 11年 22日. "各陵丁字閣 龍平床與所排面 單席 地衣 蘆簟 及鍮祭器 折傷穿穴等有頉 處令 各其逢授官趁 卽修改修補事分付 本道爲白乎旀"
157) 『北路陵殿志』 卷1, 象設.

| 능호 | 혼유석 | 장명등 | 문석인 | 무석인 | 양석 | 호석 | 마석 |
|---|---|---|---|---|---|---|---|
| 定陵.和陵 | 2 | 1+安寶石 | 4 | 4 | 4 | 4 | 4 |
| 義陵 | 1 | 1 | 2 | 2 | 4 | 4 | 4 |
| 純陵 | 1 | 1 | 2 | 2 | 4 | 4 | 4 |
| 智陵 | 1 | 1 | 2 | 2 | 4 | 4 | 4 |
| 淑陵 | 1 | 1 | 2 | 2 | 4 | 4 | 4 |
| 德陵.安陵 | 2 | 1 | 4 | 4 | 4 | 4 | 4 |

<4대조 북도팔릉의 석의물 종별과 수량>

석물의 종별은 혼유석, 장명등, 문석인, 무석인, 양호석, 마석이 공통되고, 수량은 쌍릉과 단릉에서 차이를 보였다. 장명등의 경우 '장명대(長命臺)'라고도 부르고 있었으며,[158] 특이하게 정릉에는 장명등 옆에 속칭 "안보석(安寶石)"이라 부르는 작은 상석(床石)이 있었다.[159]

비갈의 경우 능침마다 수량에 차이를 보였다. 덕·안릉의 경우 1410년(태종 10) 10월에 목왕의 덕릉과 효비의 안릉에는 높이 3자에 달하는 2개의 비석이 서 있었다. 익왕의 지릉에는 태조 2년 10월에 세운 비석이 서 있었다.

조선후기에 들어서자 4대조 북도팔릉의 석의물은 세운지 300여 년이 지나 여러 곳에서 훼손이 되어 개보수가 수시로 발생하였다. 그중 가장 심각한 것은 정화릉의 문석인과 장명등이었다. 정릉과 화릉에 배치된 문석인 2기와 장명등 1기가 모두 복두[弁頭]가 상하여 가늘게 실금 흔적이 나 있어 회를 바르고 몇 년이 지났는지 모른다. 회를 발라 봉합한 곳이 세월이 오래 지나 회와 돌색이 서로 같아져 신하가 알아차리지 못했다. 그러나 지금은 회가 떨어진 후 상흔이 노출되어 불가불 개수하기를 청한다. 계본(啓本) 중에 제릉(諸陵)을 수개하는 물건이 매우 많으나 능상 석물은 매우 중요한 일이니 상처에 회를 다시 입힐지, 다시 고쳐 세울지 예조당상에서 봉심후에 결정하도록 하였다.[160] 함경감사 이정보(李鼎輔)의 계본에 의하면 정릉과 화릉의 문석인과 장명등을 봉심한 결과를 보고하자 영의정 김재로(金在魯)가 바른 회가 박락된 것이 분명하니 새로 회를 바르면 마땅히 같은 색이 될 것이다. 만약 한 두개의 석물을 고치고자 대역을

158) 『北路陵殿志』卷1, 象設. 長明燈은 "長明臺"로 부르고 있다.

159) 『北路陵殿志』卷1, 定和陵 象設. "與 德安陵同[但長明臺右有小床石俗稱安寶石 和陵無此石."

160) 『承政院日記』卷56, 英祖 24年 6月 14日 丁卯. "定陵·和陵, 陵上文石各二部, 長明臺各一部, 弁頭皆傷, 缺痕如縷絲, 以灰塗抹, 未知其傷缺之在於何年.而塗灰合縫, 歲月旣久, 灰與石同色, 故前後道臣, 不能覺察.到今灰落之後, 傷痕露現, 不可不及時改竪爲請.而其啓本中, 諸陵修改物件頗多, 已自臣曹回啓, 俄者入啓.而陵上石物, 事體重大, 傷處改塗與改竪一款, 禮堂下去奉審後, 可以決定.雖當潦雨農節, 旣知陵上石物傷缺之後, 有難遲待, 本曹堂上一員, 下去奉審後, 稟處, 何如? 上曰, 昔日所塡之灰, 今缺故, 細拆之痕露現耶? 缺灰之後, 復有新拆之痕耶? 令道臣, 更爲奉審後, 稟處, 可也.出擧條."

동원하기가 어려우니 예전과 마찬가지로 회를 바르도록 하자고 했다.[161)]

1772년(영조 48) 2월 18일에는 정·화릉의 문무인석과 장명등이 부러져 훼손된 것을 고쳐 세우길 청했다.[162)] 곧 정화릉의 성설이 병화로 훼손되었고, 문무석의 변두가 결실되었으며, 장명등의 네 기중이 절단된 것이 오래되어 고쳐 세우지 않고 회를 사용하여 붙여 보기에 미안할 정도이다. 그러면서 회를 바르는 것은 병풍석의 틈새가 갈라진 것을 메우는 것이지 상설에는 사용하지 않는 것이며, 변두나 네 기둥이 결실된 것은 회로 덮어도 소용이 없다. 세월이 흘러 회가 떨어져 석면을 모두 잃으니 모든 다리가 기울어지고 형태가 이지러졌다. 이러한 상태를 그대로 두는 것은 차서계술(次第繼述)이며 원릉에 대한 궐전(闕典)이다. 따라서 경기도의 제릉처럼 양릉의 문무석과 장명등의 훼손된 것을 고쳐 세우도록 했다.[163)] 이러한 건의에도 불구하고 2년 후 1774년(영조 50)에도 여전히 문석과 장명등의 절상(折傷)이 문제가 되었다. 하지만 이에 대하여 영조는 고석(古石)에 회를 덮어 씌우는 것은 괜찮으나, 새 돌[新石]을 사용하는 것은 곤란하다는 확고한 입장을 견지하였다.[164)] 결국 영조대 내내 정화릉의 문석인과 장명등은 회를 바르는 응급조치만 계속되었다.

1777년(정조 1년) 11월 6일에 정화릉의 석물 절상을 수개하지 않아 매번 전복될까 위험이 있다고 보고하였다. 이에 홍국영은 오래된 석물은 고쳐서 설치하는 것이 가하지 않으니 상한 부분에 유회를 바르는 외에는 다른 방법이 없다고 하였다. 그러나 정조는 그렇게 임시 조치를 하면 회가 풍우에 박락되어 언제 전복될지 알 수 없어 고민이라고 하면서, 상한 곳에 동갑을 둥글게 씌워 지탱하는 방안을 제시하였다. 이에 홍국영이 무방하다고 하였다.[165)]

---

161) 『承政院日記』卷56, 英祖 24年 6月 14日 丁卯. "禮曹判書李周鎭曰, 頃因咸鏡監司李鼎輔啓本, 定陵·和陵, 文石·長明臺罅痕處, 令道臣更爲奉審後, 啓聞事, 分付矣.卽接北伯狀啓, 則定陵·和陵, 文石·長明臺弁頭, 四面罅隙, 皆以灰合縫.年久之故, 灰與石同色, 前後奉審時, 不知爲折傷.今則塗灰剝落, 罅隙始爲露現.此是舊頉, 非新坼之痕云, 而陵上石物, 事體重大, 有非循例回啓者, 抑或因前塗灰乎? 或以他石, 改造豎立乎? 敢此仰達矣.上曰, 大臣之意, 何如? 領議政金在魯曰, 塗灰剝落, 故坼痕分明, 而新塗稍久之後, 自當同色.因此一二石之改, 興動大役於咫尺之內, 殊甚重難, 姑爲仍舊塗修, 似好矣.上曰, 依前塗灰, 可也.出擧條."

162) 『英祖實錄』卷118, 英祖 48年 2月 18日 癸未 ; 『承政院日記』卷74, 英祖 48年 2月 18日 癸未.

163) 『承政院日記』卷74, 英祖 48年 2月 18日 癸未. "竊伏惟念我聖桓大王定陵, 懿惠王后和陵, 象設毁傷於兵燹, 文武石之缺弁頭, 長明臺之折四柱, 久矣而未遑改豎, 用灰粘付, 莫重之地, 瞻仰不安.臣於未釋褐之前, 待罪和陵參奉, 面議監管, 以請啓聞, 而其時道臣, 以事在久遠, 持難而不敢以聞.其後故判書臣李鼎輔爲監司也, 始奉審馳啓, 而其時筵中, 以塗灰落剝故, 傷痕分明, 而新塗稍久, 則自當同色, 因一二石之改豎, 興動大役於咫尺之內, 殊甚重難, 仍舊塗灰似好之意, 判下矣.蓋奏御文字, 不敢率遽, 以慽聖心, 道臣, 泛以傷痕爲啓故, 雖有因舊塗灰之命, 而其缺折於搶攘之中者矣.豈傷痕之可論也哉? 凡石物塗灰, 蓋論於屛石罅隙, 而非象設之謂也.況此已缺之弁, 旣折之柱, 雖裹灰而粘之, 亦豈有色同痕合之理哉? 多年塗灰, 全失石面, 諸脚傾側, 久無臺樣, 事體道理, 不可仍置.噫, 一時動役之有難, 百世瞻仰之不安, 其輕重, 何如而己卯宗伯之還稟, 旋爲道臣之防啓.壬午改封時, 又未聞有一體新備之命, 臣竊恨之.殿下於列朝未遑之儀, 次第繼述, 園陵欠闕之典, 無不擧.假如近畿諸陵, 有此大不安之節, 則儀曹, 其可以久遠而仍置, 廷議其可以重難而稽擧耶? 惟此寢園, 隔遠千里, 因循百年, 登聞固晩, 旣經改築, 而又遺此虧傷數石於月出之所, 玆豈非欠缺之甚者乎? 臣愚死罪, 以爲兩陵文武石·長明臺毁傷者, 亟令改豎, 斷不可已也."

164) 『承政院日記』卷75, 英祖 50年 9月 10日 庚申. "檍進伏曰, 八陵, 奉審無頉, 而定陵·和陵, 文席長明臺, 折傷矣.上曰, 大段折傷乎? 檍曰, 年久故如此, 而不甚大段矣, 上曰, 以灰蓋之云矣, 果何如? 檍曰, 以灰塗之矣.上曰, 此乃古石, 塗灰好矣, 新石則難矣."

165) 『正祖實錄』卷4, 正祖 1年 11月 6日 戊辰 ; 『承政院日記』卷78, 正祖 元年 11月 6日 戊辰. "上曰, 和陵·定陵石物之折傷, 尙不修改, 每致顚仆之患, 殊甚欠敬, 何以則爲好耶? 國榮曰, 年久石物, 不可改設, 傷處以油灰塗着之外, 無他道矣.上曰, 雖以油灰塗着, 爲風雨所剝落, 則還爲顚仆, 是可悶也.予意則傷處以銅匣環着, 則此可爲支撑之道矣.國榮曰, 此亦無妨矣."

<정 · 화릉>, 1970년대 북한 촬영, 2012년 필자 소장

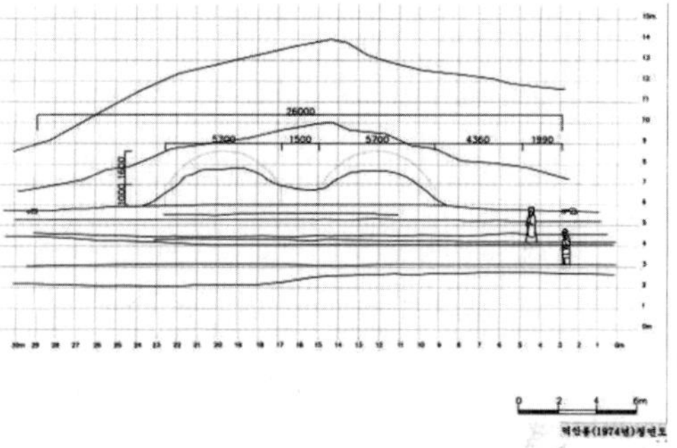

<덕 · 안릉>, 1974년 북한 실측도면, 2012년 필자 소장

이처럼 정·화릉의 문석인 2기와 장명등 2기에 동갑을 씌었는데, 그러한 사실은 1791년(정조 1)에 정·화릉의 문인석 두 쌍과 장명등 2좌가 동갑(銅匣)으로 감싸 있다는 것을 확인하였다.[166] 정릉의 문석인은 변두(弁頭)부터 항견(項肩)까지 동갑(銅匣)으로 감쌌으며, 화릉의 문석인은 동편으로 이마를 묶었는데 구리색이 달라 멀리서보면 마치 풍차(風遮)를 착용하거나 혹은 망건을 착용한 것처럼 보였다.[167] 정·화릉을 비롯한 4대조 북도팔릉의 장명등은 조선후기 왕릉의 것과 형태가 달랐다. 곧 기대 위에 기대를 얹은 것처럼 네 기둥을 모두 구리로 싸고 그 위에 옥개석[蓋頭] 역시 구리로 덮었던 것이다.[168]

정조 19년(1795)은 환조의 여덟 번째 환갑이 되는 해여서 특별히 정릉의 작헌례를 대신을 보내 섭행토록 하였다. 정릉의 작헌례에 따른 의절은 전례(典禮)를 상고한 뒤 정하기로 하고,[169] 3일 뒤 산릉에 섭행하는 것을 『국조오례의』에 의거하여 3헌을 드리도록 정하여,[170] 2월 13일에 거행하였다.[171]

의릉의 경우 1746년(영조 22) 5월부터 11월까지 석물을 수개하는 역사가 있었다.[172] 당시 어떤 석물을 수개하였는지는 기록이 없어서 알 수 없다. 다만 능역이 6개월간 지속되었던 것으로 미루어 대대적인 보수공사였던 듯하다. 하지만 당시의 능역이 정밀하지 못하였던지 기초가 잘못

166) 『正祖實錄』卷32, 正祖 15年 5月 6日 庚辰 ; 『承政院日記』卷89, 正祖 15年 5月 6日 庚辰. "定和陵文石二覽, 長明燈二坐之執頉年久, 間因狀請, 護以銅匣, 所見果無礙眼之嫌耶?"; 『承政院日記』卷89, 正祖 15年 5月 18日 壬辰.

167) 『承政院日記』卷89, 正祖 15年 5月 18日 壬辰. "蓋定陵文石, 則自弁頭至項肩, 冒以銅匣, 和陵文石, 則以銅片纏額, 而銅石色殊, 故遠視則或類人之着風遮, 或似人之着網巾, 欲試其完固, 以手搖之, 輒掀動是白遣."

168) 『承政院日記』卷89, 正祖 15年 5月 18日 壬辰. "長明燈則其體樣, 異於今制, 有若盤上加盤, 而四柱皆以銅裹之, 其上蓋頭, 亦以銅覆之是白乎所."

169) 『正祖實錄』卷42, 正祖 19年 1月 3日 丙戌.

170) 『正祖實錄』卷42, 正祖 19年 1月 6日 己丑.

171) 『正祖實錄』卷42, 正祖 19年 2月 1日 癸丑 ; 10日 壬戌 ; 2月 17日 己巳.

172) 『英祖實錄』卷63, 英祖 22年 5月 2日 丁酉 ; 『英祖實錄』卷64, 英祖 22年 11月 9日 庚子.

되었는지, 50년이 지나 1791년(정조 15)에 또다시 석물을 개수하였으며,[173] 1806년(순조 6)에도 마찬가지로 석물을 개수하였다.[174] 이후 철종과 고종 때에도 계속 수개를 하고 있었다.[175]

이처럼 북도팔릉은 조선 초기에 조선 왕릉의 전형을 갖춘 후, 조선시대 내내 국가적 관리를 받으며 일제시대까지 원형을 유지하였음을 확인할 수 있다. 그러나 해방 이후 북도팔릉은 북한 당국의 관리를 받았는데, 정치적 이유 등으로 그 원형이 훼손되면서 변모하게 되었다. 예를 들어 1970년대에 이성계의 부모인 추존 환조와 의혜왕후를 모신 <정·화릉>을 촬영한 흑백 사진을 보면 알 수 있다. 이것은 1974년에 북한 당국에서 이성계의 증조부모인 추존 목조와 효공왕후를 모신 <덕·안릉>을 실측한 도면도 또한 마찬가지이다.[176]

정·화릉부터 덕·안릉까지 능역이 헐벗어 일제시대까지 능침 주위에 울창하던 소나무 숲은 사라져 버렸다. 능침 뒤쪽의 곡장을 비롯하여 앞쪽의 정자각이나 재실 및 비각 등 건물이 흔적도 없다. 능침 앞에 배치되어 있던 석물 또한 문석인 1기와 무석인 1기만 볼 수 있을 뿐이다.

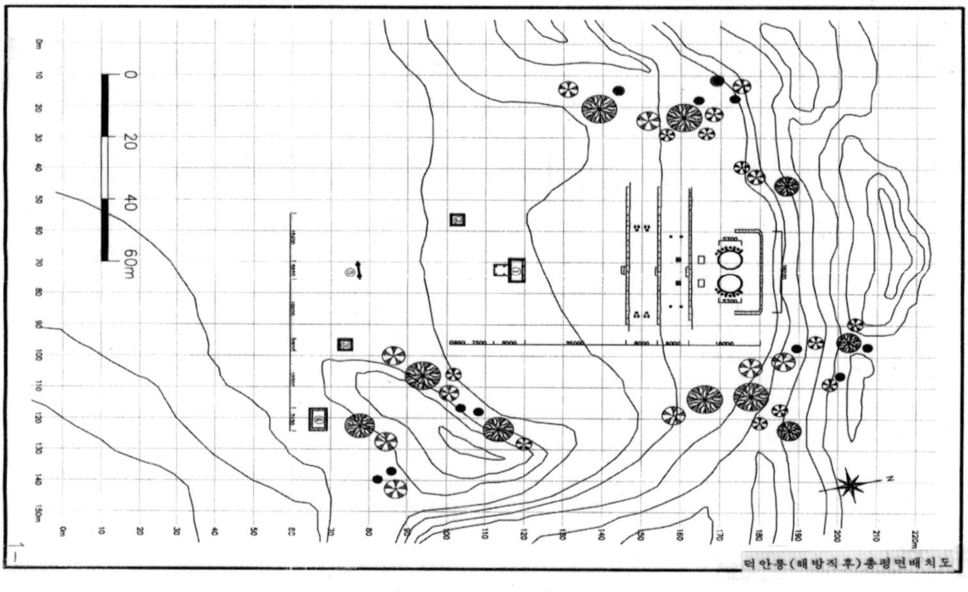


<덕 · 안릉 평면실측도>, 해방 직후, 필자 소장

173) 『正祖實錄』卷32, 正祖 15年 5月 6日 庚辰.

174) 『純祖實錄』卷8, 純祖 6年 4月 22日 己亥.

175) 『哲宗實錄』卷10, 哲宗 9年 9月 14日 丙戌 ; 『高宗實錄』卷40, 高宗 37年 8月 5日(陽曆).

176) 해방 이후 북한에서 촬영한 북도팔릉의 사진이나 실측도면 등 각종 자료는 2012년에 확보하여 필자가 소장하고 있는 미공개자료이다.

# 4장 고려말 조선초기 왕릉의 양식 변천

고려시대의 왕릉은 대체로 신라의 왕릉제도를 답습하나, 망주석·장명등·정자각 등을 세우고 봉분의 주위에 석양·석호를 세우는 새로운 제도를 채택하여 조선시대 왕릉제도의 선구가 되고 있다. 석난간은 신라의 것에 비하여 훨씬 높게 하였고, 면석과 우석으로 된 12각형의 호석은 면석에 12지상을 새겨 그 면이 12방위와 일치하고 있다. 한편, 신라시대에 흔적을 찾아 볼 수 있는 풍수지리설의 영향은 고려시대에 이르러 뚜렷하게 나타나고 있는데, 고려시대의 왕릉은 반드시 남면(南面)하였으며 그 뒤에는 주산(主山)과 좌우에 청룡·백호의 지맥이 있고 앞을 주수(主水)가 흐르도록 되어 있다.

고려시대에는 국왕의 사후 국휼(國恤)에 대해 예제가 정해져 있지 않았다. 때문에 국상이 생기면 모두 임시로 일을 처리하고, 이를 마친 후 이를 적어 놓지 않아 전해지는 내용도 없었다. 이로 미루어 고려시대 상례에 대한 일관된 체계가 『고려사』 편찬 당시에는 없었고, 예지(禮志)는 대부분 『상정고금예문』에 수록된 흉례에 대한 연대기적인 기록을 단편적으로 실었을 뿐이다. 고려 국왕의 상장례 의식을 재구성하면 다음의 표와 같다.

| | 묘호 | 승하 일시 | 승하장소 | 능호 | 기간 | 소재지 |
|---|---|---|---|---|---|---|
| 1 | 태조 | 943.6.무신 | 선덕전 | 顯陵 | 26일 | 개성시 |
| 2 | 혜종 | 945.9.무신 | 중광전 | 順陵 | - | 개성시내 가하동 |
| 3 | 정종 | 949.3.병진 | 제석원 | 安陵 | - | 개성시 개풍군 고남리 |
| 4 | 광종 | 975.5.갑오 | 정침 | 獻陵 | - | 개성시 삼거리 |
| 5 | 경종 | 981.7.병오 | - | 榮陵 | - | 개성시 판문군 판문읍 |
| 6 | 성종 | 997.10.무오 | - | 康陵 | - | 개성시 판문군 진봉리 |
| 7 | 목종 | 1009.2.기축 | 적성현 | 義陵 | 30일 | 개성 동쪽 |
| 8 | 현종 | 1031.5.신미 | 중광전 | 宣陵 | 22일 | 개성시 개풍군 해선리 |
| 9 | 덕종 | 1034.9.계묘 | 연영전 | 肅陵 | 27일 | 개성 북쪽 교외 |
| 10 | 정종 | 1046.5.정유 | 산호전 | 周陵 | - | 개성 북쪽 교외 |
| 11 | 문종 | 1083.7.신유 | 중광전 | 景陵 | 23일 | 개성시 판문군 선적리 |
| 12 | 순종 | 1083.10.을미 | 선덕전 | 成陵 | 25일 | 개성시 판문군 진봉리 |
| 13 | 선종 | 1094.5.임진 | 연영전 | 仁陵 | 22일 | 개성 동쪽 |

| | | | | | | |
|---|---|---|---|---|---|---|
| 14 | 헌종 | 1095.윤2.갑진 | 흥성궁 | 隱陵 | 16일 | 개성 동쪽 |
| 15 | 숙종 | 1105.10.병인 | 장평문 | 英陵 | 18일 | 개성시 판문군 판문리 |
| 16 | 예종 | 1122.4.병신 | - | 裕陵 | 18일 | 개성시 개풍군 오산리 |
| 17 | 인종 | 1146.2.정묘 | 보화전 | 長陵 | 17일 | 개성 남쪽 |
| 18 | 의종 | 1170.10.경신 | 곤원사 | 禧陵 | 7일 | 개성 동쪽 |
| 19 | 명종 | 1197.11.무오 | 창락궁 | 智陵 | 44일 | 개성시 판문군 두매리 |
| 20 | 신종 | 1204.1.정축 | 덕양후집 | 陽陵 | 43일 | 개성시 개풍군 고남리 |

<고려왕릉의 조성기간 및 소재지>

위 표를 보면 국왕이 궁궐 내 정침(正寢)에서 죽으면 안장하기 전까지 빈전을 마련하여 시신을 담은 재궁(梓宮, 棺)을 모시며, 하루를 달로 계산하는 '이일역월법(以日易月法)'을 사용하여 태조 왕건 때부터 13일에 주상(周祥), 즉 1년만에 치르는 제사를 지내고 27일만에 대상(大祥)을 지내 산릉에 안장하였다. 장례를 마치고 나면 신주는 궁궐 내 혼전에 모셔 조석으로 상식(上食)을 올렸으며, 1주년의 소상과 2주년의 대상을 거행한 다음 태묘에 부묘하였다.

고려에서는 국왕의 시신을 모신 능을 부르는 명칭이 조금씩 달랐다. 태조(943)와 경종(981) 때에는 '원릉(園陵)'이라 불렀고, 정종(1046)이나 순종(1083) 때에는 '산릉(山陵)'이라고 불렀다. 하지만 이러한 산릉제도는 상장례와 마찬가지로 의례서에 규정되어 있지 않았다. 다만 고려의 국왕들이 죽음에 임박한 시기에 산릉을 조성할 때 검박하게 하도록 유언을 했다. 그중 고려 태조는 한문제(漢文帝)와 위문제(魏文帝)의 산릉을, 경종은 한나라의 산릉제도를 따라 태조의 현릉(顯陵)을 비롯한 고려 왕릉은 검박하게 조성하였다.

고려시대의 왕릉으로써 가장 잘 정비되고 보존상태가 좋은 것은 공민왕의 현릉(玄陵)과 그 비 노국대장공주의 정릉(正陵)이다. 이 두 릉의 양식은 조선 왕릉의 시작점이 되어있어 그 의미가 크다. 조선이 개국한 후 처음 축조한 릉인 정릉(貞陵)의 경우 장명등의 형태가 공민왕 현릉이나 노국대장공주의 정릉과 유사한 점, 조선왕릉 중 헌릉(獻陵)에만 보이는 문·무인석이 2쌍씩 배치되어 있는 형태는 고려의 두 릉의 제도를 답습하고 있음을 보여주는 좋은 예이다. 하지만 조선은 이전 고려와의 차이를 두어야 했고 사상적인 측면에서도 달랐기에 불교의 유습을 없애고 성리학으로써 모든 제도를 정비해갔다. 그래서 전기에는 세종대 『세종실록오례의』와 성종대 『국조오례의』의 반포와 함께 조선만의 묘제를 완성했고 후기에는 영조대 『국조상례보편』을 통해 변화된 시대에 맞는 새로운 제도를 완성하게 된다.

## 1 고려왕릉과 중국 황제릉의 조성 실태

### 1) 고려와 송요금 황제릉의 조성

고려의 경우 수도인 개경은 산악으로 둘러싸여 있는데, 고려왕릉은 대부분 개경 근처 경기지역에 분포하고 있다.[177] 고려 전기에 해당되는 1대 태조 현릉부터 20대 신종 양릉까지 국왕과 왕후의 능은 총 38기인데, 개성 시내 송악산 북쪽과 시내에서 4km 떨어진 만수산의 남쪽 일대에 분포되어 있다. 고려 이전 신라왕릉이 대부분 평지에 조성되었으나 풍수도참설이 유행하면서 원성왕대부터 능지를 산 위에 선정하는 데 영향을 끼쳐,[178] 고려대에는 태조의 유훈으로 능지를 산에 정하고 왕릉을 산 중턱에 조영하게 되었다.[179]

개성시 개풍군 해선리에 위치한 태조 현릉은 개성시 서쪽에 위치한 만수산 줄기에서 남쪽으로 밋밋하게 뻗은 능선에 조성되어 있다. 이 능선의 동서북쪽의 세 면은 만수산 꼭대기에서 뻗어내린 나지막한 언덕들에 의해 둘러막혀 있으며, 남쪽에는 넓지 않은 평지가 펼쳐져 있다. 능 앞쪽으로는 서쪽에서 시작된 개울이 평지를 가로질러 동쪽으로 흘러내리고 있다. 곧 태조 현릉을 비롯한 고려왕릉은 용맥이라고 부르는 산줄기의 아래쪽에 남향하여 배치되어 있는 것이다. 이처럼 왕릉의 뒤쪽에 주산을 두었고, 왼쪽에는 청룡[左靑龍], 오른쪽에는 백호[右白虎]가 되는 산맥이 돌아가고, 앞에는 주작을 이루는 안산(案山)이 위치하며, 물이 능의 오른쪽 계류에서 나와 능 앞으로 흐르며 능쪽을 흘러 생기(生氣)를 가두는 지세에 있는 것이다. 이렇게 고려왕릉은 통일신라 말부터 유행한 풍수설에 영향을 받아, 장풍득수(藏風得水)의 형세를 지녀 북쪽과 동서쪽이 모두 산으로 막혀 있고 남쪽이 틘 남향으로 놓였으며, 동에서 서로 산을 감싸며 물이 흐르는 곳에 왕릉을 조영하였음을 알 수 있다.[180]

177) 정학수,「고려 개경의 범위와 공간구조」,『역사와 현실』59, 2005, 174-186쪽 ; 이영희,「북한 개성특급시 역사.문화지명의 유래와 특성」,『한국학연구』24, 2006.6, 255-258쪽 ; 박종진, 「고려시대 개경사 연구동향2(2000-2009)」,『역사와 현실』75, 2010, 335-343쪽.

178) 『三國史記』卷10, 元聖王 14年 ; 최병헌, 「도선의 생애와 나말여초의 풍수지리설」,『한국사연구』11, 1975, 129쪽.

179) 마종락,「고려시대 풍수도참과 유교의 교섭」,『한국중세사연구』제21호, 298-299쪽.

180) 장경희,『고려왕릉』, 예 맥, 2013. 16쪽.

| 북송 태조 영창릉, 허난 공의시 | 고려 태조 현릉, 개성 만수산 | 금 태조 예릉, 북경 대방산 |
| --- | --- | --- |
|  |  |  |

<북송 풍수형세도와 여금 황제릉 전경>

물론 중국의 역대 제왕들 또한 감여술(堪輿術)에 의해 자신의 능지를 택정하였다.[181] 예컨대 당황제릉이나 요황제릉은 산을 의지하여 능을 조성하는 배산임수의 방식을 택하였으나, 송황제릉은 산을 앞에 두고 물을 뒤에 두는 면산배수(面山背水)로 배치하는 것이 특징이다.[182] 특히 고려와 같은 시대에 해당되는 북송 황제릉은 수도인 하남성 개봉(開封)에서 120km 떨어진 하남성 공의시(鞏義市)를 황릉구역으로 선정하여 이곳에 7제 8릉, 황후 22명과 왕자묘 등 1,000여 기의 능묘가 있는 대규모 북송 능원구역을 형성하고 있다. 이러한 북송 황제릉의 풍수는 '오음성리설(五音姓利說)'이라 하여 사람의 성씨를 '궁상각치우(宮商角徵羽)'의 오음으로 풀이하였으며, 이것은 '토금목화수(土金木火水)'의 오행(五行)과 상응하여 정하였다. 『중교정리신서(重校正地理新書)』와 같은 고대 풍수술 관련 책에서 오행은 방위와 연관되어 오행의 '목화금수'는 방위의 '동서남북'으로 이해한 것이다. 북송 황제의 성씨는 '조(趙)'씨이기 때문에 그 소리가 오음 중에서는 '각(角)'이고, 오행 중에서는 '목(木)'에 해당되므로 황제릉은 서쪽 방향으로 써야 했다. 곧 북송 황릉이 위치한 공의시 남쪽으로는 숭산(崇山)과 망령(芒嶺)이 위치하고, 북쪽으로는 황하(黃河)와 낙수(洛水)가 흐르는 지형으로서, 전체적으로 북서 방향으로 10°기울어 서쪽을 등지고 동쪽을 향한 동고서저(東高西低), 남고북저(南高北低)를 따랐다.[183] 막상 하남성 공의시에 북송 황제릉을 살펴보면 광활한 평지에 위치한 데다가 숭산(崇山)과 망령(芒嶺)도 그다지 높지 않은 편인데, 태조 조광윤(趙匡胤)의 영창릉(永昌陵)을 대상으로 <풍수형세도>로 그려낸 것으로 살펴 보면 보다 분명해진다.[184]

반면 12세기 금나라 황제릉의 경우 민족적 풍격이 강하게 반영되어 있다. 여진족은 원래 생

181) 何木風, 『來龍去脈-歷代皇陵命運大揭秘-』, 廣西人民出版社, 2007, 152-153쪽.
182) 秦大樹, 『宋元明考古』, 文物出版社, 2004, 132-133쪽. 북송에서 길지를 선정할 때에는 '五音姓利設'에 의거하였다.
183) 胡漢生, 『明代帝陵風水說』, 北京燕山出版社, 2008, 5-6쪽.
184) 胡漢生, 『明代帝王陵』, 學苑出版社, 2013, 6쪽. 도5. <宋朝帝陵風水形勢圖>.

전에 능을 건축하는 습관이 없었다. 하지만 금을 건국하고 황제릉을 조영하면서 여러 면에서 중국 황제릉과 달랐다. 금 황제릉은 깊은 산이 병풍처럼 둘러싸인 곳을 선택하고 있어, 능지 선택에 있어 고려와 유사한 것을 확인할 수 있다. 때문에 이러한 금 황릉의 능지 선택에 대해 중국 학자들은 여진인 고유의 샤머니즘적 민속이나 북방민족적 특성이 반영된 것으로 여기고 있다. 양국의 풍수격국을 좀더 자세히 살펴보자.

첫째, 금 태조 예릉의 초장지의 경우 금 상경 시내[현, 흑룡강성 아성시]에 조성하였는데, 능침의 뒤쪽에는 호국림(護國林)이 병풍처럼 둘러쳐 있으며 앞쪽에는 궁성의 서남쪽에서 흘러 내려오는 물[流水]이 위치하였다. 다음으로 3대 희종 때 태조와 태종의 능을 상경에서 30km 떨어진 아성시 삼성둔에 위치한 노모정자산(老母頂子山)에 천릉하였다. 두 릉은 나무가 무성한 산 중턱에 위치해 있으며 뒤쪽으로는 용맥에 해당되는 호개산(胡凱山)을 두고, 앞쪽으로는 출호수(出湖水)와 이십하(二十河)가 감싸는 방식이다.[185] 마지막으로 4대 해릉왕이 중도(中都, 현 북경)로  천도한 후 태조 예릉을 비롯한 17릉을 배치할 황릉구역으로 북경에서 90km 떨어진 대방산을 선정하였다. 산릉지에 해당되는 운봉산(雲峰山)은 마치 아홉 마리의 용이 높낮이가 다르게 순서대로 내려와 병풍처럼 둘러친 형상이어서 구룡산(九龍山)이라고도 부른다. 전체적으로 중봉이 높게 솟았고 옆으로 중간이 평평하며 동쪽과 서쪽으로 산이 계속 이어져 봉우리가 끊어지지 않고 둘러싸인 형국이다.[186] 이렇게 금 황제릉을 택정할 때 북쪽으로 높이 우뚝 선 조산(朝山)이 있고, 조정신하가 서 있는 듯 좌청룡과 우백호에 해당되는 산들이 좌우로 병풍처럼 펼쳐지고, 앞쪽에 야트막하게 황제가 일하는 책상과 같은 안산(案山)이 배치되는 것이다.[187] 이러한 풍수격국은 당시 중국의 중원에 위치해 있던 송나라 감여설과 다르고, 오히려 같은 민족적 뿌리를 갖고 있는 고려의 장풍득수에 부합된다.

특히 연경 대방산에 있는 금 황제릉은 중국 고대 황실의 능침 중에서도 풍수격국이 가장 전형적인 곳으로 여겨졌다. 때문에 명대 황제릉을 조성하는데 있어 금황제릉은 가장 좋은 본보기였기 때문에 명 황제릉을 조영하는 데에도 영향을 끼쳤다. 특히 명 성조 영락제가 북경으로 수도를 천도(遷都)하고자 마음 먹고 자신의 수릉(壽陵)을 조영하기 위한 능지를 선택할 때 術士 廖均卿 등을 파견하여 북경 근교의 모든 산을 돌아보도록 하여 천수산(天壽山)을 능침으로 선

185) 鮑海春·王禹浪,『金源文物圖集』, 哈爾濱出版社, 2001, 390-391쪽.
186) 何木風,『來龍去脉-歷代皇陵命運大揭秘-』, 廣西人民出版社, 2007, 152-153쪽.
187)『大金國志校訂』;『金虜圖經, 山陵』.

택할 때에도 대방산이 참고가 되었을 것이다.[188]

둘째, 능침의 방향이다. 여진족의 금은 일찍부터 태양을 숭배하는 습속이 있었다. 때문에 궁궐이나 성지 및 능묘는 모두 태양을 향할 수 있는 동남향에 배치하여 동남으로 15°정도 치우쳐 있었다. 이것은 송대 능묘의 하궁(下宮)이 황릉의 서북쪽에 조영된 것과 비교된다. 곧 송나라는 당시 묘지의 방위를 정할 때 성행하던 음양감여술에 의거하여 趙씨 姓의 발음에 따른 방위를 선정한 때문이다.

셋째, 고려와 금 황제릉에서는 제향 시 산신제를 지낸 점이다. 고려 때에는 국왕이 황제릉을 참배할 때 산신제도 지냈을 것이며,[189] 이것은 고려 왕릉에 직접 영향을 받은 조선왕릉에서 봉분 아래 정자각 뒤쪽으로 산신단이 설치되어 있는 것이 확인된다.[190] 금나라에서는 우리와 마찬가지로 자신들 민족의 발상지로 장백산(長白山)을 들고 있으며 여기에 산신단을 설치하여 제정(祭亭)을 올렸다. 특히 대정(大定) 21년(1181) 황제가 조서를 내려 산릉이 위치한 대방산(大房山)을 보릉공(保陵公)으로 봉하고 산신에게 제향을 드렸다. 이곳에 부리(副使)를 파견하여 면류관 8기, 의복 7벌, 규(圭), 책(册), 향(香), 화폐(币) 등을 가지고 가서 법도대로 예를 행하였는데, 그것은 장백산에서의 예의와 같았다. 이러한 산신제는 명나라에도 영향을 끼쳤다.[191] 이로 미루어 당시 여진인들은 고려와 마찬가지로 山神을 숭배하는 습속이 있었음을 알 수 있다. 고려시대에 왕릉에 행행한 국왕이 능실에서 제향을 드릴 때 옷이나 패물을 드린 것과 산신제와 관련이 있는 듯하다.[192]

이처럼 고려와 금 황제릉의 능지는 풍수를 따라 북쪽에 우뚝 솟은 산을 조산(朝山)으로 두고 좌우에 산봉우리가 연이어 좌청룡·우백호의 형국으로 병풍처럼 둘러쳐져 있고 앞에는 낮은 산이 안산(案山)처럼 세워져 있는 형국이 공통되었다. 이것은 북송의 황제릉이 오음성리설(五音姓利說)을 따라 황제의 조(趙)씨 성이 각(角)에 해당되어 북쪽[황하]이 낮고 남쪽[숭산]이 높으며, 서쪽을 높이고 동쪽을 낮추는 식으로 거의 평지에 능침을 조영한 것과 비교된다.

황제릉은 전대의 전통 위에서 발전하는데, 중세 고려·북송·금 삼국의 황제릉 또한 마찬가지이다. 고려왕릉 또한 기존 신라왕릉의 전통 위에 약간의 변화를 더하여 정형화되었다. 곧 고려왕

188) 劉毅, 『明代帝王陵墓制度研究』, 人民出版社, 2006, 342쪽. ; 胡漢生, 『明代帝王陵』, 學苑出版社, 2013, 55쪽. 1408년 4월 26일 廖均卿이 영락제의 2차 명을 받고 5월 1일 북경에 도착하여 京郊를 둘러본 후, 6월 1일부터 10일까지 昌平 黃土山(즉 天壽山) 일대에 올라 풍수를 살피고 山圖까지 그렸다.

189) 김아네스, 「고려시대 명산대천과 祭場」, 『역사학연구』제50집, 2013.6, 98-100쪽.

190) 이호일, 『조선왕릉』. 가람기획, 2003, 56-57쪽.

191) 金의 保陵公 제사는 諸神雜祠에 속하여 諸候에 해당되는 의례였지만, 明대의 天壽山神은 처음부터 岳鎮海瀆을 바싹 뒤쫓는 숭고한 지위를 가졌고, 명 영락제 때에 국가 祭祀大典으로 확정되었다.

192) 『高麗史』拜陵儀.

릉의 구조는 크게 1단에 봉분이, 2단에 석조물들이, 그리고 3단에 건물로 구성되어 있다. 1단에 위치한 봉분은 장대석 위에 봉토를 만들고 주위를 12각 병풍석과 난간석으로 둘렀으며, 네 면에는 석수[석호와 석양]를 배치하였다. 봉분 뒤쪽에는 곡장을 둘렀으며, 앞쪽에는 석상[혼유석] 1기와 망주석 1쌍을 배치하였다. 2단에는 석등[장명등]과 문석인 1쌍을, 3단에 제사시설이라 할 수 있는 정자각을 세웠다. 능 앞에는 왕의 휴식시설로 재궁(齋宮)을, 수호시설로 능찰(陵刹)을 두었다.

고려왕릉 또한 일찍부터 국왕들이 조상을 추모하는 시설로 여겨졌기 때문에,[193] 고려의 국왕 또한 이곳에 능행하여 참배하였다.

| 구분 | 능행 일자 | 참배한 황제릉 | 『고려사』 |
|---|---|---|---|
| 현종 | 1013. 5. 을유 | 경종비 헌정후 원릉 | 권4. 세가 |
| | 1013. 8. 을유 | 목종 의릉 | |
| | 1017. 12. 을해 | 태조 현릉 | |
| | 1019. 12. 병오 | 태조 현릉 | |
| 정종 | 1041. 5. 을묘 / 병진 | 태조 현릉 / 현종 선릉 | 권6. 세가 |
| 문종 | 1050. 4. 신유 | 태조 현릉, 현종 선릉 | 권8, 세가 |
| | 1067. 7. 계축 | 세조 창릉 | |
| 선종 | 1087. 5. 정묘 / 경오 / 임신 | 태조 현릉 / 문종 경릉 / 세조 창릉 | 권10, 세가 |
| 숙종 | 1096. 4. 기묘 / 을유 | 태조 현릉 / 문종 경릉 | 권11, 세가 |
| | 1098. 3. 갑인 / 신유 | 세조 창릉 / 안종 대릉 | |
| 예종 | 1108. 4. 병술 / 신묘 | 경종 영릉 / 세조 창릉 | 권12, 세가 |
| | 1114 | 경종 영릉 / 숙종비 명의태후 숭릉 | |
| | 1121. 2. 무술 | 경종비 천추태후 유릉 | |
| 인종 | 1124. 6 | 태조 현릉, 세조 창릉, 경종비 천추태후 유릉, 예종비 순덕후 수릉 | 권15, 세가 |
| 의종 | 1148. 윤9. 경묘 / 무인 / 임오 | 태조 현릉 / 세조 창릉 / 인종 장릉 | 권18, 세가 |
| 명종 | 1172. 9. 을유 | 세조 창릉 | 권19, 세가 |
| | 1185. 윤7. 정유 | 인종 장릉, 공예태후 순릉 | |
| | 1198. 4. 계유 / 을유 | 태조 현릉 / 세조 창릉 | |
| | 1198. 5. 무술 | 인종 장릉, 공예태후 순릉 | |

193) 허흥식, ,「불교와 융합된 고려왕실의 조상숭배」, 『동방학지』vol.45, 1984, 9-14쪽; 김인호, 「고려시대 국왕의 장례절차와 특징」, 『한국중세사연구』 No.20, 2010, 265-299쪽, 9-14쪽.

| 희종 | 1206. 8. 갑술 | 태조 현릉 | 권21, 세가 |
|---|---|---|---|
| | 1206. 9. 을유 / 갑오 | 세조 창릉 / 신종 양릉 | |

<고려전기 국왕의 능행>

고려 국왕의 능행은 고려 전기 200년간 22회, 12세기 예종부터 희종 때까지는 11회였다. 국왕의 능으로는 태조 현릉과 세조 창릉을 비롯하여 목종 의릉·현종 선릉·문종 경릉·안종 대릉·경종 영릉·인종 장릉·신종 양릉에 능행을 하였다. 여러 황제릉 중에 고려 국왕들이 가장 많이 능행한 곳은 역시 태조 현릉으로서 총 10회이며, 그와 함께 고려의 시조인 세조 창릉 또한 총 7회여서 황실의 종통에 대한 추모가 많았음을 알 수 있다.

11세기와 달리 12세기의 능행 중 눈에 띄는 차이점은 황후나 황태후의 능에 대한 참배가 늘어나고 있다. 11세기에는 현종 때 경종비 헌정후 원릉을 참배한 것을 제외하고는 황제릉에 대한 능행 위주였던데 비해, 12세기 들어 예종 때부터 후비의 능묘에 참배하는 것이 늘어났다. 곧 예종은 숙종비 명의태후 숭릉을 비롯하여 경종비 천추태후 유릉을 참배하여 논란이 있었다.[194] 그러나 그의 뒤를 이은 인종이 천추태후 유릉과 예종비 순덕왕후 수릉을 함께 참배했다. 또한 명종은 인종 장릉과 함께 공예태후 순릉을 함께 참배하고 있어 주목된다. 이를 통해 그동안 이들 능묘는 문헌 기록이 없어 위치가 밝혀지지 않았는데, 국왕이 하루에 참배를 할 수 있는 가까운 거리에 위치해 있음을 알게 한다. 다음으로 12세기 황제릉과 황태후릉의 능행시기가 황제와 황태후의 사후 2년째에 해당된다는 점이다. 곧 예종은 1112년 승하한 명의태후의 숭릉을 1114년에, 의종은 1146년에 승하한 인종의 장릉을 1148년에, 또 1182년 승하한 공예태후의 순릉은 1185년째에 능행하였다. 이로 미루어 유교적 예제에 대한 이해가 심화되는 12세기부터 국왕은 선대 황제나 황태후의 사후 능묘를 조성한 이후 황제릉에 모셨던 신주를 태묘에 부묘하기 위해 사후 2년째에 해당되는 해에 사왕(嗣王)이 능행하였음을 알게 된다.

이렇게 능에 간 국왕들이 제례를 드린 시설은 능실(陵室) 혹은 묘실(墓室)이라 일컫는다.[195] 고려 태조의 현릉 앞에 능실이 있었으며, 이것을 지키는 수호군도 정해져 있었다. 문종 때인 1059년에는 태조 현릉의 묘실에 도적이 들어 능실 시위군을 처벌한 적도 있었다.[196] 한편 국왕이 능행을 할 때에는 상사국(尙舍局)에서 이를 관장하여 전례에 따라 황제가 참배할 능과 능실

194) 『高麗史』卷12, 世家, 睿宗. 1121年 2月 戊戌.
195) 『조선시대 궁궐용어사전』, 문화재청, 2010. 64-66쪽. 고려시대에는 궁궐이나 궁전 대신 궁실이라 했듯이, 능묘 앞 전각 또한 능실이라 부른 것 같다.
196) 『高麗史』卷5, 世家 第8 文宗. 己亥 13년 5월 乙未.

안팎을 깨끗하게 소제하였다.[197] 이를 통해 황제릉에 제사를 거행하는 전각[정자각]은 능실이나 묘실이라고 불렀음을 알 수 있다. 이러한 능실 내부에는 황제와 황태후의 신주를 두는 신좌(神座)가 배치되어 있었으며, 옷이나 패물도 올렸다. 고려왕릉에 대한 고고학적인 발굴 조사 결과 봉분 아래 3단이나 4단째에 '丁'자형 전각을 세웠던 주춧돌을 발견할 수 있어 이것이 능실이라는 기록에 부합된다. 이러한 정자형 능실은 통일신라 왕릉에서는 발견할 수 없는 고려왕릉의 독특한 시설이며, 이것이 조선왕릉의 정자각에까지 계속 영향을 끼쳤다.

이와 함께 고려왕릉에는 능행한 국왕이 머물며 쉬거나 제사를 지내기 전에 목욕재계를 할 수 있도록 능 근처에 행궁(行宮)을 세웠다. 이 또한 상사국에서 관장하여 전례에 따라 능 앞에 적당한 터를 잡아 정하였고, 참배하기 전날 왕은 행궁으로 가서 하룻밤을 조용히 지냈다. 참배하는 날 해뜨기 전에는 능실 앞에 소차(小次)를 마련하고 국왕이 여기에서 곤룡포를 갈아 입고 신을 신고 쉬었다. 능침 제사가 모두 끝나면 국왕은 다시 재궁(齋宮)으로 돌아갔다. 이처럼 황제릉 근처에는 국왕이 능행할 때 머무는 처소를 마련하였는데, 이곳은 '행궁'이나 '재궁'이라 불렀다.[198] 아울러 고려왕릉에는 각릉마다 이것을 관리할 陵刹을 두었음도 알 수 있다. 이러한 재궁이나 능찰은 조선시대에 왕릉 앞 재실과 원찰로 이어져 계속 영향을 주었다.

한편 중국에서는 이미 상고시대부터 황제릉에서 참례하는 의식을 '향(享)'이라고 불렀고, 무덤 위나 무덤 옆에 세운 전각에서 거행하였다. 전한시기 황제릉에는 선조들에게 제사를 받들기 위해 능침(陵寢)과 편전(便殿)을 세웠다. 이중 능침은 평상시처럼 정전에서 침소에 드는 것이며, 편전은 능침 곁에 세워 휴식을 취하며 한가롭게 보내는 곳이었다. 곧 능침과 편전은 모두 무덤 주인의 생전에 생활하던 곳을 모방하여 건조하였던 것이다. 그러나 동한시기에는 봉토를 산처럼 꾸미고 능원에 석전과 침전을 설치하여 전한시기와 달라졌다. 이중 침전은 이전의 제도를 계승하여 무덤의 주인이 먹고 자는 것을 섬겼고, 석전은 후한 명제 때 시작한 상릉례(上陵禮)를 치르는 장소였다. 상릉례는 죽은 사람을 산 사람처럼 모시는 것이 아니라 원단(圓壇)의 조회(朝會)와 같은 정치적 의례를 추가하여 공식적 제사기능을 구비한 것이다.[199] 또한 후한 명제 때에는 능묘 근처에 불교사찰도 건조하였는데, 이것은 황제릉의 부속 건물로 불교사찰을 건조한 최초의 기록이다. 이후 무덤 위에 전각을 세우는 전통은 당·송·명·청의 헌전(獻殿)·향전(香殿)·능은전(陵恩殿)·융은전(隆恩殿) 등으로 이어졌다. 이처럼 한 명제(明帝) 때 거행된 상릉례로 인

197) 『高麗史』 拜陵儀.
198) 『高麗史』 拜陵儀.
199) 『漢官儀』에서는 전한시기와 후한시기의 제사를 아주 분명하게 구분하였다.

해 능상에 세운 정전[陵上之庙]의 정치적 위상은 높아졌고, 732년 당 현종의 개원례(開元禮)에서는 한식 때마다 능에서 제사를 받드는 것을 오례에 편입시켜 이후 능원에 영향을 미쳤다.

이와 같은 고려왕릉의 구조나 능제에 대하여 여진족들은 이미 알고 있었을 것으로 여겨진다. 고려 덕종이 1031년 5월 승하하자, 그해 11월에 동여진의 사신들이 와서 덕종을 위안하고 현종의 선릉을 참배한 기록이 있기 때문이다.[200] 또 숙종 7년(1102)에 동여진의 추장 영가(盈歌)가 사절을 보내오기도 했다.[201] 이와 같은 단편적인 기록으로 고려의 능제가 금의 능제에 영향을 끼쳤는지는 알 수 없으나, 여진인들이 이것을 이해하기에 충분하다고 여긴다.

1123년 조성한 금 태조 예릉을 비롯한 금 황제릉을 고려의 능제와 비교하여 살펴보자. 금 태조 예릉은 흑룡강성 아성시(阿城市)의 초장지에서 확인되는데, 수림 속에 봉토[寶頂]가 불룩 올라오고 그 앞에 제사를 드릴 향전이 우뚝 솟아 있으며, 붉은 담에 금기와를 둘렀다. 이중 영신전(迎神殿)은 제례를 드린 시설이고,[202] 그 외곽으로 담[神墻]을 세우고 밖으로 고목을 둘러 위엄을 갖춘 것이다. 이러한 아골타의 황제릉은 능지 선택이나 건축 규모에서 볼 때 중원의 역대 황제릉보다 규모가 작아 북방민족적 풍격을 가지고 있었다.

이후 해릉왕은 북경 대방산으로 천릉하여 7황제의 황릉이 무덤군을 이루며 20리 범위 안에 모여 상당한 규모의 능구를 형성하였다. 이러한 점은 황제가 살아 있을 당시에 수릉(壽陵)으로서 비교적 규모가 크게 조영하던 당황제릉과 달리, 황제의 사후 7개월을 짧은 기간 동안 능묘를 축조함으로서 비교적 규모가 작았던 송황제릉과 공통되는 경향이다. 고려나 금황제릉은 송황제릉처럼 황제의 사후 능을 조영하였지만, 규모는 송황제릉보다 더 작았다.[203]

금황릉구에 조영한 황제릉의 능묘 위에는 향전을 세워 제례를 거행하였다. 능 앞에는 능행 온 황제가 머물며 쉬거나 제례 전 목욕재계를 하던 행궁이 갖춰져 있다. 1153년 해릉왕은 3월에 대방산 운봉사(雲峰寺)에 산릉을 조영하였고, 10월에 반녕궁(磐寧宮)이라는 행궁을 조영하게 하였다.[204] 1156년에는 해릉왕이 예종의 재궁을 반녕궁에 모셨다.[205] 1162년 10월 금 예종이나 소덕황후 또한 능행하여 참배를 하고자 반녕궁에 머물기도 하였다.[206] 이로 미루어 반녕궁은

200) 『高麗史』卷4, 世家. 德宗 卽位年 11月 壬寅.

201) 『高麗史』卷11, 肅宗 1, 壬午 7年 4月 甲辰.

202) 『大金集禮』;『金史』卷30,「禮志」; 許子榮,「金太祖完顔阿骨打陵址」,『金上京文史論叢』第1集, 中國文史出版社, 2007, 154-156쪽. ; 伊葆力,「金初寧神殿陵址初探」,『金上京文史論叢』第1集, 中國文史出版社, 2007, 159-160쪽.

203) 楊寬 지음, 장인성.임대희 옮김, 『중국 역대 능침제도』, 서경, 2005. 113쪽.

204) 『金史』卷5, 貞元 3年 10月 己卯. "梓宮至中都 以大安殿爲丕承殿 安置."; 丁酉 "大方山行宮成 名曰 磐寧."

205) 『金史』卷5, 正隆 元年 9月 辛酉. "奉遷睿宗皇帝梓宮于磐寧宮."

206) 『金史』卷5, 大定 2年 9月.

행궁이었음을 알 수 있다.[207)]

1152년부터 1209년까지 50여 년간 금 황제들은 북경 대방산의 금황릉구에 총 18회 능행하였다. 해릉왕 때 4회, 세종 때 7회, 장종 때 6회, 위소왕 때 1회 능행을 하여, 세종 때 가장 빈번했다. 그중 태조의 예릉은 4회로 가장 많았고, 세종 흥릉은 사왕(嗣王)인 장종 때 2회 참배를 했다. 금 황제가 능행을 했을 때에는 능묘 앞에 능찰인 영봉사(靈峰寺), 상사(上寺) 및 헐양대(歇凉臺)를 두었다.[208)] 특히 북경 금릉지역에는 홍은사(洪恩寺) 혹은 홍사(洪寺)라 불리는 사찰에 재궁이 있어 황제들이 능행을 와서 쉬거나 목욕재계를 했다고 한다.[209)] 대방산 아래에는 금 태조 예릉의 어로가 있고, 길가에는 산신묘(山神廟) 등이 배치되어 있었다.

| 구분 | 능행일 | 참배 황제릉 | 구분 | 능행일 | 참배 황제릉 |
|---|---|---|---|---|---|
| 해릉왕 | 1152년 정월 계해 | 세조, 태조, 태종, 덕종릉 | 세종 | 1182년 3월 갑신 | 산릉 |
| | 1155년 8월 임오 | 대방산 | | 1184년 3월 정유 | 산릉 |
| | 1156년 8월 정축 | 대방산 산릉 | 장종 | 1187년 3월 정사 | 산릉 |
| | 1156년 10월 을유 | 대방산, 시조 이하 十帝 | | 1189년 9월 정유 | 대방산 |
| 세종 | 1162년 을해 | 대방산, 산릉 | | 1189년 9월 을유 | 대방산 |
| | 1162년 10월 무진 | 산릉, 예릉, 경릉 | | 1190년 1월 갑자 | 대방산, 흥릉, 유릉 |
| | 1163년 8월 을유 | 대방산, 예릉 | | 1190년 2월 갑인 | 대방산, 흥릉 |
| | 1164년 8월 을묘 | 대방산, 산릉 | | 1191년 9월 갑인 | 대방산, 유릉 |
| | 1167년 8월 기미 | 대방산, 예릉 | 위소왕 | 1209년 9월 | 대방산, 예릉, 유릉, 도릉 |

<금 황제의 능행>

그렇다면 이제, 고려와 금 황제릉의 능묘 평면도를 중국 역대의 각 시대를 대표할 수 있는 황제릉의 것들과 비교해 보자.[210)] 예컨대 진 시황릉, 전한 무제 무릉(茂陵), 당 고종 건릉(乾陵), 송 인종 연소릉(永昭陵), 금 태조 예릉(睿陵), 명 태종 장릉(長陵), 청 함풍제 정릉(定陵)이 그것이다. 이를 보면 금대 이전 북송황제릉까지는 능묘 봉토의 평면이 장방형이고, 금대 이후 명청시대 황제릉의 봉토[寶頂] 평면은 원형이나 타원형으로 바뀌었음을 알 수 있다.

---

207) 『日下聞考』. 北京 황릉구에 위치한 金代 磐寧宮을 靈廟로 불렀다. ; 王德恒, 『北京的皇陵與王墳』, 中國城市出版社, 1977. 67쪽. 磐寧宮은 청대까지 상존했으나, 문화혁명으로 인해 1988년에는 遺址만 남고 건축 잔해물만 남게 되었다.

208) 『房山縣志』; 王德恒, 앞 책, 『北京的皇陵與王墳』, 中國城市出版社, 1977. 63쪽.

209) 王德恒, 앞 책, 『北京的皇陵與王墳』, 中國城市出版社, 1977. 68-69.쪽 청대 李純庵의 『大椿廣隨筆』에 의거, 洪恩寺에는 宮門에는 대리석을 잘라 화강암 대석 위에 운룡문으로 횡액을 장식하였고, 예서체로 '齋宮'이란 두 글자를 크게 썼다고 한다. 중앙의 大殿은 황색 유리와로 지붕을 덮고 전후의 正殿은 녹색 유리기와로 덮었다. 북쪽에 있는 10여 丈 높이의 7층 대리석탑은 大定년간(1161-1188)에 금 세종이 세웠다고 한다.

210) 장경희, 『고려왕릉』, 예맥, 2013. 70쪽에 의거 편집 수록.

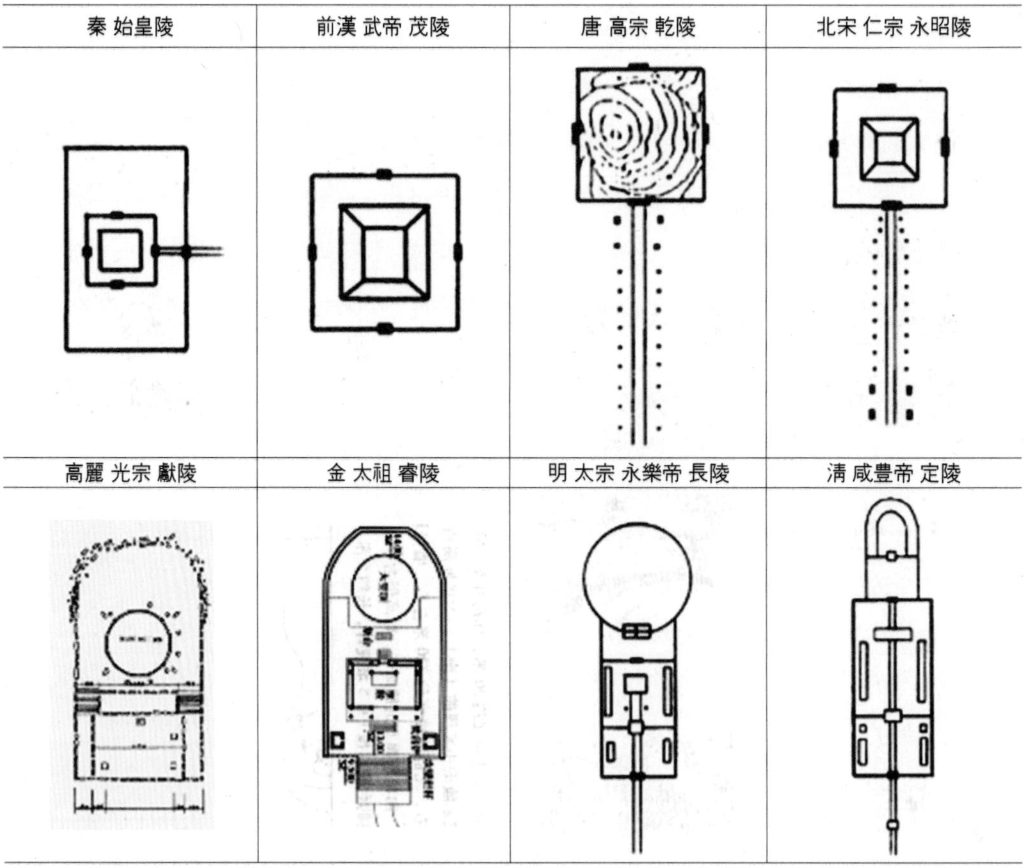


<역대 중국 황제릉의 능묘 평면도 >

우선, 진·한·당·송의 황제릉은 공통적으로 분묘[寶頂]의 형태가 방형이고 사방을 담으로 둘러 궐(闕)을 조영하고 있으며, 제사를 지낼 침전과 편전 등은 분구에서 상당히 떨어져 있는 구조였다. 당·송 황제릉은 문 안쪽에 제사시설인 헌전을, 문 밖 신도에는 비석을 비롯하여 석인석수 등을 세웠다. 반면 금대 황제릉을 비롯하여 명·청 황제릉은 전 시기와 달리 능침 봉토[寶頂]의 평면이 원형이고 그 앞에 제사를 지낼 향전[寧神殿]을 배치하였고 보정과 영전을 감싼 외곽에 담장을 둘렀으며, 그 앞쪽 신도에는 석상을 세웠다.[211)]

이를 통해 금 황제릉은 원형 봉토와 영신전을 배치하는 평면 형식에서 고려왕릉과 매우 흡

211) 『金史』卷16,「始祖以下諸子」. "海陵遷諸陵于大方山 以撻懶嘗給事太祖 命作石像 置睿陵前."

사하였다. 더욱이 금 황제릉은 평지에 규모가 크게 조성하는 중원의 황제릉과 달리 상경의 호개산(胡凱山)이나 북경의 대방산(大方山) 중턱에 규모가 작고 소박하게 조영하는 경향을 엿볼 수 있다. 이것은 송악산이나 만수산 중턱에 박장제도를 택하여 검박하게 영건한 고려왕릉의 영향을 받은 때문이다. 더욱이 북경 근처 대방산에 위치해 있던 금황제릉은 이후 북경을 수도로 삼은 명대에 명13릉을 조성하거나 청대에 동·서 청황제릉을 형성할 때에도 영향을 끼쳤음을 확인할 수 있다.

### 2) 황제릉 석조물의 양식 비교

고려와 금 황제릉에 배치된 석조물을 북송 황제릉의 종별과 수량, 크기 및 양식적 특징을 비교하여 살펴보기로 한다.

첫째, 석조물의 종별과 수량을 알아보자. 북송 황제릉 중 인종의 영소릉을 예로 들면 입구 양 옆에는 유문이 2쌍 있고, 신도에 석각이 좌우대칭으로 늘어서 있다. 이 석각들은 입구부터 순서대로 화표 1쌍, 코끼리 1쌍과 상로(象虜)라 부르는 코끼리 길 들이는 사람 2명, 타조를 닮은 서금(瑞禽) 1쌍, 해치로도 불리는 각단(角端) 1쌍, 말 2쌍과 마부 8명, 石虎 2쌍, 石羊 2쌍, 외국 사신을 뜻하는 객사(客使) 3쌍, 무관 2쌍, 문관 2쌍, 사자 1쌍, 무장한 진릉장군(鎭陵將軍) 1쌍이 양 편으로 나누어 도열해 있다. 이밖에도 4개의 문에는 각각 사자 1쌍과 담장 안쪽 분묘 앞에도 석조물이 또 있어 각 황제릉에는 많으면 64개의 석조물이 배치되어 있다.[212] 이에 비해 고려왕릉과 금황제릉에 배치된 석조물의 종별은 간소하고, 양식은 단순한 편이다. 고려왕릉에 배치된 석조물의 종별은 석호 2쌍, 석양 2쌍, 석인 1쌍, 석상 1기, 망주석 1쌍, 장명등 1기로 모두 14개이다. 금황제릉의 석조물은 아성시 노모저정자산(老母猪頂子山)의 금 태조 예릉의 천장지와 북경 대방산 금황릉구에서 출토되었는데, 신도비 1기, 망주 1쌍, 석마 1쌍, 석호 1쌍, 석양 1쌍, 무관 1쌍, 문관 1쌍, 석사자 1쌍 등 15기이다.[213] 이로 미루어 여금 황제릉은 북송 황제릉의 석조물보다 종류도 적고 수량도 1/4에 해당될 정도로 간소했음을 알 수 있다.

---

212) 董新林,『中國古代陵墓考古研究』, 福建人民出版社, 2005, 228-229쪽.
213) 王德恒,『北京的皇陵與王墳』, 中國城市出版社, 1977, 63쪽.

| 고려 | | | 북송 | | 금 | | |
|---|---|---|---|---|---|---|---|
| 경종 영릉<br>문석인상, 981년 | 경종 영릉<br>문석인상, 981년 | 현종 선릉<br>문석인상, 1031년 | 인종 영소릉<br>문관상 | 인종 영소릉,<br>무관상 | 태조 예릉<br>문관상 | 태조 예릉<br>무관상 | 방산 금릉 출토<br>문관상 |
|  |  | 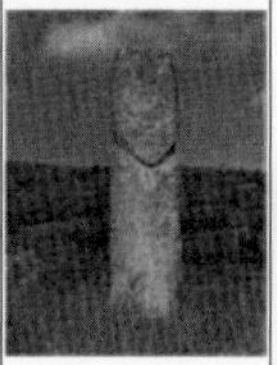 |  |  |  |  |  |
| 161cm | 161cm | 212cm | 370 ~ 384cm | 374 ~ 382cm | 215cn | 225cm | 212cm |

<고려·북송·금 황제릉의 문무석인상>

중국에서 능묘에 배치하는 석조물의 숫자를 신분의 고하에 따라 규정한 것은 741년 당 개원례(開元禮)에 의해서이다. 여기에는 황제의 흉례나 능제에 대한 규정은 수록되지 않았고, 1~3품관은 석인·석호·석양 각1쌍, 4~5품관은 석인·석양 각1쌍으로 규정되어 있다. 이러한 규정을 적용한다면 고려는 1품관에 해당되는 능제를 했다고 판단할 수 있다. 그러나 앞서 살펴 본대로 고려 태조는 스스로 천자를 자처했던 황제국이었으나, 능제의 경우 태조의 유훈에 따라 한위의 능제를 본받아 박장을 하면서 규모를 축소했다고 볼 수 있다. 마찬가지로 황제국이었던 금에서 황제릉을 조성할 때 멀리 떨어져 있는 중원의 황제릉 제도를 따르지 않았다. 반면 금의 1품관 능묘 앞에는 개원례와 규정된 대로 석인·석호·석양 각 1쌍을 세운 것을 알 수 있다.[214] 때문에 금 황제릉에는 소박한 북방 민족적 특성을 강하게 반영되어 있어 고려왕릉과 친연성이 확인된다.

둘째, 고려왕릉과 금 황제릉 및 송 황릉의 석조물의 크기를 비교하여 살펴보기로 하자.[215] 고려 전기 왕릉에 세워져 있는 문석인상의 높이는 일정하지가 않다. 태조 현릉의 것은 251cm, 경종 영릉의 것은 161cm, 현종 선릉의 것은 212cm로서 평균 195.5cm 내외이다. 다음 금 황제릉의 문무석인상은 212~215cm여서 고려의 것보다는 크기가 크고 당당한 면모를 보인다. 그러나 송 황제릉의 석문관상은 370~384cm, 석무관상 높이는 374~382cm여서 여금황제릉보다 1.8~2배 이상 규모가 크고 위압적이다. 석호의 경우 고려 황제릉의 경우 높이 48~102cm이고 평균 92.6cm이다. 금대 호랑이는 높이 85~133cm로서 평균 110cm이다. 북송 인종 영소릉의 호랑이

214) 李健才, 「金代女眞墓葬的演變」; 載陳達, 宋德金 等 主編, 『遼金史論集』第4集, 書目文獻出版社, 1989 ; 朱瑞熙, 張邦煒, 劉復生, 蔡崇榜, 王曾瑜, 『宋遼金西夏社會生活史』, 中國社會科學出版社. 完顔希尹이나 그의 손자인 完顔守道의 묘에는 석인 2쌍, 석양 1쌍, 석호 1쌍이 세워져 있다.

215) 석인상과 석수상의 도판은 현지 조사를 통해 본인이 직접 촬영한 것이다. 개성의 고려 황제릉 (2008), 북경 대방산의 금황제릉(2009.2.16.), 아성시의 태조 예릉 초장지와 천장지(2009.8.11.), 공의시의 북송황제릉(2009.2.15., 2010.7.11.) 등이다. 석조물의 크기는 『고려왕릉』, 『北宋皇陵』, 『北京金代皇陵』 등에서 발췌하여 작성하였다.

는 높이 189~234cm로서 여금 황제릉의 호랑이보다 2배 이상 컸다.

셋째, 석조물 중 문석인상과 석호상을 각각 구분하여 그 양식적 특징을 비교해 보자.

우선 현존하는 고려왕릉의 문석인상들은 등신대와 가까운 크기여서 친숙하게 다가오지만 대부분 머리 부분이 커 4등신에 가깝다. 석인의 얼굴은 둥글고 원만하며 눈과 코의 표현이 간결하게 처리되어 있다. 머리에는 1품관이 의례시 착용하는 양관을 썼으며, 조복을 입고 양손을 모아 턱까지 笏을 받쳐 든 형태이다. 재질상 화강암은 단단하고 세밀한 조각이 어려운 탓도 있겠으나 대체로 세부적인 묘사나 장식 등을 최소화하고 원통형 돌이 가진 양감을 그대로 살리는 경향을 엿볼 수 있다. 세월이 오래 지나 마모된 탓도 있겠지만 전체적으로 괴량감이 강조되었고 조각적 솜씨는 간소하다 못해 치졸한 편이다. 한국 능묘 조각사적으로 보면 통일신라왕릉 앞 석인상의 사실적 묘사력이나 조각솜씨와 비교할 때 고려의 것은 왕릉의 것이라 보기 어려울 정도로 토속적이어서 마치 민간의 장승과 같은 느낌마저 든다. 이러한 고려 석인상의 양식적 경향은 현존하는 석호 유물들도 마찬가지이다. 호랑이를 조각한 것을 보면 마모된 탓을 감안하더라도 둔중한 석괴 형태에서 벗어나지 못하고 있다.

| | 고려 | | | 북송 | | 금 | | |
|---|---|---|---|---|---|---|---|---|
| 황제 | 문종 경종 981 | 현종 선릉 1031 | 순종 성릉 1204 | 인종 영소릉 | 신종 영희릉 | 태조 예릉 | 태조 예릉 | 방산 금릉 |
| 석호 | 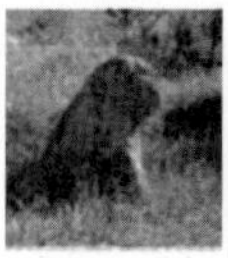 |  |  |  |  |  |  |  |
| 높이 | 48cm | 51cm | 54cm | 189 ~ 234cm | 189 ~ 234cm | 85cn | 87cm | 133cm |

<고려·북송·금 황제릉의 석호상>

다만 호랑이의 얼굴은 하늘을 향하고 있으며 코가 도드라지고 나머지 부분을 깎아내어 약간의 형태감을 줄 뿐이다. 그럼에도 눈과 입에 웃음기를 가득 머금고 있어 해학적인 느낌을 준다. 앞발을 세우고 뒷다리를 구부려 앉아있는 몸체의 구부러진 형태도 형상만을 최소한 살려 간결하게 처리되어 있다. 통일신라 왕릉의 사자가 당 황제릉의 사자에 버금가는 뛰어난 조각솜씨와 사실적 묘사실력을 발휘했던 것과 비교하면, 고려왕릉의 호랑이는 전체적으로 양감만 강

조되고 세부는 소홀하게 처리하는 경향이 강하다.

<북송 영유릉 석인상>. 2009.6.25 필자촬영

<북송 영소릉 석수상>, 2009.2.15 필자촬영

다음 북송 황제릉 앞에 서 있는 석인상들은 숫자도 많을 뿐 아니라 조각적으로도 중국 어느 시대에 비하여 손색이 없을 만큼 우수한 것이 많다. 더욱이 석인상은 4m에 가까운 크기여서 송 이전이나 이후에도 크기에 있어서만큼은 비교할 대상이 없다. 다만 인체를 원통형으로 파악하여 신체의 상하 길이는 긴 반면 앞뒤 두께는 얇고 세장하여 양감이나 동세는 다소 떨어지는 경향을 엿볼 수 있다. 가늘고 긴 체구에 비해 머리는 작아 보통 8등신 이상이 되는 늘씬한 표현을 보인다. 문관상이나 무관상이나 관을 쓰고 조복을 입은 모습은 일치하나 전자는 양손으로 모아 홀을 위로 들고 있으며, 후자는 양손을 내려 아래로 내려뜨린 칼을 들고 있는 표현으로 되어 있다. 진릉장군상은 송대 투구와 갑주를 완벽하게 착장하고 있다. 이렇게 의복의 주름이나 매듭, 장식 등 세부적인 처리와 묘사도 사실적이고 꼼꼼하게 처리하고 있어 1000년 여의 세월을 잊게 할 정도이다. 한편, 인물상에 비해 동물상은 오히려 양감이 풍부하고 과장된 동세로 창의성이 엿보인다. 특히 석호는 상체를 곧추 세우고 있는데 앉아있는 자세에서도 근육의 표현이 정확하여 해부학적인 지식을 갖고 조각했다는 것을 알 수 있다. 얼굴의 이목구비는 세부를 정확

<금 태조 예릉 복원>, 흑룡강성 아청시, 2009.6.26. 촬영

<금황릉의 현재>, 북경시 방산구, 2009.2.16. 필자 촬영

하게 묘사하고 있으며 금새라도 적을 향해 뛰어들려는 용맹한 표정의 변화까지 놓치지 않고 있다. 대체로 보존상태도 좋거니와 표현력이나 상상력이 뛰어나 당시를 대표하는 사실적 양식으로 손색이 없다.

반면 금황제릉 앞의 석조물들은 규모나 양식 등 여러 면에서 북송황제릉보다는 고려의 것과 유사하다. 현존하는 석인상들의 크기는 고려의 것보다 조금 크지만 등신대에 가깝고, 얼굴이나 신체의 비례는 적당하나 사실적인 묘사는 자제되어 있다. 얼굴을 이목구비가 크나 또렷하지 않고 머리에는 의례용 관을 쓰고 있다. 금황제릉의 문무석인상들의 의복은 송이나 고려의 석인들과 마찬가지로 조복을 입었는데 세부의 옷주름이 계단식으로 과장되게 처리된 것이 인상적이다. 특히 무석인상도 조복을 입었는데, 넓은 폭의 소매 자락을 질끈 묶어 팔꿈치 아래쪽으로 늘어뜨리고 있다. 전체적으로 금황제릉의 석인상은 양감이 느껴지지만 고려의 것보다는 세부를 적극적으로 묘사하였고 일부는 과장되게 장식하였으나, 송의 것보다는 조각 솜씨가 떨어지는 경향을 엿볼 수 있다. 이러한 특징은 현존하는 금황제릉의 석호 유물에서도 공통된다. 호랑이의 몸체나 형태는 전체적으로 양감을 최대한 살려 제작하였으나, 고려왕릉의 호랑이와 마찬가지로 앞쪽의 적을 바라보는 것이 아니라 하늘을 향하는 해학적인 모습을 만들었다. 호랑이의 이목구비는 나름대로 세밀하게 묘사하고 있지만, 고려처럼 둔중하고 매너리즘에 빠져 있음을 느끼게 한다. 이와 같이 금황제릉에 유존하는 석호의 양식적 경향 또한 북송의 것보다는 고려의 것에 가까워 양식적인 친연성을 확인할 수 있다.

## 2 공민왕 현릉과 원 능묘의 양식 비교

현정릉은 고려 공민왕과 노국대장공주의 릉이다. 공민왕 14년(1365) 노국대장공주가 승하하자 3일 동안 철조하고 빈전도감, 국장도감, 조묘도감 등 세 도감과 산소령반, 법위의, 상유, 이차, 제기, 상복, 반혼, 복완, 소조, 관곽, 묘실, 포진, 진영의 13색을 설치하여 상사를 봉행하도록 하였다.[216] 노국대장공주는 4월 임진에 정릉에 장사하였다.[217] 정릉의 재실을 만들 때 사용할 재목은 충선왕의 덕릉(德陵)의 수목을 벌채하였다.[218] 노국대장공주의 진영은 공민왕이 직접 그렸으며,[219] 정릉의 정자각에는 두었다.[220] 정릉을 조성할 때 공주의 진영을 둔 영전(影殿)은 왕륜사의 동남쪽에 건설하였다. 당시 부역할 인부들은 백관의 등급에 따라 제공하도록 하였으며, 수백 명이 동원되어 목석을 끌었으며, 많은 숫자의 소도 징발하였다.[221] 이처럼 정릉과 영전을 만드느라 국가의 창고는 고갈되고 군정이 다스려지지 않았고 군사들이나 무기도 고갈되었을 정도였다. 당시 정릉과 영전은 환관 김사행(金士幸)이 영건하였는데, 공민왕의 마음에 들도록 공역을 화려하고 사치스럽게 하였다.[222]

정릉의 원찰은 운암사(雲岩寺)였다. 여기에 정릉을 지키는 수릉호(守陵戶)를 두고 토지와 백성[田民]를 운암사에 시납하였다.[223] 노국공주에 대한 제사는 완성된 정릉에서 하거나,[224] 공민왕 16년 이후 원찰인 운암사에도 지냈다.[225] 정릉 제사에 사용할 정릉제악이 작곡되었으며 이것을 연습하였다.[226] 그런 다음 매년 정릉에 제사를 지낼 때에는 큰 주연을 열고 기악을 베풀었다.[227] 혼전에서는 초헌에 태평년을 연주하고, 아헌에는 수룡음을 연주하기도 하였다.[228]

216) 『高麗史』志18, 禮, 凶禮, 國恤, 恭愍王.
217) 『高麗史』世家41, 恭愍王 14年 4月; 列傳2, 后妃, 恭愍王; 『高麗史節要』卷28, 恭愍王3, 乙巳 14年.
218) 『高麗史』世家41, 恭愍王 15年 5月; 『高麗史節要』卷28, 恭愍王3, 丙午 15年.
219) 『高麗史』志18, 禮, 凶禮, 國恤, 恭愍王; 列傳2, 后妃, 恭愍王; 『高麗史節要』卷28, 恭愍王3, 丙午 15年.
220) 『高麗史』世家43, 恭愍王 21年 10月.
221) 『高麗史』世家41, 恭愍王 15年 5月; 『高麗史節要』卷28, 恭愍王3, 丙午 15年.
222) 『高麗史』列傳35, 宦者, 金思幸 ; 『高麗史節要』卷29, 恭愍王4, 癸丑 22年.
223) 『高麗史』世家21, 恭愍王 19年 5月; 列傳27, 諸臣, 李성단 ; 『高麗史節要』卷29, 恭愍王4, 庚戌 19年. 정릉을 지키는 민호 114호를 두고, 田地 2,240결, 노비 46구, 베15,293필을 능곁에 있는 광암사에 바쳐 명복을 빌게 하였다.
224) 『高麗史』世家41, 恭愍王 18年 2月; 世家43, 恭愍王 20年 11月.
225) 『高麗史』世家41, 恭愍王 16年 8월; 世家42, 恭愍王 19年 3月; 恭愍王 19年 5月; 世家43, 恭愍王 20年 3월; 恭愍王 21年 10月; 恭愍王 21年 10月; 恭愍王 21年 11月; 恭愍王 22年 10月.
226) 『高麗史』志25, 樂, 用俗樂節度.
227) 『高麗史』志, 吉禮大祀, 齊陵, 恭愍王; 『高麗史節要』卷29, 恭愍王4, 壬子 21年. 종친과 재추들이 모두 잔치에 참여하여 원나라 음악을 연주하게 하거나 술잔을 주고 받았다.
228) 『高麗史』地25, 樂, 用俗樂節度.

공민왕은 동왕 21년 노국대장공주의 현릉 곁에 자신의 수릉(壽陵)을 정릉 곁에 일으키고 또 다시 백관의 질품에 따라 역부들을 동원하여 돌을 운반하게 하였다.[229] 공민왕 23년 10월에 공민왕이 승하하여 노국공주의 서쪽에 안장하여 현릉(玄陵)이라 하였다.[230] 1365년 2월 노국대장공자가 난산 끝에 돌아가시자 공민왕은 4월 공주를 정릉에 묻고,[231] 그후 7년 동안 무덤공사에 힘을 쏟았다. 이어 자신의 릉인 현릉을 정릉의 서쪽에 조성하였는데 그 때가 1372년이다.[232]

김사행(?–1398)은 환관으로서 정릉과 영전의 공사를 일으켰고, 1372년 여름 4월 수릉(현릉)을 정릉 서쪽에 지을 때에도 지극히 화려하고 사치하게 지었다.[233] 현정릉을 지은 김사행은 조선시대에도 왕실의 종묘, 사직, 궁전, 시장을 지을 땅을 측량하거나, 팔각정을 수리하거나, 수창궁을 2층건물로 건축하거나 정릉의 흥천사 역사나 서경 궁궐경영 등을 도맡아하였다.[234]

고려 공민왕 현릉과 노국대장공주 정릉의 여름 전경, 1372년

고려 공민왕 현릉과 노국대장공주 정릉의 겨울 전경, 1372년

능의 왼쪽은 공민왕의 정릉이고, 오른쪽은 노국공주의 현릉이다. 능은 기본적으로 엄격한 좌우대칭의 구조인데, 문무석인상은 능 앞 좌우에 도열해 있는 4쌍의 조각이다. 무덤 바깥 바로 아랫단에는 좌우에 2쌍의 문석인상이, 문석인상의 아랫단 좌우에는 역시 2쌍의 무석인상이 서로 마주보고 서 있다. 모두 8구의 이들 석인상은 문인은 문인끼리, 무인은 무인끼리 서로 같은 것 같지만, 저마다 조금씩 다른 모습이다.

### 1) 문석인상

공민왕릉의 문석인상은 모두 4구이다. 4구의 문석인상 중 2인은 나이가 든 문인의 모습으

229) 『高麗史』世家43, 恭愍王 21年 6月;『高麗史節要』卷29, 恭愍王4, 癸丑 22年.
230) 『高麗史』世家44, 恭愍王 23年 10月.
231) 『高麗史』卷41, 世家41, 恭愍王4, 14年.
232) 『高麗史』卷43 恭愍王6, 壬子21年(1372) ; 『高麗史節要』卷29, 恭愍王 癸丑 2年 4月.
233) 『高麗史』卷122, 列傳35, 宦者 金師幸 ; 『高麗史節要』卷29, 恭愍王 4.
234) 『太祖實錄』卷3, 2년 2월 10일 ; 2년 6월 3일 ; 5권, 3년 1월 2日 ; 6권, 3년 8월 2일 ; 11권, 6년 2월 19일 ; 12권, 6년 7월 11일.

로 나머지 2구는 젊은 문인의 모습으로 서로 차이가 있지만 복식은 모두 동일하다. 봉분과 가장 가까운 위치에 세워져 서로 마주보고 있는 1쌍의 문석인상은 나이가 든 문인의 얼굴로 표현되어 있으며 바깥쪽의 문석인상은 보다 젊은 모습으로 조각되어 있어 서열에 따른 배열을 하고 있음을 알 수 있다. 모두 머리에는 각이 진 복두를 쓰고 있고, 몸에는 긴 겉옷을 걸치고 있는데 목은 트임이 없는 둥근 깃 모양이다. 목에는 겉옷 안에 입은 속옷의 깃이 보인다. 겉옷 안의 속옷을 두겹 이상 입고 있음을 팔목 부분에서 알 수 있다. 두 손은 가슴부분까지 올려 홀을 쥐고 있는데 홀은 두께가 얇아 거의 몸에 밀착되어 있다. 거추장스러울만큼 긴 소매는 팔 위로 밀어 올려서 팔뚝부터 팔목까지 주름이 잡혀 있고 그 폭도 넓어 무릎까지 내려온다. 무릎까지 늘어진 소매자락은 수직으로 떨어지지 않고 사선을 그리며 내려와 전체적으로 八자 모양으로 벌어진다. 이처럼 바람에 의해 소매 끝이 날리는 듯한 표현은 움직임 없는 정적인 조각에 운동가을 부여한다.

허리에는 수평의 띠가 있는데 뒤에서 보면 띠의 끝이 왼쪽허리에 오른쪽 아래로 드리워져 있으며 그 아래로는 주름들이 U자형을 그리며 발뒤꿈치까지 이어진다. 뒷모습에서 특징적인 것은 머리에 쓰고 있는 복두의 각 모양인데, 복두의 경우 뒤로 늘어지는 각의 형태에 따라 여러 가지로 나뉜다. 공민왕릉 문석인상의 복두는 끝이 위를 향해 둥글게 말아 올려져 그 끝이 서로 교차되는 교각복두의 형태이다. 신발은 대부분이 겉옷에 가리워져 보이지 않고 신발코만 보인다.

이러한 문석인상과 동일한 모습은 무덤 안의 벽화와 무덤 주위 병풍석 면석에 새겨진 십이지신상에서도 찾아볼 수 있다. 이들은 모두 해당하는 짐승의 머리가 있는 관을 쓰고 구름 위에 서있는 모습으로 표현되어 있다. 십이지신상이 이처럼 의인화되어서 인면인신의 입상으로 홀을 쥐고 정면관의 모습을 취한 것은 같은 개성의 칠릉군 제3능과 함께 요금에서 등장하는 것이다.

이들 문석인상은 통일신라의 예를 보건대 전대의 전통 위에 중국 석인상의 도상과 양식을 받아들였을 것이다. 그렇다면 공민왕릉 문석인상의 경우 중국 황릉 문석인상과는 어떤 점이 같고 어떤 점이 다를까. 앞에서도 언급했지만 원은 능 앞에 석인상을 세우지 않으므로 석인상의 도상은 거슬러 송대 능묘 석인상의 영향을 받았을 가능성이 있다. 실제로 공민왕릉을 발굴 조사하였을 때 북송의 11세기 중후반기 동전이 84개나 집중적으로 출토하고 있는 점이나, 이후 태조 건원릉을 조성할 때도 모든 상례기준이 『주자가례』를 따르고 있는 점 등을 뒷받침해준다.[235]

아울러 이처럼 머리 위에는 복두를 쓰고 소매가 넓은 장포를 입고 허리띠를 두르고 홀을 자

235) 『太宗實錄』卷16, 太宗 8年 5月 24日.

고 있는 모습은 공복의 형태인데, 기본적으로 송의 복제를 따른 것이다. 그런데 공민왕릉의 문석인상과 북송 황릉의 문석인상보다 남송 신하묘 문석인상처럼 공복을 입고 복두를 쓰고 있는 예는 없으며, 모두 진현관이라고 불리는 관을 쓰고 있으며 복장도 대부분 U자형이나 앞이 Y자형으로 터졌고 뒤에 장식을 늘어뜨린 조복을 입고 있다. 이런 조복에는 진현관을 쓰고 관복에는 복두를 쓰는 것이 당송 이후 관원들의 원칙인데, 공민왕릉의 경우 조복을 입지 않고 관복을 입은 것은 2등체강 원칙에 입각한 것이다.[236]

공민왕릉 문석인상과 북송 황릉 문석인상과의 구체적인 비교는 어렵지만 남송 신하묘의 문석인상이나 그 밖에 송대 미술에 나타난 공복 문석인상과는 기본적으로 동일하다. 단 차이가 있다면 복두 각의 형태인데 송대의 경우 대부분 각이 수평으로 길게 뻗은 전각복두를 쓰고 있는데 반해, 공민왕릉 문석인상의 경우 요대 벽화에서 빈번하게 보여지는 것이어서 주목된다.

고려 공민왕 현릉과 노국대장공주 정릉의 각종 석물

고려 현정릉의 문석인 1쌍

고려 현정릉의 무석인 1쌍

### 2) 무석인상

공민왕릉의 무석인상은 투구를 쓰고 갑옷을 잘 차려입고 서 있다. 서로 마주보고 있는 2쌍의 무석인상은 문석인상보다 한 단 아래에 세워져 있는데, 앞서도 언급하였지만 이처럼 갑옷으로 완전무장한 무석인상이 능 앞에 세워진 것은 공민왕릉에서 처음 보이는 형식이다. 북송황릉의 경우 무관상은 2쌍씩 모두 4구가 조성되어 있는데, 이들은 문관상과 동일한 형태로 조복을 입고 진현관을 쓰고 있다. 문관상과 차이가 있다면 무관상은 홀 대신 칼을 잡은 점이다. 무인의

236) 『高麗史』卷72, 志 第26. 輿服. 恭愍王 19年 5月.

상징은 갑옷과 투구이지만 품계가 높은 경우 복두에 공복을 입고 있어 여기에서도 비속이 드러난다. 복송황릉의 무관상은 하나같이 공복에 칼을 쥐고 있는 모습이어서 갑옷을 입은 계급이 낮은 무사와는 차별화된다. 북송황릉에는 무관상과 함께 갑옷을 입은 무사가 2구 더 있는데 이들은 모두 갑옷으로 완전무장하고 있지만 손에는 칼이 아닌 도끼를 들고 있다. 복송황릉에서는 문관과 무관을 각각 따로 세우고, 갑옷을 입은 무사상을 세운다. 이에 반해 공민왕릉에서는 공복을 입고 칼을 든 무석인상과 갑옷을 입고 도끼를 든 무사상을 각각 따로 세우지 않고 이를 하나로 합쳐 갑옷을 입고 칼을 쥔 모습의 무석인상을 처음으로 세우기 시작하였다.

공민왕릉 무석인상은 기본적으로 문석인상과 동일한 얼굴모습이지만, 눈이 조금 더 튀어나오고 광대뼈가 돌출되어 있어 무석인상답게 좀더 우락부락한 모습이다. 얼굴은 눈과 눈썹으 양끝이 모두 위로 치켜져 있고, 작은 입은 꽉 다물어져 있어 용맹성이 돋보인다. 공민왕릉 무석인상의 갑옷은 통일신라의 갑옷과는 분명 다르드다. 당의 영향을 받은 통일신라의 갑옷은 가슴을 보호하려는 흉갑이 W자형이고 그 안에 무늬가 있는 소위 "명광갑:을 입는 것이 일반적이다. 공민왕릉 무석인은갑옷의 형태 뿐만 아니라 재질에서도 통일신라의 것과 차이가 있다. 통일신라 무석인의 갑옷이 주로 가죽편이나 철편을 서로 이어 붙인 형태가 주류를 이루었다면 고려시대에는 사슬을 이어만든 사슬갑옷이 대부분을 차지한다.

공민왕릉 무석인상 4구는 서로 마주보고 있는 2구의 상끼리 같은 얼굴에 같은 형태의 갑옷을 입고 있다. 문석인상의 배치와는 반대로 젊은 얼굴의 무인이 안쪽에, 나이든 얼굴의 무인은 바깥쪽에 세워져 있다. 이들의 얼굴모습 뿐만 아니라 갑옷의 형태도 조금씩 다른데 젊은 무인은 칼을 뽑지 않은채 옆구리에 차고 있으며 나이든 무인은 칼을 칼집에서 뽑아 칼끝을 땅에 대고 칼자루를 잡고 있는 모습이어서 차이가 있다.

능 안쪽의 젊은 무인은 머리에는 복발형의 투구를 쓰고 있으며 그 뒤로는 목가리개가 드리워져 있는데 목가리개에는 아무런 장식이 없다. 정면에서 보면 귀 밑으로 목가리개를 물결치듯 접혀져 있다. 목에는 스카프와 같은 것을 두리고 있는데 목 앞에는 흘러내리지 않도록 묶은 매듭이 보인다. 갑옷을 입을 때는 안에 관복을 입고 그 위에 갑옷을 걸치는 것이 일반적인데, 이 무석인상도 마찬가지다. 가슴과 허리, 그리고 양 허벅지 위를 덮고 있는 솟을고리무늬 형태의 것이 하나로 연결되어 있는 것이 주된 갑옷인데, 가슴 윗부분에서는 어린 아이의 턱받이처럼 끈이 있어 목 뒤에서 묶게 되어 있다. 허리에는 마치 복대처럼 뒤에 연결고리가 있어 허리 뒤쪽에서 서로 연결시키도록 되어 있고 그 아래에는 두 개의 방형조각과 둥근 형태의 조각이 붙어있어 허벅지와 배 아래부분을 보호한다. 이런 이유로 등에는 갑옷이 덮이지 않는다. 다시 허리 부분에는 포두라고 불리는 넓은 천이 둘려지는데, 동글동글한 구름무늬가 조각된 이 천은 가운데 귀면이 새겨진 굵은 허리띠로 고정된다. 안에는 관복을 입었기 때문에 넓은 소매가 밖으로 나와 흩날리게 마련인데 이 무석인상에서는 이 소매를 묶어 팔뒤꿈치 아래 두고 있다. 그리고 팔에는 노출된 팔목부터 팔꿈치 부분을 보호하기 위한 토시가 끼워져 있다.

이러한 형태의 갑옷은 송대 무사들이 즐겨 입었던 갑옷의 형태인데, 때로는 위에 노출된 어깨와 등으로 보호하기 위한 '엄전'이라고 불리는 갑옷을 덧입기도 하지만 이들 무석인상은 엄전을 걸치지 않고 있다. 공민왕홍 무석인상의 갑옷 형태와 함께 송대에 유행하였던 또 다른 형태의 갑옷은 북송황릉의 무사가 입고 있는 '보인갑'이라고 불리우는 것이다. 보인갑은 가슴판과 등판을 마치 멜빵을 매듯이 착용하게 되어 있는 것이어서 굳이 엄전을 덧입지 않아도 등에 갑옷이 덮이게 된다. 물론 그 위에 드러난 어깨를 보호하기 위한 겉갑옷을 더 입기도 한다. 보인갑은 공민왕홍 무석인상이 입고 있는 갑옷보다 훨씬 빈번하게 쓰여졌던 형태로 송대에도 남송대 신장상에서 보여지는 몇 예들을 제외하고는 대부분 보인갑을 입고 있다. 젊은 무인 바로 옆의 나이든 무인의 갑옷 역시 기본형은 크게 차이가 없다. 차이가 있다면 턱 밑으로 수염이 길게 드리워져 있다는 것과 칼을 뽑아 앞에 세우고 양손으로 칼자루를 잡고 있다는 점, 그리고 가슴 위를 고정시키는 띠매듭이 있고 허리띠의 귀면이 좀더 크고 사실적으로 표현되었다는 것이다.

송대 갑옷의 형태를 그대로 따르고 있는 이 무석인상의 갑옷은 현재 유존하는 실제 갑옷과 차이가 있다. 고려말 정지(1347-1391)의 갑옷은 조선시대 무사들이 착용하던 앞 트임의 외투처럼 입게되어 있는 형태이다. 태조 건원릉과 태종 헌종의 무석인상은 등에 갑옷이 덮히지 않는 송대의 갑옷 형태로 표현된데 비해, 조선 능묘 석인상의 새로운 전기를 마련한 구 영릉의 무석인상은 명대 갑옷을 착용하고 있다.

이처럼 공민왕릉 무석인상의 갑옷은 송대 갑옷의 기본형을 따른 것이다. 그런데 그중 공민왕릉 무석인상 갑옷은 북송대 황릉 무사상의 갑옷형태가 아니라 남송대 신장상의 갑옷에 즐겨 표현되던 갑옷의 형태를 따르고 있는 것은 흥미롭다. 즉 무석인상은 송의 관복을 입고 무석인상 역시 송의 갑옷을 입고 있지만 교각의 복두, 인면인신의 십이지상, 갑옷의 형태 등에서 부분적으로 요와 남송의 요소들이 엿보인다.

## 3 조선초기 태조비의 왕후릉 조성 실태

조선시대 왕릉 중 최초로 조성된 것은 1397년(태조 6) 1월 한양의 취현방[현 중구 정동] 북쪽 언덕에 완공된 태조의 계비(繼妃) 신덕왕후(神德王后)의 정릉(貞陵)이다.[237] 그러나 정릉은 태조가 승하한 이듬해(1409) 태종에 의해 도성 밖 사을한산[현 성북구 정릉동]으로 옮겨지면서 대부분의 건물이나 석물이 흩어지고 생략되어 왕릉으로서의 모습을 갖추지 못하였다가,[238] 1669년(현종 10) 1월 대대적인 중수를 거쳤기 때문에 현재 조선 초기의 원형을 가지고 있지 못하다.[239] 반면 태조의 원비 신의왕후(神懿王后)의 제릉(齊陵)은 1408년(태종 8) 1월에 왕후릉으로 조영되었고, 그해 승하하여 9월에 완성된 태조 건원릉을 조성하는 데에도 선례가 되었다.

이처럼 제릉은 현존하는 조선왕릉 중 가장 이른 시기에 조성되었지만 북한에 소재하고 있다는 이유로 제2대 정종과 정안왕후의 후릉(厚陵)과 함께 유네스코의 세계문화유산 목록에서 제외되었다. 더욱이 정종과 정안왕후의 후릉은 제1대 태조에 이은 제2대에 해당되지만 쌍릉의 형태나 배치가 고려말 공민왕과 노국대장공주의 현·정릉과 유사한 데다가 숙종 대부터 조선후기 왕릉을 조성하는 데 전례로 삼아 간혹 소개된 적이 있었다.[240] 그러나 신의왕후의 제릉 또한 후릉과 마찬가지로 필자가 북한과 교섭하여 자료를 수집하였고 이것을 토대로 국립문화재연구소에서 고려 말 조선 초기 왕릉을 종합적으로 조사하면서 처음 소개되었다.[241]

### 1) 신의왕후 한씨의 생애

신의왕후 한씨(1337~1391)는 조선조 제1대 태조 이성계의 원비이다. 이성계는 공민왕이 즉위한 1351년 증문하부사(贈門下府事) 한경(韓卿)의 딸과 혼인하여 6남(方雨, 方果, 方毅, 方幹, 方遠, 方衍) 2녀(慶愼宮主, 慶善宮主)를 두었다.[242] 한편 이성계는 공민왕 11년(1362) 홍건

237) 『太祖實錄』卷11, 太祖 6年 1月 3日 丙辰.
238) 『太宗實錄』卷17, 太宗 9年 2月 23日 丙申.
239) 『顯宗實錄』卷16, 顯宗 10年 1月 4日 戊戌; 1月 5日 己亥 ; 1月 20日 甲寅 ; 『顯宗改修實錄』卷20, 顯宗 10年 1月 4日 戊戌; 『顯宗改修實錄』卷20, 顯宗 10年 1月 5日 己亥.
240) 조선유적유물도감편찬위원회편, 『조선유적유물도감』14, 외국문종합출판사, 1993; 『북한의 문화재와 문화유적, 조선시대』, 서울대학교 출판부, 2002. 재출간. 이정선, 「조선전기 왕릉 석인석수 연구」, 이화여대 석사학위논문, 2008, 65쪽; 『가보고 싶은 왕릉과 그 기록 : 풀어쓴 후릉개수도감의궤』, 문화재연구소, 개성에 소재한 후릉에 대한 사진자료와 도면은 필자가 북한과 교류하여 제공한 것이다.
241) 제릉은 그동안 문헌기록만으로 간략히 소개되었을 뿐이었다(은광준, 『高麗·朝鮮陵誌』, 문성당, 1988, 152-158쪽 ; 『문화유산 왕릉』, 한국문원, 1995, 31-33쪽 ; 한성희, 『여기자가 파헤친 조선왕릉의 비밀Ⅰ』, 솔지미디어, 2006, 72-76쪽. 그러다가 2009년 처음으로 제릉을 포함한 고려말 조선초기 왕릉의 실측도면과 현장사진을 포함한 종합보고서가 발간되었다(『조선왕릉 종합학술보고서 1』, 국립문화재연구소, 2009, 142-197쪽.
242) 『太祖實錄』卷4, 太祖 2年 9月 18日 庚申. 東北面 咸州에 세운 桓王의 定陵碑.

적으로부터 개경을 탈환하는 데 큰 공을 세우고 강윤성(姜允成)의 딸과 혼인하여 2남(方蕃, 方碩) 1녀(慶順宮主)를 두었다.[243] <용비어천가(龍飛御天歌)>에 의하면 신의왕후는 태조의 고향인 영흥(永興)에서 결혼하고 포천의 재벽동(滓甓洞) 농장에 있었으며, 신덕왕후 강씨(?~1396)는 개경 숭교리(崇敎里)에서 맞이하여 포천 철현(鐵峴)의 농장에 거처하였다고 한다.[244] 이처럼 이성계는 청주 한씨 집안과의 혼사를 토대로 동북면 지역에서 성장할 수 있었으며, 대표적 친원파 권문세족의 하나였던 신천 강씨와 통혼하여 고려의 중앙 정계에 뿌리내리고 조선을 건국하는 기반을 마련할 수 있었다.[245] 비록 이성계가 당대의 명장이었지만 권력의 핵심에 들어갈 명문거족이 아니었기 때문에 당대의 유력한 가문과 혼인 관계를 맺어 이러한 약점을 보완하고자 하였던 것이다. 고려시대에는 관리가 서울과 지방에 두 처를 갖는 경외(京外) 이처(二妻)의 관습이 성행하였으며,[246] 이성계가 영흥에서 혼인한 청주 한씨는 향처(鄕妻)로, 개경에서 맞이한 신천 강씨는 경처(京妻)로 불리게 되었다.[247]

### 2) 신의왕후의 추숭과 제릉의 조성

조선조 제1대 태조 이성계의 원비이자, 고향인 영흥을 지킨 향처였던 신의왕후 한씨는 조선이 건국되기 한 해 전인 공양왕 3년(1391) 6월 14일 55세로 죽었고,[248] 해풍군 북쪽 15리 밤나뭇골[栗村] 축산(丑山)의 갑좌경향(甲坐庚向)에 안장되었다.[249] 태조가 즉위한 후 원비에게는 '절비(節妃)'라는 시호를 내리고 묘호는 '제릉(齊陵)'이라고 했다.[250] 그녀의 아들인 정종이 왕위에 오르자 1400년(정종 2)에 '신의왕후'란 시호를 올렸으며, 창덕궁 내 인소전(仁昭殿)에 진용(眞容)을 안치하고 추숭하는 예전(禮典)을 갖추었다.[251] 1408년(태종 8) 태조가 죽자 태종은 친모인 신의왕후의 시호를 높여 '승인순성신의왕태후(承仁順聖神懿王太后)'라 하였다.[252] 왕태후(王太后)라는 시호는 아들이 황제에 즉위하면 그를 낳은 모친을 추숭하여 올렸던 고려의 유습이었다. 1430년(세종 12)에 세종이 시호 앞에 "태(太)'자를 붙이는 것은 옛 제도를 상고했으나

243) 윤두수, 「神德王后에 관한 연구」, 『石堂論叢』 제15집, 1989, 289-326쪽.
244) 『燃藜室記述』卷1, "初神懿王后 在抱川滓甓洞田庄 神德王后 在抱川鐵峴田庄(龍飛御天歌).
245) 박천식, 「朝鮮 建國功臣의 硏究」, 전남대 박사논문, 1985.
246) 『太宗實錄』卷27, 太宗 14年 6月 辛酉. "夫婦 人倫之大綱 前朝之季 禮制紊亂 紀綱凌夷 大小人員 京外兩妻 任然竝畜."
247) 『燃藜室記述』卷1, "夫神懿神德 在太祖潛邸時 爲京外二妻 ... 神德爲京妻."
248) 『燃藜室記述』卷1, 太祖朝. "妃 承仁順聖神懿王后韓氏....洪武辛未 九月二十三日 昇遐壽五十五."
249) 『世宗實錄』卷148, 地理志, 京畿 富平都護府 海豐郡.
250) 『太祖實錄』卷4, 太祖 2年 9月 18日 庚申.
251) 『太宗實錄』卷7, 太宗 4年 2月 18日 己丑.
252) 『太宗實錄』卷16, 太宗 8年 9月 6日 辛亥.

그런 예가 없다고 하고, '신의왕태후'를 '신의왕후'로 강정하여 유교의 예제를 따랐다.[253]

이와 같이 제릉의 능호는 태조 때 정해졌지만 왕릉으로서의 면모를 갖추기 시작하는 것은 태종대부터였다. 첫째, 제릉 앞에 신도비(神道碑)와 비각(碑閣)을 세웠다. 신도비는 1403년(태종 3) 10월 20일에 권근(權近)이 비문을 지어 올린 뒤 10월 30일부터 조성하기 시작하였다.[254] 규모가 큰 신도비는 비석돌을 마련하기 어려워 화장사(華藏寺)의 묵은 비를 손질하여 이듬해 2월 18일에 신도비를 세울 수 있었다.[255] 당시 권근은 글을 짓고, 성석린은 글씨를 쓰고, 김첨은 액전을 쓰고 승려 명호는 돌에 새기고 이응은 역사를 감독하고, 유한우는 터를 잡고, 조희림은 비각의 역사를 감독한 공으로 상을 받았다.[256] 하지만 비석이 세워진지 얼마 되지 않아 1410년(태종 10) 비문에 잘못된 글자가 발견되어 성석린이 고쳐 썼고,[257] 비각도 고쳐 세웠다.[258] 제릉에 신도비를 세운 것이 전례가 되어 이후 태조의 건원릉, 태종의 헌릉, 세종의 영릉에까지 세워져 조선 초기 왕릉을 특징짓는 하나의 기념비적 조형물로 되었다.

신의왕후 제릉 정자각

신의왕후 제릉 비석 1쌍과 비각

둘째, 제릉의 향사공간으로서 연경사(衍慶寺)를 재궁(齋宮)으로 삼고 불교식 추천의례(追薦

253) 『世宗實錄』卷48, 世宗 12年 4月 6日 乙亥. 조선왕실에서 왕태후라는 호칭을 받은 이는 태조비 신의왕태후와 태종비 원경왕태후였는데, 이후 둘 다 신의왕후와 원경왕후로 고쳐 불렀다.

254) 『太宗實錄』卷6, 太宗 3年 10月 20日 甲子.

255) 실록의 華莊寺는 華藏寺의 오류이다(『太宗實錄』卷7, 太宗 4年 2月 18日 己丑. "碑文, 乃權近去年所製也. 磨去華莊寺舊碑而刻之"). 북한 내에는 華藏寺가 여러 곳에 있으며, 제릉에서 멀지 않은 개성 룡흥동의 華藏寺는 정종이 자주 다녔다(『定宗實錄』卷6, 定宗 2年 10月 6日 丁酉 ; 『太宗實錄』卷3, 太宗 2年 1月 16日 己亥). 이곳에는 指空선사(?~1367)의 석종형 부도만 있고 이와 함께 조성되었을 비석이 없어 이것을 옮겼다고 여겨진다. 『북한문화재해설집1-석조물-』, 국립문화재연구소, 1997, 131쪽. 도2-1 <화장사 지공선사탑> ; 『조선향토대백과』2, 평화문화연구소, 2005. 14쪽.

256) 『太宗實錄』卷7, 太宗 4年 3月 16日 丁巳.

257) 『太宗實錄』卷19, 太宗 10年 3月 16日 壬午.

258) 『太宗實錄』卷19. 太宗 10年 3月 18日 甲申.

儀禮)를 행하였다.[259] 연경사는 정종이 즉위하면서 수리하여 법석을 베풀었던 사찰로,[260] 제릉의 재궁으로 정한 뒤부터는 제사를 종묘의 제사와 같게 하였다.[261] 하지만 정종대의 재궁은 협소하여 규모를 갖춘 의절을 거행하기가 어려웠던지, 태종은 1404년(태종 4) 9월 그 동쪽 골짜기에 다시 재궁을 영건토록 하였으며,[262] 1년여의 공사 끝에 1405년(태종 5) 8월 완공하였다.[263] 그런데 제릉을 건립한 1년 뒤(1409)에 연경사의 중수가 이뤄져,[264] 이듬해(1410) 3월에 완공되었다.[265] 이후 연경사는 교종사찰로 분리되고, 밭 400결을 주어 제릉의 능침사찰이 되어 신의왕후의 기신제(忌辰祭)과 삭망전(朔望奠)에 재(齋)를 올리게 되었다.[266]

이처럼 조선 초기 왕릉에는 고려 말 공민왕과 노국대장공주의 능인 현·정릉에 정릉사를 세웠던 전례를 따라 능침사찰을 조성하였던 것이다. 곧 신덕왕후의 정릉에 흥천사를, 제릉에 연경사를, 건원릉에 개경사를, 후릉에 흥교사를, 헌릉에 봉은사를 세웠고, 국상 때 국장·빈전·산릉도감과 함께 재도감(齋都監)을 설치하여 유교식 상제와 불교식 추천의례를 치렀다. 조상숭배와 효의 실천이라는 명분을 앞세워 조성한 능침 사찰은 능침의 수호와 제례를 담당하고 왕실의 안녕을 기원하는 장소가 되었다. 하지만 세종대에 성리학적 이념이 심화되고 유교식 예제가 만들어지면서 일상생활에서도 불교식 의례는 점차 사라져가기 시작하였다.[267]

셋째, 제릉의 능상 석실과 석물을 왕릉에 걸맞도록 조성하였다. 태종은 1407년(태종 7) 10월, 일반백성의 묘와 다름없었던 신의왕후의 제릉을 개수키로 하고, 박자청(朴子靑, 1357~1423)을 감독총제(監督摠制)로 삼아 그 역사를 총괄토록 하였다.[268] 5개월여의 역사 끝에 이듬해 1408년(태종 8) 3월 10일, 드디어 제릉에 난간석을 두르고 석인 등을 배치하는 역사를 끝내었다.[269] 제릉을 완공한 지 2개월 후 1408년 5월 태조가 죽자 박자청은 또다시 조묘도감의 제조로서 건원릉의 조성을 총괄하였으므로,[270] 제릉과 건원릉의 양식적인 친연성을 짐작할 수 있고 이 점

259) 허흥식, 「高麗의 王陵과 寺院과의 關係」, 『고려시대연구1』(한국정신문화연구원, 2000), 107쪽; 한기문, 『高麗寺院의 構造와 機能』, 민족사, 1998, 218쪽. 齋宮은 원당.원찰.능침사찰과 혼용되며 고려와 조선시대에 왕과 왕실을 위해 祝壽와 명복을 빌었던 사찰이다.

260) 『定宗實錄』卷1, 定宗 1年 1月 3日 甲戌, 2月 19日 庚申.

261) 『定宗實錄』卷1, 定宗 1年 4月 1日 辛丑.

262) 『太宗實錄』卷8, 太宗 4年 9月 12日 庚戌.

263) 『太宗實錄』卷10, 太宗 5年 8月 6日 己巳.

264) 『太宗實錄』卷18, 太宗 9年 8月 9日 戊申; 『太宗實錄』卷18, 太宗 9年 8月 12日 辛亥.

265) 『太宗實錄』卷18, 太宗 9年 8月 9日 戊申.

266) 『世宗實錄』卷148, 地理志, 京畿 富平都護府 海豐郡. 연경사에 노비 100명을 배속하였고(『太宗實錄』卷16, 8年 7月 29日 乙亥), 토지 100결을 하사하였으며(『太宗實錄』卷17, 太宗 9年 6月 9日 庚戌), 제릉에 배례할 때 米豆 10석씩을 내려 주었다(『太宗實錄』卷19, 太宗 10年 3月 18日 甲申).

267) 정경희, 「朝鮮前期 禮制.禮學 硏究」(서울대학교 박사논문, 2000.8), 116-117쪽.

268) 『太宗實錄』卷14, 太宗 7年 10月 8日 戊子.

269) 『太宗實錄』卷15, 太宗 8年 3月 10日 己未 ; 『世宗實錄』卷22, 世宗 5年 11月 9日 丙戌.

270) 『太宗實錄』卷15, 太宗 8年 6月 28日 乙巳. 박자청과 조선 왕릉에 대한 자세한 논의는 임영애, 「開城 恭愍王陵 石人像 硏究」, 『강좌미술사』17, 미술사연구소, 2001; 이정선, 「조선전기 왕릉 石人石獸 연구」, 이화여대 석사학위논문, 2008.

은 다음 장에서 상술하겠다.

이처럼 태종은 제릉에 신도비를 세워 친모의 위상을 널리 알렸고, 재궁을 영건하여 향사하였으며, 능상 석물을 개수하는 등 순차적으로 제릉의 규모를 확장시킴으로써 조선 초기 왕릉의 제도를 확립할 수 있었다. 그리고 태종은 태조를 종묘[太廟]에 들일 때(1410) 신의왕후만을 부묘하였고,[271] 이듬해에 태조와 신의왕후의 옥책을 종묘에 올릴 때도 마찬가지였다.[272] 이렇게 태종이 신덕왕후를 배제한 채 신의왕후를 추존하고 제릉을 왕릉으로 조성하고 종묘에 부묘하는 일련의 과정은 결국, 자신의 왕위 계승에 관한 정당성과 왕권의 정통성을 확인시키려는데 있었다.

### 3) 후대 국왕들의 제릉 참배와 수보실태

조선시대 국왕들이 능행을 통해 지속적인 관심을 보임으로서 오랫동안 왕릉이 관리 보존될 수 있었다. 이러한 관행이 자리 잡는 데는 제릉이 그 선례를 남겼다고 하겠다.

제릉에 대한 국왕의 능행은 신의왕후의 아들로서 등극한 제2대 정종과 제3대 태종 때 가장 많이 시행되었고, 세대가 멀어질수록 줄어들었다. 정종은 국왕으로서 3회의 친행과 상왕으로서 7회의 능행으로 총 10회를 다녀왔고, 태종도 국왕으로서 15회와 상왕으로서 2회로 총 17회여서, 둘 다 1년에 평균 1회씩 능행한 것을 알 수 있다. 특히 태종대에는 상왕 정종의 7회와 태종의 15회로 총 22회 능행했는데, 이는 당시 수도를 개경으로 천도한 무렵이라 거리가 가까워 제릉의 능행이 빈번했을 것이다.[273] 게다가 태종은 상무정신이 강한 국왕이어서 능행 시 넓은 장소에서 사냥으로 심신을 단련하거나 군사훈련[閱武]을 병행하기도 하였다.[274] 이와 같이 왕릉의 조성과 친행이 갖는 권위의 상징성이 컸기 때문에 태조가 즉위 초에 먼저 4대 조상을 추존하고 함경도에 있던 묘소를 4대조 북도팔릉으로 조성하여 왕조 개창의 신성성을 드러내는 데 활용한 것도 같은 맥락이다.[275]

세종대부터 유교적 예제가 강조되면서 능행은 점차 줄어들었지만, 성종 때 『국조오례의』로

271) 『燃藜室記述』卷1, 太祖朝. "太祖 太宗立國未久 不敢改前代之制 故只祔神懿於太廟乎" ; 『太宗實錄』卷20, 太宗 10年 8月 10日 甲辰. 신덕왕후는 正嫡이 아니므로 忌辰齋만 드리고 正朝는 파하도록 하였다.

272) 『太宗實錄』卷21, 太宗 11年 6月 2日 辛卯.

273) 장지연, 「麗末鮮初 遷都논의와 한양 및 개경의 도성계획」, 서울대학교 석사논문, 1999, 57-58쪽. 태조는 정도전과 함께 周禮대로 한양을 건설하였으나, 정종은 개경에 애착을 가져 천도하였고, 태종은 태조 사후 동왕 11년에 한양으로 환도하였다.

274) 『太宗實錄』卷8, 太宗 4年 9月 12日 庚戌 ; 卷20, 太宗 10年 9月 25日 己丑 ; 卷35, 太宗 18年 5月 1日 庚戌.

275) 『太祖實錄』卷1, 太祖 1年 10月 28日 丙子 ;『太宗實錄』卷6, 太宗 3年 24日 甲寅.

집대성하면서는 오히려 정조·한식·단오·추석·동지·납일에 건원릉과 제릉에 제향하거나,[276] 국왕의 능행을 제도화하는 계기를 마련하였다.[277] 그러나 제릉은 한양에서 거리가 먼 개경에 있어 그곳까지 오가는 데만 10여일이 걸리는 데다가 물력도 만만치 않게 소요되어 친행하기가 쉽지 않았다.[278] 따라서 조선후기에는 숙종과 영조가 겨우 1차례 제릉에 능행했을 뿐이었다.[279] 하지만 당시 제릉 정자각의 중건과 신도비의 중수가 진행되어 국왕의 능행이 왕릉의 관리에 영향을 미치고 있었다.

조선 왕릉은 지속적으로 관리되었고, 세월이 오래되어 훼손된 건물이나 석물의 수보도 그때그때 이뤄지고 있었다. 우선 제릉 만해도 완공한지 34년밖에 안 되는 세종대에 벌써 수보공사가 추진되었다. 1442년(세종 24) 5월에는 제릉과 건원릉 및 헌릉 등을 수보하기 위하여 "산릉수리도감"을 설치하여,[280] 이듬해 4월까지 11개월간 대대적인 공사를 진행하였다.[281] 이는 세종 대에 왕릉의 고제(古制)를 연구한 결과로 보이며, 이로 인해 조선 왕릉의 문무석인 뒤쪽에 석마가 배치되었던 것으로 여겨진다.[282]

이후 200여년 뒤인 조선후기에 이르러 건물과 비석의 중수와 석물의 수보공사가 다양하게 이뤄졌는데 그 실태를 간추려 보면 다음과 같다.

<신의왕후 제릉 전경>, 1408년, 필자 소장

<신의왕후 제릉의 각종 석물>, 1408년, 필자 소장

첫째, 제릉의 정자각과 재궁 및 비각 등의 중수공사가 진행되었다. 제릉의 정자각은 17세기

276) 『世宗實錄』五禮儀. 능행을 비롯한 길례 서례는 태종대에 정리된 것이다.

277) 『國朝五禮儀』. 吉禮. 56개 조항 중 능행은 '拜陵儀'와 '四時及俗節朔望享諸陵儀'이다.

278) 『中宗實錄』卷80, 中宗 30年 9月 12日 庚午, 13日 辛未, 14日 壬申, 15日 癸酉. 당시의 코스는 다음과 같다. 경복궁- 모화관- 迎署驛(소주정) - 彌勒院 냇가(대주정) - 벽제역(1박) - 廣灘(소주정) - 梨川(대주정) - 通濟院(2박) - 親耕川 냇가(소주정) - 板積川(대주정) - 穆淸殿(작헌례) - 개성부 태평관(3박) - 熊川 松亭(소주정) - 제릉(의례) - 비각 - 개성부.

279) 『英祖實錄』卷52, 英祖 16年 9月 1日 己巳.

280) 『世宗實錄』卷95, 世宗 24年 5月 21日 庚辰.

281) 『世宗實錄』卷100, 世宗 25年 4月 9日 甲午.

282) 이정선, 「조선 전기 왕릉제도의 성립과 석인석수 양식 연구」, 『미술사논단』제29호, 2009. 27-31쪽.

에 몇 차례 화재로 소실되고 개건되었다. 1629년(인조 7) 2월 제릉의 정자각이 불에 타,[283] 초석과 전돌만 남았다.[284] 조정에서는 도감을 설치하는 대신 경기감사가 책임지고 정자각을 중건토록 결정했다.[285] 농사철을 피해 7월 말 재개되었는데 목수 6인과 석수 3명 및 모군 30명이 징발되었으나, 이 인원으로는 부족하여 선공감 장인들을 가징하여,[286] 8월 26일경에 완공하였다.[287] 이때 수축한 정자각은 16년 뒤인 1645년(인조 23)에 다시 불에 탔다.[288] 이때의 중건 기록은 남아있지 않지만, 1676년(숙종 2) 6월에 도둑이 제기를 훔치려고 침입하여 정자각에 불이 났다고 한 사실로 미루어 세워져 있었고 이때 화재로 또다시 중건공사가 시작되었다.[289] 당시 제릉의 중건청에서 창릉 정자각을 중수하려고 강원도에 배정했던 목재를 제릉에서 사용토록 요청하였고,[290] 7월 22일에는 재목을 운반하기 위하여 장단과 풍덕 등지의 소를 징발하여,[291] 예조참의의 감독 하에 재목을 운반하여,[292] 9월 29일 정자각을 완성하였다.[293] 이때 정자각에서 향사를 드리기 위해 내부의 의장의물도 개비토록 하여,[294] 중건청은 용상과 상탁, 포진 등을 전례대로 제작하였다.[295] 이로부터 17년이 지난 1693년(숙종 19) 8월에 정자각을 다시 수개하였고,[296] 내부에 배치하는 신위평상의 크기에 맞춰 褥과 床石도 개비하였다.[297]

다음, 제릉의 비각은 1744년(영조 20) 9월 비석을 다시 세울 때 헌릉의 비각을 전례로 삼아,[298] 10월에 비각 터를 '병좌임향(丙坐壬向)'으로 확정하였다. 비각은 10월 8일에 시역하여 16일에 상량하였고, 22일에 회를 발랐으며, 23일부터 11월 6일까지 단청을 칠하였고, 내부에 전돌을 깔아 공사를 마무리했다.[299] 한편 제릉의 재궁이던 연경사는 이미 1552년(명종 7) 이전에 파

283) 『仁祖實錄』卷20, 仁祖 7年 2月 30日 丙辰.
284) 『承政院日記』卷25, 仁祖 7年 3月 4日 庚辰.
285) 『承政院日記』卷25, 仁祖 7年 3月 10日 丙寅, 11日 丁卯.
286) 『承政院日記』卷27, 仁祖 7年 8月 4日 丙辰, 9日 辛酉, 18日 庚午.
287) 『承政院日記』卷89, 仁祖 22年 8月 26日 辛巳.
288) 『仁祖實錄』卷46, 仁祖 23年 11月 22日 庚午.
289) 『肅宗實錄』卷5. 肅宗 2年 6月 29日 庚辰 ; 『承政院日記』卷255, 肅宗 2年 7月 2日 壬午, 4日 甲申, 6日 丙戌, 11日 辛卯 ; 15日 乙未.
290) 『各陵修理謄錄』, 규12917, 肅廟朝 2年 7月 16日 ;『承政院日記』卷255, 肅宗 2年 7月 15日 乙未. 승정원일기와 등록의 날짜는 반드시 일치하는 것은 아니어서 하루의 차이가 있다.
291) 『各陵修理謄錄』, 규12917, 肅廟朝 2年 7月 21日 ; 『承政院日記』卷255, 肅宗 2年 7月 22日 壬寅 ; 승정원일기와 등록의 날짜는 하루 이틀 차이가 나기도 한다.
292) 『承政院日記』卷255, 肅宗 2年 7月 30日 庚戌 ; 卷256, 8月 19日 己巳, 9月 1日 庚辰, 16日 乙未.
293) 『承政院日記』卷256, 肅宗 2年 9月 29日 戊申.
294) 『各陵修理謄錄』, 肅廟朝 2年 丙辰 7月 5日.
295) 『各陵修理謄錄』, 肅廟朝 2年 丙辰 7月 16日.
296) 『承政院日記』卷353, 肅宗 19年 8月 10日 辛巳.
297) 『承政院日記』卷353, 肅宗 19年 8月 30日 辛丑. 현재의 정자각은 해방 이후 북한당국은 1955년, 1965년, 1975년에 정자각을 중수한 것이다.
298) 『承政院日記』卷977, 英祖 20年 9月 11日 乙酉, 23日 丁酉.
299) 『齊陵神道碑營建廳儀軌』, 啓辭秩, 10月 6日, 8日, 11日, 16日, 22日, 23日, 11月 6日. 현재의 비각은 1965년에 세운 것이다.

괴되어 수리하였으며,[300] 1719년(숙종 45) 3월에 중수하였다.[301] 그로부터 70년이 지난 1788년(정조 12) 사찰이 피폐해 있어 공명첩을 발급하여 수리하였으며,[302] 1796년(정조 20)의 기록에는 제릉의 승려들이 석물을 수보하고 있었다.[303] 그밖에 전사청은 1675년(숙종 1)에,[304] 재실은 1744(영조 20)에,[305] 수라간은 1754년(영조 30)에 수개하였으며,[306] 홍살문은 1771년(영조 48)에 고쳐 세웠다.[307] 또 태종대의 기록에는 제릉 능침 안에서 소나무를 사사로이 벤 자를 의금부에 가두었으며,[308] 세종대에는 수십 년간 수백 명의 백성을 동원하여 송충이를 잡고 있었다.[309]

<신의왕후 제릉의 능상 석물>, 1408년, 필자 소장

둘째, <제릉 신도비>는 영조 대와 대한제국 시기에 각각 조성된 2기가 비각 내에 세워져 있다. 1681년(숙종 7) 2월 예조에서 건원릉·제릉·헌릉의 비문을 인출하고자 했으나, 제릉의 비석은 임진왜란 중에 파괴되어 비석의 잔편만 남아 있었기 때문에 인출할 수 없었다고 한다.[310] 이 때문에 1741년(영조 17) 5월 제릉 신도비를 개수키로 하였으나,[311] 흉년으로 미뤄졌는데,[312] 여은군(礪恩君) 이매(李梅)의 상소에 따라 1744년(영조 20)에 재추진되었고,[313] 제작 체제는 숙종 대

300) 『明宗實錄』卷13, 明宗 7年 11月 6日 甲申.
301) 『承政院日記』卷514, 肅宗 45年 3月 25日 戊戌.
302) 『正祖實錄』卷1645, 正祖 12年 8月 16日 乙巳.
303) 『正祖實錄』卷1766, 正祖 20年 8月 30日 壬寅 ; 현재는 제릉 동쪽 300m 지점에 연경사 터만 남아 있다(『조선향토대백과』2, 414쪽).
304) 『各陵修理謄錄』. 肅廟朝 元年 4月 16日.
305) 『承政院日記』卷979, 英祖 20年 11月 8日 辛巳.
306) 『承政院日記』卷1109, 英祖 30年 7月 27日 甲辰.
307) 『承政院日記』卷1329, 英祖 48年 7月 16日 己酉, 20日 癸丑. 1963年 이후 파괴되었고 홍살문의 터만 남아 있다.
308) 『太宗實錄』卷34, 太宗 17年 11月 23日 甲戌.
309) 『太宗實錄』卷5, 太宗 3年 2月 3日 庚戌, 3月 1日 戊寅, 4月 21日 丁卯 ; 卷11, 太宗 6年 5月 17日 丙午 ; 『世宗實錄』卷11, 世宗 3月 4日 16日 戊申 ; 卷15, 世宗 4年 1月 28日 丙戌 ; 卷32, 世宗 8年 4月 9日 壬申 ; 世宗 29年 5月 29日 己未.
310) 『承政院日記』卷281, 肅宗 7年 2月 25日 己酉.
311) 『承政院日記』卷931, 英祖 17年 5月 17日 庚辰 ; 『齊陵神道碑營建廳儀軌』, 啓辭秩, 같은 날.
312) 『承政院日記』卷975, 英祖 17年 10月 30日 辛酉.
313) 『英祖實錄』卷59, 英祖 20年 7月 29日 甲辰 ; 『承政院日記』 卷975, 같은 날 ; 『齊陵神道碑營建廳儀軌』, 啓辭秩, 1744年 8月 7日, 11日, 12日.

에 헌릉신도비를 중수할 때의 전례를 따랐다.[314] 신도비의 규모는 참고로 건원릉의 비석과 견주어 정리하였다.[315]

위 표에 의하면 제릉의 신도비는 비신석과 용두석과 귀대석의 3부분으로 나누어 각각 조성, 조립하였다. 부피가 크고 구하기 어려운 비신석은 개인이 비축해 놓은 석품[私儲品]을 구입하여,[316] 배에 실어 양천 – 김포 – 통진 – 풍덕부로 운반하였으며,[317] 귀대석은 '헌릉비석중건청'의 전례에 따라 강화도에 부석소를 설치하고 떠냈다.[318] 제릉의 비명은 '승인순성신의왕후제릉신도비명(承仁順聖神懿王后齊陵神道碑銘)'의 13글자를 횡서로, '신의왕후'를 전면 비액에, '제릉비명'네 자를 후면 비액에,[319] "숭정 기원후 117년 갑자 11월 일 중건"을 추가로 써 넣었다.[320] 영조 20년 10월 8일부터 10일까지 비문을 북칠하여 정서하였고,[321] 11일부터 비석의 전면에 정간을 긋고 총 2,300여자를,[322] 10월 22일부터 비석 후면에 새겨, 11월 1일 비문을 교정하였고, 11월 4일 길일을 택하여 세웠다. 완성된 제릉의 신도비는 견양으로 삼은 건원릉의 신도비와 대체로 비슷하나 약간 작아서 비신석은 길이와 너비가 1촌과 2촌 짧았고, 두께가 3촌 5푼 두꺼웠으며, 용머리도 6촌 5푼 짧았고, 귀대석도 너비 5촌, 두께 3척 5촌이 작았다.

이처럼 영조가 1744년(영조 20) 11월, 제릉에 신도비를 중수한 것은 이후 여러 왕릉에 표석을 세우는 계기가 되었다. 제릉보다 조금 늦게 시작된 영릉의 신도비는 이듬해(1745) 3월 26일에 세워졌고,[323] 이어 1746년(영조 22)에는 목릉·휘릉·혜릉의 표석을, 1753년(영조 29)에는 희릉·태릉·효릉·강릉·장릉의 표석을, 1754년(영조 30)에는 후릉·현릉·광릉·경릉·창릉·선릉·정릉의 표석을, 1776년(영조 46)에는 정릉을 비롯하여 사릉·공릉·순릉·온릉의 5릉에 표석을 세웠다. 결국 영조가 제릉 신도비를 비롯하여 20기의 역대 왕과 왕후릉에 표석을 새로 세운 것 역시 태종과 마찬가지로 선대왕을 추숭하고 왕실의 위상을 높이기 위해서였다.

이후 고종이 황제국을 선포하면서 1899년(광무 3) 제릉의 신의왕후는 다시 신의고황후(神懿

---

314) 『承政院日記』卷977, 英祖 20年 9月 11日 乙酉 ; 『齊陵神道碑營建廳儀軌』, 啓辭秩, 같은 날 ; 전례가 된 헌릉의 신도비를 세운 기록은 『獻陵碑石重建廳儀軌』(규13501), 1695年 참조.
315) 『承政院日記』卷977, 英祖 20年 9月 7日 辛巳.
316) 『承政院日記』卷977, 英祖 20年 9月 11日 乙酉 ; 『齊陵神道碑營建廳儀軌』, 啓辭秩, 같은 날.
317) 『齊陵神道碑營建廳儀軌』, 來關秩 9月 15日.
318) 『承政院日記』卷977, 英祖 20年 9月 11日 乙酉 ; 卷977, 英祖 20年 9月 13日 丁亥.
319) 『承政院日記』卷977, 英祖 20年 9月 17日 辛卯 ; 『齊陵神道碑營建廳儀軌』, 啓辭秩, 같은 날.
320) 『承政院日記』卷977, 英祖 20年 9月 24日 戊戌 ; 卷978, 英祖 20年 10月 3日 丙午 ; 5日 戊申 ; 『齊陵神道碑營建廳儀軌』, 啓辭秩, 1744年 9月 23日로 하루 앞섰다.
321) 『承政院日記』卷978, 英祖 20年 10月 8日 辛亥, 9日 壬子.
322) 『齊陵神道碑營建廳儀軌』, 啓辭秩, 1744年 10月 10日, 11日.
323) 『承政院日記』卷984, 英祖 21年 3月 26日 戊戌.

高皇后)로 추존되었고, 이듬해(1900) 설치된 추숭의궤도감에서 추존황후의 황릉에 표석을 새로 마련토록 하였다.[324] 제릉 표석의 전면과 음기는 고종황제의 어필로 썼으며,[325] 1904년 표석소에서 새겼다.[326] 현재 제릉 신도비 앞면에는 '대한신의고황후제릉(大韓神懿高皇后齊陵)'이,뒷면에는 '승인순성신의왕후한씨태조고황제원후(承仁順聖神懿王后韓氏太祖高皇帝元后)'라 하여 신의왕후의 시호와 함께 풍덕 북속촌 甲坐 언덕에 장례를 지낸 사실과 대한제국 황후로 시호를 올린 사실 및 1900년에 표문을 쓴 기록을 추가하여 새로 세웠다.

셋째, 능상의 각양 석물은 지속적으로 관리되었고 훼손되면 보수하였다. 조선후기에 왕릉은 정례적으로 관리되고 매년 한식날에는 예조에서 봉심하였으며, 폭우로 훼손되면 그때마다 조정에 보고하여 수개하였다. 능상 석물을 수보한 이른 예는 1642년(인조 20)부터였다. 당시 좌우변과 전후면의 병풍석과 왼쪽 상석(裳石) 1변을 꼼꼼히 살펴 회가 떨어져 나간 곳을 발랐고,[327] 동쪽 석호石虎)의 오른쪽 귀가 결실된 것을 유회로 발랐다.[328] 이후에도 곡장의 수개, 사대석물의 회칠, 사초의 교체가 실시되었고, 그사례는 각종 기록에서 찾아진다.[329]

제릉에 능행을 갔던 숙종대 7회와 영조대 22회나 수개작업이 이뤄지고 있어, 국왕의 관심과 왕릉의 관리가 매우 밀접한 연관이 있음을 알 수 있다. 제릉의 능참봉이 보고한 가운데 폭우로 곡장이 무너지고 흙이 석물을 덮쳤던 1690년(숙종 18) 6월에도 석호의 귀가 파손되었다.[330] 일반적으로 왕릉에 문제가 생기면 석물을 봉심하고 수개하는데 그다지 오랜 시간이 걸리지 않았는데 3개월 뒤인 9월 7일에야 끝나고 있어 석호를 수리하였으며,[331] 10월 11일에는 훼손되었던 망주석을 다시 배치하고 있었다.[332] 1758년(영조 34) 6월에도 큰 비로 곡장이 무너지면서 3층 지대석 한 립이 깨졌고 양호석이 반 정도가 흙덩이 속에 묻혀버렸다.[333] 1765년(영조 41) 5월에는 비로 무너진 곡장의 흙이 덮쳐서 상계석 9립, 중계석 8립, 하계석 7립이 어긋나거나 빠져서 보수하였다.[334]

---

324) 『高宗實錄』卷40, 高宗 37年 6月 12日 陽曆. 당시 건원릉, 제릉, 정릉, 융릉, 건릉, 인릉, 수릉의 표석을 고치거나 새로 마련하였다.
325) 『高宗實錄』卷40, 高宗 37年 6月 19日 陽曆.
326) 『高宗實錄』卷44, 高宗 41年 5月 25日 陽曆.
327) 『各陵修改謄錄』, 仁祖 20年 4月 26日, 27日.
328) 『各陵修改謄錄』, 仁祖 20年 5月 12日.
329) 제릉의 수리는 실록과 承政院日記 및 『各陵修理謄錄』과 『各陵修改謄錄』에서 찾을 수 있으나 기록마다 차이가 있고, 수리한 곳을 구체적으로 서술한 경우는 드물다.
330) 『承政院日記』卷348, 肅宗 18年 6月 18日 丙申, 19日 丁酉, 22日 庚子.
331) 『承政院日記』卷349, 肅宗 18年 9月 7日 癸丑.
332) 『承政院日記』卷350, 肅宗 18年 10月 11日 丙戌, 16日 辛卯. 현재 제릉 망주석은 17세기의 양식적 특징을 보이고 있어 기록과 부합된다.『조선왕릉 종합학술보고서Ⅰ』, 154-155쪽.
333) 『承政院日記』卷1157, 英祖 34年 6月 25日 己卯.
334) 『承政院日記』卷1243, 英祖 41年 5月 17日 辛卯.

이처럼 왕릉을 보수하는 관례가 법제화한 것은 정조 1795년(정조 20) 8월 18일이었다.[335] 이를 토대로 제릉의 석물들도 개성의 감영에서 감독토록 하였고,[336] 연경사의 승려들을 동원하여 보수하게 하여,[337] 1907년(순종 즉위)에 제릉의 석물을 보수할 때에도 승려들이 이를 수리하였다.[338]

#### 4) 제릉 석물의 종별과 양식적 특성

제릉의 상설은 정조대의 『춘관통고』로 확인할 수 있다. 능상에는 곡장 3면, 병풍석 12면, 난간석 12면, 혼유석 1좌, 장명등 1기, 망주석 1쌍, 문석인 1쌍, 무석인 1쌍, 마석 2쌍, 양석 2쌍, 호석 2쌍이 있었다. 능상 아래에는 정자각이 있고, 정자각으로부터 오른쪽에 수라청 3칸, 동북방면 53보에 망료위, 동남쪽 61보에 신도비 1기, 남쪽으로 242보에 홍살문이 있었다. 홍살문 동쪽 1,202보에 전사청 8칸이, 재실 동쪽으로 길이 12보에 연지(蓮池)가 있었다.[339] 이로 미루어 볼 때 18세기 말 제릉의 상설은 <제릉실측도면>이나 <제릉 능상 전경>과 크게 다르지 않았다.[340]

따라서 이 장에서는 태종 당시 조성한 제릉 능상의 석물을 상중하계로 나누어 여말선초의 왕릉과 비교하되, 시대에 따라 형태가 변하거나 문양이 달라지는 석물을 중심으로 그 양식적인 특성을 살펴보도록 하겠다.

<신의왕후 제릉의 능 석물>, 1408년

<신의왕후 제릉 사대석[병충석, 난간석]과 석호>, 1408년

335) 『正祖實錄』巻45, 正祖 20年 8月 18日 庚寅.
336) 『正祖實錄』巻45, 正祖 20年 8月 26日 戊戌.
337) 『正祖實錄』巻45, 正祖 20年 8月 30日 壬寅.
338) 『純宗實錄』巻1, 純宗 卽位年 9月 11日(陽曆).
339) 『春官通考』, 巻17, 吉禮. 陵寢. 健元陵, 齊陵. 건원릉의 상설 중에는 正中石이 있으나, 정중석은 건원릉 이외에는 배설되지 않았음이 서술되어 있다.
340) 제릉 석물의 현재 모습은『조선왕릉 종합학술보고서I』, 149-160쪽 참조.

첫째, 상계의 석물은 3면의 곡장 안쪽에 봉토분을 둘러싼 사대석(莎臺石)과 난간석, 그 바깥쪽의 석양과 석호, 봉분 앞의 혼유석과 망주석이 배치되어 있다. 우선 사대석은 지대석(地臺石)·면석(面石)·우석(隅石)·만석(滿石)·인석(引石)과 이와 평행하게 치마처럼 깐 博石[裳石], 그 주위를 빙 두른 난간석[난간석주, 동자석주, 죽석]으로 구성된다. 왕릉에 호석(護石)을 병풍처럼 두르고 각 방위에 십이지신상을 배치하는 것은 신라 제33대 성덕왕(702~737) 이후 우리나라 왕릉에서 발견되는 고유한 묘제이다.[341] 고려 왕릉도 신라의 능제를 따라 호석에 12지 신상을 새겼는데, 고려 말부터는 12지 신상의 위치가 우석에서 면석으로 바뀌었을 뿐 아니라 칠릉떼 3릉에서는 사대석의 기본구조도 갖추고 있었다.[342] <현·정릉 사대석>의 지대석과 만석에는 연꽃무늬가, 면석에는 구름 위에 의관을 갖춘 12지 신상이, 우석의 좌우에는 금강령과 금강저가 빼곡하게 새겨져 있다. 특히 지대석과 만석 및 면석의 문양은 조선 초기 신덕왕후의 <정릉 사대석>을 비롯하여,[343] 신의왕후의 <제릉 사대석> 및 태조의 건원릉 사대석까지 정조(精粗)의 미묘한 차이는 있지만 거의 비슷하다. 그런데 사대석 중 만석 위로 불쑥 튀어나온 인석의 문양은 달랐다. <현·정릉 인석>과 조선 초기 <정릉 인석>에는 금강저를 X자형으로 교차하여 마치 네 잎꽃[四葉花]처럼 묘사했고,[344] 이는 건원릉을 비롯한 이후 대부분의 왕릉에 새겨진 모란이나 규화(葵花)형 꽃무늬와 흡사하다.[345] 그러나 유독 <제릉 인석>은 용머리 조각이 불쑥 튀어나온 형상이며, 이것은 창덕궁 금천교 난간 아래에 배치된 <용머리>(보물386호)와 거의 비슷하다.[346] 1405년(태종 5)에 창덕궁의 금천교 공사를 감독했던 이가 박자청이었고,[347] 그는 2년 뒤(1407) 제릉의 역사를 책임졌기 때문에 양자는 양식적으로 유사해진 듯하다. 하지만 제릉 이후 그가 조성한 건원릉에는 용머리가 생략되고 있어, 아마도 태종이 아버지[태조]보다 어머니[신의왕후]를 애틋하게 여긴 나머지 건원릉보다 제릉에 더 정성을 기울인 탓이 아닐까 여겨진다.

341) 신라 왕릉의 석물에 대한 종합적인 고찰은 『신라고분 기초학술조사연구 4 석조물자료』(국립경주문화재연구소.경주시, 2007).

342) 장경희, 『고려왕릉』, 예맥, 2008, 103쪽. <명릉떼2릉> ; 111쪽. <랭정릉떼2릉> ; 128쪽. <칠릉떼 3릉> 장경희, 『고려왕릉』, 예맥, 2013 개정증보판. 136-137쪽, 144-145쪽, 166-167쪽.

343) 『청계천』, 서울역사박물관, 2006, 62쪽. ; 『여기자가 파헤친 조선왕릉의 비밀』1, 84-85쪽. 정릉 사대석의 면석과 우석 및 난간석은 현재 복원된 청계천에 배치되어 있어 조성 당시의 모습을 확인할 수 있다.

344) 『청계천』, 63쪽.

345) 『世宗實錄』五禮儀, 治葬. 引石. "每石外端 或刻牧丹 或刻葵花 相間排設."

346) 최종덕, 『창덕궁 육백년』, 문화재청 창덕궁관리소, 2005, 13쪽. 도판 <창덕궁 금천교>.

347) 『太宗實錄』卷10, 太宗 5年 10月 25日 丁亥.

<신의왕후 제릉의 석양>, 1408년

<신의왕후 제릉의 석호>, 1408년

한편 봉분 주위의 석수는 석양 2쌍과 석호 2쌍이 있었다. 신라 왕릉의 석수는 석사자였으며, 이것이 고려전기까지 이어지다가 고려 후기부터 양과 호랑이로 바뀌었다.[348] 원간섭기에 조성된 칠릉떼 3릉과 현·정릉에는 양과 호랑이가 번갈아 배치되어 있다.

석호와 석양의 크기는 현·정릉, 건원릉, 제릉, 후릉의 순서로 점점 작아졌다. 그런데 제릉 석수의 크기가 유난히 건원릉보다 작은 경우는 앞서 살핀 인조대와 숙종대에 석호의 귀가 파손되거나 흙에 묻혀 있던 것을 고치면서 원래의 크기보다 줄어들었을 가능성이 있다. 이러한 석양과 석호의 모습에는 시대적 변화상이 확연히 반영되어 있다. <현·정릉 석양>은 고려말 칠릉떼 3릉의 석양과 마찬가지로 네 다리로 서 있지만 앞뒤 다리 사이가 막혀 있다.[349] 그러나 <제릉 석양>은 네 다리가 뚫린 채 서 있으며, 이것은 <건원릉 석양>으로 이어진다. 한편 얼굴이 네모지고 과장된 표정의 <현·정릉 석호>는 신체의 골격이 다부지고 근육이 강조되는 모습이다.[350] <제릉 석호>와 <건원릉 석호>는 네모진 얼굴선에 미소가 번지듯 부드러워지고 신체는 두리뭉실해져 자연스러워지는 경향이었다.[351]

---

348) 『麗朝王陵謄錄』, 1662年 ; 『고려왕릉』, 25쪽. 고려 제19대 명종 지릉에 양호석 4기가 있었다는 기록이 있으나 현존 여부는 알 수 없다.

349) 고려왕릉과 달리 북송 황릉이나 金陵 앞의 석양은 모두 무릎을 꿇고 있다. 河南省文物考古研究所 편, 『北宋皇陵』, 中州古籍出版社, 1997, 75쪽. 도55. 영희릉 석양 ; 鮑海春·王禹浪, 『金源文物圖集』, 哈爾濱出版社, 2001, 156쪽. 도232. 석양 ; 徐自强.吳繁麟, 『古代石刻通論』, 紫禁城出版社, 2003, 255쪽. 도94-4. 석양.

350) 『金源文物圖集』, 155쪽. 도231. 흑룡강 아성시 금릉 출토 석호는 98cm로 크기가 작고 주둥이가 네모지며 경직된 형태로서 고려 석호와 유사하다.

351) 『조선왕릉종합학술조사보고서Ⅰ』, 152쪽. 건원릉이 제릉보다 늦게 조성되었음에도 불구하고 제릉의 석수가 건원릉의 석수양식을 계승하였다고 보았다.

<신의왕후 제릉 전경>, 1408년

<신의왕후 제릉의 장명등>, 1408년

둘째, 제릉 중계의 중앙에 배치된 육각 장명등은 고려와 조선의 양식적 시기구분을 가능케 하는 또 다른 요소이다. 물론 왕릉 앞에 석등이 배치된 것 또한 고려 후기부터이고, 중국 황제릉에서는 볼 수 없다. 다른 고려 왕릉 앞 석등처럼 <현정릉 장명등> 또한 사각 형태에 화사석이 앞뒤로 크게 뚫어 개성의 개국사 석등과 흡사하며,[352] 기대석 중앙의 안상에 불교적 상징의 화염무늬를 새겨 넣었다. 현·정릉과 같은 형태와 무늬의 석등은 김사행이 감독하여 조영한 신덕왕후의 초기 무덤인 <정릉 장명등>에도 나타난다. 반면 <제릉 장명등>은 승탑식의 육각형이다. 부도에서 볼 수 있는 이러한 원당형 형태는 개성 원통사 부도와 비슷하나,[353] 중대석의 문양에 연주형과 卍자문을 새기거나 옥개석 아래에 목조 결구까지 세밀하게 묘사한 것은 전대와 확연하게 다른 점이다. 더욱이 제릉의 장명등은 옥개석 위의 연봉이 결실되었을 뿐 옥개석 처마 끝에 용머리 장식이 얹혀 있고 목조 건물의 가구형식이 치밀하고 정교하게 표현되어있다. 이에 비해, <건원릉 장명등>은 전술한 인석의 경우처럼 용머리 장식 대신 귀꽃이 배치되면서 대체로 간략해지고 결구처리도 단순해졌다. 이처럼 제릉과 건원릉의 장명등은 세부 묘사나 조각적인 정조(精粗)에서 차이를 보였지만, 박자청의 감독 아래 조성된 승탑식 원당형 석등이라는 점은 공통되었고 이후 조성되는 조선 초기 왕릉 석등에 많은 영향을 끼쳤다.

352) 『북한문화재해설집1-석조물편』, 169쪽. 도3-2.
353) 『북한문화재해설집1-석조물편』, 119쪽; 132쪽. 도2-2. <원통사 부도>.

<신의왕후 제릉 문무석인>, 1408년

<신의왕후 제릉 문석인 측면>, 1408년

다음으로 제릉 중계의 석물 중 교각복두를 쓴 문석인 또한 주목된다. 고려 말 현·정릉과 칠릉떼 3릉에는 늙고 젊은 문석인을 마주 배치하였는데,[354] 제릉에는 동쪽에 늙은 문석인 1기, 서쪽에 젊은 문석인 1기를 세웠고, 건원릉에는 늙은 문석인만 마주 보게 배치되어 차이를 보였다. 중국에서 복두를 쓴 문석인은 북송대에는 말을 끄는 공마관(控馬官)에서 찾을 수 있으며,[355] 중국 금대 황릉의 문석인은 양관을 쓰고 있고,[356] 원 세조의 딸인 제국대장공주의 고릉 문석인 또한 양관을 썼다.[357] 이에 비해 원 간섭기의 고려 왕릉의 문석인은 충정왕의 <총릉 문석인>처럼 교각복두를 착용하고 있었다. 결국 고려 전기 왕릉의 문석인들은 중국 황릉 문석인처럼 양관을 썼으나 원 간섭기에 들어 복두를 쓴 모습으로 바뀌었고, 이러한 양식적인 경향이 조선 왕릉에도 이어졌다. 교각복두를 쓰고 단령(團領)의 공복(公服)을 입은 제릉의 문석인은 현·정릉과 마찬가지로 자연스럽고 사실적이고 뒷모습에 대대가 표현되어 있는 점도 비슷하다. 그러나 건원릉 이후 초기의 문석인은 홀을 든 두 손이 넓은 소매로 가려져 있고 앞뒤 모습이 생략되고 간략해진 면모를 보였다.

354) 『고려왕릉』, 91쪽 ; 107쪽 ; 129쪽; 135쪽.
355) 『北宋皇陵』, 72쪽. 도52, 영희릉 控馬官은 교각복두를 쓴 모습이다.
356) 『金源文物圖集』, 237쪽. 도237. 石翁仲. 1995년 5월 흑룡강성 아성시 금릉 출토 문석인은 185cm의 크기에 양관을 쓰고 손에 홀을 들고 있다.
357) 『북한문화재해설집1-석조물편』, 300쪽. 도7-15-1, 2 ; 『고려왕릉』, 94-95쪽.

<신의왕후 제릉 무석인 정면>, 1408년

<신의왕후 제릉 무석인 측면>, 1408년

셋째, 제릉의 하계에는 갑주를 갖춘 무석인이 마주 서 있다. 고려말 현·정릉에는 젊고 늙은 무석인이 1쌍씩이, 제릉에는 늙고 젊은 무석인이 각각 1기씩이, 건원릉에는 늙은 무석인 1쌍이 배치되어 있다. 고려 왕릉에서 갑주로 무장한 무석인을 배치한 것은 현·정릉부터인데,[358] 이것은 비록 성공하지는 못했지만 반원정책을 내세워 고려의 자주성을 회복하고자 했던 공민왕의 의지가 표출된 것이 아닌가 싶다. 조선 초기 지배층도 요동정벌을 내세우는 등 자주적 입장에서 대외정책을 추진하였으며,[359] 이를 바탕으로 상무적이던 조선 초기의 국왕들은 전대의 전례를 따라 무석인을 계속 조영한 것으로 여겨진다. 그런데 현·정릉의 무석인이 착용한 갑주는 북송대 <황제릉 무석인>의 갑주보다는,[360] 오히려 금대 황제릉이나 원대 제후릉의 무석인과 흡사하였다.[361]

현정릉의 무석인이 넓적한 얼굴에 위압적인 형상이라면, 제릉의 무석인들은 얼굴과 이목구비가 둥글고 친근한 얼굴로 변화되었다. 제릉의 두 무석인이 착장한 갑옷의 기본 형식은 현·정릉과 같으나 세부 무늬는 달라져, 사슬무늬와 영지운무늬 및 비늘무늬 등 현·정릉의 젊고 늙은 무석인의 갑옷무늬가 절충되었다. 또 현·정릉의 무석인은 두 손을 모으거나 칼을 짚는 두 종류였으나, 제릉의 무석인은 두 손을 모았고, 허리 아래에 치마처럼 입던 裳甲을 생략하고 구불구불

358) 조선 현종 3年(1662)의 『麗朝王陵謄錄』에 의하면 고려 제19대 명종 지릉에 장군석 3개가 있었다고 하나 현재는 확인되지 않는다.

359) 조민, 「高麗末 朝鮮初 對中關係 硏究」, 원광대 박사논문, 2001. 173-176쪽.

360) 『北宋皇陵』, 81쪽. 도63, 永熙陵 西列武士.

361) 『金源文物圖集』, 162쪽. 도238. 금대 황릉 무석인 ; 『中國文物地圖集.黑龍江省分冊』, 332쪽. 원 세조 때 忠武王 忠武王 陪臣으로서 中奉大夫에 봉해진 張應端 능묘 앞 무석인을 예로 들 수 있다.

한 굵은 천으로 빈 공간을 새롭게 채워 넣었다. 뒤쪽의 허리띠에서도 현·정릉의 무석인은 금속제 허리띠에서 젊은이의 것은 5꽃잎판이 도드라지는 반면 늙은이의 것은 네모진 금판에 단정하게 꽃잎을 투조해 넣고 있었다. 건원릉 이후 조선 왕릉의 무석인은 양손으로 칼을 집는 형태로 통일되었고 제릉 이후 조선 초기 무석인의 허리띠는 늙은 무석인의 것으로 간결하게 처리되었다. 현·정릉의 무석인은 소매부리를 질끈 묶어 늑갑 옆에 얌전하게 내려뜨렸으나, 제릉의 무석인은 질끈 묶은 소매가 풍선처럼 한껏 부풀어 장식적으로 처리되었다.

이처럼 태종대에 제릉과 건원릉을 조성하고 세종대에 후릉을 조성하면서 확립된 왕릉제도는 세종의 의지대로 오례의에 반영되었고,[362] 『국조오례의』에 수록, 간행되었다.[363]

현정릉 문석인은 345㎝였다. 고려왕릉 중 고려말 원간섭기에 복두를 쓴 문석인은 소릉떼 4릉(167㎝), 총릉(200㎝), 7릉떼 3릉(210㎝), 7릉떼 6릉(189㎝)여서, 현정릉의 문석인이 이전보다 두 배 정도 커졌음을 알 수 있다. 조선 초기 문석인은 제릉 295㎝, 건원릉 232㎝, 후릉 178㎝의 순서로 시기가 내려가면서 점차 작아졌고, 무석인도 마찬가지 순서였다. 특히 후릉을 조성한 이후 세종실록 오례의와 국조오례의를 간행할 때 영조척으로 규정한 문석인은 8척3척(259㎝), 무석인은 9척(281㎝)이었는데, 칫수로 미루어 조선 초기 왕릉 중 제릉의 문무석인이 전범(典範)에 가장 가까웠음을 알 수 있다. 제릉의 문무석인은 비록 길이는 현·정릉보다 작았지만 건원릉보다 크고 당당했으며, 신체비례가 안정적이고, 앞뒤 두께가 커서 양감이 풍부하고 균형이 잘 잡혀 있었다.

---

362) 『世宗實錄』 卷134, 五禮儀, 凶禮儀式 治葬條.

363) 『國朝五禮儀』, 凶禮 治葬條.

## 4 조선초기 태조~태종대 왕릉의 양식 비교

### 1) 조선초기 왕릉 내부의 석실 구조

조선왕릉 중에서 초기에 조성된 왕릉은 내부를 석실로 조영하였다. 이것은 1396년에 조성된 조선 태조의 계비인 신덕왕후 강씨의 구 정릉이나 1408년에 조성된 제1대 태조 건원릉 등은 석실로 조성되었다.[364] 1412년부터 1419년까지 조성된 제2대 정종과 정안왕후의 후릉, 1420년부터 1422년까지 조성된 제3대 태종과 원경왕후의 헌릉, 1446년부터 1450년까지 조성된 제4대 세종과 소헌왕후의 영릉도 마찬가지로 석실로 조성하였다. 특히 제2대부터 제4대까지는 왕후가 대왕보다 먼저 승하하여 국왕이 왕후릉을 조영하면서 국왕 자신의 수릉(壽陵)을 조성하는 계기가 되었다. 이것은 공민왕이 자신보다 먼저 죽은 노국대장공주의 정릉을 지으면서 7년동안 자신의 수릉인 현릉을 쌍릉으로 지었던 것과 일맥상통하는 것이다. 우연의 일치인지, 고려말 현정릉과 마찬가지로, 조선의 초기 2대 정종 후릉과 3대 태종 헌릉은 쌍릉 형식인 것도 눈에 띄는 대목이다.

| | 조성연대 | 묘호 | 능호 | 능 형식 | 비고 |
|---|---|---|---|---|---|
| 1 | (1396) | 신덕왕후 | (구 정릉) | 단릉 | - 천장으로 석실이 현존하지 않음. |
| 2 | 1408 | 태조 | 건원릉 | 단릉 | |
| 3 | 1412~1419 | 정종, 정안왕후 | 후릉 | 쌍릉 | -『세종실록』에 정종 후릉의 구조 및 조성과정 상세 |
| 4 | 1420~1422 | 태종, 원경왕후 | 헌릉 | 쌍릉 | -『세종실록』에 태종 헌릉의 구조 및 조성과정 상세 |
| 5 | (1446~1450) | 세종, 소헌왕후 | (구 영릉) | 합장릉 | - 1469년에 영릉을 경기도 여주시로 천장<br>-『세종실록오례의』,『국조오례의』에 세종의 초장지 구 영릉의 석실 구조와 조성과정이 상세 |
| 6 | 1452 | 문종 | 현릉 | 동원이강릉 | - 문종 현릉은 석실로 조성됨<br>- 문종비 현덕왕후의 현릉은 단종이 폐위되면서 폐서인으로 되었다가 추후에 조성되면서 회격으로 조성됨. |

<조선초기 석실로 조성한 조선왕릉 목록>

조선 초기의 왕릉이나 왕후릉 중 1396년에 조영된 신덕왕후 강씨의 정릉은 1410년(태종 10)

364) 『太宗實錄』 卷14, 太宗 7年(1407) 10月 8日 戊子.

에 성북구 정릉동으로, 1450년에 완공된 세종과 소헌왕후의 영릉은 1469년(성종 1) 여주로 천장을 하면서 원래의 석실은 현존하지 않으며, 현재 여주 영릉은 회격으로 조성되었다. 제5대 문종의 현릉과 예종의 첫 번째 세자빈 한씨[후일 장순왕후]의 공릉,[365] 의경세자[후일 덕종]의 경릉 등도 석실로 조성되었다.[366] 그러나 1468년에 승하한 세조가 자신의 무덤에 사대석[병풍석]을 설치하지 말고 내부를 석실 대신 회격으로 조성하라고 유언을 남긴 후에 세조 이후 왕릉의 하부 구조는 석실 대신 회격으로 조성하여 내부는 회격으로, 외부에는 난간석만 두르게 되었다.

이렇게 조선 초기 왕릉은 석실로 조성하였는데, 그 내부의 구조와 조성 과정은 기록한 문헌은 『세종실록오례』과 『국조오례의』의 흉례에 자세하게 기록되어 있다. 이중 『세종실록』에는 1420년(세종 2)에 승하한 원경왕후의 헌릉을 조성할 당시의 상황이 자세하고,[367] 1422년(세종 4) 태종이 승하하면서 쌍릉으로 헌릉을 조성할 당시 석실구조가 자세히 서술되어 있다.[368] 한편 1446년에는 세종의 비 소헌왕후가 승하하면서 자신의 수릉을 함께 조성하면서 영릉의 석실구조를 상세하게 서술하였다.[369] 이때 태종과 헌경왕후 헌릉은 쌍릉, 옛 세종과 소헌왕후의 영릉은 합장릉으로 조성되었다. 그 중 헌릉은 두 개의 석실을 각각 조성하여 단릉의 석실 구조와 다를 바가 없었다.

『국조오례의』에 의해 석실의 조성과정을 살펴보자. 먼저 국왕이나 왕후의 시신을 매장하기 위하여 깊이 10척(약 3m)에 해당되는 광(壙)을 판다.[370] 광의 가로와 세로는 석실 외곽에서 석회, 세사, 황토 등의 삼물(三物)과 숯을 넣는 모든 길이에 맞추어 정한다. 태종과 원경왕후의 쌍릉에는 두 개의 실을 조성하였다. 이중 서쪽 방은 왕이 묻히는 곳이고, 동쪽 방은 왕후가 묻히는 것이었다. 이렇게 바닥에 놓을 바닥돌[문석, 지석, 박석]을 깊이에 맞추어 땅을 더 파낸 후에 깐다.

조선왕릉의 석실은 그 벽면에 북우석(北隅石), 방석(傍石), 격석(隔石), 개석(蓋石) 등으로 이루어져 있다. 각 석물은 모두 양끝을 규격에 맞게 요철을 두어 문이 들어갈 자리를 만들거나 결구를 만들게 되어 있다. 방석, 격석, 개석은 모두 석실의 문에 해당하는 문비석(門扉石)이 들어

365) 『睿宗實錄』 卷1, 睿宗 卽位年(1468年 9月 22日 戊寅.
366) 『世祖實錄』 卷9, 世祖 3年(1457) 10月 24日 甲寅.
367) 『世宗實錄』 卷9, 世宗 2年(1420) 9月 16日 辛巳.
368) 『世宗實錄』 卷17, 世宗 4年(1422) 9月 6日 庚申.
369) 『世宗實錄五禮』「凶禮」; 『國朝五禮儀』, 「凶禮」 治葬條. 세종실록오례와 국조오례의의 내용은 일치한다.
370) 조선왕릉의 축조에는 營造尺을 사용하였으며, 세종대 영조척은 31.22㎝로 알려져 있으나(朴興秀, 「李朝尺度에 關한 硏究」,『대동문화연구』제4권, 성균관대학교 대동문화연구원, 1967, 212쪽) 본고에서는 편의상 영조척을 30㎝로 계산하도록 하겠다.

갈 수 있도록 맞추어 잘라냈으며, 두 개의 북우석은 가운데 돌인 격석이 들어갈 수 있도록 맞추어 잘라 맞추었다.[371]

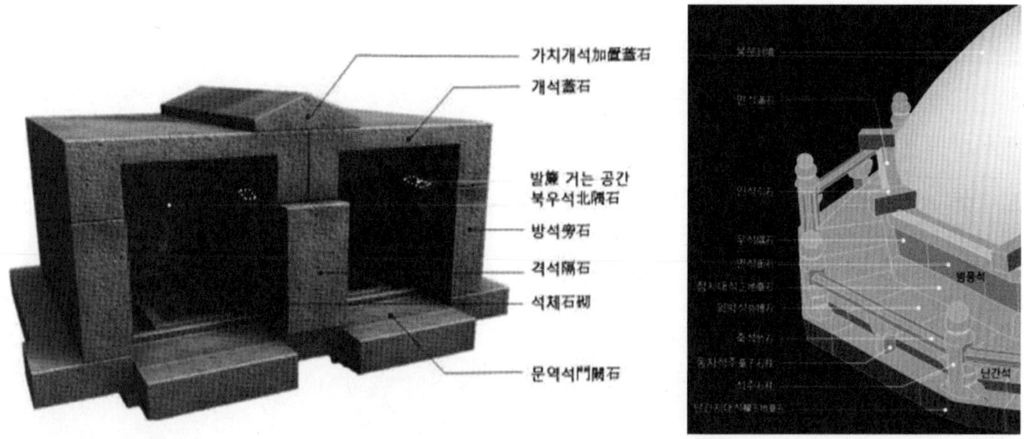


<『국조오례의』에 의한 병풍석, 난간석의 세부 명칭>

이렇게 석실의 벽면이 목조건축처럼 맞추어 낸 모습은 석실의 견고함을 위한 것으로 오랜 시간이 지나도 뒤틀림이 없게 하기 위하여 고안되었다. 석실의 뒤틀림이 없게 하기 위하여 두 가지 방법을 사용하는데, 하나는 위에서처럼 석물에 결구를 만드는 것이고, 두 번째는 인정을 사용하는 방법이다. 석실에서는 두 개의 북우석 사이, 북우석과 방석 사이에는 대인정을 두어 물러나지 않도록 고정한다. 또한 두 개의 개석 위로 3개의 대인정을 박고 그 위에 가치개석(加置蓋石)이라는 세모꼴의 석물을 올리는데, 이는 개석 틈 사이로 물이 들어가지 않도록 만들어진 것으로 추정된다. 1444년에도 석실 내부에 물이 들어가지 않고, 물이 들어가더라도 빠져나올 수 있는 배수로를 만들자고 건의한 기록[372]도 있기 때문에 석실 내부에 물이 차는 것은 이 석실에서 가장 큰 위험이었던 것으로 보인다.

조선왕릉 석실에서 재궁[관]을 놓는 부분은 석체(石砌)이다. 이러한 석체는 강화도의 고려왕릉에서 확인된다. 1274년 가릉의 석실구조에서 조선왕릉의 석체와 유사성을 보인다. 다만 고려왕릉에서는 석체를 4개 판석을 이용하여 조립하였는데 조선왕릉의 석체는 한 덩어리로 된 전석(全石)을 사용하는 점이 다르다.

이렇게 석실 내부에는 『세종실록오례』와 『국조오례의』의 「흉례」 '치장'조를 보면 벽화를 그려

371) 『國朝五禮儀』, 「凶禮」, 治葬條.
372) 『世宗實錄』 巻106, 世宗 26年(1444年) 12月 12日 丁巳.

넣은 점이 주목된다. 개석(蓋石)의 안쪽 천장에는 일월성신을 그렸으며, 석실의 동서남북 네 벽면에는 동쪽에 청룡, 서쪽에 백호, 남쪽에 주작, 북쪽에 현무를 그려 넣은 것이다. 이중 남쪽에는 주작을 그렸는데, 좌우 2짝의 문비석으로 되어 있는 것으로서 이것을 합쳐서 하나의 형태를 이루게 되었다. 청룡과 백호 머리는 남쪽을 향하고, 현무와 주작의 머리는 서쪽을 향하게 한다.[373)] 석실에 벽화를 그리는 방법은 석실을 조성한 후에 숯을 두르고 본토를 이용하여 단단히 쌓아올린 다음에 개석 안쪽에 먹[墨]을 이용하여 일월성신과 은하를 그렸는데 모두 실제 별자리에 의거하여 그려넣었다. 이때 해는 주색(朱色)으로 칠하였고, 달과 별 및 은하는 분(粉)으로 그렸다.

❶ 강화 가릉의 석실 내부, 1274년
❷ 공민왕 노국공주 현릉 정릉 내, 1372년.

고분의 석실 벽에 사신도를 그리는 것은 이미 고구려에서 비롯하여 고려왕릉을 거쳐 조선왕릉까지 영향을 끼쳤다.[374)] 고구려 고분벽화에 그려져 있던 사신도는 단순히 방위신이 아니라 죽은 자의 세계를 지켜주는 우주적 수호신으로 여겨져 있는데, 그것이 조선의 왕릉에 여전히 그려진 것이다. 고구려의 통구사신총, 오회분 5호묘, 진파리 4호분과 같은 고분의 벽면에는 사신도 뿐 아니라 천장에는 일월성신을 비롯한 천상이 그려져 있다. 조선시대에는 천형은 원형으로 파악하였기 때문에 조선왕릉에서도 모두 하늘을 원으로 그렸으며, 석실 개석에 그린 천상 그림에는 실제 별의 움직임인 전차(躔次)에 의거하여 그리도록 되어 있었다.

이처럼 『오례의』에 기술된 합장릉의 석실 구조는 짜 맞추는 구조로 이루어져 있으며, 내부에

373) 『國朝五禮儀』, 「凶禮」, 治葬條. "加於滿石上鑿處 其四面排石之內 炭末之上用本土堅築 未至滿石上邊五寸而止 中高四下乃於蓋石內面以墨用油烟墨畫天形日月星辰銀河皆依躔次日用朱月與星辰銀河用粉畫之其天象之外及四旁石皆以粉爲質東畫靑龍西畫白虎頭皆南向北畫玄武頭向西南則門扉兩石相合處畫朱雀分畫兩扉合成一形頭向西其四獸行頭從隔石窓下畫之…"

374) 전호태, 「6~7세기 고구려 고분벽화와 중국 남북조 미술의 사신도」, 『고분벽화로 본 고구려 문화』, 고구려연구재단, 2005, 17쪽.

사신도와 천상을 그려 치장하였다. 돌로 결구를 만들었기 때문에 공사 기간이 4~5개월 정도로 길었는데, 『오례의』의 내용처럼 만들어졌던 1446년 당시의 구 영릉은 1446년 3월 24일 소헌왕후가 돌아가시면서 능을 조성하였고,[375] 같은 해 7월 19일에 재궁을 석실에 넣었다.[376] 따라서 공사 기간이 약 4개월 정도였다.

이러한 조선 전기의 석실은 고대부터 이어진 무덤 형식이며, 조선 왕실에서도 전통을 이어받아 석실이 성행했다는 점을 알 수 있다. 강화도의 고려 왕릉 석실은 벽면을 돌을 쌓아 올리는 형식이지만 조선왕릉에서는 벽을 면석으로 다듬어 사용하였다는 점이 다르다. 하지만 조선왕릉에서 석체를 설치하거나 문비석을 달고 벽에 그림을 그리는 점은 고려의 전통을 이어받는 부분이다.

### 2) 조선 초기 왕릉 외부의 병풍석과 난간석

조선 초기에 제작된 대다수의 왕릉은 봉분 주변으로 병풍석[사대석]과 난간석을 두르지만, 조선 후기에는 대체로 병풍석과 난간석을 두르지 않는다. 조선 전기에는 고려 공민왕과 노국공주의 현릉·정릉처럼 병풍석, 난간석 제도를 이어 받지만, 후기에는 회격이 견고하게 조성되었기 때문에 사대석을 설치하지 않아도 된다. 1468년에 세조가 자신의 무덤에 사대석[병풍석]을 설치하지 말고 내부를 석실 대신 회격으로 조성하라고 유언을 남긴 후에 조선왕릉은 내부를 회격으로, 외부는 난간석만 두르게 되었다. 다만 조선 전기의 문헌인 『세종실록 오례의』와 『국조오례의』에서 병풍석, 난간석의 설치를 모본으로 삼고 있기 때문에 문헌을 통한 현상을 규명할 수 있다.

『세종실록오례』와 『국조오례의』에 기록된 조선왕릉의 외부 구조와 구성방법은 다음과 같다. 먼저 지면까지 흙을 채우면 초지대석(初地臺石)을 설치하여 병풍석을 하단부를 만들고, 그 위로 12개의 정지대석(正地臺石)을 두는데, 정지대석에는 복련을 새긴다. 12개의 정지대석 사이에는 12개의 대인정으로 고정하여 물러나지 못하도록 한다. 정지대석 위로 병풍석의 단면부인 면석(面石)과 모퉁이 부분인 우석(隅石)을 올린다. 면석과 우석은 모두 12개로, 면석에는 각 방위의 신을 새기고 사방에 구름문양을 채운다. 총 24개인 면석과 우석 사이에는 24개의 대인정으로 고정한다. 면석과 우석 위에는 정지대석과 반대로 앙련을 새긴 12개의 만석(滿石)을 올렸으며, 만석 사이에 중인정을 두어 물러나지 않도록 한 후, 그 위로 12개의 인석(引石)을 둔다.

375) 『世宗實錄』 卷111, 世宗 28年(1446) 3月 24日 辛卯.
376) 『世宗實錄』 卷113, 世宗 28年(1446) 7月 19日 乙酉.

외박석 바깥으로 난간지대석(欄干地臺石)을 설치하고, 그 위에 석주(石柱)와 동자석주(童子石柱)를 세우고 동자석주 위로 죽석(竹石)을 두른다.[377] 이러한 봉분 주변으로 난간석을 두르는 모습은 마치 궁궐의 정전을 중심으로 난간석을 두르는 모습과 유사성을 보인다. 현존하는 조선왕릉에서 병풍석과 난간석은 1407년 제1대 태조의 원비 신의왕후 한씨의 제릉과 1408년 태조의 건원릉을 비롯하여 대다수의 조선전기 왕릉에서 살펴볼 수 있다.

| 대수 | 조성 연대 | 묘호 | 능호 | 능 형식 | 외박석 형태 | 병풍석 | | 비고 |
|---|---|---|---|---|---|---|---|---|
| | | | | | | 면석 | 우석 | |
| 1 | 1407 | 신의왕후 | 제릉 | 단릉 | 와첨상석 | 십이지 | 영저,목탁 | |
| | 1408 | 태조 | 건원릉 | 단릉 | 〃 | 〃 | 〃 | |
| | (1396) | 신덕왕후 | (구 정릉) | 단릉 | 모름 | 〃 | 〃 | 청계천 광통교로 사용됨. |
| 2 | 1412~1419 | 정종, 정안왕후 | 후릉 | 쌍릉 | 단면 | 〃 | 〃 | |
| 3 | 1420~1422 | 태종, 원경왕후 | 헌릉 | 쌍릉 | 와첨상석 | 〃 | 〃 | |
| 5 | 1452 | 문종 | 현릉 | 동원이강릉 | 단면 | 〃 | 구름 | 문종 현릉에는 병풍성 있고, 현덕왕후 현릉에는 병풍석이 없음 |
| 9 | (1494) | 성종 | 선릉 | 동원이강릉 | 〃 | 〃 | 〃 | 1599년 임진왜란 이후 개수시 병풍석 개수함. |
| 11 | (1544) | 중종 | 정릉 | 단릉 | 〃 | 〃 | 〃 | 1599년 임진왜란 이후 개수시 병풍석 개수함. |
| | (1565) | 문정왕후 | 태릉 | 단릉 | 〃 | 〃 | 〃 | 1599년 임진왜란 이후 개수시 병풍석 개수함. |
| 12 | 1545 | 인종 | 효릉 | 쌍릉 | 〃 | 〃 | 〃 | 쌍릉이지만 왕의 봉분만 병풍석을 두름 |
| 13 | 1567~1575 | 명종, 인순왕후 | 강릉 | 쌍릉 | 〃 | 〃 | 〃 | |
| 14 | 1608 | 선조 | 목릉 | 동원이강릉 | 〃 | 〃 | 〃 | |
| 16 | 1731 | 인조, 인렬왕후 | 장릉 | 합장릉 | 와첨상석 | 모란 | 연꽃 | 병풍석은 1731년 이장하면서 새로 제작 |
| 추존 | 1789 | 장조, 헌경왕후 | 융릉 | 합장릉 | 〃 | 〃 | 〃 | 난간석은 없음 |
| 26 | 1901 | 고종, 명성황후 | 홍릉 | 합장릉 | 〃 | 〃 | 〃 | |

377) 『國朝五禮儀』, 「凶禮」, 治葬條.

| | | | | | | | | |
|---|---|---|---|---|---|---|---|---|
| 27 | 1926 | 순종,<br>순명효황후,<br>순정효황후 | 유릉 | 합장릉 | 〃 | 〃 | 〃 | |

<병풍석이 있는 조선왕릉>

위 표를 살펴보면 15세기 전반 조선초기의 거의 모든 왕릉에 병풍석이 있었다. 현재 성종의 선릉과 중종의 정릉은 임진왜란 때 왜병에 의해 왕릉이 파헤쳐져 임진왜란이 끝난 후 다시 조성하였다. 조선 초기 병풍석의 문양은 『세종실록오례』에 기록되어 있다. 1420년 태종 헌릉을 조성할 때 병풍석 우석에는 영저(靈杵)와 탁(鐸), 우석의 하단에 영지(靈芝)를 새기도록 했다.[378] 그러나 성종 때 편찬된 『국조오례의』에는 우석에 구름문양을 새기도록 되었다. 기록에 보이는 것과 같이 조선왕릉 중 병풍석의 우석에 영저와 영탁을 새긴 사례는 1396년 신덕왕후의 구 정릉(청계천 광통교), 1408년 태조의 건원릉, 1412년의 정안왕후의 후릉과 1419년 정종의 후릉, 1420년 헌경왕후의 헌릉과 1422년 태종의 헌릉이다. 이후 조선 후기 1731년에 천장되었던 인조의 장릉은 우석 문양이 모두 구름문양이다.

14세기 말에서 15세기 초까지 조성된 조선 왕릉과 왕후릉의 병풍석 우석에는 영저와 영탁을 새겼다.[379] 이렇게 조선왕릉과 왕후릉에 영저와 영탁을 새긴 첫 번째 이유는 불교의 영향이 반영된 까닭이다. 유교를 국시로 받아들인 조선 왕실에서도 죽음의 문제를 여전히 불교에 기탁해야 했기 때문이다. 그러나 『국조오례의』로 국가의 의례행사를 법제화하면서 점차 불교적 요소가 배제되고 유교적 의례로 전환되기 시작하였다.

다음으로 조선왕릉의 우석에 석경와 영저가 나타나는 두 번째 이유는 고려 왕릉의 전통을 답습한 까닭이다. 조선왕릉의 병풍석 면석에 십이지를 새기고, 우석에 석경과 영저를 새기는 것은 불교의 영향을 받은 고려 후기 공민왕의 현릉과 노국대장공주의 정릉과 양식적으로 친연성을 가지고 있다. 이렇게 고려 말기 현정릉의 전통을 이어 받은 조선 초기에 왕릉과 왕후릉을 쌍릉형식으로 나란히 조성한 경우 고려의 영향이 엿보이고 불교적 성향을 반영하여 양자간에 밀접한 양식적 영향관계를 확인할 수 있다.

한편 조선 초기에 조성한 왕릉의 외부 구조에서 특이한 점은 외박석의 형태이다. 현재 조선왕릉 중에서 외박석의 경우 기왓골처럼 생긴 와첨상석으로 되어 있다. 곧 1407년에 조영된 신

378) 『世宗實錄』 卷9, 世宗 2年(1420) 9月 16日 辛巳. "…外排地臺石十二 刻爲覆蓮 厚各一尺八寸 長各九尺 廣各三尺 地面石十二 下刻靈芝 上刻雲彩及十二地神 雲彩分在左右 地神在中 每一石一神 高各二尺八寸 長各四尺八寸五分 厚各三尺 隅石十二 狀似石磬 下刻靈芝 上刻靈杵及鐸 靈杵在左 鐸在右 高各二尺八寸 長各三尺九寸 厚各三尺…"

379) 문화재관리국, 『건원릉병풍석해체보수 공사보고서』, 1998. 53쪽.

의왕후의 제릉, 1408년 태조의 건원릉, 1420년 원경왕후의 헌릉, 1422년 태종의 헌릉 등 4기가 그것이다. 이러한 와첨상석의 경우 고려 말기 공민왕의 현릉과 노국대장공주의 정릉을 비롯하여, 태종대에 조영한 함경도를 비롯한 북도에 위치한 조선 태조의 4대조 팔릉에서도 발견할 수 없는 요소이다. 기능적인 면에서 볼 때 기왓골 형태의 와첨상석은 단면적으로 처리된 외박석에 비하여 이음 틈새를 서로 연결하고 있어 현실 속으로 빗물이 스며들지 않는 장점이 있다.[380)]

게다가 조선 전기 왕릉의 와첨상석은 목조건축의 기와를 도입하였다는 점에서 특이하다. 조선왕릉과 고려 말기 왕릉의 외부 구성과 달라진 요소는 곡장과 석마 그리고 와첨상석이다. 고려 왕릉은 봉분의 주변으로 돌담을 쌓는데 반하여, 조선왕릉은 돌담이 아닌 일월성신과 기와가 있는 곡장을 쌓는다.[381)] 또 조선 전기 왕릉의 외박석은 기왓골 형태의 와첨상석을 사용하였다. 이러한 점은 모두 목조건축적인 요소를 담장에 도입한 경우라 할 수 있다.

와첨상석은 정지대석에는 높고, 난간지대석 쪽에는 낮게 설계되어있고, 기왓골을 다양하게 만들어야 하기 때문에 제작하기에 용이한 편은 아니다. 와첨상석은 능을 보호하는 기능적인 면이나 장식적인 면에서 훌륭하지만 단면으로 만드는 외박석에 비하여 제작 시간이 오래 걸리고, 구조가 복잡하기 때문에 15~16세기까지 보편적으로 사용되지 않았을 것으로 추정된다.

<태조 건원릉 병풍석의 해체와 내부에서 발견된 인정>, 문화재관리국, 『건원릉 병풍석 해체보수 공사보고서』, 1998

이와 같이 15세기부터 17세기 초까지 제작된 조선왕릉 외박석은 단면으로 제작되어 있다. 현존하는 조선왕릉 중에서 문헌에 기록된 병풍석, 난간석의 형태가 가장 유사한 능은 성종 선릉

380) 문화재관리국, 『건원릉병풍석해체보수 공사보고서』, 1998. 36쪽.

381) 전나나, 「조선왕릉 석인상 연구」. 동국대학교 석사학위논문, 2009. 80쪽.

이다. 아마도 『세종실록 오례의』가 기록된 시기가 유사한 1446년 구 세종 영릉이 문헌과 가장 유사한 형식으로 제작되었을 것이지만 현존하지 않으므로 비교하기 어렵다. 1468년 세조는 유언으로 사대석[병풍석]을 만들지 말라고 하였기 때문에 1468년 세조 광릉과 1469년 예종 창릉에는 병풍석이 없다. 하지만 1494년 조성된 선종 선릉에서 다시 병풍석이 나타나는데 이는 선릉이 『국조오례의』가 완성된 후에 조성된 능이기 때문에 외관을 『국조오례의』에 기술된 대로 조성하였던 것으로 추정된다. 한편 성종대 완성된 『국조오례의』에는 조선왕릉 내부는 석실로, 외부는 병풍석[사대석]을 두르는 것으로 기술되어 있으나 성종 선릉은 내부는 회격으로, 외부는 병풍석으로 구성되어 있어 실물과 문헌이 반드시 일치하지는 않는다. 선릉의 외부와 내부가 문헌과 다른 이유는 『국조오례의』가 세종 대 편찬된 『세종실록 오례의』를 그대로 답습했기 때문으로 여겨진다. 그래서 세조 이후로 금지되었던 석실을 성종 대 『국조오례의』에 그대로 저술한 것으로 보인다.

조선왕릉의 난간석은 지대석 바닥에 꽂는 형식으로 결구를 만들었던 데에 반하여, 병풍석에는 토압으로 인하여 석재가 물러가지 않도록 대인정을 많이 사용한다. 『오례의』에 기록된 대인정은 길이 1척 2촌 1푼(약36.3㎝), 중인정은 길이 1척 4푼(약30.2㎝)이다. 대인정은 정지대석 12개 사이와 면석과 우석 접하는 곳 24군데에 사용하며, 중인정은 만석이 접하는 12군데에 사용한다. 중인정은 1998년에 태조 건원릉 봉분을 수리하면서 발견되기도 하였다.

요컨대 조선왕릉 내부의 석실은 목조 건물을 만드는 것처럼 결구 방법을 이용하여 만들어졌고, 대인정과 같은 철물을 이용하여 이음새만 단단히 만든 것이 특징이다. 그리고 석실 바깥으로 다시 회를 두르기 때문에 견고함을 가질 수 있었다. 조선왕릉 외부에는 봉분 주변으로 병풍석과 난간석을 두르는데 토압을 견딜 수 있도록 석실처럼 석물을 맞물리는 결구를 만들고 인정을 사용하였다. 병풍석에는 시간과 방위를 상징하는 십이지를 부조로 새겨 넣어 장식성을 높였다.

03

# 조선 왕릉의 조성과 양식 변천

# 5장 조선 전기 왕릉의 양식 변천

## 1 15세기 왕릉과 왕후릉

### 1) 태조 건원릉과 신의왕후 제릉 및 신덕왕후 정릉

(1) 태조 건원릉

건원릉은 조선 제1대 태조의 능이다. 1408년(태종 8) 5월 24일 태종에게 양위한 후 함흥에서 주로 지내던 태조 이성계(1335~1408)가 승하하자,[1] 국장을 치르고자 4도감 13색을 설치하였다.[2] 이것은 공민왕 때 정릉을 조성하고자 3도감 13색을 세운 제도를 이어받은 것이다. 1408년 6월 28일 박자청(1357~1432)은 조묘도감의 제조로서 양주의 검암에 건원릉을 조성하는 역사를 시작하였다.[3] 9월 9일 경기도 양주도호부의 남쪽 검암산 기슭 혈산에 계좌정향(癸坐丁向)의 위치로 건원릉에 장사를 지냈다.[4] 능침을 조성한 것은 공조판서였던 박자청이 제릉과 건원릉의 역사를 감독하였으며,[5] 능침 주위에는 잡풀을 베어 버리고 소나무와 잣나무를 심게 하였다.[6] 그는 공민왕대 현정릉과 태조 계비 신덕왕후의 정릉을 조성했던 김사행(?~1398)과 마찬가지로 환관이었다. 때문에 김사행과 각종 공역에 함께 했을 것으로 여겨져 조선 초기 왕릉에 고려말 현정릉 양식이 조성되는데 기여한 것으로 판단된다.

(1-1) 건원릉의 신도비와 표석

숙종 7년에 건원릉의 비석을 인출하기 위해 낭청을 보내었다.[7]

건원릉의 비각은 임진왜란 전인 선조 때(1588)에는 없었는지, 비석이 잡초 속에 묻혀 있었다.[8]광해군 4년에는 건원릉의 비각이 있었는지 알아보도록 하고 전부터 비각이 있었던 것이 분명치 않으며 정지하고 짓지 말도록 하였다.[9] 건원릉의 비각은 광해군 때 또다시 논의되었으나 평

1) 『太宗實錄』卷16, 太宗 8年 11月 11日 乙卯. 지석의 내용에 의해 알 수 있다.
2) 『太宗實錄』卷15, 太宗 8年 5月 24日 壬申.
3) 『太宗實錄』卷15, 太宗 8年 6月 28日 乙巳.
4) 『太宗實錄』卷16, 太宗 8年 9月 9日 甲寅 ; 『世宗實錄』 地理志. 京畿道 楊州都護府.
5) 『世宗實錄』卷22, 世宗 5年 11月 9日 丙戌.
6) 『太宗實錄』卷16, 太宗 8年 11月 26日 庚午 ; 『太宗實錄』卷19, 太宗 10年 1月 3日 庚午 ; 『太宗實錄』卷29, 太宗 15年 5月 5日 辛丑.
7) 『承政院日記』卷281, 肅宗7年 2月 25日 己酉.
8) 『宣祖實錄』卷22, 宣祖 21年 7月 8日 己未.
9) 『光海君日記』卷52, 光海君 4年 4月 28日 壬申.

상시에 분명히 없었다고 하니 굳이 새로 만들어 세울 필요는 없다고 하여 세우지 않았다.[10] 숙종 16년(1690)에는 비각이 없어 신도비의 자획이 흐려졌는데 난후에 세우지 못하였으므로 해조로 하여금 빨리 중건하도록 하였다.[11] 곧 이어 이듬해(1691) 1월 19일에 건원릉의 비각을 이미 조성하라는 명이 있었으나 얼음이 녹기를 기다려 거행하도록 하였고, 비각의 제도가 넓고 높아 재목을 선택하기가 어려우니 부득이 수상 각읍에 분정하도록 하였고, 능침의 공사는 기근일 때는 어려우니 영건을 하는 것은 가을을 기다려 조성하도록 하였다.[12] 그리하여 그해 7월에 건원릉의 비각을 살핀 뒤 비석이 손상된 정황을 아뢰었는데 건원릉은 터가 없어서 헌릉의 비각의 제도에 따라 마찬가지로 세우도록 하였다.[13]

7월 24일에 비각터를 측량한 결과 능침 아래로 병방으로 목척 421척이고, 정자각 후면의 동북 사이로 120처기며, 신로 좌변은 30척인데, 세워져 있는 비석의 용두는 13척 8촌, 용머리 아래는 7척 6촌, 넓이는 3척 5촌 5푼, 두께[厚]는 1척, 귀석의 장광은 모두 6척 4촌, 귀대석의 장광은 모두 7척, 하대석으로부터 용머리까지는 합계 14척 7촌이었다. 전면의 비문은 권근이 찬하고 후면은 변계량이 썼으며 전후비문은 성석린이 72세에 썼으며 용머리 사이의 전문에는 "태조건원릉비"라는 6글자가 써있다. 영락7년 4월일에 세웠고, 비석의 전면 용머리는 2척 4촌이고, 아래로부터 가운데까지 좌변은 길이 4척 5촌, 횡절된 흔적이 있고 뒷면은 역시 전면과 마찬가지의 흔적이 있으며, 전면에 비해 1척을 더한 나머지가 있다. 비각은 간간은 박락된 곳이 있으며 상하고 깨진 곳이 이르지 않았고 비석의 사면은 계체가 있는데 장광은 모두 13척이고, 구대석으로부터 절석까지는 그 사이 사면은 각각 3척 3촌이다. 비각의 터는 흙이 올라와 바닥에 가득 찼고, 사초는 우거졌다. 후면은 21척이고 계간변에 주석 6개가 있고 초목으로 여기저기 덮여 있고, 척량하니 높이 2척, 지름 1척 5촌으로, 바로 비각의 정초였다. 앞면의 계체는 6척이고, 또 원주초는 2개이며, 다만 1개 석생은 좌변에 있고 주석이 기울어 있다. 이로 미루어 볼 때 일찍이 전에 비각이 있었던 것이 명백하고 의심이 없으며 간가 제도는 신빙할 것이 없다.[14]

다음날 예조에서는 건원릉 비각의 터에 비각을 헌릉의 예와 마찬가지로 중건하기로 하였다.[15] 다음 달 윤7월 22일 건원릉의 비각을 조성할 때 헌릉 국내에는 옛 희릉의 초석과 절석이 많은

10) 『光海君日記』卷53, 光海君 4年 5月 4日 丁酉.
11) 『肅宗實錄』卷22, 肅宗 16年 10月 27日 甲申.
12) 『承政院日記』卷344, 肅宗 17年 1月 19日 乙巳.
13) 『肅宗實錄』卷23, 肅宗 17年 7月 24日 丁未.
14) 『承政院日記』卷346, 肅宗 17年 7月 24日 丁未.
15) 『承政院日記』卷346, 肅宗 17年 7月 25日 戊申.

것이 있으므로 그것을 가져다 써 돌을 떠내는 민폐를 줄이도록 하기로 하였다.[16] 그리고 며칠 후 선공감 감역 이부와 가감역 권덕창 등이 건원릉의 비각을 조성하러 나갔고,[17] 8월에 들어 비각의 계석은 휘릉 홍살문 밖에 흩어져 있던 계석 중 쓰다 남은 7개를 운반하여 쓰도록 하였다.[18] 다음달 9월에 들어서 비각을 중건하는 일을 마치자 감역관 이하의 공장을 시상을 하였다.[19]

영조 20년(1744) 9월에 제릉의 비석을 새로 세우면서 건원릉의 비석의 예에 의해 영조하도록 하였다.[20] 영조 20년(1744) 9월 23일에 제릉의 비각을 건원릉의 에에 의해 조성토록 하였다. 건원릉의 비각은 칸수가 극히 많고 역사가 심하며 비각이 매우 높고 매우 넓어 상하기 쉬웠다. 지금 그 제도를 작게 한다면 4변의 공터를 선회하도록 하는 것이 좋겠다고 하였다. 영조가 가로되 헌릉의 비각은 매우 좁은데 이것을 모방하여 조성하도록 하는 것이 좋겠다고 하였다.[21] 이때 세운 비각은 고종 6년(1806)이 되면 연대가 오래되어 퇴락하였으므로 영건도감을 세워 내년 봄에 공사를 하도록 하였다.[22]

대한제국에 들어 고종 37년(1900)에 태조고황제를 추존하는 예를 끝내고 표석을 고칠 때 건원릉의 표석 등은 갈아서 깨끗이 할 수 있는 것은 그렇게 하고 새로 마련할 것은 새로 마련하도록 추숭의궤도감에 분부하였다.[23] 건원릉의 표석 중 전면과 음기는 고종황제가 친히 쓰도록 하였다.[24]

(1-2) 건원릉의 석인상

건원릉은 같은 해 3월에 조성된 제릉과 마찬가지로 단릉 형식이며, 봉분을 중심으로 좌우대칭으로 석인석수를 배치하는 구조이다. 상계에는 석호와 석양 2쌍씩 있는데 봉분 양옆 왼쪽과 오른쪽에 석양을 시작으로 석호를 번갈아가며 밖을 향해 바라보고 있다. 중계에는 봉분 앞 장명등을 중심으로 문석인 1쌍이, 하계에는 문석인과 나란히 하여 무석인 1쌍이 마주보고 서 있다. 문석인과 무석인 바로 뒤로 석마가 하나씩 배치되어 모두 2쌍이 있다.

16) 『承政院日記』卷346, 肅宗 17年 윤7月 22日 乙亥.
17) 『承政院日記』卷346, 肅宗 17年 윤7月 25日 戊子.
18) 『承政院日記』卷346, 肅宗 17年 8月 6日 戊子.
19) 『承政院日記』卷346, 肅宗 17年 9月 4日 乙卯 ; 9月 5日 丙辰.
20) 『承政院日記』卷977, 英祖 20年 9月 7日 辛巳 ; 9月 11日 乙酉 ; 9月 13日 丁亥 ; 9月 17日 辛卯.
21) 『承政院日記』卷977, 英祖 20年 9月 23日 丁酉.
22) 『高宗實錄』卷6, 高宗 6年 6月 30日 庚午.
23) 『高宗實錄』卷40, 高宗 37年 6月 12日 陽曆. 황제나 황후로 추존한 건원릉, 제릉, 정릉, 융릉, 건릉, 인릉, 수릉의 표석 중 갈아서 쓸 것과 새로 마련할 것을 정하도록 하였다 ; 『高宗實錄』卷44, 高宗 41年 5月 25日 陽曆.
24) 『高宗實錄』卷40, 高宗 37年 6月 19日 陽曆.

중계에는 늙은 문석인 1쌍이 공복에 복두를 쓰고 홀을 들고, 하계에는 늙은 무석인 1쌍이 투구에 갑옷을 입고 칼을 세우고 서로 마주 서 있다. 이러한 건원릉 문무석인을 실측한 칫수를 정리하면 다음과 같다.

| 구분 | | 문석인 | | 무석인 | |
|---|---|---|---|---|---|
| | | 왼쪽 | 오른쪽 | 왼쪽 | 오른쪽 |
| 전체 | 길이 | 2323 | 2318 | 2221 | 2240 |
| | 너비 | 879 | 916 | 892 | 861 |
| | 두께 | 803 | 742 | 778 | 778 |
| 얼굴 | 길이 | 757 | 694 | 687 | 754 |
| | 너비 | 346 | 347 | 375 | 383 |
| | 두께 | 415 | 349 | 436 | 423 |

<건원릉 문무인석의 칫수 (단위 ; mm)>

문인석의 키는 231~232cm, 무석인의 키는 222~224cm이고, 얼굴의 길이는 문석인이 69~75cm, 무석인이 68~75cm로서 1:4.3의 비례를 보이고 있다. 공민왕대 현정릉의 늙은 문석인은 키 345cm였고 제릉의 늙은 문석인은 키 295cm였으나, 건원릉의 문석인은 키가 231~232cm여서 조선시대 들어 크기가 작아지고 있음을 알 수 있다.

조선시대에 왕릉의 문무석인에 대한 숫자와 칫수의 규정은 국가의 예전(禮典)에 수록될 만큼 중요하였다. 그리하여 2대 정종의 후릉과 3대 태종의 헌릉의 장례를 치른 세종은 국가의 상장례를 확립하여 『세종실록 오례의』에 수록하였으며,[25] 이를 토대로 1474년(성종 5) 『국조오례의』를 편찬하면서 조선 초기 국가의 의례는 확립되었다.[26] 조선후기에 들어서 시대에 따른 변화상을 반영하고자 영조는 1752년(영조 28) 『국조상례보편』을 편찬하였으며,[27] 정조대에 들어 1787년(정조 12) 『춘관통고』에 정리하여 수록하였다.[28] 이중 왕릉에 조성하는 문석인의 칫수를 다음과 같이 정리해 보았다.

25) 『世宗實錄』卷134,「五禮」凶禮意識 治葬條.
26) 『國朝五禮儀』, 凶禮 治葬條.
27) 『國朝喪禮補編』圖說, 治葬.
28) 『春官通考』卷86, 凶禮補編. 治葬圖說.

| | 길이 | 너비 | 두께 | 대석 |
|---|---|---|---|---|
| 세종 오례의 / 국조오례의 | 8척 3촌 (259cm) | 3척 (94cm) | 2척 2촌 (69cm) | 3척 4촌 ; 지상 6촌 / 운족 아래 2척 3촌 |
| 국조상례보편 / 춘관통고 | 5척 8촌 2푼 (182cm) | 상 ; 8촌 9푼 (28cm)<br>하 ; 2척 1촌 9푼 (68cm) | 상 ; 6촌 (19cm)<br>하 ; 9촌 9푼 (31cm) | 땅에 들어가 있다. |

<조선 전후기 예전에 기록된 문석인의 칫수 ( *영조척 1척 = 31.24cm)>

위 표에 의하면 조선전기의 문석인은 길이 8척 3촌, 너비 3척, 두께 2척 2촌이었다. 그러나 조선후기에 들어서면 길이 5척 8촌 2푼, 너비 8촌 9푼 내지 2척 1촌 9푼, 두께 6촌 내지 9촌 9푼이었다. 이것을 영조척으로 환산하여 계산해보면 조선전기보다 후기에 접어들면 키는 77cm 작아지고, 정면은 26cm 좁아지고, 측면은 38cm 정도 얇아지는 등 전체적으로 왜소해지는 경향을 알 수 있다.

건원릉은 조성 당시의 원형 그대로 유지하였던 왕릉으로서, 조선시대 내내 왕릉을 조성할 때마다 전범으로서 참고하였다. 예컨대 1648년(인조 26)에 순릉(順陵)의 석물을 고치고자 설치되었던 순릉수개도감에서도 건원릉의 석물 칫수를 측량하고 있었다.[29] 특히 조선후기에는 동구릉 영역에 산릉을 조성할 때마다 건원릉의 석물을 전례로 참고하여 여러 차례 측량하였고 그 기록을 도감의궤에서 발견할 수 있다. 그중 17세기의 기록을 종합해 보면 다음과 같다.

| 산릉도감 | 길이 | 너비 | 두께 | 소장번호 |
|---|---|---|---|---|
| 1632년 인목왕후 목릉 | 7척 5촌 (234cm) | | | 규13517 |
| 1681년 인경왕후 익릉 | 7척 2촌(225cm) | 3척 (94cm) | 2척 5촌 (78cm) | 장2-2995 |
| 1688년 장렬왕후 휘릉 | 7척 5촌 (234cm) | 2척 9촌 (91cm) | 2척 5촌 (78cm) | 장2-2326 |

<17세기 왕후릉 조성시 측정한 건원릉 문석인의 칫수 ( *영조척 1척 = 31.24cm)>

위 표를 보면 1632년 인목왕후의 목릉을 조성할 당시 측정한 건원릉 문석인의 길이는 7척 5촌[30], 1681년 숙종 인경후의 익릉을 조성할 때 잰 길이는 7척 2촌,[31] 1688년 인조 장렬후의 휘릉을 조성할 때 잰 길이는 7척 5촌이었다.[32] 약간씩 차이를 보이는 이유는 알 수 없지만 기타 여러 석물까지 자세히 측량한 1688년을 기준으로 삼으면 길이는 234cm, 너비는 91cm, 두께는

29) 『各陵修改謄錄』, 1648年, 규12900. 仁祖 26年 3月 3日.
30) 『(仁穆王后)山陵都監儀軌』, 1632年, 규13517. 啓辭秩, 1632年 9月 21日.
31) 『(仁敬后翼陵)山陵都監儀軌』, 1681年, 장2-2995. 啓辭秩, 1681年 12月 6日.
32) 『(莊烈后徽陵)山陵都監儀軌』, 1688年, 장2-2326. 啓辭秩, 1688年 9月 23日.

78cm였다. 이것은 현존하는 건원릉 문석인의 크기와 거의 일치하는 것이다.

문석인의 얼굴과 신체의 표현은 사실적이며 원만하고 둥근 신체는 조각적인 볼륨감까지 가지고 있다. 이들은 공민왕대 현정릉의 봉분 앞쪽에 배치된 1쌍의 늙은 문석인이나 제릉의 문석인 중 오른쪽에 배치된 늙은 문석인과 흡사하다.

얼굴은 좁고 조금 마른 편으로 문인의 학문적 깊이가 느껴지며 과장되지 않고 사실적인 표현이 조화를 이루고 있다. 그러나 눈의 표현은 부자연스러워 눈꺼풀은 선각으로 처리하면서 눈이 동그랗게 튀어나와 있다. 두툼하게 강조된 눈썹 사이 아래로 코는 묵직하다. 입술은 비록 수염에 가려 一자로 굳게 다물고 있는 과묵한 표정이다. 빰이 현저하게 도드라져 있어 가벼운 미소를 띠고 있는 것 같은 느낌을 준다. 콧수염과 긴 턱수염은 한 올씩 정성껏 선각되어 있어, 터럭 한 올까지 공 들여 재현해 내려 했던 조각가의 솜씨가 느껴진다. 입 주위에서 시작된 수염은 턱을 거쳐 목까지 덮고 있다. 귀는 얼굴에 비해 크고 높게 위치해 있다.

머리에는 각이 진 복두를 쓰고 있으며, 앞쪽이 낮고 뒤쪽이 높게 되어 있는 형태이다. 복두를 턱 밑에서 묶어 맨 끈은 보이지 않는다. 뒷모습은 둘다 각의 끝이 위로 향해 둥글게 말려 올라가는 교각(交脚)복두이다. 복두는 뒤로 늘어지는 각[脚]의 형태에 따라 여러 가지가 나뉘는데, 건원릉 문인상의 교각복두는 왼쪽 각 위에 오른쪽 각이 올라가는 특징을 보인다. 이것은 공민왕릉 문석인들의 교각복두나 제릉의 그것과 마찬가지여서 고려 말의 양식을 조선 초기에도 계속 계승하였음을 알 수 있다.

문석인들이 입고 있는 공복은 소매의 폭이 매우 넓고 길어 두 손을 완전히 덮고 있다. 옷의 소매는 신발 부분까지 길게 내려오고 소매부리는 둥글게 말아 쥐고 있다. 워낙 폭이 넓은 소매는 여러 번 겹쳐지면서 주름이 촘촘하다. 소매의 주름은 긴 선으로 처리되어 손 위부터 아래쪽으로 내려가며 점점 넓은 사선을 이루고 있으며, 소매와 소매 사이 좁은 앞자락에는 U자형 주름이 발등 위를 덮고 있다. 이러한 공복차림은 고려말 현정릉의 옷차림과 다르고, 제릉의 자연스러운 주름보다 형식화되었으나, 품이 넉넉하고 폭 넓은 소매의 의복을 챙겨 입던 조선시대 문인들의 모습과 닮아 있다.

문석인들의 손은 폭 넓은 공복 속에 감춰져 人자형을 이루고 있다. 왼쪽 소매가 위로 올라가 있는 점으로 미루어 볼 때 오른손 위에 왼손을 올려 포갠 모습이고, 가슴 앞에서 공수를 한 채 홀을 들고 있다. 홀의 모습은 위쪽 끝이 둥글게 되어 있다.

신체는 넓은 어깨에서 점차 허리로 내려오면서 잘록해지다가 아래쪽으로 가면서 퍼지고 있다. 전체적으로 S자형 굴곡을 보이며 곡선의 흐름이 자연스럽고 사실적이다. 옆쪽에서 볼 때 얼굴과 약간 굽은 어깨부터 허리까지 내려오는 선이 대체로 완만하면서도 평행한 S자형의 굴곡을 이루어 전체적으로 날씬한 느낌을 주고 있다. 뒷쪽에서 볼 때 교각복두를 쓴 머리카락은 가는 선으로 가지런하게 표시되어 있고, 목에 목판깃의 표현이 보인다. 깃 아래부터 대석까지 중심선이 뚜렷하고, 풍성한 옷소매가 뒤까지 영향을 주어 허리띠를 맨 곳에서 사선형으로 여러 겹의 주름이 아래로 갈수록 폭이 벌어지며 겹쳐 있다. 허리띠 아래쪽에는 U자형의 큰 주름 서너 개가 선명하게 새겨져 있다.

요대는 문석인의 앞 모습에서는 소매에 가려 전혀 찾아볼 수 없다. 뒷쪽에서는 허리를 두툼한 허리띠로 졸라매고서 요대 내부의 장식은 마모되어 세부 문양을 확인하기 어렵다. 남은 요대의 한쪽 끝부분은 왼쪽 위에서 오른쪽으로 사선을 이루며 늘여 뜨려서 있다. 공복 뒤쪽은 요대를 중심으로 폭 넓은 소매를 따라 자연스러운 주름이 흘러 내린다. 하지만 허리띠부터 바닥까지는 신체의 굴곡과 무관하게 반원형 주름 3개가 일정한 간격으로 시원하게 처리되어 있다.

신발은 의식용 석(舃)으로서 발 끝부분이 위로 치켜지면서 앞면에 여의두문이 시문되어 있다.

이러한 문석인의 전체적인 신체 비례와 자연스러운 주름의 표현 및 간결하면서도 양감을 살린 조각 수법은 사실적인 건원릉 조각의 특징을 잘 반영하는 것이다.

하계에는 1쌍의 늙은 무석인은 키가 222~224cm이고 갑주를 입고 칼을 빼들고 서 있는 모습이다. 무석인의 경우에도 문석인과 마찬가지로 그 규정이 조선시대의 예전에 수록되어 있다. 조선전기에는 『세종실록』 오례의와 1474년(성종 5) 『국조오례의』가 있으며, 조선후기에는 1752년(영조 28)의 『국조상례보편』과 1787년(정조 12)의 『춘관통고』에 그 무석인의 칫수가 수록되어 있다. 이것을 다음과 같이 정리해 보았다.

| | 길이 | 너비 | 두께 | 대석 |
|---|---|---|---|---|
| 세종 오례의 / 국조오례의 | 9척 (281cm) | 3척 (94cm) | 2척 5촌 (78cm) | 문석 동(3척 4촌 ; 지상 6촌 / 운족 아래 2척 3촌) |
| 국조상례보편 / 춘관통고 | 6척 2촌 (194cm) | 상 ; 9촌 4푼 (294cm)<br>하 ; 2척 2촌 4푼 (70cm) | 상 ; 8촌 (25cm)<br>하 ; 9촌 (28cm) | |

<조선 전후기 예전에 기록된 무석인의 척수 ( *영조척 1척 = 31.24cm)>

위 표에 의하면 조선전기의 무석인은 길이 9척, 너비 3척, 두께 2척 5촌이었으나, 조선후기에 들어서면 길이 6척 2촌, 너비 9촌 4푼, 두께 8촌으로 키는 2척 8촌(87cm) 작아지고, 정면은 6촌

(24cm) 좁아지고, 측면은 1척 5촌(50cm) 정도 얇아지고 있었다.

그런데 문석인과 마찬가지로 조선후기 동구릉의 영역 내에 왕릉이나 왕후릉을 조성할 때 건원릉이 전례로서 여러 차례 측정된 기록을 찾을 수 있다. 그중 17세기의 몇 예를 정리해 보았다.

| | 길이 | 너비 | 두께 |
|---|---|---|---|
| 1632년 인목왕후 목릉 | 7척 5촌 (234cm) | | |
| 1681년 인경왕후 익릉 | 7척 3촌 (228cm) | 3척 (94cm) | 2척 5촌 (78cm) |
| 1688년 장렬왕후 휘릉 | 7척 3촌 (228cm) | 2척 6촌 (81cm) | 2척 5촌 (78cm) |

<17세기 왕후릉 조성시 측정한 건원릉 무석인의 칫수 ( *영조척 1척 = 31.24cm)>

위 표에 따르면 1632년 인목왕후의 목릉을 조성할 당시 건원릉의 무석인은 7척 5촌, 1681년 숙종 인경후의 익릉을 조성할 때 잰 기록에는 7척 3촌, 1688년 인조 장렬후의 휘릉을 조성할 때 잰 기록에는 7척 3촌이었다. 각 도감의궤의 측정결과는 약간 차이를 보였는데, 앞서 무석인과 마찬가지로 1688년 측정한 장렬왕후 때의 기록을 참조하면 길이 228cm, 너비 81cm, 두께 78cm 정도였다. 이것은 현재 건원릉 무석인의 키가 222~224cm여서 거의 일치하고 있다. 이 또한 공민왕대 현정릉의 늙은 무석인은 키(대좌포함) 345cm에서 제릉의 늙은 무석인은 키(대좌포함) 298cm로 47cm 작아졌는데, 건원릉은 그보다도 74cm 더 작았다. 즉 조선초기 문석인은 점차 키가 작아지고 너비가 좁아지고 두께가 얇아지는 추세로 이행되어 갔음을 알 수 있다.

1쌍의 무석인은 갑주를 입고 검을 든 모습이다. 무석인 또한 문석인과 마찬가지로 공민왕대 현정릉에 배치된 2쌍의 무석인 중 늙은 무석인의 모습과 흡사하다. 원만한 신체에서는 조각적인 볼륨감을 느낄 수 있다. 무석인의 얼굴은 근육과 굴곡이 짙은 음영이 강조되어 무사다운 면모를 반영하고 있다. 얼굴은 울룩불룩하고 눈은 크게 부릅뜨며 코는 두툼하면서도 뭉툭한 편인 데다가 주름이 있고 뺨은 불끈 튀어 나와 있다. 一자로 꽉 다문 입술 주위에 한올한올 정성스레 선각해서 새겨 넣은 콧수염과 턱수염은 마치 한 줄기 바람에 흩날리는 듯 자연스럽게 처리되어 있다. 귀의 모양은 위보다 아래가 크며 얼굴에 비해 굉장히 큰 것은 현정릉의 늙은 석인과 마찬가지이며 여기서는 위로 젖히고 있지만 아직 앞면을 향하고 있다. 우락부락한 얼굴에서 호방한 무인의 기상이 엿보이면서도 동글동글하게 조각된 이목구비는 고려말 현정릉과 달리 주위에서 흔히 볼 수 있는 친근한 사람의 모습과 닮아 있다.

가슴을 쭉 펴고 완전 무장한 갑옷을 입고 있으며, 무인의 굵은 두 팔은 세부 묘사가 잘 되어 있고 두 손으로 긴 칼을 잡고 발을 넓게 벌리고 당당하게 서 있다. 옆면에서 볼 때는 고개를 들고 허리를 펴고 어깨부터 흐르는 곡선이 허리로 S자를 그리며 내려오고 있다. 뒷면에서 볼 때는 어깨를 쭉 펴고 대를 졸라매 당당한 풍모가 있다.

무석인은 투구와 갑옷을 완벽하게 갖춘 무장을 하고 있다. 머리에는 복발(覆鉢)형 투구를 쓰고 있다. 투구의 앞쪽에는 두 줄을 두르고 가운데 부분을 4엽 꽃무늬로 연결시켰고, 귀 앞쪽 양 옆으로 복발의 장식이 표현되어 있다. 투구의 꼭대기 부분에는 짧은 상모가 놓여 있다. 투구와 목가리개[鍍]의 연결부위는 쭉 돌아가며 여의두운이 시문되어 맞붙어 있으며, 어깨까지 내려온 목가리개는 아무 문양 없이 목 전체를 보호하고 있다. 그런데 무석인의 어깨 부분에 두르는 피견(被肩)의 경우 공민왕대 현정릉의 늙은 무석인의 것과 비교해보면, 조각가가 이 부분을 잘 이해하지 못하고 마치 전포(戰袍)의 깃을 벌려 놓은 듯 처리되어 있다.

무석인은 전포(戰袍) 위에 가슴과 허리, 허벅지 및 팔뚝과 정강이까지 갑옷을 착장하여 완전 무장한 구조이다.[33] 전포를 입고 나서 가슴에는 흉갑(胸甲), 등에는 배갑(背甲), 허벅지 양쪽에는 퇴갑(腿甲), 양 허리에는 늑갑(肋甲)을 빈틈없이 두른 형상인 것이다. 제릉과 마찬가지로 배에 치마처럼 입던 상갑(裳甲)은 사라지고 없다. 뒤쪽에서 보면 목 가리개 아래로 전포의 모습이 확실하게 드러난다. 중앙부분에 중심선이 배갑까지 쭉 그어져 있고, 배갑을 입고 허리띠를 띠면서 허리와 양 소매 사이에 몇 개의 주름이 표현되어 있다.

흉갑과 배갑을 착용하여 전포를 조이고 소매를 둘둘 걷으면 소매 아래의 배래 부위에 큰 공간이 생기면서 너풀거리게 된다. 이 진동의 끝단을 리본처럼 고를 맺으면 양쪽 팔꿈치 뒤쪽에 작은 묶음이 생기고 그 뒤로 나머지 소매부리가 다시 풍선처럼 부풀려지게 된다. 이렇게 소매가 매듭과 둥근 고리형으로 2중으로 부풀려지는 점은 조선 초기 제릉에서 처음 시도된 과장된 장식으로서 이것이 건원릉에까지 계속 이어지는 것이다. 한편 전포 소매를 걷으면서 밖으로 드러난 양 팔뚝에는 토시처럼 굉갑(肱甲)을, 전포를 조여 앞쪽이 들린 그 아래로 보이는 양쪽 정강이에는 경갑(脛甲)을 두르고 전화(戰靴)를 신은 모습까지 치밀하게 표현되어 있다.

무석인 1쌍의 갑옷에는 여러 종류의 무늬가 새겨져 있다. 흉갑은 턱수염 끝부터 아래로 쭉 내려오다가 가슴 앞 부분에서 폭 넓은 띠를 두른 다음 좁은 다회끈으로 살짝 묶은 모습으로 조각되어 있다. 흉갑의 문양은 많이 마모되어 있지만 소슬무늬이다. 또 퇴갑과 늑갑 및 배갑의 가

33) 김정자, 『한국 군복의 변천사 연구』(민속원, 1998) ; 민승기, 『조선의 무기와 갑옷』(가람기획, 2004) ; 이정선, 「조선전기 왕릉 석인석수 연구」(이화여대 석사학위논문, 2007), 63-64쪽. 흉갑과 배갑 위에 전포를 착용하는 것은 불가능하다.

장자리는 모두 두꺼운데 금속제 마름모꼴 칠보문을 일정 간격으로 덧붙여 장식한 것이 공통된다. 게다가 앞에서 옆을 거쳐 뒤까지 돌아가는 퇴갑과 늑갑의 가장자리에는 털까지 달아 장식 효과를 더욱 높이고 있다. 퇴갑 내부의 문양은 흉갑과 마찬가지의 소슬무늬가, 늑갑 내부에는 영지버섯과 같은 구름무늬가, 배갑에는 비늘무늬(魚鱗)가 기하학적이고 규칙적으로 새겨져 있다. 사슬무늬와 영지운 구름무늬 및 비늘무늬로 이뤄진 건원릉 갑옷의 문양은 현정릉의 젊은 무석인과 늙은 무석인의 갑옷을 반씩 절충한 제릉의 것을 닮아 있어 앞 시대의 문양을 전범으로 하되 시대적 변화가 반영된 예라 할 수 있다.

전포의 허리를 묶은 허리띠[腰帶]의 버클 부분에는 크고 둥근 귀면문으로 장식되어 무인의 용감무쌍한 기상이 반영되어 있다. 귀면 버클 아래에서 묶인 띠매듭은 양 손에서는 보이지 않다가 칼의 좌우로 흘러 내려오다가 한번 더 묶여 바닥까지 닿아 있다. 뒤쪽의 허리띠는 소매와 소매 사이에 배갑과 늑각 위에 놓여 있는데, 사각형의 구획 안쪽에 얇은 부조로 사엽화문(四葉花紋)이 새겨져 있다.

<태조 건원릉의 전경>, 1408년

<태조 건원릉의 문무석인>, 1408년

무석인은 V자형으로 양 손을 맞잡았는데 오른손 위에 왼손을 올리고 칼의 손잡이 위에 얹은 모습이다. 얼굴과 상체의 크기나 길이에 비해 팔과 다리가 짧은 편이다. 칼은 아래로 쭉 내려와 칼끝이 바닥 중앙에 닿았고, 손잡이 옆에 매달린 작은 끈은 오른쪽 사선으로 살짝 내려온 모습이다. 허리띠에 매단 칼집은 2중의 장식띠가 돌려져 왼쪽 허리에 매달아 사선으로 아래쪽을 향해 있다.

건원릉의 문석인은 세부를 디테일하게 묘사하는 대신 최소한의 조각으로 재료의 양감과 질감을 최대한 살려 심리적으로 안정된 문인의 느낌이 두드러진다. 반면 무석인은 근육질에 울퉁불퉁한 얼굴 표현과 갑옷과 투구의 세부를 꼼꼼하게 조각하여 왕릉을 수호하는 무인으로서의 권위를 나타내려는 의도가 잘 반영되어 있다. 이러한 건원릉의 문무석인상은 고려말 현정릉의 문무석인상보다 2/3정도로 크기가 작아졌으며, 신의왕후의 제릉보다도 작아지고 있었다. 그런데 왕릉을 수호하는 석인상의 상징성을 강조하는 얼굴이나 상체는 거의 그대로였고, 대체로 하체가 짧아지는 경향이었다. 아울러 늙은 문석인상의 경우 홀을 쥔 손을 표현하지 않아 왕릉을 수호할 신상으로서 경건한 느낌이 강조되고 있다. 더욱이 무석인상의 경우 현정릉의 늙은 무인을 기본으로 하고 있지만 투구에 장식문양이 추가되거나 갑옷의 세부 문양표현에서 좀더 장식적인 젊은 무인의 것이 절충되는 제릉의 새로운 조선적인 양식이 계승되고 있었다.

이처럼 건원릉의 문무석인이 공민왕릉의 문무석인과 양식적으로 유사한 것은 제도적인 면, 양식적인 면 때문이다. 우선 공민왕 때 현정릉을 조성하고자 3도감 13색을 세웠듯이 조선 건원릉을 조성할 때에는 4도감 13색을 그대로 계승하고 있다. 다음 이 4도감 중 실제 능역을 맡은 조묘도감의 제조는 박자청이었다. 그는 현정릉과 선덕왕후의 정릉을 조성한 김사행을 보좌한 경험이 있어, 김사행이 주도했던 왕릉 역사의 전통을 그대로 계승할 수 있던 위치에 있었다. 이에 공민왕대 현정릉, 태조대의 정릉 그리고 태종대의 제릉을 거쳐 건원릉은 석물의 구성이나 양식적인 면에서 유사하여 그 연관성을 확실히 짐작할 수 있다.

(1-3) 건원릉의 석물 수리

세종 24년에 건원릉을 수리하고 그 일을 감독 관장하기 위한 관사는 "산릉수리도감"이라 칭하였고,[34] 건원릉에 나가 수보할 곳을 살폈다.[35] 건원릉 위를 보토하였고,[36] 건원릉 위의 사토가 무너진 곳을 살펴보게 하였다.[37]

건원릉의 사초는 다시 고친 때가 없었고, 태조의 유교에 따라 북도의 청완(靑薍)을 사초로 썼기 때문이었다. 이에 다른 능과 달리 사초가 무성한데, 예로부터 능의 사초를 손대지 않은 것은 다른 뜻이 있어서가 아니므로 손을 대지 말도록 하였다.[38] 숙종 19년(1693) 5월 12일 건원

34) 『世宗實錄』卷96, 世宗 24年 5月 21日 丙辰.
35) 『世宗實錄』卷96, 世宗 24年 5月 26日 乙酉.
36) 『世祖實錄』卷11, 世祖 4年 윤2月 12日 庚午.
37) 『世祖實錄』卷15, 世祖 5年 2月 5日 戊午.
38) 『仁祖實錄』卷20, 仁祖 7年 3月 19日 乙亥 ; 『仁祖實錄』卷28, 仁祖 11年 12月 22日 庚辰. 일반적으로 다른 능의 사초는 모화관의 사초를 쓰는데 건원릉의 것만 다르다 ; 『顯宗改修實錄』卷8, 顯宗 4年 3月 18日 丙戌 ; 『正祖實錄』卷28, 正祖 13年 9月 7日 庚寅.

릉에 잔디를 옮겨 심기 위해 고유제를 지냈다.[39)]

인조 14년(1636)에 건원릉의 혼유석에 의거하여 장릉의 혼유석도 크기를 줄일 것을 총호사가 청하고 있었다. 당시 건원릉의 혼유석은 다른 여러 왕릉의 체양에 비해 유독 크기가 컸기 때문에 길이를 1척을 줄이도록 청하였으나 그렇게 하면 모양이 혐오스러워 넓이는 2척외를 줄이고 다시 6촌을 더하여 마련하도록 하였다. 이것은 평지에서 운반하기 어렵고 허다한 인력과 비용이 들므로 배로 운반할 것이며 넓이와 폭[厚廣]을 몇 촌 줄이면 가벼워져 배로 운반하기 쉬워질 것이라고 하였다. 이에 건원릉 혼유석의 넓이와 폭[厚廣]이 6척이므로 이것에서 6촌을 감하도록 하였다. 이것을 이용하면 능상에 상설하는 제도에도 해가 없을 것으로 여겼고 배로 운반하기도 좋다고 하여 그렇게 하기로 하였다.[40)]

인조 23년(1645) 3월 18일에는 건원릉의 병풍석에 회를 바르는 일을 하였다.[41)] 숙종 5년(1679)에는 건원릉의 병풍석과 사초가 서로 연접하는 부분의 석물 기화가 박락되었는데, 이것은 세월이 지나면 필연 그렇게 되는 것이므로 오늘 수개하는 것을 불가하다고 하였다.[42)]

숙종 6년(1680)에는 건원릉의 석물[병풍석]에 회를 바르는 일을 하도록 하였다.[43)] 숙종 9년(1683)에 건원릉의 병풍석이 세월이 오래되어 박락되어 누백년 후에 능을 개수하는 것은 더욱 중요한 것이므로 날을 기다려 관망하고 처리하도록 하였다.[44)] 숙종 12년(1686) 3월 9일에는 건원릉의 능상 석물에 회를 바르는 일을 하고 예조 당상과 낭청이 감동하러 나갔고,[45)] 며칠 간 석물에 회를 바르는 일을 하고 13일에 돌아왔다.[46)] 숙종 23년(1697) 8월 12일 능상 석물에 회를 바르러 나갔다.[47)]

숙종 27년(1701) 2월 5일에는 건원릉 능상의 3단 계석을 고쳐서 배치하기 위해 석물을 떠 내고 운입하기 위해 역군으로서 연군(烟軍) 40명을 조용(調用)하도록 하였으나 해당 청으로 하여금 30명을 품삯을 주고 고립하여 부역하도록 하였다.[48)] 10일 후 2월 16일에는 석물에 회를 바르

39) 『承政院日記』卷352, 肅宗 19年 5月 12日 乙卯 ; 『承政院日記』 卷353, 9月 16日 丁巳 ; 9月 24日 乙丑 ; 『承政院日記』卷354, 10月 14日 甲申 ; 『承政院日記』 卷355, 肅宗 20年 3月 4日 壬寅.
40) 『承政院日記』卷51, 仁祖 14年 3月 9日 甲寅.
41) 『承政院日記』卷90, 仁祖 23年 3月 18日 辛丑.
42) 『承政院日記』卷272, 肅宗 5年 8月 28日 庚寅.
43) 『承政院日記』卷278, 肅宗 6年 8月 25日. 8月 30日.
44) 『承政院日記』卷298, 肅宗 9年 4月 8日 庚辰.
45) 『承政院日記』卷314, 肅宗 12年 3月 4日 戊午.
46) 『承政院日記』卷314, 肅宗 12年 3月 12日 丙寅 ; 13日 丁卯.
47) 『承政院日記』卷373, 肅宗 23年 8月 12日 己未 ; 卷380, 肅宗 24年 8月 5日 丙午.
48) 『承政院日記』卷395, 肅宗 27年 2月 5日 癸亥.

러 나갔다.[49] 이로부터 3달 후인 5월 6일에 건원릉의 계체석을 바꾸는 역을 마쳤다.[50]

숙종 30년(1704) 4월 28일에는 건원릉 능상의 석물에 회를 발랐다.[51] 숙종 34년(1708) 3월 6일에 건원릉의 석물에 회를 발랐다.[52] 숙종 41년(1715) 5월 1일 건원릉의 석물에 회를 바르도록 하였다.[53] 숙종 45년(1719) 8월 15일에 건원릉의 석물에 회를 바르고 왔다.[54]

숙종 14년(1688)에는 누군가의 산릉도감에서 전례를 상고하기 위해 석물을 척량하는 일로 나갔다 돌아왔다.[55]

영조 원년(1725) 2월 20일에 건원릉의 능상 석물에 회를 발랐다.[56] 영조 3년(1727) 8월 8일에 건원릉의 능상 석물에 회를 발랐다.[57] 영조 13년(1737) 8월 9일에 건원릉의 능상 석물에 회를 발랐다.[58] 영조 21년(1745) 8월 19일에 건원릉의 석물은 역시 기화(起花)가 있는데 다만 매우 질박하였다고 하였다.[59] 영조 22년 8월 5일 건원릉의 능상 석물에 회를 발랐다.[60] 영조 23년 8월 10일 건원릉의 능상 석물에 회를 발랐다.[61] 영조 27년(1751) 2월 27일에 건원릉의 능상 석물에 회를 발랐다.[62] 영조 29년(1753) 8월 4일에 건원릉의 능상 석물에 회를 바르고 수개하였다.[63] 영조 34년(1758) 2월 26일 건원릉의 능상 석물에 회를 바르고 수개하였다.[64] 영조 36년(1760) 10월 8일에 건원릉의 능상의 석물에 회를 바르고 수개하였다.[65] 영조 41년 8월 10일에 건원릉의 능상 석물에 회를 발랐다.[66] 영조 45년(1769) 2월 26일에도 능상 석물에 회를 발랐다.[67] 영조 50년(1774) 5월 2일 능상 석물에 회를 바르고 수개하였다.[68] 영조 37년 2월 4일 영조가 건원릉을 가서 봉심한 후 가로되 이 릉의 석물은 다른 능과 다르다고 말하였다.[69] 정조 원년

49) 『承政院日記』卷396, 肅宗 27年 2月 16日 甲戌.
50) 『承政院日記』卷397, 肅宗 27日 5月 6日 壬辰.
51) 『承政院日記』卷417, 肅宗 30年 4月 28日 丁酉 ; 卷418, 肅宗 30年 5月 2日 庚子, 5月 4日, 5月 5日.
52) 『承政院日記』卷440, 肅宗 34年 3月 6日 癸丑.
53) 『承政院日記』卷488, 肅宗 41年 5月 1日 丙申.
54) 『承政院日記』卷517, 肅宗 45年 8月 15日 乙卯.
55) 『承政院日記』卷331, 肅宗 14年 9月 23日 壬辰.
56) 『承政院日記』卷587, 英祖 원년 2月 20日 戊子.
57) 『承政院日記』卷643, 英祖 3年 8月 8日 辛卯.
58) 『承政院日記』卷854, 英祖 13年 8月 9日 乙丑.
59) 『承政院日記』卷990, 英祖 21年 8月 19日 戊午.
60) 『承政院日記』卷1007, 英祖 22年 8月 5日 戊辰.
61) 『承政院日記』卷1019, 英祖 23年 8月 10日 戊辰.
62) 『承政院日記』卷1065, 英祖 27年 2月 27日 己酉.
63) 『承政院日記』卷1097, 英祖 29年 8月 4日 丙戌.
64) 『承政院日記』卷1153, 英祖 34年 2月 26日 壬午. 2月 28日 진시를 길일로 택일하였다.
65) 『承政院日記』卷1186, 英祖 36年 10月 8日 己卯. 10月 11日이 길일로 택일하였다.
66) 『承政院日記』卷1246, 英祖 41年 8月 10日 癸丑.
67) 『承政院日記』卷1289, 英祖 45年 2月 26日 己卯 ; 2月 27日 庚辰. 2月 29日에 수개하도록 택일하였다.
68) 『承政院日記』卷1351, 英祖 50年 5月 2日 甲寅.
69) 『承政院日記』卷1190, 英祖 37年 2月 4日 甲辰.

(1777) 2월 20일 능상석물에 회를 바르고 고쳤다.[70] 다시 정조 5년(1781) 5월 3일 능상 석물에 회를 바르고 고쳤다.[71]

정조 8년에 건원릉 서북변 임해(壬亥) 방의 인석(引石)이 서로 건 위에 있는 가석(駕石)의 돌머리가 부러져 떨어지고 상석(裳石)이 서로 만나는 곳의 복봉석(覆縫石)도 부딪쳐 손상되고 곡장 북면도 무너졌으므로 수개하도록 하였다[72]. 이에 수개할 길일을 아뢰도록 할 때 영조 갑신년에 본릉의 기둥을 도칠 때에도 도감을 설치하여 친히 전배한 예에 따르도록 하였다.[73] 이후 한 달 여의 작업을 거쳐 3월 13일에는 능상 석물에 회를 바르는 일을 마감하였고 3월 16일 한식제 때 수개한 일을 고하도록 하였다.[74]

고종 36년(1899) 능 위의 임(壬) 방위에 가로놓은 돌이 부스러진 지 3년이란 오랜 세월이 흘렀는데 올해는 운수가 좋으므로 수리하는 일을 늦출 수 없으니 택일하도록 하였다.[75] 다음 달에 능 위의 임방의 가석(駕石)을 개수하고 있었다.[76]

선조 33년(1600) 의인왕후를 장사 지내려 할 때 「오례의」에 제정된 척수로 건원릉으로 보내 그 넓이를 측량하게 하고 쌍분의 제도로 비교하도록 하였다.[77] 이 때 석물은 정해진 척수가 있어 가감할 수 없는데 후대로 내려오면서 점차 커져서 강릉과 태릉의 석물은 매우 크다. 이에 건원릉과 헌릉 등의 석물을 자로 재어와 「오례의」에 정한 척수와 비교하도록 하였다.[78] 다음 날에는 건원릉과 함께 현릉의 왕후릉을 간심하였으며 쌍릉의 규모를 살피기 위해 이어 강릉으로 가 봉심하고 왔다. 이에 석물의 척수를 「오례의」의 기록에 의거하건대 건원릉은 좀 부족하고 현릉과 강릉은 점차 지나쳤다고 하였다.[79]

(1–4) 건원릉의 정자각

정자각과 비각은 좌지가 본래부터 낮고 평평한데 왼쪽과 오른쪽에서 나오는 물이 이곳으로 서로 모여드는데도 도랑이 좁은 까닭으로 봄여름에 빗물이 많으면 도랑이 막히고 물이 젖어 들

70) 『承政院日記』卷1395, 正祖 원년 2月 20日 丙辰. 2月 28日에 고치도록 날을 택하였다.
71) 『承政院日記』卷1484, 正祖 5年 5月 3日 乙亥.
72) 『正祖實錄』卷17, 正祖 8年 2月 15日 辛未 ; 『承政院日記』권1550, 正祖 8年 2月 15日 辛未.
73) 『正祖實錄』卷17, 正祖 8年 2月 16日 壬申 ; 『承政院日記』卷1550, 正祖 8年 2月 16日 壬申. 능상석물을 수개하는 날을 2月 19日로 택일하였다.
74) 『承政院日記』卷1552, 正祖 8年 3月 13日 戊戌.
75) 『高宗實錄』卷39, 高宗 36年 3月 7日 陽曆.
76) 『高宗實錄』卷39, 高宗 36年 4月 10日 陽曆 ; 5月 16日 陽曆.
77) 『宣祖實錄』卷127, 宣祖 33年 7月 25日 丙寅.
78) 『宣祖實錄』卷127, 宣祖 33年 7月 26日 丁卯.
79) 『宣祖實錄』卷127, 宣祖 33年 7月 27日 戊辰.

어가서 소통이 되지 않으며 가을겨울에 얼음이 솟으면 신로(神路)의 전석과 비각의 계체가 떠올라 어긋나고 위태로와 진실로 미편하였다. 따라서 왼쪽과 오른쪽의 도랑을 깊이 파서 소통시켜 낮은 곳으로 물이 스며들지 못하게 하였다.[80)]

조선후기가 되면 건원릉의 정자각은 세월이 오래 되어 기울어지고 허물어졌다. 그리하여 선조 무자년에 일찍이 수개할 것을 의논한 적이 있으나 선왕[숙종]이 건원릉의 정자각은 임진왜란 때 불이 났으나 타지 않았으므로 특별히 훼손하지 말라고 했으므로 금년 장마 이후 다시 살펴서 처리하도록 하였다.[81)] 현종 7년(1666)에 건원릉의 정자각이 비가 새는 곳이 있어 이것을 수리하고 고유제를 지냈다.[82)] 이후 숙종 4년(1678)에는 정자각을 수리한 곳을 예조좌랑 안한규가 적간한 뒤 돌아왔다.[83)] 숙종 6년(1680)에 건원릉 정자각의 비가 새는 곳을 8월 30일까지 고치도록 하였다.[84)] 숙종 24년(1698) 8월에 정자각 내외의 단청이 퇴락한 곳에 수라간과 수복방의 단청도 마찬가지여서 단청을 새롭게 칠하도록 하였다.[85)] 숙종 26년(1700) 8월에 정자각의 내외에 단청을 칠하고 비각의 대들보 위에 회가 떨어진 곳을 바르고 재궁의 칠을 다시 칠하도록 하였다.[86)]

숙종 33년(1707) 11월 3일 건원릉 정자각에 탈이 생긴 곳을 봉심하러 갔는데,[87)] 다음날 정자각을 상세하게 간심한 결과 주춧돌 위에 놓인 주춧기둥이 경사져 4면의 도리 이상이 동자주가 기울어져 있고 창방이 모두 빠져나와 있어 비록 지금은 쓰러지는 위험이 없더라도 보기에 극히 미안하다. 이곳은 근 300여년 전에 세운 적각으로서 전부터 혹은 훼손된 곳을 수개하고 아직까지 일신하여 개건한 적은 있지 않았다.. 임진왜적으로 인해 방화될 뻔 했지만 부득이 비각만 불에 탔을 뿐 피해가 없어 기이하다. 몇 차례의 병화에도 지금까지 훼손되지 않았으니 개건하라는 장인의 말을 들으니 기와를 철거하고 동자주를 바르게 세우면 된다고 한다. 만약 반드시 옛것을 버릴 필요가 없다면 역시 새로운 재목을 옛것을 개수하는 것이 합당할 듯하다. 임금이 가로되, 건원릉 정자각은 다른 릉의 정자각과 다름이 있어 300년 내 고친 적이 없어 지금 만약 철거하여 고친다면 매우 미안한 일이다. 작년의 별단을 보면 다시 개건할 필요가 없다고 하

80) 『文宗實錄』卷12, 文宗 2年 3月 3日 丙申.
81) 『景宗實錄』卷6, 景宗 2年 3月 22日 丁未.
82) 『承政院日記』卷196, 顯宗 7年 8月 12日 庚申.
83) 『承政院日記』卷272, 肅宗 4年 6月 9日 戊寅.
84) 『承政院日記』卷278, 肅宗 6年 윤8月 5日 辛卯.
85) 『承政院日記』卷380, 肅宗 24年 8月 5日 丙午.
86) 『承政院日記』卷392, 肅宗 26年 8月 6日 丙寅.
87) 『承政院日記』卷438, 肅宗 33年 11月 3日 辛亥.

였다. 이러한 진달에 의해 옛 것을 보수하는 것이 가하다고 하였다.[88]

하지만 1년 뒤인 숙종 34년(1708) 8월 3일에 건원릉의 정자각을 수개하는 것은 능행이 지난 뒤에 택일하여 거행하도록 하였다.[89] 며칠 뒤인 8월 9일 영의정 최석정 등이 입시하여 300여년간 고친 적이 없는 건원릉 정자각을 옛 것을 고쳐 새 것으로 바꾼다는 것은 중요한 일이므로 신중하게 하자고 논의가 분분하였다.[90] 다음날 건원릉의 정자각을 다시 봉심하러 갈 때 먼저번에 갔던 선공감의 장인 대신 솜씨 좋은 이를 모집하여 데리고 가도록 하였다.[91] 그런 후 며칠 후 8월 20일에 또다시 정자각 수개 여부를 논의하였다. 장인들이 창방의 이탈되고 물러난 곳이 1촌 5푼에 이르고 그 나머지는 어찌할 수 없어 지금을 놓치고 고치지 않으면 결코 강구한 꾀가 아닙니다. 또 도리가 동쪽으로 기울고 동자주는 서쪽으로 기울어 실로 안으로부터 고치기 어렵다고 장인의 말이 이와 같으니 진실로 마땅히 고쳐 세워 이 비각을 창건해야 합니다. 이미 300여년이 지나 임진년의 병화 중에도 끝내 소실되는 화를 면한 것은 하늘의 도우심이 있는 것으로 지금 고쳐 짓는 것은 매우 중대합니다. 등등의 논의가 분분했지만 이 정자각은 300년이나 버틴 곳이어서 만약 기와를 철거하였다가 어떻게 해야할 지 알 수 없을 때 어쩔수 없어, 결국 수개하는 결론은 내지 못하고 말았다.[92]

경종 2년에 건원릉 정자각의 여러 곳이 탈이 났다. 정전 제1칸 종량 아래 북변 동자주가 기울었고, 창방목의 동두가 1촌 9푼 빠져 나왔고, 종보 위 북변 도리목이 왼쪽 머리가 2촌 빠져 나왔고, 남변 창방목의 동쪽 머리는 1촌 9푼 빠져 나왔으며, 제2칸 종량 아래 창방목의 서쪽 머리가 9푼 빠져 나왔고, 제3칸 종량 아래 창방목 서쪽 머리는 2촌 빠져 나왔으며, 남쪽 장혀 서쪽 머리가 9푼 빠져 나왔고 그밖에 월랑 및 초성 등도 훼손된 곳이 있지만 전과 다름이 없습니다. 대저 도리 이상의 나무 머리가 합쳐지는 곳은 모두 틈이 벌어져 있고 점차 빠져 나가 지금 이미 기울어져 모두 무자년에 봉심한 것에 비해 기울었고 모두 더해진 것이 있어 이밖의 것은 보지 않아도 조석으로 위급한 마음이었다. 또 목수 등의 말을 들으면 모든 곳의 창방목이 빠져 나가고 얕고 깊음이 측량하여 알기 어렵고 사면의 간가는 기울어져 있어 수년간 의외의 어려움이 없지 않다. 또 무자년에 봉심한 등록을 보면 선대왕이 이 전각을 창설한 지 이미 300년을 지나 임진병란에도 끝내 소실의 화를 면하였고 만약 하늘의 도움이 있어 지금까지 훼손되지 않고 고

88) 『承政院日記』卷438, 肅宗 33年 11月 4日 壬子.
89) 『承政院日記』卷443, 肅宗 34年 8月 3日 丙午.
90) 『承政院日記』卷443, 肅宗 34年 8月 9日 壬子.
91) 『承政院日記』卷443, 肅宗 34年 8月 14日 丁巳.
92) 『承政院日記』卷444, 肅宗 34年 8月 20日 癸亥.

쳐 역시 극히 중대한 뜻을 지니고 있으니, 하교하여 연중에 이에 수개의 역을 정지하도록 하였다. 그후 15년간 모든 곳이 기울어 비록 점차 빠져 나가는 세가 날마다 전각이 오래어 역시 더욱 어려우니 지금 여름 비에 능관으로 하여금 다시 봉심한 후 첩보하는 것이 어떤가? 하니 알았다.[93] 경종 때에도 계속 봉심하였으나 건원릉의 수개는 결정되지 않았다.

영조 원년(1725)에도 탈이 생긴 건원릉의 정자각이 많이 기울어 봉심하러 갔다.[94] 영조 4년(1728) 9월 1일에는 영조가 직접 건원릉에 행행했을 때, 정자각에는 그 당시의 흔적이 있어 마음이 아파하였다.[95] 영조 28년(1752) 8월 21일 예조판서 이익중이 공장을 데리고 나가 성교에 의거 건원릉을 봉심한 다음 다음과 같이 보고한 내용이다.

"외면으로부터 보니 기울지 않은 곳이 없습니다. 어간의 창방 도리는 뒤로 1촌 9푼이 물러났고 여덟 개는 1촌 2푼이고, 서쪽 뒷면 도리는 1촌 7푼이며 종보 등이 움직인 것이 모두 3분이었고 극히 마음이 아픕니다. 예조등록을 보면 숙종 무자년에 예관이 정자각을 봉심하였을 때 집차처의 창방과 도리가 움직인 것이 1촌 5푼이었습니다. 이미 45년이 지나 더욱 물러난 것이 4푼이나 되어 이것으로 미루어 보면 수십년 내에 결코 무사할지 심려됩니다. 이 릉의 침전은 300년이 지나 고치지 않았고 이 전각은 임진 병화에도 능히 침범되지 않아 지금까지 외연히 홀로 있는 것이 어찌 인력이겠습니까? 지금 움직여 물러난 곳을 고치고자 하면 장차 기와를 고치고 연목을 고쳐야 합니다. 또 주춧돌을 다시 고쳐 세우고 그 체목을 다시 중건하는 것이 이미 목전에 이 전각을 중건하는 것이 어찌 주요하고 어렵지 않겠습니까? 신이 몇 년간 지켜보니 그 움직여 물러남이 비록 1,2푼이나 점차 더욱 물러나 연후에는 수리하는 것이 늦어집니다. 그 물러나 움직이는 것은 전적으로 후면의 서북면의 주춧돌이 함몰된 때문입니다. 서북변 3층 계체가 기울어 비록 회를 발랐고 외면을 보충하였으나 해동되고 비가 들이치면 더욱 벌어지고 이미 주춧돌이 함몰되어 더욱 지탱할 수 없습니다. 우선 계체를 개축하고 급하게 구할 도를 찾는 것이 합당하고 편할 것입니다. 임금이 재량하면 어떻겠습니까? 왕이 가로되, 최천약이 대기하고 있느냐? 예조에서 가로되 대기하고 있습니다. 왕이 가로되, 사관은 나가서 들어오라고 하고 계단의 견양 촌수를 나누어 넣는 것이 가능한지 물었다. 천신이 불러 최천약이 계단 아래 들어와 견양과 춘수를 나누어 넣도록 하였다. 상이 가로되 물러나 목편으로서 작은 정자각의 모양을 만들어 들이도록 하였다."[96]

93) 『承政院日記』卷538, 景宗 2年 3月 22日 丁未
94) 『承政院日記』卷585, 英祖 원년 1月 21日 辛酉.
95) 『承政院日記』卷670, 英祖 4年 9月 1日 戊申.
96) 『承政院日記』卷1085, 英祖 28年 8月 21日 己酉.

영조 30년(1754) 5월 4일에 건원릉의 헌관이 정자각을 수개할 곳을 감동하고 들어와 진달하였다.[97] 영조 37년 2월 4일 영조가 건원릉을 가서 비각과 정자각을 친히 봉심하였다.[98] 영조 39년 12월 4일 건원릉 정자각 앞쪽 들보[전양]가 크게 낮아져 한눈에 보아도 과연 미안하여 감히 진달합니다. 상이 가로된 작년에 비하여 어떠하던가? 영중이 가로되 전에 비해 역시 별로 다르지 않으나 대단합니다. 상이 가로되 이와 같다면 덮는 것은 이미 오래되었다.[99]

이에 영조 40년(1764)에는 드디어 건원릉 정자각을 수리하기로 결정하였다. 영조 40년 2월 6일에 건원릉 참봉의 초기가 들어왔고, 상이 가로되 본릉의 정자각은 내가 역시 몇 차례 봉심하여 실로 걱정되는 바가 있어 오랫동안 실로 착수하기 어려움이 있었을 따름이다. 운달이 가로되, 국초부터 지금까지 400여년에 이르니 사체가 중대합니다. 화진이 가로되 최선은 수보하는 것이 좋겠습니다. 상이 가로되, 몇차례 들은 다음, 차후에 기울어진 흔적을 척량하여 들이면 신칙하는 것이 가하다.[100]

영조 40(1764)년 2월 12일에 건원릉 정자각의 시역할 길일을 2월 25일 진시로 택일하였다.[101] 다음날 정자각의 중수시 대신들이 능소에 나가 봉심하도록 하였다.[102] 그리고 3개월 뒤 5월에는 정자각 수개시 의궤를 담당할 낭청을 바꾸고 있었다.[103] 이후 영조 45년(1769) 10월 4일에 건원릉 중수할 때 조윤도가 일찍이 간역을 했으므로, 사람들을 인솔해 가면 어떨지를 물었고, 왕이 그리하도록 하였다.[104]

고종 34년에는 갑신년(1764)에 건원릉의 정자각을 수개할 때 중수도감으로 개칭하였고 도제조는 당시의 영상이, 세 제조는 호조·예조·공조의 수당상이었고 도청과 낭청까지 모두 차출하였으므로, 이번에도 당시의 전례를 상고하여 거행하도록 하였다.[105]

(2) 신의왕후 제릉

조선조 제1대 태조의 원비인 신의왕후(神懿王后) 한씨(1337~1391)의 능이다. 원비는 조선이 건국되기 한해 전인 1391년에 승하하여 개성 풍덕에 있는 묘에 안장되었으며, 태조 즉위 후 '절

97) 『承政院日記』卷1107, 英祖 30年 5月 4日 壬午.
98) 『承政院日記』卷1190, 英祖 37年 2月 4日 甲辰.
99) 『承政院日記』卷1225, 英祖 40年 2月 6日 戊子.
100) 『承政院日記』卷1227, 英祖 40年 2月 6日 戊子.
101) 『承政院日記』卷1227, 英祖 40年 2月 12日 甲午.
102) 『承政院日記』卷1227, 英祖 40年 2月 13日. 乙未.
103) 『承政院日記』卷1230, 英祖 40年 5月 11日 壬戌.
104) 『承政院日記』卷1297, 英祖 45年 10月 4日 壬子.
105) 『高宗實錄』卷35, 高宗 34年 5月 21日 陽曆.

비(節妃)'라는 시호를 내렸고 묘를 '제릉'이라 했다.[106] 1400년(정종 2)에 '신의(神懿)'라 추상하였다.[107] 하지만 제릉은 1391년에 조성될 때 조선을 건국하기 이전이고, 태조가 등극하기 이전이기 때문에 왕비릉으로서 체통을 갖추지 못하고 초라하게 조성되었다. 그리하여 태종이 1407년(태종 7) 10월 백성의 묘와 다름없었던 자신의 어머니 신의왕후의 제릉을 고치고자 박자청(朴子靑, 1357~1423)을 감독총제(監督摠制)로 삼아 왕릉 역사를 총괄토록 하였다.[108] 그리하여 이듬해 1408년(태종 8) 3월 10일 드디어 제릉의 석난간과 석인 등의 역사를 끝내었다.[109] 제릉의 역사를 끝낸 지 2개월 후 1408년 5월 태조의 서거하자 박자청은 또다시 조묘도감의 제조로서 건원릉의 조성을 총괄하면서,[110] 제릉의 양식은 건원릉에 영향을 끼치게 되었다.

물론 조선시대의 무덤 중 공민왕릉의 영향을 받아 가장 먼저 세워졌던 것은 1397년(태조 6) 1월 김사행(金師幸, ?~1398)의 감독 아래 조성된 태조의 계비 신덕왕후의 정릉(貞陵)이었다.[111] 그러나 태종은 태조의 사후 1409년(태종 9) 정릉을 도성 밖 사을한산의 기슭으로 천장하였고 석인을 옮겨 세우지 않고 묻어 버렸다.[112] 이 때문에 제릉은 현존하는 조선시대의 왕릉 중에서 신도비를 비롯한 무덤 제도와 문무석인의 양식을 원형 그대로 가지고 있는 가장 초기의 예라는 점, 그리고 공민왕대 현정릉을 조성한 김사행의 영향을 이어 받은 박자청의 주도 하에 조성된 제릉의 양식이 건원릉으로 이어진다는 점에서 양식적으로 매우 중요하다.

(2-1) 제릉 신도비 제작

1403년(태종 3) 10월 20일 권근이 비문을 지어 올렸고,[113] 비석 돌은 새로 마련하지 않고 화장사의 묵은 비를 갈고 새겨 태종 4년 2월 18일 신도비를 세웠다.[114] 1410년(태종 10) 3월 8일에 왕은 비정을 세우도록 명하였고,[115] 3월 16일에는 비문에 잘못된 글자가 있어 성석린을 불러 고쳐 쓰게 하였다.[116]

---

106) 『太祖實錄』 卷4, 太祖 2年 9月 18日 庚申.
107) 『太宗實錄』 卷7, 太宗 4年 2月 18日 己丑.
108) 『太宗實錄』 卷14, 太宗 7年 10月 8日 戊子.
109) 『太宗實錄』 卷15, 太宗 8年 3月 10日 己未.
110) 『太宗實錄』 卷15, 太宗 8年 6月 28日 乙巳.
111) 『太祖實錄』 卷11, 太祖 6年 1月 3日 丙辰.
112) 『太宗實錄』 卷17, 太宗 9年 2月 23日 丙申.
113) 『太宗實錄』 卷6, 太宗 3年 10月 20日 甲子. 권근은 글을 짓고, 성석린은 글씨를 쓰고, 김첨은 액전을 쓰고, 승려 명호는 돌에 각자를 하고, 이응은 역사를 감독하고, 유한우는 터를 잡고, 조희림은 비정의 역사를 감독하였다.
114) 『太宗實錄』 卷7, 太宗 4年 2月 18日 己丑.
115) 『太宗實錄』 卷19. 太宗 10年 3月 18日 甲申.
116) 『太宗實錄』 卷19, 太宗 10年 3月 16日 壬午.

제릉의 신도비는 임진왜란 때 파손되어, 1681년(숙종 7) 2월 25일 예조에서 제릉의 비문을 인출하려 했으나 할 수가 없었다.[117] 1741년(영조 17) 5월 17일 제릉 신도비를 고쳐 세우자는 논의가 일었으나,[118] 예조판서가 흉년에 하기가 어려우니 풍년이 들면 하자고 주장하여 뒤로 미루어[119] 4년 후인 1744년(영조 20) 7월 29일에 비로소 추진하게 되었다.[120]

1741년(영조 17) 5월 17일 경기감사 이익정이 제릉의 신도비가 임진왜란 때 훼손되었으니 새로 세우자고 상소하였으나, 같은 해 11월 1일 예조판서 신사철(申思喆)이 풍년을 기다려 하자고 미뤄졌다. 1744년(영조 20) 8월 7일 여은군(礪恩君) 이매(李梅)가 제릉의 신도비를 조성토록 다시 상소하였고,[121] 8월 11일에 제릉과 영릉 중 제릉의 비석을 새로 세우기로 결정하였다.[122] 처음 8월 12일에는 숭릉표석영건청을 전례로 삼았다가,[123] 9월 11일 제릉의 비석이 신도비이기 때문에 헌릉신도비의 전례에 따랐다.[124] 『제릉신도비영건청의궤』는 1744년(영조 20)에 제릉의 신도비를 새로 조성할 때의 과정을 기록하였다.[125]

9월 7일 비석의 장광후박 및 가첨·농대석의 제양은 모두 건원릉의 비석에 따라 마련토록 척량하였고,[126] 신도비의 용두도 같은 제양으로 만들도록 하였다.

| 건원릉 비석 | 길이 | 너비 | 두께 |
|---|---|---|---|
| 비 | 7척 3촌 | 3척 4촌 5푼 | 9촌 5푼 |
| 용두 | 3척 4촌 5푼 | 3척 6촌 5푼 | |
| 귀대석 | 6척 5촌 | 6척 5촌 | 고 6척 5촌 |
| 하대석 | 7척 5촌 | 7척 5촌 | 고 1척 5촌 |

<건원릉 신도비의 규격>

9월 11일 비석 돌은 민력을 줄이려고 사저(私儲)에서 구입키로 하여,[127] 여러 곳을 수소문한

117) 『承政院日記』 卷281, 肅宗 7年 2月 25日 己酉. 당시 건원릉, 제릉, 헌릉의 비문을 인출하고자 하였으나 제릉은 임진왜란 이후 비석의 잔편만 잔존하고 비석은 이미 없어 인출할 수 없었다.

118) 『承政院日記』 卷931, 英祖 17年 5月 17日 庚辰. 같은 내용이 『齊陵營建廳儀軌』, 啓辭秩의 같은 날짜에 같은 내용이 수록되어 있다.

119) 『承政院日記』 卷975, 英祖 17年 10月 30日 辛酉.

120) 『英祖實錄』 卷59, 英祖 20年 7月 29日 甲辰 ; 『承政院日記』 卷975, 英祖 20年 7月 29日 甲辰.

121) 『齊陵神道碑營建廳儀軌』, 啓辭秩, 1744年 8月 7日.

122) 『齊陵神道碑營建廳儀軌』, 啓辭秩, 1744年 8月 11日, 12日. 영릉의 비는 글자가 마멸되었으나, 제릉비는 왜란이후 비석이 없으니 새돌을 채취하여 조성토록 하자는 것이었다.

123) 『承政院日記』 卷976, 英祖 20年 8月 13日 丁巳 ; 『齊陵神道碑營建廳儀軌』, 啓辭秩, 1744年 8月 12日. 의궤가 승정원일기보다 하루 빠르다.

124) 『承政院日記』 卷977, 英祖 20年 9月 11日 乙酉 ; 『齊陵神道碑營建廳儀軌』, 啓辭秩, 같은 날.

125) 『齊陵神道碑營建廳儀軌』, 1744年, 파2652. 의궤는 총 339면이고, 도설은 그려져 있지 않으며, 파리국립도서관에 소장된 어람용은 현존하는 유일본이다.

126) 『承政院日記』 卷977, 英祖 20年 9月 7日 辛巳.

127) 『承政院日記』 卷977, 英祖 20年 9月 11日 乙酉 ; 『齊陵神道碑營建廳儀軌』, 啓辭秩, 같은 날.

결과 9월 13일 토정(土亭) 지역에서 적당한 돌을 찾게 되었다. 비석 돌의 길이는 7척 8촌, 두께 1척3촌, 넓이 3척 2촌 5푼이었고, 용두 길이도 2척 6촌 5푼이어서 이 돌들을 사용키로 결정하였다.[128]

부석소는 헌릉비석중건청의 전례를 따라,[129] 9월 13일 강화부 월곶진에 세워고 귀대(龜臺)·가첨·농대 등의 석물을 떠냈다.[130] 9월 15일 비석 돌은 토정의 것을 구입하여,[131] 배를 이용해서 양천 – 김포 – 통진 – 풍덕부로 운반하였다.[132] 9월 17일 제릉의 비명은 '승인순성신의왕후제릉신도비명(承仁順聖神懿王后齊陵神道碑銘)'의 13글자를 횡서로, '신의왕후'를 전면 비액에, '제릉비명'네 자를 후면 비액에 쓰게 하였다.[133] 그러나 9월 24일 실록을 고증하니 "태종대왕 3년 계해"라는 제작 연월일이 새겨져 있어, 10월 5일 중건할 비석에 "숭정 기원후 117년 갑자 11월일 중건"을 추가로 써 넣었고, 비문 중에 능소의 소재는 있으나 좌향(坐向)이 빠져 있어 새겨 넣었다.[134] 10월 8일 비문의 초도를 정서하였고,[135] 10월 9일 전면 머리글을 북칠했으며,[136] 10월 10일 비문 전후면에 초도서 및 전면 전자와 해자의 북칠정서를 하였다. 11일 비석의 전면에 정간을 긋고 각역을 시작하였다.[137] 새길 글자는 총 2,300여 자인데 하루에 겨우 130자를 새겨, 각수 1∼2인을 더 불렀으나 16일까지 5일간 고작 500여 자를 새겼다. 10월 22일 비석 후면에 정간을 긋고 23일부터 후면의 비문을 새기기 시작하였다. 11월 1일 비문을 교정하였고, 11월 4일까지는 진상할 비문을 인출하였다. 비는 11월 4일 길일로 택하여 세웠다.

완성된 비석의 크기는 견양으로 삼은 건원릉의 것보다 길이와 너비는 1촌과 2촌 짧고, 두께는 3촌 5푼 두꺼웠다. 용머리 또한 6촌 5푼 짧았고, 귀대석도 너비는 5촌, 두께는 3척 5촌이 작았다. 따라서 제릉의 신도비는 건원릉의 신도비와 대체로 비슷하나 약간 작았다.

128) 『承政院日記』 卷977, 英祖 20年 9月 13日 丁亥 ; 『齊陵神道碑營建廳儀軌』, 啓辭秩, 같은 날. 당시 현강(玄江)과 토정(土亭)의 것이 최종 후보에 올랐는데 그중 토정의 것을 선택하였다. 토정의 것은 황해도 강음에서 채취한 것으로 석품이 우수한데다가 이미 조련하여 잘 다듬어져 있었다.

129) 『承政院日記』 卷977, 英祖 20年 9月 11日 乙酉 ; 『承政院日記』 卷976, 英祖 20年 8月 13日 丁巳.

130) 『承政院日記』 卷977, 英祖 20年 9月 13日 丁亥.

131) 『齊陵神道碑營建廳儀軌』, 啓辭秩, 9月 15日.

132) 『齊陵神道碑營建廳儀軌』, 來關秩 9月 15日.

133) 『承政院日記』 卷977, 英祖 20年 9月 17日 辛卯 ; 『齊陵神道碑營建廳儀軌』, 啓辭秩, 같은 날.

134) 『承政院日記』 卷977, 英祖 20年 9月 24日 戊戌 ; 卷978, 英祖 20年 10月 3日 丙午 ; 5日 戊申 ; 『齊陵神道碑營建廳儀軌』, 啓辭秩, 1744年 9月 23日로 하루 앞섰다.

135) 『承政院日記』 卷978, 英祖 20年 10月 8日 辛亥.

136) 『承政院日記』 卷978, 英祖 20年 10月 9日 壬子.

137) 『齊陵神道碑營建廳儀軌』, 啓辭秩, 1744年 10月 10日, 11日.

| 제릉 신도비 | 길이 | 너비 | 두께 |
|---|---|---|---|
| 비 | 7척 2촌 | 3척 2촌 5푼 | 1척 3촌 |
| 용두 | 2척 8촌 | | |
| 귀대석 | 6척 5촌 | 6척 | 고 3척 |

<제릉 신도비의 규격>

제릉의 비각은 9월 19일 비각 터를 간심하고, 23일에는 규모나 공역을 헤아려 건원릉 비각 대신 헌릉 비각을 모델로 택했다.[138] 10월 6일 비각 터를 재간심한 뒤, 9일 '병좌임향(丙坐壬向)'으로 확정하였다.[139] 비각을 개축하는 일은 8일 제능참봉이 감역관을 겸하여 현장에 나가 감동하였다. 강화의 부석소에서 채취한 석재는 풍덕부 강변으로 운반하였다. 이 석물과 함께 목재들은 소가 끄는 서울 수레와 송도의 사계 수레로 능소까지 운반되었다. 10월 12일에 비석 귀대석을 안배하고, 16일에는 비각을 상량하였다. 21일 기와를 잘 못 구워 담당 관원을 엄하게 추고토록 하였고, 22일에는 회를 발랐고 23일부터는 단청 칠하기 시작하여 11월 6일에 마쳤으며, 내부에 네모진 벽돌을 깖아 비각 공사를 마무리했다.

11월 8일 영건청을 파하고 의궤를 작성할 의궤청을 전의감에 개설하였다. 한편 훼손되어 있던 제릉의 재실을 수리하기 위해 선혜청의 미 30석을 풍덕부에 지급하고, 금번 필역한 후 남은 재목과 잡물도 보내주어 내년 봄에 수리하도록 하였다.[140] 11월 9일 비면 전, 후면을 인출하여 장황한 족자 2건을 어람용과 세자용으로 만들었으며, 제릉 신도비를 영건한 원역 이하에게 시상하고, 비각의 기와를 잘못 만든 해당 관원은 문책하였다.[141]

그렇다면 도감의 조직과 장인의 종별과 그들의 역할을 살펴보자. 도감의 당상 원역 이하의 명단은 '좌목'에 올라 있으며, '내관질'에도 당상의 임명과 교체 내용이 기록되어 있다. 당상은 영조 46년(1770) 9월 14일에 임명되어,[142] 11월 14일까지 도감의 일을 맡아 하였다. 당상 중 예조참판 윤급은 이직하여 예조참판 정익하로, 낭청 중 병조정랑 이광익은 병 때문에 병조좌랑으로 교체되는 등 약간의 변동이 있었다. 제릉 신도비의 추기제술관은 봉조하 이의현, 해자서사관은 령중추부사 서명균, 전문서사관은 행판중추부사 유척기였다. 도감의 당상 원역 이하의 명단과 정수를 정리하면 다음 표와 같다.

138) 『承政院日記』 卷977, 英祖 20年 9月 23日 丁酉. 이전까지는 건원릉의 제도를 따르게 하였다.(『承政院日記』 卷977, 英祖 20年 9月 11日 乙酉).
139) 『齊陵神道碑營建廳儀軌』, 啓辭秩, 10月 6日, 10月 8日, 10月 11日.
140) 『承政院日記』 卷979, 英祖 20年 11月 8日 辛巳 ; 『齊陵神道碑營建廳儀軌』, 啓辭秩, 1744年 11月 8日.
141) 『承政院日記』 卷978, 英祖 20年 10月 20日 癸亥 ; 『承政院日記』 卷979, 英祖 20年 11月 9日 壬午 ; 『齊陵神道碑營建廳儀軌』, 啓辭秩, 1744年 11月 9日.
142) 『承政院日記』 卷977, 英祖 20年 9月 14日 戊子 ; 『齊陵神道碑營建廳儀軌』, 來關秩, 1744年 9月 14日.

| 구분 | 인원 | 명단 ; 「내」, 내관질 |
|---|---|---|
| 당상 | 2 | 工曹參判 柳儼 (8/18 계하 - )「내」<br>禮曹參議 尹汲 (8/18 - 8/19 이직)「내」/ 禮曹參議 鄭益河 (8/19 계하 -)「내」 |
| 낭청 | 2 | 兵曹正郎 李光瀷 (9/14 - 9/20 病遆) / 兵曹佐郎 李鎭儀 (9/20 계하 -)<br>戶曹佐郎 金文行 (9/14 계하 - ) |
| 겸감역관 | 2 | 繕工監 奉事 李福海 / 本陵參奉 李彦秀 (9/23 -) |
| 영역부장 | 2 | 折衝 徐漢明·卞興坪 |
| 사자관 | 6 | 金天秀·洪億基·李時佐·金天鐸·趙聖址·玄文龜 |
| 화원 | 1 | 金德九[143] |
| 산원 | 1 | 洪文夏 |
| 서리 | 6 | 趙完國·金尙煜·田復稔·金昌潤·朱後聖·金時大 |
| 서사 | 1 | 金舜翼 |
| 고직 | 2 | 金商興·全興雲 |
| 사령 | 5 | 李世萬 等 五名 |
| 별공작 서원 | 1 | 李世晩 |
| 별공작 고직 | 1 | 金震文 |
| 별공작 사령 | 2 | 金世柱 等二名 |

<제릉 신도비의 당상 원역>

이들 중 영역부장 변흥평의 활약상은 주목된다. 비석돌이 9월 21일 통진 조강의 포구에 도착했을 때 비바람이 불고 파도가 높아, 왕래하는 서너 척의 배가 부서져 많은 사람들이 물에 빠지는 절박한 상황이었다. 비석을 실은 배 또한 전복될 위기에 처해 있었을 때 영역부장 변흥평은 포민을 동원하여 배를 끌어다 포구에 예인했을 뿐만 아니라 물에 빠진 36명의 백성을 구해내었다.[144]

제릉의 신도비와 비각을 조성하는데 동원된 장인의 명단은 '서계별단'에서, 그들의 소속이나 차출상황은 '내관질', '감결질'에서 찾아 볼 수 있다. 화원 금덕하는 정간을 긋거나 북칠을 하거나 주사를 넣거나 비문을 인출하였을 뿐 아니라 화원 4명과 함께 단청일도 맡아 하였다. 장인들은 성책에 3등으로 분등하여 기록되어 있다. 1등 장인은 석수·목수·각수·도자장·칠장·사토장·배첩장·야장 등 8종, 2등은 소인거장·걸거장·니장·두석장·칠장 등 5종, 3등은 개장·조각장·걸거장·선장·

143) 『齊陵神道碑營建廳儀軌』 啓辭秩, 1744年 11月 9日. 서계 별단에 의하면 화원 금덕구는 신도비의 "초도서 전자인찰"및 "북칠전홍"을 간역하였을 뿐 아니라 나머지 5명의 화원과 함께 단청역에도 동원되었다.

144) 『齊陵神道碑營建廳儀軌』, 別工作.

안자장·소로장·마경장·소목장·다회장·마조장·궁장 등 11종이었다. 별단에 수록된 장색은 25종, 장인의 숫자는 총 128명이었다. 그들 장색과 인원수는 석수(18), 목수(20), 각수(9), 도자장(13), 야장(5), 대인거장(10), 개장(7), 칠장(3), 니장(7), 조각장(1), 기거장(2), 소인거장(2), 걸거장(4), 강장(1), 사토장(3), 안자장(1), 족자배첩장(8), 두석장(3), 소로장(1), 마경장(1), 소목장(2), 다회장(1), 마조장(2), 궁장(1), 기거장(2) 등이다.

18세기 전반기 장인들은 관청에 소속된 경우가 많았듯이 본청에서도 수어청(13)·어영청(12)·훈련도감(15)·내수사(8)·상의원(10)·자문감(3)·선공감(2)·구영선(九營繕)(6) 등 8아문에서 69명을 차출하였다.[145] 그중 몇몇은 17세기 전반기에 오랫동안 활동한 장인들이다. 경석수변수 우홍민은 17세기 초반에 43년간 활동한 대표적인 내수사 석수였고,[146] 목수변수 민세익은 1724년부터 1744년까지 21년간 5개 도감에서 활동한 목수였다.[147] 이들은 제릉비석영건청 뿐 아니라 인정문 중건청 및 소녕원 비각 등 여러 국역에 계속 동원되고 있었다.[148] 한편 개장 김북실은 그동안 1751년부터 1770년까지 활동한 것으로 알려졌으나, 이번 의궤를 통해 그의 활동시기가 1744년부터 시작되어 이후 26년간 도감에 차출되었음을 알 수 있다.[149] 이들 관청 소속 장인은 국역이 진행되는 여러 곳에 차출되어 부역하였다. 내수사 소속으로는 석수·각수·도자장을 각각 20명씩 동원하거나,[150] 내수사 도자장 이성휘도 차출되었다.[151] 그러나 막상 별단을 보면 석수는 18명, 각수는 9명, 도자장은 엄성귀[152] 등 13명이어서 동원하는 숫자와 별단에 오른 숫자가 똑같지는 않았다. 경아문 소속 장인의 동원은 경기도의 능소가 아닌 서울에 처소를 마련한 경도감이나 의궤청에서는 더욱 두드러졌다. 진상용 족자를 담을 궤짝을 만들기 위해 부른 두석장의 경우 공조의 정후선·백자흔로미·홍얼복·김수완을, 상의원의 최후세, 어영청의 김귀득, 훈련도감의 김세휘를 요청했으며,[153] 상의원의 구상기·구상패·방무적·김정상·허막김 등을 추가로 부르고 있었

145) 『齊陵神道碑營建廳儀軌』, 啓辭秩, 1744年 11月 9日.

146) 장경희, 「조선후기 산릉도감의 장인 연구 -왕릉 정자각과 석의물의 제작과정을 중심으로-」, 『역사민속학』 제25호, 한국역사민속학회, 2007.11, 168-169쪽. 우홍민은 禹興敏으로 많이 쓰며 1701년부터 1744년까지 서울에 거주했던 내수사의 장인으로서 6개 도감의 대부석소에서 석수변수로 활동한 바 있다.

147) 민세익 ; 1724年, 장2-2329, 造成所 ; 1727年, 규13105, 別工作 繕工監 ; 1730年, 규14823, 造成所 ; 1748年, 규14913, 별단1등, 工匠秩-1 ; 1744年, 파2652, 營建廳 별단1등. ('장'은 장서각 소장번호이고, '규'는 규장각 소장번호이다.)

148) 『齊陵神道碑營建廳儀軌』, 來關秩, 1744年 10月 20日. 인정문 중건청에서는 목수 민세익이 비각을 마치는 대로, 오홍민이 귀대석을 연마하고 비를 세운 뒤에 오도록 하였다.

149) 장경희, 앞 논문, 161쪽. 김북실은 繕工監 소속 장인으로 19년간 15개 도감에서 활동한 것으로 연구되었다.

150) 『齊陵神道碑營建廳儀軌』, 來關秩, 1744年 9月 13日. 당시 내수사 석수들은 소녕원의 비각을 조성하는 도감에도 차출되어 그중 10명만 제릉 영건청에 보내졌다.

151) 『齊陵神道碑營建廳儀軌』, 甘結帙, 1744年 10月 16日.

152) 엄성귀는 장조를 세자로 책봉하는 책례도감에서는 상의원 소속이었다. (1736年, 규13108. 2방, 尙方).

153) 『齊陵神道碑營建廳儀軌』, 甘結帙, 1744年 10月 7日.

다.[154)]

경아문의 장인만으로 부족한 경우 능소가 있는 지방의 장인들을 차출하였다. 귀대석·계석·초석을 마련할 때 개성부 석수 10명을 추가로 불렀다.[155)] 특히 각수의 경우 개성 북부 이정리의 박동명, 남사면의 박시태, 성내 지팔리의 진무상, 온을랑장리의 김가칭명들을 보내도록 하였다.[156)] 각수 박동명와 박시태와 김덕오 등은 비록 유생이었지만 간혹 여염의 비역에 참여하기도 하여 그 솜씨를 빌리고 싶어 했으며, 진무상은 당년 70세로 연로하여 돌려보내고 있었다.[157)]

비각을 영건하고 난 후 11월 9일 자 '서계'에 보면, 원역이하의 인원에게 시상하고 있다. 제술관과 서사관 등에게는 숙마 1필을 주었고, 도감당상은 가자하였고, 낭청은 승서하였으며, 감역관과 겸관역관은 승육(陞六)하였다. 영역부장은 변장에 임명하였고, 낭청 이하 공장 등에게는 소속 관청에서 요포를 분등하여 지급하도록 하였다.[158)]

이제, 예산의 조달과 물력의 수급 실태를 알아보자. 영건청은 당초 공조에 두었다가 10월 5일 과거 시험(庭試·初試) 장소가 되어 전의감으로 옮겼으며,[159)] 의궤청은 잡과 때문에 11월 5일 공조로 다시 옮겨 설치하였다.[160)] '이문질', '내관질', '감결질'의 내용을 상고해보면, 호·병조에 원역 이하 공장의 역포·요미·공궤의 조달을 요청하거나, 여러 관청에 비석돌이나 비각을 만들 석물과 목물 및 잡물의 마련 및 운반 등에 협조를 구하거나 지시를 내리는 공문서들이 날짜순으로 정리되어 있다.

제릉신도비를 영건하는 장인들의 역포·요미는 1695년(숙종 21)의 헌릉비석중건청을 전례로 삼아 호조와 병조 및 선혜청에서 역포 10동, 요미 100석을 미리 수송하도록 하였다.[161)] 하지만 10월 1일 강화부 월곶 부석소에는 각종 돌을 떠내는 공장의 양미가 변통되지 않아 국역에 동원된 사람들이 기아로 걸식하는 사태에 이르러 양곡가와 탄석을 보내도록 하고 있었다.[162)] 한편 10월 20일 영건청에서는 비석 돌을 운반한 비용을 호조에 청구하였다. 즉 9월 18일부터 10월 16일까지 27일간 매일 소 25마리를 징발했는데 1일역으로 계산하면 675마리이며 이것을 끌 경부(牽夫)는 매일 고전(雇錢) 5전이므로, 합계 375냥을 호조에서 전곡으로 획급해주길 요청하

154) 『齊陵神道碑營建廳儀軌』, 甘結秩, 1744年 10月 23日.
155) 『齊陵神道碑營建廳儀軌』, 啓辭秩, 1744年 10月 4日 ; 來關秩 1744年 10月 4日.
156) 『齊陵神道碑營建廳儀軌』, 移文秩, 1744年 9月 26日. 朴東明을 朴泰鳴으로 잘못 썼고, 金德五는 이름을 몰랐는지 金哥稱名으로 적었다.
157) 『齊陵神道碑營建廳儀軌』, 來關秩, 1744年 9月 27日.
158) 『承政院日記』卷979, 英祖 20年 11月 9日 壬午 ; 『齊陵神道碑營建廳儀軌』, 啓辭秩, 같은 날.
159) 『齊陵神道碑營建廳儀軌』, 別工作 1744年 10月 5日.
160) 『齊陵神道碑營建廳儀軌』, 別工作 1744年 11月 5日.
161) 『承政院日記』卷977, 英祖 20年 9月 14日 戊子 ; 『齊陵神道碑營建廳儀軌』, 移文秩, 1744年 9月 13日.
162) 『齊陵神道碑營建廳儀軌』, 來關秩, 1744年 10月 1日.

였다.[163] 또 11월 5일에는 비각의 재목과 귀대·계체석·와전을 풍덕부에서 능소까지 수송한 비용을 계산하여, 송도수레 1부, 서울수레 2부, 소 29마리, 인부 31명이 9월 23일부터 10월 17일까지 25일간 동원되었으므로 양미는 매일 매명 3승씩, 15석 7두 5승이고, 수레는 매일 3승씩, 太 14석 7두 5승, 粥 14석 7두 5승을 지급해 달라는 내용이었다.[164]

원역들이 1달 동안 받는 미포는 다음의 표와 같다.[165]

| 원역 구분 | 每朔 上下式例 |
|---|---|
| 모군 | 每名 木 二疋, 米 九斗 |
| 장인 | 每名 木 二疋, 米 九斗 |
| 육조역 | 每名 木 二疋, 米 六斗 |
| 화정, 복직 | 每名 木 二疋, 米 六斗 |
| 미비 1삭 | 각색 공장 등의 정식 계일 상하 |
| 영역부장 | 모군의 예대로 |
| 산원, 사자관, 화원 | 장인의 예대로 |

<원역과 장인 등의 월급>

비석 돌을 운반하거나, 부석소에서 귀대석 등의 석물을 채취하여 수송하거나, 비각을 조성할 재목 등을 수급하는 과정을 차례로 살펴보면 다음과 같다.

우선, 비석 돌은 민력을 줄이려고 사저에서 취용하였으므로 석재 값을 마련하여 지급하였다.[166] 9월 13일 토정 지역의 사저(私儲)에서 매입한 비석 돌은 9월 14일 모전과 칡넝쿨로 묶고 싸서, 15일 강으로 끌어내어 19일 배에 실어 한강을 따라 하류로 내려가 21일 풍덕 강변의 승천포에 도착했을 때 비바람과 파도가 거셌다. 통진군수가 미리 선창을 만들어 놓은 곳으로 선박을 예인하였고, 영역부장은 여러 사람과 함께 비석을 땅에 내려놓았다. 한편 비석이 도착하기 전에 예운꾼을 미리 동원해서 승천포로부터 능소까지의 30여 리의 길은 경사지거나 구덩이가 파져있어 험하고 좁은 곳을 고르게 닦아 놓았을 뿐 아니라 끌고 밀고 갈 대썰매·기계·생갈줄·지내·대소밧줄 등을 각 읍에 분정해 놓았으며, 서울과 개성에서 큰 수레 3개와 썰매 1개, 그리고 소 25마리도 미리 마련하여 대기시켜 놓고 있었다. 그럼에도 비석이 워낙 크고 무거운데다가 큰

163) 『齊陵神道碑營建廳儀軌』, 來關秩, 1744年 10月 20日.
164) 『齊陵神道碑營建廳儀軌』, 來關秩, 1744年 11月 5日.
165) 『齊陵神道碑營建廳儀軌』, 來關秩, 1744年 12月.
166) 『齊陵神道碑營建廳儀軌』, 移文帙, 1744年 9月 23日.

비에 도로가 미끄러워 소가 넘어지고 수레가 기울어 25일까지 3일간 겨우 7리 밖에 운반하지 못할 정도로 어려움이 컸다. 26일에는 수레의 횡목이 부러져 고치느라 시간이 지체되어 날이 저물자 험준한 길이라 비록 횃불을 밝히더라도 전복될까 두려워 새벽에 출반하기도 하였다.[167] 이러한 어려움을 겪으면서도 비석 돌은 다행히 파손되지 않고 능소에 도착할 수 있었다.

다음, 강화부 월곶의 부석소에서는 경석수 11명과 개성석수 10명이,[168] 야장 및 모군 등과 함께 가가를 짓고 철물로 각종 연장을 마련하여,[169] 귀대석과 주초석 10괴, 하전석 11단, 계체석 13개의 돌을 떠냈다.[170] 10월 4일 채취한 석물은 강화로부터 배에 싣고,[171] 5일 풍덕 강변에 도착한 다음 앞서 언급한 비석돌과 마찬가지로 각읍에 분정한 예운꾼과 건장한 소 25마리 그리고 그들이 싣고 갈 수레 및 기타 기계, 칡넝쿨 등을 이용하여 능소로 운반하였다.

능소에는 비석을 다듬을 가가를 비롯하여 당상 이하 장인이 머물 집과 잡물을 넣어둘 곳간까지 18채를 미리 지었고,[172] 썰매·야탄·생갈 등도 각읍에 분정하여 거둬들였다.[173] 비석 돌의 표면을 다듬는 순서는 세옥사(細玉沙) – 강여석 – 연일여석을 차례로 사용하고 있었다.[174] 10월 5일까지 3일 낮밤을 숫돌로 갈아 매끈해졌고, 비석 앞뒷면에 새길 전자(篆字)와 해자(楷字)는 크고 작은 글씨를 합쳐 2,300여 자였다.[175] 용두는 조각하는 것이 매우 까다로워 削刀로 깎아내었다. 비석 돌이 흙 속에 오랫동안 묻혀 있어 본색을 잃었기 때문에 실백자 2승으로 취색하였다.[176] 비석을 세울 때에도 역시 두툼한 모전으로 싸고, 굵은 밧줄[숙마 3갑 중색줄 20거리]로 묶었으며, 기계주목 20개·횡목 70개·건리목 400개·편결목 70개로 기둥[涯柱木]을 세우고 녹로를 만들어 사용하였다.

한편 5량 6칸의 비각을 조성하기도 쉽지 않았다. 9월 13일 비각용 재목을 강상에서 반입하

167) 『齊陵神道碑營建廳儀軌』, 來關秩, 1744年 9月 26日.
168) 『齊陵神道碑營建廳儀軌』, 移文帙, 1744年 9月 23日.
169) 『齊陵神道碑營建廳儀軌』, 別工作. 석수가 사용한 연장은 대지내 3개, 입정 50개, 비음철 100개, 솔정 300정, 곶정 100개, 소몽동이 30개, 소배지내 5개, 중배지내 2개, 한마치 10개, 2척2촌 장정 7개, 첨철차 강철 50개, 중몽동이 1개, 소몽동이 1개, 관숙마 6근, 수청목 10동, 별음탄 80석이다.
170) 『齊陵神道碑營建廳儀軌』, 來關秩, 1744年 9月 15日. 강화도에 분정한 잡물은 대썰매, 소썰매 1, 생갈줄 60파 4거리, 소2갑 30거리, 청태목 10동, 산역처 생갈 2동, 별대중 지내 3개, 소지내 8개, 기계목 30개 등이다.
171) 『齊陵神道碑營建廳儀軌』, 來關秩, 1744年 10月 4日.
172) 『齊陵神道碑營建廳儀軌』, 來關秩, 1744年 9月 15日. 가가는 당상용 2칸, 낭청용 2칸, 감조관용 2칸, 원역용 2칸, 석수용 2칸, 목수용 1칸, 야장용 4칸, 잡물곳간 3칸이다.
173) 『齊陵神道碑營建廳儀軌』, 移文帙, 1744年 9月 7日. 대썰매, 소썰매 각 1부, 생갈줄 60파 4거리, 소2갑 30거리, 청태목 10동, 산역처 생갈 2동, 별대지내 3개, 중지내 3개, 소지내 8개, 기계목 30개, 별음탄 8량이다.
174) 『齊陵神道碑營建廳儀軌』, 啓辭秩, 1744年 10月 2日.
175) 『齊陵神道碑營建廳儀軌』, 啓辭秩, 1744年 10月 2日.
176) 『齊陵神道碑營建廳儀軌』, 啓辭秩, 1744年 10月 5日.

도록 하였고,[177] 9월 14일 비각 터를 간심하였으며,[178] 24일 필요한 목물을 경기 각 읍에 분정하였다. 풍덕 강변에 도착한 목재 80여 주를 인부가 끌려면 매 1주마다 수십 명의 인부가 필요하므로, 29일 목수 등을 동원하여 운반하기 쉽게 알맞은 크기로 재단한 다음 10월 2일 능소로 운반하였다. 5일부터는 비각을 세울 곳에서 잡목[중목 10주, 소목 15주]을 베어냈고, 강화부에서 떠낸 돌을 운반해 왔으며, 22일 기와와 용두 6개를 실어 들였다.[179] 11월 2일 비각 좌우의 사초를 보수하고 3일에 필역하였다.[180]

제릉의 신도비가 다시 세워진 것은 1744년(영조 20) 11월 4일이다. 이때 열성지장에 기록된 권근이 찬한 비문을 다시 쓰도록 명하였으며, 봉조하 이의현에게 명하여 비의 음기를 짓도록 하였다. 일을 마치자 영건도감의 각 신하에게 차등 있게 상을 내렸다.[181] 이듬해 1745년(영조 21) 3월 29일 『제릉신도비영건청의궤』가 완성되자 장황하여 왕에게 올렸다.[182]

이처럼 영조가 1744년(영조 20) 11월 제릉에 신도비를 세운 것이 이후 각 왕릉과 왕후릉에 표석을 세우는 계기가 되었다고 여겨진다. 제릉보다 조금 늦게 시작된 영릉의 신도비는 이듬해(1745) 3월 26일에 세워졌고,[183] 이어 1746년(영조 22)에는 목릉·휘릉·혜릉의 표석을, 1753년(영조 29)에는 희릉·태릉·효릉·강릉·장릉 표석을, 1754년(영조 30년)에는 후릉·현릉·광릉·경릉·창릉·선릉·정릉의 표석을 세웠다. 그리고 1776년(영조 46)에는 정릉을 비롯하여 사릉·공릉·순릉·온릉의 5릉에 표석을 세울 것을 논의하다가 그중 정릉의 표석을 세웠다. 영조가 신의왕후의 제릉 신도비를 비롯하여 18기의 역대 왕과 왕후릉에 표석을 새로 세운 것은 선대왕을 추숭하여 왕실의 권위를 높이기 위해서였다.

영조대 왕릉과 왕후릉의 표석을 세울 때 주목된 인물은 이익정(1699~1782)이다.[184] 그는 1741년(영조 17) 경기감사로서 제릉과 영릉의 표석을 처음 세우도록 발의하였으며, 1746년(영조 22)에는 공조참판으로서 목릉·휘릉·혜릉에 표석을 세울 때는 도감의 당상을 겸관하여 공사를 총괄하였다. 이후 1752년(영조 28) 7월 18일에는 예조판서로서 왕릉의 표석을 교체할 지를 물

177) 『齊陵神道碑營建廳儀軌』, 移文帙, 1744年 9月 13日 ; 『承政院日記』 卷977, 英祖 20年 9月 14日 戊子.
178) 『齊陵神道碑營建廳儀軌』, 移文帙, 1744年 9月 14日.
179) 『齊陵神道碑營建廳儀軌』, 移文帙, 1744年 10月 22日.
180) 『齊陵神道碑營建廳儀軌』, 移文帙, 1744年 11月 3日.
181) 『英祖實錄』 卷60, 英祖 20年 11月 4日 丁丑.
182) 『承政院日記』 卷984, 英祖 21年 3月 29日 辛丑.
183) 『承政院日記』 卷984, 英祖 21年 3月 26日 戊戌.
184) 이익정은 밀창군(密昌君) 직(樴)의 아들로서 1723년(景宗 3) 진사가 되어 호조정랑을 지낸 뒤, 1736年(英祖 12) 정시문과에 병과로 급제, 정언이 된 후 승지·예조참판 등을 거쳐 1741년 병조참판에 이어 대사헌·대사간 등 삼사직을 지냈고, 1744년 이조참판 재직 중 동지사 겸 사은사의 부사로 청나라에 갔으나 탄핵을 받아 파직되었다. 1746년 병조참판으로 복직된 후 예조판서·의금부판사·공조판서·돈녕부판사 등을 역임하였다.

어 이듬해에 희릉·태릉·효릉·강릉·장릉 표석을 세울 전거를 마련하였다. 이렇게 그는 왕실의 종친으로서 왕릉의 표석에 관심을 가졌으며, 이것은 선대왕을 추숭하려 했던 영조의 뜻과도 부합되었다.

대한제국이 황제국을 선포한 후 1899년 제릉의 신의왕후는 다시 신의고황후(神懿高皇后)로 추존되었다. 이듬해(1900년) 고종은 추숭의궤도감을 설치하고 황제와 황후로 추존한 황릉의 표석 돌을 깨끗이 갈아서 새로 마련하도록 지시하고 있었다.[185] 이때 신덕고황후로 추존된 제릉의 표석은 전면과 음기를 고종황제의 어필로 썼다.[186] 하지만 실상 표석소에서 갈고 닦는 공사는 1904년에 이르러서야 가능하였다.[187] 현재 제릉 신도비 앞에는 '대한신의고황후제릉(大韓神懿高皇后齊陵)'이란 전서(篆書)가 있고, '승인순성신의왕후한씨태조고황제원후(承仁順聖神懿王后韓氏太祖高皇帝元后)'라 하여 신의왕후의 시호와 함께 태조의 정비임을 밝히고 풍덕 북속촌(경기도 개성군 상도면 풍천리) 갑좌(甲坐) 언덕에 장례 지낸 사실과 중시한 사실 및 1900년에 이 표문을 써서 세운다는 기록을 추가하여 새로 세웠다.

<신의왕후 제릉의 전경>, 1408년

<신의왕후 제릉의 문무석인>, 1408년

(2-2) 제릉의 석조각

제릉은 현정릉과 달리 단릉 형식이다. 봉분을 중심으로 좌우대칭으로 석인석수를 배치하는 구조이다. 상계에는 석호와 석양 2쌍씩 있는데 봉분 양옆 왼쪽과 오른쪽에는 석양을 시작으로 서로 번갈아가며 밖을 향해 바라보고 있다. 중계에는 봉분 앞 장명등을 중심으로 문석인 1쌍

185) 『高宗實錄』 卷40, 高宗 37年 6月 12日 陽曆. 당시 건원릉, 제릉, 정릉,, 융릉, 건릉, 인릉, 수릉의 표석을 고치거나 새로 마련하였다.
186) 『高宗實錄』 卷40, 高宗 37年 6月 19日 陽曆.
187) 『高宗實錄』 卷44, 高宗 41年 5月 25日 陽曆.

이, 하계에도 문석인과 나란히 하여 무석인 1쌍이 마주보고 서 있다. 문석인과 무석인 바로 뒤로 석마가 하나씩 배치되어 있다.

문석인상 1쌍은 무덤의 중계에 마주보고 서 있다. 이렇게 태종대에 제릉과 건원릉을 조성하고 세종대에 헌릉을 조성한 다음 조선시대 문무석인의 척수를 규정한 국가 예전(禮典)의 기록은 조선전기에는 『세종실록 오례의』와,[188] 1474년(성종 5) 『국조오례의』에 그 칫수가 수록되어 있다.[189] 따라서 제릉의 현존 문석인을 실측한 칫수와 예전에 기록된 수치를 다음과 같이 정리해 보았다.

| | 길이 | 너비 | 두께 | 대석 |
|---|---|---|---|---|
| 제릉 문석인 실측 | 295cm<br>(대좌포함) | 119.5cm | 118.5cm | |
| 세종실록 오례의 | 8척 3촌<br>(259cm) | 3척<br>(94cm) | 2척 2촌<br>(69cm) | 3척 4촌 ; 지상 6촌<br>/ 운족 아래 2척 3촌 |
| 국조오례의 | 8척 3촌 | 3척 | 2척 2촌 | 3척 4촌 ; 지상 6촌<br>/ 운족 아래 2척 3촌 |

<조선 전기 제릉과 예전의 문석인 척수 ( *영조척 1척 = 31.24cm)>

위 표에 의하면 실측한 결과 제릉의 문석인은 대좌를 포함한 길이가 295cm이고, 너비 119.5cm, 두께는 118.5cm이다. 이것은 공민왕릉의 길이 345cm, 너비 142cm, 두께 140.5cm보다 키는 50cm 작고, 너비는 21cm 좁고, 두께는 22cm 얇은 칫수이다. 한편 조선전기의 예전에 기록된 문석인은 길이 8척 3촌(259cm), 너비 3척(94cm), 두께 2척 2촌(69cm)이었다. 그런데 비록 조선후기의 기록으로서 1688년 인조의 계비 장렬후의 휘릉을 조성할 때 같은 동구릉 영역내에 위치한 건원릉을 전범으로 삼으면서, 도감에서 문석인을 측정한 결과치를 기록해 두었는데 길이 7척 5촌, 너비 2척 9촌, 두께 2척 5촌이었다.[190] 이렇게 17세기에 건원릉의 문석인을 측량한 기록을 영조척(1척=31.24cm)으로 환산해보면 키는 234cm, 너비는 91cm, 두께는 78cm였다. 이것을 제릉의 문석인과 비교해보면, 제릉의 문석인은 비록 공민왕릉의 것보다는 작았지만 건원릉의 것보다는 크고 당당하였음을 알 수 있다.

제릉의 두 문석인은 얼굴이 넓적하고 어깨가 당당하며 둥근 깃[團領]의 공복을 입고 두 손에 홀을 든 모습이다. 어깨부터 두 손까지의 흐름이 원만하고 허리가 조금 들어가 소매부리가

188) 『世宗實錄』 卷134, 「五禮」 凶禮儀式 治葬條.
189) 『國朝五禮儀』, 凶禮 治葬條.
190) 『(莊烈后徽陵)山陵都監儀軌』, 1688年, 장2-2326. 啓辭秩, 1688年 9月 23日.

밖으로 벌어지고 있다. 제릉의 문석인들은 전체적으로 사실적이고 둥근 신체는 조각적인 볼륨감까지 가지고 있었다.

두 문석인은 공민왕대 현정릉에 배치된 2쌍의 문석인 중 늙은 문석인 1쌍에 가깝고 그들의 얼굴은 둥글고 넓은 편이다. 눈꺼풀은 선각으로 처리되면서 눈이 약간 위로 치켜 올라가고 동그랗게 튀어나와 있다. 두툼한 눈썹 아래로 코는 낮으나 묵직하다. 입술은 작고 좁으며 굳게 다물고 있다. 콧수염과 턱수염은 한 올씩 꼼꼼하게 선각되어 있으며, 특히 턱수염은 목 전체를 덮고 가슴 앞에서 八형으로 갈라져 장식적이다. 귀는 얼굴 양 옆으로 벌어져 얼굴이 넓어 보이는 효과가 있다.

문석인은 둘다 머리에 각이 진 복두를 쓰고 있다. 앞쪽이 낮고 뒤쪽이 높은 복두인데 턱 밑에서 묶은 끈은 보이지 않는다. 뒷모습은 둘다 각의 끝이 위로 향해 둥글게 말려 올라가는 교각(交脚)복두이고, 뒤쪽의 머리카락은 얇고 가는 선으로 한 가닥씩 가지런하게 새겨져 있다. 제릉 문인상의 교각복두는 왼쪽 각 위에 오른쪽 각이 올라가고 있어, 공민왕릉 문석인들의 교각복두와 마찬가지이다.

공복의 경우 목 주위는 트임이 없는 둥근 깃[團領]이 두툼하게 빙 둘러 선각되어 있다. 목 뒤쪽으로는 속옷의 목판깃이 위쪽으로 올라와 있다. 겉옷의 넓은 소매 부리 안에는 중의(中衣)를 겹쳐 입은 옷자락이 표현되어 있다. 겉옷의 소매는 폭이 넓고 팔뚝부터 팔목까지 겹겹이 굵은 주름을 지으며 무릎 아래까지 길게 내려와 있다. 홀을 쥔 두 손 사이의 공복은 중심선이 선각되어 있고 소매자락은 거의 수직으로 떨어지다가 소매부리의 끝 부분이 살짝 八자형으로 벌어지고 있다.

두 손은 둘다 배 위쪽에 거의 일자형으로 오른손 위에 왼손을 올려 홀을 쥐고 있다. 홀은 위쪽이 둥글고 아래쪽이 네모진 형태가 공통된다. 허리에는 수평의 띠[帶]를 띠었다. 문인상 2기 모두 뒤쪽에서 보면 띠의 끝이 왼쪽 허리에서 오른쪽 아래로 사선으로 드리워져 있으며, 그 아래로는 공복의 주름이 3번 U자형을 그리며 발꿈치까지 이어진다.

요대는 문석인의 앞 모습에서는 소매에 가려 전혀 찾아볼 수 없다. 그러나 뒷모습에서 보면 허리띠로 공복을 맸는데, 내부의 장식은 마모되어 세부 문양을 확인하기 어렵다. 허리를 졸라매고 남은 요대의 끝부분은 왼쪽 위에서 오른쪽 아래로 사선을 이루며 드리워져 있다. 공복 뒤쪽은 요대를 중심으로 자연스러운 주름이 표현되어 있다. 폭 넓은 소매가 흘러내리거나 팔을 구부리거나 다리의 굴곡을 따라 생기는 주름의 처리가 자연스럽다.

공복의 아래쪽은 길어 3번 접혀 U자형 주름이 신발 위에 얹혀 있다. 신발은 의식용 석(舃)으로서 발 끝 부분을 위로 살짝 치켜들었고 끝 부분에는 여의두운(如意頭雲) 문양이 선명하다.

이처럼 제릉의 문석인은 비록 크기는 공민왕대 현정릉보다 작지만 얼굴과 신체의 비례가 안정감 있고 특히 앞뒤의 두께가 넓어 훨씬 균형감 있다. 또 조각적 표현을 최소화하면서도 자연스러운 주름과 양감을 살린 조각 수법에서 특징을 보이고 있다.

한편 하계에는 갑주를 입은 무석인 1쌍이 서로 마주보고 서 있다. 무석인의 경우에도 문석인과 마찬가지로 그 크기가 조선전기 『세종실록 오례의』와, 1474년(성종 5) 『국조오례의』에 그 칫수가 수록되어 있다. 따라서 제릉의 현존 무석인을 실측한 칫수와 예전에 기록된 수치를 다음과 같이 정리해 보았다.

| | 길이 | 너비 | 두께 | 대석 |
|---|---|---|---|---|
| 제릉 무석인 실측 | 298cm (대좌 포함) | 108cm | 110cm | |
| 세종실록 오례의 | 9척 (281cm) | 3척 (94cm) | 2척 5촌 (78cm) | 문석 동(3척 4촌 ; 지상 6촌 / 운족 아래 2척 3촌) |
| 국조오례의 | 9척 | 3척 | 2척 5촌 | 문석 동(3척 4촌 ; 지상 6촌 / 운족 아래 2척 3촌) |

<조선 전기 제릉과 예전의 무석인 척수 ( *영조척 1척 = 31.24cm)>

위 표에 의하면 제릉의 왼쪽 무석인은 길이가 298cm이고, 너비는 108cm이며 두께는 110cm이다. 이것은 공민왕대 현정릉의 늙은 무석인이 대좌 포함한 길이 350cm, 너비 131cm, 두께 76.5cm여서 길이는 52cm 작고, 너비는 23cm 좁지만, 두께는 33.5cm가 두꺼운 차이를 보였다. 여기서 특히 주목할 점은 공민왕대 현정릉의 무석인들은 문석인과 달리 앞뒤 폭이 좁아 불안해 보이는데 비해 제릉의 무석인들은 정면과 측면의 너비와 두께가 거의 비슷하여 서 있을 때 안정감이 있고 당당해 보인다는 점이 두드러진 차이이다.

그런데 위의 표를 보면 조선전기에 국가에서는 무석인의 제도를 길이 9척(281cm), 너비 3척(94cm), 두께 2척 5촌(78cm)로 규정해 놓았다. 그러나 이 또한 문석인과 마찬가지로 태종대에 제릉과 건원릉을, 또 세종대에 후릉과 헌릉을 조성한 이후의 기록이어서 제릉을 조성할 때의 준거로 보기에는 무리가 있다. 따라서 앞서 문석인의 경우처럼 1688년 인조의 계비 장렬왕후의 휘릉을 조성하면서 같은 동구릉 영역 내에 있던 건원릉의 무석인을 측정한 결과치를 보면 길이

9척, 너비 3척, 두께 2척 5촌이었다.[191] 이 크기를 영조척으로 환산하면 건원릉의 무석인은 길이 281cm, 너비 94cm, 두께 78cm였다. 이 칫수를 제릉 무석인들과 비교해 보면, 제릉의 무석인들은 공민왕대 현정릉의 것보다는 작지만 건원릉의 무석인보다는 키도 크고 정면과 함께 측면도 넓어 안정감 있으며, 전체적으로는 당당하고 다부진 모습을 엿볼 수 있다.

하계에 배치된 1쌍의 무석인 또한 문석인과 마찬가지로 공민왕대 현정릉의 늙은 무석인 1쌍을 선택하여 배치하고 있다. 늙은 무석인의 얼굴은 둥글넓적하고 눈은 크고 코는 두툼하며, 다문 입에는 보일락 말락 미소가 스쳐지나가고 있다. 입 주위에는 콧수염과 턱수염을 한 올씩 정성껏 새겨 턱 아래에서 八字로 가지런히 벌어진 모습이다. 귀는 좌우로 넓게 벌어져 둥근 얼굴을 더욱 넓게 보이도록 한다. 그러나 전체적으로 얼굴형이 둥그스름하고 이목구비 또한 동글동글하게 배치하여 고려 말 현정릉의 넓적하고 위압적인 무인이 아닌, 주변에서 흔히 볼 수 있는 친근한 얼굴로 표현하고 있는 점이 크게 달라진 것이다.

무석인들의 신체는 머리부터 발끝까지 전체적으로 균형이 잡힌 데다가 안정감이 있다. 당당한 어깨에 가슴을 쭉 펴고 완전 무장한 갑옷을 입고 두 발을 넓게 벌리고 당당하게 서 있다. 옆면을 보면 어깨부터 팔뚝까지의 근육과 건장한 신체를 더욱 느낄 수 있으며, 뒷면에서는 넓은 어깨와 가슴, 그리고 꽉 조여맨 허리와 단단한 다리까지 위압적인 무인의 풍모가 엿보인다.

무석인들은 투구와 갑옷을 완벽하게 갖추고 있다. 머리에는 복발(覆鉢)형 투구를 쓰고 있다. 투구의 앞쪽은 눈썹을 따라 살짝 곡선을 이루고 두줄 선이 깔끔하게 새겨져 있다. 투구의 꼭대기 부분에는 짧은 상모가 놓여 있다. 투구와 목가리개[鍉]는 아무런 장식이 없고 어깨 위쪽에서 한번 접혀 두툼하게 처리되어 있다. 피견(被肩)은 마치 여의두운(如意頭雲)과 같은 형태로 등 뒤부터 양 어깨를 거쳐 목 앞 수염 아래쪽에서 매듭짓고 있다. 이것은 공민왕대 현정릉에서는 늙은 무인만이 착용한 것이다.

갑옷 또한 현정릉의 늙은 무석인의 것과 마찬가지로 전포(戰袍) 위에 가슴과 허벅지 및 허리 앞뒤, 팔뚝과 정강이까지 갑옷을 걸쳐 완전 무장한 구조이다. 전포를 입은 위에 가슴에는 흉갑(胸甲), 등에는 배갑(背甲), 허벅지 양쪽에는 퇴갑(腿甲)을 입고, 허리 양쪽에는 늑갑(肋甲)을 빈틈없이 두르되, 배에 치마처럼 입던 상갑(裳甲)은 생략되어 있다. 뒤쪽에서 보면 목 가리개 아래에 피견, 그리고 그 아래쪽에 전포를 입고 배갑과 늑갑 등을 위쪽에 둘렀으며, 대를 띠고 조여 아래쪽에 주름이 잡힌 모습이 확실하게 드러난다.

---

191) 『(莊烈后徽陵)山陵都監儀軌』, 앞의 날짜.

두 무석인의 갑옷은 기본 형식은 같으나 무늬는 각기 다르다. 흉갑은 턱수염 끝부터 아래로 쭉 내려오다가 가슴 앞 부분에서 폭 넓은 띠를 두른 다음 좁은 다회끈으로 살짝 묶고 있다. 그런데 흉갑의 내부 문양은 현정릉의 젊은 무인에서 보이던 소슬무늬이다. 배갑에는 고기비늘무늬[魚鱗]을, 퇴갑에는 소슬무늬를, 늑갑에는 영지버섯형 구름무늬를 새기고 있다. 배갑·퇴갑·늑갑의 가장자리는 모두 두꺼운 선을 두르고 여의운(如意雲)을 일정 간격으로 꼼꼼하게 배치하고, 퇴갑과 늑갑의 가장자리 끝에는 털까지 덧달아 장식 효과가 더욱 두드러진다. 이처럼 제릉의 갑옷문양은 사슬무늬와 영지운 구름무늬 및 비늘무늬로서, 현정릉의 젊고 늙은 무석인의 갑옷을 절충한 것이며, 이후 건원릉에 그대로 계승된다.

전포의 허리를 묶은 허리띠[腰帶]의 버클 부분에는 크고 넓은 귀면문이 배치되어 있다. 그 아래 상갑이 생략된 자리에는 폭 넓은 띠가 구불대며 장식처럼 빈 공간을 채워 퇴갑 사이로 숨어버린다. 그 아래쪽에 다시 좁은 폭의 띠매듭이 바닥까지 닿아있다.

양 팔을 V자형으로 내려 양 손을 모으고 있는데, 오른손 위에 왼손을 올리고 있다. 현정릉의 늙은 무석인은 이런 자세로 아래쪽에 칼의 손잡이를 쥐었지만, 제릉에서는 양손을 맞잡았을 뿐이다. 칼은 칼집에 넣은 채 왼쪽 허리에 사선으로 매달려 있다. 즉 두 손을 모은 것은 현정릉의 젊은 무석인에서, 두 손을 아래로 내린 것은 현정릉의 늙은 무석인에서 각각 따와서 절충한 형식임을 알 수 있다.

흉갑과 배갑 및 늑갑을 착용하여 전포를 조이고 팔뚝의 소매부리를 걷으면 소매 아래의 배래부위에 큰 공간이 생기면서 너풀거리게 된다. 때문에 걷어 올린 소매의 진동 끝단에 천을 두르고 리본으로 고를 맺어 마치 장식처럼 만든다. 이때 매듭은 양쪽 팔꿈치 뒤쪽에는 작은 묶음이 생기고 그 뒤로 다시 풍선처럼 부풀려져 둥글게 처리되고 있다. 이처럼 소매부리가 매듭과 둥근 고리형으로 2중으로 부풀려지면서 장식되는 점은 고려 공민왕대 현정릉의 것과 다른 점이다. 즉 현정릉의 무석인은 소매부리를 질끈 묶어 늑갑 옆에 얌전하게 내려뜨렸으나, 제릉의 무석인은 소매를 걷고 그것을 매듭 짓되 한껏 부풀려 등 뒤까지 넘겨 장식적으로 처리했다는 점이다. 이처럼 소매가 과장된 것은 고려말보다 소매가 넓어진 조선 초기 복제의 유행 때문이다. 또 이렇게 소매를 묶으면서 풍선처럼 커다랗게 부풀려지는 과장된 표현은 조선 초기 제릉에서 처음 시도되어 건원릉을 비롯한 조선 초기 왕릉에 많은 영향을 미치게 된 것이다.

소매를 둘둘 걷으면서 밖으로 드러난 양 팔뚝에는 토시처럼 굉갑(肱甲)을 둘렀는데, 그곳은 근육에 따라 줄무늬가 새겨져 있다. 전포를 조이면서 앞쪽이 들린 아래쪽으로 드러난 양쪽 정강이에도 근육을 강조하는 줄무늬 경갑(脛甲)을 두르고 있다. 전화(戰靴)를 신은 두 발은 八자 형으로 밖을 향해 벌려 기세당당한 무인의 모습이 표현되고 있다.

이처럼 제릉의 문무석인상은 고려말 현정릉의 문무석인과 양식적으로는 유사하지만 크기는 2/3로 작아졌고, 단릉이어서 석인의 숫자도 1/2로 줄어 늙은 문무석인만 선택하고 있었다. 그런데 무석인의 경우 손의 표현이나 칼의 유무, 갑옷의 구조나 문양 등 세부표현은 늙은 무석인의 것과 젊은 무석인의 것 중에서 적절하게 취사 선택하고 있었다. 그런데 제릉의 무석인은 허리 아래에 치마처럼 입던 상갑을 생략하고 구불구불한 굵은 천으로 빈 공간을 메꾼다거나, 폭 넓은 소매를 묶어 풍선처럼 부풀리는 것 등은 재미있는 발상이었고 새로운 표현이었다. 이러한 새로운 조선적인 양식표현은 조묘도감의 제조 박자청이 총괄하였던 건원릉으로 그대로 이어져 조선 초기 왕릉 문무석인상의 양식을 형성하게 되었다.

(3) 신덕왕후 정릉

정릉은 조선 태조의 계비 신덕왕후 강씨(?~1396)의 능이다. 계비가 1396년(태조 5) 8월에 승하하자,[192] 존호를 신덕왕후라 하였고 능호를 정릉이라 정하였으며,[193] 한양의 취현방 북녘 언덕에 안장하였다.[194] 그러나 태종은 즉위한 후 정릉의 영역을 축소시켰으며,[195] 곧이어 1409년(태종 9)에는 도성 밖 사을한산의 기슭으로 천장하였다.[196]

조선 후기에 들어 1669년(현종 10) 1월 송시열의 발의로 신덕왕후의 능을 보수하기로 하고,[197] 다음 달 "정릉정자각중건청"을 세워 정릉의 정자각이 건립되었다.[198] 이처럼 현종대에는 신덕왕후가 태조의 계비로서 그 위치가 복원되면서 정릉이 개수되었고 동시에 종묘에의 부묘도 함께 수행되었다.[199]

---

192) 『太祖實錄』 卷10, 太祖 5年 8月 13日 戊戌.
193) 『太祖實錄』 卷10, 太祖 5年 9月 28日 癸未.
194) 『太祖實錄』 卷11, 太祖 6年 1月 3日 丙辰.
195) 『太宗實錄』 卷11, 太宗 6年 4月 7日 丁卯.
196) 『太宗實錄』 卷17, 太宗 9年 2月 23日 丙申.
197) 『顯宗實錄』 卷16, 顯宗 10年 1月 4日 戊戌 ; 1月 5日 己亥 ; 1月 20日 甲寅 ; 『顯宗改修實錄』 卷20, 顯宗 10年 1月 4日 戊戌 ; 『顯宗改修實錄』 卷20, 顯宗 10年 1月 5日 己亥.
198) 『顯宗實錄』 卷16, 顯宗 10年 2月 16日 己丑 ; 3月 22日 乙未 ; 『顯宗改修實錄』 卷20, 顯宗 10年 2月 26日 己丑 ; 『顯宗改修實錄』 卷20, 顯宗 10年 3月 2日 乙未.
199) 『顯宗實錄』 卷16, 顯宗 10年 5月 19日 辛亥 ; 『顯宗實錄』 卷17, 顯宗 10年 8月 18日 戊寅 ; 『顯宗實錄』 卷18, 顯宗 11年 윤2月 13日 庚子 ; 顯宗大王 哀冊文 ; 『顯宗改修實錄』 卷20, 顯宗 10年 1月 27日 辛酉 ; 『顯宗改修實錄』 卷21, 顯宗 10年 5月 19日 辛亥.

<신덕왕후 정릉의 전경>, 1699년

<신덕왕후 정릉의 문무석인>, 1699년

신덕왕후 정릉 석인상의 특징을 알아보면 석인상의 윤곽선이 단순화되었고, 안면 표현이 형식화되었으며 옷주름은 경직성을 보이고, 발과 관복의 분리가 정확하지 않아서 17세기 후반의 석인상과 비교가 어렵다. 이러한 특징은 1600년에 조성된 의인왕후 목릉 석인상과 유사하다. 목릉과 정릉 석인상은 윤곽선이 단순하고 소매 자락이 측면까지 크게 휘어지지 않으며, 발과 관복의 분리가 명료하지 않는 점 등에서 비슷한 특징을 가진다.

반면 정릉 석인상이 현종대 조성되었다면 17세기 후반의 석인상과 유사해야 한다. 정릉 석인상과 17세기 후반인 현종 숭릉 석인상과 비교해 보면, 현종 숭릉 석인상은 1659년 효종 영릉 석인상을 재사용하였기에 제작 연대가 확실한 대상이다.[200] 숭릉 석인상과 정릉 석인상을 비교 해보면 단순화된 석인상의 윤곽선은 유사하다. 하지만 숭릉 석인상은 발과 관복의 분리가 명확하고 소매 자락의 날림이 훨씬 더 과장되었다. 또한 숭릉 석인상은 손가락의 관절 표현이나 관대의 문양 등 세부 묘사에서 탁월한 사실성이 나타나는데 정릉 석인상에는 그러한 모습을 볼 수 없다.

정릉 석물에 관련된 사료를 고찰해보도록 하겠다. 먼저 『선조실록』에는 신덕왕후에 대한 많은 대신들의 상소를 쉽게 찾을 수 있다. 신덕왕후와 관련된 상소의 주된 내용은 신덕왕후의 신주를 종묘에 안치시켜 조선의 왕비로써 대우해야 한다는 주장이다. 하지만 선조는 신주를 안치하는 것은 어렵고 다만 황폐화된 정릉의 능제만 정비하라고 명하였다.[201]

200) 신병주,「조선시대 동구릉의 조성 과정에 관한 연구」『조선시대 문화사』(상) (일지사, 2007), 122쪽; 『崇陵山陵都監儀 軌』(1674년).
201) 『宣祖實錄』卷17, 宣祖 16年(1583) 3月 25日 丁未.

또한 16세기 문집에서도 신덕왕후 정릉에 관한 기사가 있다. 16세기 인물인 조선의 문신 구봉령 (1526~1586)의 『백담집』에서 신덕왕후 정릉을 보수한 후 그 모습을 적은 글을 남겼다. 구봉령은'신덕왕후 정릉의 형태는 완연하게 석물을 갖추었다. 고석을 두고 신로를 열었는데 제왕의 규제와 같다.[202] 라고 기록하였다. 이 기록으로 미루어 보아 신덕왕후 정릉은 16세기에 능 제도를 갖추었다고 볼 수 있다.

현종대에 신덕왕후 부묘가 결정된 1669년 좌의정 허적(許積)이 신덕왕후 정릉을 재보수하기 위하여 정릉을 찾았는데 그 결과 병풍석과 무석인만이 없었다고 왕에게 보고를 올린다.[203] 따라서 현종대에도 신덕왕후 정릉은 석물을 이미 갖추었다는 사실을 알 수 있다. 즉 신덕왕후 정릉의 상설에서 고석(鼓石)과 장명등은 태조대의 석물이며, 나머지 석물은 모두 1583년 선조대 석물이다.

(3-1) 정릉의 표석

1770년(영조 46) 10월 사을한산에 천장된 신덕왕후 정릉의 표석을 영건해가는 과정, 영건청의 조직과 원역 이하 장인의 동원 실태, 그리고 비석과 비각에 필요한 예산을 비롯한 각양 물력의 수급 실태를 다루도록 하겠다.

영조는 이미 1744년(영조 20)에 제릉과 영릉에 신도비를 세운 이후, 1746년(영조 22)에는 목릉·휘릉·혜릉의 표석을, 1753년(영조 29)에는 희릉·태릉·효릉·강릉·장릉 표석을, 1754년(영조 30)에는 후릉·현릉·광릉·경릉·창릉·선릉·정릉의 표석을 영건한 바 있었다. 본 의궤 '계사질'은 1770년(영조 46)에 정릉에 표석을 세우자는 상소를 비롯하여, 도감의 설치와 당상 이하 원역의 임명과 교체, 표석돌을 사저에서 구하여 비각을 세우고 비석에 음기를 새기는 등 중건청에서 임금에게 올린 계문 및 이에 대한 영조의 답변인 전교를 정리해 놓은 것이다. 이러한 내용은 본 의궤가 가장 자세하고 『영조실록』에는 기사가 거의 없으며, 『승정원일기』의 기록은 날짜가 약간 다른 경우가 있지만 상당히 많은 부분이 의궤의 '계사질'과 일치한다.

1770년 윤5월 5일 운남군 이준이 상소를 올려 정릉을 비롯하여 동서 5릉에는 비석이 없다고 하자,[204] 윤 5월 9일 영조는 대신들과 논의하여 정릉과 사릉 등 동쪽의 2릉과 공릉·순릉·온릉

---

202) 具鳳齡『栢潭先生文集』卷7,"議, 貞陵獻議陵形宛然 象設俱在 鼓石之置 神路之開 正似帝王規制."

203) 承政院日記』1669年(현종 10) 3月 9日. "左議政許積以爲 臣之奉審貞陵也 見其不設欄干石 武石 不無未安之心."

204) 『貞陵表石營建廳儀軌』, 啓辭秩, 1770年 윤5月 5日 ; 『承政院日記』 卷1305, 英祖 46年 윤5月 8日. 승정원일기에는 의궤보다 3일 뒤에 실려 있다.

등 서쪽의 3릉을 예조의 주관으로 영건하기로 하였다.[205] 그러나 다음 날 윤5월 10일 예조 당상이 가을을 기다려 하도록 미루었다.[206] 그로부터 4달 후 9월 10일 동2릉과 서3릉의 비석 중,[207] 금년에는 정릉을 우선 거행토록 하였다.[208]

9월 14일 정릉표석영건청이 전례대로 응행절목을 마련하였고, 예조·호조·병조의 당상이 주관하고 낭청도 삼조에서 차출하며, 감역은 정릉 참봉이 겸하도록 하였다.[209] 9월 15일 표석은 사저를 취용토록 하여 길이 5척 7촌, 너비 1척 9촌 5푼, 두께 1척 1촌의 남포석을 수소문하였는데, 이미 정련도 되어 있을 뿐 아니라 돌의 품질이 좋고 색도 아름다워 16일부터 정련하도록 하였다.[210] 9월 17일에는 비각터를 간심하고 돌아왔고,[211] 9월 18일 도감의 잡물과 미포는 병조의 보목, 호조와 선혜청의 요미로 마련하였다.[212] 21일 비각에 쓸 재목은 서울에서 운반하였고, 능 아래에 용대 이하 각양 석물을 이미 운반하였으며 비각 터에 있는 일체의 나무를 참벌하였다.[213] 23일에는 표석 전면에 전서로 "조선국신덕왕후정릉" 9자를, 뒷면에는 해서체로 쓰되 "숭정기원후 143년 경인 10월일 립"을 추가로 새겼다.[214] 28일 비각터를 다시 간심하고 겸관과 감역관과 함께 역군을 모으는 등의 일에 착수하였다.[215]

10월 7일 비각의 기와를 올렸고 단청칠이 끝나 농대석을 세웠다.[216] 10일 표석과 가첨을 마련하여,[217] 11일 표석을 세웠고 처마를 올렸으며 주사(朱砂)를 칠하였다.[218] 당상 이하의 서계를 올리고, 비문 족자를 왕에게 진상하였다. 12일 비각의 담장을 세우고 포전을 까는 일을 차례로 끝내고 사초를 개수하고 청소하여 영건역을 마쳤다.[219]

다음, 영건도감의 조직과 인적 구성을 알아보자. 표석을 세우는 영건청은 당상이 총괄하였으며 낭청 이하 원역들은 1770년 9월 14일에 임명되어 10월 11일까지 도감의 일을 맡아 하였다. 그러나 낭청 중 공조정랑 김치항은 병으로 공조좌랑으로 교체되었고, 감역관 중 정릉참봉 이재

205) 『貞陵表石營建廳儀軌』, 啓辭秩, 1770年 윤5月 9日 ; 『英祖實錄』 卷114, 英祖 46年 윤5月 9日 甲寅 ; 『承政院日記』 卷1305, 英祖 46年 윤5月 9日.
206) 『貞陵表石營建廳儀軌』, 啓辭秩, 1770年 윤5月 10日 ; 『承政院日記』 卷1305, 英祖 46年 윤5月 11日. 의궤와 승정원일기의 날짜는 조금씩 차이가 있다.
207) 『貞陵表石營建廳儀軌』, 啓辭秩, 1770年 9月 10日.
208) 『貞陵表石營建廳儀軌』, 啓辭秩, 1770年 9月 12日 ; 『承政院日記』 卷1309, 英祖 46年 9月 11日. 의궤와 승정원일기의 날짜는 약간 차이가 있다.
209) 『貞陵表石營建廳儀軌』, 啓辭秩, 1770年 9月 14日 ; 『承政院日記』 卷1309, 英祖 46年 9月 16日.
210) 『貞陵表石營建廳儀軌』, 啓辭秩, 1770年 9月 15日 ; 『承政院日記』 卷1309, 英祖 46年 9月 14日.
211) 『貞陵表石營建廳儀軌』, 啓辭秩, 1770年 9月 17日.
212) 『貞陵表石營建廳儀軌』, 啓辭秩, 1770年 9月 18日.
213) 『貞陵表石營建廳儀軌』, 啓辭秩, 1770年 9月 21日 ; 『承政院日記』 卷1309, 英祖 46年 9月 21日.
214) 『貞陵表石營建廳儀軌』, 啓辭秩, 1770年 9月 23日.
215) 『貞陵表石營建廳儀軌』, 啓辭秩, 1770年 9月 28日.
216) 『貞陵表石營建廳儀軌』, 啓辭秩, 1770年 10月 7日.
217) 『貞陵表石營建廳儀軌』, 啓辭秩, 1770年 10月 10日.
218) 『貞陵表石營建廳儀軌』, 啓辭秩, 1770年 10月 11日.
219) 『貞陵表石營建廳儀軌』, 啓辭秩, 1770年 10月 12日.

소는 외직 발령으로 령 박항원으로 교체되는 등 약간의 변동이 있었다.[220] 영건청의 당상 원역 이하의 명단을 정리하면 다음과 같다. 한편 아울러 표석에 글씨를 쓸 때 사자관 홍성원과 함께 화원 변상벽(卞相璧)을 대령하도록 하였는데,[221] 막상 '좌목'에 올라 있는 5명의 화원 명단에는 올라있지 않았다. 좌목에 올라있는 화원 박창후는 인찰화원이었고,[222] 그 밖의 화원은 표석에 주사(朱砂)를 칠하거나,[223] 정간(井間)을 긋거나 비각의 단청을 기화하였으며 화승 5명은 단청 일에 동원되었다.[224]

| 직역 | 인원 | 명단 |
|---|---|---|
| 당상 | 3 | 工曹判書 安允行 (9/14 - 10/11)<br>戶曹判書 金時默 (9/14 - 10/11)<br>禮曹判書 洪名漢 (9/14 - 10/11) |
| 낭청 | 3 | 戶曹正郎 沈公猷 (9/14 - 10/11)<br>工曹正郎 金致恒 (9/14 - 21病遞) / 工曹佐郎 沈念祖(1770. 9/22 계하 - 10/11)<br>禮曹佐郎 李翼相 (9/14 - 10/11) |
| 감역관 | 2 | 別工作 繕工監 假監役官 柳正養 (9/14 - 10/11)<br>兼 監役官 本陵參奉 吳載紹 (9/14 - 21 移職) / 令 朴恒源 (9/22 - 10/11) |
| 사자관 | 3 | 篆字書寫官 奉朝賀 洪啓禧 / 楷字書寫官 前石參贊 李最中 / 寫字官 洪聖源, 朴泰秉, 洪慶運 |
| 영역부장 | 2 | 龍虎營 敎鍊官 李普沃, 扈衛軍官 趙鐸 |
| 화원 | 5 | 朴昌垕, 金德成, 玄啓義, 林仁盛, 洪光宇 |
| 산원 | 2 | 崔孝閔, 張啓運 |
| 서리 | 6 | 徐秉玉(工曹), 黃萬鎭(禮曹), 張天根(戶曹), 池宅壽(戶曹), 李寅復(禮曹), 金鍊百(工曹) |
| 서사 | 2 | 金應鍊(戶曹), 尹聘三(兵曹) |
| 고직 | 2 | 張壽大(戶曹), 金聖瑚(工曹) |
| 사령 | 5 | 李福萬 等 五名(戶曹, 兵曹, 平市署, 廣興倉, 衛將所) |
| 군사 | 4 | 捕盜軍士 二名 / 守直軍士 二名 |
| 별공작 서원 | 1 | 朱啓賢 |
| 별공작 고직 | 1 | 金潤海 |
| 별공작 사령 | 1 | 李得萬 |

<정릉 표석 영건청의 당상 원역>

220) 『貞陵表石營建廳儀軌』, 移文帙, 1770年 9月 23日.
221) 『貞陵表石營建廳儀軌』, 甘結帙, 1770年 9月 16日.
222) 『貞陵表石營建廳儀軌』, 甘結帙, 1770年 9月 18日.
223) 『貞陵表石營建廳儀軌』, 別工作 手本帙. 화승(畵僧) 5명은 남북한 산성에서 동원하였고, 화원은 수어청과 총융청에 보내주도록 협조를 요청하였다.
224) 『貞陵表石營建廳儀軌』, 甘結帙, 1770年 10月 19日.

영건역이 끝난 1770년 10월 12일 영건청의 당상, 낭청 이하 원역, 공장들의 '서계 별단'을 들였다.[225] 서계별단의 당상과 원역까지는 좌목의 명단과 같다. 공장의 경우 1, 2, 3등으로 나누어 수록하였다. 영건청에서는 군기시와 평시서에 소속된 각수 김수해, 석수 박필심, 병풍장 임우춘와 박창의을 보내주도록 하였다.[226] 18세기 중후반의 대표적인 석수로서 1등의 박필심과 2등의 김대휘가 동원되었다.[227] 아울러 진상·진헌용 족자를 제작한 임우춘은 1751년부터 1805년까지 51년간 수십 여 도감에 차출되어 활동하였던 18세기 후반의 대표적인 병풍장이었다.[228] 개장 김북실 또한 1751년부터 1770년까지 19년간 도감에 차출되었다.[229] 이처럼 영건청에는 18세기 중후반에 활동하던 관공장이 동원된 것이 특징이었다.

| 등급 | 장색 인원 | 명단 |
|---|---|---|
| 1등 | 4종 24명 | 木手 金億良 등 7명 / 石手 朴弼心 등 8명 / 刻手 金壽海 등 7명 / 冶匠 金儉尙 등 2명 |
| 2등 | 6종 28명 | 刀子匠 金奉翼 등 6名 / 木手 李奉得 등 7명 / 大引鉅匠 金德福 등 5명 / 燮鉅匠 金士云 등 2명 / 石手 金大輝 등 6명 / 簇子匠 林遇春 등 2명 |
| 3등 | 10종 27명 | 豆錫匠 金順重 / 蓋匠 金北實 등 5명 / 漆匠 金德重 등 2명 / 泥匠 金占同 등 7명 / 雕刻匠 金漢起 / 小引鉅匠 崔甲乭 등 2명 / 多繪匠 李福春 / 磨造匠 金茂先 / 小木匠 李春芳 / 假漆匠 咸老味 등 3명 / 鞍子匠 李萬伊 / 木鞋匠 金億采 / 禁漏書員 金國興 |

<정릉 표석 조성 후 시상을 받은 장인>

1770년 10월 12일 '상전'에서 당상은 가자하고, 낭청 4명은 모두 승서하였다. 감역관과 가감역관은 승육하고, 이미 승육한 자는 승서하였다. 영역부장 2명과 변장은 승전하고 사자관, 산원 화원 이하 원역 공장 등은 해조에서 미포를 분등 제급하게 하였다. 10월 13일에 전서사자관·해서사자관에게는 반숙마 1필을 사급하였다.[230]

모군이나 장인 및 조역 등은 한 달 치의 미목이 정해져 있었다.[231] 능군 30명에게는 10일치 요미를 마련해 주었다. 병조에는 공장과 모군의 삭포로 목 2동을,[232] 선혜청과 호조에는 공장과 모군의 삭료로 미 75석을 요청하였다.[233] 장인 중에서 목수는 1명당 조역 1명씩, 석수와 야장은

225) 『貞陵表石營建廳儀軌』, 書啟別單, 1770年 10月 12日.
226) 『貞陵表石營建廳儀軌』, 甘結帙, 1770年 9月 15日.
227) 장경희, 「조선후기 산릉도감의 장인 연구」, 『역사민속학』 제25호, 한국역사민속학회, 2007.11, 169쪽. 박필심은 1755년부터 1770년까지 15년간, 김대휘는 1757년부터 1789년 32년간 산릉도감 대부석소를 비롯한 각종 도감에 차출되어 국역을 졌다. 특히 김대휘는 점점 기술이 숙련되었던지 정조 년간에 뛰어난 기술로 그 공로가 인정되어 공명첩을 받고 누차 加資되었으며, 自願하여 免賤되고 있었다.
228) 장경희, 「조선후기 산릉도감의 장인 연구」, 163쪽. 임우춘은 내수사와 장흥고에 소속되어 있었다.
229) 장경희, 「조선후기 산릉도감의 장인 연구」, 161쪽. 김북실은 선공감 소속의 장인이었다.
230) 『貞陵表石營建廳儀軌』, 賞典, 1770年 10月 12日.
231) 『貞陵表石營建廳儀軌』, 每朔上下式例.
232) 『貞陵表石營建廳儀軌』, 移文帙, 1770年 9月 24日.
233) 『貞陵表石營建廳儀軌』, 移文帙, 1770年 10月 1日.

1명당 육조역과 모조역 각각 1명씩이었다.

| 구분 | 매삭 상하식례 |
|---|---|
| 모군 | 매명 목 2필, 미 9두 |
| 장인 | 매명 목 2필, 미 9두 |
| 조역 | 육조역 ; 매명 목 2필, 미 6두<br>모조역 ; 매명 목 2필, 미 9두 |
| 화정 | 매명 목2필, 미 6두 |
| 산원, 화원 | 각 목 2필, 미 6두 |
| 서리, 서사, 서원 | 각 목 2필, 미 6두 |
| 고직, 사령 | 각 목 1필, 미 6두 |
| 영역부장, 산원 | 찬가(饌價) 각 전 3냥 |

<원역 공장들의 월급>

이제, 예산의 수급과 비각·표석의 물력 마련을 살펴 보자. 정릉의 표석을 만드는 예산은 호조의 미 37석 7두 5승, 선혜청의 미 37석 7두 5승, 병조의 목 6동 14필에 해당되는 전 362냥, 목 2동 33필로 총 미 75석과 목 2동 33필에 전 362냥이었다.[234)]

본청에서 제작한 비각과 표석의 크기는 다음의 표와 같다.

| 종류 | 길이 | 너비 | 두께 |
|---|---|---|---|
| 비각 (단칸, 팔작) | 기둥 9척 4촌 | 좌우 각 9척 | 전후 8척 |
| | 주초 4좌 ; 각 4면 1척 9촌 5푼 | | |
| 표석 (남포석) | 5척 7촌 | 1척 9촌 5푼 | 1척 1촌 |
| 가첨석 | 3척 9촌 | 2척 9촌 | 1척 8촌 |
| 농대석 | 높이 2척 5촌 | 3척 2촌 | |

<정릉 비각과 표석의 규격>

앞서 살핀 바처럼 표석돌은 사저(私儲)의 것을 구했기 때문에 인력과 물력이 절약되었다. 나머지 농대·하전석·계초석은 경기도 노원에 부석소를 설치하여 채취하였다. 별공작은 비각과 표석의 조성을 실질적으로 담당하였다. '수본질'은 별공작의 운영에 필요한 각종 물품, 요미, 인원 등의 지원을 요청한 문서들인데, 날짜 구별 없이 열거되어 있다.

234) 『貞陵表石營建廳儀軌』, 米布秩 ; 移文帙, 1770年 9月 18日.

선공감 감역관이 분차하여 사역한 장인들의 부역일자와 방송일자를 일일이 구별하여 요포를 전례대로 마련해줄 뿐 아니라 그들이 머물 온돌이나 가가 및 비석 1좌를 연마할 가가 2칸을 만들어 주었다.[235] 또 음식을 마련할 때 사용할 솥·도동해·소라·방문리 각10개, 수옹 2좌, 사발·탕기·접시·대접을 각각 5개 등도 마련해 들였다.[236] 감역관이 쓸 지·필·묵이나 문서 넣을 궤를 만들어 들이거나, 장인들이 작업하는 데 필요한 각종 재료와 잡물이나 연장을 만들어 들였다. 예컨대 석수가 사용할 숫곳정 5개·도월이·강철 3근·별음탄 3석·수청목 1단·우미 3개·몽둥이·한마치·대중배지내 1개 등이다. 물론 화원이 단청을 칠하거나 주사를 칠할 때 필요한 연장도 마련해 주었다. 또 표석용 각양 석물[표석·가첨석·농대]을 운반할 수레를 비롯하여,[237] 석물을 능소에 운반할 때 묶을 밧줄과 포장할 우모전(牛毛氈)·유둔·초석 및 비석을 새기고 뒤집을 때 깔 침목(枕木)·백목욕(白木褥), 표석을 끌[釘]과 칼[刀]로 새기거나 주사를 칠할 때, 가첨석을 마정하거나 농대에 필요한 잡물 등도 구비해 주었다.

한편 9월 16일 비각터를 간심하였고,[238] 9월 21일 비각을 시역하였다.[239] 비각 건물을 세울 때 들일 목물과 기계목 등의 물력, 목물을 운반할 큰 수레와 차량 및 썰매·지내·대중 갈줄, 기와·방전·용두 등의 물품, 단청용 안료, 비각의 회를 말리거나 상량을 하거나 칠을 할 때의 잡물도 준비해주었다.

비문의 족자를 어람용으로 진상할 때의 과정은 '감결질'에 정리되어 있다. 9월 22일 비문을 인출하여 진상용 족자 4건을 마련하기로 결정되자,[240] 10월 7일 홍목 5폭 단보자기 2건, 6폭 단보자기 2건, 홍면사 2갑소 4근의, 궤짝 2부, 부용향 10쌍 등의 잡물을 들였다.[241] 10일 비문 족자를 운반하기 위해 도로에 황토를 깔아 소제하였고, 황룡정과 요여에 우비를 갖춘 담지군(擔持軍)이 구군복을 입고 위의를 갖추었으며,[242] 11일 금상문(金商門) 동변에 상탁을 배설해서 진상하였다.[243]

'실입질'은 별공작에 지급된 소목과 법유 등 각종 물품의 종류와 수량을 정리한 것이고, '용환질'은 별공작에서 쓰고 남은 물품의 종류와 수량이고, '전배질'은 공역에 종사한 사람들에게 만

235) 『貞陵表石營建廳儀軌』, 別工作 ; 甘結帙, 1770年 9月 15日.
236) 『貞陵表石營建廳儀軌』, 別工作 ; 甘結帙, 1770年 9月 19日.
237) 『貞陵表石營建廳儀軌』, 移文帙, 1770年 9月 15日. 경기감영에는 수레와 소 26마리를, 훈련도감에는 수레[漢車] 8량을 보내주도록 요청하였다.
238) 『貞陵表石營建廳儀軌』, 移文帙, 1770年 9月 16日.
239) 『貞陵表石營建廳儀軌』, 移文帙, 1770年 9月 20日.
240) 『貞陵表石營建廳儀軌』, 甘結帙, 1770年 9月 22日.
241) 『貞陵表石營建廳儀軌』, 甘結帙, 1770年 10月 7日.
242) 『貞陵表石營建廳儀軌』, 甘結帙, 1770年 10月 10日.
243) 『貞陵表石營建廳儀軌』, 甘結帙, 1770年 10月 11日.

들어준 물품의 풍목을 정리한 것이다.

의궤청은 10월 13일 공조에 설치하였고,[244] 공조좌랑 심염조가 낭청으로서 주관하여 어람용과 예조에 올릴 2건의 의궤를 제작하도록 하였다.[245] 의궤를 정서할 원역은 사자관 1인·화원 1인·서리 3인·서사 1인·고직 1명·사령 1명·인출장 1명이었고,[246] 원역 등의 요포는 전례에 의거 병조와 호조가 마련하여 제급하였다.[247] 의궤 제작이나 장황에 필요한 각종 잡물의 진배 등을 기록하였다.[248]

이처럼 영조는 선대왕을 추숭하여 왕실의 권위를 높이고자 역대 국왕과 왕후의 릉에 신도비와 표석을 다듬어 세웠다. 영조 20년(1744)에 제릉·영릉에 신도비를 세우는 공역을 마쳤고,[249] 영조 22년(1746)에는 목릉·휘릉·혜릉의 표석을,[250] 영조 29년(1753)에는 희릉·태릉·효릉·강릉·장릉 표석을,[251] 영조 30년(1754)에는 후릉·현릉·광릉·경릉·창릉·선릉·정릉의 표석을 세웠다.[252] 따라서 영조 46년(1776)에 정릉을 비롯하여 사릉·공릉·순릉·온릉 등 동서 5릉에 표석을 세우도록 논의하였으며 그중 정릉에만 표석을 세우게 되었다.

한편 정릉에 표석이 세워지게 된 것은 조선 전기 태종에 의해 폄하되었던 태조 계비 신덕왕후를 조선 후기에 들어서 복원하였기 때문이다. 즉 현종 10년(1669)에 민묘화되었던 정릉을 보수하여 왕릉으로 삼으면서 동시에 종묘에의 부묘도 함께 진행하였다. 따라서 영조가 태조 제1대 제릉의 신도비를 비롯하여 18기의 역대 왕과 왕비릉에 표석을 새로 세웠던 것처럼 영조 46(1770) 9월부터 10월까지 1달간 영건도감을 설치하고 정릉에 표석을 세운 것이다. 그 전말을 기록한 의궤가 『정릉표석영건청의궤』이며, 표제는 "건릉삼십오년경인구월 일 정릉표석영건의궤 예조상"이고, 내제는 "건릉삼십이년경인구월 일 영건청의궤"로 되어 있다.

이 정릉의 표석은 이후 황제국을 선포한 대한제국기에 비석의 내용이 바뀌었다. 1900년 고종은 추숭의궤도감을 설치하고 황제와 황후로 추존한 황릉의 표석돌을 깨끗이 갈아서 쓰거나 새

244) 『貞陵表石營建廳儀軌』, 儀軌-甘結帙, 1770年 10月 13日.

245) 『貞陵表石營建廳儀軌』, 儀軌-啓辭秩, 1770年 10月 13日. 의궤사목을 마련하였다.

246) 『貞陵表石營建廳儀軌』, 儀軌-移文帙, 1770年 10月 18日.

247) 『貞陵表石營建廳儀軌』, 儀軌-啓辭秩, 1770年 10月 13日 ; 儀軌-移文帙, 1770年 10月 18日.

248) 『貞陵表石營建廳儀軌』, 儀軌-甘結帙, 1770年 10月 19日 어람용 초주지 2권, 분상용 저주지 2권, 화필 2자루, 당주홍 5전, 편연지 1편, 아교 1전, 노탄 5승, 대절상묵 5장, 황밀 2냥, 마렵 5냥, 어람용 장황할 두석편철 원환국화동정, 홍세주 5폭 단보자기 1건, 금전자차 남융사 등이다.

249) 『齊陵神道碑營建廳儀軌』, 1744年, 파리2652 ; 『英陵表石營建廳儀軌』, 1744年, 파리2519.

250) 『穆陵.徽陵.惠陵表石營建廳儀軌』, 1746年, 파리2574.

251) 『禧陵.泰陵.孝陵.康陵.章陵表石營建廳儀軌』, 1753年, 파리2589.

252) 『厚陵.顯陵.光陵.敬陵.昌陵.宣陵.靖陵表石營建廳儀軌』, 1753年, 파리2589. ; 김문식 외, 『파리 국립도서관 소장 외규장각 의궤 조사연구』, 외교통상부, 2003, 666~680쪽.

로 마련하여 쓰도록 분부하였다.[253] 이때 정릉의 신덕왕후 또한 신덕고황후로 추존되었고 표석에 사용할 전면과 음기는 고종황제의 어필로 썼다.[254] 하지만 실상 표석소에서 갈고 닦는 공사는 고종 41년(1904)에 이르러서야 가능하였다.[255]

### 2) 정종과 정안왕후 후릉

후릉은 조선 제2대 정종(1357~1419)과 그의 비 정안왕후 김씨(1355~1412)의 릉이다. 정종은 태조의 둘째 아들 방과로 1398년 1차 왕자의 난에 의해 세자로 책립되었고 1398년 태조가 병으로 은퇴하자 왕위에 올랐으나 재위 2년만인 1400년 세제 방원에게 왕위를 물리고 개경에서 주로 머물렀다. 1412년(태종 12) 6월 25일 정안왕후가 먼저 서거하여,[256] 개성시 풍덕군 백마산의 동쪽 기슭에 후릉을 조성하고 안장하였다.[257] 한편 정종은 1419년(세종 1) 9월 26일 63세로 승하하자,[258] 12월 2일 '공정(恭靖)'이란 시호를 올렸고,[259] 먼저 간 왕후의 능역을 개토한 뒤,[260] 이듬해 1420년(세종 2) 1월 3일 쌍릉 형식으로 안장하였다.[261]

<정종 후릉의 전경>, 1412년

<정종 후릉의 문무석인>, 1412년

253) 『高宗實錄』 卷40, 高宗 37年 6月 12日 陽曆. 당시 건원릉.제릉.정릉.융릉.건릉.인릉.수릉의 표석을 고치거나 새로 마련하였다.
254) 『高宗實錄』 卷40, 高宗 37年 6月 19日 陽曆.
255) 『高宗實錄』 卷44, 高宗 41年 5月 25日 陽曆.
256) 『太宗實錄』 卷23, 太宗 12年 6月 25日 戊寅.
257) 『太宗實錄』卷24, 太宗 12年 8月 8日 庚申.
258) 『世宗實錄』 卷5, 世宗 1年 9月 26日 戊辰.
259) 『世宗實錄』 卷6, 世宗 1年 12月 2日 壬申.
260) 『世宗實錄』 卷6, 世宗 1年 12月 15日 乙酉.
261) 『世宗實錄』 卷7, 世宗 2年 1月 3日 壬寅.

이러한 후릉은 조선 초기 왕릉 형식에 몇 가지 중요한 전환점이 된 능이다. 우선, 후릉은 조선시대 쌍릉으로서 이후 조성될 쌍릉의 원형이 되고 있었다. 이보다 앞서 조성된 제1대 태조의 건원릉, 제릉, 정릉은 모두 각각 다른 영역에 따로따로 조성한 단릉형식이었으며 그 조성과정이 명료하지 않은 것과 비교된다.[262] 다음으로, 조선시대에 들어서 왕릉과 왕비릉이 쌍릉 형식으로 조성될 경우 단일 능호를 사용하는데 이것은 후릉을 전례로 삼은 것이다. 후릉의 쌍릉 형식에 영향을 끼친 고려말 공민왕과 노국대장공주의 능은 비록 같은 영역에 쌍릉으로 조성했음에도 왕릉은 현릉으로, 왕비릉은 정릉으로 각각 두 개의 능호를 별도로 붙였다. 그러나 조선 초기 후릉은 동일 능역에 왕릉과 왕비릉을 쌍릉으로 조성하면서 하나의 능호로 부르게 되었는데, 이것을 전례로 삼아 이후 조성된 제3대 태종과 원경왕후의 헌릉, 제4대 세종과 소헌왕후의 영릉, 제5대 문종과 현덕왕후의 현릉 등도 마찬가지였다. 결국 후릉의 산릉제도는 세종이 국가의 상장례를 확립하고자 『세종실록 오례의』를 편찬할 때 수록되었으며,[263] 이를 토대로 1474년(성종 5) 『국조오례의』를 편찬하면서 조선 능제의 원형이 되었다.[264]

그러나 정종은 조선후기에 이르도록 '공정대왕'이라는 칭호로 불려지는 등 그 정통성을 인정받지 못하고 있었다. 그에게 '정종'이라는 묘호가 추상된 것은 1681년(숙종 7)의 일이었다.[265]

이처럼 후릉은 조선 왕릉을 조성하는 전례로서 중요하였음에도 불구하고, 제1대 신의왕후의 제릉과 마찬가지로 북한에 소재하고 있다는 이유로 유네스코의 세계문화유산 목록에서 제외되었을 뿐 아니라 본격적인 연구도 거의 전무하였다. 2008년에는 현종대에 후릉의 능상석물을 수개한 과정을 수록한 의궤를 번역하면서 후릉을 주목하기 시작하였다.[266] 이에 본 연구자가 북한측과 협의하여 실측한 도면과 사진 등의 자료를 제공하여 2009년에는 국립문화재연구소에서 고려말 조선 초기 왕릉의 종합보고서를 출판할 수 있었다.[267]

(1) 후릉의 석조각

후릉의 석물제도는 후릉을 조성할 때 하나의 곡장 안에 왕과 왕비를 같이 매장하여 봉분 2

262) 제릉에 대해서는 장경희, 「조선 태조비 신의왕후 제릉 연구」, 『미술사학 연구』263호, 한국미술사학회, 2009.9, 5-38쪽. ; 건원릉에 대해서는 은광준, 『조선왕릉석물지』, 민속원, 2009. 등에서 간략하게 소개된 바 있었다.

263) 『世宗實錄』 卷134, 「五禮」 凶禮儀式 治葬條.

264) 『國朝五禮儀』, 凶禮 治葬條.

265) 김호, 「1681년 공정대왕의 묘호 추상과 시호도감도청의궤」, 『규장각 소장의궤 해제집』2, 서울대학교 규장각, 2004, 280-294쪽. 이때 묘호와 함께 시호도 가상되어 정종에게는 '의문장무'가, 정조비 정안왕후에게도 '온명장의'란 휘호가 가상되었다.

266) 『가보고 싶은 왕릉과 그 기록 : 풀어쓴 후릉수개도감의궤』, 국립문화재연구소, 2008.

267) 『조선왕릉 종합학술조사보고서 Ⅰ』, 국립문화재연구소, 2009.

기로 나란히 2기로 조성한 쌍릉 형식이다. 후릉의 상계에는 석양과 석호가 각각 2쌍을 번갈아 가며 배치했고, 중계에는 문석인 2쌍과 석마 2쌍이 서 있고, 하계에는 무석인 2쌍과 석마 2쌍이 따르고 있다.

이렇게 쌍릉에 2쌍의 문무석인을 배치하는 후릉의 문무석인에 대한 규정은 조선 왕릉 중 쌍릉의 가장 이른 예에 해당되는 것이다. 더욱이 후릉의 규정은 태종와 원경왕후를 헌릉에 안장할 때에도 그대로 원용되었기 때문에 중요하다. 따라서 현존하는 후릉 문무석인을 실측해보면 다음과 같다.

| 구분 | 위치 | 길이 | 너비 | 두께 |
|---|---|---|---|---|
| 문석인 | 동쪽(왕후릉) 첫번째 | 없음 | | |
| | 동쪽(왕후릉) 두번째 | 178 | 85 | 86 |
| | 서쪽(왕릉) 첫번째 | 178 | 86 | 81 |
| | 서쪽(왕릉) 두번째 | 178 | 85 | 86 |
| 무석인 | 동쪽(왕후릉) 첫번째 | 175 | 73 | 70 |
| | 동쪽(왕후릉) 두번째 | 173 | 73 | 70 |
| | 서쪽(왕릉) 첫번째 | 176 | 73 | 70 |
| | 서쪽(왕릉) 두번째 | 176 | 73 | 71 |

<후릉 문무석인의 실측 칫수>

위 표에 의하면 동쪽의 왕후릉의 문석인 1기는 사라지고 없으나 나머지 1기의 키는 178cm, 너비 85cm, 두께 86cm이다. 그리고 서쪽에 위치한 왕릉의 것은 키 178cm, 너비 85~86cm, 두께 81~86cm로 양자가 거의 비슷하다. 한편 무석인의 경우 왕후릉의 것은 키 173~175cm이고 왕릉의 것은 키 176cm였다. 이처럼 4쌍의 문무인석은 거의 비슷한 크기였지만, 왕후릉의 것보다 왕릉의 것이 약간 컸으며, 문석인이 무석인보다 조금 크고 넓은 특징을 지니고 있었다. 또 왕후릉의 것은 왕릉의 것보다 돌의 품질이 나쁘고 마모가 심한 차이를 보였다. 이로 미루어 볼 때 동쪽 왕후릉의 문무석인 4기(현존 3기)는 정안왕후 사후 1412년에, 서쪽 왕릉의 문무석인 4기는 정종 사후 1419년에 조성한 것으로 여겨진다.

그런데 정종을 후릉에 안장할 때의 칫수 규정은 실록에 기재되어 있으며, 이후 세종은 국가의 상장례를 확립하고자 『세종실록 오례의』를 편찬할 때 참고하여 수록하였으며,[268] 이를 토

268) 『世宗實錄』卷134,「五禮」凶禮儀式 治葬條.

대로 1474년(성종 5) 『국조오례의』를 편찬하면서 국가의 의례는 확립되었다.[269] 따라서 이들 조선 초기 왕릉을 조성했던 기록에 의거하여 문석인의 칫수를 정리하면 다음과 같다.

| 구분 | 기록 | 길이 | 너비 | 두께 | 대석 |
|---|---|---|---|---|---|
| 문석인 | 정종 후릉 안장시 | 7척 5촌<br>(234cm) | 3척<br>(94cm) | 2척 5촌<br>(69cm) | 지하 4척 |
| | 세종 오례의 /<br>국조오례의 | 8척 3촌<br>(259cm) | 3척<br>(94cm) | 2척 2촌<br>(69cm) | 3척 4촌 ; 지상 6촌 /<br>운족 아래 2척 3촌 |
| 무석인 | 정종 후릉 안장시 | 7척 5촌<br>(234cm) | 3척<br>(94cm) | 2척 5촌<br>(69cm) | 지하 4척 |
| | 세종 오례의 /<br>국조오례의 | 9척<br>(281cm) | 3척<br>(94cm) | 2척 5촌<br>(78cm) | 문석 동(3척 4촌 ; 지상 6촌 /<br>운족 아래 2척 3촌) |

<조선 전후기 예전에 기록된 후릉 문무석인의 칫수 ( *영조척 1척 = 31.24cm)>

위 표에 의하면 보면 정종을 후릉에 안장할 때 문무석인은 키 234cm, 정면 94cm, 옆면 69cm여서, 현존하는 후릉 왕비릉의 문석인과 비교하면 키는 56cm, 너비 9cm, 두께 17cm 정도 차이를 보이고 있었다. 그런데 후릉의 칫수 규정보다 「예전」에 수록된 문무석인의 칫수는 더욱 커졌다. 즉 예전에 의하면 문석인은 길이 8척 3촌(259cm), 너비 3척(94cm), 두께 2척 2촌(69cm)나, 무석인은 길이 9척(281cm), 너비 3척(94cm), 두께 2척 5촌(78cm)이었다. 이것은 기록상으로는 후릉 조성 이후 문석인은 키 25cm, 무석인은 키 47cm 정도 커졌다는 것을 알 수 있다.

결국 후릉의 석물 체제는 『세종실록』 오례의나 『국조오례의』가 정립되기 이전에 조성되어 간소하고 크기가 작았다. 그런데 이러한 사실은 조선후기 1667년(현종 8)에 후릉의 능상 석물을 수리하면서 잘 알려지게 되었다.[270] 한편 1692년(숙종 18)에는 왕후릉의 동쪽 무석은 2좌, 문석 1좌와 서쪽 무석 1좌의 코가 낮게 깨져 있었고, 문석 1좌는 2촌 여가 기울어져 수리하기도 하였다.[271]

한편 숙종은 1693년(숙종 19) 후릉을 친행하였기에 석물을 잘 알고 있었다.[272] 그리하여 1698년(숙종 24) 노산대군을 단종으로 복위시키고 영월에는 장릉(莊陵)을, 경기도에는 그의 비 정순왕후의 사릉(思陵)을 조성할 때, 후릉의 석물이 가장 간략하고 적으므로 그 예를 따랐고

269) 『國朝五禮儀』, 凶禮 治葬條.
270) 『顯宗實錄』卷12, 顯宗 7年 10月 26日 癸酉 ; 『顯宗改修實錄』卷16, 顯宗 7年 10月 26日 癸酉.
271) 『承政院日記』卷349, 肅宗 18年 8月 26日 癸卯.
272) 『肅宗實錄』卷32, 肅宗 24年 11月 24日 乙未.

향후 정식으로 삼게 하였다.[273] 더욱이 1701년(숙종 27) 인현왕후 명릉(明陵)이자 자신의 수릉 『肅宗實錄』 卷32, 肅宗 24年 10月 29日 庚子.(壽陵)을 조성할 때 문무석인을 후릉의 체제에 의하도록 하였다.[274] 이에 후릉의 왕후릉상에 있는 문무석인상 2기를 측량하였다.[275] 당시 측정한 칫수를 정리하면 다음과 같다.

| 구분 | | 길이 | 너비 | 두께 | 기타 |
|---|---|---|---|---|---|
| 문석인 | 상 | 5척 1촌 1푼 (160cm) | 1척 9촌 (59cm) | 1척 6촌 (50cm) | 관 ; 길이 8촌 (25cm) / 너비 8촌 |
| | 하 | 1척 (32cm) | 2척 1촌 1푼 (68cm) | 2척 (63cm) | 얼굴 ; 길이 7촌 (22cm) / 너비 6촌 5푼 |
| 무석인 | 상 | 5척 4촌 (170cm) | 2척 (62cm) | 1척 5촌 5푼 (48cm) | 갑주 ; 길이 1척 2촌 (37cm) |
| | 하 | 1척 (32cm) | 2척 2촌 (69cm) | 1척 8촌 (56cm) | 얼굴 ; 길이 7촌 (22cm) / 너비 7촌 |

<1701년 인현왕후의 명릉 조성시 측정한 후릉 석인상의 칫수 ( *영조척 1척 = 31.24cm>

위의 표에 의하면 당시 측정된 후릉 왕후릉의 문석인은 키 160cm, 너비 68cm, 두께 63cm이다. 무석인은 키 170cm, 너비 69cm, 두께 56cm이다. 이것은 현재 후릉 왕후릉상의 동쪽 문석인이 키 177cm, 정면 85cm, 측면 86cm이고, 왕후릉상 동쪽 무석인은 키 174cm, 정면 72cm, 옆면 70cm이다. 기준점의 오차 등을 감안하면 어느 정도 일치하고 있었다.

숙종 이후 18세기 들어 영정조대에도 후릉은 왕릉을 조성할 때 전범이 되었다. 1728년(영조 4) 효장세자가 서거하였을 때 석물은 후릉의 제양을 따르도록 하였다.[276] 영조는 1731년(영조 7) 10월 8일 후릉을 친행하였기 때문에 후릉의 석물에 대해 잘 알게 되었다.[277] 이후 영조는 국가의 상장례에 시대의 변화상을 반영시켜 1752년(영조 28) 『국조상례보편』을 편찬하였으며,[278] 정조대에 들어 1787년(정조 12) 『춘관통고』에 이것을 정리하여 수록하였다.[279] 그 내용을 다음과 같이 정리해 보았다.

273) 『肅宗實錄』 卷32, 肅宗 24年 10月 29日 庚子.
274) 『承政院日記』 卷399, 肅宗 27年 8月 22日 丁丑.
275) 『(仁顯后明陵)山陵都監儀軌』, 1701年, 규14824. 啓辭秩, 1701年 9月 1日 ; 『承政院日記』 卷399, 肅宗 27年 9月 1日 乙酉. 양자는 무석인의 기록에서 약간 차이를 보여 승정원에는 무석인의 두께가 5푼 적은 1척 7촌 5푼으로 되어 있다. 한편 의궤에는 무석인의 얼굴과 갑주의 크기까지 자세하게 실려 있다.
276) 『承政院日記』 卷674, 英祖 4年 11月 26日 壬申.
277) 『承政院日記』 卷732, 英祖 7年 10月 8日 戊戌.
278) 『國朝喪禮補編』 圖說, 治葬.
279) 『春官通考』 卷86, 凶禮補編. 治葬圖說.

| 구분 | 기록 | 길이 | 너비 | 두께 | 대석 |
|---|---|---|---|---|---|
| 문석인 | 후릉 실측치 | 177cm | 85cm | 86cm | |
| | 국조상례보편 / 춘관통고 | 5척 8촌 2푼<br>(182cm) | 상 ; 8촌 9푼 (28cm)<br>하 ; 2척 1촌 9푼<br>(68cm) | 상 ; 6촌<br>(19cm)<br>하 ; 9촌 9푼<br>(31cm) | 땅에 들어가 있다. |
| 무석인 | 후릉 실측치 | 174cm | 72cm | 70cm | |
| | 국조상례보편 / 춘관통고 | 6척 2촌<br>(194cm) | 상 ; 9촌 4푼<br>(294cm)<br>하 ; 2척 2촌 4푼<br>(70cm) | 상 ; 8촌<br>(25cm)<br>하 ; 9촌<br>(28cm) | |

<조선후기 「예전」에 수록된 후릉 문무석인의 칫수>

위 표를 보면 조선후기에 예전에 수록된 문석인은 길이 182cm인데 후릉의 문석인은 177cm이고, 예전에 기록된 무석인은 길이 174cm인데 후릉의 무석은 174cm이다. 양자는 거의 차이가 없다. 이것은 조선후기 들어 숙종이 후릉의 석인상을 왕릉 조성의 전범으로 삼도록 한 것을 실천한 구체적인 사례라 볼 수 있다.

후릉의 문무석인은 중계에 문석인 2쌍이, 하계에 무석인 2쌍이 배치되어 있는데, 현재는 동쪽 왕후릉상의 문석인 1기가 결실되어 3기만 서 있다. 서쪽 왕릉 쪽 1번째 문석인은 돌이 단단한지 보존상태가 가장 좋은 편이고, 같은 쪽 두 번째 문석인의 돌이 무른지 마모 상태가 심하다. 동쪽 왕후릉의 1기만 남은 문석인은 왕릉의 것들보다 신체의 표현이 둔하고 복두의 한쪽 모서리가 약간 깨져 있다.

쌍릉 형식에 문석인 두 쌍이 마주보는 배치는 고려말 현정릉의 석인체제를 대체로 수용한 것이다. 그러나 문석인의 수염이 세 갈래로 갈라지거나 홀을 든 두 손을 폭 넓은 소매에 감추거나 공복의 옷주름이 계단식으로 도식화되어가는 경향은 건원릉의 문석인에 흡사하다. 이처럼 후릉의 문석인은 제도적으로는 현정릉을 수용했지만 양식적인 면에서는 건원릉의 요소가 많이 보이는 것이 특징이다.

문석인 3기의 얼굴은 전반적으로 상하가 짧고 좌우가 넓으며 이목구비가 작고 오목조목하여 귀여운 느낌을 준다. 3기 중 가장 상태가 좋은 서쪽 왕릉의 첫 번째 문석인을 보면 눈썹은 얇고 활처럼 휘었으며, 눈꺼풀은 선각으로 처리되어 있으며 눈은 동그랗다. 콧망울이 약간 깨졌으며 양쪽 빰이 볼록 올라오면서 입가에 주름을 만들고 있다. 작은 입은 앞으로 삐죽 내밀고, 다문 입은 입 꼬리가 살짝 올라가 웃음기를 머금고 있다. 문석인들은 두 종류의 턱수염을 보여주고 있다. 왕릉에 가까운 쪽에 선 문석인이 세 갈래로 나뉜 턱수염을 하고 있는 늙은 문석인인데 반해, 먼 쪽의 문석인은 마모되어 희미하지만 V자형 턱수염에 젊은 문석인의 표현을 하고 있다. 맞은편 왕후릉의 문석인 또한 V자형 턱수염의 젊은 문석인이 마주하고 있다. 이중 늙은 문석인은 건원릉의 문석인과 흡사하여, M자형 세 갈래 수염 또한 입 주위부터 턱과 목까지 전체를 덮고 있다. 귀의 표현은 이전까지의 문석인들과 달리 얼굴 뒤쪽에 작고 납작하게 붙어 있어 앞쪽에서는 거의 보이지 않는다. 서쪽 왕릉 두 번째 문석인은 얼굴 형태나 이목구비가 앞의 2기와 마찬가지이나, 눈은 뭉개지고 코는 깨져 있으며 마모가 심하여 온전하지 않은 편이다. 코와 입 주위가 전체적으로 문드러졌지만 입가의 주름이 두드러지는 데다가 턱수염은 목 아래쪽에 흔적만 엿보인다.

문석인의 얼굴 형태가 상하로 납작한 사각형에 가까워서인지 머리에 쓴 복두가 유난히 높아 보인다. 3기 모두 복두는 앞쪽이 낮고 뒤쪽이 높은 형태인데, 왕릉 첫 번째 문석인의 복두는 이마의 두 줄이 선명하고 복두의 형태가 완벽하나, 두 번째 문석인의 것은 형태만 남고 세부는 마모되어 알 수 없다. 왕후릉 문석인의 복두는 위쪽 왼쪽 모서리가 깨져 있다. 복두의 뒷모습은 희미하지만 3기 모두 각의 끝이 위로 향해 둥글게 말려 올라가는 교각(交脚)복두이고, 오른쪽의 각 위에 왼쪽 각이 올라가는 형태이다. 이러한 각의 위치는 공민왕릉 이후 제릉이나 건원릉에서 볼 수 없던 새로운 형식인데다가 이것을 헌릉에서도 계승하고 있어 주목된다.

문석인들이 입고 있는 공복과 손의 처리는 건원릉의 형식을 계승하는 것이다. 소매의 폭이 넓고 길어 두 손을 덮을 정도인 것은 조선 초기에 유행한 복식이다. 따라서 후릉의 문석인 3기는 모두 건원릉의 문석인에서 보는 것처럼 두 손을 덮은 긴 공복을 입고, 속에는 중의를 받쳐 입은 표현이 드러난다. 소매의 길이가 길어 여러 겹의 주름이 손에서부터 人자형을 그리며 전개되고, 넓은 소매부리가 살짝 바람에 펄럭인다. 옷자락의 길이도 길어 바닥을 덮을 만큼 질질 끌리면서 신발 부분에서 여러 차례 포개져 계단식의 평행주름을 이루고 있다. 이러한 옷의 형상은 3기 모두 공통되며, 단지 마모가 적고 많은 정도의 차이가 있을 뿐이다.

두 손은 길게 내려오는 소매 속에 감춰져서 표현되지 않았고, 전체적으로는 人자형을 이루고 있다. 두 손 중 왼쪽 소매가 위로 올라가 있어 오른손 위에 왼손을 위로 올려 포갠 모습이다. 가슴 앞에서 공수를 한 채 홀을 들었는데, 홀의 위쪽은 둥그스름하다. 왕릉 문석인의 것은 마모가 심해 형태가 희미하다.

요대는 문석인의 앞 모습에서는 소매에 가려 보이지 않으나 뒷모습을 보면 허리를 졸라매었다. 요대의 한쪽 끝은 왼쪽 위에서 오른쪽으로 사선을 이루고 내려 뜨려져 있다. 요대의 장식문양은 마모되어 확인하기 어렵다.

신발은 의식용 석(舃)으로서 발 끝부분이 위로 치켜 올라 있다. 3기 모두 신발의 표현이 정교하지 않고 뭉개져 있어 세부 문양을 알아보기 어렵다.

이처럼 후릉의 문석인 3기는 옆으로 펑퍼짐하게 퍼진 얼굴이 동안이면서 작고 아담한 신체가 특징적이다. 이들 문석인들은 작지만 얼굴과 신체의 비례가 알맞고 전체적으로도 균형이 잘 잡혀 있다. 옆쪽에서 볼 때도 단단한 등에서 허리쪽으로 좁아지다가 아래쪽 옷자락이 넓게 퍼지면서 편안한 S자를 그려 안정된 느낌을 준다. 뒷쪽에서 볼 때 상체 쪽은 밋밋하지만 허리띠 아래 하체는 八자형 소매 주름과 넓은 U자형 주름이 계단식으로 반복되고 있다. 가까운 지역에 위치한 제릉의 사실적인 표현 대신 시기적으로 가까운 건원릉에서 비롯한 단순화 경향에 영향을 받은 것을 알 수 있다. 특히 얼굴 턱수염이 세 갈래로 갈라지거나, 넓고 긴 소매로 두 손을 가리거나, 주름이 단순하게 정리되면서 일정 간격의 계단식을 이루는 표현 등은 건원릉 조각에서 영향을 받은 것이다. 그러나 쌍릉 형식이면서도 4기 모두 거의 같은 형상의 늙은 문석인으로 배치하는 것이라든지, 교각복두의 각이 오른쪽 위에 왼쪽이 올라가는 것은 처음 시도되는 새로운 형식이다. 더욱이 이러한 형식은 쌍릉으로 조성된 헌릉의 문석인에서 그대로 반복되면서 조선 초기 쌍릉 양식에 영향을 끼치고 있다.

한편, 후릉의 무석인 또한 쌍릉 형식으로서 2쌍의 무석인은 갑주를 집고 검을 들고 마주 보고 배치되어 있다. 무석인 또한 문석인과 마찬가지로 2쌍씩 4기를 배치하는 쌍릉의 석물제도는 공민왕대 현정릉에서 유래된 것이다. 그런데 후릉에 배치된 2쌍의 무석인의 얼굴과 갑옷의 구조는 제릉에서 연유하지만, 두 손으로 검을 빼서 집고 선 모습 등 전체적으로는 건원릉의 늙은 무석인의 모습과 흡사하다. 후릉 무석인 4기는 돌의 재질이 약한 듯 표면의 마모가 심하고 세부 문양은 거의 뭉개져서 확인이 어렵고, 특히 동쪽 왕후릉의 2기가 더 심하다.

무석인의 얼굴은 작고 이목구비가 동글동글해서 귀여우나 근육을 표현해서 음영이 강조되고 있다. 서쪽 왕릉의 첫 번째 무석인은 눈이 커 둥그렇게 뜨고 있으며, 두툼한 눈썹도 둥그렇고 코는 약간 깨져 뭉툭해졌고, 좌우의 귀는 유난히 큰 편이다. 뺨이 툭 튀어 나오고 조그만 입이 약간 튀어나온 데다가 입 주위에 주름이 져 그림자가 유난히 도드라져 보인다. 콧수염은 분명치 않으나 턱수염은 목 아래까지 가지런히 흘러 내리고 있다. 턱수염의 형태는 마주 보는 1쌍씩 달라서, 왕릉과 왕후릉에 가까운 쪽에 서 있는 무석인은 통짜의 V자형이고, 먼 쪽의 무석인은 세

갈래로 퍼진 M자형인 점이 차이를 보인다. 현정릉에서는 통짜의 무석인은 젊고 세 갈래의 무석인은 늙었는 데, 후릉에서는 마모되어 그렇게 현저한 차이를 보이지 않고 둘다 늙은 모습을 하고 있다. 이러한 특징은 동쪽 왕후릉의 무석인에서도 공통되지만 왕릉쪽보다 많이 마모되어 구별이 어렵다. 작고 동글동글하면서 귀여운 인상의 후릉 무석인상은 근엄하고 무서운 형상의 고려 말 현정릉의 것과 달리 우리 주위에서 흔히 볼 수 있는 누군가의 모습을 발견할 수 있어 한결 친근하게 다가온다.

무석인은 투구와 갑옷을 완벽하게 갖춘 무장을 하고 있다. 머리에는 복발(覆鉢)형 투구를 쓰고 있다. 4기 모두 많이 뭉개져서 세부 묘사를 확인하기는 쉽지 않다. 서쪽 왕릉 첫 번째 무석인은 투구의 앞쪽에 두 줄을 둘렀고 뭉개졌지만 가운데 부분에 무늬를 새긴 흔적이 있다. 꼭대기 부분에는 상모가 위로 솟아 있다. 투구와 목가리개[鍉]의 연결부위에도 얕은 선이 새겨져 있으며, 어깨까지 내려온 목가리개는 아무 문양 없이 목 전체를 두툼하게 두르고 있다. 무석인의 어깨에 두르는 피견(被肩)은 수염 아래쪽에 여의두운(如意頭雲)처럼 곡선으로 처리되어 있으나 등 뒤에는 아무런 표시도 없다.

무석인 4기는 모두 전포(戰袍) 위에 가슴과 허리, 허벅지 및 팔뚝과 정강이까지 갑옷을 걸쳐 입어 완전 무장한 구조이다. 전포를 입은 위쪽 가슴에는 흉갑(胸甲), 등에는 배갑(背甲), 허벅지 양쪽에는 퇴갑(腿甲), 허리에는 늑갑(肋甲)을 빈틈없이 두른 형상이다. 제릉이나 건원릉과 마찬가지로 배에 치마처럼 입던 상갑(裳甲)은 사라지고 없다. 뒤쪽에는 배갑을 입고 허리띠를 띠고 있다. 흉갑과 배갑을 착용해서 전포를 조이고 소매부리를 둘둘 말게 되면 소매 아래의 배래 부위에 큰 공간이 생기면서 너풀거리므로, 진동의 끝단을 리본처럼 고를 맺게 된다. 그러면 매듭의 리본장식은 양쪽 팔꿈치 뒤쪽에 작은 묶음이 생기고, 다시 넓은 소매부리는 풍선처럼 부풀려지게 된다. 이렇게 소매가 매듭과 둥근 고리형으로 2중으로 부풀려지는 것은 제릉에서 처음 시도되어 건원릉으로 이어진 과장된 장식인데 후릉에서도 마찬가지이다.

한편 전포의 소매를 걷으면서 밖으로 드러나는 양 팔뚝에는 토시처럼 굉갑(肱甲)을, 전포를 조이면서 앞쪽이 들려 그 아래로 보이는 양쪽 정강이에는 경갑(脛甲)을 두르고 전화(戰靴)를 신은 모습이 여전히 표현되어 있다. 원래 무석인의 갑옷에는 여러 종류의 무늬가 얕게 새겨져 있으나 후릉 무석인상은 표면의 마모가 심하여 세부 문양을 확인하기 어렵다.

흉갑은 피갑 아래 가슴 앞 부분을 가리는데, 여기를 폭 넓은 띠로 두른 다음 좁은 다회끈으로 살짝 묶고 있다. 전포를 묶은 허리띠[腰帶]의 버클 부분에는 귀면문을 배치하고 있고, 버클 아래쪽 띠매듭은 양 손에서는 보이지 않다가 칼의 좌우로 흘러 내려오다가 한번 더 묶여 바닥까지 닿아 있다. 뒤쪽의 허리띠는 소매와 소매 사이에 배갑과 늑갑 위에 놓여 있다.

무석인 4기 모두 V자형으로 맞잡은 양 손은 오른손 위에 왼손을 올리고 칼의 손잡이를 얹은 人자형 모습이다. 칼은 아래로 쭉 내려와 칼끝이 바닥 중앙에 닿았고, 손잡이의 끈은 오른쪽 사선으로 살짝 내려온 모습이다. 허리띠에 매달린 칼집은 2중의 장식띠가 돌려져 왼쪽 허리 아래로부터 사선으로 놓여 있다.

후릉 무석인 또한 문석인과 마찬가지로 크지 않은 키지만 얼굴과 신체의 비례가 알맞다. 적당한 어깨에 가슴부터 허리 및 다리까지 완전 무장한 갑옷, 칼을 빼서 자연스럽게 두 손으로 집고 발을 벌리고 당당하게 서 있는 세부 처리도 적절하다. 옆면에서 볼 때 투구부터 어깨, 그리고 허리부터 갑옷까지 흐르는 선도 완만한 S자를 그리고 있다. 뒷면에서 볼 때 상체는 단순하고 허리 아래는 갑옷으로 면분할이 되어 있으며 그 아래 포의 주름이 자연스럽다. 그러나 표면이 마모가 되어 세부 표현을 확인하기 어렵기 때문인지 디테일보다 재료의 양감을 느낄 수 있다.

따라서 후릉의 문무석인상은 크기 면에서는 고려말 현정릉의 문무석인상보다 2/3정도로 작아졌으며, 신의왕후의 제릉은 물론 태조의 건원릉보다도 작아져 아담하게 만들어졌다. 그 결과 조선후기 숙종대에 단종의 장릉이나 정순왕후의 사릉을 비롯, 숙종과 인현왕후의 명릉이나 경종의 의릉 등 17세말 18세기 전반에 문무석인상을 조성하는 데 전범으로서 참고가 되었다. 한편 쌍릉 형식으로 조성한 후릉의 석물제도는 비록 현정릉을 계승하였지만, 늙은 문무석인상의 배치 형식이나 세부 표현은 건원릉의 양식을 이어받고 있었다. 문석인의 경우 세 갈래 수염이나 공복 속에 손을 감추거나 옷주름이 계단식으로 단순화되는 점이 그것이다. 무석인의 경우 피견을 애매하게 처리하거나 양손으로 칼 손잡이를 쥐거나 전포의 소매부리를 묶어 묶음과 풍선처럼 부푼 장식처리 등이 그러하다. 하지만 교각복두의 각이 왼쪽 위에 오른쪽이 올라가는 등 새로운 형식도 시도되는 것을 알 수 있다. 결국 후릉의 문무석인은 제도와 규정은 현정릉에서 유래하고 있지만 조선초기 제릉과 건원릉의 형식을 이어받으면서도 새로운 양식을 시도하고 있었다. 이것이 이후 쌍릉형식으로 조성한 헌릉에 영향을 끼쳤으며, 조선후기 17세기말 18세기 초에는 문무석인상의 양식적 전범으로서 참작되어 미술사적인 의미가 매우 크다고 할 수 있다.

### 3) 태종과 원경왕후 헌릉

헌릉은 조선 제3대 태종의 릉이다. 태종은 세종에게 양위한 후 원경왕후는 1420년(세종 2)

9월 초6일에 승하하자,[280] 광주 서쪽 대모산의 양지쪽 건해산에 건좌손향(乾坐巽向)으로 모셨고,[281] 세종 2년 8월 24일에 헌릉 지문을 지어 올렸다.[282] 왕후 헌릉과 광효전의 지기는 각각 두 사람씩 임시로 두었다.[283] 능직이와 권무 2인과 수호군 100호를 두고 매호마다 밭 2결씩을 주었다.[284] 능침을 능실의 두 방석(傍石)과 개석(蓋石)을 전석(全石)으로 쓰려면 운반하기가 매우 어려우므로 나누도록 하고 이것을 후세 자손으로 하여금 법으로 따르도록 하였다.[285] 태종은 1422년(세종 4) 5월 초10일에 신궁에서 승하하고 수강궁에 빈전을 모셨다가 9월 초6일에 헌릉에 장사를 지냈다.[286]

하지만 헌릉은 영조한 지 얼마 안 되어 문제가 발생하였다. 세종 대부터 배수가 잘 되질 않았는지 능이 축축하게 젖어, "산릉수리도감"을 설치하여, 수보한 바 있었다.[287] 조선후기에 들어서는 숙종 때 능상 석물을 몇 차례 수보하고 있었다. 숙종대 언제부터인가 능상의 병풍석이 허리가 끊어졌는데, 1692년(숙종 18)에 이르러 왕릉의 석물이 절파된 것이 심해졌다.[288] 며칠 후 헌릉의 석물이 절파된 곳을 봉심하고,[289] 곧 이어 택일하여 수보할 것을 청하였다.[290] 이후 1712년(숙종 38) 11월에도 헌릉 능상 왕릉의 난간주 석연엽 1곳의 귓돌이 비바람으로 마모되고 박락되어,[291] 수개도감을 세우고 당상과 낭청을 차출하였으며,[292] 이듬해 1월 부석소에서 돌을 떠내어 수리하였다.[293]

그런데, 1768년(영조 44) 2월 22일에 헌릉의 석물에 탈이 있어 영의정과 예조판서가 봉심하고 와서 1744년(영조 20년) 제릉의 신도비를 영건한 전례에 따라 중수도감을 설치하여 거행하도록 하였다.[294] 도감의 당상은 예조판서와 공조판서로 삼고 낭청은 구례에 따라 예조의 낭청과 선공감의 감역으로 삼아 거행토록 하였다.[295]

280) 『太宗實錄』卷36, 太宗 18年 11月 8日 甲寅. 애책의 내용에 의해 알 수 있다.
281) 『世宗實錄』地理志, 京畿道, 光州牧.
282) 『世宗實錄』卷9, 世宗 2年 8月 24日 庚申.
283) 『世宗實錄』卷9, 世宗 2年 9月 19日 壬戌.
284) 『世宗實錄』地理志, 京畿道, 光州牧.
285) 『世宗實錄』卷10, 世宗 2年 10月 27日 壬戌 ; 『英祖實錄』卷105, 英祖 41年 5月 13日 丁亥. 원경왕후를 장사치를 때 헌릉의 능 위에 있는 사방석이 크기가 커서 민폐가 크므로 태종이 친히 능소에 나아가 양편석으로 고치게 하였다.
286) 『世宗實錄』卷17, 世宗 4年 9月 4日 戊午. 애책문에 의거함.
287) 『世宗實錄』卷96, 世宗 24年 5月 15日 甲戌.
288) 『承政院日記』卷347, 肅宗 18年 1月 11日 辛酉.
289) 『承政院日記』卷347, 肅宗 18年 1月 12日 壬戌.
290) 『承政院日記』卷347, 肅宗 18年 1月 14日 甲子.
291) 『承政院日記』卷474, 肅宗 38年 11月 25日 甲辰.
292) 『承政院日記』卷474, 肅宗 38年 11月 28日 丁未.
293) 『承政院日記』卷475, 肅宗 39年 1月 28日 丙午.
294) 『英祖實錄』卷110, 英祖 44年 2月 22日 庚辰.
295) 『英祖實錄』卷110, 英祖 44年 2月 22日 庚辰.

'계사질'에는 중수도감에서 임금에게 올린 계사와 이에 대한 영조의 답변인 전교를 날짜순으로 정리해 놓고 있다. 2월 23일 대신들이 회동하여 도감 사목을 정한 이후, 낭청 이하 원역을 임명하는 건, 도감에서 석물을 수개할 길일을 택정하는 건, 고유제를 설행하는 건, 호환을 대비하는 건, 왕릉상과 왕후릉상의 석물을 수개하고 훼손된 사초를 교체하는 건 등의 공역과정이 3월 21일까지 정리되어 있다.

(1) 헌릉의 신도비

세종은 태종의 헌릉에 건원릉의 예를 따라 비석을 세우도록 하였다.[296] 비석의 체제는 건원릉의 비석체제 [길이 13척 2촌, 너비 3척 5촌, 두께 1척] 를 따르되, 헌릉의 것은 길이 1척 8촌, 너비 5촌, 두께 2촌을 더하여 여유 있게 만들었다.[297] 당시 비석돌은 강화부에서 채취하여 수로를 이용하여 운반하였다.[298] 비문은 변계량, 글씨는 성개, 전액은 권홍이 썼으며,[299] 세종 5년(1423) 10월 비석이 완성되자 세종이 친히 헌릉 비석소에 거둥하였다.[300] 곧 이어 세종 6년(1424) 비석을 보호할 비각을 세우게 하였고,[301] 비각을 감동하러 참찬 안순이 헌릉에 나아갔다.[302] 비각과 비석이 모두 완성된 것은 세종 6년 7월경이며, 이 때 비문을 지은 변계량과 글을 쓴 성개, 전액(篆額)을 쓴 권홍에게 말을 하사토록 하였다.[303] 세종 8년에 이르러 헌릉 비문 중 즉위한 날이 무인년임에도 정묘년으로, 원경왕후가 명 황제에게 하사품을 받은 것이 여섯 번인데 비문에는 다섯 번으로 잘못 기록된 곳을 발견하여 비문의 내용을 고치도록 하였다.[304]

이제, 숙종대에 헌릉 신도비를 중건하고자 논의했던 과정 및 제작 실태를 알아보자. 조선후기에 들어 헌릉 비석은 심각하게 훼손되어 있었다. 곧 1625년(인조 3) 헌릉 귀대석의 거북이 머리 부분이 파손되어 있었던 것이다. 이것을 고치려고 못을 박으면 비석의 몸체가 흔들려 더 훼손되거나 비석이 산산 조각이 날 가능성이 있어 당시에는 그대로 두기로 하였다.[305]

숙종 대에 들어 헌릉 비석을 중건하자는 논의가 재개되었다. 1682년(숙종 8) 3월 헌릉 비석

296) 『世宗實錄』 卷17, 世宗 4年 10月 2日 丙戌.
297) 『世宗實錄』 卷19, 世宗 5年 1月 21日 癸卯.
298) 『世宗實錄』 卷19, 世宗 5年 3月 16日 丁酉.
299) 『世宗實錄』 卷25, 世宗 6年 7月 25日 戊戌.
300) 『世宗實錄』 卷22, 世宗 5年 10月 11日 戊午.
301) 『世宗實錄』 卷24, 世宗 6年 5月 21日 乙未.
302) 『世宗實錄』 卷24, 世宗 6年 5月 21日 乙未.
303) 『世宗實錄』 卷25, 世宗 6年 7月 25日 戊戌.
304) 『世宗實錄』 卷34, 世宗 8年 10月 29日 己丑 ; 11月 3日 壬辰. 비석은 고쳤으나 능침에 파묻어둔 지석은 파내어 고치기 어려워 그대로 두었다.
305) 『承政院日記』 卷9, 仁祖 3年 10月 15日 庚寅.

의 부서진 부분을 보수키로 논의되고,[306] 며칠 후에 봉심하였다.[307] 당시 헌릉 비석은 비가 기울어 넘어질 우려가 있어 귀대석의 파열된 곳은 유회로 메꿔 놓았고 용머리는 철사로 묶여 있었는데 이는 임시로 변통한 것이었으므로 곧 대책을 마련하자는 논의가 있게 되었다.[308] 그러나 몇 년간 논의되지 않더니, 1691년(숙종 17) 7월에 이르러 비석의 현상을 다시 조사한 뒤, 비석의 용머리는 철사로 얽어맸으며 몸체의 곳곳은 깨져 있어 문자를 해득하기가 어렵고 거북돌은 두 곳이 깨져 그 머리와 꼬리에 회를 바르는 등 형편이 없다고 보고하였다.[309]

이에 1694년(숙종 20) 2월 25일 예조의 비망기로, 선왕의 공덕을 새긴 비석이 오랜 세월 병화로 훼손되고 문자도 닳아 없어졌기 때문에 중건청을 세워 새로 만들어 세우고, 예전 것은 그대로 보존하도록 하자고 제의하였다.[310] 본 의궤의 '계사질'은 이후 1695년(숙종 21) 5월 27일까지 날짜순으로 중건청의 설치와 사목 마련, 비석돌과 귀대석의 간품과 채취, 비석의 마정과 귀대석의 조탁, 비각의 철훼와 중건, 옛 비석의 비문을 간심하고 음기제술관·서사관·제술관·전문서사관의 결정 등을 자세히 싣고 있다.

1694년(숙종 20) 3월 8일에는 '헌릉비석중건청'을 세워 본청사목을 마련하였다.[311] 비석돌은 3월 9일 황해도의 강음땅의 것과,[312] 3월 20일경 충청도 충주의 석품을 간심한 뒤,[313] 강음의 돌이 연하지도 강하지도 않고 아름답다고 판정하여,[314] 4월 3일 부석소를 황해도 강음에 설치하였다.[315] 그러나 5월 18일 농사철에 인력 동원을 하면 민폐가 되므로 추수가 끝날 때까지 미루기로 하여,[316] 8월부터 착수하였다.[317]

8월 20일부터[318] 9월 14일까지 강음 부석소에서 길이 13척 7촌, 넓이 4척 5촌, 두께 1척 2촌의 비석을 떠내었다.[319] 9월 21일 부석소에서 예석꾼 1,500명이 비석들을 연안과 배천에서 징발

306) 『承政院日記』 卷289, 肅宗 8年 3月 20日 戊辰.
307) 『承政院日記』 卷289, 肅宗 8年 3月 26日 甲戌,
308) 『承政院日記』 卷289, 肅宗 8年 4月 3日 庚辰.
309) 『承政院日記』 卷346, 肅宗 17年 7月 13日 丙申 ; 『肅宗實錄』 卷23, 肅宗 17年 7月 24日 丁未.
310) 『獻陵碑石重建廳儀軌』, 啓辭秩, 肅宗 20年(1694) 2月 25日 ; 『肅宗實錄』 卷26, 肅宗 20年 2月 25日 癸巳 ; 『承政院日記』 卷355, 肅宗 20年 2月 25日 癸巳.
311) 『獻陵碑石重建廳儀軌』, 啓辭秩, 肅宗 20年(1694) 3月 8日 ; 『承政院日記』 卷355, 肅宗 20年 3月 8日 丙午. 이하 중건청의 논의 내용 중 많은 부분이 승정원일기에도 수록되어 있으나 의궤 내용이 가장 자세하다.
312) 『獻陵碑石重建廳儀軌』, 移文帙, 1694年 3月 9日 ; 啓辭秩, 1694年 3月 10日 ; 『承政院日記』 卷355, 肅宗 20年 3月 11日 己酉. 같은 내용이 의궤와 승정원일기에 함께 실려 있는데, 간혹 날짜가 다를 경우 의궤가 하루나 이틀 앞설 경우가 많았다.
313) 『獻陵碑石重建廳儀軌』, 啓辭秩, 1694年 3月 18日, 19日 ; 移文帙 3月 20日 ; 『承政院日記』 卷356, 肅宗 20年 3月 21日 己未.
314) 『獻陵碑石重建廳儀軌』, 啓辭秩, 1694年 5月 13日 ; 『承政院日記』 卷357, 肅宗 20年 5月 13日 경술.
315) 『獻陵碑石重建廳儀軌』, 移文帙, 1694年 4月 3日.
316) 『獻陵碑石重建廳儀軌』, 啓辭秩, 1694年 5月 18日 ; 移文帙, 1694年 5月日.
317) 『獻陵碑石重建廳儀軌』, 啓辭秩, 1694年 8月 6日 ; 『承政院日記』 卷360, 肅宗 20年 8月 6日 辛丑.
318) 『獻陵碑石重建廳儀軌』, 啓辭秩, 1694年 8月 19日 ; 『承政院日記』 卷361, 肅宗 20年 8月 19日 甲寅.
319) 『獻陵碑石重建廳儀軌』, 啓辭秩, 1694年 9月 14日 ; 『承政院日記』 卷361, 肅宗 20年 9月 15日 庚辰.

<태종 헌릉의 전경>, 1420년

<태종 헌릉의 문무석인>, 1420년

한 배에 실어 수송하였고,[320] 한강변에 도착하자 모전 등으로 몇 겹을 싼 다음 썰매에 싣고 압구정부터 삼전도까지 분정한 1,000명의 예선꾼과 예운꾼이 끌어,[321] 10월 6일 능 아래까지 운반하여 세워 두었다.[322] 다음날 당상과 낭청 이하가 석품을 간심하였고,[323] 석품이 견고한데다 결점도 없어서 감역관은 능 내에 가가(假家)로 옮겨 치석(治石)하도록 조처하였다.[324]

귀대석의 경우 10월 15일 낭청과 감조관이 석공을 데리고 경기도 과천의 2곳과 금천 1곳의 석품(石品)을 간심하러 나갔다.[325] 부석소는 과천 영주산으로 정해졌고,[326] 11월 25일에 다 떠내었다.[327] 채취한 귀대석을 운반하려면 과천부터 사장현, 승방평, 잠실을 거쳐 능소까지 이르는데 2,500명을 동원하여 길을 미리 보수하였다.[328] 12월 14일부터 썰매에 싣고,[329] 예운꾼 2,000여 명이 과천 부석소부터 험한 길을 따라,[330] 12월 25일 능소로 운반하였다.[331] 귀대석이 커 썰매가 10리도 못가 절파되어 용산의 대부동 2주로 다시 만들어 운반토록 하는 등 어려움이 많았다.

320) 『獻陵碑石重建廳儀軌』, 移文帖, 1694年 9月 24日 ; 手本帖, 1694年 9月日. 비석돌이 닿을 한강변에는 선창이 없어 미리 만들도록 하였고, 예선꾼도 미리 보내도록 조처를 했다.

321) 『獻陵碑石重建廳儀軌』, 移文帖, 1694年 9月日 ; 來關秩 1694年 10月日. 한강 - 양재 - 석교북변 - 예당평 - 삼전도 남변에서 능소까지 30리였다.

322) 『承政院日記』 卷362, 肅宗 20年 10月 6日 庚子.

323) 『獻陵碑石重建廳儀軌』, 啓辭秩, 1694年 10月 7日 ;『承政院日記』 卷362, 肅宗 20年 10月 7日 辛丑.

324) 『獻陵碑石重建廳儀軌』, 啓辭秩, 1694年 10月 9日 ;『承政院日記』 卷362, 肅宗 20年 10月 9日 癸卯.

325) 『獻陵碑石重建廳儀軌』, 啓辭秩, 1694年 10月 15日 ;『承政院日記』 卷362, 肅宗 20年 10月 15日 己酉, 17日 辛亥.

326) 『獻陵碑石重建廳儀軌』, 啓辭秩, 1694年 10月 15日 ;『承政院日記』 卷362, 肅宗 20年 10月 20日 甲寅.

327) 『獻陵碑石重建廳儀軌』, 啓辭秩, 1694年 11月 25日 ;『承政院日記』 卷362, 肅宗 20年 11月 25日 己丑.

328) 『獻陵碑石重建廳儀軌』, 移文帖, 1694年 10月 27日 ; 手本帖, 1694年 11月日 ; 甘結帖, 1694年 11月日.

329) 『獻陵碑石重建廳儀軌』, 移文帖, 1694年 12月 6日, 12日, 15日, 17日 귀대석이 커 썰매가 10리도 못가 절파되어 용산의 대부동 2주로 다시 만들어 운반토록 하는 등 어려움이 많았다.

330) 『獻陵碑石重建廳儀軌』, 啓辭秩, 1694年 12月 14日 ; 移文帖 11月 15日자를 보면 귀대석의 예운꾼은 2,000명에서 2,500명으로 예정했으나 실제 군사는 1,800명에 불고하하여 500명을 더 분정토록 하였다.

331) 『獻陵碑石重建廳儀軌』, 啓辭秩, 1694年 12月 25日 ;『承政院日記』 卷362, 肅宗 20年 12月 25日 戊午,

능역은 1695년부터 시작되었는데, 당시 능소에 세웠던 가가는 총 41칸이었고 비석 3칸과 귀대석 2칸을 제외하면, 원역 이하 장인의 가가는 19칸이었다.[332] 당상들이 머물 가가에는 지의·면단석·등매·안석·병풍·모방석·초방석 각각 1개씩, 대야·소라·요강·타구 각각 1개씩, 연갑·연석구 각 1개씩을 배치하여 업무를 볼 수 있도록 조처하였다.[333] 1월 22일 본릉 참봉이 감조관으로 석공을 거느리고 비석을 마정하고 귀대석을 조탁하기 시작하였다.[334] 2월 2일 귀대석의 조각을 시역하였고,[335] 2월 22일 비석을 마정하기 시작하였고,[336] 3월 7일 비석을 물모래로 갈고 닦는 것과 귀대석의 조탁을 마쳤다.[337] 3월 8일 용머리의 조각을 시작하여 28일 뒷면까지 마쳤다.[338] 4월 17일 비의 귀대석을 세웠다.[339]

비각은 1월 25일부터 의논하여, 옛 비각을 철훼하여 쓸 만한 것은 가려 쓰고 부족한 목재는 마련하여 진배키로 하였다.[340] 2월 1일 비각을 철훼할 때 굵은 밧줄과 덮어둘 대초둔 20개를 들였다.[341] 3월 들어 비각을 중건할 때 필요한 물목을 변수장인들이 마련하도록 조치하였고,[342] 25일 비각을 중건할 때 필요한 기계목을 각읍에 분정하면 민폐가 있으니, 의남산에 말라죽은 소나무 중 합당한 것으로 선택하기로 하였다.[343] 4월 10일 비각에 들일 방전이나 기와 등을 들였다.[344]

비문의 경우 글자수가 3,839자였는데,[345] 3월 7일 서사관 이덕성이 능소에 나와 옛 비석에 새겨져 있던 비문을 인출, 간심하여 빠진 글자가 없는 지 확인하였다. 28일 비문을 새기는 각역은[346]글자수가 적은 뒷면부터 시역했다.[347] 4월 5일 대제학 박태상이 음기의 후면 말행을 추가로 써서 붙였고,[348] 4월 17일 뒷면의 각역을 마치고 앞면을 돌려 숫돌로 마정한 다음 새기기 시작

332) 『獻陵碑石重建廳儀軌』, 분정질. 낭청 2칸, 감조관 1칸, 간역 4칸, 공작 4칸, 원역 2칸, 목수 2칸, 석수 2칸, 야장 2칸에, 모꾼 90명의 12칸, 화정 5칸이었다.
333) 『獻陵碑石重建廳儀軌』, 移文帙, 1695年 2月 7日.
334) 『獻陵碑石重建廳儀軌』, 啓辭秩, 1695年 1月 21日.
335) 『獻陵碑石重建廳儀軌』, 啓辭秩, 1695年 2月 2日.
336) 『獻陵碑石重建廳儀軌』, 啓辭秩, 1695年 2月 22日.
337) 『獻陵碑石重建廳儀軌』, 啓辭秩, 1695年 3月 9日.
338) 『獻陵碑石重建廳儀軌』, 啓辭秩, 1695年 3月 9日, 28日.
339) 『獻陵碑石重建廳儀軌』, 啓辭秩, 1695年 4月 17日.
340) 『獻陵碑石重建廳儀軌』, 啓辭秩, 1695年 1月 25日.
341) 『獻陵碑石重建廳儀軌』, 甘結帙, 1695年 2月 1日.
342) 『獻陵碑石重建廳儀軌』, 手本帙, 1695年 3月日. 기와는 개장이, 안료는 칠장이, 전돌과 회칠은 니장이, 목재는 목수변수가 전례를 참작하여 마련토록 하였다.
343) 『獻陵碑石重建廳儀軌』, 啓辭秩, 1695年 3月 25日 ; 手本帙, 1695年 3月日.
344) 『獻陵碑石重建廳儀軌』, 甘結帙, 1695年 4月 10日 ; 手本帙 1695年 3月日. 옛 비각에서 쓸 수 있는 2눌 960장 이외에 부족한 것을 개장이 참작하여 4눌 500장을 마련하고, 중와 및 여방초, 부방초 등도 마찬가지였다.
345) 『獻陵碑石重建廳儀軌』, 移文帙, 1695年 2月日.
346) 『獻陵碑石重建廳儀軌』, 移文帙, 3月 2日 ; 啓辭秩, 1695年 3月 10日, 25日.
347) 『獻陵碑石重建廳儀軌』, 啓辭秩, 1695年 3月 28日. 비석이 크고 무거워 자주 뒤집기가 어려워 글자수가 적은 뒷면부터 순서대로 한 것이다.
348) 『獻陵碑石重建廳儀軌』, 啓辭秩, 1695年 4月 5日.

하였다.[349] 5월 5일 글씨를 새기길 끝내고 서사관이 자획의 교정까지 마쳤다.[350]

5월 7일 비석을 세울 역군 500명을 각읍에 분정하면 농사철에 민폐가 심하여 남한산성 각사의 승군 400여명을 동원키로 하여,[351] 5월 13일 비석을 경기도 100명과 남한산성의 승려 430명의 예운꾼을 징발하여 무사히 세웠으며,[352] 16일 비각에 상량하였다.[353] 5월 27일 비문을 인출하여 어람용과 세자궁에 진상할 2건을 족자로 장황하여 들인 후 중건청을 파하였다.[354]

중건청은 헌릉의 비석과 비각을 영건할 때 관리 책임을 맡은 당상 이하 원역과, 실제 조성하던 장인으로 구성되어 있다. '좌목'은 중건청의 당상 이하 원역의 명단이다. 당상은 1694년 3월 3일에, 낭청과 감역관은 1694년 3월 8일에 임명하여 도감역에 착수하였으며, 이듬해 1695년 5월까지 봉직하였다.[355] 중간에 외직의 발령과 신병 등의 이유로 약간의 변동이 있기도 했다. 도감의 당상과 낭청으로 재직한 인원들의 교체, 파직, 재직시기 및 영역부장 이하의 명단을 정리하면 다음의 표와 같다.

| 원역 | 인원 | 이 름 |
|---|---|---|
| 당상 | 2 | 禮曹判書 權愈(1694. 3/3 - 4/10 파직) / 禮曹判書 尹趾善(1694. 4/12 - 윤5/14 이직) / 禮曹參議 金洪福(1694. 8/20 - 10/4 이직) / 禮曹參議 趙相愚(1694. 10/8 - 10/20 이직) / 禮曹參判 閔鎭長(1694. 11/16 - 12/26 이직) / 禮曹參判 李彦綱(1694. 12/28 계하- )<br>工曹判書 柳命賢(1694. 3/3 - 4/2 파직) / 工曹判書 申翼相(1694. 4/11 - 4/27 이직) / 工曹參判 李秀彦(1694. 4/28 - 5/26 이직) / 工曹參議 徐文裕(1694. 8/11 - 9/6 이직) / 工曹參議 尹以道(1695. 2/15 계하- ) |
| 낭청 | 2 | 兵曹正郞 朴希閔(1694. 3/8 - 4/1 遞) / 趙九畹(1694. 4/8 - 윤5/2 遞) / 金日省(1694. 8/16 - 9/13 이직) / 金德恒(1694. 9/24 - 1695. 4/19 이직) / 李萬選(1695. 4/30 계하-)<br>戶曹佐郞 李築(1694. 3/8 - 4/1 遞) / 李東亨(1694. 8/16 분차- ) |
| 감역관 | 2 | 繕工監監役 韓載(1694. 3/8 - 8/13 孝陵修改移差) / 盧重徽(1694. 1/15 - 1695. 2/2 病遞)<br>南啓夏(1695. 2.2 - )<br>兼監役 本陵參奉 金洵(1694. 12/25 - ) |
| 영역부장 | 2 | 鄭休, 金覽輝 |
| 사자관 | 3 | 劉萬敵, 洪后績, 李麟錫 |
| 산원 | 1 | 林時挺 |
| 화원 | 1 | 崔壽萬 |
| 서리 | 5 | 洪一暹, 韓善昌, 太世麟, 尹之宏, 李時聃(代 金鼎龜) |

349) 『獻陵碑石重建廳儀軌』, 启辭秩, 1695年 4月 17日.
350) 『獻陵碑石重建廳儀軌』, 启辭秩, 1695年 5月 5日.
351) 『獻陵碑石重建廳儀軌』, 启辭秩, 1695年 5月 7日.
352) 『獻陵碑石重建廳儀軌』, 移文帙, 1695年 5月 3日 ; 來關秩, 1695年 4月日.
353) 『獻陵碑石重建廳儀軌』, 启辭秩, 1695年 5月 13日.
354) 『獻陵碑石重建廳儀軌』, 启辭秩, 1695年 5月 27日.
355) 『獻陵碑石重建廳儀軌』, 座目.

| | | |
|---|---|---|
| 고직 | 2 | 朴貴成 / 營繕庫直 朴愛鳳 |
| 사령 | 1 | 金尙 |

<태종 헌릉 중건청의 당상원역>

당상은 예조와 공조에서, 낭청은 인력 동원과 재정을 담당한 병조와 호조의 관원이, 감역관은 영건공사를 주관할 선공감 감역과 능참봉이 현장을 책임지고 있었다.

중건청에 동원된 장인의 최종 명단은 '장인질'에 올라 있다. 장인들은 비석을 맡아 제작한 석수와 비각을 조성한 목수를 비롯한 장색이 20종이며, 의궤의 중간 훼손된 부분이 있어 3종의 장색은 확인할 수 없었다. 총 동원된 장인의 숫자는 석수 13명을 비롯하여 총98명이었다. 비각을 조성할 때의 목수 김명석은 비각의 제도를 상세하게 마련하였다.[356] 17세기의 대표적인 목수로서 오랫동안 활동하여 이름이 높았던 김갑신은 목수변수로 동원되어,[357] 개장, 칠장, 니장들의 장인들과 함께 작업하였다.[358]

비석을 조성하기 위해 총융청과 어영청의 석수를 동원하였을 뿐 아니라,[359] 훈련도감의 석수 박길(朴吉)을 차출하여 비석의 용머리를 조각하였다.[360] 야장 이기축은 수어청 소속이었다.[361]

| 장색 | 인원 | 장인명 |
|---|---|---|
| 石手 | 13 | 李永立, 朴吉, 甘二建, 崔山, 李加應伊, 朴次乭屎, 安鶴, 金武直, 金戒直, 劉富貴, 朴㖙善, 李善金, 韓貴尙 |
| 木手 | 18 | 金甲申, 金命碩, 鄭甲金, 黃金同, 張仁尙, 金太一, 金同, 崔己達, 李永俊, 尹戊辰, 朴三進, 李士龍, 李萬成, 孔實, 李吉男, 金金伊, 金貴同, 金春「」 |
| 冶匠 | 3 | 李己丑, 李貴俊, 金雄伊 |
| 刻手 | 13 | 李守命, 金貞顯, 李時雄, 尹吉, 金有鐵, 「張」「」「」, 車信元, 韓天仁, 柳春立, 洪實賢 (安岳), 李時成, 「」「」「俊」, 南印 (原州僧) |
| ? | 2 | 「」「」「」, 「」天命 |
| ? | 2 | 「」「」「」; 「」一男 |
| ? | 1 | 「」「」「」 |
| 引鉅匠 | 4 | 李「」「」, 金同伊, 姜承善, 金士吉 |

356) 『獻陵碑石重建廳儀軌』, 手本帙, 1695年 2月,

357) 장경희, 「조선후기 산릉도감의 장인 연구 -왕릉 정자각과 석의물의 제작과정을 중심으로-」, 『역사민속학』 제25호, 한국역사민속학회, 2007.11, 130-131쪽. 김갑신은 그동안 1659년부터 1688년까지 29년간 산릉도감의 목수변수로 활동한 것으로 조사되었는데, 본 의궤로 인해 1695년으로 그 활동시기가 7년 더 늘어 38년간 활동하였음이 확인되었다.

358) 『獻陵碑石重建廳儀軌』, 手本帙, 1695年 3月日. 개장변수 이승립, 칠장변수 오수현, 니장변수 피파회, 목수변수 김갑신이다.

359) 『獻陵碑石重建廳儀軌』, 來關秩, 1694年 8月. 摠戎廳 석수 전일만, 御營廳 과천 석수 강선일.

360) 『獻陵碑石重建廳儀軌』, 移文帙, 1695年 4月 5日 ; 手本帙 1694年 8月日.

361) 『獻陵碑石重建廳儀軌』, 移文帙, 1695年 2月 26日. 함께 불렀던 곽만영은 차출되지 않았는지, 장인질에는 보이지 않는다.

| | | |
|---|---|---|
| 盖匠 | 11 | 孔墨, 應墨土里, 李承立, 李平俊, 崔貴萬, 金植伊, 李卜「」, 林戊山, 吳應立, 金厚萬, 金益間 |
| 泥匠 | 8 | 朴戒生, 崔貴乭屎, 朴甲申, 皮破回, 郭金伊㐓致, 金德山, 金士吉, 朴田作 |
| 漆匠 | 8 | 崔士仁, 金永輝, 李己里金, 金汝云, 李一男, 洪汝建, 劉檢同, 洪石民 |
| 簇子 | 3 | 李成夏, 林二達, 林四達 |
| 豆錫匠 | 2 | 鄭美善, 池元 |
| 磨造匠 | 2 | 朴信達, 羅枝碩 |
| 小爐匠 | 1 | 崔㐓生 |
| 磨鏡匠 | 1 | 河太明 |
| 穿穴匠 | 1 | 朴仁建 |
| 漆匠 | 2 | 金三金, 鄭貴男 |
| 小木匠 | 2 | 劉震元, 咸白男 |
| 多繪匠 | 1 | 李永善 |

<태조 헌릉 비석 중건청의 장인 종별과 숫자>

그런데 명단에는 올라 있지 않지만 1694년 헌릉에서 치석을 할 때 지역적으로 가까운 서울이나 경기도에 거주하는 석수들이 동원되고 있었다. 특히 용머리의 조각을 위해 문수산성에서 부역하고 있던 과천 석수 강선일을 비롯하여,[362] 김귀상·전두선·강선, 광주에 거주하는 석수 유태선을,[363] 한성부에서는 동부 연지계의 김계직·김무직·한이충, 북부 사재감계의 한문리김, 안국방의 박차돌시, 서부 대정릉동의 함이흥, 대사동의 유이선, 남부 의산울계의 이천량, 미전하계의 안운이를 불렀다.[364] 그들 중에서 장인질에는 박차돌시와 김계직, 김무직만이 올라 있었다. 1695년 1월 들어 귀대석을 시역할 때 석수 2명을 더 불렀다.[365]

한편 비석에 글씨를 새기는 각수 중 이수명(李守命)은 17세기말 30년 가까이 활동했던 대표적인 각수로서 본 도감에서도 차출되었다.[366] 그 밖에 각수나 각자장은 지방의 장인이나 승려들을 동원하는 경우도 빈번하였다. 각수들 중 안성읍의 김정현과 유춘립,[367] 강원 원주의 승려 남인과 황해 안악의 홍실현, 충청 회덕의 승려 원덕이 그들이다.[368] 각자장은 평안감영의 이유일

---

362) 『獻陵碑石重建廳儀軌』, 移文帙, 1694年 9月 24日 ; 來關秩, 1694年 8月日 ; 手本帙 1694年 8月日. 문수산성의 일 때문에 헌릉 중건청에서는 부역하지 않았다.

363) 『獻陵碑石重建廳儀軌』, 移文帙, 1694年 9月 24日.

364) 『獻陵碑石重建廳儀軌』, 移文帙, 1694年 9月 24日.

365) 『獻陵碑石重建廳儀軌』, 移文帙, 1695年 1月 30日.

366) 장경희, 「조선후기 왕실의 옥공예 장인연구 -17.18세기 옥장과 각수를 중심으로-」, 『미술사연구』 제15호(미술사연구회, 2001) 130-131쪽. 李守命은 1674년부터 1702년까지 28년간 19개 도감에서 활동했던 17세기 말의 대표적인 각수이다.

367) 『獻陵碑石重建廳儀軌』, 移文帙, 1695年 3月 12日. 당시 차말남까지 3명은 청화부원군의 비역을 마치면 보내주도록 했으나, 장인질의 명단에는 위 2명의 이름만 보인다.

368) 『獻陵碑石重建廳儀軌』, 來關秩, 1695年 4月日.

과 음성현의 이시성을 차출하고 있었다.[369] 한편 어람용 족자를 만든 임이달과 임사달은 17세기 말에 널리 활동한 병풍장이었다.[370]

중건청의 예산으로 공장의 요미 34석 4두 5승은 각읍에 분정하였고, 포 2동 10필 24척은 병조에서 마련토록 했다. 요미 130석 12두 내에서 군자감에서 100석을, 호조에서 30석 12두를 분정하였다.[371] 공장 등의 한달치 미포는 호·병조와 선혜청에서 각기 마련토록 하였다.[372]

| 구분 | 매삭 요포식례 | 지급관청 |
|---|---|---|
| 장인 | 매명 미 9두, 포 2필 | 호.병조 |
| 조역 | 모조역 ; 매명 미 9두, 포 2필<br>육조역 ; 매명 미 6두, 포 1필 | |
| 화정 | 매명 미 6두, 포 2필 | |
| 모군 90명 | 매명 미 9두, 포 2필 | 선혜청 |
| 화정 | 매명 미 9두, 포 2필 | |

<태종 헌릉 비석 중건청 장인들의 요미>

1685년 5월 27일 중건청 당상 이하 원역, 공장들은 '서계'에 의거하여 시상하였다.[373] 비망기에 의거, 참판 이언강은 가자하고, 참의 윤이도는 숙마 1필, 참판 임상원, 음추기제술관 대제학 박태상과 비문서사관 참의 이덕성은 반숙마 1필을, 참의 금홍복, 참판 민진장, 참의 리홍적, 전문제술관 참지 홍수주에게는 각각 아마 1필, 참의 서문유와 조상우는 각각 (이하 훼손) 승서하며, 정랑 금덕항, 감역 로중휘은 각각 (이하 훼손) 감역 한재는 각각 불장궁 1장을 사급하고, (이하 훼손) 령역부장 정휴, 금람휘은 (이하 훼손) 원역과 공장 등은 해조로 하여금 (이하 훼손)

(2) 헌릉의 정자각

1661년(현종 2) 헌릉에 산불이 나서 죄다 타버렸다.[374] 이에 3년 후에 헌릉의 정자각을 중건하였다.[375] 현종 5년 윤6월 15일 헌릉의 정자각을 봉심하러 나갔다가,[376] 15일에 정자각을 봉심

369) 『獻陵碑石重建廳儀軌』, 移文帙, 1695年 3月 21日, 4月 5日. 그러나 장인질이 훼손되어 각자장과 그들의 이름을 확인할 수 없었다.
370) 장경희, 앞 논문, 137-138쪽. 임이달은 1673년부터 1695년까지 22년, 임사달은 1684년부터 1720년까지 36년간 활동하였던 형제 병풍장이었다.
371) 『獻陵碑石重建廳儀軌』, 分定秩.
372) 『獻陵碑石重建廳儀軌』, 分定秩.
373) 『獻陵碑石重建廳儀軌』, 書啟.
374) 『顯宗實錄』卷4, 顯宗 2年 4月 19日 戊戌.
375) 『顯宗實錄』卷9, 顯宗 5年 7月 2日 辛卯 ; 『顯宗改修實錄』 卷11, 5年 7月 2日 辛卯.
376) 『承政院日記』卷184, 顯宗 5年 윤6月 15日 乙亥.

하고 들어왔고,[377] 6월 21일에 정자각을 중건하는 일로 나갔고,[378] 29일에는 정자각을 훼손하는 일로 나갔고,[379] 7월 1일에 정자각이 파괴된 곳을 적간하였다.[380] 7월 11일에는 정자각을 적간을 일로 사관 1원을 기다리도록 하라고 명령하였다.[381] 현종 5년 9월 28일에 헌릉을 수리한 후 돌아왔다.[382] 그런데 이때 수리한 것이 헌릉의 정자각이었는지, 헌릉 정자각을 중건한지 얼마 안되어 보수한 것을 특별히 논상할 수는 없다는 전교를 내렸다.[383]

현종 10년 4월 22일 헌릉 참봉의 첩보에 의하면 오늘 아침 청명하여 입직 수복이 보고하길 야간 정자각 내에 변고가 있어 당황하여 봉심하니 신문 2척과 정문 2척, 횡전, 장전이 전부 파괴되었고 서협문 3척, 제상 배설상 각 1좌가 조금 파괴되었고, 신어평상 1좌, 장전 2개, 횡전이 꺾어져 부러지고 예감판 1립이 손상되었습니다. 이것은 일찍이 없던 변고로서 들으면서 극히 경악했습니다. 본조 당상과 낭청이 나아가 봉심하고 정자각 내 신어물을 이같은 변고는 위안제를 하지 않을 수 없어 돌아올 24일에 설행하고 단오 절제가 이미 가까워 오니 상탁이 파손된 건수를 감역관을 별도로 정하여 개조하여 배설하는 일을 각 해사에 분부하여 거행하는 어떻겠습니까 하니 허락하였다.[384]

현종 10년 4월 23일 헌릉 정자각을 파손한 범인을 잡는 문제를 논의하였다.[385] 현종 10년 6월 23일 정자각을 중건하던 예를 별단으로 들여 감역관과 함께 일을 아는 장인들을 데리고 나가 봉심하고 처리하였다.[386] 또 현종 10년(1669)에는 도적이 헌릉 정자각의 신문, 신어평상, 제상, 배설상, 예감판을 도끼로 찍어 파괴하였다. 이에 위안제를 지내고 감역관으로 하여금 제때 개비하도록 하였다. 그후 7월에는 사대석, 상석 등에 회를 바른 곳이 떨어졌으나 대단치 않아 [387]훗날 개사할 때 다시 바르도록 하였다. 서남쪽 난간의 주석 하대석이 꺼져 밀려나고, 주석도 함께 밀려나 훗날 한꺼번에 수리하도록 하였다.[388]

숙종 16년(1690)에는 건원릉과 헌릉의 비각을 봉심하였는데,[389] 헌릉의 경우 비각의 옛터가

377) 『承政院日記』卷184, 顯宗 5年 윤6月 16日 丙子.
378) 『承政院日記』卷184, 顯宗 5年 윤6月 21日 辛巳.
379) 『承政院日記』卷184, 顯宗 5年 윤6月 29日 己丑.
380) 『承政院日記』卷184, 顯宗 5年 7月 1日 庚寅.
381) 『承政院日記』卷184, 顯宗 5年 7月 11日 庚子.
382) 『承政院日記』卷185, 顯宗 5年 9月 28日 丙辰.
383) 『承政院日記』卷189, 顯宗 6年 6月 21일 丙子.
384) 『承政院日記』卷214, 顯宗 10年 4月 22日 甲申.
385) 『承政院日記』卷214, 顯宗 10年 4月 23日 乙酉.
386) 『承政院日記』卷215, 顯宗 10年 6月 23日 甲申.
387) 『顯宗實錄』卷16, 顯宗 10年 4月 21日 癸未 ; 『顯宗改修實錄』 卷21, 顯宗 10年 4月 22日 甲申.
388) 『顯宗實錄』卷17, 효종 10年 7月 19日 庚戌.
389) 『肅宗實錄』卷22, 肅宗 16年 10月 27日 甲申.

남아 있었으므로 옛 제도에 따라 다시 세우도록 하였다.[390] 이렇게 하여 비각을 세웠는데, 그 내부의 비석은 이미 오랜 세월이 흘러 문자가 닳아서 없어졌기 때문에 숙종 20년에 헌릉을 전알하면서 비를 새로 만들어 세우도록 하여 중건청을 세워 고쳐서 세우고, 또 예전 것은 보존하도록 하였다.[391]

영조 24년(1748)에는 헌릉의 정자각을 고치고 다시 상량을 하는데 길일을 택하고 있었다.[392] 순조 22년(1822)에는 헌릉의 정자각을 수리를 감독한 광주 유수를 가자하고 지방관 이하의 관원들에게는 시상을 하였다.[393] 고종 39년(1902) 헌릉의 작헌례를 섭행하고 봉심한 대신 윤용선에 의하면 능상은 평안하지만 비각과 정자각은 모두 비가 스며들어 보기에 미안하므로 장례원으로 하여금 능소를 수개하도록 하였다.[394]

순종 7년(1914)에 헌릉의 홍살문을 개건할 때 드는 재목은 각릉 및 화산의 삼림 중에서 취용하도록 하였고,[395] 5일 후 인원을 헌릉에 파견하여 썩은 홍살문을 수리하였다.[396]

(3) 헌릉의 석조각

헌릉은 현정릉이나 후릉과 마찬가지로 쌍릉 형식이다. 헌릉의 석물로는 상계 봉분 주위에 석양과 석호가 각각 4쌍씩 있는데, 봉분 양쪽에서 석양을 시작으로 1쌍씩 번갈아가며 배치하고 있고 봉분 뒤쪽에는 석호 2쌍이 나란히 있으며 봉분 앞에는 석수가 없다. 중계와 하계에는 문석인과 무석인이 왼쪽과 오른쪽에 1쌍씩 각각 총 2쌍이 있고, 그 뒤를 따르고 있는 석마가 2쌍이 있다.

문무석인을 좌우에 2쌍씩 총 4기를 세우는 제도는 1402년 헌릉에 원경왕후를 안장할 때 이미 규정되어 있었다. 문석인 2인은 관을 쓰고 허리띠를 띠었으며, 무석인 2인은 갑옷을 입고 좌우에 각 1인씩 마주보고 있었다. 길이는 11척 5촌인데, 땅에 나온 것은 7척 5촌이고, 땅 밑으로 들어간 것이 4척이다. 넓이는 각각 3척, 두께는 각각 2척 5촌이었다.[397] 한편 세종은 제2대 정종과 제3대 태종의 장례를 치른 후 국가의 상장례를 확립하여 『세종실록』 오례의를 편찬하였으

390) 『肅宗實錄』卷23, 肅宗 17年 7月 24日 丁未.
391) 『肅宗實錄』卷26, 肅宗 20年 2月 25日 癸巳.
392) 『英祖實錄』卷68, 英祖 24年 윤7月 16日 戊辰.
393) 『純祖實錄』 卷25, 純祖 22年 4月 3日 丁未.
394) 『高宗實錄』 卷170, 高宗 39年 6月 15日 陽曆.
395) 『純宗附錄』 卷5, 純宗 7年 11月 10日 陽曆.
396) 『純宗附錄』 卷8, 純宗 7年 11月 15日 陽曆.
397) 『世宗實錄』 卷9, 世宗 2年 9月 16日 辛巳 ; 『世宗實錄』 卷17, 世宗 4年 9月 6日 庚申.

며,[398] 이를 토대로 1474년(성종 5) 『국조오례의』를 편찬하면서 조선 초기 국가의 의례는 확립되었다.[399] 당시 정해진 문무석인의 칫수를 정리하면 다음과 같다.

| 구분 | 시기 | 길이 | 너비 | 두께 | 대석 |
|---|---|---|---|---|---|
| 문석인 | 후릉 안장시 | 7척 5촌<br>(234cm) | 3척<br>(94cm) | 2척 5촌<br>(69cm) | 지하 4척 |
| | 헌릉 안장시 | 위와 같음 | 위와 같음 | 위와 같음 | 위와 같음 |
| | 세종 오례의 /<br>국조오례의 | 8척 3촌<br>(259cm) | 3척<br>(94cm) | 2척 2촌<br>(69cm) | 3척 4촌 ; 지상 6촌 /<br>운족 아래 2척 3촌 |
| 무석인 | 후릉 안장시 | 7척 5촌<br>(234cm) | 3척<br>(94cm) | 2척 5촌<br>(69cm) | 지하 4척 |
| | 후릉 안장시 | 위와 같음 | 위와 같음 | 위와 같음 | 위와 같음 |
| | 세종 오례의 /<br>국조오례의 | 9척<br>(281cm) | 3척<br>(94cm) | 2척 5촌<br>(78cm) | 문석 동(3척 4촌 ; 지상 6촌 /<br>운족 아래 2척 3촌) |

<조선 전후기 예전에 기록된 문석인의 칫수 ( *영조척 1척 = 31.24cm)>

위 표를 보면 헌릉의 문무석인의 칫수는 7척 5촌, 너비 3척, 두께 2척 5촌으로서 후릉을 안장할 때의 규정과 일치하고 있었다.[400] 그러나 『세종실록』 오례의와 『국조오례의』에서는 문석인은 8척 3척, 무석인은 9척으로서, 8촌~1척 5촌 정도 커지고 있음을 알 수 있다.

이러한 조선 전기의 「예전」과 비교하기 위해 현재 헌릉에 배치된 문무석인 4쌍 8기의 칫수를 실측한 결과는 다음과 같다.

| 구분 | | 문석인 | | | |
|---|---|---|---|---|---|
| | | 동측 (왕후릉) | | 서측 (왕릉) | |
| | | NO 2 | NO 4 | NO 1 | NO 3 |
| 전체 | 길이 | 2290 | 2217 | 2271 | 2244 |
| | 너비 | 859 | 908 | 920 | 832 |
| | 두께 | 691 | 796 | 821 | 806 |
| 얼굴 | 길이 | 727 | 722 | 777 | 770 |
| | 너비 | 364 | 341 | 341 | 342 |
| | 두께 | 379 | 335 | 439 | 443 |

398) 『世宗實錄』 卷134, 「五禮」 凶禮儀式 治葬條.
399) 『國朝五禮儀』, 凶禮 治葬條.
400) 『世宗實錄』 卷7, 世宗 2年 1月 3日 壬寅.

| 구분 | | 무석인 | | | |
|---|---|---|---|---|---|
| | | 동측 (왕후릉) | | 서측 (왕릉) | |
| | | NO 2 | NO 4 | NO 1 | NO 3 |
| 전체 | 길이 | 2199 | 2337 | 2337 | 2302 |
| | 너비 | 966 | 1056 | 1056 | 1041 |
| | 두께 | 713 | 1054 | 1054 | 944 |
| 얼굴 | 길이 | 625 | 700 | 700 | 780 |
| | 너비 | 408 | 440 | 440 | 445 |
| | 두께 | 413 | 465 | 465 | 451 |

<헌릉 문무석인의 칫수>

위의 표에 의하면 키는 문석인의 경우 왕후릉의 것은 221~229cm, 왕릉의 것은 224~224cm, 무석인의 경우 왕후릉의 것은 219~233cm, 왕릉의 것은 230~233cm이다. 이렇게 왕후릉의 문무석인보다 왕릉의 것이 약간 컸는데, 이 칫수는 헌릉을 안장할 당시 길이 7척 5촌(234cm)에 가깝다. 너비는 문석인의 경우 85~92cm이고, 무석인의 경우 96~105cm이다. 안장할 당시의 너비 3척(94cm)에 비해 문석인은 그보다 약간 좁았고, 무석인은 조금 넓었지만 대체로 근사치이다. 두께는 문석인의 경우 69~82cm이고, 무석인의 경우 71~105cm이다. 이것은 안장할 당시의 2척 5촌(69cm)에 비해 문석인은 약간 더 두꺼운 것이고, 무석인은 많이 넘치는 것이다.

약간의 오차는 있지만 헌릉의 문무석인은 대체로 안장 당시의 7척 5촌에 근사치에 해당되었고, 왕릉의 두 번째 문무인석이 가장 컸다. 이렇게 헌릉을 조성한 이후 세종이 『세종실록』 오례의를 편찬하였고, 그 때의 규정은 성종 때의 『국조오례의』에 수록되어 있어 양자를 비교해 보았다. 헌릉 왕릉의 문석인이 237cm인데 비해 조선 전기 「예전」에는 8척 3촌(259cm)으로 규정되어 20cm 이상 커졌다. 또 헌릉 무석인이 250cm인데 비해 「예전」에는 9척(281cm)으로서 역시 30cm 이상 커졌다. 따라서 헌릉을 안장한 이후 「예전」에 문무석인을 수록하면서 1척 정도 커졌음을 알 수 있다.

헌릉의 석인은 중계에 문석인 2쌍 4기가, 하계에 무석인 2쌍 4기가 배치되어 있다. 이처럼 쌍릉으로 문무석인을 배치하는 기본 형식은 공민왕대 현정릉에서 비롯하지만, 조선 초기 1412년과 1420년 후릉을 조성할 때의 것을 가장 따르고 있었다. 그런데 헌릉의 문석인이 수염이 세 갈래로 갈라지거나 공복에 가려 손이 안보이고, 옷자락이 길어 바닥에서 계단식을 이루는 것은 건원릉의 요소를 따른 것이지만, 복두의 교각의 위치는 건원릉과 후릉의 것을 절충하고 있었다. 동쪽에 서 있는 왕후릉의 문석인 2기 중 두 번째 것은 양 어깨부터 공복 양쪽 표면이 붉은끼가 돌고, 서쪽에 서 있는 왕릉의 문석인 중 첫 번째 것은 어깨부터 소매까지 검은색으로 변색되어 있다.

문석인은 4기 모두 나이든 주름진 늙은 문석인이다. 이들은 공민왕대 현정릉의 봉분 앞쪽에 배치된 1쌍의 늙은 문석인에서 비롯하였으나, 세 가닥으로 갈라진 턱수염의 모습은 후릉의 왕릉 첫번째 문석인과 가장 흡사하다. 얼굴은 둥글넓적하여 원만한 인상이고 두툼한 눈썹에 눈은 둥근 편이다. 코는 뭉뚝하고 작은 입은 끝이 약간 올라가 웃음기를 머금고 있으며, 턱 아래로 수염이 일정한 간격으로 새겨져 있다. 왕릉이나 왕후릉의 첫 번째 문석인은 입가의 주름을 표현하여 조금 더 나이가 들어 보인다. 그들의 얼굴은 경직되어 개성이 없다. 옆 쪽에서 보면 석재의 안쪽을 새겨, 왕후릉 두 번째 문석인상의 얼굴은 합죽이처럼 보일 정도이다.

머리에는 쓴 복두는 앞쪽이 낮고 뒤쪽이 높은 형태이고, 이마를 따라 한 줄을 빙 두르고 있다. 뒤에서 보면 4기 모두 각의 끝이 위로 향해 둥글게 말려 올라가는 교각(交脚)복두이다. 복두의 각[脚]은 건원릉 문인상처럼 왼쪽 각 위에 오른쪽 각이 올라간 것이 3기이고, 오직 왕릉 두 번째 문석인만은 후릉에 새로 시도된 오른쪽 각 위에 왼쪽 각이 올라간 모습을 하고 있다. 헌릉 문석인의 복두 뒷모습에서는 각을 넣는 작은 사각형 집 위에 여의두운(如意頭雲) 문양의 금속제 장식이 덧붙여진 것이 특징인데, 왕후릉의 두 번째 석인은 마모가 되어 확인하기 어렵다. 머리카락은 얇고 가는 선으로 일정한 굵기로 가지런하게 새겨져 있고, 그 아래쪽으로는 속옷의 깃이 올라와 있다.

공복은 건원릉과 후릉처럼 넓고 긴 소매로 두 손을 완전히 덮고 있다.[401] 옷의 소매 속에는 중의를 겹쳐 입은 모습이 확실하며, 소매부리는 아래로 갈수록 넓게 퍼지면서 거의 바닥에 닿을 정도로 길게 내려가 있다. 워낙 폭이 넓은 소매는 여러 번 겹쳐지면서 촘촘한 주름은 일정 간격의 선으로 처리되어 아래로 갈수록 넓어지는 八자를 이루고 있다. 공복의 옷자락은 길어서 발 등 위에서 겹쳐져 규칙적인 계단식 주름을 만들고 있다. 이러한 폭넓은 건원릉에서 확립되어 후릉으로 이어진 것으로 품이 넉넉하고 폭 넓은 소매에 긴 옷을 입었던 조선조 문인들의 모습을 연상케 한다.

팔은 거의 직선적이나 소매 속에 감춰져 보이지 않고 공수한 두 손이 살짝 人자형을 이룬다.

401) 이경순, 「조선전기 능묘석인상 연구」, 동국대학교 석사학위논문, 1995. 34쪽 ; 이정선, 「조선전기 왕릉 석인석수 연구」, 이화여대 석사학위논문, 2007, 66쪽.

두 손의 모습은 왕릉 문석인과 왕후의 문석인이 각각 다르다. 기존의 문석인은 오른손 위에 왼손을 위로 올려 포갠 모습이었고, 이것은 서쪽 왕릉 앞 문석인 2기에서 반복되고 있다. 그러나 동쪽 왕후릉 문석인 2기는 왼손 위에 오른손을 포갠 모습을 새롭게 보여주고 있다. 이처럼 왕릉과 왕후릉 앞에 서 있는 문석인의 손 모습이 반대여서 좌우대칭을 이루는 것이 헌릉 문석인의 두드러진 특징이다.

홀은 위쪽 끝이 둥글다. 두 손에 쥔 홀은 가슴 앞까지 들고 있는데, 석인이 워낙 고개를 많이 숙이고 있어 거의 턱 밑까지 닿아 있다.

요대는 앞에서는 소매에 가려 안 보이고, 뒤쪽에서 보면 허리를 졸라 매고 있다. 요대의 끝부분이 왼쪽 위에서 오른쪽으로 사선을 이루며 놓여 있는데, 왕후릉의 두 번째 문석인의 경우에는 빠뜨리고 표현되어 있지 않다. 요대 내부는 네모지게 구획되고 사엽화문(四葉花紋)이 새겨져 있다. 공복 뒤쪽은 요대를 중심으로 폭 넓은 소매를 따라 자연스러운 주름이 흘러 내린다. 하지만 허리띠부터 바닥까지는 신체의 굴곡과 무관하게 반원형 주름 3개가 일정한 간격으로 시원하게 처리되어 있다. 신발은 의식용 석(舃)인데 애매하게 처리되어 발 끝부분이 위로 치켜든 모습으로 묘사되어 있다.

헌릉 문석인 4기의 가장 큰 특징은 얼굴 표정 변화가 없고 신체 표현이 단순하다는 점이다. 고개를 깊숙이 파묻어 목이 없는 것처럼 보이고, 어깨가 귀 부분까지 높이 올라가 있으며, 공부하느라고 굽었거나 나이가 들어서 굽은 노인의 신체를 묘사하고 있는 것이다. 특히 헌릉 문석인상은 신체를 기둥처럼 표현하여 외곽선이 단순하고 전체적으로 밋밋한 것이 가장 큰 특징으로서, 원래의 석재를 최소한 다듬었음에도 불구하고 문석인의 도상에 충실한 결과이다. 이전까지의 사실적인 조각에서 도상에 충실한 추상적인 조각으로 이행되는 과도기라 할 만하다.

한편 중계의 무석인 또한 얼굴이 어깨 아래로 움츠러든 모습으로 왕릉과 왕후릉에 2쌍 4기가 서로 마주 보고 서 있다. 무석인 4기는 모두 건원릉 무석인의 양식을 따르되 과장된 경향을 보여준다.

무석인의 얼굴과 이목구비는 건원릉의 것과 비슷하나 더욱 동글동글하다. 4기 모두 둥근 얼굴에 눈은 왕방울처럼 튀어 나와 있고, 두툼한 눈썹과 주먹코 사이의 콧등이 주저앉아 그림자가 짙게 드리워져 있다. 양쪽 광대뼈는 입가의 주름 때문에 더욱 톡 튀어 나와 보인다. 입은 조그맣고 입술이 얇은 편이라 볼과 광대뼈 사이의 음영이 더욱 도드라진다. 왕비릉의 2기는 눈꼬리가 올라가 무인의 호방함이 느껴지나 왕릉의 2기는 왕방울 눈이 안경 쓰듯 동그랗고 아래쪽

광대뼈조차 동그란 모양이라 더욱 귀엽게 보인다. 입가에는 수염이 거의 없고 턱수염이 가슴 앞에서 세 갈래로 갈라져 마치 장식처럼 보인다.

투구는 4기 모두 복발형이고 꼭대기에는 상모가 달린 모습으로 이 또한 건원릉의 것과 마찬가지이다. 복발형의 아래 부분은 한줄 선과 여의두문을 한 바퀴 빙 돌리고, 앞쪽 중앙에는 동그란 화문으로 장식하였으나 현재는 마모되어 흔적만 남아있다. 얼굴 양쪽에는 털을 단 귀마개가 작은 날개처럼 벌어져 있고, 뒤쪽에는 복발과 연결되어 두툼한 목가래가 머플러처럼 놓여 있다. 그런데 어깨 위의 피견(被肩)은 건원릉의 것과 마찬가지로 잘 이해하지 못한 것 같다. 무석인 4기 모두 가슴 앞에 내려온 수염선을 따라 양 어깨부터 흘러내려온 장식끈처럼 애매하게 처리하고 말았다.

무석인의 갑옷은 전포(戰袍) 위에 가슴과 허리, 허벅지 및 팔뚝과 정강이까지 갑옷을 걸쳐 완전 무장한 구조이다.[402] 전포를 입고 나서 가슴에는 흉갑(胸甲), 등에는 배갑(背甲), 허벅지 양쪽에 퇴갑(腿甲), 허리에는 늑갑(肋甲)을 빈틈없이 두른 형상인 것이다. 건원릉과 마찬가지로 피견을 처리가 애매하여 흉갑 위에 장식띠를 맨 것처럼 되어 있고, 배에 치마처럼 입던 상갑(裳甲)은 사라지고 없다. 뒤쪽에서 보면 허리띠는 소매와 소매 사이의 배갑과 늑각 위에서 맸는데, 사각형의 구획 안쪽에 얇은 부조로 사엽화문(四葉花紋)이 새겨져 있다.

흉갑과 배갑을 착용하고 전포의 소매부리를 둘둘 말면 배래 부위에 큰 공간이 생겨 너풀거리게 되므로 그 끝단을 묶게 된다. 그러면 양쪽 팔꿈치 뒤쪽에 작은 묶음이 생기고 그 뒤로 나머지 소매부리가 풍선처럼 부풀려지게 된다. 이렇게 매듭과 둥근 고리형의 과장된 2중 장식은 조선 제릉에서 비롯하여 건원릉이나 후릉까지 계속 이어지고 있다. 한편 전포의 소매를 걷으면서 밖으로 드러난 양 팔뚝에는 토시처럼 굉갑(肱甲)을, 전포의 앞쪽이 들린 그 아래로 보이는 양쪽 정강이에는 경갑(脛甲)을 두르고 전화(戰靴)를 신게 된다. 그런데 헌릉 무석인들은 전포 아래 밑단을 모두 유난히 깊이 판 데다가 발의 크기도 작아서, 전체적인 균형이 깨지면서 비현실적인 느낌이 강하다.

무석인 1쌍의 갑옷에는 여러 종류의 무늬가 새겨져 있다. 소슬무늬가 새겨진 흉갑은 원래 목부터 배까지 가리고 가슴 부분에 폭 넓은 띠를 두르고 다회끈으로 묶는 형식인데, 헌릉 무석인의 가슴띠는 상당히 내려와 있는 편이다. 때문에 가슴띠 아래 맞잡은 두 손에 의해 만들어진 역사다리꼴의 공간에 허리띠의 귀면문 버클로 가득 채워 옷의 구조와 경계를 모호하게 만들어 버렸다.

402) 이경순, 앞 논문, 34-35쪽 ; 이정선, 앞 논문, 66-67쪽.

퇴갑과 늑갑 및 배갑은 가장자리를 모두 두껍게 마련하고 금속제 마름모꼴 칠보문을 일정 간격으로 덧붙여 장식하고 있다. 퇴갑 내부에는 흉갑과 마찬가지의 소슬무늬가, 늑갑 내부에는 영지버섯과 같은 구름무늬가, 배갑에는 비늘무늬(魚鱗)가 기하학적이고 규칙적으로 새겨져 있다. 그런데 이들 갑옷의 장식은 건원릉의 것과 다른 점이 여럿 있다. 퇴갑과 늑갑의 가장자리에 털장식이 생략되거나, 배갑은 허리띠 위쪽으로 한 단 더 만들거나, 허리띠 위로 올라온 늑갑의 가장자리는 네모진 꽃무늬로 형태와 무늬를 애매하게 처리하고 있다. 여러 면에서 헌릉 무석인을 새긴 장인이 갑옷의 구조를 정확히 이해하지 못한 채 대충 비슷하게 제작한 느낌이 강하다.

무석인은 U자형으로 양 손을 맞잡았고 오른손 위에 왼손을 올리고 칼의 손잡이를 얹은 모습이다. 칼의 손잡이 좌우로는 끈이 ∞로 묶이면서 8자형을 그리며 흘러 내려 바닥까지 닿아 있다. 이 끈은 원래 늑갑을 묶었던 것인데, 여기서는 칼 손잡이의 장식처럼 대칭적으로 새겨져 있다. 왕후릉 두 기의 띠매듭이 밋밋하게 내려온 데 비해, 왕릉 두 기의 것은 리본 매듭을 짓고 구불 구불하게 바닥에 닿아 있다. 전복 아래로 두 발을 넓게 벌리고 섰으나, 옷 사이를 너무 깊게 파고 발의 크기도 작아 현실성이 떨어지고 묘사도 어색한 편이다. 칼은 아래로 쭉 내려와 칼끝이 바닥 중앙에 닿았고, 손잡이의 끈은 오른쪽 사선으로 살짝 내려온 모습이다. 허리띠에 매단 칼집은 2중의 장식띠가 둘려져 왼쪽 허리 띠에 매단 모습이다. 뒤쪽의 전포자락 또한 갑옷을 입은 허리 아래로 주름 몇 개를 죽죽 긋고 있다.

얼굴의 크기는 왕후릉의 무석인들이 625~700cm인데 왕릉의 무석인들이 700~780cm이다. 특히 왕릉의 첫 번째 무석인은 얼굴이 78cm, 키가 230cm로서 1:4의 비례에 해당된다. 이렇게 헌릉의 무석인은 얼굴이 유난히 큰 데 비해 상체와 하체의 비례는 적당하나 다리가 짧은 편이다.

이렇게 무석인 4기는 건원릉의 큰 얼굴에 과장된 외모, 상체보다 하체가 짧은 비례로 표현되어 있다. 둥근 얼굴에 눈·코·볼까지 동글동글하여 해학적인 모습이 강하다. 갑옷은 정확하게 이해하지 못하여 애매모호하며 짧은 다리에 전포 아래 자락을 깊이 파서 비현실적으로 처리하고 있다. 측면에서 보면 어깨부터 대석까지 전체적으로 밋밋하고 직선적이다. 뒷면에서 볼 때 전포는 대체로 평평하며 퇴갑과 늑갑의 처리가 불명확하고 주름처리도 선으로 그은 것처럼 표현되어 있다.

이와 같이 헌릉의 쌍릉 형식이나 문무석인들의 두 쌍 8기의 배치는 현정릉에서 비롯하여 후릉의 제도를 따르고 있었다. 그런데 헌릉의 문무석인은 크기나 모습에서 바로 앞선 후릉의 것보다는 건원릉의 것과 대체로 유사하였다. 그러면서도 얼굴의 크기가 점차 커져 1:4의 비례가 되었고, 이목구비의 묘사는 더욱 비현실적이 되었으며, 신체의 굴곡은 더욱 밋밋해지는 경향이 강하였다. 문석인은 소매의 폭이 넓고 길이가 길어 손을 감춘 것은 건원릉의 것을 이어 받았으며, 문석인의 교각복두는 건원릉의 것과 후릉의 것을 절충하고 있었다. 그런데 헌릉을 제작한 장인은 무석인의 복잡한 갑옷을 제대로 이해하지 못하여 앞쪽의 피견이나 흉갑의 띠매듭, 허리띠의 귀면버클, 뒷쪽의 배갑이나 늑각의 윗면 등을 대충 얼버무리고 있었다. 건원릉과 비교해볼 때 헌릉 또한 갖출 것을 다 갖추었음에도 불구하고 세부를 명확하게 묘사하지 않았기 때문에 기능적인 형태들이 장식적인 문양으로 바뀌었다. 헌릉의 석인들을 볼 때 조각적 표현은 단순해지고, 조각기술은 조금 떨어지며 비사실적으로 이행되어 가는 추세를 느낄 수 있다.

(4) 영조대 헌릉 석물의 수개

헌릉의 석물을 수개하기 위해 설치된 중수도감의 관리조직은 [좌목]에서, 석재를 떠내고 석물을 제작하는 장인들은 '공장질'에서, 당상 이하 공장의 시상은 '상전'에서, 그들의 품삯은 '상하식례'에서 확인할 수 있다.

영조 43년(1767) 2월의 [좌목]이 있으나 중간이 훼손되어 있어 원역의 종류나 이름이 누락된 부분이 많았다. 이에 '계사질'이나 '감결질'및 '이문질'을 종합하여 원역의 종류 및 정수, 그 명단을 정리하면 다음과 같다.

| 원역 | 인원 | 명단 (* ; 좌목 / 「계」; 계사질 / 「이」; 이문질 / 「감」; 감결질 / 「상」; 賞典) |
|---|---|---|
| 도제조 | 1 | (영의정) 金致仁* |
| 제조 | 2 | (예조판서) 李昌誼* 공조참판 黃梩「상」 |
| 낭청 | 2 | 獻陵令 尹昌濂, 참봉 金愚旣「계」 |
| 별간역 | 1 | 별간역 崔鎭岡「계」 「이」 |
| 영역부장 | 2 | 「이」, 龍虎營 敎鍊官 韓壽長, 摠戎廳 敎鍊官 張友奎「감」 |
| 산원 | 1 | 「이」 |
| 서리 | 5 | 「이」, 한성부 1, 이조 1, 공조 2, 병조 1「감」 |
| 서사 | 1 | 「이」 |
| 고직 | 1 | 이희대(공조)*「감」 |
| 사령 | 5 | 李順金 등 5명(호조 2명, 병조 1명, 선혜청 1명, 사복시 1명)*「감」 |
| 경도감서리 | 1 | 서병옥* |
| 사령 | 1 | 이수재* |
| 군사 | 4 | 포도군사 2명 / 고직군사 2명*「감」 |

<영조대 헌릉중수청의 당상 원역>

중수도감에 참여한 장인들의 명단인 '공장질'은 석수란의 중간 부분부터 훼손되어 6명의 이름만 기재되어 있고 사토장은 15명이 기재되어 있다. 그런데, '상전'의 도감별단에 보면 장인의 장색은 석수와 사토장 외에도 야장과 목수 2종이 더 차출되었음을 알 수 있다.

석수의 경우 1등은 박필심을 비롯한 5명, 2등은 이이남 등 5명, 3등은 김차돌 등 5명으로서 상을 받은 인원만 15명으로서 석수의 숫자가 그보다 많았음을 알게 한다. 사토장의 경우도 마찬가지여서 '공장질'에 이름이 올라있는 사토장은 15명이지만, 상전에 의하면 1등은 김유선, 2등은 김덕구 등 2명, 3등은 김정구 등 15명으로서 총 18명이 상을 받고 있었다. 이것은 곧 공장질의 명단에 올라 있는 사토장보다 많은 숫자가 참여했음을 알 수 있다.

| 장색 | 인원 | 장인명 |
|---|---|---|
| 석수 | 15 | 朴弼深, 金大輝, 朴三出, 文大運, 李時老味, 張日新, 000 이하 훼손(상전에 의해 李二男 등 5명, 3등은 金次乭 등 5명 추가) |
| 사토장 | 18 | 金有先, 林已民, 金者斤老味, 白舜文, 朴㤝叱致. 金九音邦, 姜甲金, 崔於叱孫, 金貴卜, 片西隱金, 趙五江, 金有奉, 朴世雄, 劉介老味, 金益必, 金德九, 金鼎九 |
| 목수 | 1 | 韓翊良 403) |
| 야장 | 2 | 李㖁立, 金廣伊404) |

<영조대 헌릉 중수청에 참여한 장인>

이들 중 18세기 중후반에 두드러진 활약을 했던 몇몇 장인이 주목된다. 석수 박필심은 1755년부터 1770년까지 15년간, 석수 김대휘는 1757년부터 1789년 32년간 산릉도감 대부석소를 비롯한 각종 도감에 차출되어 국역을 졌다.[405] 한편 목수 한익량은 1759년부터 1807년까지 48년이라는 장기간 징발되었는데, 특히 활동 기간 동안 총 21개의 도감 내 별공작에서 부역하였고 별단에서는 대부분 2등을 받고 있었다.[406] 이것은 곧 그가 궁궐이나 정자각 등 거대한 규모의 건물을 짓는 데 보다는 가가를 짓거나 일상적인 물품을 제작하는데 장기가 있었던 것으로 여겨진다.

'상전'에는 석물을 중수할 때 수고한 도감의 도제조로부터 낭청 이하 원역 및 공장에 이르기까지 3등급으로 분류해 놓았다. 중수도감 도제조 영의정 김치인에게는 안구마 1필을 사급하였

403) 『獻陵石物重修都監儀軌』, 甘結帙. 1768年 2月 24日. 사령의 숫자가 좌목과 달리 병조에서 2명을 차출하여 총6명이다.

404) 『獻陵石物重修都監儀軌』, 甘結帙. 1768年 2月 24日. 군사는 좌목과 달리 좌우포도군사 및 위장소 서부에서 동원하였다.

405) 장경희, 「조선후기 산릉도감의 장인 연구」, 『역사민속학』 제25호(한국역사민속학회, 2007.11), 169쪽. 특히 김대휘는 점점 기술이 숙련되었던지 정조 년간에 뛰어난 기술로 그 공로가 인정되어 공명첩을 받고 누차 加資되었으며, 自願하여 免賤되고 있었다.

406) 1759年, 규13112, 別單 2等, 別工作 ; 1762年, 규13114, 別工作 ; 1764年, 규13631, 別工作(營繕) ; 1768年, 규13896, 別單 2等 1772年, 규13296, 別工作 ; 1776年, 규14171, 別工作 ; 1783年, 규13311, 別工作 ; 1784年, 규13200, 別單 2等, 別工作 ; 1784年, 규13297, 別工作 ; 1786年, 규13921, 別工作 ; 1787年, 규13314, 別單 2等, 別工作 ; 1789年, 규13624, 내別工作 ; 1795年, 규13316, 別工作 ; 1796年, 규14586, 賞典 ; 1800年, 규13119, 別單 3等, 別工作 ; 1800年, 규13634, 別工作 ; 1802年, 규13643, 別工作 ; 1804年, 규13322, 別工作 ; 1804年, 규14334, 工匠秩(水原) ; 1805年, 규13592, 別工作 ; 1807年, 규13598, 別單 2等, 別工作.

으며, 제조 이창의, 공조참판 황합은 자급을 더하였다. 낭청들은 승서하며, 본릉 관원들은 육품으로 올리되 이미 그 자리에 있는 자는 승서하고, 간역 2명은 자급을 더한다. 그러나 영역부장 이하는 훼손되어 명확하지 않다. 다만 도감별단의 공장 종별과 인원수는 공장질에 누락된 명단과 내용을 보충하고 있다.

| 등급 | 인원 | 명단 |
|---|---|---|
| 1등 | 6 | 石手 朴弼深 등 5명 / 沙土匠 金有先 |
| 2등 | 9 | 石手 李二男 등 5명 / 沙土匠 金德九 등 2명 / 冶匠 李嵆立 / 木手 韓翊良 |
| 3등 | 21 | 石手 金次乭 등 5명 / 沙土匠 金鼎九 등 15명 / 冶匠 金廣伊 |

<영조대 헌릉 중수 후 시상내역>

'상하식례'는 도감의 실무자에게 지급된 부분은 훼손되어 정확한 파악이 어렵고, 장인과 모꾼에게는 매일 쌀과 목면, 그리고 동전 등이 지급되었다. 의궤에 적힌 순서에 의해 표로 작성하면 다음과 같다. 각 장인 변수가 대령할 때에는 요미로 쌀 2승을 지급하였다.

| 모군과 장인 | 매일 지급한 미포 |
|---|---|
| 모군 | 매일 쌀 3승, 전 2전 |
| 장인 | 매일 쌀 3승, 목 1척, 1촌3푼 |
| 육조역 | 매일 쌀 2승, 목 2척 3촌 3푼 |
| 화정, 복직 | 매명 매일 쌀 2승, 목 2척 3푼 |

<영조대 헌릉 중수 때 지급한 장인들의 요미>

헌릉의 석물을 수개할 때 필요한 부석소는 과천 호현에 설치하였으며, 석재를 떠내는 데 필요한 잡물이나 각종 연장 등은 각사 아문에 공문을 보내어 협조 요청하였는데, 이는 '이문질', '내관질', '감결질'에서 확인할 수 있다. '이문질'은 중수도감에서 호조와 병조, 5군영 및 경기감영 사이에 오고간 공문을 모아놓은 것으로, 2월 24일부터 3월 23일까지 날짜순서로 정리되어 있다. 과천 호현 부석소에 별간역과 석수변수가 나가 봉심하는 건, 공조와 병조가 요미와 요포를 마련하여 수송하는 건, 부석소에 석물을 채취할 가래(加乃) 4개, 삽(鍤) 6개, 곡괭이(廣光耳) 4개를 훈련도감·금위영·어영청에서 들이도록 하였다.[407] 각양 공석은 금위영과 어영청, 총융청에 각

407) 『獻陵石物重修都監儀軌』, 移文帖, 1768年 2月 26日.

250립을, 수어청에 350립을, 경기감영에 400립을 들이게 하였다.[408] 채취한 석물을 운반할 담기(擔機)는 훈련도감에서 장횡강(長橫杠)은 금위영과 어영청에서 들이게 했다.[409]

경기감영에 당상 원역 이하가 탈 말이나 능소에서 의막을 마련하는 건 등의 내용이다. 이문질의 마지막 '실입질'에는 유회·강철·생갈 등 도감에서 석물을 중수하기 위해 실제 사용한 각종 잡물의 종별과 수량이 열거되어 있다. '환하질'은 솔정·입정·곳광이·평삽 등 중수도감에서 사용하고 돌려준 연장 14종과 수량이 나열되어 있다. '전배용환질'은 휘장이나 벼루와 연갑, 서안 및 숫돌처럼 원역들의 가가에 배치했다가 되돌려 주는 물품 7종과 그 수량이 실려 있다.

'내관질'은 2월 23일부터 3월 10일까지 각 관청[이조, 예조, 호조, 병조, 선혜청, 진휼청, 5군영, 준천사, 전설사 등]에서 중수도감에 보낸 공문을 날짜순서로 모은 것이다. 이조는 원역의 임명 등 인사건, 예조는 고유제 건, 호조와 병조 및 선혜청과 진휼청은 원역의 요미와 찬물의 공궤를 마련하는 건, 5군영은 공석과 연장을 수급하는 건, 준천사는 층교를 만들 나무를 들이는 건, 전설사는 차일을 들이는 건 등이 기록되어 있다.

'감결질'은 도감에서 각급 관청에 지시를 내린 공문으로, 2월 23일에서 3월 20일에 걸쳐 있다. 석물을 중수하는 원역을 임명하는 건, 석수 박필심(내수사)와 김대휘(선공감)[410] 및 사토장 김유선(귀후서)을 비롯한 각색 장인을 차출하는 건, 가가·의막·초석·휘장·초둔 등을 들이는 건, 능상 석물을 떠낼 잡물이나 연장 및 운반할 수레 등을 진배하는 건 등이었다.

'일기부도설'에는 과천 호현의 북쪽 산록 아래에 설치한 부석소에서 9尺의 돌을 떠내고, 능소에 운반하여 6촌으로 만들고 능상 석물을 철배할 때 왕릉상의 것을 먼저 하고 왕후릉상의 것을 나중에 하였다. 인석[길이 6척, 넓이 1척 5푼, 두께 1척]·죽석·전석[길이 4척, 장 5척]을 다시 올렸으며 회를 바르고 삼물을 넣어 다졌다. 인석의 그림이 간략하게 그려져 있다.

영조 44년 2월 22일부터 3월 21일까지 중수도감을 설치하여 헌릉 능상에 있는 인석·죽석·전석을 개수한 전말이 수록되어 있었다. 의궤는 상당히 많이 훼손되어 있음에도 불구하고 조선후기 18세기의 형식을 충실히 갖추고 있었다. 각 장에는 날짜순서로 기록되었으며, 헌릉 석물을 중수할 인력과 물력을 각 아문으로부터 동원하는 내용이 수록되어 있었다.

당시 석수를 비롯한 장인들은 내수사·선공감·귀후서 등 관청에 소속된 장인들이 차출되어 시

---

408) 『獻陵石物重修都監儀軌』, 移文帙, 1768年 2月 28日.

409) 『獻陵石物重修都監儀軌』, 移文帙, 1768年 2月 26日, 28日.

410) 장경희, 「조선후기 '흉례'도감의 장인 연구」, 『미술사논단』 제8호, 한국미술연구소, 1999.4, 200쪽 ; 장경희, 「조선후기 산릉도감의 장인 연구 -왕릉 정자각과 석의물의 제작과정을 중심으로-」, 『역사민속학』 제25호, 한국역사민속학회, 2007.11, 169쪽. 박필심은 1755년부터 1770년까지 15년간, 김대휘는 1757년부터 1789년 32년간 산릉도감 대부석소를 비롯한 각종 도감에 차출되어 국역을 졌다. 특히 김대휘는 점점 기술이 숙련되었던지 정조 년간에 뛰어난 기술로 그 공로가 인정되어 공명첩을 받고 누차 가자되었으며, 자원하여 면천되고 있었다.

대 상황을 반영하였다. 또 부석소는 헌릉과 거리상 가까운 과천 호현에 설치하여 민폐를 줄이려는 노력이 엿보였다. 이러한 중수도감의 인적 조직은 일반적인 도감의 조직과 마찬가지였으나, 영의정을 도제조로 둔 점이 두드러진 특징이다. 이것은 왕권의 정통성을 선대 왕릉의 중수를 통해 확보하고자 했던 영조의 의지가 엿보이는 대목이다. 헌릉에 대한 영조의 관심은 친행으로 나타났다. 도감역을 마친 3월 21일 영조는 헌릉에 친행하여 도감 당상과 함께 개수한 곳과 봉심할 능의 석물을 살펴 보고 원역 이하 장인들에게 시상하였다.[411]

하지만 당시의 수리에도 불구하고 헌릉은 완벽하게 보수된 것은 아니었다. 정조 8년(1784)에도 약간 틈이 벌어져 봉합할 방법을 찾게 되었고,[412] 정조 20년(1796)에는 헌릉을 수리할 때 능관이 감역토록 하는 규례를 정식으로 삼았다.[413] 따라서 이후에는 이처럼 인력과 물력을 총동원하는 도감은 설치되지 않았다.

<세종 영릉의 능상 석물>, 1469년

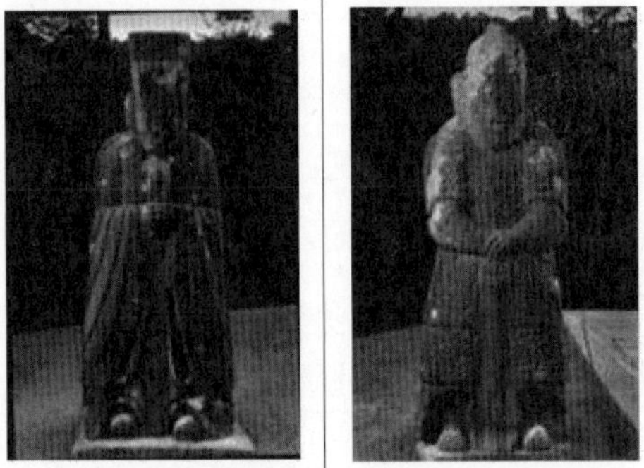

<세종 영릉의 문무석인>, 1469년

### 4) 세종과 소헌왕후 영릉

영릉은 조선 제4대 세종과 소헌왕후의 릉이다. 소헌왕후(1395–1446)는 세종보다 4년 앞선 1446년(세종 28) 승하하였다. 이에 세종은 부모인 태종과 원경왕후가 영원히 모셔져 있는 헌릉의 서쪽 언덕에 자신의 수릉을 지으려 결정하였다.[414] 수릉을 잡은 후 소헌왕후가 승하하자 먼저 왕후릉을 조성하고 이후 1450년 2월 17일 세종이 승하하자 같은 해 6월 12일 조선 최초로

411) 『英祖實錄』 卷110, 英祖 44年 3月 21日 己酉.
412) 『正祖實錄』 卷17, 正祖 8年 2月 15日 辛未.
413) 『正祖實錄』 卷45, 正祖 20年 8月 18日 庚寅, 26日 戊戌, 9月 15日 丁巳. 제릉과 후릉을 수리할 때 역소 능관으로 하여금 수보토록 하는 규례를 좇아 시행한 것이다.
414) 『世宗實錄』 地理志, 京畿道, 光州牧.

왕릉과 왕후릉을 하나의 봉분에 조성하는 합장릉으로 영릉을 조성하게 되었다.[415] 하지만 세조가 집권하면서 세종의 영릉이 풍수가 나쁘고 무덤자리가 좋지 않다는 의견이 분분하였다.[416] 1469년(예종 1)에 현재 여주의 영녕릉으로 이장하였다.

그런데 세종의 초장지인 영릉에는 순조의 인릉이 천장하게 된다. 원래 1834년 승하한 순조의 인릉 초장지는 경기도 파주 지역에 조성하였으나,[417] 22년 뒤인 1856년 철종대에 현재의 위치한 서초구 내곡동 태종 헌릉 쪽으로 천장하였다.[418] 인릉을 천장하면서 원래 이곳에 초장하였던 세종 영릉(英陵)과 장경왕후 희릉(禧陵)의 구 석물을 꺼내어 사용하였고, 특히 석인상은 1446년 제작된 옛 영릉 석인상을 다시 사용하였다.[419]

세종대에 작성된『세종실록오례』에는 영릉에 초장할 때 제작한 문석인의 높이를 8尺 3寸(약 250㎝), 무석인의 높이는 9尺(약 270㎝)으로 조성할 것을 기록하고 있다. 그런데 현재의 순조 인릉에 위치한 문석인의 높이는 263㎝이며, 무석인의 높이는 280㎝여서『세종실록오례』의 기록과 거의 일치한다. 이로 미루어 볼 때 현재 순조 인릉 석인상은 1446년 세종 비 소헌왕후가 승하하였을 때 세종이 자신의 수릉으로 제작한 구 영릉(英陵) 석물이며, 구 영릉 석인상은 15세기 문헌의 치수와 거의 일치하여 문헌과 실물의 동일성을 볼 수 있다.

세종 영릉 초장(곧 현재의 순조 인릉) 석인상은 안면 대 신체의 비율이 작은 편이고, 문석인의 팔은 하박이 팔꿈치 위에 올라가 있으며, 소매 자락도 일직선으로 떨어져 조선 전기 석인상의 모습을 보인다. 또한 석인상에서 손의 비율도 인체에 비하여 작은 편이며, 문석인 후면의 봉제선 표현이나 무석인 투구의 십자형(十字形) 장식 등이 1469년 이장한 후 새로 제작한 세종 영릉 석인상과 유사하다.

한편 세조는 세종 생전에 안평대군과 함께 자신이 묻힐 수릉터를 봉심하였다. 이후 세조는 세종 영릉의 천릉을 추진했지만 단행하지는 못하였다. 세조의 뒤를 이은 예종은 세조의 뜻을 이어받아 세종 영릉 천릉을 단행하였다. 당시 한명회가 택지 선정 과정에서 가장 적극적으로 여주를 천거하였다. 곧 천릉지로 선정된 여주가 풍수학상 국가의 능묘로서 첫 번째로 일컬어지

415) 『文宗實錄』卷1, 文宗卽位年 6月 6日.

416) 『世祖實錄』卷13, 世祖 13年 4月 5日.

417) 『純祖仁陵山陵都監儀軌』, 1834年. 순조의 초장지 인릉은 옛 인조 장릉이 있던 자리의 왼쪽 언덕이다.

418) 『哲宗實錄』卷8, 哲宗 7年(1856) 2月 22日 庚戌.

419) 『純祖仁陵遷奉山陵都監儀軌』(1856年); 『哲宗實錄』卷 9, 哲宗 8年(1857) 8月 20日 戊辰. "敎曰 仁陵石儀 如有新補者 舊陵石儀中 可以移用者移用事 分付山陵都監."

며,[420] 그 형세가 여러 왕릉 중 제일이라고 하였다.[421] 이렇게 한명회가 적극적이었던 것은 그의 부인이 여흥 민씨로 해당 지역에 세력을 두었던 데 있다.[422] 그가 여주 근처에 대농장을 점유하고 있었던 점도 작용했을 것이다.[423] 이처럼 여주를 기반으로 성장했던 한명회에 의해 세종의 영릉이 천장하게 되었을 것으로 짐작된다.

<문종 현릉의 능상 석물>, 1513년

<문종 현릉의 문무석인>, 1454년

### 5) 문종과 현덕왕후 현릉

세종의 장남인 문종의 첫 번째 세자빈은 휘빈 김씨였다. 둘은 사이가 좋지 않았고 세자빈이 세자에게 민간의 비방을 쓰다 2년 3개월 만에 폐서인이 되어 쫓겨났다.[424] 두 번째 세자빈은 순빈 봉씨였다. 그녀는 소쌍이라는 여종과 동성애에 빠져 역시 세자빈의 자리에서 쫓겨났다.[425] 1437년 세 번째 세자빈은 후궁 권씨[후일 현덕왕후, 1418-1441]였고,[426] 그녀는 몸이 약하여 원손인 단종을 출산하였으나 출산 후유증으로 이틀만에 세상을 떠나고 말았다.[427] 이에 1441년(세종 23) 세종은 며느리인 당시 세자빈을 경기도 안산군 치지고읍산[瓦里山]에 무덤 형식으로 예장하였다. 1450년 문종이 즉위하자 그녀는 현덕왕후로 추숭되었고, 능호는 소릉(昭陵)이었다.

1452년 문종이 승하하자 문종은 동구릉의 건원릉 능역 안에 9월 1일 현릉을 조성하였다. 이후 단종은 어머니인 문종비 현덕왕후의 소릉을 문종의 현릉 옆에 동원이강형식으로 천장하였

420) 『중종실록』권, 중종 7년 10월 15일.
421) 『세종 영릉과 효종 영릉』, 문화재청 세종대왕유적관리소, 2008, 111쪽.
422) 『성종실록』권, 성종 10년 1월 21일.
423) 『중종실록』권, 중종 7년 10월 15일.
424) 『세종실록』권45, 세종 11년 7월 20일.
425) 『세종실록』권75, 세종 18년 10월 26일.
426) 『세종실록』권50, 세종 12년 윤12월 16일.
427) 이진문, 「조선왕조에도 불우한 세자빈이 많았다」, 『한국논단』98권, 1997, 106-109쪽.

으며, 소릉이라는 능호는 사용하지 않게 되었다. 단종을 폐하고 세조가 즉위한 후 1457년(세조 3) 그녀의 무덤은 폐릉이 되고 개장되었다가, 1513년(중종 8) 다시 문종 현릉과 합장하는 등 우여곡절이 많았다.

(1) 문종 현릉

1452년 5월 14일 문종(1414-1452, 재위 1450-1454)이 승하하였다. 문종은 평소 부왕인 세종의 영릉, 현재의 헌릉 근처에 장지를 마련해 달라고 했다. 그러나 수양대군과 산릉도감 제조인 영의정 황보인은 건원릉 구역에 능지를 마련하고 그래 9월 1일과 17일에 장시를 지냈다. 당시 빈전도감은 공조판서 정인지가, 국장도감은 우의정 김종서가 제조를 맡았다.

단종은 문종의 능을 조성하는 동안 정자각 건립 공사가 지체되자 우선 가정자각을 건립하여 산릉 의례를 치르도록 하였다.[428] 이때의 가정자각은 정자각이 제때 완공되지 못할 경우에 짓는 가건물의 성격이었다. 산릉도감에서 천광의 깊이는 10자로, 석물은 강북 노원구의 돌을 강남 헌릉 근처로 옮겨 제작하다가, 건원릉 동쪽으로 옮기게 되었다. 역부 8,000명을 동원하여 한강을 넘다가 많은 사람이 물에 빠져 죽었다.

문종의 현릉은 세종 영릉의 제도를 따랐고 『국조오례의』에 의해 제작되었다. 능침은 상계, 중계, 하계로 나뉘고, 각 계체마다 석물이 배치되도록 정해져 있다. 하계에는 무석인 1쌍이 마주 서고, 중계의 중앙에는 장명등을 세우고 그 좌우로 문석인 1쌍이 배치되어 있다. 상계는 봉분 바로 앞쪽에 혼유석이 놓이고, 그 좌우에 망주석이 세워져 있다. 혼유석에는 나어두 혹은 귀면이라 불리는 고석 받침이 놓였다. 건원릉부터 헌릉까지의 고석 받임은 5개인데 현릉은 4개로 줄어들었다.[429]

병풍석의 경우 성종대의 『국조오례의』를 따랐기 때문에 불교식 문양인 금강령이나 금강저를 새기지 않고 대신 구름무늬가 있다. 건원릉이나 헌릉에 있는 불교식으로 사후 노잣돈을 태운다는 소전대(燒錢臺)가 생략되고 영릉의 제도에 따라 지방 등을 태우는 예감(瘞坎)으로 대체된 것도 두드러진 특징이다. 왕의 치적이나 공덕은 모두 국사[실록]에 실리기 때문에 굳이 신도비에 따러 적지 않아도 된다는 세종의 명에 따라 이때부터 신도비가 세워지지 않았다.

(2) 현덕왕후 소릉과 현릉 천릉

428) 『端宗實錄』, 端宗 卽位年 8月 17日(丁丑).
429) 『국조오례의』권5, 흉례의식, 치장조.

1441년 7월 24일 왕세자빈 권씨가 죽었다. 이에 세종은 원경왕후보다 내리고, 정소공주보다 1등을 더하는 왕세자빈의 예로서 장례를 치르도록 하였다.[430] 당시 논의 중 원경왕후의 능에는 석인 4, 석양 4, 석호 4, 석망주 2만 있으며, 정소공주의 무덤에는 석인 2, 석양 2, 석호 2만 있었다. 이에 하연(河演)이 세자빈의 경우 공주의 묘제와 구별하여 석양과 석호는 각각 1개씩 더하고 석마는 세우지 말도록 하자고 하여 이에 따랐다. 만약 이대로 시행되었다면 세자빈의 초장 무덤에는 석호 3, 석양 3가 세워져 있어야 했다.[431] 그러나 이렇게 홀수로 세운 사례는 없어 단지 세자빈의 무덤을 공주의 무덤보다는 차등을 두어 높이고자 했음을 알게 한다. 이로 미루어 볼 때 왕릉[왕후릉]보다 세자빈의 무덤은 조금 소략하였음을 알 수 있다.

1450년 2월 24일 문종이 즉위하고 세자빈은 현덕왕후로 추숭하고 소릉으로 불렀다. 2년 뒤 문종이 승하하고 단종이 즉위한 1452년 9월 21일 "소릉의 잡상(雜像)은 오는 가을을 기다려 설치하라"고 하였다.[432] 하지만 1456년 단종의 복위를 도모하는 사건에 현덕왕후의 어머니 최씨와 동생 권자신이 연루되어 처형된다. 이에 당시 상왕이었던 단종은 노산군으로 강봉되었기에, 그 어머니인 현덕왕후 또한 서인으로 폐위하고 왕비의 능도 격하하였다. 1457년(세조 3) 세조의 명에 의해 소릉이 파헤쳐지고 시신은 안산 바다에 내팽개치게 되었다.[433]

이후 현덕왕후가 폐서인이 된지 56년이 지나 1512년(중종 7) 현덕왕후를 복위하여 종묘에 신주를 올리고 그 무덤을 천장하기로 하였다.[434] 폐릉 이후 개장까지 했기에 무덤을 찾아 천릉하기 어렵고, 근래 폐릉지 발굴이나 현존하는 석호 유물에 의해 당시를 되돌아보기도 한다.[435] 이에 현재 동구릉의 문종 현릉과 동원이강형식의 현릉은 1523년에 새로 조성한 것이다.

### 6) 단종의 장릉과 정순왕후의 사릉

단종은 조선 제6대 왕이지만 세조가 왕위를 찬탈한 후 노산군으로 낮추어져 1455년 강원도 영월에 유배당하였고,[436] 2년 후 1457년 그 곳에서 승하하였다. 그의 시신은 영월 호장 엄흥도(嚴興道)가 암장하였다는 이야기가 전한다.[437] 이후 16세기 1581년(선조 14) 강원감사였던 정철

430) 『세종실록』권45, 세종 11년 7월 26일.

431) 『세종실록』권45, 세종 11년 8월 8일.

432) 『단종실록』권1, 단종 1년 9월 21일. 김이순, 앞 논문, 107쪽. 이 기록을 토대로 소릉 석물을 추가했을 것으로 보나 조선왕실 기록에서 석물을 잡상이라 부른 사례는 발견되지 않아 이것은 과대해석으로 여겨진다.

433) 이긍익, 『연려실기술』제4권, 문종조 고사본말. '소릉의 폐위와 복위'.

434) 『중종실록』권18, 중종 8년 3월 12일.

435) 김이순, 「顯德王后의 昭陵 석물」, 『미술사학연구』285호, 2015.3, 101-129쪽.

436) 『世祖實錄』 卷8, 世祖 3年 6月 22日(甲寅).

437) 『世祖實錄』 卷8, 世祖 3年 10月 21日.

<단종 장릉의 능상석물>, 1699년

<정순왕후 사릉의 능상 석물>, 1699년

이 노산군의 분묘를 수축하고 석물을 세우도록 하였다.[438] 단종 장릉에 관한 기록 중 대표적인 『노릉지(魯陵志)』에서도 1580년말 강원도 감찰사 정철(鄭澈)이 강원도 영월에 있는 노산군 무덤을 갔는데, 지역 주민들이 모두 노산군묘가 황폐한 것을 가엾게 여기니 이 무덤을 새롭게 수축하자고 왕에게 장계를 올렸다고 한다.[439] 이에 따라서 1580년 선조는 문석인 한 쌍을 비롯하여 장명등과 망주석 등 석물을 설치하였던 것이다.[440] 따라서 현재 단종 장릉의 석물은 1580년 선조대에 노산군묘로 조성했을 때의 석물이다. 또한『장릉지』의 기록을 참고하면 강원도 근교에서 돌을 다듬어 썼고, 강원도에서 인력을 동원했다고 나오므로 단종 장릉의 석물은 왕릉 석물에 비하여 지방 미술품 성격을 가졌다고 볼 수 있다.

(1) 단종 장릉[441]

현재 단종 장릉의 석물은 문석인, 석호, 석양, 망 주석 한 쌍과 장명등 한 개로 단순한 구성이다. 이것은 선조대에 무덤을 보수할 때 왕릉급으로 만든 것이 아니라 노산군, 곧 대군의 묘제에 따라 만들어진 것이다. 비록 17세기 숙종 때 '단종'이라는 묘호와 '장릉(莊陵)'이라는 능호를 받아 노산군 묘를 새롭게 정비하였지만, 석물 등은 기존의 석물을 바탕으로 새로 추가 보완하였

438) 『宣祖實錄』卷14, 宣祖 14年 1月 6日.

439) 尹舜擧(1596-1668)『魯陵志』萬曆八年 宣祖大王十三年 命修墓立石監司鄭澈狀啓道內寧越郡有 草間素無標石人不知爲魯山君之墓.;『宣祖實錄』卷15, 宣祖 14年(1581) 1月 6日(辛未) 寧越郡有魯山君墓 江原監司鄭澈狀啓以爲 魯山雖位號貶削 然猶封君 則其墓當有品制 而墓道無石 樵牧不禁 行路傷嗟 考前史 雖讐如項羽 而高祖葬以王禮 革除如建文 而成祖葬以天子禮 請立石封墓 遣官致祭事, 議大臣 該曹入啓傳曰 寧越郡魯山墓 往在丙子 遣官致祭 以慰其親 而今見觀察使鄭澈狀啓 日月漸久 樵牧相尋 儀物不備 墓道荒廢云議大臣 封墓立石 遣近臣致祭之意 言于禮曹.

440) 尹舜擧『魯陵志』萬曆八年 宣祖大王十三年 命修墓立石, 傳曰寧越郡 魯山君墓往在丙子年遣官致祭以慰其魂令見觀察使鄭澈狀啓日月漸久樵牧相尋儀物不備墓道廢云依大臣 議封墓石近臣致祭 禮曹 魯山君墓所石物等品磨鍊牀石標石香坐兒長明燈各一望柱冠帶石各二.

441) 김이순,「장릉(莊陵)과 사릉(思陵)의 석물 연구」,『문화재』No. 45, Vol. 1, 2012, 34-51쪽.

음이 당시의 실록[442]과 의궤[443]에서도 밝혀져 있다.

단종 장릉의 석물은 이것을 확연하게 증명한다. 예컨대 단종 장릉 석인상의 특징을 살펴보면, 문석인의 윤곽선은 단순한 편이고, 홀을 들고 있는 팔의 자세는 직각이다. 관복과 발의 분리는 전혀 이루어지지 않았으며, 관복의 소매 자락은 아래로 단순하게 떨어진 모습이다. 부분적인 묘사에서 문석인의 이목구비가 명료하지 않으며 선각으로 단순하게 표현하였고, 홀을 쥐고 있는 손가락은 입체감을 표현하려는 듯 살짝 굴려서 나타냈다. 이러한 단종 장릉 문석인의 특징은 1573년 조성된 중종의 아들 해안군(海安君) 묘의 석물과 유사한 편이다.

결국 단종 장릉은 단종이 복위되던 1699년 숙종대 왕릉에 조성된 석물보다는 그보다 몇 년 앞서 1693년에 제작된 안빈 이씨묘 석인상과 비교된다. 곧 장릉의 석인상은 발과 관복의 분리가 되지 않는데, 17세기 숙종대 석인상은 발과 관복의 분리가 명확하며 소매 자락이 옆면에 위치하고, 옷주름이 두꺼운 편이다. 반면 단종 장릉의 옷주름은 얇고 간략하여 양자는 동시대의 것이 아님을 알 수 있다.

그렇다면 숙종대 단종 장릉의 공역은 어떠했는지 알아보자. 1699년 1월 8일부터 2월 28일까지 51일간 진행되었다. 봉분 둘레에 병풍석이나 난간석 및 무석인은 배치하지 않았고, 혼유석과 장명등은 각각 1기씩, 문석인, 망주석, 석양, 석호, 석마는 각각 1쌍씩 배설하였다. 장릉 석물은 대부분 선조 말에 정철에 의해 세워진 것이다. 곧 문석인, 망주석, 장명등의 체석을 그대로 사용하였다. 전체적인 상설이 왕릉임에도 크기나 규모가 작은데, 이것은 전례로 삼은 대상이 정종과 정안왕후의 후릉이었기 때문이다.[444] 그런데 후릉의 경우 왕릉과 왕후릉이 한데 있는 쌍릉 형식인데 비해 장릉은 왕릉 단독릉이어서 무석인이 생략되고 석양과 석호 등도 1쌍에 불과하며 비교적 상설이 소략한 추존 덕종의 경릉(敬陵)이나 추봉한 신덕왕후 정릉(貞陵)을 참고한 때문이다.[445] 결국 상설의 숫자는 추존이나 추봉 등을 했던 국왕[덕종]이 왕후[신덕왕후]의 사례에 의거하여 경릉과 정릉을 따르되 크기는 비교적 규모가 작은 후릉을 좇는 방식으로 추진된 것이다.

당시 장릉을 담당한 화원은 장자현(張子賢)과 최석헌(崔碩獻) 및 김구성(金九成)이다. 장릉의 변수는 17세기 왕릉 석수를 대표하는 이희선(李希善)이고, 그는 영월에서 가까운 강원도나

442) 『肅宗實錄』卷32, 肅宗 24年(1698) 9月 30日(辛丑), "宣廟時 又因觀察使鄭澈狀啓 改修墓表 祭用一品之儀 則我列聖追報之典 至此無憾 冥途之恨庶可以慰解矣."라고 기록하여 숙종대에도 이미 선조대 제작하였던 석물이 그대로 잔존하였음을 알 수 있다.

443) 『端宗莊陵修改都監儀軌』(1698), 一文石一雙則以前排改正鍊仍爲排立.

444) 『肅宗實錄』, 肅宗 24年 10月 29日. 숙종은 단종 장릉을 봉릉하기 5년 전에 정종의 후릉을 능행한 적이 있어 그 규모 등을 잘 파악하고 있어 단종 장릉의 후릉을 전범으로 삼고자 했다.

445) 『端宗莊陵封陵都監儀軌』, 啓辭秩. 1698年 11月 10日.

충청도 및 경상도 석수 57명 및 석재를 운반할 승군 1,500명과 함께 작업하였다.[446] 혼유석이나 표석의 경우 기존의 것은 능의 왼쪽 산 아래에 묻은 다음 새로 혼유석과 고석 및 표석을 마련하여 세웠다.[447]

(2) 정순왕후 사릉[448]

단종비 정순왕후는 1457년 왕대비에서 서인으로 강등된 후 1521년(중종 16) 82세로 승하하였다. 묘소는 단종의 누이인 경혜왕후의 시가인 해평 정씨 묘역에 조성되었다. 중종이 대군 부인의 예로 장례를 치르도록 하였다.[449] 대군부인에서 왕후의 휘호와 왕후릉의 능호는 단종 장릉과 마찬가지로 숙종대에 이뤄졌다. 1698년 12월 26일부터 1699년 2월 20일까지 55일간 승려를 포함하여 연인원 2,000여명을 동원하였다.

사릉의 봉릉은 장릉이 있는 영월로 옮기지 않고 석물의 상설은 신덕왕후 정릉이나 소혜왕후 경릉을 따르고 규격은 정안왕후 후릉의 예를 따랐으며, 신의왕후 제릉처럼 난간석을 두지 않겠다고 결정하였다.[450] 이에 사릉은 장릉과 마찬가지로 봉분 둘레에 병풍석이나 난간석 및 무석인은 배치하지 않았다. 혼유석과 장명등은 각각 1기씩, 문석인, 망주석, 석양, 석호, 석마는 각각 1쌍씩 배설하는 것도 장릉과 마찬가지였다.

다만 장릉 석물이 선조 말에 세웠던 것을 대부분 활용한 데 비해, 사릉 석물은 새로 제작하였다. 이러한 작업을 위해 동원된 화가 장시량(張時良)이었다. 1699년 1월 28일부터 5일간은 대부석소에서 국역을 져 문석인을 비롯한 석양, 석호 및 석마의 형상을 그렸고, 2월 9일부터 5일간은 조성소에서 단청 등의 초를 내고 채색을 하는 역할을 했다. 단종 장릉의 경우 서울에서 거리가 많이 떨어진 강원도 영월에 위치하여 화원이나 경변수 이외에 나머지 석수를 비롯한 장인이나 승려들은 강원도와 경상도 및 충청도 등지의 지방에서 징발한 것이 대부분이었다. 이에 비해 정순왕후 사릉의 경우 서울 근교인 경기도에 위치하여 화원이나 변수 및 장인들은 서울과 경기도에서 석수 64명을,[451] 석재 등을 운반할 승려들은 전라도와 함경도에서 차출되었다.[452] 이렇게 양자간에 동원된 장인의 성격이나 솜씨에 차이가 보여 완성된 작품에서도 차이가 있었다.

---

446) 『端宗莊陵封陵都監儀軌』, 大浮石所, 匠人秩.
447) 『端宗莊陵封陵都監儀軌』, 大浮石所.
448) 김이순, 「장릉(莊陵)과 사릉(思陵)의 석물 연구」, 『문화재』No. 45, Vol. 1, 2012, 34-51쪽.
449) 『思陵封陵都監儀軌』, 啓辭秩.
450) 『端宗莊陵封陵都監儀軌』, 啓辭秩. 1698年 11月 10日.
451) 『定順王后思陵封陵都監儀軌』, 大浮石所, 匠人秩.
452) 『定順王后思莊陵封陵都監儀軌』, 大浮石所.

왕후릉인 사릉의 석물 또한 단종 장릉과 마찬가지로 기타 왕릉에 비하여 규모가 축소되었고 크기 또한 작아졌다.[453] 사릉 문석인의 경우 169cm로서 왕릉인 장릉의 212cm에 비하여 크기가 20-30cm 작은 것을 알 수 있다. 이렇게 된 이유는 숙종이 능행하였던 정종 후릉을 전례로 삼아 규모나 크기를 줄여 검박한 석물제도를 실천하고자 했던 시대양식을 반영할 결과이다.[454]

<세조 광릉의능상 석물>, 1468년

<세조 광릉의 문무석인>, 1468년

### 7) 세조와 정희왕후 광릉

1468년 세조의 유언 이후로 조선왕릉의 내부는 회격으로 만들었지만 15세기부터 18세기까지 조선왕릉 조성 과정을 상세하게 기록한 문헌은 거의 없다. 1474년(성종 5) 9월 19일에 석물제도를 법으로 정하였다.

제7대 세조와 정희왕후의 광릉에서 처음으로 동원이강릉이 조성되어지고 이후 세 개의 강위에 단릉의 형태로 조성되는 동원삼이강릉이 축조된다. 또 하나의 강위에 상, 하로 두 개의 봉분이 조성되는 동원상하이강릉 등이 등장하여 왕릉배치에 새로운 형식의 변화가 나타나게 된다. 먼저 광릉은 세조가 "죽으면 속히 썩어야 하니, 석실과 석곽을 마련하지 말라." 하여 석곽 대신 회곽릉을 조성한 최초의 왕릉이다. 이후 세조의 유명으로 조선 왕릉의 대부분이 회곽릉으로 조성되게 된다. 단릉과 쌍릉, 합장릉의 양식은 모두 하나의 강 위에 봉분이 설치되어 그 형태에 따라 나누어지는데 동원이강릉의 양식은 두 개의 강 위에 각각 하나의 봉분을 조성하는 형식으로 가운데에 정자각과 홍전문을 배치하게 된다. 보통 정자각은 봉분의 중심에 일축선상에 배치되는 것이나 동원이강릉에서는 두 개의 봉분이 각각 따로 떨어져 있으므로 그 중앙에 정자

453) 국립문화재연구소,『조선왕릉 종합학술조사보고서(Ⅱ)』, 2011, 215쪽, 280쪽.
454) 『肅宗實錄』卷32, 肅宗 24年 11月 24日(乙未).

각이 설치되어진다. 이처럼 왕릉제도를 개혁한 광릉은 왕릉 조성에 모범이 되었다. 이에 예종실록 즉위년에는 "구례에 석실을 쓰면 역부가 6천 명이었는데, 이제 이미 쓰지 아니하기 때문에 3천 명만 씁니다."[455]하였다. 이는 사대석을 없애고 석실을 회곽으로 바꾸면서 산역에 동원된 인력을 줄일 수 있었으며, 비용을 절감하여 민폐를 덜게 되었다. 이러한 동원이강릉의 형식은 광릉을 포함하여 추존 경릉과 제8대 창릉, 제9대 선릉, 제19대 명릉 등이 있다.

그러나 성종의 명에도 불구하고 조선 왕릉의 석물의 크기도 커지기 시작하였다. 기존 세조의 능에 있던 정자각과는 별개로 가정자각을 세워 정희왕후의 제사를 지내도록 하였다. 그리고 삼년상이 끝나면 두 개의 능 사이에 지은 또 다른 정자각에 합제한다. 이때 세조의 능에 이미 있던 정자각과 정희왕후의 능에 조성했던 가정자각은 철거하였다.[456] 이것은 문종의 현릉을 조성하면서 설치했던 가정자각의 의미와는 완전히 다른 것이다. 문종의 능에 설치했던 가정자각은 말 그대로 임시로 정자각을 임시로 대체할 가건물의 성격인 반면, 성종 때 조성한 정희왕후의 능에 설치된 가정자각은 정자각과 차별화된 의미를 지닌 건물이다.

정희왕후의 능에 가정자각을 세운 것은 동원이강형으로 능을 조성한 것에서부터 출발한다. 동원이강형이란 한 줄기에서 갈라진 두 개의 언덕에 왕과 왕비의 능을 따로 조성하는 것이다.

동원이강형으로 능을 조성할 때 문제는 서로 떨어진 두 개의 언덕에 능을 만들다보니 기존의 능 앞에 있는 정자각과 새로 조성하는 능과는 방향이 맞지 않게 된다는 것이다. 따라서 기존의 정자각으로는 새로운 능의 의례를 행하기 어려우므로 또 다른 정자각이 필요하다. 그런데 두 개의 정자각을 계속 사용하는 것은 아니기 때문에 정자각 한 개는 격식을 덜 갖추어 건립해도 된다. 삼년상이 끝나고 나면 합제를 하기 때문이다. 왕과 왕비의 능을 함께 쓸 때는 백성들의 부담을 덜기 위해 합제를 지내는 일이 일반적이었다. 합제를 지내게 되면 하나의 정자각만 필요하게 되는데 이때 가정자각은 철거한다. 즉 가정자각은 합제의 과정에서 필요한 시설물이다. 이렇게 동원이강형 능에 합제의 필요성과 결부되어 시작한 가정자각은 이후 능에는 동원이강형이 아니더라도 건립하게 되었다.

---

455) 『예종실록』, 예종 즉위년(1468) 9월 23일.

456) 『成宗實錄』, 成宗 14年 4月 26日.

<예종 창릉의 능상 석물>, 1470년

1. 예릉 창릉 문석인 2. 예릉 창릉 무석인

### 8) 예종과 안순왕후 창릉 및 장순왕후 공릉

예종은 세조와 정희왕후의 차남으로, 1469년 11월 28일 즉위 1년여 만에 20세의 나이로 병사했고 1470년에 서오릉에 묻혔다. 예종의 원비 장순왕후는 아들을 낳다가 17세에 사망하였고, 계비인 안순왕후가 2남 2여를 낳았으나 왕위는 계승하지 못하였다. 창릉은 서오릉에 예종의 왕릉과 안순왕후의 왕후릉이 동원이강릉의 형식으로 조성되어 있다.[457] 창릉은 서오릉 중 가장 깊숙한 외진 곳에 위치하고 있다.

(1) 예종 창릉

예종은 1469년 11월 28일 경복궁 자미당에서 20세의 나이로 승하하였다. 그로부터 며칠 뒤인 12월 6일에 능지를 찾기 시작하였고 12월 12에 현재의 위치를 결정하였다. 산릉을 책임진 제조는 조석문, 한백륜(韓伯倫), 김국광(金國光), 이형(李衡), 한치형(韓致亨)이었다. 1470년 2월 5일에 산릉이 마무리되기까지 67일이라는 짧은 시간 걸렸다. 한 겨울에 왕릉을 조성하면서 적잖은 어려움이 있었고, 산릉 부역에 7천 명 정도 동원되었다.[458] 조선시대에 능 조성의 결정권자는 왕위 계승자였지만, 창릉의 경우는 성종이 너무 어렸기 때문에 실질적인 책임자는 예종의 어머니 정희왕후였다. 정희왕후는 남편인 세조가 죽은 지 14개월 만에 아들 예종의 장사를 치러야 했다. 더욱이 대행 대왕의 상장(喪葬)에 관한 모든 일은 세조 대왕의 예에 의거하여 시행하도록 하였다.[459] 이를 통하여 예종 창릉은 산릉을 조영하는 과정이나 석물의 제작 등에 있어서 세조

457) 김이순, 「昌陵의 왕과 왕후 능의 위치 재고」, 『미술사학연구』267, 2010. 『선조실록』과 『창릉지』에 의거하여 창릉의 서쪽이 왕릉이 아니라 왕후릉일 가능성을 제기하였고, 석물의 양식을 통해 이를 증명한 바 있다.

458) 『成宗實錄』卷1, 成宗 卽位年 12月 25日.

459) 『成宗實錄』卷1, 成宗 卽位年 11月 28日.

광릉을 전례로 삼아 광릉과 마찬가지 방식의 회격으로 조성하였음을 알 수 있다.[460)]

(2) 안순왕후 창릉

안순왕후는 예종이 승하한 지 29년 뒤인 1498년(연산군 4) 12월 23일에 승하하였다. 능지를 결정할 국왕은 연산군이었다. 안순왕후의 상장례는 예종에 비해 대폭 축소되어, 국장도감 제조는 성준(成俊) 1인이었고, 산릉도감 제조 역시 유자광, 강귀손(姜龜孫), 윤효손(尹孝孫) 3인뿐이었다. 당시 안순왕후가 죽은 지 사흘 후부터 수차례에 걸쳐 장례의 간소화에 대한 논의가 있었다. 그녀는 이듬해인 1499년(연산군 5) 2월 14일 창릉에 안장되었다. 승하한지 60일에 불과하였다.

창릉의 봉분에는 병풍석을 세우지 않았고 봉분 주위에 난간석만 두르고 있다. 석물의 일반적인 배치는 왕릉과 왕후릉이 같으며 두 릉의 능침 아래 중간에는 정자각과 홍살문을 잇는 축의 양 옆으로 수라간과 수복방이 대칭으로 배치되어 있다. 난간석의 주두는 일반적으로 앙련과 복련의 연꽃잎과 연주문으로서, 창릉은 둥근 머리돌 밑에 고리모양 받침을 마련하고 4각 석주로 옮겨가는 형식을 취하고 있다. 혼유석의 고석문양과 난간석의 석주의 주두 양식도 차이가 보인다. 고석에는 나어두를 새긴 것과 새기지 않고 대신 문고리 문양을 새겨 북과 똑같이 만든 특이한 것으로 나뉜다. 이로 미루어 고석 밑에 나어두를 새긴 곳이 예종의 왕릉이고, 문고리만 새긴 곳이 왕후릉일 가능성이 높다. 왕비 능침의 무석인은 왕릉과 달리 투구가 길고 짧은 상모로 되어 있다. 허리띠로 좌에서 우로 대간선을 이루며, 석재가 좋지 않은지 풍화가 심하여 양호하지 못하다. 왕의 능침 앞 장명등은 지붕돌이 없어진 상태이다.

<장순왕후 공릉의 능상 석물>, 1468년

<장순왕후 공릉의 문석인과 석마>, 1468년

460) 『成宗實錄』卷2, 成宗 1年 1月 9日.

3) 장순왕후 공릉(恭陵)

예종의 원비인 장순왕후(1445-1462)는 상당부원군 한명회(1415-1487)의 셋째 딸이었다. 그녀는 15세의 나이에 10살인 왕세자[후일 예종]와 혼인하였고, 17세 때 원손[인성대군]을 낳은 뒤, 1470년 산후병으로 사망하였다. 세자빈이었기에 현재의 위치에 세자빈묘로 조영하였다. 이후 1468년(성종 3)에 왕비로 추존되어 장순왕후로 불렸고 능호를 공릉으로 올렸다. 이처럼 장순왕후가 왕비로 추존되었으나 대왕대비였던 세조비 정희왕후가 왕후릉으로 봉릉을 하면 오래전 잠든 영혼을 동요시킨다는 이유로 능제의 봉릉을 반대하여,[461] 상설을 제대로 갖추지 못하여 생략되고 소략한 편이다.

<성종 선릉의 능상 석물>, 1530년

<성종 선릉의 문무석인>, 1530년

## 9) 성종과 정현왕후 선릉 및 공혜왕후 순릉

(1) 성종과 정현왕후 선릉[462]

성종은 3명의 왕비와 십여 명의 후궁을 두었으며, 16남 12녀의 많은 자녀를 보았다. 재위 26년만인 1494년(성종 25) 12월 24일 창덕궁의 대조전에서 38세의 나이로 승하하였다.[463] 성종은 이듬해(1495년) 3월 6일 선릉에 모셔졌다.[464] 1468년 세조의 유언으로 현궁은 회격을 하고 봉분에는 병풍석을 세우지 말라고 했으나, 성종 선릉의 경우 현궁 하부는 회격으로 조성하되 외

461) 『成宗實錄』卷2, 成宗 1年 1月 25日(庚寅).
462) 신명호, 「宣靖陵의 歷史와 管理制度」, 『역사와 실학』31집, 역사실학회, 2006.12, 126-127쪽, 132-133쪽.
463) 『成宗實錄』卷297, 成宗 25年 12月 24日 己卯.
464) 『燕山君日記』卷4, 燕山君 1年 3月 6日 壬子.

부에는 병풍석을 조성하였다.[465] 이것은 『국조오례의』에 기술된 내용을 대체로 따르고 있다.

성종이 묻힌 지 36년 뒤인 1530년(중종 25) 10월 29일 경복궁 동궁의 정침에서 성종 계비인 정현왕후(1462–1530) 윤씨가 69세로 승하하면서 유언에 의해 선릉의 왼쪽 언덕에 10월 29일에 안장되었다.[466] 왕후릉을 조성할 당시인 9월 4일 정자각을 세우는 문제가 대두되었다. 성종의 왕릉과 정현왕후의 왕후릉은 동원이강릉의 형식이어서 정자각을 각각 세울지, 한곳에 세울지를 의논한 것이다.[467]

그런데 성종과 정현왕후의 시신은 임진왜란 중 왜적에 의해 도굴되어 불태워지게 되었다. 1592년(선조 25) 4월 13일 임진왜란이 발발한 이후 왜적은 그해 5월 3일 한양을 점령하였다. 그렇지만 왜적이 언제 선릉을 도굴했는지는 명확하지 않다.[468] 다만 왜적이 한양을 점령했던 1592년 5월 3일부터 조선군이 한양을 재탈환한 1593년 4월 19일, 한양을 퇴각하기 직전에 도굴이 되었을 것으로 추정한다. 어쨌든 선조는 1593년 4월 13일 경기좌도 관찰사의 보고를 통해 선릉이 도굴된 사실을 알게 되었다.[469] 이에 선조는 개장도감(改葬都監)을 설치하여 선릉을 수개할 만반의 준비를 갖추도록 하였다. 그런데 당시 주인공인 성종의 시신이 없었기 때문에 의대를 대신 매장하기로 했다.[470] 선릉을 개장할 날짜로 잡은 7월 21일에 선조가 직접 곡림(哭臨)을 하였다.[471] 하지만 이날 진주성이 왜적에 함락되고 적정이 곧바로 상황이 급박해져서 개장일은 또 연기되어, 7월 27일 비로소 개장하였다.[472]

이처럼 임진왜란 때 성종의 선릉 석인상은 임진왜란 이후로 훼손되어 선조대에 옛 석물을 바탕으로 부분적 보수가 이루어졌다.[473] 현재 왕릉의 상설은 3면의 곡장 안에 봉분이 있다. 봉분에는 12지신상이 조각되어 있는 병풍석과 난간석을 둘렀다. 세조의 유훈 이후 왕릉은 회격으로 만들고 병풍석을 세우지 않도록 되어 있으나, 왜구에 의해 왕릉이 훼손되면서 선릉을 재건하면서 현궁에 석실을 쓰지 않고 회격을 사용하였으며, 성종의 왕릉에는 병풍석이나 난간석을 둘렀고 정현왕후의 능에는 난간석만 둘렀다. 성종의 선릉은 문종의 현릉과 마찬가지로 왕릉과 왕후릉이 서로 다른 언덕에 배치된 동원이강릉이다. 상중하계에는 일반 왕릉과 마찬가지로 봉분 주

465) 『燕山君日記』卷2, 燕山君 1年 1月 1日 乙酉.
466) 『中宗實錄』卷69, 中宗 25年 10月 29日 癸巳.
467) 『中宗實錄』卷69, 中宗 25年 9月 4日.
468) 『宣祖修正實錄』卷26, 宣祖 25年 12月 丁亥.
469) 『宣祖修正實錄』卷27, 宣祖 26年 4月 乙酉.
470) 『宣祖實錄』卷40, 宣祖 26年 7月 己卯.
471) 『宣祖實錄』卷40, 宣祖 26年 7月 癸酉.
472) 『宣祖實錄』卷40, 宣祖 26年 7月 己卯.
473) 『仁祖實錄』卷49, 仁祖 26年 閏3月 13日 戊寅.

위로는 석호와 석양 1쌍이, 봉분 앞에는 혼유석과 장명등 및 망주석이, 중계와 하계에는 문무석인 1쌍과 석마 2쌍이 배치되어 있다.

장명등은 태종 헌릉의 것을 따랐다.[474] 문무석인의 얼굴은 중후한 느낌을 사실적으로 표현하였다. 몸에 비해 얼굴이 크고 목은 짤막하고 전체적으로 입체감이 없다. 몸집은 사각기둥에 가공한 조각품이라는 느낌이 강하고 기둥과 같다. 무석인은 눈이 매우 크게 조각되어 있다. 왕릉의 문무석인이 굵고 강직한 반면, 왕후릉의 문무석인은 그 윤곽과 조각이 섬세하고 아름답다. 왕후릉의 무석인은 뒷부분의 갑옷 무늬가 선명하다. 혼유석의 고석에는 나어두의 둥근 얼굴이 새겨져 있다. 두 봉분 언덕에 정자각, 비각, 그리고 입구에 홍살문이 있다.

<공혜왕후 순릉의 능상 석물>, 1474년

<공혜왕후 순릉의 문석인>, 1474년

(2) 공혜왕후 순릉(順陵)

공혜왕후(1456-1474)는 한명회의 딸이며, 예종 원비인 정현왕후의 동생으로 자을산군[후일 성종]과 혼인하였다. 조선 제9대 왕인 성종의 왕비로 봉해진지 5년째인 1474년(성종 5) 4월 15일 젊은 나이에 소생 없이 창덕궁 구현전에서 19세의 나이로 승하였다. 그해 6월 7일 경기도 파주시 지역에 위치한 현재의 순릉에 왕후릉을 조성하였다.

인조대에 공혜왕후의 순릉 석물을 수개하였다. 1648년(인조 26) 2월 30일 순릉 능상의 혼유석·문석인 1기와 무석인[장군석] 2기의 얼굴과 코 끝이 깨졌고, 정자각의 신문(神門) 및 월랑(月廊)의 완렴(亂簾)이 부서져 파손되었다는 장계가 올라왔다.[475] 문석인의 파손은 대단치 않아 보수하

474) 김민규, 「조선 왕릉 장명등 연구」, 동국대학교 석사학위논문, 2009. 71쪽.

475) 『恭惠王后順陵修改都監儀軌』, 啓辭秩, 1648年 2月 30日.

면 그대로 쓸 수 있으나, 무석인과 혼유석은 그렇지 못하여 개비해야 한다고 하였다. [476] 열흘 후에 석물을 보수할 논의를 하여 대신들은 석물을 새로 조성하기에는 공역이 너무 많이 들고, 성종 선릉의 석물도 기존의 것을 다듬어 쓴 예가 있으며, 순릉 석물은 태조 건원릉 석물보다 크기도 더 크므로 파손 된 곳만 부분적으로 보수할 것을 요구한다.[477] 어쨌든 순릉 혼유석 1좌와 문석인 1기 및 무석인 2기를 개비하기로 하였고, 1639년(인조 17) 세종 영릉(英陵) 정자각을 수개할 때를 전례로 삼아 돌을 뜰 장소를 정하고 뜬 것을 초벌 다듬은 다음 옮기도록 하였다.[478]

이에 수개도감을 설치하였고 제조는 공조 판서 정태화(鄭太和)가 3월 10일 참여하였으나 14일 예조 판서가 되면서 공조 판서 이시방(李時昉)으로 교체되었고 예조 참의 이성신(李省身)과 함께 공역을 책임졌다.[479] 선공감의 참봉과 가감역관 및 영역부장 등이 차출되었다. 당시 순릉 석물의 규격과 크기 등은 정현왕후의 선릉과 중종의 정릉을 전례로 삼기로 결정하였다. 석재는 조계(曹溪)와 중흥동(中興洞) 중에서 뜨기로 했고,[480] 감조관이 양자를 비교한 결과 석계의 품질이 우수했지만 순릉의 본디 석물이 후자의 것이어서 수개한 석질을 같게 하고자 중흥동에서 뜨기로 결정하였다.[481] 당시 도감에서는 수개 공역을 위해 석수 30명을 요청하였으나 당시 창덕궁 저승전(儲承殿) 영건에 투입된 인원 중 20명을 차출하기로 하였다.[482] 그런데 3월 28일 비변사에서 논의하기를 순릉 석물을 4월 20일에 완공하려면 석물 4좌를 부석소에서 능소까지 운반하려면 2,500여 명과 썰매[雪馬] 및 칡밧줄[葛索] 등으로 3-4일간 징발해야 되어 국력에 무리가 있다는 의견을 개진하였다.[483] 그러자 윤3월 14일 영의정 김자점(金自點)이 소혜왕후 경릉 혼유석은 길이 8자 2치이고, 순릉의 것은 모서리가 깨졌더라도 길이 9자라는 점을 들면서, 이것을 다듬고 수개하여도 다른 능의 것보다 길이와 너비 및 두께가 줄어들지 않는다고 하자, 다른 여러 능의 석물과 크기를 참작하여 결정토록 하기로 하였다.[484] 그로부터 이틀 뒤 윤 3월 16일 순릉과 경릉 석물의 규격과 치수 및 깨진 곳을 별단으로 들였다.[485] 윤3월 19일에는 건원릉, 선릉, 정릉을 조사하고 돌아와 각 석물의 규격과 치수 및 파손되어 수리한 곳을 들였다.[486] 이처럼

476) 『仁祖實錄』卷49, 仁祖 26年 3月 2日(丁酉); 『恭惠王后順陵修改都監儀軌』, 啓辭秩, 1648年 3月 初4日.
477) 『仁祖實錄』卷49, 仁祖 26年 閏3月 13日(戊寅).
478) 『恭惠王后順陵修改都監儀軌』, 啓辭秩, 1648年 3月 13日.
479) 『恭惠王后順陵修改都監儀軌』, 座目.
480) 『恭惠王后順陵修改都監儀軌』, 啓辭秩, 1648年 3月 14日. 都監事目.
481) 『恭惠王后順陵修改都監儀軌』, 啓辭秩, 1648年 3月 18日; 移文秩, 1648年 3月 16日.
482) 『恭惠王后順陵修改都監儀軌』, 啓辭秩, 1648年 3月 18日.
483) 『恭惠王后順陵修改都監儀軌』, 啓辭秩, 1648年 3月 28日.
484) 『恭惠王后順陵修改都監儀軌』, 啓辭秩, 1648年 閏3月 14日.
485) 『恭惠王后順陵修改都監儀軌』, 啓辭秩, 1648年 閏3月 14日; 移文秩, 1648年 閏3月 13日; 甘結秩, 1648年 閏3月 16日.
486) 『恭惠王后順陵修改都監儀軌』, 啓辭秩, 1648年 閏3月 14日.

여러 능의 전례를 참고한 결과 각릉 석물의 길이와 너비 및 두께 등은 별도로 정해진 제도가 없고, 순릉의 혼유석은 건원릉의 것보다 커 좌우 파손된 곳을 제거하고 다듬어도 건원릉 것보다 작지 않으므로 수리해 사용키로 하였다. 문무석인상의 경우도 건원릉의 것과 비교하여 작아지지 않아 새로 석물을 뜨지 않고 순릉 옛 석물에서 코 모양만 개비하도록 결론을 내렸다.[487)]

이처럼 석재를 새로 떠서 개비하는 것이 아닌 옛 석물을 약간 다듬어 고치는 것으로 결정되자 길일을 정하였다.[488)] 윤3월 21일 시역하기 전에 혼유석을 능침 아래로 옮길 때 사용할 썰매[雪馬]를 만들고 조줄장(造茁匠) 2명을 한성부로부터 징발하였으며,[489)] 장인 23명과 역군 23명에게 양식을 싸가지고 오도록 하였다.[490)] 윤3월 26일 혼유석을 능침 아래로 무사히 옮기고 문무석상을 고치고 다듬는 공사를 시작하였다.[491)] 문무석인상에 기화할 화원으로 김대길(金大吉)을 도화서로부터 차출하여 그의 본대로 문무석상의 얼굴이 다듬어졌을 것이다.[492)] 석물을 수개한 장인으로는 석수 23명, 야장 2명이 20일간, 조각장 20명이 8일간 부역하였다.[493)] 따라서 4월 9일에는 혼유석 1좌, 문석인 1기, 무석인 2기 외에도 난간석과 계체석 및 정자각 네 면의 계단에 깔 방전(方磚) 200립도 수개하였다.[494)]

이렇게 수개한 결과 순릉의 혼유석은 원래 길이 9자. 너비 6자였는데 줄어들지 않고 두께 1자 6치 반에서 1치 5푼이 줄어 1자 4치 5푼이나 건원릉보다 여전히 컸다. 문석인은 원래 길이 7자 6치였으나 8푼이 줄어 7자 5치 2푼이며, 복두는 원 둘레 5자 2치에서 2자를 줄여 5자인데 건원릉보다 컸다. 무석인은 길이 7자 7치 중 7푼을 줄여 7자 6치 3푼이고, 투구는 4자 4치 5푼에서 1치를 줄여 4자 3치 5푼이며, 이 또한 건원릉보다 컸다.[495)] 실제 순릉의 혼유석 1좌와 문무석인상 3기의 수개는 석수를 총괄한 도변수(都邊首) 조말룡(趙恣龍),[496)] 좌변 석수 변수 백운길과 우변 석수 변수 류남, 좌변조각장 변수 김억환이 8명과 우변 조각장 변수 안인남이 9명과 함께 작업하였음을 알 수 있다. 석수 23명과 조역 23명, 조각장 19명이 함께 윤3월 26일부터 시작여 4월 20일 재배치하여 완공하였다.

---

487) 『恭惠王后順陵修改都監儀軌』, 啓辭秩, 1648年 閏3月 20日.

488) 『恭惠王后順陵修改都監儀軌』, 啓辭秩, 1648年 閏3月 22日; 移文秩, 1648年 閏3月 21日.

489) 『恭惠王后順陵修改都監儀軌』, 甘結秩, 1648年 閏3月 21日.

490) 『恭惠王后順陵修改都監儀軌』, 移文秩, 1648年 閏3月 21日.

491) 『恭惠王后順陵修改都監儀軌』, 啓辭秩, 1648年 閏3月 26日.

492) 『恭惠王后順陵修改都監儀軌』, 甘結秩, 1648年 閏3月 22日.

493) 『恭惠王后順陵修改都監儀軌』, 啓辭秩, 1648年 4月 12日, 4月 20日. 당시 석수 20명은 저승전에서 일하다가 동원된 경공장이었고 3명만 지방의 장인이었다. 이들 장인들은 각각 1인당 1명씩 육조역을 대동하였다.

494) 『恭惠王后順陵修改都監儀軌』, 啓辭秩, 1648年 閏3月 26日, 4월 初10日; 移文秩, 1648年 4月 13日.

495) 『恭惠王后順陵修改都監儀軌』, 啓辭秩, 1648年 4月 초9日.

496) 『恭惠王后順陵修改都監儀軌』, 1648年, 匠人秩; 『昭顯世子墓所都監儀軌』1645年, 大浮石所 匠人秩; 『孝宗寧陵山陵都監儀軌』, 1659年, 大浮石所 匠人秩.

이처럼 순릉 석인상은 초장 당시의 기존 석물을 토대로 다듬어 15세기의 양식을 가지고 있으면서, 17세기 화원의 본에 의해 석수와 조각장 등 40여 명이 개수하여 절충된 양식을 확인할 수 있는 대표적인 사례이다. 먼저 순릉 문석인을 정면에서 살펴보면 손을 의복으로 가리고 홀을 들고 있다는 점에서 조선 전기의 형식을 따르고 있다. 그러나 손 아래로 각대가 표현된 점과 하반신의 옷주름을 지그재그로 나타낸 점, 화 위에 있는 습을 한 단 덧대어 나타난 점은 조선 후기의 특징으로 보인다. 순릉 문석인의 이목구비를 보면 눈과 입꼬리가 올라가 있고, 수염과 눈썹은 돋을새김을 하여 생동감을 엿볼 수 있다. 이러한 순릉 석인상의 안면 표현은 15세기 왕릉 석인상 안면 표현과 사뭇 다르다. 순릉 문석인의 뒷면 겨드랑이에서 허리를 향하여 둥글둥글한 운문과 같은 문양이 새겨져있다. 이러한 운문형 의습선 또한 17세기에 조성된 조선 후기 왕릉 문석인에서만 나타나는 특징이다. 이처럼 순릉 석인상의 특징은 17세기 중반에 조성된 소현세자 소경원(昭慶園)의 석인상과 유사하다. 소경원 문석인은 신발[靴] 위에 의습을 덧대고, 안면의 이목구비가 과장되고 수염과 눈썹을 돋을새김으로 나타내며, 뒷면에 운문을 나타내는 등 세부 묘사가 유사하다. 아울러 양자를 총괄한 석수 도변수 조말룡과 조각장 변수 김억환이나 안이남 등을 통해 솜씨의 동일성을 유추할 수 있다. 순릉 석인상은 조선 전기에 제작된 조각으로서 팔이나 형태에서 15세기적 요소가 있지만 의습이나 이목구비 표현 등 세부묘사와 처리는 17세기 양식적 경향을 반영하는 것이다.

## 2 16세기 왕릉과 왕후릉

15세기 후반 조선은 유교 정치 체계를 갖추기 시작하면서 여러 방면에서 문화의 발전이 나타난다. 이후 성리학적 명분론에 따라 군주가 교체되었던 1506년 중종반정으로 유교적 이해가 심화되었고, 정치 체계가 보수적으로 변모하였다. 이렇게 조선왕릉 석인상도 앞선 시대의 문헌을 바탕으로 조선의 유교 사상을 정립하는 과정에서 제작되었다.

16세기에 들어서 조선왕릉 석인상은 형식적으로 변모한다. 15세기 조선왕릉 석인상은 고려왕릉 석인상에 비하여 신체 단면이 방형(方形)으로 나타나 사실성이 떨어지고 현실적인 면모가 부족한데, 16세 기의 석인상은 이러한 방형의 단면이 정착된다. 석인상 형태의 정착은 15세기 초반에 제작된 석인상 이 다양성을 보이던 양상과는 다른 특징을 보이는 중요한 경향이며, 이렇게 정형화된 석인상을 통해 조선왕릉 석인상의 전형을 찾을 수 있다. 단순화된 조선왕릉 석인상은 16세기 전반부터 17세기 중반까지 광범위하게 나타나는데 임진왜란을 계기로 17세기 전반에 변화가 나타난다. 16세기 석인상의 단순화는 형태의 미가 크고 장중한 특징을 보이는데 17세기 석인상의 단순화는 기법에서의 단순화가 진행되어 형식화가 심화된다.

<중종 정릉의 능침 전>, 1593년경

<중종 정릉의 문무석인>, 1562년

### 1) 중종 정릉과 단경왕후 온릉, 장경왕후 희릉 및 문정왕후 태릉

(1) 중종 정릉[497]

중종은 재위 39년 만에 1544년 11월 15일 창경궁의 환경전에서 57세의 나이에 9남 11녀를 두고 승하하였다. 총호사는 우의정 윤인경(尹仁鏡)이 좌의정 등과 의논하여 빈전도감, 국장도

497) 신명호, 「宣靖陵의 歷史와 管理制度」, 『역사와 실학』31집, 역사실학회, 2006.12, 126-127쪽, 132-133쪽.

감, 산릉도감을 설치하여 운영하였다. 중종의 왕릉은 원래 먼저 승하한 장경왕후의 희릉을 그대로 쓰기로 했으나,[498] 당시 국장의 실질적 주관자였던 계비 문정왕후의 영향으로 11월 27일 능지를 장경왕후 희릉 오른쪽에 선택하였다.[499] 이듬해(1545년) 윤1월 23일 왕후릉을 따르는 것이 불가하다고 하여,[500] 25일 능호를 정릉(靖陵)으로 개정하였다.[501] 이후 2월 3일 경기도 고양에 소재한 장경왕후의 희릉 오른쪽에 묻혔다.[502] 그러나 18년 후인 1562년(명종 17) 풍수가 나쁘다는 이유를 들어 왕릉을 경기도 광주부로 옮겼다.[503] 9월 4일 성종 선릉의 주변에 위치한 현재의 정릉 위치로 천장하게 되었다.[504]

그런데 정릉 또한 선릉과 함께 임진왜란이 일어났을 당시 왜군들에 의해 무덤이 파헤쳐지고 참변을 당하였다. 더욱이 도굴된 정릉의 주변에는 중종의 시신인 듯한 시체까지 놓여 있어서 원로대신들과 환관 및 궁녀들까지 동원되었다. 그러나 시신이 중종의 것이 아닌 것으로 밝혀져 선릉과 마찬가지로 의대를 넣고 개장하게 되었다. 성종의 선릉을 개장한 이후 중종의 시신 여부를 확인하느라 20일의 시일이 지난 1593년 8월 15일에야 비로소 개장되었다.[505]

이 때문에 성종의 선릉과 중종의 정릉은 임진왜란의 치욕을 기억하는 역사적인 장소라 할 수 있다. 아울러 조선 초기에 병풍석을 제작하다가 성종이 유언으로 회격을 만들기로 한 이후 제작하지 않던 병풍석을 비롯한 사대석을 제작하였던 것으로 여겨진다. 이후 17세기부터 18세기 초까지는 사대석을 만들지 않았다. 하지만 조선 후기에는 단지 인조 장릉과 장조 융릉의 경우 병풍석을 제작하였다. 그 이유는 인조대에는 병자호란을 치렀다는 점에서, 장조는 뒤주에서 죽었다는 점에서 병풍석을 만들었다고 여겨진다. 이후 대한제국 이후인 1919년 고종 홍릉대에 다시 병풍석을 제작한 것은 명성황후가 을미사변으로 죽어 시신이 훼손된 것과 관련이 될 듯하다. 이후 1926년 순종 유릉에서는 선대인 고종 홍릉의 영향으로 병풍석을 세우게 된 것이다.

(2) 단경왕후 온릉[506]

중종의 원비인 단경왕후 신씨는 1499년 13세에 중종의 둘째 아들 진성대군과 가례를 행하여

498) 『中宗實錄』卷105, 中宗 39年 11月 15일 庚申.
499) 『中宗實錄』卷105, 中宗 39年 11月 28일.
500) 『仁宗實錄』卷1, 仁宗 1年 潤1月 25日 戊子.
501) 『仁宗實錄』卷1, 仁宗 1年 潤1月 25日 戊子.
502) 『仁宗實錄』卷1, 仁宗 1年 2月 3日 戊午.
503) 『明宗實錄』卷25, 明宗 14年 4月 甲子.
504) 『明宗實錄』卷25, 明宗 14年 9月 4日 乙酉.
505) 『宣祖實錄』卷41, 宣祖 26年 8月 15日 丙申.
506) 황정연, 「단경왕후 溫陵을 통해 본 조선후기 封陵의 역사적 의미」, 『民族文化論叢』 제53집, 2013. 177-196쪽.

<단경왕후  온릉의 능침 전경>, 1739년

<단경왕후 온릉의 문석인과 장명등>, 1739년

부부인에 봉해졌다가, 1506년 9월 2일 연산군의 폭정에 대한 반정으로 왕비로 책봉되었다.[507] 하지만 그녀의 아버지인 신수근(愼守勤, 1450-1506)이 연산군의 매부라는 이유로 처단되었기 때문에 반정 대신들은 그녀가 중궁이 되면 친정을 몰락시킨 것에 대해 위협이 될 것을 염려하였다. 이에 반정이 지난 일주일 뒤인 9월 9일 그녀는 폐위되어 궐 밖으로 쫓겨나 신승선의 집에서 지냈다.[508] 이후 1515년 장경왕후가 승하하였을 때 그녀의 복위가 추진되었으나 중종과 신료들의 반대로 무산되었다.[509] 결국 그녀는 복위되지 못한 채 1557년 12월 7일 71세로 사가에서 쓸쓸히 세상을 떠나 친정의 선산에 묻혔다.[510]

그녀의 복위는 현종대에 송시열에 의해 거론되었다.[511] 2년 뒤인 1672년 이조참의 이단하(李端夏)가 신씨의 제사를 개선하도록 상소를 올렸고,[512] 현종은 그녀의 묘소를 수축하도록 하였다.[513] 이를 통해 신씨에 대해 숙종이 관심을 갖게 되어 복위할 수 있는 계기가 되었다. 곧 1698년(숙종 32) 전 현감 신규(申奎, 1659-1708)는 신씨가 부당하게 폐위 당했으며, 태조비 신덕왕후와 문종비 현덕왕후가 복위된 사실을 예로 들어 그녀의 복위에 대해 상소를 올렸다.[514] 이에 숙종은 실록을 상고하고 신료들의 논의를 모았으나 복위는 불가하다고 비망기를 내렸다.[515]

영조는 숙종이 이루지 못한 뜻을 계승하는 계지술사(繼志術事)의 생각으로 1739년 3월 11일 신씨의 복위하고 왕비의 정호(正號)와 사당을 세워 제사를 지내도록 하는 데에 적극적이었

507) 『中宗實錄』卷1, 中宗 1年 9月 2日(戊寅).
508) 『中宗實錄』卷1, 中宗 1年 9月 9日(乙酉).
509) 『中宗實錄』卷22, 中宗 10年 8月 8日(壬戌); 『中宗實錄』卷66, 中宗 24年 9月 13日(乙巳).
510) 『明宗實錄』卷23, 明宗 12年 12月 7日(丙戌).
511) 『顯宗實錄』卷16, 顯宗 10年 1月 5日(己亥).
512) 『顯宗實錄』卷20, 顯宗 13年 3月 4日(庚戌).
513) 『顯宗實錄』卷20, 顯宗 13年 7月 4日(丁未).
514) 『肅宗實錄』卷32, 肅宗 24年 9月 30日(辛丑).
515) 『顯宗實錄』卷32, 顯宗 24年 10月 24日(乙丑).

다.[516] 이후 3월 28일 신씨의 시호를 단경(端敬), 휘호를 공소순열(恭昭順烈), 능호를 온릉(溫陵)이라 정하였고, 3월 30일에 신조를 종묘에 봉안하고 태묘에 고하여 복위를 마무리했다.[517]

폐비 신씨가 단경왕후로 복위되자 1739년 3월 25일 그녀의 무덤을 봉릉하기로 결정하였다. 그녀의 무덤은 친정의 선산이 있던 경기도 양주군 일영리에서 이장하지 않고 무덤의 석물은 모두 주변에 묻었다. 이후 온릉의 무덤은 태조비 신덕왕후 정릉과 단종비 정순왕후 사릉의 봉릉을 전례로 삼도록 결정하였다.[518] 3월 28일 영조는 송인명 등 대신들에게 묘소를 간심하도록 오라고 했으며, 당시 봉분의 지름은 19자, 높이 7자였고, 석물은 석인 1쌍, 망주석 1쌍, 상석 1좌, 장명등 1좌였으며, 비석에는 '폐비신씨지묘'라고 새겨져 있었으나 마멸되어 알아볼 수 없을 정도였다.[519] 원래의 위치에서 이장을 하지 않되 주변에 있던 다른 집안 무덤들은 없앴으며, 신덕왕후 정릉이나 정순왕후 사릉처럼 추존 왕후릉의 예에 따라 사대석[병풍석, 난간석]을 설치하지 않도록 하였다.[520] 이에 온릉은 추봉릉처럼 난간석이나 무석인은 세우지 않고, 문석인 1쌍, 석양과 석호 각각 1쌍, 망주석 1좌, 장명등 1좌 등을 놓는 검박한 상설 구조로 조영하게 되었다.

봉릉도감의 도제조는 우의정 송인명, 제조는 윤혜구 등 5인, 도청 3인, 낭청 10인, 감조관 7인이었다. 봉릉도감은 도청 아래 삼물소, 조성소, 노야소, 보토소, 대부석소, 소부석소, 수석소, 번와소 등 제작처를 별도로 두었다. 3월 29일부터 5월 20일까지 각 관청과 8도의 감영에 정자각과 재실을 지을 목재 등의 물품을 조달하도록 하였다. 온릉의 봉분은 지름 25자, 둘레 82자, 앞면 높이 10자, 뒷면 높이 6자 6치, 좌우 높이 9자였다.[521] 화원과 화승은 총7명을 동원하여 건물 및 석물의 기화를 담당하거나 단청을 참여하였다. 정자각 등은 조성소에서 관장하였으며 목수 변수 민세익(閔世益)과 김정구(金鼎九)가 금위영이나 강화부 등에서 징발한 목수 총56명의 우두머리였다. 4월 18일 정자각의 기초를 놓고 5월 1일 정초석을 배치하고 5월 9일 기둥을 세웠고. 기와와 단청은 5월 10일부터 20일 사이에 완성되었다.[522]

대부석소에서는 문석인 등 석물을 제작하였으며, 석수의 우무머리인 석수 변수는 우성득(禹聖得)이었고 석수 총66명이 동원되었다. 이곳에서 사용할 각종 석재는 강화도에서 옮겨 왔다. 석물의 조각은 섭장 21명, 조각장이나 칠장 등 각종 장인 총108명이 징발되었다.[523] 석수들이 사

516) 『英祖實錄』卷49, 英祖 15年 3月 11日(丁巳).
517) 『英祖實錄』卷49, 英祖 15年 3月 28日(甲戌).
518) 『英祖實錄』卷49, 英祖 15年 4月 2日(戊寅), 4月 4日(庚辰).
519) 『溫陵封陵都監儀軌』, 收議, 1739年 4月 初1日.
520) 『英祖實錄』卷49, 英祖 15年 4月 4日(庚辰).
521) 『溫陵封陵都監儀軌』, 三物所, 1739年 5月 27日.
522) 『溫陵封陵都監儀軌』, 造成所, 稟目秩.
523) 『溫陵封陵都監儀軌』, 1739年 3月 29日.

용할 각종 연장이나 건물에 사용할 못이나 자물쇠 등의 철물을 제작하는 곳은 노야소이다. 여기에서 야장 변수는 총융청 소속의 백파회(白破回)가 우두머리로서 4월 4일 군기시에 가가(假家)를 마련하여 활동하였다.[524] 4월 5일부터 8일까지 각 군영에서 모군 300명과 승군 1,200명을 차출하였다.[525] 이렇게 대규모 인력과 물력을 3개월 동안 동원하여 4월 19일부터 5월 16일까지 정자각 및 재실, 향대청 등의 건물을 건립하였다. 5월 20일 묘시에 봉릉하고 안릉제를 지냈다.[526] 6월 5일에는 온릉의 공역에 참여한 대신 이하 장인들을 차등 있게 시상하였다.[527] 온릉 봉릉이 이뤄진 후 영조는 각능에 표석을 세우는 작업을 의욕적으로 실시하였으나,[528] 온릉에는 세워지지 않았다. 그후 영조대에는 여러 사정으로 차일피일 미뤄지다가 1800년(정조 24)에 5월 10일 온릉에 비석을 세우기로 결정하였으나,[529] 1807년(순조 7) 4월 18일에야 비로서 건립될 수 있었다.[530]

<장경왕후 희릉 능상 석물>, 1537년

<장경왕후 희릉의 문무석인>, 1537년

(3) 장경왕후 희릉

중종의 계비인 장경왕후(章敬王后)가 1515년(중종 10) 2월 원자[훗날 인종]를 낳았으나 산후병으로 고생하다가 3월 2일 경복궁 별전에서 승하하였다.[531] 이에 왕비의 휘호는 숙신명혜(淑愼明惠), 시호는 장경(章敬), 능호는 희릉(禧陵)이라 하였다.[532] 처음 희릉은 경기도에 위치한 태

524) 『溫陵封陵都監儀軌』, 爐冶所.
525) 『溫陵封陵都監儀軌』, 1739年 4月 5日.
526) 『溫陵封陵都監儀軌』, 1739年 5月 20日.
527) 『溫陵封陵都監儀軌』, 1739年 6月 初5日.
528) 황정연, 「조선시대 陵碑의 건립과 御筆碑의 등장」, 『문화재』제42권 제4호, 2009, 20-49쪽.
529) 『正祖實錄』卷54, 正祖 24年 5月 10日(辛卯).
530) 『純祖實錄』卷10, 純祖 7年 4月 18日(庚寅).
531) 『中宗實錄』卷21, 中宗 10年 3月 2日(己未).
532) 『中宗實錄』卷21, 中宗 10年 3月 7日.

종의 헌릉 옆에 조성하였다.[533] 당시 희릉의 영건을 책임진 인물에 석수를 이끄는 우두머리인 '도석수(都石手)'가 있었다. 세종 31년(1449)에 건립한 숭례문의 <상량문 묵서명>을 보면 15세기 당시 도석수 사직 신내행(申乃行)과 좌변석수 이의성(李義成), 우변석수 박영남(朴永南)이 기록되어 있다.[534] 이로 미루어 당시 왕릉의 석역은 정5품 관직에 있는 도석수가 전 과정을 책임지고, 그 하부에 좌변석수와 우변석수가 업무를 책임졌음을 알 수 있다.[535] 그들의 지휘를 받은 장인은 석공 윤득손(尹得孫)과 도석수 박계성(朴繼成)이었다.[536]

1537년(중종 32) 희릉을 천릉하기로 결정하여 장경왕후의 초장지였던 구 희릉에 각종 석물을 파묻고,[537] 고양시 원당리에 위치한 현재의 터로 천장하면서 새로 제작하였다. 이후 1544년 중종의 사후 중종의 정릉을 현재의 서삼릉에 조성할 때 원래의 초장지에서 천장하여 중종과 함께 동원이강 형식으로 조성하였다.[538] 하지만 문정왕후에 의해 중종의 정릉은 1562년 현재의 선정릉 지역으로 천장하면서 장경왕후 희릉만 홀로 남게 되었다.

현존하는 희릉의 석인상은 3m가 넘어 장대하며,[539] 안면과 손이 전체에서 차지하는 비중이 커졌다. 조각상의 윤곽선은 직선으로 단순해져 몸통바깥으로 의복이 벗어나지 않았다. 석인상의 자세는 발과 발 사이를 적당히 분리하여 자세의 안정감을 도모하였으며 문석인이 홀을 쥐고 있는 팔의 자세, 무석인이 긴 칼을 땅 아래로 곧추세워 짚은 팔의 자세도 직각으로 정착되어 전체적으로 단순하게 처리하고 있다.

16세기 전반에 제작된 조선왕릉 석인상은 15세기 석인상에 비하여 윤곽선이 단순해진다. 15세기 석인상의 윤곽선은 곡선으로 이루어진 반면에 16세기 전반 석인상의 윤곽선은 직선으로 표현하였다. 또한 16세기에 들어서 인물상의 정면관이 확립 되었고, 몸통은 단면이 방형으로 구획되었으며, 다만 측면으로의 환기를 위하여 소매 자락이 옆면으로 흘러가는 모습을 보인다.

---

533) 『中宗實錄』卷21, 中宗 10年 3月 23日.

534) 「崇禮門 上樑文」世宗 31年(1449) '大木 司直 崔建□ 都石手 司直 申乃行 … 左邊石手 李義成 等十四 邊石手 朴永南 等十四…'김동욱, 「18세기 건축장인의 성장과 화성 축조」, 『건축장인의 땀과 꿈』, 국립민속박물관, 1999, 179쪽 재인용.

535) 김동욱, 위의 논문, 180-184쪽.

536) 『中宗實錄』卷84, 中宗 32年 4月 23日(辛未); 『中宗實錄』卷84, 中宗 32년 4月 27日(乙亥).

537) 김이순, 「세종대왕 '구영릉'석물 연구」, 『정신문화연구』제32권 제1호, 2009.봄, 155-190쪽.

538) 국립문화재연구소 편,『역사의 숲 조선왕릉』, 2007. 12, 276쪽; 조인수,「조선시대 왕릉의 현상과 특징 : 명청대 황릉과의 비교를 중심으로」,『美術史學硏究』제262 호, 한국미술사학회, 2009. 6, 85쪽. 조선왕릉 봉분의 형식 분류를 단독으로 봉분이 있는 單陵, 두 개의 봉분이 있는 雙陵, 하나의 봉분에 두 명을 모시는 合葬陵, 세 개의 봉분이 이어진 三連陵, 하나의 능호를 사용하고 두 개의 언덕 줄기에 두 개의 봉분을 마련한 同原異岡陵, 하나의 능호를 사용하며 하나의 언덕 줄기에 두 개의 봉분을 상하로 조성한 同原上下陵의 6가지로 분류한다. 이 중 단릉과 쌍릉 이외에는 편의상 붙인 임의적인 구분이다.

539) 장경왕후는 1515年에 돌아가셔서 당시 장경왕후 희릉은 헌릉 근교에 조성되었다가 1537年 중종대에 이르러 현재의 지역으로 천장되었다. 현재 장경왕후 희릉의 석물은 1537年에 새로 제작한 석물이다.

<문정왕후 태릉의 능상 석물>, 1565년

<문정왕후 태릉의 문무석인>, 1565년

(4) 문정왕후 태릉

문정왕후(1501-1565)는 중종의 제2계비이며, 영돈녕부사 윤지임(尹之任)의 딸이다. 1517년(중종 12) 간택에 의해 선발되어 친영례를 거쳐 왕비로 책봉되었다. 1544년 중종의 사후 1545년 인종이 재위 8개월 만에 죽고, 1545년 명종이 12세에 즉위하자 수렴청정을 하였다. 그녀는 남편인 중종의 곁에 묻히고자 장경왕후 희릉 우측에 위치한 중종 정릉을 현재의 강남구 삼성동으로 성종 선릉으로 옮겼다. 그러나 정릉 주위의 지대가 낮아 장마철에 자주 침수되었다.

1565년 4월 6일 창덕궁 소덕당(昭德堂)에서 문정왕후가 승하하였고,[540] 며칠 후 4월 12일 그녀는 중종의 곁에 묻힐 것으로 예상하여 능호를 붙이지 않고 신정릉(新靖陵)으로 정하였다.[541] 그러나 명종은 장마철에 물이 들어온다는 명분을 대고 6월 4일 능호를 태릉(泰陵)으로 정하였고,[542] 현재 노원구 공릉동에 위치한 곳에 능지로 선택하였다. 능침 위 상설은 『국조오례의』를 따라 봉분을 중심으로 곡장은 3면이고, 병풍석과 난간석이 12면이고, 혼유석 1개, 장명등[명등석] 1개, 망주석 1쌍, 문석 1쌍, 무석 1쌍, 마석 2쌍, 양석 2쌍, 호석 2쌍이다.[543] 봉분에는 세조가 유언한 대로 삼물로 회격을 만들었으나, 병풍석을 없애라는 유지는 따르지 않고 병풍석과 난간석을 둘렀다, 병풍석에는 십이지신상과 함께 만석 중앙에 12간지를 문자로 새겨져 있어 신상과 문자가 함께 새겨진 경우이다.

석물은 『국조오례의』에 정해진 규격이 있음에도 불구하고 태릉 석물은 크기가 크고 우람한 것이 특징이다. 조선 초기 건원릉 이후 점차 석물의 크기가 커진 경향을 반영하고 있다.[544] 문·

540) 『明宗實錄』, 明宗 20年 4月 6日.
541) 『明宗實錄』, 明宗 20年 4月 12日.
542) 『明宗實錄』, 明宗 20年 6月 4日.
543) 『泰陵志』, 象設; 『역주 태릉지』, 국립문화재연구소, 2012, 22쪽.
544) 『宣祖實錄』, 宣祖 33年 7月 26日.

무석인은 높이 260cm로 매우 크고 우람하며 목이 짧고 얼굴은 상대적으로 매우 크고, 복두 공복 차림에 두 손으로 홀을 맞잡고 있다. 무석인상은 퉁방울 눈에 코가 유난히 크고 우락부락한 표정이고 갑주를 입고 손으로 칼 손잡이를 쥐고 있는 자세이다. 얼굴을 제외하면 전체적으로 괴량감이 강조되어 있다.

정자각은 정전 6칸에 월랑은 3칸이다. 세 곳의 처마에는 완렴(莞簾) 18부를 드리웠고 북쪽에는 분합문[神門]을 설치하고 주렴[신문주렴]을 드리웠다. 정문은 정칸에 있고, 남쪽에는 4쪽 분합문을 세웠고, 동서 협문도 마찬가지이다. 내부에는 신어상(神御床)이 신문 아래에 있고, 상에는 백문석을 깔았다. 백문석 위에는 신요(神褥)를 깔고, 그 위에는 백문석을 편다. 상 위에 각종 깔개는 3겹을 까는 것이 원칙이다. 수라간은 정자각의 왼쪽에, 비각은 정자각의 동쪽에 위치해 있다. 정자각 왼쪽에 수복방이 있고, 정자각 남쪽으로 홍살문이 있다.[545] 재실과 전사청, 제기고와 안향청이 있다.[546]

<인종 효릉의 능상 석물>, 1545년

<인종 효릉의 문무석인>, 1545년

### 2) 인종과 인성왕후 효릉

인종(1515–1545, 재위 1544–1545)은 중종과 장경왕후의 맏아들로 태어나 1520년 6세에 세자에 책봉되었고, 재위한지 9개월만인 1545년 7월 1일 경복궁 청연루에서 승하하였다. 총호사는 좌의정 유관이었다. 인종은 유교를 내려 아버지인 중종의 정릉 근처에 묻도록 하여, 지관들이 그 근처를 능지로 살펴, 중종 정릉의 백호 너머에 묻힐 수 있었다.[547] 중종의 초장지였던 곳

545) 이호일, 『조선의 왕릉』, 가람기획, 2003, 213쪽.
546) 『泰陵志』, 象設; 『역주 태릉지』, 국립문화재연구소, 2012, 22-23쪽.
547) 『仁宗實錄』, 인종 1년 7월 5일; 『明宗實錄』, 명종 즉위년 7월 8일.

에 장경왕후의 희릉이 묻혀 있던 서삼릉에 능호를 효릉(孝陵)으로 정하였다.[548] 이후 왕릉을 조성하는데 날씨가 추워지고 10월 27일은 동지여서 일기가 추워질 것으로 우려하여 발인을 15일 정도 앞당겨 10월 12일에 거행하기로 하였다.[549] 인종이 자신의 장례를 간소하게 치르도록 하였고, 명종과 문정왕후도 상례 절차를 줄여 능역이나 석물 등이 비교적 작고 소박한 편이다.

인성왕후(1514-1577)는 금성부원군 박용의 딸로 1524년 11세에 인종의 세자빈으로 혼인하였고, 1545년 인종이 왕으로 즉위하여 왕비에 책봉되었다. 즉위 9개월 만에 남편을 잃고 그후 32년간 자녀 없이 홀로 살다가 1577년 11월 승하하였다. 왕후릉은 인종 효릉 경내에 수릉으로서 옆자리를 비워 두었기 때문에 능지는 효릉으로 정했다.

효릉은 인종의 왕릉과 인선왕후의 왕후릉이 쌍릉 형식으로 조성되었으며, 3면에 곡장을 두르고 있다. 왕릉에는 병풍석이 있는데 비해 왕후릉에는 병풍석은 없고 난간석만 있어 양자 간에 구분이 된다. 왕릉의 병풍석에는 면석에 십이지신상을 우석에는 구름무늬를 조각하였다. 곡장 안에는 석양 2쌍, 석호 2쌍이 있고, 왕릉과 왕후릉 앞에는 각각 혼유석 1개가 있고, 장명등은 1기, 문석인 1쌍, 무석인 1쌍, 그리고 석마 2쌍이 배치되어 있다.

<명종 강릉의 능상 석물>, 1567년

<명종 강릉의 문무석인>, 1567년

### 3) 명종과 인순왕후 강릉

명종(1534-1567, 재위 1545-1567)은 중종의 둘째 아들이자 문정왕후의 소생으로 인종의 뒤를 이어 1545년 12세의 나이로 즉위하였다. 어머니인 문정왕후가 8년간 수렴청정을 하면서 외척이 전횡으로 1545년 을사사화가 일어나기도 하였다. 아들인 순회세자가 요절하여 후사가

548) 『明宗實錄』, 명종 즉위년 7월 12일.
549) 『明宗實錄』, 明宗 卽位年 7月 30日.

없었다. 1567년 6월 28일 경복궁 양심당(養心堂)에서 승하하였고,[550] 덕흥군의 아들인 하성군[후일 선조]가 그의 뒤를 이어 왕위에 올랐다.

조선 국왕의 장례는 사후 5개월에 치러야 하는데, 6월 28일 승하한 명종의 장례는 3개월도 안된 9월 22일에 치러졌다. 발인을 위한 길일 잡았으나 10월에는 좋은 날이 없고 불길하다고 하여 여러 논의 끝에 9월로 잡은 것이다.[551] 명종의 능지는 모후인 문정왕후 태릉 근처로 잡았으며, 국왕의 사후 3개월만에 능역을 조성하고 상설도 완료한 매우 이례적인 사례이다.

명종 사후 8년 후 강릉에 왕후릉이 조성되었다. 인순왕후(1532-1575) 심씨는 1543년 경원대군[후일 명종]과 가례를 올렸고, 1545년 명종이 왕으로 즉위하면서 왕비로 책봉되었다. 명종의 사후 선조가 즉위하고 잠시 수렴청정을 하였다. 1569년(선조 2) 수렴청정 중일 당시 남편인 명종 강릉에 능행한 적이 있었다.[552] 그 다음 달에도 인순왕후는 남편의 무덤을 참배하면서 자신의 수릉을 정하고자 강릉에 능행하려 했으나 신하들의 반대로 무산되었다. 그러나 3년 뒤 1572년(선조 5) 8월 강릉의 정자각에 불이 났다.[553] 1574년(선조 7) 4월에 화재에 대한 위안제를 거행하고자 선조가 태릉과 강릉을 친행하였다.[554]

1575년(선조 8) 1월 2일 인순왕후는 창경궁 통명전(通明殿)에서 승하하였고,[555] 그 능지는 명종 강릉으로 정하여 5월 20일 강릉에 안장하였다.[556] 강릉은 명종의 왕릉과 인순왕후의 왕후릉이 나란히 붙어 있는 쌍릉 형식이면서, 왕릉과 왕후릉에 모두 병풍석을 두르고 12칸 난간석으로 연결하고 있다. 태릉과 마찬가지로 병풍석에는 12지신상과 만석에 방위로 12지 문자를 새겼다. 석양과 석호는 각각 2쌍씩 봉분 주위에 배치하였고, 그 주위는 3면 곡장을 둘렀다. 강릉은 태릉과 함께 조선 초기 제릉이나 후릉 등에 비해 규모가 커서 사치하다고 비판이 많았다.

임진왜란 때 강릉은 선릉, 정릉과 함께 왜적의 피해를 입었다. 1592년 12월 16일 왜적 50명이 도굴을 시도하였으나 회격으로 만들어져 현궁을 뚫지 못하고 다행히 재궁은 파헤쳐지지 않았다.[557] 이때 강릉의 왕릉은 여기저기 불에 탄 흔적이 있었고, 왕후릉은 모두 불에 탔으며 두 능의 석물은 전과 같으나 정자각은 소실되었다.

550) 『明宗實錄』, 明宗 22年 6月 28日.
551) 『宣祖修正實錄』, 宣祖 卽位年 9月 22日.
552) 『宣祖實錄』, 宣祖 2年 4月 19日.
553) 『宣祖實錄』, 宣祖 5年 8月 27日.
554) 『宣祖實錄』, 宣祖 7年 4月 20日.
555) 『宣祖實錄』, 宣祖 8年 1月 2日.
556) 『宣祖實錄』, 宣祖 8年 5月 20日.
557) 『宣祖實錄』, 宣祖 26年 1月 22日.

### 4) 선조와 의인왕후 및 인목왕후 목릉

목릉은 선조(1552-1608), 원비 의인왕후(1555-1600), 계비 인목왕후(1584-1632)의 세 사람이 잠들어 있는 동원이강릉이다. 목릉은 1608년(광해군 즉위년) 12월 22일에 조성되었다. 홍살문에서 다시 서쪽으로 꺾인 향어로를 따라 동원이강 형식으로 조성된 3개의 봉분이다. 왼쪽의 것이 선조 능이고, 가운데가 의인왕후, 오른쪽에 조금 떨어진 곳이 인목왕후 능이다.

<의인왕후 목릉의 능상 석물>, 1600년

<의인왕후 목릉의 문무석인>, 1600년

(1) 의인왕후 유릉과 목릉 천릉

의인왕후 박씨는 번성부원군 박응순의 딸로 1569년(선조 2) 15세의 나이로 선조와 결혼하여 왕비에 책봉되었다. 후사가 없어 후궁인 공빈 김씨의 아들 광해군와 인빈 김씨의 아들 임해군이 왕위다툼하는 것을 지켜 보았다. 임진왜란이 끝난 직후인 1600년(선조 33) 6월 27일 승하하였다.[558] 국장을 치르고자 국장도감과 빈전혼전도감 및 산릉도감이 설치 운영되었는데,[559] 전례로 참고할 서적이 유실되었고 상장례를 치를 재력과 물력 및 인력이 부족하였다.[560] 어쨌든 당시 선조는 박상의(朴相義)를 비롯한 조선의 풍수가나 섭정국(葉政局) 등 중국의 풍수사들을 동원하여 능지를 선택하게 하되, 중종이 장경왕후나 문정왕후 등 선왕과 선왕비의 왕릉과 왕후릉이 별개로 조성되어 영원히 함께 하지 못하는 것에 대해 아쉬움을 드러내면서 왕릉과 왕후릉을 한꺼번에 조성할 수 있는 곳을 찾아내도록 하였다.[561] 이에 여러 대신들과 풍수가들의 의견 및 선조의 의지가 서로 달라 의인왕후가 승하한지 2달이 지나도록 논란만 가속되었다. 장지로 쓸

558) 『宣祖實錄』, 宣祖 33年 6月 27日.

559) 장경희, 『의궤 속 조선의 장인』, 솔과학, 2013. 현재 의인왕후의 국장과 관련하여 국장도감의궤는 유실되어 없고, 『懿仁王后殯殿魂殿都監儀軌』와 『懿仁王后裕陵山陵都監儀軌』는 현존하여 전하고 있다.

560) 『宣祖實錄』, 宣祖 33年 7月 1日.

561) 『宣祖實錄』, 宣祖 33年 7月 22日. 선조는 능지를 선택함에 있어 의인왕후와 자신을 雙墳으로 만들 능지인지에 관심을 가졌다.

만한 곳은 여지없이 사대부의 묘역이 자리잡고 있어 의인왕후 유릉의 능지 선정은 계속 미뤄졌다.[562]

여러 논의 끝에 1600년 11월 건원릉의 서편 다섯 번째 산줄기로 유릉의 능지가 결정되었다.[563] 이곳은 선조가 의도한 대로 왕후릉과 함께 왕릉을 조성할 수 있고 산줄기가 여럿 뻗어 있어 중국 명 13릉이 모셔진 천수산처럼 집단 매장지로 손색이 없었다.[564] 결국 12월 22일 의인왕후는 유릉에 안장되면서 5개월의 장례기간을 넘긴 사례가 되었다. 의인왕후의 왕후릉은 병풍석이 생략되어 있고 난간석만 둘러져 있다. 아마도 임진왜란 이후 재정의 궁핍과 혼란 및 장인을 구하기 어려워서인지 능의 석물이 크기만 할뿐 균형이 잡혀있지 않고 평면적이다. 다만 망주석과 장명등 대석에는 연꽃과 모란꽃무늬가 새겨져 있다.

<선조 목릉의 능상 석물>, 1608년

<선조 목릉의 문무석인>, 1608년

(2) 선조 목릉

선조는 1567년 명종이 후사 없이 승하하고 16세의 어린 나이에 왕위에 올랐다. 첫해에는 명종비 인순왕후가 수렴청정을 하였고, 이듬해부터 친정을 하였다. 임진왜란이 끝나고 1608년 2월 1일 정릉동 행궁에서 57세에 승하하였다.[565] 선조는 원비인 의인왕후의 산릉을 조성하던 살아 생전에 이미 건원릉의 제2강을 자신의 수릉으로 정해둔 상태였다.[566] 그런데 2월 7일 인목왕후는 자신의 장지로 고려할 것을 강조하였다.[567] 이에 광해군은 선조가 선정한 제2강과 인목왕

562) 『練藜室記述』, 別集 卷2, 祀典典故, 山陵.
563) 『宣祖實錄』, 宣祖 33年 11月 9日.
564) 이덕형, 「선조대 유릉 택지에서 드러나는 왕릉 조영의 변화와 원인」, 『지방사와 지방문화』13권 2호, 2010.
565) 『光海君日記』, 光海君 卽位年 2月 1日.
566) 『宣祖實錄』, 宣祖 33年 11月 9日.
567) 『光海君日記』, 光海君 卽位年 2月 7日.

후가 관심을 둔 제5강을[568] 대신들과 술관이 의논한 결과 제5강을 능지로 써도 무방하다고 보고하였으나,[569] 풍수적으로 불길하다며 여러 논란 끝에 3월에는 수원부를 장지로 할 것을 결정하였다.[570] 하지만 수원부로 정하면 산성을 헐어 철거하고 민가를 옮겨 내보내는 폐단이 적지 않아 광해군은 왕의 유명을 지키면서 백성에게 피해를 최소화할 있는 건원릉의 제5강을 선조의 능지로 낙점하였다.[571]

선조의 국장을 총괄한 총책임자로는 총호사 허욱(許頊)을 두었고, 임시 도감으로 국장도감과 빈전혼전도감 및 산릉도감으로 분장하였다. 선조의 처음 능호는 숙릉(淑陵)이라고 정하였으나,[572] 이후 목릉(穆陵)으로 고쳤다.[573] 6월 11일 발인하여 능소의 영악전에 도착하였고, 다음날 6월 12일 재궁이 능에 올라 현궁에 안장하였다.[574] 선조의 목릉 조성과정은 의인왕후의 것과 달리 의궤가 조성되지 않았다.[575]

임진왜란으로 재정이 어렵고 장인의 동원도 어려운 여건 속에서 왕릉이 조영되었음에도 불구하고, 여름에 비가 많이 와 물기가 차고 무너지는 등 부실하였다.[576] 지은 지 1년도 안된 다음해 1609년 1월 21일 목능 위 봉분을 둘러싼 병풍석이 갈라지고 기울어졌다.[577] 이에 1609년 도제조로 우의정 심희수(沈喜壽)를 총 책임자로 정하고, 예조판서, 관상감제조, 선공감제조 3명을 제조로 임명하였다. 1월 23일 도제조와 제조가 목릉을 간심한 다음 훼손의 실상을 살피고 보고하였다.[578] 1월 28일에 도감사목을 올리면서 도감을 설치하고 하부 제작처로 삼물소·석물소·수리소·수석소를 두어 공역을 시작하였다. 삼물소는 공역에 필요한 기계류를 맡았고, 석물소는 사대석에 해당되는 만석(滿石), 정지대석, 병풍석 등 파손된 석물을 개수하는 일을 담당하였으며, 수석소는 석물의 운반을 담당하였고, 수리소는 정자각 등 건물을 담당하였다. 이러한 노력을 통해 4월 12일 목릉의 공역을 완료하였다.[579]

선조 왕릉은 3면의 곡장이 둘러쳐 있고, 병풍석에는 십이지신상과 구름무늬가 조각되어 있

568) 『光海君日記』, 光海君 卽位年 2月 14日.
569) 『光海君日記』, 光海君 卽位年 2月 22日.
570) 『光海君日記』, 光海君 卽位年 3月 29日.
571) 『光海君日記』, 光海君 卽位年 4月 1日; 4月 22日.
572) 『光海君日記』, 光海君 卽位年 2月 25日.
573) 『光海君日記』, 光海君 卽位年 5月 19日.
574) 『光海君日記』, 光海君 卽位年 6月 11日; 6月 12日.
575) 현재 『宣祖國葬都監儀軌』는 현재까지 전해지나, 빈전혼전도감의궤나 산릉도감의궤는 전해지지 않는다.
576) 『光海君日記』, 光海君 卽位年 8月 17日, 18日.
577) 『穆陵修改儀軌』, 啓辭秩, 1609년 1月 21日; 『光海君日記』, 光海君 1年 1月 21日.
578) 『穆陵修改儀軌』, 啓辭秩, 1609년 1月 23日; 『光海君日記』, 光海君 1年 1月 23日.
579) 『穆陵修改儀軌』, 啓辭秩, 1609년 4月 12日.

다. 기타 난간석과 혼유석, 망주석 1쌍, 석양과 석호 2쌍, 문석인과 무석인은 1쌍 그리고 석마 2쌍이 배치되어 전형적인 조선 왕릉의 상설을 따르고 있다.

(3) 선조 목릉 천릉

선조의 목릉은 1608년 조영하자마자 광중에 물이 차고 병풍석이 무너지는 변고가 생겨 터가 안좋다는 의견이 지배적이었다. 이후 1630년(인조 8) 선조의 목릉은 터가 좋지 않다는 원주목사 심명세(沈命世)의 상소에 따라 천릉을 논의하게 되었다.[580] 당시 전례로 삼은 것은 예종 때 세종의 영릉(英陵)을 여주로 천릉한 사례를 들었다.[581] 이후 풍수가들을 불러 천장을 의논하였고,[582] 3월 14일 우의정 이정귀와 지관들이 목릉 안 여러 언덕을 살폈다.[583]

3월 21일에는 도감을 설치하고 총호사로는 좌의성 김류(金瑬)를 비롯하여 예조판서, 평성군, 호조판서의 3명을 제조로 임명하였다.[584] 능지는 현재의 건원릉 동쪽 셋째 산줄기로 결정되었고, 천릉할 곳에 대여 대신 견여를 쓰며 최대한 절약하도록 하였다.[585] 11월 4일 구릉을 파고 재궁을 꺼내고, 11월 21일 신능소에 재궁을 안장하고 봉안을 완료하여 목릉이 천장되었다. 이때 의인왕후의 유릉과 선조 목릉의 능호를 통합하여 목릉이라고 지칭하게 되었다.

<인목왕후 목릉 능상 능상 석물>, 1632년

<인목왕후 목릉의 문무석인>, 1632년

(4) 인목왕후 목릉

580) 『宣祖穆陵遷封都監儀軌』, 규13515. 啓辭秩. 1630年 2月 初4日.
581) 『宣祖穆陵遷封都監儀軌』, 啓辭秩. 1630年 2月 初4日.
582) 『仁祖實錄』, 仁祖 30年 2月 30日.
583) 『仁祖實錄』, 仁祖 30年 3月 14日.
584) 『宣祖穆陵遷封都監儀軌』, 座目.
585) 『仁祖實錄』, 仁祖 30年 5月 4日.

1632년(인조 10) 6월 28일에 인목왕후가 인경궁에서 승하하였다. 총호사는 좌의정 이정구(李廷龜), 산릉도감 제조는 이덕동(李德洞) 등이었다. 1632년 7월 9일 건원릉의 좌변을 능지로 선택하였으나, 7월 10일 최명길의 상소로 다시 능지를 간심하여 다시 결정하였다. 인목왕후의 능호는 원래 혜릉(惠陵)으로 정하였으나, 후일 선조의 능을 쓰면서 목릉(穆陵)으로 개칭하게 되었다. 어쨌든 인목왕후릉의 규모와 제도 등은 건원릉과 선조의 목릉을 전례로 삼았다. 이에 따라 왕후릉의 문석인과 무석인은 건원릉과 마찬가지로 규모가 작은 편이다.

삼년상을 마친 후, 두 능 사이에 정자각을 새로 두어서 기존의 정자각과 가정자각을 모두 철거하는 원칙은 조선시대 동안 일관되게 적용되지는 않았다. 인조10년에 있었던 인목대비의 상례가 그 예이다. 당시 이전 사례를 조사하여 임금에게 보고한 내용에 따르면, "왕후릉을 정하고 대왕릉을 뒤에 정한 경우에는 정자각을 대왕릉 앞으로 옮겨 세우거나 혹은 지형을 따라서 두 능 사이를 합쳐 설치하기도 했으며, 대왕릉을 먼저 정한 경우에는 정자각을 그대로 대왕릉 앞에다 두었다고 합니다. 그러므로 다섯 번째 산등성이에서 목릉까지의 거리가 이미 서로 멀지 나이하고 장애가 없으니, 정자각을 마땅히 옛날대로 두어야 할 것 같고, 신릉의 신로를 신설하여 옛 정자각을 접속시키되 현릉과 광릉의 왕후 신로 제도와 같이하면, 옮겨 건립하는 폐단이 없고 합쳐 설치하는 편리함이 있을 것입니다."[586]라고 하였다. 인목왕후의 왕후릉에는 병풍석이 생략되어 있고 난간석만 둘러져 있다. 재정의 궁핍과 혼란 및 장인을 구하기 어려워서인지 전체적으로 능의 석물이 크기만 할뿐 균형이 잡혀있지 않다. 이처럼 목릉에는 선조의 원비인 의인왕후와 선조의 능이 이미 동원이강형으로 조성되어 있었고, 1632년(인조 10) 계비 인목대비가 승하하자 목릉의 동쪽 언덕에 조영하여 세 개의 봉분으로 이뤄지게 되었다.

인목왕후의 목릉을 조성할 당시 왕후릉 앞에 가정자각을 세우고 삼년상이 끝난 후에 새로 지은 정자각이 아닌 기존 정자각에 모셨다. 왕릉이나 왕후릉의 정자각은 새 능이 들어설 때마다 자리를 바꿨다. 원래의 정자각은 동편 의인왕후 유릉 앞에 있던 것이 후에 선조 목릉이 천장되면서 왕릉 앞에 서고 유릉 앞에 있던 정자각은 헐리게 되었다. 이후 계비 인목왕후의 능이 건원릉 동쪽 다섯째 줄기로 들어서자 한때 왕릉 앞으로 치우친 정자각을 다시 옮기려 했으나 이건하는게 번거로워 인목왕후의 능은 신도만 정자각에 인접하도록 하는 것으로 결정되었다. 따라서 현재 정자각은 왕릉을 중앙으로 두고 있으며, 신도는 왕후릉으로 각각 뻗어 있다.

586) 『仁祖實錄』, 仁祖 10年 7月 13日.

# 6장 조선 후기 왕릉의 양식 변천

조선후기가 되면 왕릉과 왕후릉을 조영할 때마다 그것을 감독하는 관리들의 명단, 재료의 조달과 채취 과정, 사용한 물품 및 장인의 동원 내역들을 정리하여 보고서를 작성하였다. 『산릉도감의궤』는 왕과 왕후의 산릉(山陵)을 조영하면서 제작한 것이고, 왕의 사친이나 세자들의 원소를 조영하는 『원소도감의궤(園所都監儀軌)』와 왕자 이하의 묘소를 조영하는 『묘소도감의궤(墓所都監儀軌)』 등도 있다.

특히 『산릉도감의궤』의 대부석소에서는 능상 위에 세우는 혼유석이나 문무석인, 망주석, 석양석호석마 등 석수 등 다종다양한 석조각을 제작하였다. 이러한 석물을 제작한 장인과 그들의 우두머리인 변수는 앞장에서 다뤘으므로, 이 장에서는 숙종(肅宗)이후부터 등장하기 시작한 '별간역(別看役)', '간역(看役)', '감동(監董)' 등을 살펴본 다음, 화원들의 출초와 기화, 그리고 현존하는 석조각의 양식적 특징을 살펴보기로 하자.

## 1 17세기 왕릉과 왕후릉

### 1) 감동(별간역)의 감독과 화원의 출초

별간역은 간역 혹은 감동이라고도 불리며, 신분상 무관(武官)이었지만 조각을 평가하는 안목이나 감식안이 있다고 여겨지는 인물들이다. 그들은 숙종대부터 등장하여 영정조대에 주로 활약하였다. 1731년 인조 장릉을 천봉할 때 활동한 조원명(趙遠命)(1675-1749)에 의하면 별간역은 장인들의 좋은 솜씨를 감독하여 좋은 작품을 만든다고 하였다.[587]

조선후기 왕릉 조성의 산릉도감에는 화원도 참여하였다.[588] 산릉도감에 참여했던 화원들은 능묘의 건물에 걸릴 어제현판의 기화나 릉 주변에 세워지는 각종 석물의 기화도 맡았으며, 각종 보인을 담는 록과 책문이나 교명을 담는 함궤의 겉면을 장식하거나 정자각이나 비각의 단청그

587) 『承政院日記』, 英祖 7年(1731) 9月 15日(乙亥). '遠命曰, 匠人雖曰善手, 常漢之事, 精密不易, 若專委於匠手, 則必不可成矣. 崔天約事事指揮, 故公役極妙, 以外面觀之, 似勝於舊陵石物矣.'

588) 조선시대 오례의 권설도감에는 화원이 참여하였다. 이들 화원은 가례도감, 빈전혼전도감, 영정모사모감, 책례도감 등에 참여하여 반차도를 그리거나 서책의 행간에 줄을 긋는 인찰을 하거나 건물의 단청그림을 그렸다.

림을 그렸다.[589)]

산릉도감에 소속된 화원들은 화원, 화사, 화승으로 분류되어 조성소, 부석소, 분장홍차, 삼물소 등에 소속되어 그림을 그렸다. 그 중 대부석소에 소속된 화원의 '기화'란 제작 단계에서 석물의 도상과 종류, 형태, 치수 등의 밑그림과 마무리 단계에서 후일에 참고로 삼기 위해 만드는 의궤의 도설을 그리는 것으로 추정된다. 이러한 의물의 도상과 종류, 형태, 치수 등을 실수 없이 제작하기 위해서 실제 조각을 진행하는 현장에서의 밑그림 역할을 한 기화는 중요한 작업 공정 중 하나였을 것이다. 의물이 지닌 이념적인 내용을 그림과 설명으로 도설화해 두면 시대의 변천에 따라 의물의 형태가 변형되는 것을 막을 수 있기 때문이다. 왕실행사를 차질없이 진행시키기 위해서는 석물을 제작하는 데 한 치의 오차나 차질이 없도록 도설이나 도식으로 그림을 그리고 설명도 부가하여 제시하였던 것이다. 그 일을 화원이 하였고 제작단계에서는 기화에 참여하였고, 마무리 단계에서 화원은 의궤의 도설에 참여하였던 것으로 보인다.[590)]

산릉도감 대부석소에 소속된 화원의 명단은 있으나 릉의 석물을 그린 화원들의 그림은 대부분 현전하지 않아 왕릉 석인의 양식과 형식 변화에 얼마나 영향을 끼쳤는지는 명확하지 않다. 그러나 17세기 이후 대부석소 제작공정에서 화원이 같이 작업하였다는 것을 보여준다. 이들 화원들은 산릉도감뿐만 아니라 오례에 관련된 왕실용 물품의 제작이나 건축조영에 관련된 기화 등 다양한 분야에서 활동하였기 때문에 석수의 경우와는 달리 왕릉 석인의 기화와 관련된 유파나 화원그룹의 형성은 이루어질 수 없었던 것으로 보인다. 다만, 화원의 역할이 이 시점에서 어느 정도 영향을 미쳤던 것은 분명하다. 특히 장명등의 대좌가 호족형태로 바뀌는 시점이 18세기 중반인데, 이는 공예를 그리던 화원들의 기화가 적극적으로 석물에도 적용된 예라고 할 수 있다.

| 화원의 이름 | 활동년대 | 능호 | 제작처 | 의궤 |
|---|---|---|---|---|
| 한선국 | 1649 | 인조장릉석물 | 우부석소 | 인조장릉산릉도감의궤 |
| 이기룡 | 1659 | 효종영릉석물 | 좌목(석물기화임시출거) | 효종영릉산릉도감의궤 |
| 장자방 | 1701 | 인현왕후명릉석물 | 좌목(석물기화) | 인현왕후산릉도감의궤 |
| 허숙 | 1722 | 혜릉석물 | 부석소 | 혜릉석물추배산릉도감의궤 |
| 허임 | 1730 | 선의왕후석물 | 조성소, 대부석소, 마석소 | 선의왕후의릉산릉도감의궤 |

589) 박정혜, 「의궤를 통해서 본 조선시대의 화원」, 『미술사연구』 제9호, 미술사연구회, 1995, 209쪽.

590) 장경희, 「조선왕실 왕실 가례 공예품 연구」, 홍익대학교 박사학위논문, 1999. 가례도감에서도 행사에 쓰이는 수많은 의물들을 실수하지 않고 정확히 제작하고, 또 후대에 본을 남기기 위하여 미리 기화를 하였다.

| | | | | |
|---|---|---|---|---|
| 허윤 | 1789 | 현륭원석물 | 대부석소 | 현륭원원소묘소의궤 |
| 김경두`김명원 | 1805 | 원릉석물 | 대부석소 | 정순왕후원릉산릉도감의궤 |
| 김응수 | 1821 | 건릉석물 | 대부석소(석물기화) | 정조건릉산릉도감의궤 |
| 윤명주 | 1823 | 휘경원석물 | 조성소, 대부석소(석물기화) | 휘경원원소도감의궤 |
| 장준량 | 1835 | 인릉석물 | 대부석소 석각간역 | 순조인릉산릉도감의궤 |
| | 1849 | 현종경릉석물 | 석각 | 현종경릉산릉도감의궤 |
| 박기준 | 1843 | 경릉석물 | 대부석소 석각간역 | 효현왕후경릉산릉도감의궤 |
| 유운홍 | 1846 | 수릉석물 | 대부석소 석각간역 | 문조수릉산릉도감의궤 |
| 김영준 | 1855 | 문조수릉석물 | 석각간역 | 문조수릉산릉도감의궤 |
| 이세옥 | 1864 | 철종예릉석물 | 석각간역 | 철종예릉산릉도감의궤 |
| 김신학 | 1897 | 명성왕후홍릉 | 대부석소 화원 | 명성왕후홍릉산릉도감의궤 |

<대부석소에 소속된 화원과 활동시기>

도감의궤로서는 1789년 『현륭원원소도감의궤』에 처음으로 석인의 도설이 나타나는데, 화원 '허윤'이 그린 것으로 보인다. 이 도설은 정면향인 석인과 달리 얼굴과 신체를 약간 우측으로 틀고 있어 초상화와 같은 형태이다. 자세한 세부 표현을 한 석인에 비해 대략적인 스케치 정도의 도설이지만 양관과 조복을 입은 문인석의 도상이나 투구의 정개가 삼지창형태로 표현한 점이나 갑옷의 모습 등 같은 도상을 보이고 있어 주목된다. 특히 정조 건릉(1800) 산릉도감의 대부석소 소속 화원 김응수와 문조 수릉(1846) 산릉도감 대부석소 소속 화원 유운홍은 실제 현전하는 건릉과 수릉 석인과 유사하여 18-19세기에 이르면 석물제작에 있어서 대부석소 소속 화원의 역할이 점점 증대됨을 알 수 있다.

출초는 궁중화원이 5~15일 동안 능소에 있으면서 작업을 하고, 아마도 유지(油紙)에 초를 냈던 것으로 보인다.[591] 출초는 왕릉석물 연구에서 매우 중요한 위치를 차지한다. 석물들의 세부 표현은 장인들에 의해서 결정되지만 전체적인 형태는 이 초로 결정되기 때문이다. 화원이 어떤 기준을 가지고 출초하는지에 대한 자료는 아직 발견되지 않았다. 아마 예조에서 석물들의 초본(草本)을 보관하고 있어 이를 바탕으로 석물의 치수 등을 고려해 출초한 것으로 보인다.

이례적으로 1673년 효종 영릉의 경우 석물의 크기뿐만 아니라 문양까지 현종이 직접 지시하기도 했다. 현종은 구영릉(舊寧陵)(1659)이 인조 장릉(1648)의 석물체제를 따라했으며, 장릉은

591) 『定順王后思陵都監儀軌』, 1699年. 1月 28日부터 5日 부역 ; 『景宗懿陵山陵都監儀軌』, 1725年. 11月 10日부터 15日 부역 ; 『仁祖長陵遷陵時山陵都監儀軌』, 1731年. 9月 16日 부터 15日 부역 ; 『惠陵石物追排都監儀軌』, 1722年. 「大浮石所儀軌」. "石物出本所用六張付油芚三浮及畫員起畫時所用厚油(紙)八張楮注紙一張青花十兩火印赤八黃毛二條筆墨各一等物各該司良中捧甘取用事稟".

인종 효릉(1545)을 기준으로 제작했다는 말을 듣고 장릉과 효릉의 석물 단자를 올리게 한다. 이를 확인한 현종은 영릉 석물제작에 있어 효릉을 따르라는 지시를 내린다.[592] 이에 산릉도감에서는 석물체제를 그대로 옮기기 위해 화원과 함께 효릉의 석물을 모사할 수 있게 해 달라고 하고, 현종은 이를 허락하였다.[593] 이렇게 해서 영릉 석물의 도상이나 문양은 17세기 것이 아닌 1545년 인종 효릉의 것들이 나타난다. 다만 효종 영릉 석물들은 17세기 조각수법을 사용한 것이 다를 뿐이다. 장명등 역시 전체 비례나 문양 등이 효릉과 영릉 장명등이 같고 같은 시기에 조성된 현종 숭릉 장명등과 다름을 알 수 있다. 이밖에도 여러 왕릉에서 이런 과정을 거쳐 출초했던 것으로 보인다.

효종 영릉이 왕명으로 효릉의 석물체제를 따라했던 것과 다르게 산릉도감에서 석물을 새롭게 도안하는 경우도 있었다. 대표적인 것이 1731년 인조 장릉 천봉 때 병풍석의 설계이다. 구장릉(舊長陵)은 인조와 인렬왕후의 봉분이 따로 있었는데 신릉(新陵)에서는 합장하면서 병풍석의 크기가 맞지 않아서 새로 만들게 되었다.

1731년 6월 22일에 '총호사인 홍치중(洪致中)이 말하길 영릉(英陵) 석물을 봉심한 결과 병풍석을 사용하지 않고 단지 난간석만 설치하였습니다. 당초에 병풍석은 설치하지 않았는지 알 수 없기 때문에 모든 능침 병풍석의 문양[起畵]을 살펴보니, 최초로 보이는 것이 고려시대 공민왕릉입니다. 이것은 단지 원나라 때 석공이 만든 것이라고 하니, 문양의 인물은 끝내 불교의 제도와 가까워 실로 미안(未安)한 일입니다. 모두와 의논한 결과 운기[雲氣]를 화초(花草)로 그리는 것이 어떠한지 삼가보이는 바입니다. 지금 어찌하는 것이 좋겠습니까? 주상께서 말씀하시길, 화초로 문양을 내는 것이 옳다.'[594]

이처럼 조선 왕릉 병풍석은 1659년 효종 구영릉 이후 1731년 이전까지 만들지 않았다. 1731년에 장릉을 천봉하면서 석공들은 100년 가까이 병풍석을 만들어보지 않아 정확한 제작 방법을 모르고 있었기에 병풍석에 대한 조사를 한 것이다.

앞 장에서 살펴본 바처럼 조선 개국 직후 신덕왕후 정릉(1396) 병풍석 면석에는 십이지신상과 구름, 우석(隅石)에는 금강령과 금강저를 조각하였다. 이런 형태의 병풍석은 공민왕릉에서 완성된 것으로 정릉, 건원릉(1408), 헌릉(1420, 1422) 등에 나타난다. 문종 현릉(1452)에서부터

---

592) 『孝宗寧陵山陵都監儀軌』, 1659年, 「啓辭」, '六月二十五日 都監郎廳 以 摠護使 意 啓曰都監堂上郎廳各陵石物看審以來別單書啓矣卽今石役一日爲急必待傳敎後方可擧行各樣石物長廣體制用何陵例爲之乎敢此仰稟答曰依孝陵石物爲之'

593) 『孝宗寧陵山陵都監儀軌』, 1659年, 「啓辭」. '六月二十七日 都監郎廳 以 摠護使 意 啓日山陵石物依孝陵石物爲之事命下矣長廣尺數及體制刻畫必須詳細見樣摸畫然後可以造作卽令次知郎廳領率事知石乎畫員等進去孝陵見樣模畫以來俾無未盡之弊大何如答曰允'

594) 『承政院日記』, 英祖 7年(1731) 6月 22日(癸丑). '英陵石物奉審, 則不用屛風石, 只設欄干石. 當初屛石之不爲排設, 未知何故, 而諸陵寢屛石起畫, 最初見樣, 出於前朝恭愍王陵, 此蓋元時石工所造云, 起畫人物, 終近佛寺遺制, 實爲未安. 諸議皆以爲, 畫以雲氣或花草爲宜云, 此言誠有見矣. 今則何之爲之乎? 上曰, 以花草起畫, 可也.'

금강령과 금강저 대신에 구름으로 바뀐다. 이렇게 면석에 십이지신과 구름, 우석에 구름이 새겨진 병풍석은 1659년까지 이어진다. 당시 사대부들은 병풍석의 십이지신이 불교와 연관되었다고 생각했다. 그래서 화초로 십이지신상과 운기를 대신하자고 한 것이다.

장릉 병풍석은 최천약(崔天若, 1684?–1755)의 지휘 아래 화원이 출초하고 김하종(金夏宗)이 조각하게 된다.[595] 그 내용은 다음과 같다. "조원명(趙遠命) 아뢰기를 장인이 비록 솜씨가 좋다고 해도 보통사람의 일이라 정밀하기가 쉽지 않고, 만약 장인의 솜씨에 모두 맡긴다면, 결코 이룰 수 없었을 것입니다. 최천약이 일일이 지휘하여 능역이 지극히 오묘하고, 겉모습은 구릉(舊陵)의 석물보다 좋습니다. 주상께서 말씀하시길, 목단(牧丹)을 새긴 것은 옛 것보다 더 좋다. 윤순(尹淳)이 아뢰기를, 모란문양에는 더할 것이 없습니다. 화원이 문양을 내고, 경리청 군사(軍士) 김하종(金夏宗)이 도변수를 맡아서 정교하고 대체로 미진한 점이 없습니다."[596] 이렇게 당시에 면석과 우석에 새겨지던 형식적인 구름과 십이지신상을 연꽃과 모란으로 바뀌었다. 뿐만 아니라 병풍석 주위를 두르던 상석(裳石)은 기왓골이 있는 와첨(瓦簷) 상석이라는 새로운 부재형식으로 바뀌게 된다. 이후 대한제국까지 병풍석은 이러한 형식으로 만들어진다.[597]

### 2) 석수와 섭장[조각장]과 석물 조각

『산릉도감의궤』의 「공장질(工匠秩)」에는 석수(石手)를 비롯하여 다종다양한 장인이 분속되어 있다.[598] 석수(石手)는 석공(石工) 등 여러 명칭으로 불리며 왕릉을 조성하는 데 있어 대부석소, 조성소, 소부석소 등 여러 제작처에 소속되어 비중 있고 상징성이 높은 조각을 제작하는 장인이었다.[599] 예컨대 1645년 공혜왕후 순릉 문무인석을 개수한 석수는 조말용(曹末龍)이 있다. 그는 비록 영직이기는 했지만 정삼품 통정대부의 품계를 받았다.[600] 『경국대전(經國大典)』에는 선공감의 석수는 종팔품(從八品) 공조(工造)의 품계를 받을 수 있다고 했는데 정3품의 품계를 받은 것은 조말용의 공역이 남달랐기 때문일 것이다.

---

595) 『仁祖長陵遷陵時山陵都監儀軌』, 1731年. 座目. '畫員 咸世輝'

596) 『承政院日記』, 英祖 7年(1731) 9月 15日(乙亥). '…遠命曰, 匠人雖曰善手, 常漢之事, 精密不易, 若專委於匠手, 則必不可成矣. 崔天約事事指揮, 故公役極妙, 以外面觀之, 似勝於舊陵石物矣. 上曰, 牡丹起畫, 似勝於古矣. 淳曰, 起畫無以復加矣. 畫師起畫, 經理廳軍士金夏宗爲都編首, 而凡事頗精, 大體則似無未盡矣.'

597) 莊祖 隆陵(1789), 高宗 洪陵(1920), 純宗 裕陵(1926) 병풍석이 모두 長陵을 계승하고 있다.

598) 金銀善, 「朝鮮後期 陵墓 石人像 硏究」, 동국대학교 석사학위논문, 2002, 23-27쪽.

599) 산릉도감의 各所에 수많은 장인들이 있지만 유일하게 石匠 邊首만이 산릉도감의 회의에 참석했다. 또한 국왕이 석물에 관심이 많았기 때문에 특별한 대우를 받았던 것으로 보인다.

600) 『恭惠王后順陵修改都監儀軌』, 1648年, 曹末龍은 현재 남아 있는 기록으로 보면 1645年 昭顯世子 墓所都監 左浮石所의 邊首인 것이 첫 기록이다. 아마도 1635年 仁烈王后 長陵 조영과도 관련이 깊을 것으로 보인다. 이후 1648年 공혜왕후순릉개수, 1649年 仁祖 長陵, 1659年 孝宗 寧陵에 변수로 나와있다. 특히 左浮石所의 변수로 나오며, 1645年 소현세자묘소도감에서는 左右浮石所 都邊首였다.

석물 조각은 능역 내에서 이루어진다. 정확한 위치는 알 수 없지만 홍전문(紅箭門) 밖에서 행해졌던 것으로 보인다. 석물의 조각이 끝난 뒤 먼 거리로 옮기면 문양이 이지러지는 등 여러 불편함이 있기 때문이다. 조각은 여러 칸의 가가를 세우고 그 안에서 작업을 했으며, 시일이 급박할 경우 밤에도 등불을 켜고 조각했다. 특히 석물 중에서는 혼유석을 중요시했는데, 이는 왕과 왕후의 혼백이 머무는 곳으로 왕과 동격으로 여겼기 때문이다.

일반적인 석물의 경우 석수가 대부분의 작업을 했다. 그리고 석수의 조각이 끝나면 섭장(咊匠)이 세부 문양을 조각했다. 섭장은 왕실(王室)의 금은옥(金銀玉)에 문양이나 글씨를 새기는 장인으로 왕릉 석물에서는 세부문양을 조각했던 것으로 보인다. 이들은 왕릉과 사대부묘 석물의 수준을 결정하는데 큰 역할을 담당하고 있는 장인들로서 조선시대 능묘석물연구에서 매우 중요하다.

섭장은 1673년 『효종영릉산릉(천릉)도감의궤』에서 처음 등장하는데 섭장으로 표기하기도 했었다. 그 이전에는 조각장으로 불렸던 것으로 보인다. 1673년에 좌우부석소를 통합해 대부석소를 만들고, 장인 명칭을 정리하는 과정에서 조각장은 섭장이라고 명칭을 바꾸었다. 명칭을 바꾼 이유는 정확히 알 수 없으나 조성소에도 조각장이 있었기 때문에 혼란을 피하기 위해서였을 것이라 생각한다.

조각장이 섭장으로 명칭이 바뀌었다는 것은 『효종영릉산릉도감의궤(1659)』의 조각장과 『효종영릉산릉(천릉)도감의궤(1673)』의 섭장 명단이 일치하는 부분이 많다는 것을 볼 때 알 수 있다. 1673년 효종 영릉 천봉 때 섭장 변수로 참가한 신보길(申甫吉)을 포함해 함례손(咸禮孫), 민승업(閔承業) 등의 이름이 1659년의 조각장 명단에 보이기 때문이다. 또한, 앞서 살펴보았듯이 석물에 문양을 새기는 이들은 섭장이라 부르고, 지석에 글씨를 새기는 사람을 각수(刻手)로 기록했다.

1688년 장렬왕후 휘릉을 조성할 당시 석수와 야장 및 섭장의 부역일수를 살펴보자.

| 부역 기간 | 석수 | 야장 | 섭장 |
|---|---|---|---|
| 9월 28일 ~ 10월 7일 | 170명 | 17명 | |
| 10월 8일 ~ 10월 12일 | 150명 | 15명 | |
| 10월 13일 ~ 10월 22일 | 130명 | 13명 | |
| 10월 23일 ~ 11월 2일 | 120명 | 12명 | |

| | | | |
|---|---|---|---|
| 11월 3일 ~ 11월 12일 | 110명 | 11명 | 11월 6일~12월 7일(24명)<br>12월 8일~12월 10일(20명) |
| 11월 13일 ~ 11월 17일 | 100명 | 10명 | |
| 11월 18일 ~ 11월 26일 | 70명 | 7명 | |
| 11월 27일 ~ 11월 29일 | 40명 | 4명 | |
| 11월 30일 ~ 12월 10일 | 20명 | 2명 | |
| 12월 11일 ~ 12월 21일 | 10명 | | 12월 11일~12월 16일(13명) |

<1688년 장렬왕후 휘릉 대부석소 장인 부역기간>

위 자료를 보면 섭장은 본래 금속이나 돌에 문양을 새기는 장인이었고, 부역하는 일수가 20일 안팎이었기 때문에 무인석의 갑주문양, 석양석호 다리 사이의 초각(草刻), 장명등의 문양 등을 담당했던 것으로 보인다. 역부는 육조역과 모조역이 있는데, 석장 · 야장 · 섭장은 육조역 1명씩, 모조역은 야장만 2명이다. '석수 一牌'라고 하면 석수와 그들 보조하는 모조역, 육조역 총 3명을 일컫는다. '야장一牌'라고 하면 야장 1명, 모조역 2명, 육조역 1명으로 총 4명을 일컫는 것이다. 그리고 밥을 짓는 화정(火丁)은 장인 10명 내외에 1명씩, 잔심부름을 드는 복직(卜直)은 30명 내외에 1명씩 배속되었다.

| 장인 | 모조역 | 육조역 |
|---|---|---|
| 석수 | 1 | 1 |
| 야장 | 2 | 1 |
| 화장 | 1 | 1 |
| 각수 | 1 | 1 |

<17세기 장인과 조역의 종별 수량>

조각까지 끝난 석물들은 능상으로 올리는데, 능상으로 올리는 시기는 각 왕릉마다 다른데 하현궁 전후이다.[601] 능상으로 올릴 때는 역군이 썰매를 끌어서 석물을 능상으로 올리는 방법과 직접 역군이 석물을 나르는 방법이 있다. 대부분 전자를 택했고, 석물이 작은 경우 후자를 택했다. 대부분의 왕릉 능강(陵岡)의 경사가 심해서 석물을 올리는데 동원되는 역군의 수가 많았을 것이다. 단의왕후 혜릉(1718) 조성시 문인석.을 능상으로 옮기면서 썰매를 이용하지 않고 모군중에서 자원자를 받아 40명이 문인석을 눕혀서 올렸다.[602] 왕릉 문인석 중에서 가장 작은

601) 왕이나 왕비의 棺을 攢宮, 玄宮이라고 불렀기 때문에 封墳에 관을 안치하는 것을 下玄宮이라고 한다.

602) 『端懿嬪墓所都監儀軌』, 1718年, 「大浮石所」. '石物雜像上墓所時 例以雪馬載運}矣 今番則因提調分付各所募軍中 自願者二十八名 以橫扛一時擔運}上山 文石則四十名擔運}後 自都廳 各賞布一疋式分給.'

혜릉 문인석을 옮기는데 40명이 동원됐다면 다른 능의 경우 그보다 훨씬 많은 역부가 필요했을 것이다.

석물을 세울 곳은 지정(地正)을 거치는데 3~5척 깊이로 파고 잡석과 흙을 섞어 달고질을 한 뒤 삼물회를 넣고 다지고 그 위에 돌을 깐 뒤 삼물회로 마감했다. 시대에 따라서 지정하는 깊이나 내용물이 조금씩 달라지는데 이는 석물의 크기와 관련이 있다고 생각한다. 지정이 끝나면 석물을 배설하는데 문무인석, 장명등, 망주석 등 키가 큰 석물들은 기계를 이용해 세운다. 『산릉도감의궤』에는 다양한 기계를 사용한 것으로 되어있는데, 형태는 다르지만 모두 '기계'라고 불렀던 것으로 보인다.

대부석소의 경우 혼유석이나 문무인석 및 장명등과 같이 문양을 새길 때, 수립할 때, 석물을 뒤집을 때[飜石] 기계를 사용했다.[603] 문양을 새길 때 사용한 기계는 선반형태였을 것이고, 수립과 전석(轉石)할 때 사용한 기계는 피라미드 형태였을 것이다. 체석 위에 개석을 올려놓은 뒤에는 체석과 개석의 접합부를 유회로 마감을 한다. 유회는 석회, 들기름[法油], 휴지(休紙), 죽 끓인 쌀[粥米] 등을 혼합해서 만든 것으로 접착제 역할을 했다.[604]

이렇듯 『산릉도감의궤』를 통해서 석장, 섭장, 야장 등 여러 장인이 사용한 도구와 제작 방법에 대해 직간접적으로 알 수 있었다. 또한 화원이 출초를 담당하고, 석장이 사용하는 정을 수리하는 데에 드는 숯의 양과, 기계로 장명등을 수립하는 과정을 통해 석물 조성은 체계적이며, 산릉조영에서 큰 의미를 차지하고 있었다는 것을 알게 되었다.

### 3) 인조와 인렬왕후 장릉 및 장렬왕후 휘릉

장렬왕후 휘릉(1688) 석물의 체제는 건원릉을 따르는데, 이는 건원릉(1408)의 석물도 규모가 작았기 때문이라고 생각한다.[605] 그리고 1699년 단종(端宗)과 정순왕후(定順王后)를 복위 하면서 능을 조성할 때부터 후릉의 체제를 적용하고, 장명등도 1699년부터 후릉의 체제를 따라 4각으로 조성되게 된다.[606] 이에 대해서는 다음 장에서 다루도록 하겠다.

---

603) 『肅宗山陵都監儀軌』, 1721年 ,「大浮石所」. '…石物翻石時所用 機械木大中小地乃木 及軍匠等入接結募等木 經理廳 所管處移文 斫伐取用何如 手決內依.'

604) 『純祖仁陵遷奉山陵都監儀軌』, 1856年, 「大浮石所儀軌」. '表石籠}臺石及各樣石物排設時油灰所入法油三斗白休紙五斤粥米一斗柴二丹依謄錄捧甘取用爲乎旀石灰段以三物所所在隨所入取用是如乎今亦以此取用何如手決依.'

605) 『仁敬王后山陵都監儀軌』, 1681年,「大浮石所」. '封陵圓經則 依崇陵例 石物體制則依健元陵例爲之事 入啓定奪 故堂上郎廳 奉審見樣後各樣石物盡爲浮出矣'; 『仁祖莊烈后山陵都監儀軌』, 1688年, 「大浮石所」. '封陵圓經依憲陵(顯陵)例三十尺 石物依健元陵例爲之事 入啓定奪後堂上一員監造官一員進詣 健元陵各樣石物奉審尺量.'

606) 『定順王后思陵都監儀軌』, 1699年; 『端宗莊陵封陵都監儀軌』, 1699年, 「大浮石所」. '封陵圓徑二十五尺 石物體制則依厚陵例 象設之數則依貞陵敬陵例爲之事 榻前定奪後.'

(1) 인렬왕후 장릉

인조의 원비 인렬왕후(1594–1636) 한씨는 서평부원군 한준겸의 딸이다. 그녀는 1610년(광해군 2) 17세에 능양군과 혼인하였고, 1623년 4월 11일 반정으로 왕위에 오르자 왕비에 책봉되었다. 1635년(인조 13) 12월 5일 용성대군을 낳은 뒤 7일째 산후병으로 12월 9일 창경궁 여휘당(麗暉堂)에서 승하하였다.[607] 도감을 설치하였고 총호사는 우의정 홍서봉(洪瑞鳳)이 맡았고, 제조 3명으로 업무를 분장하였으며, 능호는 장릉(長陵)으로 정하였다.

능지는 1636년(인조 14) 2월 9일 파주 지방으로 정하였고,[608] 해당 지역의 옛 무덤 756개를 옮겼다.[609] 인조는 왕후릉으로 장릉을 조성할 때 자신의 사후 수릉으로서 자신이 들어갈 우측 자리를 비워두었고 그 중간에 정자각을 짓도록 하였다.

장릉의 경우 인조가 원비인 인렬왕후가 먼저 묻힌 곳에 능을 썼다. 인조는 왕비의 능을 조성할 당시부터 미리 자신의 능을 쓸 자리를 생각해서 정자각을 두 능의 중간에 오도록 설계했다. 그래서 인조의 상을 당해서 능에 왔을 때는 기존의 정자각을 인조의 상례를 위해 사용했다. 그리고 새로 지은 가정자각은 인렬왕후의 신위를 옮겨와 제례를 위해 사용하였다. 이때 지은 가정자각의 규모는 정전 3칸, 배위청 2칸 건물로, 어간 13자, 협간 8자에 대들보 길이가 12자밖에 되지 않는 작은 규모였다.[610] 다른 능의 경우에도 동일한 능에 설치되었던 정자각과 가정자각은 차이를 보였다.

<인조 장릉의 능상 석물>, 1636년작, 1731년 재배치

<인조 장릉의 문무석인>, 1636년의 석물을 1731년 천장하여 배치

607) 『仁祖實錄』, 仁祖 13年 12月 5日, 9日.
608) 『仁祖實錄』, 仁祖 14年 2月 13日.
609) 『仁祖實錄』, 仁祖 14年 2月 19日.
610) 『仁祖長陵山陵都監儀軌』, 1636年, 造成所. 假丁字閣.

(2) 인조 장릉

인조(1595-1649)는 1649년 5월 8일 창덕궁 대조전 동침에서 승하하였다.[611] 국장을 총괄할 도감의 총호사는 좌의정 이경석(李景奭)이었고, 능호는 인렬왕후의 것을 그대로 따라 장릉이라고 했다.[612] 인조는 재위 시에 자신의 능지를 인렬왕후가 묻힌 파주 장릉의 자리로 선택하였다. 그런데 신하들이 이것을 바꾸려 하자 효종은 “산릉은 선조[인조]께서 정라신 대로 이미 사후에 묻히겠다는 말씀을 남기셨다. 다른 곳으로 자리를 옮겨 정하는 것은 결단코 없다”며 인조가 정한 능지를 고수하려는 의지를 내보였다.[613]

도감의 하부 제작처는 삼물소, 조성소 좌우부석소, 노야소, 소부석소, 좌우수석소, 별공작, 분장흥고로 업무를 분장하였다. 9월 11일에 발인하여 노제를 행하였고,[614] 9월 20일에 치러져 장릉에 안장하였다.

인조 장릉은 화재가 일어나고 뱀과 전갈이 석물 틈에 집을 짓는 변고가 일어 1731년(영조 7) 8월 30일 현재의 파주 탄현면으로 천장하였다.[615] 이때 1636년 조성 당시의 석물을 대부분 옮겨다 썼으므로 당시 왕릉 조영 경향을 간직하고 있다.

<장렬왕후 휘릉의 능상 석물>, 1688년

<장렬왕후 휘릉의 문무석인>, 1688년

(3) 장렬왕후 휘릉

휘릉은 인조 계비 장렬왕후(1624-1688)를 모신 단릉이다. 동구릉에 위치하며 건원릉 앞에서 오른쪽 길을 가다가 첫 번째 명당수를 건너면 이르는 곳이다.

1688년(숙종 14) 8월 26일 장렬왕후는 창경궁 내반원에서 자손 없이 춘추 65세로 승하하여

611) 『仁祖實錄』, 仁祖 27年 5月 8日.
612) 『孝宗實錄』, 孝宗 卽位年 5月 15日.
613) 『孝宗實錄』, 孝宗 卽位年 5月 18日.
614) 『孝宗實錄』, 孝宗 卽位年 9月 11日.
615) 『仁祖長陵遷封山陵都監儀軌』, 1731年, 大浮石所.

12월 15일 발인하여 다음날 봉릉되었다. 총호사가 재궁을 받들고 빈양문에서 명정전을 경유하여 갔고, 임금은 작은 가마[소여]를 타고 홍인문 밖에까지 곡하고 노제를 지내고 환궁하였고, 문무백관은 모두 걸어서 따라갔다.

휘릉의 홍살문 옆에는 기단부 모양의 판위가 있고 향어로를 따라가면 정자각에 이른다. 동쪽에 비각이 있고, 수복방은 터만 남았다.

능침은 높지 않고 3면의 곡장에 난간석만 두른 형식이다. 난간석 기둥에는 12방위를 문자로 표시해 두었다. 능침 앞 혼유석을 받치는 고석은 5개이다. 세종대까지 5개였다가 세종 영릉 이후 4개로 줄었다가, 건원릉에 위치하게 되면서 휘릉에는 5개의 고석이 떠받치게 되었다.

휘릉은 현종비 명성왕후 숭릉보다 5년뒤에 조영하여 석물의 형식이나 제조기법이 비슷하다. 무석인은 목이 가슴에 파묻히고, 눈코입이 유난히 크다. 석양과 석호는 그리 크지 않으며, 석양의 다리가 너무 짧아 배가 바닥에 닿아있다. 석호의 얼굴은 주먹만한 눈과 입술 사이 송곳니가 해학적이다.

중계의 문석인은 2.4m의 키에 이목구비가 크지만 마멸되어 윤곽만 남았다. 하계의 무석인도 2.4m의 키에 목이 없고 얼굴과 가슴이 붙어 있고 이목구비가 커서 답답하지만 우직하고 우람하다.

<효종 영릉의 능상 석물>, 1674년 천릉시 배치

<효종 영릉의 문무석인>, 1674년

#### 4) 효종과 인선왕후 영릉

효종(1619-1659)은 1659년 5월 4일 창덕궁 대조전에서 종기의 독이 퍼져 침을 놓아 나쁜 피를 뽑아내려다 피가 그치지 않아 승하하였다.[616] 능호는 처음에는 익릉(翼陵)으로 했다가 영릉

616) 『孝宗實錄』, 孝宗 10年 5月 4日.

(寧陵)으로 개칭하였다.[617] 효종 영릉은 원래 건원릉 서쪽 능선에 안장되었으며, 이듬해부터 장마 때 석물에 균열이 생겨 개수하였으며, 현종의 재위기간 내내 매년 수리했다. 결국 1673년 영릉을 옮기기로 결정하고 현재의 여주 땅 세종 영릉 옆으로 천릉하였다. 이듬해 1674년 효종비 인선왕후(1618-1674)가 승하하여 왕후릉을 왕릉의 앞뒤 쌍릉으로 조성하였다. 효종 영릉에만 3면의 곡장을 두르고, 인선왕후 영릉에는 두르지 않았으며, 정자각과 곡장을 같이 쓰는 형식이다.

(1) 효종 영릉과 천릉

1659년 효종이 승하하자 왕조정부에서는 왕릉을 조영하기 위해 도감을 조직하고 총책임자인 총호사는 좌의정 심지원(沈之源)으로 임명하였다.[618] 능지는 헌릉 이수동, 건원릉 제일 첫째 등성. 영릉 홍제동, 임영대군 묘산, 안여경 묘산, 월롱산 등 6곳이었다가 풍수적으로 흠이 있어 6월 5일 15곳을 선정하였다.[619] 이중 경기도 구리시 동구릉 지역과 세종 영릉이 있는 홍제동이었다.[620] 여러 후보지에 대해 당파가 대립하여 의견이 분분하였다.[621] 2개월간의 논쟁 끝에 드디어 건원릉 서쪽에 효종의 장지를 마련하였다.[622] 효종의 영릉을 조성하기 위해 산릉도감을 설치하였고 총책임자인 총호사는 좌의정 심지원(沈之源)이고, 제조는 병조판서 정치화(鄭致和), 공조판서 김남중(金南重), 공조참판 홍중보(洪重普)였다. 도감에는 하부 제작처로 삼물소, 조성소, 노야소, 좌우부석소, 소부석소, 좌우수석소, 보토소, 별공작으로 업무를 분장하여 왕릉에 필요한 건물이나 상설 등을 조영하였다.

1659년 영릉을 조영한 이후 1년이 지나지 않아 봉분을 둘러싼 사대석에 문제가 생겼다. 지대석이나 상석, 병풍석 및 가석 등의 연결 부위에 이상이 생겨 개수하게 되었다.[623] 현종이 재위한 해부터 15년 내내 매년 석물이 갈라지고 틈이 생겨 빗물이 스미는 등 문제가 많아 해마다 크고 작은 수리가 계속되었다. 이에 1673년(현종 15) 매년 수리를 하지만 외부에 회를 바르는 것은 임시방편이어서 근본적으로 개선하기 위한 방안을 모색하였고, 견고하기 조성하기 위해 천릉하기로 결정하였다.[624]

617) 『顯宗實錄』, 顯宗 卽位年 5月 11日; 『顯宗改修實錄』, 顯宗 卽位年 5月 11日.
618) 『顯宗實錄』, 顯宗 卽位年 5月 4日.
619) 『顯宗實錄』, 顯宗 卽位年 6月 5日.
620) 『孝宗寧陵山陵都監儀軌』, 啓辭秩, 1659年 5月 16日; 顯宗 卽位年 5月 11日.『顯宗實錄』, 顯宗 卽位年 5月 23日; 『顯宗改修實錄』, 顯宗 卽位年 5月 24日.
621) 김충현, 「효종 영릉의 조성과 능제의 변화」, 『역사문화논총』7, 2012.
622) 『顯宗改修實錄』, 顯宗 卽位年 7月 11日.
623) 『顯宗實錄』, 顯宗 1年 7月 18日.
624) 『顯宗改修實錄』, 顯宗 14年 4月 12日, 4月 17日, 19日, 5月 5日.

천릉을 하기로 결정한 현종은 세종 영릉과 선조 목릉의 천릉 사례를 전례로 고증하게 하였고,[625] 그와 함께 새로운 능지를 찾는 일을 서둘렀다. 이후 건원릉, 헌릉, 광릉, 영릉 등을 살펴보았고[626] 민유중(閔維重) 등이 세종 영릉 안의 홍제동이 좋다고 하였다.[627] 이에 현종은 능지를 결정하고 곧이어 천릉도감을 설치하고, 우의정 김수흥(金壽興)을 총호사로 임명하여 천릉을 총괄토록 하였다.[628]

영릉을 지을 당시의 산릉도감에는 삼물소, 조성소, 대부석소, 노야소, 좌우부석소, 소부석소, 보토소, 좌우수석소, 별공작으로 구성되어 있다. 그런데 영릉을 천봉할 당시 천봉도감은 일방, 2방, 3방, 빈전소, 지석소, 사지석소, 지방소, 표석소, 내외별공작, 분전설사, 분장흥고 등 세부 제작처로 구성되어 있다. 이로 미루어 재궁을 옮기고 지석과 표석 및 지방을 새로 써야 해서 빈전도감과 국장도감의 성격이 함께 반영되어 있음을 알 수 있다. 9월 29일 구 영릉(寧陵)에서 재궁을 봉출하는 일을 시역하였고, 천장하면서 기존의 석물은 동구릉 지역에 묻어두었다. 10월 7일 우제를 거행하여 천릉을 마쳤다.[629] 천릉을 할 때는 세종 영릉이 선례가 되었으며, 광중의 기준은 인조 장릉을 기준으로 삼았다.

(2) 인선왕후 영릉

효종 영릉을 여주로 천장한 이듬해인 1674년 효종 비 인선왕후(仁宣王后)가 1674년 2월 24일에 승하하였다. 인선왕후의 국장을 치르고 6월 11일 영릉의 조성을 완료하였다. 영릉은 효종의 왕릉 앞에 인선왕후의 왕후릉을 조영한 특이한 형식이다. 일반적으로 왕릉과 왕후릉을 쌍릉 형식으로 조성할 때에는 좌우로 이웃하는 것과 달리 앞뒤로 나란히 왕릉 앞에 왕후릉을 조영하는 동원상하 형식이다. 이런 형태는 효종 영릉과 그 영향을 받은 경종의 의릉 2개뿐이다.

효종 왕릉에서 아래쪽에 인선왕후의 왕후릉이 있고, 영릉을 두른 곡장은 효종의 왕릉 것에만 있고, 정자각은 왕후릉 앞에만 위치하고 있다. 왕릉과 왕후릉 두 능의 상설 제도는 동일하며 왕릉의 병풍석에는 십이지신상이 새겨져 있지 않고, 난간석을 받치는 동자석주에 십이지 방위를 글자로 표시하고 있다. 왕후릉에는 병풍석 없이 난간석만 배치되어 있다. 무인석의 모자 표현에서 중국의 영향을 받았고, 석호는 눈이 크고 해학적이며 발톱과 꼬리가 생동감을 준다.

---

625) 『孝宗寧陵遷封都監儀軌』, 啓辭秩; 1673年 5月 5日.
626) 『顯宗改修實錄』, 顯宗 14年 5月 15日.
627) 『顯宗實錄』, 顯宗 14年 5月 26日;『顯宗改修實錄』, 顯宗 14年 5月 27日.
628) 『孝宗寧陵遷封都監儀軌』, 啓辭秩; 『顯宗實錄』, 顯宗 14年 6月 2日.
629) 『孝宗寧陵遷封都監儀軌』, 時日秩; 1673年 9月 29日; 10月 7日.

석물을 조성한 대부석소의 장인은 크게 석수와 조각장으로 나뉘어, 석수는 돌의 부출, 재질 선택, 형태 제작 및 배치를 담당하였고, 세부 조탁은 조각장이나 섭장(咊匠)이 담당하였다. 원래 섭장이란 세밀한 조각을 하는 장인이라는 뜻으로 1673년 『효종영릉산릉도감』 이후 조각장에서 섭장으로 용어가 변한다. 금은이나 옥을 다루어 조각하는 장인을 가리키는 우리 고유어는 '섭장'이다.[630] '셥장, 셕장'이라는 우리말 어휘를 '和'의 고어인 '咊'으로 차자 표기하고 '섭장'으로 읽는 것이다.[631]

<현종 숭릉의 능상 석물>, 1659년

<현종 숭릉의 문무석인>, 1659년

### 5) 현종과 명성왕후 숭릉

숭릉은 현종(1641–1674)과 명성왕후(1642–1683)를 모신 쌍릉이다. 동구릉에서 가장 서쪽에 위치하고 있다. 1674년(숙종 즉위) 8월 18일 34세로 현종이 창덕궁 대조전 양심합에서 승하하였다. 죽기 1년 전에는 부친인 효종의 영릉을 동구릉에서 여주로 천릉하였고, 바로 2달 전에는 모친인 인선왕후의 국장을 치르며 왕후릉인 영릉을 조영한 바 있어 국력이 고갈되었다. 이에 현종 비인 명성왕후는 현종의 능지를 동구릉으로 정하고 효종의 구 영릉(寧陵) 석물을 재사용하도록 하였다.[632] 한편 명성왕후의 숭릉 또한 마찬가지여서 명성왕후는 사후 국장과 산릉조성에서 소모되는 물자를 아껴 백성들을 보살피고, 나아가 숙종이 성군이 되라는 뜻으로 이런 유교를 남겼다. 숙종은 이런 명성왕후의 뜻을 살펴서 뒤에 왕릉석물 간소화 정책을 펼침에 있어 왕릉 석물 중에서 가장 규모가 작고 화려하지 않은 정종(定宗) 후릉(厚陵)을 규범으로 삼아 왕릉을 조성한다.

630) 황금연,「儀軌類의 漢字借名 表記 硏究」, 전남대학교 국어국문학과 박사학위논문, 1997, 11-12쪽.

631) 한자의 표기 중 '咊匠'은 그동안 '화장'이라고 잘못 읽혔는데, 차명 표기에 보이는 차자로서, 세밀한 조각을 하는 장인이라는 뜻의 '섭장'으로 읽어야 마땅하다.

632) 『肅宗實錄』, 肅宗 9年 12月 28日(乙丑),「明聖王后行狀」.

(1) 현종 숭릉

현종은 1674년(숙종 즉위) 8월 18일 34세의 나이로 창덕궁 대조전 양심합에서 승하하였다. 8월 24일 현종이란 묘호를 정하고 능호는 숭릉(崇陵)으로 정하였다.[633] 8월 25일 국장을 치르고자 도감을 설치하였고 총호사에는 좌의정 김수항(金壽恒)을 임명하였고, 제조에 이정영·민정중·이원정 그리고 한 달 후 이원정 대신 차임된 김휘, 도청에 2명, 각소 낭청 7명, 경낭청(京郎廳) 2명, 각소 감조관 9명, 별공작·분장흥고·번와소·수석소의 각 담당자 1명과 상지관(相地官)·산원·의원·화원·녹사·서사·서리·고직·사령 등 30명이다.[634] 총호사와 상지관들은 9월 14일에 건원릉 서쪽에 현종 숭릉의 능지를 정하였다.[635] 그러면서 현종의 왕릉 조성과 석물의 양식을 인조 장릉(長陵)의 쌍릉 예를 전례로 삼도록 하였고, 이를 위해 장릉 및 효릉(孝陵)의 왕후릉을 간심하도록 하였다. 9월 17일 능역을 시작하여 12월 11일 발인을 하였고 12월 13일 현궁에 재궁을 내렸으며 12월 22일 능역을 마쳐 건원릉 남서쪽 별도의 산줄기에 봉릉하였다.[636]

현종의 왕릉을 조영하기 위해 팔도의 승군 2,650명을 징발하면서 각자 1개월치 식량을 지참하고 산역을 지도록 하였다.[637] 이렇게 새롭게 능을 조영하는 역사는 인력이나 물력 및 재력이 많이 드는 일이기 때문에 백성들을 생각하여 명성왕후는 현종 왕릉의 석물을 새로 만들지 말고 1659년 효종 초장지인 영릉에 세웠다가 1673년 여주로 영릉을 천릉하면서 구영릉(舊寧陵)에 매장해 두었던 석물을 파내고 옮겨서 사용하도록 하였다.[638] 이렇게 현종의 부인인 명성왕후는 남편인 현종의 숭릉을 조영할 때 시아버지인 효종의 초장지인 영릉에 세웠다가 매장했던 석물들을 발굴해 사용토록 했는데, 현종 숭릉은 조선시대에 왕릉을 조영하면서 석물을 재사용한 첫 번째 사례인 것이다. 이와 함께 현종의 숭릉을 조성할 때 경비를 줄이기 위해 왕릉 내 퇴광(退壙)의 크기를 줄이고 현궁의 부장품(副葬品)을 줄이고, 정자각 내 영악전(靈握殿)을 없애고 대신 재궁을 정자각에 봉안하였으며, 3년 상을 치루는 가재실(假齋室)의 규모도 축소하도록 하였다.

이렇게 숭릉을 조성할 때 구영릉의 석물을 재사용하거나 현궁 내 부장품을 줄이고 정자각 내 시설을 줄이도록 한 까닭은 1673년 효종 영릉의 천봉 후 1674년 2월 24일 효종비 인선왕후

633) 『肅宗實錄』, 肅宗 卽位年 8月 24日.
634) 『顯宗崇陵山陵都監儀軌』, 座目, 1674年 8月.
635) 『肅宗實錄』, 肅宗 卽位年 8月 27日.
636) 『顯宗崇陵山陵都監儀軌』, 時日條, 1674年 12月 日.
637) 『肅宗實錄』, 肅宗 卽位年 8月 27日.
638) 『顯宗崇陵山陵都監儀軌』, 啓辭秩, 1674年 9月 15日;『肅宗實錄』, 肅宗 卽位年 9月 15日.

가 승하하여 6월 11일에 영릉의 조성을 완료한 후 두 달 뒤에 현종이 승하한 때문이다. 1연이어 국상이 이어지고 만 1년 사이에 왕릉 및 왕후릉을 3곳이나 조성하게 되면서 국력과 재정이 바닥나자, 경비를 절감하고 백성들의 폐해를 줄이고자 했던 것이다.

1677년(숙종 3) 3월 현종 숭릉의 봉분이 무너지는 사고가 났다. 이에 수개도감을 설치하고 도제조는 좌의정 권대운(權大運)을 임명하고 제조는 예조판서, 공조판서, 호조참판 3인이 맡았다. 도감의 하부 제작처는 삼물소, 보토소였고 3월 3일에 시역하고, 9일에 수개공사를 마쳤다.[639)]

(2) 명성왕후 숭릉

현종비 명성왕후(1642–1683) 김씨는 청풍부원군 김우명의 딸로 1651년(효종 2)에 세자빈으로 간택되어 1659년 현종이 즉위하면서 왕비에 책봉되었다. 현종의 숭릉을 조영하고 10년이 지난 1683년(숙종 9) 12월 5일 현종비 명성왕후 김씨가 창경궁 저승전 서별당에서 42세의 나이로 승하하였다.[640)]

명성왕후의 왕후릉은 그녀보다 9년 전인 1674년 조성한 현 경기도 구리시 동구릉 내 숭릉에 현종의 왕릉과 함께 쌍릉 형식으로 조성하였다. 명성왕후는 생전에 그녀 자신의 장례를 검소하게 치를 것을 당부한 바 있었다.[641)] 1683년 12월 5일 산릉도감을 설치하였고, 이듬해 4월 3일 발인하여 4월 5일 왕릉에 부좌하였고 4월 14일에 능역을 끝냈다. 총호사는 좌의정 민정중(閔鼎重)을 임명하였으며 제조는 행사직, 좌참찬, 공조판서 3인이 맡아 했다.[642)] 도감의 하부 제작처는 삼물소, 조성소, 노야소, 대부석소, 소부석소, 별공작, 분장흥고, 번와소, 수석소를 두었고, 장인들을 소속시켜 능역을 처리하였다.

숭릉의 혈을 파기 위해 겉흙을 걷어냈을 때 부도를 세우려 했던 흔적이 나왔으나 깊이가 3자밖에 되지 않아 지맥을 손상하지 않았을 뿐 아니라 광중 밖이어서 그대로 진행했다. 숭릉은 높지 않은 언덕에 국왕과 왕비를 하나의 곡장에 모셔 봉분이 나란히 2기로 조성되어 있다. 쌍릉으로 조영된 숭릉은 왕릉과 왕후릉 모두 병풍석 없이 난간석만으로 연결되었고, 능침 앞에는 혼유석이 각각 하나씩 놓여 있다. 곡장 안의 석양과 석호는 각각 2쌍씩이고 망주석은 1쌍이 상계에 배치되어 있다. 중계에는 장명등과 문석인 및 석마가 각각 1쌍씩 배치되어 있고, 하계에는 무석인과 석마 각 1쌍씩이 배치되어 있다. 이러한 석물은 1648년에 정3품 통정대부에 제수되었

639) 『顯宗崇陵修改都監儀軌』, 都監狀啓, 1677年 3月日.
640) 『肅宗實錄』, 肅宗 9年 12月 5日.
641) 『明聖王后崇陵山陵都監儀軌』, '大行王大妃遺敎', 1683年.
642) 『明聖王后崇陵山陵都監儀軌』, 座目, 1683年.

던 석수 조룡(曺龍)이 석수의 우두머리인 도변수를 맡아 제작하였는데, 세부 표현이 우수하다.

숭릉 석인상은 간략한 윤곽선과 단순한 인체 표현, 안면 대 신체의 비율이 커 전대와 유사하다. 문석인은 미소를 머금은 온화한 모습이고, 무석인은 입을 굳게 다물고 눈을 부릅뜬 모습이다. 숭릉 석수는 구 영릉(寧陵)의 석수를 새로 다듬어 1659년에 제작된 것이다. 이러한 석인이나 석수는 도화서 화원인 이기룡(李起龍)이 문양을 그렸다.[643] 그렇기 때문인지 문무석인상은 실존하는 조선 후기 복식이나 장신구와 유사하다. 예컨대 숭릉 문석인 복식 중에 허리에 찬 각대는 세밀한 화문이 새겨져 있다. 석인상의 각대에 새긴 화문이나 석마의 다리 사이에 꽃무늬 등의 부조는 회화성이 강하고 세밀하다. 장명등과 망주석에 새겨진 화려한 꽃무늬 또한 마찬가지이다.[644]

이처럼 비록 현종 숭릉은 1674년에 조성되었으나 숭릉의 석물은 1659년 효종 영릉을 조성했을 때 만든 석물이다. 기존의 조선왕릉 문석인 각대에도 화문이 표현되어 있으나 1420년 태종 헌릉은 문양을 소략하게 나타냈고, 1565년 문정왕후 태릉 문석인도 심피를 중심으로 육엽화를 둥글게 표현하였다. 그러나 1659년 제작된 숭릉 문석인 각대에 새겨진 모란문은 꽃잎에 요철을 두어 더욱 생동감 있는 부조를 완성하였고, 이는 당대의 초상화에 보이는 것처럼 실제 복식과 유사성을 나타낸다.

1674년 현종 숭릉에서 가장 주목되는 것은 정자각이다. 조성소에서 조영한 정자각은 팔작지붕으로 되어 있고 정전 5칸, 배위청 5칸으로 되어 있는데, 정전 3칸에 익랑이 붙어 규모가 큰 것이 특징이다. 1674년 처음 제작되었을 때의 형식이라고 평가된다.

643) 畵員 李起龍(1600~?)은 도화서 화원으로 1627년 昭顯世子의 『嘉禮都監儀軌』, 1630년 『宣祖穆陵遷奉都監儀軌』, 1632년 『仁穆王后山陵都監儀軌』, 1645년 『昭顯世子殯宮都監儀軌』 등에 참여하였다.

644) 김민규, 「조선 왕릉 장명등 연구」, 『미술사학연구』 274, 한국미술사학회, 2012, 63-64쪽.

## 2 18세기 왕릉과 왕후릉

조선후기로 갈수록 선왕과 선왕후의 능침들이 증가하고 그에 따른 국왕의 능행도 잦아질 수밖에 없는 것은 일반적인 현상이었다. 그러나 정종의 후릉은 신의왕후의 제릉이나 세종의 영릉처럼 한성에서 거리가 먼 지역에 소재해 있어서 국왕들의 행차가 다른 능침에 비해 소원할 수밖에 없었고,[645] 조선후기에 후릉에 능행한 국왕은 숙종과 영조 및 고종이 한 차례씩 세 번에 불과하였다.[646] 그 중 숙종은 재위 47년간 48회의 능행을 거행하였는데, 부친인 현종의 숭릉에 12차례, 왕실의 조종인 태조의 건원릉에 8차례를 능행하였다. 이것은 嗣王으로서 왕위계승의 정통성을 대내외에 천명함과 동시에 부친에 대한 효심의 발로였다고 할 수 있다.

### 1) 후릉 석물의 양식

(1) 숙종의 후릉 친행

조선 후기에 후릉에 최초로 친행한 국왕은 숙종이었다. 그는 1681년(숙종 7) 그동안 묘호 없이 '공정대왕'으로 불리던 조선 제2대 국왕의 묘호를 '정종'으로 새로 정하면서부터 정종에 관심을 갖고 그 왕위 계승과 그 정통성을 알리고자 했다고 여겨진다.[647] 숙종은 1892년 8월 3일 후릉에 행행하도록 하여,[648] 1693년 8월 30일 후릉에 능행하였고,[649] 국왕의 능행이 정해지면 해당 왕릉에 대한 대대적인 정비와 보수가 시행된다.

조선 2대 정종과 정안왕후의 후릉은 조성 당시부터 공력을 들이지 않았음인지 이른 시기부터 개보수에 대한 논의가 끊이지 않았다. 이것은 조선 후기에 들어서도 마찬가지였고, 이미 현종대에 개수를 한 바 있었다. 1665년(현종 6) 8월 14일 후릉에 대한 수개 논의가 발의되어 이듬해에 수개할 대상과 방법을 논의하였고, 1667년(현종 8) 7월부터 8월까지 40여 일간 인력과 물력을 동원하여 난간석·죽석·상석 등을 개비하였다. 10월 9일 수개도감의 의궤청에서 의궤의 작성까지 마쳤다.[650] 당시 후릉 수개도감의 제조였던 이조판서 김수항(1629~1689)은 숙종 7년

---

645) 장경희, 앞의 제릉논문, p.11. 표1. <국왕의 제릉 친행> 참조.

646) 이왕무, 「조선후기 국왕의 능행 연구」, 한국학중앙연구원 박사학위논문, 2008. p.91. 여기서는 숙종과 영조의 능행은 포함되어 있었으나, 고종대 후릉의 능행은 누락되어 있었다.

647) 김호, 「1681년 공정대왕의 묘호추상과 『諡號都監淘淸儀軌』」, 『규장각소장 의궤 해제집』2, 2004, 280-294쪽.

648) 『肅宗實錄』卷25, 肅宗 19年 8月 3日 庚辰.

649) 『肅宗實錄』卷25, 肅宗 19年 8月 3日 庚辰; 14日 乙酉 ; 28日 己亥 ; 30日 辛丑 ; 9月 1日 壬寅.

650) 해당 의궤에 대한 해제는 다음의 책 참조. 『厚陵修改都監儀軌』, 1667年 10月, 파2654 ; 김문식 외, 『파리 국립도서관 소장 외규장각 의궤 조사연구』(외교통상부, 2003), 621-623쪽 ; 장경희, 「후릉수개도감의궤의 해제」, 『조선왕릉 종합학술조사보고서 Ⅰ』, 국립문화재연구소, 2009

(1681)에 영의정으로서 후릉의 주인인 공정대왕을 정종으로 묘호를 추상하는데 앞장섰다.[651]

하지만 현종대에는 능상석물만 개비하였을 뿐이었다. 그것은 현종실록에 "난간석은 우선 옮겨놓고 상석만 고쳐 다시 배치하도록 하라. 그리고 개봉을 하지 않는다면 별도로 도감을 설치할 필요가 없으니 각능을 수리한 예에 따라 해조에서 담당하여 거행토록 하라"고 하였다.

숙종은 1892년 8월 3일 후릉에 행행하도록 하여,[652] 1693년 8월 30일 후릉에 능행하였고,[653] 국왕의 능행이 정해지면 해당 왕릉에 대한 대대적인 정비와 보수가 시행된다.

(2) 후릉 석물을 전례로 참고

당시 수개한 후릉은 숙종 때 선대 왕릉의 석물을 개비할 때마다 전례로서 참고하였는데, 아마도 1693년(숙종 19년)에 국왕이 후릉에 친행하였기 때문일 것이다.[654] 그리고 나아가 숙종은 1698년(숙종 24) 노산대군을 복위하고 종묘에 부묘하면서 봉릉도감을 설치하고 단종의 장릉(莊陵)과 단종비 정순왕후의 사릉(思陵)을 조성할 때도 후릉을 전례로 삼았다.

경종 즉위년에 숙종 능을 조성할 때 인조 장릉의 예에 따랐다. 이를 위해 인조 장릉의 가정자각을 살펴 본 내용을 기록하기를 가정자각은 정자각보다 "체양(體樣)은 약간 작다"고 하였다.[655]그리고 나아가 숙종은 각릉의 상설이 많고 적은데 후릉의 석물이 가장 간략하고 적으므로 그 예를 따르도록 하되, 향후 이것을 정식으로 삼게 하였던 것이다.[656] 그리하여 17세기 말 18세기 중엽까지 영건된 왕릉이 후릉 석물을 전범으로 삼아 제작하는 등,[657] 조선후기에 후릉이 왕릉 석물의 조성과 양식변화에 영향을 끼친 대표적 능제로서 역사적 의미가 크다.

숙종 24년(1698)에 제6대 단종과 그의 비 정순왕후를 복권하기로 논의되었다. 이 때 영월에 위치한 단종 장릉(莊陵)과 남양주에 있는 정순왕후 사릉(思陵)을 봉릉하게 되었다. 이에 그 원형을 개성에 있는 제2대 정종과 정안왕후의 후릉을 모본으로 삼기로 하고 실무원역과 장인들을 개성 현지에 파견하여 건물과 석조각의 칫수와 견양 등을 상세히 조사하여 보고한 기록이 『장릉도감의궤』와 『사릉도감의궤』에 수록되어 있다. 당시 전례(前例)가 되는 후릉을 현지 조사할 때에는 도감을 책임진 총호사는 당상 원역과 함께 화원과 석수변수를 대동함으로써 능묘

651) 『(定宗)諡號都監都廳儀軌』, 1681年, 규13243. 조선 제2대 정종은 숙종 7년에 붙인 묘호이며, 그 이전까지는 묘호 대신 공정대왕(恭靖大王)으로 불렸다. (김호, 「1681년 공정대왕의 묘호추상과 『諡號都監淘淸儀軌』」, 『규장각소장 의궤 해제집』2 (서울대학교 규장각, 2004), 280-294쪽).

652) 『肅宗實錄』卷25, 肅宗 19年 8月 3日 庚辰.

653) 『肅宗實錄』卷25, 肅宗 19年 8月 3日 庚辰; 14日 乙酉 ; 28日 己亥 ; 30日 辛丑 ; 9月 1日 壬寅.

654) 『肅宗實錄』卷25, 肅宗 19年 8月 28日 己亥.

655) 『경종실록』, 즉위년(1720) 6월 18일.

656) 『肅宗實錄』卷32, 肅宗 24年 10月 29日 庚子.

657) 장경희, 앞 논문. 149-171쪽. 3장. 18세기 경아문 장인과 후릉(정종)제양 의물 참조.

의 크기와 석의물의 종별과 크기를 실측하고 그 견양(見樣)을 그림으로 그려 바치고 있어, 후릉에 실존했던 전각이나 석의물을 실증적으로 파악할 수 있었다. 그리고 이 후릉의 견양을 토대로 장릉과 사릉이 완공되었다.

이를 계기로 숙종은 후릉을 주목하게 되었다. 숙종은 곧바로 1698년에 승하한 인현왕후의 명릉(明陵)을 조성할 때 역시 후릉을 그 전례로 삼아 조성하도록 하였다. 이에 담당자들을 개성 현지에 파악하여 여전히 봉분의 크기, 전각과 석의물의 종별과 칫수 등에 대한 견양을 조사한 후 그에 준해 조성되었다. 이렇게 숙종이 관심을 가졌던 후릉에 대해서는 그의 사후 경종 또한 마찬가지였다. 때문에 1721년 숙종의 명릉을 조성할 때에도 앞서의 여전히 전례를 따라 조성하고 있었다. 또 1724년 영조는 경종의 의릉 또한 체제를 후릉의 예로서 하도록 하였다. 이후 1757년 영조 정성후의 홍릉(弘陵)은 후릉을 원형으로 삼은 의릉이, 1776년 영조의 원릉을 조성할 때에는 바로 이전 정성왕후의 홍릉이 전례가 되었고 그 견양이 수록되어 있다.

본 연구에서 주목하는 시기는 17세기 말부터 18세기 중엽이다. 즉 숙종대부터 영조대까지 왕릉·왕후릉을 조성할 때 후릉 석물 양식이 강력한 영향을 끼쳤음을 규명하고자 하는 것이다. 다음, 지역적으로는 주로 서오릉 구역에 관심을 두었다. 즉 서오릉에는 숙종과 그의 왕비들은 1701년 인현후의 명릉, 1721년 숙종의 명릉, 1757년 인원후의 명릉이 있으며, 1757년에 조성된 영조원비 정성후의 홍릉이 있다. 그리고 비록 석관동에 위치해 있지만 후릉의 영향을 받아 조성된 1724년 경종의 의릉도 있었다.

| 연대 | 능호 | 능 주인공 | 문인석 | 무인석 | 구역 | 『도감의궤』匠人秩의 석수변수 외 |
|---|---|---|---|---|---|---|
| 1601 | 목릉 | (선조)의인후 | 289cm | 286cm | 동구릉 | 조말정, 예응진, 안효원, 김가응이 |
| 1635 | 장릉 | 인조, 인렬후 | 228cm | 243cm | 파주시 | 좌;조말룡/김억환, 우;강복지,안인남 |
| 1673 | 영릉 | 효종, 인선후 | 290cm | 310cm | 영녕릉 | 이경립, 이희선 |
| 1674 | 숭릉 | 현종, 명성후 | 280cm | 278cm | 동구릉 | 이희선, 이경립 |
| 1683 | 익릉 | (숙종)인경후 | 258cm | 236cm | 서오릉 | 이희선, 최천남 |
| 1688 | 휘릉 | (인조)장렬후 | 248cm | 247cm | 동구릉 | 이희선, 최천남 |
| 1701 | 명릉 | (숙종)인현후 | 167cm | 172cm | 서오릉 | 이희선, 한이충 |
| 1721 | 명릉 | 숙종 | 167cm | 172cm | 서오릉 | 이희선, 한이충 |
| 1724 | 의릉 | 경종 | 178cm | 175cm | 석관동 | 오사준, 최상령 |
| 1757 | 명릉 | (숙종)인원후 | 175cm | 176cm | 서오릉 | 박필심, 최만성 |
| 1757 | 홍릉 | (영조)정성후 | 192cm | 210cm | 서오릉 | 박필심, 최만성 |

| | | | | | | |
|---|---|---|---|---|---|---|
| 1776 | 원릉 | 영조, 정순후 | 210cm | 216cm | 동구릉 | 김대휘, 조세주 |
| 1789 | 융릉 | 장조, 헌경후 | 223cm | 246cm | 융건릉 | 김대휘, 정유복 |
| 1800 | 건릉 | 정조, 효의후 | 221cm | 246cm | 융건릉 | 정유복, 김중세 |

<17세기 문무석인상의 크기>

이렇게 18세기 초, 중반의 왕릉(왕후릉)의 석물들은 이전 17세기와 다른 몇 가지 특징을 보이고 있었다. 가장 두드러진 특징은 크기에 있다. 17세기의 석물들은 대체로 290cm 전후로 거대하였는데, 문인상을 예로 들면 1601년 의인후의 목릉은 289cm, 1608년 선조 목릉은 305cm, 인조 장릉은 228cm, 1659년 효종 영릉은 290cm, 현종 숭릉은 280cm 등이었다.

그러나 숙종이 1683년 서오릉에 조성한 인경후의 문인석은 258cm으로서 조금 작아지지만 1698년부터 1699년까지 단종의 장릉(莊陵)과 정순왕후의 사릉(思陵)을 후릉의 예로 조성한 이후 서오릉의 왕·왕후릉 문인석은 170~180cm 정도로 작게 제작하고 있었다. 즉 1701년 인현후 명릉은 167cm, 1721년 숙종 명릉은 168cm, 1724년 경종 의릉의 것은 178cm, 1757년 인원후 명릉의 것은 175cm, 1757년 영조원비 정성후 홍릉의 것은 192cm였다.

이후 18세기말 정조대가 되면 다시 210~220cm 정도로 1자, 30cm 정도로 그 크기가 커지고 있었다. 즉 1776년 영조의 승하 후 정조가 동구릉에 조성한 영조의 원릉은 해당 구역 내 건원릉을 원형으로 삼아 문인석의 크기가 210cm였다. 다음 1789년 수원에 조성한 장조(사도세자) 현륭원의 문인석은 223cm, 1800년 같은 구역 내에 조성된 정조 건릉의 문인석도 221cm 였던 것이다.

다음으로 석물의 비례와 조각적 표현이다. 17세기 석의물은 신체에 비해 얼굴이 무척 커서 1:3 내지 1:4의 비례를 가지고 있었다. 그러나 18세기 들어서는 1:4의 비례이면서 점차 하반신이 길어져 늘씬한 느낌을 주는데, 이것은 고려말 1:5의 비례감을 계승한 조선초기 제릉과 후릉의 영향이다. 그것은 또한 얼굴을 비롯한 조각적 표현에서 더욱 두드러지며, 이러한 양식은 서쪽 권역에 위치한 공민왕의 현정릉을 계승한 후릉의 영향을 받은 데 있다. 이후 18세기 말에는 좀더 길쭉한 비례감에 자연스러운 조각솜씨를 발휘하는데, 이것은 실학사상과 진경산수 및 풍속화가 발달한 시대상을 반영한 것이었다.

이처럼, 17세기말에는 숙종이 관심을 가졌던 후릉이 왕릉양식의 본이 되었음을 알 수 있다. 이들 왕과 왕후릉은 서오릉 구역에 집중적으로 80여년 간 제작되면서 후릉의 양식이 지속적으로 반영되었으며, 그와 아울러 당대 발전된 조각기술이 함께 영향을 끼쳐 18세기 전반 양식을 형성하였다. 영조는 1740년 9월 1일 후릉에 단 한차례 능행하였다. 영조는 52년이라는 긴 재위

기간 동안 자신의 왕위 계승의 정통성을 숙종과 경종을 잇는 '삼종혈맥'을 강조하면서,[658] 숙종의 명릉에 25회, 경종의 의릉에 15차례로 자주 능행하였다. 이러한 영조는 선대의 국왕과 달리 만년까지 궁궐밖 능행을 통해 운동을 자주하고 있었다. 이후 정조대 조선후기 후릉의 석물에 대해서는 『춘관통고』로 확인할 수 있다. 그것은 제릉과 마찬가지로 영조 이후에 후릉에 능행한 것은 고종이었다. 고종 9년 월 일에 능행하여, 표석을 세웠으며 이후 후릉에 대한 능행은 중단되었고, 후릉의 개보수도 마찬가지였다.

(3) 별간역의 감독과 화원의 출초

별간역이라는 명칭은 영조대에 나타났는데, 산릉뿐만 아니라 국장, 빈전(殯殿), 건축(建築) 등 다양한 분야에서 감동을 담당했던 임시직이었다.[659] 이들은 대부분 무관이었던 것으로 보이며, 건축, 공예(工藝), 주조(鑄造), 산릉 등 다양한 분야에서 활동했다. 특히 이들 중에서 영조연간에 활동한 최천약과 정조연간에 활동한 정우태(丁遇泰)는 왕릉조영에 깊이 관련되어 있었다.

최천약(1684경-1755)은 동래(東萊) 출신의 무관으로 20세를 전후해 무과(武科)를 치르기 위해 상경하지만 무과에 합격하지 못해 전전하던 차에 서평군(西平君) 이요(李橈)의 눈에 띄어 조각으로 발신(發身)한 것으로 보인다.[660] 그는 서평군의 주선으로 조태구(趙泰耈)(1660-1723), 조태억(趙泰億)(1675-1725)의 집안을 드나들며 일하거나, 이들의 추천으로 여러 국역에 참가하였다.[661] 1718년 단의빈(端懿嬪) 예장 때 옥인(玉印)을 조성하는 것을 시작으로 1753년까지 수많은 옥보(玉寶)와 옥책(玉冊)을 제작하거나 감동하였다. 당시 그가 감동하거나 직접 참여한 옥보(옥인)는 20여과였고, 동인(銅人)을 만들거나 종묘악기를 제작하는데 참여하였다.[662] 그가 왕릉 석물을 감동한 것은 1731년 인조 장릉을 천봉할 때 병풍석의 조각부터 1739년 단경왕후 온릉, 1752년 의소세손 의소묘[후일 의령원], 1753년 숙빈 소령원 등에 참여하였다. 특히 의소묘의 작품들은 최천약 만년작으로 가장 뛰어나다. 실제 인물의 초상조각 같은 문석인상이나, 석호와 석양 및 석마에 새겨 넣은 원추리나 영지버섯 문양 등에서 찾아볼 수 있다. 장명등에서도 최천약의 역량이 발휘된 것은 의령원의 것이지만, 현존하는 것은 19세기 중반 이후에 개비한 것이다.[663] 최천약의 사후 그와 평생을 같이 활동했던 변이진(卞爾珍), 김하정(金夏鼎), 방응

658) 『承政院日記』, 英祖 9年, 12月 9日 丙辰.
659) 김동욱, 「정조.순조연간 관영공사에서 별간역 정우태의 조영활동」, 『건축역사연구』 제16권, 2007, 119쪽.
660) 李奎象, 『韓山世稿』卷30, 『一夢稿』, 「幷世才諺錄」, 「方伎錄」, 「崔天若傳」.
661) 『東槎日記』乾, 1711) 그 뒤 1713年에는 趙泰耈의 추천으로 義州에서 儀器를 배우게 된다. 『承政院日記』, 肅宗 39年(1714) 閏5月 15日.
662) 김민규, 「조선 18세기 조각가 최천약(崔天若) 연구」, 『문화재』 제46권 1호, 2013.
663) 김민규, 「朝鮮 王陵 長明燈 研究」, 『美術史學研究』 제274호, 2012.

문(金夏鼎) 등이 감동으로 활약하였다. 그들은 정성왕후 홍릉(1757), 인원왕후 명릉(1757) 등에 참여하였다.

정조대에 감동으로 활동한 사람은 정우태(?–1809)이다. 그 또한 무관으로 1779년 원빈 홍씨의 빈궁을 조성한 이후 1789년 현륭원, 1791년 의릉, 1795년 화성성역, 1800년 건릉, 1803년 인정전 중건, 1807년 강릉 등의 능역에 참여하여 크고 작은 능상 석물을 조성하거나 개수하는데 기여하였다.[664] 정우태의 대표작은 현륭원(1789), 건릉(1800)의 석조각이며, 사실적인 문무석인상 뿐 아니라 장명등이나 혼유석 및 능상 석물들은 이전에 볼 수 없었던 다양한 화훼 문양으로 장식하였다.[665] 그의 뒤를 이어 강이오(姜彛五)(1788–?), 안시혁(安時爀), 홍응섭(洪應燮), 강윤(姜潤) 등이 별간역으로 활동하였다.[666]

왕릉의 석조각은 화원이 출초하여 기화하는 것이 전례화되어 있었다. 1701년 인현왕후 명릉에는 장자방이, 1722년 단의빈의 혜릉에는 허숙이. 1730년 선의왕후의 의릉에는 허임이, 사도세자의 현륭원에는 허윤이 참여하여 출초하였다.

| 화원 | 활동년대 | 능호 | 제작처 | 의궤 |
|---|---|---|---|---|
| 장자방 | 1701 | 인현왕후 명릉 | 좌목(석물기화) | 인현왕후산릉도감의궤 |
| 허숙 | 1722 | 단의빈 혜릉 | 부석소 | 혜릉석물추배산릉도감의궤 |
| 허임 | 1730 | 선의왕후 의릉 | 조성소, 대부석소, 마석소 | 선의왕후의릉산릉도감의궤 |
| 허윤 | 1789 | 사도세자 현륭원 | 대부석소 | 현륭원원소묘소의궤 |

<18세기 대부석소에 소속된 화원과 활동시기>

더욱이 이러한 도설은 18세기 말부터는 세자의 원소나 왕릉 관련 의궤에 실리게 되었다. 이렇게 된 계기는 1752년 영조가 『국조상례보편』을 편찬할 때 흉례 및 산릉에 관련된 도설을 수록한 이후부터 전례화된 것이다. 그 이후 문효세자묘를 조성할 때의 전말을 기록한 의궤부터 수록되어, 현륭원원소도감 등을 거쳐 정착되어 19세기에 영향을 끼쳤다.

664) 김동욱, 「정조,순조연간 관영공사에서 별간역 정우태의 조영활동」, 『건축역사연구』제16권, 2007. 118쪽.
665) 『莊祖顯隆園園所都監儀軌』, 1789年, 「賞典」. '別看役 前僉使丁遇泰石物工役之精緻在古亦罕不可以守令承傳而止特爲加資.'
666) 김동욱, 「정조,순조연간 관영공사에서 별간역 정우태의 조영활동」, 『건축역사연구』제16권, 2007. 121쪽.

|  |  |  | 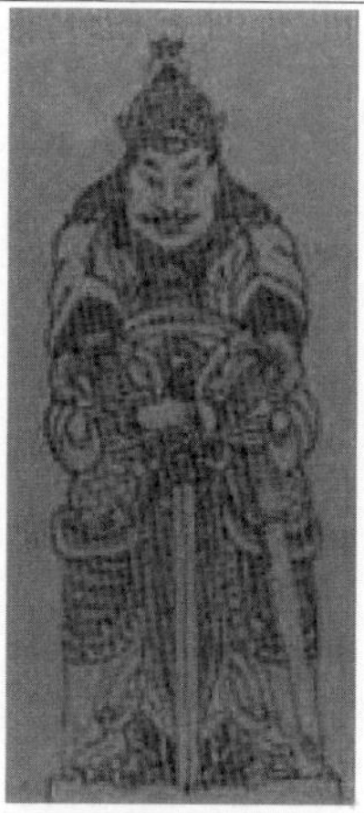 |
|---|---|---|---|
| 국조상례보편, 1752년, 문석인도 | 국조상례보편, 1752년, 무석인도 | 현릉원원소도감의궤, 1789년, 문석인도 | 현릉원원소도감의궤, 1789년, 무석인도 |

<영정조 연간 문무석인의 도설>

1789년『현륭원원소도감의궤』에 그려진 석인의 도설이 나타나는데, 화원 '허윤'이 그린 것으로 보인다. 이 도설은 정면향인 석인과 달리 얼굴과 신체를 약간 우측으로 틀고 있어 초상화와 같은 형태이다. 자세한 세부 표현을 한 석인에 비해 대략적인 스케치 정도의 도설이지만 양관과 조복을 입은 문인석의 도상이나 투구의 정개가 삼지창형태로 표현한 점이나 갑옷의 모습 등 같은 도상을 보이고 있어 주목된다.

### 2) 후릉의 석물체제로 제작된 왕릉

후릉의 석물제도는 후릉을 조성할 때 하나의 곡장 안에 왕과 왕비를 같이 매장하여 봉분이 나란히 2기로 조성된 쌍릉 형식으로 갖추어졌다. 후릉의 상계에는 석양과 석호가 각각 2쌍씩 있는데 하나씩 번갈아가며 배치해 있으나, 그 배치가 좌우대칭을 이루고 있지는 않다. 중계에는 문석인 2쌍과 문석인 바로 뒤를 따르는 석마 2쌍이 서 있고, 하계에는 무석인 2쌍이 있고 그 뒤를 석마 2쌍이 따르고 있다.

이러한 후릉의 문무석인에 대한 규정은 태종와 원경왕후를 헌릉에 안장할 때에도 원용되었다. 이후 세종은 국가의 상장례를 확립하고자 『세종실록』 오례의를 편찬하였으며,[667] 이를 토대로 1474년(성종 5) 『국조오례의』를 편찬하면서 국가의 의례는 확립되었다.[668] 이들 조선 초

667) 『世宗實錄』 卷134, 「五禮」 凶禮儀式 治葬條.

668) 『國朝五禮儀』, 凶禮 治葬條.

기 기록에 의거하여 문석인의 칫수를 정리하면 다음과 같다.

| 구분 | 기록 | 길이 | 너비 | 두께 | 대석 |
|---|---|---|---|---|---|
| 문석인 | 정종 후릉 안장시 | 7척 5촌<br>(234cm) | 3척<br>(94cm) | 2척 5촌<br>(69cm) | 지하 4척 |
| | 세종 오례의 /<br>국조오례의 | 8척 3촌<br>(259cm) | 3척<br>(94cm) | 2척 2촌<br>(69cm) | 3척 4촌 ; 지상 6촌 / 운족 아래<br>2척 3촌 |
| 무석인 | 정종 후릉 안장시 | 7척 5촌<br>(234cm) | 3척<br>(94cm) | 2척 5촌<br>(69cm) | 지하 4척 |
| | 세종 오례의 /<br>국조오례의 | 9척<br>(281cm) | 3척<br>(94cm) | 2척 5촌<br>(78cm) | 문석 동(3척 4촌 ; 지상 6촌 /<br>운족 아래 2척 3촌) |

<조선 전후기 예전에 기록된 문석인의 칫수 ( *영조척 1척 = 31.24cm)>

위 표에 의하면 정종 후릉을 안장할 때의 문무석인은 키 234cm, 정면 94cm, 옆면 69cm이었다. 정종의 장례 시 기록과 비교해 보면 56cm, 약 2척 정도 작은 크기였다. 당시 「예전>의 기록에 의하면 문석인은 길이 8척 3촌(259cm), 너비 3척(94cm), 두께 2척 2촌(69cm)나, 무석인은 길이 9척(281cm), 너비 3척(94cm), 두께 2척 5촌(78cm)이었다. 키만 살펴보아도 문석인은 81cm, 무석인은 105cm가 차이가 나서, 2척 5촌 내지 3척이 적은 칫수였다.

이처럼 후릉의 석물 체제는『세종실록오례』나 『국조오례의』가 정립되기 이전에 조성되어 간소하고 크기가 작았는데, 이러한 사실은 조선후기 1667년(현종 8)에 후릉의 능상 석물을 수리하면서 잘 알려지게 되었다.[669] 한편 1692년(숙종 18)에는 왕후릉의 동쪽 무석은 2좌, 문석 1좌와 서쪽 무석 1좌의 코가 낮게 깨져 있었고, 문석 1좌는 2촌 여가 기울어져 수리하였다.[670]

한편 숙종은 1693년(숙종 19)에 후릉을 친행하였기에 석물을 잘 알고 있어서인지,[671] 1698년(숙종 24) 노산대군을 단종으로 복위시키고 영월에 장릉(莊陵)과 그의 비 정순왕후의 사릉(思陵)을 조성할 때, 후릉의 석물이 가장 간략하고 적으므로 그 예를 따랐고 향후 정식으로 삼게 하였다.[672] 더욱이 1701년(숙종 27) 인현왕후와 자신의 수릉(壽陵)인 명릉(明陵)의 석인을 후릉의 체제에 의하도록 하여,[673] 후릉의 왕후릉상에 있는 문무석인상 2기를 측량하였다.[674] 당시

669) 『顯宗實錄』卷12, 顯宗 7年 10月 26日 癸酉 ;『顯宗改修實錄』卷16, 顯宗 7年 10月 26日 癸酉.

670) 『承政院日記』卷349, 肅宗 18年 8月 26日 癸卯. 王后陵上屛風石六立, 駕石一立傾側, 東武石二坐, 文石一坐, 西武石一坐, 鼻尖小碎, 苔行厚被, 而文石一坐, 小傾二寸許, 曲墻臺石二立, 動退, 曲墻東邊二庫, 長廣各一尺許, 雨水傷灑, 微有頹漸云.依例政府以下進去奉審後, 稟處, 何如? 傳曰, 允.

671) 『肅宗實錄』卷32, 肅宗 24年 11月 24日 乙未.

672) 『肅宗實錄』卷32, 肅宗 24年 10月 29日 庚子.

673) 『承政院日記』卷399, 肅宗 27年 8月 22日 丁丑.

674) 『(仁顯后明陵)山陵都監儀軌』, 1701年, 규14824. 啓辭秩, 1701年 9月 1日 ;『承政院日記』卷399, 肅宗 27年 9月 1日 乙酉. 양자는 무석인의 기록에서 약간 차이를 보여『承政院日記』에는 무석인의 두께가 5푼 적은 1척 7촌 5푼으로 되어 있다. 의궤에는 무석인의 얼굴과 갑주의 크기까지 자세하게 실려 있다.

측정한 칫수를 정리하면 다음과 같다.

| 구분 | | 길이 | 너비 | 두께 | 기타 |
|---|---|---|---|---|---|
| 문석인 | 상 | 5척 1촌 1푼 (160cm) | 1척 9촌 (59cm) | 1척 6촌 (50cm) | 관 ; 길이 8촌 (25cm) / 너비 8촌 |
| | 하 | 1척 (32cm) | 2척 1촌 1푼 (68cm) | 2척 (63cm) | 얼굴 ; 길이 7촌 (22cm) / 너비 6촌 5푼 |
| 무석인 | 상 | 5척 4촌 (170cm) | 2척 (62cm) | 1척 5촌 5푼 (48cm) | 갑주 ; 길이 1척 2촌 (37cm) |
| | 하 | 1척 (32cm) | 2척 2촌 (69cm) | 1척 8촌 (56cm) | 얼굴 ; 길이 7촌 (22cm) / 너비 7촌 |

<1701년 인현왕후의 명릉 조성시 측정한 후릉 석인상의 칫수 ( *영조척 1척 = 31.24cm>

당시 측정된 후릉의 문석인은 키 160cm, 가장 넓은 너비 68cm, 두께 63cm이다. 무석인은 키 170cm, 너비 69cm, 두께 56cm이다. 이것은 현재 후릉 왕후릉상의 동쪽 문석인이 키 177cm, 정면 85cm, 측면 86cm이고, 왕후릉상 동쪽 무석인은 키 174cm, 정면 72cm, 옆면 70cm이다. 기준점의 오차 등을 감안하면 어느 정도 일치하고 있었다.

숙종 이후 18세기 들어 영정조대에도 후릉은 왕릉을 조성할 때 전범이 되었다. 1728년(영조 4) 효장세자가 서거하였을 때 석물은 후릉의 제양을 따르도록 하거나,[675] 1729년(영조 5)에도 마찬가지였다.[676] 1731년(영조 7) 10월 8일에는 영조가 후릉을 친행하였다.[677] 이후 영조는 국가의 상장례에 시대의 변화상을 반영시켜 1752년(영조 28) 『국조상례보편』을 편찬하였으며,[678] 정조대에 들어 1787년(정조 12) 『춘관통고』에 이것을 정리하여 수록하였다.[679] 그 내용을 다음과 같이 정리해 보았다.

| 구분 | 기록 | 길이 | 너비 | 두께 | 대석 |
|---|---|---|---|---|---|
| 문석인 | 후릉 실측치 | 177cm | 85cm | 86cm | |
| | 국조상례보편 / 춘관통고 | 5척 8촌 2푼 (182cm) | 상 ; 8촌 9푼 (28cm)<br>하 ; 2척 1촌 9푼 (68cm) | 상 ; 6촌 (19cm)<br>하 ; 9촌 9푼(31cm) | 땅에 들어가 있다. |

675) 『承政院日記』 卷674, 英祖 4年 11月 26日 壬申.
676) 『承政院日記』 卷692, 英祖 5年 8月 29日 辛未 ; 『英祖實錄』 卷23, 英祖 5年 8月 29日 辛未.
677) 『承政院日記』 卷732, 英祖 7年 10月 8日 戊戌.
678) 『國朝喪禮補編』 圖說, 治葬.
679) 『春官通考』 卷86, 凶禮補編. 治葬圖說.

| | | | | | |
|---|---|---|---|---|---|
| 무석인 | 후릉 실측치 | 174cm | 72cm | 70cm | |
| | 국조상례보편 / 춘관통고 | 6척 2촌 (194cm) | 상 ; 9촌 4푼 (294cm)<br>하 ; 2척 2촌 4푼 (70cm) | 상 ; 8촌(25cm)<br>하 ; 9촌(28cm) | |

<조선후기 『예전』에 수록된 문무석인의 칫수>

위 표를 보면 조선후기에 예전에 수록된 문석인은 길이 182cm인데 후릉의 문석인은 177cm이고, 예전에 기록된 무석인은 길이 174cm인데 후릉의 무석은 174cm이다. 양자는 거의 차이가 없다. 이것은 조선후기 들어 숙종이 후릉의 석인상을 왕릉 조성의 전범으로 삼도록 한 것을 실천한 구체적인 사례라 볼 수 있다.

후릉의 문무석인은 중계에 문석인 2쌍이, 하계에 무석인 2쌍이 배치되어 있는데, 현재는 동쪽 왕후릉상의 문석인 1기가 결실되어 3기만 서 있다. 서쪽 왕릉 쪽 1번째 문석인은 돌이 단단한지 보존상태가 가장 좋은 편이고, 같은 쪽 두 번째 문석인의 돌이 무른지 마모 상태가 심하다. 동쪽 왕후릉의 1기만 남은 문석인은 왕릉의 것들보다 신체의 표현이 둔하여 괴량감이 느껴지고 복두의 한쪽 모서리가 약간 깨져 있다.

따라서 후릉의 문무석인상은 크기 면에서는 고려말 현정릉의 문무석인상보다 2/3정도로 작아졌으며, 신의왕후의 제릉은 물론 태조의 건원릉보다도 작아져 아담하게 만들어졌다. 그 결과 조선후기 숙종대에 단종의 장릉이나 정순왕후의 사릉을 비롯, 숙종과 인현왕후의 명릉이나 경종의 의릉 등 17세말 18세기에 문무석인상을 조성하는 데 전범으로서 참고가 되고 있었다. 쌍릉 형식으로 조성한 석물제도는 현정릉을 계승하였지만, 문무석인상의 형식이나 세부 표현은 건원릉의 양식을 이어받고 있었다. 문석인의 경우 세 갈래 수염이나 공복 속에 손을 감추거나 옷주름이 계단식으로 단순화되는 점이 그것이다. 무석인의 경우 피견을 애매하게 처리하거나 양손으로 칼 손잡이를 쥐거나 전포의 소매부리를 묶어 묶음과 풍선처럼 부푼 장식처리 등이 그러하다. 하지만 교각복두의 각이 왼쪽 위에 오른쪽이 올라가는 등 새로운 형식도 시도되는 것을 알 수 있다. 결국 후릉의 문무석인은 제도와 규정은 현정릉에서 유래하고 있지만 조선초기 제릉과 건원릉의 형식을 이어받으면서도 새로운 양식을 시도하는 특징을 지녔으며, 조선후기 18세기 문무석인상의 양식적 전범으로서 참작하고 있어 미술사적인 의미가 매우 크다고 할 수 있다.

<인현왕후 숙종 명릉의 문무석인>, 1701년

<인원왕후 명릉의 문무석인>, 1721년

### 3) 숙종의 왕릉과 왕후릉

1701년 인현왕후의 명릉 석의물은 후릉 것을 전범으로 삼았고,[680] 이 명릉의 석의물은 다음 표 에서 볼 수 있듯이 18세기 산릉 석물의 전범으로 지켜지고 있다.

| | 문석 | 무석 | 소장번호 |
|---|---|---|---|
| 1701 인현후 명릉 | 장5척1촌1푼, 상광 1척9촌, 하광 2척1촌1푼, 상후1척6촌, 하후 2척 | 장 5척4촌, 상광 2척, 하광 2척2촌, 상후 1척7촌, 하후 1척9촌 | 장2-2327 |
| 1724 경종 의릉 | 장6척5촌, 상광1척9촌, 하광2척1촌5푼, 상후1척6촌, 하후1척8촌5푼 | 장6척5촌, 상광2척1촌, 하광2척1촌5푼, 상후1척7촌5푼, 하후1척8촌5푼 | 장2-2329 |
| 1757 정성후 홍릉 | 고6척9촌, 상광 2척1촌, 하광2척3촌5푼, 후1척8촌5푼 | 고7척7촌, 상광2척1촌, 하광2척5촌5푼, 후2척2촌7푼 | 규13591 |
| 1776 영조 원릉 | 고6척9촌, 상광 각2척1촌, 하광 각2척3촌5푼, 후 1척8촌5푼 | 고7척7촌, 상광 2척6촌8푼, 하광 2척5촌5푼, 후 2척2촌7푼 | 규13586 |

<18세기 각 산릉 석의물의 규격>

위 표에서 보면, 1701년 명릉의 문석은 길이가 5척 1촌 1푼, 1724년 경종 의릉의 것은 6척 5촌, 1757년 정성왕후 홍릉과 1776년 영조 원릉은 각각 6척 9촌으로, 앞서 17세기 말에 조성된 인경왕후 익릉의 문석이 7척 2촌, 장렬왕후 휘릉의 문석이 7척 5촌인데 비하면 치수가 1척 가까이 문석의 크기가 축소되고 있다.

680) 『仁顯后明陵山陵都監儀軌』, 1701年, 규14824. 上. 啓辭秩. 8月 26日 ; 장2-2327 下. 大浮石所 稟目秩.

<인경왕후 익릉의 능상 석물>, 1681년

<인경왕후 익릉의 문무석인>, 1681년

(1) 인경왕후 익릉

인경왕후(1661-1680) 김씨는 광성부원군 김만기의 딸로서, 1670년(현종 11) 10세 때 세자빈으로 간택되어, 1674년 숙종이 제19대 국왕으로 즉위하면서 왕비로 책봉되었다. 1681년(숙종 6) 10월 26일 천연두로 경덕궁 회상전(會祥殿)에서 승하하였다.[681] 11월 2일 시호는 '인경', 능호는 익릉(翼陵)으로 정하였다.[682]

국장을 치르고자 도감을 설치하였고, 총호사는 좌의정 민정중(閔鼎重), 영의정 김수항(金壽恒)이 이 맡았다. 왕후릉의 능지는 11월 3일 관상감에서 12곳을 추천하였고,[683] 다음날부터 예조판서 등이 지관을 이끌고 현장으로 가서 여러 곳을 간심한 다음 11월 15일 당시 경릉과 창릉이 위치하고 있던 현재의 경기도 고양시 서오릉 내로 결정하였다.[684]

당시 정자각에는 재궁을 임시로 보관하는 영악전의 설치를 위해 재목을 준비하고 있었는데, 1674년 현종 국장 당시 영악전을 짓지 않고 정자각 안에 봉안하였던 전례를 따라 이번에도 짓지 않도록 하였다.[685] 다만 역대 능침의 정자각은 정면 3칸, 측면 2칸인데, 세조 광릉의 경우 정면과 측면에 1칸씩을 더하여 총8칸이며 효종 영릉과 현종 숭릉도 8칸이므로 이것을 따라 짓도록 하였다.[686] 각양 석물의 경우 그것을 제작할 전례를 태조 건원릉의 것을 따르도록 하였는데, 병풍석과 사대석의 경우 『국조오례의』에는 수록되어 있으나 세종 영릉부터 현종 숭릉 때에 설치하지 않았으므로 설치하지 않도록 결정하였다.[687] 능역은 10월 26일 시역하였지만 능지를

681) 『肅宗實錄』卷10, 肅宗 6年 10月 26日 辛亥.
682) 『肅宗實錄』卷10, 肅宗 6年 11月 2日 戊午.
683) 『仁敬后翼陵山陵都監儀軌』, 1683年, 上. 啓辭秩. 11月 初3日,
684) 『仁敬后翼陵山陵都監儀軌』, 1683年, 上. 啓辭秩. 11月 十五日.
685) 『仁敬后翼陵山陵都監儀軌』, 1683年, 上. 啓辭秩. 11月 十五日.
686) 『仁敬后翼陵山陵都監儀軌』, 1683年, 上. 啓辭秩. 11月 十六日.
687) 『仁敬后翼陵山陵都監儀軌』, 1683年, 上. 啓辭秩. 11月 16日.

선정하는 논의가 한 달 가량 늦어졌으며, 이듬해 1681년 2월 29일에 완공되었다.[688)]

이처럼 17세기 초까지 왕릉 정자각과 영악전을 별도로 세웠는데,[689)] 세조 광릉과 현종 숭릉의 예를 따라 익릉에는 8칸 정자각을 조성하면서 영악전을 짓지 않고 정자각이 그 기능을 대신하였다.[690)] 그러나 숙종은 1698년 단종의 장릉이나 단종비 정순왕후 사릉을 봉릉하면서 다시 5칸 정자각을 짓도록 제도를 복원하였고, 이것이 영조 연간 이후 국조상례보편을 편찬하면서 5칸 정자각으로 규정화되었다. 익릉의 8칸 정자각은 대부분 수리하였고, 익릉 정자각은 본래 8칸의 배치를 그대로 간직하는 귀중한 사례이다.[691)]

한편 정자각의 단청과 석물의 기화에는 화원 한시각과 조철명이 참여하였고 화승 16명이 함께 징발되었다.[692)]

한편 석물의 경우 건원릉을 선례로 삼되 병풍석을 설치하지 않기로 하고, 봉분의 규모는 숭릉을 따르도록 하여 산릉도감에서 정확한 칫수를 실측하기로 하였다.[693)] 이를 위해 경릉, 희릉, 효릉, 영릉 등 왕후릉을 살펴본 후 숭릉은 장릉(長陵)을 따른 것인데 오례의에 규정된 것보다 광의 척수가 줄어들어 지세에 영향을 줄 수 있어 효종 영릉(寧陵)의 예를 따라 봉분의 크기를 조성키로 하였다.[694)] 아울러 익릉은 왕후릉 제도에 따라 난간석만 설치하고 봉분 주위로 곡장을 두르고 석양 2쌍과 석호 2쌍씩 배열하였다. 공간은 상중하 3계가 아닌 내계와 외계 2계를 설치하고 내계에 문석인1쌍과 석마 1쌍을, 외계에 무석인 1쌍과 석마 1쌍을 배치토록 하였다.

11월 20일 석물을 떠내는 장소를 논의하면서 석재의 품질과 운반의 어려움을 논의하였고 숙종은 황해 동에서 석물을 가져올 것을 결정하였다.[695)] 이렇게 조성된 석의물의 칫수는 1659년 효종 영릉 것을 재활용한 현종 숭릉의 문무석은 대체로 길이 10척이었다. 그러나 1683년 익릉과 1688년 휘릉의 문석은 길이 7척 2촌에서 5촌, 무석은 7척 9촌에서 7척 3촌으로 점차 줄어들고 있었다.

---

688) 『仁敬后翼陵山陵都監儀軌』, 1683年, 上. 時日.
689) 신지혜, 「조선후기 영악전 기능 수용에 따른 정자각 평면 변화 고찰」, 『건축역사연구』제18권 4호, 한국건축역사학회, 2009, 7-21쪽.
690) 장경희, 「조선후기 왕릉 정자각 내부의물 연구」, 『역사민속학』37호, 역사민속학회, 2011, 56-108쪽; 『조선왕실 궁릉의물 연구』, 민속원, 2013, 228-229쪽.
691) 『조선왕릉 종합학술 조사보고서6』, 국립문화재연구소, 2014, 189-190쪽.
692) 장경희, 「조선후기 산릉도감의 장인 연구」, 『역사민속학』제25호, 역사민속학회, 2007, 135-136쪽. 원래 조철명이 아닌 최석헌이었으나 그는 국장도감에서 대여를 장식하는 작업을 해야 했기에 조철명이 대신 차출된 것이다.
693) 『仁敬后翼陵山陵都監儀軌』, 1683年, 上. 啓辭秩. 11月 26日.
694) 『仁敬后翼陵山陵都監儀軌』, 1683年, 上. 啓辭秩. 11月 26日.
695) 『仁敬后翼陵山陵都監儀軌』, 1683年, 上. 啓辭秩. 11月 20日.

| | 문석 | 무석 |
|---|---|---|
| 1659 효종영릉(현종 숭릉) | 장10척, 광3척, 후2척8촌 | 장10척, 광3척, 후2척 |
| 1683 인경후 익릉 | 장7척2촌, 광3척, 후2척5촌 | 장7척9촌, 광3척, 후2척5촌 |
| 1688 장렬후 휘릉 | 장7척5촌, 광2척9촌, 후2척5촌 | 장7척3촌, 광2척6촌, 후2척5촌 |

<17세기 석의물의 척수>

<인경왕후 익릉의 문무석인>, 1683년

<장렬왕후 휘릉의 문무석>, 1688년, 동구릉 구역

인경왕후 익릉의 석물은 태조 건원릉을 범본으로 삼도록 했지만 막상 그 크기나 양식에 있어서는 현종 숭릉에 가깝다. 익릉의 문무석인은 과장된 얼굴이나 옷주름의 표현 등은 마찬가지였다. 익릉 무석인은 손을 장검 위에 올리고 땅을 짚은 도상이지만, 입술을 꾹 다물고 있는 강인한 표정이나 투구의 삼각형 장식, 갑주 아래 부위를 깊게 파 다리를 길게 보이려고 하는 것은 건원릉보다 1673년 천릉된 영릉 및 현종 숭릉을 범본으로 삼아 만들었음을 증명하고 있다. 또한 칼집에 장식을 두르거나 갑주에 구름문양을 포치하는 등 여러 면에서 장식성이 가미되는 점이 이전 시기와 달라지는 점이었다. 이것은 비록 건원릉을 전례로 삼았다고 하더라도 그것은 규모나 크기에 해당되는 것이고, 조각기술이나 세부 묘사는 시대 양식을 따르기 때문이다.

한편 두 능 석인상의 조각양식이 유사한 것은 대부석소 소속 장인들이 일치하는 것에서도 확인된다. 익릉에 참여하여 석물을 조성한 대부석소 소속 석수변수 이희선을 비롯한 113명과 소부석소 석수변수 이후선 등 78명은 이전 1674년 현종 숭릉을 조성할 때에도 참여했던 장인들이기 때문이다.[696] 익릉에 활동한 석수는 이희선을 비롯 김무직, 김계직, 박점, 최예금, 안학, 정

696) 장경희, 「조선후기 산릉도감의 장인 연구」, 『역사민속학』제25호, 역사민속학회, 2007, 119-202쪽; 김은선, 「朝鮮後期 王陵石人 彫刻硏究」, 『미술사학연구』247, 한국미술사학회, 2006, 113-139쪽.

몽남 등이며, 이들은 한양에 거주한 장인이다. 이중 이희선은 석수 변수로서 3차례의 변수로 차출되어 활동한 대표적인 석수로서, 겨울에 왕릉을 조성할 때 해가 짧고 땅이 얼어 작업하기 어려웠음에도 기한 내에 능역을 마칠 수 있도록 석역을 책임졌다.[697]

익릉은 17세기 중후반의 조각전통을 계승하고 있는데, 그것은 18세기 명릉과 다른 양식적 경향에서 확인된다. 우선 익릉의 장명등은 팔각 장명등으로서, 명릉 이후 18세기에 사각 장명등보다  이전 시기의 것이 계승된 것이다. 또한 난간석주의 경우 익릉의 것은 4각 꽃받침에 봉오리가 뾰족한 원수 형태를 보요 17세기 중후반의 양식을 계승하고 있으며, 동자석주에 간지를 새긴 것도 숭릉의 영향이다.

익릉의 관리는 현재 은평구의 진관사와 수국사에서 담당하였다. 두 사찰은 서오릉을 관리한 조포사로서 두부를 만들거나 인력을 동원하여 익릉 제사까지 담당하였다. 익릉을 능행한 국왕은 숙종 3회과 경종 3회 및 영조 29회였다.

(2) 인현왕후 명릉

숙종의 제1계비인 인현왕후(1667-1701) 민씨는 여양부원군 민유중의 딸이고, 1681년(숙종 7) 가례를 올려 숙종 계비가 되었다.[698] 1689년 숙종이 희빈 장씨의 왕자를 세자로 책봉하려 하자 송시열 등 노론 인사들이 반대하자 그들을 면직시키거나 사사시키는 기사환국(己巳換局)을 일으켜 인현왕후 또한 폐서인이 되었다.[699] 그 뒤 1694년(숙종 20) 소론의 폐비 복원 운동이 일어났고 남인측을 유배하고 사사하는 갑술환국(甲戌換局)을 거쳐 복위되었다.[700] 1701년(숙종 27) 8월 14일 병으로 창경궁 경춘전에서 35세의 나이로 승하하였다.[701] 같은 해 8월 20일 시호는 인현, 능호는 명릉으로 정해졌다.[702]

1701년 인현왕후의 사후 능지는 처음부터 숙종이 소혜왕후의 경릉(敬陵)을 능지로 삼고 사후에 자신의 수릉으로 삼고자 하였다.[703] 이에 1701년 8월 22일 총호사 이세백(李世白)이 지관들과 능지를 돌아보고 산론을 바쳐 경릉의 서쪽 언덕으로 결정되었다.[704]

697) 『仁敬后翼陵山陵都監儀軌』, 1683年, 上. 移文秩. 2月 25日.
698) 『肅宗實錄』卷11, 肅宗 7年 5月 18日 庚午.
699) 『肅宗實錄』卷21, 肅宗 15年 5月 2日 丁酉.
700) 『肅宗實錄』卷27, 肅宗 20年 6月 1日 丁酉.
701) 『肅宗實錄』卷35, 肅宗 27年 8月 14日 己巳.
702) 『肅宗實錄』卷35, 肅宗 27年 8月 20日 乙亥.
703) 『肅宗實錄』卷35, 肅宗 27年 8月 14日 己巳. 당시 인조 장릉은 1731년 천릉되기 전 쌍릉 형식이어서 숙종은 자신의 사후 수릉을 쌍릉으로 조성하고자 의도한 것이다.
704) 『肅宗實錄』卷35, 肅宗 27年 8月 22日 丁丑.

산릉을 위한 도감이 조직되었고 9월 13일 능역을 시역하여, 12월 9일 완역하는 일정이었다. 전례로 삼은 것은 인조 장릉이었는데, 먼저 승하한 왕후릉을 우선 조성하고 오른쪽을 비워 두어[허우지제] 왕릉을 수릉으로 조성하였던 사례를 따른 것이다. 이와 함께 봉분의 규모나 난간석의 둘레 등은 바로 이전에 조성한 현종 숭릉을 참고하였는데, 당시는 현종이 먼저 승하하여 후일 명성왕후를 장례지낼 왼쪽을 부어두어[허좌지제]였다.[705] 한쪽 능을 먼저 조성하고 석물을 배열한 뒤 후일 다른 한쪽 능이 조성되면 중간에 다시 맞춰 배열하는 방식을 좇아, 명릉 또한 숭릉처럼 인현왕후릉에 석물을 먼저 배치하였다가 후일 숙종 사후 쌍릉의 형식을 다시 배열하기로 한 것이다.

당시 인현왕후 명릉의 석물은 정종과 정안왕후 후릉 석물을 전범으로 삼은 뒤 당상관이 화원 장자방과 석수 변수 등을 데리고 후릉으로 내려가 간심, 측량하였다.[706] 명릉 또한 숭릉처럼 숙종의 수릉지를 우측에 정하였기 때문에[707] 미리 혼유석을 중앙에 배치하였고,[708] 문무석 각 1쌍, 양호석은 각2쌍을 좌우에 각기 나누어 배설하였다.[709] 부석소는 고양의 대사기막동에 설치하여,[710] 석재를 떠내었다.[711] 현재 명릉의 문무석인상은 크기가 줄면서 종래의 수호신 같은 위압적인 인상은 사라지고 인간적인 친숙함이 배어나오고 있다.

18세기 왕릉 문인석 도상에서 보여주는 두드러진 변화 중 하나가 무이다. 무란 공복, 단령 등 남자 윗옷의 트임이 있는 옆면에 활동의 편리를 위해 덧댄 부위인데,[712] 주로 사각형이나 삼각형 형태로 나타나고 초상화에서 자주 표현된다. 왕릉에서는 1701년 인현왕후 명릉부터 끝이 뾰족한 사다리꼴 형태의 무가 나타나기 시작하여 그 이후의 왕릉에 지속적으로 표현되고 있어 시대 구분의 명확한 분기점이 되고 있다. 18세기 초반에는 관대 위로만 표시되다가 18세기 중후반 이후에는 관대 이하로까지 길게 표현되는 시대적 변천을 보이기도 한다.

한편 정자각의 경우 이미 현종 숭릉 이후 영악전을 별도로 짓지 않았기 때문에 익릉의 경우처럼 인현왕후 명릉에서도 별도로 짓지 않았다. 숙종의 명릉 정자각을 조성할 때에도 석물과 마찬가지로 인조 장릉을 전례로 삼았다. 당시 인조 장릉의 가정자각을 살펴 본 다음 가정자

705) 『仁顯后明陵山陵都監儀軌』, 1701年, 규14824. 上. 啓辭秩. 8月 4日.
706) 『仁顯后明陵山陵都監儀軌』, 1701年, 규14824. 上. 移文秩. 8月 25日 ; 啓辭秩. 8月 14日 ; 8月 25日.
707) 『仁顯后明陵山陵都監儀軌』, 1701年, 규14824. 上. 啓辭秩. 9月 2日.
708) 『仁顯后明陵山陵都監儀軌』, 1701年, 규14824. 上. 啓辭秩. 8月 19日.
709) 『仁顯后明陵山陵都監儀軌』, 1701年, 장2-2327 下. 大浮石所 稟目秩. 9月 19日.
710) 『仁顯后明陵山陵都監儀軌』, 1701年, 장2-2327 下. 大浮石所 稟目秩. 8月 21日.
711) 『仁顯后明陵山陵都監儀軌』, 1701年, 규14824. 啓辭秩. 9月 4日 ; 10月 15日.
712) 김영숙 편저, 『한국복식문화사전』, 미술문화, 1998, 165-166쪽.

각은 정자각보다 “체양(體樣)은 약간 작다”고 하였다.[713] 장릉의 경우 인조가 원비인 인렬왕후가 먼저 묻힌 곳에 능을 썼다. 인조는 왕비의 능을 조성할 당시부터 미리 자신의 능을 쓸 자리를 생각해서 정자각을 두 능의 중간에 오도록 설계했다. 그래서 인조의 상을 당해서 능에 왔을 때는 기존의 정자각을 인조의 상례를 위해 사용했다. 그리고 새로 지은 가정자각은 인렬왕후의 신위를 옮겨와 제례를 위해 사용하였다. 이때 지은 가정자각의 자세한 내용은 『인조장릉산릉도감의궤』에 기록되어 있다. 가정자각의 규모는 정전 3칸, 배위청 2칸 건물로, 어간 13자, 협간 8자에 대들보 길이가 12자 밖에 되지 않는 작은 규모를 하였다.

이처럼 숙종은 인조 장릉의 예를 따라 먼저 죽은 왕비의 능을 조성할 때 자신의 능이 들어갈 자리를 비워두고 그 중간에 정자각을 건립하였다. 숙종은 인현왕후의 능을 조성하면서 자신의 능을 함께 쓰도록 미리 뜻을 밝혔다. 그리고 장차 자신의 무덤이 들어설 자리를 미리 비워두고 현재 조성하는 인형왕후의 무덤 중간에 놓인 위치에 정자각을 조성하도록 하였다. 자신의 무덤이 들어오고 삼년상이 끝난 후 합제하였을 때의 정자각 축이 맞도록 한 것이다. 그런데 이렇게 하면 왕비의 능만 있을 경우 정자각과 무덤의 축이 맞지 않는다. 하지만 나중에 경제적인 부담을 덜고자, 합장했을 때를 고려하여 정자각의 위치를 잡은 경우이다.

조선 후기로 가면서 비용 절감을 위하여 동원이강형으로 조성되는 경우는 드물어지고 쌍릉이나 합장릉으로 조성되었다. 이 때문에 가정자각 철거 후 정자각의 사용은 축이 어느 정도 맞는 상태라 굳이 새로 지을 필요가 없었으므로 크게 문제가 되지는 않았을 것으로 보인다. 보, 도리, 기둥 치수는 정자각보다 가정자각의 치수가 작은 경우가 많았다. 숙종의 능인 명릉의 경우는 정자각과 가정자각이 칸수 자체가 다르다. 정자각은 동서 5칸 남북 2칸으로 하였지만 가정자각은 동서3칸 남북2칸으로 하였다. 정자각보다 가정자각을 훨씬 작게 하였는데, 그 이유는 의례의 차이로 보인다. 인현왕후가 묻히고 사용된 정자각에서 숙종의 상례를 치르고 왕후의 길례는 가정자각을 새로 짓고,[714] 옮겨와 지냈다. 따라서 관이 들어갈 자리를 비롯하여 상례 때만 필요한 자리들이 더 이상 필요 없으므로 보다 작은 규모로 지어도 무방했던 것으로 생각된다.

(3) 숙종 명릉

숙종은 현종과 명성왕후의 외아들로 1661년 8월 15일 경덕궁 회상전에서 태어나 1667년 왕

713) 『景宗實錄』, 卽位年(1720) 6月 18日.
714) 『肅宗實錄』卷27, 肅宗 15年 6月 8日 丁酉.

세자에 책봉되었다.[715] 1674년 현종의 승하로 즉위하였고, 1720년(숙종 46) 6월 8일 59세의 나이에 경덕궁 융복전에서 승하하였다.[716] 산릉도감을 설치하였고, 국장을 총괄할 총호사는 영의정 이건며(李健命)이 맡아 총괄하였고, 산릉을 책임질 제조는 공조판서 신임을 임명하고, 도청과 낭청 및 감조관 등을 임명하여 운영하였다. 능호는 왕후의 능호를 그대로 쓴 인조 장릉(長陵)의 예에 따라 먼저 승하한 계비 인현왕후의 명릉을 그대로 사용하였다.[717]

장지를 선정함에 있어서 숙종은 이미 생전에 지금 서오릉에 위치한 인현왕후의 명릉 왼쪽을 비우는 허좌지제로 자신의 수릉을 삼았기 때문에 별다른 논란이 없었다. 1720년 6월 18일 낭청과 지관이 능자리를 살펴본 후 산론을 올려 경종이 결정하였다.[718] 당시 6월 9일 숙종 제2계비 인원왕후는 숙종의 상장례를 검소하고 절약하도록 하고 내탕금으로 은 3,753냥을 내려 국장에 보태도록 하였다.[719]

1720년 공역을 시작하여 4개월을 조금 지나 10월 21일 하현궁을 마쳐 능역이 완료되었다. 산릉 과정은 숙종이 생전에 자신의 무덤을 조선시대 무덤 중 가장 소박한 정종과 정안왕후의 후릉으로 정하고 의물의 수량을 줄여 소박하게 만든 사례이다. 산릉의 공역도 자신이 인현왕후릉을 조성할 때의 절차와 방법에 의거하면서 향후 쌍릉을 만들 것을 염두에 두고 곡장이나 정자각 등을 설치하여 애초부터 쌍릉 형식이 의도된 대로 진행될 수 있었다. 이처럼 명릉은 숙종과 인현왕후의 쌍릉이 오른쪽에 있고, 그 왼쪽에 인원왕후의 단릉이 있는 전체적으로는 동원이강릉의 형식으로 되어 있다.[720]

이처럼 능호는 명릉이지만 원래 1701년 인현왕후의 왕후릉으로 명릉이 가장 먼저 조성되었고, 그 다음 1720년 숙종의 왕릉으로 명릉, 그리고 1757년 인원왕후의 왕후릉으로 명릉이 다시 조성된 경우이다. 명릉의 정자각은 왕후릉, 왕릉, 왕후릉을 조성하면서 조금씩 위치를 바꾸고 다시 건립하면서 원래의 것이 어느 것인지 알 수 없고, 석물의 경우는 시대적 변화를 반영하고 있다.

715) 『顯宗實錄』卷15, 顯宗 8年 1月 22日 丁酉.
716) 『淑宗實錄』卷15, 淑宗 46年 6月 8日 癸卯.
717) 『肅宗實錄』卷27, 肅宗 15年 6月 8日 丁酉.
718) 『肅宗明陵山陵都監儀軌』1720年, 啓辭秩, 6月 15日.
719) 『肅宗明陵山陵都監儀軌』1720年, 啓辭秩, 6月 9日.
720) 『肅宗明陵山陵都監儀軌』1720年, 啓辭秩, 6月 17日.

(4) 인원왕후 명릉

숙종의 제2계비인 인원왕후(1687–1757) 김씨는 경은부원군 김주신의 딸이다. 숙종계비 인현왕후가 승하하자 1701년 간택되어 궁중에 들어가 다음해 왕비로 책봉되었다.[721] 1722년 숙종이 승하한뒤 왕대비가 되었고, 영조의 즉위에 많은 도움을 주었다. 1757년 3월 26일 인원왕후가 경복전 영모당에서 71세로 승하하였다. 총호사는 영의정 이천보(李天輔)와 좌의정 김상로(金尙魯)가 맡았으며, 제조 이하 도청과 각소 책임자를 임명하였다. 당시 숙종의 왕릉과 인현왕후릉 및 여기에 더하여 인원왕후릉까지 조성하면 3기의 능 앞에 정자각을 세우게 되는 것이어서 선조 목릉처럼 능호는 하나로 통일하고 정자각도 하나만 세우도록 하였다.[722] 결국 인원왕후의 능호 또한 명릉을 그대로 쓰기로 하였고, 4월 2일 산릉도감에서 능지를 살펴본 후 현재 서오릉 능역 명릉의 왼쪽으로 정하 있다.[723] 왕후릉 앞의 가정자각의 규모 또한 숙종릉 앞 구정자각처럼 좌우에 익랑이 있는 8칸 정자각으로 짓도록 하였다.[724] 산릉도감에서 능역은 4월 16일에 시역하였고, 7월 12일에 하현궁하여 완공하였다.[725]

이처럼 인원왕후릉은 기존의 명릉 내에 숙종 왕릉과 인현왕후릉이 존재하기 때문에 3개월이라는 짧은 기간에 능역을 마무리할 수 있었다. 특히 영조가 인원왕후릉의 조성에 공을 들여 모든 공역을 직접 챙겼고, 표석 전후면의 글씨를 직접 쓸 정도로 신하들의 모범이 되고자 하였다. 게다가 인원왕후가 유교를 내려 자신의 국상을 검소하게 하라고 하여 왕후의 지석조차 효종 영릉 때 쓰고 남은 것을 재활용하였다.[726]

그밖에 문무석인을 비롯한 각종 석물을 만들기 위해 석재는 경기도 양주에서 떠내었다. 이렇게 부석소에서 떠내고 제작한 석물은 인원왕후의 명릉과 정성왕후의 홍릉의 것은 등신대 크기에 현실에서 흔히 만날 수 있는 듯한 얼굴이나 표정처럼 인물의 사실적인 묘사 등 양식적으로 유사하였다. 그것은 양자에 참여한 석수를 비롯한 장인들이 거의 일치하기 때문이다.[727] 한편 영조는 1757년 인원왕후 명릉과 정성왕후 홍릉을 비롯한 왕실의 행사를 절검하고 규모를 축소하여 조영한 경험을 토대로 『국조오례의』를 1752년 개정하여 편찬했던 『국조상례보편』을 1758년 다시 수정보완하여 편찬한 것이다.

---

721) 『景宗實錄』卷1, 景宗 卽位年 6月 15日 庚戌.
722) 『仁元王后明陵山陵都監儀軌』,「啓辭秩」, 1757年 3月 27日.
723) 『仁元王后明陵山陵都監儀軌』,「啓辭秩」, 1757年 4月 初2日.
724) 『仁元王后明陵山陵都監儀軌』,「啓辭秩」, 1757年 4月 初6日.
725) 『仁元王后明陵山陵都監儀軌』,「時日條」, 1757年 4月 日.
726) 『英祖實錄』卷89, 英祖 33年 5月 5日 乙未.
727) 『仁元王后明陵山陵都監儀軌』,「大浮石所」, 匠人秩.

### 4) 경종과 선의왕후 의릉 및 단의왕후 혜릉

<단의왕후 혜릉의 능상 석물>, 1720년 추봉

<단의왕후 혜릉의 문무석인>, 1720년

(1) 단의왕후 혜릉[728)]

단의빈(端懿嬪, 1686~1718, 후에 단의왕후 추숭)은 조선 제20대 국왕 경종(재위 1720~1724)의 원비이다. 1696년(숙종 22) 세자빈으로 책봉되었으나,[729)] 경종이 즉위하기 2년 전 1718년(숙종) 2월 7일 창덕궁 장춘헌(長春軒)에서 병으로 승하하였다.[730)] 상장례를 치르기 위한 도감으로 빈궁(殯宮), 혼궁(魂宮), 예장(禮葬), 묘소(墓所)도감이 설치되었다. 2월 8일 묘소도감의 도제조는 행판중추부사 서종태(徐宗泰)가, 제조는 의정부우참찬 이건명(李健命) 등 4명이었다. 도청은 1명, 낭청은 10명, 각소의 감조관은 6명으로서 국왕이나 왕후의 장례 때 설치하는 산릉도감에 버금갔다.

1718년 2월 10일 묘소의 후보지 10곳의 별단을 작성하여 보고하였는데, 대부분 기존 왕릉의 후보지로 거론되었던 곳이다. 2월 15일부터 10여일간 재간심을 거쳐 동구릉 내 숭릉의 좌우변에 해당되는 현재의 위치를 자리잡게 되었다.[731)]

2월 25일 관상감과 예조 관원이 공사일정을 숙종에게 보고하였다. 일정에 의하면 2월 4일 풀베기[斬草] 시작하여, 3월 12일 파토 및 고유제와 사후토제를 지냈다. 3월 17일 옹가를 제작하고, 21일 금정을 열고, 외재궁을 진배하여 내렸다. 4월 15일 계빈전을 행하고, 16일 발인하여, 19일 재궁을 현궁에 내렸다. 막상 공사는 조금 지연되어 4월 22일 공역이 완결되었다.

---

728) 황정연, 「조선후기 단의빈묘의 封陵과 석물 追排」, 『동양문화연구』제21집, 2015. 185-213쪽.

729) 『숙종실록』권30, 숙종 22년(1696) 4월 계사(8일).

730) 변원림, 『조선의 왕후』, 일지사, 2006; 윤정란, 『조선왕비 오백년사』, 이가출판사, 2008..

731) 『端懿嬪墓所都監儀軌』, 「啓辭秩」, 1718년 2월 23일조, <山論別單>.

혜빈의 묘소는 소현세자묘와 순회세자묘를 전례로 삼아 석물, 재실, 정자각의 간가 제도를 마련토록 하였다.[732] 더욱이 숙종은 계비인 인현왕후의 예에 따라 가가(假家)는 설치하지 않도록 하는 등 전체적으로 매우 소략했을 것으로 여겨진다.[733] 혜릉 석물의 규모는 후릉과 인현왕후 명릉의 크기를 참고하여 제작하도록 하였다. 이미 혼유석과 석수 등은 순회세자묘나 소현세자묘를 따르면 문석인의 경우 길이 9자[약 272cm]를 넘게 되는데, 인현왕후 명릉의 것보다 3자[약 90cm]가 더 크다는 것을 지적하였다.[734] 이에 석물은 전례로 심은 세자묘의 것을 따르지 말고 후릉이나 인현왕후 명릉의 것을 따르도록 한 것이다.[735]

이처럼 단의빈묘는 순회세자묘나 소현세자묘를 따라 정자각 1동과 재실, 능상에는 무석인 없이 문석인 1쌍, 장명등 1기, 혼유석 1좌, 석양과 석호 및 석마 1쌍으로 구성되고, 봉분 주위에는 난간석도 없는 구조였을 것이다. 게다가 비교적 규모가 작은 석물이 배치되었는데, 이것은 당시 숙종이 후릉에 능행을 했을 뿐 아니라 이 때 후릉을 수개하였던 경험이 반영된 것이다. 이후 숙종대에 조성된 왕릉이나 왕후릉의 석물은 2m 전후의 후릉 양식의 석물들이 제작되는 계기가 되었다.

1720년 6월 13일 경종이 즉위하였고, 6월 15일 단의빈의 존호는 단의왕후로 추증하였고, 능호는 혜릉으로 추봉하였다.[736] 그러나 묘소에 능호를 올렸음에도 불구하고 혜릉은 후대에 능을 화려하게 꾸미는 폐단 때문에 세자빈 당시의 무덤체제 그대로 소략한 상태였다.[737] 그러다가 1722년(경종 2) 6월 3일 호조판서 김연관(金演館) 등은 혜릉을 살핀 후 사초에 문제가 있을 뿐 아니라 능상에 주변에 난간석과 망주석 및 무석인 1쌍이 생략되어 있음을 보고하였다.[738] 이에 대신들과 의논을 거쳐 소론의 영수인 최석항(崔錫恒)이 왕후릉의 격식에 맞게 혜릉에 석물을 추가로 배치해야 한다는 당위성을 역설하였다.[739] 여 그 명분은 단의왕후가 경종의 정비였고 폐서인이 아니었기에 가능했으며, 당시 신임사화로 노론을 축출하고 소론이 정치적 우위를 잡았

---

732) 순회세자(順懷世子, 1551~1563)는 명종과 인순왕후의 아들로 1557년 세자로 책봉되었으나 13세로 요절, 세조의 아들 의경세자 다음으로 세자묘를 조성하게 된 인물이다. 이러한 이유로 그의 묘는 후에 세자묘의 선례로서 범례가 되었고 1870년 순창원(順昌園)으로 승격되었다. 소현세자묘 역시 이 해 소경원(昭慶園)으로 승격되었다.

733) 『인조실록』권46, 23년(1645) 5월 병신(15일).

734) 『승정원일기』 510책, 숙종 44년(1718) 윤8월 19일(갑자);『단의빈묘소도감의궤』「계사」 무술 2월 20일: “又以封墓都監郎廳, 以都提調意達曰, 今春端懿嬪喪, 凡事依倣乙酉之例, 而至於石物, 則昭顯墓羊馬石·石人·魂遊石等, 體樣高大, 依聖敎一從明陵體制爲之矣。今此各樣石物, 依聖敎, 減其體樣, 造成, 何如? 令曰, 依.”

735) 『端懿嬪墓所都監儀軌』,「啓辭秩」, 1718년 2월 20일조; 『承政院日記』510책, 숙종 44년 윤8월 19일(갑자).

736) 『景宗實錄』권1, 경종 즉위년 6월 15일(경술).

737) 『성종실록』권2, 성종 1년(1470) 1월 경인(25일);『성종실록』권97, 성종 9년(1478) 10월 신묘(3일).

738) 『惠陵石物追排都監儀軌』,「啓辭秩」, 1722년 6월 초3일.

739) 『惠陵石物追排都監儀軌』,「啓辭秩」, 1722년 6월 15일.

기에 경종의 왕통계승의 정당성과 국왕에 대한 충정을 보여줄 수 있는 계기를 마련코자 했던 데에도 기인한다는 정치적 해석도 있다.[740]

1722년 6월 15일 석물추배도감이 구성되었고, 당상에는 공조판서 한배하(韓配夏)와 예조판서 유중무(柳重茂)가 임명되었다. 낭청 4명, 부석소와 노야소에 낭청이 각각 2명씩, 각소마다 감조관과 감후관 4명을 두었다. 혜릉의 석물은 세자빈의 묘소에 배치할 석물을 떠냈던 양주 노원의 같은 장서에서 채취하도록 하였고, 능소와 부석소의 가가나 기계 및 회 등의 잡물은 경기 감영에서 조달토록 하였다. 부석소에서 쓸 각양 철물은 해당 관청에서 조달하고, 석물을 운반할 때 소용되는 썰매는 경기 감영에서 제작해서 재공하기로 하였다.

6월 17일 낭청과 감조관 및 석수를 노원에 보내어 석물을 떠내고, 이미 캐놓은 석재편으로 무석인과 망주석을 만들었다. 기존에 세워져있던 문석인과 석마의 크기와 간격을 쟀고, 봉분 위에 난간석을 마련했으나 현궁이 흔들릴 우려가 있어 장마 이후로 석물을 배치할 시기를 늦추었다.[741] 6월 27일 난간석, 망주석, 무석인 및 석마 등 새로 만들 석물의 규모와 체제는 숙종 명릉을 따르기로 하였다. 이에 부석소 감조관 박필우(朴弼禹)가 석수 변수 등을 이끌고 명릉 석물의 규모와 체제를 조사하였다. 칫수를 확인한 후 6월 29일부터 석물을 채취하기로 결정하고, 도감 낭청과 대부석소 감조관, 노야소 감조관 등이 노원 현지에 파견되어 감독하였다.

이후 7월 10일부터 7월 26일까지 부석소에서는 석수 도변수 오사준(吳士俊)과 부변수 안세운(安世雲)을 비롯해 총 80명의 석수가 동원되었다.[742] 이렇게 석수들이 떠낸 석재로는 난간석과 난간석주, 동자석주, 석호와 석양, 무석인에 해당되며 이것을 만들어 10일간 운반하여 옮겼다. 조각은 각수 유춘립(柳春立)과 조수 1명이 주로 하였다. 1722년 7월 29일 새벽 고유제를 지낸 후 8월 20일 왕후릉에 석물을 추가로 옮겨오는 일은 끝났다.[743]

8월부터는 석물을 조각하여 능상에 배치하는 작업이 실시되었다. 혼유석과 난간석주 등 제작이 어느 정도 된 것들은 미리 능상으로 옮겨두었고, 일부 동자석주와 죽석은 조탁을 끝난 후 옮겨주기로 했다. 8월 20일 모든 공역이 완료되었다.

한편 혜릉의 표석은 영조 연간에 세워졌다. 1746년 12월 19일 장령 김한운(金翰運)이 혜릉에 표석을 세워주기를 간청하여 혜릉을 포함한 동구릉의 목릉과 휘릉에도 표석이 건립되었

740) 이은순, 「18세기 老論一黨專制의 成立過程- 辛壬士禍와 闡義昭鑑의 論理를 중심으로」, 『歷史學報』 제110집, 1986, 57-99쪽.
741) 『惠陵石物追排都監儀軌』, 「啓辭秩」, 1722년 6월 17일.
742) 『惠陵石物追排都監儀軌』, 「浮石所」, 1722년 6월 28일.
743) 『惠陵石物追排都監儀軌』, 「浮石所」, 1722년 7월 29일.

다.[744] 이로 미루어 볼 때 혜릉은 1720년 봉릉, 1722년 석물 추가 배치, 1747년 표석의 건립 등을 통하여 왕후릉으로서의 격식을 온전하게 갖추게 되었다.

<1724 경종 의릉의 문무석인

<1730년 선의왕후 의릉의 문무석인

(2) 경종과 선의왕후 의릉

경종(景宗, 1688~1724)은 1688년(숙종 14) 10월 27일 숙종의 맏아들로 태어났다. 그의 어머니는 왕궁에서 허드렛일을 하던 나인 출신의 희빈 장씨이다. 1720년(숙종 46)에 숙종이 승하하자, 세자였던 경종은 소론의 지지를 받으며 33세의 나이로 즉위하여 4년간 재위하다가 1724년(경종 4) 8월 25일 마음의 병을 이기지 못하고 창경궁 환취정에서 승하하였다.

경종의 뒤를 이어 즉위한 영조는 상주(喪主)로서 묏자리를 잡고 같은 해 12월 16일 양주 중량포의 천장산 기슭 언덕에 예장하고 능의 이름을 '의릉(懿陵)'이라 칭했다. 그로부터 6년 후 1730년(영조 6) 6월 29일 경덕궁 어조당에서 경종 계비 선의왕후(宣懿王后, 1705~1730) 어씨가 승하하자 같은 해 10월 19일 경종 왕릉 아래에 능을 조영했다.

의릉은 왕과 왕비의 봉분을 한 언덕에 앞뒤로 나란히 배치한 동원상하봉(同原上下封) 형식의 능이다. 경종의 능침에만 둘렀으며 선의왕후의 것에는 곡장이 없다. 혼유석을 비롯한 대부분의 석물들은 각각 별도로 배치했다. 이러한 구조는 효종과 인선왕후 장씨의 영릉(寧陵)이 있는데, 능혈의 폭이 좁아 왕성한 생기가 흐르는 정혈(正穴)에서 벗어나지 않도록 하기 위한 풍수지리적 배려 때문이다.

744) 『영조실록』권49, 영조 15년 4월 2일(무인).

능묘 조각들은 숙종의 명릉(明陵)을 전례로 삼았다.[745] 앞서 살펴본 대로 후릉 양식을 따랐기 때문에 규모가 작고 왜소하다. 산릉도감의 당상, 낭청이 석수변수를 데리고 명릉을 간심하고,[746] 석물을 자로 잰 뒤[747] 화원 김세중(金世重)이 기화하였으며,[748] 부석소는 양주 남면의 노원 중계의 석품을 간심한 뒤[749] 그곳에 설치하였다.[750] 능침의 봉분에는 난간석이 설치되어 있고 난간의 석주에는 방위를 나타내는 12지를 문자로 간략히 새겨 넣었다. 망주석의 세호는 모두 위를 향해 기어오르게 조각되어 있으며 전체적인 형태에서 부친 숙종 명릉(明陵)의 망주석 양식을 충실히 모방하고 있다. 장명등은 지붕이 4각형의 형태를 하고 있는데, 숙종 때 이후 나타난 새로운 형식으로 건원릉부터 나타난 8각등에 비해 한결 간략하면서도 소박한 인상을 준다.

문무석인은 전체적으로 4등신의 땅딸막한 비례에 움츠러든 어깨가 경직된 느낌이다. 갑주(甲冑)를 걸치고 장검을 두 손으로 힘차게 짚고 있는 무석인의 뒷면에는 짐승 가죽을 나타내기 위해 꼬리가 말린 것을 재미있게 표현했다. 전체적으로 의릉의 문무석인상 또한 비교적 작은 크기에 장식적인 묘사가 풍부한 모습을 보이고 있다. 의릉의 석호는 꼬리를 옆으로 간추리지 않고 등으로 올려놓아 긴장감을 주는 것이 특징이다. 왕후릉은 왕릉과 마찬가지로 병풍석 없이 난간석만으로 봉분을 호위하고, 석물들의 배치 또한 왕릉과 같은 형식과 양식을 보이고 있다.

1724년 경종의 사후 경종 의릉을 조성할 때나, 경종 계비 선의왕후의 능을 조성할 때에도 전례가 되었다. 때문에 의릉의 왕릉과 왕후릉 석물 모두 혜릉과 유사한 석물양식으로 조각되었다.[751]이전까지 전례를 참고한 사례는 대부분 석물의 크기를 견양으로 삼았는데, 영조대 의릉은 혜릉의 도상을 전례로 참고로 한 경우에 해당된다. 곧 혜릉과 의릉의 경종 왕릉과 선의왕후 왕후릉 무석인의 뒷면을 보면 세 능의 무석인은 뒷모습이 특징이 있다. 셋 다 투구의 뒤쪽 드림 부분이 넓게 퍼져 양 어깨를 덮은 모습이며, 갑주를 입은 허리 부분에 표범가죽을 두르고 허리띠를 이중으로 두툼하게 맨 모습으로 표현되어 있다. 이렇게 허리 부분에 표범을 두르고 그 아래로 표범 꼬리가 동그랗게 말린 형식의 무석인 복식은 혜릉과 의릉을 제외한 조선시대 다른 능에서는 찾을 수 없는 독특한 도상이다. 이로 인해 의릉의 왕릉과 왕후릉이 혜릉을 전례로 삼아 영향을 받아 조성하였음을 확실하게 알 수 있다.

---

745) 『景宗懿陵山陵都監儀軌』, 1724年, 장2-2329 上. 啓辭秩. 9月 5日 ; 9月 18日.
746) 『景宗懿陵山陵都監儀軌』, 1724年, 장2-2329 上. 啓辭秩. 9月 18日 ; 上. 移文秩. 9月 19日.
747) 『景宗懿陵山陵都監儀軌』, 1724年, 장2-2329 上. 啓辭秩. 9月 20日 ; 下. 大浮石所. 9月 20日.
748) 『景宗懿陵山陵都監儀軌』, 1724年, 장2-2329 上. 啓辭秩. 8月 25日 ; 下. 大浮石所.
749) 『景宗懿陵山陵都監儀軌』, 1724年, 장2-2329 下. 大浮石所. 9月 20日.
750) 『景宗懿陵山陵都監儀軌』, 1724年, 장2-2329 上. 移文秩. 9月 21日.
751) 『宣懿王后懿陵山陵都監儀軌』, 「啓辭秩」.

이처럼 혜릉과 의릉의 왕릉과 왕후릉 무석인이 모두 유사한 형식의 도상을 공유하게 된 것은 무엇보다 세 능에 참여한 석수들의 공통점에서 찾을 수 있다. 1722년 혜릉의 석물추배도감과 1724년 경종의 의릉 산릉도감에 대부석소에 참여한  숙수와 각수는 오사준(吳士俊), 안세운(安世雲) 등 총 25명 정도가 두 도감에 동시에 국역을 졌다. 그들의 역할은 석물을 떠내고, 조각을 새기는 역할임에 분명하다.

한편 의릉의 정자각은 정청이 앞면 3칸 측면 2칸의 건물에 양쪽에 1칸씩 익랑을 덧붙인 것이 특이하다. 이렇게 정청을 앞면 3칸 측면 2칸으로 한 것은 비슷한 시기에 조영한 휘릉, 숭릉, 익릉, 의릉에서 볼 수 있다. 배위청은 옆면 1칸 앞면 2칸의 건물로 일반적이다.

### 5) 영조와 정순왕후 원릉 및 정성왕후 홍릉

(1) 영조 원릉

1776년 영조 원릉(元陵)은 정조가 동구릉 구역 내에 1720년 조성한 경종 원비 단의왕후 혜릉의 재실 북쪽에 정하였고,[752] 석물의 체양은 후릉을 범본으로 삼아 『국조상례보편』에 수록한 규정을 준거로 삼았다.[753] 산릉도감은 장지가 결정되자 낭청으로 하여금 석수변수를 데리고 양주 노원 중계의 채석지로 가게 하여 석재의 품질을 살피게 한 뒤,[754] 노원에 대·소부석소를 설치하였으며,[755] 화원 1명을 능소에 배정하여 각양 석물에 기화하였다.[756]

영조 20년(1744) 『국조속오례의』에 석물 규모의 축소화를 문헌화하였지만 실제로는 이미 40여 년 전인 숙종 27년(1701) 인현왕후 명릉부터 석물의 규모가 축소되었다. 실제로 인현왕후 명릉(1701)은 좌문인석이 높이 167cm, 우문인석이 172cm로 등신대의 크기이다. 이는 1688년에 제작된 인조계비 장열왕후의 릉인 휘릉의 좌문인석이 높이 248cm, 좌무인석이 247cm이라는 거대한 조각상과는 규모의 차이가 현저하게 대비된다. 더구나 이 두 릉의 석물 제작을 책임진 석수 변수는 둘다 이희선이다.[757] 이는 같은 석수 변수에 의해 제작되었지만 다른 시대양식이 반영된 대표적인 예라고 할 수 있다.

이러한 18세기의 새로운 경향은 당시의 경제상황과도 관련이 있다. 이는 17세기 대동법의 확

752) 『英祖元陵山陵都監儀軌』, 1776年, 규13586 上. 啓辭秩. 4月 27日.
753) 『英祖元陵山陵都監儀軌』, 1776年, 규13586 下. 大浮石所. 3月 10日.
754) 『英祖元陵山陵都監儀軌』, 1776年, 규13586 下. 大浮石所. 3月 10日.
755) 『英祖元陵山陵都監儀軌』, 1776年, 규13586 上. 啓辭秩. 4月 16日 ; 下. 大浮石所. 4月 17日.
756) 『英祖元陵山陵都監儀軌』, 1776年, 규13586 下. 大浮石所. 稟目秩.
757) 석수 변수 이희선은 효종 영릉(1673)부터 명릉(1701)까지 30년동안 문헌상 확인으로만 8개 릉의 변수를 담당한 조선후기 대표적인 석공이다. 『徽陵山陵都監儀軌』 대부석소 공장질 석수 이희선(변수) 최천남(변수); 『仁顯王后山陵都監儀軌』 대부석소 공장질 석수 이희선(변수) 한이충(변수).

대실시와 청·일 간의 중계무역으로 넉넉하였던 국가재정이 숙종 30년경부터 청과 일본의 직교역이 발달하여 왕실재정이 어려워지고 영조 22년(1746)에는 중국제 비단의 사용을 억제하는 '금단령'을 내리는 등의 어려운 경제상황을 반영하고 있다.[758] 이러한 경향은 왕릉 조성에도 영향을 미쳐 18세기 초반 석물의 규모가 대폭 축소되고 영조 이후까지 이어져 17세기와는 다른 새로운 경향의 형식과 양식이 전개된다.

한편, 영조 28년(1752)의 『국조상례보편』과 정조 12년(1787)의 『춘관통고』에는 왕릉 석물의 각종 도설이 등장한다. 이 두 도설은 매우 유사하여 『국조상례보편』을 참고하여 『춘관통고』를 제작하였다는 것을 알 수 있다. 문석인은 복두공복을 갖추고 홀을 들고 있는 형상이고, 무석인은 갑주에 검을 든 형상인데 스케치 수준의 단순한 도상이다.[759] 각 도설에 적힌 석인의 치수를 영조척 1척(31.24cm)을 기준으로 하여 미터법으로 환산하면 문인석의 높이는 181cm이며 무인석의 높이는 194cm인데, 인현왕후 명릉 이후의 축소된 규모를 유지하고 있다.

<영조 원릉의 문무석인>, 1776년

<정성왕후 홍릉의 문무석인>, 1757년

(2) 정성왕후 홍릉

18세기 중반 1757년에 조성한 정성후 홍릉의 석물도 앞의 의릉 것을 전범으로 삼아[760] 봉심하고 측량하였다.[761] 석재는 명릉과 익릉이 북한산 외곽에서 채취하였으므로,[762] 서암사에 인접한,[763] 양주 중흥동 채석장을 간심한 뒤 부석소를 설치하였다.[764] 영조는 『국조상례보편』에 규

758) 류승주, 「조선후기 조청무역소고」, 『국사관론집』 제30집, 1991, 217-218쪽.
759) 『國朝喪禮補編』 도설, 治葬 문석인
760) 『貞聖后弘陵山陵都監儀軌』, 1757年, 규13591 上. 啓辭秩. 2月 19日.
761) 『貞聖后弘陵山陵都監儀軌』, 1757年, 규13591 上. 啓辭秩. 3月 7日.
762) 『貞聖后弘陵山陵都監儀軌』, 1757年, 규13591 上. 啓辭秩. 3月 1日.
763) 『貞聖后弘陵山陵都監儀軌』, 1757年, 규13591 下. 大浮石所. 3月 6日.
764) 『貞聖后弘陵山陵都監儀軌』, 1757年, 규13591 上. 移文秩. 3月 19日 ; 下. 大浮石所. 2月 22日.

정한대로 산릉의 석물을 명릉의 예로 정하고,[765] 화원이 이를 기화하였다.[766]

그러나 홍릉의 석물은 이전의 조각적인 표현과 확연히 다른 새로운 양식적 경향을 보이고 있다. 문무인석은 등신대로 길고 늘씬하여 현실의 인물상을 보는 듯하다. 웃음기를 머금은 얼굴 표정이나 옷 주름과 의장물의 현실적인 처리, 세부 문양의 장식 효과 등 어느 것 하나 과장됨 없이 사실적이었다. 비록 명릉과 의릉을 전범으로 따랐다고 하더라도 그것은 어디까지나 규정상의 것일 뿐, 전체적인 조각수법이나 장식 표현은 당대 조각의 전형이 되었다.

홍릉 석조각의 양식적 특성은 영조 원릉의 석조각에도 이어졌다. 원릉의 문무석인도 등신대의 비교적 아담한 형태로 얼굴 가득 웃음을 머금어 우리 주변의 친근감 있는 인물상을 표현하였고, 입고 있는 의복도 홍릉의 문양과 유사하다. 조각 기술상의 측면에서도, 18세기 석의물의 전범이던 조선 초기 후릉의 혼유석은 세심하게 다듬지도, 매끈하게 갈지 않지만,[767] 조선 후기 혼유석은 모서리를 모죽임하고 귀접거나 표면을 매끈하게 다듬고 있었다. 그리고 장명등도 태조 건원릉 이래 8각형을 유지하여 불교의 승탑에 영향을 받고 있었으나, 18세기부터는 사각형으로 변모하고 있으며, 병풍석이나 장명등에 모란무늬를 새겨 넣어 유교적 길상의미가 강조되는 있는 것도 이 시기의 변화된 모습이었다.

<정성왕후 홍릉의 능상 석물>, 1757년. 영조가 생전에 홍릉 우강에 자신의 수릉을 조성하였으나, 그의 사후 정조가 동구릉의 영조 원릉을 조성하여 현재 비어있음.

765) 『貞聖后弘陵山陵都監儀軌』, 1757年, 규13591 上. 啓辭秩. 5月 13日.
766) 『貞聖后弘陵山陵都監儀軌』, 1757年, 규13591 下. 大浮石所. 稟目秩.
767) 『仁顯后明陵山陵都監儀軌』, 1701年, 규14824. 上. 啓辭秩. 9月 1日.

조선후기 문인석의 복두는 양각이 평행한 전각복두의 형태이다. 전각복두를 조각으로 표현했을 때는 복두 뒷면이나 측면에 걸쳐 둥글거나 모진 각을 U자형 혹은 직각형태로 표현한다. 다만 홍릉(1757)의 경우, 복두 뒷면에서 옆면을 향해 평행으로 뻗치도록 양각하여 보다 자연스럽게 표현하였다. 홍릉 석조각의 양식적 특성은 영조 원릉의 석조각에도 이어졌다. 원릉의 문무석인도 등신대의 비교적 아담한 형태로 얼굴 가득 웃음을 머금어 우리 주변의 친근감 있는 인물상을 표현하였고, 입고 있는 의복도 홍릉의 문양과 유사하다. 한편 18세기 왕릉 문인석 도상에서 보여주는 두드러진 변화 중 하나가 무이다. 무란 공복, 단령 등 남자 윗옷의 트임이 있는 옆면에 활동의 편리를 위해 덧댄 부위인데,[768] 주로 사각형이나 삼각형 형태로 나타나고 초상화에서 자주 표현된다. 왕릉에서는 1701년 인현왕후 명릉부터 끝이 뾰족한 사다리꼴 형태의 무가 나타나기 시작하여 그 이후의 왕릉에 지속적으로 표현되고 있어 시대구분의 명확한 분기점이 되고 있다. 홍릉(1757) 이후 원릉(1776) 등에서는 이런 표현은 사라지고 활동의 편리성을 높이기 위하여 전포의 소매를 매듭식으로 묶는 형태로 변화되었다.[769]

18세기 왕릉 석인조각의 도상 특징은 조선시대 복식을 매우 실감나게 표현하였다. 특히 조복의 패옥과 후수의 표현은 실제 복식과 거의 흡사할 정도로 정교하며, 정대의 늘어진 모습과 무의 변천 과정 등은 매우 실제적이다. 게다가 무인석 투구 정모의 표현이 보주형에서 삼지창형으로 변하고 귀가리개가 머리 뒤에서 자연스럽게 매듭지어져 현실의 복식문화를 반영하기도 하였다.

조각 기술상의 측면에서도, 18세기 석의물의 전범이던 조선 초기 후릉의 혼유석은 세심하게 다듬지도, 매끈하게 갈지도 않았지만,[770] 조선 후기 혼유석은 모서리를 모죽임하고 귀접거나 표면을 매끈하게 다듬고 있음을 보게 된다. 그리고 장명등도 태조 건원릉 이래 8각형을 유지하여 불교의 승탑에 영향을 받았으나, 18세기부터는 사각형으로 변모하고 병풍석이나 장명등에 모란무늬를 새겨 넣어 유교적 길상의미가 강조되는 시대적 변화가 엿보인다.

---

768) 김영숙 편저, 『한국복식문화사전』, 미술문화, 1998, 165-166쪽.

769) 박가영, 「조선시대의 갑주」, 서울대학교 대학원 박사학위논문, 2003. 99쪽.

770) 『仁顯后明陵山陵都監儀軌』, 1701年, 규14824. 上. 啓辭秩. 9月 1日.

## 3 19세기 왕릉과 왕후릉

1750년대 영조 이후 정조대까지 뛰어난 안목을 가진 감동이나 별간역과 그것을 회화적으로 표현해낸 화원들의 출초와 기화, 그리고 우수한 조각 실력을 갖추었던 석수들이 기량을 최대한 발휘하였기 때문에 가능했다. 화원들이 출초를 바탕으로 석물에 기화하여 제작하는 방식은 19세기에도 계속 이어졌다. 다음은 19세기 대부석소에서 활동하였던 화원들의 명단이다.

| 화원 | 활동년대 | 능호 | 제작처 | 의궤 |
|---|---|---|---|---|
| 김경두, 김명원 | 1805 | 원릉석물 | 대부석소 | 정순왕후원릉산릉도감의궤 |
| 김응수 | 1821 | 건릉석물 | 대부석소(석물기화) | 정조건릉산릉도감의궤 |
| 윤명주 | 1823 | 휘경원석물 | 조성소, 대부석소(석물기화) | 휘경원원소도감의궤 |
| 장준량 | 1835 | 인릉석물 | 대부석소 석각간역 | 순조인릉산릉도감의궤 |
| 장준량 | 1849 | 현종경릉석물 | 석각 | 현종경릉산릉도감의궤 |
| 박기준 | 1843 | 경릉석물 | 대부석소 석각간역 | 효현왕후경릉산릉도감의궤 |
| 유운홍 | 1846 | 수릉석물 | 대부석소 석각간역 | 문조수릉산릉도감의궤 |
| 김영준 | 1855 | 문조수릉석물 | 석각간역 | 문조수릉산릉도감의궤 |
| 이세옥 | 1864 | 철종예릉석물 | 석각간역 | 철종예릉산릉도감의궤 |
| 김신학 | 1897 | 명성왕후홍릉 | 대부석소 화원 | 명성왕후홍릉산릉도감의궤 |

<19세기 대부석소에 소속된 화원과 활동시기>

정조 건릉(1800) 산릉도감의 대부석소 소속 화원 김응수와 문조 수릉(1846) 산릉도감 대부석소 소속 화원 유운홍은 실제 현전하는 건릉과 수릉 석인과 유사하여 18-19세기에 이르면 석물제작에 있어서 대부석소 소속 화원의 역할이 점점 증대됨을 알 수 있다.

1800년 이후 제작된 조선 왕릉은 1830년 문조 수릉, 1834년 순조 인릉, 1843년 헌종 경릉, 1864년 철종 예릉 네 기가 있다. 그 중에서 인릉과 예릉은 앞서 살펴본 것과 같이 이전 왕릉의 석물을 재사용하였기 때문에 이 시기에 만든 석인상으로 볼 수 없고, 문조 수릉과 헌종 경릉의 석물만 19세기에 조성된 것으로 볼 수 있다.

| | 묘호 능호 | 능 형식 | 몰년<br>조성년 | 문석인<br>조성연대 | 무석인<br>조성연대 | 천장 |
|---|---|---|---|---|---|---|
| 추존 | 장조, 헌경왕후<br>융릉隆陵 | 합장릉 | 1762년,<br>1815년 | 1789년 | | 천장 |
| 제23대 | 순조, 순원왕후<br>인릉仁陵 | 합장릉 | 1834년,<br>1857년 | 1446년<br>(舊 소헌왕후 영릉) | | 재사용 |

| | | | | | | |
|---|---|---|---|---|---|---|
| 추존 | 문조, 신정왕후<br>수릉綏陵 | 합장릉 | 1830년,<br>1890년 | 1830년 | 1846년 | 추존 |
| 제25대 | 철종, 철인왕후<br>예릉睿陵 | 쌍릉 | 1863년,<br>1878년 | 1544년(舊 중종 정릉) | | 재사용 |

<19세기 초 왕릉 문무석인상의 조성연대>

<정조 건릉의 전경>, 1830년

<정조 건릉의 문무석인>, 1830년

### 1) 정조와 헌경왕후 건릉

(1) 정조 건릉

정조는 영조의 둘째 아들인 사도세자[후일 장조]와 헌경혜빈 홍씨의 아들로 태어나, 1759년 세손으로 책봉되었다. 부친의 사후 1762년 요절한 효장세자[후일 진종]의 후사를 이었고, 1775년 대리청정을 하였고, 1776년 영조의 사후 25세로 제22대 국왕으로 즉위하였다.[771] 정조는 재위기간 동안 규장각을 설치하여 학문을 숭상하고 문화를 융성시켰는데, 1800년 6월 49세의 나이로 승하하였다.[772] 능호는 건릉으로 정하였고, 능지는 정조 자신이 사친 사도세자의 현륭원[후일 융릉]을 선정하면서 자리 잡은 융릉 동쪽 언덕에 조성하도록 했다.[773]

건릉은 1800년대에 제작된 건릉의 석인들은 건릉도감의궤에 나타난 도설과 매우 유사하여 흥미롭다. 이 석인은 융릉을 제작하였던 김대휘, 정유복 석수에 의해 융릉을 모델로 하여 만들어진 것으로 보이는데, 18세기 후반보다 얼굴이 다소 커지고 어깨가 위축되었으며, 다소 경직된 형태를 보이고 있다. 특히 건릉 석인은 다시 2.5m 이상의 거대한 상으로 조성되었는데, 이는 정조의 효성의 발로로 조성된 거대한 규모의 장조 융릉을 모본으로 하여 제작하였기 때문이라 생각된다. 『건릉산릉도감의궤』에 나타난 도설은 화원 김응수가 그린 것으로, 조복이나 갑옷

771) 『正祖實錄』卷1, 正祖 即位年 5月 10日 辛巳.
772) 『正祖實錄』卷54, 正祖 24年 6月 15日 乙未.
773) 『正祖實錄』卷54, 正祖 24年 7月 15日 乙未.

의 표현이 사실적이고, 움츠러든 무인의 묘사로 보아 실물을 보고 그렸다고 여겨진다. 신체비례는 안정적이고 표면은 세련된 곡선으로 유연하며, 세부는 섬세하고 사실적이다. 규모는 숙종이 석물을 간소화하라는 유교(遺敎)를 내린 이후 더욱 작아지고 종별을 줄였고, 전체적인 석물은 마치 모델을 두고 조각한 것처럼 치밀하며 감각적이다. 건릉의 각종 석물 또한『건릉산릉도감의궤』의 도설(圖說)에 그려진 것처럼 김응수가 그린 것으로, 조복이나 갑옷의 표현이 사실적이고, 움츠러든 무인의 묘사로 보아 실물을 보고 그렸다고 여겨진다. 섬세하여 회화성이 짙다.

주목할 점은 건릉의 경우 자비대령(差備待令) 화원인 박유성(朴維城, 1745~1816이후)이 석각의 간역(看役)을 담당하였다는 점이다.[774] 자비대령화원은 정조 7년(1783)에 설치된 제도로 도화서 화원 중 뛰어난 10명을 선발하여 국왕 직속의 궁중 화원으로 특별 관리하는 제도이다.[775] 따라서 건릉의 각종 석역에 자비대령화원 석각 간역으로 참여하였다는 점은 사실묘사가 또렷해지고 화려한 장식미가 돋보이는 작품으로 완성되는 데 일조했음을 의미한다. 이는 18세기 화원화가 작품이 묘사가 또렷하고 장식화된 특징이 두드러지는 것과 일맥상통한다. 이것은 확인할 수 있는 것이 의소세손의 묘소도감에서 세부적인 조각을 담당했던 섭장의 명단에 올라있는 김덕령(金德齡)의 존재이다. 그는 화사(畵師)를 겸하고 있다고 기록되어 의소세손의 의령원(懿寧園)에 배치된 석물이 회화적 특성이 강한 것과 연관된다.[776] 아울러 의령원은 18세기 말 무관 출신의 공예가로 이름을 떨친 최천약(崔天若)이 감동(監董)한 작품으로서 주목된다.[777]

당시 정조 건릉의 왕릉 석물 조각은 사도세자의 현륭원[현, 융릉]과 마찬가지로 조각적으로 새로운 면모를 보이게 된다. 조각의 형태는 추상적이고 형식적인 양상을 보이는 것이다. 1800년에 제작한 정조 건릉 석인상도 세부적인 묘사에서 당대 최고의 사실성이 드러난다. 18세기 후반에 제작된 조선왕릉 석인상은 17세기 단순화된 석인상의 틀을 이어받으면서도 세부적으로 실제 의복을 도입하고, 안면에 초상성을 더하여 사실성을 드러낸다. 이 시기 조선왕릉 석인상의 특성은 조선 후기 회화의 사실주의와 유사성을 보이지만 19세기에 들어서 사실성이 퇴색된다.

774) 『健陵山陵都監儀軌』下, 1800年 7月日, 大浮石所, "石刻看役 畵員 朴維城."
775) 강관식, 「조선 후기 화원 회화의 변모와 규장각의 자비대령화원 제도」, 『미술사학보』 17, 미술사학연구, 2002, 8-12쪽.
776) 『懿昭世孫墓所都監儀軌』, 1752年, 大浮石所, 工匠秩. "味匠 金德齡 兼 畵師."
777) 김민규, 「조선 18세기 조각가 최천약(崔天若) 연구」, 『문화재』46권 제1호, 국립문화재연구소, 2013, 126-136쪽.

| | | | |
|---|---|---|---|
|  |  |  |  |
| 순조 인릉 문석인<br>(세종대왕 구영릉 석물재활용),<br>1446년 제작 후 재처리 | 세종대왕 영릉 문석인,<br>1469년 | 순조 인릉 무석인<br>(세종대왕 구영릉 석물재활용),<br>1446년 제작 후 재처리 | 세종대왕 영릉 무석인,<br>1469년 |

(2) 효의왕후 건릉

효의왕후(1753-1821)는 제22대 정조의 원비이며, 좌참찬 김시묵(金時黙)의 딸이다. 1762년 세손빈으로 책봉되었고,[778] 1776년 정조가 왕위에 오르자 왕비로 책봉되었다. 후사가 없으며 1821년 창경궁 자경전에서 69세에 승하하였고, 능호는 정조의 능호를 그대로 써서 건릉이었고 같은 능역에 쌍릉으로 조성하였다.[779]

### 2) 순조와 순원왕후 인릉

(1) 순조 인릉

순조는 정조의 둘째 아들이며 어머니는 수빈 박씨로서 1790년 태어나 1800년 정월 왕세자로 책봉되었고, 그해 6월 정조가 승하하자 그해 7월 11세의 어린 나이로 조선 제23대 왕으로 창덕궁 인정문에서 즉위하였다.[780] 나이가 어려 대왕대비 정순왕후 김씨가 수렴청정하였고, 1801년 200명의 천주교 신자를 학살하는 신유박해가 있었다. 1802년 12월 순조가 친정을 하였으나 그뒤 1815년 경상도와 강원도 및 충청도의 천주교 신자들이 죽임을 당하는 을해박해가 있었다. 순조대는 안동 김씨의 세도정치와 민란으로 국정이 혼란했던 시기였다. 병약했던 순조는 1830년 5월 효명세자에게 대리청정을 맡겼는데, 세자가 죽자 다시 정사를 보게 되었다. 9월

778) 『英祖實錄』卷98, 英祖 37年 12月 22日 丙戌.
779) 『純祖實錄』卷23, 純祖 21年 3月 17日 丁卯.
780) 『純祖實錄』卷34, 純祖 34年 11月 13日 甲戌.

에 4살의 어린 원손을 세손[후일 헌종]으로 책봉하였다. 곧이어 1832년 장녀 명온(明溫)공주와 차녀 복원(福源)공주가 잇달아 요절하는 등 개인적인 불행이 겹치면서 국정에 관심을 기울이지 않게 되었다. 그러면서 건강도 점차 악화되었다. 1834년에는 계속 편치 않았고 겨울에 부스럼 증세가 있어 결국 11월 13일 경희궁 회상전에서 45세로 승하하였다.[781]

승하한 당일 장락궁을 빈전으로, 19일 능호를 인릉으로 정하였다. 12월 4일 산릉을 초간심, 16일 재간심, 27일 삼간심을 거쳐 12월 28일 파주에 소재한 인조의 초장지인 구 장릉(舊長陵)으로 정하였다. 1월 22일 사후토제를 지내고 개기하였다. 2월 9일부터 정자각, 옹가, 수도각 등의 건물이 차례로 착공되었다. 22일에는 혼유석, 장명등석, 망주석, 동자석을 비롯한 각양 석의 물이, 23일에는 문무석과 지석, 지석함석을 운반하였으며, 25일에는 양호석과 소부석소 석물들이 차례로 들어왔다. 24일 금정틀을 놓고 구덩이를 파는 것으로 봉분의 역사는 시작되었다. 4월 1일 금정틀을 열고 구덩이를 팠으며, 5일에는 외재궁을 능소 수도각에 봉안하였고, 6일에는 외재궁을 내렸다. 12일에는 반월분에 흙을 쌓고 14일에는 그 위에 잔디를 입혔다. 15일에는 도배가 끝난 정자각에 찬궁을 배설하였고, 문무석과 망주석, 마석을 배립하여 장례 준비를 마쳤다.

대여가 산릉에 도착한 것은 4월 18일이고, 19일 조전을 겸하여 상식을 올린 후 영여가 산릉에 올라갔다. 묘시에 현궁을 내리고 진시에 회를 발랐다. 정광 앞에 회를 바르고 퇴광 안에 각양 석함을 차례로 배설하였으며 이어 혼유석을 설치하였다. 4월 20일에는 금정과 수도각을 철거하고 영배 홍살문으로 바꿔서 설치하였다. 21일에는 혼유석을 안배하고 재실과 향대청을 완공하였으며, 4월 22일 잔디를 덮고 정자각과 전면의 난간석을 배설하고 옹가를 철거하였다. 4월 23일 산릉 담장 내외를 청소하고 옹가와 수도각의 물종을 태운 후 유시에 안릉전을 행한 후 모든 산릉도감의 일정을 마쳤다.

(2) 순원왕후 인릉

순원왕후(1789-1857) 김씨는 영안부원군 김문근의 딸로서, 1800년 정조가 초,재간택으로 세자빈으로 결정하였다.[782] 그러나 그해 정조가 갑자기 승하하여 삼간택이 미뤄졌다가 정조의 삼년상을 치른 후 1802년 10월 왕비로 책봉되었다. 1809년 효명세자[후일 문조]를 낳아 1812년 세자로 책봉되었으나 대리청정 중 1830년 요절하였다. 1834년 손자인 헌종이 즉위하였고 1849년 후사 없이 죽자 철종을 왕위에 올리고 순원왕후가 수렴청정을 하였다. 1857년 8월 4일

781) 『純祖實錄』卷1, 純祖 卽位年 7月 4日 甲申.
782) 『正祖實錄』卷53, 正祖 24年 2月 26日 己酉.

창덕궁 양심합에서 승하하였다.[783] 능호는 남편인 순조의 능호를 따라 인릉으로 결정되었고, 철종이 인릉을 천봉한 이후 원래는 현재는 서초구 내곡동에 순조와 합장되었다.

(3) 순조 인릉의 천봉

순조의 인릉을 천봉하기로 결정하는 것은 철종이다. 철종은 즉위한지 7년째가 되도록 후사가 없자 순조의 인릉을 천봉하기로 결정한다. 순조의 인릉에 관심을 갖고 여러 차례 능행을 강행하였다. 철종이 즉위한 지 반년 만인 1849년(철종 1) 3월 11일 능행을 강행하여 인릉에 친제하고 전알하였다. 이후 1850년 3월 16일, 1853년 3월 11일에 인릉을 전알하였다. 그러다 1855년(철종 5) 1월 18일 효명세자[후일 문조]의 수릉과 수빈 박씨의 휘경원과 함께 인릉의 천봉이 논의되었다.[784] 당시 인릉을 천봉하려고 했던 명분은 능침을 봉안한지 21년으로 오래되었기 때문이라고 하였다. 하지만 실제로는 순원왕후의 희망과 철종의 의중이 합치된 결과이다. 이에 1856년 2월 20일 철종이 친히 태종의 헌릉을 간심하고 22일 헌릉의 우강으로 산릉을 정하였다. 8월 25일 표석에 음기를 친히 쓰겠다고 하고,[785] 9월 1일 인릉을 천봉할 때 대여를 따라 능소에 나갔다가 환궁하겠다고 했다.[786] 하지만 신하들의 만류로 실행하지는 못하였다. 인릉의 천봉은 1855년(철종 6) 1월 18일에 결정되어, 철종은 1855년 7월부터 능지를 택정하기 위해 인조의 장릉, 장경왕후의 희릉, 세조의 광릉 등 여러 곳을 둘러보았다. 그러다가 1856년 2월 20일 태종의 헌릉에 능행하였을 때, 철종이 헌릉의 우강에 위치하였던 세종의 영릉 초장지를 직접 간심하여 다시 봉표하였다.[787] 이틀 뒤 인릉의 천봉지로 구영릉지가 선택하였고, 9월 20일 봉표하였다.

3월 4일 천릉역에 착수하였는데, 그로부터 며칠이 지나면서부터 세종대왕 구 영릉의 석물이 노출되기 시작하였다. 3월 20일에 병풍석 등이 노출되었다. 3월 24일과 25일 영릉에서 여러 종류의 석물이 드러났다.[788] 3월 28일에는 이들 중 문무석인처럼 사용할 수 있는 것을 먼저 다듬었고, 3월 29일에는 효명세자의 연경묘에 사용하였던 지대석 등을 옮겨 왔다. 4월 9일에는 혼유석을 매끈하게 갈기 시작하였다. 여름철의 농사일 때문에 잠깐 정지하였다가 9월 21일에는 면전석과 우전석을 배치하였고, 9월 26일에는 문무석인을 배치하였다. 9월 29일에는 석마를, 9월 30일에는 석양과 석호를 배치하였다. 10월 11일 현궁을 내리고, 10월 12일 봉분을 완성하고, 10월 14일 난간석의 설치

783) 『哲宗實錄』卷9, 哲宗 8年 8月 4日.
784) 『哲宗實錄』卷7, 哲宗 6年 1月 壬午.
785) 『哲宗實錄』卷8, 哲宗 7年 8月 己酉.
786) 『哲宗實錄』卷8, 哲宗 7年 9月 乙卯.
787) 『仁陵遷奉山陵都監儀軌』, 「啓辭秩」, 1856年 2月 20日.
788) 『仁陵遷奉山陵都監儀軌』, 「啓辭秩」, 1856年 3月 24日, 3月 25日.

를 마쳤다.[789] 이곳은 원래 세종대왕의 초장지에 해당되며 구 영릉(舊英陵)이 있던 곳이었다. 그런데 구 영릉의 서쪽으로 1km 정도 떨어진 곳에 있는 장경왕후의 구 희릉(舊禧陵)이 있던 곳이었다. 이듬해 1857년(철종 8) 8월 4일 순원왕후가 양심합에서 승하하자 8월 18일 인릉의 좌변에 합장하기로 결정하였고, 12월 17일 하현궁을 하였으며, 12월 22일 공역을 마쳤다.

이처럼 1856년 당시 순조 인릉을 천봉할 때에는 파주에서 현재 헌릉 오른쪽으로 옮겼는데, 이곳에는 1469년 세종대왕 구영릉을 여주의 영릉으로 천봉하면서 1446년 구영릉 초장지에 매장하였던 석물이 노출된 것이다. 이와 함께 1515년 장경왕후 구희릉이 근처에 있었는데, 1537년 장경왕후 희릉을 고양으로 천봉하면서 파묻어두었던 석물까지 있었다.

이에 신정왕후가 이들 석물을 재활용하기로 하여 인릉에는 1446년 세종의 구영릉과 1515년 장경왕후 구희릉의 석물을 함께 사용하였다. 이때 문무석인, 장명등, 혼유석 등 거의 모든 석물이 망라되어 있었다. 당시 재사용된 석물 중 세종 구영릉의 것을 재활용한 것은 혼유석, 장명등 체석, 석호, 석양 1쌍, 문석인 1쌍, 무석인 1쌍이었다. 장경왕후 구희릉의 것을 재활용한 것은 장명등의 개석, 석양 1쌍, 망주석의 대석, 석마 1마리였다. 이들 두 능의 석물을 대부분 재활용하고 사대석[병풍석]만 새로 제작하였다. 따라서 문석인이나 무석인 및 장명등이나 혼유석 등 순조 인릉에는 15세기 구영릉 석물과 16세기 구희릉 석물 및 19세기 순조 인릉 당시의 양식이 혼재되어 있다.

<헌종, 효현왕후, 효정왕후 경릉의 능상 석물>, 1843년

<효현왕후 경릉의 문무석인>, 1843년

### 3) 헌종과 효현왕후 및 효정왕후 경릉

경릉은 왕릉[헌종]과 왕후릉[효현왕후, 효정왕후]를 모신 봉분 세 개가 서로 하나의 곡장 안에 난간석으로 연결된 삼연릉 형식으로 이뤄진 특이한 왕릉이다. 조성된 순서는 효현왕후의 경릉이 가장 먼저이고, 다음 헌종 경릉, 그리고 효정왕후의 경릉이 마지막이다.

789) 『仁陵遷奉山陵都監儀軌』, 時日; 「大浮石所儀軌」, 日錄.

(1) 효현왕후 경릉

효현왕후(1828-1843) 김씨는 영돈녕부사 김조근의 딸로서 1837년 왕비에 책봉되었으나,[790] 2년뒤 1843년 8월 25일 효현왕후가 창덕궁 대조전에서 병으로 승하하였다.[791] 9월 2일 능호를 경릉으로 올렸고, 능지는 여러 곳을 간심한 후 9월 19일 경기도 구리시 동구릉 내에 옛 선조의 목릉터를 삼간심하여 결정하고 20일 봉표하였다.[792]

11월 17일 혼유석을 다듬고 11월 15일부터 21일까지 표석과 농대석을 조각하고 비각에 세웠고, 11월 29일 비각이 완료되었고, 문석인과 무석인 및 마석도 세웠다. 12월 2일 재궁을 현궁에 안장하고 12월 7일 안릉전을 거행하여 능역을 마쳤다.[793] 효현왕후의 왕후릉 조성시에 문무석인상을 비롯하여 석수 및 장명등, 망주석 등 능상 석물의 제작이 이뤄져 현재 경릉의 석물은 헌종 혼유석과 효정왕후 혼유석을 제외한 대부분의 석물은 1843년 효현왕후 때에 제작한 것이다.[794]

(2) 헌종 경릉

헌종(1827-1849)은 순조의 손자이고 효명세자[후일 문조]의 아들로서 제24대 국왕으로 태어났다. 1830년 효명세자의 사후 왕세손에 책봉되었고, 1834년 순조가 승하하고 8세의 나이로 경희궁 숭정문에서 즉위하여 대왕대비 순원왕후가 수렴청정을 하였다. 당시 대왕대비인 안동 김씨 집안과 대비인 풍양 조씨 집안간의 세도정치와 이양선이 출몰하여 나라가 혼란스러웠다. 1849년 6월 6일 헌종은 창덕궁 중희당에서 22세의 나이로 승하하였다.[795] 6월 14일 능호를 숙릉(肅陵)으로 정했으나 이후 총호사가 효현왕후의 경릉을 그대로 쓰기로 제안하여 경릉의 능호를 사용하였다. 능지 또한 삼간심을 거쳐 효현왕후 경릉의 오른편에 쓰기로 결정하였다.

정자각의 경우 효현왕후의 것은 정자각으로, 헌종의 것은 가정자각을 설치하였다. 경릉은 효현왕후의 경릉이 먼저 조성된 후 헌종이 그 뒤에 안장되었으며, 후에 계비인 효정왕후의 능도 같이 써서 삼연릉이라는 특이한 형식을 취하는 능이다.

(3) 효정왕후 경릉

효정왕후(1831-1903)는 헌종의 계비로서 판돈녕부사 익풍부원군 홍재룡의 딸이다. 1844년

790) 『獻宗實錄』卷4, 獻宗 3年 3月 18日.
791) 『獻宗實錄』卷6, 獻宗 5年 8月 25日.
792) 『獻宗實錄』卷6, 獻宗 5年 9月 20日.
793) 『孝顯王后睿陵山陵都監儀軌』, 時日; 「大浮石所儀軌」, 日錄.
794) 『조선왕릉 종합학술조사보고서(9)』, 국립문화재연구소, 2014, 19-21쪽.
795) 『獻宗實錄』卷15, 獻宗 14年 6月 6日.

왕비로 책봉되었고,[796] 1849년 헌종의 사후 철종이 즉위하자 대비가 되었다. 1903년 11월 15일 경운궁 수인당에서 효정왕후가 72세의 나이로 승하하였다.[797] 같은 달 20일 능호를 정릉(正陵)으로 정하였다가 후일 헌종과 같은 능호인 경릉을 사용키로 결정하였다. 능지는 삼간심을 거쳐 동구릉 내 헌종경릉의 왼쪽에 부좌키로 정하였다. 삼연릉 형식으로 안장되었다.

<철종 예릉의 능상 석물>, 1863년

<철종 예릉의 문무석인>, 1863년

#### 4) 철종과 철인왕후 예릉

(1) 철종 예릉

철종(1831-1863)은 조선 제25대 국왕으로 정조의 아우인 은언군의 손자이고, 전계대원군의 셋째 아들로 태어났다. 1849년 6월 6일 헌종이 후사 없이 죽자 유배되어 있던 강화도에서 봉영되어, 6월 9일 창덕궁 인정문에서 즉위하였다. 나이가 어려 대왕대비가 수렴청정을 하였다가 1852년부터 친정을 하였다. 그의 재위 기간은 안동 김씨의 세도기간으로서 민란이 일어나 나라가 어지러웠다. 1863년 12월 22일 재위 14년 만에 33살의 나이로 승하하였다.[798] 능호는 예릉으로 정하였고, 능지를 선택하는 논의를 여러 차례 거쳐 12월 26일 현재 경기도 고양 서삼릉에 위치한 장경왕후 희릉(禧陵) 서쪽에 능지를 잡았다.[799]

이곳은 원래는 1545년 중종 구정릉(舊靖陵)이 위치하던 곳이었다. 능역을 진행하던 중 1864년 2월 4일 봉표지 근처에서 중종 구정릉(舊靖陵)에서 각종 석물이 노출되었다.[800] 병풍석의 면석이나 우석이 발굴된 것이다. 2월 8일에는 혼유석, 문석 1쌍, 무석 1쌍, 호석 1쌍, 마석 3쌍이 차

796) 『獻宗實錄』卷11, 獻宗 10年 10月 18日 辛亥.
797) 『高宗實錄』卷39, 高宗 39年 11月 15日 辛亥.
798) 『哲宗實錄』卷15, 哲宗 14年 12月 22日 丙子.
799) 『哲宗睿陵山陵都監儀軌』, 啓辭秩, 1863年 12月 27日.
800) 『哲宗睿陵山陵都監儀軌』, 啓辭秩, 1864年 2月 4日.

례로 노출되었다.[801] 이후 수렴청정을 하던 대왕대비 조씨가 이들 구정릉 석물을 재활용하기로 결정하여 2월 10일 석물을 능역으로 옮겨왔다.[802] 곧 이어 12일에는 호석 1쌍과 고석 3쌍이 노출되었다.[803] 이렇게 능역에 운반한 석물을 다듬기 시작하여 2월 18일에는 문석인과 무석인을 조각하였고,[804] 2월 22일에는 석호와 석마를 다듬었다.[805] 3월 13일에는 문무석인을 세웠다. 3월 21일에는 석마를 세우고 정자각에 단청일을 완료하였다. 그 다음날 석양과 석호를 세우고, 혼유석을 다듬기를 마쳤다. 4월 7일 외재궁을 현궁에 내리고, 4월 10일 안릉전을 행하여 능역을 마쳤다.[806]

(2) 철인왕후 예릉

철종비 철인왕후(1837-1878) 김씨는 영돈영부사 김문근의 딸이며, 대왕대비 순원왕후의 친척이다. 1851년 왕비에 책봉되었고 1858년 원자를 낳았으나 아기가 곧 죽었다. 1863년 철종이 승하 후 고종이 즉위하자 왕대비가 되었다.[807] 1878년 5월 12일 창경궁 양화당에서 승하하였고,[808] 17일 능호를 헌릉(憲陵)으로 정했다가, 철종의 예릉과 함께 사용하기로 하였다. 5월 18일 능지로 서삼릉 예릉을 간심하고 부좌지례로 왕후를 철종의 왼편에 봉안하도록 결정하여 봉표하였다.

6월 19일 삼천리동에서 석물을 뜨기 시작하였고, 7월 11일 비각을 훼철하고 표석을 꺼내어 12일 다듬기 시작하고, 새 석물을 차례로 들여왔다. 19일에는 문무석과 석마의 위치를 뒤로 밀어 재 설치하였다. 8월 15일에는 문무석인과 각양 석물을 닦아내고 곡장을 완성하고 기와를 올렸다. 8월 19일에 표석을 완성하고 19일에 비각 내에 세운 뒤 지붕을 씌웠다. 20일 단청을 완성하고 26일 정자각의 향어로를 개수하고 가정자각의 향어로에 계단을 쌓아 전석을 깔았다. 9월 18일 재궁을 현궁에 내렸고 20일 혼유석을 제자리에 배치하였다. 22일 안릉전을 거행하여 능역이 완료되었다.[809] 이처럼 철인왕후릉을 철종 예릉에 조성했을 당시에 난간석과 혼유석을 새로 만든 것을 제외하고 표석도 표면을 갈아 새로 고쳐 썼으며, 그밖에 다른 석물들도 1864년 철종 예릉 조성시에 만든 것이었다. 결과적으로 철종과 철인왕후의 예릉 석물은 중중의 구정릉 석물과 순조의 구인릉 석물을 재활용한 것이어서 16세기 중반의 육중한 괴체감과 19세기 중반의 양식이 혼재된 경향이 강하다.

801) 『哲宗睿陵山陵都監儀軌』, 啓辭秩, 1864年 2月 8日.
802) 『哲宗睿陵山陵都監儀軌』, 啓辭秩, 1864年 2月 10日.
803) 『哲宗睿陵山陵都監儀軌』, 啓辭秩, 1864年 2月 12日.
804) 『哲宗睿陵山陵都監儀軌』, 大浮石所, 1864年 2月 18日.
805) 『哲宗睿陵山陵都監儀軌』, 大浮石所, 1864年 2月 22日.
806) 『哲宗睿陵山陵都監儀軌』, 時日條, 1864年.
807) 『哲宗實錄』卷15, 哲宗 14年 12月 22日 丙子.
808) 『高宗實錄』卷15, 高宗 15年 5月 12日 辛丑.
809) 『哲仁王后睿陵山陵都監儀軌』, 時日條, 1878年.

04

# 대한제국 황제릉과 명청 황제릉의 비교

# 7장 대한제국 황제릉의 조성 실태

대한제국은 1897년부터 1910년까지 짧은 기간 존속했다. 이 기간동안 황후릉과 황릉 및 황태자비릉 등이 조성되었다. 1895년 을미사변으로 시해된 민왕비를 명성황후로 추숭하여 청량리에 홍릉을 황후릉으로, 1900년 고종황제의 수릉을 금곡에 조성하기도 하였다. 1904년 순명황태자비의 사후 능곡에 유강원을 황태자비로 조성했다가 1907년 순종황제의 즉위 이후 유릉으로 불리기도 하였다. 본장에서는 이러한 내용을 살펴보기로 한다.

## 1 고종과 명성황후의 홍릉

홍릉은 고종황제와 명성황후의 유택이다. 1895년 을미사변으로 비명에 간 명성황후의 국장은 2년 동안 미루다가 고종이 1897년에 대한제국을 선포하고 황제로 즉위한 뒤 황후의 예를 갖추어 청량리 홍릉에 안장하였다. 당시 고종황제는 중국 북경에 특사를 파견, 명나라 황릉(皇陵)제도를 모사해 오도록 하여, 황후릉으로 조성하려 했으나 시일이 촉박하여 실현하지 못하였다. 따라서 고종황제는 청량리 홍릉 석의물에 생긴 하자를 중수하면서 조선양식과 함께 명 황릉의 양식을 참작하여 개비하고 있었다. 그러나 청량리 홍릉은 황릉의 규모를 갖추기에 협소하여 1900년부터 고종황제는 금곡에 자신의 수릉(壽陵)을 조성, 청량리 홍릉을 옮기려고 결심하였다. 그는 곧 천릉·산릉도감을 설치하여 금곡을 길지로 선정하고 대한제국 황릉제도에 걸맞는 침전과 석의 등을 조성하였다. 모든 시설을 갖춘 뒤 천장을 서둘렀지만 긴박한 국사가 겹쳐 실행하지 못하였다. 결국 1919년에 고종황제의 장례 시에 천장하기 위해 미리 준비해 두었던 석의물을 옮겨 배치하여 오늘날 우리가 현장에서 보는 대한제국의 황릉이 완성되었다.

이처럼 금곡 홍릉은 대한제국 시기에 황릉의 규모와 의물을 갖추었다가 일제하에 배치된 조선 초유의 황릉으로서 한국사 특히 미술사적인 의미가 가장 큰 조영물이었다. 그러나 그 동안 금곡 홍릉이 1919년 고종의 서거로 일제에 의하여 장지가 선정되고 왜식 조각으로 의물이 조성되어 조선 왕릉의 건축, 조각미술의 발전과는 무관한 식민지시대의 능침으로 잘못 알려져 왔다.[1)]

1) 김원용, 「이조 왕릉의 석인연구」, 『아세아연구』 2권 2호, 1959 ; 김원룡, 『서울특별시사』 「고적편」, 서울특별시사편찬위원회, 1963) 재수록; 문영빈, 「경기도의 왕릉」, 『畿內陵園誌』, 경기도, 1988. 79~81쪽 ; 睦乙洙, 『畿內陵園誌』, 경기도, 1988. 157~81쪽 ; 윤범모.최열, 「경기도의 미술」, 『경기도의 문화와 예술』, 경기도사편찬위원회, 1997. 80쪽; 한국문원편집실, 『문화유산 왕릉』, 한국문원, 1995, 322~331 ; 장영훈, 『왕릉풍수와 조선의 역사』, 대원사 2000. 318~334쪽; 한영우, 『명성황후와 대한제국』, 효형출판, 2001. 332쪽.

이들은 고종황제의 금곡 홍릉에 세워진 석의물이 일제하 1919년에 만들어졌다고 단정하면서도 그것을 반증한 사료를 제시하지 않았다. 별다른 고민이나 의심 없이 제작연대를 일제하 1919년으로 확신하였고, 근대적 조각미술의 발전에 기여하지 못했다는 결론을 내리고 있었다.[2)]

따라서 이 장에서는 명성황후 사후 청량리에 홍릉을 조성하기 전, 1895년에 장지로 선정된 동구릉 내 숙릉공사로부터 1897년에 조성한 청량리 홍릉의 산역 실태, 그리고 1900년 금곡 홍릉의 조성공사 및 1919년 금곡 홍릉이 완성되기까지의 전 과정을 구체적으로 서술하려 하였다. 이를테면 산릉공사가 있을 때마다 설치된 도감의 조직체계와 원역 및 예산 편성을, 그리고 황릉의 조성과정과 석재나 목재의 조달 및 장인들의 동원과 작업 실태도 살펴 볼 것이며, 마지막으로 조성된 홍릉의 석의물은 그 견양과 완성된 유물간의 양식적 변화도 비교해 보려 한다.

### 1) 1897년 명성황후의 청량리 홍릉 조성

명성황후의 청량리 홍릉은 무려 2년여에 걸친 우여곡절 끝에 조성되었다. 명성황후가 시해된 것은 1895년(고종32) 음력 8월 20일(양 10. 8)이었다. 이 을미사변은 일본 정부가 주한공사 미우라(三浦梧樓)로 하여금 왕비 일파의 친로세력을 제거하기 위하여 일본군인과 자객들을 사주하여 저지른 만행이었다.[3)] 이로 인해 친로파 내각은 무너지고 김홍집을 위시한 친일파 내각이 들어섰다. 시신조차 불에 타 온전치 못한 왕비의 죽음을 감추고 있다가,[4)] 2개월여가 지난 음력 10월 15일(양력 12월 1일)에야 비로소 왕후의 서거를 발표하고 장례준비에 착수하였다.[5)]

정부는 왕비의 국장을 치르기 위하여 국장도감과 빈전·혼전도감 및 산릉도감을 종정시(宗正寺)에 설치하였다. 그 중 산릉도감의 임원을 간추려 보면 다음과 같다.

| 직책 | 정원 | 『명성황후홍릉산릉의궤』 좌목 |
|---|---|---|
| 摠護使 | 1인 | 궁내부 특진관 조병세 (1896. 3. 14 - 4. 6 / 1896. 4. 6 -1897. 10. 28)<br>궁내부 특진관 김병시 (1896.3. 14 - 4. 6) |

2) 조은정, 「20세기 황제릉 조각에 대한 연구」, 『근대미술사학』 6집, 청년사, 1998. 72~132쪽.
3) 을미사변에 관해서는 최문형 외, 『명성황후 시해사건』, 민음사, 1992.
4) 『大韓季年史』 卷2, 120面. 高宗 32年 乙未 22日.
5) 『明成皇后國葬都監儀軌』卷1, 都廳儀軌時日條 ; 『明成皇后洪陵山陵都監儀軌』 卷1, 1895年 10月 15日. 의궤에는 음력으로 기록되어 있으므로 본고에서도 이를 따른다.

| | | |
|---|---|---|
| 提調 | 3인 | 궁내부 특진관 민영준 (1895. 10. 15 - 1896. 1. 4)<br>궁내부 특진관 이헌직 (1895. 10. 15 - 11. 1)<br>궁내부 특진관 이순익 (1895. 10. 15 - 11. 3)<br>궁내부 특진관 이재완 (1895. 11. 3 - 1896. 9. 25 / 1897. 1. 26 - 2. 4)<br>궁내부 협판 김종한 (1895. 11. 3 - 12. 28 / 1896. 1. 1 - 1897. 1. 24 / 1897. 2. 4 - 10. 28)<br>의정부 참찬 민병석 (1896. 1. 4 - 1. 11 / 1896. 9. 25 - 1897. 1. 26)<br>궁내부 특진관 이호익 (1896. 5. 11 - 1897. 10. 28)<br>궁내부 특진관 민영달 (1897. 1. 11 - 2. 27)<br>궁내부 특진관 조동면 (1897. 2. 27 - 4. 8)<br>궁내부 특진관 이정로 (1897. 1. 11 - 10. 28) |
| 別監董 | 1명 | 중추원 의관 강윤 |
| 都廳 | 2명 | 시독 이필용, 정문섭 |
| 郎廳 | 6명 | 참봉 윤기섭, 이재돈, 김재돈, 유치병, 윤홍선, 이돈행, 정태현, 조윤희, 이능구, 이명재, 임백준, 심건택 등 12명 |
| 각종 원역 | | 감조관(6명), 별감동(6명), 산원(6명), 의원(3명), 도청고원(3명), 서사(3명), 고직(3명), 사령(10명), 사환기수(5명), 경도감고원(5명), 고직(1명), 사령(1명), 궐하대령 고원(1명) |

<명성황후 홍릉 산릉도감의 당상 원역 조직표>

위의 표를 보면 명성황후의 산릉을 비롯한 국장을 총괄하던 총호사는 궁내부 특진관이었던 조병세었고, 산릉도감의 책임자인 제조는 궁내부 특진관 민영준과 이헌직, 이순익이었다. 이들 총책임자들은 정치적인 변화나 개인적인 신병에 따라 여러 번 교체되어, 홍릉의 총호사는 조병세와 김병시가, 제조는 민영준을 비롯하여 연인원 10명이 담당했음을 알 수 있다. 관리조직은 별감동(1명)과 도청(2명) 및 낭청(6명) 등으로 구성되어 있었다. 감조관(6명)과 별감동(6명) 이하 실무 담당자들은 산원(6명), 의원(3명), 고원(3명), 서사(3명), 고직(5명), 사령(10명), 사환기수(5명) 등이었다.

국장을 치를 때의 선결문제는 장지를 선정하고 산릉을 정지하는 일이었는데, 명성황후의 능침은 격동기의 시대사정과 왕권을 수호하려는 고종의 의도와 맞물려 두 곳에 두 번이나 조성되었다. 첫 번째의 산릉역은 시호를 '순경(純景), 전호를 '덕성(德成)', 능호를 '숙릉(肅陵)'으로 정하면서었다.[6] 숙릉은 동구릉에 있는 현종과 명성왕후의 능인 숭릉의 우측 언덕으로 선정한 장지였다.[7] 숙릉의 장지가 일단 정해지자, 12월 29일부터 산릉공사에 착수되었다. 숙릉의 산릉역에는 총 515,000냥이 소요되었는데, 세부 내역은 왕실 내하전 10만냥, 탁지부 35만냥, 궁내부 존비금(存費金) 5만냥, 인천군 외획(外劃) 강화부석전 1만 5천냥이었다.[8]

6) 『明成皇后國葬都監儀軌』 卷1, 都廳儀軌時日條 ; 『明成皇后洪陵山陵都監儀軌』 卷1, 1895年 10月 22日.

7) 『明成皇后洪陵山陵都監儀軌』 卷1, 1895年 11月 5日.

8) 『明成皇后洪陵山陵都監儀軌』 卷1, 財用.

| | 지출항목 | 금액 | 전체비율 |
|---|---|---|---|
| 건설비 | 옹가 이하 소입비, 보토비 | 4,921냥 | 220,018냥<br>43% |
| | 정자각, 비각, 수라수복청 건설비 | 103,648냥 | |
| | 어재실, 향대청, 전사청 59칸 건설비 | 71,637냥 | |
| | 가재실 96칸 건설비 | 18,892냥 | |
| | 나인가가 62칸 건설비 | 20,920냥 | |
| 이건.수리비 | 숭릉 재실 이건비 | 5,263냥 | 8,973냥<br>2% |
| | 현릉, 혜릉, 수릉 재실 수리비 | 3,710냥 | |
| 치련비 | 혼유석, 각항 석의 부석비, 치련비 | 112,092냥 | 122,176냥<br>24% |
| | 사촌리 재목 치련비 | 10,084냥 | |
| 수축.수운비 | 교량, 치도, 차로 수축비 | 3,263냥 | 51,737냥<br>10% |
| | 석물, 재목 수운비 | 48,474냥 | |
| 잡비 | 별공작 각항 물종비 | 28,922냥 | 49,613냥<br>10% |
| | 노야소 | 20,691냥 | |
| 인건비 | 감동, 패장, 원역 이하 월급, 일비, 盤費 | 22,483냥 | 2,483냥<br>5% |

<1895년 동구릉내 숙릉공사비 내역>

지출내역은 크게 건설비·이건비, 치련비, 수축·수운비, 잡비, 인건비로 구분되었다. 이때 옹가 이하 보토를 한 후 정자각을 비롯해서 가재실, 궁녀의 처소인 나인가가, 정자각, 옹가, 수도각 등의 건물을 짓는 비용이 가장 많아 총 220,018냥으로, 전체 총액의 43%에 달하였고, 다음에는 이들 건물과 석조각을 조성할 때 사용되는 목재와 석재를 구하는 데 소요된 비용이 24%였다. 또 그것을 운반하는데 10%,를 차지하였고, 각종 세부 금속장식이나 도구를 제작하는데 10%, 근처의 몇몇 건물을 이건하는데 든 비용이 2%였다. 결국 전체 산릉비의 95%가 시설물의 재료를 확보하고, 건조하는데 드는 비용이었고, 인건비는 고작 5%에 못 미쳤다.

산릉도감은 이 자금으로 장색에 따라 부서를 나누어 산역을 실시하였다. 삼물소에서는 봉분을 쌓았고, 조성소에서는 건물을 세우며, 대부석소에서는 문무인석과 양호마석 등을 다듬어 산릉을 조성하였다. 조성소에서는 1895년 10월 24일 태복시에서 회동한 뒤 정자각, 정자각 내 찬궁, 당가, 신어상, 삽병, 하평상, 옹가 안의 황당, 비각, 수라수복방, 악문, 재실의 간가, 어정 등을 제작하기 시작하였다.[9] 그중 정자각 내 대들보는 11월 16일부터 사촌리에서 구해오기로 하여 18

9) 『洪陵山陵都監儀軌』, 卷2, 造成所. 1895年 10月 24日부터 시역하다.

일, 낭청과 감조관이 교대로 간검한 뒤, 24일, 재목을 능소로 운반하였다.[10] 30일에는 산릉에 필요한 목재를 임송동, 송추 등 가까운 지역의 개인 소유 산에서 값을 치르고 벌목하였다.[11] 목재와 석재가 준비되자 11월 26일에는 재실의 터를 닦고, 27일 임시 재실인 가재실을, 28일에는 궁녀의 처소인 나인가가를, 12월 1일에는 정자각을 착공하였다. 12월 14일에는 정자각과 재실의 주춧돌을 놓고 기둥을 세웠으며, 20일에는 재실과 나인가가를 차례로 조성하였다.[12]

1896년 5월(음4월초)에 국장을 치르도록 예정되어 있어 작업을 서두른 나머지 1월 12일에는 능묘 위에 옹가를 준공하였고, 재실과 정자각의 주춧돌을 세운 뒤 14일에 기둥을 세웠다. 15일에는 정자각과 재실의 상령에 부연을 걸고, 16일에는 단청을 하기 시작하였다. 재실과 향대청의 기와를 올리기 시작하였고, 가재실과 내인가가의 기와 덮기를 끝냈다. 17일에는 수라간과 수복방을 짓기 시작하고, 정자각에 기와를 덮기 시작하고 4면의 층계를 차례로 배설하였으며, 재실과 향대청의 기와 덮기를 끝냈다. 20일에는 정자각에 기와를 덮기 시작하였고 회를 칠하고 비각의 기초를 다져 주춧돌을 놓았다. 21일에는 정자각과 재실 및 나인가가의 방벽에 칠하고 말렸다. 22일에는 정자각의 단청을 마치고 재실의 도배도 마쳤다. 23일에는 정자각과 재실 및 나인가가에 도배를 시작하였고 수라간과 수복방의 말리기를 마쳤다. 24일에는 정자각을 도배하고 찬궁을 배설하였고 재실과 향대청, 전사청의 도배를 시작하였다. 25일에는 비각을 짓기 시작하고 26일에는 비각의 기와를 덮기 시작, 재실과 나인가가를 완공한 후 소제하였다. 27일에는 정자각을 완성하여 난렴(蘭簾))을 걸고 4면에 홍살문을 세웠으며, 비각에 기와를 덮은 뒤 단청을 칠하고 회를 발랐다. 28일에는 비각, 재실과 향대청을 모두 완성하고 홍살문도 세웠다.[13]

한편 이때, 대부석소에서는 능상에 세울 석의물을 준비하고 있었다. 대부석소에서는 산릉의 석의물을 조각할 석재를 떠오는 일부터 착수하였다. 숙릉이 위치한 동구릉에서 가까운서울 근교 우이동에서 석재를 떠왔다.[14] 1895년 11월 12일부터 대부석소의 패장이 석수 장인들을 거느리고 우이리(牛耳里) 부석소로 가 13일부터 작업을 개시하였다. 16일에는 면우전석 2괴, 죽석 2괴, 난간석 3괴를 떠내었고, 12월 24일까지 작업을 계속하여 12월 12일부터 운반하였는데, 숙릉의 혼유석이 산릉에 도착한 것은 그해 12월 15일이며 나머지 석재는 이듬해인 1896년 1월 13일에 도착하였다. 대부석소의 작업과정에서 가장 힘들었던 것은 부피가 큰 문;무석과 혼유석을 떠내

10) 『洪陵山陵都監儀軌』, 卷2, 造成所. 日錄.
11) 『明成皇后洪陵山陵都監儀軌』 卷1, 訓令. 1895年 11月 30日. 楊州郡.
12) 『明成皇后洪陵山陵都監儀軌』 卷2, 造成所. 日錄.
13) 『洪陵山陵都監儀軌』, 卷2, 造成所. 日錄.
14) 『明成皇后洪陵山陵都監儀軌』卷2, 375面. 大浮石所. 日錄. 乙未 11月 12日.

는 일이었다. 따라서 문석은 11월 20일과 23일에 각각 1개씩, 무석은 11월 28일과 12월 11일에 각각 1개씩, 혼유석은 12월 12일부터 17일까지 떠야만 하였다. 이처럼 석재가 구비되자 12월 26일부터 혼유석을 마정하기 시작하였고, 이듬해 1월 25일부터는 문·무석을 차례로 마정하기 시작하였으며, 27일에는 문·무석인과 양·호·마석, 난간석이 모두 조성되었고 혼유석의 마정작업도 끝내었다.[15] 사실상 1896년 1월 말에는 숙릉에 배치할 건축물과 석의물이 모두 완성되었던 것이다.

그러나 이 무렵 왕후의 시해사건과 친일내각의 단발령으로 전국 각지에서 의병이 봉기하였다. 고종과 태자 및 이범진 등 친로파 관료들은 1896년 2월 11일, 러시아 공관으로 피신하여 친로파 정부를 세웠다. 이른바 아관파천을 감행한 뒤 고종은 3월 10일, 국장도감, 빈전·혼전도감, 산릉도감의 공역을 모두 중단시키고, 경운궁(덕수궁)을 수리토록 하여 7월 27일에는 총호사 등 1,400명이 상복을 입고 빈전·혼전을 경운궁으로 옮겼던 것이다.[16]

두 번째의 산릉공사는 아관에 파천하여 친정체제를 구축한 고종이 숙릉이 길지가 아니었던지 이곳을 포기하고 다른 곳에서 길지를 선정하도록 지시하면서부터 시작되었다. 1896년 11월 2일 총호사 조병세, 궁내부대신 이재순, 산릉제조 김종한, 장례원경 조병식으로 하여금 상지관을 거느리고 장지를 물색토록 하였다.[17] 당시 왕비의 산릉을 반드시 길지에 안치하려는 고종의 집념은 강하였다. 따라서 전국의 유명한 상지관들을 불러오게 한 것이다. 이때 동원된 지방의 상지관은 주운환, 제갈형, 오성근, 박인근, 김광식, 길영수, 김원성 등 7명에 달했다. 이들 상지관들은 총호사를 비롯한 대신들과 함께 길지로 알려진 산릉후보지 27개 처를 간심하고 돌아와 산도와 산론을 왕 앞에서 폈다. 그곳들 중 양주 안감천, 창릉(예종릉) 좌강, 양주 회암, 교하군 아곡, 장릉(인조릉) 구기, 장단군 향교 뒷산, 양주군 오현 등 7개 처가 우선 길지로 선정되었다. 이 7개 처를 이재순, 조병식 등이 재간심한 뒤, 12월 18일에는 총호사 조병세와 이재순 등이 회암이 가장 좋고 창릉이 다음이지만, 연운(年運)과 산운(山運)이 맞지 않으니 다른 곳을 물색해야겠다고 하였고, 12월 31일에는 연희궁과 청량리가 안강하다고 보고하였다.[18] 결국 두 곳으로 좁혀진 셈인데 이듬해 1897년 1월 3일, 총호사 조병세, 이재순, 민영준, 산릉제조 이호익 등이 청량리가 가장 안길(安吉)하다고 하면서 봉표하기를 청하였다.[19] 이때 청량리를 반대하는 자도 있었으나,

15) 『明成皇后洪陵山陵都監儀軌』 卷2, 大浮石所. 日錄.

16) 『明成皇后殯殿魂殿都監儀軌』 卷1, 빈전은 1895年 10月 15日에는 경복궁 태원전이었는데, 1896年 7月 27日에는 경운궁 별전으로 옮겼다. 혼전의 경우 경복궁 문경전에서 경운궁 경소전으로 옮겼다.

17) 『明成皇后洪陵山陵都監儀軌』 卷1, 1896年 11月 2日.

18) 『明成皇后洪陵山陵都監儀軌』 卷1, 1896年 12月 18日, 31日.

19) 『明成皇后洪陵山陵都監儀軌』 卷1, 1897年 1月 3日.

동구릉에서 가까워 행행에 편리하다고 해서 결국 청량리를 장지로 결정하였던 것이다.

이처럼 청량리를 장지로 선정한 뒤 정부는 능호 등도 바꾸었다. 1897년 1월 6일, 왕후의 시호를 '문성(文成)', 능호를 '홍릉(洪陵)', 전호를 '경효(景孝)'로 고쳤는데, 시호 문성은 정조의 시호와 일치하여 3월 2일에 가서 '명성(明成)'으로 바꾸었다.[20] 이때부터 두 번째의 산릉역이 재개된 것이다. 1월 9일, 청량리 장지를 세 번째 간심한 뒤 봉표하고 국장도감, 빈전·혼전도감과 산릉도감의 공역을 재개토록 한 것이다. 이 세 도감의 공역 중 가장 신경을 써야 할 곳은 앞서도 보았듯이 산릉도감의 역사였다.

고종은 아관에 파천한지 1년이 지나고, 왕비의 빈전·혼전을 경운궁으로 옮긴지도 반년이 지났다. 때문에 고종은 러시아세력의 이권개입이 못마땅했을 뿐만 아니라, 내외로부터도 환궁하라는 권고와 압력도 받았다. 더구나 청량리 홍릉공사를 2월 26일부터 착수토록 결정해놓은 터였다. 마침내 고종은 1897년 2월 25일, 아관을 나서 경운궁으로 환궁하였고, 동시에 청량리의 산릉공사도 이때부터 본격적으로 진행될 수 있었다.

그런데 여기에서 언급해 두어야 할 것은 고종이 이 무렵 자신이 황제가 되어 왕비를 반드시 황후의 예를 갖추어 장례를 치를 결심을 하고 있었다는 사실이다. 정확한 일자는 상고할 수 없었으나, 아마도 아관에 파천해 있을 때로 여겨진다. 고종은 박제순(朴齊純)에게 밀령을 내려 명나라 황제의 능침제도를 도사하여 오게 하였던 것이다.[21] 결국 청량리 홍릉을 장지로 선택한 것도 동구릉에 선대의 왕릉이 있는 곳을 피하여 황릉을 조성할 심산이었을 것이다. 이러한 고종의 내심은 시간이 갈수록 점차 표면화하고 있었거니와 고종이 아관에서 환궁하면서부터 청량리의 홍릉산역은 급속히 추진되었다.

청량리 홍릉의 조성비용은 내하전(內下錢) 2,500냥, 탁지부 지출전 595,000냥, 전답가사가 53,000냥, 木11 同價 1,100냥 등 총651,660냥이 책정되었다.[22] 우선적으로 지출되어야 할 항목은 그전부터 청량리 홍릉터의 봉표 안에 자리 잡고 있던 민간의 건축물과 무덤들을 다른 곳으로 옮기는데 드는 비용이었다.[23] 만수사(萬壽寺) 이건비 8,000냥을 비롯하여 무가여승 혈전비 800냥, 승방비 2,725냥, 민가 91호 보상비 20,117냥, 임자 없는 무덤 425총의 마장리 이장비 5,658냥 1전 5푼, 주인이 있는 무덤 450총의 이장 보상금 16,200냥 및 홍릉 아래의 전답수매비 46,040냥 등이 지불되었다.[24] 산릉 봉표내의 부지를 확보하는데 99,540냥 1전 5푼, 즉 10만여 냥이 들어간 셈

20) 『明成皇后國葬都監儀軌』 卷1, 都廳儀軌時日. 14面. 1897年 1月 6日 ; 『大韓季年史』 卷2, 128面. 高宗 34年 1月 6日.
21) 『每日申報』, 1919年 1月 28日. 3면.
22) 『明成皇后洪陵山陵都監儀軌』, 卷1, 財用.
23) 『明成皇后洪陵山陵都監儀軌』, 1897年 1月 18日.
24) 『明成皇后洪陵山陵都監儀軌』, 卷1, 財用, 用下.

이다. 산릉도감 총예산 65만 냥의 1/6에 가깝다. 이처럼 산릉 터를 확보하게 되자 3월 26일부터 산릉공사가 시작되었다.[25] 그런데 산릉공사를 진행하던 중 3월 30일, 광내에서 이름 모를 유해가 발견되어 4월 3일에는 봉표처를 원래의 위치에서 3척 5촌, 옆으로 1척 5촌이 떨어진 곳으로 옮겼다.[26] 이 때문에 4월 16일에는 다시 논의하여 장례 일을 6월 6일로 미루었다.[27] 이처럼 산릉역은 시간과 인력과 물력이 많이 들 뿐 아니라 각종 변수가 나타날 때마다 택일원(擇日員)에 의해 일일이 길일을 택정한 후에야 시행되고 있었다. 산릉 터를 확보하는 동시에, 1월 25일부터는 산릉도감이 능침에 세울 건조물과 석의물을 마련하는 작업에 착수하였고, 공역비는 다음과 같다.

| 구분 | 세부항목 | 지출액 | 비율 |
|---|---|---|---|
| 보토.식재비 | 옹가 이하 보토비 | 45,532냥 3전 | 80,350냥 6전 16.9% |
| | 벌목비 | 5,400냥 | |
| | 식송비 | 29,418냥 3전 | |
| 치련비 | 강화부석비 치련비 | 36,539냥 7전 7푼 | 115,080냥 4전 7푼 24.2% |
| | 병풍석 각항 부석비 치련비 | 78,540냥 7전 | |
| 수축.수운비 | 도로수축, 천거이준비 | 19,523냥 8전 | 38,773냥 8전 8.1% |
| | 석물 및 재목 수운비 | 19,250냥 | |
| 건설비 | 침전, 당가, 비각, 수리수복청 건설비 | 65,248냥 1전 | 206,970냥 9전 43.5% |
| | 어예재실, 향대청, 전사청 72칸 건설비 | 53,894냥 3전 | |
| | 가재실 96칸 건설비 | 24,936냥 4전 | |
| | 나인가가 62칸 건설비 | 17,400냥 | |
| | 별공작 | 11,017냥 6전 | |
| | 접견소가가 47간 조성비 | 16,295냥 9전 | |
| | 4궁 숙설가가 29칸 조성비 | 3,656냥 7전 | |
| | 노야소 | 14,521냥 9전 | |
| 인건비 | 건호궤전 | 2,887냥 | 37,972냥 7.9% |
| | 감동, 패장, 원역 이하 월은 일비 반비 | 35,085냥 | |

25) 『明成皇后洪陵山陵都監儀軌』 卷1, 3月 26日.
26) 『明成皇后洪陵山陵都監儀軌』, 1897年 1月 10日, 3月 30日, 4月 3日.
27) 『明成皇后洪陵山陵都監儀軌』, 1897年 4月 16日.

| | | | |
|---|---|---|---|
| 잡비 | 행행시 결소거행 잡비 | 7,000냥 | 31,427냥 6전 8푼<br>6.6% |
| | 각항 잡비 | 7,391냥 8전 3푼 | |
| | 가재실, 나인간 즙물가 | 8,254냥 7전 | |
| | 접견소, 휴게소 소입물종가 | 7,770냥 4전 | |
| | 각처소 치성 고사비 | 1,010냥 7전 5푼 | |
| | | 510,572냥 | |

<1897년 청량리 홍릉 공역비 내역표>

홍릉의 산릉역에 책정한 총 예산은 651,660냥이지만, 위 표의 총액 510,572냥은 산릉터를 확보하는데 지출한 99,540냥 1전 5푼과 숙릉의 철훼 시의 소요 비용 7,180냥 2전과 뒤에 언급하겠지만 1898년에 설치하게 되는 석의중수도감으로 이송한 25,100냥을 제외한 액수이다. 결국 홍릉을 조성하는데 든 비용은 510,572냥인 셈이다. 이 비용을 지출한 항목을 보면, 각종 건축비가 43%로 가장 많았고, 다음이 목재와 석재의 치련에 24%었다. 그밖에는 보토비와 식재비가 17%, 운반비가 8%, 인건비가 8%, 기타 잡비 7% 내외었다. 이때도 역시 숙릉의 조성 시와 같이 전체 액수의 90% 이상을 각종 재료 확보와 운송 및 여러 시설물을 건조하는데 사용하였고, 인건비는 10%에도 못 미쳤다. 그러나 홍릉의 산릉공사가 한 단계씩 마무리 될 때마다 공역에 참가한 장인과 모군, 군인들에게 사찬(賜饌)하고 현금으로 호궤(犒饋)하였는데 9번에 걸친 호궤비용만도 2,743냥 7전에 달했다. 부언해둘 것은 청량리의 장지를 확보하기 위해 민간의 전답을 철거하는 과정에서 고종이 1896년 12월 7일에 민가와 무덤의 이전비를 후하게 보상하라는 지시에 따라 그 보상비가 1897년 3월 12일에 5천원이 지급된데 이어 5월 3일에는 10,612원이 지출되고 있었다.[28]

산릉도감의궤에는 청량리 홍릉의 조성공사에 참여한 관원과 임원들에게 지불할 보수의 규정을 엄격히 작성해 두었다. 인건비의 지급 규정은 월급, 일비, 반전교비, 반비, 고임으로 구분하여 지불되었는데, 그것의 상세한 내역은 다음과 같다.

| 원역 | 月給(月銀) | 日當(日)費 |
|---|---|---|
| 당상(총호사, 대신) | | 3냥 |
| 都廳郎廳監造官 | 50兩 | 1냥5전 |
| 別看役 | 100兩 | 2냥 |
| 別監董 | 100兩 | 2냥 |
| 相地官 | 75兩 | 2냥 |

28) 『明成皇后洪陵山陵都監儀軌』, 1896年 12月 7日 ; 1897年 3月 12日 ; 5月 3日.

| | | |
|---|---|---|
| 牌將, 雇員, 書寫, 庫直 | 40兩 | 1냥4전 |
| 使令, 使喚, 旗手 | 20兩 | 1냥2전 |
| 고마, 등패 | 15兩 | |
| 柴軍 | 10兩 | |

<청량리 산릉도감 원역 및 장인들의 보수지급상항>

표에 나타나 있듯이 산릉도감에서는 상근시의 월급액과 비상근시의 일당 액수를 규정하였고 반드시 화폐로 지불하고 있음을 볼 수 있다. 그리고 일당액수에도 차등을 두어 당상관은 특별히 우대하여 일당을 3냥으로 책정하였고, 또 반전(盤纏, 路資) 명목으로 12냥을 별도로 지불하고 있었다.[29] 그 밖의 임원들은 직무의 난이도를 감안하여 책정하고 있었다. 또한 산릉도감에서는 산역을 현장에 나가 철저히 감시 감독해야하는 도청 이하 별감역에게는 상근을 권장하기 위하여 일당액수를 낮게 책정하고 있었다.[30]

홍릉의 산역에는 총 32종 400명의 장인이 동원되었다.[31] 이들의 일당은 2냥 4전이었다. 월급액수가 규정상에 없어 상고하기 어렵지만 월급의 기준이 되는 일당액수만을 두고 보면 당상관 3냥을 제외하고는 가장 많은 액수었다. 위 표에도 상근임원은 일당 보다 월급액수가 많아 확실할 것 같지는 않지만 가령 장인의 일당 2냥 4전을 한 달로 계산하면 72냥이 된다. 이 액수만하여도 별간역, 별감동, 상지관보다는 적지만 그 밖의 임원들보다는 많은 액수었다. 이는 결국 산릉의 건조물을 직접 제작하는 장인들의 노고를 참작한 처사로 보아야 할 것 같다.

이처럼 산릉도감은 조직과 예산 및 임금규정을 마련한 뒤 산릉공사에 착수하였다. 산릉공사는 앞서 숙릉을 조성하던 때의 작업체계와 다를 것이 없었다. 흙을 쌓아 능묘를 조성하는 삼물소, 정자각 등을 건조하는 조성소, 석재를 떠내고 석의물을 제작하는 대부석소, 석재로 바닥과 축대를 쌓는 소부석소,[32] 석재를 운반하는 수석소, 건조물의 장석이나 석수의 금속제 도구를 만들던 노야소를 개설하였다. 그 중 가장 중요한 작업장이던 조성소와 대·소부석소의 관리조직과 원역구성을 예시해보면 다음과 같았다.

---

29) 『明成皇后洪陵山陵都監儀軌』卷1. 盤纏色. 봉명중사, 상궁, 진지차비 설리는 각각 10냥씩, 당사와 장례원경, 비서는 7냥을 반전교비로 받았다.

30) 『明成皇后洪陵山陵都監儀軌』卷1. 月銀式.

31) 張慶姬, 「조선후기 흉례'도감'의 장인연구」, 『미술사논단』, 한국미술연구소, 1999. 표8-1, 8-2, 8-3에 의해 재구성. 명성황후의 국장도감에는 79종 285명, 빈전혼전도감에 28종 172명이 동원되었다.

32) 『明成皇后洪陵山陵都監儀軌』, 卷2, 小浮石所. 1897年. 소부석소는 침전과 재실, 곡장 등에 필요한 초석이나 대석, 전석, 와전 그리고 금천교 건설 등을 관장하는 곳이다.

| 원역 | 조성소 | 대부석소 | 소부석소 |
|---|---|---|---|
| 낭청 | 부사과 김재돈 | 前참봉 별제 윤홍선 | 낭청 원릉령 이재동 |
| 감조관 | 前도사 송병천,<br>前참봉 김병철 | 前참봉 참봉 윤자익,<br>前도사 조문희 | 경간역 5명 |
| 패장 | 7명 | 7명 | 향령역 패장 2명 |
| 고원 | 6명 | 2명 | 1명 |
| 고직 | 2명 | 1명 | 1명 |
| 사령 | 4명 | 2명 | 1명 |
| 수직꾼 | 3명 | 1명 | 1명 |

<1897년 홍릉 산역의 감동원역표>

위의 표에 나타나 있듯이 각소의 관리책임자는 낭청들이었고, 작업현장의 감독자는 감조관들이었다. 감조관은 주로 참봉들로 각소마다 3명 정도가 배치되었으며, 그 아래 실무원역들로 패장, 고원, 고직, 사령, 수직꾼들이 있었다. 다만 조성소와 대부석소는 작업량이 많아 원역들의 수가 소부석소보다 많았다.

청량리 홍릉의 산역은 1897년 초부터 본격적으로 진행되었다. 1897년 1월 3일부터 숙릉의 옹가와 정자각 등을 헐기 시작하여 1월 5일부터 목재와 석재와 기와들을 차례로 청량리 능소로 옮겨 온 다음[33] 1월 25일부터 홍릉의 산역이 시작되었다. 27일에는 침전과 재실과 예재실을, 2월 12일에는 가재실과 나인가가를, 15일에는 수라수복방 등을 짓기 시작하였다. 24일에는 가재실, 나인가가의 기와를 덮고 비각을 세우기 시작하였다. 3월 1일에는 재실의 주춧돌을 놓고, 2일에는 예재실의 주춧돌을 놓았으며, 3일에는 비각에 기와를 덮었고, 11일에는 재실의 기둥을 세웠으며, 삼문 임시 홍살문을 세웠다. 12일에는 가재실과 나인가가를 차례로 조성하였고, 17일에는 가재실과 나인가가의 도배를 하고 수라수복방 일을 마쳤다. 18일에는 상량목에 회를 바르고, 21일에는 비각에 단청을 하였다. 4월 10일에는 어재실과 예제실의 상량을 마쳤고, 11일에는 어제실에 궤연판을 대고 월대계석을 차례로 입배하였으며, 향대청에 기와를 올렸다. 15일에는 어재실의 기와를 올리기 시작하고 향대청의 일을 마쳤으며, 숙설가가를 조성하였다. 17일에는 어재실의 기와를 씌우고, 19일에는 가재실과 나인가가 일을 마쳤으며, 병정가가를 조성하였다. 22일에는 어재실과 예재실의 도배를 마치고 10월 24일에는 접견소를 조성하고 11월 3일에는 정식 홍살문을 세웠다.

33) 『明成皇后洪陵山陵都監儀軌』卷2, 造成所. 日錄.

고종은 홍릉을 황릉으로 조성하기 위하여 1897년 2월 25일에 정자각을 침전(寢殿)으로 개칭하고 침전을 5칸으로 조성하고, 배위청을 전내에 마련하도록 지시하였다.[34] 곧 박제순이 밀령을 받고 도사해온 중국 황제의 침전 양식에 맞추어 정면 5칸, 측면 4칸의 一字형 전각으로, 동서 56척, 남북 42척, 높이 17척5촌이었다.[35] 침전은 정자각과 달리 건축외관이 웅장한 팔작지붕으로 바뀌고, 화재를 예방하기 위해 중국식 건물처럼 전돌을 쌓아 만들었으며 두공과 포작을 비롯한 세부처리 또한 화려해졌다.[36] 1897년 2월 1일 침전에 쓸 목재를 양주군 맹곡(孟谷)에서 구해왔고, 석재는 개성부·강화부·안성군·남포군에서 조달하고 있었다.[37] 아울러 숙릉에서 옮겨 온 석재와 목재도 일부 사용하여 3월 2일에는 침전의 주춧돌을 세우고, 11일에는 기둥을 세웠으며, 4월 5일 상량을 하였다. 4월 8일에 기와를 올리고 4월 9일 단청을 마쳐 4월 10일에 도배를 마쳤다. 그리고 4월 22일에는 어재실의 도배도 완료하여 국장을 치를 준비가 모두 완료된 셈이다. 그러나 홍릉의 산릉역이 또다시 중지되었다.[38]

그렇다면 당시 석의물을 제작했던 대부석소에서는 어떻게 작업을 추진하고 있었는지 살펴보자. 대부석소에서는 고종의 지시에 따라 사도세자의 현륭원 석의물을 모방하여 석물을 제작하고 있었다. 곧 고종은 장지를 청량리로 바꾸고 1896년 2월 30일에 산릉도감으로 하여금 현륭원 천봉 때의 석의제도에 따라 조성하도록 지시했기 때문이다.[39] 그것은 정조가 비명에 간 사도세자를 복권, 추존하고 천봉하여 그의 내심을 세상에 드러내고자 했듯이 고종 또한 일본정부가 사주한 낭인들에게 처참히 살해된 왕비의 능침을 같은 모습으로 조성하여 그의 내심을 드러내려 했을 것이라 짐작된다.

청량리 홍릉의 석의물은 화원 김신학(金信學)이 기화한 견양에 맞추어 조각되었다.[40] 당시 대부석소에는 화원 김신학을 비롯하여 석수 125명, 야장 16명, 니장 55명, 개와장 20명, 석각수 3명, 마석장 16명 등 총 236명이 동원되었고,[41] 동시에 개성부·강화부·수원부·안성군에서도 각각 50명씩 차출되었다.[42] 대부석소의 작업은 석재를 마련하는 일이 선행되어야 했다. 숙릉에서 옮

34) 『洪陵山陵都監儀軌』卷2, 造成所. 日錄. 1897年 2月 25日.
35) 『明成皇后洪陵山陵都監儀軌』卷1. 丁酉(1897) 2月 25日.
36) 『明成皇后洪陵山陵都監儀軌』卷2, 50면. 造成所.
37) 『明成皇后洪陵山陵都監儀軌』卷1, 訓令. 楊洲郡.
38) 침전의 경우 이후 1897年 10月 20日에 도배를 다시 하였고, 10月 29日에는 침전 내에 唐家를 비롯한 각종 諸具를 배설하였다.
39) 『明成皇后洪陵山陵都監儀軌』卷1. 270面. 詔勅. 丙申(1896) 2月 30日 ; 『明成皇后洪陵山陵都監儀軌』卷2. 382面. 日錄. 丙申(1896) 2月 30日 ; 『高宗實錄』35卷, 34年(1897) 4月 1日.
40) 『明成皇后洪陵山陵都監儀軌』卷2, 大浮石所, 405面. 工匠秩.
41) 『明成皇后洪陵山陵都監儀軌』卷2, 大浮石所. 1897年 11月 6日.
42) 『明成皇后洪陵山陵都監儀軌』卷2, 大浮石所, 296面. 丁酉(1897) 2月 18日. 석수패장 金大吉이 병풍석과 석의를 조성할 석수들을 시급히 보내주길 요청하였다.

겨 온 석재도 있었지만 석질이 좋지 못하여 1897년 1월 7일부터 석수 80패, 야장 5로, 모군 2패를 부석소로 파견하였고,[43] 1월 8일에 혼유석의 석재가 용산포에 도착, 11일, 능소에 들어왔다. 2월 초2일 병풍석을 부출하고자 패장 이하가 가오리(加五里)로 갔다.[44] 5일부터 21일까지 떠내고 병풍석, 우와첨상, 면와첨상, 인석 등을 부출하였다. 22일에는 석인석에 화원이 기화하고 조각이 시작되었다. 3월 초2일부터 5일까지 가첨석, 난간석, 우와첨상석, 면와첨상석, 죽석, 동자석 등의 석재를 떠내어 7일부터 차례로 운반하여, 8일에 능소에 도착하였다. 3월 16일에 병풍석 하전석을 입배하였고, 곡장의 기초를 다져 20일에는 기와를 올렸다. 병풍석은 21일에 치련을 한 후 화원이 기화한 것을 석수들이 조각하였다. 이상의 완성된 석의물들은 택일이 늦어져 세우지 못한 채 두었다

이처럼 청량리 홍릉의 산릉공사가 마무리 되어가고 있던 중 5월에 들어서는 칭제를 요구하는 상소가 빗발치기 시작하였다. 5월 1일에는 전 승지 이최영(李㝡榮)이 최초로 칭제건원을 청하는 상소를 올렸는데, 고종이 이를 거부하자, 5월 9일에는 재야의 유생들이 칭제를 요구하였으며, 5월 16일에는 원로대신 중추원의관 임상준이 칭제키를 요구하였다. 이런 상황에서 인산일은 늦추어졌고, 8월 1일에는 고종황제의 의중을 가장 잘 아는 심순택이 의정이 되면서 8월 14일에는 우선 연호를 광무로 고쳤다. 8월 23일에는 인산의 길일을 논의하였고, 8월 26일에도 장례일정을 의논하였으나 고종은 계속 뒤로 미루다가 왕비의 서거 2주기인 9월 16일이 지나 10월 11일에는 마침내 대한제국을 선포하고 10월 12일, 황제로 즉위하여 왕비를 황후로 추봉하였다.[45] 이러한 일련의 사정은 고종이 왕비의 국장을 황후의 예로 치루기 위한 계산이 깔려 있었기 때문이었다. 결국 10월 15일에 장례일정을 확정하여 10월 19일(양 11. 13), 『대명회전』과 『대명집례』를 참고하여 명나라 태조 홍무 15년(1382)에 치러진 고황후(高皇后)의 복제에 따라 10월 27일, 황후의 예를 갖추어 발인하고, 다음 날에 하관하였던 것이다.[46]

그런데 능묘의 조성과 석의물의 배치는 황제로 즉위한 다음날인 10월 13일부터 시작되었다. 이날 금정(金井)을 열고 구덩이를 파기 시작하였고, 10월 26일에는 외재궁을 능소 수도각에 봉안하였으며, 침전을 다시 도배한 뒤 그 안에 찬궁을 배설하였다. 또 10월 17일에는 병풍석을 입배하고 18일에는 후면 난간석과 양·호·마석을 차례로 산 위에 올려 21일에 세웠고, 23일에는 문무마석을 올려 26일에 세웠다. 10월 28일에 영여(靈轝)가 산릉에 올라 재궁(梓宮)을 현궁(玄宮)에

43) 『明成皇后洪陵山陵都監儀軌』卷2, 大浮石所, 391面. 稟目. 1897年 1月 7日.
44) 『明成皇后洪陵山陵都監儀軌』卷2, 大浮石所, 379面. 日錄 ; 稟目. 1897年 2月 2日.
45) 『大韓季年史』 卷2, 160面. 高宗 光武元年 10月 11日, 10月 12日.
46) 『明成皇后國葬都監儀軌』, 1897年 11月 13日, 11月 21日, 11月 22日 ;『大韓季年史』卷2, 168~169面, 高宗 光武元年 11月 13日.

내렸으며, 현궁을 봉폐하고 회를 바른 후 잔디를 입혔다.[47] 29일에는 정광 앞면에 회를 바르고 퇴광 안에 각종 부장용 석함을 배설한 후 혼유석을 산릉에 올렸고, 침전에 배설했던 여러 도구와 옹가 안의 물건을 태웠다. 11월 3일 좌향석을 혼유석 밑에 안배하고, 인산을 위해 세웠던 큰 삼문 홍살문을 철거, 영원히 배설할 홍살문을 세웠으며 수도각을 철거하였다. 11월 5일 전면의 난각석을 배설, 혼유석과 장명등을 세웠으며 옹가를 철거했다. 11월 6일 능역의 청소를 마친 후 안릉전(安陵奠)을 행하여 모든 공역을 끝냈다.[48]

하지만 1897년 10월 28일 명성황후의 장례식이 끝난 뒤에 청량리 홍릉의 석의물들에 문제가 생겼다. 그해 12월 15일 홍릉을 간심하고 돌아온 조병세는 농대석(籠臺石)에 세운 표석에 간극이 생겨 딱 맞지 않으니 다시 표석을 세워야 하고, 능상의 병풍석과 경신임(庚辛任) 3방 4석의 돌도 품질이 견고하지 못하여 비늘이 일어난 흔적이 많이 있다고 보고하였다. 논의 끝에 겨울이라 날씨가 차서 돌이 얼어 그런 것 같으니 내년 봄에 살펴보는 것이 좋겠다고 하였다.[49] 이처럼 겨울을 지내면서 농대석, 병풍석, 혼유석, 표석 등 산릉의 석물들이 부서지거나 흠집이 생기는 사태가 발생하자, 당시 산릉역을 책임졌던 관원들을 처벌하도록 청하여[50] 고종은 도청 이하 별간역 박명환(朴明煥)과 패장(牌將) 김대길(金大吉), 문학성(文學成), 김학신(金學信), 김윤쇠(金順釗)를 유배하도록 하였다.[51]

따라서 이듬해 봄 1월 11일에 궁내부에서는 홍릉의 석의물을 중수하기 위한 '산릉석의중수도감'을 설치하였고,[52] 도제조는 궁내부 특진관이던 김병시가 맡게 되었다.[53] 이 도감의 관리조직 역시 도제조 이하 제조·낭청·감조관·별간역·간역패장 등의 임원으로 구성되었다.[54] 그러나 도감의 관리 임원은 수시로 교체되어 1899년 2월에는 제조와 낭청, 감동 등이 교체되었고,[55] 5월에는 제조를 교체하였다.[56]

---

47) 『明成皇后洪陵山陵都監儀軌』卷1, 照會. 산릉 곡장 안 잔디는 경무청의 협조를 얻어 모화관에서 채취하고 능 위에 입힐 잔디 1만장은 南小營에서 채취하게 했다.

48) 『明成皇后洪陵山陵都監儀軌』卷2, 大浮石所. 日錄.

49) 『洪陵石物重修都監儀軌』, 규13895. 詔勅, 丁酉(1897) 12月 15日 ; 12月 27日.

50) 『洪陵石物重修都監儀軌』, 詔勅, 丁酉(1897) 12月 27日 ; 무술(1898) 윤3月 12日. 총호사 조병세를 파직하고 제조 3인은 유배하고 도청과 부석소 낭청 감조관은 법부에서 징벌하고, 별간역은 엄징하고 부석소 패장 및 석수변수는 법부에서 징벌하도록 하였다.

51) 『高宗實錄』37卷, 35年(1898) 6月 25日. 당시 별간역은 태 100에 종신토록 징역하도록 하였고, 패장들은 태 100에 징역 15年에 처하도록 하였으나 모두 유배하였다 ; 『高宗實錄』39卷, 36年(1899) 5月 16日. 1년 후가 되면 유배를 갔던 박명환이 돌아와 각릉을 수리하는 중건청에서 활동하고 있어 왕릉에 관한 전문가었음을 알 수 있다.

52) 『洪陵石儀重修都監儀軌』, 時日. 1898年 1月 11日.

53) 『洪陵石儀重修都監儀軌』, 戊戌(1898) 1月 11日 ; 『洪陵石儀重修都監儀軌』, 座目 ; 『高宗實錄』38卷, 35年(1898) 10月 11日. ; 『高宗實錄』39卷, 36年(1899) 3月 4日.

54) 『洪陵石儀重修都監儀軌』, 座目 ; 戊戌(1898) 1月 11日. 제조.도제조.낭청을 임명하였다 ; 1月 26日. 감동.간역을 임명하였다.

55) 『洪陵石儀重修都監儀軌』, 狀啓. 己亥(1899) 2月 23日 ; 3月 17日 ; 5月 初10日.

56) 『洪陵石儀重修都監儀軌』, 狀啓. 己亥(1899) 5月 12日.

| 직책 | 정원 | 『홍릉석의중수도감의궤』 좌목 |
| --- | --- | --- |
| 都提調 | 1인 | 궁내부 특진관 김병시 (1898. 1. 11 - 1898. 7. 11)<br>의정부 의정 심순택 (1898. 7. 1 - ) |
| 提調 | 3인 | 궁내부 특진관 민영준 (1898. 1. 11 - 1898. 5. 22 / 1898. 1. 23 - )<br>궁내부 특진관 윤용구 (1898. 1. 11 - 1898. 8. 16)<br>홍릉제조 김영목 (1898. 6. 21 - 1899. 2. 23)<br>의정부 참정 김성근 (1898. 6. 21 - 1899. 2. 23)<br>종1품 조병호 (1899. 2. 23 - 5. 10)<br>정2품 이근명 (1899. 5. 12 - ) |
| 郎廳 | 6명 | 상의사 주사 민강호, 전선사 주사 박주헌, 태복시 주사 박승철, 탁지부 주사 남만희, 심건택,<br>홍릉령 장열, 홍릉 사승 이승옥, 이종열, 6품 김병기 등 10명 |
| 각종 원역 | | 監造官(7명, 前참봉), 別監役 (5명, 수령출신), 看役牌將(6명), 都廳雇員(7명), 庫直(3명),<br>使令(5명), 사환기수(5명), 사환(9명) |

<홍릉석의중수도감의 관리원역>

이처럼 홍릉석의중수도감을 설치한 정부는 곧 재용을 조달하기 시작하였는데, 우선 산릉도감에 남아있던 錢 4,100냥과 탁지부에서 조달한 錢 824,376냥 8전 6푼 등으로 중수비에 충당하였다. 중수비의 지출내역을 보면, 1898년 4월에 30,000원을,[57] 6월에 70,000원을 지출하였다.[58] 또 1899년에는 중수비 부족분 50,000원을[59], 1900년에도 30,000원을 각각 예비비에서 지출하였다.[60] 그리고 월급(月銀)으로는 낭청·감조관·별간역에게는 매월 50냥, 패장고원에게는 매월 40냥, 사령 사환기수에게는 매월 20냥, 사환에게는 매월 15냥씩을 지급하였다. 장인들의 보수는 직종을 구분치 않고 일당을 2냥 6전으로, 그 밖의 담군은 일당을 1냥 8전으로, 가내군은 일당을 1냥 4전으로, 모군지게꾼은 일당을 1냥 2전으로 책정하였다.[61] 이때 장인들의 일당 2냥 6전은 1897년의 2냥 4전 보다 2전이 올라 한 달 치를 계산한다면 78냥이니 전보다 6냥을 더 받게 되었다.

당시 석의중수도감에서는 능상의 석의물 중 혼유석과 망주석 외의 모든 석물을 수리하기로 결정하였다.[62] 1898년에는 표석 농대석을 수리하여 다시 세웠고,[63] 비각의 대들보에 회를 칠하고,[64] 7월 16일에는 단청까지 완료하였다.[65] 또 8월 4일에는 농대석과 표석을 완성하는 등[66] 이

57) 『高宗實錄』37卷, 35年(1898) 4月 27日. 당시 탁지부에서 산릉의 석물 중수비로 3만원, 홍릉 도로수축비로 8,150원을 계상하였다.
58) 『高宗實錄』37卷, 35年(1898) 6月 10日.
59) 『高宗實錄』39卷, 36年(1899) 4月 8日.
60) 『高宗實錄』40卷, 37年(1900) 1月 11日.
61) 『洪陵石儀重修都監儀軌』, 財用
62) 『洪陵石儀重修都監儀軌』, 戊戌(1898) 潤3月 19日 ; 『高宗實錄』 37卷, 35年(1898) 윤3月 19日 ; 5月 9日 ; 6月 25日.
63) 『洪陵石儀重修都監儀軌』, 狀啓. 戊戌(1898) 5月 初5日, 初9日, 17日, 19日, 29日, 30日.
64) 『洪陵石儀重修都監儀軌』, 狀啓. 戊戌(1898) 7月 14日.
65) 『洪陵石儀重修都監儀軌』, 狀啓. 戊戌(1898) 7月 16日.
66) 『洪陵石儀重修都監儀軌』, 狀啓. 戊戌(1898) 8月 初4日.

해에는 산릉의 표석을 만들어 세우는 작업이 계속되었던 것이다.[67)]

그리고 혼유석은 1898년에 우이동의 화계사 부근과 조계(租溪), 강화 등지의 석재산지를 조사한 뒤[68)] 조계와 강화에서 떠 와서[69)] 1899년에는 종전에 세워놓았던 석의물을 철거하고 새로 다듬은 석물을 세우는 작업을 진행되었다.[70)] 5월 12일에 혼유석을 다듬기로 정하여[71)] 5월 25일에는 제조 등과 낭청, 감조관, 별간역, 패장 등이 장인들을 거느리고 혼유석을 철거하여 옮긴 뒤 가가(假家)에서 다듬기 시작하였다.[72)] 이때 동원된 장인이 303명인데 각각 4전씩을을 지급하고, 담꾼과 모꾼 86명에게도 각각 3전씩을 호궤비로 지급하고 있었다. 특히 혼유석은 표면을 거울처럼 매끈하게 다듬어야 해서 서울에 거주하는 공장들을 불렀지만 기일 내에 완성할 수 없어 도감으로 하여금 소속 마석장(磨石匠) 중 우수 장인 16명을 뽑아 보내라고 요청하였고,[73)] 강화부의 위량면(位良面) 건평동(乾坪洞)에 거주하는 8명의 장인도 동원시켰으며,[74)] 염억조(廉億兆) 등 6명도 작업에 참여하고 있었다.[75)] 이렇게 혼유석은 그 표면을 다듬는 기간만도 5월 23일부터 7월 19일까지 두 달 가까이 걸렸다.[76)] 8월에 들어서 혼유석 공사가 어느 정도 마무리되자 원위치에 안치할 길일을 택하여[77)] 8월 22일에 장인 249명과 담꾼·모꾼 98명을 동원하여 제자리에 안치하였다.[78)] 혼유석을 안치하자 9월 10일에 고종황제가 건원릉과 수릉을 전알하여 친제를 올린 뒤 홍릉을 전배한 뒤 친제를 지내고,[79)] 9월 16일, 고종은 장인 228명과 담꾼·모꾼 112명에게 건호궤(乾犒饋)로 각각 4전씩과 3전씩을 당일에 분급하도록 하였고,[80)] 9월 25일에는 공장 145명과 담꾼·모꾼 72명에게도 동일하게 지급하였다.[81)]

한편 문·무·마석 등은 앞서의 표석이나 혼유석과 달리 별다른 문제가 없었음에도 불구하고 고종은 모두 중수하도록 지시하였다.[82)] 그것은 숙릉에서 옮겨놓은 석의물이 우이동에서 떠온

67) 『洪陵石儀重修都監儀軌』, 掌禮院內照. 戊戌(1898) 正月 26日 ; 2月 19日, 5月 20日 ; 7月 初8日 ; 7月 29日.
68) 『洪陵石儀重修都監儀軌』, 通牒. 戊戌(1898) 2月 20日. 화계사와 조계 등지는 경무청의 관할이어서 해당 지역을 출입하여 석재를 떠낼 수 있도록 협조를 요청하고 있었다.
69) 『洪陵石儀重修都監儀軌』, 實入.
70) 『洪陵石儀重修都監儀軌』, 狀啓. 己亥(1899) 正月 初7日 ; 正月 初10日.
71) 『洪陵石儀重修都監儀軌』, 狀啓. 己亥(1899) 5月 初10日.
72) 『洪陵石儀重修都監儀軌』, 狀啓. 己亥(1899) 5月 25日.
73) 『洪陵石儀重修都監儀軌』, 訓令. 己亥(1899) 6月 18日. 訓令. 江華府.
74) 『洪陵石儀重修都監儀軌』, 報告書. 己亥(1899) 6月 24日. 마석장 중 4명이 바다 너머의 땅에 거주하고 있어 아직 오지 않았기 때문에 대안을 마련한 것이다.
75) 『洪陵石儀重修都監儀軌』, 報告書. 己亥(1899) 7月 18日.
76) 『洪陵石儀重修都監儀軌』, 掌禮院內照. 己亥(1899) 5月 3日 ; 8月 12日 ; 8月 14日.
77) 『洪陵石儀重修都監儀軌』, 狀啓. 己亥(1899) 8月 初8日.
78) 『洪陵石儀重修都監儀軌』, 狀啓. 己亥(1899) 8月 22日.
79) 『洪陵石儀重修都監儀軌』, 狀啓. 己亥(1899) 9月 初10日.
80) 『洪陵石儀重修都監儀軌』, 狀啓. 己亥(1899) 9月 16日.
81) 『洪陵石儀重修都監儀軌』, 狀啓. 己亥(1899) 9月 25日.
82) 『高宗實錄』 37卷, 35年(1898) 윤3月 19日 ; 5月 9日 ; 6月 25日.

석재로 만들어졌기 때문에 재질이 좋지 못했던 것이다. 따라서 중수도감으로 하여금 돌의 품질을 일정하게 유지하게 하고자 전례에 따라 강화도의 별립산(別立山)에서 석재를 채취하도록 하였다.[83] 결국 앞서 홍릉에 안치한 석재와 같은 것을 쓰도록 한 것이다.[84] 중수도감에서는 강화도의 애석(艾石, 쑥돌)을 캐내기로 하였고,[85] 별간역과 패장이 석수를 인솔하여 강화부의 부석소로 내려가 수시로 떠서 운반하였다.[86] 그런데 석재의 운반이 쉽지 않았다. 강화 부근 통진·풍덕·김포 세 읍에서 배를 세내었고,[87] 싣는 일도 쉽지 않았다. 배에 실을 때는 뗏목을 이용해야 하였다. 뗏목을 만들 목재는 부석소에서 가까운 공·사의 산에서 벌채하였다. 따라서 정부는 배를 빌려 싣고 벌목하는 일의 절차를 엄격히 하도록 신칙하고 있었다.[88]

강화도에서 채취한 석재는 배로 마포까지 운반하였고, 다시 청량리로 옮겼다. 4월 14일에 별간역 이하 장인들이 강화의 부석소에 내려가 채취한 석재들은 1898년 5월 15일 마포에 도착하였다.[89] 5월 18일에는 문석 1괴와 무석 2괴를, 5월 25일부터 6월 16일까지는 양석 2괴, 호석 4괴, 마석 2괴, 무석 1괴를 청량리로 옮겼다. 이때 강화 부석소에서 떠낸 돌을 배에 실어,[90] 마포에 도착하여 땅에 내리면 다시 능소까지 좁은 도로와 교량을 잘 닦아야 했다.[91] 당시 긴급히 수축해야 하는 길로는 동대문 밖의 안암동 병문, 석교, 경문리 병문, 청량리의 신촌 등이었다.[92]

당시 석의중수도감에서 각종 석재를 다루기 위해 동원되었던 장인은 석의를 조성하기 전에 기화를 맡은 화사 2명을 포함하여 18종의 장색, 총478명에 달하였고,[93] 동시에 차부(車夫) 40명과 지게꾼 등이 87명이나 동원되었다.[94] 1898년부터 1900년까지 존속한 홍릉석의중수도감에서 기화를 담당한 화사는 최성구(崔聖九)과 김영준(金榮浚)이었다.[95] 여기서 부언해 둘 것은 홍릉

83) 『洪陵石儀重修都監儀軌』, 狀啓. 戊戌(1898) 7月 初9日. 산릉석의는 마땅히 강화부의 애석을 준례대로 떠냈다.
84) 『洪陵遷奉山陵主監儀軌』, 光武4年(1900) 6月 24日.
85) 『洪陵石儀重修都監儀軌』, 訓令. 戊戌(1898) 윤3月 10日 ; 4月 29日. 訓令. 강화부 ; 『洪陵遷奉山陵主監儀軌』, 광무4年(1900) 6月 24日 ; 9月 3日.
86) 『洪陵石儀重修都監儀軌』, 訓令. 戊戌(1898) 윤3月 10日 ; 4月 29日. 訓令. 강화부.
87) 『洪陵石儀重修都監儀軌』, 訓令. 戊戌(1898) 7月 初10日 ; 己亥(1899) 정월 28日. 강화부.
88) 『洪陵石儀重修都監儀軌』, 訓令. 戊戌(1898) 4月 29日. 강화부 ; 김포군·통진군·풍덕군 삼읍.
89) 『洪陵石儀重修都監儀軌』, 報告書. 戊戌(1898) 4月 14日, 5月 15日.
90) 『洪陵石儀重修都監儀軌』, 報告書. 戊戌(1898) 8月 22日. 김포군의 보고에 의하면 강화에서 떠온 돌을 실어오기 위해 김포읍과 강화읍에서 크고 견고한 배를 물색하여 대기하고 있다는 것이다.
91) 『洪陵石儀重修都監儀軌』, 時日 ; 照會, 戊戌(1898) 8月 初2日. 內部 ; 通牒. 戊戌 6月 11日. 警務廳 ; 來牒. 戊戌 6月 14日. 이 일이 중요하므로 경무청에서 순검순찰을 강화하도록 요청하고 답을 받았다.
92) 『洪陵石儀重修都監儀軌』, 通牒. 己亥(1899) 7月 15日. 內部. 결국 용산으로부터 청량리로 석재를 이동하기 위해 닦은 이 길은 1911년 용산에서 청량리까지 전차가 놓이게 되는 길로 활용되었다.
93) 『洪陵石儀重修都監儀軌』, 都監別段. 畵師, 屛風匠, 木手, 石手, 冶匠, 斧子匠, 蓋瓦匠, 泥匠, 假漆匠, 加里匠, 船匠, 彫刻匠, 岐鉅匠, 引鉅匠, 朴排匠, 穿穴匠, 車匠, 磨石匠, 車夫이다.
94) 조은정, 앞논문, 128쪽. 鰥년 고종황제릉인 홍릉을 조성할 때의 조각계나 장인들을 확인하기는 어렵다"고 하였다. 대한제국에서도 조선시대와 마찬가지로 황릉을 조성할 때 도감체제로 운영되었고, 그 의궤에는 동원된 장인들의 장색과 숫자, 거주지 및 몇몇은 그 이름까지 확인이 된다.
95) 『洪陵石儀重修都監儀軌』, 賞典.

석의중수도감의궤에 실린 견양을 둘 중 누가 그린 것인지를 알 수 없다는 점이다. 그것은 중수도감의궤가 도감의 역사가 끝 난지 1년 뒤인 1901년 5월 27일에 작성되었는데, 그때 화원 1인만 차출하여 태복시(太僕司)에서 규장각과 시강원에 소장할 의궤에 견양을 그렸기 때문이다.[96]

청량리 홍릉에서 석재를 다룰 석수의 숫자는 225명에 달하여 총 장인 수의 1/2을 차지하였다. 석수의 수가 많음에 따라 이들의 작업과정을 지휘할 석수변수도 홍봉석(洪奉石) 등 5명이나 되었다. 200여 명의 석수는 서울에 거주하는 서울석수[京石手]만으로 부족하여 개성의 뛰어난 석수 12명을 더 동원하였고,[97] 이듬해에도 개성부에 솜씨가 뛰어난 석수 20명을 보내달라고 요청하고 있다.[98] 이들 중 이육복·신명석·김성진 3명은 지난해에 동원되었던 석수들이며, 또 당시 개성부에서는 17명의 장인이 궁내부에 차출되어 관왕묘를 중건하고 있었는데,[99] 그가운데 몇 명은 돌아오지 않았고 혹은 병이 들어[100] 도감에서 요구한 석수 20명 중에서 임상길·신명석·김사득·양봉득·김보협·김광석 6명만을 보내고 있었다.[101] 그밖에 중수도감에서는 彫刻匠 白千石 등 5명이 조각을 담당하고, 마석장(磨石匠) 윤창식 등 20명이 표면을 매끈하게 다듬고 있었다. 이들에게는 매일 4전씩 호궤비로 지급하고 있었다.[102]

이처럼 중수도감에서는 수백 명의 석수와 장인들을 동원한 결과 1899년에는 문무석을 비롯한 모든 석의물의 조각이 끝났으며, 앞서 설치했던 혼유석도 철거하고 새 혼유석을 바꿔놓았다.[103] 곧 호석은 1899년 2월 13일부터 5월 13일, 羊·마석은 1899년 3월 18일부터 6월 12일까지, 문석은 1899년 2월 13일부터 9월 17일까지, 무석은 1899년 6월 2일에서 10월 20일에 모두 완료하였다.[104] 그러나 이미 8월 28일에 고종은 민생의 어려움과 재정상의 이유로 들어 1900년 1월 17일까지 공사를 중단하도록 지시하였던 것이다.

따라서 1900년 1월 21일에 이르러 청량리 홍릉에 세워져 있는 옛 석의물을 철거하고 새로 제작한 석의를 배치하기 위하여 길일을 택하기로 하였다.[105] 그런데 마침 병풍석의 일부가 떨어져

---

96) 『洪陵石儀重修都監儀軌』, 儀軌. 辛丑(1901) 5月 27日. 당시 의궤는 5건을 만들어 규장각, 시강원, 비서원, 장례원, 오대산에 분장하도록 하였다.

97) 『洪陵石儀重修都監儀軌』, 訓令. 戊戌(1898) 3月 12日. 訓令. 李貴得, 申命石, 金聖辰, 洪萬孫, 金七得, 李六福, 柳萬福, 梁春得, 金順石, 李相吉, 金光烈, 鄭好吉.

98) 『洪陵石儀重修都監儀軌』, 訓令. 己亥(1899) 3月 23日. 訓令. 開城府. 尹尙浩, 李開文, 林尙吉, 金用文, 鄭致白, 李六福, 金四得, 梁奉吉, 申命石, 金成辰, 朴順基.

99) 고종 20年(1889)에 북관묘와 1902年에 동관묘를 세우는 역사를 시행하고 있었다.

100) 『洪陵石儀重修都監儀軌』, 報告書. 己亥(1899) 4月 初2日. 이에 도감에서는 석수 6명을 먼저 보내고 관왕묘 역사가 끝나는 대로 이첩하도록 결정하였다.

101) 『洪陵石儀重修都監儀軌』, 報告書. 己亥(1899) 4月 初2日. 석수는 林尙吉, 申命石, 金四得, 梁奉得, 金保協, 金光石.

102) 『洪陵石儀重修都監儀軌』, 狀啓. 戊戌(1899) 윤3月 12日 ; 『高宗實錄』37卷, 35年(1898) 윤 3月 19日. 공장 91명에게 4전씩을 주었고, 擔軍과 募軍 178명에게는 3전씩을 주었다 ; 4月 17日. 공장 106명은 4전씩, 擔軍과 募軍 106명은 3전씩 주었다.

103) 『洪陵石儀重修都監儀軌』, 時日.

104) 『洪陵石儀重修都監儀軌』, 時日. 2~6面.

105) 『洪陵石儀重修都監儀軌』, 掌禮院內照. 庚子(1900) 정월 21日. 애초에는 정월 28日에 고유제를 지내고 3月 初5日에 입배를 시작하도록 하였다.

나간 데가 발견되어 우선 이것을 보수한 뒤,[106] 다시 길일을 잡아,[107] 음력 3월 5일에 석의물을 설치키로 하였다.[108] 그러나 때마침 청량리 홍릉을 다른 곳으로 옮겨야 한다는 천릉안이 제기되어 고종은 조성한 문무인석 등을 모두 전별영(前別營)의 창고에 보관토록 지시하였던 것이다.[109]

### 2) 1900년 고종황제의 금곡 수릉(壽陵) 조성

청량리 홍릉을 옮기는 문제는 홍릉 석의물이 완성된 시점을 전후하여 이미 논의되기 시작했던 것으로 여겨진다. 그것은 능상에 문·무·마석 등의 석의물을 안치할 길일이 1900년 음력 3월 5일로 정해져 있는데도 길일을 연장하자는 논의도 없이 그해 6월 21일에 특진관 이재순이 천릉안을 제기하고 있기 때문이다.

그에 대한 내막을 상고할 수는 없지만 그동안에 고종과 대신들 간에는 많은 논의가 있었을 것이 틀림없다. 우선 드러난 이유는 특진관 이재순이 지적했듯이 "청량리 홍릉의 자리가 좋지 못하다."는 이유일 것 같고, 다음은 금곡의 홍릉을 조성하는 과정에서 살펴 볼 때 고종이 내심 명나라 황릉과 같은 제도로 조성하고 싶었기 때문일 것이다.

우선 전자의 경우부터 살펴보자. 특진관 이재순이 청량리 홍릉의 자리가 좋지 못하니 다른 길지로 천릉키를 요청하자,[110] 이튿날 의정부 의정 윤용선이 이재순의 천봉안을 시원임 의정, 2품 이상의 관원들을 소집하여 논의토록 한 결과 천릉키로 결정되었다.[111] 곧 이어 대신과 상지관들이 홍릉을 자세히 살펴 본 뒤 그 문제점들을 지적하였기 때문에,[112] 6월 24일에 천릉도감과 산릉도감을 동시에 설치하게 되었던 것이다.[113] 이때 설치한 천릉·산릉도감의 원역을 간추려 보면, 다음과 같다.

| 직책 | 정원 | 『천릉·산릉도감의궤』 좌목 |
|---|---|---|
| 摠護使 | 1인 | 의정부 의정 윤용선(광무 4년 6월 24-7월 16일 / 9월 3일-5년 4월 7일)<br>궁내부 특진관 심순택 (광무4년 7월 16일-9월 3일 / 5년 4월 7일 - ) |

106) 『洪陵石儀重修都監儀軌』, 狀啓. 己亥(1899) 정월 24日, 28日, 3月 初5日.
107) 『洪陵石儀重修都監儀軌』, 掌禮院內照. 庚子(1900) 2月 初7日.
108) 『洪陵石儀重修都監儀軌』, 狀啓. 己亥(1899) 3月 初5日.
109) 『洪陵石儀重修都監儀軌』, 照會. 庚子(1900) 7月 初8日.
110) 『洪陵遷奉山陵主監儀軌』, 光武4年(1900) 6月 21日 ; 『高宗實錄』 40卷, 37年(1900) 6月 21日.
111) 『洪陵遷奉山陵主監儀軌』, 光武4年(1900) 6月 22日 ; 『高宗實錄』 40卷, 37年(1900) 6月 22日.
112) 『洪陵遷奉山陵主監儀軌』, 光武4年(1900) 6月 24日 ; 『高宗實錄』 40卷, 37年(1900) 6月 24日.
113) 『高宗實錄』 40卷, 37年(1900) 6月 24日.

| | | |
|---|---|---|
| 提調 | 3인 | 장례원경 민영준(광무4년 6. 24- 6년 10. 12)<br>홍릉제조 金永穆 (광무4년 6.24 -8.25 / 광무6년 4월 9일 -)<br>의정부 찬정 민종묵 (광무4년 6.24 -8월 4일 /8월 24일 -5년 1월 4일 / 광무5년 1월 4일- 1월 18일)<br>궁내부 특진관 이근명, 태의원경 조정희, 궁내부 특진관 윤용식, 궁내부 특진관 윤용구, 의정부 차정 윤정구 |
| 別監董 | 1명 | 중추원 의관 강건, 장호진, 유응열, 이철우, 유해종, 이강주, 홍정섭, 사일환 |
| 都廳 | 2명 | 4품 신성균, 비서원랑 이의국 |
| 郎廳 | 6명 | 상의원 주사 이응식, 내부 주사 이호승, 내부주사 서병염, 귀족원 주사 조종만, 탁지부 주사 송희완, 탁지부 주사 이명식, 6품 민영한, 홍릉 사승 김익경, 홍릉사승 이종열, 홍릉령 이승옥, 외부주사 윤용구, 홍릉사승 홍우순 |
| 監造官 | 6명 | 전시종관 윤병구, 전참봉 김진익, 9품 이익수, 전도사 이만식, 전참봉 정택화, 전참봉 김주연, 김건영, 송병유, 강봉원, 이기진, 김준용, 이택기, 한병욱, 조연승, 홍재순, 이근한, 이재구, 남정집, 이민화, 신국, 이태응, 박우양, 정유환, 김종원, 이필종, 윤용식, 이승은, 신택수, 박승식, 김태진, 홍재승, 강용, 손종현, 송병석, 김병석, 김화진, 정훈모, 심상진, 최삼현, 이우, 조종철, 조병문, 안종선, 이응종, 서정억, 신승균, 남정훈, 김방현, 이윤영, 박익병, 안병준, 구필회, 이종우, 홍순정, 강백희, 윤상필, 이윤상, 이대종, 민태현, 김익진, 정인명, 조광희, 신긍희, 장지원, 박용만, 조정하, 노성창, 송병례, 이훈재, 김세진, 이병수, 민병교, 서병흥, 심택진, 이명하, 이응세, 민용호, 한백준, 이달헌, 한기응, 강만, 조한목, 조병기, 김병칠, 심정섭, 오희상, 이정의 등 87명 |
| 別看役 | 3명 | 종2품 김종원, 중추원 의관 이해붕, 6품 김진우, 규장각 주사 오인선, 영선사 주사 최원장, 농상공부 참서관 김희석 |

<1900년 천릉.산릉도감의 원역 조직체계>

곧 총호사는 의정 윤용선을, 천릉도감제조는 장례원경 민영준을, 산릉도감제조는 궁내부 특진관 이근명을 각각 임명하였다.[114] 그러나 뒤에 윤용선의 신병으로 심순택을 총호사로 임명하였는데,[115] 윤용선과 심순택은 뒤에도 번갈아가며 도제조를 맡았다.[116] 그리고 천릉도감과 산릉도감의 제조 또한 1907년까지 체차되거나 임명되기를 반복하였다.[117]

6월 24일, 천릉·산릉도감이 설치되자, 고종은 조칙을 내려 홍릉을 간심토록 지시함에 따라,[118] 6월 28일부터 시원임 대신과 궁내부 대신들은 상지관들을 대동하고 홍릉을 옮길 자리를 물색키로 하였다.[119] 이들은 6월 30일부터 다음달 11일까지 26곳을 간심하였는데,[120] 그들이 간심한 26

114) 『洪陵遷奉山陵主監儀軌』, 光武4年(1900) 6月 22日 ; 『高宗實錄』 40卷, 37年(1900) 6月 24日.
115) 『洪陵遷奉山陵主監儀軌』, 光武4年(1900) 7月 16日 ; 『高宗實錄』 40卷, 37年(1900) 7月 16日.
116) 『洪陵遷奉山陵主監儀軌』, 光武4年(1900) 9月 3日, 1901年 4月 7日 ; 『高宗實錄』 40卷, 37年(1900) 9月 3日 ; 1901年 4月 7日.
117) 『洪陵遷奉山陵主監儀軌』, 光武4年(1900) 6月 26日 ; 『高宗實錄』 43卷, 40年(1903) 3月 2日 ; 9月 8日 ; 44卷, 41年(1904) 8月 5日 ; 48卷, 44年(1907) 1月 19日 ; 4月 13日 ; 5月 24日.
118) 『洪陵遷奉山陵主監儀軌』, 光武4年(1900) 6月 24日 ; 『高宗實錄』 40卷, 37年(1900) 6月 24日.
119) 『洪陵遷奉山陵主監儀軌』, 光武4年(1900) 6月 28日 ; 『高宗實錄』 40卷, 37年(1900) 6月 28日. 궁내부 대신서리 협판 윤정구, 학부대신 김규홍, 장례원 소경 심상황, 산릉제조 이도재와 상지관 이병헌 및 방외상지관 길영수, 제갈형, 박인근, 오성근, 홍종혁, 정해준, 이종설 등이었다.
120) 『洪陵遷奉山陵主監儀軌』, 光武4年(1900) 6月 30日 ; 7月 4日 ; 7月 7日 ; 7月 10日 ; 7月 11日.

곳은 양주 탑동, 양주 화접동, 건원릉 좌1강, 건원릉 우강, 목릉 우강, 양주 군장리, 양주 금곡, 양주 평구역 동십리, 양주 차유현, 양근 청제산, 용인군 능곡, 용인군 사후록, 수원 용주사 후록, 명릉 화소내, 고양 견달산, 고양 문봉, 파주군 분수원 윤심산, 소녕원 이산, 양주 화암, 양주군 옹암동, 양주 녹양역 후록, 양주 의정부 동릉곡, 양주 원당리, 정릉 화소외, 과천 관악산 후남록 금산, 시흥 성대곡이었다.[121] 고종은 경운궁 함녕전에서 산릉을 간심하고 돌아온 관원들과 산릉지의 산도(山圖)를 보고, 산론(山論)을 들은 뒤 길지를 압축하도록 하여, 금곡리·군장리·차유현·화접동·분수원 등 5곳을 선정하였다.[122] 8월 8일에는 이 5곳에 대한 재간심을 실시하였는데,[123] 같은 달 15일, 위의 5곳 외에 다시 양주 금촌면과 원당리가 추가되어 총7곳의 산론과 산도의 별단을 제출하여 재간심 결과를 논의한 결과 고종이 그 해의 연운이 남북은 불합하고 동서가 좋다고 하여 금곡과 군장리 두 곳 중에서 한 곳을 택하기로 하였다.[124] 특히 이 두 곳은 서울에서 40리, 동구릉에서 10리 여서 국왕이 행차하면 당일로 환궁이 가능하다는 점도 고려되었다. 8월 22일에 금곡과 군장리 두 곳에 대한 3간심이 있은 뒤[125] 8월 24일, 총호사 심순택이 산론과 산도의 별단을 들고 함녕전에 입시하여 논의한 끝에 고종은 마침내 금곡으로 결정하였던 것이다.[126]

고종황제는 이처럼 1900년에 청량리 홍릉을 옮길, 그리고 자신의 수릉(壽陵)으로 삼을 길지를 물색하는데 심혈을 기울였던 한편 자신과 황후의 능을 황릉에 걸맞도록 조성하는데도 심혈을 기울였다.

이미 고종은 1897년 청량리 홍릉에 정자각 대신 황릉과 같이 침전을 세우고, 명성황후의 국장을 황후의 예로 장례를 치렀다. 이제 더 갖추어야 할 의물은 문무석인 등 각종의 석물들을 황릉 석의에 맞추어 세우는 일이다. 그렇다면 1900년에 천릉지이자 수릉지를 마련하기에 앞서 고종이 구상한 황릉 모습은 어떤 것일까. 또 그가 조성할 황릉의 전범은 중국의 어느 황릉일까를 살펴보자.

앞서 1897년에 고종이 박제순에게 밀령을 내려 중국 황릉의 제도를 알아오게 한 사실을 언급했지만 밀명을 받은 사람이 밝혀져 있지 않았는데 다만 『매일신보』의 기록에, "경자년(1900)부터 (금곡 홍릉의)역사를 시작하였는데, 그 제도는 당시 중국 공사로 북경에 가 있던 박제순(朴

121) 『洪陵遷奉山陵主監儀軌』, 光武4年(1900) 7月 11日.
122) 『洪陵遷奉山陵主監儀軌』, 光武4年(1900) 7月 11日 ; 『高宗實錄』 40卷, 37年(1900) 7月 11日.
123) 『洪陵遷奉山陵主監儀軌』, 光武4年(1900) 8月 8日. 당시 신병이 있던 윤용선 대신 심순택을 도제조로 삼아 방외지사 전주사 신효진, 주사 명석범, 박대규, 무장 유학 최전구와 상지관이 함께 갔다.
124) 『洪陵遷奉山陵主監儀軌』, 光武4年(1900) 8月 15日.
125) 『洪陵遷奉山陵主監儀軌』, 光武4年(1900) 8月 22日 ; 『高宗實錄』 40卷, 37年(1900) 8月 22日.
126) 『洪陵遷奉山陵主監儀軌』, 光武4年(1900) 8月 24日 ; 『高宗實錄』 40卷, 37年(1900) 8月 24日.

齊純)이 내명(內命)을 받아 명나라 제왕의 능침제도를 도사(圖寫)하여 복명한 바를 의거, 규모를 정하였으므로, 십이간지석과 문무석을 능침 위에 세우지 아니하고 침전 앞에 치내려 세웠으니 이는 명나라의 규모를 본받은 것이다"[127]라고 하였다. 곧 박제순은 그때 공사로 있으면서 밀령을 받았다고 하였는데, 그 밀령을 가져 간 사람은 누구인지 밝히지 않고 "영선사(營繕司)의 주사(主事) 1인을 보내어 간심하고 오도록 하였다"[128]고 한다. 그 당시 영선사 주사가 누구인지 상고할 수는 없지만 1900년의 천봉도감의 낭청 중에 영선사 주사가 한 사람 있는데 그는 1900년 8월 28일에 임명된 정태동(鄭義東)이었다.[129] 그런데 위의 두 사람은 그들의 당시 관직이나 직책으로 미루어 보아 이 일을 수행했을 가능성이 컸다. 그리고 고종이 영선사 주사에게 밀령을 내려 중국의 황릉을 도사(圖寫)해 오도록 보냈으면 반드시 화원(畵員)을 대동시켰을 것인데 화원의 이름은 찾을 수가 없었다.

어떻든 1897年에 밀령을 받고 중국 북경으로 간 밀사가 황릉을 도사해 와서 복명했을 때의 정황을 1900年 8월 현재 고종이 전한 말로 들어보면, "정유년(1897)에 사람을 보내어 명나라 제도를 살펴보게 하였더니 모든 석물이 아주 굉장하였고, 청나라가 선 이후에도 하나도 훼손된 것이 없이 각별히 보존되고 있어 청나라가 명나라를 대우하는 것이 또한 후하다고 하였다. 모든 석물을 모두 동네 어귀에 벌려 세우고 또 토성(土城)을 쌓았다고 하였다."[130]

이처럼 고종은 밀령을 받아 북경으로 가서 모사해온 명나라의 황릉은 청나라 때에도 훼손되지 않고 잘 보존된 것이었다. 고종은 이 모사본을 보고, 황릉 앞의 능침(陵寢)이나 석조각[石儀]의 규모가 굉장하다는 사실을 확인하게 되었던 것이다. 때문에 고종은 당시 조영하려던 금곡의 홍릉을 명나라의 황릉처럼 만들려면 한두 해에 끝내기 어렵다는 것을 깨닫고 있었다. 따라서 1900년 8월 현재 고종은 "우리나라의 힘으로 명나라 제도를 그대로 따르고자 하면 설사 한 두해를 허비하더라도 역사를 끝내기 어려울 것이다. 또 한나라 문제(文帝)가 수릉(壽陵)을 지은 것은 길이 100여 척에 너비 90척으로서 그 역사가 방대하니 어떻게 이렇게까지 할 수 있겠는가? 진나라 문공이 수도(隧道)를 내고 장사지낸 일은 꼭 예법에 맞는다고 할 수 없다. 대체로 장사 지내는 것은 우리나라의 규례대로 하는 것이 합당할 듯하다."[131]고 하여 금곡의 황제릉을 조성할 때 우리나라의 장의제도에 따라 장례 지내고 석의 또한 줄이는 것이 합당하다는 견해를

127) 『每日申報』, 1919年 1月 28日. 3면.
128) 『洪陵遷奉山陵主監儀軌』, 光武 4年(1900) 6月 24日.
129) 『洪陵遷奉山陵主監儀軌』, 光武 4年(1900) 6月 24日.
130) 『高宗實錄』 40卷, 37年(1900) 8月 31日.
131) 『洪陵遷奉山陵主監儀軌』, 光武 4年(1900) 6月 24日 ; 『高宗實錄』 40卷, 37年(1900) 8月 31日.

밝혔고 또 이를 실천할 마음도 먹고 있었던 것이다.[132)]

그렇다면 고종의 특사가 찾아갔던 북경의 황릉은 어느 황제의 능이며, 어떤 석물들이 어떤 모습으로 배치되어 있었을까. 물론 명나라 황릉의 제도는 태조 홍무제(1368~1398)의 효릉(孝陵)이 전범이 되어 역대 황릉도 이에 준하여 조성되게 마련이었다. 효릉의 석의물을 보면, 문무신 각 2쌍과 사자, 해태, 낙타, 코끼리, 기린, 말의 6종 12쌍이었으며, 이 12쌍 중 6쌍은 입상(立像), 6쌍은 와상(臥像)이었다.[133)] 하지만 효릉은 북경이 아닌 남경에 있어 북경에 간 고종의 특사들이 굳이 효릉을 찾아 남경까지 갈 필요는 없었다. 북경에도 명나라 13릉이 있었기 때문이다. 우선 청나라 때 서오복(錫五福)이 그린 『대명13제릉도(大明十三帝陵圖)』을 살펴보자. 이 그림에는 여러 능침이 분포되어 있는데,[134)] 그중 성조(成祖) 영락제(永樂帝, 재위1402~1424)의 장릉(長陵)이 가장 완벽한 체제를 갖추고 있다.[135)] 장릉 앞의 석의도 거의 그대로 그려져 있다. 앞서 1897年에 고종이 전언(傳言)과 도사를 보고 "석의가 모두 동네 어귀에 벌려 세워져 있으며 또 토성을 쌓았다"고 했던 표현과도 부합된다. 이로 미루어볼 때 고종이 명성황후의 홍릉을 조성하기 위해 보낸 특사가 보고 왔던 명나라 황릉은 남경에 있던 효릉이 아니라,[136)] 당시 잘 보존되어 있던 북경의 장릉(長陵)이었던 것이다. 그리고 장릉 등 명 13릉의 주선(主山) 명칭이 천수산(天壽山)임을 알고, 금곡을 천릉지로 정하면서 주산인 묘적산(妙績山)의 명칭을 "천수산(天秀山)"으로 봉하고 있었다.[137)] 결국 고종의 수릉이자 명성황후의 천장지인 금곡의 능침은 명나라 장릉을 전범으로 삼았다고 하겠다.[138)]

고종은 이처럼 자신의 수릉이자 황후의 천장지를 길지로 잡으려는 노력을 기울임과 동시에 명나라 황릉의 제도를 전범으로 삼되 조선의 전통성을 가미하려 하였던 것이다. 앞서 금곡을 길지로 선택한 것이 1900年 8월 24일이었고, 이때부터 천릉·산릉도감의 공역도 시작되었다.

우선 도감에서는 산릉 터의 땅을 수용하기 위하여 이미 그곳에 자리 잡고 있던 민가와 기존의 분묘들을 이전하는 문제를 해결해야 하였다. 당시 금곡은 조선 초기의 명신 조말생을 비롯한

132) 『洪陵遷奉山陵主監儀軌』, 光武4年(1900) 8月 31日.

133) 南京博物院編, 『明孝陵』, 文物出版社, 1981 ; 양관 지음, 『중국역대 능침제도』, 장인성.임대희 옮김, 서경, 2005, 170쪽.

134) 胡漢生, 『十三陵』, 북경미술촬영출판사, 2004, 16~17쪽.

135) 王德恒, 『北京的皇陵與王勸』, 中國城市出版社, 1997, 126쪽 ; 朱天運, 『十三陵 風水探秘』, 中國青年出版社, 2005. 100쪽. 장릉은 기본적으로 효릉의 능침제도와 규모를 그대로 따르고 있었다.

136) 금곡 홍릉은 그동안 원전을 밝히지 않은 채 중국 명나라 태조 孝陵의 陵設제도를 따라 조영하였다고 하였다. (『조선왕릉석물지』, 하편, 157쪽 ; 『문화유산 왕릉』, 324~325쪽.) 한편 청나라 태조릉을 본받아 조영하였다는 견해도 있는데, 청태조 누루하치의 福陵은 현재 심양에 있다. (김원용.안휘준, 앞책, 626쪽.)

137) 『洪陵遷奉山陵主監儀軌』, 光武4年(1900) 9月 26日 ;『高宗實錄』卷40, 37年(1900) 9月 26日, 11月 2日.

138) 朱天運, 『十三陵 風水探秘』, 中國青年出版社, 2005. 76~78쪽.

조씨 문중의 선산이 있었고,[139] 한원부원군·능원부원군·한천부원군의 묘지도 근처에 있었다. 이들 묘소를 이장하는 비용은 탁지부에서 지출하도록 하였다.[140] 8월 24일에 홍릉의 천봉지를 금곡으로 정하고 봉표하였다.[141] 이처럼 금곡을 산릉지로 확정하고 봉표를 세운 뒤 8월 31일에 고종이 총호사 심순택 등을 인견한 자리에서 다음과 같은 대화가 오갔던 것이다.

"총호사(總護使) 심순택(沈舜澤)이 아뢰기를, "봉표를 세워 영구히 태평하게 되었으니 매우 다행한 일입니다." 하니, 상이 이르기를, "여러 해 동안 걱정해 오던 끝에 이제야 좋은 산을 얻어 봉표까지 세웠다. 또 東宮이 애타게 걱정하던 끝이니 더욱 경사스럽고 다행하게 여긴다." 하였다. 심순택이 아뢰기를, "동궁이 경사스러워하는 것은 실로 지극한 효성에서 나온 것이므로 신은 끝없이 흠앙하는 마음을 가지게 됩니다. 이제 봉표도 이미 세웠으니 각 항목의 날짜를 정하는 것은 장례원(掌隷院)으로 하여금 날을 잡게 하는 것이 어떻겠습니까?" 하니, 윤허하였다. 심순택이 아뢰기를, "가을에는 해가 봄, 여름에 비해 차츰 짧아지는데 역사(役事)가 방대하니 매우 걱정됩니다. 여러 당상(堂上)이 비록 분장(分掌)한다 해도 반드시 특별히 독촉하고 감독해야만 역사를 제때에 마칠 수 있을 것입니다." 하니, 상이 이르기를, "그렇다."하였다. 심순택이 아뢰기를, "상석(象石)과 사석(獅石)은 이미 새로 만들어 놓은 것이 있습니다." 하니, 상이 이르기를, "명나라의 능제대로 하려 한다면 사력(事力)이 미치지 못할 것이니 여러 가지 석의를 적당히 줄이는 것이 좋을 듯하다. 한나라 문제가 수릉을 지은 것은 길이 100여 尺에 너비 90척으로서 그 역사가 방대하니 어떻게 이렇게까지야 할 수 있겠는가? 진(晉)나라의 문공(文公)이 수도(隧道)를 내고 장사지낸 일은 꼭 예법에 맞는다고는 할 수 없다. 대체로 장사지내는 것은 우리나라의 규례대로 하는 것이 합당할 듯하다."[142]

결국 고종은 명나라 황릉제도를 모방하되 간소화하고, 조선의 전통 왕릉 방식도 참작할 생각이었다. 이리하여 9월 7일에는 이미 민가를 철거하고 묘를 옮겼으며,[143] 9일에는 산릉의 화소를 간심하고 정계비(定界碑)를 세우도록 하여,[144] 20일에 산릉화소정계를 확정하였다.[145] 그 다음날부터 산릉 해자 내에 있는 분묘를 이장할 때 특히 의친(懿親)·존속(尊屬)·훈신(勳臣)은 예우하여 옮기도록 하였다.[146] 이후 9월 1일부터 천릉도감의 작업이 시작되었고, 청량리 홍릉을 옮

139) 『每日申報』, 1919年 1月 28日. 3면.
140) 『洪陵遷奉山陵主監儀軌』, 光武4年(1900) 8月 24日 ; 『高宗實錄』 40卷, 37年(1900) 8月 24日.
141) 『洪陵遷奉山陵主監儀軌』, 光武4年(1900) 8月 24日, 28日, 30日, 31日 ; 『高宗實錄』 40卷, 37年(1900) 8月 24日.
142) 『高宗實錄』, 光武 4年(1900) 8月 31日.
143) 『洪陵遷奉山陵主監儀軌』, 光武4年(1900) 9月 7日.
144) 『洪陵遷奉山陵主監儀軌』, 光武4年(1900) 9月 9日.
145) 『洪陵遷奉山陵主監儀軌』, 光武4年(1900) 9月 20日.
146) 『洪陵遷奉山陵主監儀軌』, 光武4年(1900) 9月 21日. 영응대군 내외, 의창군 내외, 안양군 내외, 효순공주 내외, 정정옹주 내외, 숙혜옹주 내외, 반성부원군 내외, 능안부원군 내외, 한원부원군 내외, 능천군 구수영, 능성부원군 구굉, 능천부원군 구인후, 능풍부원군 구인기, 호산군 송시범 등을 천장하였다.

길 길일을 잡기로 하였다.[147] 복 입는 기간과 의식절차 등을 의논한 뒤,[148] 9월 26일에는 상복제도를 결재하여 반포하였다.[149]

이처럼 금곡으로의 천릉 준비가 착착 진행되는 가운데, 능침의 역사도 어느 정도 규모를 갖추게 되자, 고종은 천릉 날짜를 잡도록 지시하였다.[150] 그런데 1900년 10월 9일에 궁내부 특진관 박정양이 상소하기를, "자년(子年)에는 자년(子年)에 출생한 사람을 꺼리는데 올해 자(子)자가 들어 있고 경년(庚年)에는 을방(乙方)을 잡으면 천운(天運)이 망하는데 금곡은 을방으로 밖에 잡을 수 없으므로 금곡이 이러한 2가지 금기를 범하고 있다"고 하면서 다시금 다른 길지를 잡도록 요청하였다. 이에 시임대신과 원임대신 등이 홍릉의 새로운 천장지를 다시 의논하기로 하였다.[151] 이에 10월 11일 총호사로 새로 임명된 윤용선이 산릉은 산운과 연운이 맞아야 하는데, 금곡은 두 가지 점에서 기피해야 할 곳이므로 근처 여러 곳을 간심하여 길지를 택하도록 하였다.[152] 총호사 등이 완전무결한 새 자리를 다시 간심하기로 하였고,[153] 이튿날 봉표처 근처를 다시 간심하고 돌아와 산도와 산론을 기록한 별단을 가지고 대작재(大酌齋)에서 왕과 총호사 등이 만났을 때 군장리와 정안리가 상길지라는 의견을 내었다.[154] 다음날 군장리와 정안리를 재차 간심하였는데[155] 18일, 총호사 등이 군장리(群藏里)를 상길지(上吉地)로 추천하여 결국 이곳에 천봉하기로 결정하였다.[156] 이때 군장리가 금곡보다 조금 더 멀어 우려하였지만, 총호사 윤용선이 도로에서 가까워 공사하기에는 금곡보다 쉬울 것이라고 하였다. 결국 금곡의 공사를 중지하고 그곳에 참여한 노동자들의 보수는 탁지부가 1,000냥을 지불하고, 이미 정한 금곡의 산릉 봉표는 철거하였으며, 한편으로는 군장리를 3간심하고 있었다.[157]

이제, 천릉·산릉도감은 1900년 10월 27일부터 군장리에서 다시 공사를 시작하게 되었고,[158] 30일, 이곳에 봉표를 세웠다.[159] 그리고 산형(山形)의 높이는 건원릉 보다 낮고 목릉(穆陵)과 비슷

147) 『洪陵遷奉山陵主監儀軌』, 光武4年(1900) 9月 1日 ; 『高宗實錄』 40卷, 37年(1900) 9月 1日.
148) 『高宗實錄』 40卷, 37年(1900) 9月 3日, 6日.
149) 『高宗實錄』 40卷, 37年(1900) 9月 26日.
150) 『高宗實錄』 40卷, 37年(1900) 9月 1日. 음력 10月이 좋다고 하여 10月 15日에 발인하도록 하였다.
151) 『高宗實錄』 40卷, 37年(1900) 10月 9日.
152) 『洪陵遷奉山陵主監儀軌』, 光武4年(1900) 10月 11日, 12日. 당시의 상지관과 일관 등을 법부에 령하여 율에 비추어 징벌하도록 하였다.
153) 『高宗實錄』 40卷, 37年(1900) 10月 11日.
154) 『洪陵遷奉山陵主監儀軌』, 光武4年(1900) 10月 15日.
155) 『洪陵遷奉山陵主監儀軌』, 光武4年(1900) 10月 16日.
156) 『高宗實錄』 40卷, 37年(1900) 10月 18日. 군장리는 원래 역사적으로 인조의 私親을 모셨던 興慶園이 있던 곳이며, 이후 김포로 천장하였다. (『洪陵遷奉山陵主監儀軌』, 光武4年(1900) 8月 24日).
157) 『洪陵遷奉山陵主監儀軌』, 光武4年(1900) 10月 18日.
158) 『洪陵遷奉山陵主監儀軌』, 光武4年(1900) 10月 27日.
159) 『洪陵遷奉山陵主監儀軌』, 光武4年(1900) 10月 28日, 29日, 30日.

하게 하도록 하였으며,[160] 천릉을 할 길일을 다시 선택하게 되었다.[161] 이듬해 1901년에 신릉의 역사를 다시 시작하면서는 양주군의 춘등 호포 등을 탕감하도록 하였으며,[162] 군장리의 화소정계(火巢定界)도 봄이 되면 정하기로 하였다가[163] 다시 3월 12일에는 천릉에 관한 행사를 택일하면서 화소를 간심한 뒤 정계를 정하기로 하였다.[164]

4월에 들어 군장리 산릉지의 각종 공사가 본격적으로 추진되었다. 능상의 사초는 모화관 앞에서 떠다 쓰고, 침전 앞의 전후 면은 산릉지 근처의 사초를 부출하여 사용토록 하여, 모화관에는 사초를 뜰 일꾼 1,500명과 능소 근처의 사초꾼 2,000명을 도감에서 차출해 보내도록 하고 있었다.[165] 4월 4일에는 청량리 홍릉의 홍살문을 구례에 따라 세우되, 병진년(1856)의 전례를 따라 3조 홍살문을 세우도록 하였다.[166] 그리고 침전, 어재실, 내재실의 기초를 다지고 주초와 장대석 등 석물을 차례로 군장리에 운반하여 치련토록 하였다.[167]

이처럼 군장리의 산릉역이 본격적으로 진행되던 며칠 뒤 심순택이 총호사로 다시 재임용되었다.[168] 그로부터 며칠 뒤 봉표한 곳으로부터 1척 아래의 땅에 해술(亥戌)방향에서 병사(丙巳)방향으로 바위가 묻힌 흔적이 나타나 몇 척 아래에는 반석(盤石)이 있을 것이라는 우려를 낳게 되었고,[169] 과연 간심한 결과 큰 바위가 묻혀 있었다. 이제까지 천릉작업을 해 온 것이 3년째인데, 이 바위를 제거하면서 작업할 수는 없었다. 이리하여 결국 군장리의 천릉공사도 중지할 수밖에 없었던 것이다.[170]

천릉·산릉도감은 또 다시 천릉지를 물색해야 하였다. 4월 17일에는 양주군 금곡산릉 터의 구역안과 진안리, 전농답십리 등 세 곳을 간심한 뒤,[171] 다음날 산론과 산도를 들여와 논의하였다.[172] 20일에는 당상관들이 금곡, 선유동 등을 재간심하고,[173] 21일 고종과 함녕전에서 재간심한

160) 『洪陵遷奉山陵主監儀軌』, 光武4年(1900) 10月 30日.
161) 『洪陵遷奉山陵主監儀軌』, 光武4年(1900) 11月 1日. 시역은 신축(1901) 4月 初6日을 비롯하여 참초와 파토는 4月 15日, 옹가는 8月 初6日, 금정 여는 것은 8月 17日 등을 정하였다.
162) 『洪陵遷奉山陵主監儀軌』, 光武5年(1901) 2月 6日.
163) 『洪陵遷奉山陵主監儀軌』, 光武5年(1901) 2月 7日.
164) 『洪陵遷奉山陵主監儀軌』, 光武5年(1901) 3月 12日, 29日.
165) 『洪陵遷奉山陵主監儀軌』, 光武5年(1901) 4月 1日.
166) 『洪陵遷奉山陵主監儀軌』, 光武5年(1901) 4月 4日. 전례로서 병오, 을미, 병진 등록을 들었고 병진년의 것을 참고하도록 하였다.
167) 『洪陵遷奉山陵主監儀軌』, 光武5年(1901) 4月 5日, 9日, 10日.
168) 『洪陵遷奉山陵主監儀軌』, 光武5年(1901) 4月 7日.
169) 『洪陵遷奉山陵主監儀軌』, 光武5年(1901) 4月 10日.
170) 『洪陵遷奉山陵主監儀軌』, 光武5年(1901) 4月 12日, 13日.
171) 『洪陵遷奉山陵主監儀軌』, 光武5年(1901) 4月 17日.
172) 『洪陵遷奉山陵主監儀軌』, 光武5年(1901) 4月 18日, 19日.
173) 『洪陵遷奉山陵主監儀軌』, 光武5年(1901) 4月 20日.

결과를 논의하였는데,[174] 금곡이 상길지(上吉地)이지만 금년에는 연운이 좋지 못하여 옮길 수 없다고 결정하였다. 이에 당상관들이 "청량리 홍릉에 옹가(甕家)를 세운 지가 이미 3년이나 지났으니 금년을 넘기기가 황송하다"고 하였다. 고종이 금곡 아래에 넓이 3~4칸, 길이 6~7칸 정도의 연지(蓮池)를 만들자고 하자, 심순택이 "가까운 곳에 논이 없어 물이 없으니 논물을 관개하여 연못을 만들고 물을 담는 것이 좋겠다"고 하니, 고종이 "숭릉 근처에 연못이 있으니 가능할 것이라"고 하였다.[175] 이날 천수산 금곡을 장지로 정하고 3간심 한 뒤 봉표 하였다.[176]

4월 26일에는 천릉·산릉도감의 제조 이하 원역들이 교체되고,[177] 능역에 관한 모든 일이 신속하게 진행되었다. 4월 27일에는 을좌신향(乙坐辛向)에 정혈(正穴)을 재정하고 예대로 봉표하였으며,[178] 다음날에는 봉표한 내용을 함녕전에 가서 고종에게 보고하였다.[179] 그리고 고종은 도감으로 하여금 산릉지에 연못을 파고 석축을 쌓게 하였다.[180]

이상과 같이 고종황제의 금곡 홍릉으로의 천릉과 산릉은 우여곡절을 겪었다. 1900년 9월 6일 처음 홍릉을 천봉할 길일을 선택한 이후, 모든 능역이 거의 진행된 상태에서 금곡에서 군장리로, 군장리에서 다시 금곡으로 장지를 옮기느라 많은 시간을 허비하였다. 그러면서 산운과 연운을 고려하여 길일을 택하는 일이 여러 차례 생기면서 12번이나 택일을 하고 있었다. 이를테면 1900년 11월 1일에는 금곡에서 군장리로 장지를 새로 정하여 산릉역을 진행시켜 1901년 3월 15일에 천봉할 택일을 잡았으나, 봉표한 자리를 파 내려 가는데 청석(靑石)이 드러나고 석흔(石痕)이 보여 4월 28일 다시 여러 곳을 간심한 후 결국 금곡을 선정하기에 이르렀다. 이제 빠르게 산릉역이 진행되어 곧바로 5월 5일 길일을 택하였다가 산운이 나빠 미루고, 11월 16일에는 연운이 나빠 다시 해를 넘기게 되었다. 이듬해 1902년에는 4월 8일, 10월 21일, 12월 18일, 12월 21일 거듭 택일을 하였다가 미루고, 1903년에 들어서도 6월 26일, 10월 2일 12월 26일 거듭하여 길일을 택하였다. 이처럼 1901년 다시 금곡으로 고종황제의 수릉(壽陵)이 확정된 이후에도 1901년부터 1903년까지 10여 차례 이상 길일의 택일과 연기가 반복되었다.

이렇게 천릉이 차일피일 미루어지다가 1903년 말부터는 국가적 우환이 거듭 겹쳤다. 1903년 11월 효정왕후(24대 헌종 계비)가 타계하여 1904년 1월 경릉에 합장되었고, 1904년 9월에는 순명황

174) 『洪陵遷奉山陵主監儀軌』, 光武5年(1901) 4月 21日.
175) 『洪陵遷奉山陵主監儀軌』, 光武5年(1901) 4月 21日.
176) 『洪陵遷奉山陵主監儀軌』, 光武5年(1901) 4月 21日.
177) 『洪陵遷奉山陵主監儀軌』, 光武5年(1901) 4月 26日.
178) 『洪陵遷奉山陵主監儀軌』, 光武5年(1901) 4月 27日.
179) 『洪陵遷奉山陵主監儀軌』, 光武5年(1901) 4月 28日.
180) 『洪陵遷奉山陵主監儀軌』, 光武5年(1901) 4月 28日.

태자비(27대 순종 비)도 서거하여 11월에 성동구 뚝섬 유강원(裕康園)에 장사를 치르는 등 연거퍼 국장을 치르게 된 것이다. 또 1902년 경운궁에 중화전을 세운 후,[181] 1903년 말에 각사까지 모두 완공하였으나,[182] 이듬해 봄에 화재로 모든 전각이 다 불타 버려,[183] 규모를 줄여서 다시 짓는데 총력을 기울었다.[184] 이렇게 두 번의 국장과 경운궁의 영건으로 많은 비용이 지출되어 고종은 홍릉을 금곡으로 천릉하려는 뜻을 접고, 두 도감도 1904년 말에 철폐하고 말았다.[185]

이제, 이러한 우여곡절 속에서 고종의 생전에 금곡 홍릉에 조성해 두었던 의물은 어떤 것들이 있었는지 살펴보자.

> "금곡의 홍릉에는 이미 고종이 만들어 놓아 50평에 가까운 침전과 그 오른편에 두 채의 재실, 왼편에 비각이 있으며 침전 앞에는 두 마석을 비롯하여 문무석 등을 진열하여 세울 수 있는 주춧돌이 벌려 있으며, 그 앞 정면에는 연못을 팠고 삼문 (홍살문) 옆으로 그 왼편으로 돌아 나오면 향정각, 어재실, 동궁재실의 규모가 굉장하고 상관방, 각 감청, 상궁 처소 기타 여러 처소의 배치가 웬간한 궁전의 것보다 결코 못지 않고, 역대 능전보다는 규모의 광대함이 실로 비교할 수 없으며, 해자의 구역이 전부 62정보, 86,000평이나 되며 그 밖의 설비가 실로 주도면밀하여 보는 사람으로 하여금 역사 당시의 장관을 생각하게 하였다."[186]

이 기사에 의해 몇 가지 중요한 사실이 확인된다. 첫째, 홍릉의 규모가 86,000평으로서 웬만한 궁전에 가깝고 역대 능전보다 광대하여 장관을 이루고 있다는 점이다. 둘째, 능침의 배치와 설비가 계획적이었다는 점이다. 침전과 비각을 두고 그 앞에 석의를 세웠으며, 정면에 연못을 팠고 삼문 홍살문을 세웠으며 그 옆으로 향정각, 어재실과 동궁재실, 상관방과 감청, 상궁처소 등이 갖춰져 있었다. 이러한 당시의 모습은 『금곡어묘소의 배치도』에서도, 어능묘, 침전, 어수정, 비각, 수라간, 수복청, 내재실, 교량, 정, 지, 출입문, 정문기지, 향대청, 재실, 부속사, 금곡대로교량 등을 확인할 수 있다.[187] 셋째, 당시 금곡 홍릉의 침전 앞에는 문무인석을 비롯한 각종 석의물을 세울 수 있는 주춧돌이 이미 세워져 있었다는 점이다. 그와 관련하여 1900년에 홍릉에 배

---

181) 『高宗實錄』卷42, 39年(1901) 10月 6日. 이때의 중화전은 이층이었다.

182) 『高宗實錄』卷43, 40年(1902) 11月 6日. 11月 10日에는 중화전에 어진과 예진을 봉안하도록 하고 있었다.

183) 『高宗實錄』卷44, 41年(1904) 4月 14日. 함녕전을 수리하다가 화재가 나서 함녕전을 비롯하여 중화전, 즉조당, 석어당 등 모든 전각이 불타 버렸다.

184) 『高宗實錄』卷47, 43年(1906) 1月 13日. 중화전은 규모를 줄여 단층으로 완공되었다.

185) 『高宗實錄』卷44, 41年(1904) 11月 13日 ; 『洪陵遷奉山陵主監儀軌』, 光武8年(1904) 11月 13日. 금곡을 지키는 일은 장례원에 시켜 지방관이 전례대로 거행하였다.

186) 每日申報』, 1919年 1月 28日. 3면.

187) 『每日申報』, 1919年 12月 2日. 2면. 이 배치도는 1911年 이후에 작성된 것이며, 이와 비슷한 『공릉도면』이 장서각에 소장되어 있다. 1911年 12月 2日 이왕직 사무관을 파견하여 총독부 농상공부 출장원들이 여러 능원묘의 경계를 정하고 조정한 이후로 여겨진다. (『純宗改修實錄』2卷, 4年(1911) 12月 2日.) (『純宗改修實錄』2卷, 4年(1911) 12月 2日).

치할 석의와 잉여석의 이름을 날짜와 숫자를 장부에 기록하고 수직하였을 뿐만 아니라,[188] 홍릉의 석의를 배치할 때 석회를 마련토록 하였던 점이다.[189] 석회는 필요한 물량 중 378석은 무역하였고,[190] 1,827석은 납기에 도착하였으나 173석은 배에 불이 나 타버렸다.[191] 당시 석회를 사기 위한 4,592냥4전은 탁지부에서 지불하였다.[192] 결국 1919년 이전에 이미 주춧돌을 세워두어 그 위에 석의를 세울 수 있는 만반의 준비가 되어 있었던 것을 알 수 있다.

그렇다면 1900년, 금곡 홍릉에 배치하기 위해 마련된 의물들 중 몇몇 중요한 의물의 조성과정을 살펴보자. 우선 침전의 경우는 고종이 지극히 신중히 하되 신속하게 공사를 추진하여 1900년 1차 금곡 홍릉에 천릉할 날까지 완성하도록 지시하였다.[193] 그리고 2차 군장리에서는 재목을 다듬고 기초 터를 다지다가 짓지 못하였고, 3차 금곡 홍릉에 다시 운반되어 지어졌던 것이다. 이러한 금곡 홍릉의 침전을 짓는데 필요한 석재는 홍릉석의중수도감에서 마련해 놓은 것을 운반해 왔다. 앞서 침전용의 석재는 1899년 1월 18일부터 강화의 부석소에서 5월 2일까지 작업하였고, 1900년 5월 25일까지 운반하였다.[194] 한편 침전과 석의를 세울 때 주춧돌로 사용한 전석(磚石) 100닙은 당시 영건 중이던 경운궁의 것을 보내 왔고,[195] 원구단(圜丘壇) 역소(役所)에서 사용하던 장대석(長臺石) 163塊도 요청하였다.[196] 당시 침전의 동서남북에 모두 홍살문을 세우고, 남측에는 좌우협문을, 동남에는 각각 하나의 협문을 달았다. 유문도 하나같이 『상례보편』에 실린 대로 설치하였고, 동구 밖에는 삼문 홍살문을 세운 뒤 인산이 끝나면 철거하고 홍살문을 새로 세워 영원히 배치토록 하였다. 그 전례로서는 을묘년(1855)의 전례에 따라 다만 大(삼문) 홍살문을 세웠다가 영원히 배치할 홍살문을 세우도록 한 것이다.[197] 여기서 주목되는 것은 홍살문은 3조와 1조의 대·소 홍살문 2개를 교체하여 세운다는 점이다. 인산 때에는 3조 대홍살문을 세워 재궁[관]을 실은 대여가 통과할 수 있게 크게 만들었다가 국장이 끝나면 이것은 철거하고 다시 영원히 배치할 홍살문을 세워 둔다는 점이다. 물론 이 작은 홍살문을 세우기 위한 주춧돌은 미리 박아두었다가 인산이 끝나면 교체하는데, 이것은 대한제국 이전 조선시대의 전례

188) 『洪陵石儀重修都監儀軌』, 照會. 庚子(1900) 6月 初5日. 山陵都監.

189) 『洪陵石儀重修都監儀軌』, 訓令. 庚子(1900) 4月 11日 ; 報告書. 5月 初8日. 金川郡. 석회 1,622석을 금천군에서 마련하도록 하였다.

190) 『洪陵石儀重修都監儀軌』, 報告書. 庚子(1900) 5月 29日. 석회 205석 중 173석은.... 228석은 55석은 겨우 구해 173석은 배가 다 타버려 없다.

191) 『洪陵石儀重修都監儀軌』, 訓令. 庚子(1900) 5月 29日 ; 報告書. 6月 初3日. 强灰 2,000석은 매 석을 나루로 내오는 삯 1냥 9전과 배삯 5전이 더해져 총 2냥 4전 씩, 돈 4,384냥 8전, 강회 1,827석의 값은 錢 207냥6전, 강회 173석의 값은 절반가로 합계 4,592이었다.

192) 『洪陵石儀重修都監儀軌』, 報告書. 庚子(1900) 6月 初3日.

193) 『洪陵遷奉山陵主監儀軌』, 光武4年(1900) 8月 3日.

194) 『洪陵石儀重修都監儀軌』, 時日.

195) 『洪陵石儀重修都監儀軌』, 通牒. 戊戌(1898) 7月 23日. 慶運宮 ; 來牒. 戊戌 7月 24日.

196) 『洪陵石儀重修都監儀軌』, 來牒. 庚子(1900) 10月 初9日.

197) 『洪陵遷奉山陵主監儀軌』, 光武5年(1901) 6月 27日.

를 그대로 따르고 있었다.

침전의 상량문의 의절은 각 년의 예를 참고하도록 하였고,[198] 1901년 10월 2일에는 상량문을 산릉도감 낭청 황준성(黃準性)이 배왕하고 있었다.[199] 곧 금곡 홍릉의 침전은 1901년 10월 2일에 완공된 것이다. 침전의 준공을 맞아 고종은 침전의 공역에 수고한 양주민의 고통을 위로하기 위해 1901년 가을에는 추등호포 1필을 견감해 주었고,[200] 1902년 3월 3일에는 춘등 호포를 특별히 탕감해주도록 지시하였다.[201] 그리고 비각은 1900년 8월 24일에 고종이 새로 짓지 말고 옮겨 사용하도록 지시하였고[202] 1901년, 표석도 택일하여 청량리 홍릉 것을 옮기도록 하였다.[203]

다음에는 석의물의 조성과정을 살펴보자. 산릉도감은 각 제작소가 업무를 분장한 가운데,[204] 대부석소의 낭청은 윤명구(尹明求)였고 감조관은 윤직선(尹稷善)이었다.[205] 1900년 9월 3일, 산릉도감에서는 새로 제작할 석의물의 석재는 강화도 부석소에서 애석(艾石)을 떠서 사용키로 하였었다.[206] 대부석소에서는 금곡 홍릉에 세울 동물 중 호랑이 대신 사자와 코끼리 등을 제작하게 되었다.[207] 6월 26일부터 제작하기 시작한 동물 석의는 빠른 시간에 작업이 진행되어 이미 8월 3일에 정교하게 다듬어져 있었다.[208] 1900년 8월 31일, 1차 천릉을 논의하여 금곡 산릉에 봉표를 했을 때 이미 코끼리[象石]와 사자[獅石] 등은 이미 새로 만들어 놓았음을 확인할 수 있었다.[209] 결국 코끼리와 사자석 등 금곡 홍릉에 처음 세워진 5종의 영수석(神獸石)이 1900년 8월 3일 경에 모두 제작이 완료되었던 것이다.

이처럼 1900년에 만들어진 문·무·마석과 영수석 등은 천릉이 중단되어 금곡 홍릉으로 옮겨지지 못하고 전별영(前別營)에 보관되었다가 동년 10월 18일, 군장리로의 천릉이 결정되어 12월 중순 경에 운반하도록 되었다. 그러나 산릉도감에서는 땅이 얼어붙기를 기다려 중수한 석의물

198) 『洪陵遷奉山陵主監儀軌』, 光武5年(1901) 9月 21日.
199) 『洪陵遷奉山陵主監儀軌』, 光武5年(1901) 10月 2日.
200) 『洪陵遷奉山陵主監儀軌』, 光武5年(1901) 10月 1日.
201) 『洪陵遷奉山陵主監儀軌』, 光武5年(1902) 3月 3日.
202) 『洪陵遷奉山陵主監儀軌』, 光武4年(1900) 8月 24日 ; 『高宗實錄』 40卷, 37年(1900) 8月 24日.
203) 『洪陵遷奉山陵主監儀軌』, 光武5年(1901) 10月 3日.
204) 『洪陵遷奉山陵主監儀軌』, 光武4年(1900) 6月 26日. 당시 양 도감의 총호사는 尹容善이었고, 산릉도감은 삼물소, 조성소, 대부석소, 노야소, 보토소, 소부석소, 수석소로 분장하였다. 이때 대부석소의 낭청은 尹明求, 감조관은 尹稷善이 임명되었다.
205) 『洪陵遷奉山陵主監儀軌』, 光武4年(1900) 6月 26日.
206) 『洪陵遷奉山陵主監儀軌』, 光武4年(1900) 9月 3日.
207) 『洪陵遷奉山陵主監儀軌』, 光武4年(1900) 6月 24日.
208) 『洪陵遷奉山陵主監儀軌』, 光武4年(1900) 8月 3日.
209) 『洪陵遷奉山陵主監儀軌』, 光武4年(1900) 8月 31日 ; 『高宗實錄』 40卷, 37年(1900), 8月 31日.

을 수레로 운반키로 하여[210] 보름이 걸려,[211] 이듬해 1월에 모두 군장리로 옮겼다.[212] 그러나 다시 금곡으로 천릉지가 바뀌자 수석소에서 금곡으로 옮겼다.[213] 결국 1899년과 1900년에 완성한 금곡 홍릉의 석의물들은 고종황제가 서거한 1919년에 고종의 장례와 동시에 명성황후의 천릉이 이루어지면서 금곡 홍릉에 세워질 수 있었던 것이다. 이러한 일련의 사실들은『고종태황제산릉주감의궤』에도, "능상에 있는 석의물 모두와 침전을 비롯한 각 처소는 모두 광무8년(1904) 이전에 만들어 준비하여 건설한 것인데, 이때 천릉도감의 문부(文簿)를 잃어 공역 일체를 고찰할 근거가 없기 때문에 단지 도설(圖說)로써 간가(間架)를 기록할 따름이었다"[214]고 하여, 침전과 석의물이 모두 1904년 이전에 만들어졌음을 재확인시켜준다. 그리고 1900년 천릉을 하기위해 세웠던 두 천릉·산릉도감의 기록이 모두 없어져 본 의궤를 작성할 때 그 상세한 전말을 확인하고 참고할 수 없었다고 하였던 것이다.

|  |  |
| --- | --- |
| 금곡 홍릉. 1919. 3. 3 매일신보 | 금곡 홍릉 전경, 1919년. 1999년 필자 촬영 |

### 3) 1919년 고종·황후의 금곡 홍릉 완성

금곡의 홍릉은 고종이 생전에 자신의 수릉(壽陵)이자, 황후의 이장지로 선정하고 모든 건축물과 석조물을 조성해 두었다. 이처럼 생전에 능침을 조성하고 합장을 하도록 계획되어 있어 언제라도 천장과 장례를 치를 수 있는 만반의 준비가 되어 있었던 것이다.[215]

---

210) 『洪陵遷奉山陵主監儀軌』, 光武4年(1900) 12月 14日.
211) 『洪陵遷奉山陵主監儀軌』, 光武4年(1900) 12月 31日.
212) 『洪陵遷奉山陵主監儀軌』, 光武5年(1901) 1月 1日 ; 1月 7日.
213) 『洪陵遷奉山陵主監儀軌』, 光武8年(1901) 11月 13日. 천릉.산릉 양도감이 停撤되면서 금곡의 수호를 장례원의 감독 아래 지방관이 책임지도록 하였다. 때문에 금곡에 모셔두었을 것으로 추정된다.
214) 『高宗太皇帝山陵主監儀軌』, 陵上石儀 ;『洪陵遷奉山陵主監儀軌』 대정9年(1919) 3月 20日. 의궤 말미에 능상의 제반 工儀, 寢殿을 비롯한 각 처소가 모두 1904年 이전에 만들어 갖추고 건설되었으나 기록이 없다는 같은 내용이 수록되어 있다.
215) 『每日申報』, 1919年 1月 23日. 2면 ; 1月 26日 3면,; 1919年 1月 27日. 2면 ; 1919年 1月 28日. 2면.

고종황제는 1919년 1월 22일 덕수궁 함녕전 서온돌에서 68세를 일기로 갑자기 서거하였다.[216] 고종의 장례는 일본 궁내청에서 국장으로 결정하였으나,[217] 대행태왕의 장례로 격하되었다.[218] 결국 일본 황족의 어장의(御葬儀)에 준하여 일본 국내법으로 의식을 거행키로 하였고,[219] 다만 因山 때의 행렬만 조선의 관례를 참작하도록 하였다.[220] 이처럼 고종황제의 장례는 명목상은 국장이었지만 실질적으로는 일본의 친왕(親王)으로 격하시켜 치러진 장례였다. 따라서 국장이 아닌 '어장(御葬)'으로 불리었고, 장례 관련 임시관청도 궁내부 산하의 '어장주감(御葬主監)', '빈전혼전주감(殯殿·魂殿主監)', '산릉주감(山陵主監)'으로 칭명하였으며,[221] 금곡 홍릉을 '어묘소(御墓所)'로 통칭하고 있었다.[222] 조선시대에 왕의 장례는 '국장', 장지는 '산릉'으로 칭하고, 세자의 장례는 '예장', 장지는 '원소'로, 왕자의 장례는 '장례', 장지를 '묘소'로 불렀던 사례와 견주어보면 왕자의 장례와 다를 바 없었던 것이다.

한편 조선의 국장 시에 설치한 도감은 의정이 도제조로 임명되어 국가의 인력과 재력을 총동원할 수 있는 막강한 권부(權府)였으나,[223] '주감'은 궁내부 산하의 기구로 재력과 인력을 동원하기가 여의치 않은 한계를 보였다.[224] 당시 주감의 조직은 앞서 도감 시의 총호사로는 윤용선과 심순택이 활동하다가, 이때부터 촌호원(摠護員)으로 바뀌어 자작 민영규가 활동하였다. 그 아래에는 제조, 도청, 낭청 등의 관명을 종전의 예대로 두었다. 당시 설치한 고종태황제산릉주감의 조직은 다음과 같다.

| 직책 | 정원 | 『고종태황제산릉주감의궤』 좌목 |
|---|---|---|
| 摠護員 | 1인 | 자작 민영규 |
| 提調 | 3인 | 남작 김종한, 민영달, 김춘희 |
| 都廳 | 2명 | 이우규, 이병찬 |
| 郞廳 | 5명 | 조정구, 김노진, 이해관, 홍인표, 이병기 |

216) 『每日申報』, 1919年 1月 23日. 1면.
217) 『每日申報』, 1919年 1月 24日. 2면 ; 1月 25日 2면. 『每日申報』, 1919年 1月 24日. 2면. 국장임에도 불구하고 당시의 기록에 의식은 일본 황족의 御葬儀에 준하되, 조선의 관례를 참작하도록 하고 있었다.
218) 『高宗太皇帝山陵主監儀軌』, 1919年 1月 25日 ; 『洪陵遷陵山陵主監儀軌』, 1919年 1月 30日.
219) 『每日申報』, 1919年 2月 2日. 2면. 內地式의 前例는 大正 2年 7月에 거행된 有栖川宮 威仁親王의 국장에 준하도록 하였다.
220) 『每日申報』, 1919年 2月 5日 2면 ; 2月 6日. 2면.
221) 『高宗太皇帝御葬主監儀軌』, 1919年, 사부 정서2-2920. 장5410. 총3卷.
222) 『每日申報』, 1919年 2月 2日. 2면 ; 2月 8日. 2면.
223) 장경희, 「조선후기 흉례'도감'의 장인 연구」, 25~44쪽.
224) 『每日申報』, 1919年 1月 26日. 2면 ; 2月 13日. 2면.

| | | |
|---|---|---|
| 監造官 | 7명 | 이봉용, 민홍식, 김순동, 이용주, 김순한, 이해종, 김익동, 김용면, 김정기, 윤명섭, 유공준, 민성기, 윤태영, 김인수, 조원명, 이학주, 심승택, 김예한, 홍승묵, 이원묵, 이재기. 홍기표, 이장화, 윤성구, 한중희, 이태신, 민재식, 이겸구, 윤녕희, 이래욱 등 30명 |
| 별감동 | 6명 | 장호진, 유응열, 이철우, 유해종, 고영근, 사일환 |
| 상지원 | 4명 | 이승주, 이보상, 김광식, 김동찬, |
| 택일원 | 1명 | 최병일 |

<1919년 고종태황제산릉주감의 조직표>

위 표를 보면, 산릉주감이 형식상 조선왕조의 도감체제를 따르고 있으나, 명칭이 격하된 총호원이 주감을 총괄하도록 하였다. 그 아래에는 전 시대와 같이 제조, 도청, 낭청 등의 관리조직을 두고, 현장을 감독할 감조관과 별감동을 두었다. 당시 원역 중에서 감조관은 정원보다 증가되었다. 그러나 이미 1900년부터 1901년 사이에 금곡 홍릉의 산역이 모두 끝난 상태었기 때문에 석재나 목재를 조달하거나, 제작공역이 필요치 않았기 때문에 실무원역들을 두지 않았다.

그런데 이들 원역 중 주목되는 인물은 제조 3인 중 남작 김종한과 민영달이었다. 이 둘은 1895년부터 1897년까지 설치되었던 명성황후의 숙릉과 청량리 홍릉의 산릉도감에서도 제조로 있었다. 특히 당시 궁내부 협판이었던 김종한은 1895년 11월 3일부터 12월 28일까지, 1896년 1월 1일부터 1897년 1월 24일까지, 1897년 2월 4일부터 10월 28일까지 제조로 참여하여 숙릉과 청량리 홍릉의 산역을 소상히 알고 있었고, 궁내부 특진관이던 민영달도 1897년 1월 11일부터 2월 27일까지 짧은 기간이지만 도감에 참여하고 있었다. 결국 이들 친일귀족들이 1919년 금곡 홍릉의 산릉도감 제조로 참여한 것은 그들의 경험과 지식을 필요로 했기 때문일 것이다.

이때의 국장비용 예산은 당초 6만원으로 책정하였으나,[225] 일본정부가 국장비로 10만원을 추경예산으로 편성하였다.[226] 하지만 장례비용은 계속 증가하여 2월 3일에 이미 25만원을 지출하였다.[227] 홍릉의 국장 비용의 지출액은 수의와 재궁보공용 비단구입비 30,000원을 제하면, 316,160원이었다. 그 내역을 보면, 제전비 곧 제물과 제기 기타 제구의 제작비용 66,320원, 공작비 72,767원, 물품비 곧 상복과 기구류비 33,538원, 인부임금 46,300원, 접대비 7,401원, 잡비 19,665원, 홍릉천봉 제전공작물품과 인부임금 기타 잡비가 70,538원이었고, 여기에 국장비 10만원을 더하여 장제비의 총액이 416,169원이었다. 여기에 홍릉 혼유석과 문무석을 추후에 금곡으로 운반할

225) 『每日申報』, 1919年 1月 24日. 2면.
226) 『每日申報』, 1919年 1月 26日. 2면.
227) 『每日申報』, 1919年 2月 3日. 2면.

예정이므로 비용은 더 추가되었을 것이다.[228)]

일본정부는 전통적인 장의노부를 제한하여 조선식으로는 대여 1좌만 사용하고 이에 부속되는 등롱기구는 일체 사용하지 못하도록 하고, 다만 국장의례를 종료한 뒤 훈련원의 장례식장에서 금곡 홍릉까지는 조선의식으로 거행해도 무방하다고 하였으며, 복장제도 또한 귀족, 관리, 군인들은 일본식 예복이나 연미복을 입도록 하였다. 그러나 조선의 사정을 감안하여 빈전과 홍릉, 국장의 주감, 낭청 및 주요 이왕직 직원들은 굴건, 제복을 입도록 허용하였다.[229)] 결국 고종의 국장은 덕수궁에서 장례식장까지는 일본식으로 거행하였고 상주의 의복도 일본식 상복을 입었으며, 훈련원에서의 의식이 끝난 뒤부터 금곡 홍릉까지의 인산에는 대·소여, 신여, 요여, 채여와 기타 등롱 및 죽산마와 방상씨 등을 갖추어 가도록 하였다. 노부로 사용할 대여와 소여 등은 새로 만들지 않고 수리하여 사용하였다.[230)] 일본식으로 장례를 치르기 위한 제구(祭具)는 일본 동경에서 가져오고 있었다.[231)] 그 결과 노부 앞에 일본천황이 보낸 榊나무와 각 궁가에서 보낸 신(榊)나무가 세워져 있었으며, 노부 내에서 상여를 봉송하는 민응식 이왕직장관과 국분사(國分司) 차관은 완전히 일본식 제복을 입는 등 일본식 노부가 확정된 것이다.[232)]

고종의 장지 문제는 쉽게 결정되었다. 고종황제의 산릉주감 관원들이 1919년 1월 24일, 경운궁에 회동하여 택지와 택일 문제를 의논하였는데,[233)] 순종황제가 1월 25일, 금곡을 수릉지라고 밝혀 이승주 등 4명의 상지원이 26일부터 산릉을 초간심 하였고, 27일에 재간심한 뒤 그날 정오 12시에 산릉지와 천릉지에 봉표를 설치하였다.[234)] 이처럼 금곡 홍릉은 고종황제의 수릉으로서 조성된 사실을 순종황제도 익히 알고 있어 별다른 논의 없이 쉽게 봉표를 세웠는데, 그러나 당시의 『매일신보』는 장지로서 청량리 홍릉과 금곡 홍릉의 장단점과 편의성을 여러 차례 거론하고 있었다.[235)] 창덕궁 앞 종묘로부터 청량리까지는 전차가 놓여 있어 홍릉으로의 능행[行幸]이 쉬워졌다. 곧 명성황후의 청량리 홍릉에는 모든 시설이 다 갖춰져 있고 교통도 편하다는 이유를 들면서도, 고종황제를 합장하기에는 협소하고 따로 봉분을 조성하려면 장례일에 맞추기가

228) 『每日申報』, 1919年 2月 13日. 2면.
229) 『每日申報』, 1919年 2月 7日. 2면, 3면 ; 2月 26日 2면.
230) 『每日申報』, 1919年 2月 10日. 2면.
231) 『每日申報』, 1919年 2月 19日. 2면.
232) 『每日申報』, 1919年 3月 3日. 2면 ; 3月 4日. 2면. 위쪽 사진과 아래쪽 사진.
233) 『高宗太皇帝山陵主監儀軌』, 1919年 1月 24日.
234) 『高宗太皇帝山陵主監儀軌』, 1919年 1月 26日. 27日. 일반적으로 산릉은 삼간심을 해야 하는데 재심만 하는 등 신속하게 처리하고 있었다.
235) 『每日申報』, 1919年 1月 23日 ; 1月 26日 3면. 이미 금곡으로 정하여 청량리 홍릉도 緬禮하여 이전할 것을 유지로 남겼으나 계속 청량리와 금곡이 논의 대상이 되고 있었다.

어렵다는 사실도 보도하였다.[236] 천릉지에 봉표하고 산릉을 재간심한 후 숙종과 인현왕후의 명릉을 조성할 때와 같이 명성황후의 천릉을 먼저하고 광중의 오른쪽을 비워두었다가 고종황제를 뒤에 하관하도록 하였다.[237] 다음 날 금곡에 가서 정오 12시에 을좌신향(乙坐辛向)으로 정혈(正穴)을 재정한 뒤 봉표하고 돌아왔다.[238] 결국 主監 제조와 상지관들은 청량리와 금곡을 왕래하며 양쪽을 다 가 보았는데, 이미 고종황제가 금곡을 수릉으로 정하였기 때문에 금곡으로 결정하였고, 능호도 홍릉(洪陵)으로 정하였다.[239] 당시 금곡 홍릉을 두고 지관들은 매화낙지형(梅花落地形)의 명당이라 만대에 걸쳐 영화를 누릴 땅이라고 하였다.[240]

천릉역과 산릉역은 동시에 추진되었다. 우선 명성황후의 천릉역은 1919년 1월 29일부터 시작하여 참초, 파토작업을 30일까지 완료하도록 하였다.[241] 청량리 홍릉의 천봉은 고종황제의 인산전에 이뤄져야 하여 명성황후의 신어상(神御床)을 우선 가침전에 봉안해야 하였으나,. 가침전을 건설하기에는 시간이 촉박했으므로 침전 내에 판벽으로 칸을 질러 명성황후의 신어상을 전의 동쪽에, 고종황제의 재궁을 전의 서쪽에 분설, 봉안토록 하였다.[242]

청량리 홍릉의 천봉과 금곡 홍릉의 조성설계를 마치고 일부 공사는 도급제를 적용하여 추진하였다.[243] 청량리 홍릉의 명성황후를 천릉하기 위해 2월 5일에 옹가를 세웠고,[244] 다음날 옹가에서 작업하기 시작하여[245] 2월 8일부터 난간석·와골·전석·병풍석 등을 철거하였으며,[246] 수도각을 세우고 金井을 열어[247] 11일에는 외재궁을 드러내어 수도각에 봉안하였다.[248] 14일에는 퇴광하고 외재궁에 봉진한 정우판을 드러내고,[249] 다섯 번을 칠하였다.[250] 16일에는 현궁을 막아놓았던 회격을 부수고,[251] 광내에 배설하였던 각종 석함을 드러내기 시작하였다.[252] 침전에 배설한

236) 『每日申報』, 1919年 1月 26日. 2면.
237) 『洪陵遷奉山陵主監儀軌』, 1919年 1月 26日.
238) 『洪陵遷奉山陵主監儀軌』, 1919年 1月 27日.
239) 『每日申報』, 1919年 1月 28日. 금곡을 親定之地로 인정하였다. 『每日申報』, 1919年 1月 27日. 2면 ; 1919年 1月 28日. 청량리 홍릉이 합장하기에는 협소하고, 따로 봉분을 조성하기에는 장례일에 맞추기 어려운데, 금곡은 언제라도 장례를 치를 수 있게 준비가 되어있고 합장을 하도록 계획된 곳이기 때문이다.
240) 『每日申報』, 1919年 1月 28日. 3면.
241) 『洪陵遷奉山陵主監儀軌』, 1919年 1月 29日.
242) 『洪陵遷奉山陵主監儀軌』, 1919年 1月 30日.
243) 『每日申報』, 1919年 2月 5日. 2면. 도급입찰을 하는 방식은 조선시대 국장에서 도감제로 운영하는 것과 달라진 방식이다.
244) 『洪陵遷奉山陵主監儀軌』, 1919年 2月 5日.
245) 『洪陵遷奉山陵主監儀軌』, 1919年 2月 6日.
246) 『洪陵遷奉山陵主監儀軌』, 1919年 2月 8日.
247) 『洪陵遷奉山陵主監儀軌』, 1919年 2月 9日.
248) 『洪陵遷奉山陵主監儀軌』, 1919年 2月 11日.
249) 『洪陵遷奉山陵主監儀軌』, 1919年 2月 14日.
250) 『洪陵遷奉山陵主監儀軌』, 1919年 2月 15日.
251) 『洪陵遷奉山陵主監儀軌』, 1919年 2月 17日.
252) 『洪陵遷奉山陵主監儀軌』, 1919年 2月 17日.

제구들은 반우(返虞) 이후 불 태웠다.[253] 18일에는 퇴광복부형 시역 및 석물 배설 등의 일을 거행하였다.[254] 3월 20일에는 곡장 내외 및 침전 좌우를 깨끗이 소제한 후 안전(安奠)하였다.[255] 이처럼 청량리 홍릉의 명성황후 시신을 면장하면서,[256] 능호 또한 명성황후의 홍릉을 천릉하는 것이 명분이 되어 홍릉(洪陵)으로 정할 수 있었다.[257]

고종황제의 산릉역은 1월 30일에 후토제를 필두로 산릉역이 시작되어, 풀을 뽑고 흙을 파기 시작했다.[258] 2월 6일에는 옹가를 설치하였고,[259] 8일에는 경유신술건(庚酉辛戌乾) 5방위의 난간석과 와골, 전석을 철배한 후 수도각을 세웠다.[260] 10일에는 산릉과 천릉의 금정을 열고 광을 뚫었으며,[261] 11일에는 바닥에 회를 다진 뒤,[262] 외재궁을 수도각에 봉안하였다.[263] 12일에는 외재궁의 3면에 회를 바르고,[264] 13일에는 정광에 반월형 봉분을 조성한 뒤 잔디를 입혔고,[265] 14일에는 중앙에 회를 다졌다.[266] 3월 1일에는 가우판 대신 정우판에 칠하기 시작하였고, 2일까지 5번 칠하였고,[267] 3일에는 대여가 산릉 침전에 도착하여 성빈하였다.[268] 4일에는 찬궁을 열고 천전을 설행하였고, 영여를 산릉 위로 올려 현궁을 내려놓은 뒤 현궁을 회로 막았으며 길유궁에서 초우제를 지냈다.[269] 5일에는 반우하고 정광에 회를 12차례 다지고 횡대판을 바르게 놓고 퇴광 내에 각종 석함을 배설하였다.[270] 6일에는 석함 배설을 마치고 금정을 천회로 다지고 지석을 안배하였으며, 퇴광을 반월형으로 조성하였다.[271] 7일에는 반월형 분을 조성하고, 지석을 안배한 후 혼유하전석을 배설하였다.[272] 8일에는 봉분 위에 잔디를 입히고 전면에 난간석을 배설하

253) 『洪陵遷奉山陵主監儀軌』, 1919年 2月 17日.
254) 『洪陵遷奉山陵主監儀軌』, 1919年 2月 18日.
255) 『洪陵遷奉山陵主監儀軌』, 1919年 3月 20日.
256) 『每日申報』, 1919年 2月 3日. 2면.
257) 『每日申報』, 1919年 1月 28日. 2면. 원래 왕후가 먼저 죽고 왕이 나중에 죽으면 능호를 다시 추증받기도 하지만, 일제시대에 고종황제는 이태왕으로 격하되어 있었기 때문에 능호를 받을 곳이 없었다. 다만 명성황후의 홍릉을 천릉해야 하는 것을 빌미로 삼아 그 능호를 그대로 쓰게 된 것이다.
258) 『高宗太皇帝山陵主監儀軌』, 時日.
259) 『高宗太皇帝山陵主監儀軌』, 1919年 2月 5日, 6日.
260) 『高宗太皇帝山陵主監儀軌』, 1919年 2月 8日.
261) 『高宗太皇帝山陵主監儀軌』, 1919年 2月 10日.
262) 금곡 산릉의 봉분을 마무리 짓기 위해서는 마지막에 强礪石을 사용하는데, 이것은 이미 1898年 3,4月에 녹번역에서 채취하였던 것이 있었는데, 이것을 보관해 두었다가 사용했던 것으로 여겨진다. (『洪陵石儀重修都監儀軌』, 通牒. 戊戌(1898) 3月 27日 ; 來牒. 戊戌(1898) 4月 14日.)
263) 『高宗太皇帝山陵主監儀軌』, 時日. 2月 11日.
264) 『高宗太皇帝山陵主監儀軌』, 時日. 2月 12日.
265) 『高宗太皇帝山陵主監儀軌』, 時日. 2月 13日,
266) 『高宗太皇帝山陵主監儀軌』, 時日. 2月 14日.
267) 『高宗太皇帝山陵主監儀軌』, 時日. 1919年 3月 1日, 2日.
268) 『高宗太皇帝山陵主監儀軌』, 時日. 1919年 3月 3日.
269) 『高宗太皇帝山陵主監儀軌』, 時日. 1919年 3月 4日.
270) 『高宗太皇帝山陵主監儀軌』, 時日. 1919年 3月 5日.
271) 『高宗太皇帝山陵主監儀軌』, 時日. 1919年 3月 6日.
272) 『高宗太皇帝山陵主監儀軌』, 時日. 1919年 3月 7日.

였다.[273] 9일에는 능상의 수도각을 철거하고, 침전 앞에 기린 등의 석물을 차례로 배치하기 시작하였다.[274] 12일에는 옹가를 철거하고 잔디로 덮었는데, 봉릉제도에 따라 전면의 높이는 10척 4촌, 후면의 높이는 9척 8촌, 전후좌우의 둘레는 33척, 주위는 100척 8촌으로 하였다.[275] 19일에 혼유석을 안배하였고,[276] 20일에 곡장 내외 및 침전 좌우 뜰을 깨끗이 소세하고 안릉전을 설행하였다.[277]

한편 금곡 홍릉은 고종황제의 국장 절차가 진행되는 동안 『매일신보』에서 줄곧 어묘소나 금곡어릉이라 칭하였다.[278] 당시 신문에 게재된 금곡 홍릉에는 어능묘, 침전, 어수정, 비각, 수라간, 수복청, 내재실, 교량, 우물[井], 연못[池], 출입문, 정문기지, 향대청, 재실, 부속사, 금곡대로교량 등이 배치되어 있었다.[279] 청량리 홍릉에 비치하였던 혼유석과 문무석은 금곡 홍릉으로 옮겨 세워져 다시 조성할 필요가 없었다.[280] 그렇다면 이제 능침의 건물 중 침전과 비각 내 시설물, 능상의 석물과 침전 앞 석의물을 언제 어디서 옮겨 어떻게 배치하였는지 차례로 살펴보자.

첫째, 침전이나 비각 등의 건물들은 새로 짓지 않고 수리하여 사용하였고,[281] 내부 시설물인 당가나 표석 등은 새로 배치해야 하였다. 당시의 침전은 이미 1901년 10월 3일에 완공하였지만,[282] 침전 내부에는 당가가 배설되어 있지 않았다. 수릉(壽陵)을 조성할 때에도 당가는 청량리에서 옮겨오도록 하였기 때문이다. 더욱이 1919년 국장주감에서는 그것을 만들 여력이 없었고 날짜도 급박하여 청량리 홍릉의 당가를 옮겨오자는 논의가 있었다. 따라서 1897년에 만들었던 청량리 홍릉의 당가를 1919년 2월 9일에 금곡 홍릉의 침전 안에 안배하였다.[283] 비각 내의 표석 또한 1919년 2월 10일 오전 11시에 청량리 홍릉의 표석을 봉출하여 금곡 홍릉의 비각에 안치하였다.[284] 인산 당일인 3월 3일, 금곡 홍릉에는 침전과 비각과 재실 등이 모두 완비된 상태였다.[285]

273) 『高宗太皇帝山陵主監儀軌』, 時日. 1919年 3月 8日.
274) 『高宗太皇帝山陵主監儀軌』, 時日. 1919年 3月 9日.
275) 『高宗太皇帝山陵主監儀軌』, 時日. 1919年 3月 12日.
276) 『高宗太皇帝山陵主監儀軌』, 時日. 1919年 3月 19日.
277) 『高宗太皇帝山陵主監儀軌』, 時日. 1919年 3月 20日.
278) 1919年 2月 2日. 2면 ; 2月 8日. 2면.
279) 『每日申報』, 1919年 2月 2日. 2면. 『금곡어묘소의 배치도』.
280) 『每日申報』, 1919年 2月 5日. 2면.
281) 『每日申報』, 1919年 2月 8日. 2면 ; 2月 19日. 3면.
282) 『洪陵遷奉山陵主監儀軌』, 1901年 10月 3日. 寢殿의 上樑文은 당시 도감의 총호사이자 의정부 의정이던 윤용선이 製述하고 홍문관 학사 김영목이 書寫한 것이었다.
283) 『洪陵遷奉主監儀軌』, 1919年 2月 9日.
284) 『洪陵遷奉主監儀軌』, 1919年 2月 10日.
285) 『每日申報』, 1919年 3月 3日. 2면. 금곡어묘소 전경.

둘째, 혼유석을 비롯한 각종 능상의 석물들은 전술했듯이 청량리 홍릉 것을 금곡 홍릉으로 옮겨 배설키로 하였다.[286] 때문에 1919년 2월 4일 오후 2시에는 청량리 홍릉의 능상에 있던 혼유석·표석·향석·망주석·장명등과 같은 석물을 옮기는 공사에 착수하였다.[287] 산릉의 석물을 조성할 때와 비교할 수 있는 것은 아니지만, 운반할 때의 비용과 인력동원도 쉬운 것이 아니었으나,[288] 2월 26일까지 능상의 석물을 모두 금곡으로 옮겼다. 그중에 특히 혼유석은 무게는 6톤이고 길이가 아홉자, 두께가 석자, 넓이가 여섯자나 되었고, 비석도 무게가 3톤 정도였다. 따라서 수레를 만들고 소 20필, 사람 30명을 동원하였지만, 교량을 통과할 수 없어 새 길을 놓아 옮기기도 하였다.[289] 혼유석을 3월 19일에 안치한 뒤에,[290] 곡장 내외 및 침전 좌우의 뜰을 깨끗이 소제하고 끝마친 것은 3월 20일이었다.[291]

마지막으로는, 침전 앞의 문무인석을 비롯한 각종 영수석을 배설하는 일이었다. 1919년 고종황제의 국장 때, 산릉주감에서는 1897년 명성황후의 『홍릉산릉도감의궤』만 참고하였고, 『홍릉석의중수도감의궤』의 존재를 모르고 있었기 때문에,[292] 당시 의궤의 견양은 1897년의 의궤에 수록된 문무인석의 견양만을 수록해 놓았고 영수석은 현장 유물을 보고 새로 그려 넣고 있었다.

한편 이러한 각종 석의물의 배치는 앞 절에서 언급하였듯이 북경의 장릉(長陵)을 전범으로 삼은 것이었다. 영락제 장릉의 능침제도와 석의물은 현재도 여전하다.[293] 특히 석의는 망주로부터 용봉문에 이르는 신도(神道)에 사자를 비롯하여 해태, 낙타, 코끼리, 기린, 말의 순서로 6종 12기의 수석과 장군, 품관, 공신 등 3종 6인의 석인이 순서대로 배치되어 있다.[294] 이들 6종의 신수석(神獸石)과 3종의 석인이 각각 좌우에 배치되어 있는데, 수석의 경우 종류별로 서 있는 형상이 기본이고 여기에 무릎을 꿇거나 누운 형상이 각각 1쌍씩 4기가 교차하여 배치되었다. 반면 고종황제의 홍릉에는 침전 앞 홍살문부터 침전까지 좌우로 말 2쌍, 낙타·해태·사자·코끼리·기

286) 『每日申報』, 1919年 2月 5日. 2면. 당시 신문에서는 문무석도 옮긴다고 되어 있는데, 다른 날짜에서는 문무석은 빠져 있다.

287) 『每日申報』, 1919年 2月 5日. 2면. 1月 28日자에는 강화도 애석이라고 하며, 2月 5日에는 충청남도 남포의 돌을 사용했다는 것은 표석에만 해당되는 것이다.

288) 『每日申報』, 1919年 2月 13日. 2면.

289) 『每日申報』, 1919年 2月 26日. 3면. 혼유석의 무게는 여섯 돈이나 되며 길이가 아홉 자, 두께가 석자, 넓이가 여섯 자나 된다. 비석[표석이 옳은 표현임]의 무게도 석돈 가량 된다.

290) 『高宗太皇帝山陵主監儀軌』, 1919年 3月 19日.

291) 『高宗太皇帝山陵主監儀軌』, 1919年 3月 20日.

292) 『洪陵石儀重修都監儀軌』, 照會. 乙巳(1905) 12月 初4日 秘書監. 이 의궤는 1901年 5月에 의궤를 완성시키고 천릉날짜를 기다리다가 1904年 11月에 산릉·천릉 두 도감이 없어졌음에도 불구하고 이듬해 1905年 5月에 내용을 수정하고 장황을 새로 하여 보관되어 있었다.

293) 胡漢生, 『十三陵』, 북경미술촬영출판사, 2004, 16~17쪽. 13능에는 13위의 황제와 23위의 황후, 황귀비 1인 및 수십명의 궁인이 피장되어 있는데, 유네스코의 세계문화유산에 등록되어 있다.

294) 남경박물원 편, 『明孝陵』, 문물출판사, 1981 ; 양관 지음, 『中國歷代 陵寢制度』, 장인성·임대희 옮김, 서경, 2005, 170쪽. 명태조의 효릉과 달라진 점은 석인 중에 공신도상 1쌍이 추가되었을 뿐이다.

린 그리고 무인·문인의 순서로 각각 1쌍씩 배치되어 있다.[295] 이렇게 배치된 석수상의 종류는 6종으로 장릉의 것과 같으나 배치순서는 약간 다르며, 숫자는 반으로 줄어있다. 석인상의 종류는 3종에서 2종으로, 숫자도 반 이상 줄었다. 이때 고종은 명나라 황제릉의 석의에는 호랑이석은 없고 사자석이나 코끼리석이 있으므로 이것을 가설하는 것에 대한 의견도 피력한 바 있었으니,[296] 이 또한 고종이 "명나라의 능제대로 하려면 사력이 미치지 못할 것이니 여러 가지 석의를 적당히 줄이는 것이 좋을 듯하다."는 의도대로 조성한 것이었다.

고종황제가 황릉 앞에 많은 비용을 들여 석의물들을 조성한 상황을 1919년 『매일신보』는 다음과 같이 보도하고 있었다.

"역사를 행하기에는 고 민응식(閔應植)씨가 감동(監董)하였는데 석재는 전부 강화도로부터 애석을 운반해오고, 매일 수천 명의 역군과 목수, 석수, 미장이들이 매일 들끓어 일을 하였고, 그 역비로 매일 경성으로부터 백통전을 서너 바리씩 실어 날랐다. 갑진년(1904)까지 다섯 해 동안 역사를 계속하였은 즉, 그 비용이 얼마나 많이 들었으며 그 규모가 얼마나 굉장함을 일반이 가히 짐작할 것이며, (중략) 이와 같이 다년의 세월과 다액의 금전을 들이시어 일심일력을 모두 기울여 이처럼 조성하여 놓으신 능침에 전하를 모시게 됨은 상주전하께서도 만족하실 일이라 하겠더라."[297]

위 기록을 보면 금곡 홍릉은 1900년부터 석재는 강화도에서 떠냈고,[298] 수천 명의 목수와 석수를 동원하느라 매일 백통전 서너 바리씩을 실어 날을 정도로 엄청난 인력과 재력을 동원하여 조성하였다는 것이다. 따라서 1919년 현재 금곡 홍릉의 침전 앞에는 이미 각 석의물의 위치마다 주춧돌이 박혀 있었고 그 위에 1899년과 1900년에 제작하여 보관하고 있던 석의물을 세우기만 하면 되었다. 당시 하전석이 땅에 박혀 있어서 실측을 하지 못하였던 것은 『산릉주감의궤』의 견양에서도 확인된다. 이러한 의궤의 내용과 현재의 유물에 대해 좀더 구체적으로 살펴 보기로 하자.

#### 4) 고종황제 석의물의 양식

(1) 황제릉 석의물의 전범과 양식

295) 『每日申報』대정 15年 5月 7日.

296) 『洪陵遷奉山陵主監儀軌』, 光武4年(1900) 6月 24日. 이때 의정부 의정 윤용선이 天子諸侯의 제도가 같지 않아서 그렇다고 말하고 있었다.

297) 『每日申報』, 1919年 1月 28日. 3면.

298) 『每日申報』, 1919年 2月 5日. 2면. 1919年의 기사에 충청남도 남포의 돌을 사용했다고 하는 것은 표석에만 해당되는 것이다. 나머지 조선왕실의 석의물은 그 품질을 일정하게 하고자 강화도의 艾石을 채취하여 사용하였다.

고종황제가 황제릉에 관심을 갖고 조성하려 노력한 것은 언제부터이며, 어떤 과정을 거쳐 황제릉제의 전범(典範)이 확정되고 또 그 제도에 걸맞은 석의물의 견양이 작성되었는지 차례대로 살펴보자.

고종황제는 1897년 명성황후의 청량리 홍릉을 조성할 때부터 명나라 황제릉 제도에 관심을 갖기 시작하여 1900년에는 중국 북경에 영선사의 주사 1인을 특사로 파견하였으며,[299] 이 때 북경에 주재하고 있던 박제순이 함께 관찰한 뒤 명 황제의 능침제도를 도사하여 복명한 듯하다.

그렇다면 고종의 특사가 현장을 답사한 북경의 황제릉은 어느 황제의 능침이며, 어떤 석물들이 어떤 모습으로 배치되어 있었을까. 지금까지 학계나 관계에서는 금곡 홍릉의 능침제도가 명나라 태조릉인 효릉을 본따 조성한 것으로 알려져 있다.[300] 물론 명나라 황제릉이 처음 조성된 것은 명 태조 홍무제(1368~1398)의 효릉(孝陵)이지만 이 효릉은 북경이 아닌 남경에 있다.[301] 따라서 요즘 같이 교통이 편리한 때가 아닌데다 고종이 파견한 특사는 북경으로 가서 박제순을 찾아 갔음으로 남경의 효릉을 본 것으로 추정하는 것은 잘못된 생각이다. 이들이 찾아간 황릉은 당시 북경에 잘 보존되어 있던 명13릉일 것임에 틀림없다. 명13릉은 청나라 때 석오복이 그린 『대명십삼제릉도』에 자세히 수록되어 있다.[302] 그런데 그 중에서도 성조 영락제(1402~1424)의 장릉이 가장 잘 보존되어 있고 제도 또한 완벽하게 갖추고 있다. 더욱이 용봉문 앞의 석의물들은 당시의 모습 그대로 그림 속에 담겨져 있다. 그리고 고종황제가 특사의 전언과 도사를 보고 "석의가 모두 동네 어귀에 벌려 세워져 있고 또 토성을 쌓았다"고 말했던 사실과도 부합되어 특사가 보고 왔던 명나라 황제릉 제도는 남경에 있는 효릉이 아니라, 당시 북경에 잘 보존되어 있던 장릉임을 확인하게 된다.

영락제 장릉의 능침제도와 석의물은 현재도 완연하다.[303] 망주로부터 용봉문에 이르는 신도의 양쪽에는 각가지 석의물들이 다양하게 배열되어 있다. 사자석을 필두로 해태·낙타·코끼리·기린·말 6종이 형상을 달리하여 24기가 배열되었고, 이어 장군·품관·공신등 3종 12인의 석인들이 차례대로 1쌍씩 마주보며 배치되어 있다.[304] 우선 6종의 영수석은 동물의 종류에 따라 2쌍 4기를 좌우대칭으로 배치하였는데, 2쌍 중 1쌍은 반드시 입상이지만 나머지 1쌍은 앞다리는 세우고

299) 『洪陵遷奉山陵主監儀軌』, 光武 4年(1900) 6月 24日.

300) 『朝鮮王陵石物誌』하편, 157쪽 ; 『문화유산 왕릉』, 한국문원, 1995, 324~325쪽. 1897년 고종이 대한제국의 황제로 칭하게 됨에 따라 중국 명나라 태조 孝陵의 陵設제도를 따라 황제릉으로 조영하였다고 하는데, 확실한 전거를 밝히지 않았다.

301) 南京博物院 編, 『明孝陵』, 文物出版社, 1981 ; 양관 지음, 『中國歷代 陵寢制度』, 장인성.임대희 옮김, 서경, 2005, 170쪽.

302) 胡漢生, 『十三陵』, 북경미술촬영출판사, 2004, 16~17쪽.

303) 胡漢生, 『十三陵』. 13능에는 13위의 황제와 23위의 황후, 황귀비 1인 및 수십명의 궁인이 피장되어 있는데, 유네스코의 세계문화유산에 등록되어 있다.

304) 명태조의 효릉과 달라진 점은 석인 중에 공신도상 1쌍이 추가되었을 뿐이다.

석오복, 『대명십삼제릉도』, 청

뒷무릎은 꿇은 준상(蹲像)이거나 두 발을 땅에 댄 와상이었다. 즉 준상과 와상 및 입상이 번갈아 배치되어, 준사자[蹲獅]와 입사자[立獅], 준해태[蹲海馳]와 입해태[立海馳], 와낙타(臥駱駝)와 입낙타(立駱駝), 와코끼리[臥象]와 입코끼리[立象], 준기린(蹲麒麟)과 입기린(立麒麟), 와마(臥馬)와 입마(立馬)의 순으로 배열되었고, 3종의 석인상은 장군(將軍) 2쌍 4기, 품관(品官) 2쌍 4기, 공신(功臣) 2쌍 4기가 서로 마주 보고 서 있다.

한편 고종황제 홍릉을 『금곡 홍릉의 배치도』에서 보면, 입구의 홍살문에서부터 침전을 향해 신도의 좌우에 동물상과 석인상을 배치한 모습이 그려져 있다.[305] 하지만 배치도에는 위치만 표시되어 있어 배치순서가 명확하지 않았고, 현재의 배치순서는 홍살문을 지나 초입에 세워진 동물상은 말 2쌍 4기며, 이어 낙타·사자·해태·코끼리·기린이 1쌍씩 2기가 서 있고, 석인상은 무인·문인의 순서로 침전 앞까지 각각 1쌍씩 마주보도록 배열해 있다.

여기에서 명 장릉과 금곡 홍릉의 석의물을 대비해 볼 때 형식과 수량상에 차이가 있음을 보게 된다. 우선 석인상의 종류가 장릉은 3종인데 홍릉은 2종으로 줄고, 수량도 1/3에 불과하다. 또한 동물상도 종류는 다 같이 6종이지만 수량은 절반이나 차이가 나고 배치순서도 완전히 달랐다. 그렇다고 하여 고종황제가 낡은 사대사상에 빠져 명나라 황제릉 보다 규모를 줄이려 한 것은 아니었다. 고종황제는 조선 역대 왕릉제도에 명 황제릉제를 참작하는 이를테면 '구본신참(舊本新參)'을 토대로 홍릉의 규모를 구상하고 있었던 것 같다. 고종황제는 명나라 황제릉의 석의물 중에 호랑이 석물이 없는 대신 사자석이나 코끼리석이 있음을 보고 이를 가설하도록 하면서도,[306] "명나라의 능제대로 조성하려면 시대적인 상황과 나라의 재정이 미치지 못할 것이니 여

305) 『每日新報』, 大正 15年(1926) 5月 7日.

306) 『洪陵遷峯山陵主監儀軌』, 光武4年(1900) 6月 24日. 이때 의정부 의정 윤용선이 天子諸侯의 제도가 같지 않아서 그렇다고 말하고 있었다.

성조 영락제 장릉 석수상, 명

러 가지 석의물을 다 세우려 하지 말고 적당히 줄이는 것이 좋을 듯하다."고 일렀던 것이다.

이처럼 고종황제는 명나라 황제릉 제도를 알아보기 위하여 특사를 북경에 보내어 청나라 때에도 훼손되지 않고 보존되고 있던 명 영락제 장릉의 능침(陵寢)이나 석조각[石儀]의 규모를 정확히 파악하였다. 그리하여 우선 명 황제릉처럼 금곡 홍릉의 능침에도 동물석과 문무인석을 능상(陵上)에 세우지 않고 침전 앞에 내려서 세우도록 했고, 석의물의 종류를 황제릉에 걸맞도록 조정하였다. 하지만 나라마다 장례를 지내는 방법이 달라도 예법에는 어긋나지 않는다며, 우리의 장의제도에 따라 장례를 치르고 석의 또한 줄이는 것이 합당하다는 견해를 고집하고 실천했다.[307] 결국 고종황제는 명나라의 능침과 석의제도를 정확히 알고 있었음에도 불구하고 명나라 제도를 그대로 따르지 않고, 우리의 왕릉 제도를 토대로 명 황릉제도에서 적절하게 취사선택하여 대한제국 황제릉의 능침과 석의물의 전범(典範)을 독자적으로 마련한 셈이다.

고종황제가 대한제국 황제릉의 능침과 석의물의 전범을 마련한 이후 작성한 홍릉 석의물의 견양은 모두 3종류가 있다. 첫 번째 견양은 1897년 청량리 홍릉의 산릉을 조성한 전말을 기록한 『산릉도감의궤』에 수록되어 있는데 화원 김신학(金信學)이 그린 문·무석인과 양·호·마석 등이었다.[308] 당시 고종황제는 1895년에 왕비가 일제의 만행으로 무참히 살해된 뒤 의도적으로 국장을 천연시키다가 1897년 대한제국을 선포하고 황제위에 오른 후, 명성황후로 추존하고서야 능침을 조성하기 시작하였다. 하지만 황후능으로 조성하기에는 당시의 급박한 정세 탓도 없지 않지

307) 『洪陵遷奉山陵主監儀軌』, 光武4年(1900) 8月 31日.
308) 『明成皇后洪陵山陵都監儀軌』 卷2, 大浮石所, 405面. 工匠秩.

만 고종 자신 내심에 의도하는 바가 있어 왕비능에 준하여 전례대로 문무인석과 양호마석을 陵上에 세우게 하였다. 그런데 전통적으로 조선 왕실에서 국왕과 왕비의 산릉을 조성하고 석의를 제작할 때에는 반드시 전례를 상고하는데 이때 고종황제는 특별히 현릉원 천봉 때의 석의제도를 모방하여 조성하도록 지시하였다.[309] 현륭원 곧 현재의 융릉은 사도세자(뒷날, 莊祖)의 릉으로 사도세자는 적통(嫡統)으로 따져 고종에게는 직계 고조부가 된다. 현륭원의 천봉은 정조가 사친을 추존하면서 조영한 능이었다. 때문에 청량리 홍릉을 조성할 당시 고종황제가 굳이 현륭원의 능제를 따르도록 한 데는 여러 복잡한 의도가 내재되어 있었던 것같다. 우선, 정조가 불행하게 숨진 자신의 아버지인 사도세자를 복권하고 추존하면서 천봉한 것이 그의 내심을 세상에 알리고자 한 데 있듯이, 고종 또한 일본정부가 사주한 낭인들에게 처참하게 살해된 왕비를 황후로 승격하면서 능침을 조성함으로서 적개심을 널리 세상에 드러내고자 함이었다.

고종황제는 비록 흥선대원군의 차남이지만, 왕실 적통 상으로는 사도세자로부터 정조와 순조 및 문조로 이어졌다. 그렇기 때문에 그가 황제로 즉위한 이후 고조인 사도세자를 장조의황제로, 증조인 정조를 정조선황제로, 조부인 순조를 순조숙황제로, 부친인 효명세자(고종 즉위 후 익종으로 추존)를 문조익황제로 추존하였다.[310] 그리고 고종은 즉위 초부터 2년에 1회 꼴로 문조[익종]의 수릉을 찾아가 친제를 드렸고,[311] 장조의 현륭원과 정조의 건릉에는 두 차례나 친제를 올리고 있었다.[312] 그리고 현륭원과 건릉 및 수릉에 이어 청량리 홍릉의 문석인도 금관조복을 착용한 모습을 조각하였다. 이는 직계 조상의 능침제도를 전례로 삼는 조선 왕릉의 전통을 따른 것이지만, 이것은 한편 자신의 적통 상의 위상을 황후릉의 석의물에까지 반영하려고 한 고종의 완고한 의사표현이었던 것이다.[313]

이처럼 고종황제가 왕비의 능침을 사도세자의 능침 규모대로 조성하도록 지시했기 때문에 1897년에 화원 김신학이 청량리 홍릉의 석의물 견양을 그릴 때에 견본으로 삼은 것은 1846년에 석각화원이던 절충 유운홍(劉雲弘)이 그린 문조수릉의 석의물 견양이었다. 그것은 우선 무석인을 살펴보아도 확인할 수 있다.[314] 이때의 무석인은 왼쪽 칼옷과 칼집 사이에 마감선을 긋지 않

309) 『明成皇后洪陵都監儀軌』卷1. 270面. 詔勅. 丙申(1896) 2月 30日 ; 『高宗實錄』35卷, 34年(1897) 4月 1日.

310) 『高宗實錄』卷39, 36年(1899) 11月 13日 ; 12月 22日 ; 『大韓季年史』, 1899年 11月 12日(음력 1月 10日) ; 12月 19日(음력 11月 17日).

311) 『高宗實錄』 1卷, 1年 8月 25日 ; 『承政院日記』, 고종원년 8月 25日 정사 ; 이후 고종은 1866年, 1867年, 1869年, 1870年, 1874年, 1875年, 1879年, 1881年, 1883年, 1887年, 1890年, 1891年, 1892年, 1893年, 1894年까지 계속하여 친제를 하고 있었다.

312) 『高宗實錄』5卷, 5年(1868) 3月 14日 ; 7卷, 7年(1870), 3月 13日.

313) 장경희, 「조선후기 왕실공예품 제작장인 연구1 -금관조복형 문인과 팔각장명등을 중심으로-」, 『2004 전국역사학대회 발표논문집』, 수릉의 원류는 그보다 이른 1789年 사도세자의 顯隆園이나, 같은 릉역 내 부친의 前例를 따른 1900年 정조의 健陵에 있음을 밝힌 바 있다.

314) 『文祖綏陵山陵都監儀軌』2卷, 1846年. 2-134면. 대부석소의궤.

| 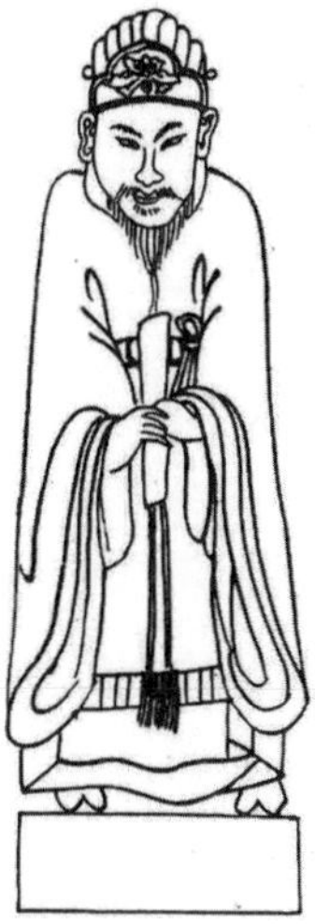 |  |  |  |
| --- | --- | --- | --- |
| 문석인도, 홍릉석의중수도감의궤 | 문석인, 홍릉, 1899년 | 문석인도, 홍릉석의중수도감의궤 | 무석인, 홍릉, 1899년 |

<의궤의 문무석인 도설과 현존 고종 홍릉 문무석인 유물>

고 빠뜨렸다.[315] 이러한 실수를 바로잡지 못한 채 김신학도 1897년에 그대로 모사했기 때문에 왼쪽 갑옷 하단과 칼집 사이의 선이 빠져 있다.

다음, 두 번째 견양은 청량리 홍릉의 석의물을 중수할 때의 전말을 기록한 『석의중수도감의궤』에 수록되어 있다. 이때의 기화 화사는 최성구(崔聖九)와 김영준(金榮浚)이었으나,[316] 1901년 의궤를 작성할 때의 견양은 그 가운데 한 사람이 맡아 그렸을 것이기 때문에 정확히 누가 그렸는지는 알 수 없다. 다만 이때의 견양은 앞서 1897년에 그린 견양이나 기존의 산릉도감의궤와는 전혀 다른 문무인석과 양호마석이 그려져 있다. 첫 번째의 견양이 전례를 따라 앞선 시기의 『산릉도감의궤』에 수록된 것을 모사한데 비해, 두 번째의 견양은 산릉 현장에 새로 조성되어 있는 것을 보고 그렸던 것 같다. 그것을 우선 문석인부터 살펴보면 전자인 1897년의 문석인 견양은 금관의 처리가 간소하나, 옷자락이 좌우로 넓게 벌어지고 의습선이 복잡하며 서대(犀帶)를 2중으로 띠었으며, 조복을 정확하게 이해하지 못하였는지 애매하게 그려 넣었다.[317] 이에 비해 후자인 1901년의 문석인 견양은 7량에 관대의 문양까지 표현된 금관을 쓰고 있으며,[318] 얼굴

315) 『文祖綏陵山陵都監儀軌』2卷, 2-141면. 이 의궤에서는 "武石人"으로 표기되어 있어 이를 따른다.

316) 『洪陵石儀重修都監儀軌』, 賞典.

317) 『明成皇后洪陵都監儀軌』卷2, 大浮石所, 183面 文石人圖.

318) 고광림, 「금관조복에 관한 연구」, 『논문집』12, 31쪽. (고광림, 『한국의 관복』, 화성사, 1990. 재수록) 光武1年에 대한제국을 선포하고 황제를 칭하면서 금관조.

은 좁고 옷자락의 외곽도 간결하게 정리되었으며, 조복 차림새를 어느 정도 이해하여 개략적이나마 표현하려 노력하고 있었다.[319] 다음, 1901년의 무석인 견양은 1897년 것에 비해 전체적으로 상하가 길고 외곽선이 간결하게 처리되어 있으며, 甲冑의 세부 또한 앞선 의궤를 관념적으로 그대로 베낀 것이 아니라 새롭기 때문에 실물을 보고 그린 때문이라고 여겨진다.[320]

마지막, 세 번째 견양은 1919년 금곡 홍릉의 『고종태황제산릉주감의궤』에 수록되어 있다. 이 의궤에는 금곡 홍릉의 조성과정이 기록되어 있지 않으며, 다만 고종황제의 因山이 끝난 뒤능침 앞에 세워진 문·무인석과 마석 및 황제릉을 조성하면서 추가한 5종 영수석 등의 형태와 규격을 도설해 놓고 있을 뿐이다.[321] 그리고 이때는 석의물을 조성하지 않았기 때문에 기화 화원이 필요하지 않았다. 그러나 전례대로라면 산릉역이 끝난 뒤 의궤를 작성할 때 화원이 참가하여 견양을 그려 넣었고 화원의 이름을 명기하였는데 이 의궤에는 견양을 그린 화가를 밝혀 놓지 않았으며, 상전난에도 들어있지 않았다.

하지만 1919년의 문·무인석과 마석의 견양이 1897년에 작성한 견양과 완전히 일치하고 있음을[322] 미루어 볼 때 고종의 국장 시 의물 또한 1897년 국장의 전례에 따르고, 의궤까지 참고했으리라는 정황을 느껴 볼 수 있었다. 또한 세 견양은 모두 다 금관조복을 착용하고 홀을 든 것도 같으나, 석의의 명칭은 앞의 두 의궤가 문석인과 무석인으로 부르고 있는데 비하여 일제하 1919년의 의궤에만 문인석과 무인석으로 부르는 점이 다를 뿐이다.

(2) 홍릉 문·무인석의 견양과 유물

금곡 홍릉의 석의물 견양은 전술한 바와 같이 1901년에 작성한 것이 가장 시기적으로 늦으며, 전례대로 기존의 의궤에 수록된 견양을 모사한 것이 아니고, 이미 조성된 유물을 보고 그린 것임을 알게 되었다. 그렇다면 금곡 홍릉의 침전 앞에 세워진 문·무석인이 어떤 과정을 겪으면서 그곳으로 옮겨 세워지게 되었을까.

1897년에 조성한 청량리 홍릉의 석물은 설치한 때부터 문제가 생겨 그 석의물들을 중수하기

319) 『洪陵石儀重修都監儀軌』, 29面. 文石人圖.

320) 장경희, 「고종시대 철인왕후와 명성황후의 국장의물 비교연구」, 567쪽, 도10과 도11. 참조.

321) 『高宗太皇帝山陵主監儀軌』, 陵上石儀 ; 『洪陵遷峯山陵主監儀軌』 대정9年(1919) 3月 20日.

322) 『高宗太皇帝山陵主監儀軌』, 寢殿前石儀. "文人石二 刻金冠朝服 執笏之象."이 문장에서 두 가지 사실이 확인된다. 첫째, 조선후기 왕릉부터 명성황후의 홍릉중수도감까지의 문무석상은 文石人과 武石人으로 표기하였으나, 고종황제의 홍릉부터 文人石과 武人石으로 부른다는 점이다. 둘째, 문인석의 冠은 금색의 종선인 梁이 덧붙여져 있는 梁冠이지만, 의궤에서는 金冠으로 부른다는 점이다. 때문에 이글에서는 의궤의 명칭에 따르도록 하겠다. 김은선, 「조선후기 왕릉 석인조각 연구」, 『미술사학연구』, 132쪽. 건릉의 문석인의 복식을 '양관조복'이라 명명하였는데, 典禮를 중시한 왕실의 의궤기록을 따라야 할 것이다.

에 이르렀다. 이때 설치한 홍릉석의중수도감은 1898년부터 1900년까지 운영되었고, 이 기간에 문·무석인과 양·호·마석을 모두 조각하였다. 석의중수도감에서 제작한 석의물 중 현재의 금곡 홍릉에 세워진 석의물의 완성시기를 시차별로 보면 마석, 문석인, 무석인의 순으로 조성되었다. 마석 2쌍은 1899년 3월 18일부터 6월 12일까지, 문석인 1쌍은 같은 해 2월 13일부터 9월 17일까지, 무석인 1쌍은 6월 2일부터 10월 20일에 조각이 완료된 것이다.[323)]

문석인과 무석인 및 마석이 1899년에 이미 완성되었지만, 청량리 홍릉에 세우지 않고 창고에 넣어두었으며, 문제가 된 병풍석과 혼유석 등만 배설하였다. 그것은 명성황후의 홍릉을 청량리에서 다른 곳으로 옮기기로 결정했기 때문이다. 이때 천릉지로 선정된 곳은 금곡이었다. 곧 1900년 7월 8일, 홍릉석의중수도감에서 홍릉을 금곡으로 천릉한 뒤에 문·무인석 등을 옮기기로 하고, 전별영(前別營)의 창고에 넣어 두었던 것이다.[324)] 그런데 금곡으로 천릉할 날짜가 임박해졌을 때 금곡보다 조금 더 먼 군장리가 상길지라는 의견이 대두되어 급작스레 천릉지가 바뀌었다.[325)] 그해 12월 중순 산릉도감에서는 군장리 산릉지로 석의물을 운반하기로 결정하고 땅이 얼어붙기를 기다렸다가[326)] 보름동안 석의물을 싸서 운반하기 시작하여,[327)] 이듬해인 1901년 1월 1일까지 그 모두를 군장리에 옮겼다.[328)]

군장리의 산릉역이 한창 진행되던 도중에 땅 속에 청석(靑石)이 깔려있음을 발견하고는 공사를 중단할 수밖에 없었다.[329)] 이에 다시 홍릉천릉산릉도감에서는 천릉지를 처음 선정했던 금곡으로 정하게 된 것이다. 이때부터 전례에 따라 도감 내의 수석소(輸石所)에서 군장리에 있는 석의물들을 금곡으로 옮기고 그것들을 세울 장소에 주춧돌을 박아 놓았지만,[330)] 산릉공사를 계속할만한 여건이 되지 못하였다. 그것은 두 번의 국장과 두 차례의 경운궁 중건 등 국가적인 대사가 연달아 생겼으며, 재정적으로도 여유를 갖지 못한 나머지 금곡으로의 천릉역이 우선순위에서 밀려났던 것이다.[331)] 이 때문에 고종황제도 용단을 내려 5년여를 끌어왔던 천릉·산릉 두

---

323) 장경희, 「고종시대 철인왕후와 명성황후의 국장의물 비교연구」, 567쪽.

324) 『洪陵石儀重修都監儀軌』, 照會, 庚子(1900) 7月 初8日.

325) 『洪陵遷峯山陵主監儀軌』, 光武4年(1900) 8月 24日. 군장리는 양주군에 있으며 谷村里로도 불렸다. 역사적으로 군장리는 인조의 私親 定遠君을 모셨던 興慶園이 있던 곳이며, 이후 元宗으로 추존하면서 김포군 풍무리로 천장하여 章陵으로 바꾸었다.

326) 『洪陵遷峯山陵主監儀軌』, 光武4年(1900) 12月 14日.

327) 『洪陵遷峯山陵主監儀軌』, 光武4年(1900) 12月 31日.

328) 『洪陵遷峯山陵主監儀軌』, 光武5年(1901) 1月 1日 ; 1月 7日.

329) 『高宗實錄』, 光武5年(1900) ; 『洪陵遷峯山陵主監儀軌』, 光武5年(1901).

330) 『每日新報』, 1919年 1月 28日 3면.

331) 1902年에는 경운궁을 중건하였고, 1903年 11月 효정왕후(24대 헌종 계비)와 1904年 9月 순명황태자비(27대 순종비)의 서거로 국장을 연거푸 치러야 했고 1904年 봄 함녕전의 화재로 경운궁의 모든 전각이 다 타버려 다시 지어야 하는 등 재정적인 어려움에 봉착하게 된 것이다.

도감을 1904년 말에 폐쇄하고 말았으며,[332] 금곡리 천릉지로 옮겨 놓고 중수가 완료된 석의물들은 금곡의 수령으로 하여금 그전처럼 간수토록 하였던 것이다.[333]

다음에는 이 석의물들이 앞서 어떤 과정을 거쳐 제작되고 있었는지를 살펴보아야 할 것 같다. 홍릉중수도감에서는 1899년에 기화를 담당한 화사 최성구과 김영준을 포함하여 18종의 장색에 총478명의 장인이 동원되었다. 그러나 그 가운데는 석재를 다룰 석수변수 홍봉석 등 5명과 정봉상 등 225명의 석수가 포함되어 있어 전체의 1/2을 차지하였다. 이 200여 명의 석수는 서울에 거주하던 石手만으로는 부족하여 개성의 우수한 석수 12명을 더 동원하려 했으나,[334] 그들 중 일부는 몸이 불편하였고 나머지는 다른 국역에 동원된 처지여서 결국 임상길·신명석·김사득·양봉득·김보협·김광석만을 데려올 수 있었다.[335]

그렇다면 1919년,『산릉주감의궤』에 수록된 견양과 현재 홍릉에 세워져있는 문무인석의 형상과 양식을 비교해 보자. 문무인석은 둘 다 상석(像石)과 대석을 한 돌로 만들고 그 아래 하전석이 놓이는 2단 대석의 구조인 점이 같았다.[336] 의궤의 견양 기록과 현장 유물의 실측치를 각각 비교해 보면 다음의 표와 같다.[337]

우선, 홍릉의 석의물 중 문무인석은 구조상으로 둘 다 상석과 대석은 한 돌로 만들고 그 아래 하전석이 놓이는 2단 대석의 구조인 점은 공통되었다. 『산릉주감의궤』 내의 견양과 고종의 금곡 홍릉의 문무인석을 비교해보면 다음과 같다.[338]

| 석의물 | 구분 | 1919『고종태황제산릉주감의궤』 | | | 금곡 홍릉의 유물 실측 (단위 ; cm) | | |
|---|---|---|---|---|---|---|---|
| | | 길이(長) | 너비(廣) | 두께(厚) | 길이(상하) | 너비(좌우) | 두께(앞뒤) |
| 문인석 | 像石 | 8척8촌 | 1척9촌 | 1척9촌 | 265 | 65 | 58 |
| | 臺石 | 2척1촌 | 1척9촌 | 高1척1촌 | 66 | 60 | 高35 |
| | 下磚石 | x | x | x | 115 | 115 | 13 |

332) 『洪陵遷峯山陵主監儀軌』, 光武8年(1904) 11月 13日 ;『高宗實錄』44卷, 41(1904) 11月 13日.
333) 『洪陵遷峯山陵主監儀軌』, 光武8年(1904) 11月 13日.
334) 『洪陵石儀重修都監儀軌』, 訓令. 戊戌(1898) 3月 12日. 訓令.
335) 『洪陵石儀重修都監儀軌』, 報告書. 己亥(1899) 4月 初2일.
336) 臺石, 下磚石은『高宗太皇帝山陵主監儀軌』에 나오는 용어를 그대로 따랐다.
337) 명성황후의 청량리 홍릉과 중수된 견양은 장경희, 「고종시대 철인왕후와 명성황후의 국장의물 연구」 565쪽, 표8 참고 ; 금곡 홍릉의 석의물은『高宗太皇帝山陵主監儀軌』에 의해, 유물은 금곡 홍릉에서 실측하였다.
338) 명성황후의 청량리 홍릉과 중수된 견양은 장경희, 「고종시대 철인왕후와 명성황후의 국장의물 연구」 565쪽, 표8 참고 ; 금곡 홍릉의 석의물은『高宗太皇帝山陵主監儀軌』에, 유물은 금곡 홍릉을 2007年 1月에 실측하여 작성하였다.

| | | | | | | | |
|---|---|---|---|---|---|---|---|
| 무인석 | 像石 | 9척9촌 | 2척2촌 | 2척6촌 | 308 | 76 | 78 |
| | 臺石 | 2척6촌 | 2척5촌 | 高1척1촌 | 82 | 78.5 | 高30 |
| | 下磚石 | x | x | x | 193 | 179 | 30.5 |

<고종홍릉 문무인석의 견양과 유물의 양식 비교>

위와 같이 1919년에 그려진『산릉주감의궤』의 견양과 현재 고종 홍릉의 유물은 한치의 오차 없이 일치하고 있다. 그 규모는 홍릉에 세워진 문무인석을 직접 측량하여 의궤에 실었음을 알게 한다. 문인석은 8척8촌(265cm)이고, 무인석은 9척9촌(308cm)으로서 무인석이 1척1촌(43cm)이 더 크다.[339] 그런데 문무인석의 너비는 1척9촌(65cm)~2척2촌(76cm), 두께는 1척9촌(58cm)~2척6촌(78cm) 정도었다. 이것은 곧 일반적인 왕릉 문무인석보다 키는 1척5촌 이상 커졌으나 너비와 두께보다 5촌 내지 1척이 작아진 것이다. 예컨대 고종이 명성황후 홍릉과 함께 자주 찾은 수릉의 문무인석을 보면 문인석이 장 7척1촌, 광 2척4촌, 후 2척3촌이었고, 무인석이 장 8척3촌, 광 3척7촌, 후 2척4촌인 것과 비교된다.[340] 문인석은 전체적으로 좁고 긴[細長] 모습으로서, 정면관 위주의 견양과 문인석 유물의 앞면은 조선시대 초상화를 보는 느낌 그대로이다. 7량의 금관은 황제 앞의 1품관을 상징하며, 얼굴의 조각은 전신사조(傳神寫照)의 태도로 자세하되 좁은 어깨 아래의 신체는 길쭉한 기둥의 형태로 간결하면서 세부의 선 처리 또한 절제되어 있다. 이렇게 문인석 견양이 화가의 미숙한 솜씨를 보이는 반면 유물은 석수·장인들이 뛰어난 안목으로 포착한 문인의 품격을 섬세한 조각솜씨로 발휘하여 이전시대 문석인에서 볼 수 없는 초상조각의 수준으로 나아갔음을 알 수 있다.

그런데 이처럼 문·무인석의 받침돌이 대석과 하전석의 2중 구조인 점은 조선 후기의 것과 공통되지만, 유난히 新홍릉의 것들이 세장하고 주위 공간과 조화를 이루지 못하는 이유가 무엇인지 궁금하였다. 그러나 생각해보면, 그것은 본래 석의물이 배치되던 능상에서 침전 아래로 내려본 경험이 없는 당시의 안목으로서는 문무인석의 효용성이나 기능성의 문제를 고려하지 못했을 것이다. 그리고 또한 석의물과 주변 공간과의 관계도 염두에 두지 못한 결과이지만, 보다 근원적인 문제는 관자의 시선을 배려하지 못한 데 있을 것이다. 종래 조선왕조의 왕릉은 조선인의 유교적 사후 세계관을 반영하여 왕릉의 능상에 세워진 문,무석인들은 죽어서도 왕을 호위하는 호석으로 배치하였고, 왕이 모셔진 릉 보다 한두 단 아래쪽 신하의 자리에 배열하였다. 그런데다 왕릉과

339) 은광준, 앞책, 164~165쪽 ; 조은정, 앞의 논문, 123~124쪽. 양자 모두 홍릉 문인석(10척, 385cm)이 무인석(9척8촌, 333cm)으로 더 크다고 보았다.
340) 『文祖神貞后山陵都監儀軌』, 1846年, 규13765, 2-140면, 2-141면.

문무인석의 높낮이를 적절하게 맞추어 세웠던 것이지만 세월이 흐름에 따라 능의 봉분은 항시 보토하고 잔디도 자라 더 높아지지만 문·무인석은 땅이 굳어지면서 낮아질 뿐만 아니라 하전석부터 대석까지 흙과 잔디에 덮여 더욱 낮게 되어 있었다. 따라서 현재의 관람자가 감히 능위에 올라 둥근 포물선을 긋는 한 지점에 옹색하게 서더라도 문·무석인을 쳐다보는 시선은 자연스레 아래쪽으로 향하게 되어 그들을 내려다보게 되어 있다. 결국 문무석인이 8척 이상의 큰 키로 배치되어 있음에도 불구하고 우리 눈에 비친 그들의 키는 작고, 신체는 둔중하게 느껴졌던 것이다.

반면, 대한제국 금곡 홍릉의 문·무인석은 침전 앞 평지의 높은 대석 위에 우뚝 서 있는 형상이다. 결국 능상(陵上)을 황제의 공간으로, 침전 아래를 신하의 공간으로 상정한 것이다. 그래서 본래 능상 王의 자리라 할 수 있는 하늘에서는 석의물을 사후세계의 호석으로 한 단 아래로 내려 세웠지만, 침전 밑 신하의 자리인 땅에서는 그럴 필요가 없어 서양의 기념비 조각상처럼 넓은 터에 드문드문 세우게 된 것이다. 그러나 조선의 석수 장인들은 금곡 홍릉의 황제릉이 세워지기까지는 아래에서 위로 올려다 봐야 할 석의물 조각을 세워본 경험이 없어 종래 능상의 석의물을 상정하여 만들어 세웠기 때문에 금곡 황제릉 앞의 문·무인석의 키는 더 커 보이고 좁은 신체는 더 가냘프게 느껴지는 결과를 초래하고 만 것이다. 만약 고종황제의 의도대로 일찍이 금곡 홍릉으로 천릉하여 이 석의물들을 실제 배치해 보았더라면 이와 같은 문제점을 충분히 인지하고 수정·보완했을 것이다. 결국 구 왕릉제도를 바탕으로 하고 명 황제릉제를 가미한 '구본신참'의 의지는 조화로운 결과를 보이지 못하고 만 셈이다.

그렇다면 의궤에 작성한 문·무인석의 견양이 금곡 홍릉의 문·무인석의 조각에 어떻게 반영되었는지를 살펴보자. 앞서도 언급하였듯이 문인석은 왕통을 중시하여 4대조 장조의 선례를 참고하되, 대한제국을 선포한 뒤 개정한 금관조복을 착용한 황제릉 문인석으로 변모하였다. 그리고 견양은 정면만이 그려져 있어 배면을 볼 수 없지만 무인석의 뒷면 배상갑(背上甲)에는 1품관의 신하를 상징하는 기린의 문양이 조각되어 있다. 이 또한 장조의 융릉부터 비롯된 전통을 계승한 것이면서 황제릉 석의물의 품격을 반영한 것이다.[341]

마지막으로 1901년의 의궤에 수록된 문무인석의 견양과 1899년에 조각한 문·무인석의 양식을 비교 검토해보기로 하자.

첫째, 금곡 홍릉 앞의 문인석은 1899년에 조성되었고, 견양은 1901년의 의궤에 수록되어 있었다. 양자는 얼굴과 조복을 착용한 신체가 모두 세장하고, 외곽선은 간결하게 정리된 모습이다.

341) 무석인이 착용한 배상갑에 기린이 새겨져 있는 왕릉은 고종황제의 4대조에 해당되는 장조 융릉을 비롯하여 정조 건릉, 문조 수릉이다.

견양의 경우 금관은 7량을 나타냈고 관 앞의 꽃무늬가 선명하며 좌우로 지른 비녀까지 묘사되어 있다. 어깨는 좁으며 몸을 앞으로 숙여 황제 앞에 읍을 하는 자세이며, 단령(團領)에 대를 띠고 서대(犀帶)를 찼으며 폐슬을 늘어뜨리고 적초의(赤綃衣) 아래에 치마[裳]를 입었으며, 앞이 들린 리(履)를 간단한 선으로 처리하였다. 전반적으로 화가의 묘사력은 생략적이고 그다지 뛰어나지 않은 편이나, 환조의 양감을 살리고 전체적인 외곽선을 간결하게 정리해낸 석수와 세부 장식을 섬세하게 묘사한 백천삭(白千石) 등 5명 조각장의 기술은 뛰어났다.

정면관 위주의 견양과 문인석 유물의 앞면은 조선시대 초상화를 보는 느낌 그대로이다. 얼굴의 조각은 전신사조의 태도로 자세하되, 좁은 어깨 아래의 신체는 길쭉한 기둥의 형태로 간결하면서 세부의 선 처리 또한 절제되어 있다는 점에서 상당히 흡사하다. 작고 청수한 얼굴에 어울리는 적절한 이목구비, 눈가로부터 턱수염까지 잔잔하게 번지는 웃음, 바짝 말라 살점 없이 좁은 어깨와 굽은 등, 그리고 조복을 구성하는 야대와 다회끈, 적초의 등 옷차림의 선과 면을 수직·수평으로 처리함으로써 평생 공부만 해온 선비의 품격이 고요한 가운데 배어 나온다. 특히 견양과 달리 丸彫의 유물은 세부 묘사 또한 빈틈없고 정교하면서도 번잡하지 않다. 옆모습은 금관에 꽂는 비녀와 망건의 관자라든지, 소매 아래로 살짝 보이는 패옥과 신발의 운문 장식 외에 전체의 2/3 이상을 폭넓은 소매자락이 차지하고 있어서 여백이 많은 편에 속한다. 뒷모습 또한 마찬가지로 소매가 많은 면적을 점유하여 빈 공간이 많다. 하지만 대대와 후수는 여전히 수직·수평으로 면분할이 된 위에 봉황운문 등을 섬세한 자수를 놓은 듯 세밀하게 새겨내어 입체감보다는 평면성이 강조되고 있다. 결국 문인석 유물은 석수, 장인들의 뛰어난 안목으로 포착한 문인의 품격을 섬세한 조각솜씨로 이전시대 문석인에서 볼 수 없는 초상조각의 수준으로 끌어올렸음을 볼 수 있다.

둘째, 갑주를 입고 칼을 쥔 금곡 홍릉의 무인석 또한,[342] 1901년의 견양과 1899년의 유물이 모두 가늘고 길어 전체적인 분위기나 조각수법이 문인석과 비슷하다. 무인의 얼굴은 평평하고 넓적하여 대장부의 이미지를 지닌 실제 인물을 모델로 한 듯하다. 무인이 착용한 甲冑는 조선후기 이래의 전통을 계승하여 앞뒤 가슴 부속구를 양어깨에서 연결하여 옆구리에서 개폐하게 되어 있는 양당식(兩當式) 갑옷으로 외국의 사신을 맞이하거나 국가적인 행사 때 착용하던 의장용이었다.[343] 무인석을 그린 화가의 견양이 대체적인 모습과 무늬를 요약해서 묘사한 데 비해, 석

342) 『高宗太皇帝山陵主監儀軌』, 大浮石所, "武人石 刻甲冑 佩劍之象." 조선후기와 명성황후의 의궤까지는 '무석인'이었으나 본 의궤에서는 '무인석'이라 부르고 있어 이 글도 이를 따르기로 한다.

343) 김정자, 『한국 군복의 변천사연구』, 민속원, 1998, 44~45쪽. 투구, 頸甲, 肩甲, 胸甲, 上膊甲(팔꿈치 윗부분), 肱甲(팔꿈치 아래), 上裳甲(골반의 양옆), 背

수 장인은 꼼꼼한 세공솜씨를 발휘하여 투구와 갑옷를 빈틈없이 촘촘하게 장식하고 있었다.

갑주 위의 투구는 삼지창형 정개(頂蓋) 위에 상모가 짧게 늘어지고 발형(鉢形) 부분에는 두정을 박았고 귀가리개는 가장자리에 털장식으로 처리했는데, 이러한 만선두리를 뒤로 젖히고 끈으로 묶어 고정시켰다.[344] 목가리개는 스카프처럼 목에 둘러 묶었으며 견갑과 흉갑의 중앙은 둘다 귀면으로 나타내었다. 갑옷은 미늘을 촘촘히 달았고 양옆과 배래기는 완전히 트여서 바람에 단이 치켜 올라간 듯한 표현을 하고 있다. 대대를 띤 허리 아래에는 상상갑과 배상갑 및 경갑을 입고 있는데, 귀갑무늬와 솟을빗살무늬를 장식처럼 새겨 넣었다. 팔에는 상박갑과 굉갑을 둘렀고 두 손은 배 앞에서 맞잡아 여의두인동문과 귀면이 장식되어 유난히 긴 의장용 칼의 중간을 쥐고 있다. 칼은 칼집에서 빼서 아래로 향하고 두 손은 맞잡아 칼의 손잡이 위에 두었는데, 오른손 위에는 손잡이 끈이 길게 늘어져 있고 그 끝에는 매듭술까지 표현되어 있다. 왼쪽 허리의 옆면 요대에는 고리에 연결된 칼집이 달려있다. 뒷면에는 조선후기 무석인과 마찬가지로 투구의 귀가리개는 묶었으며 목가리개를 늘어뜨렸고 견갑과 전포의 소매자락이 계단식으로 표현되어 있다. 뒷면에서 가장 눈에 띄는 표현은 배상갑에 기린과 오색구름을 얕게 양각하고 그 아래로 둥글게 파도무늬를 새겨넣은 점이다.[345]

이처럼 화가의 견양은 정면의 모습을 간략하게 대체적인 윤곽만 그려 놓았지만, 석수장인들은 크고 넓은 면적의 석조각 유물 전체면을 세부문양까지 치밀하게 하나의 소홀함도 없이 처리하고 있었다. 예컨대 갑옷의 미늘 하나하나까지, 견갑의 괴면에서 상박갑으로 이어지는 고리의 표현, 상상갑에 새겨진 파도무늬와 배상갑의 기린, 칼의 손잡이에 그려진 괴면과 뒤쪽 매듭의 표현 등 작고 세밀한 부분조차 놓치지 않고 새겨내고 있었다. 요컨대 견양을 그린 화원의 솜씨가 성글고 서툰데 비해, 무인석을 조각해낸 장인은 아주 작은 세부까지 놓치지 않고 섬세하게 묘사하여 세부 묘사에 長技를 지니고 있음을 알 수 있었다.

그리고 한편, 1899년에 완성한 문무인석에는 장인들이 지닌 전통 기술이 치열한 장인정신으로 발휘되고 있음을 간취할 수 있다. 그것은 문·무인석의 표면처리나 받침돌의 연결 부위에 적용한 기술에서도 찾아볼 수 있다. 우선, 금곡 홍릉 앞의 문무인석은 전체의 표면이 매끄러워 돌로 만들었다는 것을 잊을 정도이다. 마석장(磨石匠) 윤창식(尹昌植) 등 20명 장인은 문무인석의 상석과 대석 및 하전석에까지 혼을 담아, 어느 한 구석 소홀함 없이 전체 석의물이 마치 한

---

上甲(골반의 뒷부분), 脛甲(정갱이), 冠帶 등으로 구성된다.

344) 장경희, 「조선.청간의 모자무역과 제작실태 연구」, 『사총』62호, 역사학연구회, 2006.3, 163쪽.

345) 背甲에 기린이 그려져 있는 것은 고종이 모본으로 삼았던 장조 융릉의 무인석도 마찬가지이다.

돌인 것처럼 느껴질 만큼 갈고 또 다듬어 내었다. 또 석재를 다루는 기술적인 일면으로서 대석과 하전석의 모서리를 모두 귀접고 모죽임을 하고 있었다. 이것은 돌을 마감하는 순간까지 긴장의 끈을 놓지 않고 최선을 다한 증거이다. 여기에 더하여 하전석 위에 대석을 올려놓기 전에 1cm 정도의 세로로 안쪽을 평평하게 파고 대석을 맞물려 놓고 있었다. 이렇게 함으로써 대석과 하전석이 결합되어 마치 한 돌인 것처럼 어떠한 흔들림에도 버틸 수 있게 된 것이다. 이러한 장인들의 석재 가공기술은 그다지 눈에 띄지 않는 사소하고 미묘한 것이지만, 조각 유물의 제작과정이 철저하게 계획되었고 어느 한 부분 소홀함 없이 상당히 공을 들었다는 것을 느끼게 한다.

갑주를 입고 칼을 쥔 무인석 또한 문인석과 마찬가지로 1901년의 견양과 유물이 전체적으로 좁고 긴[細長] 면에서 일치하여 1899년 제작품임을 입증한다.[346] 전체적인 분위기나 조각수법은 문인석과 마찬가지로 길면서 좁은 편이다. 홍릉의 무인석은 조선후기 이래의 전통을 계승하여 양당식 갑옷, 즉 외국의 사신을 맞거나 국가적인 행사 때 착용하던 의장용이었다.[347] 특히 화가가 정면만 표현한데 비해 석수·장인들은 뒷면까지 꼼꼼하게 챙겨 넣었고 대대 아래쪽 배갑에는 파도문 위에 기린을 돋을 새겨 넣음으로써 황제릉 앞의 1품관을 형성화하였다.[348] 이처럼 화가의 견양은 정면에서 본 대체적인 모습이나 장식만을 그려냈지만, 유물에서는 문인석과 마찬가지로 옆면과 뒷면까지 꼼꼼하게 장식하고 있어 석수 장인들의 세공 실력을 짐작할 수 있다.

<고 종 홍릉 침전 앞 문무석인과 영수석>, 1899년. 1999년 필자 촬영

346) 『高宗太皇帝山陵主監儀軌』, 大浮石所, "武人石 刻甲冑 佩劒之象."조선후기와 명성황후의 의궤까지는 '무석인'이었으나 본 의궤에서는 '무인석'이라 부르고 있어 이 글도 이를 따르기로 한다.

347) 김정자, 『한국 군복의 변천사연구』, 민속원, 1998, 44~45쪽.

348) 배갑에 기린이 그려져 있는 것은 고종이 모본으로 삼았던 장조 융릉의 무인석도 마찬가지이다.

(3) 홍릉 영수석(靈獸石)의 견양과 유물

금곡의 홍릉 앞에는 청량리 홍릉 석의중수도감에서 만든 마석과 금곡 홍릉 산릉도감에서 만든 기린을 비롯한 영수석 5종이 세워져 있다. 이것들의 조성 실태를 살펴보자.

1989년 6월 12일 석의중수도감에서 조성된 馬石은 문무인석과 마찬가지로 상석과 대석이 한 돌로 제작되었고, 하전석을 두는 2단 구조였다. 그러나 1900년 8월 3일에 신홍릉 산릉도감에서 완성된 고종 홍릉의 5종의 영수석은 상석과 대석을 한 돌로 제작하는 점은 마석과 공통되었으나, 구조와 크기 면에서는 차이를 보이고 있다. 황제릉에 새로 도입된 영수석 5종은 구조적인 면에서 상석과 대석, 하전석의 사이에 중대석을 두는 3단 구조의 새로운 형식으로 이행되고 있었다.[349] 중대석은 3단으로 구성되어 상하단은 아무런 문양이 새겨져 있지 않은 반면 중단은 모서리[隅柱]에 연주문을 세우고 가운데에 탱주를 중심으로 좌우에 2개의 네모진 안상을 배치하고 있었다. 이러한 3단 구조의 기단은 고종의 특사가 1897년 북경에서 도사해온 명나라 황제릉에 기인한 것이겠지만, 1868년(고종7)에 경복궁을 중건할 때 광화문 앞에 세운 해태상이 3중 대석의 구조이기 때문에 직접적인 전례가 되었을 것이다. 그동안 이들 석의들이 능상에 배치되어 수호석의 의미가 강하던 데에서, 고종의 능제 개변에 의해 침전 앞으로 그 위치가 바뀌면서 황제릉 앞의 영수들을 배치함으로써 대한제국의 황제릉이라는 기념비적인 의미로 변하였다.[350]

이제, 홍릉 영수석의 크기를 상석, 대석, 중대석, 하전석으로 구분하였더니 다음과 같다.

| 구분 | | 기린 | 코끼리 | 사자 | 해치 | 낙타 | 말 |
|---|---|---|---|---|---|---|---|
| 像石 | 길이(長) | 6척 1촌 | 5척 3촌 | 5척 6촌 5푼 | 6척 2촌 | 5척 8촌 5푼 | 5척 4촌 |
| | 높이(高) | 6척 1촌 | 2척 9촌 5푼 | 3척 2촌 | 2척 7촌 5푼 | 3척 1촌 | 3척 2촌 5푼 |
| | 두께(厚) | 2척 1촌 | 1척 8촌 5푼 | 2척 2촌 | 2척 1촌 | 1척 8촌 5푼 | 1척 5촌 |
| 臺石 | 길이(長) | 5척 2촌 5푼 | 6척 4촌 | 5척 2촌 | 5척 5촌 | 5척 6촌 | 4척 1촌 5푼 |
| | 높이(高) | 5촌 | 5촌 | 5촌 | 5촌 | 5촌 | 5촌 |
| | 너비(廣) | 1척 8촌 5푼 | 2척 7촌 5푼 | 1척 8촌 | 1척 8촌 | 2척 8촌 | 1척 5촌 |
| 中臺石 | 길이(長) | 5척 7촌 5푼 | 5척 8촌 | 5척 7촌 | 6척 | 5척 6촌 | x |
| | 너비(廣) | 2척 3촌 5푼 | 2척 1촌 5푼 | 2척 2촌 | 2척 3촌 | 2척 2촌 | x |
| | 높이(高) | 2척 5촌 5푼 | 2척 5촌 5푼 | 2척 5촌 5푼 | 2척 5촌 5푼 | 2척 5촌 5푼 | x |

349) 조은정, 앞 논문, 98~102쪽. 지대석이라고 불렀고, 의궤에서는 하전석이라 부르고 있다.

350) 특히 기린은 황제의 위엄을 상징하는 대표적인 상징물이다. 이에 대해서는 이재중, 「기린 도상 연구」, 『미술사학연구』, 참고.

| | | | | | | | |
|---|---|---|---|---|---|---|---|
| 下磚石 | 길이(長) | 6척 3촌 5푼 | 6척 4촌 | 6척 6촌 | 6척 6촌 | 6척 2촌 | 5척 1촌 5푼 |
| | 너비(廣) | 2척 9촌 5푼 | 2척 7촌 5푼 | 2척 9촌 | 2척 9촌 | 2척 8촌 | 2척 5촌 |
| | 높이(高) | 5촌 | 5촌 | 5촌 | 5촌 | 5촌 | 5촌 |

<고종홍릉 靈獸石의 상돌과 대석의 구조와 양식 비교>

위 표에 의하면 영수들의 크기로 보면 1899년에 구홍릉을 중수할 때 제작된 마석이 여러 면에서 왜소한데 비해, 1900년 新홍릉의 영수들은 그 크기가 커졌으며, 그들 중 특히 전통적으로 상상의 동물이면서 황제를 상징하던 기린이 가장 컸다. 또 영수석을 상석과 대석으로 구분해서 살펴보면, 상석은 동물의 성격에 따라 그 크기에 차이를 큰 보이지만 대석, 중대석, 하전석의 3단구조는 대체로 비슷하였다. 예컨대 대석은 상석과 같은 석재여서 길이나 너비는 차이를 보였지만 높이는 5촌으로 일치하였다. 또 중대석은 길이 5척 7촌 내외, 너비 2척 2촌 내외지만, 높이 2척 5촌 5푼이었고, 하전석은 길이 6척 3촌 내외, 너비 2척 9촌 내외, 높이 5촌이었다. 이처럼 영수석의 대석, 중대석, 하전석의 높이는 각각 공통되었다.

수석은 상상의 동물과 실제의 동물, 전래 동물과 수입 동물에 따라 각각 크기가 달라졌다. 예컨대 1899년에 제작된 말은 길이가 156cm 내외로 가장 작았고, 1900년에 만든 동물 중에서는 기린이 176cm로 가장 컸으며, 그 다음으로 해태, 코끼리, 낙타, 사자의 순서였다. 결국 상상의 동물은 조금 크게 제작되었지만 실제의 동물은 대체로 작았으며, 전래되어 익숙한 동물은 컸으나 수입되어 실물을 인지하기 어려운 동물은 작게 표현되었다. 이들 영수석의 두드러진 특징은 문무인석이 정면관 위주로 그려진데 비해, 이들은 모두 측면관으로 그려진 점과 다리와 다리 사이를 뚫지 않고 그 사이가 막혀진 채로 그대로 둔 점이 공통된 특징이다. 새로운 영수들은 명나라 황제릉을 도사해서 제작한 때문인지 각 동물의 도상을 충실히 따르고 있으며, 의궤에 그려진 견양은 실제의 유물과 상당히 흡사하여 석의물을 완성한 이후의 견양인 것을 알 수 있다. 이들 영수석은 당시의 기록에 의해 사자 유형과 코끼리 유형으로 나누어 설명할 수 있다.[351]

금곡 홍릉에 세워진 기린·코끼리·해태·사자·낙타 등의 수석들은 명나라 영락제의 장릉에 세워진 영수석을 도사한 견양을 충실히 따르고 있었다. 그러나 장릉의 영수석과는 달리 홍릉의 영수석은 조선 왕릉의 석물양식을 가미하여 화원들이 견양을 작성할 때 측면관으로 그렸고 다리와 다리의 사이를 뚫지 않고 막힌 공간으로 두었기 때문에 석물장인들도 견양대로 조각한 것을 알 수 있었다. 그리고 1919년의 의궤에 그려진 견양은 1900년에 완성한 의물의 석조각과 상당히 흡사한 것으로 보아 석의물을 침전 앞에 배치한 이후 의궤를 작성할 때 직접 보고 그린 견양

<고종 홍릉 석기린>, 1900년

<고종 홍릉 석코끼리>, 1900년

<고종 홍릉 석해태>, 1900년

임을 알 수도 있었다. 그런데 의궤의 기록에는 영수석을 사자 유형과 코끼리 유형으로 나누어 설명하고 있다.[352] 사자 유형에는 사자·해태·기린의 3종이 속해 있다. 이들 수석은 견양이나 유물이 다 같이 45도의 각도를 이루는 옆얼굴의 표현이나 등·앞뒤 다리에 화염문으로 서기를 표현하거나 몸 전체에 점무늬가 빽빽하게 돋을새김하는 등 전체적인 형상이 서로 매우 흡사하다. 특히 사자와 해태는 얼굴 모습이나 앞다리를 세우고 뒷다리를 꿇은 자세까지 거의 닮아있어 명칭을 혼동하기 십상이다.[353] 하지만 명 장릉에 세워진 사자는 목에 방울을 달고 점박이 무늬가 새겨져 있고 해태는 표면에 비늘이 그려져 있어 금곡 홍릉의 것과 도상 면에서 일치하고 있다. 이러한 사자의 유형은 당시 조선에서 실제 볼 수 없는 상상의 동물에 불과하지만 오랜 기간 동안 도상으로 전래되어 왔기 때문에 다분히 관념적이면서도 나름대로 자신 있게 묘사해 내고 있었다.

이 영수석들 중 황제릉을 상징하여 릉 앞에 세우는 동물은 기린이었다. 특히 기린은 사후 세계의 수호자이면서, 충신과 간신, 올바름과 사악함을 판별하여 간신과 사악함을 제거하여 태평성대를 이루게 하는 상서로운 동물로 여겨왔다.[354] 기린석은 머리 위로 뿔 하나가 솟아 있는 특이한 도상으로 견양이나 유물 모두 다른 동물에 비해 얼굴 묘사가 가장 자세하다. 귀가 위로 치켜져 있으며, 네 발과 등에는 화염형 서기가 돌출해 있으며, 몸 전체에는 반달형 무늬가 새겨져 있다.

한편 해태석은 사자와 매우 닮았다. 해태는 귀 뒤로 머리카락이 돌돌 말려 있고 등의 서기도 착 가라앉아 있으며, 몸 전체에는 비늘무늬가 선각되어 있다. 이처럼 해태의 견양이나 유물은 모두 굴곡 없이 둥글며 환미감이 강조되었는데, 이것은 해태가 물을 다스리는 신수라는 특징이 도상에 반영된 것이다. 결국 경복궁 앞에 해태상을 세워 관악산의 화기를 다스리고 경복궁을

352) 『洪陵遷峯山陵主監儀軌』, 光武4年(1900) 6月 24日 ; 『高宗實錄』40卷, 37年(1900), 8月 31日 ; 『洪陵遷峯山陵主監儀軌』, 光武4年(1900) 8月 31日. 이들 기록에서 공통적으로 靈獸로 언급한 것은 獅石과 象石이었다. 이로 미루어 볼 때 기린석과 해태석은 사자석과 같은 유형으로, 코끼리석과 낙타석은 또 다른 유형으로 이해하였던 것 같다.

353) 조은정, 98~100쪽. 사자와 해태의 도상을 착각하였는지 서로 바꾸어 서술하고 있다 ; 『문화유산 왕릉』, 325쪽. 사자나 해태는 엇비슷하여 구분을 못한다고 하였다.

354) 이재중, 「기린 도상 연구」, 대구가톨릭대학 박사학위논문, 2000. 126~127쪽.

<고종 홍릉 석사자>, 1900년

<고종 홍릉 석낙타>, 1900년

<고종 홍릉 석마>, 1900년

지키고자 했던 의미를 담아놓은 것이다.

반면, 사자석의 견양과 유물은 모두 갈기를 유난히 강조하여 목 뒤에서 등까지 더부룩하게 나타내었고 목에 방울을 달고 있으며 몸 전체에는 둥근 원형무늬가 점점이 배치되어 있다. 이처럼 사자가 목에 방울을 달고 얼굴 주위에 갈기가 많은 것은 명나라 영락제 장릉의 사자석과 일치하다. 따라서 북경에서 사자석을 모사한 도상대로 화가가 견양을 그렸고, 석수 장인들은 견양을 보고 조각했음을 확인할 수 있었다.

이처럼 1919년의 의궤에는 코끼리의 유형에 코끼리와 낙타를 넣어 설명하고 있다. 그러나 코끼리나 낙타는 화원과 석수 장인들이 말로는 들었을지 모르지만 실물을 보지는 못했을 것이다. 이 두 동물의 견양은 물론 금곡 홍릉의 유물마저도 말의 석상과는 판이하게 왠지 어색하고 자신 없는 솜씨가 드러나 보이지만, 나름대로 입상들이 각각의 특징을 요약적으로 포착한 것이 돋보인다. 견양과 석조유물의 코끼리를 보면, 긴 코와 꼬리가 받침돌에 닿아 앞뒤 공간을 막아주어 형태를 단순화시켰다. 그러나 아래턱을 빠지게 벌리고 새겨 넣은 상아와 잎사귀처럼 잎맥이 그려진 귀의 모습 등은 들어서만 알고 있는 동물에 대한 빈곤한 상상력을 드러낸다. 낙타 또한 예외가 아니어서 등에 두 개의 혹이 솟아있는 쌍봉낙타로, 견양과 석조유물의 표현이 서로 다르면서 웬지 자신감이 없는 표현 기법이 들어난다. 낙타는 말과 흡사한 얼굴이고 등에 있는 봉우리는 두 개가 올라온 건지, 아니면 가운데가 움푹 패인 것인지 어색하고, 다리 앞의 털은 돌돌 말리거나 계단식으로 얕은 부조로 새겨놓고 있었다. 이처럼 신수들의 형상을 표현함에 있어 화원이나 석수 장인들이 일찍부터 그려보고 조각해 본 말이나 해태, 기린, 사자 등 익숙한 도상의 그것들의 전통적인 의미와 모습을 충실히 따르고 있었던 반면 황제릉제에 맞도록 하기 위해 새롭게 도입한 코끼리나 낙타상을 보면 상은 이해하였으나 조각상의 표현 기법이 미숙해 보었다.

조선 왕릉의 능상에는 문인석과 무인석 옆에 말을 각각 1쌍씩, 2쌍 4필을 세워 사후세계의 문무인의 이동수단으로 상정하였는데, 이러한 문무인석과 말의 배치형태는 명 장릉의 경우도 마찬가지였다. 그런데 금곡 홍릉의 문,무인석과 말의 배치는 전례가 없는 형식이었다. 곧 침전 앞의 문,무인석 다음에는 기린·코끼리·해태·사자·낙타·말의 순서로 배열하여 대한제국 황제릉 독자적인 면모를 나타내고 있었다. 홍살문 근처에는 살아있는 자의 이동수단인 말을 세우고, 점차 침전 앞으로 다가갈수록 죽은 자의 이동수단인 상상의 동물을 배치한 것으로 여겨진다. 더욱이 홍릉 영수석의 배치는 동물의 본성과 특성까지 고려하여 동물간의 서차를 정한 것은 유교적인 위계질서를 반영하려 한 것 같다. 그리고 이러한 대한제국의 독특한 영수석의 배치는 결국 살아있는 황제가 친제를 통해 죽은 황제의 혼백과 교감하면서 생전의 세계와 사후의 세계가 조우하는 능침 공간의 조형적 질서를 치밀하게 계산하여 완성시킨 뛰어난 상징체계라 할 수 있겠다.

(4) 침전 내부의 도배와 자리의 설치

1895년 을미사변으로 승하한 고종비 민씨의 능으로 처음에는 1896년 동구릉 구역에 "숙릉"을 조성하였으나, 고종이 그해 2월 아관[러시아 공사관]에 파천하면서 민왕비의 국장이 천연되었고, 이듬해 경운궁으로 환궁하기 몇 달 전 1896년 11월부터 황제릉을 조성할 의도로 청량리에 "홍릉"의 산역공사를 재개하였던 듯하다. 그즈음 북경에 있던 박제순에게 밀령을 내려 중국 황제릉 제도를 도사해 오도록 했고, 그 양식에 맞춰 일자형 전각을 조성하였다.[355] 청량리 홍릉은 1897년 4월경에 이미 완공되었지만 1897년 10월 대한제국을 성립 이후 명성황후로 추존하여 국장을 치르는 등 우여곡절을 겪었다.

청량리 홍릉의 산릉도감은 1896년 10월 24일에 태복시에서 회동하여 산릉을 조성하는 데 필요한 목재나 석재 및 철물 등의 수급방안을 논의하였다.[356] 당시에는 이미 숙릉이 완공된 상태였기 때문에 이것을 철훼하여 청량리로 옮겼으며, 그밖에 부족한 원자재는 개인에게 구매하였다. 11월 28일에 침전, 당가, 삽병, 신어상, 하평상 등에 필요한 목재를 개인에게 구입하고 있었고,[357] 12월 21일에는 철물을 구입하였다.[358] 목재와 철물 등 재료가 준비되자 1897년 1월부터 본격적으로 침전이 조성하였다. 15일에는 침전에 부연을 걸고, 16일에는 침전과 당가에 단청을 하기 시작하였다.[359] 17일에는 침전 4면의 층계를 차례로 배설하였으며, 20일에는 침전에 기와를 덮

355) 장경희, 「고종황제의 금곡 홍릉 연구」, 10~18쪽.

356) 『洪陵山陵都監儀軌』, 卷2, 造成所. 丙申(1896年) 10月 24日부터 시역하다.

357) 『洪陵山陵都監儀軌』, 卷2, 造成所. 稟目. 丙申 11月 28日. 이때부터 고종이 황제릉을 의도했는지, 이미 침전을 비롯하여 그 내부에 배치할 당가, 삽병, 신어상, 하평상 등의 목재를 사들여 제작하였다.

358) 『洪陵山陵都監儀軌』, 卷2, 造成所. 稟目. 丙申 12月 21日.

359) 『洪陵山陵都監儀軌』, 卷2, 造成所. 稟目. 丁酉 1月 16日.

기 시작하였고, 21일에는 침전의 벽에 회를 칠하고 말렸다. 22일에는 침전의 단청을 마쳤,[360] 27일에는 침전을 완성하였다.[361] 이처럼 이미 1897년 1월부터 청량리 홍릉에 황제릉에 준하는 침전을 지었음에도 불구하고, 고종이 홍릉에 대한 의도를 구체적으로 드러낸 것은 1897년 2월 25일 경운궁으로 환궁하면서부터이다. 그날 총호사 조병세가 "전에는 정자각, 정전, 배위청을 합해서 8칸이거나 5칸이었는데 이번에는 어떻게 하여야겠습니까?"하니 고종이 칙령을 내려, "정자각은 『오례의』 대로 '침전'이라고 부르고 규모는 5칸으로 정하며, 배위청은 전각 안에 두도록 마련하라."고 하였다.[362] 곧 이전까지 왕릉에 사용하던 정자각이란 용어 대신 황제릉의 침전이란 명칭을 사용하고 있었다.

완성된 청량리 홍릉은 중국 황제의 침전 양식에 맞추어 정면 5칸, 측면 4칸의 일자형 전각으로, 동서 56척, 남북 42척, 고주 높이 17척5촌이었다.[363] 침전은 정자각과 달리 건축외관이 웅장한 팔작지붕으로 바뀌고, 화재를 예방하기 위해 중국식 건물처럼 외벽에 벽돌을 쌓아 만들었으며 두공과 포작을 비롯한 세부처리 또한 화려해졌다.[364] 침전이 완성되자 내부 바닥에 자리를 이중으로 깔았으며, 회칠한 벽에는 도배를 3번 발랐고, 문에는 대나무 발을 내려뜨렸는데, 그 제작 양태를 살펴보자.

첫째, 침전 내부의 벽과 기둥에는 도배를 했다. 1897년 2월 26일에 분장흥고의 관원이 병풍장과 도배군을 데리고 침전의 도배와 의물에 깔 자리에 대해 논의하였다. 벽에는 세 번 도배를 하여, 첫 번째 도배[初褙]는 백지로, 두 번째 도배[再褙]는 저주지로, 세 번째 도배[三褙]는 백능화지로 발랐으며, 아래쪽에 청능화지로 띠를 둘렀다. 안팎의 기둥 아래쪽에도 마찬가지로 백능화지로 바르고 청능화지로 띠를 둘렀다.

당시 분장흥고에서 침전을 도배하기 위해 들인 종이를 살펴보면 초배할 백지 105권, 삼첩지 73권, 재배할 저주지 4권 5장, 가장 마지막에 정결하게 바를 백능화지 300장, 분합문에 바를 대장지 11권 6장, 띠를 두를 청능화지 20장, 안팎의 기둥 아래쪽에 도배할 백능화지 1권, 청능화지 10장, 풍지차 초주지 8장이었다.[365] 그러나 막상 실제로 들어간 백능화지는 4권, 청능화지는 4장이었고, 당시 도배를 한 장인은 병풍장 오석윤(吳錫允) 등 10명이었다.[366] 이렇게 준비한 각종 종

360) 『洪陵山陵都監儀軌』, 卷2, 造成所. 日錄 ; 稟目. 丁酉 3月 초6日. 침전의 단청은 화원과 화승 중 화원을 불러 칠하도록 하였다.
361) 『洪陵山陵都監儀軌』, 卷2, 造成所. 日錄.
362) 高宗實錄』 35卷, 34年(建陽 2年) 陽曆 3月 27日 ; 『洪陵山陵都監儀軌』卷1. 丁酉(1897) 陰曆 2月 25日.
363) 『洪陵山陵都監儀軌』卷1. 丁酉(1897) 2月 25日.
364) 『洪陵山陵都監儀軌』 卷2, 造成所.
365) 『洪陵山陵都監儀軌』, 卷2, 分長興庫. 塗褙秩. 분장흥고에서는 백능화지, 청능화지라는 용어 대신 백판화지, 청판화지라는 단어를 사용하고 있었다.
366) 『洪陵山陵都監儀軌』, 卷2, 別工作. 分長興庫 장모질.

이로 침전을 도배했지만, 국장이 천연되면서 침전의 도배는 두 차례 더 발랐다. 1897년 5월 국장을 치를 수 있도록 4월 10일에 도배했으나, 대한제국을 선포한 후 명성황후의 국장이 치르고자 10월 20일 다시 도배가 이뤄졌다.[367)]

둘째, 침전 내부에 깔 지의[돗자리를 여러 폭 이어 붙인 것] 또한 분장흥고에서 준비하여 영원히 배치하도록 하였다. 자리를 짜려면 재료를 구하고 장인을 모으는 것이 순서였다. 조선 후기에 노점을 엮을[編結] 장인은 고양군에서 10명을 불러 들었는데, 1987년에 이것이 어렵자 해당 군으로부터 자리를 짤 노초 90파를 샀을 뿐이다.[368)] 당시 침전에 깔 지의는 본읍으로부터 준비토록 하였다.[369)] 이에 인장 염진국(廉鎭國) 등 4명이 별공작에 소속되어 지의를 제작하였다.[370)] 당시에 제작한 자리의 총 숫자는 백색 무명 2동으로 선을 두른 백문석 1,596장, 청색 무명 15필로 선을 두른 별문석 632장, 황색 명주 5필로 선을 두른 채화석 21장, 홍색 명주 5필로 선을 두른 황화석 2장이었다.[371)]

이중 침전 내부에 사용되는 지의는 백문석과 별문석이며 이것들을 상하에 이중으로 깔았고, 인산 전에 깔았던 지의는 인산이 끝나면 불에 태워 버리고 이중의 지의를 새로 깔았다. 즉 침전이 완성되고 대여가 들어오기 전에 이중의 지의를 깔았다가 대여가 산릉으로 올라가 현궁에 안치되면 이전까지 침전에 놓았던 찬궁 관련 물품이나 그 아래 깔았던 지의 등은 불에 태웠다. 그런 다음 침전 내부에 당가가 설치되면, 침전 정칸의 전돌 아래쪽에는 백색 무명으로 선을 두른 백문석 256장을, 그 위쪽에는 청색 무명으로 선을 두른 별문석 256장을 잇대어 붙인 상하 이중의 지의를 새로 깔아 영원히 놓도록 하였다.[372)] 침전의 정칸 이외의 나머지 부분에도 이중의 지의를 깔았는데, 이때에도 아래쪽은 백색 무명으로 선을 두른 백문석, 위쪽은 청색 무명으로 선을 두른 별문석이었다.[373)]

셋째, 침전의 전면 삼문과 북쪽 신문에는 세죽으로 만든 주렴을 내려뜨리도록 하였다. 주렴

---

367) 『洪陵山陵都監儀軌』, 巻2, 日錄.

368) 『洪陵山陵都監儀軌』, 巻2, 造成所. 稟目. 丁酉 1月 24日.

369) 『洪陵山陵都監儀軌』, 巻2, 造成所. 稟目, 丁酉 3月 21日.

370) 『洪陵山陵都監儀軌』, 巻2, 別工作. 分長興庫 장모질.

371) 『洪陵山陵都監儀軌』, 巻2, 分長興庫, 擧行實入秩. 장경희, 「순명비 순명효황후의 생애와 유릉 연구」, 205쪽. 순명황태자비 유강원의 분장흥고에서는 백문석 906장, 별문석 652장 반을 짜서 썼다. 이에 비해 명성황후의 홍릉에서 자리를 더 많이 짜 들인 것은 국장이 여러 차례 천연되면서 침전 내부 자리도 여러 번 깔았을 것이다.

372) 『洪陵山陵都監儀軌』, 巻2, 分長興庫, 永排秩. 그중 인산이 끝나고 消火한 것도 있지만, 아래쪽에는 흰색 무명으로 선을 두른 무늬없는 자리[白紋席] 256장을 붙인 지의를, 그 위쪽으로는 청색 무명으로 선을 두른 별문석 256장을 붙인 지의를 깔았다.

373) 『洪陵山陵都監儀軌』, 巻2, 造成所. 稟目. 丁酉 2月 26日. 전퇴에도 상하에 각각 45장, 후퇴에는 상하에 45장씩, 남퇴에는 상하에 28장씩, 북퇴에는 상하에 28장씩, 월대에는 백문석 270장, 답장 9차례에 백문석 32장, 6차에 별문석 15장이었다. 침전 앞뒤 첨계에는 백색 무명으로 선을 두른 백문석 지의를 깔았다.

의 재료인 대나무는 무역하여 사 들었다.[374] 대나무가 준비되면 침전 정문과 좌우 협문에 걸 주렴 13부를 조성하였다.[375] 침전 정문의 주렴 3부는 각각 길이 8자, 너비 4자 7치었다. 좌우문 주렴은 각각 3부로서 총 6부인데 그중 2부는 길이 8자, 너비 4자 7치, 4부는 길이 8자, 너비 2자 5치었다. 협문 주렴은 각 2부인데 각각 길이 8자, 너비 3자 7치었다. 주렴의 상하에는 나무[帳貼木] 26개를 댔고, 선(縇)의 안쪽은 무명[常布] 314척으로 감싼 후 다시 남색 명주 157자로 감싸고 남색 명주실[眞絲] 2냥으로 꿰맸다. 주렴에는 두석으로 만든 압정못 26개, 단환 26개, 국화동 39엽, 배설원환 14개, 호로 13개, 등자검 13개를 만들어 부착하며 청색 무명 줄 13거리로 매달았다. 이렇게 완성된 전면의 주렴 13부는 길이 12자었으며, 1897년 4월 4일 침전 전면에 걸었다.[376] 특히 북쪽 신문에는 귀갑문으로 엮은 길이 12자의 주렴을 상의사에서 제작하여 4월 5일 걸었다.[377]

명성황후의 국장 후 천릉을 기다리는 동안 천량리 침전의 앞쪽 정문과 좌우 협문 위에는 각각 주렴을 둘둘 말아 끈을 기둥에 묶어 두었던 모습이 사진으로 확인된다.[378]

넷째, 침전은 능침 혼령의 신위를 놓고 제사를 드리는 공간으로서 각종 제상 등을 별공작에서 제작, 배치하도록 하였다. 1987년 2월 20일 도감에서는 제상 4좌, 졋대상 2좌, 축상 1좌, 향상 1좌 등을,[379] 3월 18일에는 연석 1면과 연갑, 황필 1자루, 진먹 1정 등을,[380] 4월 6일에는 상탁과 제구의 품목을 논의하였다.[381]

침전에 배치된 모습은 홍릉산릉도감의궤의 도설에 의해 확인된다.[382] 위 표는 20년의 사이를 두고 거행되었던 1878년 철인왕후의 국장,[383] 1897년 명성황후의 국장 및 1926년 순명효황후를 뚝섬 유릉에서 금곡으로 천봉할 때의 배설도이다.[384] 예릉 가정자각에서 정전과 배위청에 "丁"자 형태로 배치했던 것처럼, 청량리 홍릉이나 금곡 유릉 천봉시 침전에서는 내부에 "丁"자 형태로 배치하였다. 이렇게 침전 내부의 배치는 정자각과 큰 차이가 없었으나 세부적인 면에서 휘장[甲

374) 『洪陵山陵都監儀軌』, 卷2, 造成所. 稟目. 丁酉 1月 27日. 당시 발을 大蘆簾으로 할지, 亂簾으로 할지 논의하다가 細簾으로 결정하고, 이에 소용되는 懸竹, 捲竹과 熟麻, 三甲衣達 등을 무역토록 하였다.

375) 『洪陵山陵都監儀軌』, 卷2, 造成所. 稟目. 丁酉 4月 초3日. 당시 기록에 발은 蘆簾, 亂簾, 細簾 등이 혼용되어 대나무를 재료로 한 朱簾으로 통일하였다.

376) 『洪陵山陵都監儀軌』, 卷2, 造成所. 稟目. 丁酉 4月 초4日.

377) 『洪陵山陵都監儀軌』, 卷2, 造成所. 稟目. 丁酉 4月 초5日.

378) 『일본 궁내청 소장 창덕궁 사진첩』, 문화재청 창덕궁 관리소, 2006, 도판78. 1910년부터 1917년 이전에 청량리 홍릉의 모습을 촬영한 것이다.

379) 『洪陵山陵都監儀軌』, 卷2, 造成所. 稟目. 丁酉 2月 20日.

380) 『洪陵山陵都監儀軌』, 卷2, 造成所. 稟目. 丁酉 3月 18日.

381) 『洪陵山陵都監儀軌』, 卷2, 造成所. 稟目. 丁酉 4月 초6日.

382) 『洪陵山陵都監儀軌』, 卷2, 造成所. 圖說. 寢殿內排設.

383) 장경희, 「고종시대 철인왕후와 명성황후의 국장의물 비교연구」, 561쪽.도4. 가정자각내 배설도

384) 『裕陵遷奉山陵主監儀軌』, 卷2, 造成所. 도설. 침전내배설 ; 장경희, 「순명비 순명효황후의 생애와 유릉 연구」, 『한국인물사연구』 제13호, 2009.11, 206쪽. 도판.

| <청량리 홍릉 침전 도설>, 1897년 | <완성된 청량리 홍릉 침전을 1917년 이전 모습 |
|---|---|
| 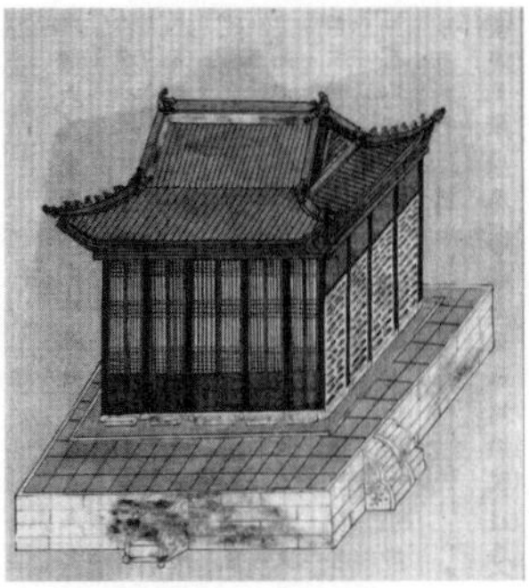 |  |

帳, 門帳]은 홍색이던 것이 황색으로 바뀌었을 뿐이다.

그런데 위의 배설도는 1987년 10월 27일 발인시 대여가 침전에 들어왔을 때의 모습이다. 막상 재궁을 실은 대여가 산릉으로 올라가 재궁이 현궁에 안치되고 나면 10월 29일 이전에 놓았던 찬궁 관련 물품이나 그 아래 깔았던 지의 등은 불에 태웠다.[385] 그런 다음 미리 제작해 두었던 당가를 설치하며, 전돌 위에는 이중으로 지의를 새로 깔았고, 각종 제구를 침전에 영원히 배치한 것은 명성황후의 국장이 끝난 1897년 10월 29일이었다.[386]

침전 내부에 배설한 각종 상탁은 별공작에서 제작하는데, 청량리 홍릉의 별공작은 1896년 10월 24일에 회동하여 11월 4일에 청량리 능소에 나아가 1897년 11월 6일에 안릉전을 마친 후 철거할 때까지 존치하였다.[387] 별공작에서는 1896년에 장인 몫의 고가를 마련하였고,[388] 20일에는 상탁을 제작하는 장인들이 머물 가가나 연장 등을 조달했으며,[389] 25일에는 목물에 칠한 안료나 자물쇠 등의 철물을,[390] 27일에는 백자판이나 자작판 등의 목재 판자를,[391] 그리고 목수가가나 소목장가가나 가칠장토우 및 기명장을 둘 곳간에 쓸 재목 등을 미리 준비하였다.[392] 이렇게 재료를 준비한 다음 1987년에 들어 본격적으로 상탁 등을 제작하였다. 향탁의 다리에 칠을 하거나 화롱 안팎에 도배할 도배군 10명은 전례대로 고립하였다.[393] 이와 마찬가지로 19종 87명의 장

385) 『洪陵山陵都監儀軌』, 卷2, 造成所. 稟目. 丁酉 4月 초6日 ; 別工作. 手本. 丁酉 3月 25日. 조성소에서는 준소상이라 부르는 것을 별공작에서는 아가상이라 부르고 있었다.
386) 『洪陵山陵都監儀軌』, 卷2, 別工作. 手本. 丁酉 3月 초5日.
387) 『洪陵山陵都監儀軌』, 卷2, 別工作. 日錄.
388) 『洪陵山陵都監儀軌』, 卷2, 別工作. 手本. 乙未 11月 18日.
389) 『洪陵山陵都監儀軌』, 卷2, 別工作. 手本. 乙未 11月 20日.
390) 『洪陵山陵都監儀軌』, 卷2, 別工作. 手本. 乙未 11月 25日.
391) 『洪陵山陵都監儀軌』, 卷2, 別工作. 手本. 乙未 11月 27日.
392) 『洪陵山陵都監儀軌』, 卷2, 別工作. 手本. 乙未 11月 27日.
393) 『洪陵山陵都監儀軌』, 卷2, 別工作. 手本. 丁酉 3月 초5日.

인을 전례에 따라 동원하였는데, 목수 25명, 소목장 5명, 조각장 2명, 진칠장 6명, 가칠장 2명, 병풍장 10명 등이었다.[394]

별공작에서 만든 제사용구로는 아가상 1좌,[395] 향안상 1좌, 협장상 2좌, 촛대상 2좌, 대제상 4좌,[396] 편죽 12개, 결내상 2좌, 축문배상 1좌, 축문판 2닙, 연갑 2좌, 이세위상 2좌, 반아배상 2좌, 향궤 1부, 축점 2닙, 서안 1좌, 곡월평월봉지죽 각 1개, 대촛대 1쌍, 주렴장목 4개, 분납도내목 24개, 주렴과 노점을 걸 윤통 24개, 철서진 1척, 고족상 4개, 염부목개 4부, 4층판층교 2좌, 제등 4좌이었다.[397] 물론 이것들 중 찬궁과 관련되는 것들은 대부분 인산 후 불에 태웠다. 당시 『소화질』의 명목에 들어있는 것들은 찬궁을 덮었던 황학주 휘장과 동도리나 4면에 세웠던 장지 및 기둥에 세운 각종 끈, 그리고 바닥에 깔았던 백문석 등이었다.[398] 그밖에 당가를 배치한 이후에 제사를 드리기 위해 사용하는 상탁 등의 제구들은 인산 후 계속 침전에 배치해 두는 『영배질』에 들어 있었다.

(5) 당가의 설치와 내부 공예품 조성

명성황후의 청량리 홍릉 침전 내에는 궁궐과 마찬가지로 당가를 조성하였다. 이것은 조선왕릉의 정자각 내부에서는 볼 수 없는 것으로서, 대한제국 황제릉을 대표하는 상징물이라 할 수 있다.[399] 그런데 당가는 침전과 마찬가지로 미리 제작해 두었으나, 침전 내에 배치하는 것은 사체를 실은 대여가 산릉 위에 안치된 이후였다. 때문에 침전 내 당가는 궁궐 내에서 3년간 제사를 모셨던 혼전과 마찬가지로 황실의 위엄을 상징하는 곳이라 할 수 있다. 다만 혼전은 한시적이어서 신주를 종묘에 부묘한 이후 철훼되는 데 비해,[400] 당가는 침전에 영원히 두고 황실의 제사를 모셨던 점이 차이라 할 수 있다.

---

394) 『洪陵山陵都監儀軌』, 卷2, 別工作. 工匠秩. 木手張伯元等二十五名 小木匠白元吉等五名 雕刻匠朴俊一等二名 小引鉅匠趙敬甫等二名 大引鉅匠李千卜等五名 岐鉅匠李再甫等十四名 乬鉅匠朴元汝等二名 眞漆匠金得善等六名 假漆匠金基得等二名 穿穴匠丁漢吉 朴排匠張聖漢 木鞋匠朴日釗 磨造匠李必成等二名 屛風匠吳錫潤等十名 雨傘匠趙用夏 冶匠金釗等二名 鑞匠安卜同 荖匠李點用 船匠李正石等四名.

395) 『洪陵山陵都監儀軌』, 卷2, 造成所. 稟目. 丁酉 4月 초6日 ; 別工作. 手本. 丁酉 3月 25日. 조성소에서는 준소상이라 부르는 것을 별공작에서는 아가상이라 부르고 있었다.

396) 『洪陵山陵都監儀軌』, 卷2, 造成所. 稟目. 丁酉 4月 초6日. 제상 4좌에는 좌면지 4장으로 하나로 붙이고, 상은 황한단 길이 1자 7치짜리 12폭으로 덮었고, 동도리는 황한단 10자로 돌렸으며, 두석압정 54개로 박았다.

397) 『洪陵山陵都監儀軌』, 卷2, 造成所. 稟目. 丁酉 4月 초6日 ; 別工作. 手本. 丁酉 3月 25日.

398) 『洪陵山陵都監儀軌』, 卷2, 造成所. 燒火秩. 黃鶴細幄一件 欑宮上蓋覆 黃細甲帳四件 落纓東道里具欑宮外四面揮帳 玉燈荖黃鄕絲索一艮衣 四面障子 及柱椽中引防等 木物凳二坐 銘旌一坐 大隔板一 小防木六箇 小防木毳心白紋席六張 白苧布裏熟麻大束荖二艮衣 來往板二立 三物函一部 提燈八坐 紙帳一浮 層橋一部 別轆轤布荖四艮衣 掩壙窓兩隻 正壙左右北遮油芚一番 啞函一部.

399) 장경희, 「순종비 순명효황후의 일생과 유릉 연구」『한국인물사연구』, 12호, 2009.11, 207-208쪽. 궁궐 내 당가와 마찬가지로 침전에도 당가를 배설한 것은 왕실 제례의 권위를 높이기 위한 조처었으며, 순명황태자비의 유강원을 조성할 때도 명성황후의 홍릉과 동격으로 황제릉으로 조성하였다고 밝힌 바 있다.

400) 장경희, 「조선후기 혼전 조성 목수 연구」『한국학연구』, 15권, 2008.11, 116~129쪽.

앞서 언급했듯이 정자각이 침전의 제도로 조성된 것은 1897년 2월 25일부터이지만,[401] 산릉도감 조성소에서는 이미 1896년 11월 28일에는 당가와 삽병 및 신어상이나 하평상에 사용할 목물을,[402] 12월 21일부터 당가용 철물을,[403] 그리고 1897년 1월 16일에는 침전과 당가에 칠할 단청 안료도 미리 마련하고 있었다.[404] 이로 미루어 볼 때 대한제국을 선포하기 이전부터 고종이 홍릉을 황제릉으로 조성하려는 의도가 있었음을 확인할 수 있다.

따라서 침전 내 당가 내부에 배치한 삽병과 신어상 및 하평상, 그리고 각종 병풍의 칫수나 구조와 그 위에 놓을 자리의 종별 등을 살펴보자. 우선, 이러한 공예품들의 칫수는 다음과 같다.[405]

| | 당가 | 삽병 | 신어상 | 하평상 |
|---|---|---|---|---|
| 도설 |  |  |  | 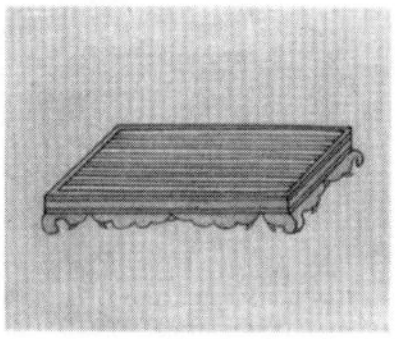 |
| 높이 | 정지대석 높이 ; 1자 2치<br>청판 높이 ; 1자 7치 5푼<br>네면 기둥 ; 6자 6치 | 후면 높이 ; 3자 7치 5푼<br>좌우 높이 ; 2치 9촌 | 후청판 높이 ; 2자 5치 5푼<br>좌우 높이 ; 1자 8치 5푼 | 운각 높이 ; 7치 8푼 |
| 길이 | 12자 8치 | 5자 | 4자 2치 5푼 | 8자 |
| 너비 | 7자 6치 | 2자 6치 5푼 | 2자 | 3자 5치 5푼 |
| 채색 | 단청칠 | 당황칠 | 당황칠 | 당황칠 |

당가는 하단부, 중앙부, 상층부로 세 부분으로 구성되었다. 하단부는 기단부분으로서 정지대석과 청판 그리고 높이 6자의 이잡난간으로 구성되며, 앞뒤로는 층계[踏掌]를 놓았다. 중앙부에는 가장 뒷면에 모란장지 4폭, 그 앞 전각 반자에는 오봉병 6폭, 그 앞쪽에 삽병, 하평상, 신어상을 두고 풍혈에는 황색 휘장을 설치하였다. 당가에는 2중으로 자리를 깔았는데, 아래는 청색 무명으로 선을 두른 별문석을 깔고, 위는 황색 명주로 선을 두른 황화석을 깔았다. 위쪽의 도리반

401) 『洪陵山陵都監儀軌』, 卷2, 造成所, 日錄 ; 『高宗實錄』, 丁酉년(1897) 2月 25日.
402) 『洪陵山陵都監儀軌』, 卷2, 造成所, 稟目. 丙申(1896) 11月 28日.
403) 『洪陵山陵都監儀軌』, 卷2, 造成所, 稟目. 丙申(1896) 12月 21日.
404) 『洪陵山陵都監儀軌』, 卷2, 造成所, 稟目. 丁酉(1897) 1月 16日.
405) 『洪陵山陵都監儀軌』, 卷2, 造成所, 도설 ; 장경희, 「순종비 순명효황후의 일생과 유릉 연구」, 208쪽. 명성황후 홍릉과 순명황태자비 유강원의 당가 및 내부 공예품의 칫수는 동일하였으나, 채색만 당주홍칠로 달랐다.

자부에는 염우와 풍혈 그리고 반자의 중앙에는 쌍룡을 조각해 붙었다.[406] 이중에서 당가 중앙부에 놓았던 병풍을 비롯한 공예품의 제작과정을 살펴보기로 하자.

첫째 당가에는 궁궐과 마찬가지로 오봉병풍과 모란병 장지를 이중으로 설치했는데, 이것은 조성소에서 제작해 들었다. 당시 침전 등의 단청을 화원이 하도록 했는데,[407] 막상 동원된 이들은 15명의 화사었으며 그들 중 이름을 알 수 있는 이는 모봉석과 홍봉순 뿐이다.[408] 그런데 모봉석은 10명이 함께 작업하고 있어 규모가 큰 침전의 단청을 칠했던 것으로 여겨지고, 홍봉순은 5명과 함께 이름을 올리고 있어 오봉병풍이나 모란병풍의 그림을 그렸다고 여겨지지만 더 이상의 자료가 없어 확인하기 어렵다.

모란병풍 장지 4폭의 길이는 6자 5치 5푼이었고, 그 앞쪽 반자에 배치한 오봉병풍 6폭의 길이는 5자 6치었다. 오봉병풍 후면 4폭의 각 너비는 2자 8치에, 좌우 두 폭의 너비는 3자 5치 5푼이었다.[409] 오봉병풍에 소용될 종이와 채화 안료 등은 3월 29일에 무역해 들었다.[410] 당시 사용한 바탕 종이는 모면지 40장, 삼첩지 80장, 양사 32척, 아교 20단, 백반 3냥이었다. 선을 장식하는 천은 녹한단 7자, 남한단 7자, 자지한단 반골 7자, 용선자지 5장, 매홍지 1장, 금박지 1속 5첩이었다. 배접용으로는 청선자지 40장, 백지 2권, 삼첩지 20권, 진말 5승이었다. 단청에 칠할 안료는 당주홍 반근, 대청 10냥, 대록 10냥, 하엽 10냥, 연지 8편, 니금 3전, 당분 7냥, 이청 4냥, 삼청 4냥, 석자황 3냥, 동황 3냥, 당황단 3냥, 석록 5냥, 삼록 5냥, 화필 6자루, 진먹 1정, 청화먹 2정, 석간주먹 2정, 아교 12냥이었다.

둘째, 당가 내부에 배치할 삽병·신어상·하평상은 별공작에서 제작해 들었다. 1987년 2월 20일 도감에서는 신어평상 1좌를 제작하도록 논의하였다.[411] 삽병과 신어상 및 하평상은 모두 당황칠을 하였다. 삽병과 신어상은 둘다 네 모서리에 금칠한 용머리를 조각해 두었다. 그중 하평상은 살평상처럼 만들되, 다리의 높이는 4치 5푼이며 운각을 새겼다. 하평상 뒤에는 삽병을 세웠고, 하평상 위에는 신어상을 올려 놓았다.

셋째, 당가 위나 신어상 및 하평상 등에 깔 각종 돗자리는 침전 내부에 깐 지의와 마찬가지로 분장흥고에서 제작해 들었다. 신어상과 하평상에는 이 중의 자리를 깔았는데 양자의 재료는

406) 『洪陵山陵都監儀軌』, 卷2, 圖說, 唐家圖.
407) 『洪陵山陵都監儀軌』, 卷2, 造成所. 稟目. 丁酉 3月 6日.
408) 『洪陵山陵都監儀軌』, 卷1, 賞典. 山陵都監別單. 3等.
409) 『洪陵山陵都監儀軌』, 卷2, 圖說, 唐家圖.
410) 『洪陵山陵都監儀軌』, 卷2, 造成所. 稟目. 丁酉 3月 29日.
411) 『洪陵山陵都監儀軌』, 卷2, 造成所. 稟目. 丁酉 2月 20日.

약간 달랐다. 하평상의 아래쪽에는 청색 무명으로 선을 두른 별문석 6장을 붙인 지의 1부를, 위쪽에는 황색 명주로 선을 두른 황화석을 깔았다. 그리고 신어상에는 3중의 자리를 까는데, 아래쪽에는 중간에는 자주색 명주로 선을 두른 별문석 4장을 붙인 지의 2부 위에 요를 놓고, 그리고 가장 위쪽에 황색명주로 선을 두른 채화석 1장을 올렸다.[412] 돗자리와 주렴 등의 가장자리[縇]나 요에 천을 바느질하는 일은 이전까지는 상의원의 침선비가 맡았는데, 이때에는 본읍[청량리]의 관비를 동원하여 제작하였다.[413]

넷째, 당가 앞쪽에는 황색 휘장[黃綃面帳]을 조성하였다. 휘장을 만들 재료는 황초 8폭[각 폭의 길이 6자 8치 5푼], 동도리용의 황초 12자 3치, 낙영 3건용으로 길이 2자와 너비 6치의 황초[금박지 9장을 갖춤], 당황칠한 장첩목 2개, 국화동 5엽, 단환 3개, 압정못 3개, 오색 유소의 영자를 갖춘 휘장거리 2부[두석으로 제작]었다.[414] 이렇게 황색 휘장을 치는 것은 침전 정문에도 마찬가지이지만 이것은 인산이 끝나면 불에 태우는 데 비해,[415] 당가의 황색 휘장은 인산 후에도 영구적으로 배치하게 되어 있었다. 이렇게 당가 앞쪽에는 홍색 비단으로 휘장을 쳐서 죽음의 공간을 세속과 차단시켜 신비한 분위기를 조성하였다.[416]

이렇게 모란병풍 장지와 오봉병풍, 삽병과 신어상 및 하평상 등을 배치하여 완성된 당가가 청량리 홍릉 침전에 배치된 것은 대한제국 명성황후의 국장이 진행된 1897년 10월 29일이었다.[417] 이렇게 침전 내 당가와 그곳에 놓이는 의물은 궁궐의 정전과 같이 배치함으로써 황실의 위상과 황제릉의 품격을 과시하는 것이었다.

대한제국을 선포한 고종황제는 청량리 홍릉에서 명성황후의 국장을 치렀고, 청량리 홍릉의 침전은 조선왕릉 정자각과 다른 황제릉 침전의 면모를 갖추게 되었다. 하지만 1898년부터 청량리 홍릉의 석의물에 문제가 생겨 중수하면서 고종황제는 내심 자신의 수릉을 건설할 생각이었던 듯하다. 이후 1900년 금곡에 홍릉을 조성하면서 1901년 10월 3일에 침전을 완공하였지만,[418] 침전 내부에는 당가가 배설되어 있지 않았다. 그것은 명성황후를 천릉하면서 청량리에서 당가를 옮겨올 예정이었기 때문이다. 그러나 명성황후를 천릉할 길일을 잡다가 시간을 허비하고 잇

412) 『洪陵山陵都監儀軌』, 卷2, 造成所. 稟目. 丁酉 2月 26日 ; 分長興庫. 永排秩.
413) 『洪陵山陵都監儀軌』, 卷2, 造成所. 稟目. 丁酉 2月 27日.
414) 『洪陵山陵都監儀軌』, 卷2, 造成所. 稟目. 丁酉(1897) 3月 29日.
415) 『洪陵山陵都監儀軌』, 卷2, 造成所. 稟目. 丁酉(1897) 4月 초2日.
416) 장경희, 『정조대 경모궁의 왕실공예품 연구』, 『한국공예논총』 12-2호, 2009.6, 219~237쪽.
417) 『洪陵山陵都監儀軌』, 卷2, 日錄.
418) 『洪陵遷奉山陵主監儀軌』, 1901년 10月 3日. 寢殿의 上樑文은 당시 도감의 총호사었고 의정부 의정이던 윤용선이 製述하고 홍문관 학사 김영목이 書寫한 것이었다.

따라 일어난 두 번의 국장과 경운궁의 영건으로 많은 비용이 지출되면서, 고종은 결국 그 뜻을 접고 천릉과 산릉의 두 도감도 1904년 말에는 철폐하고 말았다.[419)]

하지만 1919년 고종황제의 사후 금곡을 산릉지로 정하고 현지를 조사했을 때 그곳에는 침전을 비롯한 모든 것이 완비된 상태였다.[420)] 그리하여 고종황제를 모시기 전에 먼저 명성황후를 청량리에서 금곡으로 천릉하였는데, 이 때에 가침전을 하나 더 마련해야 함에도 불구하고 기존의 침전 내부를 수리하고 반으로 갈라 모셨다.[421)] 곧 일제시대에 거행된 고종황제의 국장은 왕실의 격에 맞지 않게 매우 간소하게 치러졌으며 이것은 국장 이후 편찬된 도감의궤의 기록이 체제에 맞지 않고 대충 기록된 데에서도 알 수 있다. 당시 도감에서 제작했던 의물은 덕수궁부터 금곡까지 재궁을 운반하는 대여나 그 주변을 장엄하는 죽산마나 방상씨 및 만장 등과 같이 일반 백성들에게 노출되거나 외부에 과시하는 것만 주로 갖추었고, 그밖에 대부분의 것들은 생략되거나 기존의 것들을 수리하여 사용하였기 때문이다.

어쨌든 침전 내부 시설물인 당가는 인산이 끝난 다음 날 청량리 홍릉의 것을 옮겨와 금곡 홍릉의 침전 안에 안배하였다.[422)] 결국 현재 금곡 홍릉에 있는 침전은 1901년에, 내부의 당가는 1897년에 제작된 것임을 알 수 있다.

이러한 기록에 따라 현재의 금곡 홍릉의 침전을 찾아가 보면 그 외관은 조선 왕릉의 정자각보다 궁궐의 정전에 가까워 당당하며, 기둥 위 두공이나 포작에는 단청이 화려하다. 이제 침전의 내부를 들여다 보면 천장이나 당가 위 풍혈 단청 등은 그 빛이 퇴색하긴 했지만 여전히 현란하다. 그러나 기둥 아래 벽부터 바닥은 어떤 모습일까?

침전의 바닥은 전돌이 깔려 있는 맨바닥이고, 벽은 초배지만 발라져 있으며, 기둥 아랫부분은 페인트로 흰색을 칠하고 파란 띠를 둘렀다. 북쪽 신문을 비롯하여 창호에는 아무런 설치물이 없다. 고종황제가 침전을 정전처럼 만들고자 조영했던 당가 역시 사람의 손이 닿지 않는 단청은 여전히 화려하나 기둥부터 대좌까지는 기본 골조만 남아 있는 상태이고, 그 위에 황색 칠의 평상이 덩그러니 놓여 있으며, 그 앞쪽으로 칠이 벗겨지고 군데군데 상처가 많이 난 제상 5개가 놓여 있을 뿐이다. 이것은 결코 고종황제가 조성하려 했던 황제릉의 침전의 모습이 결코 아니다. 그렇다면 침전을 원형대로 복원하기 위해 어디에 무엇을 어떻게 만들어 놓을지 생각해 보기로 하자.

---

419) 『高宗實錄』 44卷, 고종 41년(1904) 11月 13日 ; 『洪陵遷奉山陵主監儀軌』, 光武8년(1904) 11月 13日. 금곡을 지키는 일은 장례원에 시켜 지방관이 전례대로 거행하였다.

420) 『每日申報』, 1919年 陽曆 3月 3日. 2면. 금곡어묘소 전경.

421) 『每日申報』, 1919年 陽曆 2月 8日. 2면 ; 2月 19日. 3면.

422) 『洪陵遷奉主監儀軌』, 1919年 陰曆 2月 9日.

첫째, 침전의 전돌 바닥 위에는 2중으로 지의를 깔고, 내부 벽에는 3중 도배를 해야 하며, 북쪽 신문에는 귀갑문으로 짠 주렴을 걸고 창호문 내부에는 세렴을 걸어야 한다. 참고로 1926년 순종황제의 국장 때 금곡 유릉의 가침전 내부를 찍은 사진을 보면,[423] 바닥에 백문지의를 깔았고 벽에는 도배가 되어 있다. 또 일제시대 이후 현재까지 지의를 깐 원형을 간직한 곳은 창덕궁의 신선원전이며,[424] 종묘에도 10년에 1번씩 계속 지의를 교체하여 여전히 깔고 있다. 북쪽 신문 위에는 주렴을 말았던 권렴기가 현재도 그대로 남아 있다.

물론 내부의 기둥 아래쪽도 마찬가지로 백능화지를 바르고 청능화지로 띠를 둘러야 한다. 이것은 궁내청 사진작가가 1917년 경에 찍은 영친왕의 사친 엄귀비의 청량리 영휘원을 찍은 사진으로도 확인된다.[425]

둘째, 당가의 내부와 각종 공예품을 원형대로 복원해야 한다. 당가의 기본 구조는 1901년 영정모사도감에서 당가를 제작할 당시에 그린 당가도설과 비교된다.[426] 전자는 입체적인 구조물이고, 후자는 평면의 회화라는 차이점을 제외하고 당가의 구조와 배치는 거의 유사하다.

당가는 조선시대까지는 궁궐 내 정전에 배치되어 국왕의 권위와 왕실의 위엄을 돋보이는 상징물이었다. 경복궁의 근정전, 창덕궁의 인정전, 창경궁의 명정전, 덕수궁의 중화전에서 당가를 확인할 수 있고, 내부에는 오봉병풍, 삽병, 용상 및 평상이 배치되어 있다. 이와 함께 일제시대 근정전의 사진을 보면 당가 전면의 계단에 지의가 깔려 있으며, 1874년 순종왕세자가 태어난 것을 축하하는 진하례를 거행하였는데 인정전의 모습을 그린 병풍에는 당가에는 오봉병과 용상 주위를 붉은색 휘장으로 두르고 있었다.[427] 따라서 침전 당가에도 이중 지의를 깔고 황색 명주로 휘장을 둘러야 할 것이다.

문헌에서 살핀 기록과 위 시각자료를 토대로 현재의 홍릉 당가를 복원해 보면 일제시대 근정전의 당가 위 오봉병을 보면 중앙에 드나들 수 있도록 장지 형태로 설치되어 있는 것을 볼 수 있다. 때문에 홍릉 당가에도 오봉병 장지를 설치하되, 현존하는 홍릉 당가의 뒤쪽을 보면 장지를 이중으로 설치하게 되어 있다. 즉 가장 바깥쪽에 4폭 모란병 장지를 세우고, 그 앞에 근정전에서 보듯이 오봉병풍을 세운다. 다만 당가의 구조 면에서 볼 때 근정전 등 생전의 왕이 거주하

423) 한성희, 『여기자가 파헤친 조선왕릉의 비밀1』, 솔지미디어, 2006, 60쪽.
424) 장경희, 「19세기 왕실 잔치 때 전각 내 왕실공예품의 배치 연구」, 『조선시대 향연과 의례』, 국립중앙박물관, 2009. 230~231쪽.
425) 『일본 궁내청 소장 창덕궁 사진첩』, 74~75쪽.
426) 『影幀模寫都監儀軌』, 1901年, 규13990. 도설, 당가도설,.
427) 『조선시대 향연과 의례』, 14쪽. 도판 2. 『왕세자 탄강진하도』, 1874년, 131.5x39.4cm(각) 6면, 진하례 장면.
428) 『궁능 관련 유리원판 도록1』, 문화재청, 2004. 197쪽. 일제시대 유리원판에 찍힌 당가와 삽병이며, 당시 용상과 평상은 보이지 않는다.
429) 정전 당가에 붉은색 휘장이 쳐져 있는 모습은 그밖에 여러 기록화에서 확인된다. 박정혜, 『조선시대 궁중기록화 연구』, 일지사, 2004.

| <국장 당시 금곡 홍릉>, 1919년 | 금곡 홍릉 침전의 전경, 2007년 필자 촬영 | 홍릉 침전 내부의 모습, 2007년 필자 촬영 |
|---|---|---|
|  |  |  |

는 궁궐의 경우 당가의 사면에 계단이 설치된 데 비해, 왕의 혼백을 모신 홍릉 침전은 앞뒤에만 계단이 설치되어 있다. 때문에 궁궐 당가의 오봉병은 뒷면에 일자형으로 배치되는 데 비해, 홍릉 당가의 오봉병은 ∩형태로 삼면에 배치해야 한다. 이는 어진을 모신 진전 내부의 당가에 오봉병 장지를 세웠던 것과 마찬가지이다.[430] 따라서 홍릉의 침전 중앙 뒷쪽에는 4폭, 좌우에는 1폭씩 총 6폭의 오봉병을 장지 형태로 세워야 한다.[431]

아울러 당가 내부에는 현재의 황칠상을 제거하고, 삽병과 신어상 및 하평상을 배치하여야 한다. 일제시대까지 근정전 당가에는 삽병이 있었고, 인정전을 비롯한 명정전, 중화전 등지 당가에는 삽병과 용상 및 평상이 있었다. 이와 관련하여 1902년 8월 16일 고종황제의 어진을 경운궁 흠문각에 봉안하기 위해 설치한 도감에서 조성한 고종황제용 용상·평상과 비교할 수 있다. 여기에는 황칠이 되어 있으며 청판은 길이 4자, 너비 1자 2치, 하평상은 길이 4자, 너비 1자 2치 등이었고, 황색으로 선을 두른 황화석을 깔았다.[432]

| 1926년 국장시 가침전 내부 | 창덕궁 신선원전 내부 지의 | 홍릉 침전 내부 북쪽 신문 |
|---|---|---|
|  |  |  |

430) 『影幀模寫都監儀軌』, 圖說, 오봉병. 당시 제작한 오봉병은 길이 4자 5치 6푼이고, 너비는 1자 5치 2푼이다.

431) 오봉병 장지는 크기와 규모가 각기 다른 것이 국립고궁박물관에 여러 점 소장되어 있다. 그중 비교적 크기가 작은 것 중 홍릉 침전 당가의 오봉병 장지가 있을지도 모르므로 이에 대해 관심을 가지길 권한다.

432) 『御眞圖寫都監儀軌』, 1902년, 규14000. 稟目. 壬寅 3月 20日.

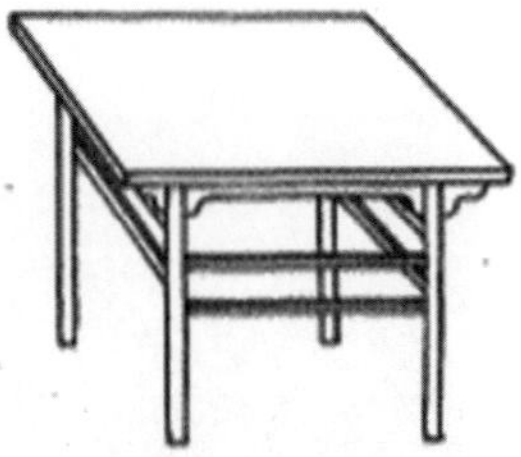

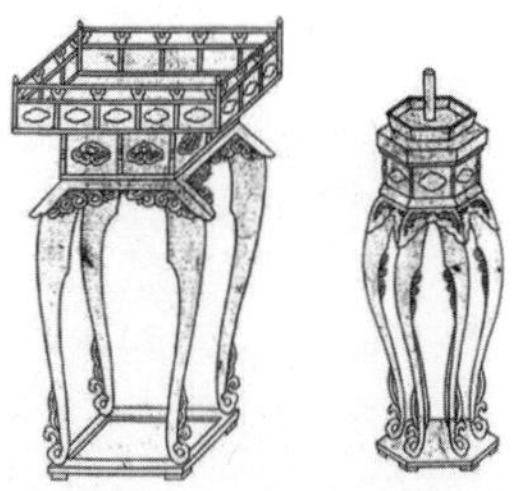

이렇게 홍릉의 신어상과 하평상은 궁궐 내 용상과 평상에 비해 크기가 1/2 정도로 작을 뿐 형태나 무늬 등은 큰 차이가 없었다. 다만 산릉도감에 동원되어 『의궤』에 그림을 그린 화가의 솜씨가 미숙하여 제대로 표현해내지 못하였던 것으로 여겨진다.

셋째, 홍릉 당가 앞에는 제사를 위한 제상 4개와 향상, 축상, 아가상 등 제구를 갖추되, 그것들은 황색 상건으로 덮고 옆에 동고리를 돌리며, 유둔지로 그 위를 마감해야 한다. 현재 제상의 경우 종묘의궤나 경모궁의궤에 그려진 제상의 형태이고 다리 부분의 앞뒤쪽에는 2줄, 옆쪽에는 2줄로 가로지르고 있다. 실측한 결과 각 칫수의 두께가 각기 달라 근래 제작한 것이 아닌 유물로 여겨진다. 그런데 이것들이 대한제국시대 홍유릉의 유물이 맞다면, 홍릉의 것은 황색으로 칠한 것이고, 나머지 붉은 칠한 제상은 유릉의 것이 된다. 현재 이들 제상은 천판이 벌어지거나 칠이 벗겨지는 등 원형이 훼손되고 있으며, 상 위에 상건을 덮지 않아 제대로 품격을 갖추지 못하고 있다. 아울러 향상, 축상은 없으며 아가상 대신 제상을 하나 더 놓았다. 아가상이나 향상 또한 대한제국시대에 계속 제작된 것을 알 수 있으며, 그중 1902년 『어진도감의궤』의 도설로 형태와 칫수를 알 수 있으므로 그에 따라 복원할 필요가 있다.

1897년 청량리에 조성되었다가 1919년 금곡 홍릉으로 옮겨온 당가

1901년 영정모사도감 당가도설

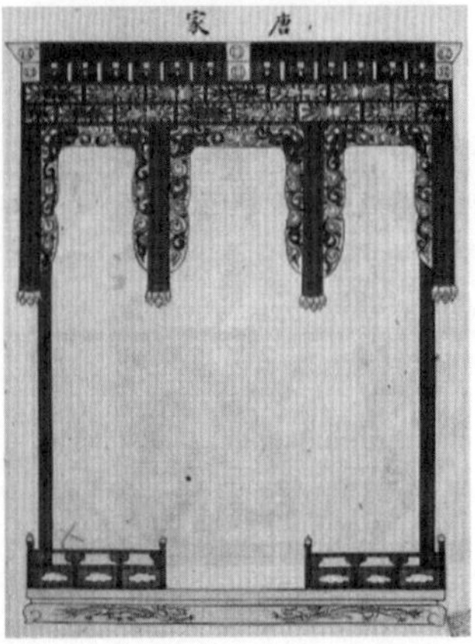

| 금곡 홍릉 당가의 뒷모습, 2007년 필자 촬영 | 일제시대 근정전 오봉병의 모습 | 1901년 영정모사도감 오봉병 |
|---|---|---|
|  |  |  |

고종황제가 명성황후의 천장을 실행에 옮기지 못하고 머뭇거린 이유 중의 하나가 순명황태비의 국장 때문이었다. 1904년, 순명황태자비의 국장은 대한제국 기에 치러진 유일한 황태자비 국장이어서 제반 절차를 새롭게 정립하기에는 많은 시간을 요했던 것이다.

그동안 금곡의 유릉에 관해 직, 간접적으로 미술사 분야에서 접근한 연구 성과들은 대개 석조각 연구에 치중되었다. 그 가운데 조은정은 1998년 「20세기 황제릉 조각에 대한 연구」에서 현재 금곡에 있는 홍·유릉의 조각을 양식적으로 분석하여 조선 왕릉과 다른 황제릉 제도로 일제하에 제작된 식민지 양식으로 파악하였고,[433] 2006년에는 일본측 자료를 보완하여 동경대학 건축과의 이토츄타[伊藤忠太]에게 제작을  의뢰하였고 그가 추천한 고등공예학교의 조각가 아이바히코지로[相羽彦次郎]가 모델링을 하였고 현지에 와서 조성한 것은 기노시타 타몬[木下多聞]었다고 간략하게 언급하였다.[434] 2007년 김이순은 「홍릉과 유릉의 석물조각」 논문에서 홍릉과 유릉의 석물 조각양식을 비교 서술하면서 대한제국기의 1차 사료보다는 일제하의 신문기사 등 2차 사료를 이용하거나, 현존 유물의 양식을 위주로 설명하였다.고, 2010년『대한제국 황제릉』을 통해 기존의 연구성과를 집대성하였다.[435] 따라서 대한제국의 황제릉은 고종황제가 명성황후의 황후릉을 청량리에 조성한 후, 자신의 수릉으로서 금곡에 홍릉을 황제릉으로 조성하려 한 것에서 찾을 수 있다. 그러나 1904년에 발생한 황태자비의 국상을 치르면서도 명성황후 때의 연장선상에서 황제국의 자주의식을 담아내려고 노력했음을 알 수 있다.

433) 조은정, 「20세기 황제릉 조각에 대한 연구」, 『근대미술사학』 72-132쪽.

434) 조은정, 「능묘조각」, 『경기도사』 72-132쪽. 유릉의 침전 앞 석물은 1927年 5月 아이바 히코지로가 석상의 1/5 크기로 제작하였고, 현장에서 지도한 것은 기노시타 타몬[木下多聞]있었음을 밝힌 바 있다.

435) 김이순, 「홍릉과 유릉의 석물조각」, 『미술사연구』 295-328쪽. 이 논문에서 홍릉과 유릉을 '조선의 황제릉'이라 표현하여 조선과 대한제국의 경계를 애매하게 설정하였고, 선행 연구를 철저히 분석하지 않았다.

## 2 순종과 순명황후의 유릉

### 1) 1904년 유강원(裕康園)의 조성과정

유강원은 대한제국기에 조성된 순명황태자비의 원소이다. 그녀의 사후 3년 뒤 1907년 순종황제가 즉위하면서 순명황태자비는 순명황후로 추승되었고 유강원도 유릉으로 능호가 격상되었다.[436] 이 능호는 1926년 순종황제가 서거한 후 금곡으로 천장되어 순종황제와 합장해서도 그대로 사용된다. 순명황태자비 민씨의 첫 번째 산릉역은 그녀가 죽은 1904년에 정부가 국장도감과 빈전·혼전도감 및 원소도감의 3도감을 설치하면서 착수하였고, 원소도감은 옛 도화서에 설치되었다.[437] 조선시대에는 국장도감이나 빈전혼전도감을 국왕이나 왕비의 국상 때에만 설치하였고, 세자나 세자빈의 국상 때에는 예장도감이나 빈궁혼궁도감을 설치하였다. 그러나 대한제국기에 이르러 중국의 예제를 원용하였는지는 상고해 보아야겠지만, 순명황태자비의 상제를 예장도감이 아닌 국장도감을, 빈궁혼궁도감이 아닌 빈전혼전도감을 세웠고, 산릉도감만은 조선시대와 같이 원소도감으로 불렀다.[438] 원소를 조성하기 위한 원소도감의 조직은 다음과 같다.

| 직책 | 정원 | 『유강원원소도감의궤』 좌목 |
|---|---|---|
| 총호사 | 1인 | 의정 李根命(1904. 9.28-11.29) |
| 제조 | 3인 | 궁내부 특진관 閔泳達(1904. 9.28-11.29)<br>궁내부 특진관 李胄榮(1904. 9.28-11.29)<br>궁내부 특진관 趙同熙(1904. 9.28-10.19 교체)<br>궁내부 특진관 金思轍(1904. 10.19-11.29) |
| 도청 | 2인 | 시독관 이인규, 육품 이의국 |
| 낭청 | 8명 | 삼물소, 조성소, 대부석소, 소부석소, 보토소, 수석소, 노야소, 별공작 |
| 감조관 | 6명 | 삼물소, 조성소, 대부석소, 소부석소, 보토소, 별공작 |
| 기타 | | 상지관(1명), 방외상지관(9명), 감동(4명), 별간역(4명), 위원(3명), 의원(1명), 도청고원(11명), 서사(2명), 고직(2명), 사령(15명), 경도감고원(4명), 경도감사령(2명) |

<순명황태자비 유강원 원소도감의 조직>

황태자비의 국장을 총괄하던 총호사는 의정이던 이근명(李根命)(1840~?)이었고, 원소도감의 책임자인 제조는 궁내부 특진관 민영달(閔泳達)(1859~?)을 비롯하여, 이주영(李胄榮)

436) 『純宗實錄』 卷1, 純宗 즉위년 陽曆 8月 26日.

437) 『純明妃裕康園園所都監儀軌』, 詔勅. 1904年 陰曆 10月 1日.

438) 일반적으로 조선후기에 왕세자비가 죽으면 빈궁혼궁도감, 예장도감, 원소도감의 3도감이 설치되었다. 그런데 순명비는 1897年 대한제국을 선포할 때 황태자비로 격상되었기 때문에 기존 왕세자비상제보다 한 단계 격이 높은 황태자비상제로 치루고 있었다.

(1837~1917)과 조동희(趙同熙)(1856~?)가 임명되었다.[439] 도감의 관리조직으로는 도청(2인)과 낭청(8명), 감조관 (6명) 이하 상지관(1명), 방외상지관(9명), 감동(4명), 별간역(4명), 위원(3명), 의원(1명), 도청고원(11명), 서사(2명), 고직(2명), 사령(15명), 경도감고원(4명, 경도감사령(2명) 등의 원역들이 업무를 수행하였다. 이 원소도감의 조직과 원역은 대체로 조선시대 왕릉의 산릉도감 체제와 비슷하였다.

순명비의 국장은 궁내부 산하 장례원에서 주도하였다. 1894년(고종 31) 갑오개혁 때 조선정부의 조직을 개편할 때, 왕실의 업무는 궁내부가 담당하고 행정업무는 의정부가 담당하는 이원체제로 바뀌었다. 그중 장례원은 1895년(고종 32)에 설치된 궁내부 관제 중 하나로서 궁중의 의례 및 제사, 종묘·사직, 전·궁, 능·원·묘에 관한 사무, 종실에 관한 사무를 맡아 처리하게 되었다.[440]

국장을 당하면 정부가 장지를 선정하는 한편 시호, 전호, 원호를 결정해야 하였다. 황태자비의 시호는 '순열', 전호는 '의효', 원호는 '유강'으로 정하였다.[441] 그리고 유강원의 장소는 양주 용마산 아래(뚝섬 근처), 숭릉(현종·명성왕후) 오른쪽, 태릉(중종비 문정왕후의 능), 홍릉(고종비 명성황후의 청량리) 왼쪽 산 가운데서 정하기로 하여 논의를 거듭한 끝에 용마봉 아래 뚝섬으로 결정되었다.[442] 이에 원소도감에서는 능침에 세울 건조물과 석의물 등을 마련하는 작업에 착수하였는데, 이에 따른 공역비의 내역을 살펴보면 다음과 같다.

유강원의 원소역에 책정된 총 예산은 탁지부에서 이송한 3,314,259냥 1전 5푼과 사초값 1,500냥을 합친 3,315,759냥 1전 5푼으로 1897년 명성황후의 홍릉 산릉역에 책정된 총예산 651,660냥의 5배나 되었다.[443] 이는 7년간의 물가 상승을 감안한다고 하더라도 거금이었다. 이는 고종황제가 평소 순명비를 아꼈던 탓도 있겠지만, 일제의 압박이 가중되던 상황에서 대한제국의 위상을 높여 보려는 의도도 없지 않았을 것이다.  그리고 고종황제는 이미 1900년에 자신의 수릉을 금곡에 조성하였던 것처럼 순명황태자비의 유강원도 순종의 사후에는 황제릉으로 전환될 것이라고 여겨 건물이나 의장·의물 등의 조성에 많은 예산을 투입했을 것이다.

공역비 중 가장 많은 비용을 지출한 항목은 장지를 확보하고 그곳에 있던 민가와 무덤을 철거하는데 소요되는 보상비와 각종 건물과 석물 등을 제작하는 비용으로 이것이 전체의 76.2%

439) 『高宗實錄』 卷44, 高宗 41年 陽曆 11月 5日. 이중 조동희는 10月 19日 궁내부 특진관 김사철로 교체되었다.

440) 『高宗實錄』 卷33, 高宗 32年 陽曆 4月 2日.

441) 『純明妃裕康園園所都監儀軌』, 詔勅. 1904年 陰曆 10月 4日 ; 『高宗實錄』卷44, 高宗 41年 揚力 11月 10日 ; 시호는 얼마 후 '純明'으로 개정되었다(『純明妃裕康園園所都監儀軌』, 詔勅. 1904年 陰曆 10月 16日 ; 『高宗實錄』 卷44, 高宗 41年 陽曆 11月 22日).

442) 『純明妃裕康園園所都監儀軌』, 시일. 1904年 陰曆 10月 15日 ; 『高宗實錄』 卷44, 高宗 41年 陽曆 11月 18日, 19日.

443) 장경희, 『고종황제의 금곡 홍릉연구』, 『사총』, 64호, 2007.3.30, 표3. 13-14쪽.

를 차지하였으며, 나머지는 인건비가 11.2% 및 운반비, 잡비, 의궤비 등이었다.

| 구분 | 세부 항목 | 지 출 액 | 비 율 |
|---|---|---|---|
| 제작비 | 삼물소 | 154,191냥 2전 | 2,522,364냥 9전7푼(76.2%) |
| | 조성소 | 1,710,911냥 6전 5푼 | |
| | 대부석소 | 198,507냥 6전 5푼 | |
| | 보토소 | 84,870냥 1전 5푼 | |
| | 소부석소 | 288,829냥 4전 | |
| | 별공작 | 85,054냥 9전 2푼 | |
| 인건비 | 패장 이하 건호궤 | 1,366냥 4전 | 370,683냥 7전 5푼(11.2%) |
| | 제조 이하 원역 교마비 및 일비 | 64,012냥 | |
| | 도청 이하 원역 월은 | 12,189냥 5푼 | |
| | 각공장 및 담꾼과 모꾼 고가 | 293,116냥 3전 | |
| 재료비 | 각처소 시유탄가 | 16,987냥 6전 | 157,732냥 9전 8푼(4.8%) |
| | 사초가 | 43,724냥 3전 8푼 | |
| | 혼유석개수비 및 입배비 | 97,021냥 | |
| 잡 비 | 각항 잡하 | 16,188냥 1전 | 0.4% |
| 운반비 | 석물 등을 운반할 車馬 고가 | 233,667냥 7전 5푼 | 0.7% |
| 의궤비 | 의궤비 | 7,500냥 | 0.2% |
| 잔금(탁지부로 이송) | | 6,690냥 8전 | 0.2% |
| 총 액 | | 3,315,759냥 1전 5푼 | |

<1904년 유강원 원소 공역비 내역>

『원소도감의궤』에는 유강원의 조성공사에 참여한 관원과 임원들에게 지불한 인건비의 규정이 명시되어 있었다. 인건비의 규정은 월급, 일비, 식비[盤費], 교통비[轎費]로 구분하여 지불하였는데,[444] 그것의 상세한 내역은 다음과 같다.

444) 『純明妃裕康園園所都監儀軌』, 財用. 盤轎費式, 日費式, 月銀式, 匠料式.

| 원역 | 月給(月銀) | 日費 | 食費[盤費] | 교통비[轎費] |
|---|---|---|---|---|
| 제조[칙임 1등] | | 6냥 | 20냥 | 6냥 |
| 도청[칙임2등] | | | 12냥 5전 | 3냥 5전 |
| 낭청,감조관,감동,별간역[주임] | 50냥 | 5냥 | 6냥 5전 | 2냥 |
| 상지관[판임] | | | 3냥 5전 | 1냥 2전 5푼 |
| 패장, 고원, 고직 | 40냥 | 4냥 | 2냥 5전 | 馬貰 1냥 2전 5푼 |
| 사령 | 20냥 | 3냥 5전 | 2냥 5전 | |
| 사환 | 15냥 | 3냥 5전 | 2냥 5전 | |

<1904년 순명황태자비 유강원 원소도감 원역의 보수 지급사항>

유강원의 원소도감에서도 1897년 청량리 홍릉의 산릉도감과 마찬가지로 상근시의 월급액과 비상근시의 일당액수를 규정하고 화폐로 지불하였다. 일당액수는 직책마다 차등을 두어 당상관은 특별히 우대하여 6냥, 식비 20냥, 교통비 6냥을 책정하여 별도로 지불하였으며, 그 밖의 임원들도 직책의 고하나 직무의 난이도에 따라 차등을 두어 책정하였다. 또한 원소도감의 산역 현장에서 관리 감독하는 도청 이하의 원역에게는 월급이 지불되었고, 일당 등은 차등을 두어 책정하였다.

그러나 정부가 책정한 예산대로 유강원의 조성공사가 진척된 것은 아니었다. 원소에 사용할 여러 물품들 중에는 국장도감이나 빈전도감 등에서 빌리거나 옮겨다 사용한 경우가 많았다. 우선 국장도감에서 빌린 것들 중에는 침전에 배설할 향탁, 발인할 때의 각종 제구, 곧 대연에는 자리 20장을 꿰매어 만든 지의 1부, 견여에는 자리 20장을 꿰매어 만든 지의 1부, 신연에 깔 자리 9장 등이며,[445] 또 옹가 내에 배치할 홍초방좌촉 2쌍과 수도각 내에 배치할 소병풍 2좌, 침전 영침에 배치할 화병풍 4좌 등도 국장도감에서 빌려다 사용하였다.[446] 그리고 빈전도감에서 빌린 것으로는 침전 배설 제구 중 영좌평상과 그 위의 채화석, 영좌와 상탁 등을 비롯하여,[447] 장, 벽장, 복건, 문장, 홍초장, 영침 병풍, 평상, 교의, 향탁 등과[448] 만정골반월평상 및 만전건복건, 휘장, 면장, 욕석, 병풍 등이었다.[449] 이중 침전 3문의 홍초장과 영좌 영침, 교의, 향탁 등은 상방에서 가져와 사용하였다.[450]

445) 『純明妃裕康園園所都監儀軌』, 來照, 1904年 陰曆 11月 1日, 3日.
446) 『純明妃裕康園園所都監儀軌』, 來照, 1904年 陰曆 11月 1日.
447) 『純明妃裕康園園所都監儀軌』, 來照, 1904年 陰曆 11月 1日.
448) 『純明妃裕康園園所都監儀軌』, 來照, 1904年 陰曆 11月 1日 ; 造成所 稟目. 1904年 陰曆 11月 11日.
449) 『純明妃裕康園園所都監儀軌』, 來照, 1904年 陰曆 11月 18日.
450) 『純明妃裕康園園所都監儀軌』, 來照, 1904年 陰曆 11月 1日 ; 造成所 稟目. 1904年 陰曆 11月 11日.

침전과 비각 및 각종 석물은 동년 10월 20일에 돌을 떠내는 것부터 시작되었다. 그렇다면 침전과 비각 및 각종 석의물의 재료는 어디에서 구하여 어떤 순서로 조성되었는지도 살펴볼 필요가 있다.

첫째, 유강원에 정자각 대신 침전을 조성한 것이 조선 왕릉의 경우와 다른 사례에 해당되었다. 이때 조성소에서는 전시대의 등록에 의거하여 정자각의 칸수를 얼마로 할지를 물었을 때, 고종황제는 명성황후 홍릉의 예를 따라 20칸의 침전을 조성토록 지시하였다.[451] 이에 유강원의 침전은 역시 10월 20일부터 터를 잡기 시작하였고, 목재는 28일 사촌리에서 치련하여 운반하였으며, 석물은 소부석소에서 떠온 것으로 다듬었다. 침전 내에 당가 및 신어상과 삽병, 하평상을 제작하기 위해 필요한 물목은 창의궁에 저장된 것을 옮겨다 쓰거나 구입하도록 하였다.[452] 당가는 11월 24일부터 26일까지 만들어 침전 내에 배치하였다. 당가와 모란병풍 4첩기, 오봉병풍 6첩기는 각각 1좌씩 별공작에서 조성하였는데,[453] 모란병풍은 1897년 명성황후 청량리 홍릉의 침전을 조성할 때 사용하던 것을 전례로 삼아 제작토록 하였다.[454] 오봉병을 그릴 물감 및 당가 앞에 칠 홍초면장 또한 별공작에서 제작하였다.[455] 11월 24일 단청까지 마치고 27일 도배를 끝낸 다음 외주렴을 걸고 노렴을 걸었다. 이듬해 1월 25일 침전 조성을 마치고 전돌을 깔았다.

침전 내부에 도배하는데 소요된 종이는 백능화지 289장과 청능화지 17장반, 대장지 4권 6장, 삼첩지 53권, 청선자지 36장이었다.[456] 침전 내의 각종 의물은 1895년의 명성황후와 1903년의 효정왕후를 전례로 삼아 새로 만들도록 하였다.[457] 침전에는 주렴을 내려뜨리는데, 정면의 주렴 3부, 좌우문의 주렴 각각 3부 및 협문의 주렴 각각 2부씩, 총14개었고 배위청 3면에도 발을 둘렀다.[458] 그밖에 침전 전면에 노렴 13부와 북문 신문 밖에 노렴 5부도 들여 놓았는데,[459] 이 또한 1903년 효정왕후의 경릉을 조성할 때와 같이하였다. 침전 앞에 배설할 귀문주렴 등은 상의사에서 조성하였고,[460] 수도각에는 소병풍 2좌, 찬궁 내에는 모란병풍 7좌, 침전 내의 홍사방등 4좌

451) 『純明妃裕康園園所都監儀軌』, 造成所. 稟目. 1904年 陰曆 10月 18日. 침전으로 하도록 했음에도 의궤의 곳곳에서는 침전과 정자각이 혼용되고 있었다.
452) 『純明妃裕康園園所都監儀軌』, 造成所. 稟目. 1904年 陰曆 10月 20日.
453) 『純明妃裕康園園所都監儀軌』, 造成所. 稟目. 1904年 陰曆 10月 20日.
454) 『純明妃裕康園園所都監儀軌』, 來照. 1904年 陰曆 11月 13日.
455) 『純明妃裕康園園所都監儀軌』, 造成所. 稟目. 1904年 陰曆 10月20日.
456) 『純明妃裕康園園所都監儀軌』, 造成所. 稟目. 1904年 陰曆 11月 11日. 현재 유릉의 침전 내부는 단청만 되어 있고 도배가 되어 있지 않은 것은 원형대로 복원된 것이 아니어서 이에 대한 재고가 필요하다.
457) 『純明妃裕康園園所都監儀軌』, 來照. 1904年 陰曆 11月 1日 ; 造成所 稟目. 1904年 陰曆 11月 11日.
458) 『純明妃裕康園園所都監儀軌』, 造成所. 稟目. 1904年 陰曆 11月 11日. 정면 주렴은 길이 8척, 너비 4척 7촌이고, 나머지 문의 주렴은 길이는 8척이었으나 너비는 각각 달라 좌우는 4척 7촌, 2척 5촌이었고 협문의 주렴은 너비가 3척 7촌이었다.
459) 『純明妃裕康園園所都監儀軌』, 造成所. 稟目. 1904年 陰曆 11月 11日. 전면과 북신문 밖 노렴 총18부는 모두 길이 12척이었다,
460) 『純明妃裕康園園所都監儀軌』, 照會. 1904年 陰曆 11月 19日 ; 來照, 1904年 陰曆 11月 24日.

| | |
|---|---|
| 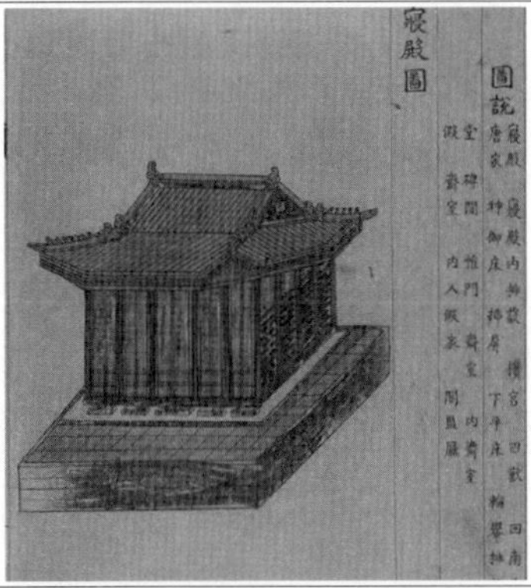 |  |
| <유강원원소도감의궤 속 침전도 도설>, 1904년 | <순종 유릉 침전>, 1904년 작, 1926년 금곡 순종 유릉에 재설치 |
| 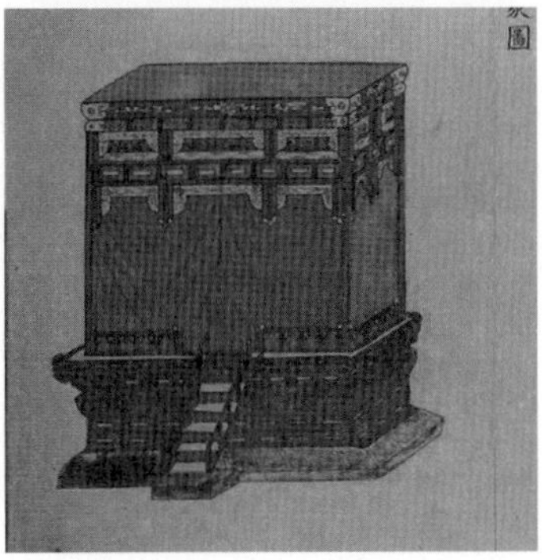 |  |
| <유강원원소도감의궤 속 당가도 도설>, 1904년 | <순종 유릉 침전 내 당가>, 1904년. 유강원에서 금곡 유릉 침전에 재설치 |

<유강원 침및 당가 도설과 현존하는 침전 및 당가 유물>

는 국장도감에서 잘 싸서 배치하였다.[461)]

한편 침전 바닥과 재실 내에 깔 자리는 강화도 교동군에서 백문석 1,500닙과 별문석 1,500닙을 구입하거나 제작토록 하였다.[462)] 당시 교동군의 보고에 의하면, 올해 완초 농가는 병충해가 심하여 물량이 반으로 줄고, 근래 자리를 짤 백성 중 남아있는 이가 불과 25명이라 물량을 대기가 어려워, 밤낮으로 짜더라도 음력 11월 5일경에나 납부할 것이라고 하고 있었다.[463)] 11월 5일에는 그중 자리 740장을 우선 올려 보내었고,[464)] 11월 10일에야 비로소 백문석과 별문석 총 3,000닙

461) 『純明妃裕康園園所都監儀軌』, 照會. 1904年 陰曆 11月 26日 ; 來照, 1904年 陰曆 11月 26日 ; 『純明妃裕康園園所都監儀軌』, 造成所. 稟目. 1904年 陰曆 11月 11日.

462) 『純明妃裕康園園所都監儀軌』, 訓令. 1904年 陰曆 10月 10日.

463) 『純明妃裕康園園所都監儀軌』, 來照. 1904年 陰曆 10月 18日.

464) 『純明妃裕康園園所都監儀軌』, 來照. 1904年 陰曆 11月 5日.

을 모두 납부하였으며,[465] 탁지부에서는 자리 값으로 9,797냥을 교동군에 지불하였다.[466]

이처럼 교동군에서 올라온 자리 중 백색 선을 두른 백문석의 경우 침전에는 백문석 229장을 붙인 지의 1부, 전퇴에는 35장을 붙인 지의 1부, 후퇴에는 34장을 붙인 지의 1부, 좌우퇴에는 22장을 붙인 지의 2부, 답장 5개에는 3장을 붙인 지의 5부, 월대에는 238장을 붙인 지의 1부를 깔았는데, 재궁이 원소에 올라간 뒤에 말아서 철거하였다. 그 아래에는 노점 1,190장을 깔았다가 재궁이 원소에 올라가고 나면 침전 안에는 백문석 대신 별문석 229장을 붙인 지의 1부, 전후퇴에는 별문석 35장을 붙인 지의 각각 1부, 좌우에는 별문석 22장을 붙인 지의 각각 1부, 답장 5개에는 별문석 15장, 북신문에는 별문석 8장을 붙인 지의 1부 등 모두 청색 무명으로 縇을 둘러 배치하였다. 특히 당가에는 아래쪽에 청색 무명으로 선을 두른 별문석 9장을 붙인 지의 1부를 깔고 그 위에 채화석 5장을 깔며, 신어상 아래에는 자주색 명주로 선을 두른 채화석 1장을 깔도록 되어 있었다. 하평상에는 아래쪽에 청색 무명으로 선을 두른 별문석 3장을 붙인 지의 1부를, 위쪽에는 자주색 명주로 선을 두른 채화석 2장을 붙인 지의 1부를 올렸다. 전후 답장에는 자주색 명주로 선을 두른 채화석 2장을 올렸다. 찬궁 아래에는 청색 무명으로 선(縇)을 두른 별문석 10장반을, 위에는 자주색 선을 두른 채화석 7장을 올렸다. 회남수평상 아래에는 청색 무명으로 선을 두른 별문석 4장을 붙인 지의 1부를, 위에는 자주색 명주로 선을 두른 용문석 1장을 두었고, 괘목북심에는 자주색 명주로 선을 두른 채화석 1장을 두었다. 침전 내에 영원히 배치하는 자리에는 자주색 명주로 선을 두른 채화석 1장을 두었다.[467] 당시 침전과 재실 이하 각처의 온돌과 대청 등에 소용된 자리의 총수는 백문석 906장(백목선 31필 2자 2치), 별문석 652장 반(선을 두를 청색 무명 22필 13자), 채화석 18닙 반(자적주선 22자 2치), 용문석 1닙(자적주선 3자 5치)과 선을 꿰맬 삼베실 24근 10냥 5전이 소요되었다.[468]

침전의 벽에는 종이로 도배를 하고, 바닥에는 2중의 자리를 깔아 궁궐 내 정전과 같은 권위와 품격을 갖추었다. 자리를 깔고 나면 그 위에다 침전 내에 영원히 배치해 둘 가구나 의물에 당주홍칠이나 진칠을 해서 배치하였다. 우선 당주홍칠을 한 것으로는 큰 제상 4좌,[469] 협장상 2좌, 좌우 제상 20좌, 준소상 1좌, 향안상 1좌, 촛대상 2좌, 준소촛대상 1좌, 편죽 12개였고, 全漆

465) 『純明妃裕康園園所都監儀軌』, 訓令. 1904年 陰曆 11月 10日.

466) 『純明妃裕康園園所都監儀軌』, 照會. 1905年 陰曆 1月 25日.

467) 『純明妃裕康園園所都監儀軌』, 造成所. 稟目. 1904年 陰曆 11月 11日. 고종황제가 머무는 어재실에는 동서온돌이나 대청에 황문별석을, 순종황태자가 머무는 예재실이나 내재실의 동서온돌과 대청 등에는 별문석을 깔았다. 이는 황제와 황태자의 위상 차이를 화문석 종류로 보여주는 예이다.

468) 현재 황제릉의 침전을 비롯하여 왕릉의 정자각 바닥은 전돌로 되어 있는데, 의궤에 기록된 대로 지의를 깔아야 마땅하다. 조선의 왕릉과 황제릉이 유네스코의 세계문화유산으로 등재되었음에도 원형대로 복원하지 않는 것은 심각한 문제이다.

469) 제상에는 좌면지를 붙이고 상건을 길이 1척 7촌의 홍한단 12폭으로 덮고 동도리는 녹한단 10척으로 돌리고, 두석광두정 54개를 박았다.

을 한 것은 축문상 1좌, 축문판 2좌, 연갑 1좌[속에는 연석 1면, 황필 1병, 진묵 1정을 넣었다], 이세상 2좌, 반아배상 2좌, 향궤 2부, 축점 2립, 서안 1좌, 곡월반월봉지죽 각1개였다. 그밖에 목화룡촛대 1쌍[당주홍칠], 당가3층판층교 2좌, 고족상 4좌[이상은 석간주칠], 유중촛대 1쌍, 유소촛대 1쌍, 분합도내목 24개, 철서진 1척[납염], 중균 2부, 금화드무 2좌, 사방등상 4좌, 창검 각2병[반침을 갖춤], 옥등을 걸 홍금사끈[심에는 면자3냥], 치미빗자루 2병, 부질박지쇄약영자황록피 1편[길이 2척, 너비 2촌] 등이 놓었다.[470] 이러한 각종 기물과 제구들은 침전의 용도와 기능을 말해주는 것일 뿐 아니라 황실의 위엄을 드러내기 위한 것들이었다.

이처럼 유강원 원소의 침전은 명성황후의 청량리 침전과 마찬가지로 정면 5칸, 측면 4칸으로 조성되었고, 침전의 바닥에는 전돌을 깔았고, 벽에는 백능화지로 도배하였으며 띠는 청능화지로 둘렀다. 신문의 안팎에는 내외주렴을, 전내 바닥에는 노점으로 짠 별문지의를 깔고 그 위에 백문지의를 2중으로 깔았다. 침전 내 당가는 길이 12자 8치, 너비 7자 6치였고, 정지대석은 높이 1자 2치였으며 그 중앙에 청판을 대고 단을 올렸다. 앞뒤로 계단을 설치하였고, 전면에는 난간을 설치하고 두석으로 장식하였으며, 뒷면 청판에 모란병풍 4폭을 붙였으며, 각 안쪽에는 오봉병 6폭을 세웠다.[471] 오봉병 앞쪽 아래쪽에는 청색 무명으로 선을 두른 별문석을 깔고 그 위에는 자주색 명주로 선을 두른 채화석을 깐 다음 하평상을 놓고 삽병을 세우고 신어상을 놓았으며, 앞면 풍혈 내에는 홍초로 휘장을 설치하였다.

능침 침전에 당가를 설치한 것은 명성황후 홍릉에서 비롯되어 유강원에도 설치하였는데, 이것은 궁궐 내 혼전에 당가를 배설하여 왕실 제례의 권위를 높이는 조처와 마찬가지로 대한제국의 황실 제례를 격상시키기 위해서라고 여겨진다. 정전 내부에 당가를 세우고 모란병 장지를 뒤쪽에 배치하고 그 앞에 오봉병풍을 세우고 삽병과 평상 위 신어상을 배치하는 것은 어진을 모셨던 창덕궁 신선원전에서도 그 원형을 찾을 수 있다.

당가에 배치할 하평상과 삽병 및 신어상을 제작하기 위한 칫수는 다음과 같다.

470) 『純明妃裕康園園所都監儀軌』, 造成所. 稟目. 1904年 陰曆 11月 11日 ; 침전내배설도.

471) 『純明妃裕康園園所都監儀軌』, 造成所, 당가도. 도설에 의하면 모란병장지 4폭과 오봉병 6폭의 높이는 둘다 6자 5치 5푼이었다. 다만 너비의 경우 오봉병 중 뒷면에 세우는 4폭은 각각 너비 2자 8치었으나 좌우 2폭은 각각 3자 5치 5푼으로서 4폭의 좌우로 꺾여 전체적으로는 디귿자 형태로 배치되었다.

| | 높이 | 길이 | 너비 | 채색 |
|---|---|---|---|---|
| 하평상 | 7치 8푼 | 8자 | 3자 5치 5푼 | 당주홍칠 |
| 삽 병 | 3자 7치 5푼<br>좌우 ; 2치 9촌 | 5자 | 2자 6치 5푼 | 당주홍칠 |
| 신어상 | 후청판 ; 2자 5치 5푼<br>좌우 ; 1자 8치 5푼 | 4자 2치 5푼 | 2자 | 딩주홍칠 |

<1904년 유강원 침전 당가 내 설치한 의물의 칫수>

하평상이나 삽병 및 신어상은 모두 당주홍칠을 하였다. 그중 하평상은 살평상처럼 만들되 다리가 있고 운각이 있으며, 위에는 청색 무명으로 선을 두른 별문석을 놓고 그 위에 자주색 명주로 선을 두른 채화석을 놓았다. 평상 뒤 삽병이나 신어상은 네 모서리의 용머리에 금칠을 하였는데, 그중 신어상은 채화석을 깔고 위에 홍화주로 선을 두른 보료 위에 배치하였다. 당가 앞쪽에는 홍색 비단으로 휘장을 쳐서 죽음의 공간을 세속과 차단시켜 신비한 분위기를 조성하였다.[472] 현재 이러한 모습을 확인할 수 있는 곳은 종묘와 경기전 등 일부에 불과하다. 이처럼 침전 내 의물의 배치와 당가에 놓이는 의물은 궁궐의 정전과 같이 배치함으로써 황실의 위상과 황제릉의 품격을  과시하는 것이었다. 결국 고종황제는 유강원을 조성할 때 향후 황제릉이 될 것을 배려하여 명성황후와 동격의 침전을 조성하였던 것이다.

다음, 비각 또한 침전과 다름없이 명성황후의 청량리 홍릉 비각을 선례로 삼아 조성하도록 하였다.[473] 비각 9칸에 사용할 목물과 철물 및 단청에 필요한 재료도 역시 만들어 바치게 하거나 구입해 사용토록 하였다.[474] 1904년 11월 18일 비각의 개기에 착수하여, 12월 11일 초석을 세웠고, 12일 기둥을 세웠으며 20일 상량을 하고 괘연과 개판을 걸었다. 25일 개와를 올리고 단청을 칠하기 시작하여 26일 비각 옆에 차일을 치고 휘장에 포장되어 있는 표석을 봉심하였다. 이듬해 1월 19일 비각의 들보 위에 회칠을 하고 단청 칠을 마쳤다. 26일 비각 좌우에 방벽을 쌓고, 30일 농대석을 세우고 표석을 세운 후 가첨석을 올리고  네 면에 방전을 깔았다.[475]

그 다음에는 능상 석물의 조성과정을 살펴볼 필요가 있다. 능상 석물의 종별은 조선왕릉의 경우나 청량리 홍릉에 배치되었던 것과 모두 똑같았다. 하지만 고종황제가 1897년에 청량리 홍

472) 장경희,『정조대 경모궁의 왕실공예품 연구』,『한국공예논총』 12-2호, 2009. 219-237쪽.

473) 『純明妃裕康園園所都監儀軌』, 造成所, 稟目, 1904年 陰曆 10月 18日.

474) 『純明妃裕康園園所都監儀軌』, 造成所. 稟目. 1904年 陰曆 10月 21日.

475) 정경희, 앞 해제. 408쪽. 원소도감의궤에는 농대석을 을사 정월 30日에 세웠다고 했는데, 정경희는 해제에서 농대석을 12月 30日(陰曆)에 세운 것을 기록하여 날짜에 오류가 있다. 이렇게 세운 표석을 이듬해 陰曆 1月 28日 봉심토록 하였다.『承政院日記』 高宗 42年 陰曆 1月 28日 ;『純明妃裕康園園所都監儀軌』, 大浮石所, 시일.

릉을 조성한 뒤 곧바로 황후릉의 석의물을 중수하고 황제릉의 석의물로 조성하였던 것과는 약간의 차이를 보였다. 곧 이전의 세자빈 원소와는 달리 황태자비의 원소에는 왕릉과 마찬가지로 무석을 조성하여 배치한 점이다. 부석소를 우이동에 설치하고,[476] 1904년 음력 10월 19일에 내려가 23일, 석함을 떠내었고, 11월 8일에 문석 1괴, 11일에 무석 1괴, 14일에 혼유석 1괴를 부출, 17일에 무석, 20일에 문석을 떠냈다. 28일 혼유석을 운반하고, 30일 각양 석함을 퇴광 내에 안배하였다. 12월 7일 혼유석을 처음 치련하고, 12월 3일과 10일에 문석을 운반해 왔고, 12일과 16일에 무석을 가져와 치련하기 시작하였으며, 14일 호석과 16일 양석을 운반하였다. 26일에는 표석을 봉안하고 비각 터 근처에 봉안하였다. 이듬해 1월 9일에는 제반 석물을 모두 떠냈다. 11월 21일 혼유석 하전석 아래쪽을 다지고, 27일에는 혼유석을 무사히 올렸다. 각양 석물을 산으로 끌어올릴 때 크기가 작은 석물은 지게로, 크기가 큰 석물은 말에 실어 끌어 올렸다.[477] 1월 19일 지석은 혼유석 하전석 아래에,[478] 지석함은 장명등 아래에 안배하였다. 20일 난간석을 배치하고 23일 양석과 호석을 배립하였으며, 24일 혼유석을 놓고 장명등을 세웠다. 25일 문석과 무석 및 마석, 망주석을 차례로 입배하였다.[479]

그러나 유강원에 석물을 배치할 때부터 혼유석이 그다지 아름답지 못했기 때문에 추후 다시 다듬어 세우자고 의논하였다.[480] 이후 유강원을 완공한 지 9개월이 지나 『유강원의궤도감』의 제조였던 민영달은 주본을 올려 혼유석을 수개하고 옛 것을 철배하는데 길일을 선택하게 예식원에 분부하도록 청하였다.[481] 이에 1905년 10월 6일에 순명황태자비의 국장 때 세웠던 혼유석은 철거하여 묻어 버렸고, 같은 날에 새로 개수한 혼유석을 배치하였다.[482]

그런데 여기서 한 가지 흥미로운 점은 1905년 10월 6일 땅에 묻어 버렸던 순명황태자비의 혼유석이 2년 후 재활용된다는 점이다. 1907년 헌종의 후궁인 경빈 김씨가 죽자 그의 묘소를 조성할 때 이 혼유석을 파내어 사용했던 것이다.[483] 더욱이 당시 경빈의 묘소에 세운 석의물들은 여

476) 『純明妃裕康園園所都監儀軌』, 시일. 1904年 陰曆 10月 19日.

477) 『純明妃裕康園園所都監儀軌』, 大浮石所, 稟目, 1904年 陰曆 11月 28日. 조선 왕릉을 조성할 때에는 소가 끌었던 것과 비교된다.

478) 『純明妃裕康園園所都監儀軌』, 來照, 1904年 陰曆 11月 27日. 지석은 국장도감에서 번조하였는데, 79장이었다.

479) 『純明妃裕康園園所都監儀軌』, 大浮石所. 시일.

480) 『純明妃裕康園園所都監儀軌』, 筵說. 1905年 陰曆 1月 27日. "(閔)泳達曰 魂遊石始焉 鍊治無疵若美終 爲磨淨則 微有疵類 雖焉入排果非洽 稱更爲浮出鍊磨 追後入排 恐好矣."

481) 『관보』122책 제3,286호, 議政府官報課. 光武9年(1905) 陽曆 11月 2日. 목요일. 禩. 宮廷錄事. 裕康園儀軌都監提調 臣閔泳達 謹奏 本園 魂遊石 今將改修入排矣 舊件撤排 吉日時及 新件入排 吉日時 令禮式院推擇事分付而 入排時 階前石儀 不可不權撤 然後可 以擧行從 便擧行之意 謹上奏"

482) 『純明妃裕康園園所都監儀軌』 詔勅. 1905年 陰曆 10月 4日 ; 『官報』 1905年 陰曆 10月 4日 ; 『園所都監儀軌』 시일. 1905年 陰曆 10月 6日 ; 承政院日記 高宗 42年 陰曆 10月 4日 ; 『官報』 123책, 제3,287호, 議政府官報課, 光武 9年 陽曆 11月 3日.

483) 『慶嬪禮葬謄錄』, 光武11年 陰曆 6月 26日. "禮葬所郎廳 權錫禎 長生殿郎廳 金永來 座下 通牒 今此 慶嬪禮葬時 魂遊石 以裕康園 埋置件 移用事承有 處分."

러 왕릉들을 천장하면서 파묻어 두었던 것들을 파내어 옮기되, 다시 말끔하게 다듬어 배치하였다. 예컨대 혼유석의 하전석은 동구릉 숙릉이라 불리던 명성황후 초장지의 옛 홍릉의 것을, 고석 받침 4괴와 장명등과 망주석 등은 헌종의 경릉에 있던 것을 다시 다듬거나 부족한 장명등 하전석은 새로 마련하여 사용하고 있었다.[484]

1904년 당시 유강원의 산역에는 총 35종 475명의 인부가 동원되었고,[485] 이들의 일당은 6냥이었다.[486] 이것은 1897년 명성황후의 청량리 홍릉의 산역 때 32종 400명에, 일당 2냥 4전이었던 것과 비교하면 장인의 종별과 인원수가 늘었을 뿐 아니라 일당은 2.4배 이상 증가한 것이었다. 월급 액수의 상세한 기록이 없어 정확한 비교는 안 되지만 일당 6냥을 한 달로 계단하면 180냥을 받았으니, 당시 도청 이하 원역들이 50냥을 월급으로 받은 것보다 3.5배를 상회하는 액수였다.

유강원 원소도감 별단에 기재된 장인들 중 목수와 석수를 살펴보면, 목수는 총 91명이었고, 석수는 총125명이었다. 이 인원을 동원하는데는 무리가 많았다. 당시 일제가 철로공사를 비롯하여 조선의 인부를 징발하는 사례가 많았기 때문이다. 일례로 정부가 양주군에 목수 20명을, 개성부에 목수 50명과 석수 30명을, 강화부에 석수 50명을 차출토록 지시하였는데,[487] 개성부에서는 석수와 목수들이 당시 서도철로공사에 징발되어 고작 목수 19명과 석수 6명만을 동원할 수 있었다.[488] 따라서 개성부에서는 철도공사에 징발되었다가 병으로 일시 귀가한 석수 7명을 동원하기 위하여 일일이 수색하고 있었다.[489] 또 석물을 떠낼 부석소가 설치된 강화부에서도 대부분의 목수와 석수가 타지에 나가 현존하는 석수는 13명에 불과하였다.[490] 그나마 13명 중 11명은 사역 차 10여일 뒤 상경했고 6명은 출타하여 2명밖에 남지 않아 출타한 6명이 돌아오면 보내겠다고 하였다.[491] 그들은 이후 혼유석을 떠낼 때에 참여하였다.[492]

1905년 유강원 원소의 공역이 마무리되자, 순명비의 재궁은 양력 1월 3일 궁을 떠나 다음날 23일에 안장되었다.[493] 원소의 공역은 3월 2일에야 완전히 끝나 총호사 이하 3도감에 참여한 모

484) 『慶嬪禮葬謄錄』, 山役造成諸事. "魂遊石[裕康園所在件移來 更爲治鍊 入排下磚石, 洪陵所在件移用 皷石四塊 景陵所在件移來 更爲治鍊入排], 長明燈[景陵所在件移來 更爲治鍊 下磚石新造入排], 望柱石一雙臺具[景陵所在件移來 更爲治鍊入排]."

485) 『純明妃裕康園園所都監儀軌』 賞典. 都監別單.

486) 『純明妃裕康園園所都監儀軌』 財用. 匠料式.

487) 『純明妃裕康園園所都監儀軌』 訓令, 1904年 陰曆 10月 17日.

488) 『純明妃裕康園園所都監儀軌』 來照, 1904年 陰曆 10月 20日.

489) 『純明妃裕康園園所都監儀軌』 來照, 1904年 陰曆 10月 29日.

490) 『純明妃裕康園園所都監儀軌』 訓令, 1904年 陰曆 10月 24日 ; 來照 1904年 陰曆 10月 20日. 석수의 숫자와 내용 등은 같았으나 의궤에 기록된 날짜에는 약간 차이를 보였다.

491) 『純明妃裕康園園所都監儀軌』 來照, 陰曆 1904年 10月 30日.

492) 『純明妃裕康園園所都監儀軌』 訓令, 陽曆 1905年 1月 19日.

493) 『高宗實錄』 卷45 高宗 42年 陽曆 1月 3日 ; 陽曆 1月 4日

<순명황태자비 유강원 석물 전경>, 1904년

<순명황태자비 유강원 문무석인>, 1904년

든 인원에게 상전이 베풀어졌다.[494] 하지만 유강원의 난간죽석 2개 및 침전 내외의 도배를 수개할 일이 생겨 다시 이듬해 1906년 음력 5월 27일을 길일로 잡아 착수하였다.[495]

유강원이 조성된 지 3년 만인 1907년에 고종황제의 양위로 황태자가 순종황제로 즉위하게 되자, 순명비는 그 해 양력 8월 27일 순명황태자비에서 순명황후로 추존되었고,[496] 양력 7월 30일에 능호를 의논하여,[497] 유강원이 유릉으로 격상되었다.[498] 1907년 6월 유강원의 석물을 개수하는 데 소요된 역비 3,000환은 궁내부가 우선 경리원에서 2,500환을 차용하여 쓰고 뒤에 경리원에 갚기로 하였다.[499] 이러한 과정을 거쳐 완공된 금곡 유릉의 모습은 1926년 순종황제가 죽은 뒤에 찍은 사진에서 확인할 수 있다.

### 2) 1926년 금곡 유릉으로의 천장 실태

1926년 4월 25일 순종황제가 창덕궁 대조전에서 사망하였다.[500] 순종황제의 국장을 담당한 부서는 고종황제 때와 마찬가지로 어장주감, 빈전혼전주감, 어릉주감이었고, 묘호는 '순종문온무녕돈인경효황제(純宗文溫武寧敦仁敬誠孝皇帝)'로, 시호는 '융희황제(隆熙皇帝)'로 정하였다.[501] 순종효황제의 능침은 신문에서는 뚝섬 유릉에 모실 것이라는 설과, 순종황제가 '출천지효

494) 『高宗實錄』卷45 高宗 42年 陽曆 3月 2日

495) 『日省錄』, 光武10年(1906) 陰曆 5月 16日 ; 掌禮院 以裕康園欄干竹石 及寢殿修改吉日推擇 奏該院奏言 裕康園園上欄干竹石一個 寢殿內外塗褙等 修改吉日 令日官推擇則 陰曆五月二十七日巽時 爲吉云. 같은 내용이 『官報』에도 실려 있다. 『官報』 142책, 제3,805호, 議政府官報課, 光武 11年(1907) 陽曆 6月 29日.

496) 『純宗實錄』卷1 純宗 卽位年 陽曆 7月 23日 ; 陽曆 8月 27日 ; 『承政院日記』, 高宗 44年 陰曆 6月 14日(陽曆 7月 23日 화요일.)

497) 『承政院日記』, 高宗 44年 陰曆 6月 21日(陽曆 7月 30日 화요일).

498) 『純宗實錄』卷1 純宗 즉위年 陽曆 8月 26日.

499) 『各府郡來牒』 제13책, 奎 19146. 1907年 6月 宮內府 內藏院 享祀經費査整委員長 金宗漢의 照會 제2호.

500) 『純宗實錄附錄』卷17, 純宗 19年 陽曆 4月 25日.

501) 『每日申報』, 1926年 陽曆 5月 1日 1면.

(出天至孝)'로서 순명효황후의 능침을 금곡 능침지 내에 옮긴 이후에 모시자는 설로 나뉘어 있었다.[502] 그런데 순종은 유지로서 능침을 홍릉 경내로 정하였으므로 5월 1일 산릉을 초간심하러 나갔다.[503] 하지만 신문은 항상 결정한 날짜보다 2–3일 늦게 보도되어 5월 3일 금곡리가 유력하다는 보도를 했다.[504] 5월 5일 산릉을 재간심하러 나가 당일 오전 11시 경 홍릉의 왼쪽 언덕에 봉표 했으며,[505] 천릉할 길일을 택하였다.

순종황제의 장례에 앞서 그동안 순명황후가 모셔져 있던 뚝섬의 유강원을,[506] 금곡의 유릉 자리로 옮겨 와야 했다. 당시 유강원의 천봉을 주관한 임시관청은 일제 강점기였기 때문에 대한제국의 황제릉을 조성할 때의 도감과 달리 관리 조직은 다음과 같다.[507]

| 직책 | 정원 | 『천봉주감의궤』 좌목 |
|---|---|---|
| 총호원 | 1 | 후작 윤택영 |
| 제거 | 9 | 자작 민영휘, 백작 이지용, 이우면, 정만조, 김승규, 자작 윤덕영, 남작 이재극, 자작 이재곤, 서상운 |
| 도청 | 4 | 이원용, 김승진, 김영진, 이규용 |
| 낭청 | 15 | 김윤동, 민성식, 민정식, 민준식, 민휘식, 민병규, 이우용, 유억겸, 김순한, 민점식, 민병주, 이해선, 김교빈, 이완주, 김덕현 |
| 감조관 | 12 | 이용, 김형진, 정진구, 서병희, 정운익, 서병상, 민경운, 민달식, 서정복, 윤상섭, 김호응, 조범식 |
| 별감동 | 7 | 장호진, 유응렬, 이철우, 이강주, 유시찬, 홍택주, 사일환 |
| 각계원 | 74 | 행렬계원(25), 접대계원(5), 운반및설비점등계원(6), 순시(1), 사정(10), 제물계원(5), 수복(4), 숙수(4), 사정(2), 구호반원(4), 간호부(2), 사진반원(6) |

<1926년 금곡 유릉 천봉주감의 조직>

천봉도감의 명칭은 천봉주감으로 바뀌었고, 총책임자는 총호사 대신 총호원으로, 책임자는 제조 대신 제거로 그 명칭이 달라졌다. 관리조직인 도청, 낭청, 감조관 별감동의 조직은 대체로 유지하고 있었으나 그 숫자는 달라졌다. 실제 천봉을 주관할 행정 조직은 더욱 변화가 두드러졌는데, 사무의 분장 내용에 따라 각 계는 행렬계, 접대계, 운반계, 설비계, 점등계, 제물계 등으로

502) 『每日申報』, 1926年 陽曆 4月 30日 1면, 3면.

503) 『純宗孝皇帝]山陵主監儀軌』, 1926年, 장 5410. 시일. 陽曆 5月 1日 ; 下敎及上啓. 陽曆 4月 30日. 대행황제의 유지에 따라 능침을 홍릉과 가까운 자리로 정하도록 하였으므로, 상지관들과 함께 홍릉 국내를 꼼꼼하게 간심하고 택하도록 하였다.

504) 『每日申報』, 1926年 양력 5月 3日 1면.

505) 『純宗孝皇帝]山陵主監儀軌』, 1926年, 장 5410. 시일. 陽曆 5月 5日 ; 『每日申報』, 1926年 陽曆 5월 6日 1면. 신문은 하루 늦게 御陵이 확정된 사실이나 천봉일과 산릉일 등이 주감의궤보다 하루나 이틀 정도 늦게 공표되어 시간 차를 보였다.

506) 뚝섬의 유강원이 1907年에 순종이 황제가 되면서 유릉으로 개명되었으나 침전과 석물들은 이미 1904-5年에 완성되었기 때문에 본장에서는 유강원의 천릉으로 칭하겠다.

507) 『裕陵遷奉主監儀軌』, 座目.

칭하였다. 그 밖에 구호반원이나 간호사 및 사진반원 등도 동원되는 등 대한제국의 황실이 일제 하에 이왕가로 격하된데 따른 변화었다.

천봉에 관한 일정은 1926년 5월 7일 후토제부터 6월 5일 하현궁까지였다. 그 일정을 살펴보면 천봉을 위해 뚝섬의 유강원에서는 5월 7일 후토제를 지냈고, 5월 16일 고유제를 지냈으며, 5월 18일 옹가를 세웠다. 5월 18일 유강원의 침전 내에 찬궁을 배설하기 위해 19일 당가를 우선 철배하였고, 유강원의 옹가를 덮는 일을 마쳤다.[508] 21일 유강원릉을 열고 먼저 북쪽의 사대석과 아래쪽에 깐 전석을 철배하였다.[509] 22일 유강원의 석물, 혼유석과 망주석과 장명등도 철거하였다.[510] 23일에는 능상에 수도각을 세우고 상량하였으며, 비각에서는 면우석과 아래쪽에 깐 전석을 차례로 철거하여 표석을 무사히 봉출하였다.[511] 이날 복부형으로 회를 바른 안쪽에서 지석함을 비롯한 각양 석물을 차례로 봉출하였는데 이들 석함이 모두 습기가 있어 우선 깨끗하게 닦고 개봉하여 간심하니 모두 '건정하여' 다시 봉안토록 하였다. 5월 26일에는 수도각을 세운 후 하우판 앞에 바른 회를 제거하고 하우판을 드러내고 재궁을 봉출하여 수도각에 봉안하였는데, 외재궁내에 약간 습기가 있어 유의와 2중관의가 약간 눅눅했다. 재궁을 다시 봉심하니 칠색과 광택이 새 것 같아 관의를 소금저로 덮고 상 위에 봉안하였다. 오후 1시에 재궁을 견여에 실어 침전 계단 아래로 내려 윤여로 침전 찬궁에 봉안하고 영좌를 설치하였다.[512] 재궁 위에는 26日부터 28일까지 매일 1차례씩 세 번 칠하였다. 28일, 유강원에 모셔져 있던 순명효황후 민씨의 재궁이 봉출되었다.[513] 29일, 재궁에 글씨를 쓰고 30일 재궁을 묶고 6월 3일 찬궁을 열고 습의를 세 차례 한 후 대여를 진발하여 5일 천준을 설행하고 하현궁을 하고 우제를 설행하고 지방을 매안하였다.[514] 곧 이어 6월 4일 오전 6시에 뚝섬의 유강원에서 발인한 선침은 오후 10시경 금곡에 도착하고 다음날 오전 6시에 하현하였다.[515] 폐릉이 된 뚝섬 유강원의 전경은 사진으로 확인할 수 있었다.[516] 당시 금곡 유릉에는 가침전을 세워 두었고,[517] 뚝섬 유강원에는 침전이나 비각, 당가

---

508) 『裕陵遷奉主監儀軌』, 하교급상계, 1926年 陽曆 5月 18日, 19日.
509) 『裕陵遷奉主監儀軌』, 하교급상계, 1926年 陽曆 5月 21日.
510) 『裕陵遷奉主監儀軌』, 하교급상계, 1926年 陽曆 5月 22日.
511) 『裕陵遷奉主監儀軌』, 하교급상계, 1926年 陽曆 5月 23日.
512) 『裕陵遷奉主監儀軌』, 하교급상계, 1926年 陽曆 5月 26日.
513) 『每日申報』, 1926年 陽曆 5月 28日 1면.
514) 『裕陵遷奉主監儀軌』, 일시.
515) 『每日申報』, 1926年 陽曆 6月 4日 3면.
516) 『每日申報』, 1926年 陽曆 6月 4日 1면.
517) 『純宗孝皇帝山陵主監儀軌』, 하교급상계. 1926年 陽曆 5月 9日. 산릉의 침전은 마땅히 세워야 하나 우선 홍릉천봉의 전례를 따라 가침전을 세우도록 하였다. 유릉 가침전을 세울 곳에 홍릉 향대청이 방해가 되어 이를 철훼하였다.

(내재궁) 등이 여전히 남아 있었다.[518] 6월 5일에는 순명황후가 23년간 머물렀던 뚝섬 유강원을 떠나 새로 정해진 금곡 능침에 안장되는 유강원 천봉의식이 거행되었다.[519]

6월 1일 뚝섬 유강원에서 금곡 유릉으로 대여를 운반하는 습의를 하였는데,[520] 그 코스는 다음과 같다. 유강원 – 동구 노제소 – 살곶전평 – 행당리 – 진팔리 – 광희문밖 – 홍인문 밖 – 신설계 –용두리 – 청량리 – 구휘경원 – 봉화현 – 봉황동 – 망우리 현위 – 망우리 현아래 – 왕숙천 – 도농리 – 분상현 – 용두촌 뒤 – 용두천 상 – 퇴일리 – 금곡 능소까지 22차례 나누어 이운하였다.

한편 금곡 유릉의 산역 과정도 5월 7일 후토제부터 6월 11일 하현궁까지였다. 당시 금곡 유릉을 조성할 때의 관리 원역은 다음과 같다.

| 직책 | 정원 | 『순종황제산릉주감의궤』 좌목 | 『천봉주감의궤』 좌목 |
|---|---|---|---|
| 총호원 | 1 | 侯爵 尹澤榮 | 좌동 |
| 제거 | 5 | 洪淳馨·尹用求·男爵 金宗漢·閔丙漢·南奎熙 | 9 |
| 도청 | 2 | 李丙瓚·李德柱 | 4 |
| 낭청 | 6 | 李丙胄·尹七榮·閔丙奎·金善鎭·洪鵬杓·閔庚運 | 15 |
| 감조관 | 6 | 李載充·李鳳鎔·閔丙文·李佑鎔·金宜鎭·李良轍 | 12 |
| 별감동 | 6 | 張浩鎭·李哲宇·金倫求·洪宅柱·宋文賢·史一煥 | 7 |
| 상지원 | 4 | 李承周·全基應·金東瓚·徐圭錫 | |
| 전위 | 2 | 李大柱·閔孝植 | 74 |

<1926년 금곡 유릉의 순종황제 어릉주감 조직>

순종효황제의 금곡 유릉을 조성할 때와 순명효황후의 뚝섬 유강원을 옮길 때의 총책임자는 다 같이 총호사 윤택영이었다. 그런데 산릉을 책임진 제거는 홍순형을 비롯하여 5명이었으니, 천봉을 주관한 제거가 9명이던 데 비해 1/2에 불과하였다. 이처럼 금곡 산릉을 주관한 조직의 숫자는 도청 2명, 낭청 6명, 감조관 6명, 별감동 6명 등으로서,[521] 유강원의 천릉을 담당한 도청 4명, 낭청 15명, 별감동 12명, 별감동 7명이었던 것과 비교할 때 반 이하로 숫자였다. 이는 1904–5년 유강원을 조성할 때 이미 건축물과 석의물의 일부를 만들어 두었기 때문이다.

순종황제의 금곡 유릉의 조성은 5월 7일 후토제를 지내고 산릉 역사를 시작하였으며, 17일에

518) 『每日申報』, 1926年 陽曆 6月 4日 3면.
519) 『每日申報』, 1926年 陽曆 6月 5日 3면.
520) 『每日申報』, 1926年 陽曆 5月 25日 3면. 陽曆 5月 25日. 천봉에 사용할 대소여는 모두 국장용을 우선 사용키로 하였다.
521) 『純宗孝皇帝山陵主監儀軌』, 座目.

는 옹가와 수도각이 모두 완성되었다.[522] 500여명의 인부를 동원하여,[523] 21일에는 병풍석을 조성하기 시작하여 28일에 세웠으며,[524] 광중 3면의 회를 다지고 금정기를 철거하였으며 700여 평의 반월형 봉분의 형태가 6월 2일 완성되었다.[525] 6월 10일 오후 10시 대여가 산릉 능침에 도착하였고, 11일 오후 10시에 하현궁을 하였다. 12일 반우제를 지내고 광내에 각양 석함을 배설하였으며, 17일 지석을 안배하고 혼유석 하전석을 배설하고 난간석을 세웠다.[526] 20일에 반월형 봉분을 쌓고 사초를 덮었다. 24일 혼유석을 안배하였고, 안릉전을 베풀었다.[527] 전술하였듯이 순명효황후는 순종황제의 장례에 앞서 6월 5일에 유강원에서 금곡의 새 유릉 자리로 천봉되어 있었다.[528] 6월 6일 천릉 시 사용된 죽안마 6필을 불살랐고,[529] 이어 6월 11일에 순종황제의 재궁이 그 옆자리에 모셔지게 되었다.[530] 순종황제의 재궁과 명기·복완 등은 13일, 퇴광에 넣었다.[531]

가침전의 내부에는 백색 휘장[素帳, 仰帳, 壁帳]을 둘러치고 황초장으로 앞쪽 세문에 문장(門帳)을 쳤다. 바닥에는 백문석지의를 침전 내부, 배위청, 월대 및 4면의 계단, 답장에 깔았다.[532] 한편 찬궁에는 백주로 1칸거리의 문장을 앞쪽 좌우에 늘어 쳤고, 바닥에는 유둔을 깔고 2개의 평상 중 아래쪽 평상에 2중의 별문석을, 위쪽 평상에 2중으로 별문석을 깔고 황주욕을 놓은 위에 용문석을 놓았다.[533] 재궁 안쪽의 관의는 대홍공단·남공단·대홍곤단을 3중으로 덮고 바닥에 2중 유둔, 2중 홍전을 깔고 솜이불을 덮었으며 의장물로 소선과 청개 1쌍씩을 세웠다.[534] 금곡 유릉의 가침전 내부에는 당가가 설치되었고, 대제상 4좌를 비롯하여 협장상 2좌, 좌우제상 20좌, 준소상 1좌, 향안상 1좌, 촛대상 2좌, 준소촛대상 1좌, 목화룡촛대 1쌍에는 모두 당주홍칠을 하였다. 그밖에 축상 1좌, 반아배상 2좌, 향궤 2부, 서안 1좌, 관세상 2좌는 전칠을 하였고, 고족상 4좌는 석간주칠을 했다. 건함 2부, 유중소촛대 각 1쌍, 창검 각2자루, 치미비 2자루와 화재를 방지할 豆毛를 설치하였다.[535] 결국 이 가침전은 뚝섬 유강원의 침전과 동일한 모습이지만

522) 『純宗孝皇帝山陵主監儀軌』, 시일. 1926年 陽曆 5月 17日 ; 하교급상계. 陽曆 5月 17日.
523) 『每日申報』, 1926年 陽曆 5月 16日 7면.
524) 『純宗孝皇帝山陵主監儀軌』, 하교급상계. 1926年 陽曆 5月 21日. 병풍석 아래를 뚫고 양회를 바르는 일은 24日에 마쳤다.
525) 『純宗孝皇帝山陵主監儀軌』, 시일. 1926年 陽曆 6月 2日 ; 하교급상계. 1926年 陽曆 6月 2日.
526) 『純宗孝皇帝山陵主監儀軌』, 하교급상계. 1926年 陽曆 6月 17日.
527) 『純宗孝皇帝山陵主監儀軌』, 시일, 하교급상계.
528) 『純宗實錄附錄』 卷17, 純宗 19年 陽曆 5月 26日.
529) 『每日申報』, 1926年 陽曆 6月 6日 3면.
530) 『純宗實錄附錄』 卷17 純宗 19年 陽曆 6月 11日.
531) 『純宗孝皇帝山陵主監儀軌』, 하교급상계. 1926年 陽曆 6月 12日 ; 『每日申報』, 1926年 陽曆 6月 13日 5면. 每日申報가 하루 늦다.
532) 『純宗孝皇帝山陵主監儀軌』, 하교급상계. 1926年 陽曆 6月 11日. 寢殿所排.
533) 『純宗孝皇帝山陵主監儀軌』, 하교급상계. 1926年 陽曆 6月 11日. 欑宮所排.
534) 『純宗孝皇帝山陵主監儀軌』, 하교급상계. 1926年 陽曆 6月 11日. 梓宮所裏.
535) 『裕康園園所都監儀軌』, 造成所. 침전내배설도.

가건물에 불과하였고, 현재의 침전과 각 처소의 건물들은 1926-7년에 옮겨 세운 것이다. 금곡 유릉의 능상 석물들은 뚝섬 유강원의 석물과 청량리 홍릉의 석물들을 옮겨 세운 것이다. 이 때 부족한 병풍석 12면만은 각각 너비 4자 1치, 높이 2자 2치(영조척)로 새로 만들었다.[536)]

그런데 금곡 유릉은 조성한 지 한 달도 안 되어 큰 비에 무너졌다. 7월 21일의 폭우로 붕괴되어 백 여명의 인부가 동원되었고 15만원의 공사비를 들여 봉분, 석물, 침전, 비각, 배수공사 등을 재시공하였다.[537)] 재시공할 당시의 도면은 현재 장서각에 소장되어 있으며,[538)] 8월 8일 졸곡제를 혼전인 효녕전과 능침에서 올리고 있는 것으로 보아 이때쯤 완공이 되었던 것 같다.[539)]

1928년 순종황제의 삼년상이 끝났고 순종의 신위를 종묘에 부묘할 때, 순명황후에게는 '효현' 이란 존호가 가상되었고,[540)] 그동안 혼전인 의효전에 모셔져 있던 신주는 순종황제의 신주와 함께 종묘로 들어가게 되었다.[541)] 순종황제의 국상 후 순종계비 순정효황후 윤씨는 창덕궁 대조전에서 낙선재로 거처를 옮겼다.[542)]

이상과 같이 순명효황후의 생애와 사후 1904년 뚝섬 유강원의 조성 및 순종황제 사후 1926년 금곡 유릉으로의 천릉과정을 살펴 보았다. 이를 간단하게 요약하면 다음과 같다.

첫째, 순명효황후 민씨는 명성황후가 여흥 민씨의 집안에서 1882년 11세 되던 해에 세자빈으로 책봉되어 1904년 10월 33세의 짧은 생을 마감하였다. 그녀가 1894년부터 1904년까지 10년간 세자의 사부었던 위관 김상덕에게 보낸 편지 10통을 통해 나름대로 역사에 대한 식견이 뛰어나고 왕실과 조정의 상황 인식이 분명하였음을 알 수 있었다. 궁궐에 들어온 이후 명성황후를 의지하였으나 사후 마땅히 의논할 상대가 없어 위관과 안부를 나누면서 어지러운 때에 고종황제를 돕기 위해 벼슬길로 나오도록 부탁하고 있었다. 이처럼 그녀는 그동안 우리가 알고 있던 것처럼 병약하거나 명성황후의 그늘에 숨어 있던 가녀린 왕실 여인의 아니라, 세상 돌아가는 이치와 조정의 인사 문제 등까지 소상히 파악하고, 주변 국가와의 관계 속에서 점차 기울어가는 대한제국을 지켜온 황태자비로서 당당한 품격을 엿볼 수 있었다.

둘째, 1904년 뚝섬에 순명황태자비의 원소로서 유강원을 조성한 것은 대한제국 황태자비릉의 유일한 예이지만, 고종황제는 금곡 홍릉이 수릉으로서 완공되면 유릉 또한 황제릉으로서 기

536) 『純宗孝皇帝山陵主監儀軌』, 陵上石儀. "石儀 以舊洪陵 舊裕陵 石物移用 寢殿以下各處所 以舊裕陵建物移用而 只補其不足屛風石十二面 每面廣四尺一寸 高兩尺二寸(用營造尺 以下同).

537) 『每日申報』, 1926年 陽曆7月 21日 3면.

538) 「裕陵封墳改修工事設計圖」.

539) 『每日申報』, 1926年 陽曆 8月 8日 3면.

540) 『純宗實錄附錄』卷17, 純宗 21年 陽曆 5月 3日.

541) 『純宗實錄附錄』卷17, 純宗 21年 陽曆 7月 6日.

542) 『每日申報』, 1926年 陽曆 6月 14日 3면 ; 17日 3면.

<순종황제 유릉 문무석인>, 1927년

<순종황제 유릉 석수>, 1927년

능할 수 있도록 의도하였던 것 같다. 그것은 유강원을 조성할 당시 침전을 비롯한 전각이나 당가를 비롯한 의장·의물 및 문무석인을 비롯한 석의물을 제작할 때 1897년 청량리 홍릉의 명성황후 황후릉을 전례로 삼은 데서 알 수 있다. 그러나 고종황제가 금곡 홍릉에 대한제국 황제릉을 조성하려던 것을 완성하지 못한 것처럼 유강원도 마찬가지였다. 즉 고종황제는 이미 1900년부터 금곡 홍릉에 침전을 비롯한 각종 전각이나 능상 석물은 세워 두었다. 게다가 침전 앞 석물도 1899년에 제작을 끝내고 보관해 둔 채 명성황후의 유택을 천장할 길일을 잡다가 수백명을 동원되어 재궁을 운반하는 대여가 산릉으로 올라간 이후에 설치하려다가 결국 때를 놓치고 말았다.

이처럼 1904년 고종황제가 유강원[뚝섬 유릉]에 조성하였던 것 중 1926년 순종효황제의 금곡 유릉으로 옮겨진 것은 침전·비각·재실 등의 건물과 침전 내부에 설치한 당가를 비롯한 의장·의물 그리고 능상에 설치된 엄전석·혼유석·망주석 등의 석물들이었다. 이러한 것들은 순명황태자비를 아꼈던 고종황제의 마음을 담아 정성껏 제작하였고, 금곡 유릉에 옮겨다 사용해도 손색이 없을 정도였다. 그러나 고종황제가 금곡 홍릉에 조영한 대한제국 황제릉 형식은 침전 앞에 석인과 석수가 일렬로 쭉 늘어서는 형식이었고, 이것을 결국 완성치 못하여 금곡 유릉 침전 앞의 석물들은 1927년 일본인의 손에 의해 현대식 조각으로 제작될 수 밖에 없었다. 결국 고종고황제에 의해 시도되었던 대한제국 황제릉 양식은 금곡 홍릉에서만 실현되었고, 순명효황후와 순종효황제의 금곡 유릉에서는 절반의 성공을 거둔 셈이 되고 말았다. 이렇게 뚝섬 유릉은 성동구 능동이며 이곳은 1966년 어린이대공원으로 조성되었다. 당시 유강원 침전이 조성되었던 곳에는 평생원의 건물이 들어섰으며, 이곳에서 금곡 유릉을 천장하면서 능상 석물로 사용되지 않았던 난간석을 비롯하여 석양석호와 문·무석인 및 장명등은 남겨지게 되었다.

1926년 순종황제의 능침은 사후 금곡에 위치한 고종황제의 금곡 홍릉 동쪽으로 정하였고, 1904년 능곡에 조영하였던 순명황후의 천장하여 모신 후 합장하여 조성하였다. 이때 능상 석물은 1897년 명성황후의 청량리 홍릉에 조영하였다가 1919년 고종황제의 사후 금곡 홍릉으로 천장한 후 남은 석물을 재활용하였다. 때문에 현재 순종황제 유릉의 능상 석물은 조선왕릉과 대한제국 황제릉의 전통을 계승한 난간석과 장명등 및 망주석으로 구성되어 있다. 아울러 능침 아래에 배치한 침전의 경우에도 1904년 능곡에 순명황태자비의 유강원을 조영할 당시에 제작한 건축물을 분해하고, 1926년 이것을 조립하여 세워 현재까지 이르고 있는 것이다.

한편 침전 앞 문·무석인과 석수상의 경우에는 순종황제를 능침에 모신 이후 이왕직에 의해 도쿄대학 건축과의 이토츄타[伊藤忠太]에게 문·무석인상과 석수상의 제작을 의뢰하였다. 그가 고등공예학교의 조각가 아이바히코지로[相羽彦次郎]를 추천하여 1926년 1달 뒤에 현대식 서양 조각처럼 모델링을 하였다. 이후 아이바의 모델링에 의해 기노시타 타몬[木下多聞]이 금곡 유릉 현장에 와서 1년간 작업하여 이듬해인 1927년 완성하였다. 이렇게 일본인 조각가에 의해 제작된 순종황제 유릉의 문·무석인과 영수석은 전통적인 조선 석물과 다른 서양식 모델링과 해부학적 지식이 반영된 식민지양식으로서 조선 석물과 양식적으로 차이를 보인다.

일제 식민지 양식의 순종 유릉 석물, 1927년

조선왕릉의 전통을 따른 순종 유릉의 능상석물, 1926년

# 8장 조선왕릉과 명청 황제릉의 양식 비교

조선의 왕릉은 같은 시기 명청의 황제릉과 여러 면에서 같지 않아 다음과 같은 점에서 조선 왕릉은 조선적인 독자성을 가지고 있다.

먼저, 조선시대에는 왕과 왕비 및 추존 왕과 왕비의 무덤을 각각 단독의 독립적인 능으로 조성한 점이 큰 차이점이다. 중국에서는 전통적으로 황제를 모신 무덤을 황제릉이라고 하지만, 황후는 황제릉에 합장하거나 배장하여 별도로 조성하지 않는 것이 전통이다.

다음 조선의 경우 제1대 태조의 건원릉을 제외하고 태조비 신의왕후 제릉, 태조계비 신덕왕후 정릉처럼 한 글자로 능호를 지었다. 조선이 왕릉의 선례로 삼은 송대의 황제릉의 경우 제1대 태조 영창릉, 제2대 인종 영소릉처럼 앞에 영(永)자를 더하여 2글자로 지은 것과 대비된다. 물론 명청대 황제릉은 모두 한 글자로 능호를 지었다.

더불어 조선의 국왕과 왕비는 살아서도 죽어서도 동등한 지위를 가졌음을 무덤 형식으로 확인할 수 있다. 우선 쌍릉의 경우 고려말 공민왕의 현릉과 노국대장공주의 정릉을 쌍릉형식으로 지으며 동일한 구조와 형식을 채택한 것에 영향을 받아, 제2대 정종과 정안왕후 후릉이나 제3대 태종과 헌경왕후 헌릉처럼 왕과 왕후의 무덤을 함께 지은 것에서 알 수 있다. 다음 동원이강릉이라 하여 능역 내 다른 봉우리에 왕릉과 왕후릉을 조영할 경위에도 비록 하나의 능호를 쓰지만 왕과 왕비의 무덤은 대부분 비슷한 규모와 형식을 갖는 것이다. 물론 하나의 봉분에 왕과 왕후를 합장하기도 하고 한 장소에 봉분을 상하로 쓰는 등 다양한 형식이 있어도 기본적으로 동등하게 대우한 것을 알 수 있다.

이러한 조선 왕릉을 중국 명청대 황제릉과 풍수 격국이나 봉토, 건축물과 석물 등을 비교하여 살펴보기로 하자.[543)]

---

543) 劉毅, 「明清皇陵制度比異」, 『北方文物』, 1999年2期; 조인수, 「조선시대 왕릉의 현상과 특징 : 명청대 황릉과의 비교를 중심으로」, 『미술사학연구』제262호, 2009. 69-98쪽.

## 1 풍수 격국의 비교

중국에서 고대 황제릉의 능지는 모두 면밀하고 신중하게 선택한 것이다. 능지를 선택할 때에 사용되는 이론은 능묘의 위치나 지형 등에 의해 결정되며 나아가 능침 건축의 배치, 형상과 구조에 대해 중대한 영향을 일으킨다.

### 1) 중국 진한당송의 능지 풍수

진한 시기에는 중국의 풍수이론이나 음택지술이 형성되지 않은 때여서 능지를 선택하더라도 진한 시기 황제릉은 산지와 멀고 지세가 넓은 평원지대에 있었다. 아마도 도성과 가까우면서 건축 등을 대규모로 건립하기에 편리한 지형을 고려하는 것이 무엇보다 중요하여 이를 통해 봉분을 중심으로 사면에 문을 세워 제왕을 상징하는 방릉(方陵) 체제가 생긴 것이다.

그러다가 당나라 초기에 음택지술론은 번잡하게 발전하였으나 아직 형세종의 용, 혈, 사, 물을 본체로 하고 이기종의 천성, 과열을 쓰는 풍수이론이 체계적으로 형성되지 못하였다. 게다가 당나라 초기에 지배계층은 "오음성리(五音姓理)" 등에 비판적이어서 당나라 황제릉의 위치는 진한 시기와 마찬가지로 평지에 능을 지었고, 일부 절약과 편리함 때문에 산에 능을 사용하는인산위릉(因山爲陵)의 풍수를 채택하여 묘실을 산에 짓고 산봉우리를 무덤으로 삼았다. 이러한 당대 황제릉은 대부분 홀로 외롭게 치솟은 모양이며, 봉분에 해당되는 산봉우리가 비교적 작아 주위의 산들과 거리가 멀게 느껴진다. 옛 묘실이 있는 산은 여전히 능침건축의 중심으로 설계되어 있으며 능침 건축의 배치는 여전히 한나라의 방릉 형식을 계속 사용하였다.

당말 북송초부터 음택지술은 진일보 발전하여, 강서법[형세종 혹은 산봉우리파로 지칭]과 종묘법[이기종 또는 방위파]의 2대 유파가 극성을 이루었다. 이러한 풍수론은 민간에서만 대대로 전해 내려왔으며 송 황제릉의 능지를 선택할 때에는 '오음성리설(五音姓理說)'을 따랐다. 이 설은 사람의 성씨를 '궁, 상, 각, 치, 우'의 5음으로 나누며 음양 5행과 대응하면 '토, 금, 목, 화, 수'라는 것이다. 이것을 성씨와 대응시켜 묘혈의 위치와 방향을 확정하며 어울리면 길하고 어울리지 않으면 흉하다고 하였다. 당시 송조 황실은 조씨(趙氏)여서 각음에 속하며, 각음에 대응하는 5행은 "목"이므로, 신주는 동쪽, 양기는 동쪽에 있다. 각씨와 관련된  장소는 마땅히 동쪽이 높고 서쪽이 아래이고, 남쪽이 높고 북쪽이 아래여서 송대 황제릉은 모두 이에 따라 능지를 정하였다.[544] 다만 묘실은 감여술에 따라 산보다는 조금 먼 평원지대에 위치해 있고, 능묘의 석상생은 능을 둘러싼 담벽[神壁]의 남쪽에 놓았다. 또 송 황제릉의 배치는 여전히 전대의 방릉 형식을 사용하였다.

### 2) 명황제릉의 능지 풍수

명 태조 효릉의 능지를 선택하는 데에는 진대 곽박의 풍수이론서인 『장서(葬書)』』에 근거하였다. 이에 명초 풍수설 중에서는 곽박의 이론을 강서법의 형세종과 이기종론이 서로 결합되어 더욱 발전하였다. 명나라 초기 왕위가 설파한 풍수론의 가장 현저한 특징은 첫째 용(龍, 무덤 뒤의 산맥), 혈(穴, 무덤 현실 내 金井), 사(무덤의 좌, 우 및 앞뒤의 산맥), 물, 명당(明堂, 무덤 앞의 평원 구역)이 서로 어울리는 관계를 강조하였다. 둘째 동시에 천성과 괘예의 운용을 강조하였다.[545] 예컨대  묘지의 "길혈"은 당연히 주산[主山; 내룡, 현무산] 앞에 정해야 하고 "형지맥진"인 곳에 놓아야 한다고 생각했다.[546] 통속적인 말로 말하면 혈은 응당 내룡 끝단과 평평한 지대가 서로 교차하는 곳에 정해야 하는데, 명 태조 효릉 보성[현궁이나 혈의 소재]은 위 풍수론에 맞아 떨어진다는 것이다. 혈의 좌우 양측은 "청룡과 백호"가 서로  포위하여 산을 겹겹이 옹호하며 둘러싸고, 혈과 인접한 가장 안쪽의 청룡과 백호를 감싸며 동쪽에서 서쪽으로 물이 흘러야 한다. 이처럼 효릉의 보성은 좌우에 서로 크고 작고 멀고 가까운 많은 산들이 병풍처럼 둘러싸고 지켜준다. 때마침 효릉의 현궁은 그 위치가 당시 유행하는 형세종의 지술에 따라 중산의 산맥 끝에 선택한 산자락이었으며, 그럼에도 산체를 멀리한 넓은 평원이 아니었기 때문에 황제릉에 왕성한 변혁을 초래하게 되었다.

현궁 뒤에 주산이 높이 솟아있고 좌우에 청룡과 백호가 위치하며 지세가 제한되어 있다. 효릉을 비롯한 명 13릉의 평면은 이전 시기와 달리 원형을 이루고 앞에 명루와 보성을 설치하였다. 보성 내의 봉분은 만두처럼 자연적으로 불쑥 솟아오른 형태를 이루었다. 무엇보다도 효릉은 이전 시기의 황제릉과 다르다. 시기의 황제릉처럼 벽성의 평면이 방형이고 사면에 각각 명루를 배치하는 형식을 사용하지 않았다. 벽성의 평면배치는 그 좌우 "팔"자형의 경계라든지, 모래산의 흐름과 어울리게 했을 뿐만 아니라 능 뒤의 높은 산에 좌우를 물이 흐르고 뒷면과 좌우 3면의 명루 및 성대의 설치 등에서 그러하다. 효릉은 원형의 보성을 자연 형태와 조화롭게 만들어

544) 王基亨,『風水理論研 究』, 天津大學出版社, 1992.

545) 『清巖叢錄』, "其学盛行于今,大江以南无不尊之者"; 南京博物院編,『明孝陵』, 文物出版社, 2006.

546) 郭璞,『葬書』, "善葬者,必原其起以观势,乘其止以扦穴. 凡言止者……乘其脉之尽处为止"; 王煥鑣,『明孝陵志』, 南京出版社, 2006.

이러한 문제를 적절하게 해결하였다. 앞면에 명루를 설치하여 보성과 전당이 소통하는 역할을 하게 한 것에서 알 수 있다.

효릉의 보성은 좌우 뒷면의 3면이 산과 인접한 지리적 환경으로 보성 앞에 깊게 줄지은 정원이자, 전당을 마련하는 직접적 원인이 되기도 하였다. 그러나 능역은 4면이 산에 에워싸 있고 조역 내 마당의 넓은 지리적 특징은 신도를 길고 깊게 만들었다. 효릉의 새로운 산릉제도는 황제릉의 숭고함을 강조하였고, 이로 인해 이후 명청 황제릉에 계속 사용되며 전형을 이루었다.

한편, 명 성조 영락제는 1409년(영락 7) 5월, 천수산 아래에 큰 공사를 벌려 자신의 수릉을 짓기 시작하였고, 이곳이 후일의 명 성조 장릉(明長陵)이다. 성조 이후, 12명의 황제들이 차례로 장릉의 좌우에 묻혔으며 인종헌릉(仁宗獻陵), 선종경릉(宣宗景陵), 영종유릉(英宗裕陵), 헌종무릉(憲宗茂陵), 효종태릉(孝宗泰陵), 무종강릉(武宗康陵), 세종영릉(世宗永陵), 목종소릉(穆宗昭陵), 신종정릉(神宗定陵), 광종경릉(光宗慶陵), 희종덕릉(熹宗德陵), 사종사릉(思宗思陵)이 그것이다. 황제와 함께 황후 및 황제를 낳은 생모 황태후들도 모두 합장했다. 그중 경릉과 영릉 및 덕릉의 3릉은 장릉의 동쪽에, 나머지 9릉은 장릉의 서쪽에 자리를 잡았다. 황릉 외에 천수산의 묘지구역에는 또 비빈(妃嬪)들을 매장한 동정(東井)과 서정(西井)이 있으며 그외 약간의 비빈과 소량의 황자(皇子) 묘가 있다.

명 13릉은 명 태조 효릉과 마찬가지로 전대와 다른 특징을 보인다. 한, 당, 송 등의 주요 왕조에서 황제릉의 능지를 선택할 때 일반적으로 높고 탁 트인 평지나 혹은 산으로 둘러싸여 은밀하고 숨길 수 있는 곳을 택했다. 그러나 명 효릉이나 명 13릉은 황제릉을 산 앞쪽의 경사가 낮은 언덕에 골랐으며, 혈점(穴點)과 주위 환경을 선택하는 주요 근거는 동진(東晋) 곽박(郭璞)의 『장서』에 의거한 것으로 여겨진다.

그렇다면 명 영락제의 장릉의 능지를 어떻게 선택했는지 살펴보기로 하자. 영락 5년(1407년) 7월, 황후 서씨는 남경에서 병사하였으며 상식대로라면 영락제 주강은 응당 남경근처에서 능원을 영건해야 하였다. 이것은 조정이 능원관리에 편할 뿐만 아니라 후대의 황제들이 선조를 참배하는데 편리한 조건을 제공하기 위해서이다. 하지만 성조는 일찍부터 북경으로 천도할 생각을 가지고 있었고 북경의 황궁은 이미 영건 중에 있었다. 때문에 그는 즉시 사람을 파견하여 북경일대에 가서 능지를 선택하게 하였으며 자신이 묻힐 수릉 또한 정하여 황후와 합장하기로 결정하였다.

영락제는 능지를 선택할 때 풍수를 믿어 여러 사람을 파견하여 수도 서쪽 연태역, 옥천산, 담자사 등지를 포함하여 많은 곳을 선택해 놓았으나 모두 길하지 않아, 영락 7년(1409)에 이르러서야 지금의 13릉을 선택하였다. 문학적 상상력을 동원하여 철관도인이 능지를 선택했다는 설도 있으나, 명말에 명 성조의 의뢰를 받은 강소성 소주 사람인 요광효가 선택했고 그 공을 인정받아 자산대부, 태자소자로 봉하게 되었다는 설이 유력하다.[547] 또 하나는 영락제가 장릉을 선택한 것이 그가 연왕으로 북경에 근무할 때였다고 생각한다. 가정 연간에 도찰원도어사, 형부상서, 병부상서 등 요직을 담임하였던 호세녕이라고도 한다.[548]

그럼 천주산의 길지는 대체 누가, 언제 선택한 것일까? 선택과정은 또 어떤 것이었을까? 『명태종실록』과 『간주부지』의 기재에 근거하면 진짜 장릉을 선택하는 과정에서 영락 7년(1409)에 조익과 그가 인솔한 요균경(廖均卿), 증종정 등의 풍수도사였을 가능성이 높다.[549] 또 영락 11년(1413) 장릉을 선택하는데 조익, 요균경, 증종정, 왕간, 마문소, 유옥연, 오영 등이 참여하였을 수도 있다.[550] 어쨌든 명청대에 편찬된 다종다양한 풍수 관련 서적에 의하면 이런 풍수사에서 요균경은 아마도 장릉을 선택하는데서 최대 역할을 한 사람으로 알려져 있다. 요씨 족보에 의하면 요균경은 1350년 태어나 자는 조보, 호는 옥봉이고 나라 풍수의 대가 요삼전의 자손이다. 족보에서 집록한 요균경의 다섯째 아들 요신후가 쓴 『균경태옹흠봉행취천복황릉 및 행정회주실록』에 의하면 요균경이 천수산을 명13릉의 길지로 선택하는데 대한 상세한 과정이 기재되어 있다.[551] 요균경은 당시 아직도 복건성에 위치한 대전현에 있었다. 관부의 통지를 받은 후 즉시 같은 마을의 증종정을 초청하여 영락 5년(1407) 12월 11일 아침에 흥국현의 현아문에 도착하였다. 이어 13일 그날 또 공주부 지부를 찾아뵈었으며 21일에 강서포정사를 찾아뵈었다. 곧바로 출발하여 북경으로 가서 능지를 선택하였다. 이때 능지 선택하는데 참여하라는 봉을 받은 요균경, 증종정 등 풍수사는 모두 흠천감음양인의 신분으로 나간 것이었다.[552] 길이 아주 멀고 서주를 지나갈 때 갑자기 폭설이 내려 눈이 깊어서 걷기가 어려웠기 때문에 1408) 정월 24일에야 북경에 도착하게 되었다.

그들은 경서의 연태역(현 북경시), 서호경 옥천산 등지를 조사하고, 3월 하순 남경으로 되돌아갔다. 3월 21일 남경에 도착한 요균경 등은 영락제를 접견하였고 길지를 선택하는 과정을 도

547) 胡漢生,『明朝帝王陵』, 北京燕山出版社, 2002; 胡漢生,『明朝帝王陵』, 學苑出版社, 2013.
548) 王基亨,『風水理論研 究』, 天津大學出版社, 1992.
549) 『明太宗實錄』卷92, 永樂 7年 5月.
550) 『明太宗實錄』卷140, 永樂 11年 5月.
551) 王基亨,『風水理論研究』, 天津大學出版社, 1992.『興邑儀金三了廖氏族譜』, 1901年.
552) "奉上取用你们甚急. 我当起送, 毋得违误."

면을 보면서 설명했다. 25일 황제가 요균경에게 명 태조 효릉의 풍수를 보라고 했고, 보고나서 무영전에서 영락황제에게 보고하였다. 26일 요균경 등은 제2차 황제의 명을 받들고 5월 1일 북경에 도착하여 북경의 교외 지역을 두루 참관한 후 6월 1일에 북경 창평 황토산(천수산) 일대에 도착하였다. 10일 그는 산꼭대기에 올라 사방으로 관찰하여 이 곳의 풍수가 절묘한 것으로 보고 바로 산도를 그려 다음날 그림을 다 그렸다. 12일 여러 사람들과 함께 황토산 후룡에 올라가서 내맥이 어디에서 맺어지는지 관찰하였다. 7월 12일 요균경 등은 출발하여 남경으로 되돌아갔다. 8월 1일 아침에 산도를 성조에게 올렸으며 황토산의 풍수가 황제릉을 건립하기에 매우 좋다고 전하였다. 이에 요균경은 또 명성조가 직접 가서 그곳을 관찰하기를 제안하였고, 성조가 술을 내리고 돈 300냥, 하의 한 벌, 백미 3석, 술 다섯 단지, 물고기와 고기 각각 50근을 주었다. 영락 7년(1409년) 정월, 다시 북경에 도착하여 13일부터 15일까지 폭설이 내렸는데 황토산을 관찰하였다. 17일 육순의 요균경은 바람이 세고 길이 미끄러운 것을 아랑곳하지 않고 눈을 무릅쓰고 황토산에 올라 다시 관찰하였다. 다음날 날이 맑아 또한번 가서 관찰하였다.

4월 4일, 성조가 창평에 와서 황토산의 길지를 찾아 보는데 요균경이 수행하였다. 그후 또 선후로 경서 담자사, 향산 등 곳에 가서 관찰하였다. 윤4월 2일, 성조는 다시 황토산을 관찰하였으며 요균경이 여전히 수행하였다. 윤4월 3일 새벽, 성조는 남경으로 되돌아갔다. 요균경 등은 윤4월 4일에 경북양산의 차호령에 도착하여 관찰하였다. 다음날 또 경북 회유한 홍라산을 보았다. 윤4월 6일에 백엽산을 관찰하였다. 그후 신가장, 부구, 곡산, 문가장, 석문역, 탕천, 선봉사 등도 길지라 여겨 계속 관찰하여 성조가 선택하도록 하였다. 이렇게 요균경이 능지를 선택한 과정은 아주 고생스러웠다. 5월 5일 요균경과 함께 능지선택을 하라는 명령을 받은 왕간, 오야는 각기 책을 올려 혈법을 분명하게 썼다. 5월 8일 자정 무렵 성조와 관원 및 능 선택을 담당한 지술사 등이 함께 천수산의 혈을 정하러 갔고, 성조는 요균경에게 금검 한 자루(무게 14냥), 은괴(무게 20냥)를 하사하고 그에게 능혈을 지정하여 금정을 파기 시작하였다. 이어 성조는 황토산을 천수산이라고 봉하도록 하였다.

영락8년(1410) 정월 21일 요균경 등은 성조를 수행하여 천수산에 갔는데 뜻밖에 능지에 물이 솟아 황제가 노하였다. 이에 요균경이 나침반을 아래로 비추자 샘물이 멈췄고 이어 금정을 아래로 3자 더 파야 한다고 주장하였다. 아래로 3자를 파자 과연 또 돌분 하나, 돌 잉어 한 쌍을 파내고  성조가 크게 기뻐하였다. 요균경에게 탄복하며 흠천감오관영태랑(박사품)으로 수여하고, 돌분으로 금정 아래를 씌웠다. 북경에 돌아온 후 성조가 그에게 차사품 직위와 계급을 하령하여 흠천감아문에서 공양하게 하였다. 영락 11년(1413) 5월 2일 요균경은 병사하였고, 용형산(현 황령촌)에 안장하였다. 현재 요균경의 묘비에는 “흠천감박사묘”라 써 있고, 여전히 잘 보존되어 있으나 봉분을 쌓지 않아 그의 무덤은 알 수 없다.

이렇듯 천수산의 지형은 길지에 속한다. 옛 이름은 황토산이었으며 사면이 푸른 산에 둘러쌓여 있으며 푸른 물이 길게 흐르며 숲이 빽빽하다. 고대 풍수설에서 요구하는 모든 조건을 갖춘 황제릉의 능지이다. 그중 장릉은 북쪽을 향하였으며 천수산주봉은 삼봉이 우뚝 솟아있고 중봉의 높이는 해발 750여m이며 능역 안에서 가장 높은 산봉우리에 해당된다. 서봉으로부터 능의 뒤에까지 뻗었으며 산이 둥글어서 마치 엎어놓은 가마솥과 같다. 이런 산형의 모습은 바로 지술에서 말하는 삼태와 화개의 연봉형세이다. 풍수설에 의하면 고분 뒤에 있는 산은 현무라고 불렀으며 이것은 끊임없이 이어지는 수많은 산봉우리였다. 그중 멀리 있는 산은 특별히 높고 커야 하고 앞으로 뻗었으며 산세가 하나하나 점차 낮아야 하므로 이것을 ‘현무수두’라고 불렀다. 그리고 눈길이 닿는 곳의 가장 높은 산봉우리는 ‘조산’이라 불렀고, 무덤 뒤에 있는 비교적 높고 큰 산봉우리는 ‘부모산’, 무덤 뒤에 있는 작은 산을 ‘태식’, ‘잉육’이라고 불렀다. 명 성조 장릉 뒤에 있는 산은 병풍을 친 것처럼 하나, 또 하나씩 이어졌으며 앞에서 뒤로 산세가 점점 높아져 마침내 풍수설에서 요구하는 조건에 부합하였다.

풍수술에 의하면 길지는 반드시 사면이 산으로 둘러 쌓여야 하고 마치 하늘 위의 자미벽[북극성] 주위에 에워싼 28개 별자리마냥 이른바 ‘재천성상, 재지성형’이다. 그중 뒤에 있는 산은 ‘현무’이고, 왼쪽 동쪽에 있는 산은 ‘청룡’ 혹은 ‘용사’라고 불리며 그 형태는 반드시 잠자리와 같은 형세를 하여야 하고 오른쪽 서쪽에 있는 산은 ‘백호’ 혹은 ‘호사’라고 불리며 그 형태는 반드시 솥단지처럼 힘 있게 덮어진 형태이다. 앞산은 ‘주작’이라고 불리며 ‘상무’모양이다. 이 사면의 산은 합쳐 "사세"라고도 한다. 장릉 동쪽에는 망산이 있고 잠자리의 추세이며 확실히 용사가 움직이는 모양이 있다. 서쪽의 호욕산은 높고 크며 돈독하여 쭈그리고 있는 호랑이와 같다. 앞에 있는 천수영산이나 창평후산은 아름답고 풍만하여 마침 "주작상무"설에 부합된다. 때문에 요균경은 장릉의 주위산세를 "위위호, 사세승상"이라고 형용하였으며 "청룡기특, 백호공강", "사유취복"이라고도 하였다.

지술에서 좋은 고분은 좌, 우와 앞으로 물이 지나고 여러 줄기가 한데 모여 묘지에서 흘러나가야 한다고 하며 이를 ‘수구(水口)’라고 한다. 수구에는 산이 ‘한문화표(捍門華表)’로 물줄기를 가로 막고 있어 사람들이 수류의 마지막 출처를 보이지 않게 해야 한다. 막상 명 성조 장릉의 동쪽에는 노군당수, 서쪽에는 상하구, 추석구수(錐石口水), 덕성구수 등 여러 수류가 좌우로 안고 있어 합류 후 능묘 앞으로 흘러 명13릉 저수지에서 꺾어 남으로 흘러 지나간다. 이쪽이 지리적으로 망산이 북측, 한포산이 남측, 평태산이 서측, 조벽산이 동측으로 물줄기를 가로막고 있어 요균경(廖均卿)이 "한문화표, 진쇠성하"라고 칭찬하였던 곳이다. 또한 장릉의 수구가 능의 동남쪽에 있어 풍수에서는 능 남측의 위지는 '지호(地戶)'라고 수류가 작은 데서 커지는 걸 말한다.

요균경이 정한 장릉은 명나라 풍수 역사에서 볼 때는 세부적으로 이기종(理氣宗)의 이론을 따른다. 장릉의 능지를 확정한 후 영락제는 황토산을 천수산으로 고쳐 부르도록 명령을 내렸다. 또 무안후 정릉에게 명령하여 제사 지내고 공사를 시작하게 하였으며 무의백 왕통은 군대와 백성 그리고 장인들을 인솔하여 공사를 맡아하였다. 능원의 설계기획 및 공정기술과 질량 등 면에서의 사항들은 공부상서 오중이 책임졌다. 성조의 명령에 따라 능구 내의 무덤은 모두 능구 밖으로 옮겼으며 오직 강로무덤만이 장릉보성의 동측에 있으며 옮겨가지 않았다. 강로는 원대에 매장하였으며 현지 원주민이었다. 장지나 강로무덤을 발굴할 때 성조는 은전을 베풀며 옮겨서는 안된다고 말하였다. 그리고 명령을 내려 해마다 제품을 하사하였으며 봄과 가을 두 계절에 양과 돼지로 제사 지냈다. 능원소재의 오른쪽 뒤쪽방향에 황산보천사 옛터가 있으며 이 해 6월 12일 성조는 "산 밖으로 제거하라"고 명령하여 능구 동남쪽 남군촌에 이전 신축하였는데, 이곳이 바로 현재의 "법운사"이다. 이후 군산 안은 결국 다 능침조역에 속하였다.

능원의 영건 과정에서 성조는 영락 8년(1410) 9월에 천수산에 올라 친히 산릉의 건축 상황을 자세히 관찰할 수 있었다. 그 후 여러 차례 능원의 건설에 관심을 가져, 영락 11년(1413) 정월, 공사가 대단한 현궁이 건축되었으며 황후 서씨의 관곽은 남경으로부터 운반하여 정식으로 안장하였고 능명을 "장릉"으로 명하였다.

### 3) 청황제릉의 능지 풍수

청나라 황제릉의 능지 선택을 비교하면 다음과 같다. 명나라는 태조·성조(成祖)·경제(景帝)·세종·신종(神宗)은 생전에 친히 길지를 점쳐 미리 수릉(壽陵)을 건축하였고 그 외의 여러 황제는 죽은 후에야 길지를 선택해 능을 건축했다. 명 13릉 중에서 황제가 생전에 자신의 영원한 안식처로 지은 황릉은 모두 규모가 비교적 크고 건축에 사용한 재료 등도 비교적 괜찮은 것이다. 반대로 죽은 후에 후대 황제에 의해 건축된 황릉들은 규모가 비교적 작고 제도가 획일적인 경향을 보인다.

청나라는 태조 누르하치부터 죽은 뒤에 후대 황제에 의해 황릉을 건설하였으나, 강희제 때부터 모든 황제들은 살아 생전에 자신만을 위한 수릉을 미리 짓는 것을 제도로 정했다. 황제는 즉위하면 마땅히 만년길지를 선택하여 황릉을 건설하는 것을 항례로 삼은 것이다.

명나라의 황후나 황제를 낳은 황태후는 비록 황제보다 먼저 죽거나 황제보다 나중에 죽더라도 황제릉을 열고 반드시 함께 합장하였다. 그런데 청나라의 경우 황태후가 황제의 장례 이후에 죽는 경우 현궁을 열어 황제와 합장할 수 없고 황릉에서 가까운 곳에 황후릉을 생전에 미리 지어 황태후릉을 조성하였고, 이러한 제도는 청나라 말기까지 줄곧 이어져 왔다. 다만 청 목종(穆宗)은 즉위하고 나서 얼마 안되어 일찍 요절하는 바람에 황제 스스로 본인의 만년길지를 선택하지 못했다. 목종 혜릉(惠陵)은 그가 죽은 다음 능지를 선택하여 조성한 것이다. 아울러 덕종과 마지막 황제 부의는 비록 황제로 즉위하자마자 능지를 미리 점지해 놓았지만, 공사를 시작하지 못하고 청나라가 망했다. 이처럼 청 왕조의 황제릉은 모릉(慕陵)을 제외하고 각 능의 능궁부분 제도는 통일되었고 신도부분에서 차이가 있다. 이것은 황후릉도 마찬가지이다.

명나라와 청나라에서 황제릉의 능지를 선택하는 풍수의 표준은 대개 일치한다. 심지어 청 왕조에서 순치제의 효릉은 그 풍수를 명나라 말기에 정해놓은 것이라는 이야기도 있다. 청 초기의 사계좌(査繼佐)가 언급한 바에 의하면 숭정 초년, 천수산에는 더이상 길한 명당자리를 구할 수 없어 1630년(숭정 13)까지 유성의(劉誠意), 공소(孔昭)와 장진(張眞)과 같은 훌륭한 지관들을 불러들여 함께 능지를 돌아보고 계주(薊州)의 풍대산(風台山)을 얻었는데, 이곳은 명당으로서 더 이상 얻기 힘든 곳이기 때문에 황제릉으로 만들기에 길하다고 평가되었다. 그러나 이미 나라의 명운이 다한 명나라 말기에 갑신(甲申)년 이후는 황제릉을 수릉으로 미리 만들어둘 여유가 없어, 그곳에 우선 동(董)귀비가 안장되었다고 한다. 계주의 풍대산은 바로 서청릉에 해당되는 준화창(遵化昌) 서산(瑞山)이며 현재 천진 계현과 하북 준화현의 경계처이다. 이렇게 서청릉을 능지로 잡은 것은 아이러니하게도 명나라 사종(思宗)이 능지로 잡았다는 이야기가 전해지고 있다.

그렇다면 청나라 초기 황제릉의 능지는 어떻게 결정했을까? 청나라 태조 누르하치는 1626년(천명 11) 8월에 사망했는데, 능지를 길지로 점쳐야 했기에 임시로 성경성 내의 서북쪽 모퉁이에 안장했다. 청 태종은 1629년(천총 3) 2월에 신중하게 혼하(渾河) 북쪽 석취두산(石嘴頭山)을 길지로 정했다. 능은 산세에 따라 건축했는데, 산기슭부터 산꼭대기에 이르고 북쪽에 자리잡고 남쪽을 향하며 앞으로는 혼하와 인접해 산을 에워싸 기세가 웅건하다. 능원 주위에는 원래 홍·백·

청 3색의 금지를 나타내는 나무 경계 말뚝을 둘렀다. 청 태조 누르하치 복릉(福陵)에 보성을 축조하였는데, 지금의 심양 동쪽 근교에 위치하여, 보통 일반인은 "동릉(東陵)"이라고 일컬었다. 태종이 선친의 관[皇考梓宮]을 옮겨 봉릉하였고, 고황후(高皇后)·대비 푸차씨(富察氏)를 동경릉에서 옮겨와 태조 복릉에 합장했다.

청 태종은 1643년(숭덕 8) 8월에 병사했고, 청 태종 소릉(昭陵)은 성경의 성 북쪽에서 5㎞ 떨어진 지금의 심양시 북쪽 교외 북릉 공원 내에 있다. 능원의 규제(規制)는 복릉과 비슷하지만, 평지의 높은 언덕(平地 高崗)에 세워진 것이 다르다. 능구 주위에 원래는 홍·백·청 3색의 경계 말뚝이 박혀 있다. 통속적으로 "북릉"이라고 일컫는다. 순치 6년(1613) 4월에 태종 효단문(孝端文)황후가 병사하자 이듬해 태종과 합장했다. 순치 8년(1615), 능 공사를 완공했으며, 1667년(강희 2)에 지궁을 개건했다. 원래 소릉은 평지 언덕에 세워졌지만 지세(地勢)가 주위보다 약간 높고, 능궁은 붉은 담장으로 둘렀으며, 남향(坐北朝南)이다.

동청릉과 서청릉은 청나라가 북경에 들어온 후 능지를 선택하여 조성한 것이다. 이미 알려져 있듯이 청나라의, 아홉 명의 황제[九帝]는 모두 경기(京畿)에 매장했는데, 각각 지금의 동청릉에 해당되는 준화 창서산(昌瑞山)과 서청릉에 해당되는 역현(易縣) 태평욕(太平峪)을 능지로 잡았다.

준화 창서산 동청릉의 능역은 동쪽 마란욕(馬蘭峪)에서 시작하여, 서쪽 황화산(黃花山)에 이르고 북쪽은 무령산 (霧靈山)과 연접했으며 남쪽엔 천대(天臺)·연돈(煙墩) 두 산이 맞서있고 중궐은 용문구(龍門口)이다. 능역은 창서산을 경계로 전권(前圈)·후룡(后龍) 두 부분으로 나뉘었고, 주위에는 너비 20장(丈)·길이 380여리(里)의 방화도를 마련하였다. 방화도를 따라 홍색 말뚝(紅樁)을 세우고 20장(丈) 밖에는 흰색 말뚝을, 10리(里) 밖에는 청색 말뚝을 세웠으며 또 20리 밖 이내는 봉산으로 일반인의 출입을 금하였다. 이처럼 창서산 자락에는 5명의 황제릉·4좌 황후릉[后陵[과 5좌의 비원침(妃園寢)이 있다. 이 곳에는 5황제[五帝]·15황후[十五后] 및 비빈(妃嬪)·황태자(皇子) 등 157명이 매장되어 있다.

## 2 봉토[보정]의 비교

무덤 위에 봉토를 올려 봉긋하게 만드는 것은 선조들의 묘지를 식별하는데 도움이 되며 고향에 돌아와 제사지내는데 편리하기 때문이다. 『예기·예기(禮記·禮器)』에 의하면 "큰 것을 귀하게 여기는 자가 있었으니 궁실의 수량, 질그릇의 도량, 관곽(棺椁)의 두께, 봉분의 크기 등이 모두 커야 지체 높은 것으로 여겼다"라고 한다. 봉토를 높이 쌓은 무덤의 규모와 크기의 대소는 왕후 귀족들이 신분지위를 과시하는 표징이 되었다. 때문에 한 나라의 군주들은 자신들의 무덤을 능이라 불렀다.

중원지구에서 봉토묘가 대량으로 출현하는 것에 대하여 당시의 사회 변혁과 밀접한 연관이 있으며 4가지 원인에 기인하였다.[553] 첫째, 가족무덤이 종족무덤을 대체하고 가족무덤이 분산되어 식별이 필요했다. 둘째, 국왕과 부상대고(富商大賈)가 출현하며 가족관념이 강조되면서 선조들의 분묘(墳墓)건축을 중시했다. 셋째, 새로운 등급제도를 시각화할 수요가 요구되었다. 넷째, 혈토(穴土)를 판 후 메우기가 어려워진 무덤공정을 대신하는 것이 필요했다.

### 1) 중국 고대 황제릉의 봉토

중국에서 고대 분구묘(墳丘墓)는 공자가 생활했던 춘추시대 말기부터 대량으로 출현되었다. 이러한 봉토의 가장 주요한 용도는 뚜렷한 표식 의의를 갖고 있는 것이다. 이 각도에서 보면 봉토묘의 보편적 출현은 예묘(禮墓) 풍속의 성행과 무덤지위의 변화와 연관이 있다. 진일보로 말하면 봉토묘의 보편적 출현은 당시 사람들의 영혼불사를 믿는 관념과 인식의 변화에 있을 뿐 아니라 사회풍속의 발전이나 변화와 일정한 관계가 있다. 『예기(禮記)』는 사람이 죽은 다음 "영혼은 하늘에 오르고 육체는 땅으로 돌아가므로 제사를 드려 음(阴)과 양(阳)의 의로움을 구하는 것이다"고 하였다.

후한(東漢)시기의 왕충(王充)은 "사람이 죽으면 영혼은 하늘로 오르고 해골은 땅으로 돌아가므로 귀신(鬼神)이라고 부른다. 귀(鬼)는 돌아가는 것이고 신(神)은 황홀하고 형체가 없는 것이다"라고 하였다. 사람이 죽은 후 혼(魂)과 백(魄) 두 부분으로 나뉜다고 인정하고 있다. 이 때 시신[尸骨]에 해당되는 백으로 지하에 묻고 정기인 혼은 하늘로 올라간다는 것이다. 전국시기부터 한나라 초까지 가진 한가지 관념은 혼이 백에 붙어있어 죽은 사람은 땅속에서 계속 움직

553) 楊寬 지음, 장인성·임대희 옮김, 『중국 역대 능침제도』, 서경, 2005.

이며 생활한다는 것이다. 이 때문에 능침을 대대적으로 건설하여 향수하게 하였다. 이때 전에는 그리 중요하게 보지 않던 백에 대해 아주 중시하면서 결국 봉토를 높이 올리고 침당(寢堂)을 화려하게 하고 후하게 장례지내는 풍속이 성행했다. 왕충의 관점은 겉으론 옛날 전통을 보급하는 것이었으나 사실은 혼백설을 따른 것이다.

고고조사 및 발굴자료의 분석에 근거하면 각지의 현존하는 봉토묘의 제작 연대는 춘추시대 말기부터 전국시대 초기의 것이 가장 오래된 것이다. 더욱이 전국시대에는 봉토묘가 점차적으로 보급되어 수많은 국가 군주의 고분대총(高墳大塚)이 오늘날까지 보존되었다.

한편 중국 명대 황제릉은 북송 아래의 능구제(陵區制)를 계승하면서도, 북송보다 더욱 철저하여 각 황제릉 간에 분포되어 서로 떨어진 거리가 더욱 가까웠다. 명13릉이 위치한 창평 능역에 모셔진 헌릉(獻陵) 이하 여러 황제릉들의 독립성은 비교적 작으며, 명 성조 장릉(長陵)으로 말할 때 모두 종속된 부속장에 근사하고 수릉(首陵 즉 祖陵)과 자손능묘 지간의 등급차별이 매우 뚜렷하다.

관련 문헌의 기재에 의하여 유추하면 전한시기의 여러 황제 능들의 지하 구조는 목곽식(木槨式) 묘실이어야 마땅하다. 당나라는 제후동혈(帝后同穴)의 합장제도를 실행하였다. 즉 황제와 황후를 능산의 동일한 묘혈 안에 같이 안장하는 것이다. 예를 들어 당 고조의 두(竇)황후, 태종의 장손(長孫)황후는 모두 황제보다 일찍 죽었는데, 각기 헌릉(獻陵), 소릉(昭陵)의 현궁에 합장되었다. 고종은 건릉(乾陵)에 안장되었고 무칙천은 20여 년 후에 죽었는데, 유서대로 건릉에 합장하였다.

현궁(玄宮)을 수축하는 방식에 따라 당나라의 황제릉은 두 가지 형상과 구조로 나눌 수 있다. 한 가지는 전한과 후한의 제도를 답습하여 봉토를 능으로 만든 것이다. 635년(정관 9) 5월에 당고조가 붕어하고 당 태종은 산릉제도를 정하되, 한나라의 장릉(長陵)을 본받아 숭엄하고 후하게 영조하도록 명을 내렸다.[554]

### 2) 명 황제릉의 보정

이렇게 진한 때부터 당송에 이르기까지 황릉 봉토의 모양은 변화되었는데, 이전까지는 방형이나 장방형이었으며 명 태조 효릉에 이르러 원형으로 고친 점이 독창적이다. 실제적으로 효릉은 특수하게 현궁이 산체(山體) 안으로 파 들어갔으며 독용부(獨龍阜) 본신이 바로 봉토의 일

554) 董新林,『中國古代陵墓考古研究』, 福建人民出版社, 2005; 劉毅, 『中國古代陵墓』, 南開大學出版社, 2010.

부분이다. 외형의 미관을 위하여 독용부는 표면에서 60%는 인공적인 수리를 한 것이다. 원형(圓形)이 산체의 원형(原形)과 더 가깝게 인공적으로 고쳐 수리하기에 편리하게 효릉의 봉토를 방형에서 원형으로 고친 것이 가장 직접적인 원인이다. 이밖에 효릉의 현궁을 산 앞 작은 구릉에 건설, 한(漢), 당 황릉처럼 드넓은 평야에 자리를 택하지 않았고 무덤이 종산(鐘山)의 배경 아래에 위치하여 별로 눈에 띄지 않는 경향을 엿볼 수 있다. 그런데 홍수에 쉽게 밀릴 수도 있어, 이 문제를 해결하기 위하여 원래의 독용부 주위에 성벽을 쌓았는데 건축력학으로 고려할 때 원형은 당연히 방형보다 견고하다. 이 공정은 봉토가 유실되지 않도록 유지하는데 유리할뿐 아니라 도적방지에도 유리하다. 더욱 무엇보다도 중요한 것은 명효릉에 배치한 높은 명루와 일상시 닫아 걸어둔 아치문들은 황릉 봉토로 하여금 일층 신비한 베일에 가리우게 하여 전대(前代) 황릉의 평지에 드러난 대봉토보다 더 위엄스레 보이며 일반적인 "인산위장"보다도 더욱 감동적이다. 『대명회전(大明會典)』에 아래와 같은 기재가 있다. "보성(寶城)은 장릉(長陵)이 유독 커 직경이 101丈 8尺이고, 다음은 영릉(永陵)으로 직경이 81丈이며, 각 능은 깊이와 길이와 너비 및 척도가 모두 같지 않다."

정릉(定陵)은 북경 창평능구 서부 대욕산 아래에 있으며 명신종(明神宗) 주익균(朱翊鈞)과 효단(孝端)황후, 효정(孝靖)황후(光宗 생모)의 합장묘이다. 정릉은 미리 만들어놓은 수릉(首陵, 首藏)의 하나이며, 또 명신종이 스스로 황제릉에 대한 규제(規制)를 정한 것이라 천수산(天壽山) 명13릉 가운데에서도 규모가 비교적 크며 거기다 외라성(外羅城)을 둘렀다. 능궁은 동향에서 약간 남쪽으로 기울었고 보성은 성돌로 빈틈없이 쌓았으며 평면이 원형으로 성벽내 직경이 216m, 성(城)의 높이는 7.32m이고 성내(城內)를 황토로 메웠다. 정릉 현궁은 보성 중간에서 약간 뒤(西)측에 위치, 방향은 능궁의 방향과 일치하며 현궁 지표에서 보정(寶頂) 봉토 가장 높은 곳과의 낙차는 약 32m이다. 현궁 바로 앞쪽에 주터널이 있고 양측 뒤쪽 즉 배전(配殿) 뒤쪽에 따로 각기 하나씩 부터널이 있어 보성 밖으로 통한다.[555]

정릉 현궁 주터널은 보성 동남측 능궁내 원장(垣墻)과 보성 교접점에서 약간 서쪽으로 기운 곳에서 시작된다. 앞부분 벽돌터널의 밑부분은 황토로 되어 벽돌을 깔지 않았고 양측은 벽돌로 쌓았다. 너비가 8~8.6m이고 벽돌터널은 남북향으로 되었으며 방향이 능원 중축선과 수직되었다. 앞뒤 두 끝이 약간 구부러졌는데 앞쪽은 동켠으로 꺾여 성벽과 이어졌고 뒤쪽은 서켠으로 꺾여 석터널과 통했다. 석터널은 동서방향이고 능원 중축선과 겹쳤는데 앞부분이 약간 동남

555) 中國社會科學院考古硏究所,『定陵』, 文物出版社, 1990.

켠으로 구부러지며 벽돌터널의 뒤부분과 마주한다. 하지만 이 두 터널은 서로 인접하지 않았다. 석터널은 남북 길이가 40m, 너비가 8m이며 얕은데서 점차 깊어지며 경사를 이루면서 현궁 앞까지 도달한다. 밑부분은 황토를 다졌고 터널 석벽의 윗부분 및 서켠 말단(末端)은 벽돌로 더 쌓았다. 석터널 다음은 금강(金剛)벽 즉 현궁 봉문(封門)벽으로서 벽 높이가 8.8m, 두께가 1.6m이며 밑을 사층 석판으로 기초를 했다. 윗부분을 벽돌로 쌓았고 꼭대기에 처마를 내왔으며 누런 기와를 올렸다. 금강벽의 안쪽은 현궁의 앞쪽 복도로서 벽돌로 아치형 천장을 만들었는데 길이, 너비가 각기 7.9m이고 청석(青石)으로 바닥을 깔았으며 지표에서 아치천장의 높이가 7.3m이다. 복도 동쪽벽과 금강벽이 이어졌고 아치문 하나를 내었으며 벽돌로 복도 서쪽벽 즉 현궁 전전(前殿) 석문을 봉해 버렸다.[556]

현궁은 전전(前殿), 중전(中殿), 후전(后殿), 좌배전(左配殿), 우배전(右配殿, 남측)의 다섯 개의 건물로 구성되어 있고, 이것들은 모두 방전으로 쌓았으며 천장이 아치형으로 기둥이 없고 매 건물마다 각기 석문이 별도로 있다. 전, 중, 후 3주전(主殿) 앞에는 각기 낮은 아치문이 있고 중전에서 배전까지는 복도로 연결, 아치문이 없다. 3주전의 아치문 외측에는 석재를 조각하여 문루(門樓) 모양을 쌓았는데 대들보, 각재, 처마, 기와, 동물문양, 편액 등이 전해지고 있다. 3주전 건물의 석문의 규격은 일치해 모두가 높이 3.3m, 너비 1.7m, 두께 0.2~0.4m이며 매 석문에는 각기 가로세로 9개씩총81개 못과 1개의 동물형 문고리[鋪首]가 툭 튀어나오게 조각되어 있다.

전전 건물은 공권종식(拱劵縱式)으로 동서의 세로가 20m이고 남북 너비가 6m이며 지표에서 천장까지 높이는 7.2m이다.

중전 건물도 공권종식으로 동서 세로가 32m이고 너비, 높이가 모두 전전과 같다. 건물 뒷부분에 대리석 신좌(神座)와 황류리(黃琉璃) 오공진설(五供陳設)이 세워져 있다. 신좌의 설치 위치는 명신종(明神宗)이 가운데서 동쪽을 향했고 효단(孝端)황후는 왼쪽(북측)에서 남쪽으로 향했는데 약간 신종쪽으로 가까웠으며 효정(孝靖)황후(광종의 생모)는 오른쪽(남측)에서 북쪽을 행했는데 신종과 좀 떨어져있었다. 신종의 신좌가 놓여진 뒤편은 후전(后殿) 석문(石門)과 마주했다.

후전(后殿)은 공권횡식(拱劵横式)으로 남북 가로이 30.1m이고 동서 세로 9.1m, 지표에서 아치전장까지 높이가 9.5m이며 바닥에 화반석(花斑石)을 깔았다. 가운데서 약간 뒤쪽에 대리석으로 쌓은 관상(棺床)이 있는데 수미좌식(須彌座式)으로 남북 길이가 17.5m, 동서 너비가 3.7m, 높

556) 中國社會科學院考古研究所,『定陵』, 文物出版社, 1990; 董新林,『中國古代陵墓考古研究』, 福建人民出版社, 2005.

이가 0.4m이며 상면(床面)에 화반석을 깔았다. 관상 한가운데에 0.4×.0.2m의 "금정(金井)"이 있는데 그 안을 황토로 메웠다. 관상 위에는 제후(帝后)들의 관을 얹었는데 그 위치는 가운데가 신종황제이고 북쪽이 효단황후, 남쪽이 효정황후이며 모두 머리쪽이 서켠으로, 발쪽이 동켠으로 되었다. 이것은 곧 전통적으로 관 머리부위가 안쪽으로 향하고 있다는 것을 의미한다. 세 관 옆의 빈자리에는 26개의 목상자(木箱) 등 수장품들을 놔두었다.[557]

좌, 우 배전(配殿)은 중전(中殿)의 좌우 양측에 있는데 중전 남북벽에 각기 아치형 모양의 복도가 있어 좌, 우 배전과 이어졌다. 북벽의 아치형 굴은 좌배전 복도로 방향이 중전과 수직으로 배치되었고, 남북 길이가 13.38m, 동서 너비가 1.88m이고 지표에서 아치천장까지 높이가 3.46m이다. 중전과 접근하는 한쪽에 석문(石門) 두짝을 설치되어 있지만 문루(門樓)는 없고 문에 각기 포수(鋪首) 하나가 있으며 문정(門釘)은 없다. 복도의 다른 한쪽은 좌배전과 통하며 석문을 설치하지 않았다. 좌배전은 중전과 평행(平行)되며 동서의 길이는 26m, 남북의 깊이는 7.1m, 지표에서 아치천장까지의 높이가 7.4m이다. 전(殿) 중부에서 약간 뒤쪽에 대리석으로 만든 관상(棺床)이 있는데 길이가 16m, 너비가 3.5m, 높이가 0.35m이며 상면(床面)을 네모벽돌로 깔았다. 관상 중앙에 0.39×0.19m의 금정(金井)이 있다. 좌배전 서벽(西壁) 북측에 아치문 하나가 있는데 두짝의 석문이 안쪽으로 열렸고 문밖은 작은 복도이며 서쪽끝이 벽돌로 막은 아치문이고 문밖은 봉문장(封門墻)이며 한 갈래 작은 터널이 현궁 밖으로 통한다. 우배전 및 그 복도는 중전의 남측에 있으며 구조, 크기가 좌배전과 완전히 같고 전내(殿內)의 배치는 좌배전과 대칭된다.

명대 황릉 현궁의 아치천정에도 지상 궁궐과 같은 지붕건축이 있어야 한다. 1615년(만력 43) 여러 능의 지궁(地宫)에는 상복첨(上伏檐)과 하복첨(下伏檐)이 모두 9기가 있고 매기마다 5쌍과 수두(獸頭) 8개를 물어 도합 45쌍을 물고 있다. 수도는 모두 72개인데, 매기에 6공(工), 도합 54공(工)이 있으며 단첨(单檐) 3기가 3쌍을 물고 수두(獸頭) 24개는 매기에 3공, 도합 9공이 있다. 이는 명조 황릉 현궁의 공권구조(拱券結構)에 기와를 얹은 것을 설명하고 있다.

이처럼 명대 황제릉의 현궁 구조는 발굴한 명신종 정릉(定陵)을 통해 이후 장릉(長陵)부터 소릉(昭陵)까지 9릉의 현궁은 정릉과 같을 것이며 '오실삼수(五實三隧)'에 속한다고 보았다.[558] 물론 명대 황릉 현궁제도는 모두 정릉 현궁과 동일한 형식은 아닐 것이고 일부 실마리를 찾을 수 있다.

557) 楊道明,『陵墓建築』, 中國建築工業出版社, 2004; 劉毅,『明代帝王陵墓制度研究』, 人民出版社, 2006.
558) 中國社會科學院考古研究所,『定陵』, 文物出版社, 1990; 胡汉生,『明朝帝王陵』, 學苑出版社, 2013.

가정 황제는 자신의 능을 알현하고 돌아와서 보신(辅臣) 이시(李時)를 불러 수릉을 건설함에 있어 재력을 절약하고자 하는 방안을 논의하였다. 그 결과 "향전은 벽돌과 돌로 만들고 땅위의 궁전과 기물 등은 옛적의 구중궁궐을 본따서 만들면 공력이 방대하다. 이는 모두 허망하고 텅 비고 실속 없는 짓이니, 마땅히 모두 버리고 쓰지 말아야 할 것이다. 이로부터 그대들은 지건조후(知建造侯) 곽훈(郭勛)과 예부와 공부, 한림원에 말하여 여러 신하들이 황비(皇妃)의 장례를 하는 방식에 대한 총 계획도를 둘러보도록 하라고 하였다. 그리하여 여러 신하들은 '황제께서 친히 나서시는 조짐으로서 정성스럽게 재물을 절약하도록 깨우치고 겸손하게 깊고 멀리 내다보아야 한다. 우리 신하들은 장차 순리대로 일을 풀어나가야 한다. 향전, 명루, 보성 등은 장릉(長陵)의 규제에 따라 헤아리고 땅위에 있는 궁전 등은 여전히 그 제도를 조금 남길 것을 요청해야 한다."[559] 이를 통해 알 수 있는 것은 세종 영릉(永陵)을 건설할 때 영릉과 장릉의 관계를 직접 거론한 것이다. 곧 향전, 명루, 보성 등 지상의 건축은 모두 장릉의 규제를 따르고[量依長陵規制], 지하의 현궁 등은 기본적인 규제를 따라[稍存其制] 하도록 했다. 당시 세종의 기록을 보면 "양의장릉규제"와 "초존기제"라는 단어를 사용하는 정도가 비슷했다. 오늘날 명13릉이 위치한 창평능구 장릉(長陵)과 영릉(永陵) 두 능의 지상에 유존하는 건물 구조를 볼 때 영릉은 비록 바깥 나성(羅城)이 한 겹 더 있고 명루의 액방(額枋)과 두공(斗拱) 등은 모두가 돌로 만든 것이긴 하지만 향전, 명루, 보성의 규제는 모두 현저하게 장릉(長陵)만 못하며, 특히 향전의 기단석의 층수와 넓이와 길이와 칸수 및 보성의 직경 등은 더욱 그러하다. 지면에서 아래로 내려가 영릉의 현궁 또한 장릉 현궁과 같지 않을 수 있다.

지세의 제한을 받는 정릉(定陵)의 보성, 바깥 나성은 모두 영릉(永陵)보다 좁고 작으나 향전, 명루 등은 영릉과 같게 만들었다. 게다가 명루 성대는 바닥에 전부 무늬 있는 돌을 깔아 꽃처럼 색깔이 아름답고 꽃잎처럼 서로가 잘 맞물려 마치 편석(片石)으로 만든 듯하다. 그 매끄럽기가 마치 기름을 바른 듯하고 그것을 밟으면 마치도 두꺼운 얼음을 밟는 듯하여 신을 단단히 조여 신어야 넘어지지 않을 듯하다. 성과 담벽의 돌은 모두 그 사이에 쇠물을 부어 넣어 천 여명이 움직일 수 없으며 영릉이라 할지라도 여기에 미치지 못할 것이다. 정릉의 건축은 신종(神宗)이 심혈을 기울여 수릉 현궁의 양식과 크기를 결정한 것인데, 관련 문헌을 참고하면 정릉 현궁은 응영릉을 모방하였을 것이다.

만약 영릉이 정릉과 같다면 현궁은 3개의 정전과 2개의 배전이고, 초존기제의 이른 사례로

559) 胡汉生,『图说明朝帝王陵』, 北京燕山出版社, 2006.

서 장릉의 현궁 구조는 마땅히 지하 현궁의 명기 등은 구중궁궐을 모방했을 것이다. 여기서 글자로 분석할 때 구중궁궐이라 함은 적어도 세 가지 해석이 가능하다. 첫째 앞뒤로 구궁(九宮)이라 함은 가로 방향으로 일자식 배열이라는 것이고, 둘째 좌우로 구궁은 세로 방향으로 일자식 배열이며, 셋째 "구궁격(九宮格)"식의 배열법이라는 것이다. 실제 정릉 현궁을 살펴보면 세 번째 해석이 가장 근접함을 알 수 있다. 소위 말하는 구중궁궐이라는 것은 중국 고대의 일종 궁실 혹은 침묘(寢廟)의 건축구조로서 이상화된 일종의 배치 형식이다. 전한시기에 『예기』에서 제기하고 있는 "명당은 9실이다[明堂九室]"라는 설이 예제(禮制) 건축과 가장 밀접하다.[560] 여기서 '명당구실'이라는 9실은 "우물 井"자 형으로 건물이 배열되는 것으로 5개 태묘(太廟)와 4개 개실(個室)이며 여기에 팔괘(八卦)를 배합하여 "구궁팔괘(九宮八卦)"의 그림을 형성한다. 팔괘는 고정방위로서 건[乾]은 서북에 있고, 손[巽]은 동남에 있는데 구궁팔괘도(九宮八卦圖)의 윗쪽은 남이고 아래쪽은 북이다. 이에 따라 장릉(長陵)의 구중궁궐식 현궁의 배치는 전(前), 중(中), 후(後) 3개 주전(主殿)이 나란히 이어져 명당태묘(明堂太廟), 태묘태실(太廟太室), 현당태묘(玄堂太廟)로 되었을 것이다. 전전(前殿)의 동서에 있는 두 배전(配殿)과 통하여 명당좌개(明堂左個) 및 청양우개(淸陽右個), 명당우개 및 총장좌개(總章左個)로 되었을 것이다. 중전(中殿) 동서는 두 배전과 통하여 청양태묘(淸陽太廟)와 총장태묘로 되었을 것이다. 후전(後殿) 동서는 두 배전과 통하여 현당우개(玄堂右個) 및 청양좌개, 현당좌개 및 총장우개로 되었을 것이다. 이것은 가장 표준적인 구중궁궐의 제도로서 초존기제의 영릉(永陵)은 간소화되어야 마땅하다. 향후 영릉이 기존에 발굴한 정릉 현궁 구조와 일치하여 3개의 주건물과 2개의 부속 건물로 이뤄진 5궁 형식[三主兩副五宮]의 현궁으로 되었다면 사각(四角)의 4개를 생략하고 5개의 태묘(太廟)를 보유한 것을 알 수 있다.

사실 구실현궁(九室玄宮) 제도는 이미 명조릉(明祖陵)에서 보이나 이것이 구궁격(九宮格)의 배열형식은 아니다. 1982년 조릉(祖陵) 현궁을 발굴한 결과 지면에서 2m 깊은 곳에서 벽돌로 쌓은 아치형 복도 9개를 발견, 신도의 중앙선을 중심으로 좌우 대칭이었다. 중간의 권(券)을 중권(中券)으로 하여 양측으로 각기 동일(東一), 동이(東二), 동삼(東三), 동사(東四), 서일(西一), 서이(西二), 서삼(西三), 서사(西四)이다. 중권은 너비가 1.68m이고 권 아래에 양측으로 열리는 석문(石門) 두 짝이 달렸고 문틈은 신도 중선과 마주했다. 석문은 너비가 1.12m, 두께가 0.2m이며 문 위에 문미석(門楣石)이 있다. 동일, 서일 두 권(券)의 너비는 중권과 같고 동이, 동삼과 서이,

560) 董新林,『中國古代陵墓考古硏究』, 福建人民出版社, 2005;

서삼 네 권은 너비가 각기 1.36m, 동사와 서사 두 권은 각기 너비가 1m이다. 매 권 앞에는 각기 양측으로 열리는 석문이 있는데 석문의 크기와 문지간 간격 등도 중앙에서 양측으로 가며 점차 작아진다. 9개의 남북향 아치형 복도는 동서로 일자로 배열, 총 너비가 약 30m이다. 9개의 아치형복도가 병렬된 남쪽에 한 갈래 동서향의 아치형 터널이 있는데, 동서 길이가 17.10m이고 남북 너비가 2.03m, 담 두께가 1.03m이며 천장부문이 이미 허물어졌다. 이 터널의 남쪽 벽 중부에서 남쪽으로 다른 한 남북향의 아치형 터널로 통하는데 길이가 2.65m이고 너비가 2.2m이며 천장부문은 역시 파괴되었다.

현재 명조릉의 현궁 구조는 묘도, 남북종향 복도, 동서횡향 복도, 현궁 등의 부분으로 조성되었다. 석문이 달린 벽돌로 쌓은 아치형 복도는 실제 현궁이며 좌우 9실(九室)이 횡향으로 일자로 배열됐고 그 앞 종횡으로 이어진 T자형 복도는 묘도와 각 현궁을 이어놓았다고 본다. 1998년, 남경박물원 고고연구소는 조릉(祖陵) 현궁부분에 대해 탐사를 진행, 오늘날 수당(水塘, 즉 T자형 복도부분)은 1966~1967년 흙을 파고 벽돌을 얻으며 물이 고여 생긴 것으로서 남쪽 언저리에서 묘도 한갈래를 탐사해냈는데 길이가 5m이고 너비가 3m이며 또 현궁(玄宮)이 동서 길이가 20m이고 남북 너비가 5m인 자연적인 강구(崗丘) 아래에 직접 세로 구멍을 판 후 다시 벽돌로 쌓아 만든 것임을 알아냈다. 명조릉 현궁은 비록 벽돌로 쌓아 만들어 규모도 비교적 작으나 이것이 명 황제릉 현궁제도를 연구하는데 흔치 않은 참조자료이자 시대가 비교적 이른 구실현궁(九室玄宮)의 실례를 제공한다.[561)]

명나라 황릉 현궁에는 황제 외에 황후와 뒤를 이은 황제의 본생모(本生母)인 황태후를 합장했으며 심지어 손자별 황제의 본생조모까지 있다. 황후가 먼저 죽거나 혹은 먼저 지궁에 안장했거나 혹은 다른 곳에 임시로 매장을 했으면, 다른 날 제후와 같이 매장한다. 황제가 이미 죽어 매장했으면 황후나 혹은 그 뒤의 황제 본생모 등은 후에 죽더라도 현궁을 열어 합장하되 시간이 오래 되어도 꺼리지 않는다. 이런 현상은 매우 보편적이다. 예컨대 인종황후(선종생모)는 인종보다 17년이나 늦었고 선종계후(繼后)(영종양모)는 선종보다 27년 늦었으며, 영종전(錢)황후는 영종보다 4년·선종생모는 영종보다 40년이나 늦었다. 경제(景帝)왕(汪) 황후는 경제보다 49년 늦었고 세종 본생조모는 헌종(憲宗)보다 35년 늦었으며 효종황후(무종생모)는 효종보다 36년 늦었고 장태후(蔣太后)(세종생모)는 예종보다 19년 늦었으며 목종계후(穆宗繼后)는 목종보다 24년·신종(神宗)생모는 목종보다 42년 늦었지만 모두 황제릉을 열고 합장한 사례이다. 이것

561) 劉毅,『明代帝王陵墓制度研究』, 人民出版社, 2006.

은 어쩌면 완전한 의미에서 황제와 황후를 합장하는 형식이다. 남경 효릉을 제외하고 명나라 비빈들의 무덤은 대부분 황제의 능과 가까이 하지 않는 것이 특징이다. 대개 천수산(天壽山)의 동정(東井), 서정(西井), 은전산(銀錢山), 요아욕(袄兒峪), 금병산(錦屏山) 등의 특정한 곳에 있거나 혹은 서교의 금산구(金山區)까지 멀리 배치되어 있었다.

### 3) 청 황제릉의 보정

청태조 누르하치의 복릉은 1651년(순치 8) 능원이 건설되었고, 1663년(강희 2)에 지궁(地宮)을 개건해 오늘의 규모를 갖추었다. 복릉의 건축 규제는 영릉보다 규격이 높고 성경 3릉의 으뜸이다. 능원은 남향이고 주위는 붉은 담벽으로 둘렀다. 남쪽 담벽 중앙에는 정홍문(正紅門), 헐산정(歇山頂), 공권문(拱券門) 3동(洞)이 있고 좌우에는 석패루(石牌樓)·화표(華表)·돌사자(石獅)가 배열되어 있다. 문앞 하마비에는 "관원 등은 이곳에 이르러 말에서 내려라"는 문자가 만주어, 몽고어, 한어, 회어, 서장어 등 5체로 새겨져 있다. 정홍문에 들어서면 신도 양측에는 석수 4쌍이 배열되어 있는데, 누운 낙타[臥駱駝]·선 말[立馬]·구부린 호랑이[蹲虎]·구부린 사자[蹲獅)가 각각 1쌍이고 석수의 남·북 양끝에는 각각 화표 1쌍이 있다. 석상생은 청흑석(青黑石)으로 조각했는데, 크기가 비교적 작고 조각도 꼼꼼하지 않아 청대 초기의 작품으로 보인다. 그러나 석수가 웅크리고 있는 대좌는 대리석[白石]에 수미좌(須彌座) 형식으로 조각했는데, 형태가 비교적 높고 석각 제작수법도 정밀하며 무늬장식이 세밀하고 화려해 형식상으로 보아 그 시대를 보면 청동릉에 해당되는 청 효릉(孝陵)의 신도 석각보다 늦은 청 강희 연간에 추가로 수정 제작한 것으로 보인다. 석상생이 끝나는 곳부터 신도는 산세에 따라 비스듬히 높아지며, 108층 벽돌 계단을 쌓아 산정에 이른다.

태조 복릉의 봉분은 명루에 오르게 되어 있고, 그 뒤에 보성이 있다. 보성 남쪽은 월아성과 연접하고, 북쪽 면은 대반원형을 이루며, 안은 봉토이고, 중앙에는 둥근 봉분[塚]이 봉긋하게 하나가 솟아 있다. 이를 보정(寶頂)이라고 하는데, 중앙에는 신수(神樹) 한 그루가 심어져 있다. 복릉의 서쪽에는 원래 태비원침(太妃園寢)이 있었는데, 태조 수강(壽康) 태비를 매장했다.[562]

다음 청 태종 소릉은 보성 북쪽에 인공적으로 쌓은 반원형 토산이 하나가 있는데, 1651년(순치 8) 융업산(隆業山)으로 봉하고, 제사를 지내는 제단으로 삼았다. 소릉의 서쪽엔 원래 비원침(妃園寢)이 있었는데, 태종 의정(懿靖) 대귀비 등을 매장했다.

562) 沈陽市文物管理辦公室, 『淸初三陵』, 文物出版社, 1982.

청나라 효릉(孝陵)은 하북 준화 마란욕 창서산의 주봉 아래 있는데, 이는 청 세조와 효강장(孝康章)황후 동가씨(佟佳氏)·효헌(孝獻)황후 동악씨(董鄂氏)의 합장묘(合葬墓)이다. 효릉 능구의 최남단엔 대석패방(大石牌坊) 1기가 있는데, 명13릉의 장릉(長陵) 석방과 비슷하게 5칸 6주 11루(五間六柱十一樓)식이며 너비는 31.35m·높이는 12.5m이다. 석패루의 북쪽으로 대홍문(大紅門)은 3동공권식(三洞拱券式)이고 단첨 무전정(單檐庑殿頂)으로서, 청동릉 능구 전체의 대문에 해당된다. 동서 양측에는 각각 풍수 위장(風水圍墻, 外圍墻)이 둘러져 있고 둘레 길이는 20km이다. 대홍문 밖엔 좌우에 직방(値房)이 각각 3칸, 동·서 하마석방(下馬石坊)이 각각 1좌가 있다. 대홍문에 들어서면, 신도 북쪽으로 대비루가 있고 그 안에는 청 성조가 직접 쓴 『대청효릉신공성덕비(大淸孝陵神功聖德碑)』가 세워져있다. 비문은 만주어와 한자어 양체의 문자로 새겨졌고 비의 높이는 6.7m이며 석조 거북[贔屭]이 떠받들고 있다. 비루 밖의 네 모퉁이에는 각각 화표(華表) 하나를 세웠다. 대비루 북쪽은 하나의 작은 토산이 위치하고 있는데, '영벽산(影壁山)'이라 불렀다.[563)]

청대 황릉제도는 명대 13릉 제도를 계승하였고, 부조자손(父祖子孫)을 동일한 조역(兆域)에 매장하지 않으면 예의에 맞지 않는다고 여겼다. 하지만 청 세종은 규모는 비록 크나 형국은 완전하지 못하며 묘지의 흙에 돌과 자갈이 많다는 것을 이유로 자신을 위하여 청동릉이 위치한 준화릉구에 선정해놓은 청 황조의 풍수[九鳳朝陽山萬年吉地]를 만족해하지 않았다. 후에 이친(怡親)인 왕윤상(王允祥)·총독(悤督) 고기탁(高其倬) 등이 청서릉[易州泰寧山太平峪]에 세종 자신의 수릉지(壽陵址)를 선택하고 그 곳을 맘에 들어 했다. 하지만 조부의 효릉과 부친의 경릉과 수백리 거리를 두고 있어 마음에 걸린다며, 신하들에게 옛 제왕규제전례에 어긋남이 있는지 여부를 토론토록 하였다. 이에 학자들이 『제왕세기 (帝王世紀)』와 『통지(通志)』·『통고(通考)』 등 여러 서적을 참고하여 역주(易州)와 준화주(遵化州)가 모두 북경과 가까워 멀지 않다고 논증하여, 청동릉과 별도의 청서릉을 개척할 수 있었다.

이후 청 고종은 후세에 자손들이 부조(父祖)를 따라 매장되다 보면 효릉·경릉에 가까우면 효를 다하고 그렇지 못하면 아닌 것으로 여긴다며 자신의 수릉(壽陵)은 창서산승수욕(昌瑞山勝水峪)에다 정했다. 가경 초년에 그는 또 "만약에 황제의 뒤를 이은 손자나 증손자들이 나의 길지를 따라 동쪽으로 선택하여 건축해 나간다면 또 태릉과 멀어지고 뒤를 계승한다는 뜻이 없어지지 않느냐?"며 걱정을 하기도 했다. 이에 인종에게 명을 내려 만년길지를 서릉(西陵) 경계

563) 沈陽市文物管理辦公室,『淸初三陵』, 文物出版社, 1982.

내에서 찾도록 했다. 그리고 "짐의 손자가 뒤를 이을 때 길지는 경연과질(慶衍瓜瓞)하듯이 자손이 번성하고 대대손손 끊이지 말며 각기 순차에 따라 동서로 나뉘어 한 맥으로 이어지도록 할 것이며 여기저기 흩어지지 말아야 한다. 그리고 준화, 역주 두 곳은 산이 깊고 아름다워 마음에 든다. 그 가운데는 길지가 많으니 백성들의 농사에 방해를 주면서 굳이 다른 곳에서 찾을 필요가 없다."라며 청동릉과 청서릉에서 청 황제릉의 능지를 찾을 것을 만세의 법으로 정하였다. 이처럼 청대 황제 동쪽과 서쪽에 위치한 서로 다른 능구에 황제릉을 건립하는 조장제(祧葬制)를 확립하였다.

자손들이 세종의 유언을 따라 다른 곳에 능구를 선택하는 것을 막고자 "형가술사(形家術士)의 길지에 대한 부추김을 믿지 말라. 준화·역주 두 곳은 산천이 빼어나고 광활하며 그 중에 길지가 많으니 내 자손들은 반드시 유훈을 어기지 말고 영원히 지키도록 하라. 절대 다른 곳을 따로 선택하여 민업에 방해를 주지 않도록 하라."고 거듭 강조하였다. 그러므로 청대 황제들은 청동릉과 청서릉의 두개 능역에 조장제도를 실행했다.

청나라 황릉의 합장제도는 명나라와 같지 않다. 태조·태종·세조 3황제는 모두 황제와 황후 합장이다. 그러나 그중에서 태종 효단(孝端)황후를 매장할 때만 현궁을 다시 열었을뿐 그외는 황제와 황후가 모두 동시에 합장되었다. 효장문(孝庄文) 황후가 소서릉(昭西陵)을 따로 건축한 때로부터 시작해 무릇 황제가 먼저 죽어 황릉에 매장되면, 현궁의 석문은 밀봉하여 막아 봉폐한 후 영원히 다시 열지 않았다. 황태후가 죽은 후에는 모두 단독으로 능을 만들었다. 이 때문에 청나라에서는 황제릉의 동쪽으로 효동릉·태(泰)동릉·창(昌)서릉·모(慕)동릉·정(定)동릉 등과 같이 황제릉의 곁에 황태후를 영원히 모신 태후릉들이 생겨났다. 태후릉은 대비루·신도석의(神道石儀)·패루문(牌樓門) 등 건축물의 설치가 없는 것이 특징이다. 소서릉(昭西陵)·정동릉(定東陵)을 제외하고는 신도비정(神道碑亭)을 설치하지 않았다. 능궁 부분은 황제의 능보다 낮추는 쇄등제(殺等制)이고 유독 정동릉 만은 약간 높다. 창서릉(昌西陵)·모동릉(慕東陵)은 비록 황후의 능이기는 하나 모두 모릉(慕陵)을 모방하는 제도이다. 다만 대보정(大寶頂)을 설치하였을뿐 방성명루(方成明樓)는 만들지 않았다. 추가 설명이 필요한 것은 청 왕조에 황제보다 먼저 죽고 황제릉에 매장되지 못한 황후가 한사람 있는데, 즉 청나라 고종계후 우라나라(烏喇納喇)씨이다. 그녀는 남편인 고종에게 죄를 지었기 때문에 유릉에 합장할 수도 없을뿐만 아니라 단독으로 후릉을 만들 수도 없었다. 다만 유비원침(裕妃園寢) 중의 순혜황귀비권실(純慧皇貴妃劵室) 내에 부관(祔棺)되어있을 뿐이다. 그리고 능원·종묘 중에서 영원히 제향을 받는 향락을 누릴 수 없다. 청나라 제릉현궁은 황후·황제의 본생모와 합장하는 외에도 부분적으로 황귀비가 종장(從葬)되는 경우도 있다. 이 사례는 경릉에서부터 시작되었는데, 경릉에는 한 황제와 네 황후 외에 경민 황귀 비장가씨(敬敏皇貴妃章佳氏)가 있다. 이 후의 여러 능도 비슷하다. 태릉지궁에는 돈숙황귀비년씨(敦肅皇貴妃年氏)가 매장되어있고 유릉지궁에는 혜현황귀비고가씨(慧賢皇貴妃高佳氏)·철민황귀비부찰씨(哲憫皇貴妃富察氏)·숙가황귀비금가씨(淑嘉皇貴妃金佳氏)가 매장되어 있는 것을 확인할 수 있다.

청나라의 비빈들의 무덤은 그녀들이 모신 황제의 능 주변 좌우에 원침을 지어 부장되어있다. 관내(關內)에는 9개 능이 있는데, 7개 능에는 비원침이나 혹은 "비아문(妃衙門)"이라 부르는 곳이 존재하고 이 있다. 효·모 두 능은 비원침이 없지만, 효동·모동 (孝東·慕東) 두 후릉에는 역시 여러 비빈들을 겸장했다. 각 능의 비원침도 역시 두 곳으로 들어가는 뜨락으로 되었다. 앞뜰은 향전이고 뒤뜰은 무덤구(墓葬區)인데, 위호존비(位號尊卑)에 따라 선후 좌우를 배열했다. 매 사람이 하나의 작은 보정(寶頂)을 갖고 있고 일반적으로는 명루를 짓지 않는다. 주요 건축물은 푸른 유리기와를 덮었다. 성조(聖祖)의 두 귀비 각혜(慤惠) 황귀비 동가씨(冬佳氏)·돈이(惇怡) 황귀비 과이가씨(瓜爾佳氏)는 고종을 보육(保育)한 공이 있다 하여 특별히 단독으로 원침을 짓고 보정 앞에 명루를 증설했다. 즉 경쌍비(景雙妃)원침이다. 고종순혜(純慧)황귀비는 유비원침(裕妃園寢) 앞줄 중간에 매장하고 역시 명루를 지었다. 이 세 사람은 특례로 된다.

명나라와 청나라의 황릉 현궁은 모두 돌로 쌓은 공권식(拱券式)이다. 명릉 현궁제도는 전후하여 일부 변화가 있었다. 그중 명신종 정릉은 전·중·후·좌배(左配)·우배5전(右配五殿)으로서 현궁과 용도(甬道)를 합쳐 전후(前后) 총길이가 87.34m, 좌우너비는 47.28m, 총면적은 1195㎡이다. 청나라 지궁제도는 앞뒤가 일치한다. 유릉의 현궁은 명당권(明堂券)·천당권(穿堂券)·금권(金券) 3전으로 나뉘어져있고 좌우 배전이 없으며 네겹의 석문을 설치했는데, 지궁 전체 길이는 약 54m이고 총 면적은 372㎡이다. 청 황제릉의 지궁은 비록 명 황제릉에 비해 작지만 모릉(慕陵) 이전의 조각장식은 명 황제릉보다 정교하고 아름답다고 평가된다.

## 3 건축물의 비교

### 1) 한당 황제릉의 건축물

한나라 때에는 황제가 조상의 제사를 받들기 위해 경성에서는 고조로부터 선제에 이르기까지 태상황과 조상들을 추모할 때 각자가 능 옆에 사당을 세우고 176일간 제사에 전념하였다. 그리고 능원 안에 각기 능침과 편전이 있었다. 날마다 침전에서 제사를 받들었고 달마다 한번 사당에서 제사를 받들었으며 한해에 한번 편전에서 제사를 받들었다. 곧 전한시기 황실에서 선조들의 제사를 받드는 곳은 주로 사당(廟), 능침(寢), 편전(便殿) 3곳이 있다. 사당은 도성에다 설립한 나라의 종묘로서 한고조가 붕어한 이후 원래 장안성 안의 동남부에 종묘를 세웠다. 후에 '달마다 한번 의관을 옮겨놓는 것(月一游衣冠)'으로 인해 위북의 장릉으로부터 미양궁 북쪽에 있는 능침 및 고묘(高廟)에 이르는 종묘에 이르기까지 장안성의 황궁 복도(複道) 아래를 거쳐야 하기 때문에 조상을 불경스럽게 대한다는 의심이 있었다. 그리하여 혜제(惠帝)가 숙손통의 제의를 받아들여 위북의 장릉 근처에다 고조를 위해 태묘를 중건하고 '원묘(原廟)'라고 하였다.

그 이후 전한시기 여러 황제들은 모두 이 제도에 따라 각자가 능 옆에다 사당을 세웠다. 즉 여러 황제들 모두가 자기 사당을 세웠는데 이 사당들은 모두 위북릉의 옆에다 건조하였다. 예컨대 무제의 사당은 무릉의 동남쪽에서 약 1㎞ 상거한 곳에다 세웠는데 '용연궁(龍淵宫)'이라고 하였다. 전한시기 종묘는『주례(周禮)』등에 기재된 군묘(群墓)의 소목(昭穆)제도와 다르고 그후 당송 등 시기의 사당을 같이 쓰면서 방을 달리하는 제도와도 다르다.[564)]

조묘와 능침, 편전 등은 서로 다른 범주에 속한다. 능침과 편전에서의 제사는 능위에서의 제사(陵上之祭)로서 종묘의 제사와는 다르다. 이는『한서』등 문헌기록에 상세하게 기재되어있다. 예컨대 원제기(元帝纪)에서는 원제가 붕어하자 '태상황(太上皇), 효혜(孝惠), 효경황제(孝景皇帝)의 사당을 허물고 효문(孝文), 효소태후(孝昭太后), 소령후(昭灵后), 무애왕(武哀王), 소애후(昭哀后)의 능침을 파한' 것이 바로 그 사례로 된다. 만약 통칭(合称)하는 경우가 있더라도 사당과 능침을 두루 가리키는 것이다. 전한시기 능침의 제사와 직접적인 관련이 있는 데는 능침과 편전인데 모두 능원에 설치되어있다.『삼보황도(三辅黄图)』에서는 '장릉산은 동서로 너비가 120보이고 높이가 13장이다. 사면으로 문을 내어 편전에 이를 수 있게 하여 조정의 여러 관리들이 안에서 제사를 받들 수 있도록 하였다', '고원(高园)은 능위에다 건조하였는데, 능침이 있어 평상

564) 楊道明,『陵墓建築』, 中國建築工業出版社, 2004.

시처럼 정전에서 침소에 드는 것처럼 하였으며 또한 편전(便殿)을 능침 곁에 세워서 휴식을 취하며 한가롭게 보내는 곳처럼 하였다.' 능침과 편전은 모두 무덤 주인의 생전에 생활하던 곳을 모방하여 건조하였는데, 이것은 결코 정치적 색채가 짙은 대궐을 모방한 것이 아니다.

후한시기 황릉의 제사제도는 전한시기와는 비교적 큰 변화를 보이고 있다. 명제시기부터 시행하기 시작한 정치적 예의색채가 짙은 '상릉례(上陵禮)'를 들 수 있다. 상릉례의 시행은 효명제의 즉위 초부터었다. 원단(元旦) 외에도 '8월에 주주(酒酎)를 바치고 능에 올라 전과 같이 예를 올린다'라는 것이다. 명제가 시행한 상릉례는 정치예의적 색채가 뚜렷하게 반영되어 있다. 그 예제는 죽은 사람을 산 사람처럼 모시는 생활적 봉사가 아니라 원단의 조회와 같은 의례를 모방한 것으로서 전한시기 능위의 침전의 제사와는 뚜렷한 차이를 보이고 있다. 이러한 상릉례에 의해 전한시기와 후한시기의 제사를 아주 분명하게 구분할 수 있는 것이다.

이처럼 상릉례의 시행은 능침의 제사기능을 침전이 이전의 '죽은 사람을 산 사람처럼 모시는'것 외에 정치적 의전활동을 추가하여 이로부터 공식적 제사기능을 구비하게 되었다. 『진서(晋书)』에서는 '옛날에는 무덤에서의 제사예의가 없었다. 한나라가 진나라를 계승하여 모두 원침(園寢)을 영조하였다'고 한다. 청나라 초기에 고염무(顾炎武)는 더욱 적나라하게 '한나라 사람들은 종묘의 예의를 능묘로 옮겨 갔다.'고 하였다. 최초의 원릉과 일부 어린 나이에 붕어한 황제의 능묘를 제외하고는 후한시기 황릉은 모두 석전(石殿)과 침전(寢殿)을 두고 있는데, 침전의 기능은 진, 한 이래의 제도를 그대로 계승하여 무덤 주인의 먹고 자는 것을 섬기는 것이고 석전은 '상릉례'를 치르는 장소이다. 이 2가지 서로 다른 성격의 제사를 각기 다른 두개의 구역에서 진행한 것은 이 2가지 제사가 하나가 아님을 보여주고 있다. 후한 시기 능침 앞에 있는 석전과 능원 동쪽에 있는 침전은 당송 시기의 상궁(上宫), 하궁(下宫)제도의 모체이기도 하다.[565]

한편 당 황제릉은 진한(秦漢)의 제도를 계승한 이래 묘주(墓主)가 매일 드시는 음식이나 기거하는 것을 전문적으로 시중드는 침궁도 설치되었다. 당태종 소릉의 침궁은 원래 능산(陵山) 위에 건축되었는데, 몇 년 지나지 않아 화재로 타없어져 다만 온통 폐허만 남겨졌다. 그래서 침궁을 요대사(瑤臺寺) 곁으로 이동하였다. 이후로부터 각 능의 침궁은 모두 산 아래에 수축하였다. 각 능의 궁성 내에 빈터[空地]가 없었으므로 침궁을 산 아래로 수축한다는 것은 예제(禮制)를 고려할 가능성이 있었고 또 물 공급의 편리를 위한 원인도 있었다. 당나라 각 능의 침궁은 산 아래에 지었다 하여 능묘와 비교하여 부를 때에는 하궁(下宮)이라 하였다. 능원의 궁성

565) 楊寛,『中國古代陵寢制度史研究』, 上海古籍出版社, 1985; 董新林,『中國古代陵墓考古研究』, 福建人民出版社, 2005.

특히 그중의 헌전(獻殿)은 이 때문에 상궁(上宮)이라 불렀다. 당 황제릉의 하궁은 모두 능산의 서남 방향으로 위치하였는데, 이는 고대의 "서남쪽은 귀존한 사람이 사는 곳"이라는 옛설과 관련될 수 있고 또 당나라의 일부 특수한 습속과도 관련될 수 있다. 하궁은 능산과 보통 2500m 정도 떨어져 있는데, 3리, 4리, 7리, 8리, 10리 되는 경우도 있다. 소릉(昭陵)이 가장 먼데 18리나 된다. 상궁과 하궁의 분립은 능원에서 묘주 영혼의 일상기거를 시중드는 기능을 축소시켰고 능원의 배치로 볼 때 하궁 즉 침궁의 지위가 낮추어지고 상궁 즉 헌전의 지위가 돌출된 것이 분명하였다.[566]

**2) 명 황제릉의 건축물**

중국의 명청 황제릉 건축은 당 건릉 건축에서 비롯하여 지상 건축과 지하 건축을 조영하는데, 전통적인 중국인의 생사관과 계층관 그리고 풍수사상에 기초하다.[567] 중국의 황제릉은 모두 산에 능묘를 짓는 제도를 선택하였으며, 황릉의 지상 건물은 모두 헌전과 침전을 갖추고 있다. 고대부터 당 건릉까지 침궁의 건물은 헌전과 침전을 포함하고 있지만, 명 효릉은 침전을 헌전 앞에 세워, 앞쪽 침전에서는 배알하고 뒤 헌전에서는 거주한다는 전통적인 관념을 황제릉에 구현하여 헌전의 역할을 부각시킨 점이 다른 점이다.

당 건릉은 하궁이라는 건물을 지었지만 명 효릉에는 하궁을 짓지 않고, 능묘의 본체인 상궁 건축물을 확장하였다. 이를 통해 명나라 때에는 황제릉 앞에서 배알하고 제사를 지내는 의례가 강조되었다. 선대 황제릉에서 후대 황제가 제사 의례 등을 거행함으로써 황제의 권위를 높이고 더욱 공고하게 하는 수단으로 활용할 수 있었다.[568]

당 건릉과 명 효릉은 모두 신도를 중심으로 남과 북의 양쪽에 많은 건축물을 배열하고 있다. 역대 능묘들은 당 건릉을 모방하였기 때문에 중국의 황제릉에는 건축물이 좌우에 배치되어 있다. 명 효릉의 신도는 기본 신도의 모양과 달리 마치 북두칠성처럼 능묘의 패턴을 만들었다. 하지만 그 이후 명 장릉의 신도는 당 건릉과 마찬가지로 남북의 일직선으로 되어 있다. 당 건릉을 비롯하여 명 효릉까지 중국의 황제릉은 황후를 합장하고, 산 허리에 묘실을 파서 만들었지만 두 황제릉은 모두 지궁을 발굴하지 않았기 때문에 구체적인 차이는 알 수 없다.[569]

---

566) 賀梓城,『"關中唐中十八陵"調査記』, 文物出版社, 1980; 楊道明,『陵墓建築』, 中國建築工業出版社, 2004.
567) 李永貫 .朴根秀.陳愛妮,「唐乾陵과 明孝陵의 建築文化의 特色과 韓國王陵의 連繫樣相」,『韓國思想과 文化』제51집, 349-370쪽.
568) 楊道明,『陵墓建築』, 中國建築工業出版社, 2004.
569) 南京博物院編,『明孝陵』, 文物出版社, 2006.

무엇보다 중국의 능묘건축은 전통적인 생사관과 등급관의 영향을 받아 건축되었기 때문에 두 황제릉 모두 황제의 생전 거주 환경을 모방하여 설계되었고, 천원지방의 우주관을 수용하였다. 전통적으로 한나라부터 중국 황제릉의 봉분은 대부분 사각형이나 직사각형으로 되어 있었다. 그런데 명 효릉부터 천원지방의 사상을 도입하여 앞 부분은 원형이고, 뒷 부분은 사각형의 형태를 띠고 있을 뿐 아니라 봉분의 모양도 원형으로 바뀌었다. 또한 풍수지리적인 차원에서도 두 황릉은 모두 풍수보지에 위치하고 있다.

한국의 왕릉과 중국은 능묘문화는 상당한 부분이 공통점을 지니고 있다. 풍수지리사상의 영향을 받아 '배산임수'의 지형에 왕릉을 배치하면서 자연환경과 조화롭게 왕릉을 만들었다. 그러나 한국의 왕릉은 중국 능묘와 달리 신도를 빼고 선왕의 혼령이 다니는 신도보다 한층 더 높은 어도(御道)라는 길도 있다.

그렇다면 명 황제릉의 건축물에는 어떠한 것이 있는지 살펴 보기로 하자. 첫째, 명 황제릉의 능궁은 새로운 평면배치를 채용하고 있다. 곧 구조상 종묘(宗廟) 혹은 황궁의 "전조후침(前朝后寢)"제를 모방, 삼진(三進) 혹은 양진(兩進) 정원으로 나뉘며 능궁문, 능은문(陵恩門, 享殿 앞문), 능은전, 내홍문(內紅門, 혹은 3개 유리화문(瑠璃花門), 석기연(石祭筵), 명루(明樓), 보정(寶頂) 모두가 한갈래 종향(從向)의 중축선에 있다. 능은전과 명루, 보정은 각기 궁궐건축에서의 "조(朝)"와 "침(寢)"을 취합하여 배치한 것이라 할 수 있다.

둘째 과학적인 발굴을 거친 명신종(明神宗) 정릉(定陵) 현궁(玄宮)은 삼주이배(三主二配)의 오전(五殿) 구조에 해당된다. 이것들은 모두 석재로 쌓았고 규모가 웅대하고 구조가 완정하며 건축법식이 규범에 맞아 역대 황릉가운데서 우수작에 속한다. 명나라 초기부터 말기에 해당되는 만력 연간 및 그 이후에 이르는 동안 명대황릉 현궁구조는 마땅히 시대적인 변화가 있다고 봐야 할 것이다.[570)]

셋째, 이전 시기와 비교할 때 명 황제릉의 제사(祭祀)제도는 근본적인 변화가 엿보인다. 이전까지 실시되던 하궁(下宮)의 제사 즉 침제(寢祭)를 취소함으로써, 명대에는 황제릉 위에서 제사장소는 능은전 혹은 향전이라 부르는 곳 하나만이 남았다. 능제(陵祭)의 지위가 갈수록 중요해져 어떤 때는 실제 제사의 위상은 심지어 종묘(宗廟)를 초월했다. 이 현상은 명대황가(皇家)의 제사관념이 비록 앞서 언급한 세가지 의례의 규범을 벗어나지 못했지만 민간처럼 의미 현실에 더욱 접근했음을 반영하고 있다.

---

570) 董新林,『中國古代陵墓考古研究』, 福建人民出版社, 2005.

명 효릉(孝陵)은 강소성 남경시 동교 종산(鐘山, 즉 紫金山) 독용부(獨龍阜) 아래 완주봉(玩珠峰)에 있으며 명태조(明太祖) 주원장(朱元璋)과 효자마(孝慈馬) 황후의 합장묘이다. 효릉은 산을 의지해 건축, 주요 건축은 모두 북에서 남향으로 앉았으며 능원은 신도(神道)와 능궁 전후 두 부분으로 나뉜다.[571)]

신도부분은 하마방(下馬坊)에서 영성문(靈星門)까지이다. 하마방은 양주충천식(兩柱沖天式)의 석패방(石牌坊)으로 방액(坊額)에 "제사관원하마(諸司官員下馬)"란 글자가 새겨졌다. 하마방 서북 1.5㎞ 되는 곳에 벽돌로 지어진 아치형 문 하나가 있는데 이름이 "대금문(大金門)"으로 너비 26.66m, 잔고(殘高)가 4.91m이다. 여기가 능원구(陵園구) 대문이며 아치문은 삼동(三洞)으로 되었는데 윗부분이 이미 존재하지 않는다. 1964년 정리시 황색기와 등 건축재료들이 발견됐다. 대금문 북쪽은 큰 비루(碑樓)로서 평면이 정방형이고 변의 길이가 26.68m, 비정(碑亭) 정수리는 이미 파괴되었으며 사면의 담벽만 남았다. 권동(券洞)은 사면으로 열렸고 안에 성조(成祖) 어제(御制)의 "대명효릉신공성덕비(大明孝陵神功聖德碑)"가 세워졌는데 비석 높이는 6.7m, 거북의 높이는 2.08m이다, 비문(碑文)은 명성조가 썼는데 태조 일생의 공로와 업적을 칭송하여 새겨넣었다. 비정에서 서북으로 꺾어들어 어하교(御河橋)를 건느면 신도(神道) 석각들로 석수 12쌍이 배열, 앞에서부터 뒤로 순서대로 쭈그리고 앉은 사자, 서있는 사자, 쭈그리고 앉은 해치, 서있는 해치, 누운 낙타, 서있는 낙타, 누운 코끼리, 서있는 코끼리, 쭈그리고 앉은 기린, 서있는 기린, 누운 말, 서있는 말이다. 석수들 다음 신도에서 북으로 향하면 망주 1쌍, 무장(武將) 2쌍, 문신(文臣) 2쌍이 있다. 다시 북쪽으로 향하면 영성문(靈星門)으로 삼간이원식패루문(三間兩垣式牌樓門)인데 기둥터만 남았다. 영성문 다음에는 신도(神道)가 동북으로 방향을 틀었다. 대패루(大牌樓)에서 오공어하교(五孔御河橋)까지 효릉 신도는 산세를 따라 꼬불꼬불하며 매화산을 옆에 끼었는데 전설에 의하면 동오대제(東吳大帝) 손권(孫權)이 이 산에 묻혔다고 한다.[572)]

명 효릉 능궁 및 주위 건축가운데 하궁(寢殿)이란 설치가 없고 제사(祭祀)건축은 헌전(獻殿) 1곳 뿐이다. 비록 신주(神廚), 신고(神庫), 성생정(省牲亭) 등 부속건축이 있긴 하지만 기능은 모두 헌전대제(獻殿大祭)에 쓸 제사용 물품을 준비하는 곳이며, 더이상 묘주의 일상 음식(飮食), 관세 등을 위한 공봉(供奉)으로 쓰지 않는다. 『대명회전(大明會典)』에 기재하기를 명태조 효릉에서의 제사는 "해마다 성단(聖旦), 정단(正旦), 맹동(孟冬), 기신(忌辰)에는 과일과 술

571) 南京博物院編,『明孝陵』, 文物出版社, 2006.

572) 夏寒,「试论明皇陵,孝陵神道石刻制度的形成」,『中国国家博物馆馆刊』, 中国国家博物馆 2013年 3期; 南京博物院編,『明孝陵』, 文物出版社, 2006.

을 올리고 향불을 지피며 청명(清明), 중원(中元), 동지(冬至)에는 태로(太牢)의 제사를 올린다. 특별히 훈구대신(勛旧大臣) 한사람을 파견하여 예를 행하게 하며 남경의 각 관아의 문무관리들이 모두 배동하여 제사를 드리게 한다." 고염무(顧炎武)는 더욱 명확하게 말하였다. 명 황제릉의 제사 제도에 의하면, 가마와 말이 없으며[無車馬], 궁인을 두지 않으며[無宮人], 능에서 기거하지 않으며[不起居], 매일 음식 등을 올리지 않는다[不進奉]는 것이었다. 이처럼 명 황제릉에서는 살아 생전처럼 섬기는 사사여생(事死如生)의 침제(寢祭)를 취소하였다.

명 성조 영락제의 능궁은 삼진(三進) 정원으로 조성되어 있다. 남쪽 담벽 길이가 145.4m, 동쪽 담벽 길이가 343m, 서쪽 담벽 길이가 327m이고 북쪽은 보성(寶城)과 이어졌다. 정원 담벽은 벽돌로 쌓았고 방향은 남향에서 약간 서쪽으로 기울었다. 능궁 남쪽 담장 가운데가 능궁문으로 여기에서 첫번째 제일진(第一進) 정원에 들어선다. 문은 벽돌로 된 아치형 구조이고 신도로 통하는 대홍문(大紅門)을 만들었으며 정문에 입구 세개를 내었다. 지붕은 단층 처마에 산정수리 모양이고 가로 25.5m, 양측에 원래 동서 각문(角門)이 있었으나 지금은 이미 봉해버렸다. 능궁문 밖 동서 양측에 원래 각각 재생정(宰牲亭), 구복전(具服殿)이, 문안 신도 동서에 원래 신주(神廚), 신고(神庫) 각 오간(五間)이 있었다. 궁문안 궁문 안쪽 동남쪽 모퉁이에는 작은 비루 하나가 있고 그 안에 석비(石碑)가 세워졌다. 비석에 본래는 글이 없었지만 청대에 비석 바른쪽에 1659년(순치 16) 청세조(清世祖)의 명릉보호령을 새겼고 비석 뒤면과 측면에는 청고종(清高宗), 청인종(清仁宗) 어제(御制)의 명릉 배알 시문(詩文)을 새겼다.

능궁문 안쪽 북쪽에는 단층의 능은문(陵恩門)이 있다. 가로, 세로, 두께 31.5m이고 양측 붉은 담에 각기 작은 유리문(琉璃門) 하나를 내었는데 여기에서 능궁 두번째인 제이진(第二進) 정원으로 통한다. 능은문 안은 능은전이며 높이 3.13m의 3층 대리석 초석 위에 건설되어 있다. 능은전 앞에 월대(月臺)가 있고 기초대 평면은 "凸"자형이고 앞뒤 정면이 각각 3층의 계단으로 되었다. 월대 동서 양측에는 각기 부계를 설치했다. 대전(大殿)은 구간(九間)에 오간(五間)이며 길이가 65.7m, 세로 28.5m, 쌍층처마의 지붕이다. 전내(殿內)의 큰 기둥들은 모두 최상품의 녹나무(楠木)로 만든 것으로 그중 32개의 금주(金柱)는 높이가 12.58m에 달하고 직경이 1m 이상 되며 가운데의 명주(明柱)는 직경이 1.1m를 초과한다. 명나라 때에 제작 된 원래의 제도는 "가운데 네 기둥은 금련(金蓮)으로 장식하고 나머지는 모두 휴칠이다." 1935년 경에 건물을 중수하면서 "가운데는 남목(楠木)으로 만든 감실(龕) 하나가 있으며 그 위에 쌍룡이 둘러싸는 모양을 조각해 넣어 신위(神位)에 공헌하였다." 능은전 앞 두 곁채에는 원래 동서 배전(配殿)이 각 십오간이 있었지만 이미 무너졌으며 능은문내 양측에는 각기 유리(琉璃)벽돌로 쌓은 분백로(焚帛爐)가 하나씩 있다.[573]

능은전 뒤는 내홍문(內紅門)으로 그 형태와 제도는 능궁문과 같고 여기에서 능궁의 세번째에 해당되는 제삼진(制三進) 정원으로 진입한다. 내홍문내에서 마주 보이는 것이 이주패루문(二柱牌樓門)이고 다시 북으로 가면 바로 명루(明樓)와 보정봉토(寶頂封土)이다. 명루 앞에 석기연(石䃫筵)이 열을 지었는데 수미좌식(須彌座式) 장방형 받침상 1개, 그 위에 정식(鼎式) 향로 1개, 초반침대 2, 꽃병 2개가 진열되었다. 장릉 봉토는 불규칙적인 원주형으로 『대명회전(大明會典)』에는 그 직경이 101丈 8尺으로 기재되어 있다. 봉토 주위를 벽돌로 원(垣)을 샇았는데 "보산성(寶山城)"이라 부르며 우리가 일반적으로 부를 때에는 간단하게 "보성(寶城)"이라 한다. 보성에 치첩(雉堞)을 설치했고 담내에 마도(馬道) 한바퀴를 만들었다. 장릉 보성을 실측한 결과 높이가 7.3m이고 둘레길이가1000m였다. 보성 남단(南端) 가운데가 평면이 정방형인 방성명루(方城明樓)이고 능궁의 동서담 북단은 명루 양측에서 보성 성원(城垣)과 이어진다. 방성 성대(城臺)는 높이가 10.95m이고 윗변 가로, 세로 모두가 34.86m, 밑은 석수미좌(石須彌座)이다. 그 위에 성돌을 쌓았고 가운데 아치문 하나를 내었으며 문 안은 남북향의 길이 28m가 되는 경사진 굴이다. 굴 끝에서 동서로 꺾어지면 각각 아치형의 길이 나 있는데, 그 길이가 각기 15m이고 방성(方城)밖에 출구가 있어 다시 남쪽으로 꺾어들면 곧 명루에 오를 수 있다. 명루는 평면이 정방형이고 높이가 20m이며 쌍층처마에 지붕이 산정수리 모양이다. 사면에 아치문을 내었고 명루 내부 가운데 능비를 세웠다. 능비 윗머리에 쌍용을 새겼고 수미좌(須彌座)식 비좌(碑座)가 받침으로 만들어져 있으며 총 높이가 5.8m이다. 비 이마에 전서(篆書)체로 "대명(大明)"이란 두자를 새겼고 비신(碑身)에 예서체의 "성조문황제지릉(成祖文皇帝之陵)"이란 일곱자를 새겼으며 비신을 주사(朱砂)로 발랐고 글씨는 금옷을 입혔다. 명루 남측 두층의 처마 사이에 "장릉(長陵)"이란 방액(榜額)이 걸렸는데 남색 밑판에 금색 글자이다.

북경의 명 성조 장릉의 능원 건축은 기본적으로 남경 태조 효릉(孝陵)의 규제(規制)를 모방했으나 두 능은 서로 다른 특징이 몇 가지 점에서 엿보인다.[574]

첫째, 장릉 대궁문(大宮門)은 효릉 대금문(大金門)과 같게 만들었다. 그러나 문 양측에 각기 하마비(下馬碑)를 더 세웠고 남쪽 1㎞ 되는 곳에 오궐청백석패방(五闕青白石牌坊)을 세워 효릉

573) 王德恒,『北京的皇陵與王墳』, 中國城市出版社, 1977; 胡漢生,『明朝帝王陵』, 北京燕山出版社, 2002; 胡漢生,『明朝帝王陵』, 學苑出版社, 2013.
574) 胡漢生,『明朝帝王陵』, 北京燕山出版社, 2002; 胡漢生,『圖說明朝帝王陵』, 北京燕山出版社, 2006; 胡漢生,『明朝帝王陵』, 學苑出版社, 2013.

대금문에 두개의 하마방(下馬坊) 뿐인 것에 비해 규제가 더욱 높아보인다.

둘째, 장릉 신공성덕비가 효릉 신공성덕비보다 작은 편이다. 대비루 제도는 효릉 대비루를 모방했으나 장릉 비루 사각(四角)에 각기 증립(增立)한 높이 10.81m의 "경천주(擎天柱)"는 주위 환경을 장엄하고 신성하게 하는 것이어서 효릉도 따라가지 못한다.

셋째, 신도석각(神道石刻) 방면에서 장릉은 당, 송 여러 능들이 망주를 석상생 앞에 세워 인도하게 하는 작법을 회복하였으나 명나라 초기 조릉, 황릉, 효릉의 삼릉의 망주는 석인과 석수 사이에 끼운 것이 다르다. 장릉 석상생중 석수의 내용과 배열방식이 효릉에서 왔지만 석인가운데 2쌍의 훈작(勛爵) 형상을 증가하여 배열하였다. 장릉의 석상생은 조각 수법이 섬세하고 묘사가 사실적으로서 효릉의 약간 거친 풍격과 뚜렷이 다르다.

넷째, 장릉 능궁 내 홍문(紅門) 이내의 제삼진(第三進) 정원은 효릉의 같은 부분보다 깊지 못하고 약간 비좁은 듯하다. 그러나 명루 앞에 이주패루문(二柱牌樓門)과 석기연(石畿筵)을 각각 하나씩 증설, 전자(前者)는 병풍처럼 시선을 막는 작용을 하고 후자는  본신의 기능 외에 명루의 높고 큼을 뒷받침해준다.

다섯째, 장릉 방성(方城) 명루는 규모가 효릉 방성 명루보다 작고 벽돌과 돌로 섞어 쌓아, 돌로만 쌓은 효릉보다 위세가 떨어지고 명루의 평면도 효릉의 장방형에서 정방형으로 변형되었다. 장릉 명루 내에는 능비(陵碑)를 증설, 능묘의 소속을 표식하였다. 현존하는 유적을 관찰할 때 장릉은 효릉이 산을 파서 개혈(開穴)한 것과 같지 않으며 보성 주위에 마도(馬道)를 증설, 봉토를 보호하는 벽과 담[墻垣]이 진정한 "성장(城墻)"으로 변해 보초를 보며 순찰하는데 유리, 효릉 보성의 방위 기능보다 더욱 강하다.

여섯째, 효릉, 장릉 외곽에 모두 전반 능역(陵域)을 둘러싼 붉은 담이 있어 능원의 핵심 보호구역이었는데 효릉에서는 이것을 외곽성(外郭城)이라 부르고 장릉은 변장(邊墻)이라고 한다. 현재 명 효릉의 능역 내에는 황릉이 1개뿐이나 장릉 능역에는 전후 황릉 13개를 건조하여 명13릉이라 통칭된다. 인종(仁宗) 헌릉(獻陵) 이하 각 능은 비록 신도를 만들기는 하였지만 모두 직간접적으로 장릉을 주요 신도(主神道)로 통하게 했다. 영릉(永陵), 정릉(定陵) 외 기타 여러 능의 규모도 모두 비교적 작다.

명루(明樓)에 능침문이 있는 것은 유독 영릉(永陵)이며 중간의 아치문, 좌우에 벽문이 하나씩 있다. 능은전은 장릉만 쌍층 처마에 구간이고 좌우에 배전이 각기 십오칸이고, 영릉은 쌍층 처마에 칠간이고 배전이 구간이다. 그 외 각 황제릉은 모두 전(殿)이 오간, 배전이 각 오간이다.

신고(神庫)는 두 개나 한 개인데, 유독 헌릉(獻陵)만이 신고가 없다.

명13릉에서 11황제릉의 능궁 평면은 명성조 장릉과 차이점을 보이는 것이 있는데, 대체로 다음과 같이  대체로 3종으로 형식을 나눌 수 있다.[575)]

첫째, 경(景), 유(裕), 무(茂), 태(泰), 강(康), 소(昭), 덕(德) 칠릉은 천수산(天壽山) 능구에서 가장 많이 볼 수 있는 능궁형식으로 직접 장릉형식에서 간소화된 것이다. 능궁은 이진(二進) 정원이고 장릉보다 능궁문이 감소되어 직접 능은문을 능궁 입구로 한다. 능은전 뒤에 세개의 유리화문을 설치하여 내홍문(內紅門)을 대체한다. 이런 식의 능궁 중축선 주요건축은 차례로 비정, 능은문, 능은전, 세개 유리화문, 이주패루문, 석기연대, 명루, 보성이다.

둘째, 인종 헌릉(仁宗獻陵)과 광종 경릉(光宗慶陵)식으로 앞의 형식의 변체(變體)이다. 헌, 경 두 능은 각기 천수산 서봉(西峰)아래 황산사(黃山寺) 일령(一嶺)과 황산사 이령에 있다. 작은 산 여맥(余脈)이 천수산 주봉으로부터 구불구불 흘러내려와 보성(寶城) 앞의 지세가 좁다. 용맥(龍脈)을 다치지 않기 위하여 능은전을 작은 산 앞에 축조, 능궁이 작은 산에 의해 격리되다보니 전후 양조(兩組)의 정원으로 나뉘게 됐다. 전궁(前宮) 중축선의 주요건축은 차례로 비정, 능은문, 능은전이고 능은전 뒤에 궁벽 한층, 유리화문 하나를 증설했으며 후궁(后宮) 중축선의 주요건축은 차례로 세개 유리화문, 이주패루문, 석기연대, 명루, 보성이다. 나머지는 다른 황제릉들과 같다.

셋째, 세종영릉(世宗永陵)과 신종정릉(神宗定陵)식으로 능궁은 역시 삼진(三進)정원이나 장릉과 비교해보면 두가지 주요한 변혁(變革)이 있다. 하나는 아치형의 내홍문을 설치하지 않고 능은전 좌우 양측에 각기 벽을 쌓고 벽에 좌우 수장문(隨墻門)을 각기 하나씩 낸 것이고 두번째는 장릉 및 다른 황제릉처럼 보성의 대부분을 직접 밖에 드러낸 것이 아니라 능궁 삼진정원 밖에 또 하나의 외라성(外羅城)을 증설하여 능궁과 보성을 전부 막아버린 것이다. 이 형식의 능궁 중축선 주요건축은 차례대로 비정, 능궁외라성문, 능궁문, 능은문, 능은전, 이주패루문, 석기연대, 명루, 보성이다.

575) 王德恒,『北京的皇陵與王墳』, 中國城市出版社, 1977; 刘金星 等编『大明帝陵图鉴』, 江苏古籍出版社, 2002.

### 3) 청 황제릉의 건축물

청 황제릉도 명 황제릉의 영향을 받아 산 위에 능묘를 짓는 제도를 선택하였다. 청 황제릉은 초기에 수도였던 심양에 청태조의 복릉이 있고, 북경으로 천도한 이후 동청릉과 서청릉의 두 구역에 배치하였다. 청 황제릉의 건축물들은 명 황제릉처럼 모두 헌전과 침전을 갖추고 있다.

청태조 복릉에 있는 건축물은 앞은 중층 처마로 만든 비루(碑樓)이며, 그 안에는 청나라 성조(聖祖) 어제 "대청복릉신공성덕비(大清福陵神功聖德碑)"가 세워져있다. 비루 뒤쪽은 사각형 성보(城堡)인데, 사각마다 겹처마의 각루(角樓)를 세웠고 남쪽 중앙에는 권문(券門) 한 동을 개설하고 융은문(隆恩門)이라 불렀다. 문 위는 3중 성루(城樓)인데, 매층의 너비는 3칸이고, 길이는 2칸이며, 층층이 좁아진다. 성보 내의 중앙은 융은전인데, 기단석 위에 세워졌고 섬돌 계단이 3곳이며, 너비와 길이가 각각 3칸이고, 주위에는 회랑이 있다. 대전의 홑처마산정 안에는 보좌(寶座)·난각(暖閣)·신패(神牌) 및 공기(供器) 등이 진열돼 있다. 단폐 난간(丹陛欄板)은 모두 돌로 조각했고 좌우에 배전(配殿)을 설치했다. 융은전 뒤는 기둥 2개의 패루문(牌樓門)이고 그 뒤는 돌탁상 연대(石几筵臺)이며, 그 뒤는 명루(明樓)이다. 명루는 성 북부의 중앙에 위치하고 융은문과 마주하며 겹처마헐산정인데, 그 안에는 "대청태조고황제지릉(大清太祖高皇帝之陵)"라는 비석에 글씨를 주사로 입힌 주사비(朱砂碑)를 세웠다. 명류의 받침에는 권동(券洞)을 열었고 안에 들어가면 월아성(月牙城)이며 권문 내의 좌우 양측엔 강찰등도(礓磜磴道)가 있어 명루에 오를 수 있다. 그 뒤는 보성이다. 보성 남쪽은 월아성과 연접하고, 북쪽 면은 대반원형을 이루며, 안은 봉토이고, 중앙에는 총(塚) 하나가 솟아 있다. 이를 보정(寶頂)이라고 하는데, 중앙에는 신수(神樹) 한 그루가 심어져 있다. 보정에 신수를 심은 것은 만주족의 전통과 민족적 특징을 반영하는 것으로 청황제릉에서 볼 수 특이한 요소이다. 복릉 서쪽에는 원래 태비원침(太妃園寢)이 있었는데, 태조 수강(壽康)태비를 매장했다.[576)]

청태종 소릉은 능구 남단에는 하마비 1쌍, 화표 1쌍이 있고 3공석신교(三孔石神橋)를 건너면 청백석 3궐석패루(三闕石牌樓) 한 채가 있는데, 이 곳은 능궁 중축선(中軸線)의 남단점(南端点)이다. 패루 북쪽은 정홍문으로서, 단첨 헐산정이고 3동의 권문이 있는데, 석불좌 위에 세워졌다. 정홍문 내의 신도 양측에는 석상생이 배열되어 있는데, 남쪽에서 북쪽으로 차례 순위는 화표·사자·해태·기린·말·낙타·코끼리·화표 각각 한 쌍이다. 조각품을 제작한 석재의 특질이나 공예조각적 솜씨나 양식적 특징으로 보아 이 8쌍의 석각은 동일 시대의 작품이 아니고 석수의 수

---

576) 沈陽市文物管理辦公室,『清初三陵』, 文物出版社, 1982.

미단형 대좌는 복릉과 같다. 그 북단엔 비정이 있고 규제는 복릉과 같으며, 안에는 청나라 성조 어제 『대청소릉신공성덕비(大淸昭陵神功聖德碑)』가 세워져있다. 비정 북쪽은 방성(方城)이고 주체 건축은 차례로 융은문·융은전·이주문(二柱門)·석기연대(石畿筵臺)·명루·월아성·보정 등이며 규제는 대략 복릉과 비슷하지만 다만 규모가 약간 크다.[577)]

북경으로 천도한 이후 조영된 청순제 효릉은 같은 북경에 위치한 명성조 장릉을 본받아 지상 건축에 있어서 기본적으로 명나라 장릉(長陵)을 모방해 건설했다. 그러나 건축제도(建制)와 평면 분포(布局) 등 여러 면에서 명 성조 장릉과 구분되는 뚜렷한 차이점이 존재하고 있었다. 명나라 장릉의 보정은 비교적 크고 능궁 뒷부분과 상접하며 보성(寶城)의 담은 능궁 담의 일부분이다. 한편 청나라 효릉의 보정은 비교적 작고 그 외곽에 아직도 궁벽(宮墻)이 둘러져 있으며 명루 이후는 실제상 융은문·3좌 유리꽃문에 이어 제3의 정원 진입문에 해당한다.[578)]

청 효릉 이후의 청 나라 황제릉 중 동청릉의 능궁 부분은 대체적으로 효릉과 같다. 다만 융은문 앞·3좌 유리꽃문 앞·방성(方城) 명루 앞에 옥대하(玉帶河)가 있느냐 없느냐 등 미세한 차이가 있을 뿐이다. 청나라 세종은 동릉 능역 내의 풍수에 만족하지 않아 별도로 경서 역주 영녕산(京西易州永寧山)을 택해 능을 건설했고 태릉이 서릉 능구의 수릉(首陵)이 되었다. 때문에 태릉에도 대홍문·석패루 등 규제가 있고 따라서 서릉 대홍문밖의 석패루는 앞·좌(左)·우(右)에 각각 1좌로서 수량상 동릉을 초과했다.

이에 명청 건축물을 비교하면 청나라 황릉 능궁의 평면분포는 명나라 창평(昌平)의 대다수 명13릉의 황제릉과 흡사하다. 역시 전후 양쪽으로 들어갈 수 있는 뜨락으로 되었고 건축분포 방식·건축형식은 모두 명황제릉과 일치하고 있다. 유리화문(琉璃花門)·명루(明樓)·보정(寶頂) 등의 명칭도 명나라의 황제릉에서 보던 명칭을 그래도 따르고 있다. 다만 전원(前院)의 융은문(隆恩門)·융은전(隆恩殿)은 명 황제릉에 사용한 능은문(祾恩門)·능은전(祾恩殿)과 비교할 때 '능'자를 '융'자로 한 글자만 고쳤음을 알 수 있다. 그리고 청나라의 황제릉에 있어서 현궁은 전·중·후 3개 실로 되어 있다. 이것은 명 신종 정릉(定陵) 의 현궁에서 볼 수 있는 삼주양배(三柱兩配)의 형식과는 다르나 문헌상 명 광종 경릉(慶陵)의 구조와는 같다. 이로 미루어 청황제릉의 현궁은 정릉식(定陵式) 현궁을 간소화하여 2개의 배전(配殿)을 생략한 경릉식(慶陵式)을 따르고 있음을 알 수 있다. 예컨대 명릉 현궁이  명당9궁(明堂九宮)제도라면, 청릉 현궁은 4개

577) 沈陽市文物管理辦公室,『淸初三陵』, 文物出版社, 1982.
578) 晏子有,『淸東西陵』, 中國靑年出版社, 2000.

를 줄였을 뿐만 아니라 청양태묘(淸陽太廟)와 총장태묘(悤章太廟)도 생략했다. 단지 명당태묘(明堂太廟)·태묘태실(太廟太室)과 현당태묘(玄堂太廟) 3개의 주요부분을 보유했다.

다음 청 왕조의 황릉은 해마다 5차례의 큰 제사가 있었다. 그것은 청명·중원·동지·납일 및 기신(忌辰)이다. 달마다 삭망에는 모두 작은 제사가 있다. 명나라와 같이 황릉의 제사는 모두 향전에서 거행되었으며 다른 침궁(寢宮)이 설치되지 않았다. 고정된 대, 소 제사를 제외하고 청 왕조는 무릇 국가의 중대한 축제·무공 등이 있을 때마다 모두 관원을 황제릉에 파견하여 고하는 의식이 있었다. 관원이 공적인 이유로 능을 배알할 때 3품 이상은 나성문(羅城門) 밖에서 예를 행해야 한다. 만약 제사 날을 만났다면 2품 이상은 입성이 허락되어 수릉관들을 따라 나가 제례하고 서울로 돌아와 복명하기 전에 고한다. 황제는 능행하기 전에 태묘를 향해 절을 하고 융은전(隆恩殿)에서 대향례(大享禮)를 치른다. 예가 끝나면 태묘에 가서 고하고 태화전(太和殿)으로 나가 백관의 축하를 받는다. 1743년(건륭 8), 정황제알릉(定皇帝謁陵)의 의식은 태묘의 친제의식과 같아 황릉 의례는 예제상 종묘와 동일한 위상으로 거행되었다. 법례상 산릉의례가 종묘와 위상이 같아진 것은 청나라가 명나라의 능제를 따르던 관념에서 한단계 발전한 것이다.

이처럼 청나라의 황릉제도는 기본적으로는 명 황제릉을 모방했다고 하나 구체적인 건축제도와 평면분포 면에서는 양자간에 현저한 차이를 보이고 있다. 명나라 13릉은 영락제 장릉(成祖長陵)을 중심으로 자손들을 동일한 조역(兆域)에 부장(祔葬)했고 어떤 곳은 신도(神道)를 설치하여 장릉(長陵)에 도달하게 하였으며 어떤 곳은 종릉(宗陵)에서 갈라진 것이다. 장릉 외의 나머지 여러 능은 모두 망주·석상생·용봉문이 없으며 대비루는 더욱 없다. 각 능은 각자 속한 부분이 있는데 실제로는 오직 능궁과 신고(神庫)·신주(神廚) 등 부속 건축만 있어 전체적으로 볼 때 개별 황제릉은 독립적인 성격은 부족하고 장릉에 종속되는 경향이 강하다.

반면  청 왕조의 동청릉과 서청릉은 비록 여러 제왕과 같은 조역이고 서로 거리가 멀지 않지만 청순조 이후의 성조 경릉(景陵)·세종 태릉(泰陵)·고종 유릉(裕陵)·인종 창릉(昌陵)은 각각 신공성덕비·망주·석상생·용봉문 혹은 7칸 패루문 등이 각각 별개로 독립되어 있다. 또한 대다수는 청순조 효릉의 신도에서 본릉의 신도가 갈라져 나와서 명13릉과 비교했을 때 청 황제릉은 상대적으로 개별 황제릉의 독립성이 더 강하다. 그 밖에 명나라 13릉은 장릉을 중심으로 하였는데, 장릉을 기점으로 고찰해보면 나머지 각 릉은 자기만의 풍수를 중시했다. 장릉의 동쪽에는 3좌, 서쪽에는 9좌의 황제릉이 위치하여 수적 대비는 현저하다.

그러나 청동릉은 조릉(祖陵)이 중심이고 자손들이 순서대로 배치된다. 즉 청순조 효릉이 중심에 있고 청성조 경릉이 좌쪽, 청고종 유릉이 우쪽, 선종 초릉(初陵)이 다음 좌쪽, 문종 정릉이 다음 우쪽, 목종 혜릉이 그다음 좌쪽 이렇게 일정한 정도로 소목(昭穆)제도를 체현했다. 청서릉의 분포는 풍수적 요소를 더 많이 고려한 것 같다. 수릉과 태릉과 비교해서 살펴보면 모릉(慕陵)은 여전히 창릉(昌陵)의 아래에 있는 셈이다.

명나라와 청나라는 건축과 구조 방면에서도 차이가 있다. 명나라 능 중의 효릉·장릉·영릉·정릉 등 여러 능의 능궁은 모두 3진뜨락(三進院落)으로 되었고 능은문(陵恩門) 앞에는 공권식 궁문(拱券式宮門)이 있으나 청나라의 많은 능에는 모두 없다. 명 황제릉에는 가정(嘉靖)년간에 모든 능 에 비석을 세워주었다. 그러나 황제가 글을 지을 겨를이 없어 모두 글이 없는 비석[[無字碑]가 되었다. 청나라 능궁 앞의 돌비석에는 황제의 묘호와 존시(尊謚)가 새겨져있는 신도비(神道碑)가 있다.

명나라 능은전의 규제는 효릉·장릉이 9칸이고 영릉은 7칸이며 그 밖의 많은 능은 5칸이다. 장릉전은 겹처마총전정(長陵殿重檐庑殿頂)이고 그 외의 많은 능은 단첨(單檐)이다. 청나라 융은전(隆恩殿)은 영·복·소·모(永·福·昭·慕) 4개 능만 3칸 홑처마산정(三間單檐歇山頂)이고 그 밖의 능은 모두 5칸 겹처마헐산정(五間重檐歇山頂)이다. 명나라의 여러 능은 소(昭)·덕(德) 두 능 외에는 명루 내에 모두 월아성(月牙城)이 없고 보정은 일반적으로 원형이나 타원형이다. 하지만 청나라 능의 보정은 일반적으로 앞은 네모지고 뒤는 둥글다. 황제릉의 명루 안에는 모두 월아성(啞巴院)이 있다. 황후릉 보정(寶頂)·보성(寶城) 제도는 명나라의 황제릉과 비슷한데, 모두 월아성을 설치하지 않았다. 명나라의 황릉은 보정이 비교적 크고 보성의 앞자락은 능궁의 담장과 이어져있다. 영·정 두 능이 밖에 한겹의 담장이 있는 외에 그 밖의 여러 능 보성의 뒷부분은 모두 밖에 노출되어있다.[579)]

청나라의 보성은 비교적 작은데, 능궁의 3좌 유리문 뒤 제2진 뜨락의 중심건축으로 되었으며 방성(方城) 명루 양측에서 잡자장(卡子墻)이 돌출되어 나와 능궁의 양측 담장과 이어졌다. 능원의 방향을 놓고 볼 때 명나라의 능은 남향 혹은 남향으로 치우친 것 외에 동향·서향인 것도 있다. 청나라의 여러 능은 모두 남향 혹은 남향으로 치우친 것이다.

579) 楊道明,『陵墓建築』, 中國建築工業出版社, 2004; 劉毅,『中國古代陵墓』, 南開大學出版社, 2010.

## 4 석물의 종별 양식 비교

조선 왕릉은 고려 왕릉의 영향을 받아 석양, 석호와 문·무석인상을 세웠으며, 세종대에 송 황제릉을 연구하여 석마상을 설치하였다. 이러한 조선시대 태조의 건원릉을 비롯한 왕릉과 왕후릉의 석물은 중국 황제릉과 석물의 종류, 수량, 배치 등 여러 면에서 다르다. 비록 조선왕릉이 송대 황제릉을 선례로 삼았지만 전통적으로 명청 황제릉의 석물은 그보다 종류나 수량이 많으며, 석물의 배치에 있어서 봉분 밖 침전 앞에 죽 늘어서 배치하는 점도 다른 점이다. 명청 황제릉과는 달리 석양과 석호는 봉분 주위에 빙 둘러, 문·무석인상은 봉분이 위치한 능침 앞에 배치하는 등 다른 개성 있는 배치를 완성하였고, 높은 조각수준을 지니고 있어 의미가 깊다. 또한 조선 왕릉 석수는 전체 석물 중 54%가 넘는 높은 점유율을 지니고 있으며, 석물 중 가장 많은 수량을 배치하였다. 따라서 많은 동물석이 배치되어 있는 중국과 비교 가능한 결정적인 소재이다.

명나라 황제릉의 신도에 배열된 석물, 곧 석상생 제도는 당송(唐宋) 여러 능과 다르다. 우선 신도의 배치에서 당송 여러 능과 봉양황릉, 사주조릉(泗州祖陵)은 신도가 곧으며 기점에서부터 능궁문까지 한눈에 볼 수 있으나 명 태조 효릉이나 청 순조 효릉의 신도는 산세에 따라 굽이돌아 꼬불꼬불하다.

명나라 최초의 황제릉인 안휘성 봉양현의 황릉(皇陵)은 태조 주원장의 부모인 주세진(朱世珍, 1283~1344)의 릉이다.[580] 명 황릉은 1366년(지정 26)에 개장하였지만 석상생은 1369년(홍무 2)에 황릉비를 세우면서 본격화되어, 1379년에 완성하였다.[581] 여기에는 기린 2쌍, 사자 8쌍, 망주 2쌍, 석마 2쌍, 마관 4쌍, 석호 4쌍, 석양 4쌍, 품관 2쌍, 장군 2쌍, 내관 2쌍 등 총 32쌍이다. 이러한 명 황릉은 북송 황제릉의 석각 제도와 종류를 계승한 것이다.

한편 명 태조 주원장의 고조부, 증조부, 조부를 의관총으로 모신 명 조릉(祖陵)은 1385년(홍무 18)에 황태자 주표(朱標(1355~1392)에게 명을 내려 강소성 우이현에 조성하였다. 석상생은 1387년(홍무 20)부터 1434년에 완성되었으나,[582] 1680년 홍수로 300년동안 수몰되었다가 1976년 발견되어 이후 보수되었다. 석상생은 기린 2쌍, 사자 6쌍, 망주 2쌍, 마관 1쌍, 석마와 공마관 각1쌍, 석마 1쌍, 내시 1쌍, 품관 2쌍, 장군 2쌍, 내관 2쌍으로 총 21쌍이다.[583] 이러한 명 황릉이나 명

580) 胡汉生,『图说 明朝帝王陵』, 北京燕山出版社, 2006, 14-20쪽.

581) 夏寒,「试论明皇陵,孝陵神道石刻制度的形成」,『中国国家博物馆馆刊』, 中国国家博物馆, 2013年 3期, 55-60쪽.

582) 洪武二十年 建享殿, 配殿, 石象生.『帝乡纪略 』(江苏省地方編纂委员会『江苏省志·文物志』, 南京:江苏古籍出版社, 1998, 147쪽 재인용).

583) 胡汉生, 앞의 책, 6-13쪽.

조릉은 궁벽한 시골에 위치하였고, 그것들이 조선 왕릉에 영향을 준 것 같지 않다.

그보다는 명 태조 주원장(1328~1398)과 마황후(1327~1382)의 합장릉인 명태조 효릉이 의미 있다. 효릉은 홍무 9년(1376)에 수릉으로 건설하기 시작하여 마황후를 먼저 장례 치르고 1398년 주원장을 합장하였다. 하마방(下馬坊)은 홍무 26년(1393)에 완성하였으며, 공덕비는 영락 11년(1413)에 완성한 것으로 보아 석상생은 그 사이에 조성되었을 것이다.[584] 이곳은 봉양황릉과 같이 익마(翼馬), 주작(朱雀, 혹은 타조), 각단(角端), 번부객사(蕃部客使) 등 당송 이래로 황제릉에 즐겨 배치하던 이국적인 소재들을 더 이상 설치하지 않은 것이 특징이다. 명 효릉의 석각은 사자 2쌍, 해치 2쌍, 낙타 2쌍, 코끼리 2쌍, 기린 2쌍, 석미 2쌍, 망주 1쌍, 장군상 2쌍, 품관상 2쌍으로 모두 17쌍이다. 더욱이 명 효릉 신도는 코끼리나 말 등 석수는 배치하였으나, 명 이전 시기에 황제릉에 석수상과 함께 동물을 훈련시키거나 다루는 노예나 관원의 상은 없앴다. 곧 명 효릉 앞 신도에는 석수들과 석인들로 부류가 나뉘었다. 명 황릉에서 석양과 석호 대신 낙타, 해치를 새로 수용하여 석수의 종별 수량을 증가하여 배치하였고, 석인과 석수 사이에 망주를 끼워 세우는 배열방식을 유지하였다. 한편 명 효릉 때부터 여러 석수상, 석인상의 내용과 형식이 기본상 고정되어 석수가 매 종류 2쌍으로서, 1쌍은 쭈그리고 앉거나 꿇어 앉고, 다른 1쌍은 서있는 형식을 확립했다. 더욱이 명 황제릉에서는 무엇보다도 송 황제릉에서 가장 흔히 볼 수 있던 석양과 석호가 배치되지 않은 점이고, 이것은 이후 명청(明淸) 여러 능에서 계속 이어받았다.

한편 명 장릉은 명 효릉과 비슷한데 신도부분은 원래 대홍문(大紅門)으로부터 시작되나 후에 또 남쪽으로 1.2㎞ 밖의 석패루(石牌樓)까지 뻗어졌다. 대석패루는 목재를 모방한 구조에 청백석질(青白石質)로 되었고 사개로 이었다. 오궐십일루(五闕十一樓)로서 기품이 높으며 가로 33.6m, 정척(正脊) 높이가 10.5m이고 각재목, 기둥 등에 모두 정교한 조각이 장식되었다. 대홍문은 능구의 대문으로 남향이고 벽돌로 만든 아치형 모양의 구조인데 면활 37.6m, 세로 11.34m이며 하나짜리 처마에 지붕은 누런색 기와이다. 아치문 세개를 내었고 양측에 원래 따로 동, 서 각문(角門)이 있고 옆으로 벽돌담이 이어져 나가며 전반 능구를 둘러쌌으나 지금은 이미 모두 존재하지 않고 있다. 문앞 동서에 각각 하마비(下馬碑) 하나씩 있고 문안 약간 동쪽켠에 원래 시척전(時陟殿)이 있었는데 황제들이 능을 배알시 잠깐 쉬며 옷을 갈아입는 곳으로 사용되었다. 대홍문 내 0.5㎞ 신도(神道) 한가운데가 대비루인 바 평면이 정방형이고 2겹 처마로 되었으며 사면에 각기 아치문을 내었다. 대비루 내에는 명인종(明仁宗) 어제(御制)의 “대명장릉신공성덕

584) 夏寒, 앞의 논문, 2013, 60-62쪽.

지비(大明長陵神功聖德之碑)"가 세워졌는데 성조(成祖)의 일생공덕이 기술되었다. 엎드린 형상의 대형 돌거북이에 받쳐졌고 총 높이가 8.1m이다. 비석 뒤면, 측면에는 청고종(淸高宗), 청인종(淸仁宗)이 명릉을 배알하며 지은 시문(詩文)들이 새겨졌다. 비정(碑亭) 밖 네 모퉁이에는 화표(華表)를 하나씩 세우고 있는데 만든 모양이 황성(皇城) 천안문(天安門) 안팎 네개의 화표와 같다. 대비루 북쪽으로 거리 1㎞ 되는 신도 양측에 신도석각들이 줄을 지었는데 통털어 망주 1쌍과 석상생 18쌍이다. 석상생은 석수 석인 두 부류로 석수는 도합 12쌍인데 남으로부터 차례로 쭈그린 사자(獅子), 선 사자, 쭈그린 해치, 선 해치, 엎드린 낙타, 선 낙타, 엎드린 코끼리, 선 코끼리, 쭈그린 기린, 선 기린, 엎드린 말, 선 말 각 1쌍이고 석인은 6쌍으로 차례로 무신(武臣), 문신(文臣), 훈신(勛臣) 각 2쌍씩이다. 석상생이 끝나는 곳에 영성문(靈星門)이 있는데 속칭 "용봉문"이라 부르며 3개의 이어진 석패루문(石牌樓門)으로 되었고 가운데를 벽돌로 쌓은 담벽으로 연결시켰다. 문의 너비는 34.65m, 높이가 8.15m이다. 여기서 북으로 칠공교 하나, 오공교 두개를 경과하면 장릉 궁문에 이른다.

조선 왕릉에는 문석인 1쌍, 무석인 1쌍, 석마 2쌍, 석양 2쌍, 석호 2쌍이 배치되어 있다. 이것을 중국 명대와 비교하면, 1396년 편찬된『명회전』을 보면의 품관인 공후의 경우 석인 2쌍, 석마 1쌍, 석양 1쌍, 석호 1쌍, 석망주 1쌍이라고 규정된 것과 유사하다.[585] 이것은 명의 친왕에 해당되며, 이문충(李文忠, 1339~1384) 기양왕릉(岐陽王陵)과 비교된다. 이 왕릉은 그의 사후 1386년 경에 제작된 석상생이 유존하는데, 봉분과 향전 아래에 신도가 길게 조성되었으며, 석인 2쌍, 석호 1쌍, 석양 1쌍, 석마와 공마관 1쌍, 석망주 1쌍, 신도비 1기가 배치되어 있다. 이 또한 『명회전』의 공후격의 규정과 정확하게 일치하고 있어 주목된다.

조선 세종은 1442년 석마를 추가할 때 당송 이래의 고제를 종합적으로 비교 분석하였으며, 주로 명분은 북송 황제릉의 영향을 받은 것으로 평가된다. 아울러 조선왕릉 석물 체제가 명의 『명회전』을 따른 것처럼 보이지만 그것은 현재 나타난 결과가 그런 것일 뿐 조선은 고려 이래의 한국적 왕릉 석물 전통을 계승 발전시켰다고 보아야 한다. 곧 중국 북송대 능제를 연구하면서 석양, 석호와 함께 석마를 조성하였지만, 실제 북송 황제릉의 석수는 조선의 3종보다 현저하게 종별이나 수량이 많고 규모나 체제에도 차이가 심하다.

또한 명대의 규정과 1386년에 조성한 지양왕릉이나 1395년 조영된 중산왕릉 등과 비교하면 조선 초기 조선 왕릉의 능제는 명대 친왕과 유사하고, 품관들의 관품으로 치면 1~2품관에 해당

585) 『明會典』, 91-92쪽.

되는 것이다.[586)]

| 종류 | 북송『宋會要輯稿』 | | 명『明會典』 | | 조선『國朝五禮儀』 | |
|---|---|---|---|---|---|---|
| | 황제릉 | 품관 묘 | 황제릉 | 품관 묘 | 왕릉 | 왕자묘 |
| 규정 | 宮人2 武士2<br>文官2 武官2<br>羊4 虎4<br>馬2 控馬官4<br>望柱 2 | 石人 4<br>석양 2<br>石虎 2 | 宮人 武官<br>文官4 功臣4<br>獅子4 獬豸4<br>駱駝4 象4<br>麒麟4 馬4<br>望柱2 | 石 人 4<br>石 馬 2<br>石 羊 2<br>石 虎 2<br>望 柱 2 | 석양4 石虎4<br>石床1 石望柱2<br>長明燈 文石人2<br>武石人2 石馬4 | |
| 실제 | (북송 영소릉)<br>宮人2 武士2<br>門獅2 文官4<br>武官4 客使6<br>羊4 虎4<br>馬4 控馬官8<br>瑞禽2 象2<br>馴象人2 望柱2 | (남송 史浩)<br>石人 4<br>석양 2<br>石虎 2<br>石馬 2<br>石望柱 2 | (명 皇陵)<br>宮人4 武官4 文官4 석양8 石虎8 石馬4 控馬官8 望柱4 獅子16 麒麟4 | (기양왕릉)<br>石人 4<br>石馬 2<br>控馬官 2<br>석양 2<br>石虎 2<br>望柱 2 | (건원릉)<br>屛風石 欄干石<br>석양4 石虎4<br>石床1 石望柱2 長明燈 文石人2 武石人2 石馬4 | (월산대군)<br>石人 2<br>石床 1<br>長明燈 1<br>望柱 2<br>墓碑 1 |

<중국과 조선의 석물 규정과 실제 비교>

일반적으로 조선 왕릉 석물은 의례상으로는 황제릉보다 낮은 제왕릉이라고 생각한다. 그러나 명의 제왕과 달리 조선 국왕은 독립적이고 자주적이고, 신라와 고려를 이어온 독자적인 문화를 왕릉에도 구현하고 있어 조선 왕릉을 명대의 계급적 위계로 단순하게 평가하기는 어렵다. 예컨대 명대 제왕릉은 좌우에 석물을 나열하는데 비해, 조선왕릉은 신라고려 이래의 전통을 계승하여 능상 위 능주 가까이에 호석으로서 석수를 배치하고 있다. 아울러 이러한 석수들은 봉분 주위에 빙 둘러 세워야 해서 그들의 수량을 1쌍에서 2쌍으로 2배로 증가시켰다. 무엇보다도 조선 왕릉에서는 중국의 당송이나 명청대 황제릉에서 발견하기 어려운 장명등과 병풍석, 난간석 등을 설치하여, 조선만의 독자성과 고유을 발전시켰음을 확인할 수 있다. 곧 통일신라와 고려의 전통적인 문화를 결합시킨 고려 공민왕의 현정릉의 영향을 받아 석물의 종류나 수량 및 배치가 이뤄진 것이다. 석마를 새로 도입하는 것은 송대 황제릉에 대한 연구를 토대로 새로 정립한 조선적인 창안이다.

조선 왕릉 석수는 양, 호랑이, 말의 도상이다. 이들은 환상속의 동물도상이 아니라 자연계에 실제 존재하는 동물도상으로 사후세계의 주요 조력자인 서수를 상징한다. 석양의 도상은 입상이다. 네 다리를 쭉 펴고 서 있는 정면향인데, 조선 전기부터 후기까지 지속적으로 계승된다. 입

586) 楊寬 지음, 장인성·임대희 옮김, 『중국 역대 능침제도』, 서경, 2005.

상은 고려 공민왕 현정릉 등 고려 왕릉에서 영향을 받아 조선시대에 태조 건원릉을 물론 태조비 신의왕후 제릉에도 확인되는 것이다.[587] 입상은 다리 사이를 뚫은 형태와 다리 사이를 뚫지 않은 것으로 분류되며 다리 사이 면석에 초화문을 새겨 넣었다.

그런데, 중국의 송대나 명대 조각에서 보이는 동물상들은 무릎을 꿇은 형태 위주여서 조선왕릉과의 연관성은 확인되지 않는다.[588] 석양이라는 종별의 선정과 규제는 중국의 영향이지만 세부도상은 다르게 변용되었음을 의미한다. 따라서 석양의 상징성은 중국과 동일한 것으로 여겨지며, 무릎 꿇는 형태보다 입상이 고려 및 조선에서 계속 계승된다.

석양 도상의 기원은 A.D. 1세기의 후한시대부터 장의 미술에 빈번하게 활용되었다. 양이 제사의식 때 물고기와 함께 제물로 바치는 '희생동물'을 상징하는데, 하늘과 땅이 교통하도록 돕는 동물이라는 뜻이다.[589] 후한시대 석양이 묘주를 태우고 하늘로 승천하는  것또한 같은 의미로 해석된다. 무덤 밖 석조 조형물로서의 석양은 孝와 吉祥을 상징한다. 무덤 내부에서는 하늘과 소통하는 제물로서 희생, 묘주의 영혼을 하늘로 보내는 승천, 악귀를 물리치는 신수였다. 특히 상서로움을 뜻하는 길상(吉祥)이라는 중국어 고어 발음인 '祥[xiáng]'은 양과 발음이 유사한 '羊[yáng]'으로 길상을 뜻하였이다.[590] 명대 皇陵의 석양은 모두 궤상을 취하여 무릎을 꿇는데 비해, 우리나라의 양은 입상이어서 중국과 다르다는 것을 알 수 있다.

조선시대 석호는 전기부터 후기까지 엉덩이는 바닥에 앉고 앞다리를 꼿꼿이 세우고 있는 자세[蹲像]으로 제작된다. 이러한 도상 또한 고려 말부터 조선시대에 영향을 준 것이다. 준상의 석호는 중국 원대 14세기 북경석각예술박물관에 소장된 석호나[591] 명대 황릉의 석호,[592] 명 기양왕릉 및 중산왕릉 석호 등도 준상이 동일하다.

무덤 앞 석호는 전한 곽거병 묘 앞의 것이 가장 이른 것이다. 이러한 자세는 송원명 및 청대 복릉 석호에서도 발견되며, 무덤 앞 석호는 사자의 영혼승천을 막는 모든 방해요소의 제거하는 의미가 있었을 것이다. 『주례』에 의하면  도깨비 형상의 방상시가 호랑이와 측백나무를 두려워하였다는 것에서도 석호의 벽사적 성격을 알 수 있다.[593]

조선왕릉의 석마는 석양과 마찬가지로 네 다리를 쭉 펴고 정면을 바라보며 서 있고, 다른 석

587) 장경희, 『고려 왕릉』, 예맥, 2008, 116-129쪽.

588) 王磊, 「明皇陵石兽的象征意义」, 『贵州师范学院学报』第28卷 第11期, 2012, 29쪽.

589) 고운, 「漢代 畵像石의 동물 도상 연구」, 이화여대 석사학위논문, 2007, 25-26쪽.

590) 林通雁, 「東漢三國陵墓彫塑藝術概論」, 『中國陵墓彫塑全集』3, 中國陵墓彫塑全集編輯委員會, 2009, 22-24쪽.

591) 『北京文物精粹大系 石雕卷』, 北京文物精粹大系 編委会, 北京出版社, 1999, 156쪽.

592) 刘金星 等编, 『大明帝陵图鉴』, 江苏古籍出版社, 2002, 41쪽.

593) 王蔚波, 「中国古代虎形石雕」, 『中华文化画报』, 2010, 58쪽.

수와 마찬가지로 조선전기부터 후기까지 도상적인 변화는 거의 없다. 다만 석마는 세종 24년(1442)에 송대의 전거에 의해 일괄로 만든 건원릉, 제릉, 헌릉 등에 새로 제작하였고, 고려의 영향을 받지 않은 사례이다. 무덤 앞 석마의 기원도 곽거병의 묘 앞의 것을 예로 들지만, 당시 말은 영혼을 승천시킨다는 의미로 이해하였다. 이후 석마가 무덤 앞에 세워진 것은 당송 및 명대 황제릉에 석마와 말고삐를 쥔 공마관(控馬官)이 함께 배치되고, 석마는 말안장과 다래 등으로 성장한 모습이어서 조선 왕릉의 것과 차이를 보인다. 물론 명 효릉은 석수 위주로 배치하면서 석마와 함께 섰던 공마관이나 안장 등이 없어지고, 영락제 장릉에도 마찬가지이다.[594] 하지만 당시 명황제릉의 석수를 조선에서 관심을 가졌던 기록은 없어 양자간의 영향관계를 상정하기 어렵다.

594) 夏寒,「试论南京地区明初功臣墓神道石刻」,『东南文化』总第205期(南京博物院, 2008年 第5期), 35-36쪽.

## | 맺음말 |

조선은 국왕이나 왕비가 승하하고 거국적으로 5개월 여의 기간 동안 국력을 모아 설치하여 시신을 갈무리하고 궁궐에서 발인하여 국장을 치르고 시신을 영원히 모실 왕릉을 조영하였다. 동양적 관념에 의하면 인간의 죽으면 혼백이 분리한다고 여겼고, 조선의 국왕과 왕비 또한 마찬가지였다. 이에 그들의 사후 시신을 유교적 예법에 맞게 장사를 지내고 왕릉에 모셨다. 이렇게 조성한 조선 왕릉은 선대 왕과 왕후의 시신을 모신 왕릉은 사후 세계관에 의해 후대 왕이 제사를 드려 효를 실천하고자 건물을 조영하였으며, 각종 석물을 배치하여 능묘를 수호하도록 하였다.

조선왕조는 1392년부터 1910년까지 500여 년을 지속하면서 27명의 국왕이 나라를 다스렸다. 1408년 조성한 제1대 태조 건원릉부터 1926년 조영한 제27대 순종황제 유릉까지 국왕릉과 왕후릉 42기가 조영되었다. 이들 조선의 왕릉과 왕후릉은 500여 년의 오랜 기간동안 국왕과 왕후의 사후 조성되면서 약간의 변화를 제외하면 거의 본래의 의미나 가치가 지속되었다. 그것은 국가적 의례가 변화하지 않도록 전형을 따르고 이전 시대의 전례를 따라 제도를 지키려 했던 조선왕실의 부단한 노력의 결과라고 할 수 있다.

조선왕실에서는 왕권의 안정적 계승을 대내외에 과시하고자 왕릉과 왕후릉을 조영하는 것을 흉례의례로 규정하고 물력과 재력과 인력을 총동원하여 거국적으로 치렀다. 특히 국왕과 왕후의 죽음은 국상이라 하여 가장 장엄한 의례로 거행하였고, 그것의 시각적 상징물인 왕릉을 조영하는데 국력을 결집시켜 각종 건물이나 석물을 조영하였다. 이들 중 정자각을 비롯한 목조건축물이나 내부에 배치하여 장엄하였던 의장의물은 500년의 세월을 견디지 못하고 그것을 원래 조성하였을 당시의 원래 것이 아니라 후대 국왕의 능행이나 왕조정부의 관리 아래 지속적으로 수리되고 변화되었다. 따라서 42기 각각의 조선 왕릉은 처음 조영되었을 당시의 모습을 고스란히 제작 당시의 원형을 유지하고 있는 것은 비바람에 풍화되고 이끼가 낀 비석이나 문무석인을 비롯한 능상 석물이었다. 이러한 조선왕릉의 원형이 가지는 가치와 조선인의 사후세계에 대한 탁월성은 세계가 인정하여 유네스코 세계문화유산으로 등재되기에 이르렀다.

그러나 그동안 조선왕릉에 대한 대부분의 연구는 원형을 유지하고 있는 석물에 치중하거나, 국왕의 치적이나 업적에 따른 포폄으로 인해 개별 왕릉이 조성될 당시의 사회적 의미나 그것의 조형적 가치는 간과한 경우가 많았다. 따라서 이 책에서 총 4부로 나누었고, 세부 장절을 두어 정리하였다.

제1부는 조선 국왕의 승하와 국상을 치르고 왕릉을 제작하는 5개월 동안 임시로 설치되었던 도감과 그 하부 제작처의 문제를 다루었다. 제1장에서는 흉례시 설치한 도감의 종류와 역할을 정리하였다. 국왕이 승하하면 왕조정부는 국상이라는 흉례의식을 성공적으로 치르기 위해 국력을 최대한 모았으며, 이를 위해 임시 기구를 설치하고 좌의정이 총호사로서 국장 전체를 총괄했고, 각 도감의 각각 3인의 제조들이 책임지고 운영하였다. 빈전도감은 국왕의 시신을 다루는 곳으로서 소렴 때 9벌로 싸고, 대렴 때 90벌을 넣는 과정을 거행하였고, 이러한 시신을 재궁[관]에 넣고 2일에 한 번씩 30여 회 이상 옻칠을 덧칠하여 시신의 부패를 방지하였다. 국장도감에서는 국상을 치르기 위해 시신을 운반할 대여의 제작, 시책이나 시보 등을 운반할 견여 그리고 발인시 필요한 의장의물이나 제사용 제기 또한 제작하였다. 산릉도감에서는 5개월의 기간 동안 능지를 정하고, 시신을 넣을 곳을 파고, 각도 승려를 동원하여 흙을 쌓아 봉분을 만들고, 경향 각지와 관청 장인 등을 징발하여 건물을 짓고 비석이나 석의물을 세워 왕릉을 조영하였다. 혼전도감에서는 시신을 왕릉에 안치하고 나서 3년 후 종묘에 부묘하기 전까지 국왕이나 왕후의 혼을 담은 신주를 모시고 생시와 마찬가지로 제례를 거행하는 곳으로서 궁궐의 편전을 혼전으로 삼아 수리하고 생시에 사용하던 오봉병을 비롯하여 각종 의장물을 제작하였다. 부묘도감은 국왕의 사후 3년째에 신주를 종묘에 부묘하기 위해 설치하여 종묘의 신실을 수리하고 해당 신실에 필요한 신주장이나 보장 책장 및 시보와 시책 등을 제작하고 각종 제기를 새로 제작하였다.

2장은 산릉도감의 하부 제작처의 역할을 정리하였다. 왕릉은 봉분을 돋우고 건물과 석물을 설치하는데 이러한 것들을 언제 누가 어떻게 만들었는지를 다루었다. 산릉도감 산하의 제작처로서 보토소는 봉토를 돋우고, 삼물소는 세사와 흙과 회를 반죽하여 광중의 회격을 만드는 기

능을 하는데 이를 위해 옹가와 수도각을 설치하여 행하였다. 조성소에서는 정자각이나 비각 및 재실 등 왕릉에 소재할 목조 건물 뿐 아니라 장인들이 임시로 거처할 가가 등도 조영하였다. 이를 위해 초석은 소부석소의 석수들이 돌을 다듬어 기초를 세우면 목수가 목재를 다루어 기둥과 보를 세우고, 개와장이 기와를 올리고, 미장이가 벽을 바르고, 병풍장과 도배군이 내부에 벽지를 바르고, 화원과 화승이 단청을 올렸다. 대부석소에서는 신도비나 표석 등 비석돌이나 혼유석, 문·무석인상, 석수상, 장명등 등 다종다양한 석물을 제작하여 세우는 공방이었다. 석수들은 도변수라는 총우두머리와 변수의 지휘 아래 강화도나 우이동 및 상계동 등지에서 돌을 떠내면 수석소의 선장이 배로 운반하거나 소와 썰매 등으로 능소에 운반해오면, 석수와 조각장 및 섭장 등이 세부를 조탁하고, 마정장이나 마경장이 표면을 매끈하게 다듬어 석의물을 완성하였다. 노야소에서는 목수나 석수가 현장에서 사용할 연장이나 목조건물을 연결할 못이나 경첩 등의 도구를 만들어 제공하였다. 분장흥고에서는 건물 내부에 깔 지의나 돗자리, 내려뜨릴 주렴 및 벽을 바를 종이 등을 제작하고 공급하였다. 번와소에서는 개장이나 와장을 징발하여 정자각 등 건물이나 곡장 위에 얹을 기와를 현장에서 제작하고 기와를 올렸다. 별공작은 소목장 등을 차출하여 건물 내부에서 사용할 각종 상탁 등을 제작하였다. 이렇게 각 제작처에 분장되어 활동한 장인들을 3-40년간 장기간 활동하기도 하며 장인에서 변수로 다시 도변수 및 패장 등으로 성장하기도 하고, 같은 집안의 형제끼리 참여하여 장인집안을 형성하는 등 시기별 장인의 직역과 활동상황 등을 엿볼 수 있었다.

제2부는 조선 초기에 왕릉 제도를 구축하는 과정을 고려와 당송대 황제릉과 비교하여 살펴보았다. 1장은 조선 태조의 4대조 북도팔릉을 규명하였다. 1392년 조선을 건국하자마자 이성계가 자신의 4대조를 왕으로 추증하고 그들의 시신을 모신 무덤을 왕릉으로 추봉하였다. 중국에서도 황제로 즉위하면 선대를 황제로 추증하는 사례가 당송대부터 확인되며, 고려 또한 마찬가지였다. 그러나 선대조를 황제로, 모친을 황후로 추증하지만 황제릉은 4대조가 아닌 부친의 능만을 조성하였다. 다만 명대에 들어 주원장이 자신의 4대조부모를 황제와 황후로 추존하고 부모의 무덤은 황릉(皇陵)으로, 조부모부터 고조부모 및 증조부모의 3대조는 의관총으로 조릉(祖陵)을 만든 사례가 있다. 하지만 명과 조선은 둘다 4대 조부모를 추증하고 능으로 조성한 점은 같지만, 명과 달리 조선은 4대조부와 조모 각각 8명의 무덤에 능호를 붙인 점이 주목된다. 고려시대에 시조 중 태조 왕건의 부친인 용건만 세조로 추존하고 창릉으로 능호를 붙인 것에 비해, 조선에서는 4대조의 추존왕릉 뿐 아니라 왕후의 추존왕후릉까지 조성했다. 이것은 고려시

대에 국왕릉과 왕후릉을 조성했던 전통을 조선초기 4대조 북도팔릉을 조영하면서 한단계 발전시켜 수용한 것으로 여겨진다. 팔대조릉의 경우 현재 북한에 있어 그 실상을 파악하기 어려운데, 조선 후기 내내 국왕들의 관심과 해당지역 관리를 책임 아래 수리되고 관리되었던 상황을 정리하였다.

조선 4대 시조릉을 필두로 조선 초기 제1대 태조 건원릉과 신의왕후 제릉 및 신덕왕후 정릉을 통해 조선 초기에 국왕의 사후에 국왕릉, 왕후의 사후에 왕후릉을 각각 단독릉으로 조영한 사례를 집중 분석하였다. 당시 국왕릉과 함께 왕후릉에는 신도비와 건물과 상설 제도 및 제례 등에서 왕후를 국왕과 마찬가지로 동등하게 대우한 상황을 정리하였다. 이것은 고려의 전통을 계승한 것이며, 중국과 다른 조선만의 독특한 특징임을 밝혔다. 곧 진한당송대에는 황제의 사후 황제릉을 조영하였고, 황후의 사후에는 황제릉 남쪽에 배장되면서 별도의 능호 없이 후릉(后陵)이라 지칭된 것과 비교되는 것이다. 명대에는 황제릉은 수릉을 조영하면서 황제와 황후를 하나의 현궁에 합장하였다. 황제가 먼저인 경우에도 황후가 사망하면 능을 열어 합장했고, 황후가 먼저 사망하면 그녀를 먼저 황제릉에 안장하고 황제가 죽으면 다시 능을 열어 매장하였다. 명대까지 순장제가 남아 있어 명 영락제 사후 장릉에 안장할 때 그의 비빈을 순장토록 하였다. 다만 청대 황제릉에는 황제릉과 함께 황후릉은 근처에 별도로 배장하기도 하였는데, 능호를 붙이되 한 글자가 아닌, 격을 낮추어 두 글자의 능호를 붙인 점은 차이가 있다.

제3부는 조선 왕릉을 임진왜란을 전후로 조선 전기와 후기로 나누어서 국왕릉과 왕후릉의 조성 과정을 중심으로 세부 사례를 다루었다. 조선 왕릉의 초기에는 제2대 정종과 정안왕후의 후릉과 제3대 태종과 헌경왕후의 헌릉처럼 고려 공민왕과 노국대장공주의 현릉과 정릉처럼 쌍릉 형식으로 조성하는 경향이 있었다. 태종과 세종은 자신의 수릉을 직접 정하여 헌릉과 영릉을 조성하면서 헌경왕후와 소헌왕후가 미리 승하하여 함께 조성하였는데, 세종은 이때 합장릉으로 조성하였다. 문종의 현릉과 현덕왕후의 소릉은 독립된 능으로 별도로 조영하였다가 정치적 상황으로 천장되었다가 다시 천장하여 동구릉 내에 동원이강릉으로 조성되었다. 단종의 장릉과 정순왕후의 사릉은 그들의 개인사만큼 파란만장하지만 사후 200년이 지나 숙종대에 왕릉과 왕후릉으로 별도로 조영되었다. 이처럼 조선의 국왕릉과 왕후릉은 능제나 상설 등 형식이나 제도의 변화가 거의 없는 것처럼 보이지만 각각의 조영과정이 다르고 제작 당시의 정치적 사회적 문화적 상황이 반영되면서 시대 양식을 반영하고 있음을 알 수 있었다.

중국의 명청대 황제릉이나 황후릉은 한번 조영되면 홍수가 나거나 매몰되어도 그 자리에서 옮기는 법이 없는데 비해 조선왕릉은 조선 전기나 후기에 정치적 상황이나 역학 관계에 따라 천릉이 자주 있었다. 그에 따라 왕릉에 원래 조영 당시의 석물을 매장했다가 후일 후대왕이 그곳에 능지를 선택한 경우 조선 전기의 석물 양식과 조선 후기의 양식이 서로 혼용되는 경향을 발견할 수 있었다. 예컨대 제3대 세종 구영릉은 태종 헌릉 근처에 위치해 있다가 현재의 영녕릉 구역으로 천장하였는데, 제21대 순조와 순원왕후의 인릉이 19세기 초에 천장되어 헌릉 옆으로 옮겨 오면서 이곳에 원래 매장되어 있던 세종 구영릉 석물을 재활용하기에 이르렀다. 때문에 인릉의 석물은 15세기 세종대 양식과 19세기 조각양식이 함께 하는 것을 알 수 있다.

왕후릉의 경우 왕릉보다 더 양식적인 변화나 시기에 대한 면밀한 추적이 수반되어야 했다. 문종비 현덕왕후 소릉처럼 폐서인이 되었다가 다시 복위되어 문종 현릉 옆으로 천자하면서 새로 석물을 제작하여 동원이강에 위치한 문종의 것보다 시기가 늦어진 경우이다. 아울러 왕후릉 중에는 세자빈으로 사망하였다가 사후 왕비로 추존되어 왕후릉을 추봉된 경우가 여럿 있다. 예컨대 경종비 단의왕후의 경우 세자빈으로 사망하였다가 왕후로 추봉된 경우여서 추후에 혜릉이 왕후릉으로 조영하면서 원래의 석물과 새로 제작한 석물이 혼용되기도 하였다.

제4부는 대한제국 황제릉인 고종 홍릉과 순종 유릉을 살펴보고, 조선왕릉의 독자성을 확인하고자 중국 명청 황제릉의 비교하였다. 대한제국은 1897년 고종이 대한제국을 선포한 이후 치러진 명성황후의 청량리 홍릉을 비롯하여, 1919년 고종황제의 금곡 홍릉, 1904년 순종비 순명황태자비의 유강원이었다가 1907년 순종의 황제 등극 후 유릉으로 추봉, 1926년 순종의 금곡 유릉 등이다. 홍릉은 고종의 사후 1919년에 안장되었지만 석조각물은 그 이전 고종이 명성황후의 홍릉 석물을 수개하면서 1900년대에 조성하였고, 유릉은 순종의 사후 1926년에 조성이 완료되었지만, 침전이나 재실 등은 그 이전 1904년 유강원 당시 제작되었다. 조선왕릉과 같은 시기 중국 명청대 황제릉은 풍수격국, 능제의 구조, 능침과 건물 및 석조물에 대한 양식적 특징 등 이론적인 개념이나 규모, 종류, 수량 등 여러 면에서 차이가 많았다. 중국 황제릉이나 왕릉을 조영할 때 당시 유행한 풍수사상에 따라 능지를 선택하였다. 공통적으로 북쪽이 높고 남쪽이 낮은 곳에 능지를 정하였다. 북쪽에는 높은 산[朝山]이 우뚝 솟고, 동쪽과 서쪽에는 산봉우리가 연이어 병풍처럼 둘러치며, 그 앞으로 강이 흐르고 남쪽으로는 낮은 산[案山]이 놓이는 곳에 두었다. 바람을 가두고 물을 얻는[藏風得水] 곳을 명당으로 보고 황제릉을 선택한 것이다. 반면 북송에서는 황제릉을 선택할 때 '오음성리설'이라 부르며, 황제의 성을 음률로 풀이하여 능지를 선택하였고 송 황제릉은 북쪽[黃河]은 낮고 남쪽[崇山]은 높으며, 서쪽을 높이고 동쪽을 낮추는[西高

東低] 곳을 능지로 정하여, 거의 평지에 능침을 조영하여 대조가 되었다. 명대에는 명 효릉을 제외하고 나머지는 명 영락제 장릉을 중심으로 좌우에 소목형식으로 배치하여 명13릉을 이루었다. 청대에는 북경에 순치제 효릉을 시작으로 동청릉과 서청릉으로 소목의 형식으로 황제릉이 모여 있는 것이 특징이었다. 이렇게 중국의 황제릉은 규모도 크지만 일정한 지역을 황릉 구역으로 선정한 후 후대 황제들이 그곳에 소목 방식으로 조손(祖孫)이 한데 모여 효를 실천하는 장소로 인식하였다. 그러나 조선은 국왕이나 왕후의 사후 풍수에 따라 능지를 선택하는 것이 다른 점이었다.

다음 중국 황제릉은 살아 생전에 수릉(壽陵)으로 건설하여 규모가 큰데 비해 고려를 비롯하여 조선의 국왕 장례는 검소하고 규모가 작고 소박하게 세우는 것이 특징이었다. 이것은 북송 황제릉이 황제의 사후 7개월 여의 장례기간 황제릉을 조영하였음에도 불구하고 중원의 여타 황제릉과 마찬가지로 거대한 규모에 궁궐과 마찬가지의 다종다양한 건축군[乳臺, 角臺, 闕樓, 石殿, 寢殿 등]을 웅장하게 조영하였던 것과 비교된다. 한편 명 성조 장릉의 건축물은 명 황제릉의 특징을 잘 보여준다. 우선 장릉 대궁문(大宮門)을 세우고, 문 양측에 하마비(下馬碑)를 세웠으며, 오궐청백석패방(五闕青白石牌坊)을 세웠다. 다음 10m 높이의 장릉 신공성덕비와 대비루를 세웠고, 이를 통해 주위 환경을 장엄하고 신성하게 조성하였다. 한편 신도석각(神道石刻)에 망주를 세웠으며, 석상생은 2쌍의 훈작(勛爵)을 더한 문무 석인상과 석수를 세웠는데, 그 형상과 조각 수법이 섬세하고 사실적으로 묘사된 것이 특징이다. 장릉에는 능궁 내 홍문(紅門) 이내에 제삼진(第三進) 정원을 배치하고 있으며, 명루 앞에 이주패루문(二柱牌樓門)과 석기연(石畿筵)을 각각 하나씩 증설하고 있다. 이를 통해 병풍처럼 시선을 막는 작용을 하고 명루를 높고 크게 받쳐준다. 장릉의 방성(方城)과 명루는 규모가 그다지 크지 않고 벽돌과 돌로 섞어 쌓아 비록 명태조 효릉보다 위세가 낮지만, 명루의 평면도 효릉의 장방형에서 정방형으로 변형한 점이 두드러진다. 명루 내에는 능비(陵碑)를 증설, 능묘의 소속을 표식하였다. 산에는 봉토를 하고 보성 주위에는 마도(馬道)를 증설, 봉토를 보호하는 벽과 담[墻垣]을 설치하여 보초들이 순찰하며 방어할 수 있는 기능을 강화하였다. 장릉의 외곽에는 능역(陵域)을 둘러싼 붉은 담[外郭城]이 있어 능원을 보호하는 역할을 하고 있다. 이러한 명 성조장릉은 명13릉의 주요 신도(主神道)로 사용되었고, 장릉은 명13릉에 직간접적으로 영향을 끼쳤다.

조선은 석인상과 석수상 종별이 단순했고 수량도 적어 문무석인상 각1쌍씩, 석호 2쌍, 석양 2쌍, 석마 2쌍씩 5종 16기였고, 고려에 비해 석마상이 늘었을 뿐이다. 그러나 중국은 741년 당나라의 개원례에서 계급과 지위의 고하에 따라 능묘 앞에 세울 석물의 종별과 수량을 규정하였고, 북송 황제릉에는 13종 64기의 석조물이 세워져 있었고, 명청대에도 그 종류와 수량이 조선보다 종류는 4배 이상, 숫자는 5배 이상 많았다. 크기에 있어서도 고려나 조선의 석인상은 2m 안팎이고 석수상은 1m 안팎으로 등신대에 가까웠으나 북송과 명청대 황제릉의 석인상은 3m 이상, 석수상은 2m 이상으로 전자들보다 2배 이상이어서 압도적인 차이를 보였다. 조선의 석물 양식은 괴체감이 강한데 비해, 명청 황제릉은 해부학적으로 정확하고 조각적인 세부 묘사가 치밀하고 정교하며 사실적인 양식을 보였다.

이처럼 조선 왕릉은 중국의 황제릉과 다른 조선만의 형식과 양식을 보여주는 우리의 문화유산이다. 산이 많은 우리의 자연 풍토 속에서 풍수 사상에 따라 국왕릉과 왕후릉의 능지를 여러 곳에 선택하여 조영하였다. 조선의 유교 문화적 배경 속에서 조선을 다스린 국왕이 승하하였을 때 왕릉을 조영한 것과 마찬가지로 왕후가 승하한 후 그에 버금가게 왕후릉을 단독으로 독립적으로 조영하는 독자성을 발견할 수 있어 주목된다. 이 책을 계기로 앞으로 조선 왕릉과 왕후릉에 대한 관심이 늘고 연구가 확장되길 기대해본다.

# 참고문헌

## 1. 사서


『家禮輯覽』
『高麗史』
『國朝喪禮補編』
『國朝續五禮儀』
『國朝五禮儀序禮』
『大韓季年史』
『大韓禮典』
『喪禮備要』
『承政院日記』
『日省錄』
『朝鮮王朝實錄』
『春官通考』

『국장도감의궤』
1608 규14861 『宣祖國葬都監儀軌』
1632 규13516 『宣祖妃仁穆后國葬都監儀軌』
1649 규13521 『仁祖國葬都監儀軌』
1659 규13527 『孝宗國葬都監儀軌』
1674 규14865 『仁宣王后國葬都監儀軌』
1675 규13539 『顯宗國葬都監儀軌』
1681 규13553 『仁敬王后國葬都監儀軌』
1684 규14869 『明聖王后國葬都監儀軌』
1688 규14867 『仁祖莊烈后國葬都監儀軌』
1701 규13555 『仁顯王后國葬都監儀軌』
1720 규13548 『肅宗國葬都監儀軌』
1724 규13568 『京種國葬都監儀軌』
1730 규13576 『宣懿王后國葬都監儀軌』
1757 규13557 『仁元王后國葬都監儀軌』

1757 규13589 『貞聖王后國葬都監儀軌』
1776 규13581 『英祖國葬都監儀軌都廳』
1805 규13592 『貞純王后國葬都監儀軌』
1821 규13647 『孝懿王后國葬都監儀軌』
1834 규13668 『純宗大王國葬都監儀軌』
1843 규13802 『孝顯王后國葬都監儀軌』
1849 규13784 『憲宗大王國葬都監儀軌』
1857 규13683 『純元王后國葬都監儀軌』
1878 규13859 『哲人王后國葬都監儀軌』
1890 규13736 『神貞王后國葬都監儀軌』
1904 규13814 『孝定王后國葬都監儀軌』
1904 규13900 『純明皇后國葬都監儀軌』
1919 k2-2920 『高宗太皇帝御葬主監儀軌』
1926 k2-2975 『純宗孝皇帝御葬主監儀軌』

『빈전혼전도감의궤』
1645 규13919 『昭顯世子嬪宮都監儀軌』
1649 규14855 『仁祖殯殿都監儀軌』
1659 규13528 『孝宗殯殿都監儀軌』
1674 규13540 『顯宗殯殿都監儀軌』
1681 규13554 『仁敬王后殯殿都監儀軌』
1684 규13554 『明聖王后殯殿都監儀軌』
1701 규13556 『仁顯王后殯殿都監儀軌』
1720 규13550 『肅宗魂殿都監儀軌』
1730 규13578 『宣懿王后魂殿都監儀軌』
1757 규13559 『仁元王后魂殿都監儀軌
1776 규13583 『英祖魂殿都監儀軌』
1800 규13637 『正祖殯殿魂殿都監儀軌』
1805 규13594 『貞純王后殯殿魂殿都監儀軌』
1821 규13650 『孝懿王后殯殿魂殿都監儀軌』
1834 규13672 『純宗殯殿魂殿都監儀軌』
1843 규13806 『孝顯王后殯殿魂殿都監儀軌』
1849 규13788 『憲宗殯殿魂殿都監儀軌』
1860 규13688 『純元王后殯殿魂殿都監儀軌』
1864 규13846 『哲宗殯殿魂殿都監儀軌』

1878 규13865 『哲人王后殯殿魂殿都監儀軌』
1886 규13742 『神貞王后殯殿魂殿都監儀軌』
1904 규13828 『孝定王后殯殿魂殿都監儀軌』
1919 k2-2918 『高宗太皇帝殯殿魂殿主監儀軌』

『산릉도감의궤』
1616 규13244 『宣祖廟號都監儀軌』
1632 규13517 『仁穆王后山陵都監儀軌』
1649 규15074 『仁祖長陵山陵都監儀軌』
1649 k2-2367 『仁祖長陵山陵都監儀軌』
1659 규15075 『孝宗寧陵山陵都監儀軌』
1673 규13532 『孝宗寧陵遷陵都監儀軌』
1675 k2-23233 『顯宗崇陵山陵都監儀軌』
1683 k2-2324 『仁敬后翼陵山陵都監儀軌』
1684 규14832 『明聖王后崇陵山陵都監儀軌』
1688 k2-2326 『莊烈后徽陵山陵都監儀軌』
1698 규14821 『思陵封陵都監儀軌』
1698 규14830 『莊陵封陵都監儀軌』
1701 규14824 『仁顯王后山陵都監儀軌』
1701 k2-2327 『仁顯后明陵山陵都監儀軌』
1721 k2-2328 『肅宗明陵山陵都監儀軌』
1724 k2-2329 『景宗懿陵山陵都監儀軌』
1730 규14823 『宣懿王后山陵都監儀軌』
1731 규14597 『仁祖長陵遷陵都監儀軌』
1757 규13591 『貞聖王后弘陵山陵都監儀軌』
1757 규13560 『仁元王后山陵都監儀軌』
1776 규13586 『英祖元陵山陵都監儀軌』
1805 규13597 『貞純王后元陵山陵都監儀軌』
1821 규13663 『孝懿王后健陵山陵都監儀軌』
1835 규13677 『純祖仁陵山陵都監儀軌』
1843 규13809 『孝顯王后景陵山陵都監儀軌』
1849 규13793 『憲宗景陵山陵都監儀軌』
1857 규13694 『純元王后仁陵山陵都監儀軌』
1878 규13873 『哲人王后睿陵山陵都監儀軌』
1890 규13749 『神貞王后山陵都監儀軌』

1904　규13914 『純明皇后裕康園園所都監儀軌』
1919　k2-2387 『洪陵遷奉山陵主監儀軌』
1919　k2-2389 『洪陵遷奉主監儀軌』
1921　k2-2284 『高宗太皇帝山陵主監儀軌』
1926　k2-2339 『純宗孝皇帝山陵主監儀軌』
1926　k2-2358 『裕陵遷奉山陵主監儀軌』

『부묘도감의궤』

1610　규13512 『宣祖懿仁王后祔廟都監儀軌』
1651　규13522 『仁祖仁烈王后祔廟都監儀軌』
1661　규13529 『孝宗祔廟都監儀軌』
1669　규13496 『神德王后祔廟都監儀軌』
1676　규13536 『仁宣王后祔廟都監儀軌』
1676　규13541 『顯宗祔廟都監儀軌』
1686　규13545 『明聖王后祔廟都監儀軌』
1691　규13525 『莊烈王后祔廟都監儀軌』
1698　규13502 『端宗定順王后復位祔廟都監儀軌』
1722　규13551 『肅宗祔廟都監儀軌』
1726　규13569 『景宗端懿王后祔廟都監儀軌』
1732　규13579 『宣懿王后祔廟都監儀軌』
1739　규13506 『端敬王后復位祔廟都監儀軌』
1759　규13561 『仁元王后祔廟都監儀軌』
1802　규13643 『正祖祔廟都監儀軌』
1807　규13598 『貞純王后祔廟都監儀軌』
1823　규13654 『孝懿王后祔廟都監儀軌』
1836　규13681 『純祖翼宗祔廟都監儀軌』
1851　규13796 『憲宗孝顯王后祔廟都監儀軌』
1859　규13699 『純元后祔廟都監儀軌』
1866　규13854 『哲宗祔廟都監儀軌』
1880　규13874 『哲人王后祔廟都監儀軌』
1892　규13754 『神貞王后祔廟都監儀軌』
1906　규13835 『孝定王后祔廟都監儀軌』
1921　k2-2218 『高宗太皇帝明成太皇后祔廟主監儀軌』
1929　k2-2250 『純宗孝皇帝純明孝皇后祔廟主監儀軌』

## 2. 단행본


국립문화재연구소, 『국역 正祖國葬都監儀軌』, 민속원, 2005.
국립문화재연구소, 『국역 國朝喪禮補編』, 민속원, 2008.
국립문화재연구소, 『조선왕릉 석물조각사Ⅰ』, 국립문화재연구소, 2016.
국립문화재연구소, 『조선왕릉 석물조각사Ⅱ』, 국립문화재연구소, 2016.
김문식·신병주, 『조선 왕실 기록문화의 꽃, 의궤』, 돌베개, 205.
김이순, 『대한제국 황제릉』, 소와당, 2010.
김정자, 『한국군복발달사』, 민속원, 1998.
목을수, 『高麗 . 朝鮮陵誌』, 문성당, 1988.
민승기, 『조선의 무기와 갑옷』, 가람기획, 2005.
서정호, 『예술적 역사적 가치로 본 조선의 왕릉』, 신아사, 2013.
신명호, 『조선왕실의 의례와 생활, 궁중문화』, 돌베게, 2011.
문화재청, 『역사의 숲 조선왕릉』, 눌와, 2007.
은광준, 『조선왕릉석물지 상, 하』, 민속원, 1985.
은광준, 『조선왕릉 석물복식』, 민속원, 2010.
이규원, 『조선왕릉실록』, 글로세움, 2012.
이우상, 『조선왕릉 잠들지 못하는 역사』, 다할, 2014.
이정근, 『신들의 정원, 조선왕릉』, 책보세, 2010.
이창환, 『신의 정원 조선왕릉』, 한숲, 2014.
이호일, 『조선의 왕릉』, 가람기획, 2003.
장경희, 『고려왕릉』, 예맥, 2008.
장경희, 『고려왕릉(개정판)』, 예맥, 2013.
장경희, 『의궤 속 조선의 장인』, 솔과학, 2013.
장경희, 『조선왕실의 궁릉의물』, 민속원, 2013.
장영훈, 『왕릉이야 말로 조선의 산 역사다』, 담디, 2005.
장형태, 『朝鮮王陵秘史』, 태을문화사, 2010.
전주이씨 대동종약원, 『2015 조선왕릉제향』, 2015.
정해득, 『조선 왕릉제도 연구』, 신구문화사, 2013.
주희 지음, 임민혁 옮김, 『주자가례』, 예문서원, 2009.
한성희, 『여기자가 파헤친 조선왕릉의 비밀』, 솔지미디어, 2006.
한영우, 『명성황후와 대한제국』, 효형출판, 2001.
한영우, 『조선왕조의 의궤』, 일지사, 2005.

### 3. 보고서

국립문화재연구소, 『조선왕릉 : 종합학술조사보고서 Ⅰ』, 2009.
국립문화재연구소, 『조선왕릉 : 종합학술조사보고서 Ⅱ』, 2011.
국립문화재연구소, 『조선왕릉 : 종합학술조사보고서 Ⅲ』, 2012.
국립문화재연구소, 『조선왕릉 : 종합학술조사보고서 Ⅳ』, 2013.
국립문화재연구소, 『조선왕릉 : 종합학술조사보고서 Ⅴ』, 2013.
국립문화재연구소, 『조선왕릉 : 종합학술조사보고서 Ⅵ』, 2014.
국립문화재연구소, 『조선왕릉 : 종합학술조사보고서 Ⅶ』, 2014.
국립문화재연구소, 『조선왕릉 : 종합학술조사보고서 Ⅷ』, 2015.
국립문화재연구소, 『조선왕릉 : 종합학술조사보고서 Ⅸ』, 2015.
국립민속박물관, 『죽은 자, 또한 산자의 공간 무덤』, 2007.
문화재관리국, 『헌릉(원경왕후릉) 해체실측보고』, 1989.
문화재관리국, 『건원릉병풍석해체보수 공사보고서』, 1998.
문화재청 태릉관리소, 『조선왕릉전시관 자료집』, 2009.
문화재청, 『구희릉 장경왕후 초장지 보존·정비 보고서』, 2008.
문화재청, 『조선왕실의 어보』, 국립고궁박물관, 2010.
문화재청, 『조선왕릉 세계유산 등재 신청서』, 2007.
한국문화재보호재단, 『세종대왕 초장지(舊 영릉) 지표 및 발굴 조사』, 2008.

### 4. 학술지 논문

강제훈, 「조선 왕릉과 왕릉 의례의 특징」, 『한국사학보』 제54권, 2014.
권용옥, 「朝鮮王朝 王陵 文人石像의 服飾에 形態에 관한 연구」, 『服飾』 제4호, 1981.
金九鎭, 「朝鮮 初期 王陵 制度 : 世宗大王 舊英陵 遺蹟을 中心으로」, 『白山學報』 제2권, 1979.
김명숙, 「조선후기 면복의 변천-국장도감의궤 服玩도설을 통한 고찰」, 『복식』 7, 한국복식학회, 1983.
김민규, 「조선 18세기 조각가 최천약(崔天若) 연구」, 『문화재』 제46권 1호, 2013.
김민규, 「朝鮮 王陵 長明燈 硏究」, 『美術史學硏究』 제274호, 2012.
김상협, 「조선왕릉 회격현궁(灰隔玄宮) 축조방법 연구」, 『건축역사연구』, 제21권 4호, 2012.
김상협, 「조선전기 왕릉 석실 축조 연구」, 『대한건축학회지』 제25권 제7호 통권 제249호, 대한건축학회, 2009.
김상협, 「조선초기 왕릉 석실구조연구」, 『대한건축학회 논문집 : 계획계』 제24권 8호, 2008.
김왕직, 「조선왕릉 수라간(水剌間)의 건축형식 고찰」, 『동양예술』 제25권, 2014.
김왕직, 「조선왕릉 수복방(守僕房)의 건축형식 고찰」, 『동양예술』 제26권, 2014.

김원용, 「이조왕릉의 석인연구 이조조각양식의 변천」, 『아세아연구』 제2권 2호 (통권 4호) 1959.
김은선, 「조선 왕릉 석수 연구」, 『美術史學硏究』 제283·284호, 2014.
김은선, 「朝鮮後期 王陵 石人 彫刻 硏究」, 『美術史學硏究』 제249호, 2006.
김이순, 「세종대왕 '구영릉'석물 연구」, 『정신문화연구』제32권 제1호, 2009.봄, 155-190쪽.
김이순, 「세종실록의 후릉 산릉제도 기록에 대한 고찰」, 『정신문화연구』제36권 제1호, 2013.봄.
김이순, 「융릉과 건릉의 석물조각」, 『미술사학보』31집, 2008.12.
김이순, 「장릉과 사릉의 석물 연구 : 추봉과 석물 간소화를 중심으로」, 『문화재』 제45권 1호, 2012.
김이순, 「조선왕실 무덤, 園의 창안과 전개」, 『美術史論壇』 제41호, 2015.
김이순, 「창릉의 왕과 왕후의 위치 제고」, 『미술사학연구』267, 2010. 金伊順, 「洪陵과 裕陵의 석물조각」, 『미술사연구』 제21호, 2007.
김인호, 「고려시대 국왕의 장례절차와 특징」, 『한국중세사연구』 제29호, 2010.
김지연, 「조선왕릉십이지신상(十二支神像)의 도상(圖像) 원류와 전개과정」, 『문화재』 제42권 4호, 2009.
김지연, 「조선 정릉(貞陵) 사각 장명등(四角長明燈) 양식의 원류와 전개 : 사찰 석등과의 비교를 통해」, 『문화재』 제43권 4호, 2010.
민제성, 장헌덕, 황종국, 김상태, 「朝鮮後期 王陵齋室의 建築적 特性에 關한 硏究」, 『대한건축학회지회연합회 학술발표대회논문집』 제1호, 2011.
박가영, 「조선시대 갑주 유물의 감정을 위한 현황파악과 시대구분」, 『服飾』 58권5호, 한국복식학회, 2008.
박권수, 「17세기 조선왕실의 王陵地 선정 과정과 方外地師의 역할 : 孝宗과 顯宗대의 山陵 조성 과정을 중심으로」, 『문화 역사 지리』 제27권 1호, 2015.
박정애, 「18-19세기 咸鏡道 王室史蹟의 시각화 양상과 의의」, 『정신문화연구』 제35권 1권, 2012.
송지원, 「조선시대 明器악기의 시대적 변천연구」, 『한국음악연구』 39, 한국국악학회, 2006.
신명호, 「宣靖陵의 歷史와 管理制度」, 『역사와실학』 제31권, 2006.
신재근, 「조선 왕릉 고석(鼓石)의 나어두(羅魚頭) 문양」, 『전통문화논총』 제14권, 2014.
신재훈, 「조선 전기 천릉(遷陵)의 과정과 정치적 성격」, 『朝鮮時代史學報』 제58권, 2011.
신지혜, 「조선후기 산릉의 여성공간, 나인가가(內人假家)의 변화에 관한 연구」, 『건축역사연구』 제21권 5호, 2012.
신지혜, 「조선후기 영악전 기능수용에 따른 정자각 평면변화 고찰」, 『건축역사연구』 제 18권 4호(통권 65호), 한국건축역사학회, 2009.
심효섭, 「조선전기 기신재의 설행과 의례」, 『불교학보』 40, 동국대 불교문화연구소, 2003.
안경호, 「조선 능제(陵制)의 회격(灰隔) 조성방법 : 장경왕후 초장지(舊禧陵)를 중심으로」, 『정신문화연구』 통권 제116호(32-3), 한국학중앙연구원.
우희중, 김동욱, 「조선후기 왕릉재실의 변천과 여주 寧陵 재실의 건축특성 연구」, 『건축역사연구』 제18권 3호, 2009.
유지복, 「조선시대 능지 연구」, 『장서각』 제31권, 2014.

윤기엽, 「고려 혼전(魂殿)의 설치와 기능」, 『韓國思想史學』 제45권, 2013.
이광연, 김은미, 이유호, 「고려 말과 조선 초의 왕릉에서 찾을 수 있는 황금비와 금강비」, 『東方學』 제21권, 2011.
이권영, 김왕직, 「초창 정조 건릉 건축물의 복원적 고찰」, 『대한건축학회지회연합회논문집』 제11권 4호, 2009.
이덕형, 「선조대 유릉 택지에서 드러나는 왕릉 조영의 변화와 원인 : 裕陵 擇地 풍수담론을 중심으로」, 『지방사와 지방문화』 제13권 2호, 2010.
이덕형, 「조선왕릉 조영형식의 변천과 왕릉 입지 고찰 : 조선초 건원릉 ~ 광릉을 중심으로」, 『소통과 인문학』 제15권, 2012.
이범직, 「조선시대 왕릉의 조성 및 그 문헌」, 『韓國思想과 文化』, 제36권, 2007.
이영관, 박근수, 진애니, 「한국(韓國)의 문화(文化) : 당건릉(唐乾陵)과 명효릉(明孝陵)의 건축문화(建筑文化)의 특색(特色)과 한국왕릉(韓國王陵)의 연계양상(連繫樣相)」, 『韓國思想과 文化』, 제51권, 2010.
이우종, 「조선 왕릉 광중 탄격(壙中 炭隔) 조성의 배경과 시대적 변천」, 『대한건축학회 논문집 : 계획계』 제26권 12호, 2010.
이인숙, 「15세기 신도비 비액 전서 연구」, 『서예학연구』 제18권, 2011.
이재완, 「경북 예천 지역 태실에 관한 일고찰」, 『古宮文化』 제6호, 2013.
이정선, 「조선 전기 왕릉제도의 성립과 석인.석수 양식 연구」, 『미술사논단』 제29호, 한국미술연구소.
이창환, 정종수, 이원호, 최종희, 「조선왕릉의 능제복원 연구 -융릉,건릉을 중심으로-」, 『한국전통조경학회지』 제28권 3호, 2010.
이현진 「영조대 왕실 喪葬禮의 정비와 國朝喪禮補編 」, 한국사상사학 제37집, 한국사상사학회, 2011.
이현진, 「조선 왕실의 忌晨祭 설행과 변천」, 『朝鮮時代史學報』 46, 2008.
이현진, 「조선 왕실의 혼전」, 『조선시대 문화사』 (상), 일지사, 2007.
이현진, 「특집 혜경궁과 그의 시대 : 순조대 혜경궁(惠慶宮)의 상장(喪葬) 의례와 성격」, 『朝鮮時代史學報』 제74권, 2015.
장경희, 「고종대 철인왕후와 명성황후의 국장의물 연구」, 『미술사의 정립과 확산』 2권, 사회평론, 2006.
장경희, 「고종황제의 금곡홍릉 연구」, 『史叢』 64호, 역사학연구회, 2007.
장경희, 「대한제국 홍릉 침전 내부의 공예품 연구」, 『한국공예논총』 13-2호, 한국조형디자인학회, 2010.
장경희, 「순명비 순명효황후의 생애와 유릉 연구」, 『한국인물사연구』 제13호, 한국인물사연구소, 2009.
장경희, 「정조대 경모궁의 왕실공예품 연구」, 『한국공예논총』 12-2, 한국조형디자인학회, 2009.
장경희, 「조선 태조비 神懿王后 齊陵 연구」, 『미술사학연구』 제263호, 한국미술사학회.
장경희, 「朝鮮後期 '凶禮'都監의 匠人 研究」, 『美術史論壇』 제8호, 한국미술연구소, 1999.
장경희, 「조선후기 왕릉 정자각 내부 의물 연구」, 『역사민속학』 33호, 한국역사민속학회, 2010.
장경희, 「조선후기 王室工藝匠人 研究의 成果와 課題」, 『韓國人物史研究』 제3호, 한국인물사연구소, 2005.

장경희, 「조선후기 왕실의 옥공예장인 연구」, 『미술사연구』 25, 미술사연구회, 2002.
장경희, 「조선후기 왕실제기 鑄成 鍮器匠 硏究」, 『한국공예논총』 11-2집, 한국공예학회, 2008.
장경희, 「조선후기 魂殿 造成 木手 연구」, 『한국학연구』 29집, 고려대 한국학연구소, 2008.
장경희, 「종묘 소장 王室祭器의 銘文 분석-제작연대와 사용처의 고증을 중심으로-」, 『도시역사연구』 제8호, 서울역사박물관, 2009.
장경희, 「朝鮮후기 왕실공예장인연구의 성과와 과제」, 『한국인물사연구』, 2005.3.
장경희, 「고종황제 금곡 홍릉의 석조각 연구」, 『시각문화의 전통과 해석』, 2007.
장경희, 「조선 시조왕릉의 정자각 내부 의물 연구」, 『한국공예논총』 15호 2집, 2012.5.
장경희, 「12세기 고려·북송·금 황제릉 연구」, 『동방학』 16호 2집, 2013.6.
장경희, 「조선왕실의궤를 통한 장인 연구의 현황과 과제」, 『역사민속학』 47호, 2015.3.
장경희, 「조선 태조 이성계의 4대조 '북도팔릉' 연구」, 『동방학』 34집, 2017.2.
장경희, 「조선 왕릉과 종묘의 연구 성과와 향후 과제」, 『미술사학』 33호, 2017.3.
전나나, 「근대 사진으로 본 조선 초기 왕릉의 원형」, 『朝鮮時代史學報』 제69권, 2014.
전나나, 「朝鮮王陵石人像硏究」, 『東岳美術史學』, 제12권, 2011.
전호태, 「6~7세기 고구려 고분벽화와 중국 남북조 미술의 사신도」, 『고분벽화로 본 고구려 문화』, 고구려연구재단.
정경희, 「조선후기 궁원제의 성립과 변천」, 『서울학연구』 23, 서울시립대 서울학연구소, 2004.
정미숙, 남경미, 「경기도박물관 소장 憲宗嘉禮陳賀契屛의 군복류에 관한 연구」, 『학예지』제16집, 육군사관학교 육군박물관, 2009, 104~142쪽.
정재훈, 「조선후기 왕실 기신제의 설행과 운영」, 『규장각』 31, 서울대학교 규장각, 2006.
정해득, 「정조의 영우원, 현륭원 원행에 대한 고찰」, 『朝鮮時代史學報』 제75권, 2015.
조운연, 「朝鮮王陵의 陵域 復元에 관한 硏究」, 『古宮文化』 제3호, 2010.
조인수, 「조선시대 왕릉의 현상과 특징 : 명청대 황릉과의 비교를 중심으로」, 『美術史學硏究』 2009.
차문성, 「인조 舊 長陵의 위치비정과 석물에 관한 고찰」, 『民族文化』 제44권, 2014.
최성환, 「사도세자 추모 공간의 위상 변화와 영우원(永祐園) 천장」, 『朝鮮時代史學報』, 제60권, 2012.
최원석, 「조선왕릉의 역사지리적 경관특징과 풍수담론」, 『한국지역지리학회지』 제22권 1호, 2016.
한나래, 「강화 고려왕릉의 석물 연구」, 『문화재』 제41권 1호, 2008.
한형주, 「조선초기 왕릉제사의 정비와 운영」, 『역사민속학』 제33호, 2010.
홍석주, 「조선왕릉의 가정자각에 관한 연구」, 『한국디지털건축인테리어학회 논문집』 제13권 4호, 2013.
홍성익, 「조선전기 王妃加封胎室에 관한 연구」, 『史學硏究』 제117호, 2015.
황인혁, 김기덕, 「조선왕실(朝鮮王室) 산도(山圖) 중 「장릉도(莊陵圖)」와 「사릉도(思陵圖)」에 관한 연구: 「선원보감(璿源寶鑑)」 산도(山圖)의 성격 규명과 관련하여」, 『역사와 경계』 제91권, 2014.
황정연, 「단경왕후 溫陵을 통해 본 조선후기 封陵의 역사적 의미」, 『민족문화논총』 제53권, 2013.
황정연, 「사학 : 조선후기 단의빈묘의 봉릉(封陵)과 석물 추배(追排) -1722년『혜릉석물추배도감의궤』의 분석」, 『동양문화연구』 제21권, 2015.
황정연, 「조선시대 능비(陵碑)의 건립과 어필비(御筆碑)의 등장」, 『문화재』 제42권 4호, 2009.

## 5. 석박사학위논문


구선이, 「산릉도감의궤를 통해 본 17세기 정자각의 원형 연구」, 명지대학교 석사학위논문, 2012.

권용옥, 「朝鮮王朝 王陵 文人石像의 服飾形態에 關한 硏究」, 성신여자대학교 석사학위논문, 1980.

김규훈, 「朝鮮時代 神道碑의 龜趺 硏究」, 동국대학교 석사학위논문, 2015.

김규연, 「조선왕릉의 신로(神路)·어로(御路) 형식에 관한 연구」, 성균관대학교 석사학위논문, 2011.

김무영, 「조선왕릉과 明代 묘장제도의 비교연구」, 충남대학교 석사학위논문, 2010.

김민규, 「朝鮮 王陵 長明燈 硏究」, 동국대학교 석사학위논문, 2009.

김상협, 「조선왕릉 석실 및 능상구조의 변천에 관한 연구」, 명지대학교 박사학위논문, 2007.

김성복, 「조선시대 문인석에 관한 연구 : 왕릉을 중심으로」 홍익대학교 석사학위논문, 1992.

김수연, 「궁궐 및 조선왕릉 문화재 보수·관리 발전방안 연구 : 관리운영조직을 중심으로」, 명지대학교 석사학위논문, 2015.

김은미, 「고려시대와 조선시대의 왕릉에서 찾을 수 있는 황금비와 금강비」, 한서대학교 석사학위논문, 2011.

김은선, 「朝鮮後期 陵墓 石人像 硏究 : 17~18세기를 중심으로」, 동국대학교 석사학위논문, 2002.

김임규, 「朝鮮時代 王陵에 관한 風水信仰 硏究」, 단국대학교 석사학위논문, 1976.

김혜림, 「조선시대 童子石人 연구 : 16~18세기 서울·경기지역 원(園)과 묘(墓)를 중심으로」, 이화여자대학교 석사학위논문, 2011.

김환철, 「조선후기 왕릉 석물조영에 사용된 척도에 관한 연구」, 명지대학교 박사학위논문, 2013.

남보람, 「조선 초기 왕릉제사 의례의 정비과정 연구」, 고려대학교 석사학위논문, 2013.

문영식, 「조선후기 山陵都監儀軌에 나타난 匠人의 造營活動에 관한 연구」, 명지대학교 박사학위논문, 2010.

문영자, 「조선시대 追尊王의 追尊論 전개와 祔廟 과정」, 건국대학교 석사학위논문, 2013.

박가영, 「조선시대의 갑주」, 서울대학교 박사학위논문, 2003.

박금진, 「영조 사친 숙빈 최씨의 궁원 의물 연구」, 한서대학교 석사학위논문, 2011.

박대윤, 「朝鮮時代 國王胎峰의 風水的 特性 硏究」, 동방대학교 박사학위논문, 2011.

배윤수, 「朝鮮時代 王陵 석수에 對한 硏究」, 이화여자대학교 석사학위논문, 1983.

석창진, 「朝鮮初期 國喪儀禮의 정비와 그 의미」, 고려대학교 석사학위논문, 2015.

송진욱, 「朝鮮王室의 明器 기록」, 단국대학교 석사학위논문, 2015.

신광철, 「朝鮮時代 王陵의 石人 석수 造形性 硏究」, 충남대학교 석사학위논문, 2005.

신재훈, 「조선 전기 遷陵의 과정과 정치적 성격」, 건국대학교 석사학위논문, 2011.

신지혜, 「조선 숙종대 왕실 상장례 설행공간의 건축특성 : 빈전·산릉·혼전을 대상으로」, 경기대학교 박사논문, 2011.

심현용, 「朝鮮時代 胎室에 관한 考古學的 硏究」, 강원대학교 박사학위논문, 2015.

안경호, 「조선후기 빈전건축에 대한 연구」, 명지대학교 석사학위논문, 2007.

안희재, 「조선시대 국상의례 연구 : 국왕국장을 중심으로」, 국민대학교 박사학위논문, 2010.
엄지혜, 「조선시대 왕릉 재실의 배치 및 평면형식의 시대적 변화」, 연세대학교 석사학위논문, 2009.
우희중, 「조선후기 왕릉재실 공간구성의 변천 : 山陵都監儀軌 를 중심으로」, 경기대학교 석사학위논문, 2010.
이경순, 「조선전기 능묘석인상 연구」, 동국대학교 석사학위논문, 1995.
이덕형, 「조선왕릉 택지와 산론」, 한성대학교 박사학위논문, 2013.
이민식, 「朝鮮時代 陵墓碑에 관한 硏究 : 京畿道 地方을 中心으로」, 한성대학교 석사학위논문, 1997.
이상명, 「산릉의궤 정자각을 통해 본 조선후기 관영건축의 시공기술」, 명지대학교 박사학위논문, 2016.
이 영, 「朝鮮時代 王陵陵域의 建築과 配置形式 硏究」, 서울대학교 박사학위논문, 1992.
이정선, 「조선 전기 왕릉 石人석수 연구」, 이화여자대학교 석사학위논문, 2008.
이정윤, 「顯隆園 石物 造成 硏究」, 한신대학교 석사학위논문, 2009.
李埈旲, 「朝鮮王朝 灰隔式 陵寢 硏究」, 국민대학교 석사학위논문, 2010.
이지현, 「朝鮮時代 明器의 연구 : 白磁明器를 中心으로」, 홍익대학교 석사학위논문, 2000.
이찬우, 「朝鮮時代의 文武人石에 關한 硏究 : 王陵을 中心으로」, 홍익대학교 석사학위논문, 1985.
임현우, 「조선시대 어보 연구」, 홍익대학교 석사학위논문, 2008.
전나나, 「朝鮮王陵 石人像 硏究」, 동국대학교 석사학위논문, 2009.
정연주, 「조선시대 홍릉의 재실건축 배치와 공간특성에 관한 연구」, 한양대학교 석사학위논문, 2007.
丁裕美, 「朝鮮時代 궁궐의 喪.葬禮공간에 관한 硏究」, 고려대학교 건축공학과 석사논문, 2000.
정종수, 「조선초기 상장의례 연구」, 중앙대학교 박사학위논문.
정해득, 「정조시대 현륭원 조성과 수원 이읍 연구」, 경기대학교 박사학위논문, 2009.
조영서, 「朝鮮 前期 王陵 武石人 硏究」, 이화여자대학교 석사학위논문, 2011.
조운연, 「朝鮮王陵의 陵域 復元에 관한 硏究」, 祥明大學校 박사학위논문, 2009.
조재모, 「조선시대 궁궐의 의례운영과 건축형식」, 서울대학교 박사학위논문, 2003.
지혜정, 「조선 전기 왕릉 십이지신상 연구」, 동국대학교 석사학위논문, 2015.
최윤정, 「조선시대 金冠朝服型 文人石 연구」, 한신대학교 석사학위논문, 2004.
최윤화, 「조선시대 陵園 丁字閣의 건축특성에 관한 연구 : 中宗代 ~ 正祖代까지를 중심으로」, 한성대학교 박사학위논문, 2002.
최인성,「朝鮮王朝 王陵武人石像의 甲冑形態에 對한 硏究」, 이화여자대학교 석사학위논문, 1978.
최정효, 「조선후기 왕릉 정자각의 지붕구조 변화에 관한 연구」, 경기대학교 석사학위논문, 2013.
최지선, 「조선시대 왕릉 관련 문헌의 서지적 연구」, 성균관대학교 석사학위논문, 2007.
최호림, 「朝鮮時代 墓制에 관한 硏究」, 한양대학교 석사학위논문, 2007.
홍경진, 「조선전기 왕릉 및 석조물 양식변천에 관한 연구」, 경희대학교 석사학위논문, 1987.

### 6. 중국의 저작물

闞緒杭,『鳳陽明皇陵建制與石刻藝術』, 文物出版社, 2012.
南京博物院編,『明孝陵』, 文物出版社, 2006.
董新林,『中國古代陵墓考古研究』, 福建人民出版社, 2005.
沈陽市文物管理辦公室,『淸初三陵』, 文物出版社, 1982.
晏子有,『淸東西陵』, 中國靑年出版社, 2000.
楊寬,『中國古代陵寢制度史研究』, 上海古籍出版社, 1985.
王基亨,『風水理論研究』, 天津大學出版社, 1992.
王德恒,『北京的皇陵與王墳』, 中國城市出版社, 1977.
王煥鑣,『明孝陵志』, 南京出版社, 2006.
刘金星 等编『大明帝陵图鉴』, 江苏古籍出版社, 2002.
劉毅,「明淸皇陵制度比異」,『北方文物』, 1999年 2期.
劉毅,『明代帝王陵墓制度研究』, 人民出版社, 2006.
劉毅,『中國古代陵墓』, 南開大學出版社, 2010.
中國社會科學院考古研究所,『定陵』, 文物出版社, 1990.
胡汉生,『图说明朝帝王陵』, 北京燕山出版社, 2006.
胡汉生,『明朝帝王陵』, 北京燕山出版社, 2002.
胡汉生,『明朝帝王陵』, 學苑出版社, 2013.